D1720790

Schulz/Neumann (Hrsg.)

eWpG

eWpG

Kommentar zum Gesetz über elektronische Wertpapiere

mit Börsen-, Prospekt-, Depot-,
Schuldverschreibungs-, Aufsichts-
und Investmentrecht

herausgegeben von

Dr. Stephan Schulz und
Dr. Karl-Alexander Neumann, LL.M. (Sorbonne)

bearbeitet von

Prof. Dr. André Alfes, LL.M. (UT Austin), Dr. Dr. Johannes Blassl,
PD Dr. Michael Denga, LL.M. (London), Maître en Droit (Paris),
Prof. Dr. Lutz Haertlein,
Prof. Dr. Michael Hippeli, LL.M., MBA,
Dr. Dominik Kloka, LL.M. (NYU),
Dr. Georg Langheld, LL.M. (Univ. of Chicago),
Prof. Dr. Urs Lendermann, Dr. Philip von der Meden,
Dr. Heinrich Nemeczek, LL.M. (Harvard),
Dr. Karl-Alexander Neumann, LL.M. (Sorbonne),
Andreas J. Ostermeier, LL.M. Eur., Dr. Gerald Reger,
Dr. Stephan Schulz, Dr. Julian Schulze De la Cruz,
Dr. habil. Simon Schwarz, LL.M. (Cambridge), Susanne Carolin Sopart,
Marcus Stößer, Dr. Laurenz Wieneke, LL.M. (Cambridge)

RWS Verlag Kommunikationsforum GmbH & Co. KG · Köln

Die Deutsche Nationalbibliothek verzeichnet diese Publikation in der Deutschen Nationalbibliografie; detaillierte bibliografische Daten sind im Internet über http://dnb.d-nb.de abrufbar.

© 2023 RWS Verlag Kommunikationsforum GmbH & Co. KG
Postfach 27 01 25, 50508 Köln
E-Mail: info@rws-verlag.de, Internet: http://www.rws-verlag.de

Satz und Datenverarbeitung: SEUME Publishing Services GmbH, Erfurt
Druck und Verarbeitung: CPI books GmbH, Leck

Vorwort

Die digitale Transformation ist allgegenwärtig und hat auch die Entstehung des Gesetzes über elektronische Wertpapiere (eWpG) maßgeblich befördert. Das schlanke Gesetz soll nicht weniger als das Wertpapierrecht modernisieren und für technologische Innovationen öffnen. Ob das eWpG eine – wie teilweise formuliert – „Revolution" gebracht hat, ist knapp zwei Jahre nach Inkrafttreten des Gesetzes noch nicht abschließend zu bewerten. Die Vielzahl der zum eWpG erschienenen Presseartikel, Stellungnahmen und wissenschaftlichen Veröffentlichungen verdeutlicht jedenfalls, dass das Vorhaben auf fruchtbaren Boden gefallen ist. In der Rechtswirklichkeit zeigt sich dies etwa an erteilten BaFin-Erlaubnissen für das neu eingeführte Geschäft der Kryptowertpapierregisterführung und ersten erfolgreichen Emissionen elektronischer Wertpapiere, auch in Form von Kryptowertpapieren. Der Referentenentwurf des BMF und des BMJ für ein Gesetz zur Finanzierung von zukunftssichernden Investitionen (Zukunftsfinanzierungsgesetz) vom 12.4.2023 sieht bereits die Ausweitung des eWpG-Anwendungsbereichs auf Aktien vor, ohne dass damit wesentliche Eingriffe in die Systematik des eWpG verbunden wären.

Die Idee zum vorliegenden Kommentar entsprang im Herbst 2020 angeregten Diskussionen der Herausgeber über das eWpG-Gesetzesvorhaben. Aus unseren beidseitigen Perspektiven eines Kapitalmarkt- sowie eines Finanzaufsichtsrechtlers sahen wir im eWpG ad hoc viel Gutes, aber auch Kritikwürdiges. Hierauf beruht einer der Leitgedanken des Kommentars, der den Normenkomplex für die Nutzer in einer ausgewogenen und praxisorientierten Weise darstellen soll, die zugleich höchsten wissenschaftlichen Ansprüchen genügt. Das Werk ist dabei keine Ansammlung exotischer Ansichten, sondern bündelt unverfälscht die Rechtsmeinung anerkannter Expertinnen und Experten mit langjähriger Erfahrung auf ihrem jeweiligen Spezialgebiet.

Wir freuen uns, dass wir für den vorliegenden Kommentar renommierte Autoren von Hochschulen, Unternehmen des Finanzsektors und führenden Anwaltskanzleien gewinnen konnten. Allen Autorinnen und Autoren sind wir für ihre fundierten Beiträge zu größtem Dank verpflichtet. Unser Dank gilt ebenfalls dem RWS-Verlag, namentlich Herrn *Markus Sauerwald* für die konstruktive Unterstützung während des gesamten Entstehungsprozesses sowie Frau *Iris Theves-Telyakar* für das umsichtige Lektorat. Wir danken zudem dem Herrn *Philipp Bitter* und *Nicolas Deising* für die wertvolle Mitarbeit sowie Frau *Kristin Klähn* für die sorgfältige Prüfung der Manuskripte.

Gesetzgebung, Rechtsprechung und Literatur sind im Wesentlichen bis Mai 2023 berücksichtigt. Die Herausgeber und Autoren sind für Hinweise und Kritik stets dankbar.

Hamburg, im Mai 2023

Stephan Schulz
Karl-Alexander Neumann

Inhaltsübersicht

Autorenverzeichnis

Professor Dr. André Alfes, LL.M. (UT Austin), Wirtschaftsjurist (Univ. Bayreuth) ist Professor für Rechtswissenschaften an der Hochschule der Deutschen Bundesbank. Nach einer mehrjährigen Tätigkeit in einer Anwaltskanzlei in Frankfurt a. M. im Bereich Bank- und Kapitalmarktrecht wechselte er in die Rechtsabteilung der Deutschen Bundesbank. Dort beriet er zunächst die Marktabteilung (u. a. zu geldpolitischen Fragestellungen) und war sodann zuständig für den Bereich Zahlungsverkehr und Abwicklungssysteme. An der Hochschule der Deutschen Bundesbank lehrt er Bürgerliches Recht, Insolvenzrecht und Kapitalmarktrecht. Seine Forschungsschwerpunkte betreffen zentralbanknahe Themen (wie z. B. digitales Zentralbankgeld). Zudem ist er Autor zahlreicher Publikationen auf dem Gebiet der Kapitalmarktinfrastrukturen (u. a. zur Central Counterparty und Central Securities Depositories).

Dr. Dr. Johannes Blassl ist Rechtsanwalt und Equity Partner im Frankfurter Büro bei Heuking Kühn Lüer Wojtek Partnerschaft mbB. Als Fachanwalt für Bank- und Kapitalmarktrecht berät er Banken und Unternehmen u. a. zu kapitalmarkt- und aufsichtsrechtlichen Fragestellungen rund um den Einsatz der Blockchain-Technologie im Finanzmarkt. Dr. Dr. Johannes Blassl hat im Bereich Compliance und im Kapitalmarktrecht promoviert und hält regelmäßig Vorträge und veröffentlicht Fachbeiträge, insbesondere zu Themen rund um Digital Assets.

Privatdozent Dr. Michael Denga, LL.M. (London), Maître en Droit (Paris) ist derzeit Lehrstuhlvertreter an der Martin-Luther-Universität Halle-Wittenberg. Sein Forschungsschwerpunkt liegt im Gesellschafts- und IT-Recht mit europäischen und interdisziplinären Bezügen. Zudem interessieren ihn die daten- wie immaterialgüterrechtlichen Grundlagen der digitalen Ökonomie.

Professor Dr. Lutz Haertlein ist Inhaber des Lehrstuhls für Bürgerliches Recht, Bank- und Kapitalmarktrecht der Universität Leipzig, Direktor des Instituts für Deutsches und internationales Bank- und Kapitalmarktrecht der Universität Leipzig sowie Richter am Oberlandesgericht Dresden.

Professor Dr. Michael Hippeli, LL.M., MBA ist Ministerialrat und Referatsleiter im Hessischen Ministerium für Wirtschaft, Energie, Verkehr und Wohnen. Vormals war er als Rechtsanwalt bei Simmons & Simmons LLP im Bereich Capital Markets & Aufsichtsrecht (inkl. Secondment bei Goldman Sachs), als Referent in der Wertpapieraufsicht bei der BaFin im Bereich Übernahmerecht (inkl. Arbeitsgruppe für Corporate Governance bei ESMA), als Referent in der Hessischen Börsenaufsicht sowie als Professor für Wirtschaftsrecht tätig. Professor Dr. Michael Hippeli ist Autor zahlreicher Veröffentlichungen, insbesondere im Gesellschafts- und Kapitalmarktrecht (derzeit ca. 380).

Dr. Dominik Kloka, LL.M. (NYU) ist Rechtsanwalt und Associated Partner im Frankfurter Büro der Noerr Partnerschaftsgesellschaft mbB. Seinen Beratungsschwerpunkt bildet die Schnittstelle zwischen dem internationalen und nationalen Kapitalmarkt-, Bank- und Finanzaufsichtsrecht. In diesem Bereich berät er Banken, Emittenten, Unternehmen, Investoren, Finanzdienstleister, FinTechs und andere Marktteilnehmer, insbesondere zu Fragen der Unternehmensfinanzierung, dem Handel mit und der Emission von Wertpapieren sowie zu aufsichtsrechtlichen Fragestellungen. Daneben ist Dr. Dominik Kloka Autor zahlreicher Publikationen zu kapitalmarkt- und finanzaufsichtsrechtlichen Themen.

Dr. Georg Langheld, LL.M. (Univ. of Chicago) ist Rechtsanwalt und Associated Partner für Gesellschaftsrecht und M&A im Münchener Büro der Noerr Partnerschaftsgesellschaft mbB. Dr. Georg Langheld berät schwerpunktmäßig zu Transaktionen und zu Corporate

Governance-Fragen, insbesondere in regulierten Branchen, sowie zu Fragen der Digitalisierung des Gesellschaftsrechts. Er ist Autor zahlreicher Publikationen zu gesellschaftsrechtlichen Themen.

Professor Dr. Urs Lendermann lehrt seit 2014 Deutsches und Europäisches Bank- und Wirtschaftsrecht an der Hochschule der Deutschen Bundesbank, Hachenburg. Daneben ist er Modulleiter im Diploma of Advanced Studies in Banking des Instituts für Banking und Finance der Universität Zürich in Kooperation mit dem Swiss Finance Institute. Zuvor war er bei der Eidgenössischen Finanzmarktaufsicht FINMA im Geschäftsbereich Banken tätig, wo er sich schwerpunktmäßig mit der Regulierung systemrelevanter Banken befasste. Professor Dr. Urs Lendermann promovierte an der Universität Zürich und forscht zu finanz- und kapitalmarktrechtlichen Themen.

Dr. Philip von der Meden ist Rechtsanwalt und Partner der Hamburger Kanzlei Fuhlrott Hiéramente & von der Meden Partnerschaftsgesellschaft mbB. Er ist spezialisiert auf Wirtschafts- und Steuerstrafrecht und berät regelmäßig zu strafrechtlichen und ordnungsrechtlichen Fragestellungen im Kapitalmarkt- und Wertpapierrecht. Er ist Lehrbeauftragter für Wirtschaftsstrafrecht und Strafprozessrecht in der Strafverteidigung an der Ruhr-Universität Bochum und Autor diverser Fachpublikationen.

Dr. Heinrich Nemeczek, LL.M. (Harvard) ist Rechtsanwalt und Deputy General Counsel der Upvest GmbH. Zuvor war als Rechtsanwalt im Bankenaufsichtsrecht in den Kanzleien Freshfields Bruckhaus Deringer LLP sowie White & Case LLP, zuletzt als Local Partner, tätig. Er ist Autor verschiedener Veröffentlichungen zu bankaufsichtsrechtlichen Themen und lehrt an der Hochschule der Deutschen Bundesbank, Hachenburg.

Dr. Karl-Alexander Neumann, LL.M. (Sorbonne) ist Rechtsanwalt und Associated Partner im Hamburger Büro der Noerr Partnerschaftsgesellschaft mbB. Seinen Beratungsschwerpunkt bildet das internationale Bank- und Finanzrecht mit aufsichtsrechtlichen Fragestellungen und Compliance-Themen, etwa zur Corporate Governance, Kapitaladäquanz, Risikoregulierung und Konsolidierung. Daneben gehört die Begleitung von M&A-Transaktionen im Finanzsektor zu seinem anwaltlichen Fokus. Dr. Karl-Alexander Neumann berät regelmäßig zur Strukturierung digitaler Geschäfts- und Paymentmodelle, etwa im Bereich der Plattformökonomie. Er ist Autor zahlreicher Publikationen zu finanzrechtlichen Themen.

Andreas J. Ostermeier, LL.M. Eur. ist Rechtsanwalt bei der Ernst & Young Law GmbH. Er berät Kreditinstitute und Finanzdienstleister, einschließlich FinTechs, zu allen Aspekten des Aufsichtsrechts. Sein Beratungsschwerpunkt liegt im Bereich Digital Assets. Insbesondere berät er zu allen rechtlichen Fragestellungen rund um Kryptowerte und elektronische Wertpapiere. Auch die Begleitung von Erlaubnisanträgen für erlaubnispflichtige Bankgeschäfte und Finanzdienstleistungen bildet einen Schwerpunkt seiner Beratungstätigkeit.

Dr. Gerald Reger ist Rechtsanwalt und Partner im Münchner Büro der Noerr Partnerschaftsgesellschaft mbB. Seine Tätigkeitsschwerpunkte sind internationale M&A-Transaktionen und Joint Ventures, Aktien- und Konzernrecht sowie Kapitalmarkt-Transaktionen, insbesondere öffentliche Übernahmen, Squeeze-outs und Delistings. Er berät börsennotierte Gesellschaften und deren Organe sowie große Familienunternehmen und deren Gesellschafter zu strukturellen Veränderungen, zu Compliance- und Haftungsfragen sowie zu Gesellschafter- und Hauptversammlungen. Dr. Gerald Reger ist Autor zahlreicher Veröffentlichungen und regelmäßig Referent zum Aktien- und Konzernrecht.

Dr. Stephan Schulz ist Rechtsanwalt und Partner für Aktien- und Kapitalmarktrecht im Hamburger Büro der Noerr Partnerschaftsgesellschaft mbB. Ein Schwerpunkt seiner Beratungstätigkeit liegt bei Wertpapieremissionen am Kapitalmarkt, vor allem von Aktien, Anleihen und Wandelschuldverschreibungen. In diesem Bereich betreut er Emittenten, Investoren sowie deutsche und internationale Kreditinstitute. Ferner zählt die laufende Beratung von Emittenten, Vermögensverwaltern und Kreditinstituten im deutschen und europäischen Kapitalmarktrecht zu seinen Tätigkeitsfeldern. Dr. Stephan Schulz ist Autor zahlreicher Veröffentlichungen und regelmäßiger Referent zum Aktien- und Kapitalmarktrecht.

Dr. Julian Schulze De la Cruz ist Rechtsanwalt und Partner im Frankfurter Büro der Noerr Partnerschaftsgesellschaft mbB und Co-Leiter der Praxisgruppe Kapitalmarktrecht. Zu den Schwerpunkten seiner Beratungspraxis zählen die Begleitung von Kapitalmarkttransaktionen aller Art (ECM und DCM), von Public M&A- und Private M&A-Transaktionen sowie die laufende aktien- und kapitalmarktrechtliche Beratung von börsennotierten Unternehmen, Aktionären und Banken. Er ist Autor zahlreicher Veröffentlichungen und regelmäßiger Referent zu aktien- und kapitalmarktrechtlichen Themen.

Dr. habil. Simon Schwarz, LL.M. (Cambridge) ist Rechtsanwalt und Partner der Freshfields Bruckhaus Deringer Rechtsanwälte Steuerberater Partnerschaftsgesellschaft mbB. Der Schwerpunkt seiner anwaltlichen Tätigkeit liegt in der laufenden Beratung börsennotierter Unternehmen sowie deren Investoren in gesellschafts- und kapitalmarktrechtlichen Fragen einschließlich Corporate Governance sowie Unternehmensfinanzierung. Er begleitet zudem regelmäßig M&A- und Kapitaltransaktionen einschließlich Aktien- und Anleiheemissionen. Dr. Simon Schwarz habilitierte sich mit einer Arbeit zum Thema „Globaler Effektenhandel" in den Fächern Handels- und Wirtschaftsrecht, Bürgerliches Recht, Internationales Privatrecht und Rechtsvergleichung. Er ist Autor mehrerer kapitalmarkt- und gesellschaftsrechtlicher Publikationen.

Susanne Carolin Sopart, Dipl.-BWin (FH) MSc, WPin/StBin ist Wirtschaftsprüferin und Director der SANSUNAS ADVISORY WPG Ltd auf Zypern. Sie verfügt aufgrund ihrer Tätigkeiten als Prüferin bei der Deutschen Bundesbank, als Wirtschaftsprüferin bei einer BIG4-Gesellschaft sowie zuletzt bei der Noerr AG WPG über umfangreiche Erfahrungen in der Abschlussprüfung, Regulierung und Aufsichtspraxis von Finanzinstituten. Neben Unternehmensbewertungen und M&A-Transaktionen sind ihre Beratungsschwerpunkte nationale und internationale Rechnungslegung, Finanzinstrumente und deren Risikomanagement. Dazu gehört die Beratung zu Fragen der Rechnungslegung und des Risikocontrollings von Krypto-Geschäften, tokenisierten Finanzinstrumenten und neuen Venture-Capital-Modellen.

Marcus Stößer ist wissenschaftlicher Mitarbeiter und Doktorand am Lehrstuhl für Bürgerliches Recht, Bank- und Kapitalmarktrecht (Professor Dr. Lutz Haertlein) der Universität Leipzig. Schwerpunkte seiner Forschung umfassen das Bankvertragsrecht sowie das Bankkontokorrent. Er ist Autor mehrerer Publikationen zu finanzrechtlichen Themen.

Dr. Laurenz Wieneke, LL.M. (Cambridge) ist Partner im Frankfurter Büro der Noerr Partnerschaftsgesellschaft mbB und Mitglied der Capital Markets und Real Estate Investment Groups. Seine Beratungsschwerpunkte liegen in der aktien- und konzernrechtlichen Beratung deutscher und internationaler Unternehmensgruppen bei Kapitalmarkttransaktionen, bei Umstrukturierungen und in den Bereichen Corporate Governance und Compliance. Er berät bei Eigen- und Fremdkapitalemissionen Emittenten, Investoren sowie deutsche und internationale Kreditinstitute als Konsortialbanken. Er ist Autor zahlreicher Veröffentlichungen und regelmäßiger Referent zu aktien- und kapitalmarktrechtlichen Themen.

Im Einzelen bearbeitet haben

Literaturverzeichnis

Weitere Fachliteratur, wie Zeitschriftenbeiträge, ist in den Literaturübersichten
zu Beginn der Kommentierungen aufgeführt.

Antonopoulos, Mastering Bitcoin, 2. Aufl., 2017

Antonopoulos/Wood, Ethereum – Grundlagen und Programmierung, 2019

Antonopoulos/Wood, Mastering Ethereum, 2018

Arndt, Bitcoin-Eigentum, 2022

Assmann/Schütze/Buck-Heeb, Handbuch des Kapitalanlagerechts, 5. Aufl., 2020
  (zit.: *Bearbeiter* in: Assmann/Schütze/Buck-Heeb, Hdb. Kapitalanlagerecht)

Assmann/Schneider/Mülbert, WpHG, Kommentar, 7. Aufl., 2019
  (zit.: *Bearbeiter* in: Assmann/Schneider/Mülbert, WpHG)

Assmann/Wallach/Zetzsche, Kapitalanlagegesetzbuch (KAGB), Kommentar, 2. Aufl., 2022

Auer-Reinsdorff/Conrad, Handbuch IT- und Datenschutzrecht, 3. Aufl., 2021
  (zit.: *Bearbeiter* in: in: Auer-Reinsdorff/Conrad, Hdb. IT-Recht)

Baumbach/Hefermehl/Casper, Wechselgesetz, Scheckgesetz, Recht des Zahlungsverkehrs,
  Kommentar, 24. Aufl., 2020
  (zit.: Baumbach/Hefermehl/Casper-*Bearbeiter*, WG/ScheckG)

Baur/Stürner, Sachenrecht, 18. Aufl., 2009

Baur/Tappen/Mehrkhah/Behme, Investmentgesetze, 4. Aufl., 2019

Beck/Samm/Kokemoor, Kreditwesengesetz mit CRR, Kommentar, Loseblatt, 229. EL
  11/2022 (zit.: Beck/Samm/Kokemoor-*Bearbeiter*, KWG)

Beck-online Großkommentar zum Zivilrecht, hrsg. v. Gsell/Krüger/Lorenz/Reymann,
  Stand: 1.1.2022 (zit.: *Bearbeiter* in: BeckOGK-ZivilR)

Beck'scher Online-Kommentar BGB, hrsg. v. Hau/Poseck, 63. Ed. 1.8.2022
  (zit.: *Bearbeiter* in: BeckOK-BGB)

Beck'scher Online-Kommentar GBO, hrsg. v. Hügel, 47. Ed. 30.9.2022
  (zit.: *Bearbeiter* in: BeckOK-GBO)

Beck'scher Online-Kommentar Grundgesetz, hrsg. v. Epping/Hillgruber, 53. Ed. 15.11.2022
  (zit.: *Bearbeiter* in: BeckOK-GG)

Beck'scher Online-Kommentar Wertpapierhandelsrecht, hrsg. v. Seibt/Buck-Heeb/Harnos,
  3. Ed. 15.2.2022 (zit.: *Bearbeiter* in: BeckOK-WpHG)

Beck'sches Mandatshandbuch Bankrecht, hrsg. v. Rotter/Placzek, 2. Aufl., 2019
  (zit.: *Bearbeiter* in: Beck'sches Mandatshdb. Bankrecht)

Bela, Coin-Kredite im Zivilrecht, 2021

Berentsen/Schär, Bitcoin, Blockchain und Kryptoassets, 2017

Beyer/Erler/Hartmann/Kramme/Müller/Pertot/Tuna/Wilke, Privatrecht 2050 – Blick
  in die digitale Zukunft, 2020

Binder/Glos/Riepe, Handbuch Bankenaufsichtsrecht, 2. Aufl., 2020
  (zit.: *Bearbeiter* in: Binder/Glos/Riepe, Hdb. Bankenaufsichtsrecht)

Boos/Fischer/Schulte-Mattler, Kreditwesengesetz (KWG), CRR-VO, Kommentar,
  5. Aufl., 2016

Born, Europäischen Kollisionsrecht des Effektengiros, 2014

Borowski, Schuldverschreibungsgesetz, SchVG, Online-Kommentar, Stand: 1.6.2019

Böttcher, Depotgesetz, Kommentar, 2012

Braegelmann/Kaulartz, Rechtshandbuch Smart Contracts, 2019

Breidenbach/Glatz, Rechtshandbuch Legal Tech, 2. Aufl., 2021
  (zit.: *Bearbeiter* in: Breidenbach/Glatz, Rechtshdb. Legal Tech)

BSI, IT-Grundschutz-Kompendium, 2020

Buchmann, Einführung in die Kryptographie, Berlin 1999

von Buttlar/Segna/Voß, Gesetz über elektronische Wertpapiere (eWpG), Kommentar
  (im Erscheinen)

Calliess/Ruffert, EUV – AEUV, Kommentar, 6. Aufl., 2022

Chun, Cross-Border Transactions of Intermediated Securities, 2012

Conreder/Meier, eWpG, Kommentar, 2022

De Filippi/Wright, Blockchain and the Law, 2019

Dechamps, Wertrechte im Effektengiroverkehr, 1989

Demelius, Die Rechtsfiktion in ihrer geschichtlichen und dogmatischen Bedeutung, 1858

Dittrich, Effektengiroverkehr mit Auslandsberührung, 2002

Dreier, Grundgesetz (GG), Kommentar, 3. Aufl., 2015

Drescher, Blockchain Grundlagen, 2017

Duden, Der Rechtserwerb vom Nichtberechtigten an beweglichen Sachen und Inhaberpapieren im deutschen internationalen Privatrecht, 1932

Dulckeit, Die Verdinglichung obligatorischer Rechte, 1951

Ebenroth/Boujong/Joost/Strohn, HGB, Kommentar, Bd. 2: 4. Aufl., 2020

Ege, Das Kollisionsrecht der indirekt gehaltenen Wertpapiere, 2006

Ehrenberg, Handbuch des gesamten Handelsrechts, Bd IV 1, 1917
  (zit.: *Bearbeiter* in: Ehrenberg, Hdb. des gesamten Handelsrechts)

Ellenberger/Bunte, Bankrechts-Handbuch, 6. Aufl., 2022
  (zit.: *Bearbeiter* in: Ellenberger/Bunte, Bankrechts-Hdb.)

Ellenberger/Findeisen/Nobbe/Böger, Kommentar zum Zahlungsverkehrsrecht, 3. Aufl., 2020

Eidenmüller/Kieninger, The Future of Secured Credit in Europe, 2008

Einsele, Bank- und Kapitalmarktrecht, 4. Aufl., 2018

Einsele, Wertpapierrecht als Schuldrecht – Funktionsverlust von Effektenurkunden
  im internationalen Rechtsverkehr, 1995

Emde/Dornseifer/Dreibus, KAGB, Kommentar, 2. Aufl., 2019

Endemann, Handbuch des deutschen Handels-, See- und Wechselrechts, Bd. II: 1882
(zit.: *Bearbeiter* in: *Endemann*, Hdb. des deutschen Handels-, See- und Wechselrechts)

Erbs/Kohlhaas, Strafrechtliche Nebengesetze, 239. EL 12/2021

Erman, BGB, Kommentar, 16. Aufl., 2020

Ertel/Löhmann, Angewandte Kryptographie, 6. Aufl., 2019

Fest, Anleihebedingungen – Rechtssicherheit trotz Inhaltskontrolle, 2016

Franz, Überregionale Effektentransaktionen und anwendbares Recht, 2005

Friedl/Hartwig-Jacob, Schuldverschreibungsgesetz (SchVG), Kommentar, 2013

Gola, Datenschutz-Grundverordnung, VO (EU) 2016/679, DS-GVO, 2. Aufl., 2018

Goode/Kanda/Kreuzer, Explanatory Report on the Hague Securities Convention, 2005

Göthel, Grenzüberschreitende M&A-Transaktionen, 5. Aufl., 2020

Gramlich/Gluchowski/Horsch/Schäfer/Waschbusch, Gabler Banklexikon – Bank – Börse – Finanzierung, 15. Aufl., 2020

Groß, Kapitalmarktrecht, Kommentar zum Börsengesetz, zur Börsenzulassungs-Verordnung, zum Wertpapierprospektgesetz und zur EU-ProspektVO, 8. Aufl., 2022

Großkommentar zum GmbHG, hrsg. v. Habersack/Casper/Löbbe, Bd. 1: 3. Aufl., 2019
(zit.: *Bearbeiter* in: GroßKomm-GmbHG)

Grundmann, Bankvertragsrecht, Bd. 2: Investmentbanking, 2021

Grüneberg, Bürgerliches Gesetzbuch (BGB), 81. Aufl., 2022

Grunewald/Schlitt, Einführung in das Kapitalmarktrecht, 4. Aufl., 2020
(zit.: *Bearbeiter* in: Grunewald/Schlitt, Einf. Kapitalmarktrecht)

Gullifer/Payne, Intermediated Securities, 2010

Habersack/Mülbert/Schlitt, Handbuch der Kapitalmarktinformation, 3. Aufl., 2020
(zit.: *Habersack/Mülbert/Schlitt*, Hdb. Kapitalmarktinformation)

Habersack/Mülbert/Schlitt, Unternehmensfinanzierung am Kapitalmarkt, 4. Aufl., 2019
(zit.: *Bearbeiter* in: Habersack/Mülbert/Schlitt, Unternehmensfinanzierung)

Hannemann/Steinbrecher/Weigl, Mindestanforderungen an das Risikomanagement (MaRisk), Kommentar, 6. Aufl., 2022

Heidelberger Kommentar zum Aktiengesetz, hrsg. v. Bürgers/Körber/Lieder, 5. Aufl., 2021
(zit.: *Bearbeiter* in: HK-AktG)

Hellner/Steuer, Bankrecht und Bankpraxis, 136. EL 9/2018

Hellwig/Karlic/Huchzermeier, Entwickeln Sie Ihre eigene Blockchain, 2021

Hennrich, Die Aktienverpfändung im grenzüberschreitenden Effektengiroverkehr, 2011

Henssler/Strohn, Gesellschaftsrecht, 5. Aufl., 2021
(zit.: *Bearbeiter* in: Henssler/Strohn, GesR)

Hofert, Regulierung der Blockchain, 2018

Hopt, Handelsgesetzbuch, Kommentar, 40. Aufl., 2021

Hopt/Seibt, Schuldverschreibungsrecht, Kommentar, Handbuch, Vertragsmuster, 2017, 2. Aufl., 2022 (zit.: *Bearbeiter* in: Hopt/Seibt, Schuldverschreibungsrecht)

Hueck/Canaris, Recht der Wertpapiere, 12. Aufl., 1986

Jacobi, Wechsel- und Scheckrecht, 1956

Jauernig, Bürgerliches Gesetzbuch (BGB), Kommentar, hrsg. v. Stürner, 18. Aufl., 2021

Juris PraxisKommentar BGB, hrsg. v. Herberger/Martinek/Rüßmann/Weth/Würdinger, Bd. 2: 9. Aufl., 2020; Bd. 3: Sachenrecht, 7. Aufl., 2014, 9. Aufl., 2020; Bd. 6: 9. Aufl., 2020 (zit.: *Bearbeiter* in: jurisPK-BGB)

Just/Voß/Ritz/Zeising, Wertpapierprospektrecht, Kommentar, 2009 (zit.: Just/Voß/Ritz/Zeising-Bearbeiter, WpPR)

Kassaye, Neuere Entwicklungen im internationalen Mobiliarsachenrecht, 1983

Keller/Munzig, Grundbuchrecht, 7. Aufl., 2015

Kieper, Abwicklungssysteme in der Insolvenz, 2004

Kindhäuser/Neumann, U./Paeffgen, Strafgesetzbuch (StGB), Kommentar, 5. Aufl., 2017

Kipker, Cybersecurity, 2020

Kirchmayr-Schliesselberger/Klas/Miernicke/Rinderle-Ma/Weilinger, Kryptowährungen, 2019

Klebeck/Dobrauz-Saldapenna, Rechtshandbuch Digitale Finanzdienstleistungen, 2018

Klein, AO, Kommentar, 15. Aufl., 2020

Koch, Aktiengesetz, Kommentar, 15. Aufl., 2021, 16. Aufl., 2022

Kölner Kommentar zum Aktiengesetz, hrsg. v. Zöllner/Noack, 3. Aufl., 2009 (zit.: *Bearbeiter* in: KölnKomm-AktG)

Kölner Kommentar zum WpÜG, hrsg. v. Hirte/Mock/Schwarz/Seibt, 3. Aufl., 2022 (zit.: *Bearbeiter* in: KölnKomm-WpÜG)

Krimphove/Lüke, MaRisk, 2022

Krishnan/Balas, Handbook of Research on Blockchain Technology, 2020

Kronke/Melis/Kuhn, Handbuch Internationales Wirtschaftsrecht, 2. Aufl., 2016 (zit.: *Bearbeiter* in: Kronke/Melis/Kuhn, Hdb. Int. Wirtschaftsrecht)

Kümpel/Mülbert/Früh/Seyfried, Bankrecht und Kapitalmarktrecht, 6. Aufl., 2022

Kuntze, Die Lehre von den Inhaberpapieren, 1857

Kusserow/Scholl, Fragen und Antworten zum Entwurf eines Gesetzes zur Einführung von elektronischen Wertpapieren, 2021

Lackner/Kühl, StGB, Kommentar, 29. Aufl., 2018

Langen, Die Kreationstheorie im heutigen Reichsrecht, 1906

Langenbucher/Bliesener/Spindler, Bankrechts-Kommentar, 3. Aufl., 2020 (zit.: *Bearbeiter* in: Langenbucher/Bliesener/Spindler, Bankrechts-Kommentar)

Larenz/Canaris: Methodenlehre der Rechtswissenschaft, 3. Aufl., 1995

Lehmann, Finanzinstrumente – Vom Wertpapier- und Sachenrecht zum Recht der unkörperlichen Vermögensgegenstände, 2009 (zit.: *Lehmann*, Finanzinstrumente)

Leupold/Wiebe/Glossner, IT-Recht, 4. Aufl., 2021
  (zit.: *Bearbeiter* in: Leupold/Wiebe/Glossner, IT-Recht)

Lieder, Die rechtsgeschäftliche Sukzession, 2015

Locher, Das Recht der Wertpapiere, 1947

Lutter/Hommelhoff, GmbH-Gesetz, Kommentar, 21. Aufl., 2022

Mahler, Rechtsgeschäftliche Verfügungen über sonder- und sammelverwahrte Wertpapiere
  des Kapitalmarktes, 2006

Maume/Maute/Fromberger, Rechtshandbuch Kryptowerte, 2020
  (zit.: *Bearbeiter* in: Maume/Maute/Fromberger, Rechtshandbuch Kryptowerte)

Medicus/Petersen, Allgemeiner Teil des BGB, 11. Aufl., 2016

Meikel, Grundbuchordnung, Kommentar, 12. Aufl., 2021

Meyer-Cording/Drygala, Wertpapierrecht, 3. Aufl., 1995

Mock, Die Schweizer Bucheffekte, 2016

Möslein/Omlor, FinTech-Handbuch, 2. Aufl., 2021
  (zit.: *Bearbeiter* in: Möslein/Omlor, FinTech-Handbuch)

Mugdan, Die gesammelten Materialien zum Bürgerlichen Gesetzbuch, Bd. II: 1899

Müller/Pieper, Gesetz über elektronische Wertpapiere (eWpG), Kommentar, 2022

von Münch/Kunig, Grundgesetz, Kommentar, Bd. 2: 7. Aufl., 2021

Münchener Handbuch des Gesellschaftsrechts, Bd. 4: 5. Aufl., 2020, hrsg. v. Hoffmann-
  Becking (zit.: *Bearbeiter* in: MünchHdb. GesR, Bd. 4)

Münchener Kommentar zum Aktiengesetz (AktG), hrsg. v. Goette/Habersack, Bd. 1–2: 2019
  (zit.: *Bearbeiter* in: MünchKomm-AktG)

Münchener Kommentar zum Bürgerlichen Gesetzbuch (BGB), hrsg. v. Rixecker/Säcker/
  Oetker/Limperg, Bd. 1: 9. Aufl., 2021; Bd. 2: 8. Aufl., 2019; Bd. 3: 9. Aufl., 2022;
  Bd. 7 und Bd. 8: 8. Aufl., 2020; Bd. 12: 8. Aufl., 2020; Bd. 13: 8. Aufl., 2021
  (zit.: *Bearbeiter* in: MünchKomm-BGB)

Münchener Kommentar zum Handelsgesetzbuch (HGB), hrsg. v. Drescher/Fleischer/
  K. Schmidt, Bd. 6: 4. Aufl., 2019 (zit.: *Bearbeiter* in: MünchKomm-HGB)

Münchener Kommentar zur Insolvenzordnung (InsO), hrsg. v. Kirchhof/Lwowski/
  Stürner, 4. Aufl., 2019 ff. (zit.: *Bearbeiter* in: MünchKomm-InsO)

Münchener Kommentar zum Strafgesetzbuch (StGB), hrsg. v. Erb/Schäfer, 4. Aufl., 2022
  (zit.: *Bearbeiter* in: MünchKomm-StGB)

Münchener Kommentar zur Zivilprozessordnung (ZPO), hrsg. v. Krüger/Rauscher,
  Bd. 3: 6. Aufl., 2022 (zit.: *Bearbeiter* in: MünchKomm-ZPO)

Musielak/Voigt, Zivilprozessordnung mit Gerichtsverfassungsgesetz, Kommentar,
  18. Aufl., 2021

Nemeczek, Der Europäische Pass für Bankgeschäfte, 2021

Neuner, Allgemeiner Teil des Bürgerlichen Rechts, 12. Aufl., 2020 (zit.: *Neuner*, AT BGB)

Noack/Servatius/Haas, GmbHG, Kommentar, 23. Aufl., 2022

Nomos Kommentar BGB, Bd. 1: AT, hrsg. v. Heidel/Hüßtege/Mansel/Noack, 4. Aufl., 2021; Bd. 2: Schuldrecht, hrsg. v. Dauner-Lieb/Langen, 4. Aufl., 2021 (zit.: *Bearbeiter* in: NK-BGB)

Omlor/Link, Kryptowährungen und Token, 2021

Omlor/Möslein/Grundmann, Elektronische Wertpapiere, 2021 (zit.: *Bearbeiter* in: Omlor/Möslein/Grundmann, Elektronische Wertpapiere)

Opitz, Depotgesetz, Kommentar, 2. Aufl., 1955

Opitz, Die Vervollkommnung des Effektenverkehrs, 1942

Opitz, Die Vorteile der Girosammelverwahrung, 1942

Paal/Pauly, Datenschutz-Grundverordnung, Bundesdatenschutzgesetz, 3. Aufl., 2021

Preuße, SchVG, Kommentar, 2011

Redeker, IT-Recht, 7. Aufl., 2020

Reinhard/Schall, SchVG, Gesetz über Schuldverschreibungen aus Gesamtemissionen, Kommentar, 2020

Reischauer/Kleinhans, Kreditwesengesetz, Kommentar, hrsg. v. Albert/Bitterwolf/Brogl/Mielk, Loseblatt, Stand: 2022

Reithmann/Martiny, Internationales Vertragsrecht, 9. Aufl., 2021

Renz/Hense/Marbeiter, Wertpapier-Compliance in der Praxis, 2. Aufl., 2019

Ribak, Wertpapierrecht der Security Token Offerings, 2023

Rosenbaum, Bitcoin, 2019

Roxin, Strafrecht, Allgemeiner Teil, Bd. 2: 2003 (zit.: *Roxin*, Strafrecht AT)

Saager, Effektengiroverkehr und Internationales Privatrecht, 2007

Sachs, Grundgesetz (GG), Kommentar, 9. Aufl., 2021

Schäfer/Omlor/Mimberg, ZAG, Zahlungsdiensteaufsichtsgesetz, Kommentar, 2021

Scherer, Depotgesetz, Kommentar, 2012

Schimansky/Bunte/Lwowski, Bankrechts-Handbuch, 5. Aufl., 2017 (zit.: *Bearbeiter* in: Schimansky/Bunte/Lwowski, Bankrechts-Hdb.)

Schlaegel, Die Finanzsicherheiten-Richtlinie (2002/47/EG) und ihre Umsetzung in das deutsche Recht, 2008

Scholz, GmbHG, Kommentar, Bd. 1: 12. Aufl., 2018; Bd. 2–3: 12. Aufl., 2021

Schöner/Stöber, Grundbuchrecht, 16. Aufl., 2020 (zit.: *Bearbeiter* in: Schöner/Stöber, Grundbuchrecht)

Schönke/Schröder, Strafgesetzbuch (StGB), Kommentar, 20. Aufl., 2019

Schreiber, Handbuch Immobilienrecht, 4. Aufl., 2020

Schulze, Handkommentar Bürgerliches Gesetzbuch (BGB), 11. Aufl., 2021

Schulze De la Cruz, Der neue Normzweck des Rechts der Gesellschafterdarlehen und seine Auswirkungen auf den persönlichen Anwendungsbereich, 2015

Schwark/Zimmer, Kapitalmarktrechts-Kommentar, 5. Aufl., 2020
  (zit.: *Bearbeiter* in: Schwark/Zimmer, Kapitalmarktrechts-Kommentar)

Schwarz, Globaler Effektenhandel, 2016

Schwennicke/Auerbach, Kreditwesengesetz (KWG) mit Zahlungsdiensteaufsichtsgesetz
  (ZAG), Kommentar, 4. Aufl., 2021

Segna, Bucheffekten, Ein rechtsvergleichender Beitrag zur Reform des deutschen Depotrechts, 2018

Semler/v. Schenck/Wilsing, Arbeitshandbuch für Aufsichtsratsmitglieder, 5. Aufl., 2021
  (zit.: *Bearbeiter* in: Semler/v. Schenck/Wilsing, Arbeitshandbuch für Aufsichtsratsmitglieder)

Siekmann, The European Monetary Union – A Commentary on the Legal Foundations, 2022
  (zit.: *Bearbeiter* in: Siekmann, The European Monetary Union)

Simitis/Hornung/Spiecker gen. Döhmann, Datenschutzrecht, 2019
  (zit.: *Bearbeiter* in: Simitis/Hornung/Spiecker, Datenschutzrecht)

Soergel, Bürgerliches Gesetzbuch (BGB), Kommentar, Bd. 20: Schuldrecht, 13. Aufl., 2012

Spiegel, Blockchain-basiertes virtuelles Geld, 2020

Spindler/Stilz, AktG, Kommentar, 5. Aufl., 2022

Staudinger, Bürgerliches Gesetzbuch (BGB), Buch 1: AT, Neubearb. 2023; Buch 2: Recht
  der Schuldverhältnisse, Neubearb 2022; Buch 3 Sachenrecht, 2020; Buch Internationales
  Sachenrecht: §§ 43–46 EGBGB, 2014

Steiner, Krypto-Assets und das Aufsichtsrecht, 2019

Streinz, EUV/AEUV, Kommentar, 3. Aufl., 2018

Taeger/Gabel, DSGVO/BDSG/TTDSG, Kommentar, 4. Aufl., 2022

v. Tuhr, Der Allgemeine Teil des Deutschen Bürgerlichen Rechts, Bd. II 1: 1914

Ulmer, Das Recht der Wertpapiere, 1938

Veranneman, Schuldverschreibungsgesetz (SchVG), Kommentar, 2. Aufl., 2016

Weitnauer, Handbuch Venture Capital, 7. Aufl., 2022

Weitnauer/Boxberger/Anders, Kapitalanlagegesetzbuch mit Investmentsteuergesetz
  EuVECA-VO, EuSEF-VO und ELTIF-VO, Kommentar, 3. Aufl., 2021
  (zit.: Weitnauer/Boxberger/Anders-*Bearbeiter*, KAGB)

Westermann/Gursky/Eickmann, Sachenrecht, 8. Aufl., 2011

Wolf, Initial Coin Offerings, 2020

Wust, Die grenzüberschreitende Verbuchung von Wertpapieren, 2011

Zech, Einführung in das Technikrecht, 2022

Zobl/Hess/Schott, Bucheffektengesetz (BEG), Kommentar, 2013

Zöller, ZPO, Kommentar, 34. Aufl., 2022

Zöllner, Wertpapierrecht, 14. Aufl., 1987

Einleitung

Literatur: *Beurskens*, Blockchain und Gesellschaftsrecht – Endlose Möglichkeiten?, NZG 2021, 353; *Boehm/Pesch*, Bitcoins: Rechtliche Herausforderungen einer virtuellen Währung. Eine erste juristische Einordnung, MMR 2014, 75; *Casper*, Das Zukunftsfinanzierungsgesetz, ZHR 187 (2023) 5; *Casper*, Elektronische Schuldverschreibung: es ist Zeit für einen grundlegenden gesetzlichen Neustart, BKR 2019, 209; *Damjanovic/Pfurtscheller/Raschauer*, Liechtensteins „Blockchain-Regulierung" – Ein- und Ausblicke, ZEuP 2021, 397; *Dubovitskaya*, Gesetzentwurf zur Einführung von elektronischen Wertpapieren: ein zaghafter Schritt nach vorn, ZIP 2020, 2551; *Guntermann*, RefE ZuFinG: Vorhang auf für die e-Aktie, AG 2023, 426; *Guntermann*, Die elektronische Aktie und das eWpG, AG 2021, 449; *Heppding/Schalast/Schiereck*, Rechtliche und regulatorische Handhabung von STO im internationalen Kontext, RdF 2021, 84; *Heppekausen*, Blockchain, Wertpapierprospektrecht und das übrige Aufsichtsrecht, BKR 2020, 10; *Kaulartz/Matzke*, Die Tokenisierung des Rechts, NJW 2018, 3278; *Lehmann*, Das Gesetz zur Einführung von elektronischen Wertpapieren, NJW 2021, 2318; *Linardatos*, Elektronische Schuldverschreibungen auf den Inhaber – des Wertpapiers neue Kleider, ZBB 2020, 329; *Litten*, Das eWpG im Kontext der Digitalisierung der Kapitalmärkte, BB 2021, 1223; *Maume*, Die Kryptoaktie im Zukunftsfinanzierungsgesetz, BKR 2023, 282; *Maume/Fromberger*, Die Blockchain-Aktie, ZHR (185) 2021, 507; *Meier*, Übertragung von elektronischen Wertpapieren nach dem eWpG-E, RDi 2021, 1; *Möslein/Omlor/Urbach*, Grundfragen eines Blockchain-Kapitalgesellschaftsrechts, ZIP 2020, 2149; *Omlor*, Elektronische Wertpapiere nach dem eWpG, RDi 2021, 371; *Omlor/Wilke/Blöcher*, Zukunftsfinanzierungsgesetz, MMR 2022, 1044; *Preuße/Wöckener/Gillenkirch*, Das Gesetz zur Einführung elektronischer Wertpapiere, BKR 2021, 460; *Preuße/Wöckener/Gillenkirch*, Der Gesetzesentwurf zur Einführung elektronischer Wertpapiere, BKR 2020, 551; *Reger/Langheld/Haagen*, Elektronische Aktien, RDi 2021, 83; *Siadat*, Markets in Crypto Assets Regulation – erster Einblick mit Schwerpunktsetzung auf Finanzinstrumente, RdF 2021, 12; *Schrey/Thalhofer*, Rechtliche Aspekte der Blockchain, NJW 2017, 143; *Sickinger/Thelen*, Anleihen und Genussscheine auf der Blockchain – Der Referentenentwurf eines Gesetzes zur Einführung von elektronischen Wertpapieren, AG 2020, 862; *Spindler/Bille*, Rechtsprobleme von Bitcoins als virtuelle Währung, WM 2014, 1357; *Weber*, Neue Blockchain-Gesetzgebung in der Schweiz, RDi 2021, 186; *Wieneke/Kunz*, Das Gesetz zur Einführung von elektronischen Wertpapieren, NZG 2021, 316.

Übersicht

I. Gesetzeszweck

1 Das am 10.6.2021 in Kraft getretene Gesetz über elektronische Wertpapiere (**eWpG**) bildet das Kernstück des Gesetzes zur Einführung von elektronischen Wertpapieren (**eWp**). Es schafft mit dem eWpG die zivilrechtliche Grundlage für die Ausgabe elektronischer Wertpapiere, die nun ohne Verbriefung in einer papierhaften Urkunde als Zentralregisterwertpapiere oder als Kryptowertpapiere begeben werden können. Begleitend erfolgt eine Anpassung von BörsZulV, WpPG, DepotG, SchVG, KWG, FinDAG und KAGB. Ausgewiesenes Ziel des Gesetzgebers ist es, „das Wertpapierrecht zu modernisieren und damit den Finanzplatz Deutschland zu stärken"[1].

1. Stärkung des Finanzplatzes Deutschland

2 Bei der Stärkung des Finanzplatzes Deutschland handelt es sich um den übergeordneten Zweck des eWpG.[2] Der Gesetzgeber möchte insbesondere rechtliche Rahmenbedingungen für Wertpapiergeschäfte auf Grundlage von Distributed-Ledger-Technologien (**DLT**) schaffen, wie z. B. der **Blockchain**, um den Anschluss an Rechtsordnungen, die bereits einen Rechtsrahmen für Wertpapiere „auf der Blockchain" bieten (für Überblicke zur Rechtslage in ausgewählten ausländischen Rechtordnungen siehe Rz. 35 ff.), zu halten.[3] Mangels entsprechender Regelung in Deutschland und angesichts eines praktischen Bedürfnisses nach **Unternehmensfinanzierung** durch Wertpapiere, die elektronisch und ggf. mittels DLT begeben werden, befürchtete man eine **nachlassende Anziehungskraft des Finanzplatzes Deutschland**.[4] Die Einführung elektronischer Wertpapiere soll die Attraktivität des Finanzstandorts sichern und die Voraussetzungen für **Innovationen im Finanzsektor** verbessern.[5]

2. Modernisierung des Wertpapierrechts

3 Die Einführung elektronischer Wertpapiere soll auch der Modernisierung des Wertpapierrechts dienen. Sie steht dabei im Kontext der Digitalisierung des Wertpapiergeschäfts und einer langjährigen rechtswissenschaftlichen Diskussion über die Entmaterialisierung des auf papierhaften Urkunden und sachenrechtlichen Prinzipien beruhenden Wertpapier- und Depotrechts.[6] Vor dem Hintergrund des Grundsatzes der **Technologieneutralität**[7] soll das eWpG die Begebung elektronischer Wertpapiere auch außerhalb der Nutzung von DLT durch eine Eintragung in **Zentralen Registern** ermöglichen und so eine grundsätzliche elektronische Alternative zu papierhaften Urkunden schaffen. Diese **Zweiteilung** des gesetzgeberischen Modernisierungsvorhabens (dezentral – zentral) lässt sich in der Entwicklungsgeschichte des Gesetzes nachzeichnen. Sie prägt das eWpG sowohl systematisch als auch inhaltlich.

4 Der Gesetzgeber will das Wertpapierrecht insbesondere durch eine Öffnung für **neue dezentrale Technologien** in die Zukunft führen. Aus der Gesetzesbegründung ergibt sich, dass es ihm bei der Einführung elektronischer Wertpapiere dabei besonders auf die Nutzung dezentraler Speichertechnologien wie z. B. der Blockchain-Technologie ankommt.[8]

---

1) RegE Gesetz zur Einführung von eWp, BT-Drucks. 19/26925, S. 1.
2) Vgl. Müller/Pieper-*Müller*, eWpG, Einl. Rz. 6, 8.
3) Vgl. Müller/Pieper-*Pieper*, eWpG, § 1 Rz. 4.
4) RegE Gesetz zur Einführung von eWp, BT-Drucks. 19/26925, S. 1.
5) Begr. RegE Gesetz zur Einführung von eWp, BT-Drucks. 19/26925, S. 29.
6) Überblicke über die verschiedenen Ansätze finden sich u. a. bei *Segna*, Bucheffekten, S. 7 f. und *Casper*, BKR 2019, 209, 213 f.
7) Müller/Pieper-*Pieper*, eWpG, § 1 Rz. 5.
8) So auch *Casper*, BKR 2019, 209, 209; Müller/Pieper-*Pieper*, eWpG, § 1 Rz. 4; *Sickinger/Thelen*, AG 2020, 862, 863.

So wird „in der Begebung von Wertpapieren mittels der Blockchain-Technologie ein zentraler Anwendungsbereich dieser Speichertechnik gesehen"[9]. Kryptowertpapierregister sind gemäß § 16 Abs. 1 eWpG auf einem „fälschungssicheren Aufzeichnungssystem" zu führen, d. h. einem dezentralen Zusammenschluss mit verteilten Kontrollrechten (§ 4 Abs. 11 eWpG). Der Gesetzgeber möchte hierdurch das Potential der DLT zur partiellen **Disintermediation** und **Senkung von Transaktionskosten** im Wertpapiergeschäft nutzen.[10]

Die Begebung elektronischer Wertpapiere soll auch außerhalb der Nutzung von Blockchain-   **5**
Technologie und vergleichbarer DLT möglich sein. Insofern gibt der Gesetzgeber den tradierten wertpapierrechtlichen Zwang zur urkundlichen Verkörperung von Wertpapieren auf.[11] Durch die Einführung elektronischer Wertpapiere in **Zentralen Registern** erfolgt eine grundlegende **Digitalisierung** des Wertpapierrechts und eine Annäherung an den Umgang mit kapitalmarktrechtlichen Wertpapieren in der Praxis: Die Begebung und der Handel von verbrieften Wertpapieren erfolgen schon bisher im Wesentlichen über die Girosammelverwahrung in einer bei der Clearstream Banking AG als Wertpapiersammelbank verwahrten **Dauerglobalurkunde** und entsprechende Depotkontobuchungen, ohne dass noch einzelne Wertpapierurkunden bewegt würden. In dieser Hinsicht dient die weitere Modernisierung des Wertpapierrechts durch das eWpG vor allem der **digitalen Abbildung** des institutionellen **Effektengiroverkehrs** und der Loslösung vom Erfordernis der Verbriefung, die indes als alternative Begebungsform auch zukünftig möglich bleibt. Durch den Wegfall der Kosten für eine physische Verwahrung der Urkunden erwartet der Gesetzgeber eine **Senkung der Transaktionskosten**.[12]

Die Modernisierung des Wertpapierrechts durch Einführung der Registerbegebung soll   **6**
nicht auf Kosten von **Rechtssicherheit, Anlegerschutz** und **Integrität, Transparenz** sowie **Funktionsfähigkeit der Finanzmärkte** gehen. Insofern hat das Gesetz zur Einführung von eWp auch eine **Schutzfunktion**. Diese zeigt sich in Bezug auf die Öffnung des Wertpapierrechts für neue Technologien u. a. darin, dass die Kryptowertpapierregisterführung gemäß §§ 1 Abs. 1a Satz 2 Nr. 8, 32 Abs. 1 KWG der behördlichen Aufsicht unterstellt wird.[13] Die Regelungen des eWpG sollen sich möglichst bruchlos in das bestehende Zivil- und Aufsichtsrecht einordnen, um die Vorteile elektronischer Wertpapiere **ohne großen Umstellungsaufwand** nutzbar zu machen.[14]

II. Historie

Triebfeder des eWpG sind die **technologischen Fortschritte** bei Systemen dezentraler   **7**
Datenspeicherung, die besonders in der Entwicklung und dem Ausbau der DLT liegen.[15] Mitte der 2010er Jahre begannen Unternehmen, die DLT für die Unternehmensfinanzierung zu nutzen, indem sie Krypto-Token emittierten.[16] Die frühen rechtswissenschaftlichen Arbeiten zu diesem Phänomen zeigten eine erhebliche Rechtsunsicherheit bei verschiedenen Aspekten von Krypto-Token, namentlich bei den Modalitäten für ihre Übertragung.[17] Diese „Rückständigkeit" des deutschen Rechts wurde kritisiert und der Ruf nach dem Ge-

---

9) Begr. RegE Gesetz zur Einführung von eWp, BT-Drucks. 19/26925, S. 29.
10) *Litten*, BB 2021, 1223, 1226; vgl. Müller/Pieper-*Müller*, eWpG, Einl. Rz. 4.
11) Begr. RegE Gesetz zur Einführung von eWp, BT-Drucks. 19/26925, S. 29.
12) Begr. RegE Gesetz zur Einführung von eWp, BT-Drucks. 19/26925, S. 49.
13) RegE Gesetz zur Einführung von eWp, BT-Drucks. 19/26925, S. 1 f.
14) Begr. RegE Gesetz zur Einführung von eWp, BT-Drucks. 19/26925, S. 29.
15) Vgl. Müller/Pieper-*Pieper*, eWpG, § 1 Rz. 4.
16) *Wolf*, Initial Coin Offerings, S. 30; *Siedler* in: *Möslein/Omlor*, Fintech-Handbuch, § 7 Rz. 94.
17) *Spindler/Bille*, WM 2014, 1357 ff.; *Boehm/Pesch*, MMR 2014, 75 ff.; *Schrey/Thalhofer*, NJW 2017, 143 ff.; *Kaulartz/Matzke*, NJW 2018, 3278 ff.

setzgeber laut. 2018 hielten CDU, CSU und SPD im **Koalitionsvertrag** für die 19. Legislaturperiode fest, einen Rechtsrahmen für die Blockchain-Technologie schaffen zu wollen.[18] In dieser Absicht veröffentlichten das Bundesministerium der Finanzen (BMF) und das Bundesministerium der Justiz und für Verbraucherschutz (BMJV) am **7.3.2019** ein gemeinsames **Eckpunktepapier** für die regulatorische Behandlung elektronischer Wertpapiere und Krypto-Token.[19] In einem nächsten Schritt verkündete die **Bundesregierung** am **19.9.2019** eine **Blockchain-Strategie**. Darin bekräftigte sie das Vorhaben, das deutsche Recht für elektronische Wertpapiere öffnen zu wollen.[20] Hierauf folgte am **11.8.2020** ein gemeinsamer **Referentenentwurf** des BMJ[21] und des BMF für das Gesetz zur Einführung von eWp.[22]

8   Im Rahmen der Konsultation des RefE des Gesetzes zur Einführung von eWp gingen zahlreiche Stellungnahmen ein,[23] welche die Bundesregierung veranlassten, Änderungen vorzunehmen.[24] So verwendete der **Regierungsentwurf**[25] vom **16.12.2020** nicht länger den Begriff der elektronischen Wertpapiere als Oberbegriff und **zugleich** als Kategorie „elektronischer Wertpapiere", sondern umfasste – entsprechend der Zweiteilung des Modernisierungsvorhabens – die Unterkategorien **Zentralregisterwertpapier** und **Kryptowertpapier** (§ 4 Abs. 1 eWpG). Dies hat zur Folge, dass die Unterscheidung zwischen Inhaber und Berechtigtem in § 3 eWpG, die sich allgemein auf elektronische Wertpapiere bezieht, nunmehr einer einheitlichen Regelung unterliegt.[26] Relevant ist darüber hinaus, dass im Gegensatz zum Referentenentwurf nun nicht lediglich Zentralverwahrer i. S. des Art. 2 Abs. 1 Nr. 1, 16 CSDR[27] **Zentrale Register** führen können, sondern jede Person, die über eine Erlaubnis zum Betreiben des Depotgeschäfts im Inland verfügt (§ 12 Abs. 2 Nr. 2 i. V. m. § 4 Abs. 6 eWpG). Weiterhin sah der Regierungsentwurf die **Einzeleintragung** gemäß § 8 Abs. 1 Nr. 2 eWpG – entgegen dem Referentenentwurf – auch für Zentralre-

---

18) CDU/CSU/SPD, Ein neuer Aufbruch für Europa. Eine neue Dynamik für Deutschland. Ein neuer Zusammenhalt für unser Land. Koalitionsvertrag zwischen CDU, CSU und SPD, 19. Legislaturperiode, Rz. 1927–1936, abrufbar unter https://archiv.cdu.de/system/tdf/media/dokumente/koalitionsvertrag_2018.pdf?file=1 (Abrufdatum: 13.2.2023).

19) BMF/BMJV, Eckpunkte für die regulatorische Behandlung von elektronischen Wertpapieren und Krypto-Token, v. 7.3.2019, abrufbar unter https://www.bundesfinanzministerium.de/Content/DE/Gesetzestexte/Gesetze_Gesetzesvorhaben/Abteilungen/Abteilung_VII/19_Legislaturperiode/2019-03-07-Eckpunktepapier-Wertpapiere-Krypto-Token/0-Gesetz.html (Abrufdatum: 13.2.2023).

20) Blockchain-Strategie der Bundesregierung v. 18.9.2019, S. 6, abrufbar unter https://www.bundesregierung.de/breg-de/service/publikationen/blockchain-strategie-der-bundesregierung-1672384 (Abrufdatum: 13.2.2023).

21) Aufgrund Ziff. II Nr. 3 des Organisationserlasses des Bundeskanzlers v. 8.12.2021 (BGBl. I 2021, 5176) erhielt das BMJV die Bezeichnung BMJ.

22) RefE Gesetz zur Einführung von eWp, abrufbar unter https://bundesfinanzministerium.de/Content/DE/Gesetzestexte/Gesetze_Gesetzesvorhaben/Abteilungen/Abteilung_VII/19_Legislaturperiode/2021-06-09-einfuehrung-elektronische-wertpapiere/1-Referentenentwurf.pdf?__blob=publicationFile&v=2 (Abrufdatum: 13.2.2023).

23) Stellungnahmen z. RefE abrufbar unter https://bundesfinanzministerium.de/Content/DE/Gesetzestexte/Gesetze_Gesetzesvorhaben/Abteilungen/Abteilung_VII/19_Legislaturperiode/2021-06-09-einfuehrung-elektronische-wertpapiere/0-Gesetz.html (Abrufdatum: 13.2.2023).

24) Eine Übersicht der Änderungen findet sich bei *Preuße/Wöckener/Gillenkirch*, BKR 2021, 460, 462 ff.

25) RegE Gesetz zur Einführung von eWp, BT-Drucks. 19/26925.

26) S. hierzu Deutsche Bundesbank, Stellungnahme z. RefE eWpG, v. 10.9.2020, abrufbar unter https://bundesfinanzministerium.de/Content/DE/Gesetzestexte/Gesetze_Gesetzesvorhaben/Abteilungen/Abteilung_VII/19_Legislaturperiode/2021-06-09-einfuehrung-elektronische-wertpapiere/0-Gesetz.html (Abrufdatum: 13.2.2023).

27) Verordnung (EU) Nr. 909/2014 des Europäischen Parlaments und des Rates v. 23.7.2014 zur Verbesserung der Wertpapierlieferungen und -abrechnungen in der Europäischen Union und über Zentralverwahrer sowie zur Änderung der Richtlinien 98/26/EG und 2014/65/EU und der Verordnung (EU) Nr. 236/2012 (Central Securities Depositories Regulation – CSDR), ABl. (EU) L 257/1 v. 28.8.2014.

gisterwertpapiere vor.[28)] Abschnitt 4 des eWpG wurde aufgrund kritischer Stellungnahmen[29)] hinsichtlich des **Gutglaubensschutzes** beim Erwerb elektronischer Wertpapiere in Einzeleintragung reduziert: Während in § 26 des RefE eWpG auch der gute Glaube an Bevollmächtigung, Verfügungsbefugnis und Geschäftsfähigkeit des Veräußerers geschützt wurde, gilt dies nunmehr nur noch – wie bei anderen Gutglaubenstatbeständen des Zivilrechts (z. B. § 892 BGB) – für **Registerinhalt und Inhaberschaft**.[30)] Schließlich nahm die Bundesregierung – u. a. auch auf Grundlage der Stellungnahmen von Verbandsseite[31)] – **Anteilscheine an Investmentsondervermögen** durch eine Änderung des § 95 KAGB in das Modernisierungsprogramm des Gesetzes zur Einführung von eWp auf.[32)]

Weitere Änderungen am Regierungsentwurf des Gesetzes zur Einführung von eWp stieß **9** der **Finanzausschuss** des Bundestages durch seine **Beschlussempfehlung und seinen Bericht** vom 5.5.2021 an.[33)] Zu nennen ist hier zunächst eine Anpassung des § 5 Abs. 1 eWpG durch die Einführung eines Satz 2. Dieser sieht nun die Möglichkeit vor, den Zugang zu niedergelegten **Emissionsbedingungen** in bestimmten Fällen – insbesondere bei Privatplatzierungen – nach Maßgabe einer Rechtsverordnung (§§ 15, 23 eWpG) zu beschränken. Zudem wurden die Pflichten der registerführenden Stelle zur Eintragung von **Verfügungsbeschränkungen** (§§ 13 Abs. 2 Satz 1 Nr. 1, 17 Abs. 2 Satz 1 Nr. 1 eWpG) stärker an § 892 Abs. 1 Satz 2 BGB angelehnt. Nur **relative** Verfügungsbeschränkungen sollen erfasst sein.[34)] Der in diesem Zuge ebenfalls ergänzte § 26 Satz 2 eWpG soll klarstellen, dass sich der **öffentliche Glaube des Registers** auch auf diese relativen Verfügungsbeschränkungen bezieht.[35)] Schließlich kommt neben weiteren Anpassungen[36)] vor allem der Schaffung einer Ermächtigung zur Einführung von **Kryptofondsanteilen** durch Rechtsverordnung Bedeutung zu. Der Regierungsentwurf sah bereits die Möglichkeit der Ausgabe von in zentralen Wertpapierregistern eingetragenen elektronischen Anteilscheinen vor. Auf Beschlussempfehlung des Finanzausschusses regelt § 95 Abs. 5 KAGB nun eine Verordnungsermächtigung zur Ausweitung des Anwendungsbereichs auf Kryptofondsanteile. BMF und BMJV haben hiervon mit der Verordnung über Kryptofondsanteile vom 3.6.2022 (**KryptoFAV**)[37)] inzwischen Gebrauch gemacht.

Mit den genannten Anpassungen beschloss der Deutsche Bundestag das Gesetz zur Ein- **10** führung von eWp in zweiter und dritter Lesung am 6.5.2021. Am **9.6.2021** folgte die Ver-

---

28) S. für die klarstellende Änderung des Wortlauts von „für sich selbst hält" zu „als Berechtigte hält" durch Beschlussempfehlung und Bericht d. FA z. Gesetz zur Einführung von eWp, BT-Drucks. 19/29372, S. 13.

29) *Linardatos*, ZBB 2020, 329, 342 f.; DAV, Stellungnahme z. RefE eWpG, v. 23.9.2020, S. 31 Rz. 78 – zum gutgläubigen Erwerb von Minderjährigen und Geschäftsunfähigen, abrufbar unter https://bundesfinanzministerium.de/Content/DE/Gesetzestexte/Gesetze_Gesetzesvorhaben/Abteilungen/Abteilung_VII/19_Legislaturperiode/2021-06-09-einfuehrung-elektronische-wertpapiere/0-Gesetz.html (Abrufdatum: 13.2.2023).

30) Conreder/Meier-*Meier*, eWpG, § 26 Rz. 2; zu den Folgen der Änderung *Meier*, RDi 2021, 1, 9.

31) S. exemplarisch BAI, Stellungnahme z. RefE eWpG, v. 14.9.2020, abrufbar unter https://bundesfinanzministerium.de/Content/DE/Gesetzestexte/Gesetze_Gesetzesvorhaben/Abteilungen/Abteilung_VII/19_Legislaturperiode/2021-06-09-einfuehrung-elektronische-wertpapiere/0-Gesetz.html (Abrufdatum: 13.2.2023).

32) S. Begr. RegE Gesetz zur Einführung von eWp z. Art. 10, BT-Drucks. 19/26925, S. 75 f.

33) Beschlussempfehlung und Bericht d. FA z. Gesetz zur Einführung von eWp, BT-Drucks. 19/29372.

34) Beschlussempfehlung und Bericht d. FA z. Gesetz zur Einführung von eWp, BT-Drucks. 19/29372, S. 53.

35) Beschlussempfehlung und Bericht d. FA z. Gesetz zur Einführung von eWp, BT-Drucks. 19/29372, S. 57.

36) Beschlussempfehlung und Bericht d. FA z. Gesetz zur Einführung von eWp, BT-Drucks. 19/29372, S. 2 f.

37) Verordnung über Kryptofondsanteile (KryptoFAV), v. 3.6.2022, BGBl. I 2022, 868.

kündung im Bundesgesetzblatt.[38] Seit dem **Folgetag ist es in Kraft** (Art. 12 des Gesetzes zur Einführung von eWp).

III. Systematische Einordnung

11 Das eWpG fügt sich in das bestehende System des deutschen Zivil- und Wertpapierrechts ein: Von zentraler Bedeutung ist die **Sachfiktion des § 2 Abs. 3 eWpG**.[39] Hiernach gelten elektronische Wertpapiere trotz fehlender Körperlichkeit als (bewegliche) Sachen i. S. des § 90 BGB. Daraus folgt, dass sachenrechtliche Vorschriften im Grundsatz auf elektronische Wertpapiere anwendbar sind. So vollzieht sich die Übertragung elektronischer Wertpapiere in **Sammeleintragung** – die dabei jeweils als Wertpapiersammelbestand gemäß § 6 DepotG gelten – nach den §§ 929 ff. BGB.[40] Die Übertragung elektronischer Wertpapiere in **Einzeleintragung** richtet sich nach § 25 eWpG und erfolgt durch Einigung und Umtragung auf entsprechende Weisung des Veräußerers. Einen **gutgläubigen Erwerb** ermöglicht § 26 eWpG.

12 Wertpapierrechtlich treten die Regelungen des eWpG neben die bestehenden Regelungen, da elektronische Wertpapiere nicht den **„numerus clausus"** der Wertpapiere erweitern, sondern lediglich die nutzbaren **Begebungsformen** der bestehenden Wertpapiere.[41] Damit gelten für elektronische Wertpapiere insbesondere die **kapitalmarktrechtlichen Vorschriften.** Hierzu zählt vor allem die Marktmissbrauchsverordnung (MAR),[42] dies nach zutreffender Ansicht jedoch nur, wenn die Wertpapiere auf einem geregelten Markt, einem multilateralen Handelssystem oder einem organisierten Handelssystem gehandelt werden.[43] Zu beachten sind ferner das WpHG sowie die Prospekt-VO[44] und das WpPG. Emittenten und Inhaber elektronischer Wertpapiere können daher bspw. der Pflicht zur **Ad-hoc-Publizität** (Art. 17 ff. MAR) und dem **Insiderhandelsverbot** (Art. 14 MAR), **Informationspflichten** für die Wahrnehmung von Rechten aus Wertpapieren (§§ 48 ff. WpHG, nur bei Zulassung zum Handel an einem organisierten Markt), der **Prospektpflicht** bei öffentlichen Angeboten oder der Zulassung zum Handel an einem geregelten Markt (Art. 3 Abs. 1, 3 der Prospekt-VO) und der **Prospekthaftung** (Art. 11 Prospekt-VO, §§ 8 ff. WpPG) unterliegen.

13 Sofern die **unkörperliche Natur** elektronischer Wertpapiere es erfordert, nimmt das Gesetz zur Einführung von eWp Anpassungen an den bestehenden kapitalmarkt- und finanzaufsichtsrechtlichen Vorschriften vor. Bedeutung kommt dabei insbesondere den Änderungen

---

38) Gesetz zur Einführung von elektronischen Wertpapieren, v. 3.6.2021, BGBl. I 2021, 1423.

39) *Omlor* in: Omlor/Möslein/Grundmann, Elektronische Wertpapiere, S. 139 ff.; *Omlor*, RDi 2021, 371, 372 f.

40) *Einsele* in: Omlor/Möslein/Grundmann, Elektronische Wertpapiere, S. 192 f.

41) Begr. RegE Gesetz zur Einführung von eWp, BT-Drucks. 19/26925, S. 39.

42) Verordnung (EU) Nr. 596/2014 des Europäischen Parlaments und des Rates vom 16. April 2014 über Marktmissbrauch (Marktmissbrauchsverordnung) und zur Aufhebung der Richtlinie 2003/6/EG des Europäischen Parlaments und des Rates und der Richtlinien 2003/124/EG, 2003/125/EG und 2004/72/EG der Kommission (MAR), ABl. (EU) L 173/1 v. 12.6.2014.

43) V. Buttlar/Segna/Voss-*St. Schulz/K.-A. Neumann*, eWpG (im Erscheinen); *Sickinger/Thelen*, AG 2020, 862, 868; a. A. – Qualifikation als Wertpapier soll ausreichen – *Heppekausen*, BKR 2020, 10, 11; *Preuße/Wöckener/Gillenkirch*, BKR 2021, 460, 461; bei geregelten Märkten und multilateralen Handelssystemen genügt das Stellen eines entsprechenden Zulassungsantrags, vgl. Art. 2 Abs. 1 lit. a und lit. b MAR.

44) Verordnung (EU) 2017/1129 des Europäischen Parlaments und des Rates v. 14.6.2017 über den Prospekt, der beim öffentlichen Angebot von Wertpapieren oder bei deren Zulassung zum Handel an einem geregelten Markt zu veröffentlichen ist und zur Aufhebung der Richtlinie 2003/71/EG (EU-ProspektVO), ABl. (EU) L 168/12 v. 30.6.2017.

des Börsen- und Prospektrechts[45], des Depotrechts[46], des Schuldverschreibungsrechts[47], des Aufsichtsrechts[48] sowie des Investmentrechts[49] zu.

Auf europäischer Ebene steht die Verordnung über Märkte für Kryptowerte (MiCAR) **14** neben den Regelungen des eWpG. Die Kommission hat ihren Vorschlag für die MiCAR[50] am 24.9.2020 vorgelegt. Am 30.6.2022 wurde bei den Trilogverhandlungen eine **vorläufige Einigung** erzielt.[51] Das europäische Parlament hat nach erster Lesung die MiCAR am 20.4.2023 verabschiedet.[52] Die Annahme durch den Rat erfolgte am 16.5.2023. Die MiCAR schafft einen einheitlichen Rechtsrahmen für solche Kryptowerte, die nicht bereits unter die bestehende Finanzmarktregulierung fallen (vgl. ErwG 1–6 MiCAR). Nach der finalen Fassung der MiCAR ist der **Anwendungsbereich** eröffnet, sofern Marktteilnehmer in der EU **Dienstleistungen in Bezug auf Kryptowerte** erbringen (vgl. Art. 2 Abs. 1 MiCAR). **Kryptowerte** sind durch die MiCAR legaldefiniert als digitale Darstellungen von Werten oder Rechten, die unter Verwendung einer DLT oder ähnlichen Technologie elektronisch übertragen und gespeichert werden können (Art. 3 Abs. 1 Nr. 5 MiCAR). Tatbestandlich ausgenommen sind nach Art. 2 Abs. 4 MiCAR Finanzinstrumente und strukturierte Einlagen i. S. der MiFID II, E-Geld i. S. der E-Geld-Richtlinie[53], Einlagen i. S. der Einlagensicherungsrichtlinie (DGSD)[54] und Verbriefungen i. S. der Verbriefungsverordnung[55]. Demnach sind **Token, die bereits als Wertpapiere bzw. Finanzinstrumente qualifizieren**

---

45) S. die Änderungen an § 48 Abs. 2 Satz 2 Nr. 7a BörsZulV und § 4 Abs. 3a WpPG durch Art. 2 und 3 Gesetz zur Einführung von eWp, BGBl. I 2021, 1423, 1431.

46) S. die Änderungen an § 1 Abs. 1 Satz 3, § 6 Abs. 2, § 8, § 9b und § 34 DepotG durch Art. 4 Gesetz zur Einführung von eWp, BGBl. I 2021, 1423, 1431 f.

47) S. die Änderungen an § 2 Abs. 2, § 10 Abs. 3 Satz 2, § 21 Abs. 2 SchVG durch Art. 5 Gesetz zur Einführung von eWp, BGBl. I 2021, 1423, 1432 f. und 1433 f.

48) S. die Änderungen an § 1 Abs. 1a Satz 2 Nr. 6, Nr. 8, § 2 Abs. 7b, § 29 Abs. 1 Satz 2 Nr. 2 lit. k, Abs. 2 Satz 4, § 65 KWG, §§ 69a, b der Prüfungsberichts-VO und § 16e Abs. 1 Satz 1 Nr. 1, § 16g Abs. 1 Nr. 1 lit. b, aa und lit. c, aa, § 23 Abs. 12 FinDAG durch Art. 6–8 Gesetz zur Einführung von eWp, BGBl. I 2021, 1423, 1431 f.

49) S. die Änderungen zu § 95 KAGB durch Art. 10 Gesetz zur Einführung von eWp, BGBl. I 2021, 1423, 1434.

50) Vorschlag für eine Verordnung des Europäischen Parlaments und des Rates über Märkte für Kryptowerte und zur Änderung der Richtlinie (EU) 2019/1937, v. 24.9.2020, (Regulation on Markets in Crypto-Assets – MiCAR), COM(2020) 593 final.

51) Pressemitteilung des Europäischen Rates, Digitales Finanzwesen: Einigung über die europäische Verordnung über Kryptowerte (MiCAR), v. 30.6.2022, abrufbar unter https://www.consilium.europa.eu/de/press/press-releases/2022/06/30/digital-finance-agreement-reached-on-european-crypto-assetsregulationmica/ (Abrufdatum: 13.5.2023).

52) Verordnung über Märkte für Kryptowerte und zur Änderung der Richtlinie (EU) 2019/1937, vom europäischen Parlament am 20.4.2023 verabschiedeten Fassung – P9_TC1-COD(2020)0265 abrufbar unter https://eur-lex.europa.eu/legal-content/DE/TXT/?uri=EP%3AP9_TA%282023%290117 (Abrufdatum: 25.5.2023).

53) Richtlinie 2009/110/EG des Europäischen Parlaments und des Rates v. 16.9.2009 über die Aufnahme, Ausübung und Beaufsichtigung der Tätigkeit von E-Geld-Instituten, zur Änderung der Richtlinien 2005/60/EG und 2006/48/EG sowie zur Aufhebung der Richtlinie 2000/46/EG (Zweite E-Geldrichtlinie), ABl. (EU) L 267/7 v. 10.10.2009.

54) Richtlinie 2014/49/EU des Europäischen Parlaments und des Rates v. 16.4.2014 über Einlagensicherungssysteme (Neufassung) (Deposit Guarantee Schemes Directive – DGSD), ABl. (EU) L 173/149 v. 12.6.2014.

55) Verordnung (EU) 2017/2402 des Europäischen Parlaments und des Rates v. 12.12.2017 zur Festlegung eines allgemeinen Rahmens für Verbriefungen und zur Schaffung eines spezifischen Rahmens für einfache, transparente und standardisierte Verbriefung und zur Änderung der Richtlinien 2009/65/EG, 2009/138/EG, 2011/61/EU und der Verordnungen (EG) Nr. 1060/2009 und (EU) Nr. 648/2012, ABl. (EU) L 347/35 v. 28.12.2017.

(sog. Security Token)[56], prinzipiell **vom Anwendungsbereich der MiCAR ausgeschlossen**. Auch Kryptowertpapiere i. S. des § 4 Abs. 3 eWpG sind nicht von MiCAR erfasst (vgl. Art. 4 Abs. 1 Nr. 15 MiFID II i. V. m. Anh. I Abschn. C MiFID II).[57]

IV. Aufbau und wesentlicher Inhalt

1. Aufbau

15 Das eWpG umfasst **33 Normen**, die in **sieben Abschnitte** gegliedert sind:

– **Abschnitt 1** enthält allgemeine Bestimmungen für beide Arten elektronischer Wertpapiere, d. h. für Zentralregisterwertpapiere einerseits und Kryptowertpapiere andererseits. Hierzu gehören insbesondere der Anwendungsbereich, grundlegende Definitionen und Entstehungsvoraussetzungen, Vorschriften zur Führung von elektronischen Wertpapierregistern, Pflichten der registerführenden Stelle sowie die Aufsicht über die Führung von elektronischen Wertpapierregistern.

– Die **Abschnitte 2 und 3** enthalten jeweils Sondervorschriften für Zentralregister- und Kryptowertpapiere sowie Verordnungsermächtigungen in Bezug auf zentrale Register und Kryptowertpapierregister.

– **Abschnitt 4** behandelt Verfügungen über elektronische Wertpapiere in Einzeleintragung.

– **Abschnitt 5** enthält Sondervorschriften zu den allgemeinen Vorschriften für Inhaberschuldverschreibungen nach den §§ 793–808 BGB.

– Die **Abschnitte 6 und 7** normieren Bußgeld- bzw. Schlussvorschriften.

2. Wesentlicher Inhalt

a) Entstehung des elektronischen Wertpapiers

16 § 2 Abs. 1 Satz 1 eWpG statuiert die Möglichkeit, Schuldverschreibungen auf den Inhaber (§ 1 eWpG) ohne Wertpapierurkunde zu begeben.[58] Dazu ersetzt die **Eintragung** in einem elektronischen Wertpapierregister die Ausstellung einer papierhaften Urkunde (§ 2 Abs. 1 Satz 2 eWpG). Eintragung i. S. des § 4 Abs. 4 eWpG meint die **Aufnahme** der nach § 13 eWpG für Zentralregisterwertpapiere bzw. nach § 17 eWpG für Kryptowertpapiere erforderlichen Registerangaben in ein elektronisches Wertpapierregister unter eindeutiger und unmittelbar erkennbarer **Bezugnahme** auf die niedergelegten Emissionsbedingungen. Die **Niederlegung** der Emissionsbedingungen nach § 5 eWpG ist bei elektronischen Wertpapieren insofern Voraussetzung für die Eintragung und geht ihr zeitlich – wenn auch möglicherweise unmittelbar – voraus. Bei den **Emissionsbedingungen** handelt es sich um den niedergelegten Inhalt des Rechts, welches das elektronische Wertpapier repräsentiert, einschließlich von Nebenbestimmungen (§ 4 Abs. 7 eWpG).

---

56) Security Token (auch Equity Token, Investment Token oder Asset Token) sind nach h. A. Token, deren Inhabern mitgliedschaftliche Rechte oder schuldrechtliche Ansprüche vermögenswerten Inhalts zustehen, die denen eines Aktieninhabers oder Inhabers eines Schuldtitels vergleichbar sind (z. B. Ansprüche auf dividendenähnliche Zahlungen, Mitbestimmung, Rückzahlungsansprüche, Verzinsung), vgl. BaFin, Merkblatt: Zweites Hinweisschreiben zu Prospekt- und Erlaubnispflichten im Zusammenhang mit der Ausgabe sogenannter Krypto-Token, v. 16.8.2019, S. 6, abrufbar unter https://www.bafin.de/SharedDocs/Veroeffentlichungen/DE/Meldung/2019/meldung_190816_Merkblatt_Prospektpflichten.html (Abrufdatum: 13.2.2023).

57) Dazu im Detail *Siadat*, RdF 2021, 12, 14.

58) S. die Formulierung in § 2 Abs. 1 Satz 1 eWpG: „Ein Wertpapier kann auch als elektronisches Wertpapier begeben werden."

b) Zweiteilung in Zentralregister- und Kryptowertpapiere und entsprechende elektronische Wertpapierregister

Das Gesetz folgt nicht nur systematisch, sondern auch inhaltlich einer Zweiteilung, deren   17
Ausgangspunkt die **elektronischen Wertpapierregister** bilden. Diese umfassen zentrale
Register und Kryptowertpapierregister (§ 4 Abs. 1 eWpG).

Nähere Vorschriften zu **zentralen Registern** finden sich in Abschnitt 2 des eWpG (§§ 12 ff.   18
eWpG). Nach § 12 Abs. 2 eWpG sind diese durch eine Wertpapiersammelbank oder einen
dazu vom Emittenten ausdrücklich in Textform ermächtigten Verwahrer zu führen. Eine
Wertpapiersammelbank ist gemäß § 4 Abs. 5 eWpG ein nach Art. 16 der CSDR zugelassener Zentralverwahrer. In Deutschland kommt demnach einzig die Clearstream Banking
AG mit Sitz in Frankfurt am Main in Betracht. **Verwahrer** ist überdies, wer über die Erlaubnis zum Betreiben des **Depotgeschäfts** im Inland verfügt (§ 1 Abs. 1 Satz 2 Nr. 5 KWG).
Maßstab für die Registerführung ist § 7 eWpG. Anforderungen an den Registerinhalt und
dessen Änderung enthalten §§ 13 und 14 eWpG. Einzelheiten bleiben gemäß § 15 eWpG
einer konkretisierenden Verordnung vorbehalten.

Abschnitt 3 des eWpG (§§ 16 ff. eWpG) regelt das **Kryptowertpapierregister**. Die register-   19
führende Stelle muss dieses nach § 16 Abs. 1 eWpG auf einem **fälschungssicheren Aufzeichnungssystem** führen. Maßstab hierfür ist § 7 eWpG. Bei einem **fälschungssicheren Aufzeichnungssystem** handelt es sich nach der Legaldefinition des § 4 Abs. 11 eWpG um einen
dezentralen Zusammenschluss, „in dem die Kontrollrechte zwischen den das jeweilige System
betreibenden Einheiten nach einem im Vorhinein festgelegten Muster verteilt sind". Die
technologieneutrale Formulierung zielt auf die DLT ab, ist aber zugleich offen für künftige
Entwicklungen.[59]

Die **registerführende Stelle** ist nach § 16 Abs. 2 eWpG entweder der Emittent selbst oder   20
eine von diesem gegenüber dem Inhaber benannte Person. Dabei ist zu beachten, dass der
im Zuge des Gesetzes zur Einführung von eWp neu eingeführte § 1 Abs. 1a Satz 2 Nr. 8
KWG[60] die Kryptowertpapierregisterführung sowohl für Dritte als auch für sich selbst
zur **erlaubnispflichtigen Finanzdienstleistung** macht. Die Anforderungen an den Registerinhalt sowie dessen Änderung regeln §§ 17 und 18 eWpG. Einzelheiten sind auch für
Kryptowertpapierregister einer konkretisierenden Verordnung vorbehalten, § 23 eWpG.

Je nachdem, in welcher **Art von Register** die Eintragung des elektronischen Wertpapiers   21
erfolgt, handelt es sich um ein Zentralregisterwertpapier (Eintragung in ein zentrales Register, § 4 Abs. 2 eWpG) oder ein Kryptowertpapier (Eintragung in ein Kryptowertpapierregister, § 4 Abs. 3 eWpG).

Zentralregisterwertpapiere i. S. des § 4 Abs. 2 eWpG dienen dem Zweck der Entmateria-   22
lisierung erfasster Wertpapiere. Die mit dieser Wertpapiergattung einhergehende Neuerung
erschöpft sich in einer **Vereinfachung des Emissionsprozesses**, da Emittenten nun „klassische" Inhaberschuldverschreibungen und Anteilscheine an Sondervermögen i. S. des KAGB
(§ 95 Abs. 1, 3 KAGB) emittieren können, ohne eine **papierhafte Urkunde** ausstellen und
in Verwahrung geben zu müssen.[61] Insoweit dürften die praktischen Auswirkungen des
eWpG auf den Wertpapierhandel **überschaubar** bleiben.

---

59) Vgl. *Lehmann*, NJW 2021, 2318, 2320.
60) Art. 6 Nr. 2 lit. b Gesetz zur Einführung von eWp, BGBl. I 2021, 1423, 1432.
61) Vgl. v. Buttlar/Segna/Voss-*St. Schulz/K.-A. Neumann*, eWpG (im Erscheinen).

23 Dagegen geht mit der Schaffung von **Kryptowertpapieren** die Etablierung eines Rechtsrahmens für die Begebung von in dieser Form **neuartigen** Finanzierungsinstrumenten einher, insbesondere auch in technischer Hinsicht.[62]

c) Inhaber und Berechtigte; Sammel- und Einzeleintragung

24 Bedeutung hat die Unterscheidung zwischen Inhabern und Berechtigten, die § 3 eWpG regelt.[63] **Inhaber** ist nach § 3 Abs. 1 eWpG, wer als solcher im Wertpapierregister eingetragen ist. Damit einher geht die **formelle** Legitimation des Eingetragenen. **Berechtigter** i. S. des § 3 Abs. 2 eWpG ist die Person, der das Recht aus dem elektronischen Wertpapier zugeordnet ist, d. h. der **materiell** Berechtigte.

25 Lässt der Emittent eine Wertpapiersammelbank oder einen Verwahrer als Inhaber in das elektronische Wertpapierregister eintragen, handelt es sich um eine **Sammeleintragung** (§ 8 Abs. 1 Nr. 1 eWpG). Die Anleger haben dann Miteigentum nach Bruchteilen am eingetragenen elektronischen Wertpapier (§ 9 eWpG). Diese Rechtskonstruktion geht auf das BSchuWG[64] zurück (vgl. § 6 BSchuWG) und findet auch Anwendung bei der Sammelverwahrung i. S. des § 6 DepotG.[65] Sofern – wie voraussichtlich im praktischen Regelfall – eine Wertpapiersammelbank das zentrale Register führt, in dem das jeweilige Zentralregisterwertpapier eingetragen ist, und die Wertpapiersammelbank zugleich als Inhaberin eingetragen ist, ermöglicht § 12 Abs. 3 eWpG die Teilnahme des Zentralregisterwertpapiers am **Effektengiroverkehr**. Für Emittenten kommt diesem Umstand erhebliche Bedeutung zu, da die Teilnahme am Effektengiroverkehr Voraussetzung für eine Zulassung des Zentralregisterwertpapiers zum **Handel an einem Handelsplatz**[66] i. S. von Art. 4 Abs. 1 Nr. 24 MiFID II[67] ist (Art. 3 Abs. 2 CSDR). Die Sammeleintragung ist erforderlich, damit elektronische Wertpapiere **börslich** gehandelt werden können.

26 Wird hingegen eine natürliche oder juristische Person oder eine rechtsfähige Personengesellschaft, die das elektronische Wertpapier als Berechtigte hält, eingetragen, liegt eine **Einzeleintragung** vor (§ 8 Abs. 1 Nr. 2 eWpG). Hierbei fallen Inhaberschaft und Berechtigung zusammen. Eine Teilnahme am Effektengiroverkehr ist dann ausgeschlossen.

d) Übertragung elektronischer Wertpapiere in Einzeleintragung

27 Während für Verfügungen über elektronische Wertpapiere in Sammeleintragung aufgrund der Sachfiktion die §§ 929 ff. BGB maßgeblich sind, ist eine Verfügung über elektronische Wertpapiere in **Einzeleintragung** nur auf Grundlage der spezielleren §§ 24–27 eWpG möglich (siehe hierzu eingehend *Schulz*, Vor §§ 24–27 Rz. 7 ff.). Diese sollen die Vorschriften des Sachenrechts ergänzen.[68] Die (derivative) Übertragung des Eigentums an elektronischen Wertpapieren setzt gemäß § 25 Abs. 1 eWpG eine **Einigung** zwischen dem Berechtigten und dem Erwerber über den Eigentumsübergang voraus, eine **Weisung** des Berechtigten an die registerführende Stelle und schließlich die **Umtragung** des elektronischen

---

62) V. Buttlar/Segna/Voss-*St. Schulz/K.-A. Neumann*, eWpG (im Erscheinen).
63) *Einsele* in: Omlor/Möslein/Grundmann, Elektronische Wertpapiere, S. 36 ff.
64) Gesetz zur Regelung des Schuldenwesens des Bundes (Bundesschuldenwesengesetz – BSchuWG), v. 12.7.2006, BGBl. I 2006, 1466.
65) Dazu im Detail *Lehmann*, NJW 2021, 2318, 2321.
66) Erfasst sind geregelte Märkte, MTF (multilaterale Handelssysteme) und OTF (organisierte Handelssysteme).
67) Richtlinie 2014/65/EU des Europäischen Parlaments und des Rates v. 15.5.2014 über Märkte für Finanzinstrumente sowie zur Änderung der Richtlinien 2002/92/EG und 2011/61/EU (Markets in Financial Instruments Directive – MiFID II), ABl. (EU) L 173/34 v. 12.6.2014.
68) Begr. RegE Gesetz zur Einführung von eWp, BT-Drucks. 19/26925, S. 65.

Stephan Schulz/Karl-Alexander Neumann

Wertpapiers auf den Erwerber. § 26 eWpG ermöglicht den **gutgläubigen Erwerb** vom Nichtberechtigten. § 27 eWpG begründet eine **Eigentumsvermutung zugunsten des Inhabers** für die Dauer seiner Eintragung im elektronischen Wertpapierregister.

3. Konkretisierende Verordnungen

Die Einzelheiten der Registerführung sowie der technischen Anforderungen hat der Gesetzgeber **konkretisierenden Rechtsverordnungen** der BaFin vorbehalten, um so bei Bedarf eine rasche Anpassung an zukünftig technische Entwicklungen zu ermöglichen.[69]   28

Hierfür veröffentlichten das BMJV und das BMF am 6.8.2021 einen Referentenentwurf zur **Verordnung über Anforderungen an elektronische Wertpapierregister** (RefE eWpRV).[70] Auf die erste Konsultation mit Stellungnahmefrist bis 14.9.2021 folgte ein am 14.1.2022 veröffentlichter zweiter Referentenentwurf.[71] Die finale Verordnung über Anforderungen an elektronische Wertpapierregister (eWpRV)[72] ist am 28.10.2022 verkündet worden und seit dem 29.10.2022 in Kraft (vgl. § 23 eWpRV).   29

Darüber hinaus veröffentlichten das BMJV und das BMF am 6.9.2021 auf Grundlage der durch das Gesetz zur Einführung von eWp geschaffenen Verordnungsermächtigung in § 95 Abs. 5 KAGB ihren Entwurf für eine **Verordnung über Kryptofondsanteile (Krypto-FAV)**.[73] Sie dient der Einführung von Kryptofondsanteilen in Kryptowertpapierregistern als Pendant zu elektronischen Anteilscheinen in zentralen Registern. Die finale KryptoFAV ist am 17.6.2022 verkündet worden und seit dem 18.6.2022 in Kraft (vgl. § 4 KryptoFAV).[74]   30

V. Entwicklung, Kritik und Ausblick

Das eWpG erfasst ausschließlich **Inhaberschuldverschreibungen** i. S. der §§ 793 ff. BGB (§ 1 eWpG). **Anteilscheine an Sondervermögen** sind vom Gesetz zur Einführung von eWp durch eine gleichzeitige Änderung des § 95 KAGB insofern einbezogen, als § 95 Abs. 3 KAGB die Vorschriften des eWpG für Zentralregisterwertpapiere weitgehend für entsprechend anwendbar erklärt. Über § 95 Abs. 5 KAGB und die KryptoFAV gelten die Vorschriften des eWpG für Kryptowertpapiere weitgehend entsprechend. **Aktien** sind hingegen zunächst nicht Gegenstand des eWpG.[75] Grund dafür sind ausweislich der Gesetzesbegründung Sorgen vor erheblichen Auswirkungen der Einführung elektronischer Aktien auf das Gesellschaftsrecht, insbesondere im Bereich der **Gründung der Gesellschaft**, der **Ausgabe von Aktien**, der **Übertragung von Aktien** auf den internationalen Kapitalmärkten, der **Einberufung der Hauptversammlung**, für **Kapitalmaßnahmen** sowie beim **Informationsfluss** von der Gesellschaft zum Aktionär.[76] Eine spätere Öffnung des Wertpapier-   31

---

69) Begr. RegE Gesetz zur Einführung von eWp, BT-Drucks. 19/26925, S. 29.

70) RefE eWpRV (1. Konsultation), v. 6.8.2021, abrufbar unter https://www.bmj.de/SharedDocs/Gesetzgebungsverfahren/DE/Wertpapierregister.html (Abrufdatum: 13.2.2023).

71) RefE eWpRV (2. Konsultation), v. 14.1.2022, abrufbar unter https://www.bmj.de/SharedDocs/Gesetzgebungsverfahren/DE/Wertpapierregister.html (Abrufdatum: 13.2.2023).

72) Verordnung über Anforderungen an elektronische Wertpapierregister (eWpRV), v. 24.10.2022, BGBl. I 2022, 1882.

73) Verordnungsentwurf des BMJV und BMF für eine Verordnung über Kryptofondsanteile (KryptoFAV), v. 6.9.2021, abrufbar unter https://www.bundesfinanzministerium.de/Content/DE/Gesetzestexte/Gesetze_Gesetzesvorhaben/Abteilungen/Abteilung_VII/19_Legislaturperiode/2021-09-06-KryptoFAV/1-Verordnungsentwurf.pdf?__blob=publicationFile&v=7 (Abrufdatum: 13.2.2023).

74) Verordnung über Kryptofondsanteile (KryptoFAV), v. 3.6.2022, BGBl. I 2022, 868.

75) Kritisch dazu *Lehmann* in: Omlor/Möslein/Grundmann, Elektronische Wertpapiere, S. 64 f.; *Möslein* in: Omlor/Möslein/Grundmann, Elektronische Wertpapiere, S. 192 f.; ausführlich zur elektronischen Aktie *Reger/Langheld/Haagen*, RDi 2021, 83 ff.

76) Begr. RegE Gesetz zur Einführung von eWp, BT-Drucks. 19/26925, S. 38.

rechts für elektronische Aktien sei rechtsetzungstechnisch jedoch problemlos möglich.[77] Das Schrifttum teilt die vom Gesetzgeber vorgebrachten gesellschaftsrechtlichen Argumente überwiegend nicht.[78] Insbesondere liefere der Rechtsvergleich mit anderen Rechtsordnungen wie Liechtenstein (siehe Rz. 37 ff.) und der Schweiz (siehe Rz. 42 ff.), die elektronische Aktien bereits vorsehen, keine Anhaltspunkte für „unlösbare Regelungskonflikte".[79]

32 Eine **Evaluierung** der Regelungen des eWpG – auch im Hinblick auf die Ausdehnung seines Anwendungsbereichs – sieht die Gesetzesbegründung spätestens nach fünf Jahren vor.[80] Dabei nahm sich die Bundesregierung in ihrem Koalitionsvertrag für 2021–2025 vor, das eWpG auf elektronische Aktien auszuweiten.[81] Am 12.4.2023 haben das BMF und das BMJ – auf Grundlage eines entsprechenden Eckpunktepapiers v. 22.6.2022[82] – einen RefE für ein Gesetz zur Finanzierung von zukunftssichernden Investitionen (Zukunftsfinanzierungsgesetz – **ZuFinG**) veröffentlicht, dessen Regelungen das eWpG für Aktien öffnen sollen.[83] Entgegen der im Gesetzgebungsverfahren für das eWpG vom Gesetzgeber noch geäußerten Sorgen,[84] erweist sich der gesetzgeberische Aufwand für diese Erweiterung sowohl im eWpG als auch im AktG nun offenbar als überschaubar. Der Entwurf sieht vor, dass Namensaktien in Zukunft als Zentralregisterwertpapiere oder als Kryptowertpapiere begeben werden können (§ 1 Nr. 2 eWpG i. d. F. des ZuFinG). Inhaberaktien sollen nur als Zentralregisterwertpapiere begeben werden können (§ 1 Nr. 3 eWpG i. d. F. des ZuFinG).[85]

33 Die Einführung elektronischer Aktien verspricht eine Reihe von **Vorteilen**. Neben **Kostenvorteilen** sowie einem **beschleunigten** und vereinfachten Handel[86] kann sie für AGs auch die **Verwaltung und Identifizierung des Mitgliederbestands** erleichtern.[87] Bisher sind börsennotierte Gesellschaften hierbei regelmäßig auf Auskünfte von Intermediären wie Zentralverwahrern und Depotbanken angewiesen (vgl. § 67d AktG).[88] Diese Abhängigkeit in der Informationsbeschaffung könnte entfallen, wenn die Inhaber elektronischer Aktien

---

77) Begr. RegE Gesetz zur Einführung von eWp, BT-Drucks. 19/26925, S. 38.
78) Dazu im Detail *Möslein* in: Omlor/Möslein/Grundmann, Elektronische Wertpapiere, S. 194 ff.; *Guntermann*, AG 2021, 449, 455; *Dubovitskaya*, ZIP 2020, 2551, 2552; *Wieneke/Kunz*, NZG 2021, 316, 317; für das Zentralregisterwertpapier *Reger/Langheld/Haagen*, RDi 2021, 83, 87.
79) *Möslein* in: Omlor/Möslein/Grundmann, Elektronische Wertpapiere, S. 195.
80) Begr. RegE Gesetz zur Einführung von eWp, BT-Drucks. 19/26925, S. 37.
81) Mehr Fortschritt wagen: Bündnis für Freiheit, Gerechtigkeit und Nachhaltigkeit, Koalitionsvertrag 2021–2025 zwischen SPD, BÜNDNIS 90/DIE GRÜNEN und FDP, S. 173, abrufbar unter https://www.spd.de/fileadmin/Dokumente/Koalitionsvertrag/Koalitionsvertrag_2021-2025.pdf (Abrufdatum: 13.2.2023).
82) Eckpunkte für ein Zukunftsfinanzierungsgesetz v. 29.6.2023, abrufbar unter https://www.bundesfinanzministerium.de/Content/DE/Downloads/Finanzmarktpolitik/2022-06-29-eckpunkte-zukunftsfinanzierungsgesetz.pdf?__blob=publicationFile&v=6 (Abrufdatum: 20.5.2023).
83) Entwurf eines Gesetzes zur Finanzierung von zukunftssichernden Investitionen (Zukunftsfinanzierungsgesetz – ZuFinG) v. 12.4.2023, abrufbar unter https://www.bundesfinanzministerium.de/Content/DE/Gesetzestexte/Gesetze_Gesetzesvorhaben/Abteilungen/Abteilung_VII/20_Legislaturperiode/2023-04-12-ZuFinG/0-Gesetz.html (Abrufdatum: 20.5.2023).
84) RegE Gesetz zur Einführung von eWp, BT-Drucks. 19/26925, S. 38.
85) Erste Stellungnahmen zum Referentenentwurf finden sich bei: *Casper*, ZHR 187 (2023) 5, 34 ff.; *Maume*, BKR 2023, 282 ff; *Guntermann*, AG 2023, 426 ff.
86) *Maume/Fromberger*, ZHR (185) 2021, 507, 515.
87) *Möslein* in: Omlor/Möslein/Grundmann, Elektronische Wertpapiere, S. 187; *Guntermann*, AG 2021, 449, 452 f.; *Beurskens*, NZG 2021, 353; *Möslein/Omlor/Urbach*, ZIP 2020, 2149, 2154 f.; *Maume/Fromberger*, ZHR (185) 2021, 507, 551.
88) *Maume/Fromberger*, ZHR (185) 2021, 507, 551.

und Aktionärswechsel in einer dezentralen Datenbank zuverlässig einsehbar wären.[89] Des Weiteren ließe sich die **Ausübung von Aktionärsrechten** vereinfachen, insbesondere im Hinblick auf das **Anmelde- und Nachweisverfahren** im Vorfeld der Hauptversammlung.[90] Smart Contracts könnten die Auslösung von **Zins- und Dividendenauszahlungen** automatisieren.[91] Schließlich könnte die Blockchain-Technologie auch die **innergesellschaftliche Kommunikation,** insbesondere Mitteilungen nach § 125 AktG, vereinfachen.[92]

In Teilen des Schrifttums wurden die Pläne der Bundesregierung, den Anwendungsbereich **34** des eWpG auf Aktien zu erstrecken, als zu wenig weitgehend kritisiert.[93] Anstelle einer punktuellen Ausweitung des eWpG wäre es vorzugswürdig, das deutsche Aktien- und Depotrecht umfassend zu reformieren und durch ein **Wertrechtssystem auf Blockchain-Basis** zu ersetzen. Derartig weitreichenden Reformvorhaben hat die Politik jedoch zuletzt eine Absage erteilt.[94]

VI. Internationaler Kontext

Im internationalen Vergleich hat der deutsche Gesetzgeber spät begonnen, das Wertpapier- **35** recht zu modernisieren.[95] Die **Entmaterialisierung** von Wertpapieren[96] bzw. die Schaffung von „Wertrechten"[97] und „Bucheffekten"[98] erfolgte in einigen Nachbarstaaten zum Teil deutlich vor Entwicklung der Blockchain-Technologie.

1. Frankreich

In Frankreich erfolgte eine weitreichende Entmaterialisierung des Wertpapierrechts bereits **36** **Mitte der 1980er Jahre:** Nach französischem Recht emittierte Wertpapiere existieren seit 1984 nur noch in Gestalt von **Registereintragungen.**[99] Inzwischen legt das französische Währungs- und Finanzgesetz – der Code Monétaire et Financier (CMF) – zudem fest, dass Finanztitel („titres financiers") in ein Konto („compte-titres") eingetragen werden, das der Emittent oder ein Intermediär führt (Art. L211-3 Abs. 1 CMF). Die technische Öffnung des Rechts für DLT und die Anerkennung von Security Token erfolgte ab 2017. Der

---

89) *Möslein* in: Omlor/Möslein/Grundmann, Elektronische Wertpapiere, S. 187 f.; *Guntermann,* AG 2021, 449, 452 f.; *Beurskens,* NZG 2021, 353.

90) *Guntermann,* AG 2021, 449, 453.

91) *Möslein* in: Omlor/Möslein/Grundmann, Elektronische Wertpapiere, S. 188 f.; *Guntermann,* AG 2021, 449, 453.

92) Dazu im Detail *Guntermann,* AG 2021, 449, 453 f.

93) *Omlor/Wilke/Blöcher,* MMR 2022, 1044, 1047.

94) So etwa der Beschluss der Konferenz der Justizministerinnen und Justizminister, v. 10.11.2022: „derzeit lediglich in geringem Umfang gesetzgeberischer Handlungsbedarf", abrufbar unter https://www.justiz. nrw.de/JM/schwerpunkte/digitaler_neustart/index.php (Abrufdatum: 13.2.2023).

95) Vgl. *Möslein* in: Omlor/Möslein/Grundmann, Elektronische Wertpapiere, S. 182; *Omlor/Möslein/ Grundmann* in: Omlor/Möslein/Grundmann, Elektronische Wertpapiere, S. V.

96) Ein Überblick über den Begriff und die verschiedenen Ausprägungen der Entmaterialisierung findet sich auch bei Baumbach/Hefermehl/Casper-*Baumbach/Hefermehl/Casper,* WG/ScheckG, Teil A. Rz. 92. ff.

97) Zur unterschiedlichen Bedeutung des Begriffs in Deutschland und der Schweiz *Segna,* Bucheffekten, S. 27 ff., 411 ff.; *Zellweger-Gutknecht/Monnerat* in: Omlor/Möslein/Grundmann, Elektronische Wertpapiere, S. 10 f.

98) Zum Begriff *Segna,* Bucheffekten, S. 442 ff.; *Zellweger-Gutknecht/Monnerat* in: Omlor/Möslein/ Grundmann, Elektronische Wertpapiere, S. 12.

99) Zu den Reformen durch das Haushaltsgesetz für das Jahr 1982 und ein Dekret v. 2.5.1983 im Detail *Lehmann,* Finanzinstrumente, S. 63 f.

CMF wurde 2017 und 2018 durch **zwei Verordnungen**[100] dahingehend abgeändert, dass nicht börsennotierte **Finanztitel** auch durch Eintragung in verteilte elektronische Register („dispositifs d'enregistrement électronique partagé") ausgegeben und gehandelt werden können (Art. L211-3 Abs. 1, L211-7 Abs. 2 CMF).[101] Die **Übertragung** von Finanztiteln erfolgt dabei durch Eintragung in das Konto des Erwerbers bzw. durch Eintragung des Erwerbers in ein verteiltes elektronisches Register (Art. L211-17 CMF).

2. Liechtenstein

37 Ausdrücklich geregelt hat der liechtensteinische Gesetzgeber „entmaterialisierte Wertpapiere"[102] als sog. **Wertrechte** durch eine Änderung des Personen- und Gesellschaftsrechts (PGR) zum 1.1.2020.[103] Nach der Legaldefinition des § 81a Abs. 1 Schlussabteilung PGR sind Wertrechte „Rechte mit gleicher Funktion wie Wertpapiere". Diese kann der Schuldner **ausgeben**, sofern die Ausgabebedingungen oder die Gesellschaftsstatuten dies vorsehen oder die Berechtigten dazu ihre Zustimmung erteilt haben (§ 81 Abs. 1 Schlussabteilung PGR). An die Stelle der körperlichen Urkunde tritt dabei eine Eintragung in ein vom Schuldner geführtes **Wertrechtebuch** (§ 81a Abs. 2 Schlussabteilung PGR). Die Eintragung in das Wertrechtebuch ist Entstehungsvoraussetzung für das jeweilige Wertrecht (§ 81a Abs. 3 Schlussabteilung PGR).[104] Die **Übertragung** von Wertrechten erfolgt durch Eintragung des Erwerbers in das Wertrechtebuch (§ 81a Abs. 4 Satz 1 Schlussabteilung PGR).

38 Am 1.1.2020 ist zeitgleich mit dem Gesetz über Token und VT-Dienstleister (TVTG)[105] und einer begleitenden Token- und VT-Dienstleister-Verordnung (TVTV)[106] eine Änderung des PGR in Kraft getreten. Mit dem TVTG wollte der liechtensteinische Gesetzgeber über die Entmaterialisierung von Wertpapieren hinaus einen umfassenden Rechtsrahmen für auf der Blockchain- und ähnlichen DLT beruhende **Transaktionssysteme und -tätigkeiten** schaffen.[107] Das Gesetz legt den Rechtsrahmen für die Transaktionssysteme fest und regelt insbesondere die zivilrechtlichen Grundlagen in Bezug auf Token, die Beaufsichtigung sowie die Rechte und Pflichten von VT-Dienstleistern (Art. 1 Abs. 1 TVTG). Es bezweckt die Sicherung des Vertrauens in den digitalen Rechtsverkehr, insbesondere im Finanz- und Wirtschaftssektor, sowie den Schutz der Nutzer auf VT-Systemen und die

---

100) Ordonnance Nr. 2017–1674 v. 8.12.2017, relative à l'utilisation d'un dispositif d'enregistrement électronique partagé pour la représentation et la transmission de titres financiers, Journal Officiel, v. 9.12.2017, Text Nr. 24, abrufbar unter https://www.legifrance.gouv.fr/download/pdf?id=jewzqeg FiBnCSbsu9ZNLT2xoCtqh9SJ32VBSCt4dzzI= (Abrufdatum: 13.2.2023); Decret Nr. 2018–1126, v. 24.12.2018, relatif à l'utilisation d'un dispositif d'enregistrement électronique partagé pour la représentation et la transmission de titres financiers et pour l'émission et la cession de minibons, Journal Officiel, v. 26.12.2018, Text Nr. 33, abrufbar unter https://www.legifrance.gouv.fr/download/pdf?id= luHgENy2fqCWH1AqltsT81Isrsa00QFujiQScSI_fAU= (Abrufdatum: 13.2.2023).

101) Dazu im Detail *Preuße/Wöckener/Gillenkirch*, BKR 2020, 551, 553; *Lehmann* in: Omlor/Möslein/Grundmann, Elektronische Wertpapiere, S. 66 f.

102) *Damjanovic/Pfurtscheller/Raschauer*, ZEuP 2021, 397, 412.

103) Gesetz über die Abänderung des Personen- und Gesellschaftsrechts, v. 3.10.2019, LGBl-Nr. 2019.304, abrufbar unter https://www.gesetze.li/chrono/2019304000 (Abrufdatum: 13.2.2023).

104) Dazu im Detail *Damjanovic/Pfurtscheller/Raschauer*, ZEuP 2021, 397, 412; *Heppding/Schalast/Schiereck*, RdF 2021, 84, 88 f.; *Möslein* in: Omlor/Möslein/Grundmann, Elektronische Wertpapiere, S. 185.

105) Gesetz über Token und VT-Dienstleister (Token- und VT-Dienstleister-Gesetz – TVTG), v. 3.10.2019, LGBl-Nr. 2019.301, abrufbar unter https://www.gesetze.li/konso/2019301000/?version=1 (Abrufdatum: 13.2.2023).

106) Verordnung über Token und VT-Dienstleister (Token- und VT-Dienstleister-Verordnung; TVTV), v. 10.12.2019, LGBl-Nr. 2019.349, abrufbar unter https://www.gesetze.li/chrono/2019349000 (Abrufdatum: 13.2.2023).

107) *Heppding/Schalast/Schiereck*, RdF 2021, 84, 88; *Möslein* in: Omlor/Möslein/Grundmann, Elektronische Wertpapiere, S. 184.

Schaffung optimaler, innovationsfreundlicher und technologieneutraler Rahmenbedingungen für die Erbringung von Dienstleistungen auf VT-Systemen (Art. 1 Abs. 2 TVTG).

„VT" steht für **vertrauenswürdige Technologien** (Art. 2 Abs. 1 lit. a TVTG). Hierbei   39
handelt es sich um solche Technologien, die „die Integrität von Token, die eindeutige Zuordnung von Token zu VT-Identifikatoren sowie die Verfügung über Token" sicherstellen. VT-Systeme sind „Transaktionssysteme, welche die sichere Übertragung und Aufbewahrung von Token sowie darauf aufbauende Dienstleistungserbringungen mittels vertrauenswürdiger Technologien ermöglichen" (Art. 2 Abs. 1 lit. b TVTG). Nach der Legaldefinition in Art. 2 Abs. 1 lit. c TVTG ist ein **Token** eine Information auf einem VT-System, die Forderungs- oder Mitgliedschaftsrechte gegenüber einer Person, Rechte an Sachen oder andere absolute oder relative Rechte repräsentieren kann und einem oder mehreren VT-Identifikatoren zugeordnet wird.

§ 81a Abs. 2 Satz 2 Schlussabteilung PGR lässt die Führung eines Wertrechtebuchs auch   40
unter Verwendung von VTs zu und ermöglicht so die Eintragung von Wertrechten in **DLT-basierten Wertrechtebüchern**.[108] Wird das Wertrechtebuch entsprechend geführt, richtet sich die **Verfügung** der Wertrechte ausschließlich nach den Vorschriften des TVTG (§ 81a Abs. 4 Satz 2 Schlussabteilung PGR).

Aufgrund des weiten Anwendungsbereichs von § 81a Schlussabteilung PGR und des TVTG   41
sind – anders als aktuell vom eWpG – neben **Aktien** u. a. auch **GmbH-Anteile** sowie Anteile an anderen juristischen Personen bzw. Personengesellschaften erfasst.[109]

3. Schweiz

Der schweizerische Gesetzgeber hat das **Verbriefungserfordernis** bereits im Jahr 2010 **ab-**   42
geschafft und im Jahr 2021 durch die Einführung von Registerwertrechten das Wertpapierrecht für DLT geöffnet.

Art. 6 Abs. 1 des Schweizer Bucheffektengesetzes (BEG)[110] ermöglicht, sammelverwahrte   43
bzw. in Globalurkunden verbriefte Wertpapiere und **(einfache) Wertrechte** i. S. von Art. 973c Schweizer Obligationenrecht (OR)[111] als Bucheffekten i. S. von Art. 3 BEG zu begeben. **Bucheffekten** sind vertretbare Forderungs- oder Mitgliedschaftsrechte gegenüber einem Emittenten, die einem Effektenkonto gutgeschrieben sind und über die der Kontoinhaber nach den Vorschriften des BEG verfügen kann (Art. 3 Abs. 1 BEG). Sie entstehen im Fall zugrunde liegender **Wertpapiere** durch Hinterlegung bei einer Verwahrungsstelle und Kontogutschrift in einem Effektenkonto, bei zugrunde liegenden **(einfachen) Wertrechten** durch Registereintragung bei einer Verwahrungsstelle und Kontogutschrift (Art. 6 BEG). Art. 3 Abs. 2 BEG statuiert mit der **Drittwirkung** von Bucheffekten einen **absoluten Schutz erga omnes**. Verfügungen über Bucheffekten erfolgen gemäß Art. 24 BEG über angewiesene Kontobuchungen. Art. 29 BEG schützt den **gutgläubigen Erwerber**.

Zum 1.8.2021 hat der Schweizer Bundesrat das „Bundesgesetz zur Anpassung des Bundes-   44
rechts an Entwicklungen der Technik verteilter elektronischer Register"[112] vollständig in

---

108) *Heppding/Schalast/Schiereck*, RdF 2021, 84, 88.

109) Dazu *Möslein* in: Omlor/Möslein/Grundmann, Elektronische Wertpapiere, S. 185.

110) Bundesgesetz über Bucheffekten (Bucheffektengesetz – BEG), v. 3.10.2008, SR 957.1, abrufbar unter https://www.fedlex.admin.ch/eli/cc/2009/450/de (Abrufdatum: 13.2.2023).

111) Bei einfachen Wertrechten i. S. des OR handelt es sich um relative Rechtspositionen, die in ein öffentliches, vom Schuldner geführtes Wertrechtebuch eingetragen sind, dazu *Zellweger-Gutknecht/Monnerat* in: Omlor/Möslein/Grundmann, Elektronische Wertpapiere, S. 10 f.

112) Bundesgesetz zur Anpassung des Bundesrechts an Entwicklungen der Technik verteilter elektronischer Register, v. 25.9.2020, BBl. 2020.7801, abrufbar unter https://www.fedlex.admin.ch/eli/fga/2020/2007/de (Abrufdatum: 13.2.2023).

Kraft gesetzt.[113] Das Gesetz enthält Anpassungen für zehn Gesetze und soll den sicheren **Handel von Rechten über DLT** ermöglichen.[114] Im Zentrum steht das neu geschaffene **Registerwertrecht**[115], das gemäß Art. 6 Abs. 1 BEG nunmehr ebenfalls als Bucheffekte begeben werden kann. Erforderlich sind hierfür die Übertragung des Registerwertrechts auf eine Verwahrungsstelle und Kontogutschrift in einem Effektenkonto. Registerwertrecht ist nach der Legaldefinition im eingeführten Art. 973d Abs. 1 OR ein Recht, das gemäß einer Vereinbarung der Parteien in einem **Wertrechteregister** eingetragen ist und nur über dieses Wertrechteregister geltend gemacht und auf andere übertragen werden kann.[116] Art. 973d Abs. 2 OR enthält technologieneutrale Anforderungen an Wertrechteregister, womit der Gesetzgeber insbesondere auf DLT abzielt.[117]

45 Anders als das eWpG erfasst die schweizerische Rechtsordnung mit den Registerwertrechten **grundsätzlich alle Rechte**, die in Wertpapieren **verbrieft** werden können, also auch Gesellschaftsanteile wie Aktien.[118] Schweizerische Registerwertrechte sind als eigenständige, **wertpapierähnliche Instrumente sui generis** ausgestaltet. In der Schweiz verknüpft bei verkörperten Wertpapieren die sog. **Wertpapierklausel** Recht und Wertpapierurkunde. Sie legt fest, dass der Berechtigte ohne Urkunde über das Recht nicht verfügen kann (Art. 965 OR). Beim Registerwertrecht führt die sog. **Registrierungsvereinbarung** eine funktional äquivalente Verknüpfung zwischen Recht und Eintragung in einem Wertrechtregister herbei, sodass das Registerwertrecht nunmehr „über dieses Wertrechteregister geltend gemacht und auf andere übertragen werden kann" (Art. 973d Abs. 1 Nr. 2 OR).[119]

---

113) S. dazu die Mitteilung des Schweizer Bundesrates, v. 18.6.2021, abrufbar unter: https://www.admin.ch/gov/de/start/dokumentation/medienmitteilungen.msg-id-84035.html (Abrufdatum: 13.2.2023).

114) *Zellweger-Gutknecht/Monnerat* in: Omlor/Möslein/Grundmann, Elektronische Wertpapiere, S. 7.

115) Dazu im Detail *Zellweger-Gutknecht/Monnerat* in: Omlor/Möslein/Grundmann, Elektronische Wertpapiere, S. 8 ff.; *Weber*, RDi 2021, 186.

116) Zu den Entstehungsvoraussetzungen im Detail *Zellweger-Gutknecht/Monnerat* in: Omlor/Möslein/Grundmann, Elektronische Wertpapiere, S. 13 ff.

117) *Weber*, RDi 2021, 186, 189 f.

118) Dazu im Detail *Möslein* in: Omlor/Möslein/Grundmann, Elektronische Wertpapiere, S. 183; *Weber*, RDi 2021, 186, 188.

119) *Zellweger-Gutknecht/Monnerat* in: Omlor/Möslein/Grundmann, Elektronische Wertpapiere, S. 9.

Gesetz zur Einführung von elektronischen Wertpapieren

vom 3. Juni 2021, BGBl. I 2021, 1423

Artikel 1
Gesetz über elektronische Wertpapiere
(eWpG)

Abschnitt 1
Allgemeine Bestimmungen

§ 1
Anwendungsbereich

Dieses Gesetz ist auf Schuldverschreibungen auf den Inhaber anzuwenden.

Literatur: *Bialluch-v. Allwörden/v. Allwörden*, Initial Coin Offerings: Kryptowährungen als Wertpapier oder Vermögensanlage?, WM 2018, 2118; *v Buttlar/Omlor*, Tokenisierung von Eigentums-, Benutzungs-, Zutritts- und Pfandrechten, ZRP 2021, 169; *Casper*, Elektronische Schuldverschreibung: auf dem Weg zum digitalen Wertpapier, in: Bankrechtstag 2019, 2022, S. 109; *Casper*, Elektronische Schuldverschreibung: es ist Zeit für einen grundlegenden gesetzlichen Neustart, BKR 2019, 209; *Conreder/Diederichsen/Okonska*, Das neue Gesetz über elektronische Wertpapiere – digitale Zeitenwende im Wertpapierbereich, DStR 2021, 2594; *Döding/Wentz*, Der Referentenentwurf zur Einführung von elektronischen Wertpapieren und Kryptowertpapieren, WM 2020, 2312; *Dubovitskaya*, Gesetzentwurf zur Einführung von elektronischen Wertpapieren: ein zaghafter Schritt nach vorn, ZIP 2020, 2551; *Guntermann*, Die elektronische Aktie und das eWpG, AG 2021, 449; *Kleinert/Mayer*, Der deutsche Weg zum elektronischen Wertpapier, EuZW 2020, 1059; *Kleinert/Mayer*, Elektronische Wertpapiere und Krypto-Token, EuZW 2019, 857; *Kusserow*, Elektronische Schuldverschreibungen und Blockchain-Anleihen im geltenden Recht, WM 2020, 586; *Lehmann*, Das Gesetz zur Einführung von elektronischen Wertpapieren, NJW 2021, 2318; *Lehmann*, Zeitenwende im Wertpapierrecht Der Referentenentwurf für ein Gesetz über elektronische Wertpapiere (eWpG), BKR 2020, 431; *Linardatos*, Elektronische Schuldverschreibungen auf den Inhaber – des Wertpapiers neue Kleider, ZBB 2020, 329; *Litten*, Das eWPG im Kontext der Digitalisierung der Kapitalmärkte, BB 2021, 1223; *Meier*, Übertragung von elektronischen Wertpapieren nach dem eWpG-E, RDi 2021, 1; *Mittwoch*, Der Entwurf eines Gesetzes zur Einführung elektronischer Wertpapiere ein Quantensprung für das Zivil- und Finanzmarktrecht?, WM 2021, 375; *Omlor*, Elektronische Wertpapiere nach dem eWpG, RDi 2021, 371; *Preuße/Wöckener/Gillenkirch*, Das Gesetz zur Einführung elektronischer Wertpapiere. Eine erste Bewertung aus Sicht der Praxis, BKR 2021, 460; *Preuße/Wöckener/Gillenkirch*, Der Gesetzesentwurf zur Einführung elektronischer Wertpapiere, BKR 2021, 460; *Saive*, Einführung elektronischer Wertpapiere, ZRP 2020, 219; *Segna*, Elektronische Wertpapiere im zentralen Register, Anmerkungen zum BMF-/BMJV-Referentenentwurf vom 10.8.2020 aus wertpapier- und depotrechtlicher Sicht, WM 2020, 2301; *Sickinger/Thelen*, Der Referentenentwurf eines Gesetzes zur Einführung von elektronischen Wertpapieren, AG 2020, 862; *Skauradszun*, Das Internationale Privatrecht der Kryptowerte, elektronischen Wertpapiere und Kryptowertpapiere, ZfPW 2022, 56; *Spindler*, Initial Coin Offerings und Prospektpflicht und -haftung, WM 2018, 2109; *Vig*, Inhaberschuldverschreibungen auf der Blockchain, BKR 2022, 442; *Wieneke/Kunz*, Das Gesetz zur Einführung von elektronischen Wertpapieren, NZG 2021, 316; *Zickgraf*, Initial Coin Offerings – Ein Fall für das Kapitalmarktrecht?, AG 2018, 293; *Zöllner*, Die Zurückdrängung des Verkörperungselements bei den Wertpapieren, in: Festschrift für Ludwig Raiser, 1974, S. 249.

Übersicht

I. Allgemeines

1 § 1 eWpG eröffnet den ersten Abschnitt des eWpG, der in den §§ 1–11 eWpG die **allgemeinen Bestimmungen** enthält, die grundsätzlich für die **gesamte Kodifikation** gelten. Die Norm regelt den **sachlichen Anwendungsbereich des Gesetzes** (siehe Rz. 2 ff.). Das eWpG ist auf Schuldverschreibungen auf den Inhaber (siehe Rz. 5 ff.) anzuwenden.

II. Anwendungsbereich

2 Gegenstand des eWpG sind Rechtsfragen elektronischer Wertpapiere. Dieser offensichtliche Befund umreißt den Anwendungsbereich des Gesetzes freilich eher grob. Das eWpG regelt selbst seinen Anwendungsbereich in mehrere Richtungen. Gemäß § 32 eWpG richten sich der **räumliche Anwendungsbereich** des Gesetzes und das Wertpapierstatut in erster Linie nach dem Ort der Registerführung.[1] § 33 eWpG regelt den **zeitlichen Anwendungsbereich**. Schließlich bestimmt § 1 eWpG den **sachlichen Anwendungsbereich** des Gesetzes, also die Frage, auf welche Arten von Wertpapieren das Gesetz anzuwenden ist. Gemäß § 1 ist das eWpG auf Schuldverschreibungen auf den Inhaber anzuwenden. Die Vorschrift nimmt damit Bezug auf § 793 Abs. 1 Satz 1 BGB,[2] der die Schuldverschreibung auf den Inhaber – synonym: **Inhaberschuldverschreibung** – legaldefiniert als Urkunde, in der der Aussteller dem Inhaber der Urkunde eine Leistung verspricht. Das bedeutet, dass immer, wenn das eWpG von einem Wertpapier spricht, damit gemäß § 1 eWpG (nur) Schuldverschreibungen auf den Inhaber gemeint sind. Die Bestimmungen des eWpG gelten nicht für andere Arten von Wertpapieren als Inhaberschuldverschreibungen.

3 § 1 eWpG beschreibt den sachlichen Anwendungsbereich des eWpG nicht völlig präzise. Denn einerseits sind gemäß § 95 Abs. 3 KAGB einige Vorschriften des eWpG – § 2 Abs. 1 Satz 2, Abs. 2 und 3, § 3, § 4 Abs. 1 Nr. 1, Abs. 2, 4 bis 6, 8 bis 10, §§ 6 bis 8 Abs. 1, Abschnitt 4, §§ 9 bis 15 (mit Ausnahme von § 13 Abs. 1 Nr. 2 und 3), § 31 Abs. 2 Nr. 1 bis 12, Abs. 3 und 4 sowie § 33 eWpG – nicht nur auf Inhaberschuldverschreibungen, sondern auch auf **elektronische Anteilscheine** i. S. von § 95 Abs. 1 KAGB (entsprechend) anzuwenden; dies erweitert den Anwendungsbereich der Regelungen des eWpG erheblich.[3] Ferner kann im Anwendungsbereich des eWpG eine Inhaberschuldverschreibung – anders als nach der Legaldefinition des § 793 Abs. 1 Satz 1 BGB – nicht nur durch Aus-

---

1) Einzelheiten *Skauradszun*, ZfPW 2022, 56.
2) *Bauer* in: Bankrecht und Kapitalmarktrecht, Rz. 18.153a; *Casper* in: Bankrechtstag 2019, S. 109, 117; Conreder/Meier-*Conreder*, eWpG, § 1 Rz. 10; *Linardatos*, ZBB 2020, 329, 331; *Mittwoch*, WM 2021, 375, 378; *Omlor*, RDi 2021, 371, 372; *Preuße/Wöckener/Gillenkirch*, BKR 2021, 460; *Sickinger/Thelen*, AG 2020, 862, 863; *Vig*, BKR 2022, 442.
3) *Omlor*, RDi 2021, 371, 372.

stellung einer Urkunde begeben werden, sondern auch durch Eintragung in ein elektronisches Wertpapierregister als **elektronisches Wertpapier** (§ 2 Abs. 1 eWpG). Ein elektronisches Wertpapier entfaltet grundsätzlich dieselbe Rechtswirkung wie ein Wertpapier, das mittels Urkunde begeben worden ist (§ 2 Abs. 2 eWpG). Andererseits ist das eWpG, wie zu zeigen sein wird (siehe Rz. 26 ff.), nicht bei allen Inhaberschuldverschreibungen anzuwenden, sondern nur bei **kapitalmarktrechtlichen Wertpapieren**.

Elektronische Inhaberpapiere, für die das **eWpG nicht gilt**,[4] sind der elektronische Inhaber- **4** Ladeschein (§ 443 Abs. 3 HGB), der elektronische Inhaber-Lagerschein (§ 475c Abs. 4 HGB) und das elektronische Inhaber-Konnossement (§ 516 Abs. 2 HGB). Auch nicht anwendbar ist das eWpG auf Schuldverschreibungen des Bundes und der Länder, die im Anwendungsbereich der BSchuWG[5] oder der Landesschuldbuchgesetze liegen[6] (zu ausländischen Staatsanleihen siehe Rz. 29).

III. Schuldverschreibungen auf den Inhaber

Eine Schuldverschreibung auf den Inhaber ist eine **Urkunde, in der der Aussteller dem 5** (berechtigten) **Inhaber** (§ 3 eWpG) der Urkunde **eine Leistung verspricht** (§ 793 Abs. 1 Satz 1 BGB). Die Inhaberschuldverschreibung kann auch als elektronisches Wertpapier begeben werden, indem der Emittent (Aussteller) anstelle der Ausstellung einer Wertpapierurkunde eine Eintragung in ein elektronisches Wertpapierregister (§ 4 Abs. 1 eWpG) bewirkt (§ 2 Abs. 1 eWpG). Die **elektronische Inhaberschuldverschreibung** entfaltet grundsätzlich dieselbe Rechtswirkung wie eine urkundliche Inhaberschuldverschreibung (§ 2 Abs. 2 eWpG).

Die Inhaberschuldverschreibung ist Wertpapier, und zwar **Inhaberpapier**.[7] Die Voraus- **6** setzungen und Abgrenzungskriterien solcher Papiere ergeben sich aus den §§ 793 ff. BGB und dem allgemeinen Wertpapierrecht (siehe Rz. 7 ff.). Dem Inhalt der verbrieften Leistungspflicht und der wirtschaftlichen Zwecksetzung nach weisen Inhaberschuldverschreibungen eine ganz erhebliche Bandbreite auf (siehe Rz. 26 ff.), von der nur ein Teil im Anwendungsbereich des eWpG liegt.

1. Inhaberpapier

Als Inhaberpapier wird die Inhaberschuldverschreibung konstituiert durch die Ausstellung **7** einer Urkunde[8] (siehe Rz. 8 ff.) mit dem ggf. durch Auslegung (§§ 133, 157 BGB) zu ermittelnden Inhalt, dass sich der Aussteller zu einer Leistung an jeden berechtigten Inhaber verpflichtet[9] (siehe Rz. 11 ff.).[10] Weitere **konstitutive Merkmale** der Inhaberschuldverschreibung sind die Legitimationswirkung zugunsten des formell berechtigten Inhabers[11]

---

4) Begr. RegE Gesetz zur Einführung von eWp z. § 1 eWpG, BT-Drucks. 19/26925, S. 38; *Conreder/ Diederichsen/Okonska*, DStR 2021, 2594, 2595; *Lehmann*, NJW 2021, 2318, 2319; *Saive*, ZRP 2020, 219, 220.

5) Gesetz zur Regelung des Schuldenwesens des Bundes (Bundesschuldenwesengesetz – BSchuWG), v. 12.7.2006, BGBl. I 2006, 1466; Überblick über die Gesetzesgeschichte und den Regelungsinhalt bei *Casper*, BKR 2019, 209, 212 f.

6) *Lehmann*, NJW 2021, 2318, 2319; *Müller/Pieper-Pieper*, eWpG, § 1 Rz. 18.

7) *Staudinger-Marburger*, BGB, § 793 Rz. 1; *Jauernig-Stadler*, BGB, § 793 Rz. 2; *Vogel* in: BeckOGK-ZivilR, § 793 BGB Rz. 89.

8) *Habersack* in: MünchKomm-BGB, § 793 Rz. 5 f.; *Erman-Wilhelmi*, BGB, § 793 Rz. 2 f.

9) *Habersack* in: MünchKomm-BGB, § 793 Rz. 7 ff.; *Erman-Wilhelmi*, BGB, § 793 Rz. 4.

10) *Staudinger-Marburger*, BGB, § 793 Rz. 2 ff.; *Jauernig-Stadler*, BGB, § 793 Rz. 10 f. *Vogel* in: BeckOGK-ZivilR, § 793 BGB Rz. 1.

11) *Habersack* in: MünchKomm-BGB, § 793 Rz. 1; *Staudinger-Marburger*, BGB, § 793 Rz. 23 ff.; *Müller/Pieper-Müller*, eWpG, Einl. Rz. 7; *Jauernig-Stadler*, BGB, § 793 Rz. 13; *Vogel* in: BeckOGK-ZivilR, § 793 BGB Rz. 1, 157.

(§ 793 Abs. 1 Satz 1 BGB) (siehe Rz. 14), die Liberationswirkung[12] (§ 793 Abs. 1 Satz 2 BGB) (siehe Rz. 15 ff.) und die Präsentationspflicht[13] (§ 797 BGB) (siehe Rz. 20 f.) zugunsten des Ausstellers sowie die Transportfunktion (siehe Rz. 22 ff.).[14]

a) Ausstellung einer Urkunde

8 Gemäß § 793 Abs. 1 Satz 1 BGB muss das Leistungsversprechen in einer Urkunde verbrieft sein. Urkunde ist eine **durch Niederschrift verkörperte Gedankenerklärung,**[15] die den Aussteller erkennen lässt.[16] Im Fall von § 793 BGB handelt es sich um eine rechtsverbriefende Erklärung.[17] Dabei kann es sich um eine Einzelurkunde handeln oder um eine Sammel- oder Globalurkunde[18] i. S. von § 9a DepotG.[19] Die Rechtsverbuchung in einem Register reicht grundsätzlich – Ausnahme ist die Eintragung in ein elektronisches Wertpapierregister (§ 4 Abs. 1 eWpG) gemäß § 2 Abs. 1 eWpG (§ 2 Abs. 2 eWpG) – nicht aus,[20] ebenso wenig ist anderweitige Dematerialisierung möglich.[21]

9 Der Urkundentext muss grundsätzlich eigenhändig (§ 126 BGB) **unterzeichnet** sein. Jedoch genügt zur Unterzeichnung eine im Wege der mechanischen Vervielfältigung **(Faksimile)** hergestellte Namensunterschrift (§ 793 Abs. 2 Satz 2 BGB), wenn dies vom Willen des Ausstellers gedeckt ist.[22] Anstelle der Formerleichterung von § 793 Abs. 2 Satz 2 BGB oder neben ihr kann die Gültigkeit der Unterzeichnung auch durch eine in die Urkunde aufgenommene Bestimmung von der Beobachtung einer besonderen Form (z. B. **Ausfertigungsvermerk oder Siegel**) abhängig gemacht werden (§ 793 Abs. 2 Satz 1 BGB). Darüber hinaus bestimmt Art. 100 Nr. 1 EGBGB, dass landesgesetzliche Vorschriften (z. B. Art. 17 § 1 Abs. 1 BlnAGBGB) bei Inhaberschuldverschreibungen der Länder oder landesangehörender Körperschaften, Stiftungen oder Anstalten des öffentlichen Rechts die Gültigkeit der Unterzeichnung von der Beobachtung einer besonderen Form abhängig machen können, auch wenn eine solche Bestimmung nicht in die Urkunde aufgenommen ist. Urkundliche Leistungsversprechen an den Inhaber, die keine originale oder faksimilierte Unterschrift aufweisen, sind **„kleine Inhaberpapiere",** auf die gemäß § 807 BGB einige Vorschriften aus dem Recht der Inhaberschuldverschreibung (§ 793 Abs. 1, §§ 794, 796, 797 BGB) entsprechend anzuwenden sind. Solche kleinen Inhaberpapiere – z. B. Fahrscheine, Eintrittskarten oder Gutscheine – liegen bereits definitionsgemäß außerhalb des Anwendungsbereichs des eWpG, außerdem handelt es sich bei ihnen kaum je um Papiere des Kapitalmarktes (siehe Rz. 34).

10 **Aussteller** – die Person, die das Leistungsversprechen abgibt[23] – kann jedes Rechtssubjekt sein. Der Aussteller muss geschäftsfähig oder wirksam vertreten sein, oder die fehlende

---

12) *Habersack* in: MünchKomm-BGB, § 793 Rz. 1; Staudinger-*Marburger*, BGB, § 793 Rz. 26 ff.; Müller/Pieper-*Müller*, eWpG, Einl. Rz. 7; Jauernig-*Stadler*, BGB, § 793 Rz. 14; *Vogel* in: BeckOGK-ZivilR, § 793 BGB Rz. 1, 160; Erman-*Wilhelmi*, BGB, § 793 Rz. 9.

13) Müller/Pieper-*Müller*, eWpG, Einl. Rz. 7; *Vogel* in: BeckOGK-ZivilR, § 793 BGB Rz. 1, 81.

14) Müller/Pieper-*Müller*, eWpG, Einl. Rz. 7; *Vogel* in: BeckOGK-ZivilR, § 793 BGB Rz. 1, 81.

15) BGH, Urt. v. 28.11.1975 – V ZR 127/74, BGHZ 65, 300, 301 = NJW 1976, 294; *Habersack* in: MünchKomm-BGB, § 793 Rz. 5.

16) Staudinger-*Marburger*, BGB, § 793 Rz. 2; *Vogel* in: BeckOGK-ZivilR, § 793 BGB Rz. 93.

17) *Habersack* in: MünchKomm-BGB, § 793 Rz. 5.

18) Einzelheiten *Habersack* in: MünchKomm-BGB, Vor § 793 Rz. 36.

19) *Habersack* in: MünchKomm-BGB, § 793 Rz. 5; *Vogel* in: BeckOGK-ZivilR, § 793 BGB Rz. 93.

20) *Habersack* in: MünchKomm-BGB, § 793 Rz. 5; *Vogel* in: BeckOGK-ZivilR, § 793 BGB Rz. 93.

21) *Bialluch-v. Allwörden/v. Allwörden*, WM 2018, 2118, 2119; *Dubovitskaya*, ZIP 2020, 2551; *Kleinert/Mayer*, EuZW 2019, 857, 858 f.; *Kusserow*, WM 2020, 586; *Litten*, BB 2021, 1223, 1224; *Mittwoch*, WM 2021, 375, 378.

22) Staudinger-*Marburger*, BGB, § 793 Rz. 2; *Vogel* in: BeckOGK-ZivilR, § 793 BGB Rz. 96.

23) Staudinger-*Marburger*, BGB, § 793 Rz. 22.

Geschäftsfähigkeit muss durch Genehmigung oder Bestätigung geheilt sein.[24] Eltern, Vormunde und Betreuer bedürfen zur Ausstellung von Inhaberschuldverschreibungen im Namen des Kindes, Mündels bzw. Betreuten der Genehmigung des Familiengerichts (§§ 1643 Abs. 1, 1822 Nr. 9, 1908i BGB). In der Praxis werden Inhaberschuldverschreibungen nahezu ausschließlich als Massenemissionen durch juristische Personen des Privatrechts (Unternehmensanleihen) oder des öffentlichen Rechts (Staatsanleihen) emittiert. Die Urkunden müssen in solchen Fällen durch eine für die juristische Person vertretungsberechtigte natürliche Person gezeichnet werden (in der Praxis: Faksimile gemäß § 793 Abs. 2 Satz 1 BGB).

b) Leistungsversprechen an den Inhaber

Die Urkunde muss ein durch Auslegung (§§ 133, 157 BGB) zu entnehmendes **forderungs-** **11** **begründendes Leistungsversprechen** enthalten.[25] Gleichgültig ist, welchen Inhalt das Leistungsversprechen hat,[26] ob es bedingt oder von gewissen Determinanten abhängig ist[27] und ob das Leistungsversprechen (wie üblich) abstrakt ist oder einen Schuldgrund enthält.[28] Dem verbrieften Leistungsversprechen muss zu entnehmen sein (§§ 133, 157 BGB), dass es **gegenüber dem jeweiligen** (berechtigten) **Inhaber der Urkunde** bestehen soll.[29] Üblicherweise wird dies durch eine Inhaber- oder Überbringerklausel („Wir verpflichten uns, dem Inhaber dieser Schuldverschreibung … den Betrag … zurückzuzahlen") klargestellt. Der **Begriff des Inhabers** ist zweideutig und Anlass von Unklarheiten. Er erschließt sich aus § 793 Abs. 1 Satz 1 BGB, der das Recht, die versprochene Leistung zu verlangen, einerseits jedem (formell berechtigten) Inhaber zuspricht, es andererseits aber demjenigen verweigert, der zwar **formell berechtigter Inhaber**, aber nicht (**materiell**) **Verfügungsberechtigter** der Urkunde ist. Materielle Berechtigung bedeutet Rechtszuständigkeit. Aus dem Inhaberpapier materiell berechtigt ist, wer über die Urkunde verfügungsberechtigt ist, also regelmäßig der Urkundeneigentümer (Eigentumstheorie)[30] oder der sonst dinglich (z. B. als Pfandgläubiger) oder kraft Amtes (z. B. Betreuer, Insolvenzverwalter, Testamentsvollstrecker) Berechtigte. Demgegenüber bezeichnet die formelle Berechtigung die tatsächliche Gewalt an der Urkunde und die tatsächliche Möglichkeit der Präsentation (§ 797 BGB).[31] Das Leistungsversprechen gilt dem materiell berechtigten Inhaber, während die formelle Berechtigung (nur) Schuldner- und Verkehrsschutzwirkungen hervorbringt (siehe Rz. 15 ff. zur Liberationswirkung, Rz. 22 ff. zur Transportfunktion). Das eWpG bringt diesen Unterschied bei elektronischen Wertpapieren in § 3 eWpG begrifflich zum Ausdruck: (Formell berechtigter) Inhaber eines elektronischen Wertpapiers ist derjenige, der als Inhaber eines elektronischen Wertpapiers oder eines bestimmten Anteils an einer Gesamtemission in einem elektronischen Wertpapierregister eingetragen ist (§ 3 Abs. 1 eWpG); (materiell) Berechtigter ist, wer das Recht aus einem Wertpapier innehat (§ 3 Abs. 2 eWpG).

---

24) Erman-*Wilhelmi*, BGB, § 793 Rz. 9.

25) *Habersack* in: MünchKomm-BGB, § 793 Rz. 7 f.; Staudinger-*Marburger*, BGB, § 793 Rz. 6; *Vogel* in: BeckOGK-ZivilR, § 793 BGB Rz. 99.

26) *Habersack* in: MünchKomm-BGB, § 793 Rz. 7; Staudinger-*Marburger*, BGB, § 793 Rz. 6; *Vogel* in: BeckOGK-ZivilR, § 793 BGB Rz. 102.

27) *Vogel* in: BeckOGK-ZivilR, § 793 BGB Rz. 103.

28) *Habersack* in: MünchKomm-BGB, § 793 Rz. 7; Staudinger-*Marburger*, BGB, § 793 Rz. 6; *Vogel* in: BeckOGK-ZivilR, § 793 BGB Rz. 100.

29) *Habersack* in: MünchKomm-BGB, § 793 Rz. 9; Staudinger-*Marburger*, BGB, § 793 Rz. 7.

30) *Habersack* in: MünchKomm-BGB, § 793 Rz. 31; *Meyer-Cording/Drygala*, Wertpapierrecht, S. 6; Grüneberg-*Sprau*, BGB, § 793 Rz. 9; *Vogel* in: BeckOGK-ZivilR, § 793 BGB Rz. 141; Erman-*Wilhelmi*, BGB, Vor § 793 Rz. 6.

31) *Habersack* in: MünchKomm-BGB, § 793 Rz. 29; Staudinger-*Marburger*, BGB, § 793 Rz. 24; *Vogel* in: BeckOGK-ZivilR, § 793 BGB Rz. 142, 158; Erman-*Wilhelmi*, BGB, § 793 Rz. 6.

12   Vom Leistungsversprechen gegenüber dem Inhaber, bei dem der Inhaber Gläubiger des Leistungsverprechens wird, sind die Fälle zu **unterscheiden**, in denen der Aussteller sich gegenüber einer bestimmten, in der Urkunde benannten, Person verpflichtet, es sich aber vorbehält, die Leistung schuldbefreiend an jeden Inhaber der Urkunde erbringen zu können, ohne dem Urkundeninhaber eine eigene Forderung zuzuwenden. In diesen Fällen ist das Papier nicht Inhaberschuldverschreibung (§ 793 BGB),[32] sondern **Namenspapier mit Inhaberklausel** (§ 808 BGB) und als solches ein qualifiziertes Legitimationspapier (hinkendes Inhaberpapier).

13   Ebenfalls von der Inhaberschuldverschreibung zu unterscheiden ist der **Schuldschein** (§§ 371, 952 Abs. 1 BGB). Der Schuldschein ist eine Urkunde, die ein Schuldner mindestens auch zum Beweis für das Bestehen der Schuld ausgestellt hat.[33] Schuldscheine entfalten ihre Wirkung vorrangig auf beweisrechtlichem Gebiet (§ 286 Abs. 1 ZPO). **Inhaber-Wertpapiere**, zu denen die Inhaberschuldverschreibungen gehören, sind **keine Schuldscheine**,[34] weil bei ihnen nicht das Recht am Papier dem Recht aus dem Papier folgt (so aber § 952 Abs. 1 BGB für Schuldscheine), sondern umgekehrt das Recht aus dem Papier dem Recht am Papier (Transportfunktion, siehe Rz. 22 ff.).

c)   Legitimationswirkung

14   **§ 793 Abs. 1 Satz 1 BGB** bestimmt, dass der (formell berechtigte) Inhaber (siehe Rz. 11) vom Aussteller die versprochene Leistung verlangen kann, es sei denn, dass der Inhaber zur Verfügung über die Urkunde nicht berechtigt ist. Wer also das Papier vorzulegen vermag, zu dessen Gunsten wird **vermutet**, dass er auch materiell berechtigter Gläubiger der verbrieften Forderung sei. Der formell berechtigte Inhaber braucht seine materielle Berechtigung nicht darzutun, sondern es ist Sache des Schuldners, die fehlende materielle Berechtigung darzulegen und zu beweisen[35] (Legitimationswirkung). § 28 Abs. 1 Satz 1 eWpG enthält für elektronische Wertpapiere in Einzeleintragung eine an deren Verhältnisse angepasste Legitimationswirkung. Danach kann der Inhaber (§ 3 Abs. 1 eWpG) einer als elektronisches Wertpapier begebenen Schuldverschreibung vom Emittenten die versprochene Leistung verlangen, es sei denn, dass er hierzu nicht berechtigt (§ 3 Abs. 2 eWpG) ist.

d)   Liberationswirkung

15   Grundsätzlich wird der Schuldner nur durch Leistung an den Gläubiger – bei der Inhaberschuldverschreibung ist dies der materiell Berechtigte (siehe Rz. 11) – befreit (§ 362 Abs. 1 BGB). Die Leistung an einen anderen als den Gläubiger befreit nur, wenn

–   der Gläubiger den Dritten ermächtigt hat, die Leistung im eigenen Namen in Empfang zu nehmen oder einzuziehen (§§ 362 Abs. 2, 185 Abs. 1 BGB),

–   der Gläubiger den Schuldner ermächtigt hat, an den Dritten zu leisten (§§ 362 Abs. 2, 185 Abs. 1 BGB) oder

–   der Gläubiger die Leistung an den Dritten genehmigt (§§ 362 Abs. 2, 185 Abs. 2 BGB).[36]

---

32) *Habersack* in: MünchKomm-BGB, § 793 Rz. 9; Staudinger-*Marburger*, BGB, § 793 Rz. 7; *Vogel* in: BeckOGK-ZivilR, § 793 BGB Rz. 104.

33) BGH, Urt. v. 10.6.1985 – III ZR 178/84, NJW 1986, 2571 = WM 1985, 1206; Jauernig-*Berger*, BGB, § 952 Rz. 1; *Fetzer* in: MünchKomm-BGB, § 371 Rz. 2; *Looschelders* in: BeckOGK-ZivilR, § 371 BGB Rz. 13; Jauernig-*Stürner*, BGB, § 371 Rz. 1.

34) Jauernig-*Berger*, BGB, § 952 Rz. 3; *Fetzer* in: MünchKomm-BGB, § 371 Rz. 2; *Füller* in: MünchKomm-BGB, § 952 Rz. 4; *Looschelders* in: BeckOGK-ZivilR, § 371 BGB Rz. 18; a. A. *Schermaier* in: BeckOGK-ZivilR, § 952 BGB Rz. 11.

35) Staudinger-*Marburger*, BGB, § 793 Rz. 23; Jauernig-*Stadler*, BGB, § 793 Rz. 13: *Vogel* in: BeckOGK-ZivilR, § 793 BGB Rz. 157.

36) BGH, Urt. v. 12.5.2011 – IX ZR 133/10, NJW-RR 2011, 1349 = WM 2011, 1178.

- Ferner befreit die Leistung an einen Dritten, wenn der Dritte die Forderung erwirbt oder der Gläubiger den Dritten beerbt und für die Nachlassverbindlichkeiten unbeschränkt haftet (§§ 362 Abs. 2, 185 Abs. 2 BGB), oder

- wenn das Gesetz den Dritten zur Einziehung berechtigt, z. B. den Nießbraucher einer Forderung (§ 1074 BGB), den Pfandnehmer einer verpfändeten Forderung nach Pfandreife (§ 1282 BGB), den Vollstreckungsgläubiger nach Überweisung einer gepfändeten Forderung zur Einziehung (§§ 835, 836 Abs. 1 ZPO) oder den Insolvenzverwalter (§ 80 Abs. 1 InsO).

- Im Übrigen befreit die **Leistung an einen nichtberechtigten Dritten** den Schuldner nur in den **gesetzlich geregelten Fällen**, z. B. §§ 370, 407 ff., 808, 851, 893, 2019 Abs. 2, 2111, 2367 BGB, § 354a Abs. 1 Satz 2 HGB. Zu dieser Reihe von Normen zählt auch **§ 793 Abs. 1 Satz 2 BGB**. Gemäß § 793 Abs. 1 Satz 2 BGB wird der Aussteller auch durch die Leistung an einen (zwar formell berechtigten, aber) **nicht zur Verfügung berechtigten Inhaber** befreit.

Die **Schuldbefreiung durch Leistung an eine andere Person als den Gläubiger**, die auch   16
nicht zur Einziehung oder Empfangnahme berechtigt ist, wird treffend **Liberationswirkung** genannt.

Indem § 793 Abs. 1 Satz 2 BGB den Aussteller von der Obliegenheit befreit, die materielle   17
Berechtigung des formell legitimierten Inhabers zu prüfen, bildet die Vorschrift die notwendige **Ergänzung zur Legitimationswirkung** des § 793 Abs. 1 Satz 1 BGB,[37] wonach der Aussteller sich gegen die Inanspruchnahme durch den (nur) formell berechtigten Inhaber nicht anders zu wehren vermag als durch Vortrag und ggf. Beweis von Tatsachen, aus denen die materielle Nichtberechtigung des Papierinhabers folgt (siehe Rz. 14). Wenn das Gesetz es dem Aussteller also zumutet, auf die bloße Vorlage und Aushändigung (§ 797 BGB) der Urkunde hin zu leisten (§ 793 Abs. 1 Satz 1 BGB), dann muss es eine solche Leistung auch mit Schuldbefreiung honorieren (§ 793 Abs. 1 Satz 2 BGB).

Aus dem **Komplementärzusammenhang** der **Legitimationswirkung** (§ 793 Abs. 1 Satz 1   18
BGB – Darlegungs- und Beweislast für die materielle Nichtberechtigung beim Aussteller) und der **Liberationswirkung** des § 793 Abs. 1 Satz 2 BGB wird deutlich, dass § 793 Abs. 1 Satz 2 BGB zu weit geht, indem er die Liberation durch Leistung an den Papierinhaber schlechthin und unbedingt anordnet. Gemäß § 793 Abs. 1 Satz 2 BGB würde der Aussteller auch dann von seiner Leistungspflicht befreit, wenn er weiß und unschwer zu beweisen vermag, dass der Papierinhaber nicht auch materiell berechtigt ist.[38] Eine solche Erleichterung ist nicht veranlasst, und § 793 Abs. 1 Satz 2 BGB ist daher unter gesetzessystematischen Gesichtspunkten **einschränkend auszulegen**.[39] Darüber besteht inzwischen längst Einigkeit. Uneinigkeit besteht über das Maß und die Einzelheiten der Einschränkung:[40]

- Die Meinungen gehen erstens darüber auseinander, ob nur positive Kenntnis der materiellen Nichtberechtigung und Kenntnis der leicht verfügbaren (liquiden) Beweismittel die Liberation verhindert oder ob analog Art. 40 Abs. 3 WG bereits grob fahrlässige Verkennung der Rechts- und Beweislage schadet.[41]

---

37) Staudinger-*Marburger*, BGB, § 793 Rz. 26.
38) *Habersack* in: MünchKomm-BGB, § 793 Rz. 42; Staudinger-*Marburger*, BGB, § 793 Rz. 27.
39) *Habersack* in: MünchKomm-BGB, § 793 Rz. 42; Staudinger-*Marburger*, BGB, § 793 Rz. 27; *Vogel* in: BeckOGK-ZivilR, § 793 BGB Rz. 162.
40) *Habersack* in: MünchKomm-BGB, § 793 Rz. 42.
41) Für letzteres *Habersack* in: MünchKomm-BGB, § 793 Rz. 43; *Hueck/Canaris*, Recht der Wertpapiere, S. 210; Staudinger-*Marburger*, BGB, § 793 Rz. 28; *Meyer-Cording/Drygala*, Wertpapierrecht, S. 102; Grüneberg-*Sprau*, BGB, § 793 Rz. 12; Jauernig-*Stadler*, BGB, § 793 Rz. 14; *Vogel* in: BeckOGK-ZivilR, § 793 BGB Rz. 163.

– Ferner ist umstritten, ob die Liberationswirkung nur bei gutem Glauben des Ausstellers an die Verfügungsbefugnis des Inhabers eintritt oder ob der gute Glaube auch Mängeln der Vertretungsmacht und der Geschäftsfähigkeit abhilft.[42]

19 § 793 Abs. 1 Satz 2 BGB wird flankiert durch § 797 BGB. Danach ist der Aussteller nur gegen **Aushändigung** der Schuldverschreibung zur Leistung verpflichtet (§ 797 Satz 1 BGB), und er erwirbt mit der Aushändigung das **Eigentum an der Urkunde**; dies gilt ausdrücklich auch dann, wenn der Inhaber zur Verfügung über sie nicht berechtigt ist (§ 797 Satz 2 BGB).

e) Präsentationspflicht

20 Der Aussteller ist nur gegen Aushändigung der Schuldverschreibung zur Leistung verpflichtet (§ 797 Satz 1 BGB). Die Inhaberschuldverschreibung ist also ein **Präsentationspapier**.[43] Die Präsentationspflicht dient dem Schutz des Ausstellers, der das Risiko mehrfacher Inanspruchnahme vermeidet, wenn er nur gegen Aushändigung der Urkunde leistet,[44] wozu ihn das aus § 797 Satz 1 BGB resultierende **Zurückbehaltungs- und Leistungsverweigerungsrecht**[45] in die Lage versetzt. Die Norm stellt sicher, dass die Ausübung des verbrieften Rechts von der Innehabung der Urkunde abhängt, und ist damit konstitutiv für die Wertpapiereigenschaft[46] der Inhaberschuldverschreibung.[47]

21 § 29 Abs. 1 eWpG passt die Präsentationspflicht den Verhältnissen des elektronischen Wertpapiers an: Danach ist der Emittent einer **elektronisch begebenen Schuldverschreibung** zur Leistung aus der Schuldverschreibung nur verpflichtet, wenn der Inhaber gegenüber der registerführenden Stelle eine Weisung zur Umtragung auf den Emittenten bei Zahlungsnachweis erteilt.

f) Transportfunktion

22 Die Inhaberschuldverschreibung verbrieft ein Leistungsversprechen, also eine Forderung. Forderungen werden gemeinhin durch bloße Einigung (Abtretung) übertragen (§ 398 BGB). Dabei ist ein gutgläubiger Forderungserwerb so gut wie ausgeschlossen (enge Ausnahme: § 405 BGB), und der Schuldner behält alle Einwendungen (§ 404 BGB). Bei Inhaberpapieren ist dies durch die Transportfunktion des Wertpapiers anders. Im Umlauf des Papiers (also bei Zweit- und Folgeerwerbern) richtet sich die Inhaberschaft des verbrieften Rechts – die Gläubigerstellung am in der Urkunde verkörperten Leistungsversprechen – nach der sachenrechtlichen Rechtslage des Papiers: **Das Recht aus dem Papier folgt dem Recht am Papier**.[48] Ferner droht dem Aussteller im Umlauf ein weitgehender **Einwendungsverlust** (§§ 794, 796 BGB). Die Transportfunktion des Wertpapiers ist Inhaberschuldverschreibungen und sonstigen Inhaberpapieren eigen. Ein Forderungserwerber braucht nicht die

---

42) Dafür *Habersack* in: MünchKomm-BGB, § 793 Rz. 43; *Grüneberg-Sprau*, BGB, § 793 Rz. 12; *Vogel* in: BeckOGK-ZivilR, § 793 BGB Rz. 161; *Erman-Wilhelmi*, BGB, § 793 Rz. 10; differenzierend Staudinger-*Marburger*, BGB, § 793 Rz. 29.

43) BGH, Beschl. v. 8.7.2008 – VII ZB 64/07, BGHZ 177, 178 = NJW 2008, 3144; Staudinger-*Marburger*, BGB, § 797 Rz. 1; *Vogel* in: BeckOGK-ZivilR, § 797 BGB Rz. 3; *Erman-Wilhelmi*, BGB, § 797 Rz. 1.

44) BGH, Beschl. v. 7.4.2016 – VII ZB 14/15, Rz. 12, NZG 2016, 588 = WM 2016, 818; BGH, Urt. v. 14.5.2013 – XI ZR 160/12, Rz. 22, NZG 2013, 903 = WM 2013, 1264; *Habersack* in: MünchKomm-BGB, § 797 Rz. 1; Staudinger-*Marburger*, BGB, § 797 Rz. 1; *Vogel* in: BeckOGK-ZivilR, § 797 BGB Rz. 1 f.

45) *Habersack* in: MünchKomm-BGB, § 797 Rz. 2; Staudinger-*Marburger*, BGB, § 797 Rz. 3; *Vogel* in: BeckOGK-ZivilR, § 797 BGB Rz. 1, 9 f.

46) *Zöllner* in: FS Raiser, S. 249, 268 ff.

47) *Habersack* in: MünchKomm-BGB, § 797 Rz. 1; *Vogel* in: BeckOGK-ZivilR, § 797 BGB Rz. 3.

48) *Conreder/Diederichsen/Okonska*, DStR 2021, 2594; *Ekkenga* in: MünchKomm-HGB, Effektengeschäft Rz. 31; *Sickinger/Thelen*, AG 2020, 862, 863; *Vogel* in: BeckOGK-ZivilR, § 793 BGB Rz. 151; *Zöllner* in: FS Raiser, S. 249, 272.

Gläubigerstellung des Veräußerers zu überprüfen und muss sich auch keine Gedanken über Einwendungen machen, die sich nicht aus der Urkunde ergeben. Damit erhöht die Transportfunktion des Inhaberpapiers die Umlauf- und Verkehrsfähigkeit und damit die Handelbarkeit der Inhaberschuldverschreibung. Für **elektronische Wertpapiere in Einzeleintragung** stellt § 25 Abs. 2 die Transportfunktion des Wertpapiers klar. Elektronische Wertpapiere in **Sammelverwahrung** werden auch unter Geltung des eWpG nach sachenrechtlichen Grundsätzen übereignet[49] (Umbuchung, siehe Rz. 24).

Für die Übertragung der Rechte aus einer Inhaberschuldverschreibung gibt es folglich die **23** beiden Möglichkeiten der **Forderungsabtretung** (§ 398 BGB) **oder** der **Papierübereignung** (§§ 929 ff. BGB).[50] Der Erwerb nach den §§ 929 ff. BGB bildet dabei den bei weitem überwiegenden Regelfall und verwirklicht den auf Umlauf- und Verkehrsfähigkeit gerichteten Zweck der Emission von Inhaberschuldverschreibungen. Zudem ist **bei elektronischen Wertpapieren in Einzeleintragung** die zessionsrechtliche Forderungsübertragung (§ 398 BGB) durch § 24 eWpG ausgeschlossen, soweit sie nicht in das elektronische Wertpapierregister eingetragen wird.

Die in der Inhaberschuldverschreibung verbriefte Forderung wird also grundsätzlich durch **24** Übereignung der Urkunde nach den §§ 929 ff. BGB (bei elektronischen Wertpapieren in **Einzeleintragung**: § 25 Abs. 1 eWpG) übertragen. Wer Eigentümer der Urkunde ist, der ist Gläubiger der verbrieften Forderung. Eine Besonderheit gilt bei der Durchführung der Übereignung von Anteilen an **sammelverwahrten** (§§ 5 f. DepotG) und **globalverbrieften Wertpapieren** (§ 9a DepotG), wo die Übergabe durch eine Umbuchung bei der Wertpapiersammelbank vollzogen wird.[51] Betreffend die Wertpapierkommission sammelverwahrter Wertpapiere enthalten die §§ 18 Abs. 3, 24 Abs. 2 DepotG Sonderregeln für die Übereignung.

Die Möglichkeit zu **gutgläubigem Eigentumserwerb** an der Urkunde (§§ 932 ff. BGB, **25** § 366 Abs. 1 HGB – bei elektronischen Wertpapieren: § 26 eWpG) eröffnet die Möglichkeit, auch die verbriefte Forderung gutgläubig zu erwerben. Bei Inhaberpapieren ist gutgläubiger Erwerb auch an abhanden gekommenen Urkunden möglich (§§ 794 Abs. 1, 935 Abs. 2 BGB, Ausnahme § 367 HGB). Bei gutgläubigem Erwerb schließt ferner § 796 BGB zugunsten von Umlauferwerbern alle Einwendungen des Ausstellers aus, mit Ausnahme von Gültigkeitseinwendungen und urkundlichen Einwendungen.

2. Erscheinungsformen von Inhaberschuldverschreibungen

Inhalte und Zwecke von Inhaberschuldverschreibungen sind breit gestreut. Für den An- **26** wendungsbereich des eWpG wesentlich ist die Unterscheidung zwischen **Inhaberschuldverschreibungen des Kapitalmarktes** (Anleihen, siehe Rz. 27 ff.) und anderen Inhaberschuldverschreibungen (siehe Rz. 34).

a) Anleihen

Börsenfähige, am Kapitalmarkt handelbare Wertpapiere werden als **Effekten** bezeichnet. Ihr **27** gemeinsames Merkmal ist, dass sie standardisiert, vertretbar (fungibel) und sammelverwahrfähig sind.[52] Zu den Effekten zählen neben Inhaberschuldverschreibungen z. B. noch Aktien

---

49) Preuße/Wöckener/Gillenkirch, BKR 2020, 551, 554.

50) *v. Buttlar/Omlor*, ZRP 2021, 169, 170; *Habersack* in: MünchKomm-BGB, § 793 Rz. 36 f.; *Kleinert/Mayer*, EuZW 2020, 1059, 1062; Staudinger-*Marburger*, BGB, § 793 Rz. 20; *Meier*, RDi 2021, 1, 3 f.; *Sickinger/Thelen*, AG 2020, 862, 863.

51) BGH, Beschl. v. 16.7.2004 – IXa ZB 24/04, BGHZ 160, 121 = NJW 2004, 3340; *Casper*, BKR 2019, 209, 211; Conreder/Meier-*Conreder*, eWpG, § 1 Rz. 9; *Vogel* in: BeckOGK-ZivilR, § 793 BGB Rz. 150.

52) *Haertlein* in: Gabler Banklexikon, Stichwort „Effekten".

sowie Investmentanteile. Diejenigen Effekten, bei denen es sich um Inhaberschuldverschreibungen (Teilschuldverschreibungen aus einer Gesamtemission) handelt, werden **Anleihen** oder – synonym – **Bonds, Loans, Obligationen oder Renten(werte)** genannt. Dem Wortlaut von § 1 eWpG nach ist das eWpG auf alle erdenklichen Inhaberschuldverschreibungen anwendbar. Dieser Eindruck täuscht jedoch. Der Gesetzessystematik und der Gesetzgebungsgeschichte lässt sich klar entnehmen, dass das eWpG nur auf Inhaberschuldverschreibungen des Kapitalmarktes, also Anleihen, anzuwenden ist.[53]

28 Anleihen können als Kapitalmarktprodukte ganz unterschiedlich **systematisch erfasst** werden. Gebräuchlich ist die Unterscheidung zwischen

- Unternehmensanleihen;
- verbrieften Derivaten;
- Bankschuldverschreibungen; und
- Staatsanleihen.[54]

29 Von diesen vier Kategorien ist das eWpG auf die **ersten drei** grundsätzlich **anwendbar**.[55] Demgegenüber werden deutsche **Staatsanleihen**, die nach Maßgabe des BSchuWG oder der Landesschuldbuchgesetze begeben werden, nicht durch das eWpG geregelt (siehe Rz. 4). Anders ist es (theoretisch) bei Staatsanleihen **anderer Länder**. Solche Anleihen könnten nach dem eWpG begeben werden, wenn die Schuldverschreibung nach deutschem Recht begeben würde oder nach dem maßgeblichen ausländischen Recht als Inhaberschuldverschreibung zu bewerten wäre.[56]

30 **Inhaltlich** werden Anleihen üblicherweise danach unterteilt, ob sie mit

- einem Festzinssatz (Straight Bond oder Plain Vanilla Bond);
- zinsvariabel (Floating Rate Note oder Plain Vanilla Floater);
- als Nullcoupon-Anleihe; oder
- mit zusätzlichen Rechten (Optionsanleihe, Wandelanleihe, Gewinnschuldverschreibung)

ausgestattet sind.[57] Etwas stärker in die Anleihestruktur gehen die folgenden üblichen, beispielhaften Differenzierungen zwischen

- Anleihen mit Emittentenkündigungsrecht;
- mit Gläubiger-Zinswahlrecht;
- mit Höchstzinssatz (Capped Floating Rate Note);
- mit Mindestverzinsung (Floor Floating Rate Note); und
- mit Rückzahlungswahlrecht (Reverse Convertible Bond, Aktienanleihe).

31 All jene Anleihen befinden sich im Anwendungsbereich des eWpG,[58] sofern es sich um Anleihen der Privatwirtschaft[59] handelt.

32 Der Anwendungsbereich des eWpG ist nicht beschränkt auf Anleihen, die **Geldforderungen** verbriefen.[60] Daher können auch über **andere Leistungsgegenstände** elektronische

53) Müller/Pieper-*Pieper*, eWpG, § 1 Rz. 16.
54) So z. B. Müller/Pieper-*Pieper*, eWpG, § 1 Rz. 19.
55) Müller/Pieper-*Pieper*, eWpG, § 1 Rz. 19.
56) Müller/Pieper-*Pieper*, eWpG, § 1 Rz. 18.
57) *Kettl* in: Gabler Banklexikon, Stichwort „Inhaberschuldverschreibung"; *Rauscher* in: Gabler Banklexikon, Stichwort „Unternehmensanleihe".
58) *Preuße/Wöckener/Gillenkirch*, BKR 2021, 460; *Wieneke/Kunz*, NZG 2021, 316, 317 – jeweils zu Wandelschuldverschreibungen und strukturierten Schuldverschreibungen (Zertifikaten).
59) Müller/Pieper-*Pieper*, eWpG, § 1 Rz. 18.
60) *Casper* in: Möslein/Omlor, FinTech-Handbuch, § 28 Rz. 25; Müller/Pieper-*Pieper*, eWpG, § 1 Rz. 17.

Wertpapiere begeben werden, z. B. Waren (Commodities), Dienstleistungen oder Nutzungsrechte.[61]

Zu den Effekten, bei denen das eWpG anzuwenden ist, gehören auch die **Pfandbriefe** der 33 Pfandbriefbanken (§ 1 PfandBG).[62] Zweifel können gewisse an den Finanzmärkten gehandelte Finanzierungsformen aufwerfen, die (auch) den Charakter **eigenkapitalähnlicher Investitionen** haben, weil bei ihnen mehr die Teilhabe am Wertzuwachs des Unternehmens und weniger ein Zins angestrebt wird. Jedenfalls dann, wenn den Anlegern kein Mitspracherecht eingeräumt wird, handelt es sich eher um **Genussschein**-Emissionen und damit in der Regel um Inhaberschuldverschreibungen.[63] Schließlich gelten **Namensschuldverschreibungen**, soweit sie **auf den Namen einer Wertpapiersammelbank** ausgestellt wurden, als sammelverwahrungsfähige Wertpapiere i. S. des DepotG (§ 1 Abs. 1 Satz 2 DepotG). Solche Schuldverschreibungen sind zwar keine Inhaberschuldverschreibungen i. S. von § 793 BGB. Wegen ihrer depotrechtlichen Gleichstellung mit kapitalmarktrechtlichen Inhaberschuldverschreibungen sollen sie aber dennoch auch als Inhaberschuldverschreibungen i. S. des eWpG gelten.[64]

b) Andere Inhaberschuldverschreibungen

Das Gesetz findet keine Anwendung auf **Wertpapiere des Transportrechts** (Ladeschein, 34 Lagerschein und Konnossement), für die es nach den speziellen Regelungen (§ 443 Abs. 3, § 475c Abs. 4, § 516 Abs. 2, 3 HGB) eine gesonderte elektronische Form geben kann[65] (siehe Rz. 4). Auch nicht anwendbar ist das eWpG auf **Inhabergrundschuld- und -rentenschuldbriefe** (§§ 1195, 1199 BGB) und ebenso wenig auf gewinnverbriefende **Lotterielose**, weil all dies keine kapitalmarktrechtlichen fungiblen Papiere sind. Auch **Inhaberschecks** (Art. 5 Abs. 2, 3 ScheckG) sind keine Papiere des Kapitalmarktes, sondern dienen einzig dem Zahlungsverkehr, und fallen daher nicht in den Anwendungsbereich des eWpG. Keine Papiere des Kapitalmarktes – und keine Inhaberschuldverschreibungen gemäß § 793 BGB (siehe Rz. 9) – sind schließlich die „**kleinen Inhaberpapiere**" (Eintrittskarten, Fahrscheine, Gutscheine) des § 807 BGB.

IV. Andere Effekten

Auf **Aktien** ist das eWpG nicht anwendbar.[66] Denn Aktien verbriefen keine Leistungs- 35 versprechen, sondern die Mitgliedschaft in der AG.[67] Die Herausnahme von Aktien aus dem Anwendungsbereich des Gesetzes entspricht dem erklärten Willen des Gesetzgebers, der allerdings die Regulierung elektronischer Aktien durch Öffnung des Anwendungsbereichs des eWpG bereits in Aussicht gestellt hat.[68] Das eWpG ist auch nicht anwendbar

---

61) *Casper* in: Bankrechtstag 2019, S. 109, 118; *Casper* in: Möslein/Omlor, FinTech-Handbuch, § 28 Rz. 25; Müller/Pieper-*Pieper*, eWpG, § 1 Rz. 17; a. A. *Preuße/Wöckener/Gillenkirch*, BKR 2021, 460; *Segna*, WM 2020, 2301, 2302.

62) Conreder/Meier-*Conreder*, eWpG, § 1 Rz. 14; *Habersack* in: MünchKomm-BGB, § 793 Rz. 10; *Lehmann*, NJW 2021, 2318, 2319.

63) Begr. RegE Gesetz zur Einführung von eWp z. § 1 eWpG, BT-Drucks. 119/26925, S. 38; *Preuße/ Wöckener/Gillenkirch*, BKR 2021, 460; *Sickinger/Thelen*, AG 2020, 862, 863.

64) Müller/Pieper-*Pieper*, eWpG, § 1 Rz. 20.

65) Begr. RegE Gesetz zur Einführung von eWp z. § 1 eWpG, BT-Drucks. 119/26925, S. 38.

66) *Bauer* in: Kümpel/Mülbert/Früh/Seyfried, Bankrecht und Kapitalmarktrecht, Rz. 18.153a; *Casper*, BKR 2019, 209, 210; *Döding/Wentz*, WM 2020, 2312; *Guntermann*, AG 2021, 449, 454 ff.; *Lehmann*, NJW 2021, 2318, 2319; *Lehmann*, BKR 2020, 431, 432; *Mittwoch*, WM 2021, 375, 378.

67) *Habersack* in: MünchKomm-BGB, § 793 Rz. 11.

68) Begr. RegE Gesetz zur Einführung von eWp z. § 1 eWpG, BT-Drucks. 119/26925, S. 38.

bei elektronischen **Investment-Token**[69], die ihren Inhabern mitgliedschaftliche Rechte vermitteln.[70]

36   Auch nicht im Anwendungsbereich des eWpG liegen auf einer **Blockchain** – die Blockchain-Technologie ist ein Anwendungsfall der technologieoffenen Definition von „Aufzeichnungssystem" i. S. von § 4 Abs. 11 eWpG – einge- bzw. übertragene digitale Werte, insbesondere Kryptowährungen bzw. sog. Non-Fungible-Token (NFT)[71], soweit sie nicht Rechte aus Inhaberschuldverschreibungen oder Investmentanteilen repräsentieren.[72]

---

69) Einzelheiten *Spindler*, WM 2018, 2109, 2110; *Zickgraf*, AG 2018, 293, 295.

70) *Dubovitskaya*, ZIP 2020, 2551, 2552.

71) Zur Abgrenzung unterschiedlicher Token-Kategorien vgl. etwa *Fromberger/Zimmermann* in: Maume/Maute/Fromberger, Rechtshandbuch Kryptowerte, § 1 Rz. 68 ff.

72) *Lehmann*, NJW 2021, 2318, 2319.

§ 2
Elektronisches Wertpapier

(1) ¹Ein Wertpapier kann auch als elektronisches Wertpapier begeben werden. ²Ein elektronisches Wertpapier wird dadurch begeben, dass der Emittent an Stelle der Ausstellung einer Wertpapierurkunde eine Eintragung in ein elektronisches Wertpapierregister (§ 4 Absatz 1) bewirkt.

(2) Soweit dieses Gesetz nichts anderes bestimmt, entfaltet ein elektronisches Wertpapier dieselbe Rechtswirkung wie ein Wertpapier, das mittels Urkunde begeben worden ist.

(3) Ein elektronisches Wertpapier gilt als Sache im Sinne des § 90 des Bürgerlichen Gesetzbuchs.

Literatur: *Bartlitz*, Die Begebung elektronischer Wertpapiere, NJW 2022, 1981; *Bialluch-v. Allwörden*, Zivil- und prospektrechtliche Aspekte des eWpG-E, RDi 2021, 13; *Canaris*, Die Verdinglichung obligatorischer Rechte, in: Festschrift für Werner Flume, 1978, S. 371; *Casper*, Elektronische Schuldverschreibung: es ist Zeit für einen grundlegenden gesetzlichen Neustart, BKR 2019, 209; *Casper/Richter*, Die elektronische Schuldverschreibung – eine Sache?, ZBB 2022, 65; *Denga*, Transaktionsgebühren der Blockchain – Zugleich ein Beitrag zur Zurechnung in IT-Systemen, ZBB 2022, 298; *Denga*, Non-Fungible-Token im Bank- und Kapitalmarktrecht, BKR 2022, 288; *Denga*, Die Regulierung der Blockchain-Infrastruktur, JZ 2021, 227; *Döding/Wentz*, Der Referentenentwurf zur Einführung von elektronischen Wertpapieren und Kryptowertpapieren, WM 2020, 2312; *Dubovitskaya*, Gesetzesentwurf zur Einführung von elektronischen Wertpapieren: ein zaghafter Schritt nach vorn, ZIP 2020, 2551; *Feldkircher/Wegstein*, Die Tokenisierung von Eigentumsrechten im Fürstentum Liechtenstein, ZdiW 2021, 177; *Fischer*, Fiktionen und Bilder in der Rechtswissenschaft, AcP 117 (1919) 143; *Geier*, Einführung elektronischer Wertpapiere, RdF 2020, 258; *Habersack/Meyer*, Globalverbriefte Aktien als Gegenstand sachenrechtlicher Verfügungen? – Ein (weiteres) Plädoyer für die Ablösung der Globalurkunde durch Wertrechte, WM 2000, 1678; *Hacker/Thomale*, Crypto-Securities Regulation: ICOs, Token Sales and Cryptocurrencies under EU Financial Law, ECFR Vol. 18/2018, S. 645; *Kaulartz/Matzke*, Die Tokenisierung des Rechts, NJW 2018, 3278; *Kleinert/Meyer*, Der deutsche Weg zum elektronischen Wertpapier, EuZW 2020, 1059; *Kleinert/Meyer*, Elektronische Wertpapiere und Krypto-Token – Aktuelle Rechtslage und die Blockchain-Strategie der Bundesregierung vom 18.9.2019, EuZW 2019, 857; *Klöhn/Parhofer/Resas*, Initial Coin Offerings, ZBB 2018, 89; *Koch*, Die „Tokenisierung" von Rechtspositionen als digitale Verbriefung, ZBB 2018, 359; *Kuhn*, Wertpapierrecht als Technikregulierung: zehn Jahre Reform des schweizerischen Depotrechts, EuZW 2018, 409; *Kuschel*, Digitale Eigenmacht, AcP 220 (2020) 98; *Lahusen*, Das Sachenrecht der elektronischen

Wertpapiere, RDi 2021, 161; *Langenbucher*, Digitales Finanzwesen, AcP 218 (2018) 385; *Lehmann*, Das Gesetz zur Einführung von elektronischen Wertpapieren, NJW 2021, 2318; *Lehmann*, Zeitenwende im Wertpapierrecht – Der Referentenentwurf für ein Gesetz über elektronische Wertpapiere, BKR 2020, 431; *Lenz/Joachimsthaler*, Das Gesetz über elektronische Wertpapiere – Beginnt jetzt die Zukunft?, DB 2021, 1384; *Linardatos*: Elektronische Schuldverschreibungen auf den Inhaber – des Wertpapiers neue Kleider, ZBB 2020, 329; *Machacek*, Die Anwendung der neuen MiCA-Verordnung auf Dezentrale Finanzanwendungen, EuZW 2021, 923; *Maume/Fromberger*, Die Blockchain-Aktie, ZHR 185 (2021) 507; *Meier*, Elektronische Wertpapiere in der Zwangsvollstreckung, MMR 2021, 381; *Meier*, Übertragung von elektronischen Wertpapieren nach dem eWpG-E, RDI 2021, 1; *Meier/Saive*, Der Anwendungsbereich des eWpG, ZDiW 2021, 223; *Mittwoch*, Der Entwurf eines Gesetzes zur Einführung elektronischer Wertpapiere – ein Quantensprung für das Zivil- und Finanzmarktrecht?, WM 2021, 375; *Möslein*, Smart Contracts im Zivil- und Handelsrecht, ZHR 183 (2019) 254; *Möslein/Kaulartz/Rennig*, Decentralized Finance (DeFi), RDi 2021, 517; *Müller*, Das Wertpapier – Ein unbekanntes Wesen?, (Teil I) JA 2017, 321, (Teil II) JA 2017, 401; *Omlor*, Elektronische Wertpapiere nach dem eWpG, RDi 2021, 371; *Omlor*, Re- statt Dematerialisierung des Sachenrechts, RDi 2021, 236; *Opitz*, Wertrechte und Wertpapiere, Bank-Archiv 1941, 36; *Patz*, Überblick über die Regulierung von Kryptowerten und Kryptowertedienstleistern, BKR 2021, 725; *Preuße/Wöckener/Gillenkirch*, Das Gesetz zur Einführung elektronischer Wertpapiere – Eine erste Bewertung aus der Sicht der Praxis, BKR 2021, 460; *Preuße/Wöckener/Gillenkirch*, Der Gesetzesentwurf zur Einführung elektronischer Wertpapiere, BKR 2020, 551; *v. Randow*, Anleihebedingungen und Anwendbarkeit des AGB-Gesetzes, ZBB 1994, 23; *Renner*, Anleiherecht zwischen Vertrag und Markt, ZHR 185 (2021) 840; *Saive*, Einführung elektronischer Wertpapiere, ZRP 2020, 219; *Sedatis*, Absoluter und relativer Erwerb im Wertpapierrecht. Ein Beitrag zum Wertpapierrecht am Schnittpunkt von Schuld- und Sachenrecht, in: Festschrift für Manfred Rehbinder, 2002, S. 741; *Segna*, Elektronische Wertpapiere im zentralen Register – Anmerkungen zum BMF-/BMJV-Referentenentwurf vom 10.8.2020 aus wertpapier- und depotrechtlicher Sicht, WM 2020, 2301; *Sickinger/Thelen*, Anleihen und Genussscheine auf der Blockchain, AG 2020, 862; *Than*, Wertpapierrecht ohne Wertpapiere?, in: Festschrift für Herbert Schimansky, 1999, S. 821; *Zickgraf*, Initial Coin Offerings – Ein Fall für das Kapitalmarktrecht?, AG 2018, 293; *Zöllner*, Die Zurückdrängung des Verkörperungselements bei den Wertpapieren, in: Festschrift für Ludwig Raiser, 1974, S. 249.

Übersicht

I. Normüberblick und Entwicklung der Vorschrift

§ 2 eWpG erkennt **elektronische Wertpapiere als Begebungsform** an (§ 2 Abs. 1 eWpG), 1
eröffnet die grundsätzliche **Äquivalenz von elektronischen und verkörperten Wertpa-**

pieren[1]) (§ 2 Abs. 2 eWpG) und ordnet die **Sacheigenschaft elektronischer Wertpapiere** unter § 90 BGB an (§ 2 Abs. 3 eWpG).[2]) Durch diese **drei Kerngedanken des eWpG** soll sowohl ein Beitrag zur Steigerung der Attraktivität des deutschen Finanzmarktes im internationalen Vergleich erreicht sowie der Anlegerschutz im ansonsten „grauen" Kryptokapitalmarkt verbessert werden.[3]) Die weiteren Vorschriften des eWpG dienen weitestgehend der Konkretisierung und Durchführung des Programms von § 2 eWpG. Die Vorschrift erfuhr im Vergleich zum Referentenentwurf vom 11.8.2020[4]) und auch zum Regierungsentwurf vom 14.12.2020[5]) keine Änderung, was auf einen breiten Konsens hinsichtlich ihres Regelungsgehalts hindeutet. Zur Gesetzgebungshistorie siehe *Schulz/Neumann*, Einl. Rz. 7–10.

II.   Elektronische Begebung von Wertpapieren (§ 2 Abs. 1 eWpG)

1.   Normzweck

2   Die Anerkennung und Definition elektronischer Wertpapiere als legitime Begebungsform in § 2 Abs. 1 Satz 1 eWpG stärkt zunächst die **Privatautonomie**, indem Emittenten ein zusätzliches, vor allem staatlich anerkanntes und geschütztes Mittel zur Begebung von Wertpapieren zur Verfügung gestellt wird,[6]) neben der physischen nun auch die elektronische Variante. Kehrseitig profitieren auch die Anleger von einem neuen Anlageinstrument. Die Regelung zielt daher auch auf die Erhöhung des **Verkehrsschutzes**,[7]) was gerade vor dem Hintergrund einer volatilen Token-Ökonomie und der Risiken von auf „Decentralized Finance" beruhenden Geschäftsmodellen begrüßenswert und notwendig ist.[8])

3   Die in § 2 Abs. 1 Satz 2 eWpG beschriebene Eintragung von Wertpapieren in ein elektronisches **Wertpapierregister** (§ 4 Abs. 1, 4 eWpG) wird zum **Publizitätsträger** der aus dem

---

1)   Der Anwendungsbereich ist dabei sehr eng und bezieht sich nur auf Inhaberschuldverschreibungen unter § 793 BGB, also Anleihen – andere Wertpapiere sind derzeit noch nicht erfasst, s. dazu *Haertlein*, § 1 Rz. 27–36. Insbesondere zur geplanten Erweiterung auf Aktien vgl. den Koalitionsvertrag der 20. Wahlperiode zwischen SPD, FDP und den Grünen, 2021, S. 136, abrufbar unter https://www.spd.de/fileadmin/Dokumente/Koalitionsvertrag/Koalitionsvertrag_2021-2025.pdf (Abrufdatum: 16.2.2023).

2)   Gerade in dieser Hinsicht von „Zeitenwende" sprechend *Saive*, ZRP 2020, 219; zum breiteren Kontext der Blockchain-Strategie der Bundesregierung, *Mittwoch*, WM 2021, 375, 376. *Kleinert/Meyer*, EuZW 2019, 857.

3)   Vgl. *Segna*, WM 2020, 2301, 2305; zum Anlegerschutz im grauen Kapitalmarkt vgl. knapp, allerdings ohne spezifische Bezüge zu Kryptowerten *Weitnauer* in: Weitnauer, Handbuch Venture Capital, Teil A Rz. 124–126.

4)   RefE Gesetz zur Einführung von eWp, abrufbar unter https://bundesfinanzministerium.de/Content/DE/Gesetzestexte/Gesetze_Gesetzesvorhaben/Abteilungen/Abteilung_VII/19_Legislaturperiode/2021-06-09-einfuehrung-elektronische-wertpapiere/1-Referentenentwurf.pdf?__blob=publicationFile&v=2 (Abrufdatum: 16.2.2023); dazu *Döding/Wentz*, WM 2020, 2312.

5)   Begr. RegE Gesetz zur Einführung von eWp, BT-Drucks. 19/26925.

6)   Vgl. die Zielsetzung bei Begr. RefE Gesetz zur Einführung von eWp, S. 36, abrufbar unter https://bundesfinanzministerium.de/Content/DE/Gesetzestexte/Gesetze_Gesetzesvorhaben/Abteilungen/Abteilung_VII/19_Legislaturperiode/2021-06-09-einfuehrung-elektronische-wertpapiere/1-Referentenentwurf.pdf?__blob=publicationFile&v=2 (Abrufdatum: 16.2.2023); Begr. RegE Gesetz zur Einführung von eWp, BT-Drucks. 19/26925, S. 42; s. a. *Bartlitz*, NJW 2022, 1981.

7)   Begr. RefE Gesetz zur Einführung von eWp, S. 36, abrufbar unter https://bundesfinanzministerium.de/Content/DE/Gesetzestexte/Gesetze_Gesetzesvorhaben/Abteilungen/Abteilung_VII/19_Legislaturperiode/2021-06-09-einfuehrung-elektronische-wertpapiere/1-Referentenentwurf.pdf?__blob=publicationFile&v=2 (Abrufdatum: 16.2.2023); Begr. RegE Gesetz zur Einführung von eWp, BT-Drucks. 19/26925, S. 42; allgemein zur Risikobegrenzung durch Technikregulierung, *Zech*, Einführung ins Technikrecht, S. 9 ff.

8)   Zu „Decentralized Finance" im Allgemeinen: *Möslein/Kaulartz/Rennig*, RDi 2021, 517; *Machacek*, EuZW 2021, 923, 924; zur Volatilität der Transaktionsgebühren auf der Blockchain und deren politischer Prägung insgesamt *Denga*, ZBB 2022, 298.

Wertpapier folgenden Rechte und substituiert in dieser Hinsicht die Papierurkunde.[9] Das elektronische Register gibt wie die Papierurkunde insbesondere an, welchen Inhalt und Nennbetrag das Wertpapier hat, sowie wer (formaler) Inhaber und Emittent ist;[10] in seiner Funktion gleicht es dem Grundbuch und dem Handelsregister.

2. Wertpapierbegriff

§ 2 Abs. 1 eWpG bezieht sich allein auf Wertpapiere im Anwendungsbereich des eWpG, den 4
§ 1 eWpG (bislang) eng auf Schuldverschreibungen auf den Inhaber beschränkt.[11] Damit wird eindeutig der Begriff der **Inhaberpapiere aus § 793 BGB** aufgegriffen (siehe dazu näher bei *Haertlein*, § 1, insbesondere Rz. 2 f.). Folglich sind – trotz aller Entmaterialisierungstendenzen der Bank- und Finanzwirtschaft[12] sowie der „Tokenisierung"[13] – nicht alle Wertpapiere erfasst, die etwa unter einen weiten zivilrechtlichen Wertpapierbegriff fallen, demnach in traditionellem Verständnis jede

„[...] Urkunde über ein Privatrecht, dessen Verwerthung durch die Innehabung der Urkunde privatrechtlich bedingt ist"[14]

ein Wertpapier ist.[15]

Der Gesetzgeber hat indes bewusst davon abgesehen, sämtliche Wertpapiere in diesem 5
weiten, zivilrechtlichen Sinn den Privilegierungen des eWpG zu unterstellen. Daher sind **derzeit Order- und Rektapapiere vom Regime des eWpG ausgeschlossen**, wobei der Gesetzgeber ausdrücklich die künftige **Einbeziehung von Aktien in Aussicht** stellt.[16] Damit wären künftig also Orderpapiere (ohne Blankoindossament) erfasst.[17] Gleichwohl sind mit Inhaberpapieren bereits heute die in der Praxis der Unternehmensfinanzierung sehr relevanten Anleihebegebungen durch Unternehmen erfasst und gefördert.[18]

---

9) Begr. RefE Gesetz zur Einführung von eWp, S. 36, abrufbar unter https://bundesfinanzministerium.de/Content/DE/Gesetzestexte/Gesetze_Gesetzesvorhaben/Abteilungen/Abteilung_VII/19_Legislaturperiode/2021-06-09-einfuehrung-elektronische-wertpapiere/1-Referentenentwurf.pdf?__blob=publicationFile&v=2 (Abrufdatum: 16.2.2023); Begr. RegE Gesetz zur Einführung von eWp, BT-Drucks. 19/26925, S. 42.

10) Vgl. § 13 Abs. 1 eWpG für Zentralregisterwertpapiere i. S. des § 4 Abs. 2 eWpG; § 17 Abs. 1 eWpG für Kryptowertpapiere i. S. des § 4 Abs. 3 eWpG; § 793 Abs. 1 BGB für herkömmliche Wertpapiere. Nur für elektronische Wertpapiere in Einzeleintragung gilt allerdings durch die Eintragung die Vermutung materieller Berechtigung aus § 27 s. unten *Denga*, § 3 Rz. 6. Zur möglichen pseudonymen Inhaberschaft bei elektronischen Wertpapieren in Sammelverwahrung s. *Denga*, § 3 Rz. 5.

11) Dazu *Meier/Saive*, ZDiW 2021, 223.

12) Dazu umfassend die Dissertation von *Lehmann*, Finanzinstrumente.

13) Vgl. etwa *Kaulartz/Matzke*, NJW 2018, 3278; *Omlor*/Link, Kryptowährungen und Token, Kap. 6 Rz. 3 ff., 83; zu Initial Coin Offerings (ICOs) vgl. *Klöhn/Parhofer/Resas*, ZBB 2018, 89; *Zickgraf*, AG 2018, 293.

14) *Brunner* in: Endemann, Hdb. des deutschen Handels-, See- und Wechselrechts, Bd. II, S. 147; so auch *Jacobi* in: Ehrenberg, Handelsrecht, IV., 1., S. 127 ff.; *Locher*, Das Recht der Wertpapiere, § 1; *Than* in: FS Schimansky, S. 823; zuletzt *Linardatos*, ZBB 2020, 329, 347.

15) Strenger auf den Skripturakt abstellend allerdings Müller/Pieper-*Müller*, eWpG, § 2 Rz. 2; *Linardatos*, ZBB 2020, 329, 347.

16) Koalitionsvertrag der 20. Wahlperiode zwischen SPD, FDP und den Grünen, 2021, abrufbar unter https://www.spd.de/fileadmin/Dokumente/Koalitionsvertrag/Koalitionsvertrag_2021-2025.pdf (Abrufdatum: 16.2.2023); Begr. RefE Gesetz zur Einführung von eWp, S. 35, abrufbar unter https://bundesfinanzministerium.de/Content/DE/Gesetzestexte/Gesetze_Gesetzesvorhaben/Abteilungen/Abteilung_VII/19_Legislaturperiode/2021-06-09-einfuehrung-elektronische-wertpapiere/1-Referentenentwurf.pdf?__blob=publicationFile&v=2 (Abrufdatum: 16.2.2023); Begr. RegE Gesetz zur Einführung von eWp, BT-Drucks. 19/26925, S. 40; s. dazu insbesondere *Maume/Fromberger*, ZHR 185 (2021) 507.

17) Vgl. *Lehmann*, BKR 2020, 431, 433.

18) Dazu auch *Preuße/Wöckener/Gillenkirch*, BKR 2021, 460; zur Rechtsnatur der Anleihe *Renner*, ZHR 185 (2021) 840.

6 **Inhaberpapiere** i. S. des § 793 BGB kennzeichnen sich durch ihre **Legitimationsfunktion** aus. Die Innehabung des Papiers vermittelt das Recht, die versprochene Leistung zu fordern und begründet die Vermutung materieller Berechtigung. Die Forderung ist ausgeschlossen, wenn der Inhaber nicht auch tatsächlich materiell Berechtigter des Anspruchs ist, wobei der Schuldner allerdings mit befreiender Wirkung auch an den materiell Nichtberechtigten leisten kann **(Liberationswirkung)**.[19] Das Recht aus dem Inhaberpapier folgt konsequenterweise aus dem Recht am Inhaberpapier; der rechtsgeschäftliche Erwerb erfolgt nach den §§ 929 ff. BGB.[20] Möglich ist allerdings nach h. M. alternativ eine Abtretung des Rechts aus dem Papier, dem das Recht am Papier nach § 952 Abs. 2 BGB folgt.[21]

7 § 2 Abs. 1 eWpG definiert elektronische Wertpapiere, nämlich als solche, bei denen die physische Urkunde **durch Eintragung ersetzt wird**.[22] Da das eWpG zweierlei Arten elektronischer Wertpapierregister kennt, die zentralen Register gemäß § 12 eWpG und die Kryptowertpapierregister gemäß § 16 eWpG, sind allerdings auch zwei Arten elektronischer Wertpapiere zu unterscheiden, die **Zentralregisterwertpapiere** und die **Kryptowertpapiere** (§ 4 Abs. 1–3 eWpG). Die Begriffswahl ist freilich in beiden Fällen unscharf, da es sich nun um „papierlose Wertpapiere" handelt;[23] indes ist der Wertpapierverkehr schon längst entmaterialisiert und wäre auch ohne neue Begriffsschöpfungen auskommen.

3. Anforderungen an die Begebung

8 Das Konzept der Innehabung[24] als soeben beschriebener Funktionskern des Inhaberpapiers (siehe Rz. 6) wird durch die **Eintragung** in das Wertpapierregister nach § 4 Abs. 4 eWpG ersetzt,[25] da die in § 28 Abs. 1 eWpG verankerte Legitimierungs- und Liberationswirkung auf gerade diese abstellt (siehe dazu ausführlich *Wieneke*, § 28). Konsequenterweise betrifft das Konzept der Begebung elektronischer Wertpapiere i. S. des § 2 Abs. 1 Satz 2 eWpG deren Eintragung in elektronische Wertpapierregister (vgl. auch § 4 Abs. 3 eWpG).[26]

9 Konkrete **Anforderungen an die Begebung** von Wertpapieren stellt das Gesetz bewusst nicht auf;[27] wegen des Äquivalenzpostulats aus § 2 Abs. 2 eWpG (siehe Rz. 10–16) ist auf

---

19) Ob auch der bösgläubige Emittent in den Genuss der Liberationswirkung kommt, ist umstritten, dazu *Habersack* in: MünchKomm-BGB, § 793 Rz. 42 f. m. w. N.

20) *Habersack* in: MünchKomm-BGB, § 793 Rz. 35.

21) So etwa BGH, Urt. v. 14.5.2013 – XI ZR 160/12, Rz. 12 ff., ZIP 2013, 1270 = BeckRS 2013, 10832; *Habersack* in: MünchKomm-BGB, § 793 Rz. 36.

22) *Lenz/Joachimsthaler*, DB 2021, 1384, 1385; Müller/Pieper-*Müller*, eWpG, § 2 Rz. 9.

23) Dazu *Lehmann*, BKR 2020, 431, 433; *Omlor*, RDi 2021, 371, 371; Conreder/Meier-*Bartlitz*, eWpG, § 2 Rz. 17.

24) Dazu *Habersack* in: MünchKomm-BGB, § 793 Rz. 29.

25) Begr. RefE Gesetz zur Einführung von eWp, S. 69, abrufbar unter https://bundesfinanzministerium.de/Content/DE/Gesetzestexte/Gesetze_Gesetzesvorhaben/Abteilungen/Abteilung_VII/19_Legislaturperiode/2021-06-09-einfuehrung-elektronische-wertpapiere/1-Referentenentwurf.pdf?__blob=publicationFile&v=2 (Abrufdatum: 16.2.2023); Begr. RegE Gesetz zur Einführung von eWp, BT-Drucks. 19/26925, S. 78.

26) Begr. RefE Gesetz zur Einführung von eWp, S. 1, 25, abrufbar unter https://bundesfinanzministerium.de/Content/DE/Gesetzestexte/Gesetze_Gesetzesvorhaben/Abteilungen/Abteilung_VII/19_Legislaturperiode/2021-06-09-einfuehrung-elektronische-wertpapiere/1-Referentenentwurf.pdf?__blob=publicationFile&v=2 (Abrufdatum: 16.2.2023); Begr. RegE Gesetz zur Einführung von eWp, BT-Drucks. 19/26925, S. 1, 42; Müller/Pieper-*Müller*, eWpG, § 2 Rz. 5. Hingegen werden klassische Wertpapiere durch Verbriefung begeben, dazu *Müller*, JA 2017, 321, 323.

27) Begr. RefE Gesetz zur Einführung von eWp, S. 37, abrufbar unter https://bundesfinanzministerium.de/Content/DE/Gesetzestexte/Gesetze_Gesetzesvorhaben/Abteilungen/Abteilung_VII/19_Legislaturperiode/2021-06-09-einfuehrung-elektronische-wertpapiere/1-Referentenentwurf.pdf?__blob=publicationFile&v=2 (Abrufdatum: 16.2.2023); Begr. RegE Gesetz zur Einführung von eWp, BT-Drucks. 19/26925, S. 42.

die Entstehungsvoraussetzungen physischer Wertpapiere zu rekurrieren. Hier besteht seit jeher[28] ein Theorienstreit, der allerdings auf die besonderen Bedingungen elektronischer Wertpapierregister zurückzubinden ist.[29] Für physische Wertpapiere herrscht im Wesentlichen Unklarheit darüber, ob die bloße vertragliche Vereinbarung einer Inhaberschuldverschreibung für eine Begebung hinreicht[30] oder ob die Schaffung eines Papiers erforderlich ist.[31] Die h. M. geht hier von einer modifizierten Lösung aus, welche den **Begebungsvertrag als zentral** ansieht, den Erwerber allerdings mit **allgemeinen Rechtsscheingedanken** vor nicht existenten oder nichtigen Begebungsverträgen schützt – die Ausstellung des Papiers trägt gegenüber dem redlichen Erwerber einen Rechtsschein wirksamer Verpflichtung.[32] Eine Übertragung dieses Gedankens auf elektronische Wertpapiere ist ohne weiteres möglich, wenn man statt auf die physische Ausstellung eines Papiers auf die **elektronische Eintragung nach Abschluss des Begebungsvertrags zwischen Emittent und Berechtigtem** abstellt.[33] Die Negation einer Willensabhängigkeit der Eintragung würde die Privatautonomie des Emittenten insbesondere bei IT-Fehlern oder Hackerangriffen verletzen,[34] weshalb nicht allein auf den Skripturakt[35] abzustellen ist (zum Inhalt des Begebungsvertrags siehe bei *Wieneke*, § 28).[36] Die Eintragung durch Skripturakt ist jedoch zweifellos gesetzliche Form i. S. des § 125 Satz 1 BGB.[37]

III. Äquivalenz physischer und elektronischer Wertpapiere (§ 2 Abs. 2 eWpG)

1. Normzweck

§ 2 Abs. 2 eWpG eröffnet Emittenten von Anleihen das **Wahlrecht**, funktional wie recht- 10 lich gleichwertige Wertpapiere mittels physischer Urkunde oder auf elektronischem Weg zu emittieren.[38] In der (partiellen) Abkehr von der physischen Briefform für Wertpapiere ist eine der Revolutionen,[39] jedenfalls das Hauptexperimentierfeld des eWpG zu erkennen.

---

28) *Mugdan*, Die gesammelten Materialien zum BGB, Bd. II, S. 388 = Motive II, S. 695 f.; zu Inhaberschuldverschreibungen im zweiten Entwurf S. 1047 ff. = Protokolle, S. 2634 ff.

29) Sehr umfassend dazu allerdings Conreder/Meier-*Bartlitz*, eWpG, § 2 Rz. 23–30.

30) Sog. Vertragstheorie, *Brunner*, Die Wertpapiere, in: Endemann, Hdb. des deutschen Handels-, See- und Wechselrechts, Bd. II, S. 164 ff.; für den Wechsel RG, Urt. v. 1.10.1880 – IVa 141/79, RGZ 2, 89, 90 f.; RG, Urt. v. 12.11.1910 – Rep. I. 209/10, RGZ 74, 351, 353; offengelassen, ob reine Vertragstheorie oder Rechtsscheintheorie bei RG, Urt. v. 27.10.1931 – II 178/31, RGZ 134, 33, 35.

31) Sog. Kreationstheorie, begründet von *Kuntze*, Die Lehre von den Inhaberpapieren, S. 334 ff., 375; ferner *Langen*, Die Kreationstheorie im heutigen Reichsrecht, S. 18; aus jüngerer Vergangenheit *v. Randow*, ZBB 1994, 23, 26; mit neuerlicher Anwendung auf elektronische Wertpapiere Conreder/Meier-*Bartlitz*, eWpG, § 2 Rz. 29 f.

32) Grundlegend *Jacobi* in: Ehrenberg Hdb. Handelsrecht, IV., 1., S. 125, 285 ff.; *Jacobi*, Wechsel- und Scheckrecht, § 12. Zum jüngeren Schrifttum Grüneberg-*Sprau*, BGB, § 793 Rz. 8; *Fest*, Anleihebedingungen – Rechtssicherheit trotz Inhaltskontrolle, § 2 A.; *Müller*, JA 2017, 401 f.; *Sedatis* in: FS Rehbinder, S. 741, 742 ff.; *Habersack* in: MünchKomm-BGB, Vor § 793 Rz. 26–28. Für deren Übertragung auf elektronische Wertpapiere Müller/Pieper-*Müller*, eWpG, § 2 Rz. 7 m. w. N.

33) So auch *Casper/Richter*, ZBB 2022, 65, 71, die jedoch den Skripturakt freilich in der ersten Übertragung, nicht in der Eintragung erkennen.

34) Daran ändern auch Sicherungspflichten und die Schadensersatzhaftung der registerführenden Stellen nichts, da deren Insolvenzrisiken nicht dem Emittenten aufgebürdet werden dürfen; a. A. Conreder/Meier-*Bartlitz*, eWpG, § 2 Rz. 29, der sich freilich der Möglichkeit einer Manipulation von Kryptowertpapierregistern vollständig verschließt, dazu wiederum *Denga*, JZ 2021, 227, 229 f.; mit umfassender wirtschaftssoziologischer Betrachtung der Konsensmechanismen von Blockchain-Systemen *Denga*, ZBB 2022, 298.

35) So aber etwa *Casper*, BKR 2019, 209, 214; *Dubovitskaya*, ZIP 2020, 2551, 2554.

36) Ähnlich wie hier auch Müller/Pieper-*Müller*, eWpG, § 2 Rz. 7.

37) Vgl. ausführlich Müller/Pieper-*Müller*, eWpG, § 2 Rz. 5 f.

38) Zur Normbedeutung zweifelnder *Segna*, WM 2020, 2301, 2304.

39) Eher vom Evolutionskonzept ausgehend etwa *Casper/Richter*, ZBB 2022, 65.

Vorbildgebend war hier das Bundesschuldenwesengesetz (BSchuWG),[40] welches erstmals die Begebung von papierlosen Schuldverschreibungen des Bundes in einem Register vorsah.[41] Gleichwohl soll in Gesamtschau von § 2 Abs. 2 und 3 eWpG Kontinuität dahingehend sichergestellt werden, dass konzeptioneller Bezugspunkt weiterhin herkömmliche Wertpapiere sind und gerade **kein rechtlicher Unterschied zwischen auf Papier und elektronisch begebenen Wertpapieren** gelten soll.[42] Bis auf weiteres ist auch von einem Nebeneinander physischer und elektronischer Wertpapiere auszugehen.[43] Die Äquivalenzanordnung gilt allerdings nur, **„soweit das Gesetz nichts anderes bestimmt"**.

2. Fungibilität

11   Zwingende konzeptionelle Konsequenz der Äquivalenz physischer und elektronischer Wertpapiere ist die **wechselseitige Ersetzungsmöglichkeit**, die in § 6 eWpG niedergelegt ist. Voraussetzung der Substitution ist zunächst die Inhaltsgleichheit von Ausgangs- und Zielwertpapier sowie die Zustimmung des Berechtigten oder die Zulassung in den Emissionsbedingungen. Erforderlich ist stets auch ein entsprechender Publizitätsakt, der mit Außenwirkung zu dokumentieren ist. Bei Wandlung eines elektronischen Wertpapiers ist die Löschung im Register erforderlich, bei der Wandlung eines physischen Wertpapiers die Vernichtung der Urkunde (siehe näher bei *Reger*, § 6).

3. Reichweite der Äquivalenz

12   Zu beachten ist allerdings die gesetzlich angeordnete Beschränkung der Äquivalenz (siehe bereits Rz. 10). Das eWpG enthält **spezielle Regelungen** für elektronische Wertpapiere grundsätzlich

> „[...] nur, wo es die Art der elektronischen Skriptur erfordert, weil die Vorschriften der Urkundenskriptur insoweit aus tatsächlichen Gründen nicht übertragbar sind und mithin nicht entsprechend angewendet werden können."[44]

13   Umfassende Vorgaben bestehen zwingend für die **Begebungsmodalitäten**, insbesondere Registerführungspflichten nach §§ 7, 13, 14, 16, 17, 18, 21 eWpG, für Publizitätspflichten nach §§ 10, 20 eWpG und bei Gesamtemissionen nach § 1 SchVG auch für Informationspflichten nach § 19 und § 2 SchVG. Dabei handelt es sich allerdings nicht unmittelbar um

---

40) Zu diesem Gesetz und immateriellen Wertrechten in Deutschland vgl. *Casper*, BKR 2019, 209 212 f., der sich stark auf *Opitz*, BankArch. 1941, 36, als geistigen Vater der Wertrechtslehre bezieht.

41) Vgl. dazu Begr. RefE Gesetz zur Einführung von eWp, S. 26, 48–50, 59, abrufbar unter https://bundesfinanzministerium.de/Content/DE/Gesetzestexte/Gesetze_Gesetzesvorhaben/Abteilungen/Abteilung_VII/19_Legislaturperiode/2021-06-09-einfuehrung-elektronische-wertpapiere/1-Referentenentwurf.pdf?__blob=publicationFile&v=2 (Abrufdatum: 16.2.2023); Begr. RegE Gesetz zur Einführung von eWp, BT-Drucks. 19/26925, S. 31, 55 f.

42) Ausdrücklich etwa bei Begr. RefE Gesetz zur Einführung von eWp, S. 37 f., abrufbar unter https://bundesfinanzministerium.de/Content/DE/Gesetzestexte/Gesetze_Gesetzesvorhaben/Abteilungen/Abteilung_VII/19_Legislaturperiode/2021-06-09-einfuehrung-elektronische-wertpapiere/1-Referentenentwurf.pdf?__blob=publicationFile&v=2 (Abrufdatum: 16.2.2023); Begr. RegE Gesetz zur Einführung von eWp, BT-Drucks. 19/26925, S. 43.

43) Vgl. Begr. RefE Gesetz zur Einführung von eWp, S. 37, abrufbar unter https://bundesfinanzministerium.de/Content/DE/Gesetzestexte/Gesetze_Gesetzesvorhaben/Abteilungen/Abteilung_VII/19_Legislaturperiode/2021-06-09-einfuehrung-elektronische-wertpapiere/1-Referentenentwurf.pdf?__blob=publicationFile&v=2 (Abrufdatum: 16.2.2023); Begr. RegE Gesetz zur Einführung von eWp, BT-Drucks. 19/26925, S. 42 f.; dazu auch *Linardatos*, ZBB 2020, 329, 331.

44) Begr. RefE Gesetz zur Einführung von eWp, S. 37, abrufbar unter https://bundesfinanzministerium.de/Content/DE/Gesetzestexte/Gesetze_Gesetzesvorhaben/Abteilungen/Abteilung_VII/19_Legislaturperiode/2021-06-09-einfuehrung-elektronische-wertpapiere/1-Referentenentwurf.pdf?__blob=publicationFile&v=2 (Abrufdatum: 16.2.2023); Begr. RegE Gesetz zur Einführung von eWp, BT-Drucks. 19/26925, S. 42.

eine Äquivalenzbeschränkung durch Sonderregime, sondern schlicht um die praktischen Wirkbedingungen elektronischer Register.

Echte Sondervorschriften[45] gegenüber dem Recht der physischen Wertpapiere enthält etwa **14** § 9 eWpG, der die Sammeleintragung regelt; **Abschnitt 4** des eWpG enthält ein Sonderregime für Verfügungen über elektronische Wertpapiere in Einzeleintragung (im Überblick siehe Rz. 20 ff. und ausführlich bei *Schulz*, §§ 24–27 eWpG); **Abschnitt 5** ist ausdrücklich ein Sonderregime zu den §§ 793 ff. BGB, etwa adaptiert § 28 eWpG die Legitimations- und Liberalisierungswirkung von Inhaberschuldverschreibungen (siehe dazu bereits Rz. 8; eingehend bei *Wieneke*, § 28). § 32 eWpG enthält für die Frage anwendbaren Rechts ebenfalls eine Spezialregelung gegenüber Art. 43 EGBGB, die jedoch ihrerseits gegenüber § 17a DepotG nachrangig ist. Keine Besonderheit elektronischer Wertpapiere stellt hingegen die Umwandlungsbefugnis in § 6 eWpG dar, denn sie gilt ja gerade auch für die Umwandlung physischer Wertpapiere in elektronische.

Struktureller Unterschied von Kryptowertpapieren gegenüber Zentralregisterwertpa- 15 pieren ist, dass für Kryptowertpapiere keine Einbuchung im Effektengiro durch einen Zentralverwahrer vorgesehen ist.[46] Für Zentralregisterwertpapiere regelt § 12 Abs. 3 eWpG, dass bei der Registerführung durch Wertpapiersammelbanken die Zentralregisterwertpapiere zur Abwicklung im Effektengiro (der Clearstream Banking AG) erfasst sind. In dieser Hinsicht können Kryptowertpapiere nicht als äquivalent gegenüber physischen Wertpapieren betrachtet werden, und zwar mit wesentlichen praktischen Konsequenzen. Denn die Einbuchung im Effektengiro ist Bedingung von Art. 3 der europäischen CSDR[47], welche die Voraussetzung für die Teilnahme am Börsenhandel bestimmt. Im Umkehrschluss heißt dies, dass **Kryptowertpapiere**, für die das eWpG **keine Einbuchung im Effektengiro** vorsieht, **vom Börsenhandel ausgeschlossen** sind und nur im grauen Kapitalmarkt, Over-the-Counter (OTC), handelbar sind.[48] Diese strukturelle Benachteiligung von Kryptowertpapieren scheint rechtspolitisch nicht nachvollziehbar, verwehrt sie doch gerade der innovativsten Art elektronischer Wertpapiere den wichtigen Aspekt des Anleger- und Verbraucherschutzes, der im Börsenhandel stärker als im grauen Kapitalmarkt gewährleistet ist.[49]

Elektronische Wertpapiere unterscheiden sich hinsichtlich ihrer Rechtswirkungen abge- **16** sehen von diesen Spezialregelungen nicht von klassischen Wertpapieren.[50] Damit gelten auch für elektronische Wertpapiere die teils nicht kodifizierten **allgemeinen Regeln für Wertpapiere**, dies namentlich hinsichtlich der Entstehung, Durchsetzung und des Erlö-

---

45) S. a. die Übersicht bei Müller/Pieper-*Müller*, eWpG, § 2 Rz. 12.

46) Zur quasi-notariellen Funktion der Zentralverwahrer *Grundmann*, Bankvertragsrecht, Teil 8 Rz. 317.

47) Verordnung (EU) Nr. 909/2014 des Europäischen Parlaments und des Rates v. 23.7.2014 zur Verbesserung der Wertpapierlieferungen und -abrechnungen in der Europäischen Union und über Zentralverwahrer sowie zur Änderung der Richtlinien 98/26/EG und 2014/65/EU und der Verordnung (EU) Nr. 236/2012 (Central Securities Depositories Regulation – CSDR), ABl. (EU) L 257/1 v. 28.8.2014.

48) *Mittwoch*, WM 2021, 375, 382 f.

49) Kritisch bereits *Segna*, WM 2020, 2301, 2305; mit Verweis auf das Kompetenzgefüge im europäischen Mehrebenensystem *Mittwoch*, WM 2021, 375, 382 f.

50) So auch explizit Begr. RefE Gesetz zur Einführung von eWp, S. 37, abrufbar unter https://bundesfinanz-ministerium.de/Content/DE/Gesetzestexte/Gesetze_Gesetzesvorhaben/Abteilungen/Abteilung_VII/19_Legislaturperiode/2021-06-09-einfuehrung-elektronische-wertpapiere/1-Referentenentwurf.pdf?__blob=publicationFile&v=2 (Abrufdatum: 16.2.2023); Begr. RegE Gesetz zur Einführung von eWp, BT-Drucks. 19/26925, S. 43.

schens von Rechten aus Wertpapieren.[51] Daneben ist auch auf die Regelungen der §§ 793 ff. BGB zurückzugreifen, da sich das eWpG (bislang nur) auf Inhaberschuldverschreibungen bezieht (siehe dazu *Haertlein*, § 1).

IV. Sachenrechtliche Fiktion (§ 2 Abs. 3 eWpG)

1. Anwendbarkeit sämtlicher mobiliarsachenrechtlicher Vorschriften

17 Der kurze Verweis in § 2 Abs. 3 eWpG auf § 90 BGB hat weitreichende Folgen – es kommen für elektronische Wertpapiere **sämtliche Vorschriften des Sachenrechts** zur Anwendung.[52] Nach dem eindeutigen Willen des Gesetzgebers, und auch aus systematischen Gründen, etwa weil ansonsten die wechselseitige Ersetzung nach § 6 eWpG (siehe Rz. 11) hinfällig wäre, bezieht sich die Fiktion allerdings allein auf die Vorschriften des **Mobiliarsachenrechts**.[53] Damit wird die **Äquivalenzanordnung** für elektronische und physische Wertpapiere aus **§ 2 Abs. 2 eWpG konkretisiert**.[54] Bei der Verweisung auf das Rechtsgebiet des (Mobiliar-)Sachenrechts durch Fiktion[55] handelt es sich – abgesehen von der ethisch geprägten Entsprechungsklausel des § 90a Satz 3 BGB[56] – um einen Präzedenzfall im Zivil- und Unternehmensrechtssystem.[57] Die Behandlung elektronischer Wertpapiere ist damit jedenfalls dem rein schuldrechtlichen Bereich enthoben; vor allem leiden elektronische Wertpapiere **im Anwendungsbereich des eWpG** nicht unter den Rechtsunsicherheiten, welche die Behandlung von Kryptotoken ansonsten betreffen, wobei diese nach

---

51) Begr. RefE Gesetz zur Einführung von eWp, S. 36 f., abrufbar unter https://bundesfinanzministerium.de/ Content/DE/Gesetzestexte/Gesetze_Gesetzesvorhaben/Abteilungen/Abteilung_VII/19_Legislatur-periode/2021-06-09-einfuehrung-elektronische-wertpapiere/1-Referentenentwurf.pdf?__blob=publication File&v=2 (Abrufdatum: 16.2.2023); Begr. RegE Gesetz zur Einführung von eWp, BT-Drucks. 19/26925, S. 42.

52) Begr. RefE Gesetz zur Einführung von eWp, S. 38, abrufbar unter https://bundesfinanzministerium.de/ Content/DE/Gesetzestexte/Gesetze_Gesetzesvorhaben/Abteilungen/Abteilung_VII/19_Legislatur-periode/2021-06-09-einfuehrung-elektronische-wertpapiere/1-Referentenentwurf.pdf?__blob=publication File&v=2 (Abrufdatum: 16.2.2023); Begr. RegE Gesetz zur Einführung von eWp, BT-Drucks. 19/26925, S. 43; so auch Müller/Pieper-*Müller*, eWpG, § 2 Rz. 19; restriktiver, lediglich für eine entsprechende Anwendung des Sachenrechts auf elektronische Wertpapiere Conreder/Meier-*Bartlitz*, eWpG, § 2 Rz. 34.

53) Unter Bezugnahme auf das „sachenrechtliche Denken des deutschen Wertpapierrechts", welches zweifelsfrei am Mobiliarsachenrecht orientiert ist, Begr. RegE Gesetz zur Einführung von eWp, BT-Drucks. 19/ 26925, S. 42 f.; vgl. auch Begr. RefE Gesetz zur Einführung von eWp, S. 36 ff., abrufbar unter https:// bundesfinanzministerium.de/Content/DE/Gesetzestexte/Gesetze_Gesetzesvorhaben/Abteilungen/ Abteilung_VII/19_Legislaturperiode/2021-06-09-einfuehrung-elektronische-wertpapiere/1-Referenten-entwurf.pdf?__blob=publicationFile&v=2 (Abrufdatum: 16.2.2023); Begr. RegE Gesetz zur Einführung von eWp, BT-Drucks. 19/26925, S. 39; wie hier Müller/Pieper-*Müller*, eWpG, § 2 Rz. 18; *Bialluch-v. Allwörden*, RDi 2021, 13, 14; Conreder/Meier-*Bartlitz*, eWpG, § 2 Rz. 39; a. A. mit Plädoyer für eine jeweils normteleologische Auswahl von Mobiliar- oder Immobiliarsachenrecht, und sogar mit der Qualifikation als Recht „sui generis", *Omlor*, RDi 2021, 236, 237; *Omlor*, RDi 2021, 371, 373; für eine Unterstellung unter das Immobiliarsachenrecht *Saive*, ZRP 2020, 219, 221.

54) Zur unzweifelhaften Einordnung physischer Wertpapiere als bewegliche Sachen vgl. *Omlor*, RDi 2021, 371, 373; *Omlor* in: Omlor/Möslein/Grundmann, Elektronische Wertpapiere, § 6, S. 140; im Übrigen stellt sich die Frage, ob nicht der eine oder der andere Absatz redundant ist, viel spricht für einen Vorrang von Abs. 2 gegenüber Abs. 3, so etwa *Casper/Richter*, ZBB 2022, 65, 67; für eine Redundanz von Abs. 2 hingegen Conreder/Meier-*Bartlitz*, eWpG, § 2 Rz. 31.

55) Zum Instrument der Fiktion vgl. *Larenz/Canaris*, Methodenlehre der Rechtswissenschaft, S. 82 f.; *Fischer*, AcP 117 (1919) 143; *Omlor* in: Omlor/Möslein/Grundmann, Elektronische Wertpapiere, § 6, S. 139 ff.; ausführlich auch Conreder/Meier-*Bartlitz*, eWpG, § 2 Rz. 34.

56) Zur hinter der Regelung stehenden Tierwürde vgl. *Stresemann* in MünchKomm-BGB, § 90a Rz. 1; zur möglichen Eignung von § 90a Satz 3 BGB für die Behandlung elektronische Wertpapiere vgl. *Omlor* in: Omlor/Möslein/Grundmann, Elektronische Wertpapiere, § 6, S. 141 f.

57) Vgl. auch bei *Mittwoch*, WM 2021, 375, 379; zurückhaltender *Linardatos*, ZBB 2020, 329, 330; *Segna*, WM 2020, 2301, 2303.

bislang h. M. als rechtliches Nullum zu behandeln sind.[58] Außerhalb des Anwendungsbereichs des eWpG – also für alle Wertpapiere mit Ausnahme von Anleihen i. S. des § 793 BGB (siehe bereits Rz. 4) – bleibt es allerdings bei dieser Rechtsunsicherheit, die im Wesentlichen darauf zurückzuführen ist, dass **Kryptowerte (bislang) eine rein soziale, allenfalls vertragliche Konstruktion** sind.[59] Dies ist nur konsequent, wenn man bedenkt, dass bei Registern, die nicht dem eWpG unterfallen, keinerlei Sicherheit und Richtigkeitsgewähr verbürgt sind, welche eine Publizitätswirkung erga omnes rechtfertigen würden. Immerhin ordnen §§ 7 und 16 eWpG die Registerführung im Mindestmaß.[60] Rein privat geführte und geordnete Register sollten daher nach wie vor nicht Anknüpfungspunkt für absolute Rechtswirkungen, insbesondere nicht den gutgläubigen Erwerb, sein.[61]

2. Alternative Regelungsmodelle im internationalen Vergleich

Der Referentenentwurf zog ausdrücklich als Alternative zur sachenrechtlichen Fiktion ein **Recht sui generis** nach Vorbild des schweizerischen Bucheffektengesetzes in Betracht, welches nach den §§ 398, 413 BGB abzutreten gewesen wäre.[62] Der Referenten- und der Regierungsentwurf wollten eine Umstellung auf dieses Modell in der Zukunft als Perspektive erhalten,[63] erwähnten dabei auch das rein buchungsbasierte Modell des Genfer Wertpapierübereinkommens.[64]   **18**

Grundsätzlich sind sachgerechte Lösungen für die Besonderheiten digitaler Werte zu begrüßen; in der regulatorischen Gesamtgleichung sind allerdings Komplexität und Praktikabilität zu berücksichtigen. Eine Unterstellung unter das Sachenrecht hat den eindeutigen Vorteil, auf eine jahrhundertalte und in Belangen der Rechtssicherheit sowie des Verkehrsschutzes bewährte Systematik aufsetzen zu können,[65] eine **„geistige Krücke"**, die   **19**

---

58) Vgl. *Maute* in: Maume/Maute/Fromberger, Rechtshandbuch Kryptowerte, § 4; *Maute* in: Beyer/Erler/Hartmann et. al., Privatrecht 2050, S. 215 ff.; a. A. *Koch*, ZBB 2018, 359, 362. Zur kapitalmarktrechtlichen Behandlung: *Hacker/Thomale*, ECFR Vol. 15/2018, S. 645; *Patz*, BKR 2021, 725; *Denga*, BKR 2022, 288.

59) So auch *Langenbucher*, AcP 218 (2018) 385, 405 ff.; dazu auch *Möslein*, ZHR 183 (2019) 254, 269 f.; Müller/Pieper-*Müller*, eWpG, § 2 Rz. 10.

60) Zu den Sicherheitsaspekten explizit RefE Gesetz zur Einführung von eWp, S. 1, abrufbar unter https://bundesfinanzministerium.de/Content/DE/Gesetzestexte/Gesetze_Gesetzesvorhaben/Abteilungen/Abteilung_VII/19_Legislaturperiode/2021-06-09_einfuehrung-elektronische-wertpapiere/1-Referentenentwurf.pdf?__blob=publicationFile&v=2 (Abrufdatum: 16.2.2023); RegE Gesetz zur Einführung von eWp, BT-Drucks. 19/26925, S. 1; s. ausführlich unten *Hippeli*, §§ 7–11; *Alfes*, §§ 12–15; zu den unterschiedlichen Mechanismen von Grundbuch und elektronischem Wertpapierregister vgl. *Omlor*, RDi 2021, 371, 373; *Omlor* in: Omlor/Möslein/Grundmann, Elektronische Wertpapiere, § 6, S. 140 f.

61) Zu den Problemen privater Blockchain-Infrastrukturen *Denga*, JZ 2021, 227.

62) Dazu explizit die Gesetzesmaterialien Begr. RefE Gesetz zur Einführung von eWp, S. 38, abrufbar unter https://bundesfinanzministerium.de/Content/DE/Gesetzestexte/Gesetze_Gesetzesvorhaben/Abteilungen/Abteilung_VII/19_Legislaturperiode/2021-06-09-einfuehrung-elektronische-wertpapiere/1-Referentenentwurf.pdf?__blob=publicationFile&v=2 (Abrufdatum: 16.2.2023); Begr. RegE Gesetz zur Einführung von eWp, BT-Drucks. 19/26925, S. 43; vgl. auch *Kuhn*, EuZW 2018, 409; *Mittwoch*, WM 2021, 375, 380; Conreder/Meier-*Bartlitz*, eWpG, § 2 Rz. 18.

63) Begr. RefE Gesetz zur Einführung von eWp, S. 38, abrufbar unter https://bundesfinanzministerium.de/Content/DE/Gesetzestexte/Gesetze_Gesetzestexte/Abteilungen/Abteilung_VII/19_Legislaturperiode/2021-06-09-einfuehrung-elektronische-wertpapiere/1-Referentenentwurf.pdf?__blob=publicationFile&v=2 (Abrufdatum: 16.2.2023); Begr. RegE Gesetz zur Einführung von eWp, BT-Drucks. 19/26925, S. 43.

64) UNIDROIT Convention on Substantive Rules for Intermediated Securities v. 9.10.2009, abrufbar unter https://www.unidroit.org/instruments/capital-markets/geneva-convention/ (Abrufdatum: 16.2.2023); zu dem Abkommen *Reiner/Scholl* in: Ellenberger/Bunte, Bankrechts-Hdb., § 94 Rz. 383.

65) Begr. RefE Gesetz zur Einführung von eWp, S. 38, abrufbar unter https://bundesfinanzministerium.de/Content/DE/Gesetzestexte/Gesetze_Gesetzestexte/Abteilungen/Abteilung_VII/19_Legislaturperiode/2021-06-09-einfuehrung-elektronische-wertpapiere/1-Referentenentwurf.pdf?__blob=publicationFile&v=2 (Abrufdatum: 16.2.2023); Begr. RegE Gesetz zur Einführung von eWp, BT-Drucks. 19/26925, S. 43.

trägt.[66] Zudem weisen Kryptotoken wesentliche Merkmale absoluter dinglicher Rechte auf, denn innerhalb der – freilich noch peripheren – sozialen Systeme, in denen sie anerkannt sind, ordnen sie Ausschließlichkeits- und Abwehrrechte zu.[67] Wo Sonderlösungen erforderlich sein sollen, können diese punktuell in das System des Sachenrechts eingegliedert werden. Denkbar ist sicherlich auch ein weitgehend **auf dem Schuldrecht beruhendes Modell**, wie es etwa in Frankreich, Luxemburg, Belgien oder Dänemark besteht,[68] welches den Vorzug hätte, die komplexen Konstruktionen bei der Wertpapierübertragung unter Einschaltung von Intermediären mit Geheißerwerb, Abtretung von Herausgabeansprüchen oder Vereinbarung von Besitzmittlungsverhältnissen zu vereinfachen. Auf einem anderen Blatt steht allerdings der Umfang der Probleme, welche die sachenrechtliche Fiktion bewirkt, da elektronische und physische Wertpapiere doch *tatsächlich* verschiedenartig bleiben.[69]

3. Bezugspunkt der Sachfiktion

20   Die Zuordnung elektronischer Wertpapiere zum Mobiliarsachenrecht stößt vor allem deshalb auf Kritik, weil anders als bei beweglichen Sachen, bei denen der Besitz Kern der Verfügungstatbestände der §§ 929 ff. BGB ist, ein körperlicher Bezugspunkt fehle.[70] Indes ist dies gerade Inhalt des **Fiktionsgedankens** – die tatsächlichen Unterschiede der Regelungsgegenstände werden nivelliert, dieselben Rechtsfolgen sollen gelten.[71] Gibt man sich mit dieser schlichten methodischen Begründung nicht zufrieden, so kann zudem die den Besitz prägende **tatsächliche Sachherrschaft** zumindest analog in der Weisungsbefugnis des Wertpapierinhabers gegenüber den registerführenden Stellen (§ 4 Abs. 10 eWpG) erkannt werden. Derjenige, der nach § 3 eWpG **als Inhaber eingetragen** ist, kann durchaus als (fiktiver) **unmittelbarer Besitzer** angesehen werden.[72] Diese Konzeption ist eng mit dem Phänomen **digitalen Besitzes** verbunden, der bereits umfassend im Alltag anzutreffen ist,[73] zumal bei der Blockchain-Technologie durch Innehabung des Private Key[74] für das eigene Wallet

---

66) Mit diesem Ausdruck zur Konzeptionalisierung des Wertpapierrechts am Maßstab des Sachenrechts früh schon *Zöllner* in: FS Raiser, S. 249, 255.

67) So auch *Mittwoch*, WM 2021, 375, 381.

68) Für „registergestützte Wertrechte" *Casper*, BKR 2019, 209, 211 ff.; dazu *Einsele*, Wertpapierrecht als Schuldrecht; *Lehmann*, Finanzinstrumente, S. 366 ff., 390 f.; *Habersack/Meyer*, WM 2000, 1678, 1680, 1684; s. a. *Feldkircher/Wegstein*, ZdiW 2021, 177; zum Rechtsvergleich auch Müller/*Pieper-Meier*, eWpG, Einl. Rz. 34 ff.

69) *Lehmann*, BKR 2020, 431, 433; differenzierend *Preuße/Wöckener/Gillenkirch*, BKR 2020, 551, 554.

70) In diesem Sinne wohl *Omlor*, RDi 2021, 371, 373 – unter Bezugnahme auf Staudinger-*Gutzeit*, BGB, Vorb. §§ 854–872 Rz. 43 f.; *Götz* in: BeckOGK-ZivilR, § 854 BGB Rz. 31 ff.; andererseits *Omlor* in: Omlor/Möslein/Grundmann, Elektronische Wertpapiere, § 6, S. 140, wo die Möglichkeit erwogen wird, der Besitz werde durch § 2 Abs. 3 eWpG ebenfalls fingiert.

71) *Larenz/Canaris*, Methodenlehre der Rechtswissenschaft, S. 83.

72) Dies folgt aus dem Begr. RegE Gesetz zur Einführung von eWp, BT-Drucks. 19/26925, S. 41, 49; so auch *Linardatos*, ZBB 2020, 329, 334; *Sickinger/Thelen*, AG 2020, 862, 864 f.; wohl auch *Lahusen*, RDi 2021, 161, 163, 166; von tatsächlichem unmittelbaren Besitz aufgrund faktischer Verfügungsgewalt gehen aus: *Kleinert/Meyer*, EuZW 2020, 1059, 1063; *Matzke*, Stellungnahme z. RefE eWpG, v. 23.7.2020, S. 16, abrufbar unter https://bundesfinanzministerium.de/Content/DE/Gesetzestexte/Gesetze_Gesetzesvorhaben/Abteilungen/Abteilung_VII/19_Legislaturperiode/2021-06-09-einfuehrung-elektronische-wertpapiere/0-Gesetz.html (Abrufdatum: 16.2.2023); eher auf eine Fiktion unmittelbaren Besitzes abstellend *Lehmann*, BKR 2020, 431, 436; *Dubovitskaya*, ZIP 2020, 2551, 2556; a. A. Müller/Pieper-*Müller*, eWpG, § 2 Rz. 22 ff. m. w. N.

73) Dazu umfassend *Kuschel*, AcP 220 (2020) 98, 118 f.

74) Zu diesem Begriff *Drescher*, Blockchain Grundlagen, S. 111 ff.; generell zur Funktionsweise von Token-Transaktionen *Fromberger/Zimmermann* in: Maume/Maute/Fromberger, Rechtshandbuch Kryptowerte, § 1 Rz. 15 ff.

längst für die unmittelbare Verwaltung bedeutsamer Vermögenswerte anerkannt ist,[75] allerdings außerhalb von Registern keinen klaren Publizitätsträger hat.[76]

Indes geht der Gesetzgeber davon aus, dass im Finanzmarkt der Besitz als **Publizitätsträger** **21** **von Wertpapieren faktisch** längst durch **elektronische Buchungen auf Depotkonten** ersetzt ist, da die im Effektengiroverkehr verwendeten Globalurkunden nicht mehr tatsächlich bewegt werden.[77] Die dort praktizierten Verfügungen mittels Geheißerwerb (siehe Rz. 26) kommen ohne tatsächliche Manifestation aus, beruhen lediglich auf einem subjektiven Element, das gleichwohl die Besitzverhältnisse kennzeichnet (nämlich den mittelbaren Besitz des Berechtigten).[78] Auch bei den weiteren Übergabesurrogaten nach §§ 930, 931 BGB spielen tatsächliche physische Veränderungen keine Rolle.[79] Die Annahme (fiktiven) unmittelbaren Besitzes, der sich in der Registereintragung manifestiert, ist also gerade durch die digitale Rechtspraxis bestätigt.

Die **Fiktion des Besitzes** selbst **bezieht sich allein auf das eingetragene elektronische** **22** **Wertpapier,**[80] nicht hingegen auf das elektronisch verbriefte Recht. Um diese Frage wird in der Literatur noch intensiv gerungen,[81] wobei sich die Lösung doch aus § 2 eWpG selbst ergibt: Es gilt das Primat des **Äquivalenzprinzips** aus § 2 Abs. 2 eWpG, das durch Absatz 3 lediglich konkretisiert werden soll (siehe bereits Rz. 17). Elektronische Wertpapiere sollen die gleichen Rechtswirkungen entfalten wie physische Wertpapiere. Bei Letzteren wird die Verdinglichung der Forderung[82] jedoch nicht angenommen, weshalb dies auch bei elektronischen Wertpapieren nicht anders liegen kann. Zudem ergibt sich überhaupt **kein praktisches Bedürfnis** nach einer Verdinglichung des elektronisch verbrieften Rechts und damit etwa eröffneten weiteren sachenrechtlichen Übertragungsmodalitäten; auch ist eine Verdinglichung der elektronisch verbrieften Forderung und eine Übertragung dieser nach sachenrechtlichen Grundsätzen in der Gesetzessystematik des eWpG nirgends angelegt, das doch besondere Übertragungsmodalitäten explizit selbst regelt (siehe Rz. 28 ff.).

Hieraus ergeben sich auch unmittelbar Folgerungen für den **Rechtsschein** in Konstellatio- **23** nen **gutgläubigen Erwerbs.** Die Rolle des Besitzes als Träger der Eigentumsvermutung in § 1006 BGB kommt bei elektronischen Wertpapieren der Eintragung als Inhaber zu, wobei wiederum **zwischen den beiden Arten elektronischer Wertpapiere zu differenzieren** ist (siehe Rz. 25 ff.):

– Bei elektronischen Wertpapieren in **Einzeleintragung** ist die **Registereintragung** Rechtsscheinträger (§ 27 eWpG; siehe Rz. 29).[83]

---

75) So auch *Lahusen*, RDi 2021, 161, Rz. 28.
76) So auch Begr. RegE Gesetz zur Einführung von eWp, BT-Drucks. 19/26925, S. 41; dennoch für einen unmittelbaren Besitz aufgrund der Verfügungsmacht über Authentifizierungsinstrumente *Müller/Pieper-Müller*, eWpG, § 2 Rz. 26–30, der allerdings selbst anerkennt, dass Private Keys bei Zentralregisterpapieren praktisch irrelevant sind (dort Rz. 28).
77) Begr. RefE Gesetz zur Einführung von eWp, S. 36, abrufbar unter https://bundesfinanzministerium.de/Content/DE/Gesetzestexte/Gesetze_Gesetzesvorhaben/Abteilungen/Abteilung_VII/19_Legislatur-periode/2021-06-09-einfuehrung-elektronische-wertpapiere/1-Referentenentwurf.pdf?__blob=publicationFile&v=2 (Abrufdatum: 16.2.2023); Begr. RegE Gesetz zur Einführung von eWp, BT-Drucks. 19/26925, S. 41; für *Linardatos* fehlt es sogar vollständig an einem Publizitätsträger, *Linardatos*, ZBB 2020, 329, 332.
78) Vgl. *Casper/Richter*, ZBB 2022, 65, 73.
79) So auch *Conreder/Meier-Bartlitz*, eWpG, § 2 Rz. 39.
80) So auch *Casper/Richter*, ZBB 2022, 65, 70.
81) Vgl. etwa die sehr umfassende Darstellung bei *Conreder/Meier-Bartlitz*, eWpG, § 2 Rz. 34; *Linardatos*, ZBB 2020, 329, 332.
82) Zu den Grundlagen dieses Gedankens *Dulckeit*, Die Verdinglichung obligatorischer Rechte, S. 10; *Canaris* in: FS Flume, S. 371, 372.
83) Elektronische Wertpapiere in Einzeleintragung gleichen hier tatsächlich Einzelschuldbuchforderungen (§§ 7, 8 Abs. 1 BSchuWG) oder unbeweglichen Sachen (§ 891 Abs. 1 BGB); so *Omlor*, RDi 2021, 371, 373; *Omlor* in: Omlor/Möslein/Grundmann, Elektronische Wertpapiere, § 6, S. 140 f.

– Bei elektronischen Wertpapieren in **Sammeleintragung** hingegen kommt es auf den **(fingierten) Mitbesitz** und das **Sammeldepotguthaben des Veräußerers** nach dem Verwahrungsbuch an (§ 9 Abs. 1 i. V. m. §§ 9b Abs. 1, 5, 6 Abs. 1, 14 DepotG).[84]

24 Wie bei beweglichen Sachen (§ 932 Abs. 2 BGB) ist bei elektronischen Wertpapieren in Einzeleintragung schon **grob fahrlässige Unkenntnis** von der fehlenden Berechtigung des Veräußerers schädlich (§ 26 Satz 1 eWpG); dies gilt wegen § 9 Abs. 1 i. V. m. §§ 9b Abs. 1, 5, 6 Abs. 1 DepotG auch für elektronische Wertpapiere in Sammeleintragung.

4.   Übertragung elektronischer Wertpapiere

25 Im Grundsatz erfolgt durch die Verweisung auf das Sachenrecht die Übertragung elektronischer Wertpapiere nun genau wie die Übertragung physischer Wertpapiere nach den Regeln der §§ 929 ff. BGB. Dabei ist allerdings die systematische **Differenzierung des eWpG zwischen** den beiden Arten verwendeter Register maßgeblich. **Zentralregisterwertpapiere** unterliegen den §§ 12–15 eWpG, für **Kryptowertpapiere** sind die §§ 16–23 eWpG relevant (siehe Rz. 7). Faktisch gesehen nur für Kryptowertpapiere – formal freilich allgemeiner für „Wertpapiere in Einzeleintragung" – bestehen Sonderregelungen für die Übereignung (Abschnitt 4; siehe dazu auch *Schulz*, Vor §§ 24–27 Rz. 7–16).

a)   Zentralregisterwertpapiere

26 Zentralregisterwertpapiere werden nach § 12 eWpG in ein zentrales elektronisches Register eingetragen, das von einem Verwahrer oder einer Wertpapiersammelbank geführt wird.[85] Dabei dürfte in der Praxis **regelmäßig eine Sammelverwahrung** vorliegen, bei welcher der Verwahrer als Inhaber des elektronischen Wertpapiers eingetragen wird (siehe auch *Denga*, § 3 Rz. 2). Dies entspricht der bisherigen Sammelverwahrung physischer Urkunden, deren Übertragungsregime nun auch auf elektronische Wertpapiere anzuwenden ist.[86] Die Sammelverwahrung erfolgt durch Ausstellung einer Globalurkunde, an der die aus dem Wertpapier Berechtigten Miteigentum halten.[87] Daher ist auch bei elektronischen Wertpapieren keine Übertragung durch Abtretung eines Herausgabeanspruchs nach § 929, 931 BGB möglich.[88] Die Übertragung von Zentralregisterwertpapieren erfolgt vielmehr durch **Geheißerwerb** nach § 929 Satz 1 BGB, bei dem die Übergabe durch Richtungsänderung des Besitzmittlungswillens des Verwahrers erfolgt.[89] Dieser subjektive Tatbestand wird objektiv durch Umbuchungen im IT-System der Verwahrer manifestiert, ist von diesem – für Zentralregisterwertpapiere – allerdings nach wie vor unabhängig.[90] Zudem muss auch der für physische Wertpapiere anerkannte Übertragungsweg durch **Abtretung der Forderung** nach § 398 BGB und **Folge des Wertpapiers** selbst nach § 952 Abs. 2 BGB offenstehen.[91]

27 Das in § 25 eWpG geregelte Übergabeverfahren mittels Umtragung gilt hingegen **ausschließlich für elektronische Wertpapiere in Einzeleintragung**, mithin faktisch allein

---

84) Kritisch *Casper/Richter*, ZBB 2022, 65, 73, 81 f.; zu den Grundlagen *Klanten* in: Ellenberger/Bunte, Bankrechts-Hdb., § 47 Rz. 122 f.; *Einsele* in: MünchKomm-HGB, Depotgeschäft Rz. 115 f.

85) Wertpapiersammelbanken unterliegen dabei der strengen Regulierung der CSDR, § 4 Abs. 5 eWpG; Verwahrer unterliegen dem DepotG; näher zu den maßgeblichen Rechtsrahmen s. bei *Alfes*, § 12 Rz. 60–62.

86) So auch *Mittwoch*, WM 2021, 375, 378 f.

87) Die Verwahrung von Wertpapieren im Wege der Sammelverwahrung beruht auf einer Globalurkunde, § 6 Abs. 1 DepotG; vgl. auch *Lehmann*, BKR 2020, 431, 433; *Meier*, RDi 2021, 1, 4.

88) Ganz h. M., dazu nur Scherer-*Rögner*, DepotG, § 6 Rz. 6 f.

89) So auch *Lehmann*, BKR 2020, 431, 433; *Mittwoch*, WM 2021, 375, 380.

90) *Mittwoch*, WM 2021, 375, 380; anders allerdings Conreder/Meier-*Bartlitz*, eWpG, § 2 Rz. 41, der allerdings, anders als hier vertreten (s. Rz. 26 ff.), von einer Besitzlosigkeit elektronischer Wertpapiere ausgeht.

91) So auch *Casper/Richter*, ZBB 2022, 65, 83.

für Kryptowertpapiere. Bei Zentralregisterwertpapieren in Sammeleintragung bleibt es daher auch für den gutgläubigen Erwerb bei den Lösungen des Sachenrechts. Hier bestehen insbesondere Probleme, wenn es darum geht, die Rolle der Verwahrer oder Wertpapiersammelbanken als Boten oder Stellvertreter zu bestimmen und den Anknüpfungspunkt für gutgläubigen Erwerb zu definieren.[92]

b) Kryptowertpapiere

Vor allem für Kryptowertpapiere, also solche, die in Kryptowertpapierregistern geführt werden (§ 4 Abs. 3 eWpG), gelten die besonderen Vorgaben des Abschnitts 4 eWpG.[93] Denn der Abschnitt knüpft ausdrücklich in seinem Titel „Verfügungen über elektronische Wertpapiere in Einzeleintragung" an die **Einzeleintragung** an, **die bei Kryptowertpapieren die Regel sein dürfte**, bei Zentralregisterpapieren hingegen die Ausnahme, da deren Hauptanwendungsfall gerade die Sammelverwahrung ist; anders als noch im Referentenentwurf vom 11.8.2020 vorgesehen, scheitert eine Umtragung von Zentralregisterwertpapieren hingegen nicht mehr am fehlenden Ausweis der Inhaberschaft in zentralen Registern (§ 13 Abs. 1 Nr. 6 eWpG).[94] **28**

Die Einzelheiten sind hier bei den jeweiligen Vorschriften kommentiert (siehe auch den Überblick bei *Schulz*, Vor §§ 24–27), an dieser Stelle sollen allerdings zwei wesentliche Abweichungen von der grundsätzlichen Geltung des Sachenrechts aufgegriffen werden. Zunächst führt § 25 eWpG mit der **Umtragung** im Wertpapierregister einen neuen Übertragungstatbestand ein, welche an die Stelle von Übergabe, Einräumung eines Besitzkonstituts oder der Abtretung von Herausgabeansprüchen nach den §§ 929–931 BGB tritt (siehe näher unten *Schulz*, § 25).[95] Auch die Möglichkeit einer Übertragung nach § 398 i. V. m. § 952 Abs. 2 BGB ist konsequenterweise ausgeschlossen.[96] Nach § 4 Abs. 5 eWpG ist die Umtragung „die Austragung des Inhabers eines im elektronischen Wertpapierregister eingetragenen elektronischen Wertpapiers und die Eintragung eines neuen Inhabers". **29**

Damit ist erstmals im deutschen Recht ein **vollständig entmaterialisiertes Wertpapier** möglich, das zudem **ohne Intermediäre** übertragbar ist.[97] Das neue Besitzkonstitut entfaltet seine stabilisierende Wirkung i. V. m. der Sondervorschrift zum gutgläubigen Erwerb in § 26 eWpG, welche den guten Glauben auf die Eintragung im elektronischen Wertpapierregister bezieht und die Vorschriften der §§ 932 ff. BGB verdrängt (siehe näher dazu *Schulz*, § 26).[98] § 27 eWpG rundet das Sonderprogramm ab, indem es die **Eigentumsfiktion** des Besitzes aus § 1006 BGB auf die Eintragung als Inhaber im elektronischen Wertpapierregister bezieht (siehe näher dazu *Schulz*, § 27). **30**

---

92) Kritisch, *Segna*, WM 2020, 2301, 2308; *Linardatos*, ZBB 2020, 329, 340.
93) Vgl. *Lehmann*, NJW 2021, 2318, 2319 f.
94) Vgl. auch Begr. RefE Gesetz zur Einführung von eWp, S. 42, abrufbar unter https://bundesfinanzministerium.de/Content/DE/Gesetzestexte/Gesetze_Gesetzesvorhaben/Abteilungen/Abteilung_VII/19_Legislaturperiode/2021-06-09-einfuehrung-elektronische-wertpapiere/1-Referentenentwurf.pdf?_blob=publicationFile&v=2 (Abrufdatum: 16.2.2023); ausschließlich zum RefE, der § 13 Abs. 1 Nr. 6 eWpG noch nicht enthielt, *Lehmann*, BKR 2020, 431, 434; *Mittwoch*, WM 2021, 375, 380 f.; insoweit unberechtigt die Kritik von Müller/Pieper-*Müller*, eWpG, § 25 Rz. 2.
95) Dazu auch *Lehmann*, BKR 2020, 431, 434; *Mittwoch*, WM 2021, 375, 381.
96) *Casper/Richter*, ZBB 2022, 65, 75.
97) *Mittwoch*, WM 2021, 375, 381.
98) Zum Verhältnis von § 26 eWpG zu den §§ 932 ff. BGB *Geier*, RdF 2020, 258, 262; Müller/Pieper-*Müller*, eWpG, § 27 Rz. 28.

5.   Einzelfragen

31   Die Anwendung der **Vorschriften des Mobiliarsachenrechts** (siehe Rz. 17) auf elektronische Wertpapiere muss auf der Einordnung der eingetragenen Inhaberschaft als Publizitätsträger beruhen (siehe Rz. 20, 23). Formelle **Registerpositionen**, die nach hier vertretener Auffassung dem **unmittelbaren Besitz** am elektronischen Wertpapier entsprechen (siehe Rz. 20), können nach § 985 **BGB** oder dem **Bereicherungsrecht** herausverlangt werden.[99]

32   Anwendung finden ebenfalls die **deliktsrechtlichen und negatorischen Vorschriften** der §§ 823 ff., 1004 BGB, konsequenterweise auch die **possessorischen Besitzschutzregeln** der §§ 861 ff. BGB.[100] Auch ist die Bestellung eines **Nießbrauchs** (§§ 1030 ff. BGB) oder eines **Pfandrechts** (§§ 1204 ff. BGB) an elektronischen Wertpapieren möglich, wobei allerdings bei elektronischen Wertpapieren in Einzelverwahrung die Anforderungen an die Verfügungstransparenz gemäß § 24 eWpG zu beachten sind (siehe *Schulz*, § 24 Rz. 12 f.).[101] Die **Besitzfiktion des Erben nach § 857 BGB** muss sich dann auf die Eintragung beziehen.

33   Bei der **Zwangsvollstreckung** ist nach der Art des elektronischen Wertpapiers zu differenzieren; wird in elektronische Wertpapiere in Einzeleintragung vollstreckt, finden wie bei physischen Wertpapieren die §§ 846, 847 Abs. 1 i. V. m. §§ 828 f., 835 ZPO Anwendung, und es ist ein Pfändungs- und Überweisungsbeschluss erforderlich.[102] Die Zwangsvollstreckung in Zentralregisterwertpapiere verläuft analog der Zwangsvollstreckung in ein sammelverwahrtes physisches Wertpapier, womit die §§ 857, 828 f., 835 ZPO anzuwenden sind; auch hier ist ein Pfändungs- und Überweisungsbeschluss erforderlich.[103] Trotz fehlendem Verfügungscharakter des Pfändungspfandrechts an einem elektronischen Wertpapier nach § 804 ZPO sollte § 24 Nr. 1 eWpG Anwendung finden (siehe *Schulz*, § 24 Rz. 19), so dass der Inhaber nicht auf den Vollstreckungsschutz mittels einer Drittwiderspruchsklage (§ 771 ZPO) verwiesen ist.

34   Die **Sachfiktion** hat auch Bedeutung für **Anteilsscheine** nach dem **KAGB**, dessen § 95 Abs. 3 Satz 1 eWpG die entsprechende Anwendbarkeit von § 2 Abs. 1 Satz 2, Abs. 2 und 3 eWpG anordnet. Damit existieren nun auch **elektronische Anteilsscheine** mit Sachfiktion. Ihre Eintragung ist gemeinschaftlich durch KVG und Verwahrstelle zu bewirken, da physische Anteilsscheine von beiden zu unterzeichnen sind (§ 95 Abs. 2 Satz 4 KAGB).[104]

---

99) Müller/Pieper-*Müller*, eWpG, § 2 Rz. 18.
100) Vgl. *Casper/Richter*, ZBB 2022, 65, 80; Müller/Pieper-*Müller*, eWpG, § 2 Rz. 20.
101) Dazu *Casper/Richter*, ZBB 2022, 6563, 78 f.
102) Dazu *Meier*, MMR 2021, 381, 385.
103) Dazu *Meier*, MMR 2021, 381, 385.
104) Vgl. Müller/Pieper-*Müller*, eWpG, § 2 Rz. 31.

§ 3
Inhaber und Berechtigter

(1) Inhaber eines elektronischen Wertpapiers ist derjenige, der als Inhaber eines elektronischen Wertpapiers oder eines bestimmten Anteils an einer Gesamtemission in einem elektronischen Wertpapierregister eingetragen ist.

(2) Berechtigter im Sinne dieses Gesetzes ist, wer das Recht aus einem Wertpapier innehat.

Literatur: *Bialluch-v. Allwörden*, Zivil- und prospektrechtliche Askpekte des eWpG-E, RDi 2021, 13; *Conreder/Diederichsen/Okonska*, Das neue Gesetz über elektronische Wertpapiere – digitale Zeitenwende im Wertpapierbereich, DStR 2021, 2594; *Denga*, Transaktionsgebühren der Blockchain – Zugleich ein Beitrag zur Zurechnung in IT-Systemen, ZBB 2022, 298; *Döding/Wentz*, Der Referentenentwurf zur Einführung von elektronischen Wertpapieren und Kryptowertpapieren, WM 2020, 2312; *Dubovitskaya*, Gesetzentwurf zur Einführung von elektronischen Wertpapieren: ein zaghafter Schritt nach vorn, ZIP 2020, 2551; *Lahusen*, Das Sachenrecht der elektronischen Wertpapiere, RDi 2021, 161; *Lehmann*, Zeitenwende im Wertpapierrecht, BKR 2020, 431; *Linardatos*, Elektronische Schuldverschreibungen auf den Inhaber – des Wertpapiers neue Kleider, ZBB 2020, 329; *Litten*, Das eWPG im Kontext der Digitalisierung der Kapitalmärkte, BB 2021, 1223; *Machacek*, Die Anwendung der neuen MiCA-Verordnung auf Dezentrale Finanzanwendungen, EuZW 2021, 923; *Meier*, Elektronische Wertpapiere in der Zwangsvollstreckung, MMR 2021, 381; *Meier*, Die Übertragung von elektronischen Wertpapieren nach dem eWpG (Regierungsentwurf), RDi 2021, 1; *Mittwoch*, Der Entwurf eines Gesetzes zur Einführung elektronischer Wertpapiere – ein Quantensprung für das Zivil- und Finanzmarktrecht?, WM 2021, 375; *Möslein/Kaulartz/Rennig*, Decentralized Finance (DeFi), RDi 2021, 517; *Müller*, Die wertpapierrechtliche Innehabung im Erkenntnisverfahren, WM 2017, 69; *Omlor*, Re- statt Dematerialisierung des Sachenrecht, RDi 2021, 236; *Preuße/Wöckener/Gillenkirch*, Der Gesetzesentwurf zur Einführung elektronischer Wertpapiere, BKR 2020, 551; *Saive*, Einführung elektronischer Wertpapiere, ZRP 2020, 219; *Sickinger/Thelen*, Anleihen und Genussscheine auf der Blockchain, AG 2020, 862; *Wieneke/Kunz*, Das Gesetz zur Einführung von elektronischen Wertpapieren, NZG 2021, 316.

Übersicht

I. Überblick und Entwicklung der Vorschrift

§ 3 eWpG ist eine **Definitionsnorm** für die tatbestandlichen Rollen von Inhaber und Berechtigtem im eWpG;[1] sie hätte durchaus auch in § 4 eWpG integriert werden können, der die Begriffsbestimmungen enthält. Die Differenzierung zwischen Inhaberschaft und Berechtigung folgt der für physische Wertpapiere geltenden Differenzierung zwischen formell und materiell Berechtigten.[2] Der Referentenentwurf sah noch eine Aufspaltung des Inhaberbegriffs aus Absatz 1 vor und definierte die Inhaberschaft an Kryptowertpapieren und Zentralregisterwertpapieren separat.[3] Die Aufspaltung bei § 3 eWpG wurde ohne inhaltliche Folgen aufgegeben und in die Definition von Zentralregisterwertpapieren in § 4 Abs. 2

1

---

1) Zur Einordnung als Definitionsnorm auch Müller/Pieper-*Müller*, eWpG, § 3 Rz. 2 und Rz. 5.

2) Vgl. Müller/Pieper-*Müller*, eWpG, § 3 Rz. 1.

3) S. Begr. RefE Gesetz zur Einführung von eWp z. § 3 Abs. 1 und 2 eWpG, S. 4, abrufbar unter https://bundesfinanzministerium.de/Content/DE/Gesetzestexte/Gesetze_Gesetzesvorhaben/Abteilungen/Abteilung_VII/19_Legislaturperiode/2021-06-09-einfuehrung-elektronische-wertpapiere/1-Referentenentwurf.pdf?__blob=publicationFile&v=2 (Abrufdatum: 16.2.2023); sehr ausführlich zur Genese der Vorschrift Conreder/Meier-*Ribak*, eWpG, § 3 Rz. 6–11.

eWpG überführt.[4] Von wesentlicher Bedeutung ist hingegen die **Aufgabe der Namenseintragung in § 3 Abs. 1 eWpG**, die der Referentenentwurf noch in Absatz 1 vorsah und welche die in der Kryptowirtschaft geläufigen Pseudonyme ausgeschlossen hätte.[5]

II. Inhaber (§ 3 Abs. 1 eWpG)

1. Normzweck

2 § 3 Abs. 1 eWpG legt fest, wer als Inhaber eines elektronischen Wertpapiers oder eines bestimmten Anteils an einer Gesamtemission eines solchen Wertpapiers anzusehen ist. Maßgeblich ist die Eintragung (§ 4 Abs. 4 eWpG). Die Unterscheidung der Inhabertypen richtet sich nach der Eintragungsart, welche sich nicht an der in § 4 Abs. 1 eWpG angelegten Systematisierung von Kryptowertpapieren und Zentralregisterwertpapieren orientiert, sondern vielmehr daran, ob eine Einzeleintragung (siehe Rz. 6 f.) oder eine Sammeleintragung (siehe Rz. 8 f.) vorliegt. Faktisch werden allein Kryptowertpapiere in Einzeleintragung geführt, Zentralregisterwertpapiere hingegen in Sammeleintragung (so bereits oben, siehe *Denga*, § 2 Rz. 26 ff.). Maßgeblich ist für beide Fälle freilich die **Eintragung in ein elektronisches Wertpapierregister**. Aus der Inhaberstellung folgt auch die Behandlung als **unmittelbarer Besitzer** (siehe *Denga*, § 2 Rz. 20)[6] und gemäß § 27 auch die **Vermutung des Eigentums** am elektronischen Wertpapier[7] – sowie mittelbar durch die Legitimationsanordnung von § 28 eWpG auch die **Vermutung der materiellen Berechtigung** i. S. des § 3 Abs. 2 eWpG (zur Legitimationsfunktion siehe *Denga*, § 2 Rz. 6).[8] Der Begriff der Inhaberschaft elektronischer Wertpapiere ist nach § 3 Abs. 1 eWpG rein formal an die Registereintragung geknüpft und damit verschieden vom Inhaberbegriff physischer Wertpapiere, der eng an Besitzkonzepte angelehnt ist (siehe *Denga*, § 2 Rz. 6).[9]

3 Von Bedeutung ist die Figur des Inhabers insbesondere für elektronische Wertpapiere in Einzeleintragung, mithin insbesondere (siehe *Denga*, § 2 Rz. 28) für Kryptowertpapiere, da bei diesen Wertpapieren anders als bei der Sammelverwahrung nicht noch der Verwahrer oder die Wertpapiersammelbank in Verfügungsvorgänge involviert sind.[10] Die Vorschrift ebnet als Ausgangspunkt für unmittelbaren Besitz sowie die Eigentums- und Berechtigungsvermutung den Weg für die **Disintermediation der Kapitalmärkte** als zentrales Versprechen der Blockchain-Ökonomie.[11]

4 Die Vorschrift von § 3 Abs. 1 eWpG ist erforderlich, um das Fehlen eines physischen Wertpapiers zu kompensieren, dessen Innehabung Ausgangspunkt und **Rechtsscheinträger** für die **Legitimations- und Liberationswirkung** von Inhaberschuldverschreibungen ist (siehe *Denga*, § 2 Rz. 6). Der Emittent kann grundsätzlich an den eingetragenen Inhaber schuld-

---

4) Zur Kritik an der davor fehlenden Definition vgl. *Lehmann*, BKR 2020, 431, 434; *Linardatos*, ZBB 2020, 329, 336.

5) Vgl. Begr. RegE Gesetz zur Einführung von eWp, BT-Drucks. 19/26925, S. 61; Müller/Pieper-*Müller*, eWpG, § 3 Rz. 3; Conreder/Meier-*Ribak*, eWpG, § 3 Rz. 16 ff.

6) Zum Unterschied zwischen Besitz und Inhaberschaft bei physischen Wertpapieren *Habersack* in: MünchKomm-BGB, § 793 Rz. 29; Erman-*Wilhelmi*, BGB, § 793 Rz. 6; *Müller*, WM 2017, 69, 71 ff.; vgl. auch Conreder/Meier-*Ribak*, eWpG, § 3 Rz. 15, der den Besitz an das Konzept der tatsächlichen Verfügungsmacht knüpft.

7) Dazu *Linardatos*, ZBB 2020, 329, 336; *Omlor* in: Omlor/Möslein/Grundmann, Elektronische Wertpapiere, S. 137, 147 f.

8) Vgl. *Einsele* in: Omlor/Möslein/Grundmann, Elektronische Wertpapiere, S. 33, 38; *Meier*, RDi 2021, 1, 7.

9) Vgl. Müller/Pieper-*Müller*, eWpG, § 3 Rz. 4.

10) So auch Conreder/Meier-*Ribak*, eWpG, § 3 Rz. 4.

11) Begr. RegE Gesetz zur Einführung von eWp, BT-Drucks. 19/26925, S. 50; *Litten*, BB 2021, 1223, 1226; zu „Decentralized Finance" allgemein *Möslein/Kaulartz/Rennig*, RDi 2021, 517; *Machacek*, EuZW 2021, 923, 924; kritisch allerdings *Denga*, ZBB 2022, 298, 303 f.

befreiend leisten (§ 28 Abs. 1 Satz 1 eWpG); der Inhaber kann die Leistung verlangen (§ 28 Abs. 1 Satz 2 eWpG). Weiterhin wirkt auch bei den **Übertragungstatbeständen** ein **Gutglaubensschutz**, dessen Ausgangspunkt die Inhaberschaft ist (§§ 26, 27 eWpG).

2. Pseudonyme und Identifizierbarkeit

Für die Eintragungsfähigkeit als Inhaber bestimmt § 8 Abs. 1 eWpG bei der Sammeleintragung Wertpapierbanken und Verwahrer, für die Einzeleintragung natürliche und juristische Personen sowie rechtsfähige Personengesellschaften. Ein Klarnamenerfordernis gilt nicht, **Pseudonymisierungen** sind zulässig (siehe schon bei Rz. 1), und dies sowohl bei Krypto- als auch bei Zentralregisterwertpapieren. Für die Verwendung von Pseudonymen spricht unter praktischen Gesichtspunkten der weite Kreis an Einsichtsberechtigten in elektronische Wertpapierregister (§ 10 Abs. 1, 2 eWpG i. V. m. §§ 10, 2 eWpRV[12]).[13] Auskünfte zur konkreten Identität des Inhabers sind unter § 10 Abs. 3 eWpG vorgesehen, die Verwendung von Pseudonymen ist zudem mit den Vorgaben des GWG zu vereinbaren, weshalb der Inhaber trotz pseudonymer Registereintragung tatsächlich identifizierbar sein muss.[14]

3. Inhaberschaft bei Einzeleintragung

Bei elektronischen Wertpapieren in Einzeleintragung können neben **natürlichen und juristischen Personen auch rechtsfähige Personengesellschaften** Inhaber sein (§ 3 Abs. 1 i. V. m. § 8 Abs. 1 Nr. 2 eWpG). In der Regel wird die Inhaberschaft auch **mit der materiellen Berechtigung zusammenhängen**, was die Vermutung der materiellen Berechtigung zugunsten des Inhabers in § 27 eWpG rechtfertigt. Durch § 27 eWpG wird allerdings gerade auch das mögliche Auseinanderfallen von Inhaber und Berechtigtem impliziert.

Ohne Weiteres können auch **mehrere Personen** nebeneinander Inhaber sein;[15] das Miteigentum in Bruchteilsgemeinschaft am elektronischen Wertpapier sollte **(analog) § 47 GBO** im Register vermerkt werden,[16] um die Publizitätsfunktion des Registers und die Sicherheit von Verfügungen über das betreffende elektronische Wertpapier zu gewährleisten. Dieser Gedanke ist auf die Funktionen des Registers gestützt, nicht hingegen auf eine Einordnung elektronischer Wertpapiere als Immobilien.[17] Treuhandverhältnisse sind hingegen für die Inhaberstellung unbeachtlich, da sie sich auf materieller Ebene nicht auf die Berechtigung auswirken (siehe Rz. 13).

5

6

7

---

12) Verordnung über Anforderungen an elektronische Wertpapierregister (eWPRV), v. 24.10.2022, BGBl. I 2022, 1882.

13) Wenngleich noch zum RefE *Dubovitskaya*, ZIP 2020, 2551, 2558; vgl. auch Begr. RefE Gesetz zur Einführung von eWp, S. 39, abrufbar unter https://bundesfinanzministerium.de/Content/DE/Gesetzestexte/Gesetze_Gesetzesvorhaben/Abteilungen/Abteilung_VII/19_Legislaturperiode/2021-06-09-einfuehrung-elektronische-wertpapiere/1-Referentenentwurf.pdf?__blob=publicationFile&v=2 (Abrufdatum: 16.2.2023); Müller/Pieper-*Müller*, eWpG, § 3 Rz. 3.

14) Geldwäscheverpflichtet ist der Emittent bzw. die registerführende Stelle, § 2 Abs. 1 Nr. 2 GWG i. V. m. § 1 Abs. 1a Satz 2 Nr. 6, 8 KWG.

15) So auch Müller/Pieper-*Müller*, eWpG, § 3 Rz. 3; Conreder/Meier-*Ribak*, eWpG, § 3 Rz. 30.

16) Vgl. Conreder/Meier-*Ribak*, eWpG, § 3 Rz. 30.

17) Dazu *Omlor*, RDi 2021, 236, 237; *Omlor* in: Omlor/Möslein/Grundmann, Elektronische Wertpapiere, S. 137, 140; ferner *Meier*, MMR 2021, 381, 382, 384; *Lahusen*, RDi 2021, 161, 163; *Saive*, ZRP 2020, 219, 221; *Sickinger/Thelen*, AG 2020, 862, 866; *Linardatos*, ZBB 2020, 329, 342 (Fn. 154), 346; *Bialluch-v. Allwörden*, RDi 2021, 13, 14.

4. Inhaberschaft bei Sammeleintragung

8 Bei elektronischen Wertpapieren in Sammeleintragung kommen als Inhaber **Wertpapier-sammelbanken oder Verwahrer** in Betracht (§ 8 Abs. 1 Nr. 1 eWpG), die in jedem Fall verschieden vom Berechtigten sind (§ 27 eWpG findet nur auf elektronische Wertpapiere in Einzeleintragung Anwendung).[18] Vorbildgebend für das Konzept der Sammeleintragung war die Sammelschuldbuchforderung des Bundesschuldenwesengesetzes (BSchuWG).[19] Auch Wertpapiersammelbanken und Verwahrer können sich mit Pseudonym in das zentrale Register (§ 4 Abs. 1 Nr. 1 eWpG i. V. m. § 12 eWpG) oder Kryptowertpapierregister (§ 4 Abs. 1 Nr. 2 i. V. m. § 16 eWpG) eintragen.[20] Faktisch dürfte nur die **Clearstream Banking AG** als Inhaber in Betracht kommen, da in Deutschland bislang allein diese den Anforderungen der CSDR[21] genügt (siehe auch *Denga*, § 2 Rz. 15).[22]

9 Sammelverwahrer bzw. eine Wertpapiersammelbank können **gleichzeitig die Rolle als Inhaber und als Registerführer** (§ 4 Abs. 10 eWpG) wahrnehmen. Risiken für die aus elektronischen Wertpapieren Berechtigten dürften sich aufgrund der Einhegung in das System der Finanzaufsicht nicht ergeben.

III. Berechtigter (§ 3 Abs. 2 eWpG)

1. Normzweck

10 Berechtigter i. S. des eWpG ist, wer das **Recht aus einem elektronischen Wertpapier** innehat. Dies ist eine tautologische Formulierung, deren Bedeutung allein darin liegt, die materielle Position von der formellen aus § 3 Abs. 1 eWpG zu trennen. Misslich erscheint dann allerdings, von „Innehaben" zu sprechen, wenn damit gerade nicht die Inhaberschaft aus dem vorhergehenden Absatz gemeint sein soll.[23] Die Formulierung „Recht aus dem Wertpapier" ist klar an die Inhaberschuldverschreibung aus § 793 BGB angelehnt (siehe *Denga*, § 2 Rz. 6).[24] Anders als bei physischen Wertpapieren ist die Trennung zwischen formeller und materieller Position bei der Form der Sammeleintragung die Regel, § 9 Abs. 2 Satz 1 eWpG.[25] Hinsichtlich der Ermittlung des Berechtigten i. S. des § 3 Abs. 2 eWpG ist zwischen elektronischen Wertpapieren in Sammel- und Einzeleintragung zu differenzieren.[26]

---

18) *Casper* in: Möslein/Omlor, FinTech-Handbuch, § 28 Rz. 34.

19) *Lehmann*, BKR 2020, 431, 436; Begr. RegE Gesetz zur Einführung von eWp, BT-Drucks. 19/26925, S. 29, 49.

20) *Linardatos*, ZBB 2020, 329, 335.

21) Verordnung (EU) Nr. 909/2014 des Europäischen Parlaments und des Rates v. 23.7.2014 zur Verbesserung der Wertpapierlieferungen und -abrechnungen in der Europäischen Union und über Zentralverwahrer sowie zur Änderung der Richtlinien 98/26/EG und 2014/65/EU und der Verordnung (EU) Nr. 236/2012 (Central Securities Depositories Regulation – CSDR), ABl. (EU) L 257/1 v. 28.8.2014.

22) *Mittwoch*, WM 2021, 375, 382 f.; *Linardatos*, ZBB 2020, 329, 335; *Sickinger/Thelen*, AG 2020, 862, 864; *Wieneke/Kunz*, NZG 2021, 316, 320; vgl. auch Müller/Pieper-*Müller*, eWpG, § 4 Rz. 46, 48 f.; *Scherer*, DepotG, § 1 Rz. 62; *Casper* in: Möslein/Omlor, FinTech-Handbuch, § 28 Rz. 7.

23) Müller/Pieper-*Müller*, eWpG, § 3 Rz. 5; unglücklich auch die Begr. RegE Gesetz zur Einführung von eWp, BT-Drucks. 19/26925, S. 41 „[...] bezieht sich die Berechtigung auf die Inhaberschaft des verkörperten Rechts."

24) Begr. RegE Gesetz zur Einführung von eWp, BT-Drucks. 19/26925, S. 41; Müller/Pieper-*Müller*, eWpG, § 3 Rz. 5.

25) *Casper* in: Möslein/Omlor, FinTech-Handbuch, § 28 Rz. 34. Kritisch hierzu dagegen *Dubovitskaya*, ZIP 2020, 2551, 2556 f.

26) *Conreder/Diederichsen/Okonska*, DStR 2021, 2594, 2595; *Omlor* in: Omlor/Möslein/Grundmann, Elektronische Wertpapiere, S. 137, 142.

2. Statuserlangung und -wechsel

Als erster Berechtigter gilt, wer als erster Nehmer dem Emittenten bei der Emission des 11
Wertpapiers entgegentritt. Der **originäre Erwerb** der Forderung erfolgt durch Abschluss
des Begebungsvertrags (siehe dazu *Denga*, §2 Rz. 9) zwischen dem ersten Nehmer und
Emittenten, wobei der Emittent ein abstraktes Leistungsversprechen abgibt.[27]

Der **derivative Erwerb** der Berechtigung erfolgt bei elektronischen Wertpapieren in Ein- 12
zeleintragung gemäß §§ 24, 25 eWpG (siehe *Denga*, §2 Rz. 28 ff.).[28] Elektronische Wertpapiere in Sammeleintragung werden hingegen nach depotrechtlichen Grundsätzen gemäß
§ 9 Abs. 1 eWpG i. V. m. § 1 Abs. 1, § 6 Abs. 1 DepotG i. V. m. §§ 929 ff. BGB oder durch
Abtretung der Forderung (§§ 398, 952 Abs. 1 BGB) erworben (siehe *Denga*, §2 Rz. 26 f.).[29]
§ 3 Abs. 2 eWpG kann die **Nichtigkeit des Begebungsvertrages nicht heilen**, da es sich
lediglich um eine Definitionsnorm handelt.[30] Derivative Erwerber von elektronischen Wertpapieren in Einzeleintragung sind allerdings nach den Grundsätzen des **gutgläubigen Erwerbs** geschützt, § 26 eWpG (siehe *Denga*, §2 Rz. 23).

3. Treuhandkonstellationen

Werden elektronische Wertpapiere treuhänderisch gehalten, ist nur der Treuhänder Be- 13
rechtigter, nicht hingegen der Treugeber.[31] Allerdings begründet die formelle Inhaberschaft der bei Sammeleintragungen gemäß § 4 Abs. 1 Nr. 1 eWpG eingetragenen Wertpapiersammelbank bzw. des Verwahrers (§ 9 Abs. 1 Satz 2 eWpG) eine **Ermächtigungstreuhand**,
bei der die Inhaber zur Verwaltung ermächtigt sind, die Treugeber allerdings Vollrechtsinhaber und damit auch Berechtigte i. S. des § 3 Abs. 2 eWpG bleiben.[32]

---

27) *Meier*, RDi 2021, 1, 2 f.; *Ribak*, Wertpapierrecht der Security Token Offerings, § 7 F.
28) *Omlor* in: Omlor/Möslein/Grundmann, Elektronische Wertpapiere, S. 137, 147; *Döding/Wentz*, WM 2020, 2312, 2316; *Preuße/Wöckener/Gillenkirch*, BKR 2020, 551, 554.
29) Begr. RegE Gesetz zur Einführung von eWp, BT-Drucks. 19/26925, S. 50; *Conreder/Diederichsen/Okonska*, DStR 2021, 2594, 2599; *Lehmann*, BKR 2020, 431, 434.
30) Conreder/Meier-*Ribak*, eWpG, § 3 Rz. 36.
31) Zur fiduziarischen Treuhand *Lehmann*, Finanzinstrumente, S. 393; ferner *Servatius* in: Langenbucher/Bliesener/Spindler, Bankrechts-Kommentar, Kap. 35 Rz. 48; *Schubert* in: MünchKomm-BGB, § 164 Rz. 61.
32) *Dubovitskaya*, ZIP 2020, 2551, 2556; Müller/Pieper-*Pieper*, eWpG, § 9 Rz. 12; vgl. für das Depotrecht allgemeiner *Einsele* in: MünchKomm-HGB, Depotgeschäft Rz. 10; zur Ermächtigungstreuhand auch *Lehmann*, Finanzinstrumente, S. 391 ff.

§ 4
Begriffsbestimmungen

(1) Elektronische Wertpapierregister sind

1. zentrale Register gemäß § 12 und

2. Kryptowertpapierregister gemäß § 16.

(2) Ein Zentralregisterwertpapier ist ein elektronisches Wertpapier, das in ein zentrales
Register eingetragen ist.

(3) Ein Kryptowertpapier ist ein elektronisches Wertpapier, das in ein Kryptowertpapierregister eingetragen ist.

(4) Eintragung eines elektronischen Wertpapiers ist die Aufnahme der für ein elektronisches Wertpapier nach § 13 oder § 17 erforderlichen Registerangaben in ein elektro-

nisches Wertpapierregister unter eindeutiger und unmittelbar erkennbarer Bezugnahme auf die niedergelegten Emissionsbedingungen.

(5) Eine Wertpapiersammelbank ist eine nach Artikel 16 der Verordnung (EU) Nr. 909/2014 des Europäischen Parlaments und des Rates vom 23. Juli 2014 zur Verbesserung der Wertpapierlieferungen und -abrechnungen in der Europäischen Union und über Zentralverwahrer sowie zur Änderung der Richtlinien 98/26/EG und 2014/65/EU und der Verordnung (EU) Nr. 236/2012 (ABl. L 257 vom 28.8.2014, S. 1; L 349 vom 21.12.2016, S. 5), die zuletzt durch die Delegierte Verordnung (EU) 2018/1229 (ABl. L 230 vom 13.9.2018, S. 1) geändert worden ist, als Zentralverwahrer zugelassene juristische Person, die in Abschnitt A des Anhangs zur Verordnung (EU) Nr. 909/2014 genannte Kerndienstleistungen im Inland erbringt.

(6) Verwahrer ist, wer über die Erlaubnis zum Betreiben des Depotgeschäfts im Inland verfügt.

(7) Emissionsbedingungen sind der niedergelegte Inhalt des Rechts, für das ein elektronisches Wertpapier eingetragen wird, einschließlich der Nebenbestimmungen.

(8) Umtragung ist die Ersetzung des Inhabers eines im elektronischen Wertpapierregister eingetragenen elektronischen Wertpapiers durch einen neuen Inhaber.

(9) Löschung ist die Kenntlichmachung eines eingetragenen elektronischen Wertpapiers und seiner niedergelegten Emissionsbedingungen als gegenstandslos.

(10) Registerführende Stellen sind die in § 12 Absatz 2 und § 16 Absatz 2 bezeichneten Stellen.

(11) Ein Aufzeichnungssystem ist ein dezentraler Zusammenschluss, in dem die Kontrollrechte zwischen den das jeweilige System betreibenden Einheiten nach einem im Vorhinein festgelegten Muster verteilt sind.

Literatur: *Behme/Zickgraf*, Zivil- und gesellschaftsrechtliche Aspekte von Initial Coin Offerings (ICOs), ZfPW 2019, 66; *Casper*, Elektronische Schuldverschreibung: es ist Zeit für einen grundlegenden gesetzlichen Neustart, BKR 2019, 209; *De Filippi/Wright*, Blockchain and the Law: The Rule of Code, Harvard University Press, Cambridge, M.A., 2018; *Döding/Wentz*, Der Referentenentwurf zur Einführung von elektronischen Wertpapieren und Kryptowertpapieren, WM 2020, 2312; *Dubovitskaya*, Gesetzentwurf zur Einführung von elektronischen Wertpapieren: ein zaghafter Schritt nach vorn, ZIP 2020, 2551; *Engelhardt/Klein*, Bitcoins – Geschäfte mit Geld, das keines ist, Technische Grundlagen und zivilrechtliche Betrachtung, MMR 2014, 355; *Heckelmann*, Zulässigkeit und Handhabung von Smart Contracts, NJW 2018, 504; *Höhlein/Weiß*, Krypto-Assets, ICO und Blockchain: prospektrechtliche Perspektive und aufsichtsrechtliche Praxis, RdF 2019, 116; *Kerkemeyer*, Blockchain-Transaktionen im Internationalen Recht, ZHR 184 (2020) 793; *Kleinert/Mayer*, Der deutsche Weg zum elektronischen Wertpapier, EuZW 2020, 1059; *Kuhlmann*, Bitcoins, Funktionsweise und rechtliche Einordnung der digitalen Währung, CR 2014, 691; *Lahusen*, Das Sachenrecht der elektronischen Wertpapiere, RDi 2021, 161; *Lehmann*, Zeitenwende im Wertpapierrecht, Der Referentenentwurf für ein Gesetz über elektronische Wertpapiere (eWpG), BKR 2020, 431; *Lendermann*, Eckpunktepapier des BMF und BMJV für die regulatorische Behandlung von elektronischen Wertpapieren und Krypto-Token, AG 2019, R93; *Lerch*, Bitcoin als Evolution des Geldes: Herausforderungen, Risiken und Regulierungsfragen, ZBB 2015, 190; *Lessig*, Code is Law: On Liberty in Cyberspace, Harvard Magazine 1.1.2000; *Linardatos*, Elektronische Schuldverschreibungen auf den Inhaber – des Wertpapiers neue Kleider, ZBB 2020, 329; *Maume/Fromberger*, Die Blockchain-Aktie, ZHR 185 (2021) 507; *Mittwoch*, Der Entwurf eines Gesetzes zur Einführung elektronischer Wertpapiere – ein Quantensprung für das Zivil- und Finanzmarktrecht?, WM 2021, 375; *Omlor*, Kryptowährungen im Geldrecht, ZHR 183 (2019) 294; *Patz*, Überblick über die Regulierung von Kryptowerten und Kryptowertedienstleistern, BKR 2021, 725; *Paulus/Matzke*, Smart Contracts und das BGB – Viel Lärm um nichts?, ZfPW 2018, 431; *Reger/Langheld/Haagen*, Elektronische Aktien, RDi 2021, 83; *Rostalski*, Legal Tech now and then, REthinking:Law, 2019, 4; *Schuster*, Cloud Crypto Land, Modern Law Review, Vol. 84/2021, Issue 5, S. 953; *Segna*, Elektronische Wertpapiere im zentralen Register – Anmerkungen zum BMF-/BMJV-Referentenentwurf vom 10.8.2020 aus wertpapier- und depot-rechtlicher Sicht, WM 2020, 2301; *Weiß*, Tokenisierung – Vermögensanlage oder Wertpapier? Die Blockchain-Technik lässt die Grenzen zwischen beiden verschwimmen, BaFin Journal 4/2019, S. 8.

Übersicht

I. Normzweck und Überblick

Normzweck ist es, die verschiedenen Arten elektronischer Wertpapiere, die damit ver- **1** bundenen Tätigkeiten[1] und die Registereintragungen voneinander abzugrenzen. Dazu enthält die Norm Begriffsbestimmungen aus den folgenden drei Bereichen:

- **Arten elektronischer Wertpapierregister** und die daraus entspringenden Arten unverbriefter Wertpapiere (§ 4 Abs. 1, 2, 3 und ergänzend Abs. 11 eWpG);
- **Inhalte** der Register sowie ihre Veränderungen (§ 4 Abs. 4, 7, 8, 9 eWpG); und
- als **Registerführer** und **(Zentral-)Verwahrer** tätige Stellen (§ 4 Abs. 5, 6 und 10 eWpG).

Die Begriffe sind in § 4 eWpG weder sachlich, etwa in der vorstehend beschriebenen **2** Weise, noch alphabetisch geordnet. Die gesetzliche Reihenfolge der Begriffe erschließt sich nicht. Ursache ist die unsystematische Einfügung des Begriffs der „Wertpapiersammelbank" in Absatz 5 und des „Verwahrers" in Absatz 6 sowie der Anfügung des Begriffs des „Aufzeichnungssystems" in Absatz 11 im Gesetzgebungsverfahren. Generell ist darauf hinzuweisen, dass der Regierungsentwurf den Referentenentwurf in wesentlichen Punkten geändert bzw. erweitert hat. Dies erforderte auch eine Anpassung und Ergänzung der Begriffsbestimmungen in § 4 eWpG.

---

1) Vgl. Begr. RegE Gesetz zur Einführung von eWp, BT-Drucks. 19/26925, S. 41 – „Tätigkeiten als Kryptowertpapierregister, Kryptoverwahrer, Depotbank und Zentralverwahrer".

3   Die für eine vollständige Erfassung der gesetzlichen Konzeption des eWpG erforderlichen Begriffe sind **nicht abschließend** in § 4 eWpG bestimmt, anders als es die gesetzliche Überschrift („Begriffsbestimmungen") und die Begr. RegE (**„zentralen"** Begriffe)[2] erwarten lassen. Vielmehr finden sich innerhalb und außerhalb des eWpG folgende weitere, für ein umfassendes Verständnis unerlässliche Begriffe und Definitionen:

- „elektronisches Wertpapier" (§ 2 eWpG);
- „Inhaber" (§ 3 Abs. 1 eWpG) und „Berechtigter" (§ 3 Abs. 2 eWpG);
- „Niederlegung" (§ 5 Abs. 1 Satz 1 eWpG);
- „Sammeleintragung" (§ 8 Abs. 1 Nr. 1 eWpG) und „Einzeleintragung" (§ 8 Abs. 1 Nr. 2 eWpG);
- „Kryptoverwahrgeschäft" (§ 1 Abs. 1a Satz 2 Nr. 6 KWG);
- „Kryptowertpapierregisterführung" (§ 1 Abs. 1a Satz 2 Nr. 8 KWG); und
- „Depotbescheinigung zur Rechtsausübung" (§ 6 Abs. 2 Satz 1 DepotG).

II.   Elektronische Wertpapierregister (§ 4 Abs. 1 eWpG)

4   § 4 Abs. 1 eWpG definiert ein elektronisches Wertpapierregister als Oberbegriff für zentrale Register und Kryptowertpapierregister. Für die beiden Unterarten enthält das eWpG **keine Legaldefinition**, sondern verweist für das zentrale Register auf die zentralen Vorschriften des § 12 eWpG und für das Kryptowertpapierregister auf die des § 16 eWpG. Weder § 12 noch § 16 eWpG enthalten jedoch die Tatbestandsvoraussetzungen der jeweiligen Registerart. Diese ergeben sich vielmehr aus einer systematischen Zusammenschau der einschlägigen Vorschriften des eWpG. Die im jeweiligen Register vorgenommene Eintragung von Rechten ist das **Funktionsäquivalent** zur Ausstellung von Wertpapierurkunden. Nach der fakultativen Alternative des § 2 Abs. 1 Satz 1 eWpG kann ein Wertpapier „als" elektronisches Wertpapier begeben werden. Ein elektronisches Wertpapier ist der Verzicht auf eine körperliche Urkunde („an Stelle", § 2 Abs. 1 Satz 2 eWpG) unter Gewährleistung gleicher **Vertraulichkeit, Integrität** (d. h. Unverfälschtheit seit der Herstellung), **Verfügbarkeit und Authentizität** (d. h. Feststellung des Urhebers).[3]

5   Sinn und Zweck der elektronischen Begebungsform von Wertpapieren ist es, den technologischen Fortschritt für **Effizienzgewinne** zu nutzen.[4] Das elektronische Wertpapierregister dient der Erweiterung der **nutzbaren Formen**, aber nicht der Erweiterung des „numerus clausus" der Wertpapiere, etwa durch ein völlig neues Wertpapier sui generis.[5] Implizit werden andere Registerarten und Technologien, die nicht die Voraussetzungen nach § 12 oder § 16 eWpG erfüllen, ausgeschlossen. Es wäre allerdings kaum interessengerecht, das Risiko der Nichtigkeit elektronischer Wertpapiere wegen **Formmangels** nach § 2 Abs. 1 eWpG i. V. m. § 125 BGB dem Inhaber bzw. Berechtigten aufzuerlegen.[6] Die erhöhten Nachforschungsobliegenheiten bei komplizierterer Sach- und Rechtslage drohten dann

---

2)   Begr. RegE Gesetz zur Einführung von eWp, BT-Drucks. 19/26925, S. 41.

3)   §§ 7 Abs. 1, 21 Abs. 1 eWpG; vgl. Begr. RegE Gesetz zur Einführung von eWp z. §§ 5 und 7 eWpG, BT-Drucks. 19/26925, S. 44, 48.

4)   Begr. RegE Gesetz zur Einführung von eWp z. § 7 Abs. 1 eWpG, BT-Drucks. 19/26925, S. 48.

5)   Begr. RegE Gesetz zur Einführung von eWp z. § 2 Abs. 1 eWpG, BT-Drucks. 19/26925, S. 39; Müller/ Pieper-*Pieper*, eWpG, § 4 Rz. 4; zur Historie *Lahusen*, RDi 2021, 161, 164; *Kleinert/Mayer*, EuZW 2020, 1059, 1060; offenbar abweichendes Verständnis zu elektronischen Traditionspapieren i. S. einer Erweiterung des numerus clausus der Wertpapiere noch in Begr. RegE Gesetz zur Reform des Seehandelsrechts z. § 516 HGB, BT-Drucks. 17/10309, S. 93.

6)   Differenzierend Müller/Pieper-*Pieper*, eWpG, § 4 Rz. 14 f.

die beabsichtigte Sicherheit und Leichtigkeit des Rechtsverkehrs[7] zu konterkarieren. Dies wäre zuvorderst für die Etablierung von Kryptowertpapieren in Einzeleintragung ein Hemmschuh.

§ 4 eWpG definiert keine **Funktionen** elektronischer Wertpapierregister und formuliert 6 keine konkreten Anforderungen an die Technik.[8] Insofern können die für das Bundesschuldbuch geläufigen Kriterien nach § 5 Abs. 1 Satz 1 Halbs. 1 BSchuWG[9] in Zusammenschau mit den Vorschriften für die elektronischen Wertpapierregister herangezogen werden. Das Register dient demnach der **Begründung** (Kreation), **Dokumentation** (Speicherung und Wiedergabe) und **Verwaltung** (durch Änderungen und Löschung) elektronischer Wertpapiere. Diese Funktionen kommen bei Einzeleintragungen vollumfänglich zum Einsatz, während sie bei Sammeleintragungen nur eingeschränkt Anwendung finden.

Keine Funktion des elektronischen Wertpapierregisters und nicht einmal sein Ziel ist es, 7 die **materielle Rechtslage zutreffend wiederzugeben**. Insoweit verlangt § 7 Abs. 2 Satz 1 Alt. 1 eWpG von der registerführenden Stelle Unmögliches, da in elektronische Wertpapierregister nur der Inhaber, nicht aber der Berechtigte eingetragen wird (siehe dazu Rz. 16, 21, 34, 37). Die Vorschriften eines gutgläubigen Erwerbs implizieren gerade, dass der in Einzeleintragung eingetragene Inhaber auch rein tatsächlich nicht „jederzeit" der materiell Berechtigte ist. Bei Sammeleintragungen fallen Inhaber und Berechtigter sogar permanent auseinander.[10] Im Übrigen ist es – anders als die Bezeichnung als „elektronisches *Wertpapierregister*" bei unbefangener Lesart nahelegen mag – nicht dessen Funktion, bereits bestehende verbriefte Wertpapiere lediglich zu dokumentieren (so aber eine der Funktionen des Bundesschuldbuchs nach § 5 Abs. 1 Satz 1 Halbs. 2, Abs. 2 Nr. 3 BSchuWG).

Das Attribut „**elektronisch**" impliziert, dass eine papiergebundene, insbesondere handschrift- 8 liche oder auch anderweitige Führung des Registers nach dem eWpG unzulässig ist. Im Unterschied hierzu ist die elektronische Führung des Bundesschuldbuchs lediglich fakultativ („kann", vgl. § 5 Abs. 1 Satz 2 BSchuWG), wenngleich auch dieses selbstverständlich nicht mehr in Papierform geführt wird. Für das eWpG mag die Nutzung elektronischer Anwendungen für das Kryptowertpapierregister erwähnenswert sein; das rechtlich entscheidende Merkmal des Kryptowertpapierregisters ist aber nicht die verwendete Technologie, sondern die Verteilung des Registers. Bei aller „**Technologieoffenheit**" verlangt der Gesetzgeber gleichwohl zwingend, dass zur Führung der Wertpapierregister überhaupt **Elektronik** eingesetzt wird, sei es wegen einer gegenüber anderen technischen Mitteln mutmaßlich überlegenen Eignung zur Erfüllung der genannten Funktionen oder sei es nur, um den avantgardistisch klingenden Gesetzestitel zu rechtfertigen. Das geht aber nicht so weit, dass eine automatisierte, mit den Mitteln Künstlicher Intelligenz erzeugte Entscheidung bzgl. des Registerinhalts über menschliche Anweisungen gestellt würde.

Anders als die Unterscheidung in Zentralregisterwertpapiere (§ 4 Abs. 2 eWpG) und Krypto- 9 wertpapiere (§ 4 Abs. 3 eWpG) suggeriert, können mittels elektronischer Wertpapierregister nicht lediglich zwei, sondern insgesamt **vier Arten elektronischer Wertpapiere** begeben werden. Das erschließt sich nicht bereits aus § 4 eWpG selbst, sondern ergibt sich erst i. V. m. den in § 8 Abs. 1 Nr. 1 und Nr. 2 eWpG definierten Begriffen der **Einzelein-**

---

7) Müller/Pieper-*Pieper*, eWpG, § 4 Rz. 14 f.

8) DAV, Stellungnahme z. RefE eWpG, v. 23.9.2020, S. 5 Rz. 6, abrufbar unter https://bundesfinanzministerium.de/Content/DE/Gesetzestexte/Gesetze_Gesetzesvorhaben/Abteilungen/Abteilung_VII/19_Legislaturperiode/2021-06-09-einfuehrung-elektronische-wertpapiere/0-Gesetz.html (Abrufdatum: 21.2.2023).

9) Gesetz zur Regelung des Schuldenwesens des Bundes (Bundesschuldenwesengesetz – BSchuWG), v. 12.7.2006, BGBl. I 2006, 1466.

10) *Segna*, WM 2020, 2301, 2310 – „Zustand der permanenten Unrichtigkeit".

tragung und der **Sammeleintragung** (die Möglichkeit der Einzeleintragung in zentrale elektronische Wertpapierregister wurde erst im Regierungsentwurf hinzugefügt). Daraus ergeben sich nunmehr folgende Kombinationen:

– Sammeleintragung in ein zentrales Register;

– Einzeleintragung in ein zentrales Register;

– Sammeleintragung in ein Kryptowertpapierregister; und

– Einzeleintragung in ein Kryptowertpapierregister.

10   Die daraus entstehenden Arten elektronischer Wertpapiere sind **grundverschieden** und streng auseinanderzuhalten.

1.   Zentrale Register (§ 4 Nr. 1 eWpG)

11   Zentrale Register kennzeichnet eine **zentrale Vertrauensinstanz.** Das besondere Vertrauen in die Integrität der registerführenden Stelle ersetzt beim zentralen Register das Vertrauen in die Integrität herkömmlicher Wertpapierurkunden.[11] Die Besonderheiten der Einrichtung und Führung eines zentralen Registers normiert Abschnitt 2 des eWpG. Auch zentrale Register können sich dezentraler Aufzeichnungssysteme bedienen.[12] Maßgeblich ist jedoch die **zentrale öffentliche Darstellung** des Registers (nur) bei der registerführenden Stelle und die **ausschließliche Letztentscheidungsbefugnis** über jede Form der Datenverarbeitung und jede Datenvalidität durch die **registerführende Stelle** selbst.[13]

12   Auf Grundlage der Verordnungsermächtigung des § 15 eWpG regelt die Verordnung über Anforderungen an elektronische Wertpapierregister (eWpRV)[14] weitere Detailbestimmungen zur Registerführung. Terminologisch konsistent zum „Kryptowertpapierregister" wäre eine Bezeichnung des „zentralen Registers" als zentrales *Wertpapier*register gewesen.

13   Das **zentrale Register** kann entweder eine **Wertpapiersammelbank** (§ 12 Abs. 2 Nr. 1 eWpG) oder ein **Verwahrer** (§ 12 Abs. 2 Nr. 2 eWpG) führen. Während Wertpapiersammelbanken per se zur Registerführung befugt sind, bedürfen Verwahrer einer ausdrücklichen Ermächtigung des Emittenten in Textform. Dass der **Emittent** selbst ein zentrales Register führen darf, wenn er über die Erlaubnis zum Betreiben des Depotgeschäfts (§ 4 Abs. 6 eWpG) verfügt, erscheint durchaus möglich, da § 4 Abs. 6 eWpG – im Unterschied zu § 1 Abs. 1 Satz 2 Nr. 5 KWG – nicht verlangt, dass die elektronischen Wertpapiere „für andere" gehalten werden. Beispielsweise könnte ein Kreditinstitut eigene Emissionen in einem selbst geführten zentralen Register eintragen. Ein solches Vorgehen schließt das eWpG nicht ausdrücklich aus, es stößt aber wegen der **„besonderen Vertrauensstellung"** der registerführenden Stelle als Garant für die Integrität der Register und angesichts möglicher Interessenkonflikte auf Bedenken. Bei Schuldbuchforderungen i. S. des BSchuWG liegt die Registerführung zwar über die Bundesrepublik Deutschland Finanzagentur GmbH ebenfalls mittelbar in Händen des Emittenten, nämlich der Bundesrepublik Deutschland. Es handelt sich hierbei aber um ein **staatliches Register**, dem öffentlicher Glaube zukommt.

14   Für **Kryptowertpapierregister** ist hingegen ausdrücklich vorgesehen, dass diese auch vom Emittenten geführt werden dürfen (§ 16 Abs. 2 Satz 2 eWpG). Wegen der Verteilung (Dezentralität) ist diese Art von Registern scheinbar weniger abhängig von einem registerführenden Emittenten, wenn auch nicht völlig unabhängig (siehe dazu Rz. 88).

---

11)   Begr. RegE Gesetz zur Einführung von eWp z. § 12 Abs. 1 eWpG, BT-Drucks. 19/26925, S. 54.

12)   Begr. RegE Gesetz zur Einführung von eWp z. § 12 Abs. 1 eWpG, BT-Drucks. 19/26925, S. 54.

13)   Begr. RegE Gesetz zur Einführung von eWp z. § 12 Abs. 1 eWpG, BT-Drucks. 19/26925, S. 54.

14)   Verordnung über Anforderungen an elektronische Wertpapierregister (eWpRV), v. 24.10.2022, BGBl. I 2022, 1882.

Für die Frage, wer in das zentrale Register als **Inhaber** eingetragen werden kann, ist 15
zwischen

– einer Sammeleintragung und
– einer Einzeleintragung zu unterscheiden.

a) Sammeleintragung

Im Fall einer Sammeleintragung wird entweder eine Wertpapiersammelbank oder ein Ver- 16
wahrer ins zentrale Wertpapierregister „als Inhaber" (§§ 3 Abs. 1, 8 Abs. 1 Halbs. 1 eWpG)
treuhänderisch für die „Berechtigten" (§§ 3 Abs. 2, 9 Abs. 2 Satz 1 eWpG) eingetragen.
Die **Inhaberschaft** an elektronischen Wertpapieren ist die „**faktische Verfügungsgewalt**"
und soll (nur) die Rolle des Besitzes erfüllen.[15] Die **Berechtigung** ist das Recht *aus* dem
elektronischen Wertpapier (§ 3 Abs. 2 eWpG). Inhaberschaft und Berechtigung fallen bei
einer Sammeleintragung regelmäßig auseinander.[16]

Die Wertpapiersammelbank oder der Verwahrer ist als Treuhänder zur Verfügung im eigenen 17
Namen ermächtigt, während die Treugeber trotz fehlender Eintragung Berechtigte sind.
Es handelt sich nur um eine **Ermächtigungstreuhand.** Den Unterschied der Ermächtigungstreuhand gegenüber einer gewöhnlichen Vollrechtstreuhand stellt § 9 Abs. 2 Satz 1
eWpG klar: Die Wertpapiersammelbank oder der Verwahrer ist durch die Eintragung legitimiert, „ohne selbst Berechtigter zu sein".[17]

Das zentrale Register dient im Fall einer **Sammeleintragung** nur der **erstmaligen Bege-** 18
bung des elektronischen Wertpapiers und hat nicht die Funktion, die materiell Berechtigten
auszuweisen oder eine konstitutive Wirkung für Rechtsänderungen zu entfalten.[18] Zur Entstehung ist neben der Eintragung ein **Begebungsvertrag** zwischen dem Emittenten und
den Berechtigten erforderlich.[19] Eine Einigung mit der als Inhaber eingetragenen Wertpapiersammelbank oder dem Verwahrer genügt nicht.[20] Wenn den Berechtigten (noch) kein
Recht aus dem elektronischen Wertpapier zukommt, ist die Verfügungsermächtigung für
die Wertpapiersammelbank oder den Verwahrer gegenstandslos.[21] **Verfügungen** über das
elektronische Wertpapier in Sammeleintragung erfolgen außerhalb des Registers.

b) Einzeleintragung

Im Fall einer Einzeleintragung in ein zentrales Register wird eine natürliche oder juristische 19
Person oder eine rechtsfähige Personengesellschaft **als Inhaberin** eingetragen. Es gibt **keinen**
treuhänderischen Verwalter. Zur Klarstellung wurde der Relativsatz in § 8 Abs. 1 Nr. 2
eWpG ergänzt, nach dem die eingetragene Person das elektronische Wertpapier „als Berechtigte", also „**für sich selbst**"[22] hält. Die Bezeichnung „als Berechtigte" ist inkonsistent zum
Einleitungssatz desselben § 8 Abs. 1 eWpG sowie zu §§ 3 Abs. 1, 13 Abs. 1 Nr. 6, § 17 Abs. 1
Nr. 6 eWpG („als Inhaberin"). Sie widerspricht dem gesetzlichen Konzept der elektronischen Wertpapierregister, das gerade keine Aussage über die materielle Berechtigung treffen

---

15) Begr. RegE Gesetz zur Einführung von eWp z. § 3 Abs. 1 eWpG, BT-Drucks. 19/26925, S. 41.
16) Vgl. *Segna*, WM 2020, 2301, 2310.
17) Wortgleich § 6 Abs. 2 Satz 3 BSchuWG, vgl. dazu Begr. RegE z. § 8 Abs. 2 BWpVerwG a. F.,
   BT-Drucks. 14/7010, S. 16.
18) *Habersack* in: Omlor/Möslein/Grundmann, Elektronische Wertpapiere, S. 83, 98.
19) Unklar (Einigung mit „Inhaber") Begr. RegE Gesetz zur Einführung von eWp z. § 2 Abs. 1 eWpG,
   BT-Drucks. 19/26925, S. 39.
20) Vgl. *Lendermann* in: Hopt/Seibt, Schuldverschreibungsrecht, § 6 BSchuWG Rz. 2 und Rz. 7 f.
21) Vgl. *Lendermann* in: Hopt/Seibt, Schuldverschreibungsrecht, § 5 BSchuWG Rz. 12.
22) So noch § 8 Abs. 1 Nr. 2 RegE eWpG.

soll. Die Eintragung bezeichnet, anders als etwa das Grundbuch, nicht unmittelbar den Inhaber des **„Rechts"** (§ 892 Abs. 1 BGB) bzw. den **„Eigentümer"** (§ 9 Abs. 1 lit. b Grundbuchverfügung)[23)] und anders als eine Einzeleintragung in das Bundesschuldbuch nicht den **„Gläubiger"** (vgl. § 7 Abs. 2 Nr. 1 und 2 BSchuWG). Die Inhaberschaft an elektronischen Wertpapieren ist nur die **„faktische Verfügungsgewalt"** und soll (nur) die Rolle des **Besitzes** erfüllen. Inhaber und Berechtigter werden zwar regelmäßig tatsächlich übereinstimmen. Eine rechtliche Verknüpfung erfolgt aber nur mittelbar, indem die Eintragung einen **Rechtsschein** zugunsten des gutgläubigen Erwerbers entfaltet. Es wird widerleglich vermutet, dass der Inhaber der Berechtigte (§ 26 eWpG) und der Eigentümer (§ 27 eWpG) des Wertpapiers ist (siehe Rz. 45).

20 Die Einzeleintragung führt zur **Komplexitätsreduktion**, wenn auch nicht zu einer vollständigen **Disintermediation**, sofern es noch eines vom Emittenten verschiedenen Registerführers bedarf. Im Referentenentwurf war die Möglichkeit der Einzeleintragung nur für **Kryptowertpapierregister** vorgesehen. Sie wurde erst im Regierungsentwurf auf zentrale Register ausgeweitet. Das Ergebnis ist konsistent mit § 7 BSchuWG. In der Praxis beschränken sich Einzelschuldbuchforderungen des Bundes nach Einstellung des Privatkundengeschäfts allerdings auf Alt- und Sonderfälle.[24)] Für **private Emittenten** können Einzeleintragungen elektronischer Wertpapiere, die keine Kryptowertpapiere sind, aber durchaus attraktiv sein. Beispielsweise könnten (institutionelle) Investoren in Einzeleintragung in das zentrale Register über elektronische Wertpapiere eingetragen werden, wenn sie das Wertpapier nicht übertragen, sondern bis zur Endfälligkeit halten wollen und die Eintragung einer Wertpapiersammelbank in das zentrale Register über elektronische Wertpapiere deshalb nicht erforderlich ist.[25)]

21 Die Entstehung sowie jede weitere rechtsgeschäftliche Verfügung über ein registriertes elektronisches Wertpapier bedürfen zu ihrer Wirksamkeit der Eintragung im Register.[26)] Für Einzeleintragungen gilt nach § 24 eWpG: **„Keine Verfügung außerhalb des Registers."**[27)] Damit weicht das eWpG von § 7 BSchuWG ab. Verfügungen über bestehende Einzelschuldbuchforderungen vollziehen sich außerhalb des Bundesschuldbuchs. Die Eintragung einer Rechtsänderung im Bundesschuldbuch hat nur **deklaratorische** Wirkung.[28)] Mit der Eintragung der „Verfügung" wird im zentralen elektronischen Wertpapierregister gleichwohl nur die Person des **„Inhabers"** geändert, nicht aber die dort nicht vorgesehene Person des Berechtigten oder Eigentümers. Daher ist die **Umtragung** nach dem eWpG kein an der „Rechtsänderung" des § 873 BGB orientierter Übertragungstatbestand[29)] und – in Er-

---

23) Grundbuchverfügung, v. 8.8.1935, i. d. F. v. 24.1.1995, BGBl. I 1995, 114, zuletzt geändert durch Art. 21 des Gesetzes v. 5.10.2021, BGBl. I 2021, 4607.

24) *Lendermann* in: Hopt/Seibt, Schuldverschreibungsrecht, § 7 BSchuWG Rz. 1.

25) Vgl. Deutsche Kreditwirtschaft (DK), Stellungnahme z. RefE eWpG, v. 14.9.2020, S. 4 f., abrufbar unter https://bundesfinanzministerium.de/Content/DE/Gesetzestexte/Gesetze_Gesetzesvorhaben/Abteilungen/Abteilung_VII/19_Legislaturperiode/2021-06-09-einfuehrung-elektronische-wertpapiere/0-Gesetz.html (Abrufdatum: 21.2.2023).

26) Nur bezüglich Einzeleintragungen zutreffend Begr. RegE Gesetz zur Einführung von eWp z. § 13 eWpG, BT-Drucks. 19/26925, S. 55.

27) Begr. RegE Gesetz zur Einführung von eWp z. § 24 eWpG, BT-Drucks. 19/26925, S. 66.

28) Dazu ausführlich *Lendermann* in: Hopt/Seibt, Schuldverschreibungsrecht, § 8 BSchuWG Rz. 1 f.; a. A. *Habersack* in: Omlor/Möslein/Grundmann, Elektronische Wertpapiere, S. 83, 86; *Casper*, BKR 2019, 209, 212.

29) So die h. M. *Omlor* in: Omlor/Möslein/Grundmann, Elektronische Wertpapiere, S. 137, 149 f. – unter Hinweis auf die Anlehnung an § 892 Abs. 1 Satz 1 BGB; *Müller/Pieper-Pieper*, eWpG, § 4 Rz. 55; *Mittwoch*, WM 2021, 375, 381.

mangelung eines auch nicht fingierbaren Besitzes – kein an §§ 930 f. BGB angelehntes Übergabesurrogat.[30]

c) Mischbestand

Ein Mischbestand nach § 9 Abs. 3 eWpG bezieht sich auf eine **Gesamtemission** und hat 22 zwei Varianten: Einerseits kann eine Gesamtemission aus einer **Sammeleintragung** und aus **Einzeleintragungen** bestehen (1. Var.), andererseits aus einer (unverbrieften) Sammeleintragung und aus **mittels Urkunde begebenen** Wertpapieren (2. Var.). Keinen Mischbestand mit den Rechtsfolgen des § 9 Abs. 2 Satz 2 und Abs. 3 eWpG bildet die Kombination von Einzeleintragungen und verbrieften Wertpapieren.

Was die erste Variante betrifft, so kann eine Wertpapiersammelbank oder ein Verwahrer 23 in ein elektronisches Wertpapierregister lediglich für einen **Teil der Emission** im Wege der Sammeleintragung eingetragen werden und i. Ü. in Einzeleintragung für sich selbst. Das ergibt sich jeweils aus § 8 Abs. 1 eWpG („bis zur" Höhe des Nennbetrags). § 9 Abs. 2 Satz 2 eWpG enthält eine gesetzliche Ausnahme zum **Segregationsprinzip**. In ihrer Rolle als „zentraler Verwahrer"[31] darf die Wertpapiersammelbank oder der Verwahrer die fremden Anteile (treuhänderisch für die Berechtigten) gemeinsam mit den eigenen Anteilen aus Einzeleintragung oder auch mit eigenen Wertpapierurkunden verwalten. Eine solche Ausnahme vom Segregationsprinzip besteht seit langem für die Eintragung von Sammelschuldbuchforderungen auf eine Wertpapiersammelbank nach § 6 Abs. 2 Satz 4 BSchuWG. Soweit sich die Ausnahme in § 9 Abs. 2 Satz 2 eWpG neben Wertpapiersammelbanken auch auf **Verwahrer** erstreckt, lässt sie sich demgegenüber nur schwer rechtfertigen. Jedenfalls ist das Segregationsprinzip in der Verwahrkette einzuhalten.[32]

Ein Mischbestand aus Sammeleintragung und Einzeleintragung ist in demselben Register, 24 **nicht** aber **registerübergreifend**[33] zulässig. Das korrespondiert mit der Begrenzung auf eine Gesamtemission. Kraft gesetzlicher Fiktion ist der Mischbestand **insgesamt als Sammelbestand** zu behandeln, wenn dies im Register zur Sammeleintragung vermerkt ist, § 9 Abs. 3 eWpG. Problematisch ist dann, inwiefern der Mischbestand insgesamt ins **Effektengiro** einbezogen werden kann und welche Übertragungsregeln gelten.[34] Nach hiesigem Verständnis sollen hierfür – ungeachtet der Eintragungsart – die Übertragungsregeln für Anteile an einem Sammelbestand Anwendung finden, mithin §§ 929 ff. BGB. Soweit der Mischbestand gemäß der oben genannten zweiten Variante aus verbrieften und unverbrieften Wertpapieren derselben Gesamtemission besteht, kommt dem Registervermerk hinsichtlich der verbrieften Wertpapiere nur **deklaratorische Wirkung** zu.[35] Waren die Urkunden nichtig, gelangen die Wertpapiere durch den Registervermerk nicht zum Entstehen.

---

30) *Matzke*, Stellungnahme z. RefE eWpG, v. 23.7.2020, Stand: 11.9.2020, S. 13, abrufbar unter https://bundesfinanzministerium.de/Content/DE/Gesetzestexte/Gesetze_Gesetzesvorhaben/Abteilungen/Abteilung_VII/19_Legislaturperiode/2021-06-09-einfuehrung-elektronische-wertpapiere/0-Gesetz.html (Abrufdatum: 21.2.2023).

31) Begr. RegE Gesetz zur Einführung von eWp z. § 9 Abs. 3 eWpG, BT-Drucks. 19/26925, S. 51.

32) Begr. RegE Gesetz zur Einführung von eWp z. § 9 Abs. 1 und 2 eWpG, BT-Drucks. 19/26925, S. 50.

33) Begr. RegE Gesetz zur Einführung von eWp z. § 9 Abs. 1 und 2 eWpG, BT-Drucks. 19/26925, S. 50.

34) Vgl. Deutsche Bundesbank, Stellungnahme z. RefE eWpG, v. 10.9.2020, S. 4, abrufbar unter https://bundesfinanzministerium.de/Content/DE/Gesetzestexte/Gesetze_Gesetzesvorhaben/Abteilungen/Abteilung_VII/19_Legislaturperiode/2021-06-09-einfuehrung-elektronische-wertpapiere/0-Gesetz.html (Abrufdatum: 21.2.2023).

35) Analog der (deklaratorischen) Dokumentation und Verwaltung der sonstigen Verbindlichkeiten im Bundesschuldbuch nach § 5 Abs. 1 Halbs. 2 BSchuWG.

2.   Kryptowertpapierregister (§ 4 Nr. 2 eWpG)

a)   Merkmale

25   Der Begriff des Kryptowertpapierregisters verbindet den Begriff des Wertpapierregisters mit der Kurzform von **Kryptografie**. Generell sind bei dieser neuen Registerart folgende Aspekte auseinanderzuhalten:

- die Verteilung;
- die Verschlüsselung; und
- die Elektronik.

26   Zur Nutzung elektronischer Systeme ist eine **dienende** von einer **herrschenden Funktion** zu unterscheiden (siehe Rz. 38, 86). Das rechtlich **entscheidende Alleinstellungsmerkmal** eines Kryptowertpapierregisters ist aber weder die Elektronik noch die Verschlüsselung, sondern die **Verteilung des Registers** (Dezentralität). Im Unterschied zum Zentralregister kann das Kryptowertpapierregister, wie sich aus § 16 Abs. 2 Satz 2 eWpG ergibt, auch **vom Emittenten selbst** geführt werden (siehe Rz. 13 f.). Die Führung des Kryptowertpapierregisters begründet nach § 1 Abs. 1a Satz 2 Nr. 8 i. V. m. § 32 Abs. 1 KWG jedoch **generell** eine **erlaubnispflichtige Finanzdienstleistung**, unabhängig davon, wer die Führung übernimmt.

27   Die **Verschlüsselung** ist nicht Teil der Definition, sondern der **aufsichtsrechtlichen** Anforderungen. Diese werden nicht nur an Kryptowertpapierregister, sondern an **jedes** elektronische Wertpapierregister gestellt. Sie gelten also auch für zentrale Register. Vertraulichkeit, Integrität und Authentizität der Daten müssen bei beiden Registerarten sichergestellt sein (§ 7 Abs. 1 eWpG). Erst dann, wenn feststeht, ob ein Register begrifflich als Kryptowertpapierregister oder als zentrales Register einzuordnen ist, wird die Verschlüsselung als Teil des Pflichtenkatalogs des Registerführers relevant. Aber selbst wenn öffentliche, nicht zugangsbeschränkte (public, permissionless) Register perspektivisch mit geringeren Verschlüsselungsstandards auskommen könnten, stünde dies ihrer Qualifizierung als **Kryptowertpapierregister** nicht grundsätzlich entgegen. Vielmehr könnte es allein mit den Anforderungen an die Registerführung in Konflikt geraten, z. B. nach § 7 Abs. 1 eWpG im Hinblick auf die Vertraulichkeit, Integrität und Authentizität der Daten oder gemäß § 16 Abs. 1 eWpG bzgl. der Führung auf einem fälschungssicheren Aufzeichnungssystem. Umgekehrt könnte die **Quantentechnologie** in Zukunft mit ihrer größeren Rechenleistung zur Herausforderung für den Schutz der herkömmlichen Verschlüsselungen vor unbefugtem Zugriff werden.

28   Die Verteilung bzw. **Dezentralität** des Registers kommt im geläufigen Terminus der „Distributed-Ledger-Technologie" (DLT) zum Ausdruck. Sie unterscheidet das „Kryptowertpapierregister" vom „zentralen Register". Zur Verdeutlichung dieses Unterschieds erhielt Letzteres seine Bezeichnung. Für das Kryptowertpapierregister wurde aber nicht der zweckmäßigere Komplementärbegriff (**„Dezentrales Register"**) gewählt. Als Begründung führt der Regierungsentwurf an, dass das Gesetz „technikoffen" bleiben sollte und man sich nicht auf die DLT festlegen wollte.[36] Das überzeugt nicht. Es kommt entscheidend auf einen „dezentralen Zusammenschluss" an. Das ergibt sich – etwas versteckt – aus der Verweiskette des § 4 Abs. 2 Nr. 2 i. V. m. § 16 eWpG auf die erst im Regierungsentwurf eingefügte Definition des **„Aufzeichnungssystems"** nach § 4 Abs. 11 eWpG. Die **Kontrollrechte** sind nicht der registerführenden Stelle vorbehalten, sondern zwischen **allen** „das

---

36)   Begr. RegE Gesetz zur Einführung von eWp z. § 4 Abs. 1 Nr. 1 eWpG, BT-Drucks. 19/26925, S. 41 f. und z. § 16 Abs. 1 eWpG, S. 59 f.

System betreibenden Einheiten" verteilt. „Konsensverfahren" entscheiden über die Datenverarbeitung und die Datenvalidität.[37]

Die **technische Ausgestaltung** ist im Gesetz nur sehr generisch angelegt. So ist das Kryptowertpapierregister auf einem dezentralen, fälschungssicheren Aufzeichnungssystem zu führen (§ 16 Abs. 1 eWpG). Die für die Praxis relevanten **technischen Fragen** sind vom Gesetzgeber nicht gelöst, sondern an die zweite Rechtssetzungsstufe delegiert worden. BMJ und BMF haben die konkreten Anforderungen an elektronische Wertpapierregister aufgrund der **Verordnungsermächtigung** des § 23 eWpG in der eWpRV geregelt. Grundlegende konzeptionelle Änderungen gingen damit nicht einher. Von der Möglichkeit einer Weiterübertragung auf die BaFin (§ 23 Abs. 2 eWpG) wurde kein Gebrauch gemacht. **29**

b) Sammeleintragung und Einzeleintragung

Gesetzessystematisch gelten die beiden Eintragungsalternativen des § 8 Abs. 1 eWpG – Sammeleintragung und Einzeleintragung – für das Kryptowertpapierregister in gleicher Weise wie für das zentrale Register. Zu **Sammeleintragungen** in Kryptowertpapierregistern wird daher auf oben verwiesen (siehe Rz. 16–20). Mit einer Sammeleintragung in ein Kryptowertpapierregister dürfte allerdings „jede technische, aber auch rechtliche Innovation [...] enden".[38] Sie unterliegt den normalen Übertragungsregeln im **Effektengirosystem**. Verfügungen finden in aller Regel außerhalb des Registers bzw. der Bücher des Zentralverwahrers statt. Die gesteigerten technischen Anforderungen an das Kryptowertpapierregister sind dafür nicht erforderlich.[39] **30**

Erst bei einer **Einzeleintragung** des Inhabers (und Berechtigten) unmittelbar in einem vom Emittenten oder von seinem Beauftragten geführten Register kommt die besondere Funktionsweise eines Kryptowertpapierregisters zum Tragen. Der „disruptive" Charakter **der DLT** liegt in der **Substitution von Intermediären** und dem **direkten Zugang zur Investorenbasis**.[40] Die Entmaterialisierung ist bei Kryptowertpapieren das Funktionsäquivalent zur herkömmlichen Immobilisierung, und zwar zum Zwecke der Disintermediation.[41] Darin liegt die **eigentliche Innovation**, in ihrer sachgerechten Regelung die **eigentliche Herausforderung des eWpG**. Die Funktionsweise der Einzeleintragung in Kryptowertpapierregister unterscheidet sich grundlegend von derjenigen in zentrale Register. Sachwidrig wurde beides in denselben Vorschriften (Abschnitt 4, §§ 24–27 eWpG) oder zumindest im Wesentlichen inhaltsgleich (vgl. § 17 mit § 13, § 18 mit § 14 eWpG) geregelt. Ursache ist, dass diese Normen ursprünglich nur für Kryptowertpapiere konzipiert waren und im Regierungsentwurf unter Reduzierung der sehr weitgehenden Gutglaubenstatbestände (siehe dazu Rz. 34) auf zentrale Register ausgeweitet wurden.[42] So gelten die Ausführungen zu Einzeleintragungen in zentrale Register für solche in Kryptowertpapierregister entsprechend **31**

---

37) Begr. RegE Gesetz zur Einführung von eWp z. § 12 Abs. 1 eWpG, BT-Drucks. 19/26925, S. 54.
38) Deutsche Bundesbank, Stellungnahme z. RefE eWpG, v. 10.9.2020, S. 2, abrufbar unter https://bundesfinanzministerium.de/Content/DE/Gesetzestexte/Gesetze_Gesetzesvorhaben/Abteilungen/Abteilung_VII/19_Legislaturperiode/2021-06-09-einfuehrung-elektronische-wertpapiere/0-Gesetz.html (Abrufdatum: 21.2.2023).
39) Deutsche Bundesbank, Stellungnahme z. RefE eWpG, v. 10.9.2020, S. 2, abrufbar unter https://bundesfinanzministerium.de/Content/DE/Gesetzestexte/Gesetze_Gesetzesvorhaben/Abteilungen/Abteilung_VII/19_Legislaturperiode/2021-06-09-einfuehrung-elektronische-wertpapiere/0-Gesetz.html (Abrufdatum: 21.2.2023).
40) Deutsche Bundesbank, Monatsbericht 9/2017, S. 35, 41, abrufbar unter https://www.bundesbank.de/de/publikationen/berichte/monatsberichte/monatsbericht-september-2017-665470; Deutsche Bundesbank, Monatsbericht 7/2019, S. 39 ff., abrufbar unter https://www.bundesbank.de/de/publikationen/berichte/monatsberichte/monatsbericht-juli-2019-802234 (Abrufdatum jew. 21.2.2023).
41) *Lendermann*, AG 2019, R93, R94.
42) Die Möglichkeit einer Einzeleintragung in zentrale Register wurde erst im RegE geschaffen, s. schon Rz. 9.

(siehe Rz. 19–21). Die Gleichbehandlung der Einzeleintragung in den beiden verschiedenen Registerarten bedarf der Rechtfertigung. Die rechtliche und tatsächliche Bedeutung des Kryptowertpapierregisters scheint prima vista gesteigert zu sein.

c) Faktische Verfügungsgewalt

32 Die Eintragung als Inhaber ist für die „faktische Verfügungsgewalt"[43] über das eingetragene Recht[44] hinreichend, aber im Unterschied zu zentralen Registern nicht ausreichend. Um die neuen Inhaberverhältnisse festzulegen, muss Konsens zwischen den einzelnen Teilnehmern über den Inhaberwechsel herrschen und mit einer Streuwertfunktion (sog. Hashfunktion) ein einzigartiger Wert, der sog. **Hashcode**, erzeugt werden.[45] Dieser Prozess des Inhaberwechsels findet verschlüsselt statt. Zur Ver- und Entschlüsselung kommen öffentliche Schlüssel (**Public Key**) und private Schlüssel (**Private Key**) zum Einsatz. Erstere dienen der Identifizierung der Register, die die Kryptowertpapiere halten. Letztere tätigen die Transaktionen der Inhaberveränderung.[46] Wer über die Kryptowertpapiere rein tatsächlich „verfügen" möchte, muss den Public Key und den Private Key kennen und Zugang zur Infrastruktur haben, die eine **digitale Signatur zur Authentifizierung** erzeugt. Die Architektur ähnelt vordergründig einem Zahlungssystem, bei dem eine Zahlungskarte mit Kontonummer und persönlicher Identifikationsnummer (PIN) die Auszahlungsbefugnis aus einer Kontoverbindung gewährt.

33 Umgekehrt kann **jede Person**, die Kenntnis vom Public Key und Private Key hat und über die digitale Signatur verfügt, wegen der automatisierten Authentifizierung und Validierung auf das eingetragene Recht, etwa Gläubigerrechte (Schuldverschreibung), Gesellschafterrechte (Aktie) oder Miteigentumsanteile (Fondsanteil), zugreifen, selbst wenn die Person nicht – ggf. pseudonymisiert – als „Inhaberin" im Kryptowertpapierregister eingetragen ist. Mehr noch als bei Zentralregistern ist es bei Kryptowertpapierregistern deshalb nicht verständlich, wenn in der Gesetzesbegründung die Eintragung als Inhaber mit dem „**Besitz**" an einem „Kryptowertpapier", also der tatsächlichen Sachherrschaft, gleichgesetzt wird.[47] Die Neufassung des § 1 Abs. 1a Satz 2 Nr. 6 KWG verdeutlicht, dass die Kryptoverwahrung nicht die „Verwahrung" elektronischer Wertpapiere, sondern die Sicherung diesbezüglicher **privater kryptographischer Schlüssel** zum Gegenstand hat.[48] Da die Rechtswirkungen eines elektronischen Wertpapiers gemäß § 2 Abs. 2 eWpG denjenigen eines „Papier-Wertpapiers" gleichgestellt wird,[49] erfüllt die „Verwahrung" elektronischer Wertpapiere vielmehr die Tatbestandsvoraussetzungen des Depotgeschäfts nach § 1 Abs. 1 Satz 2 Nr. 5 KWG.[50]

---

43) Begr. RegE Gesetz zur Einführung von eWp z. § 3 Abs. 1 eWpG, BT-Drucks. 19/26925, S. 41.
44) Der Begriff „Registerrecht" sollte vermieden werden, weil die Eintragung nicht die Rechtsinhaberschaft begründet, sondern allenfalls eine besitzgleiche tatsächliche Herrschaftsmacht an einem fiktiven Wertpapier fingiert; ebenso fällt es trotz der Sachfiktion in § 2 Abs. 3 eWpG schwer, bei einem in das Wertpapierregister eingetragenen Recht von einem „verkörperten" Recht zu sprechen, als sei es in einem Wertpapier verbrieft.
45) *Drescher*, Blockchain Grundlagen, S. 78–81.
46) *Drescher*, Blockchain Grundlagen, S. 117 ff.
47) Vgl. Begr. RegE Gesetz zur Einführung von eWp z. § 3 Abs. 1 eWpG, BT-Drucks. 19/2692541.
48) Begr. RegE Gesetz zur Einführung von eWp, BT-Drucks. 19/26925, S. 41, 74.
49) Begr. RegE Gesetz zur Einführung von eWp, BT-Drucks. 19/26925, S. 40.
50) Begr. RegE Gesetz zur Einführung von eWp, BT-Drucks. 19/26925, S. 74; *Patz*, BKR 2021, 725, 730.

d) Rechtliche Bedeutung der Eintragung

Für Kryptowertpapiere i. S. des § 4 Abs. 3 eWpG gilt nicht „Code is Law",[51] sondern **34** „Law rules Code". Die DLT dient **nicht der konstitutiven Bestimmung des materiell Berechtigten**.[52] Zwar scheinen die gesteigerte Legitimation, das erhöhte Sicherheitsversprechen und der hohe Aufwand der redundanten Register sowie schließlich das Konsensverfahren zur Validierung eine solche Rechtswirkung zu rechtfertigen und geradezu zu fordern.[53] Verfügungen in einem Kryptowertpapierregister sind aber **kein „dinglicher Realakt"**.[54] Sie haben nicht die Wirkung, dass ihnen gegenüber qua Rechtsnatur jeglicher rechtlicher oder tatsächlicher Einwand ausgeschlossen wäre und sich der Berechtigte stets mit einer Kondiktion begnügen müsste. Die im Vergleich zu herkömmlichen Inhaberpapieren[55] sehr weitgehenden **Gutglaubenstatbestände**, die noch im Referentenentwurf enthalten waren, deuteten zwar noch in diese Richtung. Nach § 26 Nr. 3–5 RefE eWpG in der Fassung des Referentenentwurfs vom 11.8.2020 sollte auch der gute Glaube an die Vertretungs- und Verfügungsbefugnis sowie an die Geschäftsfähigkeit des Veräußerers oder Vertreters geschützt werden. Auf diese Weise wäre die rechtliche Bedeutung der Registereintragung zum Nachteil des materiell Berechtigten gesteigert worden. Eine derartige Erhöhung der Verkehrsfähigkeit von Kryptowertpapieren konnte sich im weiteren Verfahren aber nicht durchsetzen.[56] Im verabschiedeten Gesetz blickt diese Linie noch ansatzweise in dem Grundsatz **„keine Verfügung außerhalb des Registers"** durch.[57] Für Kryptowertpapiere ist dieser Grundsatz aus den zuvor dargestellten Aspekten, wenn auch nicht zu befürworten, so doch nachvollziehbarer als für die in den §§ 24 ff. eWpG mitgeregelten Zentralregisterwertpapiere in Einzeleintragung.

Die von § 16 Abs. 1 eWpG geforderte „Fälschungssicherheit" des Aufzeichnungssystems **35** begründet eine **Scheinsicherheit**. Selbst bei einwandfreier Funktion der Registertechnologie lassen sich in der algorithmisch präzisen Sprache eines Computercodes[58] nicht die einer jeden **Rechtsordnung eigenen Wertungen** in ihren generell-abstrakten Gesetzen sowie die im Einzelfall von Kontrollinstanzen vorzunehmende Beweiswürdigung und Rechts-

---

51) Vgl. *Lessig*, Harvard Magazine 1.1.2000, abrufbar unter https://www.harvardmagazine.com/2000/01/code-is-law-html (Abrufdatum: 21.2.2023); *De Filippi/Wright*, Blockchain and the Law: The Rule of Code, Part 12.

52) Vgl. dazu *Lendermann*, AG 2019, R93, R94.

53) Der verwendete Konsensmechanismus sorgt für die auch von § 16 Abs. 1 eWpG verlangte „Fälschungssicherheit" des Kryptowertpapierregisters und soll das Vertrauen in Intermediäre ersetzen, vgl. Deutsche Bundesbank, Monatsbericht 7/2021, S. 33, 38, abrufbar unter https://www.bundesbank.de/de/publikationen/berichte/monatsberichte/monatsbericht-juli-2021-869512 (Abrufdatum: 21.2.2023).

54) *Engelhardt/Klein*, MMR 2014, 355, 357; *Kuhlmann*, CR 2014, 691, 696; *Heckelmann*, NJW 2018, 504, 508; *Paulus/Matzke*, ZfPW 2018, 431, 451; *Behme/Zickgraf*, ZfPW 2019, 66; *Omlor*, ZHR 183 (2019) 294, 327; *Lerch*, ZBB 2015, 190, 196; *Kerkemeyer*, ZHR 184 (2020) 793, 821 ff.; *Lehmann*, BKR 2020, 431, 436 f.; zur a. A. s. die Nachweise bei *Linardatos*, ZBB 2020, 329, 330.

55) Schon für herkömmliche Inhaberpapiere hat der Gesetzgeber das ausgewogene Verhältnis zwischen den Bedürfnissen des Rechtsverkehrs, dem Gutglaubensschutz des Erwerbers und den Interessen des materiell-rechtlich Berechtigten, das sich im Zusammenspiel der §§ 929, 932 und 935 BGB findet, mit § 935 Abs. 2 BGB zugunsten der Verkehrsfähigkeit und zulasten des Berechtigten verschoben.

56) Hintergrund war auch, dass der RegE die im RefE noch auf Kryptowertpapierregister beschränkte Möglichkeit einer Einzeleintragung auf zentrale Register ausgeweitet hat und diese denselben Regelungen der §§ 24 ff. eWpG unterwarf. Damit hätte jegliche Erhöhung des Gutglaubensschutzes für Einzeleintragungen auch für solche in zentralen Registern gegolten. Deren Ungleichbehandlung gegenüber herkömmlichen Inhaberpapieren, für die (nur) die §§ 932, 935 Abs. 1 und 2 BGB gelten, wäre nicht zu rechtfertigen gewesen.

57) Begr. RegE Gesetz zur Einführung von eWp z. § 24 eWpG, BT-Drucks. 19/26925, S. 64.

58) Zu den Forderungen nach einem Einsatz dezentraler automatisierter und algorithmenbasierter Registerführung, sogar ohne jegliche zentrale Instanz s. Müller/Pieper-*Pieper*, eWpG, § 4 Rz. 66 f. m. w. N.

anwendung formulieren bzw. programmieren.[59] Wenn die zugrunde liegende Technologie aber von vornherein keine rechtlich zutreffenden Ergebnisse liefern kann, bleibt offen, warum dann Kryptowertpapiere von dem für herkömmliche „Papier-Wertpapiere" geltenden Rechtsrahmen ausgenommen werden sollten.[60] Die Automatisierung einer dezentralen Architektur kann **keine Ungleichbehandlung** rechtfertigen. Verwendet man schließlich etwa das Practical-Byzantine-Fault-Tolerance (PBFT)-Konsensverfahren (siehe Rz. 90), würde die Mehrheit der Netzwerkteilnehmer mit der Scheinlegitimation eines **pseudo-demokratischen Abstimmungsverfahrens** über die Rechtsinhaberschaft entscheiden. Das kann, muss aber nicht zu rechtlich vertretbaren Ergebnissen führen.[61]

36   Das mittels **Konsensprinzipien** zu verhindernde „**Double-Spending**"-**Problem** (d. h. die erneute Ausgabe bereits verwendeter Werteinheiten durch dieselbe Person)[62] ist in juristischer Terminologie eine „treuwidrige Zwischenverfügung".[63] Ihr Pendant ist der „gutgläubige Erwerb vom Nichtberechtigten".[64] Zum Vergleich kann in einem zentralen Register wie dem Grundbuch nur eine Person – dort als Grundstückseigentümer – eingetragen werden, eine andere wird mangels Eintragung nicht Eigentümer. „**Zwischenverfügung**" bedeutet dort also nicht die „Verdrängung aus einer Eigentumsposition", sondern (nur) die Vereitelung der Durchsetzung eines schuldrechtlichen Anspruchs auf Eigentumsverschaffung. Bei einem Kryptowertpapierregister hingegen könnten aufgrund eines Double-Spendings zwei Personen eingetragen werden. Es käme zu einer **Rechtsverdopplung** (wenn denn die Eintragung das Recht repräsentieren würde). Das gilt es zu vermeiden (s. § 7 Abs. 3 Satz 3 eWpG). Mittels DLT soll am Ende nur derjenige als „Inhaber" ausgewiesen werden, der sich aus der jeweils schneller wachsenden und damit längsten Blockchainkette ergibt. Kürzere Abzweigungen (**Forks**), die andere Teilnehmer der geltenden Kette angehängt haben, gelten ab der Gabelung nachträglich als annulliert, weshalb bei einigen Konsensverfahren auch nur von **relativer Finalität** gesprochen werden kann.[65] Der Inhaber wird aufgrund desjenigen Ledgers bestimmt, das sich nachträglich als mehrheitsfähig erweist. Anders als bei zentralen Registern ist es für die DLT daher eine konzeptionelle Herausforderung, eine **absolute Finalität** (vgl. § 18 Abs. 4 eWpG) herbeizuführen, aus der sich eine positive und negative Publizität im Zeitpunkt der Transaktion ergibt, die ihrerseits als schutzwürdiger Rechtsscheinstatbestand für einen gutgläubigen Erwerb vom Nichtberechtigten (§ 26 eWpG) dienen kann.[66] Das Gesetz versucht die Fork-Problematik mit einem **Zeitstempel** zu lösen

---

59) *Schuster*, Modern Law Review, Vol. 84/2021, Issue 5, S. 953, 969; s. a. *Rostalski*, REthinking:Law, 2019, S. 4 ff. – insbesondere zum Positivismuseinwand gegen einen iudex ex machina.

60) Zu besonderen Handelsrechtsordnungen *Schuster*, Modern Law Review, Vol. 84/2021, Issue 5, S. 953, 974 – unter Hinweis auf ein spezielles „Lex cryptographica" nach *De Filippi/Wright*, Blockchain and the Law, The Rule of Code, S. 72–80.

61) Prominentes Beispiel ist die „Hard Fork" zur Behebung des DAO-Hacks (DAO = Dezentrale Autonome Organisation) im Jahr 2016, als mittels Mehrheitsabstimmung die Ethereum-Chain auf die Zeit vor dem Hacker-Angriff zurückversetzt wurde, dazu *Tosovic*, Der DAO-Hack – und die Konsequenzen für die Blockchain, in: Burgwinkel, Blockchain Technology 2016.

62) Vgl. Deutsche Bundesbank, Monatsbericht 9/2017, S. 35, 37 f., abrufbar unter https://www.bundesbank.de/de/publikationen/berichte/monatsberichte/monatsbericht-september-2017-665470 (Abrufdatum: 21.2.2023); *Drescher*, Blockchain Grundlagen, S. 69 ff.

63) Dem Schutz vor solchen Zwischenverfügungen dient im Grundbuchrecht die Vormerkung gemäß § 883 BGB, dazu *Kohler* in: MünchKomm-BGB, § 883 Rz. 1–4; einen Anwartschaftsberechtigten schützen §§ 161 und 936 BGB, dazu *Lieder*, Die rechtsgeschäftliche Sukzession, S. 161 ff.; *Westermann* in: MünchKomm-BGB, § 161 Rz. 19–21.

64) Vgl. zu den vorstehenden Regeln entsprechend §§ 892 Abs. 1, 161 Abs. 3, 936 Abs. 2 BGB.

65) Deutsche Bundesbank, Monatsbericht 9/2017, S. 35, 43; abrufbar unter https://www.bundesbank.de/de/publikationen/berichte/monatsberichte/monatsbericht-september-2017-665470 (Abrufdatum: 21.2.2023).

66) Vgl. *Lendermann*, AG 2019, R93, R94.

(§ 18 Abs. 3 eWpG). Ein solcher Zeitstempel unterliegt aber seinerseits dem **Divergenzproblem** verteilter Register.

Der Gesetzgeber hat sich (naturgemäß) **gegen den Primat des Codes** und **für das Recht** 37
entschieden (siehe schon Rz. 34). Das zeigt sich an folgenden Aspekten: Nach § 18 Abs. 1 Satz 1 Nr. 1 eWpG erfolgt auch im Kryptowertpapierregister nur eine Eintragung des „Inhabers" (ggf. in verschlüsselter Form), aber weder des „Berechtigten" noch des „Eigentümers". Für den Berechtigten streitet nur die **widerlegliche Vermutung** des § 26 eWpG, für den Eigentümer die des § 27 eWpG. Ein Registereintrag (die genannte Vermutung) kann überdies „falsch" sein. Der **gutgläubige Erwerb** vom Nichtberechtigten nach § 26 eWpG impliziert die Möglichkeit, dass der als Inhaber Eingetragene nicht der materiell Berechtigte ist. Dass nicht nur Kenntnis von der wahren Rechtslage, sondern auch **grob fahrlässige Unkenntnis** schadet, spricht für den geringeren Stellenwert, den der Gesetzgeber dem Kryptowertpapierregister sogar im Vergleich zum Grundbuch (vgl. § 892 BGB) beimisst: Der Erwerber eines elektronischen Wertpapiers hat die **Obliegenheit**, sich auch über außerhalb des Registers liegende Tatsachen zu **erkundigen**, will er sich nicht dem Vorwurf einer groben Fahrlässigkeit aussetzen. Nach der gesetzgeberischen Wertung kommt Einzeleintragungen im Kryptowertpapierregister schließlich keine höhere **Beweiskraft** zu als solchen in zentralen elektronischen Wertpapierregistern (vgl. § 26 eWpG), Einzelschuldbuchforderungen (§ 8 Abs. 2 Satz 3 BSchuWG) oder körperlichen Inhaberpapieren (§ 932 Abs. 2 BGB).[67]

Änderungen des Kryptowertpapierregisters lassen sich nach § 18 Abs. 5 eWpG „rück- 38
gängig machen". Nach dem Vorgesagten erhellt sich, dass die Dezentralität des Kryptowertpapierregisters eine zentrale „registerführende Stelle" mit gesetzlichen Änderungsbefugnissen bzgl. des Registerinhalts nicht ausschließt, sondern erfordert. Diese **zentrale Autorität** ist zwingendes **Korrektiv**, um dem **Primat des Rechts** über die automatisierten und algorithmenbasierten Ergebnisse der verteilten Register Geltung zu verschaffen.[68] Wenn das Kryptowertpapierregister also nicht der Bestimmung des materiell Berechtigten dient, liegt sein Zweck allein darin, **Redundanz** herzustellen, **Missbrauch nachhaltbar** zu machen und die **Rechtsdurchsetzung** im zivilrechtlichen, öffentlich-rechtlichen und strafrechtlichen Rahmen zu erleichtern.[69] Damit stellt sich aber die Frage, ob sich der hohe Aufwand der DLT überhaupt lohnt. Oder die Akzeptanz des eWpG leidet, wenn sich die Ausschöpfung des technischen Potenzials mit dem Recht nicht vereinbaren lässt. Manche Stimmen befürchten ein Abdriften in den zivilrechtsfreien Raum, so dass am Ende faktisch doch **Code is Law** gilt: Wie bisher würden Wertpapiere (Security Token) im aufsichtsrechtlichen Sinn begeben, die keine Wertpapiere i. S. des Zivilrechts und des DepotG sind, und die allein Over-the-Counter (OTC)[70] gehandelt werden.[71]

---

67) Vgl. zu dieser Frage noch *Lendermann*, AG 2019, R93, R94.

68) A. A. zumindest zur Registerkorrekturpflicht nach § 14 Abs. 5 eWpG offenbar Müller/Pieper-*Pieper*, eWpG, § 14 Rz. 39.

69) Vgl. *Matzke*, Stellungnahme z. RefE eWpG, v. 23.7.2020, Stand: 11.9.2020, S. 7, abrufbar unter https://bundesfinanzministerium.de/Content/DE/Gesetzestexte/Gesetze_Gesetzesvorhaben/Abteilungen/Abteilung_VII/19_Legislaturperiode/2021-06-09-einfuehrung-elektronische-wertpapiere/0-Gesetz.html (Abrufdatum: 21.2.2023).

70) Dazu ausführlich *Reiner/Scholl* in: Ellenberger/Bunte, Bankrechts-Hdb., § 94 Außerbörsliche Finanztermingeschäfte (OTC-Derivate).

71) Bitkom (Bundesverband Informationswirtschaft, Telekommunikation und Neue Medien e. V.), Stellungnahme z. RefE eWpG, v. 10.9.2020, S. 3, abrufbar unter https://bundesfinanzministerium.de/Content/DE/Gesetzestexte/Gesetze_Gesetzesvorhaben/Abteilungen/Abteilung_VII/19_Legislaturperiode/2021-06-09-einfuehrung-elektronische-wertpapiere/0-Gesetz.html (Abrufdatum: 21.2.2023).

III.   Zentralregisterwertpapier (§ 4 Abs. 2 eWpG)

39   Mit dem Oberbegriff des **„elektronischen Wertpapiers"** verbindet sich neben der Nutzung der Elektronik die Ersetzung einer körperlichen Urkunde (siehe § 2 Abs. 1 Satz 2 eWpG). Es negiert sie. Ein „papierloses Wertpapier"[72] ist ein Oxymoron.[73] Der Begriff soll die **Sachfiktion** verdeutlichen. Nur die Begebungsform unterscheidet ein elektronisches von einem mittels Papierurkunde begebenen Wertpapier. § 2 Abs. 2 eWpG stellt explizit klar, dass sich die Rechtswirkungen der beiden **Skripturarten** grundsätzlich nicht unterscheiden sollen. Mit den Begriffen Wertpapier bzw. elektronisches Wertpapier wird keine Aussage über Art und Inhalt des verbrieften Rechts getroffen (Schuldverschreibung, Investment-anteilsschein, perspektivisch auch Aktie)[74].

40   Ein elektronisches Wertpapier hat nach der gesetzlichen Konzeption (§ 2 Abs. 1 Satz 1 und 2 i. V. m. § 4 Abs. 1, 2 und 3 eWpG) zwei Unterformen: das **Zentralregisterwertpapier** und das **Kryptowertpapier**. Der Begriff des Zentralregisterwertpapiers wurde im Gesetzgebungs-verfahren aus systematischen Gründen ergänzt, hat aber kaum normative Anknüpfungen. Zentralregisterwertpapiere sind alle diejenigen elektronischen Wertpapiere, die in ein zen-trales Register eingetragen sind. Diese Definition reicht in ihrer Trivialität an die Tauto-logie in § 3 Abs. 2 eWpG heran. Mehr noch genügt sie nicht der charakteristischen Unter-scheidung nach Sammeleintragung und Einzeleintragung. Bei dem jeweiligen elektronischen Wertpapier handelt es sich im Fall der Sammeleintragung um das Pendant zu einem **Sam-melbestand** i. S. von § 6 Abs. 1 Satz 1 DepotG (so § 9 Abs. 1 Satz 1 eWpG und § 9b Abs. 1 DepotG), nicht einer **Sammelurkunde** i. S. von § 9a Abs. 1 Satz 1 DepotG (so aber die Be-gründung des Regierungsentwurfs[75] und Teile der Literatur[76]), und im Fall der Einzel-eintragung um das Pendant zu einer effektiven **Einzelurkunde**. Es hätte nahegelegen, für Zentralregisterwertpapiere ebenso wie für Kryptowertpapiere jeweils zwei weitere diffe-renzierende Begriffe vorzusehen, die diese Charakteristika verdeutlichen.[77]

41   Für die **Börsenfähigkeit und Verwahrfähigkeit** des jeweiligen elektronischen Wertpapiers ist maßgeblich, welche Stelle das zentrale Register führt und wer darin als Inhaber einge-tragen ist. Nur wenn eine **Wertpapiersammelbank** das zentrale Register führt und zugleich eine **Wertpapiersammelbank** als Inhaberin des Zentralregisterwertpapiers eingetragen wird, ist der Handel an multilateralen Handelssystemen möglich (§ 12 Abs. 3 eWpG). Zentral-registerwertpapiere, die in zentrale Register eingetragen sind, die aber nicht von einer Wert-papiersammelbank, sondern lediglich von einem Verwahrer geführt werden, sind von der Girosammelverwahrung ausgeschlossen.[78] Für die Teilnahme am **Effektengiroverkehr** macht § 2 Abs. 1 Satz 2 eWpG die Begebung einer Papierurkunde entbehrlich. Darin liegt die „digitale Abbildung des institutionellen Effektengiroverkehrs", bei dem eine **„Dauerglobal-urkunde** durch die Wertpapiersammelbank verwahrt" wird.[79] Die praktisch bedeutsamste Schnittstelle zwischen einer elektronischen Wertpapierbegebungsform und der klassischen Wertpapierabwicklung wird darin gesehen, dass in ein zentrales Register **dieselbe** Wertpa-

---

72)   So Begr. RegE Gesetz zur Einführung von eWp z. § 2 Abs. 1 eWpG, BT-Drucks. 19/26925, S. 39.

73)   *Lehmann*, BKR 2020, 431, 433; *Dubovitskaya*, ZIP 2020, 2551.

74)   Dazu *Maume/Fromberger*, ZHR 185 (2021) 507; *Reger/Langheld/Haagen*, RDi 2021, 83.

75)   Begr. RegE Gesetz zur Einführung von eWp, BT-Drucks. 19/26925, S. 49 – „Globalurkunde".

76)   *Lehmann*, BKR 2020, 431, 434 – „elektronische Globalwertpapiere".

77)   Zu den begrifflichen Ergänzungen im Gesetzgebungsverfahren Müller/Pieper-*Pieper*, eWpG, § 4 Rz. 22.

78)   S. Deutsche Kreditwirtschaft (DK), Stellungnahme z. RegE eWpG, v. 10.3.2021, S. 15, abrufbar unter https://die-dk.de/media/files/2021-03-10-Stn-DK-eWpG-RegE.pdf (Abrufdatum: 21.2.2023).

79)   Begr. RegE Gesetz zur Einführung von eWp z. § 8 Abs. 1 Nr. 1 eWpG, BT-Drucks. 19/26925, S. 49.

piersammelbank als Inhaber eingetragen ist und in **Personalunion** zugleich das Register führt.[80]

Durch die dem § 6 BSchuWG nachgebildete[81] Fiktion des § 9 Abs. 1 Satz 1 eWpG gelten **42** in einem elektronischen Wertpapierregister eingetragene **Sammeleintragungen** als **Wertpapiersammelbestand**. Diese Fiktion tritt zu der **allgemeinen Sachfiktion** des § 2 Abs. 3 eWpG ergänzend hinzu. Kraft Fiktion werden die „Berechtigten" zu Miteigentümern nach Bruchteilen (§ 9 Abs. 1 Satz 2 eWpG, der § 6 Abs. 2 Satz 1 BSchuWG gleicht). Der Gesetzgeber hat sich an der **Miteigentumsfiktion** zugunsten der „Gläubiger" i. S. von § 6 Abs. 2 Satz 2 BSchuWG orientiert. Die Berechtigten sind im Falle einer Sammeleintragung nicht mit dem als Inhaber eingetragenen Zentralverwahrer identisch (vgl. § 9 Abs. 2 Satz 1 eWpG). Inhaber und Berechtigte fallen also regelmäßig auseinander. Das Eigentum ist i. S. des Vollrechts **am „Papier"** zu verstehen. Die Eintragung des „Inhabers" selbst weist jedoch weder Eigentum noch Berechtigung aus und bringt nach hier vertretener Ansicht auch keinen Erkenntnisgewinn für den Besitz, sondern allenfalls für die „faktische Verfügungsgewalt".[82]

Jede Emission stellt ein **einziges, einheitliches Zentralregisterwertpapier** dar.[83] Gleich- **43** wohl ist es ungeachtet der in § 9 Abs. 1 Satz 2 eWpG angeordneten Bruchteilsgemeinschaft i. S. von §§ 741 ff. BGB eine **teilbare Leistung** i. S. von § 420 BGB.[84] Mit anderen Worten könnte jeder Anleihegläubiger auch im Fall einer Sammeleintragung eine Einzelforderung gegen den Emittenten haben, so als hätte er eine Einzelurkunde. Die vergleichbare Festlegung bei Sammelschuldbuchforderungen des Bundes sollte keine anderen Konzepte präjudizieren.[85] Rechtstechnisch wäre auch ein Miteigentumsanteil nach Bruchteilen an einem Sammelbestand konstruierbar, zu dem die Schuldbuch**teil**forderungen zuvor **gebündelt** wurden.

Anstelle einer Wertpapiersammelbank kann auch ein **Verwahrer** ins zentrale Register als **44** Inhaber eingetragen werden. Solchermaßen entstandene Zentralregisterwertpapiere sind **sammelverwahrfähig**, können aber **nicht am Effektengiroverkehr** teilnehmen. Die Sekundärliquidität ist minimiert. Für Sammelschuldbuchforderungen des Bundes gibt es eine solche Möglichkeit nicht (vgl. § 6 Abs. 1 BSchuWG). Im eWpG wurde sie eingefügt, weil eine Sammeleintragung gleichwohl sinnvoll sein könne.[86] Die Kreditwirtschaft nannte in der öffentlichen Anhörung Beispiele einer **Haussammelverwahrung**, bei der etwa Unternehmensanleihen einem kleinen Kreis von institutionellen Investoren, Inhaberschuldverschreibungen einer Bank ausschließlich den Privatkunden dieser Bank oder Wertpapiere i. R. von Mitarbeiterbeteiligungsprogrammen nur dem Mitarbeiterkreis veräußert werden sollen.[87] Neben dem Wortlaut des § 9 Abs. 1 Satz 1 eWpG spricht die Möglichkeit der Haussammelverwahrung bereits dagegen, eine **fiktive Sammelurkunde** statt eines **Sammelbestands** i. S. von § 6 Abs. 1 Satz 1 DepotG anzunehmen. Denn eine Sammelurkunde muss zwingend bei einer Wertpapiersammelbank in Verwahrung gegeben werden (§ 9a DepotG).

---

80) Begr. RegE Gesetz zur Einführung von eWp, BT-Drucks. 19/26925, S. 41.
81) Begr. RegE Gesetz zur Einführung von eWp z. § 9 eWpG, BT-Drucks. 19/26925, S. 50.
82) Begr. RegE Gesetz zur Einführung von eWp z. § 3 Abs. 1 eWpG, BT-Drucks. 19/26925, S. 41.
83) Vgl. zum BSchuWG *Kreße* in: Hellner/Steuer, Bankrecht und Bankpraxis, Depotgeschäft Rz. 8/32.
84) Deshalb ist die Konstruktion einer Bruchteilsgemeinschaft mit Blick auf §§ 420 ff. BGB strittig, vgl. *Kreße* in: Hellner/Steuer, Bankrecht und Bankpraxis, Depotgeschäft Rz. 8/32.
85) Begr. RegE BWpVerwG, BT-Drucks. 14/7010, S. 15 f.
86) Vgl. Begr. RegE Gesetz zur Einführung von eWp z. § 8 Abs. 1 Nr. 1 eWpG, BT-Drucks. 19/26925, S. 49.
87) Vgl. Deutsche Kreditwirtschaft (DK), Stellungnahme z. RefE eWpG, v. 14.9.2020, S. 5, abrufbar unter https://bundesfinanzministerium.de/Content/DE/Gesetzestexte/Gesetze_Gesetzesvorhaben/Abteilungen/Abteilung_VII/19_Legislaturperiode/2021-06-09-einfuehrung-elektronische-wertpapiere/0-Gesetz.html (Abrufdatum: 21.2.2023).

Wird nur ein Verwahrer als Inhaber in ein Zentralregister eingetragen, ist das gerade nicht der Fall.

45 Der für das deutsche Depotgesetz charakteristische sachenrechtliche Regelungsansatz entspringt den Erfordernissen der Verwahrung und Übertragung körperlicher Wertpapiere.[88] Durch Einzeleintragung geschaffene elektronische Wertpapiere sind **weder effektengirofähig** noch **sammelverwahrfähig**. Dennoch gilt auch für sie die **pauschale Sachfiktion** des § 2 Abs. 3 eWpG. Das steht im Gegensatz zu Einzelschuldbuchforderungen des Bundes, die dem Zessionsrecht unterliegen. Hinsichtlich der Sachfiktion fehlt eine dem § 9 Abs. 1 Satz 1 eWpG vergleichbare Zuweisung von Eigentumsrechten zugunsten der Berechtigten. Stattdessen findet sich nur die „Eigentumsvermutung für den Inhaber" gemäß § 27 eWpG. Diese Regelung zeichnet § 1006 Abs. 1 Satz 1 und Abs. 2 BGB („Eigentumsvermutung für Besitzer") nach, allerdings verkürzt. Ein „Abhandenkommen" i. S. von § 1006 Abs. 1 Satz 2 BGB ist mangels Besitz an einem elektronischen Wertpapier nicht vorstellbar.

IV. Kryptowertpapier (§ 4 Abs. 3 eWpG)

46 Das Kryptowertpapier ist die eigentliche gesetzgeberische Innovation. Anknüpfend an § 4 Abs. 1 Nr. 2 eWpG definiert § 4 Abs. 3 eWpG ein Kryptowertpapier als ein elektronisches Wertpapier, das in ein Kryptowertpapierregister eingetragen ist. Inkonsistent zum „Zentral**register**wertpapier" i. S. von § 4 Abs. 2 eWpG fehlt die Gemeinsamkeit „-register" und der Gegensatz „dezentral". Für das eWpG mag die Nutzung elektronischer Anwendungen für das Kryptowertpapierregister erwähnenswert sein; das rechtlich entscheidende Merkmal ist allerdings auch hier ein anderes, nämlich mehr die **Verteilung** des Registers denn die dahinterstehende Technologie. Das Charakteristikum der **Dezentralität** geht aber erst aus § 4 Abs. 11 eWpG hervor.

47 Zwischen Zentralregisterwertpapier und Kryptowertpapier besteht ein **Ausschließlichkeitsverhältnis**.[89] Ein elektronisches Wertpapier kann daher nicht zur selben Zeit in ein zentrales und ein dezentrales Wertpapierregister eingetragen sein. Allerdings sind Registerwechsel nach § 21 Abs. 2 und § 22 eWpG möglich.

48 Zur Entstehung des Kryptowertpapiers gilt das oben Gesagte, siehe Rz. 18 (Sammeleintragung) und Rz. 23 (Einzeleintragung), entsprechend. **Bestehende Forderungen** werden auf Basis der DLT nicht erfasst.[90] Anderes gilt für bestehende **Security Token**. Dies sind **aufsichtsrechtliche** Wertpapiere ohne zivilrechtliche Grundlage, weil sie vor Inkrafttreten des eWpG begeben wurden. Sie werden überwiegend als Wertpapiere sui generis bezeichnet.[91] Gleichwohl gilt die Einordnung als Wertpapier nicht durchweg für sämtliche aufsichtsrechtlichen Anforderungen. Da sie nicht in den Anwendungsbereich des § 1 Abs. 1 DepotG fallen,[92] begründet die Verwahrung solcher Security Token kein Depotgeschäft gemäß § 1 Abs. 1 Satz 2 Nr. 5 KWG, sondern vielmehr ein Kryptoverwahrgeschäft nach § 1 Abs. 1a Satz 2 Nr. 6 KWG. Sie müssen in ein Kryptowertpapierregister eingetragen werden, um nunmehr **auch zivilrechtlich** als (elektronische) Wertpapiere eingestuft zu werden.

---

88) Vgl. *Binder* in: Langenbucher/Bliesener/Spindler, Bankrechts-Kommentar, Kap. 38 Rz. 1.

89) Begr. RegE Gesetz zur Einführung von eWp z. § 4 Abs. 3 eWpG, BT-Drucks. 19/26925, S. 42; Müller/Pieper-*Pieper*, eWpG, § 4 Rz. 28 – „disjunktives Verhältnis".

90) Begr. RegE Gesetz zur Einführung von eWp z. § 4 Abs. 3 eWpG, BT-Drucks. 19/26925, S. 42.

91) *Weiß*, BaFin Journal 4/2019, S. 8, 10; *Höhlein/Weiß*, RdF 2019, 116, 120; *Patz*, BKR 2021, 725, 726.

92) Vgl. BaFin, Merkblatt Depotgeschäft, v. 6.1.2009, Stand: 15.12.2021, sub. 1. a), abrufbar unter https://www.bafin.de/SharedDocs/Veroeffentlichungen/DE/Merkblatt/mb_211215_tatbestand_depotgeschaeft.html?nn=9450978 (Abrufdatum: 21.2.2023); *Patz*, BKR 2021, 725, 728.

Kryptowertpapiere entfalten ihre besonderen Eigenschaften in der Einzeleintragung des 49
Inhabers (und Berechtigten) selbst, und zwar unmittelbar in einem vom Emittenten oder
seinem Beauftragten geführten, gleichwohl dezentralen Register. Eine Einbeziehung einzel-
eingetragener Kryptowertpapiere in den **Effektengiroverkehr** ist gesetzlich bislang nicht
vorgesehen. Das beschränkt diese Instrumente im Wesentlichen auf den **Primärmarkt**.
Der geregelte Sekundärmarkthandel und die **mediationsfreie Abwicklung** (Clearing and
Settlement) bleiben Zukunftsmusik.[93] Die Eintragung einer Wertpapiersammelbank oder
eines Verwahrers in ein Kryptowertpapierregister zur Begründung einer Sammeleintragung
(§ 8 Abs. 1 Nr. 1 eWpG) ist zwar zulässig, würde aber das technische Potenzial der DLT
nicht vollständig ausschöpfen.[94] Praxisrelevanter ist der Fall, dass mehrere Verwahrer nach
den Regeln der Einzeleintragung für **einzelne Anteile** der Emission ins Kryptowertpapierregister eingetragen werden, die sie jeweils treuhänderisch für die berechtigten Endkunden
oder auch für sich selbst nach § 8 Abs. 1 Nr. 1 eWpG halten. Dies ermöglicht eine Peer-
to-Peer-Abwicklung für das Großkundengeschäft (**Wholesale-Geschäft**) auf einem nicht-
öffentlichen und zugangsbeschränkten (**private, permissioned**) Netzwerk außerhalb der
üblichen Infrastrukturen.[95]

Die **pauschale Sachfiktion** des § 2 Abs. 3 eWpG gilt für alle Arten der Kryptowertpapie- 50
re. Für einzeleingetragene Kryptowertpapiere ist sie nicht erforderlich, weil sie nicht in
den Effektengiroverkehr einbezogen werden und weil die sachenrechtlichen Vorschriften
ohnehin von den besonderen Begründungs- und Übertragungstatbeständen der §§ 24–27
eWpG überlagert werden.

V. Eintragung (§ 4 Abs. 4 eWpG)

Die **Kreation** des elektronischen Wertpapiers erfolgt durch **Begebungsvertrag** mit dem 51
Berechtigten und **Registereintragung**.[96] Die Eintragung soll Funktionsäquivalent zur Ausstellung einer herkömmlichen Wertpapierurkunde sein. Sie ist zentral für die elektronische
Begebungsform von Wertpapieren, ersetzt die **Skriptur** und bildet das gesetzliche Formerfordernis (§ 125 Satz 1 BGB) des eWpG. Der Begriff der Eintragung i. S. von § 4 Abs. 4
eWpG bezeichnet „die Aufnahme" der Registerangaben, d. h. den **Eintragungsvorgang**. Die
Eintragung bildet gemeinsam mit der Umtragung und der Löschung die registerbezogenen Tätigkeiten. Diese aktbezogene Definition der „Eintragung" ist vom **Zustand des Ein-
getragenseins** (so z. B. die Verwendung in § 27 eWpG) sowie der **Verkörperung** des

---

93) Zu diesen Möglichkeiten Deutsche Bundesbank, Monatsbericht 9/2017, S. 35, 39, abrufbar unter https:/
www.bundesbank.de/de/publikationen/berichte/monatsberichte/monatsbericht-september-2017-665470
(Abrufdatum: 21.2.2023).

94) S. Deutsche Bundesbank (Zentralbereich Recht), Entwurf eines Gesetzes zur Einführung von elektronischen Wertpapieren – Wesentliche Regelungsinhalte und erste Einschätzung, v. 10.9.2020, S. 2,
abrufbar unter https://www.bundesfinanzministerium.de/Content/DE/Gesetzestexte/Gesetze_Gesetzes-
vorhaben/Abteilungen/Abteilung_VII/19_Legislaturperiode/2021-06-09-einfuehrung-elektronische-wert-
papiere/Stellungnahme-deutsche-bundesbank.pdf?__blob=publicationFile&v=1 (Abrufdatum: 21.2.2023).

95) So z. B. das Projekt Blockbaster (Blockchain Based Settlement Technology Research) der Deutschen
Börse, der Deutschen Bundesbank und der Bundesrepublik Deutschland – Finanzagentur GmbH, s.
dazu die gemeinsame Pressenotiz „Abwicklung von DLT-basierten Wertpapieren in Zentralbankgeld
erfolgreich getestet", v. 24.3.2021, abrufbar unter https://www.bundesbank.de/de/presse/pressenotizen/
abwicklung-von-dlt-basierten-wertpapieren-in-zentralbankgeld-erfolgreich-getestet-861438; ähnlich die
Blockchain-basierte Deka-Wertpapierplattform SWIAT, s. DekaBank, Medienmitteilung „Auf der Blockchain: DekaBank emittiert erste Kryptowertpapiere", v. 14.12.2021, abrufbar unter https://www.deka.de/
deka-gruppe/media--research/aktuelle-medienmitteilungen/pressearchiv/archiv2021/dezember/auf-der-
blockchain-dekabank-emittiert-erste-kryptowertpapiere (Abrufdatum jew. 21.2.2023); s. a. Rz. 56.

96) S. zu Bundesschuldbuchforderungen *Lendermann* in: Hopt/Seibt, Schuldverschreibungsrecht, § 5
BSchuWG Rz. 11 m. w. N.

Rechts (so z. B. in § 2 Abs. 1 Satz 2 eWpG) zu unterscheiden.[97] Die **Registerangaben** sind Gegenstand des Eintragungsvorgangs. Die Norm differenziert dabei zwischen zentralen Registern (§ 13 eWpG) und Kryptowertpapierregistern (§ 17 eWpG), nicht hingegen zwischen Sammeleintragung und Einzeleintragung. Inhaltlich umfasst die Eintragung im engeren Sinn den für die Begebung elektronischer Wertpapiere **zwingenden Inhalt,** nämlich alle nach § 13 Abs. 1 oder § 17 Abs. 1 eWpG erforderlichen Registerangaben. Im weiteren Sinn umfasst die Eintragung jede **beliebige einzelne** Registerangabe, etwa die Inhaberschaft (so etwa in §§ 24, 26 Satz 1, 27 eWpG).[98]

52   Die **Eintragung** umfasst die folgende **Kette an Realakten:** Die Niederlegung der Emissionsbedingungen (siehe dazu nachfolgend Rz. 53 ff.), die Aufnahme des Wertpapiers in ein elektronisches Wertpapierregister mit den notwendigen Angaben (siehe Rz. 56 ff.) und die Bezugnahme auf die Emissionsbedingungen (siehe Rz. 59 ff.).

1.   Niederlegung der Emissionsbedingungen (Inhalt des Wertpapiers)

53   Die Niederlegung der Emissionsbedingungen ist einer der Bestandteile des **zweigeteilten Skripturakts.**[99] Dieser orientiert sich an der Vorschrift des § 2 Abs. 2 SchVG zur Verkörperung des Rechts aus Urkunden, die nicht zum Umlauf bestimmt sind. Hier wie dort kann auch auf außerhalb der Urkunde bzw. des Registers niedergelegte Emissionsbedingungen Bezug genommen werden. Im Unterschied zu § 2 Abs. 2 SchVG[100] soll die Niederlegung nach § 4 Abs. 4 eWpG gemäß Regierungsbegründung allerdings keine Form der **„Incorporation by Reference"** sein:[101] Der Skripturakt elektronischer Wertpapiere setze sowohl die Niederlegung als auch die Eintragung voraus. Nur die **technische Darstellung** dieser Skriptur sei zweigeteilt.[102]

54   Die Niederlegung bezeichnet die **„Festlegung"** der maßgeblichen Emissionsbedingungen, weniger die Lokalisierung eines körperlichen Instruments (vgl. etwa § 181 ZPO).[103] Mit ihr erfolgt die (elektronische) **„Verkörperung des Rechts".**[104] Sie stellt die Bestimmbarkeit des Inhalts des elektronischen Wertpapiers sicher. Nach § 13 Abs. 1 Nr. 1 bzw. § 17 Abs. 1 Nr. 1 eWpG muss das Register nur „den wesentlichen Inhalt des Rechts" enthalten. Der Inhalt der Emissionsbedingungen muss nicht, kann aber Gegenstand des Registers über elektronische Wertpapiere sein. Für die Niederlegung der Emissionsbedingungen hat die registerführende Stelle die Informationen nachweisbar in einer Weise zu speichern, dass sie jederzeit und gegenüber jedermann[105] unverändert wiedergegeben werden können. Die Emissionsbedingungen müssen ein **beständiges elektronisches Dokument** gemäß § 5 Abs. 1 eWpG sein. Die **Integrität** und **Authentizität** der gespeicherten Informationen müssen langfristig sichergestellt und jederzeit überprüfbar sein.

97) Vgl. dazu DAV, Stellungnahme z. RefE eWpG, v. 23.9.2020, S. 11, abrufbar unter https://bundesfinanzministerium.de/Content/DE/Gesetzestexte/Gesetze_Gesetzesvorhaben/Abteilungen/Abteilung_VII/19_Legislaturperiode/2021-06-09-einfuehrung-elektronische-wertpapiere/0-Gesetz.html (Abrufdatum: 21.2.2023).

98) Müller/Pieper-*Pieper*, eWpG, § 4 Rz. 30.

99) Begr. RegE Gesetz zur Einführung von eWp, BT-Drucks. 19/26925, S. 45 f.; *Dubovitskaya*, ZIP 2020, 2551, 2554.

100) Dazu *Artzinger-Bolten/Woeckener* in: Hopt/Seibt, Schuldverschreibungsrecht, § 2 SchVG Rz. 33 f.

101) Begr. RegE Gesetz zur Einführung von eWp, BT-Drucks. 19/26925, S. 45.

102) Begr. RegE Gesetz zur Einführung von eWp, BT-Drucks. 19/26925, S. 45.

103) DAV, Stellungnahme z. RefE eWpG, v. 23.9.2020, S. 12 Rz. 24, abrufbar unter https://bundesfinanzministerium.de/Content/DE/Gesetzestexte/Gesetze_Gesetzesvorhaben/Abteilungen/Abteilung_VII/19_Legislaturperiode/2021-06-09-einfuehrung-elektronische-wertpapiere/0-Gesetz.html (Abrufdatum: 21.2.2023).

104) Begr. RegE Gesetz zur Einführung von eWp, BT-Drucks. 19/26925, S. 43; Müller/Pieper-*Pieper*, eWpG, § 4 Rz. 35.

105) Kritisch Deutsche Kreditwirtschaft (DK), Stellungnahme z. RegE eWpG, v. 10.3.2021, S. 9, abrufbar unter https://die-dk.de/media/files/2021-03-10-Stn-DK-eWpG-RegE.pdf (Abrufdatum: 21.2.2023).

Zeitlich muss die Niederlegung der Emissionsbedingungen – zumindest i. S. einer juris- 55
tischen Sekunde – **vor der Eintragung** der Wertpapierkennnummer im Wertpapierregister
liegen.[106] Letztere setzt erstere voraus. Dass die „niedergelegten Emissionsbedingungen"
nicht mehr geändert werden können, schließt nicht die übliche Veröffentlichung solcher
Emissionsbedingungen aus, die zunächst nur **vorläufig** sind. Als praxistaugliche Lösung
bietet sich an, die „Niederlegung" i. S. einer endgültigen Festlegung erst mit der Eintragung
vorzunehmen, die an die Stelle der Ausstellung einer Wertpapierurkunde tritt.[107] Die Einhaltung einer gewissen Zeitspanne zwischen Niederlegung und Eintragung ist nicht erforderlich. Die Niederlegung erfolgt durch (im Zweifel elektronische) Freigabe oder Festlegung des vorher schon zur Verfügung gestellten Textes Zug-um-Zug gegen Eintragung
der Wertpapiere.[108]

2. Aufnahme des Wertpapiers in ein elektronisches Wertpapierregister

Der zweite Bestandteil der Skriptur ist die Aufnahme der Registerangaben („**Skripturda-** 56
ten")[109] nach § 13 bzw. § 17 eWpG in das elektronische Wertpapierregister. Die Registerangaben stellen die **Bestimmbarkeit** des Wertpapiers sicher und sind wie eine Papierurkunde
für den beteiligten Rechtsverkehr jederzeit visuell wahrnehmbar.

Für die Verkörperung des Rechts sind die in § 13 Abs. 1 bzw. § 17 Abs. 1 eWpG aufge- 57
führten Angaben **konstitutiv**.[110] Hingegen sind die **Pflichtangaben** nach § 13 Abs. 2 bzw.
§ 17 Abs. 2 eWpG sowie sonstige eintragungsfähige Angaben für die Entstehung des elektronischen Wertpapiers nicht erforderlich. Die Angaben müssen vollständig sein und ggf.
mit „Fehlanzeige" versehen werden. **Unrichtigkeit** hindert eine wirksame Entstehung grundsätzlich nicht. Allerdings ist eine Verkörperung mit unzutreffender **Wertpapierkennnummer** nicht möglich. Die Regierungsbegründung sieht in ihr ein **zentrales Element** zur sachenrechtlichen Bestimmbarkeit und Identifizierung des elektronischen Wertpapiers durch
den Rechtsverkehr.[111] Sie bildet das Scharnier zwischen den Registerangaben und den Emissionsbedingungen, das erst die Gedankeninhalte zu einer Gesamturkunde verbindet.

Der Gesetzgeber überlässt es der Praxis, ob die Herausgebergemeinschaft *Wertpapier-Mit-* 58
teilungen, Keppler, Lehmann GmbH & Co. KG auch die Wertpapierkennnummern für elektronische Wertpapiere vergeben oder ob diese Aufgabe andere übernehmen sollen, je nachdem, ob eine Börsenzulassung angestrebt wird oder nicht. Wird dagegen die Beantragung
einer internationalen Wertpapierkennnummer (International Securities Identification Number – ISIN) nach ISO 6166 verfolgt, so muss diese gemäß Norm zwingend über die Herausgebergemeinschaft *Wertpapier-Mitteilungen, Keppler, Lehmann GmbH & Co. KG* erfolgen,
sofern der Emittent seinen Sitz in Deutschland hat. Die BaFin verlangt die Angabe der
ISIN in der Mitteilung gemäß § 20 Abs. 1 Satz 2 eWpG. Da der genannte Anbieter für eine
Vielzahl von Emittenten bzw. deren Finanzdienstleister tätig wird, dabei aber mit der Ver-

---

106) Vgl. *Döding/Wentz*, WM 2020, 2312, 2315; so auch Begr. RegE Gesetz zur Einführung von eWp z. § 5
Abs. 1 eWpG, BT-Drucks. 19/26925, S. 45, anders die Reihenfolge der Begr. RegE Gesetz zur Einführung von eWp z. § 4 Abs. 4 eWpG, BT-Drucks. 19/26925, S. 42 ff.
107) DAV, Stellungnahme z. RefE eWpG, v. 23.9.2020, S. 12 f. Rz. 25, abrufbar unter https://bundesfinanzminis-
terium.de/Content/DE/Gesetzestexte/Gesetze_Gesetzesvorhaben/Abteilungen/Abteilung_VII/19_Legis-
laturperiode/2021-06-09-einfuehrung-elektronische-wertpapiere/0-Gesetz.html; Deutsche Kreditwirtschaft
(DK), Stellungnahme z. RefE eWpG, v. 14.9.2020, S. 6, abrufbar unter https://bundesfinanzministerium.de/
Content/DE/Gesetzestexte/Gesetze_Gesetzesvorhaben/Abteilungen/Abteilung_VII/19_Legislatur-
periode/2021-06-09-einfuehrung-elektronische-wertpapiere/0-Gesetz.html (Abrufdatum jew. 21.2.2023).
108) DAV, Stellungnahme z. RefE eWpG, v. 23.9.2020, S. 13 Rz. 25, abrufbar unter https://bundesfinanzminis-
terium.de/Content/DE/Gesetzestexte/Gesetze_Gesetzesvorhaben/Abteilungen/Abteilung_VII/19_Legis-
laturperiode/2021-06-09-einfuehrung-elektronische-wertpapiere/0-Gesetz.html (Abrufdatum: 21.2.2023).
109) Müller/Pieper-*Pieper*, eWpG, § 4 Rz. 37.
110) Müller/Pieper-*Pieper*, eWpG, § 4 Rz. 37.
111) Begr. RegE Gesetz zur Einführung von eWp, BT-Drucks. 19/26925, S. 43.

gabe der nationalen oder internationalen Wertpapierkennnummern keine Tätigkeit ausübt, die die Emittenten bzw. Finanzdienstleister jeweils auch selbst erbringen würden oder dürfen, liegt hier **keine „Auslagerung"** vor.[112]

3.   Bezugnahme auf die Emissionsbedingungen (Beweisfunktion)

59   Die eindeutige und unmittelbar erkennbare **Bezugnahme auf die Emissionsbedingungen** ist das letzte Element der Eintragung. Sie ist dem Teilakt der Verkörperung des Rechts zuzuordnen. Das elektronische Wertpapier muss jederzeit aus dem Register heraus zum Beweis des Rechtsverhältnisses im Rechtsverkehr geeignet und bestimmt sein. Die dauerhafte und eindeutige Bezugnahme der Registereintragung auf die außerhalb des Registers niedergelegten Emissionsbedingungen kann mit einer **„elektronischen Verknüpfung** der Wertpapierkennnummer mit dem bei der registerführenden Stelle gespeicherten Datenbestand zu den jeweiligen Emissionsbedingungen" erreicht werden.[113] Für die Nutzer des Registers dürfen sich **keine unzumutbaren Hürden** ergeben. Vielmehr muss jedermann die Verknüpfung leicht und ohne über die gängigen Anwendungsprogramme hinausgehende technische Hilfsmittel erkennen, nachverfolgen und lesen können.[114]

VI.   Wertpapiersammelbank (§ 4 Abs. 5 eWpG)

60   Der Begriff der Wertpapiersammelbank entstammt dem deutschen Depotrecht und wird in § 1 Abs. 3 DepotG legaldefiniert. Wertpapiersammelbanken benötigten wegen ihrer hervorgehobenen Funktion für die Wertpapiersammelverwahrung und den Effektengiroverkehr schon früher eine **Anerkennung** der zuständigen Landesbehörden.[115] Infolge der europaweiten Harmonisierung lehnt sich die Definition der Wertpapiersammelbanken des eWpG an die Verordnung (EU) Nr. 909/2014 (CSDR)[116] an.[117] Wertpapiersammelbanken i. S. von Absatz 5 sind danach gemäß Art. 16 CSDR **zugelassene Zentralverwahrer.**[118] Für deren Zulassung ist in Deutschland ausschließlich die BaFin zuständig. Die Zentralverwahrertätigkeit stellt ein **erlaubnispflichtiges Bankgeschäft** nach § 1 Abs. 1 Satz 2 Nr. 6, Abs. 6 KWG dar. Wertpapiersammelbanken müssen **juristische Personen** sein und eine der folgenden **Kerndienstleistungen** im Inland erbringen[119] oder zum Zeitpunkt der Anzeigepflicht gegenüber der BaFin (§ 12 Abs. 4 eWpG) erbringen wollen:[120]

–   Erstmalige Verbuchung von Wertpapieren im Effektengiro (**„notarielle Dienstleistung"**);

---

112) Vgl. BaFin, Rundschreiben 10/2021 (BA) – Mindestanforderungen an das Risikomanagement (MaRisk), v. 16.8.2021, Stand: 4.5.2022, AT 9 Nr. 1, abrufbar unter https://www.bafin.de/SharedDocs/Veroeffentlichungen/DE/Rundschreiben/2021/rs_1021_MaRisk_BA.html (Abrufdatum: 21.2.2023).

113) Begr. RegE Gesetz zur Einführung von eWp, BT-Drucks. 19/26925, S. 43; Müller/Pieper-*Pieper*, eWpG, § 4 Rz. 44.

114) Begr. RegE Gesetz zur Einführung von eWp, BT-Drucks. 19/26925, S. 43.

115) S. Ebenroth/Boujong/Joost/Strohn-*Scherer*, HGB, § 1 DepotG Rz. 20–22; Hopt-*Kumpan*, HGB, § 1 DepotG Rz. 6.

116) Verordnung (EU) Nr. 909/2014 des Europäischen Parlaments und des Rates v. 23.7.2014 zur Verbesserung der Wertpapierlieferungen und -abrechnungen in der Europäischen Union und über Zentralverwahrer sowie zur Änderung der Richtlinien 98/26/EG und 2014/65/EU und der Verordnung (EU) Nr. 236/2012 (Central Securities Depositories Regulation – CSDR), ABl. (EU) L 257/1 v. 28.8.2014.

117) Vgl. Ebenroth/Boujong/Joost/Strohn-*Scherer*, HGB, § 1 DepotG Rz. 20–22.

118) Nach Art. 16 CSDR.

119) Gemäß Abschnitt A des Anhangs zur CSDR. Im Unterschied zu § 1 Abs. 3 DepotG, der die Erbringung der zentralen Kontoführung nach Abschnitt A Nr. 2 des Anhangs CSDR zur Einordnung als Wertpapiersammelbank voraussetzt, genügt nach § 4 Abs. 5 eWpG auch die Erbringung einer anderen Kerndienstleistung nach Abschnitt A des Anhangs CSDR. In der Praxis hat dies freilich kaum Bedeutung, da die Clearstream Banking AG sämtliche Kerndienstleistungen erbringt.

120) Müller/Pieper-*Pieper*, eWpG, § 4 Rz. 47 – in EU-rechtskonformer Auslegung.

– Bereitstellung und Führung von Depotkonten auf oberster Ebene (**„zentrale Kontoführung"**); oder

– Betrieb eines Wertpapierliefer- und -abrechnungssystems (**„Abwicklungsdienstleistung"**).

In Deutschland ist die Clearstream Banking AG mit Sitz in Eschborn als Rechtsnachfolgerin der ehemaligen Kassenvereine die einzige private Wertpapiersammelbank.[121] Daneben ist die Europäische Zentralbank kraft Gesetzes eine Wertpapiersammelbank, die zur Schuldbuchführung befugt ist.[122]   **61**

Die Wertpapiersammelbank bildet die **Schnittstelle** zwischen dem elektronischen Wertpapier und dem Effektengiroverkehr. Herkömmlicherweise verwahrt ein Zentralverwahrer Wertpapierurkunden als Sammelbestand oder Globalurkunde und **„immobilisiert"**[123] diese, um sie im **Effektengirosystem** der Zentralverwahrer (CASCADE) einzubuchen. Für Sammelschuldbuchforderungen des Bundes folgt § 6 Abs. 1 BSchuWG diesem Konzept, indem eine Wertpapiersammelbank[124] für die Berechtigten ins Bundesschuldbuch eingetragen wird. Daraufhin kann sie den fiktiven Wertpapiersammelbestand ins Effektengirosystem einbuchen, so als sei sie treuhänderische Besitzerin körperlicher Urkunden. Dieser **Blaupause** folgt das eWpG, **erweitert** aber das Aufgabenspektrum der Wertpapiersammelbank um die **Führung eines Zentralregisters** (§ 12 Abs. 2 Nr. 1 eWpG). Für das Bundesschuldbuch obliegt diese Aufgabe der Bundesrepublik Deutschland – Finanzagentur GmbH.   **62**

Wenngleich eine Wertpapiersammelbank taugliche Registerführerin ist, so ist die Registerführung als solche indes noch **keine Verwahrung** i. S. des DepotG und somit auch nicht per se Depotgeschäft.[125] Das stellt § 7 Abs. 4 eWpG klar.[126] Eine **notarielle Dienstleistung** nach Abschnitt A Nr. 1 des Anhangs der CSDR liegt erst vor, wenn die Wertpapiersammelbank nach § 8 Abs. 1 Nr. 1 eWpG zugleich **selbst im Register als Verwahrer** eingetragen wird und die elektronischen Wertpapiere erstmalig im Effektengiro einbucht.[127] Die Aufsicht über die registerführende Stelle nach § 11 eWpG folgt der Aufsicht über den Zentralverwahrer. Die Zulassung folgt gemäß Art. 16 Abs. 1 i. V. m. Art. 23 Abs. 1 CSDR dem **Herkunftslandprinzip**.[128] Für Zentralverwahrer ist die Ausübung des Europäischen Passes in den Art. 23 f. CSDR geregelt.   **63**

VII. Verwahrer (§ 4 Abs. 6 eWpG)

§ 4 Abs. 6 eWpG definiert als Verwahrer **im Inland zugelassene Depotbanken**. Als Verwahrer kommen nur Kreditinstitute in Betracht, die im Inland gewerbsmäßig oder in einem Umfang, der einen in kaufmännischer Weise eingerichteten Geschäftsbetrieb erfor-   **64**

---

121) Dazu Hopt-*Kumpan*, HGB, § 1 DepotG Rz. 7.

122) Art. 2 Abs. 1 und Abs. 2 Gesetz zum Sitzabkommen EZB-Deutschland, BGBl. I 1998, 2995.

123) Art. 2 Abs. 1 Nr. 3 CSDR.

124) Die Begr. RegE z § 8 Abs. 1 BWpVerwG a. F., BT-Drucks. 14/7010, S. 15, verweist zur Definition der Wertpapiersammelbank lediglich auf § 1 Abs. 3 DepotG.

125) Unklar Müller/Pieper-*Pieper*, eWpG, § 4 Rz. 47 – „Registerführung ist als notarielle Dienstleistung eine Kerndienstleistung".

126) A. A. (positive Ausnahme) DAV, Stellungnahme z. RefE eWpG, v. 23.9.2020, S. 17 Rz. 37, abrufbar unter https://bundesfinanzministerium.de/Content/DE/Gesetzestexte/Gesetze_Gesetzesvorhaben/Abteilungen/Abteilung_VII/19_Legislaturperiode/2021-06-09-einfuehrung-elektronische-wertpapiere/0-Gesetz.html (Abrufdatum: 21.2.2023).

127) Begr. RegE Gesetz zur Einführung von eWp z. § 7 Abs. 5 eWpG, BT-Drucks. 19/26925, S. 49.

128) S. a. ErwG 24 CSDR; zum Herkunftslandprinzip ausführlich *Nemeczek*, Der Europäische Pass für Bankgeschäfte, insbesondere S. 244 ff.

dert, die Verwahrung und die Verwaltung von Wertpapieren für andere betreiben.[129] Das Depotgeschäft nach § 1 Abs. 1 Nr. 5 KWG unterliegt dem Erlaubnisvorbehalt des § 32 KWG. Die Verwahrung und Verwaltung von Kryptowertpapieren unterfällt wegen § 2 Abs. 2 eWpG ebenso dem **Depotgeschäft**.[130] **Kryptowertpapiere** sind nach § 4 Abs. 3 eWpG elektronische Wertpapiere. Für **Kryptowerte** gilt hingegen, dass ihre Verwaltung und Verwahrung nur eine **Finanzdienstleistung** nach § 1 Abs. 1a Satz 2 Nr. 6 KWG mit weitreichenden Ausnahmen nach § 2 Abs. 7b KWG ist. Die Erweiterung des erstgenannten Tatbestandes verdeutlicht, dass die Kryptoverwahrung nicht die Verwahrung elektronischer Wertpapiere, sondern lediglich die Sicherung diesbezüglicher privater **kryptographischer Schlüssel** zum Gegenstand haben darf.[131] Sofern allerdings Kryptowertpapiere verwahrt werden und i. R. dieses Depotgeschäfts auch die dazugehörigen kryptografischen Schlüssel gesichert werden, ist neben der Erlaubnis für das Depotgeschäft keine weitere Erlaubnis für das Kryptoverwahrgeschäft erforderlich.[132] Das **Kryptoverwahrgeschäft** tritt hinter das **Depotgeschäft** zurück.[133] Hierfür spricht, dass für das Depotgeschäft als Bankgeschäft strengere regulatorische Anforderungen als für das Kryptoverwahrgeschäft gelten. Entsprechende technische Risiken, die aus der Verwahrung kryptographischer Schlüssel resultieren, sind auch i. R. des Depotgeschäfts zu adressieren, insbesondere i. R. der **ordnungsgemäßen Geschäftsorganisation** nach § 25a KWG.[134]

65   Verwahrer können in **drei Funktionen** auftreten:

– als **registerführende Stelle** zentraler Register (§ 12 Abs. 2 Nr. 2 eWpG);

– als einem **Zentralverwahrer vergleichbarer** Inhaber elektronischer Wertpapiere in Sammeleintragung (§ 8 Abs. 1 Nr. 1 eWpG); und

– als herkömmlicher **Zwischenverwahrer** elektronischer Wertpapiere.

66   Verwahrer wurden in das eWpG als taugliche registerführende Stelle aufgenommen, um die **Haussammelverwahrung** außerhalb des Effektengirosystems zu ermöglichen.[135] Die bloße Registerführung als solche ist nach gesetzlicher Anordnung noch keine Verwahrung i. S. des DepotG (§ 7 Abs. 4 eWpG). Hierbei stellen sich Abgrenzungsfragen, weil nicht geklärt ist, wo die Registerführung aufhört und die Verwahrung beginnt.[136] Außerdem drohen **Interessenkonflikte**, wenn die Person des Verwahrers zugleich Registerführer und Inhaber einer Sammeleintragung ist. Darin besteht ein Unterschied zum Bundesschuldenwesen, wo Registerführer (Finanzagentur) und eingetragener Verwahrer (Wertpapiersammelbank) getrennt sind.

---

129) Begr. RegE Gesetz zur Einführung von eWp, BT-Drucks. 19/26925, S. 43; s. a. Ebenroth/Boujong/Joost/Strohn-*Scherer*, HGB, § 1 DepotG Rz. 16; Hopt-*Kumpan*, HGB, § 1 DepotG Rz. 3 ff.

130) Begr. RegE Gesetz zur Einführung von eWp z. § 1 Abs. 1a Satz 2 Nr. 6 DepotG, BT-Drucks. 19/26925, S. 74 – unter Hinweis auf Begr. RegE Gesetz zur Umsetzung der Änderungsrichtlinie zur Vierten EU-Geldwäscherichtlinie, BT-Drucks. 19/13827, S. 109.

131) Begr. RegE Gesetz zur Einführung von eWp z. § 4 eWpG, BT-Drucks. 19/26925, S. 41.

132) Begr. RegE Gesetz zur Einführung von eWp, BT-Drucks. 19/26925, S. 74.

133) Begr. RegE Gesetz zur Einführung von eWp, BT-Drucks. 19/26925, S. 74; Begr. RegE Gesetz zur Umsetzung der Änderungsrichtlinie zur Vierten EU-Geldwäscherichtlinie, BT-Drucks. 19/13827, S. 109.

134) Begr. RegE Gesetz zur Einführung von eWp, BT-Drucks. 19/26925, S. 74.

135) Vgl. Begr. RegE Gesetz zur Einführung von eWp z. § 8 Abs. 1 Nr. 1 eWpG, BT-Drucks. 19/26925, S. 49; Deutsche Kreditwirtschaft (DK), Stellungnahme z. RefE eWpG, v. 14.9.2020, S. 5, abrufbar unter https://bundesfinanzministerium.de/Content/DE/Gesetzestexte/Gesetze_Gesetzesvorhaben/Abteilungen/Abteilung_VII/19_Legislaturperiode/2021-06-09-einfuehrung-elektronische-wertpapiere/0-Gesetz.html (Abrufdatum: 21.2.2023).

136) Deutsche Bundesbank, Stellungnahme z. RefE eWpG, v. 10.9.2020, S. 4, abrufbar unter https://bundesfinanzministerium.de/Content/DE/Gesetzestexte/Gesetze_Gesetzesvorhaben/Abteilung_VII/19_Legislaturperiode/2021-06-09-einfuehrung-elektronische-wertpapiere/0-Gesetz.html (Abrufdatum: 21.2.2023).

VIII. Emissionsbedingungen (§ 4 Abs. 7 eWpG)

Emissionsbedingungen sind nach Absatz 7 der niedergelegte **Inhalt des Rechts**, für das   67
ein elektronisches Wertpapier eingetragen wird, einschließlich der Nebenbestimmungen.
Der sprachliche Zusatz **„niedergelegt"** ist im Hinblick auf die ohnehin erforderliche Niederlegung der Emissionsbedingungen zum Zwecke der Eintragung nach § 4 Abs. 4 eWpG
im Wortlaut des § 4 Abs. 7 eWpG eigentlich obsolet.[137] Wegen der zu erwartenden Erweiterung des eWpG auf elektronische Aktien wurde für das Gesetz der Begriff der **„Emissionsbedingungen"** (vgl. § 4a BSchuWG), und nicht lediglich der Unterbegriff der „Anleihebedingungen" (vgl. § 2 Abs. 1 Satz 1 SchVG) gewählt.[138] Eine möglichst offene Begrifflichkeit ist zwar zu begrüßen. Der Inhalt der sich aus einer Aktie ergebenden Rechte
wird aber nicht in den Emissionsbedingungen, sondern in der **Satzung** (i. V. m. dem AktG)
bestimmt.[139]

Für mittels Urkunden begebene Wertpapiere ergibt sich die Darstellung des privaten (ver-   68
mögenswerten) Rechts grundsätzlich **aus der Urkunde selbst** (vgl. § 2 Abs. 1 Satz 1 SchVG).
Dieser Gedankeninhalt ist bei einer elektronischen Begebung von Wertpapieren in einem
Datensatz „verkörpert". Die technische Darstellung der Skriptur ist technisch **zweigeteilt**
in Emissionsbedingungen und Registerangaben. Beide zusammen bilden in ihrer Gesamtheit das verbriefte Recht.[140] Der **charakteristische Inhalt** des verbrieften Rechts ist **direkt
im Register** zu verkörpern und muss auf den ersten Blick bestimmbar sein. Die Emissionsbedingungen enthalten die **weiterführenden Informationen**, die für eine informierte In-
vestitionsentscheidung und zur Geltendmachung des Rechts erforderlich sind.

§ 4 Abs. 7 eWpG stellt klar, dass Registerangaben und Emissionsbedingungen keine **Ver-   69
bindung von Inhaltsbestimmungen und Nebenbestimmungen** i. S. des AGB-Rechts
(§§ 305 ff. BGB) sind. Die Emissionsbedingungen umfassen vielmehr alle Bestimmungen des
Begebungsvertrags, unabhängig davon, ob sie Inhalts- oder Nebenbestimmung darstellen.[141]
Wegen bereits bestehender Veröffentlichungspflichten für Anlagebedingungen von Publikumsfonds und deren Änderungen sowie der Möglichkeit von Spezialfondsanlegern, ihre
Informationsrechte anderweitig wahrzunehmen, gelten für **Anlagebedingungen** elektronischer Anteilsscheine die Niederlegungsvorschriften nach § 5 eWpG nicht.[142]

IX. Umtragung (§ 4 Abs. 8 eWpG)

Die Umtragung ist ein Unterfall der gesetzlich nicht definierten „Änderung" des Regis-   70
terinhalts (§§ 14 und 18 eWpG). Sie bezeichnet die **Ersetzung des Inhabers** eines im elektronischen Wertpapierregister eingetragenen elektronischen Wertpapiers durch einen neuen
Inhaber.

---

137) Müller/Pieper-*Pieper*, eWpG, § 4 Rz. 51.
138) Begr. RegE Gesetz zur Einführung von eWp, BT-Drucks. 19/26925, S. 44.
139) DAV, Stellungnahme z. RefE eWpG, v. 23.9.2020, S. 12 Rz. 23, abrufbar unter https://bundesfinanz-
     ministerium.de/Content/DE/Gesetzestexte/Gesetze_Gesetzesvorhaben/Abteilungen/Abteilung_VII/
     19_Legislaturperiode/2021-06-09-einfuehrung-elektronische-wertpapiere/0-Gesetz.html (Abrufdatum:
     21.2.2023); zur deklaratorischen Bedeutung der Verbriefung von Aktien s. *Heider* in: MünchKomm-
     AktG, § 10 Rz. 8 ff.
140) Müller/Pieper-*Pieper*, eWpG, § 4 Rz. 53.
141) DAV, Stellungnahme z. RefE eWpG, v. 23.9.2020, S. 11 Rz. 20, abrufbar unter https://bundesfinanz-
     ministerium.de/Content/DE/Gesetzestexte/Gesetze_Gesetzesvorhaben/Abteilungen/Abteilung_VII/
     19_Legislaturperiode/2021-06-09-einfuehrung-elektronische-wertpapiere/0-Gesetz.html (Abrufdatum:
     21.2.2023).
142) Begr. RegE Gesetz zur Einführung von eWp, BT-Drucks. 19/26925, S. 76.

71 Die Umtragung bezieht sich auf den **Zweiterwerb** elektronischer Wertpapiere in **Einzel-eintragung**.[143] Der Zweiterwerb elektronischer Wertpapiere **in Sammeleintragung** erfolgt **außerhalb des Registers** nach §§ 929 ff. BGB. Einen Sonderfall stellt der Austausch der eingetragenen Wertpapiersammelbank bzw. des Verwahrers dar, auf die ebenfalls die Regeln der Umtragung Anwendung finden. Mit der Umtragung wird nur die Person des „Inhabers" im Register geändert, nicht die – dort nicht zur Registereintragung vorgesehene – Person des Berechtigten oder Eigentümers. Es erfolgt auch keine „Rechtsänderung". Daher ist die Umtragung kein an § 873 BGB orientierter Übertragungstatbestand[144] und in Ermangelung eines, auch nicht fingierbaren, Besitzes kein an §§ 930 f. angelehntes Übergabesurrogat.[145] Die Umtragung ist vielmehr **Übergabesubstitut** nach § 25 Abs. 1 Satz 1 eWpG. Sie überträgt die faktische Verfügungsgewalt (nicht die rechtliche Verfügungsbefugnis) und damit die vorrangige Weisungsmöglichkeit gegenüber der registerführenden Stelle. Die Weisung zur Umtragung auf den Emittenten löst die Fälligkeit der Leistungspflicht Zug-um-Zug aus (§ 29 Abs. 1 eWpG).

72 Die Umtragung nimmt die registerführende Stelle vorrangig **auf Weisung des Inhabers** vor, indem sie die Registerangaben nach § 13 Abs. 1 Nr. 6, § 17 Abs. 1 Nr. 6 eWpG ändert. Die Umtragung betraf im Referentenentwurf ausschließlich Kryptowertpapiere. Die dort noch vorgesehene, herkömmlichen Registern folgende Sequenzierung in eine **Austragung** und eine **Eintragung** sah die Literatur für die DLT als ungeeignet an.[146] Dem wurde im weiteren Gesetzgebungsverfahren mit einer Anpassung Rechnung getragen. Die Umtragung wurde nach der Ergänzung von Einzeleintragungen in zentrale Register auf diese ausgedehnt, indem § 13 Abs. 1 eWpG um die Nr. 6 ergänzt wurde. Die Möglichkeit einer automatisierten und algorithmenbasierten Umtragung bei Kryptowertpapierregistern[147] bleibt angesichts der Aufsichtsverantwortung der **registerführenden Stelle** und der Berichtigungsmöglichkeit einer zentralen Instanz begrenzt.

73 Ziel soll es sein, einer **ungewollten Rechtevermehrung** vorzubeugen (§ 7 Abs. 3 Satz 3 eWpG).[148] Dazu wird der Erwerber des elektronischen Wertpapiers in dem Augenblick zum Inhaber des Rechts, in dem seine Eintragung als solcher in das Wertpapierregister anstelle des bisherigen Inhabers erfolgt. Zur Vermeidung **herrenloser** Wertpapiere[149] in Einzeleintragung stellt § 25 Abs. 1 Satz 2 eWpG klar, dass der Veräußerer nach Austragung keinen (Eigentums-)Rechtsverlust erleidet, solange die Eintragung noch nicht erfolgt ist. Zu alledem ist anzumerken, dass im elektronischen Wertpapierregister unmittelbar nur der „Inhaber", anders als im Bundesschuldbuch aber nicht der „Berechtigte" (der „Gläubiger" gemäß § 7 Abs. 2 BSchuWG) und anders als im Grundbuch auch nicht der „Eigentümer" ausgewiesen ist. Wären mehrere „Inhaber" im elektronischen Wertpapierregister gleichzeitig eingetragen, würde das also ebenso wenig zu einer Rechtevermehrung führen wie die gänzlich fehlende Eintragung eines Inhabers zu einem Rechtsverlust. Effektiv erreichbares Ziel kann es somit nur sein, widerstreitende **Rechtsscheintatbestände** nach

---

143) Begr. RegE Gesetz zur Einführung von eWp, BT-Drucks. 19/26925, S. 43.

144) So die h. M. *Omlor* in: Omlor/Möslein/Grundmann, Elektronische Wertpapiere, S. 137, 149 f.; Müller/ Pieper-*Pieper*, eWpG, § 4 Rz. 55; *Mittwoch*, WM 2021, 375, 381.

145) *Matzke*, Stellungnahme z. RefE eWpG, v. 23.7.2020, Stand: 11.9.2020, S. 13, abrufbar unter https:// bundesfinanzministerium.de/Content/DE/Gesetzestexte/Gesetze_Gesetzesvorhaben/Abteilungen/ Abteilung_VII/19_Legislaturperiode/2021-06-09-einfuehrung-elektronische-wertpapiere/0-Gesetz.html (Abrufdatum: 21.2.2023).

146) *Casper*, BKR 2019, 209, 215; *Lehmann*, BKR 2020, 431, 436.

147) Begr. RegE Gesetz zur Einführung von eWp, BT-Drucks. 19/26925, S. 60; Müller/Pieper-*Pieper*, eWpG, § 4 Rz. 56.

148) *Pieper* in: Müller/Pieper, eWpG § 4 Rz. 57.

149) *Linardatos*, ZBB 2020, 329, 341; Müller/Pieper-*Pieper*, eWpG, § 4 Rz. 58.

§§ 26, 27 eWpG und **tatsächliche Zugriffsmöglichkeiten** mehrerer Personen bzw. den Entfall jeglicher Zugriffsmöglichkeit auszuschließen.

X. Löschung (§ 4 Abs. 9 eWpG)

Löschung ist die Kenntlichmachung eines eingetragenen elektronischen Wertpapiers und 74 seiner niedergelegten Emissionsbedingungen als **gegenstandslos**. Der Gesetzgeber bezweckt mit der Definition, dass eine Löschung entgegen dem allgemeinen Sprachgebrauch **nicht als vollständige Vernichtung** der gespeicherten Registerangaben und der Datensätze verstanden werden soll.[150] Vielmehr wird der Registerinhalt **geändert** (siehe die gesetzlichen Überschriften zu §§ 14, 18 eWpG) und **publik** gemacht.[151]

Von vornherein keine „Löschung" i. S. von Absatz 9 ist die unverzügliche **Rückgängig-** 75 **machung** weisungs- oder zustimmungsloser Datenänderungen Dritter nach § 14 Abs. 5 Satz 1, § 18 Abs. 5 Satz 1 eWpG.[152] Hierbei wird das jeweilige Datum nicht lediglich als gegenstandslos kenntlich gemacht, sondern im Wortsinne „gelöscht" und durch den vorhergehenden Registerinhalt ersetzt. Gleiches gilt für die einseitige weisungslose Befugnis zur **Berichtigung offenbarer Unrichtigkeiten** nach § 5 Abs. 2 Satz 2 eWpG, die die Wirksamkeit der Eintragung nicht in Frage stellen (z. B. offensichtliche Schreibfehler, Zahlendreher oder die Unrichtigkeit eines unwesentlichen Nebenpunktes, wie z. B. eines kalendermäßigen Datums).[153] Daneben verwendet das eWpG den Begriff der „Löschung" nicht i. S. von § 4 Abs. 9 eWpG, sondern im **Wortsinne**, wenn es um eine „unbefugte" Löschung geht (§ 16 Abs. 1 eWpG), die sich naturgemäß nicht nach dem Gesetz richtet. In § 5 Abs. 1 Satz 3 eWpG bezieht sich die Löschung über den Wortlaut des Absatz 9 hinaus auf die Emissionsbedingungen eines nicht eingetragenen elektronischen Wertpapiers. Die in der Literatur vorgeschlagene Ausweitung des Löschungsbegriffs auf alle Registerangaben[154] erscheint wegen der Möglichkeit zur „**Änderung**", deren Unterform die Löschung ist, nicht erforderlich.

Die **tatsächliche Zugriffsmöglichkeit** auf elektronische Wertpapiere ist im Vergleich zu 76 körperlichen Urkunden zugunsten des Registerführers und zulasten des Inhabers verschoben. Eine physische Wertpapierurkunde könnte von niemand anderem als dem Inhaber tatsächlich „gelöscht" (vernichtet) werden. Freilich ist deren Inhaber zumeist eine Wertpapiersammelbank. Hinzu kommt auch hier die Möglichkeit einer **Kraftloserklärung** im Wege eines Aufgebotsverfahrens (§ 799 BGB) sowie einer Änderung der Emissionsbedingungen kraft **Gläubigerbeschlusses** aufgrund von Kollektivhandlungsklauseln (§ 21 Abs. 1 SchVG, § 4j BSchuWG). Für den Vollzug von Änderungen der Skriptur elektronischer Wertpapiere hat die registerführende Stelle die aus § 21 SchVG bekannte **Registerfunktion** der Wertpapiersammelbank inne.[155] Die tatsächliche Einwirkungsmöglichkeit auf den Inhalt elektronischer Wertpapiere liegt aber ausschließlich bei der **registerführenden Stelle**. Deren Funktion kann für Kryptowertpapiere im Zweifel sogar der Emittent selbst übernehmen (§ 16 Abs. 2 Satz 2 eWpG). Daher ist es gesetzgeberisches Ziel, die **überschießende**

---

150) Begr. RegE Gesetz zur Einführung von eWp, BT-Drucks. 19/26925, S. 44; Müller/Pieper-*Pieper*, eWpG, § 4 Rz. 61.

151) *Linardatos*, ZBB 2020, 329, 345.

152) Müller/Pieper-*Pieper*, eWpG, § 4 Rz. 59, § 7 Rz. 5.

153) *Lieder* in: Omlor/Möslein/Grundmann, Elektronische Wertpapiere, S. 103, 120; *Saive*, Stellungnahme z. RefE eWpG, v. 13.9.2020, S. 3, abrufbar unter https://bundesfinanzministerium.de/Content/DE/Gesetzestexte/Gesetze_Gesetzesvorhaben/Abteilungen/Abteilung_VII/19_Legislaturperiode/2021-06-09-einfuehrung-elektronische-wertpapiere/0-Gesetz.html (Abrufdatum: 21.2.2023); vgl. dazu auch *Lendermann* in: Hopt/Seibt, Schuldverschreibungsrecht, § 4b BSchuWG Rz. 20.

154) Müller/Pieper-*Pieper*, eWpG, § 4 Rz. 60.

155) Begr. RegE Gesetz zur Einführung von eWp z. § 5 Abs. 3 eWpG, BT-Drucks. 19/26925, S. 46.

Macht der registerführenden Stelle an eine rechtliche Weisungsgebundenheit zu knüpfen und so einzuhegen.

77　Voraussetzung der Löschung elektronischer Wertpapiere ist deren **Gegenstandslosigkeit**. Diese liegt vor, wenn die Eintragungen bzw. Emissionsbedingungen „**unrichtig**" oder „**rechtlich überholt**" oder die Wertpapiere „**kraftlos**" sind.[156] In einem solchen Fall repräsentiert die Eintragung das eingetragene Recht nicht oder nicht mehr korrekt. Ebenso erfasst wird der Fall, in dem das elektronische Papier **unwirksam** ist. Dies ist der Fall, wenn entweder die Aufnahme der wesentlichen Angaben in das Register, die Niederlegung der Emissionsbedingungen oder die Bezugnahme fehlt.[157] Handelt es sich bei dem Eintragungsmangel nicht lediglich um eine offenbare Unrichtigkeit, gilt das **Deckungs- oder Kongruenzprinzip**.[158] Danach ist die Eintragung wirksam, soweit sie im Hinblick auf ihren Inhalt und Umfang mit dem **Begebungsvertrag** übereinstimmt. Beziehen sich Einigung und Eintragung hingegen auf ganz unterschiedliche Forderungen, dann gelangt das elektronische Wertpapier von vornherein nicht zum Entstehen. Solange das elektronische Wertpapier allerdings nicht aus dem entsprechenden Register gelöscht ist, besteht aber die Möglichkeit des gutgläubigen Erwerbs nach § 26 eWpG.

78　Mit der Löschung verliert die Eintragung ihre **Beweisfunktion**. Sie ist mit Zeitstempel zu versehen und publik zu machen. Bei der Ausgestaltung der Löschung hatte der Gesetzgeber folgende Abwägung zu treffen:

79　**Technisch** ist die **vollständige Vernichtung** der im Register in pseudonymisierter Form vorliegenden personenbezogenen Daten vor allem bei einem verteilten Register nicht möglich. Aus Gründen der Beweisführung und aufgrund gesetzlicher Bestimmungen (insbesondere § 8 GwG, § 83 WpHG) ist die vollständige Löschung im Regelfall auch gar **nicht wünschenswert**. Die Daten werden im Übrigen benötigt, um die Historie der Übertragungen im Interesse an einer **lückenlosen Legitimationskette** nachvollziehen zu können.

80　Andererseits unterliegt die registerführende Stelle einer Pflicht zur Löschung der gespeicherten personenbezogenen Daten („**Recht auf Vergessenwerden**" nach Art. 17 DSGVO[159]). Dem werden die Klarstellungen in § 14 Abs. 5 und § 18 Abs. 5 eWpG gerecht. Zugleich verdeutlichen sie die Positionierung des Gesetzgebers dahingehend, dass Pseudonymisierungen i. S. von § 17 Abs. 2 Satz 2 eWpG allein eine datenschutzrechtliche Ausnahme des eWpG nach Art. 23 Abs. 1 DSGVO offenbar nicht rechtfertigen können.[160] Daher ist es notwendig, aber auch ausreichend, wenn – neben der Kenntlichmachung des elektronischen Wertpapiers als gegenstandslos – zudem die für den Betrieb des elektronischen Wertpapierregisters unerlässlichen **Kontaktdaten des Inhabers**, insbesondere der zur Pseudonymisierung genutzten **Zuordnungsdaten** i. S. von Art. 17 DSGVO „**gelöscht**" werden.[161]

XI.　Registerführende Stelle (§ 4 Abs. 10 eWpG)

81　Der Begriff der „registerführenden Stelle" fasst die Begriffe „zentrales Register" (§ 12 Abs. 2 eWpG) und „Kryptowertpapierregister" (§ 16 Abs. 2 eWpG) zusammen. Der Oberbegriff

---

156) Begr. RegE Gesetz zur Einführung von eWp, BT-Drucks. 19/26925, S. 44; Müller/Pieper-*Pieper*, eWpG, § 4 Rz. 63.

157) *Lieder* in: Omlor/Möslein/Grundmann, Elektronische Wertpapiere, S. 103, 120.

158) *Lieder* in: Omlor/Möslein/Grundmann, Elektronische Wertpapiere, S. 103, 120.

159) Verordnung (EU) 2016/679 des Europäischen Parlaments und des Rates v. 27.4.2016 zum Schutz natürlicher Personen bei der Verarbeitung personenbezogener Daten, zum freien Datenverkehr und zur Aufhebung der Richtlinie 95/46/EG (Datenschutz-Grundverordnung – DSGVO), ABl. (EU) L 119/1 v. 4.5.2016.

160) Müller/Pieper-*Pieper*, eWpG, § 4 Rz. 62.

161) Begr. RegE Gesetz zur Einführung von eWp, BT-Drucks. 19/26925, S. 44.

soll die für die Registerführung geltenden Funktionen allgemein und unabhängig von der Registerart in Abschnitt 1 systematisch bündeln. Die registerführende Stelle ist **Garant für die Integrität** des genutzten Verfahrens hinsichtlich der Wertpapiereigenschaft elektronisch begebener Wertpapiere. Sie ist **Vertrauensträger** zur rechtssicheren Feststellung der Herkunft und Unverfälschtheit des Datensatzes bei der Skriptur eines elektronisch begebenen Wertpapiers. Die registerführende Stelle stellt die **Authentizität** (d. h. Feststellung des Urhebers) und **Integrität** (d. h. durchgehende Unverfälschtheit) eines von ihr registrierten Wertpapiers während seines gesamten Lebenszyklus sicher.

Die registerführende Stelle hat die Pflicht, in Bezug auf Datenspeicherung, Datendarstellung und Datensicherheit die jeweils effizientesten technischen Standards zu nutzen. Dies umfasst auch die Pflicht, die verwendeten Systeme permanent auf ihre Eignung und Verlässlichkeit zu überprüfen und ggf. fortzuentwickeln.   **82**

Keine Funktion des elektronischen Wertpapierregisters und nicht einmal sein Ziel ist es hingegen, die **materielle Rechtslage zutreffend wiederzugeben**.[162] Es wird nämlich nur der Inhaber, nicht der Berechtigte eingetragen. Bei Sammeleintragungen fallen beide sogar regelmäßig auseinander. Deshalb verlangt § 7 Abs. 2 Satz 1 Alt. 1 eWpG von der registerführenden Stelle Unmögliches, wenn sie nach dieser Vorschrift sicherzustellen hat, „dass das elektronische Wertpapierregister jederzeit die bestehende Rechtslage zutreffend wiedergibt" (siehe Rz. 7). Es kann daher nur darum gehen, die registerführende Stelle zur zutreffenden **Umsetzung von zulässigen und wirksamen Weisungen** zur Änderung des Registers zu verpflichten.[163]   **83**

Die Einzelheiten der Aufgabenerledigung durch die registerführende Stelle legt ein **Geschäftsbesorgungsvertrag** mit dem jeweiligen Emittenten fest.[164]   **84**

1. Zentrale Register

Zentrale Register dürfen nur **Wertpapiersammelbanken** oder **Verwahrer** führen. Taugliche Registerführer sind mithin nach Art. 16 CSDR als Zentralverwahrer zugelassene juristische Personen, die eine Kerndienstleistung im Inland erbringen (Wertpapiersammelbank gemäß § 12 Abs. 2 Nr. 1 i. V. m. § 4 Abs. 5 eWpG), und Kreditinstitute mit der Erlaubnis zum Betreiben des Depotgeschäfts im Inland (Verwahrer gemäß § 12 Abs. 2 Nr. 2 i. V. m. § 4 Abs. 6 eWpG). Die Eignung zur Registerführung ergibt sich aus der jeweils nötigen aufsichtsrechtlichen Erlaubnis.   **85**

2. Kryptowertpapierregister

Der Gesetzgeber verlangt auch für Kryptowertpapierregister eine **registerführende Stelle**. Dabei entspricht eine zentrale Instanz, die in verteilten Registern Änderungen vornimmt, eigentlich nicht der dezentralen Organisation solcher Netzwerke.[165] Vollkommen dezentrale Blockchain-Netzwerke ohne registerführende Stelle sind aber nicht als Kryptowertpapierregister zulässig.[166] Die Vorzüge der dezentralen Funktionsweise des Registers müssen hinter der **Berichtigungsmöglichkeit zugunsten der materiellen Rechtslage** zurücktreten. Die Dezentralität des Kryptowertpapierregisters schließt eine zentrale „register-   **86**

---

162) Bezogen nur auf Sammeleintragungen *Habersack* in: Omlor/Möslein/Grundmann, Elektronische Wertpapiere, S. 83, 98.

163) Vgl. Deutsche Kreditwirtschaft (DK), Stellungnahme z. RegE eWpG, v. 10.3.2021, S. 9, abrufbar unter https://die-dk.de/media/files/2021-03-10-Stn-DK-eWpG-RegE.pdf (Abrufdatum: 21.2.2023).

164) Vgl. zum BSchuWG *Lendermann* in: Hopt/Seibt, Schuldverschreibungsrecht, § 1 BSchuWG Rz. 23.

165) *Dubovitskaya*, ZIP 2020, 2552, 2560.

166) *Lehmann*, BKR 2020, 431, 435.

führende Stelle" mit gesetzlichen Änderungsbefugnissen bzgl. des Registerinhalts daher nicht aus, sondern erfordert sie gerade. Die **zentrale Autorität** ist zwingendes **Korrektiv**, um dem Primat des Rechts über die automatisierten und algorithmenbasierten Ergebnisse der verteilten Register Geltung zu verschaffen, damit diese keine herrschende Funktion erlangen, sondern eine dienende behalten (siehe oben Rz. 37 f.).[167] Das geht über die der registerführenden Stelle teils nur beigemessene Funktion als **Gatekeeper** und **Aufsichtsverantwortlicher**[168] hinaus.

87   Registerführende Stelle eines Kryptowertpapierregisters ist, wen der Emittent gegenüber dem Inhaber als solche benennt (§ 16 Abs. 2 Satz 2 eWpG). Registerführende Stelle ist ein **formeller, kein materieller Begriff**.[169] Demnach ist eine Einheit, die z. B. **technisch** am Betreiben des dezentralen Aufzeichnungssystems mitwirkt und damit materiell Teil der Registerführung ist, keine registerführende Stelle, wenn sie nicht formell als solche **bezeichnet** wird.[170] Die Beaufsichtigung der registerführenden Stelle obliegt nach § 11 eWpG der BaFin. Die Registerführung muss aber nicht zwingend ein (Zentral-)Verwahrer ausführen. § 7 Abs. 4 eWpG stellt klar, dass die Registerführung als solche **kein Depotgeschäft** darstellt und deshalb keiner Erlaubnis nach § 32 KWG bedarf. Ein Minimumstandard wird zu erreichen versucht, indem der Gesetzgeber die Kryptowertpapierregisterführung als **erlaubnispflichtige Finanzdienstleistung** (§ 1 Abs. 1a Satz 2 Nr. 8 KWG) einordnet. Allerdings sieht § 2 Abs. 7b KWG die Unanwendbarkeit zahlreicher aufsichtsrechtlicher Vorschriften vor. Die zivilrechtliche **Existenz des Kryptowertpapiers** und die Wirksamkeit der Registereintragungen dürfen dabei nicht davon abhängen, ob die registerführende Stelle – sei es die vom Emittenten benannte Stelle oder sei es der Emittent selbst – über eine ausreichende aufsichtsrechtliche Erlaubnis verfügt.[171]

88   Als registerführende Stelle eines Kryptowertpapierregisters kommen natürliche oder juristische Personen und rechtsfähige Personen*gruppen* in Betracht.[172] Dass natürliche Personen und Personengruppen, z. B. die das dezentrale System betreibenden Einheiten i. S. von § 4 Abs. 11 eWpG, die nötige Aufsichtsverantwortung kollektiv übernehmen können, begegnet Bedenken. Smart Contracts und künstliche Intelligenz taugen nicht als registerführende Stellen.[173] Die Verwaltung und Fortschreibung des Registers kann aber automatisiert und algorithmenbasiert erfolgen.[174] Der Emittent kann das Kryptowertpapierregister von einem Beauftragten führen lassen (§ 16 Abs. 2 Satz 1 eWpG) oder **unmittelbar selbst** (subsidiäre Fiktion nach § 16 Abs. 2 Satz 2 eWpG) führen. Aus diesem **Emittentenprivileg** ergeben sich Interessenkonflikte.[175] Der Emittent steht damit Bund und Ländern bei Schuldbuchemissionen gleich, **ohne** jedoch staatlich zu sein. Das wird damit zu rechtfertigen versucht, dass Kryptowertpapierregister wegen der Verteilung des Registers

---

167) A. A. zumindest zur Registerkorrekturpflicht nach § 14 Abs. 5 eWpG offenbar Müller/Pieper-*Pieper*, eWpG, § 14 Rz. 39.

168) Vgl. Müller/Pieper-*Pieper*, eWpG, § 4 Rz. 67.

169) Begr. RegE Gesetz zur Einführung von eWp z. § 16 Abs. 2 eWpG, BT-Drucks. 19/26925, S. 60; *Habersack* in: Omlor/Möslein/Grundmann, Elektronische Wertpapiere, S. 83, 88.

170) Begr. RegE Gesetz zur Einführung von eWp z. § 16 Abs. 2 eWpG, BT-Drucks. 19/26925, S. 60.

171) Deutsche Kreditwirtschaft (DK), Stellungnahme z. RegE eWpG, v. 10.3.2021, S. 16, abrufbar unter https://die-dk.de/media/files/2021-03-10-Stn-DK-eWpG-RegE.pdf (Abrufdatum: 21.2.2023); a. A. Müller/Pieper-*Pieper*, eWpG, § 4 Rz. 14.

172) Begr. RegE Gesetz zur Einführung von eWp z. § 16 Abs. 2 eWpG, BT-Drucks. 19/26925, S. 60.

173) Müller/Pieper-*Pieper*, eWpG, § 4 Rz. 66; *Döding/Wentz*, WM 2020, 2312, 2320.

174) Begr. RegE Gesetz zur Einführung von eWp z. § 16 Abs. 2 eWpG, BT-Drucks. 19/26925, S. 60.

175) Deutsche Bundesbank, Technische Kommentare zur Verordnung über Anforderungen an elektronische Wertpapierregister nach §§ 15, 23 eWpG, v. 10.9.2021, S. 1, abrufbar unter https://www.bmj.de/SharedDocs/Gesetzgebungsverfahren/Stellungnahmen/2021/Downloads/0910_Stellungnahme_Bundesbank_RefE_Wertpapierregister.pdf?__blob=publicationFile&v=2 (Abrufdatum: 21.2.2023).

von der registerführenden Stelle weniger abhängig zu sein scheinen.[176] Wegen ihrer **aufsichtsrechtlichen Verantwortlichkeit** muss die registerführende Stelle aber weisungsgemäße Änderungen nach § 18 eWpG vornehmen können.[177] Diese Anforderung entfällt nicht etwa für Systeme, die das nicht leisten können, sondern führt zu deren Untauglichkeit als **Aufzeichnungssystem**. Das steht der Ausschöpfung der technischen Möglichkeiten der DLT entgegen, ist aber als Korrektiv zur Durchsetzung des materiellen Rechts erforderlich. Als Konsequenz hat die registerführende Stelle eines Kryptowertpapierregisters aber keine geringeren Missbrauchsmöglichkeiten als der Führer eines zentralen Registers. Die Absenkung von Aufsichtsanforderungen ist deshalb nicht zu rechtfertigen.[178]

XII. Aufzeichnungssystem (§ 4 Abs. 11 eWpG)

Der Begriff des Aufzeichnungssystems konkretisiert ein **Definitionselement** von **Kryptowertpapierregistern** nach § 16 Abs. 1 eWpG. Er dient der Umschreibung und Abgrenzung von Aufzeichnungssystemen, die das eWpG adressieren soll. Das Kryptowertpapier entsteht durch Eintragung in ein Kryptowertpapierregister (§ 4 Abs. 3 eWpG). Das dafür zu verwendende „Aufzeichnungssystem" ist ein **„dezentraler Zusammenschluss"**: Anstatt die „Kontrollrechte" in herkömmlicher Weise bei einer zentralen Vertrauensinstanz zu bündeln, sind sie unter einer Vielzahl der „das System betreibenden Einheiten" „verteilt". Die Abstimmung folgt einem „im Vorhinein festgelegten Muster". Mit **„Muster"** bezeichnet der Gesetzestext offenbar „Regeln" ohne Einschätzungs- und Beurteilungsspielraum, die mithin eine Ermessensentscheidung von einzelnen Betreibereinheiten ausschließen sollen. 89

Mit „Muster" sind jedoch nicht die bekannten und bewährten Regeln des deutschen Wertpapier-, Sachen- oder Registerrechts gemeint. Im prominentesten Beispiel eines „dezentralen Zusammenschlusses", der Blockchain, handelt es sich vielmehr um einen **„Konsensmechanismus"**,[179] der die folgenden Legitimationsverfahren vorsehen kann:[180] 90

– einen **Arbeitsnachweis** durch den Einsatz von Rechenkapazität (**Proof of Work, PoW**);

– einen demgegenüber effizienteren **Anteilsnachweis** an den im Netzwerk übertragenen Werteinheiten (**Proof of Stake, PoS**);

– das vorgenannte Proof-of-Stake-Verfahren, verbunden mit einem Abstimmungs- und Delegationsmechanismus (**Delegated Proof of Stake, DPoS**);

– eine Mindestanzahl von Teilnehmern, die sich auf die Gültigkeit einer Transaktion einigen (**Practical Byzantine Fault Tolerance, PBFT**);

– Delegation an eine einzelne vertrauenswürdige Instanz (**Proof of Authority**); oder Person (**Proof of Person**) aufgrund einer Netzwerkabstimmung.

Jeder Mechanismus ist von der gesetzlichen Definition gedeckt, solange nur die Kontrollrechte verteilt sind. Ziel ist die Einigung auf Transaktionen (**Block**), welche in eine Kette (**Chain**) aufgenommen werden (**Konsens**). Die Transaktionen werden validiert, um Missbrauch oder Fälschung zu verhindern, z. B. eine erneute Ausgabe bereits verwendeter An- 91

---

176) Müller/Pieper-*Pieper*, eWpG, § 4 Rz. 79.

177) A. A. Müller/Pieper-*Pieper*, eWpG, § 4 Rz. 80 f.

178) A. A. Müller/Pieper-*Pieper*, eWpG, § 4 Rz. 79.

179) Deutsche Bundesbank, Monatsbericht 9/2017, S. 35, 37 f., abrufbar unter https://www.bundesbank.de/de/publikationen/berichte/monatsberichte/monatsbericht-september-2017-665470; Deutsche Bundesbank, Monatsbericht 7/2021, S. 39 ff., Deutsche Bundesbank, Monatsbericht 7/2021, S. 33, 38, abrufbar unter https://www.bundesbank.de/de/publikationen/berichte/monatsberichte/monatsbericht-juli-2021-869512 (Abrufdatum jew. 21.2.2023).

180) Vgl. Deutsche Bundesbank, Monatsbericht 9/2017, S. 35, 37 f., abrufbar unter https://www.bundesbank.de/de/publikationen/berichte/monatsberichte/monatsbericht-september-2017-665470 (Abrufdatum: 21.2.2023); *Hellwig/Karlic/Huchzermeier*, Entwickeln Sie Ihre eigene Blockchain, S. 66 ff.

teile durch denselben Veräußerer (sog. **Double-Spending-Problem**, siehe Rz. 36). Die technische Bedeutung des Konsensmechanismus deckt sich nicht mit der rechtlichen: Vielmehr kommt es unter den Netzwerkbetreibern zu einer autoritativen Einzelentscheidung einzelner Netzwerkteilnehmer, die sich durch die vorgenannten Nachweise dafür qualifizieren (Proof of Work, Proof of Stake), oder es kommt zu einer Mehrheitsabstimmung über den Inhalt der Eintragung in den verteilten Registern (Plural). Die Netzwerkbetreiber nehmen keine materiell-rechtlichen Wertungen, sondern rein formale **Validierungen** von Eingabedaten vor und treffen eine automatisierte Entscheidung darüber, in welcher Reihenfolge die Transaktion oder Information dem Register angefügt wird. Konsens i. S. einer zuvor festgelegten vertraglichen Abrede ist daher lediglich, dass die überstimmte Minderheit an die nach diesem vorab festgelegten Muster getroffene Entscheidung gebunden ist, so dass im Ergebnis alle verteilten Register[181] inhaltsgleich sein sollten.

---

181) Unpräzise wäre der Begriff „Registerkopie", denn das Register ist verteilt, setzt sich also als Ganzes aus allen Registern auf den Speichermedien der Teilnehmer zusammen.

§ 5
Niederlegung

(1) [1]Der Emittent hat vor der Eintragung des elektronischen Wertpapiers in einem elektronischen Wertpapierregister die Emissionsbedingungen bei der registerführenden Stelle als beständiges elektronisches Dokument jedermann zur beliebig wiederholbaren unmittelbaren Kenntnisnahme zugänglich zu machen (Niederlegung). [2]Auf Veranlassung des Emittenten kann der Zugang zu den Emissionsbedingungen nach Maßgabe einer Rechtsverordnung nach § 15 oder § 23 beschränkt werden. [3]Wird das elektronische Wertpapier nicht spätestens drei Monate nach der Niederlegung eingetragen, so löscht die registerführende Stelle die niedergelegten Emissionsbedingungen.

(2) [1]Die registerführende Stelle stellt sicher, dass nur Änderungen an den niedergelegten Emissionsbedingungen auf folgenden Grundlagen erfolgen:

1. durch Gesetz,

2. auf Grund eines Gesetzes,

3. auf Grund eines Rechtsgeschäfts,

4. auf Grund einer gerichtlichen Entscheidung oder

5. auf Grund eines vollstreckbaren Verwaltungsakts.

[2]Satz 1 gilt nicht für die Berichtigung offenbarer Unrichtigkeiten.

(3) Änderungen von bereits niedergelegten Emissionsbedingungen bedürfen zu ihrer Wirksamkeit wiederum der Niederlegung.

(4) [1]Der Emittent hat geänderte Emissionsbedingungen niederzulegen. [2]In den geänderten Emissionsbedingungen müssen die Änderungen nachvollziehbar sein.

Literatur: *Casper*, Elektronische Schuldverschreibung: es ist Zeit für einen grundlegenden gesetzlichen Neustart, BKR 2019, 209; *Conreder/Diederichsen/Okonska*, Das neue Gesetz über elektronische Wertpapiere – digitale Zeitenwende im Wertpapierbereich, DStR 2021, 2594; *Döding/Wentz*, Der Referentenentwurf zur Einführung von elektronischen Wertpapieren und Kryptowertpapieren, WM 2020, 2312; *Kleinert/Mayer*, Der deutsche Weg zum elektronischen Wertpapier, EuZW 2020, 1059; *Kusserow/Scholl*, Fragen und Antworten zum Gesetz zur Einführung von elektronischen Wertpapieren, 2021, Stand: 6/2021 (zit.: F&A z. eWpG), abrufbar unter https://www.mayerbrown.com/-/media/files/perspectives-events/publications/2021/06/ewpg-entwurf_fragen_und_antworten_juni-2021_final.pdf (Abrufdatum: 19.2.2023); *Lehmann*, Das Gesetz zur Einführung von elektronischen Wertpapieren, NJW 2021, 2318; *Lenz/Joachimsthaler*, Das Gesetz über elektronische Wertpapiere – Beginnt jetzt die Zukunft?, DB 2021, 1384; *Linardatos*, Elektronische Schuldverschreibungen auf den Inhaber – des Wertpapiers neue Kleider, ZBB 2020, 329; *Litten*, Das eWpG im Kontext der Digitalisierung der Kapitalmärkte, BB 2021, 1223; *Preuße/Wöckener/Gillenkirch*, Das Gesetz zur Einführung elektronischer Wertpapiere – Eine erste Bewertung aus Sicht der Praxis, BKR 2021, 460; *Reger/Langheld/Haagen*, Elektronische Aktien, RDi 2021, 83; *Segna*, Elektronische Wertpapiere im zentralen Register, WM 2020, 2301; *Siadat*, Zweiter Entwurf einer „Verordnung über die Anforderungen an elektronische Wertpapier-register", RDi 2022, 153; *Wieneke/Kunz*, Das Gesetz zur Einführung von elektronischen Wertpapieren – Der Regierungsentwurf, NZG 2021, 316.

Übersicht

I. Normzweck und Grundlagen

Dem Wortlaut nach richtet sich § 5 eWpG in erster Linie an den Emittenten eines elektro- 1
nischen Wertpapiers und erlegt diesem Pflichten im Zusammenhang mit der Niederlegung von Emissionsbedingungen auf. So hat nach § 5 Abs. 1 Satz 1 eWpG der Emittent vor der Eintragung des elektronischen Wertpapiers die Emissionsbedingungen bei der register-führenden Stelle als beständiges Dokument jedermann zur beliebig wiederholbaren un-mittelbaren Kenntnisnahme zugänglich zu machen und nach § 5 Abs. 4 eWpG geänderte Emissionsbedingungen niederzulegen. Erst auf den zweiten Blick wird deutlich, dass **Haupt-adressat des § 5 eWpG** nicht der Emittent, sondern die **registerführende Stelle** (zum Be-griff siehe *Lendermann/Nemeczek*, § 4 Rz. 81 ff.) ist. Denn die Pflicht des Emittenten er-schöpft sich richtigerweise darin, die Emissionsbedingungen der registerführenden Stelle zur Verfügung zu stellen. Der eigentliche Niederlegungsprozess, d. h. die Ablage und Sicherung der Emissionsbedingungen in der von § 5 Abs. 1 eWpG vorgegebenen Weise,

obliegt hingegen der registerführenden Stelle. Dies ergibt sich nicht zuletzt aus der Regierungsbegründung.[1] Dort heißt es:

> „[d]ie registerführende Stelle muss den Gedankeninhalt in einem gegen unbefugte Veränderung gesicherten Datenformat aufnehmen und zeitlich zugeordnet als den bei Begebung maßgeblichen Rechtsinhalt kennzeichnen. Der Gesetzesentwurf beschreibt diesen Vorgang als Niederlegung."

2   Auch § 4 der eWpRV[2] auf Grundlage der §§ 15, 23 eWpG, der die Anforderungen des § 5 eWpG an die Niederlegung der Emissionsbedingungen präzisiert, adressiert die mit der Niederlegung verbundenen Verpflichtungen klar an die registerführende Stelle. Trotz seines missverständlichen Wortlauts erlegt § 5 eWpG folglich in erster Linie der registerführenden Stelle Pflichten im Zusammenhang mit der Niederlegung von Emissionsbedingungen auf.

3   Bei der Niederlegung handelt es sich um einen **Bestandteil der Eintragung** eines elektronischen Wertpapiers. Die Eintragung in ein elektronisches Wertpapierregister ersetzt bei einem elektronischen Wertpapier die Ausstellung der (Papier-)Urkunde als Skripturakt.[3] Die sonstigen Voraussetzungen der Begebung bleiben unberührt.[4] Entgegen einer teilweise vertretenen Ansicht,[5] die die Entstehung des elektronischen Wertpapiers allein an die Eintragung im Register knüpft, bedarf es nach der herrschenden (modifizierten) Vertragstheorie[6] (zusätzlich) eines **Begebungsvertrags** zwischen dem Emittenten und dem Berechtigten.[7] Anders als bei herkömmlichen Wertpapieren ist das sich aus dem Begebungsvertrag ergebende private (vermögenswerte) Recht bei elektronischen Wertpapieren nicht in einer Urkunde, sondern in einem **elektronischen Datensatz** verkörpert.[8] Vor diesem Hintergrund fehlt es bei elektronischen Wertpapieren an einem sichtbaren körperlichen Bezugsobjekt, welches für den Rechtsverkehr jederzeit unverändert verfügbar ist.[9] Damit sich die Herkunft und die Unverfälschtheit des elektronischen Datensatzes trotzdem rechtssicher feststellen lassen, setzt der Skripturakt eines elektronischen Wertpapiers die Mitwirkung eines Vertrauensträgers in Form der registerführenden Stelle voraus.[10] Diese stellt sowohl die Authentizität (Feststellung des Urhebers) als auch die Integrität (Unverfälschtheit seit Herstellung) eines von ihr registrierten Wertpapiers während seines gesamten Lebenszyklus sicher.[11]

4   § 5 eWpG ist Teil der „Allgemeinen Bestimmungen" des ersten Abschnitts des eWpG und gilt daher für **beide Arten von elektronischen Wertpapieren**, d. h. Zentralregisterwertpapiere und Kryptowertpapiere, gleichermaßen. Im Laufe des Gesetzgebungsverfahrens erfuhr die Norm einige inhaltliche Änderungen, auf die in der Kommentierung an den jeweiligen Stellen näher eingegangen wird (siehe Rz. 19 ff., 29 f., 42). Weitere Konkreti-

---

1) Begr. RegE Gesetz zur Einführung von eWp z. § 5 eWpG, BT-Drucks. 19/26925, S. 42.
2) Verordnung über Anforderungen an elektronische Wertpapierregister (eWPRV), v. 24.10.2022, BGBl. I 2022, 1882.
3) Begr. RegE Gesetz zur Einführung von eWp z. § 4 eWpG, BT-Drucks. 19/26925, S. 37.
4) Müller/Pieper-*Müller*, eWpG, § 2 Rz. 7.
5) *Casper*, BKR 2019, 209, 214.
6) Begr. RegE Gesetz zur Einführung von eWp z. § 4 eWpG, BT-Drucks. 19/26925, S. 37; vgl. Staudinger-*Marburger*, BGB, § 793 Rz. 12; Baumbach/Hefermehl/Casper-*Casper*, WechselG/ScheckG, A. Rz. 33.
7) Müller/Pieper-*Müller*, eWpG, § 2 Rz. 7; *Litten*, BB 2021, 1223, 1225; *Wienecke/Kunz*, NZG 2021, 316, 318; *Lenz/Joachimsthaler*, DB 2021, 1384, 1388; wohl auch *Einsele* in: Elektronische Wertpapiere, S. 35 f.
8) Begr. RegE Gesetz zur Einführung von eWp z. § 4 eWpG, BT-Drucks. 19/26925, S. 42.
9) Begr. RegE Gesetz zur Einführung von eWp z. § 4 eWpG, BT-Drucks. 19/26925, S. 42.
10) Begr. RegE Gesetz zur Einführung von eWp z. § 4 eWpG, BT-Drucks. 19/26925, S. 42; *Lieder* in: Omlor/Möslein/Grundmann, Elektronische Wertpapiere, S. 117; Conreder/Meier-*Ribak*, eWpG, § 5 Rz. 13.
11) Begr. RegE Gesetz zur Einführung von eWp z. § 4 eWpG, BT-Drucks. 19/26925, S. 42; *Lieder* in: Omlor/Möslein/Grundmann, Elektronische Wertpapiere, S. 117.

sierungen enthält § 4 eWpRV. Auch auf diese wird in der Kommentierung an den jeweiligen Stellen eingegangen (siehe Rz. 15, 17, 22, 46).

II. Niederlegung der Emissionsbedingungen (§ 5 Abs. 1 eWpG)

1. Niederlegung als Bestandteil der Eintragung

Die Niederlegung der Emissionsbedingungen ist konstitutiv für die Eintragung[12] und stellt **einen von drei Bestandteilen der Eintragung** eines elektronischen Wertpapiers dar.[13] Neben der Niederlegung der Emissionsbedingungen erfordert die Eintragung nach § 4 Abs. 4 eWpG die Aufnahme der nach § 13 oder § 17 eWpG erforderlichen Registerangaben sowie die eindeutige Bezugnahme auf die niedergelegten Emissionsbedingungen. Weder die Aufnahme der Registerangaben noch die Bezugnahme auf die Emissionsbedingungen sind Gegenstand der Regelung des § 5 eWpG. Zur besseren Einordnung werden ihre wesentlichen Voraussetzungen im Folgenden dennoch in Kürze neben den Anforderungen an die Niederlegung dargestellt. Im Übrigen wird auf die Kommentierung zu § 4 eWpG verwiesen (siehe *Lendermann/Nemeczek*, § 4 Rz. 56–59). | 5

a) Aufnahme der gesetzlichen Mindestangaben

Die Eintragung des Wertpapiers setzt die Aufnahme der gesetzlichen Mindestangaben in das elektronische Wertpapierregister voraus. Die erforderlichen Angaben richten sich nach § 13 bzw. § 17 eWpG: Wesentlicher Inhalt des Rechts einschließlich einer eindeutigen Wertpapierkennnummer (bei Kryptowertpapieren eindeutige Kennnummer und Kennzeichnung als Wertpapier), Emissionsvolumen, Nennbetrag, Emittent, Kennzeichnung, ob Einzel- oder Sammeleintragung, Inhaber und Angaben zum Mischbestand nach § 9 Abs. 3 eWpG. Die in das Register aufzunehmenden Angaben müssen für den Rechtsverkehr jederzeit visuell wahrnehmbar sein und dienen der **Bestimmbarkeit (Zuordnung) des elektronischen Wertpapiers**.[14] Entscheidend ist, dass sich der charakteristische Rechtsinhalt des elektronischen Wertpapiers, der Emittent sowie im Falle einer Einzeleintragung etwaige Verfügungsbeschränkungen unmittelbar aus dem Registerinhalt ergeben[15] (siehe näher dazu *Lendermann/Nemeczek*, § 4 Rz. 56–59). | 6

b) Niederlegung der Emissionsbedingungen (Inhalt des Wertpapiers)

Weiterer Bestandteil des Skripturakts ist die Niederlegung der Emissionsbedingungen. Sie dient der **Bestimmbarkeit des Inhalts** des elektronischen Wertpapiers.[16] Sofern die Regierungsbegründung davon spricht, dass es sich bei der Niederlegung „um die eigentliche (elektronische) Verkörperung des Rechts" handelt,[17] erscheint dies jedoch übertrieben.[18] Zum einen setzt die „Verkörperung" eines elektronischen Wertpapiers voraus, dass sämtliche Voraussetzungen des § 4 Abs. 4 eWpG (Aufnahme, Niederlegung und Bezugnahme) erfüllt sind.[19] Zum anderen kann der inhaltlichen Bestimmbarkeit des Wertpapiers kein generell höherer Wert beigemessen werden als der sachenrechtlichen Bestimmtheit, die | 7

---

12) Conreder/Meier-*Ribak*, eWpG, § 5 Rz. 10.
13) Begr. RegE Gesetz zur Einführung von eWp z. § 4 eWpG, BT-Drucks. 19/26925, S. 40.
14) Begr. RegE Gesetz zur Einführung von eWp z. § 4 eWpG, BT-Drucks. 19/26925, S. 40; *Lieder* in: Omlor/Möslein/Grundmann, Elektronische Wertpapiere, S. 116.
15) Begr. RegE Gesetz zur Einführung von eWp z. § 5 eWpG, BT-Drucks. 19/26925, S. 43.
16) Begr. RegE Gesetz zur Einführung von eWp z. § 4 eWpG, BT-Drucks. 19/26925, S. 41.
17) Begr. RegE Gesetz zur Einführung von eWp z. § 4 eWpG, BT-Drucks. 19/26925, S. 41.
18) *Lieder* in: Omlor/Möslein/Grundmann, Elektronische Wertpapiere, S. 116.
19) *Lieder* in: Omlor/Möslein/Grundmann, Elektronische Wertpapiere, S. 116.

die Zuordnung des Wertpapiers zu einem Inhaber gewährleistet.[20] Die Niederlegung dient der wertpapierrechtlichen Publizitäts- und Beweisfunktion und der Archivierung des Inhalts des niederzulegenden Wertpapiers.[21]

aa) Begriff der Niederlegung

8   Nach § 5 Abs. 1 Satz 1 eWpG hat der Emittent vor der Eintragung des elektronischen Wertpapiers in einem elektronischen Wertpapierregister die Emissionsbedingungen bei der registerführenden Stelle als beständiges Dokument jedermann zur beliebig wiederholbaren unmittelbaren Kenntnisnahme zugänglich zu machen. Dieser Vorgang wird vom Gesetz als Niederlegung bezeichnet. Die Pflicht des Emittenten erschöpft sich jedoch darin, der registerführenden Stelle die Emissionsbedingungen zugänglich zu machen, wohingegen die registerführende Stelle den eigentlichen Niederlegungsprozess übernimmt (siehe Rz. 1 f.).

9   **Niederlegung i. S. des § 5 Abs. 1 Satz 1 eWpG bedeutet** demnach, dass die registerführende Stelle das sich aus dem Begebungsvertrag ergebende private (vermögenswerte) Recht in einem gegen unbefugte Veränderung gesicherten Datenformat aufnehmen und zeitlich zugeordnet als den bei Begebung maßgeblichen Rechtsinhalt kennzeichnen muss.[22]

bb) Begriff der Emissionsbedingungen

10   Der Begriff der Emissionsbedingungen wird in § 4 Abs. 7 eWpG **legal definiert**. Danach sind Emissionsbedingungen „der niedergelegte Inhalt des Rechts, für das ein elektronisches Wertpapier eingetragen wird, einschließlich der Nebenbestimmungen". Ausweislich der Regierungsbegründung wurde trotz der derzeitigen Beschränkung des Anwendungsbereichs des eWpG auf Inhaberschuldverschreibungen nicht der in diesem Zusammenhang übliche Begriff der „Anleihebedingungen" verwendet, um den Begriff auch bei einer künftigen Einführung elektronischer Aktien beibehalten zu können.[23] Diese Begründung überzeugt allerdings nicht.[24] Denn der Inhalt der sich aus einer Aktie ergebenden Rechte wird allein durch die Satzung i. V. m. dem AktG (vgl. § 11 Satz 1 i. V. m. § 23 Abs. 3 Nr. 4, Abs. 5 AktG) bestimmt.[25] Eine Niederlegung von Emissionsbedingungen ist daher bei Aktien im Falle der Einführung elektronischer Aktien nicht erforderlich.[26]

c) Bezugnahme auf die niedergelegten Emissionsbedingungen (Beweisfunktion)

11   Der dritte Bestandteil des Skripturakts ist die Bezugnahme auf die niedergelegten Emissionsbedingungen. Durch den Skripturakt muss sichergestellt sein, dass das elektronische Wertpapier jederzeit aus dem Register heraus zum **Beweis des Rechtsverhältnisses** im Rechtsverkehr geeignet und bestimmt ist.[27] Gewährleistet wird dies durch eine dauerhafte und eindeutige Bezugnahme der Registereintragung auf die außerhalb des Registerinhalts nieder-

---

20) *Lieder* in: Omlor/Möslein/Grundmann, Elektronische Wertpapiere, S. 116.

21) Conreder/Meier-*Ribak*, eWpG, § 5 Rz. 1.

22) Begr. RegE Gesetz zur Einführung von eWp z. § 4 eWpG, BT-Drucks. 19/26925, S. 42; *Döding/Wentz*, WM 2020, 2312, 2315; wohl a. A. Müller/Pieper-*Müller*, eWpG, § 5 Rz. 5 ff.

23) Begr. RegE Gesetz zur Einführung von eWp z. § 5 eWpG, BT-Drucks. 19/26925, S. 43.

24) Vgl. DAV, Stellungnahme z. RefE eWpG, v. 23.9.2020, S. 12, abrufbar unter https://bundesfinanz-ministerium.de/Content/DE/Gesetzestexte/Gesetze_Gesetzesvorhaben/Abteilungen/Abteilung_VII/19_Legislaturperiode/2021-06-09-einfuehrung-elektronische-wertpapiere/0-Gesetz.html (Abrufdatum: 19.2.2023).

25) *Koch*, AktG, § 11 Rz. 1 ff. und § 23 Rz. 29; *Pentz* in: MünchKomm-AktG, § 23 Rz. 132.

26) Vgl. *Reger/Langheld/Haagen*, RDi 2021, 83, 88.

27) Begr. RegE Gesetz zur Einführung von eWp z. § 4 eWpG, BT-Drucks. 19/26925, S. 41.

gelegten Emissionsbedingungen.[28] In Betracht kommt insbesondere die elektronische Verknüpfung der Wertpapierkennnummer mit dem bei der registerführenden Stelle gespeicherten Datenbestand zu den Emissionsbedingungen.[29] Wichtig ist dabei, dass die Verknüpfung leicht und ohne technische Hilfsmittel, die über die gängigen Anwendungsprogramme hinausgehen, von jedermann erkannt, nachverfolgt und gelesen werden kann[30] (näher dazu siehe *Lendermann/Nemeczek*, § 4 Rz. 59).

2. Anforderungen an die Niederlegung

a) Niederlegung außerhalb des Registers (keine Incorporation by Reference)

Die Emissionsbedingungen werden außerhalb des Registers niedergelegt.[31] Dies ist zweckmäßig, um die Übersichtlichkeit und Klarheit des Wertpapierregisters zu gewährleisten.[32] Nur auf diese Weise kann das Wertpapierregister seine Publizitätsfunktion überhaupt erfüllen.[33] Trotzdem soll es sich bei der Niederlegung ausweislich der Regierungsbegründung **nicht um eine Form der sog. „Incorporation by Reference"** handeln.[34] Eine solche wird in § 2 Satz 2 SchVG ausdrücklich zugelassen. Es handelt sich um eine Ausnahme von dem Grundsatz, dass sich die Anleihebedingungen aus der Urkunde ergeben müssen.[35] Die außerhalb der Urkunde niedergelegten Anleihebedingungen sind verfasste Texte, die nicht mit der Globalurkunde verbunden sind.[36] Mittels Verweis werden diese zum Bestandteil der Urkunde gemacht. Grund hierfür ist, dass sich manche Inhalte, insbesondere bei Emissionsprogrammen, auf eine Vielzahl verschiedener Anleihen eines Emittenten beziehen und gleichlautende Bestimmungen für sämtliche dieser Anleihen beinhalten. Ein gesondertes Abdrucken jeder Bestimmung in den Anleihebedingungen der einzelnen Anleihen erscheint nicht sinnvoll.[37] Die Entstehung eines elektronischen Wertpapiers setzt hingegen kumulativ sowohl die Aufnahme der gesetzlichen Mindestangaben als auch die Niederlegung der Emissionsbedingungen voraus. Lediglich die technische Darstellung dieser Skriptur ist zweigeteilt.[38]

12

b) Zeitpunkt der Niederlegung

Nach § 5 Abs. 1 Satz 1 eWpG sind die Emissionsbedingungen vor der Eintragung des elektronischen Wertpapiers im elektronischen Wertpapierregister niederzulegen. Ferner setzt die Aufnahme des Wertpapiers in das Wertpapierregister nach § 4 Abs. 4 eWpG die eindeutige und unmittelbar erkennbare Bezugnahme auf die niedergelegten Emissionsbedingungen voraus. Nach der Regierungsbegründung muss die Niederlegung daher zumindest **eine juristische Sekunde vor der Aufnahme** des Wertpapiers in das Wertpapierregister erfolgen.[39] Diese Klarstellung in der Regierungsbegründung trägt Bedenken aus der Praxis[40]

13

28) Begr. RegE Gesetz zur Einführung von eWp z. § 4 eWpG, BT-Drucks. 19/26925, S. 41.
29) Begr. RegE Gesetz zur Einführung von eWp z. § 4 eWpG, BT-Drucks. 19/26925, S. 41.
30) Begr. RegE Gesetz zur Einführung von eWp z. § 4 eWpG, BT-Drucks. 19/26925, S. 41.
31) *Kleinert/Mayer*, EuZW 2020, 1059, 1061.
32) *Lieder* in: Omlor/Möslein/Grundmann, Elektronische Wertpapiere, S. 118.
33) *Lieder* in: Omlor/Möslein/Grundmann, Elektronische Wertpapiere, S. 118.
34) Begr. RegE Gesetz zur Einführung von eWp z. § 5 eWpG, BT-Drucks. 19/26925, S. 43; so auch Conreder/Meier-*Ribak*, eWpG, § 5 Rz. 10; *Segna*, WM 2020, 2301, 2306.
35) *Bliesener/Schneider* in: Langenbucher/Bliesener/Spindler, Bankrechts-Kommentar, § 2 SchVG Rz. 5.
36) *Bliesener/Schneider* in: Langenbucher/Bliesener/Spindler, Bankrechts-Kommentar, § 2 SchVG Rz. 6.
37) *Bliesener/Schneider* in: Langenbucher/Bliesener/Spindler, Bankrechts-Kommentar, § 2 SchVG Rz. 7.
38) Begr. RegE Gesetz zur Einführung von eWp z. § 5 eWpG, BT-Drucks. 19/26925, S. 43.
39) Begr. RegE Gesetz zur Einführung von eWp z. § 5 eWpG, BT-Drucks. 19/26925, S. 43.
40) Vgl. DAV, Stellungnahme z. RefE eWpG, v. 23.9.2020, S. 12 f., abrufbar unter https://bundesfinanzministerium.de/Content/DE/Gesetzestexte/Gesetze_Gesetzesvorhaben/Abteilungen/Abteilung_VII/19_Legislaturperiode/2021-06-09-einfuehrung-elektronische-wertpapiere/0-Gesetz.html; Die Deutsche Kreditwirtschaft, Stellungnahme z. RegE eWpG, v. 10.3.2021, S. 6, abrufbar unter https://die-dk.de/media/files/2021-03-10-Stn-DK-eWpG-RegE.pdf (Abrufdatum jew. 19.2.2023).

Rechnung, die im Hinblick auf den Referentenentwurf geäußert wurden.[41] Gemäß diesen Bedenken widerspreche die Verpflichtung zur Niederlegung der Emissionsbedingungen vor der Aufnahme des elektronischen Wertpapiers in das Wertpapierregister der gängigen Praxis, insbesondere bei der Emission von Basisprospekten, sowie grundlegenden praktischen Bedürfnissen.[42] Die endgültige Festlegung der Emissionsbedingungen, insbesondere die Festlegung des Gesamtvolumens und des Zinssatzes, erfolge regelmäßig erst am Emissionstag, weshalb die Bedingungen bis dahin entweder unvollständig oder vorläufig seien.[43] Einer nachträglichen Vervollständigung stehe aber Absatz 2 im Weg, der die Änderung der einmal niedergelegten Emissionsbedingungen nur unter bestimmten, strengen Voraussetzungen zulasse.[44]

14   Sofern die Emissionsbedingungen (bis zu drei Monate) vor der Eintragung niedergelegt werden, ist sicherzustellen, dass die Einsichtnahme auch **unabhängig von einer Verlinkung** im Wertpapierregister möglich ist. Ausweislich der Regierungsbegründung soll sich bei Kryptowertpapieren in diesem Zusammenhang insbesondere die Veröffentlichungsform der sog. **„White Paper"** anbieten. Bei diesen handelt es sich um Dokumente, die i. R. der Einführung einer neuen Kryptowährung veröffentlicht werden. Sie enthalten sämtliche Informationen über die Einsatzgebiete und die hinter der neuen Kryptowährung stehende Technologie und dienen dazu, potenziellen Anlegern eine informierte Kaufentscheidung zu ermöglichen.[45] White Paper sind regelmäßig im PDF-Format frei im Internet verfügbar.[46]

c) Niederlegung in beständiger Form

15   Die Emissionsbedingungen müssen als elektronisches Dokument in beständiger Form niedergelegt werden. Der Gesetzgeber hat sich bewusst für eine technikoffene Formulierung entschieden.[47] Vorgegeben werden weder ein bestimmtes Speichermedium noch eine bestimmte Speicherart. Auch wird die Verarbeitung der die Gedankenerklärung repräsentierenden elektronischen Sequenzen durch den Wortlaut nicht eingegrenzt.[48] Eine qualifizierte elektronische Signatur i. S. des § 126a BGB ist ebenfalls nicht erforderlich.[49] Entscheidend ist allein, dass die **Sequenzen im Herrschaftsbereich der registerführenden Stelle unverändert überdauern.**[50] Dies setzt zum einen voraus, dass die Daten zunächst auf einem dauerhaften Datenträger gespeichert werden.[51] Dafür sollte etwa die Bereitstellung auf einem USB-Stick, einer DVD, CD-ROM, Diskette oder die Speicherung unmit-

---

41) Müller/Pieper-*Müller*, eWpG, § 5 Rz. 11.

42) DAV, Stellungnahme z. RefE eWpG, v. 23.9.2020, S. 12, abrufbar unter https://bundesfinanzministerium.de/Content/DE/Gesetzestexte/Gesetze_Gesetzesvorhaben/Abteilungen/Abteilung_VII/19_Legislaturperiode/2021-06-09-einfuehrung-elektronische-wertpapiere/0-Gesetz.html (Abrufdatum: 19.2.2023).

43) DAV, Stellungnahme z. RefE eWpG, v. 23.9.2020, S. 12, abrufbar unter https://bundesfinanzministerium.de/Content/DE/Gesetzestexte/Gesetze_Gesetzesvorhaben/Abteilungen/Abteilung_VII/19_Legislaturperiode/2021-06-09-einfuehrung-elektronische-wertpapiere/0-Gesetz.html (Abrufdatum: 19.2.2023).

44) DAV, Stellungnahme z. RefE eWpG, v. 23.9.2020, S. 12, abrufbar unter https://bundesfinanzministerium.de/Content/DE/Gesetzestexte/Gesetze_Gesetzesvorhaben/Abteilungen/Abteilung_VII/19_Legislaturperiode/2021-06-09-einfuehrung-elektronische-wertpapiere/0-Gesetz.html; Die Deutsche Kreditwirtschaft, Stellungnahme z. RegE eWpG, v. 10.3.2021, S. 6, abrufbar unter https://die-dk.de/media/files/2021-03-10-Stn-DK-eWpG-RegE.pdf (Abrufdatum jew. 19.2.2023).

45) BitcoinMag, Whitepaper erklärt: Was sind Krypto Whitepaper?, abrufbar unter https://www.bitcoinmag.de/whitepapers-verstehen (Abrufdatum: 19.2.2023).

46) BitcoinMag, Whitepaper erklärt: Was sind Krypto Whitepaper? abrufbar unter https://www.bitcoinmag.de/whitepapers-verstehen (Abrufdatum: 19.2.2023).

47) Begr. RegE Gesetz zur Einführung von eWp z. § 5 eWpG, BT-Drucks. 19/26925, S. 43.

48) Begr. RegE Gesetz zur Einführung von eWp z. § 5 eWpG, BT-Drucks. 19/26925, S. 43.

49) Kritisch Müller/Pieper-*Müller*, eWpG, § 5 Rz. 7.

50) Begr. RegE Gesetz zur Einführung von eWp z. § 5 eWpG, BT-Drucks. 19/26925, S. 43.

51) Vgl. Müller/Pieper-*Müller*, eWpG, § 5 Rz. 7.

telbar auf einer Festplatte eines Servers durch Versendung per Email oder Upload, nicht jedoch im Zwischenspeicher einer Festplatte genügen.[52] Zum anderen müssen die Authentizität (Feststellung des Urhebers) und Integrität (Unverfälschtheit seit Herstellung) sichergestellt werden.[53] Nach § 4 Abs. 1 Satz 1 eWpRV hat die registerführende Stelle die Informationen für die Niederlegung der Emissionsbedingungen als beständiges Dokument nachweisbar derart zu speichern, dass sie jederzeit unverändert wiedergegeben werden können. Insofern soll die registerführende Stelle auf die Technische Richtlinie TR-03125 des Bundesamts für Sicherheit in der Informationstechnik (BSI) zur Beweiswerterhaltung kryptographisch signierter Dokumente oder auf andere damit vergleichbare Verfahren zurückgreifen.[54] Ferner soll sie gemäß Satz 2 dafür Sorge tragen, dass die Integrität und Authentizität der gespeicherten Informationen für den gesamten Zeitraum, in dem Schutzbedarf besteht, sichergestellt und jederzeit überprüfbar sind. Der schutzbedürftige Zeitraum ist nicht allgemein bestimmbar, dürfte jedoch nach Verjährung aller Ansprüche aus dem elektronischen Wertpapier oder nach Löschung eines elektronischen Wertpapiers aus dem Register nach Erfüllung aller Ansprüche nicht mehr fortdauern.[55]

Das Kriterium **„unverändert"** bezieht sich richtigerweise nur auf inhaltliche Veränderungen. Es soll sichergestellt werden, dass weder die registerführende Stelle, der Emittent noch sonstige Dritte die Emissionsbedingungen inhaltlich abändern. Unter welchen Voraussetzungen einmal niedergelegte Emissionsbedingungen inhaltlich abgeändert werden können, regelt § 5 Abs. 2 eWpG. Rein formale Änderungen, wie etwa die Überführung der Emissionsbedingungen in ein neues Format oder die Verwendung einer neuen Programmiersprache zur Erfüllung der geltenden technischen Standards, stellen folglich keine (unzulässigen) Veränderungen i. S. des § 5 Abs. 1 eWpG dar. Denn es ist gerade Sinn und Zweck der elektronischen Begebungsform, den technischen Fortschritt für Effizienzgewinne zu nutzen.[56] Diesem Ziel kann nur Genüge getan werden, wenn stets die geltenden technischen Standards erfüllt werden. Ansonsten wäre nicht gewährleistet, dass die Emissionsbedingungen stets mittels der zum jeweiligen Zeitpunkt gängigen Anwendungsprogramme gelesen werden können (siehe Rz. 11, 14, 17). **16**

d) Möglichkeit zur Kenntnisnahme der Emissionsbedingungen

Die Emissionsbedingungen sind **jedermann zur beliebig wiederholbaren unmittelbaren Kenntnisnahme zugänglich** zu machen. Ein so hohes Maß an Transparenz ist bei verbrieften Wertpapieren nicht verpflichtend.[57] Elektronische Dokumente können freilich nur über eine Software und ein Anzeigegerät gelesen werden.[58] Die Möglichkeit zur unmittelbaren Kenntnisnahme ist demnach gegeben, wenn jeder Einsichtnehmende die niedergelegten Informationen mittels eines Standard-Anwendungsprogramms auf dem Bildschirm, vergleichbar mit Schriftzeichen auf Papier, lesen kann.[59] Darüber hinaus darf die Kenntnisnahme an keine zusätzlichen, über den bloßen Abruf der Datei hinausgehenden Zwischenakte (z. B. einen Antrag) geknüpft werden.[60] Nach § 4 Abs. 2 eWpRV soll die registerführende Stelle die Emissionsbedingungen grundsätzlich jederzeit im Internet frei zugänglich **17**

52) Müller/Pieper-*Müller*, eWpG, § 5 Rz. 7.
53) Müller/Pieper-*Müller*, eWpG, § 5 Rz. 7; Conreder/Meier-*Ribak*, eWpG, § 5 Rz. 18.
54) Begr. eWpRV, v. 27.10.2022, BAnz AT 15.12.2022 B2, S. 4.
55) Begr. eWpRV, v. 27.10.2022, BAnz AT 15.12.2022 B2, S. 5.
56) Begr. RegE Gesetz zur Einführung von eWp z. § 7 eWpG, BT-Drucks. 19/26925, S. 46.
57) *Lehmann*, NJW 2021, 2318, 2322.
58) Müller/Pieper-*Müller*, eWpG, § 5 Rz. 10.
59) Begr. RegE Gesetz zur Einführung von eWp z. § 5 eWpG, BT-Drucks. 19/26925, S. 44.
60) Müller/Pieper-*Müller*, eWpG, § 5 Rz. 10.

und über gängige Verfahren leicht auffindbar zur Verfügung zu stellen. Eine kurzzeitige Einschränkung des Zugangs, etwa wegen notwendiger Wartungsarbeiten, ist unbeachtlich.[61]

18   **§ 2 Abs. 2 Satz 1 SchVG** enthält eine Klarstellung für das SchVG, dass auch die Anleihebedingungen von elektronischen Schuldverschreibungen bei der registerführenden Stelle des Wertpapierregisters, in dem die Schuldverschreibung eingetragen ist, zugänglich sein müssen.[62] Auch dabei handelt es sich um eine Pflicht der registerführenden Stelle.[63]

19   **§ 5 Abs. 1 Satz 2 eWpG** enthält eine **Ausnahme** von der Regel, dass die Emissionsbedingungen jedermann zugänglich zu machen sind. Danach besteht die Möglichkeit, den Zugang zu den Emissionsbedingungen auf Veranlassung des Emittenten nach Maßgabe einer Rechtsverordnung zu begrenzen. Eine derartige Beschränkungsmöglichkeit war im ursprünglichen Gesetzesentwurf nicht vorgesehen. Angedacht war stattdessen eine generelle Veröffentlichungspflicht. Begründet wurde diese damit, dass das Recht zur Einsichtnahme der Emissionsbedingungen – anders als das Recht zur Einsichtnahme in das Wertpapierregister (vgl. § 10 Abs. 2 eWpG) – nicht an ein berechtigtes Interesse des Einsehenden geknüpft sei. Denn das Register enthalte weitere sensible Informationen bspw. zur Inhaberschaft; eine Preisgabe sensibler Informationen sei bei Kenntnisnahme der Emissionsbedingungen indes nicht zu befürchten.[64]

20   Die generelle Veröffentlichungspflicht stieß in Literatur und Praxis auf Kritik.[65] Auch der Bundesrat empfahl in seiner Stellungnahme vom 12.2.2021, erneut zu überprüfen, ob am Veröffentlichungskriterium unverändert festgehalten werden sollte.[66] Eine uneingeschränkte Veröffentlichungspflicht könne sich nachteilig auf die Emissionspraxis insbesondere bei **Privatplatzierungen** auswirken. So würden Schuldverschreibungen nicht nur aus Refinanzierungsgründen am öffentlichen Kapitalmarkt ausgegeben, sondern auch zur Generierung von Kapital – alternativ zum Kredit – durch privat platzierte Schuldverschreibungen an ausgesuchte Investoren.[67] Bei derartigen Privatplatzierungen seien in den Emissionsbedingungen durchaus vertrauliche Informationen, wie etwa hinsichtlich der beabsichtigten Mittelverwendung, enthalten. Eine Pflicht zur uneingeschränkten Offenlegung der Emissionsbedingungen könne Emittenten davon abhalten, elektronische Wertpapiere innerhalb dieses Marktsegments zu begeben.[68]

21   Diese Kritik aufgreifend wurde Satz 2 in § 5 Abs. 1 eWpG eingefügt. Der Gesetzgeber hält dabei grundsätzlich am Prinzip der öffentlichen Zugänglichkeit der Emissionsbedingungen fest, schafft jedoch die Möglichkeit, Ausnahmen zuzulassen.[69] Insbesondere bei Privatplatzierungen, bei welchen die Emission des Wertpapiers ausschließlich an einen ausgesuchten Investorenkreis erfolgt, besteht kein Bedürfnis für eine gesetzlich verpflichtende allge-

---

61) Begr. eWpRV, v. 27.10.2022, BAnz AT 15.12.2022 B2, S. 4.

62) *Döding/Wentz*, WM 2020, 2312, 2315.

63) Vgl. auch *Kusserow/Scholl*, F&A z. eWpG, S. 20; Müller/Pieper-*Müller*, eWpG, § 5 Rz. 13, der darin jedoch einen Unterschied zur Regelung des § 5 Abs. 1 eWpG erblickt.

64) Vgl. Begr. RegE Gesetz zur Einführung von eWp z. § 5 eWpG, BT-Drucks. 19/26925, S. 44.

65) *Wieneke/Kunz*, NZG 2021, 316, 319; vgl. Die Deutsche Kreditwirtschaft, Stellungnahme z. RegE eWpG, v. 10.3.2021, S. 7 f., abrufbar unter https://die-dk.de/media/files/2021-03-10-Stn-DK-eWpG-RegE.pdf; BAI, Stellungnahme z. RefE eWpG, v. 14.9.2020, S. 8; DDV, Stellungnahme z. RefE eWpG, v. 14.9.2020, S. 8 f. (Stellungnahmen z. RefE, abrufbar unter https://bundesfinanzministerium.de/Content/DE/Gesetzestexte/Gesetze_Gesetzesvorhaben/Abteilungen/Abteilung_VII/19_Legislaturperiode/2021-06-09-einfuehrung-elektronische-wertpapiere/0-Gesetz.html [Abrufdatum jew. 19.2.2023]).

66) Stellungnahme d. BRats z. RegE eWpG, BR-Drucks. 8/21 (Beschluss), S. 2.

67) Stellungnahme d. BRats z. RegE eWpG, BR-Drucks. 8/21 (Beschluss), S. 2.

68) Stellungnahme d. BRats z. RegE eWpG, BR-Drucks. 8/21 (Beschluss), S. 2; s. dazu auch Conreder/Meier-*Ribak*, eWpG, § 5 Rz. 26 ff.

69) Beschlussempfehlung und Bericht d. FA z. Gesetz zur Einführung von eWp, BT-Drucks. 19/29372, S. 55.

meine Zugänglichkeit der Emissionsbedingungen.[70] Dies entspricht auch dem geltenden Aufsichtsrecht.[71] Die Voraussetzungen und Bedingungen, insbesondere in welchen Fällen eine Einschränkung zulässig ist und wer dem Kreis der Zugangsberechtigten angehört, sollen durch Rechtsverordnung festgelegt werden.[72] Im Zuge dessen wurde die Verordnungsermächtigung in § 15 Abs. 1 Satz 1 Nr. 1 sowie § 23 Abs. 1 Satz 1 Nr. 2 eWpG ergänzt.

§ 4 eWpRV sieht entsprechende Regelungen vor. So soll die registerführende Stelle den **22** Zugang zu den Emissionsbedingungen auf Veranlassung des Emittenten gemäß § 4 Abs. 5 eWpRV beschränken können, wenn sich ein Erwerbsangebot lediglich an einen eingeschränkten Personenkreis richtet. Eine Verpflichtung der registerführenden Stelle, eine solche Beschränkungsmöglichkeit anzubieten, besteht nach der Begründung zum eWpRV jedoch nicht.[73] Dessen unbenommen kann der Emittent die registerführende Stelle jedoch vertraglich zu einer Beschränkung des Zugangs verpflichten.[74] Änderungen des Zugangs sollen gemäß § 4 Abs. 4 eWpRV rechtzeitig und in geeigneter Weise bekannt gemacht sowie eine Bezugnahme auf die niedergelegten Emissionsbedingungen unverzüglich aktualisiert werden.

Ob der Emittent von der Möglichkeit zur Beschränkung Gebrauch macht oder es bei der **23** allgemeinen Regelung zur öffentlichen Zugänglichkeit belässt, ist ihm überlassen.[75]

Nach erfolgter Eintragung muss jeder, der in das Wertpapierregister Einsicht nimmt, die **24** Möglichkeit haben, die dort in Bezug genommenen Emissionsbedingungen beliebig oft und zu jeder Zeit zur Kenntnis zu nehmen.[76] Wie diese Verlinkung technisch umzusetzen ist, überlässt das Gesetz einer untergesetzlichen Regelung, vgl. § 15 Abs. 1 Nr. 1 und § 23 Abs. 1 Nr. 2 eWpG (siehe hierzu näher *Lendermann/Nemeczek*, § 4 Rz. 59).

3. Löschung der Emissionsbedingungen

Nach Austragung des elektronischen Wertpapiers aus dem Wertpapierregister sind die **25** niedergelegten Emissionsbedingungen grundsätzlich zu löschen. Die Löschung der Emissionsbedingungen nach Austragung des Wertpapiers richtet sich ausweislich der Regierungsbegründung nach den jeweiligen sondergesetzlichen Regelungen bzw. nach § 14 Abs. 1 und § 18 Abs. 1 eWpG.[77] Gemäß § 4 Abs. 9 eWpG ist unter der Löschung die Kenntlichmachung eines eingetragenen elektronischen Wertpapiers und seiner niedergelegten Emissionsbedingungen als gegenstandslos zu verstehen. Die entsprechenden Datensätze werden demnach nicht vernichtet; es findet lediglich eine **Offenlegung des veränderten Rechtszustandes** statt.[78] Eine vollständige Vernichtung ist schon vor dem Hintergrund der Geldwäscheprävention i. S. des § 8 GwG und aufsichtsrechtlicher Aufzeichnungs- und Aufbe-

---

70) Beschlussempfehlung und Bericht d. FA z. Gesetz zur Einführung von eWp, BT-Drucks. 19/29372, S. 55.

71) *Preuße/Wöckener/Gillenkirch*, BKR 2021, 460, 463; *Lieder* in: Omlor/Möslein/Grundmann, Elektronische Wertpapiere, S. 119; Müller/Pieper-*Müller*, eWpG, § 5 Rz. 9.

72) Beschlussempfehlung und Bericht d. FA z. Gesetz zur Einführung von eWp, BT-Drucks. 19/29372, S. 55.

73) S. a. *Siadat*, RDi 2022, 153, 156 f.

74) Begr. eWpRV, v. 27.10.2022, BAnz AT 15.12.2022 B2, S. 4. Vgl. auch Deutsche Börse Group, Stellungnahme z. RefE eWpRV, v. 14.9.2021, S. 2; Bitkom, Stellungnahme z. RefE eWpRV, v. 14.9.2021, S. 2, (Stellungnahmen z. RefE abrufbar unter https://www.bmj.de/SharedDocs/Gesetzgebungsverfahren/DE/Wertpapierregister.html [Abrufdatum jew. 19.2.2023]).

75) Beschlussempfehlung und Bericht d. FA z. Gesetz zur Einführung von eWp, BT-Drucks. 19/29372, S. 55.

76) Begr. RegE Gesetz zur Einführung von eWp z. § 5 eWpG, BT-Drucks. 19/26925, S. 43.

77) Begr. RegE Gesetz zur Einführung von eWp z. § 5 eWpG, BT-Drucks. 19/26925, S. 43.

78) *Linardatos*, ZBB 2020, 329, 345.

wahrungspflichten nach § 83 WpHG ausgeschlossen.[79] Gesetzliche Fristen zur Löschung bestehen nicht. Insofern wäre eine untergesetzliche Regelung denkbar.[80]

26   § 5 Abs. 1 Satz 3 eWpG enthält eine **spezielle Löschungsanordnung** für den Fall, dass die Eintragung eines Wertpapiers in das Register nach erfolgter Niederlegung der Emissionsbedingungen ausbleibt. Wird das elektronische Wertpapier nicht spätestens **drei Monate nach der Niederlegung** eingetragen, so hat die registerführende Stelle die Emissionsbedingungen unabhängig von einem entsprechenden Willen des Emittenten zu löschen.[81] Hintergrund ist, dass zumindest normativ ein zeitliches Auseinanderfallen von Niederlegung und Eintragung möglich ist und der Niederlegung der Emissionsbedingungen als Teil des Skripturaktes ein über eine bloße Vorbereitungshandlung hinausgehender Anschein einer Emissionsabsicht innewohnt.[82] Wird das Wertpapier nicht spätestens drei Monate nach erfolgter Niederlegung eingetragen, ist die registerführende Stelle daher verpflichtet, die niedergelegten Emissionsbedingungen zu löschen. Auf diese Weise sollen die durch die Niederlegung der Emissionsbedingungen geweckten Erwartungen potenzieller Investoren bezüglich der Emission des Wertpapiers zeitlich auf drei Monate begrenzt werden.[83]

27   Vor diesem Hintergrund beginnt die Drei-Monats-Frist (Ereignisfrist i. S. des § 187 Abs. 1 BGB) richtigerweise in dem Moment zu laufen, in dem die Emissionsbedingungen für den Rechtsverkehr zur Einsichtnahme freigeschaltet werden.[84] Unerheblich ist daher, ob die Emissionsbedingungen bereits zu einem früheren Zeitpunkt in den Herrschaftsbereich der registerführenden Stelle gelangt sind.[85] Mit jeder Zugänglichmachung einer niedergelegten Änderung dürfte die Frist zudem von neuem zu laufen beginnen.[86]

28   Der **Begriff der „Löschung"** ist ausweislich der Regierungsbegründung auch an dieser Stelle untechnisch zu verstehen (siehe Rz. 25). Eine endgültige Vernichtung ist nicht vorgegeben.[87] Erforderlich ist, dass die niedergelegten Informationen nicht mehr als Emissionsbedingungen eines in Entstehung begriffenen Wertpapiers bei der registerführenden Stelle abgerufen werden können.[88] Insbesondere zu Beweiszwecken sollten die Daten zumindest vorerst weiterhin existieren und ggf. sichtbar gemacht werden können.[89] Ob die Daten nach dem Verstreichen einer bestimmten Frist insbesondere aus Gründen des **Datenschutzes** endgültig zu vernichten sind, lässt sich dem Gesetz nicht entnehmen.[90] Zwar kann nach der Regierungsbegründung

> „[...] die Regelung des Verfahrens und der Fristen für die unwiderbringliche Vernichtung der Informationen [...], auch zur Konkretisierung datenschutzrechtlicher Interessenabwägungen, im Verordnungswege (§ 15 Nr. 9) erfolgen".[91]

---

79) *Linardatos*, ZBB 2020, 329, 345.
80) Begr. RegE Gesetz zur Einführung von eWp z. § 5 eWpG, BT-Drucks. 19/26925, S. 43.
81) Müller/Pieper-*Müller*, eWpG, § 5 Rz. 15.
82) Begr. RegE Gesetz zur Einführung von eWp z. § 5 eWpG, BT-Drucks. 19/26925, S. 44.
83) *Döding/Wentz*, WM 2020, 2312, 2315.
84) Müller/Pieper-*Müller*, eWpG, § 5 Rz. 14.
85) Müller/Pieper-*Müller*, eWpG, § 5 Rz. 14.
86) Vgl. Müller/Pieper-*Müller*, eWpG, § 5 Rz. 14.
87) Begr. RegE Gesetz zur Einführung von eWp z. § 5 eWpG, BT-Drucks. 19/26925, S. 44.
88) Begr. RegE Gesetz zur Einführung von eWp z. § 5 eWpG, BT-Drucks. 19/26925, S. 44.
89) Begr. RegE Gesetz zur Einführung von eWp z. § 5 eWpG, BT-Drucks. 19/26925, S. 44.
90) Müller/Pieper-*Müller*, eWpG, § 5 Rz. 15.
91) Begr. RegE Gesetz zur Einführung von eWp z. § 5 eWpG, BT-Drucks. 19/26925, S. 44.

Eine solche noch im Referentenentwurf vorgesehene Verordnungsermächtigung findet 29
sich im eWpG jedoch nicht mehr.[92)]

Im Regierungsentwurf war ursprünglich **anstelle der Drei-Monats-Frist** noch eine Frist 30
von einem Monat vorgesehen. Diese Frist wurde jedoch als zu kurz bemessen angesehen.
Der Bundesrat führte in seiner Stellungnahme vom 12.2.2021 aus, dass ein zeitliches Auseinanderfallen von Niederlegung und tatsächlicher Emission bzw. Handel der Wertpapiere über mehrere Monate in der Marktpraxis nicht ungewöhnlich sei.[93)] Hintergrund sei,
dass geplante Wertpapiere erst am Markt platziert und nur bei ausreichendem Investoren-
interesse abschließend formal emittiert würden. Von dieser Praxis könne auch im Hinblick auf die Emittierung elektronischer Wertpapiere ausgegangen werden.[94)] Die Monats-
frist würde in derartigen Fällen dazu führen, dass bereits eingereichte Niederlegungsanträge
erneut einzureichen wären und im Register zugänglich zu machen seien. Die Verursa-
chung dieses Mehraufwandes sei durch eine Verlängerung der Frist vermeidbar.[95)]

Ungeachtet der Verlängerung der Löschungsfrist verbleibt das Risiko einer verspäteten Ein- 31
tragung jedoch letztlich beim Emittenten.[96)] Dies erscheint vor dem Hintergrund, dass der
Emittent keinen Einfluss auf den Eintragungsprozess hat, nicht gerechtfertigt.[97)]

Auch in sonstiger Hinsicht wird das **Regelungsziel der Löschungsfrist** zu Recht in Zweifel 32
gezogen.[98)] Denn der bloße Anschein einer Emissionsabsicht begründet keine gefestigte
Vertrauensposition der potenziellen Anleger auf eine tatsächlich zeitnah erfolgende Emission.[99)] Überdies hat der durch § 5 Abs. 1 Satz 3 eWpG in Gang gesetzte Prozess, namentlich die Löschung der bereits niedergelegten Emissionsbedingungen (auch bei geringfügiger
zeitlicher Überschreitung der Eintragungsfrist) und die anschließende erneute Niederlegung
der Emissionsbedingungen, gerade eine weitere Verzögerung der Emission zur Folge.[100)] Vor
diesem Hintergrund sollte bereits die Mitteilung des Emittenten, an der Emission festhalten
zu wollen, – vorausgesetzt die Rückgängigmachung der Löschung kann technisch dargestellt
und die Zugänglichmachung für jedermann wieder gewährleistet werden – ausreichen; eine
erneute Niederlegung kann in diesem Fall demnach nicht erforderlich sein.[101)]

Alternativ käme in Betracht, die Löschungsanordnung des § 5 Abs. 1 Satz 3 eWpG gänzlich 33
aus dem Gesetz zu streichen oder bereits dann von einer Fristwahrung auszugehen, wenn
der Emittent alle gesetzlich notwendigen Schritte ergriffen hat und die Eintragung des elektronischen Wertpapiers ausschließlich von der registerführenden Stelle abhängig ist.[102)]

In der Literatur wurde die Frage aufgeworfen, ob eine **unterbliebene Löschung** der Wirk- 34
samkeit einer gleichsam vorgenommenen Eintragung unter Einbeziehung der niedergelegten Emissionsbedingungen entgegenstehen könne.[103)] Dies wird jedoch zu Recht verneint.[104)]
Richtigerweise kommt der Löschung konstitutive Wirkung zu.[105)] Ohne Löschung existie-

---

92) Müller/Pieper-*Müller*, eWpG, § 5 Rz. 15.

93) Stellungnahme d. BRats z. RegE eWpG, BR-Drucks. 8/21 (Beschluss), S. 2.

94) Stellungnahme d. BRats z. RegE eWpG, BR-Drucks. 8/21 (Beschluss), S. 2.

95) Stellungnahme d. BRats z. RegE eWpG, BR-Drucks. 8/21 (Beschluss), S. 3.

96) *Lieder* in: Omlor/Möslein/Grundmann, Elektronische Wertpapiere, S. 119.

97) *Lieder* in: Omlor/Möslein/Grundmann, Elektronische Wertpapiere, S. 119.

98) *Lieder* in: Omlor/Möslein/Grundmann, Elektronische Wertpapiere, S. 119 f.

99) *Lieder* in: Omlor/Möslein/Grundmann, Elektronische Wertpapiere, S. 120.

100) *Lieder* in: Omlor/Möslein/Grundmann, Elektronische Wertpapiere, S. 120.

101) Vgl. Müller/Pieper-*Müller*, eWpG, § 5 Rz. 15.

102) *Lieder* in: Omlor/Möslein/Grundmann, Elektronische Wertpapiere, S. 120.

103) Müller/Pieper-*Müller*, eWpG, § 5 Rz. 17.

104) Müller/Pieper-*Müller*, eWpG, § 5 Rz. 17.

105) Müller/Pieper-*Müller*, eWpG, § 5 Rz. 17.

ren die Emissionsbedingungen demnach fort, sodass das Wertpapier unter Verweis auf diese wirksam eingetragen werden kann.[106]

4. Fehlende Niederlegung

35   Der Eintragung des Wertpapiers nach § 4 Abs. 4 eWpG kommt konstitutive Wirkung zu.[107] Fehlt die Eintragung bzw. einer ihrer wesentlichen Bestandteile, namentlich Aufnahme, Niederlegung oder Bezugnahme, ist das Wertpapier nicht wirksam begeben.[108] Die Niederlegung ist daher **Wirksamkeitsvoraussetzung.**[109] Dies folgt nicht zuletzt auch aus Absatz 3, wonach geänderte Emissionsbedingungen zu ihrer Wirksamkeit wiederum der Niederlegung bedürfen.[110]

36   **Ohne Niederlegung** der Emissionsbedingungen entsteht das elektronische Wertpapier demnach nicht; ein Forderungsrecht des Berechtigten wird nicht begründet.[111] Dieselbe Rechtsfolge ergibt sich bei einer fehlerhaften Niederlegung.[112] Wird das elektronische Wertpapier trotz fehlender Niederlegung in das Wertpapierregister eingetragen, bleibt ein **gutgläubiger Zweiterwerb** gleichwohl möglich. Denn der maßgebliche Rechtsscheinträger in Form der Eintragung im elektronischen Wertpapierregister existiert trotz fehlender Niederlegung.[113] Nach der Regierungsbegründung genügen die Angaben im Wertpapierregister für den Umlauf der elektronischen Wertpapiere.[114] Es ist also nicht erforderlich, dass ein Erwerber die Emissionsbedingungen überhaupt zur Kenntnis nimmt. Ein diesbezüglicher Mangel dürfte für diesen daher auch regelmäßig nicht erkennbar sein.[115]

III. Änderung der Emissionsbedingungen (§ 5 Abs. 2 bis 4 eWpG)

37   Die § 5 Abs. 2 bis 4 eWpG betreffen die Änderung bereits niedergelegter Emissionsbedingungen.

1. Integrität der Emissionsbedingungen (§ 5 Abs. 2 eWpG)

38   § 5 Abs. 2 eWpG dient der (zusätzlichen) Sicherung der Integrität der Emissionsbedingungen.[116] Die registerführende Stelle hat sicherzustellen, dass Änderungen nur aus den in § 5 Abs. 2 Nr. 1–5 eWpG abschließend[117] aufgezählten Gründen erfolgen.

39   Die **Änderung** der niedergelegten Emissionsbedingungen darf nur durch Gesetz (formelles Parlamentsgesetz) oder aufgrund eines Gesetzes (z. B. Verordnung), aufgrund eines Rechtsgeschäfts, einer gerichtlichen Entscheidung oder eines vollstreckbaren Verwaltungsaktes erfolgen.[118]

---

106) Müller/Pieper-*Müller*, eWpG, § 5 Rz. 17.

107) *Lieder* in: Omlor/Möslein/Grundmann, Elektronische Wertpapiere, S. 120.

108) *Lieder* in: Omlor/Möslein/Grundmann, Elektronische Wertpapiere, S. 120; *Linardatos*, ZBB 2020, 329, 339.

109) Müller/Pieper-*Müller*, eWpG, § 5 Rz. 12; *Linardatos*, ZBB 2020, 329, 339.

110) Müller/Pieper-*Müller*, eWpG, § 5 Rz. 12.

111) *Linardatos*, ZBB 2020, 329, 339.

112) Conreder/Meier-*Ribak*, eWpG, § 5 Rz. 55.

113) *Linardatos*, ZBB 2020, 329, 339.

114) Begr. RegE Gesetz zur Einführung von eWp z. § 5 eWpG, BT-Drucks. 19/26925, S. 43.

115) *Linardatos*, ZBB 2020, 329, 339.

116) *Lieder* in: Omlor/Möslein/Grundmann, Elektronische Wertpapiere, S. 117.

117) Müller/Pieper-*Müller*, eWpG, § 5 Rz. 18.

118) Vgl. Müller/Pieper-*Müller*, eWpG, § 5 Rz. 19.

Als **Rechtsgeschäft** kommt insbesondere ein Vertrag des Emittenten mit allen Gläubigern **40** in Betracht; erfasst sind aber auch Beschlüsse der Gläubigerversammlung i. S. des SchVG.[119] Ebenfalls denkbar ist, dass Änderungen bereits in den Emissionsbedingungen angelegt sind.[120] Ist ein solcher Änderungsvorbehalt bereits in den Emissionsbedingungen angelegt, können die entsprechenden Änderungen – vorbehaltlich AGB-Konformität – vom Emittenten einseitig vorgenommen werden; die Zustimmung der Anleger liegt mit deren Erwerb vor.[121] Zu denken ist in diesem Zusammenhang etwa an Klauseln zur Schuldnerersetzung,[122] aber auch an die Änderung von Referenzzinssätzen bei variabel verzinslichen Anleihen oder den Austausch von Zahlstellen.[123] Darüber hinaus sollten Änderungen, die ausschließlich positive Auswirkungen für die Berechtigten haben, auch ohne deren Zustimmung möglich sein, selbst wenn ein einseitiges Änderungsrecht nicht vereinbart wurde.[124] Ansonsten wären bspw. freiwillige Zinserhöhungen bei Inhaberschuldverschreibungen in der Praxis nicht mehr durchführbar, da der Emittent die Inhaber regelmäßig nicht kennt und Gläubigerversammlungen bei Bankschuldverschreibungen nicht zulässig bzw. praktikabel sind.[125]

Die **gerichtliche Entscheidung** erfasst sämtliche Arten von Entscheidungen. Nach dem **41** Gesetzeswortlaut ist es dabei unerheblich, ob die Entscheidung vollstreckbar ist. Richtigerweise sollte die Entscheidung jedoch zumindest vorläufig vollstreckbar sein.[126] Dies steht im Einklang mit der Möglichkeit, die Emissionsbedingungen auf Grundlage eines **vollstreckbaren Verwaltungsakts** (Abs. 2 Satz 1 Nr. 5) zu ändern.[127]

Die registerführende Stelle trifft eine rein **formelle Prüfungspflicht**, ob die jeweiligen Änderungen auf entsprechenden Rechtsgrundlagen beruhen.[128] Im Regierungsentwurf war ursprünglich noch folgende Formulierung vorgesehen: „Die registerführende Stelle stellt sicher, dass nur Änderungen an den niedergelegten Emissionsbedingungen wie folgt erfolgen: [...]". Diese Formulierung implizierte eine materielle Prüfungspflicht der registerführenden Stelle. Eine materielle Prüfung, ob die jeweiligen Änderungen die Voraussetzungen der entsprechenden Rechtsgrundlage erfüllen, kann von der registerführenden Stelle jedoch

---

119) Müller/Pieper-*Müller*, eWpG, § 5 Rz. 20; vgl. auch *Kusserow/Scholl*, F&A z. eWpG, S. 20, die in diesen Fällen jedoch nicht die Variante „auf Grund eines Rechtsgeschäfts", sondern – zumindest im Kontext der §§ 14, 18 – wohl die Variante „auf Grund eines Gesetzes" für einschlägig halten; dazu auch Müller/Pieper-*Müller*, eWpG, § 5 Fn. 36.

120) Begr. RegE Gesetz zur Einführung von eWp z. § 5 eWpG, BT-Drucks. 19/26925, S. 44; *Lieder* in: Omlor/Möslein/Grundmann, Elektronische Wertpapiere, S. 117; Müller/Pieper-*Müller*, eWpG, § 5 Rz. 20.

121) *Kusserow/Scholl*, Fragen und Antworten zum Entwurf eines Gesetzes zur Einführung von elektronischen Wertpapieren, 21.

122) Begr. RegE Gesetz zur Einführung von eWp z. § 5 eWpG, BT-Drucks. 19/26925, S. 44; *Lieder* in: Omlor/Möslein/Grundmann, Elektronische Wertpapiere, S. 116; vgl. auch DDV, Stellungnahme z. RefE eWpG v. 14.09.2020, S. 9.

123) *Kusserow/Scholl*, F&A z. eWpG, S. 21; Müller/Pieper-*Müller*, eWpG, § 5 Rz. 20.

124) Die Deutsche Kreditwirtschaft, Stellungnahme z. RegE eWpG, v. 10.3.2021, S. 8, abrufbar unter https://die-dk.de/media/files/2021-03-10-Stn-DK-eWpG-RegE.pdf; DDV, Stellungnahme z. RefE eWpG, v. 14.9.2020, S. 9, abrufbar unter https://bundesfinanzministerium.de/Content/DE/Gesetzestexte/Gesetze_Gesetzesvorhaben/Abteilungen/Abteilung_VII/19_Legislaturperiode/2021-06-09-einfuehrung-elektronische-wertpapiere/0-Gesetz.html (Abrufdatum jew. 19.2.2023); vgl. dazu auch Müller/Pieper-*Müller*, eWpG, § 5 Rz. 20.

125) Die Deutsche Kreditwirtschaft, Stellungnahme z. RegE eWpG, v. 10.3.2021, S. 8, abrufbar unter https://die-dk.de/media/files/2021-03-10-Stn-DK-eWpG-RegE.pdf; DDV, Stellungnahme z. RefE eWpG, v. 14.9.2020, S. 9, abrufbar unter https://bundesfinanzministerium.de/Content/DE/Gesetzestexte/Gesetze_Gesetzesvorhaben/Abteilungen/Abteilung_VII/19_Legislaturperiode/2021-06-09-einfuehrung-elektronische-wertpapiere/0-Gesetz.html (Abrufdatum jew. 19.2.2023).

126) Vgl. Müller/Pieper-*Müller*, eWpG, § 5 Rz. 21.

127) Müller/Pieper-*Müller*, eWpG, § 5 Rz. 21.

128) Beschlussempfehlung und Bericht d. FA z. Gesetz zur Einführung von eWp, BT-Drucks. 19/29372, S. 55.

nicht durchgeführt werden.[129] Stattdessen muss sie sich darauf verlassen können, dass der Emittent die Emissionsbedingungen ausschließlich im rechtlich zulässigen Umfang abändert.[130] Vor diesem Hintergrund wurde der Wortlaut von § 5 Abs. 2 eWpG im Gesetzgebungsverfahren entsprechend angepasst. Durch die Anpassung wird nunmehr die rein formelle Prüfungspflicht der registerführenden Stelle ausdrücklich klargestellt.[131] Diese beschränkt sich auf eine Plausibilitätsprüfung der Angaben des Emittenten, ob die Änderungen auf der entsprechenden Rechtsgrundlage beruhen.[132]

43   Gemäß § 5 Abs. 2 Satz 2 eWpG gilt Satz 1 nicht für die **Berichtigung** offenbarer Unrichtigkeiten. Offensichtliche Schreibfehler und vergleichbare offenbare Unrichtigkeiten können demnach ohne Weiteres korrigiert werden.[133] Konsequenterweise spricht das Gesetz in diesem Zusammenhang somit auch nicht von der Änderung, sondern der Berichtigung von Unrichtigkeiten.

2. Vollzug von Änderungen und Beweisfunktion geänderter Emissionsbedingungen (§ 5 Abs. 3 und 4 eWpG)

44   Gemäß **§ 5 Abs. 3 eWpG** bedürfen Änderungen von bereits niedergelegten Emissionsbedingungen zu ihrer Wirksamkeit wiederum der Niederlegung. Die Niederlegung ist demnach nicht nur **Wirksamkeitsvoraussetzung** im Rahmen der Eintragung, sondern ebenfalls **für die Änderung von Emissionsbedingungen**.[134] Auch an dieser Stelle dient die Pflicht zur Niederlegung der Publizität und Beweissicherung im Interesse eines effektiven Verkehrsschutzes.[135] Unter Änderungen fallen **sämtliche Abweichungen von den vorherigen Emissionsbedingungen**, wie etwa der Wegfall, die Modifizierung oder Ergänzung einer Klausel.[136] Die **Niederlegung** erfordert auch an dieser Stelle die Zugänglichmachung der (geänderten) Emissionsbedingungen als beständiges elektronisches Dokument zur beliebig wiederholbaren Kenntnisnahme durch jedermann. Richtigerweise wird der Zusatz „vor der Eintragung" nur relevant, wenn infolge der Änderung der Emissionsbedingungen ebenfalls die Eintragung geändert werden muss, etwa weil der wesentliche Inhalt des Rechts, das Emissionsvolumen oder der Nennbetrag betroffen ist.[137]

45   **§ 2 Abs. 2 Satz 2 SchVG** stellt für das SchVG klar,[138] dass Änderungen des Inhalts der Anleihebedingungen aufgrund eines Gläubigerversammlungsbeschlusses (vgl. § 21 Abs. 2 Satz 1 SchVG) erst wirksam werden, wenn sie in den bei der registerführenden Stelle zugänglichen Anleihebedingungen vollzogen worden sind.[139]

46   Nach **§ 5 Abs. 4 eWpG** hat der Emittent die geänderten Emissionsbedingungen niederzulegen. Auch an dieser Stelle beschränkt sich die Verpflichtung des Emittenten jedoch richtigerweise darauf, die geänderten Emissionsbedingungen der registerführenden Stelle zur

---

129) Die Deutsche Kreditwirtschaft, Stellungnahme z. RegE eWpG v. 10.3.2021, S. 8, abrufbar unter https://die-dk.de/media/files/2021-03-10-Stn-DK-eWpG-RegE.pdf (Abrufdatum: 19.2.2023).
130) Die Deutsche Kreditwirtschaft, Stellungnahme z. RegE eWpG v. 10.3.2021, S. 8, abrufbar unter https://die-dk.de/media/files/2021-03-10-Stn-DK-eWpG-RegE.pdf (Abrufdatum: 19.2.2023).
131) Beschlussempfehlung und Bericht d. FA z. Gesetz zur Einführung von eWp, BT-Drucks. 19/29372, S. 55.
132) Beschlussempfehlung und Bericht d. FA z. Gesetz zur Einführung von eWp, BT-Drucks. 19/29372, S. 55 f.
133) Begr. RegE Gesetz zur Einführung von eWp z. § 5 eWpG, BT-Drucks. 19/26925, S. 44.
134) Müller/Pieper-*Müller*, eWpG, § 5 Rz. 12 und Rz. 24 f.
135) *Lieder* in: Omlor/Möslein/Grundmann, Elektronische Wertpapiere, S. 117.
136) Müller/Pieper-*Müller*, eWpG, § 5 Rz. 25.
137) Müller/Pieper-*Müller*, eWpG, § 5 Rz. 26.
138) Begr. RegE Gesetz zur Einführung von eWp z. § 5 eWpG, BT-Drucks. 19/26925, S. 71.
139) Begr. RegE Gesetz zur Einführung von eWp z. § 5 eWpG, BT-Drucks. 19/26925, S. 71; *Kusserow/Scholl*, F&A z. eWpG, S. 20; Müller/Pieper-*Müller*, eWpG, § 5 Rz. 27.

Verfügung zu stellen.[140] Die eigentliche Niederlegung übernimmt sodann die registerführende Stelle. Ferner ordnet Absatz 4 an, dass vollzogene Änderungen an den Emissionsbedingungen **jederzeit nachvollziehbar** sein müssen; auch müssen sie von jedermann eingesehen werden können.[141] Ziel ist es, unbefugte und rechtsfehlerhafte Änderungen erkennbar und beweisbar zu machen.[142] Um dies zu erreichen, muss sichergestellt sein, dass nicht nur die aktuell gültige Skriptur, sondern auch sämtliche Vorfassungen bei der registerführenden Stelle abrufbar sind.[143] Nach § 4 Abs. 3 eWpRV sollen Änderungen der Emissionsbedingungen nachvollziehbar niedergelegt sein, wenn ihre verschiedenen Versionen fortlaufend nummeriert und zeitlich protokolliert werden und in dieser Form gemäß § 5 Abs. 1 und 2 eWpG zugänglich sind. Letzteres bedeutet, dass sie nachweisbar derart gespeichert werden, dass sie jederzeit unverändert wiedergegeben werden können und jederzeit im Internet frei zugänglich und über gängige Verfahren leicht auffindbar sind.

IV. Elektronische Pfandbriefe (§ 8 Abs. 3 Satz 3 PfandBG)

§ 8 Abs. 3 Satz 3 PfandBG enthält eine zusätzliche Verpflichtung für die Niederlegung 47
elektronischer Pfandbriefe.[144] Demnach ist die Bescheinigung des Treuhänders über das Vorhandensein der vorschriftsmäßigen Deckung und über die Eintragung in das entsprechende Deckungsregister vor der Eintragung des Pfandbriefs in ein elektronisches Wertpapierregister bei derselben registerführenden Stelle niederzulegen, bei der auch die Emissionsbedingungen des Pfandbriefs niedergelegt sind. § 5 Abs. 1 eWpG soll dabei entsprechend gelten.

V. Elektronische Anteilsscheine (§ 95 KAGB)

§ 5 eWpG findet keine Anwendung auf elektronische Anteilsscheine. Dies ergibt sich aus 48
§ 95 Abs. 3 Satz 1 KAGB, der die Anwendbarkeit einer Vielzahl von Vorschriften des eWpG auf elektronische Anteilsscheine erklärt, § 5 eWpG jedoch nicht erwähnt.[145] Hintergrund ist die spezialgesetzliche Regelung für die Veröffentlichung von Anlagebedingungen in § 298 Abs. 1 Nr. 4 KAGB.[146]

---

140) Wohl a. A. Müller/Pieper-*Müller*, eWpG, § 5 Rz. 28.
141) Begr. RegE Gesetz zur Einführung von eWp z. § 5 eWpG, BT-Drucks. 19/26925, S. 44.
142) *Lieder* in: Omlor/Möslein/Grundmann, Elektronische Wertpapiere, S. 117.
143) Begr. RegE Gesetz zur Einführung von eWp. § 5 eWpG, BT-Drucks. 19/26925, S. 44.
144) Müller/Pieper-*Müller*, eWpG, § 5 Rz. 4.
145) Müller/Pieper-*Müller*, eWpG, § 5 Rz. 30.
146) *Preuße/Wöckener/Gillenkirch*, BKR 2021, 460, 463; Müller/Pieper-*Müller*, eWpG, § 5 Rz. 30.

§ 6
Verhältnis zu Wertpapierurkunden

(1) ¹Ein Anspruch auf Ausreichung einzelner Wertpapierurkunden besteht nicht. ²Das gilt nicht, wenn die Emissionsbedingungen des elektronischen Wertpapiers einen solchen Anspruch ausdrücklich vorsehen.

(2) ¹Der Emittent kann ein elektronisches Wertpapier durch ein inhaltsgleiches mittels Urkunde begebenes Wertpapier ersetzen, wenn

1. der Berechtigte zustimmt oder

2. die Emissionsbedingungen eine solche Ersetzung ohne Zustimmung des Berechtigten ausdrücklich zulassen.

²Das elektronische Wertpapier ist im Falle einer Ersetzung durch ein mittels Urkunde begebenes Wertpapier aus dem Register zu löschen. ³An die Stelle der Eintragung im Register tritt die Verkörperung des Rechts in der neu zu begebenden Urkunde, sobald die Löschung vollzogen und die Urkunde ausgestellt ist.

(3) ¹Der Emittent kann ein Wertpapier, das mittels Sammelurkunde begeben wurde oder mittels Einzelurkunden, die in Sammelverwahrung verwahrt werden, jederzeit und ohne Zustimmung der Berechtigten durch ein inhaltsgleiches Zentralregisterwertpapier ersetzen, wenn

1. das Zentralregisterwertpapier in ein bei einer Wertpapiersammelbank geführtes zentrales Register eingetragen wird,

2. für das Zentralregisterwertpapier eine Wertpapiersammelbank als Inhaber eingetragen wird und

3. dies in den Emissionsbedingungen

    a) nicht ausgeschlossen ist oder

    b) nicht von der Zustimmung der Berechtigten abhängig gemacht wird.

²Mit der Eintragung des Zentralregisterwertpapiers wird die Urkunde kraftlos.

(4) ¹In allen anderen als den in Absatz 3 geregelten Fällen setzt die Ersetzung eines mittels Urkunde begebenen Wertpapiers durch ein elektronisches Wertpapier die ausdrückliche Zustimmung des Berechtigten voraus. ²Mit der Eintragung des elektronischen Wertpapiers wird die Urkunde kraftlos.

Literatur: *Baur*, Das Gesetz zur Einführung elektronischer Wertpapiere – eine willkommene Brückentechnologie, jurisPR-BKR 11/2020; *Conreder/Diederichsen/Okonska*, Das neue Gesetz über elektronische Wertpapiere, digitale Zeitenwende im Wertpapierbereich, DStR 2021, 2594; *Döding/Wentz*, Der Referentenentwurf zur Einführung von elektronischen Wertpapieren und Kryptowertpapieren, WM 2020, 2312; *Dubovitskaya*, Gesetzentwurf zur Einführung von elektronischen Wertpapieren: ein zaghafter Schritt nach vorn, ZIP 2020, 2551; *Lehmann*, Das Gesetz zur Einführung von elektronischen Wertpapieren, NJW 2021, 2318; *Linardatos*, Elektronische Schuldverschreibungen auf den Inhaber – des Wertpapiers neue Kleider, ZBB 2020, 329; *Preuße/Wöckener/Gillenkirch*, Der Gesetzesentwurf zur Einführung elektronischer Wertpapiere – Überblick und Bewertung der zukünftigen Rechtslage mit Blick auf die Rechtsordnungen in Frankreich und Luxemburg, BKR 2020, 551; *Reger/Langheld/Haagen*, Elektronische Aktien, RDi 2021 83; *Segna*, Elektronische Wertpapiere im zentralen Register – Anmerkungen zum BMF-/BMJV-Referentenentwurf vom 10.8.2020 aus wertpapier- und depotrechtlicher Sicht, WM 2020, 2301.

Übersicht

I. Normzweck und Grundlagen

1   Die Vorschrift des § 6 eWpG betrifft das **Verhältnis von elektronischen Wertpapieren zu Wertpapierurkunden.** Die Notwendigkeit einer dezidierten Regelung ergibt sich daraus, dass sich der Gesetzgeber bei der Einführung elektronischer Wertpapiere gegen eine voll-

ständige und für eine schrittweise erfolgende Dematerialisierung entschieden hat. Eine vollständige Dematerialisierung hätte aus Gründen der Verhältnismäßigkeit eine erhebliche Übergangszeit verlangt.[1] Dies wäre letztlich ebenfalls auf eine schrittweise Umwandlung hinausgelaufen, weshalb durch den Regelungsansatz des Gesetzgebers im Ergebnis kein Unterschied besteht.[2]

Die elektronische Begebungsform tritt als **zusätzliche Option** neben die Begebung von 2 Wertpapieren mittels Urkunde und berührt diese grundsätzlich nicht.[3] Die Beteiligten sollen (vorerst) am vertrauten System des papiergebundenen Wertpapiers festhalten dürfen, die Gewöhnung an die neue Technologie soll Schritt für Schritt erfolgen.[4] Eine Pflicht zur Umwandlung oder Begebung von Neuemissionen in elektronischer Form besteht nicht.[5] Auf lange Sicht sollen Wertpapiere jedoch vollständig dematerialisiert werden, um möglichst hohe Effizienzgewinne zu erzielen.[6]

§ 6 eWpG schafft dabei den Ausgleich zwischen diesen beiden Interessen, namentlich dem 3 (zumindest temporären) Erhalt vertrauter Strukturen und der Förderung des Dematerialisierungprozesses.[7] § 6 Abs. 1 eWpG regelt den Anspruch auf Ausreichung einzelner Wertpapierurkunden und enthält zugleich eine Beschränkung der Ersetzungsverpflichtung des Emittenten.[8] § 6 Abs. 2 eWpG regelt die Befugnis des Emittenten, elektronische Wertpapiere durch urkundliche Wertpapiere zu ersetzen. § 6 Abs. 3 und 4 eWpG regeln den Wechsel von der analogen in die digitale Welt, namentlich die Befugnis des Emittenten, urkundliche Wertpapiere durch elektronische Wertpapiere zu ersetzen.

Die nähere Ausgestaltung des Verfahrens zum Wechsel der Begebungsform oder der Aus- 4 reichung von Einzelurkunden überlässt der Gesetzgeber nach § 15 Abs. 1 Nr. 2 und § 23 Abs. 1 Nr. 3 eWpG dem Verordnungsgeber. Auf Grundlage dieser Verordnungsermächtigungen haben das BMJV und das BMF eine Verordnung über Anforderungen an elektronische Wertpapierregister (**eWpRV**) erlassen.[9] Die eWpRV enthält in § 9 nähere Konkretisierungen zu den Regelungen des § 6 eWpG. Auf diese wird in der Kommentierung an den jeweiligen Stellen eingegangen (siehe Rz. 17 f.).

Für **elektronische Anteilsscheine** gilt die Besonderheit, dass bei der Umwandlung gemäß 5 § 95 Abs. 3 Satz 1, 2 i. V. m. § 95 Abs. 2 Satz 4, 5 KAGB die Unterzeichnung der Kapitalverwaltungsgesellschaft und der Verwahrstelle erforderlich sind.[10]

II. Anspruch auf Ausreichung einzelner Wertpapierurkunden (§ 6 Abs. 1 eWpG)

Gemäß § 6 Abs. 1 Satz 1 eWpG besteht ein Anspruch auf Ausreichung einzelner Wertpa- 6 pierurkunden nicht. Etwas anderes gilt nach § 6 Abs. 1 Satz 2 eWpG ausschließlich dann, wenn die Emissionsbedingungen einen derartigen Anspruch ausdrücklich vorsehen. § 6 Abs. 1 eWpG enthält demnach richtigerweise einen gesetzlichen Ausschluss von nicht begebungsvertraglich geregelten Herausgabeansprüchen gegenüber einer verwahrenden Stelle

---

1) Müller/Pieper-*Pieper*, eWpG, § 6 Rz. 1.
2) Müller/Pieper-*Pieper*, eWpG, § 6 Rz. 1.
3) Begr. RegE Gesetz zur Einführung von eWp z. § 6 eWpG, BT-Drucks. 19/26925, S. 45.
4) *Preuße/Wöckener/Gillenkirch*, BKR 2020, 551, 553.
5) Müller/Pieper-*Pieper*, eWpG, § 6 Rz. 1; *Conreder/Diederichsen/Okonska*, DStR 2021, 2594, 2596.
6) Vgl. *Linardatos*, ZBB 2020, 329, 331; Begr. RegE Gesetz zur Einführung von eWp z. § 6 eWpG, BT-Drucks. 19/26925, S. 46.
7) Vgl. *Preuße/Wöckener/Gillenkirch*, BKR 2020, 551, 553; *Döding/Wentz*, WM 2020, 2312, 2316.
8) Müller/Pieper-*Pieper*, eWpG, § 6 Rz. 1.
9) Verordnung über Anforderungen an elektronische Wertpapierregister (eWpRV), v. 24.10.2022, BGBl. I 2022, 1882.
10) Müller/Pieper-*Pieper*, eWpG, § 6 Rz. 2.

und korrespondierend dazu eine gesetzliche Beschränkung der Ersetzungsverpflichtung des Emittenten.[11]

7 Den **Anspruch auf Ausreichung auszuschließen** und damit zugleich **die Ersetzungsverpflichtung des Emittenten zu beschränken**, ist ein nachvollziehbarer Schritt i. R. der Einführung elektronischer Wertpapiere.[12] Einmal elektronisch begebene Wertpapiere sollen grundsätzlich in der digitalen Welt verbleiben.[13] Dies stärkt zum einen das Vertrauen der Beteiligten darauf, dass ein elektronisch begebenes Wertpapier zukünftig noch in dieser Form existiert und übertragen werden kann.[14] Zum anderen werden Transaktionskosten gesenkt.[15] Durch den Ausschluss des Anspruchs auf Ausreichung werden Kosten eingespart, die durch die Ausfertigung von Wertpapierurkunden entstehen würden. Der Regelung des § 6 Abs. 1 eWpG liegt in dieser Hinsicht die gleiche Intention zugrunde wie § 10 Abs. 5 AktG, der die Möglichkeit eines satzungsmäßigen Ausschlusses des Verbriefungsanspruchs für das Aktienrecht regelt.[16]

8 Dem Ausschluss steht kein individueller Nutzen des Berechtigten oder ein allgemeines Interesse des Rechtsverkehrs an der Ausreichung einzelner Wertpapierurkunden entgegen.[17] Ein anerkanntes Interesse des Berechtigten daran, eine Papierurkunde in den Händen zu halten, besteht nicht; ein mögliches Affektionsinteresse an der Urkunde ist nicht schutzwürdig.[18] Ferner wird eine Papierurkunde zur Geltendmachung der Rechte aus dem elektronischen Wertpapier nicht benötigt.[19] Zum Beweis des Inhalts des verbrieften Rechts stehen bei elektronischen Wertpapieren in Einzeleintragung der Registerauszug und bei elektronischen Wertpapieren in Sammeleintragung die Depotbescheinigung zur Verfügung.[20]

9 Für **elektronische Wertpapiere in Sammeleintragung** sieht § 9b Abs. 2 DepotG eine **Sonderregelung** vor. Danach hat der Verwahrer die Sammeleintragung im Wertpapierregister i. H. des auf den Hinterleger entfallenden Anteils auf Kosten des Hinterlegers in eine Einzeleintragung überführen zu lassen, wenn aufgrund der §§ 7 und 8 eWpG die Auslieferung von einzelnen Wertpapieren verlangt wird und in den Emissionsbedingungen nichts anderes geregelt ist. Dies trägt zum einen dem Interesse des Berechtigten Rechnung, außerhalb des Effektengiroverkehrs über das elektronische Wertpapier verfügen zu können.[21] Zum anderen wird klargestellt, dass girosammelverwahrte Kapitalmarktpapiere in Ansehung der allgemeinen Interessenlage von Ausstellern und Berechtigten für eine Existenz als Einzelstücke außerhalb der Infrastruktur des Kapitalmarktes generell und speziell in elektronischer Begebungsform nicht mehr bestimmt sind.[22] Denn insbesondere können der gesamte

---

11) Müller/Pieper-*Pieper*, eWpG, § 6 Rz. 3.

12) *Lieder* in: Omlor/Möslein/Grundmann, Elektronische Wertpapiere, S. 133.

13) Begr. RegE Gesetz zur Einführung von eWp z. § 6 eWpG, BT-Drucks. 19/26925, S. 45; *Dubovitskaya*, ZIP 2020, 2551, 2555.

14) *Lieder* in: Omlor/Möslein/Grundmann, Elektronische Wertpapiere, S. 133.

15) Vgl. Begr. RegE Gesetz zur Einführung von eWp z. § 6 eWpG, BT-Drucks. 19/26925, S. 45; *Dubovitskaya*, ZIP 2020, 2551, 2555; Conreder/Meier-*Siadat*, eWpG, § 6 Rz. 3.

16) Vgl. *Koch*, AktG, § 10 Rz. 12; *Heider* in: MünchKomm-AktG, § 10 Rz. 60; *Westermann* in: HK-AktG, § 10 Rz. 3.

17) Begr. RegE Gesetz zur Einführung von eWp z. § 6 eWpG, BT-Drucks. 19/26925, S. 45; *Lieder* in: Omlor/Möslein/Grundmann, Elektronische Wertpapiere, S. 133.

18) Begr. RegE Gesetz zur Einführung von eWp z. § 6 eWpG, BT-Drucks. 19/26925, S. 46; *Segna*, WM 2020, 2301, 2306.

19) Begr. RegE Gesetz zur Einführung von eWp z. § 6 eWpG, BT-Drucks. 19/26925, S. 45; *Lieder* in: Omlor/Möslein/Grundmann, Elektronische Wertpapiere, S. 133.

20) Müller/Pieper-*Pieper*, eWpG, § 6 Rz. 4.

21) Müller/Pieper-*Pieper*, eWpG, § 6 Rz. 4.

22) Müller/Pieper-*Pieper*, eWpG, § 6 Rz. 4; Begr. RegE Gesetz zur Einführung von eWp z. § 6 eWpG, BT-Drucks. 19/26925, S. 45.

Lebenszyklus eines elektronischen Wertpapiers im elektronischen Wertpapierregister abgebildet und sein Wert als fungibles Handlungsgut überhaupt nur auf diesem Wege ausgeschöpft werden.[23]

Nach § 6 Abs. 1 Satz 2 eWpG besteht die Möglichkeit, den Anspruch auf Ausreichung einzelner Wertpapierurkunden **in den Emissionsbedingungen ausdrücklich zu vereinbaren.** Anstelle der bereits von der Sammelurkunde bekannten Möglichkeit zum „Opt-out" aus den Auslieferungsansprüchen (§ 9a Abs. 3 Satz 1 DepotG) besteht insofern die Möglichkeit zum begebungsvertraglichen „Opt-in".[24] Es ist jedoch nicht anzunehmen, dass von dieser Option in der Praxis vermehrt Gebrauch gemacht werden wird.[25] Dies gilt insbesondere in Ansehung der Regelung des Art. 3 Abs. 1 CSDR, wonach jeder Emittent mit Sitz in der EU, der übertragbare Wertpapiere ausgibt, die zum Handel an Handelsplätzen zugelassen sind bzw. dort gehandelt werden, dafür Sorge zu tragen hat, dass diese Wertpapiere in ihrer Gesamtheit bei einem Zentralverwahrer erfasst werden.[26] Dies verlangt den Ausschluss der Ausgabe von Einzelurkunden an die Anleger.[27] **10**

Bei dem **Begriff der Ausreichung** (vgl. § 6 Abs. 3 BSchuWG) handelt es sich um einen Oberbegriff für (Herausgabe-)Ansprüche, die die Ersetzung und Auslieferung von urkundlichen Wertpapieren voraussetzen.[28] Die Auslieferung ist dabei nur erforderlich, wenn das elektronische Wertpapier verwahrt wird; ansonsten genügt die Ersetzung.[29] **11**

Erfasst werden sämtliche Auslieferungsansprüche[30] (dinglich, gesetzlich, vertraglich oder schuldrechtlich) auf **verwahrte Wertpapiere** gegen die verwahrende Stelle, wobei vor allem an die Herausgabe von Einzelstücken zu denken ist.[31] Die Erfüllung des Auslieferungsanspruchs setzt die Ersetzung des elektronischen Wertpapiers durch den Emittenten voraus (vgl. § 9a Abs. 3 Satz 1 DepotG).[32] Diese wird richtigerweise beim Verwahrer erfolgen müssen, da der Emittent bei Erlangung des unmittelbaren Besitzes allenfalls zur Herausgabe an den Berechtigten (§ 985 BGB) verpflichtet wäre; ein Herausgabeanspruch des Hinterlegers bestünde in diesem Fall nicht.[33] **12**

Im Falle **unverwahrter elektronischer Wertpapiere** (in Einzeleintragung) käme lediglich ein Anspruch auf Ersetzung – eine Auslieferung ist in diesem Fall nicht notwendig – gegen den Emittenten in Betracht.[34] Ein solcher Anspruch könnte sich mangels gesetzlicher Regelung allenfalls aus den Emissionsbedingungen ergeben, weshalb zu Recht angenommen wird, dass die Beschränkung nach § 6 Abs. 1 eWpG in diesem Fall ins Leere läuft.[35] Nach der Ersetzung stünde dem Berechtigten sodann zwar theoretisch der Herausgabeanspruch gemäß § 985 BGB zu.[36] Dem dürfte allerdings keine praktische Relevanz zukommen, da **13**

---

23) Müller/Pieper-*Pieper*, eWpG, § 6 Rz. 4; Begr. RegE Gesetz zur Einführung von eWp z. § 6 eWpG, BT-Drucks. 19/26925, S. 45.
24) Müller/Pieper-*Pieper*, eWpG, § 6 Rz. 4.
25) *Segna*, WM 2020, 2301, 2306 f.
26) Die Regelung gilt gemäß Art. 76 Abs. 2 CSDR ab dem 1.1.2023 für übertragbare Wertpapiere, die nach dem 17.9.2014 emittiert wurden, und ab dem 1.1.2025 für alle übertragbaren Wertpapiere; dazu *Segna*, WM 2020, 2301, 2307; Müller/Pieper-*Pieper*, eWpG, § 6 Rz. 4.
27) *Segna*, WM 2020, 2301, 2307; Müller/Pieper-*Pieper*, eWpG, § 6 Rz. 4.
28) Müller/Pieper-*Pieper*, eWpG, § 6 Rz. 6.
29) Müller/Pieper-*Pieper*, eWpG, § 6 Rz. 6.
30) Ausführlich hierzu Müller/Pieper-*Pieper*, eWpG, § 6 Rz. 7.
31) Müller/Pieper-*Pieper*, eWpG, § 6 Rz. 7.
32) Müller/Pieper-*Pieper*, eWpG, § 6 Rz. 8.
33) Müller/Pieper-*Pieper*, eWpG, § 6 Rz. 8.
34) Müller/Pieper-*Pieper*, eWpG, § 6 Rz. 9.
35) Müller/Pieper-*Pieper*, eWpG, § 6 Rz. 9.
36) Müller/Pieper-*Pieper*, eWpG, § 6 Rz. 9.

eine Ersetzung von nicht verwahrten elektronischen Wertpapieren in Einzeleintragung in der Praxis richtigerweise nicht vorkommen wird.[37]

14   Wird ein sammelverwahrtes urkundliches (Alt-)Wertpapier nach § 6 Abs. 3 i. V. m. § 33 Satz 1 eWpG durch ein elektronisches Zentralregisterwertpapier in Sammeleintragung ersetzt (siehe Rz. 9, 24), bleibt ein in den Emissionsbedingungen vereinbarter Anspruch auf Ausreichung einzelner Wertpapierurkunden gemäß § 33 Satz 2 eWpG bestehen. Da nach § 9a Abs. 3 DepotG bislang jedoch ein vertraglich vereinbartes Opt-out aus den Auslieferungsansprüchen erforderlich war, wird sich eine derartige Vereinbarung zum Opt-in in den Altbeständen kaum finden.[38]

III.   Wechsel der Begebungsform

15   Die § 6 Abs. 2 bis 4 eWpG regeln die Befugnis des Emittenten, ein Wertpapier durch ein inhaltsgleiches Wertpapier anderer Form zu ersetzen. § 6 Abs. 2 eWpG betrifft den Wechsel von der Digital- zur Urkundenform. Die § 6 Abs. 3 und 4 eWpG erfassen den umgekehrten Fall des Wechsels von der Urkunden- zur Digitalform.

1.   Wechsel von der Digital- zur Urkundenform (§ 6 Abs. 2 eWpG)

16   Gemäß § 6 Abs. 2 eWpG kann der Emittent ein elektronisches Wertpapier durch ein inhaltsgleiches, mittels Urkunde begebenes Wertpapier **ersetzen**. Erfasst werden sowohl Fälle der Erstellung einer Einzelurkunde als auch die Überführung einer Sammeleintragung in eine sammelverwahrte Globalurkunde.[39] Dabei ist es unerheblich, ob die Wertpapiere vor oder nach dem Formwechsel verwahrt werden.[40] Es würde sich jedoch anbieten, vertraglich festzulegen, dass das ersetzende urkundliche Wertpapier zumindest zunächst in die gleiche Art Verwahrung gegeben wird, in der das elektronische Wertpapier gehalten wurde.[41] Möglich wäre auch, die Registrierung ersetzbarer Wertpapiere seitens der registerführenden Stelle generell vertraglich auszuschließen.[42]

17   Der Formwechsel ist nach § 6 Abs. 2 Nr. 1 eWpG **grundsätzlich** von der **Zustimmung** des Berechtigten abhängig. Gemeint ist richtigerweise die Zustimmung aller **Eigentümer** und nicht der Inhaber bzw. Hinterleger.[43] Die Ersetzung betrifft das Wertpapiersachrecht und nicht die Art der Verwahrung, weshalb ausschließlich der Berechtigte in seiner Rechtsposition betroffen ist.[44] Im Falle sammelverwahrter Wertpapiere dürfte die Erteilung der Zustimmung grundsätzlich nur i. R. eines Gläubigermehrheitsbeschlusses möglich sein.[45] Bei der Einzeleintragung genügt hingegen die Zustimmung des einzelnen Anlegers.[46] Nach § 6 Abs. 2 Nr. 2 eWpG besteht die Möglichkeit, die **Ersetzung des Wertpapiers ohne Zustimmung** des Berechtigten ausdrücklich in den Emissionsbedingungen zuzulassen. Erteilt

---

37) Müller/Pieper-*Pieper*, eWpG, § 6 Rz. 9.

38) Müller/Pieper-*Pieper*, eWpG, § 6 Rz. 5 und § 33 Rz. 5.

39) Begr. RegE Gesetz zur Einführung von eWp z. § 6 eWpG, BT-Drucks. 19/26925, S. 45; *Lieder* in: Omlor/Möslein/Grundmann, Elektronische Wertpapiere, S. 134.

40) Müller/Pieper-*Pieper*, eWpG, § 6 Rz. 12.

41) Müller/Pieper-*Pieper*, eWpG, § 6 Rz. 12; DAV, Stellungnahme z. RefE eWpG, v. 23.9.2020, S. 16, abrufbar unter https://bundesfinanzministerium.de/Content/DE/Gesetzestexte/Gesetze_Gesetzes-vorhaben/Abteilungen/Abteilung_VII/19_Legislaturperiode/2021-06-09-einfuehrung-elektronische-wertpapiere/0-Gesetz.html (Abrufdatum: 14.2.2023).

42) Müller/Pieper-*Pieper*, eWpG, § 6 Rz. 12, vgl. auch dort Fn. 36.

43) Müller/Pieper-*Pieper*, eWpG, § 6 Rz. 13; vgl. *Lehmann*, NJW 2021, 2318, 2321.

44) Müller/Pieper-*Pieper*, eWpG, § 6 Rz. 13.

45) Müller/Pieper-*Pieper*, eWpG, § 6 Rz. 13.

46) Müller/Pieper-*Pieper*, eWpG, § 6 Rz. 13.

der Berechtigte seine Zustimmung, sieht § 9 Abs. 1 eWpRV vor, dass der Emittent dies in einer Weise zu dokumentieren hat, die dem Berechtigten oder der Bundesanstalt eine spätere Überprüfung der Zustimmungserklärung und ihres Zugangs ermöglicht.[47]

Im Falle der Ersetzung ist das elektronische Wertpapier **aus dem Register zu löschen**, d. h. **18** nach § 4 Abs. 9 eWpG als gegenstandlos zu kennzeichnen. Da die Datensätze dabei nicht tatsächlich vernichtet werden, ist zugleich sichergestellt, dass die Löschung im Register dauerhaft nachvollziehbar bleibt.[48] Die Löschung des elektronischen Wertpapiers erfolgt **Zug-um-Zug gegen die Ausstellung der Papierurkunde.**[49] Die Löschung wird erst vollzogen (zum Vollzug der Löschung siehe § 14 Rz. 62–86, § 18 Rz. 43 f.), sobald der Nachweis gegenüber der registerführenden Stelle erbracht ist, dass die Papierurkunde ausgestellt wurde. Dementsprechend ordnet § 9 Abs. 2 Satz 2 eWpRV an, dass die registerführende Stelle durch geeignete Maßnahmen sicherzustellen hat, dass die Kenntlichmachung als gegenstandslos nicht vor der Ausstellung der Urkunde erfolgt. Nach § 9 Abs. 2 Satz 1 eWpRV soll die Kenntlichmachung des elektronischen Wertpapiers als gegenstandslos gemäß § 4 Abs. 9 eWpG durch die registerführende Stelle im elektronischen Wertpapierregister darüber hinaus auch einen Hinweis auf den Wechsel der Begebungsform enthalten.

Sobald die Urkunde ausgestellt und die Löschung im Register vollzogen ist (Zeitpunkt der **19** Protokollierung der Registeränderung, §§ 14 Abs. 3 Satz 2, 18 Abs. 3 Satz 2)[50], tritt das urkundliche Wertpapier **identitätswahrend** an die Stelle des elektronischen Wertpapiers.[51] Es handelt sich um einen Wechsel der Skriptur, der das verbriefte Recht unberührt lässt.[52] Die neu begebene (Papier-)Urkunde übernimmt anstelle der Eintragung im Register die Funktion als Rechtsscheinsträger.[53]

2. Wechsel von der Urkunden- zur Digitalform (§ 6 Abs. 3 und 4 eWpG)

Die Absätze 3 und 4 des § 6 eWpG regeln den Wechsel von der Urkunden- zur Digital- **20** form.

a) Grundsatz (§ 6 Abs. 4 eWpG)

Gemäß § 6 Abs. 4 ist auch der Wechsel von der Urkunden- zur Digitalform **grundsätzlich** **21** von der **Zustimmung** des Berechtigten abhängig. Dies gilt ausnahmslos für die Umwandlung in Kryptowertpapiere und Einzeleintragungen sowie grundsätzlich auch für die Ersetzung von Sammelurkunden oder sammelverwahrten Einzelurkunden durch ein Zentralregisterwertpapier in Sammeleintragung (zur Ausnahme des § 6 Abs. 3 siehe Rz. 24 ff.).[54]

Anders als beim Wechsel von der Digital- zur Urkundenform nach § 6 Abs. 2 eWpG be- **22** steht in diesem Fall **keine Möglichkeit, die Ersetzung des Wertpapiers ohne Zustimmung des Berechtigten in den Emissionsbedingungen zuzulassen.** Dies wird darauf zurückgeführt, dass beim Wechsel in die digitale Welt – anders als beim Wechsel in die Pa-

---

47) Dies ist bei Gläubigerbeschlüssen zu elektronischen Wertpapieren in Sammeleintragung ohnehin gewährleistet, vgl. dazu Müller/Pieper-*Pieper*, eWpG, § 6 Fn. 42.
48) Vgl. Begr. RegE Gesetz zur Einführung von eWp z. § 6 eWpG, BT-Drucks. 19/26925, S. 45.
49) DAV, Stellungnahme z. RefE eWpG, v. 23.9.2020, S. 16, abrufbar unter https://bundesfinanzminis-terium.de/Content/DE/Gesetzestexte/Gesetze_Gesetzesvorhaben/Abteilungen/Abteilung_VII/19_Legis-laturperiode/2021-06-09-einfuehrung-elektronische-wertpapiere/0-Gesetz.html (Abrufdatum: 14.2.2023); Müller/Pieper-*Pieper*, eWpG, § 6 Rz. 14.
50) Müller/Pieper-*Pieper*, eWpG, § 6 Rz. 14.
51) *Lieder* in: Omlor/Möslein/Grundmann, Elektronische Wertpapiere, S. 134.
52) Vgl. Begr. RegE Gesetz zur Einführung von eWp z. § 6 eWpG, BT-Drucks. 19/26925, S. 45; *Lieder* in: Omlor/Möslein/Grundmann, Elektronische Wertpapiere, S. 134.
53) Begr. RegE Gesetz zur Einführung von eWp z. § 6 eWpG, BT-Drucks. 19/26925, S. 45.
54) Vgl. auch Müller/Pieper-*Pieper*, eWpG, § 6 Rz. 22.

pierwelt – nicht auf eine bereits vertraute Infrastruktur zurückgegriffen werden kann.[55] Der Berechtigte soll nicht gegen seinen Willen zur Nutzung neuartiger Technologien gezwungen werden, deren potenzielle Risiken aufgrund fehlender Erfahrungswerte noch nicht umfassend eingeschätzt werden können.[56] Geht es um die Ersetzung durch ein Kryptowertpapier, kommen auf den Berechtigten zudem merkliche Veränderungen und weitere Aufwendungen zu, die mit der Nutzung eines Kryptowertpapierregisters zusammenhängen. So fällt bspw. die Depotbank als **Intermediärin** weg.[57] Weiterhin muss der Inhaber eines Kryptowertpapiers einen **Zugang** zum Aufzeichnungssystem des Kryptowertpapierregisters einrichten und abhängig von der konkreten technischen Ausgestaltung einen privaten Schlüssel zur Autorisierung von Transaktionen beschaffen und verwahren.[58] Zwar passen diese auf Kryptowertpapiere zugeschnittenen Erwägungen nicht auf die von Absatz 4 ebenfalls erfasste Haussammelverwahrung;[59] aufgrund ihrer geringen praktischen Relevanz erscheint dies jedoch vernachlässigbar; eine Sonderbehandlung dieser Fallgruppe wird daher zu Recht abgelehnt.[60]

23   Erklärt der Berechtigte die Zustimmung, sieht § 9 Abs. 4 eWpRV derzeit vor, dass der Emittent diese in einer Weise zu dokumentieren hat, die dem Berechtigten oder der Bundesanstalt eine spätere Überprüfung der Zustimmungserklärung und ihres Zugangs ermöglichen.

b)   Ausnahme (§ 6 Abs. 3 eWpG)

24   Im Hinblick auf die Ersetzung von Sammelurkunden oder sammelverwahrten Einzelurkunden durch ein inhaltsgleiches Zentralregisterwertpapier hält § 6 Abs. 3 eWpG jedoch eine **Ausnahme** bereit: In diesem Fall ist der Wechsel **jederzeit und ohne Zustimmung** der Berechtigten möglich, wenn:

– das Zentralregisterwertpapier in ein **bei einer Wertpapiersammelbank geführtes zentrales Register** eingetragen wird;

– für das Zentralregisterwertpapier eine **Wertpapiersammelbank als Inhaberin** eingetragen wird; und

– dies in den Emissionsbedingungen

– nicht ausgeschlossen ist oder

– nicht von der Zustimmung der Berechtigten abhängig gemacht wird.[61]

25   In Betracht kommt in diesem Zusammenhang richtigerweise vor allem „[...] die Ersetzung von bei der CBF [Clearstream Banking AG Frankfurt] girosammelverwahrten papierenen Wertpapieren durch bei CBF girosammelverwahrte elektronische Wertpapiere, die in dem durch CBF betriebenen elektronischen Giroverwahrsystem eingetragen werden."[62] Aufgrund des elektronischen Einlieferungsservices sollte die Ersetzung dabei friktionslos funktionieren.[63]

26   Dass die Ausnahme des § 6 Abs. 3 eWpG lediglich dann eingreift, wenn das Register durch eine Wertpapiersammelbank geführt und eine solche auch als Inhaber eingetragen wird,

---

55) Vgl. Begr. RegE Gesetz zur Einführung von eWp z. § 6 eWpG, BT-Drucks. 19/26925, S. 45; s. hierzu auch Müller/Pieper-*Pieper*, eWpG, § 6 Rz. 11.

56) Begr. RegE Gesetz zur Einführung von eWp z. § 6 eWpG, BT-Drucks. 19/26925, S. 46; *Lieder* in: Omlor/Möslein/Grundmann, Elektronische Wertpapiere, S. 134.

57) *Baur*, jurisPR-BKR 11/2020 Anm. 1.

58) *Reger/Langheld/Haagen*, RDi 2021, 83, 89.

59) Müller/Pieper-*Pieper*, eWpG, § 6 Rz. 21.

60) Müller/Pieper-*Pieper*, eWpG, § 6 Rz. 21.

61) *Lieder* in: Omlor/Möslein/Grundmann, Elektronische Wertpapiere, S. 134.

62) Müller/Pieper-*Pieper*, eWpG, § 6 Rz. 17.

63) *Döding/Wentz*, WM 2020, 2312, 2317; Müller/Pieper-*Pieper*, eWpG, § 6 Rz. 17.

wurde im Gesetzgebungsverfahren kritisiert.[64] Im Gegensatz zur Regelung im Referentenentwurf lasse § 12 Abs. 2 eWpG nunmehr ausdrücklich auch Verwahrer als registerführende Stelle zu, weshalb Absatz 3 entsprechend anzupassen sei.[65] Während dieser Kritik im Hinblick auf das Erfordernis der zwingenden Registerführung von der Literatur teilweise beigepflichtet wird, wird die Möglichkeit zur Eintragung von Verwahrern als Inhaber des Zentralregisterwertpapiers zu Recht abgelehnt.[66] Denn dies ist für die Dematerialisierung des Effektengiroverkehrs richtigerweise nicht erforderlich.[67]

Der **Verzicht auf das Zustimmungserfordernis** rechtfertigt sich in der von § 6 Abs. 3 eWpG   27 vorgegebenen Konstellation damit, dass mit der Umwandlung keine merklichen Veränderungen für den Berechtigten verbunden sind. Wie die Regierungsbegründung zutreffend feststellt, ist es für den Berechtigten unerheblich, ob seine Wertpapiere weiterhin als verbriefte Urkunde(n) im Tresor einer Wertpapiersammelbank liegen oder in einem zentralen Register verbucht werden, das durch eine Wertpapiersammelbank geführt wird.[68] Denn bereits vor der Ersetzung hatte der Berechtigte keinen unmittelbaren Zugriff auf die in Sammelverwahrung befindlichen Urkunden.[69] Darüber hinaus verursacht der Wechsel der genutzten Infrastruktur – im Gegensatz zur Situation bei Kryptowertpapieren – keinen Mehraufwand für den Berechtigten. Die Zentralregisterwertpapiere können weiterhin über die Depotbanken gehalten werden; das Einrichten eines eigenen Wallets oder neuer Konten ist nicht erforderlich.[70]

Aber **auch rechtlich** hat der Berechtigte keine Nachteile zu befürchten.[71] Nach § 9 eWpG   28 gelten für Zentralregisterwertpapiere dieselben Regeln wie für sammelverwahrte Wertpapiere. Zwar wird der Berechtigte seinen Anspruch auf Ausstellung und Auslieferung von Einzelstücken in Fällen, in denen die Schuldverschreibungen nicht in einer Dauerglobalurkunde i. S. von § 9a Abs. 3 Satz 2 DepotG verbrieft sind, verlieren.[72] An dieser Stelle überwiegen jedoch die mit der Dematerialisierung von Wertpapieren verbundenen Effizienzgewinne.[73]

Der **umgekehrte Weg**, d. h. die Ersetzung einer Sammeleintragung durch eine sammelver   29 wahrte Globalurkunde, ist hingegen weiterhin ausschließlich an § 6 Abs. 2 eWpG zu messen und – vorbehaltlich einer abweichenden Regelung in den Emissionsbedingungen – demnach nur mit ausdrücklicher Zustimmung des Berechtigten möglich. Dies verwundert auf den ersten Blick, da die Ersetzung für den Berechtigten auch in dieser Konstellation nicht zu merklichen Veränderungen oder Nachteilen führen dürfte. Die unterschiedliche Behandlung wird letztlich mit dem Ziel des Gesetzgebers zu erklären sein, Wertpapiere auf lange Sicht zu dematerialisieren.[74]

---

64) Die Deutsche Kreditwirtschaft, Stellungnahme z. RegE eWpG, v. 10.3.2021, S. 9, abrufbar unter https://
     die-dk.de/media/files/2021-03-10-Stn-DK-eWpG-RegE.pdf (Abrufdatum: 14.2.2023).
65) Die Deutsche Kreditwirtschaft, Stellungnahme z. RegE eWpG, v. 10.3.2021, S. 9, abrufbar unter https://
     die-dk.de/media/files/2021-03-10-Stn-DK-eWpG-RegE.pdf (Abrufdatum: 14.2.2023).
66) Müller/Pieper-*Pieper*, eWpG, § 6 Rz. 17.
67) Müller/Pieper-*Pieper*, eWpG, § 6 Rz. 17.
68) Begr. RegE Gesetz zur Einführung von eWp z. § 6 eWpG, BT-Drucks. 19/26925, S. 46.
69) *Lieder* in: Omlor/Möslein/Grundmann, Elektronische Wertpapiere, S. 135.
70) Begr. RegE Gesetz zur Einführung von eWp z. § 6 eWpG, BT-Drucks. 19/26925, S. 46; *Lieder* in:
     Omlor/Möslein/Grundmann, Elektronische Wertpapiere, S. 134; Müller/Pieper-*Pieper*, eWpG, § 6 Rz. 19;
     Linardatos, ZBB 2020, 329, 331.
71) So auch *Lieder* in: Omlor/Möslein/Grundmann, Elektronische Wertpapiere, S. 135; *Segna*, WM 2020,
     2301, 2306.
72) *Segna*, WM 2020, 2301, 2306; *Lieder* in: Omlor/Möslein/Grundmann, Elektronische Wertpapiere, S. 135.
73) So auch *Lieder* in: Omlor/Möslein/Grundmann, Elektronische Wertpapiere, S. 135.
74) Vgl. Begr. RegE Gesetz zur Einführung von eWp z. § 6 eWpG, BT-Drucks. 19/26925, S. 46; *Linardatos*,
     ZBB 2020, 329, 331.

30   Die Ersetzung eines mittels Urkunde begebenen Wertpapiers (Sammelurkunde oder sammelverwahrtes Einzelstück) durch ein Zentralregisterwertpapier, kann in den **Emissionsbedingungen ausgeschlossen oder von der Zustimmung der Berechtigten abhängig** gemacht werden. Dies dürfte allerdings nur bei der Ersetzung von Wertpapieren, die nach dem Inkrafttreten des Gesetzes begeben wurden, relevant werden. Zwar ist § 6 Abs. 3 eWpG gemäß § 33 Satz 1 eWpG auch auf „Alt"-Wertpapiere anzuwenden.[75] Eine die Umwandlung hindernde bzw. von der Zustimmung des Berechtigten abhängig machende Regelung wird sich in den Anleihebedingungen dieser Wertpapiere jedoch nicht finden.[76] Das hat zur Folge, dass Wertpapiere, die vor dem Inkrafttreten des Gesetzes begeben wurden, regelmäßig durch elektronische Zentralregisterwertpapiere ersetzt werden können.

31   Mit der Eintragung tritt das elektronische Wertpapier **identitätswahrend** an die Stelle des urkundlichen Wertpapiers;[77] die Urkunde wird ipso iure kraftlos.[78] § 9 Abs. 3 und 4 Nr. 2 eWpRV sehen derzeit vor, dass der Emittent die Ersetzung im elektronischen Wertpapierregister kenntlich zu machen und im Falle des § 6 Abs. 3 eWpG zusätzlich den Inhaber über die Ersetzung zu informieren[79] hat. Eine juristische Sekunde nach der Eintragung erfolgen die Verbuchungen auf den Depotkonten.[80]

32   Sofern das Wertpapier gemäß § 9 Abs. 1 Satz 1 eWpG in einen Wertpapiersammelbestand überführt wird, dürfte es sich anbieten, das urkundliche Wertpapier zunächst bei der Wertpapiersammelbank einzuliefern.[81]

33   Nicht geregelt ist, wie mit der **alten Wertpapierurkunde** zu verfahren ist. Im Falle der Ersetzung einer Wertpapierurkunde nach § 798 BGB ist die alte Urkunde an den Aussteller auszuhändigen. Dies liegt im Interesse des Ausstellers, da er so die Möglichkeit erhält, die Urkunde zu vernichten oder als gegenstandslos zu kennzeichnen.[82] Die Alturkunde verbrieft zwar keine Forderung mehr, jedoch erzeugt sie weiterhin den Rechtsschein einer Forderung und kann unter diesem Gesichtspunkt eine Haftung des Ausstellers gegenüber redlichen Dritten auslösen.[83] Eine entsprechende Vernichtung oder Kennzeichnung der Alturkunde ist im Falle der Ersetzung durch ein elektronisches Wertpapier jedoch nicht erforderlich.[84] Zwar erzeugt die Alturkunde auch in diesem Fall weiterhin den **Rechtsschein** einer Forderung. Durch die Eintragung des elektronischen Wertpapiers wird die geltende Rechtslage im Wertpapierregister jedoch transparent abgebildet. Da ein potenzieller Erwerber den Registerinhalt gemäß § 10 Abs. 2 eWpG einsehen kann,[85] wird sein Glaube an den Rechtsschein nicht geschützt. Die Gefahr eines **gutgläubigen Dritterwerbs** und einer diesbezüglichen Haftung des Ausstellers besteht in dieser Konstellation demnach nicht.

---

75) S. dazu auch *Lehmann*, NJW 2021, 2318, 2321.

76) *Döding/Wentz*, WM 2020, 2312, 2317; DAV, Stellungnahme z. RefE eWpG, v. 23.9.2020, S. 16, abrufbar unter https://bundesfinanzministerium.de/Content/DE/Gesetzestexte/Gesetze_Gesetzesvorhaben/Abteilungen/Abteilung_VII/19_Legislaturperiode/2021-06-09-einfuehrung-elektronische-wertpapiere/0-Gesetz.html (Abrufdatum: 14.2.2023).

77) Vgl. *Lieder* in: Omlor/Möslein/Grundmann, Elektronische Wertpapiere, S. 134.

78) Müller/Pieper-*Pieper*, eWpG, § 6 Rz. 20; vgl. *Linardatos*, ZBB 2020, 329, 331.

79) Kritisch Müller/Pieper-*Pieper*, eWpG, § 6 Rz. 20, der diesen bürokratischen Zwischenschritt für entbehrlich hält.

80) Müller/Pieper-*Pieper*, eWpG, § 6 Rz. 20.

81) Müller/Pieper-*Pieper*, eWpG, § 6 Rz. 20.

82) *Habersack* in: MünchKomm-BGB, § 798 Rz. 2.

83) *Habersack* in: MünchKomm-BGB, § 798 Rz. 2; Staudinger-*Marburger*, BGB, § 798 Rz. 4.

84) A. A. wohl Müller/Pieper-*Pieper*, eWpG, § 6 Rz. 23, der die Hinterlegung der Urkunde bei der registerführenden Stelle vorschlägt, in jedem Fall aber den Emittenten in der Pflicht sieht sicherzustellen, dass die Urkunde nicht mehr in den Rechtsverkehr gelangt oder für den Rechtsverkehr erkennbar kassiert wird.

85) *Einsele* in: in: Omlor/Möslein/Grundmann, Elektronische Wertpapiere S. 49; Begr. RegE Gesetz zur Einführung von eWp z. § 6 eWpG, BT-Drucks. 19/26925, S. 50.

§ 7
Registerführung; Schadenersatz

(1) Die registerführende Stelle hat ein elektronisches Wertpapierregister so zu führen, dass Vertraulichkeit, Integrität und Authentizität der Daten gewährleistet sind.

(2) [1]Die registerführende Stelle hat sicherzustellen, dass das elektronische Wertpapierregister jederzeit die bestehende Rechtslage zutreffend wiedergibt und Eintragungen sowie Umtragungen vollständig und ordnungsgemäß erfolgen. [2]Sie ist dem Berechtigten zum Ersatz des Schadens verpflichtet, der durch eine Satz 1 nicht entsprechende Registerführung entsteht, es sei denn, sie hat den Fehler nicht zu vertreten.

(3) [1]Die registerführende Stelle hat die erforderlichen technischen und organisatorischen Maßnahmen zu treffen, um einen Datenverlust oder eine unbefugte Datenveränderung über die gesamte Dauer, für die das elektronische Wertpapier eingetragen ist, zu verhindern. [2]Trifft die registerführende Stelle nicht die nach Satz 1 erforderlichen Maßnahmen, so haftet sie dem Berechtigten für den Schaden, der auf Grund des Datenverlustes oder der unbefugten Datenveränderung entsteht. [3]Die registerführende Stelle hat sicherzustellen, dass der Gesamtbestand der vom Emittenten jeweils elektronisch begebenen Wertpapiere durch Eintragungen und Umtragungen nicht verändert wird.

(4) Die Registerführung als solche stellt keine Verwahrung im Sinne des Depotgesetzes dar.

Literatur: *Conreder/Diederichsen/Okonska*, Das neue Gesetz über elektronische Wertpapiere – digitale Zeitenwende im Wertpapierbereich DStR 2021, 2594; *Döding/Wentz*, Der Referentenentwurf zur Einführung von elektronischen Wertpapieren und Kryptowertpapieren, WM 2020 2312; *Dubovitskaya*, Gesetzentwurf zur Einführung von elektronischen Wertpapieren: ein zaghafter Schritt nach vorn. ZIP 2020, 2551; *Geier*, Einführung elektronischer Wertpapiere, RdF 2020, 258; *Kleinert/Mayer*, Der deutsche Weg zum elektronischen Wertpapier, EuZW 2020, 1059; *Lehmann*, Das Gesetz zur Einführung von elektronischen Wertpapieren, NJW 2021, 2318; *Lehmann*, Zeitenwende im Wertpapierrecht, BKR 2020, 431; *Omlor*, Elektronische Wertpapiere nach dem eWpG, RDi 2021, 371; *Segna*, Elektronische Wertpapiere im zentralen Register – Anmerkungen zum BMF-/BMJV-Referentenentwurf vom 10.8.2020 aus wertpapier- und depotrechtlicher Sicht, WM 2020, 2301; *Siadat*, Verordnung über die Anforderungen an elektronische Wertpapierregister (eWpRV), RDi 2021, 466; *Sickinger/Thelen*, Der Referentenentwurf eines Gesetzes zur Einführung von elektronischen Wertpapieren, AG 2020, 862; *Wieneke/Kunz*, Das Gesetz zur Einführung von elektronischen Wertpapieren, NZG 2021, 316.

Übersicht

I. Allgemeines

1 Ausweislich der Begründung zum Regierungsentwurf enthält § 7 eWpG allgemeine Verhaltenspflichten der registerführenden Stelle.[1] Diese Bezeichnung ist jedoch teilweise irreführend. Schließlich hat etwa § 7 Abs. 4 eWpG nichts mit dem Verhalten der registerführenden Stelle zu tun.[2] Dementsprechend richtiger spricht der Referentenentwurf des damaligen BMJV und des BMF für eine eWpRV[3] unter A. (Problem und Ziel) in sachlicher Hinsicht eben bloß von **Anforderungen an die Führung von elektronischen Wertpapierregistern**.[4]

II. Anforderungen an die Registerführung (§ 7 Abs. 1 eWpG)

2 Nach § 7 Abs. 1 eWpG hat die registerführende Stelle ein elektronisches Wertpapierregister so zu führen, dass Vertraulichkeit, Integrität und Authentizität der Daten gewährleistet sind. Vertraulichkeit und Integrität sind dabei nach Art. 5 Abs. 1 lit. f DSGVO[5] bzw. nach Art. 16 f. der vormaligen Richtlinie 95/46/EG[6] (Datenschutzrichtlinie) auch typische Schutzziele des Datenschutzrechts, während sich der Dreiklang Vertraulichkeit, Integrität und Authentizität der Daten in weiteren Vorgaben der Informationssicherheit wiederfindet.[7]

1. Registerführende Stellen

3 **Registerführende Stellen** sind nach § 4 Abs. 10 die in § 12 Abs. 2 und § 16 Abs. 2 eWpG bezeichneten Stellen. Für das zentrale Register sind dies nach § 12 Abs. 2 eWpG entweder Wertpapiersammelbanken (§ 12 Abs. 2 Nr. 1 eWpG) oder Verwahrer, sofern der Emittent einen solchen ausdrücklich und in Textform dazu ermächtigt (§ 12 Abs. 2 Nr. 2 eWpG). Für das Kryptowertpapierregister ist dies nach § 16 Abs. 2 eWpG, wer vom Emittenten gegenüber dem Inhaber als solche benannt wird. Unterbleibt eine solche Benennung, gilt der Emittent als registerführende Stelle. Insgesamt ist die registerführende Stelle also **rein formal zu bestimmen**.

---

1) Begr. RegE Gesetz zur Einführung von eWp, BT-Drucks. 19/26925, S. 48; in Bezug auf § 7 Abs. 1 und Abs. 3 eWpG wird von einem „dynamischen Pflichtenkatalog" gesprochen, vgl. *Omlor*, Rdi 2021, 371, 374; *Siadat*, RDi 2021, 466.

2) So wohl auch Müller/Pieper-*Pieper*, eWpG, § 7 Rz. 1.

3) Verordnung über Anforderungen an elektronische Wertpapierregister (eWpRV), v. 24.10.2022, BGBl. I 2022, 1882.

4) Vgl. Begr. RefE eWpRV (1. Konsultation), v. 6.8.2021, abrufbar unter https://www.bmj.de/SharedDocs/Gesetzgebungsverfahren/DE/Wertpapierregister.html (Abrufdatum: 18.2.2023); ähnlich Müller/Pieper-*Pieper*, eWpG, § 7 Rz. 1.

5) Verordnung (EU) 2016/679 des Europäischen Parlaments und des Rates v. 27.4.2016 zum Schutz natürlicher Personen bei der Verarbeitung personenbezogener Daten, zum freien Datenverkehr und zur Aufhebung der Richtlinie 95/46/EG (Datenschutz-Grundverordnung – DSGVO), ABl. (EU) L 119/1 v. 4.5.2016.

6) Richtlinie 95/46/EG des Europäischen Parlaments und des Rates v. 24.10.1995 zum Schutz natürlicher Personen bei der Verarbeitung personenbezogener Daten und zum freien Datenverkehr (Datenschutzrichtlinie), ABl. (EG) L 281/31 v. 23.11.1995.

7) Müller/Pieper-*Pieper*, eWpG, § 7 Rz. 3 – mit Verweis auf die Richtlinie 2014/24/EU des Europäischen Parlaments und des Rates v. 26.2.2014 über die öffentliche Auftragsvergabe und zur Aufhebung der Richtlinie 2004/18/EG (Auftragsvergaberichtlinie), ABl. (EU) L 94/65 v. 28.3.2014.

Michael Hippeli

2. Elektronische Wertpapierregister

Elektronische Wertpapierregister sind nach § 4 Abs. 1 eWpG das zentrale Register gemäß 4
§ 12 eWpG (§ 4 Abs. 1 Nr. 1 eWpG) und das Kryptowertpapierregister gemäß § 16 eWpG
(§ 4 Abs. 1 Nr. 2 eWpG).

3. Registerführung

Was genau **Registerführung** ist, wird indes im eWpG und den dazugehörigen Gesetzesma- 5
terialien nicht weiter definiert. Allerdings ist dies auch bei anderen Registern im Gesell-
schafts- und Kapitalmarktrecht nicht anders. § 8 Abs. 1 HGB etwa versteht unter Registerführung eine institutionelle Zuweisung in Bezug auf das Handelsregister an die Gerichte.
Insofern überrascht es nicht, dass die Registerführung auch im eWpG ähnlich strukturiert
wird.

4. Grundsätze der Registerführung

a) Grundsätzliches

Bemerkenswert ist, dass im Gesetzgebungsverfahren bis zuletzt im Zuge von Beschluss- 6
empfehlung und Bericht des Finanzausschusses[8] nicht aufgefallen ist, dass der Normtext
und die Begründung zum Regierungsentwurf auseinanderfallen. Während der Normtext „nur"
von der **Gewährleistung von Vertraulichkeit, Integrität und Authentizität der Daten**
spricht, taucht in der **Begründung zum Regierungsentwurf zusätzlich das Merkmal der
„Verfügbarkeit der Daten"[9]** auf. Der Fehler muss zwischen dem Referentenentwurf und
dem Regierungsentwurf entstanden sein, als die „Anforderungen an die Vertraulichkeit,
Integrität, Verfügbarkeit und Authentizität der Daten nach § 7 Abs. 3" aus dem Inhalt der
Verordnungsermächtigungen in Bezug auf die elektronischem Wertpapierregister gemäß
den nunmehrigen Vorschriften § 15 Abs. 1 Satz 1 Nr. 7 und § 23 Abs. 1 Satz 1 Nr. 6 eWpG
in die Begründung des Regierungsentwurfs integriert wurde, während der Normtext des
§ 7 Abs. 1 eWpG ohne 1:1-Spiegelung „nur" um die Gewährleistung von Vertraulichkeit,
Integrität und Authentizität der Daten angereichert wurde.

§ 5 eWpRV, welcher **Details zu den Anforderungen an die Einrichtung und die Füh- 7
rung des Registers nach § 7 eWpG** regelt, stellt wiederum auf alle vier Merkmale ab (also
auch die Verfügbarkeit der Daten) und reicht somit über den Wortlaut des Normtextes zumindest von § 7 Abs. 1 eWpG hinaus. Da die vorgenannten Verordnungsermächtigungen
§ 15 Abs. 1 Satz 1 Nr. 7 und § 23 Abs. 1 Satz 1 Nr. 6 eWpG jedoch alle vier Merkmale benennen, existiert das ansonsten bestehende Problem einer überschießenden Regelung in
der eWpRV ohne Ermächtigungsgrundlage glücklicherweise doch nicht.

Nach § 5 Satz 1 eWpRV hat die registerführende Stelle das **elektronische Wertpapierre- 8
gister so zu führen, dass die Vertraulichkeit, Integrität, Verfügbarkeit und Authentizität
der Daten gewährleistet sind.** Zumindest insoweit erschöpft sich die Regelung in der bloßen
Gesetzeswiedergabe von § 7 Abs. 1 i. V. m. §§ 15 Abs. 1 Satz 1 Nr. 7, 23 Abs. 1 Satz 1 Nr. 6
eWpG.

Nach § 5 Satz 2 eWpRV sind zum Zwecke dessen insbesondere die **Systeme vor ihrem 9
erstmaligen Einsatz und nach wesentlichen Veränderungen zu testen und von den
fachlich und den technisch zuständigen Mitarbeitern abzunehmen.** Laut der Begründung
des Referentenentwurfs für die eWpRV sollte sich der damalige § 4 Abs. 2 eWpRV (da
der nunmehrige § 5 eWpRV zuletzt aber keine zwei Absätze mehr aufwies, konnte es sich
dabei wohl nur um den § 5 Satz 2 eWpRV handeln, was nun auch die finale Begründung der

---

8) Beschlussempfehlung und Bericht d. FA z. Gesetz zur Einführung von eWp, BT-Drucks. 19/29372.
9) Begr. RegE Gesetz zur Einführung von eWp, BT-Drucks. 19/26925, S. 48.

eWpRV bestätigt) an AT 7.2 Nr. 3 der Mindestanforderungen an das Risikomanagement (MaRisk)[10] orientieren, wobei der Aufbau sich wiederum an den zu den MaRisk und den bankaufsichtlichen Anforderungen an die IT (BAIT) entwickelten Grundsätzen anlehnt.[11]

10   § 5 Satz 2 eWpRV konkretisiert dabei auch § 7 Abs. 3 Satz 1 eWpG, wonach die register-führende Stelle die erforderlichen technischen und organisatorischen Maßnahmen treffen muss, um einen Datenverlust oder eine unbefugte Datenveränderung zu verhindern.

11   Allerdings ist der geforderte Systemtest natürlich nicht deckungsgleich hiermit. **Unterbleibt der Systemtest** inklusive Abnahme durch die zuständigen Mitarbeiter oder wird er mangel-haft durchgeführt, steht ein Verschulden der registerführenden Stelle im Raum. Unklar ist dabei im Übrigen, ob der **Mitarbeiterbegriff** lediglich direkt bei der registerführenden Stelle angestellte Mitarbeiter erfasst oder auch Mitarbeiter von Drittunternehmen, an die ins-besondere die technische Betreuung ausgelagert wird. Vermutlich dürften auch derartige Dritte erfasst sein, denn das eWpG schreibt an keiner Stelle vor, dass die Registerführung vollständig von der registerführenden Stelle selbst betreut wird, eine Letztverantwortung auch für Auslagerungssachverhalte insbesondere bei technischer Unterstützung dürfte insoweit ausreichend sein. Jedenfalls steht bei der Abnahme durch die fachlich und die technisch zuständigen Mitarbeiter die Eignung und Angemessenheit der IT-Systeme für die spezifische Situation der jeweiligen registerführenden Stelle im Mittelpunkt.[12] Bei der Beurteilung der Wesentlichkeit von Veränderungen ist zudem nicht auf den Umfang der Veränderungen, sondern auf die Auswirkungen, die eine Veränderung auf die Funktions-fähigkeit des betroffenen IT-Systems haben kann, abzustellen.[13]

12   Nach § 5 Satz 3 eWpRV hat die registerführende Stelle einen **Regelprozess der Entwick-lung, des Testens, der Freigabe und der Implementierung in die Produktionsprozesse** zu etablieren. Dieser Satz entstammt nahezu wortgleich AT 7.2 Nr. 3 der MaRisk. Die entsprechende Entwicklung und Etablierung von Regelprozessen ist dabei eine Selbstver-ständlichkeit. Schwer vorstellbar ist es schließlich, dass die registerführende Stelle von Fall zu Fall bei der technisch-organisatorischen Ausstattung im Zusammenhang mit IT-Prozes-sen einzelfallbezogen agiert und keine festen Regelprozesse für Entwicklung, Testen, Frei-gabe und Implementierung etabliert.

13   Nach § 5 Satz 4 eWpRV sind die **Produktions- und Testumgebung dabei grundsätzlich voneinander zu trennen**. Dieser Satz entstammt wortgleich AT 7.2 Nr. 3 der MaRisk. Er besagt letztlich, dass Test- und wirklicher Betrieb institutionell-organisatorisch nicht in-einander übergehen dürfen.

b)   Die einzelnen Registergrundsätze

aa)   Vertraulichkeit der Daten

14   **Vertraulichkeit** findet im gesamten eWpG inklusive sämtlicher Gesetzesmaterialen ledig-lich schlagwortartig Verwendung. Es existiert **weder eine Definition noch eine eindeu-**

---

10) BaFin, Rundschreiben 10/2021 (BA) – Mindestanforderungen an das Risikomanagement (MaRisk), v. 16.8.2021, Stand: 4.5.2022, abrufbar unter https://www.bafin.de/SharedDocs/Veroeffentlichungen/ DE/Rundschreiben/2021/rs_1021_MaRisk_BA.html (Abrufdatum: 18.2.2023).

11) Vgl. Begr. RefE eWpRV (1. Konsultation), v. 6.8.2021, abrufbar unter https://www.bmj.de/SharedDocs/-Gesetzgebungsverfahren/DE/Wertpapierregister.html; Begr. eWpRV, v. 15.12.2022, abrufbar unter https://www.bmj.de/SharedDocs/Gesetzgebungsverfahren/DE/Wertpapierregister.html (Abrufdatum jew. 18.2.2023).

12) Vgl. Boos/Fischer/Schulte-Mattler-*Braun*, KWG/CRR-VO, § 25a KWG Rz. 636; so nun auch Anlage 1 MaRisk (Erläuterungen zum Rundschreiben 10/2021 (BA) – MaRisk v. 16.8.2021), abrufbar unter www.bafin.de.

13) Anlage 1 MaRisk (Erläuterungen zum Rundschreiben 10/2021 (BA) – MaRisk v. 16.8.2021), abrufbar unter www.bafin.de.

tige Erläuterung. Auch die DSGVO gibt hierzu keinen tieferen Aufschluss, so wird der Vertraulichkeitsbegriff etwa in Art. 76 DSGVO gewissermaßen als selbsterklärend vorausgesetzt. Lediglich aus Art. 5 Abs. 1 lit. f DSGVO lässt sich ein Stück weit herauslesen, dass es auch um die Verhinderung einer unbefugten Fremdnutzung geht. Ähnlich ist dies im Zusammenhang mit dem BDSG.

Insgesamt wird man Vertraulichkeit derart verstehen können, dass die registerführenden 15 Stellen sicherstellen müssen, dass die Registerdaten nicht an unbefugte Dritte gelangen.[14] Die Begründung des Regierungsentwurfs spricht wohl in Richtung der Vertraulichkeit der Daten einerseits von **Datensicherheit**, andererseits von der **Gewährleistung, dass die von ihr registrierten Daten unter den jeweils geltenden technischen Rahmenbedingungen vor dem Zugriff Dritter geschützt sind.**[15] Auf Ebene der Mitarbeiter der registerführenden Stellen spiegelt sich dies in der Pflicht zur Verschwiegenheit wieder.

Die Begründung des Regierungsentwurfs weist in diesem Zusammenhang auf die bei 16 Kryptowertpapierregistern anerkannten **Standards wie ISO und DIN, mindestens aber auf branchenübliche „Best Practice"**-Standards hin.[16] Im Schwerpunkt dürfte es dabei um die Norm für Informationssicherheitsmanagementsysteme ISO/IEC 27001[17] gehen. Nachdem die Begründung zum Regierungsentwurf allerdings auch auf den technischen Fortschritt und die jeweils effizientesten technischen Standards abstellt,[18] müssen für die Datenvertraulichkeit stets die neuesten, i. S. von „besten" Standards herangezogen werden. Die Nutzung veralteter Technik würde die angestrebten Effizienzgewinne gewissermaßen konsumieren.[19]

Wie § 15 Abs. 1 Satz 1 Nr. 3 und Abs. 2 sowie § 23 Abs. 1 Satz 1 Nr. 4 und Abs. 2 eWpG 17 zeigen, könnte künftig im Schwerpunkt das BMF fortwährend per Rechtsverordnung vorschreiben, was der beste Standard ist. Dies ist zwar in der eWpRV nicht erfolgt, bleibt aber dennoch möglich. Alleine diese abstrakte Möglichkeit wurde in der Literatur[20] kritisiert, da der Gesetzgeber dieser Ansicht nach die Auswahl der effizientesten Technologien wohl besser den Marktakteuren überlassen sollte. In der Tat erscheint fraglich, ob etwa das BMF eine derartige Technologiekompetenz vorweisen kann, die es ihm nicht nur ermöglicht, anfänglich den Standard vorzugeben, sondern diesen auch permanent im Zuge von aktualisierten Fassungen der eWpRV marktgerecht im Blick zu behalten. Im materiellen Anwendungsbereich von § 7 Abs. 1 eWpG ist ferner keine ergänzende Anhörung durch das BSI im Sinne von § 15 Abs. 1 Satz 2 und § 23 Abs. 1 Satz 2 eWpG vorgesehen. Daher kann die dort vorhandene zusätzliche IT-Expertise somit nicht in das immer noch mögliche etwaige Handeln des BMF einfließen.

bb) Integrität der Daten

Integrität bedeutet im Zusammenhang mit Daten, dass es nicht möglich sein darf, Daten 18 unerkannt bzw. unbemerkt zu ändern. Es geht also im Wesentlichen um das **Erkennen von Datenänderungen bzw. die Verhinderung von unautorisierter Modifikation der**

---

14) Ähnlich Müller/Pieper-*Pieper*, eWpG, § 7 Rz. 6 – mit Blick auf das Merkmal der Vertraulichkeit in § 11 Abs. 2 VgV.

15) Begr. RegE Gesetz zur Einführung von eWp, BT-Drucks. 19/26925, S. 48.

16) Begr. RegE Gesetz zur Einführung von eWp, BT-Drucks. 19/26925, S. 48; Müller/Pieper-*Pieper*, eWpG, § 7 Rz. 16; *Omlor*, Rdi 2021, 371, 374.

17) Vgl. *Conrad/Streitz* in: Auer-Reinsdorff/Conrad, Hdb. IT-Recht, § 33 Rz. 385 ff.; *Ekrot/Fischer/Müller* in: Kipker, Cybersecurity, Kap. 3 Rz. 38.

18) Begr. RegE Gesetz zur Einführung von eWp, BT-Drucks. 19/26925, S. 48; vgl. auch *Lehmann*, BKR 2020, 431, 434 f.; *Segna*, WM 2020, 2301, 2305.

19) Vgl. Begr. RegE Gesetz zur Einführung von eWp, BT-Drucks. 19/26925, S. 48; *Döding/Wentz*, WM 2020, 2312, 2317.

20) *Dubovitskaya*, ZIP 2020, 2551, 2560.

Daten.[21] Neben der Unversehrtheit der Daten soll vom Integritätsbegriff aber auch die korrekte Funktionsweise von Systemen erfasst sein.[22]

19 Das **eWpG beinhaltet** – ebenso wie beim Vertraulichkeitsbegriff – **keine eigene Definition oder Erläuterung**, was genau unter Integrität der Daten zu verstehen ist, **und lehnt sich insoweit an die datenschutzrechtlichen Begrifflichkeiten an.** So bedeutet Integrität von Daten nach Art. 5 Abs. 1 lit. f DSGVO die Gewährleistung einer angemessenen Sicherheit von personenbezogenen Daten einschließlich Schutz vor unbefugter oder unrechtmäßiger Verarbeitung und vor unbeabsichtigtem Verlust, unbeabsichtigter Zerstörung oder unbeabsichtigter Schädigung durch geeignete technische und organisatorische Maßnahmen. Nach § 64 Abs. 3 Satz 1 Nr. 11 BDSG besteht Datenintegrität in der Gewährleistung, dass gespeicherte personenbezogene Daten nicht durch Fehlfunktionen des Systems beschädigt werden können. Erkennbar geht es bei den Daten gemäß § 7 Abs. 1 eWpG allerdings nicht nur um personenbezogene Daten, der Integritätsbegriff des Datenschutzrechts kann aber zur Bestimmung gleichwohl übernommen werden.

20 Die Integrität der Daten **darf dabei nicht mit** der etwa in der Begründung zum Regierungsentwurf vielfach erwähnten **Marktintegrität verwechselt werden.** Das eWpG soll insgesamt dem Anlegerschutz, der kapitalmarktrechtlichen Transparenz und einer allgemeinen Marktintegrität dienlich sein. Die Integrität der Daten ist dagegen eine der logischen Voraussetzungen dafür, dass das neue Registerregime funktioniert, was sodann eine Säule der Marktintegrität darstellen kann.

21 Ein weiterer Integritätsbegriff des eWpG ist im Übrigen die sich aus der Gesetzesbegründung des Regierungsentwurfs zu § 5 eWpG ergebende **„Integrität eines von der registerführenden Stelle registrierten Wertpapiers".** Diese wird in einer „Unverfälschtheit seit der Herstellung"[23] begriffen. Gewisse **Überschneidungen mit der Integrität von Daten** bestehen dabei natürlich, so dass entsprechende Rückschlüsse vorgenommen werden können.

cc) Authentizität der Daten

22 **Authentizität** bedeutet im Zusammenhang mit Daten die **Erkennbarkeit des Urhebers von Daten.**[24] Erneut wartet das eWpG mit keiner eigenständigen Definition oder Erläuterung auf. Weder DSGVO noch BDSG kennen diesen Begriff.

23 Jedoch wird in der Gesetzesbegründung des Regierungsentwurfs zu § 5 eWpG im Zusammenhang mit der „Authentizität eines von der registerführenden Stelle registrierten Wertpapiers" von einer „Feststellung der Urheberschaft"[25] gesprochen. An dieser Stelle bestehen gewisse **Überschneidungen mit der Integrität von Daten**, so dass hieraus entsprechende Folgerungen gezogen werden können.

5. Gewährleisten

24 Dem Wortlaut nach soll die Registerführung in einer Weise erfolgen, **dass die genannten Grundsätze der Registerführung gewährleistet sind.** Dies dürfte darauf hinauslaufen,

---

21) Taeger/Gabel-*Schmidt*, DSGVO/BDSG, Art. 1 DSGVO Rz. 28; Paal/Pauly-*Martini*, DSGVO/BDSG, Art. 32 DSGVO Rz. 36; ähnlich Müller/Pieper-*Pieper*, eWpG, § 7 Rz. 6.

22) BSI, IT-Grundschutz-Kompendium, S. 6; so auch die Begr. RegE Gesetz zur Einführung von eWp z. § 10 eWpG, BT-Drucks. 19/26925, S. 44 – „registerführende Stelle als Garant für die Integrität des genutzten Verfahrens".

23) Begr. RegE Gesetz zur Einführung von eWp, BT-Drucks. 19/26925, S. 44.

24) *Hanse*n in: Simitis/Hornung/Spiecker, Datenschutzrecht, Art. 32 DSGVO Rz. 39; *Raue/v. Ungern-Sternberg*, ZRP 2020, 49, 52; ähnlich auch mit vergaberechtlicher Argumentation Müller/Pieper-*Pieper*, eWpG, § 7 Rz. 6.

25) Begr. RegE Gesetz zur Einführung von eWp, BT-Drucks. 19/26925, S. 44.

dass der registerführenden Stelle ein Ermessen dahingehend zusteht, wie sie die Gewährleistung bewerkstelligen will. Auch das Schutzniveau dieser Gewährleistung dürfte im Rahmen der Festlegungen der eWpRV (dazu sogleich) der Einschätzungsprärogative der registerführenden Stelle unterliegen. Im Übrigen erscheint **aus dem bloßen Wortlaut „gewährleisten" wenig Greifbares ableitbar**. So ist etwa kein wirklicher Unterschied zu „sicherstellen" in § 7 Abs. 2 eWpG feststellbar. Gewährleisten bedeutet aber jedenfalls mehr als etwa „berücksichtigen".

Aus § 3 eWpRV ergeben sich – obzwar der undeutlichen Überschrift „Dokumentations-   25
pflichten; Beaufsichtigung" – weitere **Details zur Einrichtung und Führung des Registers**.

Nach § 3 Abs. 1 Nr. 1 eWpRV hat **die registerführende Stelle** die **Einzelheiten der Ein-   26
richtung und der Führung des Registers nach § 7 eWpG festzulegen**. Die Verordnungsermächtigung entstammt in diesem Zusammenhang § 15 Abs. 1 Satz 1 Nr. 3 und § 23 Abs. 1 Satz 1 Nr. 4 eWpG. Inhaltlich kommt diese Regelung überraschend, da sie den registerführenden Stellen ein gehöriges Maß an Autonomie belässt. Eine Alternative hierzu wäre gewesen, dass das BMF oder die BaFin entsprechende Festlegungen treffen.

Nach § 3 Abs. 1 Nr. 2 eWpRV hat **die registerführende Stelle** die **Einzelheiten der Ver-   27
fahrensanforderungen zur Übermittlung sowie Vollziehung einer Weisung oder Zustimmung** nach § 14 Abs. 1 bis 4 eWpG bei zentralen Registern oder nach § 18 Abs. 1 bis 4 eWpG bei Kryptowertpapierregistern festzulegen. Für Details sei dementsprechend auf die jeweilige Kommentierung der §§ 14, 18 eWpG verwiesen.

Nach § 3 Abs. 1 Nr. 3 eWpRV hat **die registerführende Stelle** den **angemessenen Zeit-   28
raum für Umtragungen und die Anforderungen an die Gültigkeit von Umtragungen** nach § 14 Abs. 4 eWpG bei zentralen Registern oder nach § 18 Abs. 4 bei Kryptowertpapierregistern **festzulegen**. Eine weitere Binnenkonkretisierung des § 3 Abs. 1 Nr. 3 eWpRV einschließlich der Mitteilung gegenüber den Teilnehmern des Registers ergibt sich auch aus § 12 eWpRV. Für Details sei dementsprechend ebenso wie bei § 3 Abs. 1 Nr. 2 eWpRV auf die jeweilige Kommentierung der §§ 14, 18 eWpG verwiesen.

Nach **§ 3 Abs. 1 eWpRV** sind die sämtlichen **Festlegungen nach Absatz 1** in einer nach-   29
vollziehbaren, aussagefähigen und für einen sachkundigen Dritten leicht verständlichen Art und Weise **zu dokumentieren**. Dieser vordere Absatzteil ist sprachlich und inhaltlich als teilweise missglückt anzusehen. So ist mit „aussagefähig" wohl eher „aussagekräftig" gemeint, so dass jedenfalls inhaltsleere bzw. nichtssagende Festlegungen vermieden werden sollen. Seinerseits wenig nachvollziehbar ist ferner das Begriffspaar „für einen sachkundigen Dritten" und „leicht verständlich".

So kennt etwa[26] § 64 Abs. 2 WpHG im Zusammenhang mit Produktinformationsblättern   30
bei Anlageberatung den Begriff der leichten Verständlichkeit, sofern sich die Anlageberatung an (vergleichsweise wenig informierte) Privatkunden richtet. Leicht verständlich bedeutet dabei, dass die Angaben in besonderem Maße verständlich sein und damit über eine bloße (allgemeine) Verständlichkeit hinausreichen müssen.[27] Insoweit ist es erforderlich, dass das Produktinformationsblatt für den durchschnittlichen Kunden des angesprochenen Kundenkreises beim ersten Lesen verständlich ist, wobei aber ein intensives und nicht lediglich ein flüchtiges Lesen von dem Kunden erwartet werden kann.[28] Von einem sachkundigen, d. h. mit der einschlägigen Materie vertrauten Dritten kann jedoch erwartet werden,

---

26) Der Begriff „leicht verständlich" findet sich auch in § 23a Abs. 1 Satz 2 KWG, § 4 Abs. 3 Satz 2 WpPG und § 165 Abs. 2 Nr. 3 KAGB.
27) Vgl. *Rothenhöfer* in: Schwark/Zimmer, Kapitalmarktrechts-Kommentar, § 64 WpHG Rz. 43; *Poelzig* in: BeckOK-WpHG, § 64 Rz. 34.
28) *Koller* in: Assmann/Schneider/Mülbert, WpHG, § 64 Rz. 55; *Rothenhöfer* in: Schwark/Zimmer, Kapitalmarktrechts-Kommentar, § 64 WpHG Rz. 43.

dass er bereits allgemein verständliche Festlegungen erfassen und nachvollziehen kann. Insofern erscheint das Merkmal der „leicht verständlichen Art und Weise" der Dokumentation in § 3 Abs. 1 eWpRV verfehlt. Denn hierdurch werden den registerführenden Stellen in unverständlicher Weise höhere Anforderungen auferlegt als etwa Wertpapierdienstleistungsunternehmen oder Kreditinstituten, so dass ganz offenkundig von einer Überregulierung gesprochen werden kann.

31 Dies gilt zumal mit Blick auf die jeweilige **Schutzwürdigkeit des Adressatenkreises**. Während es bspw. mit Blick auf Verkaufsprospekte und Produktinformationsblätter einleuchtet, dass etwa Privatkunden besonders schutzwürdig sind, muss bei der Dokumentation der Festlegungen nach § 3 Abs. 1 eWpRV davon ausgegangen werden, dass Dritte im Lichte von § 3 Abs. 1 eWpRV vor allem Mitarbeiter der BaFin sind, die sich also kraft Amtes mit den Festlegungen auskennen sollten und zudem – da wohl regelmäßig keine Eile besteht – den Wortlaut der einschlägigen Dokumentation i. R. der Untersuchungspflicht nach § 24 VwVfG ohnehin durch weitere Nachforschungen vertieft ergründen könnten.

32 Nach **§ 3 Abs. 3 eWpRV** ist die Dokumentation primär **an die BaFin sowie darüber hinaus ggf. auch an Teilnehmer zu übermitteln**. So bestimmt § 3 Abs. 3 Satz 1 eWpRV zunächst, dass die Dokumentation der BaFin auf deren Anforderung vorzulegen ist. Ferner legt § 3 Abs. 3 Satz 2 eWpG fest, dass die Dokumentation auf Anfrage auch Teilnehmern elektronisch zur Verfügung zu stellen ist. Das sind nach § 2 eWpRV:

– der Emittent eines elektronischen Wertpapiers;

– der Inhaber eines elektronischen Wertpapiers;

– jede bestimmte Person, zugunsten derer in einem elektronischen Wertpapierregister eine Verfügungsbeschränkung nach § 13 Abs. 2 Satz 1 Nr. 1 oder § 17 Abs. 2 Satz 1 Nr. 1 eWpG eingetragen ist; und

– jeder Dritte, für den ein Recht in einem elektronischen Wertpapierregister nach § 13 Abs. 2 Satz 1 Nr. 2 oder § 17 Abs. 2 Satz 1 Nr. 2 des Gesetzes eWpG eingetragen ist; und

– wer aufgrund einer Vereinbarung mit der registerführenden Stelle Zugang zu den Funktionen des Registers erhält.

33 Vom Referentenentwurf bis zur finalen Fassung der eWpRV ist dieser Kreis noch deutlich erweitert worden.

34 Entgegen der ursprünglichen Fassung der eWpRV noch im Referentenentwurf ist vom Format her eine rein eingleisige Dokumentation nach Maßgabe von § 3 Abs. 2 eWpRV angelegt (rein elektronische Form[29]) für eine spätere Herausgabe an die BaFin oder ggf. auch an Dritte als Teilnehmer). Zwischen „Anforderung" durch die BaFin und „Anfrage" eines Teilnehmers dürfte nur ein semantischer Unterschied bestehen, der darauf beruht, dass sich die BaFin in realiter typischerweise per Post meldet, während Dritte mittlerweile eher ein Mail schreiben. Zum berechtigten Interesse kann auf die Kommentierung zu § 10 Abs. 2 eWpG, zum Geheimhaltungsinteresse kann ferner auf die Kommentierung zu § 10 Abs. 3 eWpG in entsprechender Weise verwiesen werden.

35 Nach **§ 3 Abs. 3 eWpRV** kann die **BaFin**, soweit die Dokumentation nicht die Anforderungen gemäß Absatz 1 erfüllt oder Anhaltspunkte dafür bestehen, dass die Festlegungen nach Absatz 1 nicht ausreichend sind, um die berechtigten Interessen der Anleger hin-

---

29) Elektronische Form kann Mail, Einsicht im Internet oder Ähnliches bedeuten, jedenfalls aber keine postalische Übersendung in Papierform, vgl. bereits Begr. RefE eWpRV (1. Konsultation), v. 6.8.2021, abrufbar unter https://www.bmj.de/SharedDocs/Gesetzgebungsverfahren/Dokumente/RefE_VO _Wertpapierregister.pdf?__blob=publicationFile&v=1; nun auch Begr. eWpRV, v. 15.12.2022, abrufbar unter https://www.bmj.de/SharedDocs/Gesetzgebungsverfahren/DE/Wertpapierregister.html (Abrufdatum jew. 18.2.2023).

sichtlich der Registerführung nach § 7 eWpG oder der Änderungen des Registerinhalts nach den §§ 14, 18 eWpG zu schützen, **gegenüber der registerführenden Stelle Anordnungen bezüglich der Dokumentation sowie der Festlegungen** nach § 3 Abs. 1 eWpRV **treffen.** § 3 Abs. 3 eWpRV räumt der BaFin damit unter bestimmten Umständen eine Anordnungsbefugnis ein. Anordnungen sind dabei regelmäßig förmliche Verwaltungsakte nach § 35 Satz 1 VwVfG, die mit Verwaltungszwang durchsetzbar sind.[30] Dazu zählen zwar auch Allgemeinverfügungen nach § 35 Satz 2 VwVfG, jedoch wird dies bei einer bloßen Maßnahme im Einzelfall wenig zweckmäßig sein. Schlicht-hoheitliches Handeln, welches zumindest bei Grundrechtsrelevanz des Handelns ebenfalls den Begriff der Anordnung erfüllen kann, wird ebenfalls eher nicht in Betracht kommen. Sofern die tatbestandlichen Voraussetzungen vorliegen, „kann" die BaFin einschreiten und eine Anordnung erlassen, i. R. ihres Entschließungsermessens gemäß § 40 VwVfG muss sie dies allerdings auch nicht.

Ob die jeweilige Dokumentation die Anforderungen des § 3 Abs. 1 eWpRV erfüllt oder **36** nicht, obliegt einer Einschätzungsprärogative der BaFin. So sind etwa die Grenzen zwischen für einen sachkundigen Dritten unverständliche, allgemein verständliche oder leicht verständliche Dokumentationen erkennbar fließend. Ob darüber hinaus Anhaltspunkte dafür bestehen, dass die Festlegungen nach § 3 Abs. 1 eWpRV nicht ausreichend sind, um die berechtigten Interessen der Anleger im jeweiligen Kontext[31] zu schützen, muss die BaFin wie sonst auch danach bemessen, ob sich anhand der Aktenlage, ggf. weiterer interner Analysen und Auswertungen, aus Medienberichten, durch Hinweise Dritter oder sonst in irgendeiner Form auftauchende Ungereimtheiten ergeben.[32] Allerdings müsste die BaFin zusätzlich beurteilen, ob das Schutzniveau der Festlegungen aus Absatz 1 noch gewahrt ist. Da § 3 Abs. 3 eWpRV allerdings kein bestimmtes Schutzniveau vorgibt, liegt mit dieser Anknüpfung eine Tautologie vor, die i. R. einer späteren Novellierung der eWpRV beseitigt werden sollte.

Nach § 3 Abs. 4 eWpRV ist die **Dokumentation für einen Zeitraum von zehn Jahren 37 nach der Beendigung des Registers oder nach Inkrafttreten einer Änderung der Dokumentation aufzubewahren.** Die Aufbewahrung ist dabei erforderlich, damit die registerführende Stelle wirksam beaufsichtigt werden kann, wobei sie zudem die Durchsetzung zivilrechtlicher Ansprüche erleichtern kann.[33] § 3 Abs. 4 eWpRV ist dabei der Länge nach offenkundig an die Aufbewahrungspflichten aus § 257 Abs. 4 HGB und § 147 Abs. 3 AO angelehnt. Ähnliches ergibt sich etwa auch aus Art. 29 Abs. 1 der CSDR[34] und Art. 29 Abs. 1 der EMIR[35].

III. Abbildung der Rechtslage; Schadensersatz (§ 7 Abs. 2 eWpG)

Nach § 7 Abs. 2 Satz 1 eWpG hat die registerführende Stelle sicherzustellen, dass das **38** elektronische Wertpapierregister jederzeit die bestehende Rechtslage zutreffend wieder-

---

30) *Hippeli* in: BeckOK-WpHG, § 6 Rz. 46.
31) Vgl. zum Kontext der §§ 14, 18 eWpG zudem die einschlägige Kommentierung.
32) *Hippeli* in: BeckOK-WpHG, § 6 Rz. 104.
33) Vgl. bereits Begr. RefE eWpRV (1. Konsultation), v. 6.8.2021, abrufbar unter https://www.bmj.de/ SharedDocs/Gesetzgebungsverfahren/DE/Wertpapierregister.html; nun auch Begr. eWpRV, v. 15.12.2022, abrufbar unter https://www.bmj.de/SharedDocs/Gesetzgebungsverfahren/DE/Wertpapierregister.html (Abrufdatum: 18.2.2023).
34) Verordnung (EU) Nr. 909/2014 des Europäischen Parlaments und des Rates v. 23.7.2014 zur Verbesserung der Wertpapierlieferungen und -abrechnungen in der Europäischen Union und über Zentralverwahrer sowie zur Änderung der Richtlinien 98/26/EG und 2014/65/EU und der Verordnung (EU) Nr. 236/2012 (Central Securities Depositories Regulation – CSDR), ABl. (EU) L 257/1 v. 28.8.2014
35) Verordnung (EU) Nr. 648/2012 des Europäischen Parlaments und des Rates v. 4.7.2012 über OTC-Derivate, zentrale Gegenparteien und Transaktionsregister (European Market Infrastructure Regulation – EMIR), ABl. (EU) L 201/1 v. 27.7.2012.

gibt und Eintragungen sowie Umtragungen vollständig und ordnungsgemäß erfolgen. Nach § 7 Abs. 2 Satz 2 eWpG ist sie dem Berechtigten zum Ersatz des Schadens verpflichtet, der durch eine Satz 1 nicht entsprechende Registerführung entsteht, es sei denn, sie hat den Fehler nicht zu vertreten.

1.   Sicherstellungspflichten (§ 7 Abs. 2 Satz 1 eWpG)

39 § 7 Abs. 2 Satz 1 eWpG beinhaltet **zwei Sicherstellungspflichten** seitens der registerführenden Stelle in Bezug auf:

– die Wiedergabe der zutreffenden Rechtslage und

– ordnungsgemäße Ein- und Umtragungen.

40 Sicherstellung ist dabei vom Schutzniveau her betrachtet ex origine kaum bestimmbar. Jedoch sorgt die Verlinkung mit Attributen wie „jederzeit zutreffend" sowie „vollständig und ordnungsgemäß" dafür, dass das Schutzniveau einer derart ausgestalteten Sicherstellung als allumfassend anzusehen ist.

a)   Sicherstellung der Wiedergabe der zutreffenden Rechtslage

41 Zum einen hat die registerführende Stelle sicherzustellen, dass das elektronische Wertpapierregister jederzeit die bestehende Rechtslage zutreffend wiedergibt. Dies soll sogar die Hauptaufgabe der registerführenden Stelle sein.[36]

42 Die Begründung des Regierungsentwurfs weist in diesem Zusammenhang auch darauf hin, dass das Register und die ihm zugrunde liegende Technologie die Rechtslage zu jedem Zeitpunkt zutreffend wiederzugeben haben.[37] Dies bedeutet im Umkehrschluss, dass die registerführende Stelle Register und Technologie zunächst einmal beherrschen können muss, ansonsten kann sie ihre Pflichten zur Sicherstellung unmöglich erfüllen.

43 Dass die **abgebildete Rechtslage jederzeit zutreffend** sein muss, stellt sich dabei als **Euphemismus** dar. Auch die Begründung des Regierungsentwurfs erkennt schließlich an, dass dies schwerlich möglich ist. Zwar können von Anfang an unwirksame Rechtsgeschäfte natürlich im Register kenntlich gemacht werden.[38] Jedoch stellt sich die Frage, wie denn die registerführende Stelle hiervon immer ohne weiteres **Kenntnis erhalten** kann. Denn die entsprechenden Verfügungen vollziehen sich außerhalb des Registers;[39] der registerführenden Stelle gehen nur die Weisungen gemäß § 14 Abs. 1 bzw. § 18 Abs. 1 eWpG zu. Ganz zu schweigen auch von weiteren Rechtsgeschäften, die nicht ex tunc, sondern ex nunc unwirksam werden. Diese sind an keiner Stelle erwähnt, wohl weil das eWpG jedenfalls für elektronische Wertpapiere in Einzelverwahrung Regelungen zum Gutglaubenserwerb enthält und die Unwirksamkeitsgründe dann doch wieder vermindert werden.[40] Jedoch setzen jederzeit richtige Eintragungen auch hier voraus, dass eine Kenntnis von derart unwirksamen Rechtsgeschäften vorliegt.

44 Nur **schemenhaft** ist im Übrigen klar, **was genau mit „der Rechtslage" gemeint ist.** Besser und klarer wäre es wohl gewesen, wie in § 15 HGB an eingetragene oder einzutragende Tatsachen und ggf. weiteres anzuknüpfen. Mit der Rechtslage dürften nun insbesondere die Registerangaben nach den §§ 13, 17 eWpG gemeint sein. Daneben geht es wohl um

---

36) Begr. RegE Gesetz zur Einführung von eWp, BT-Drucks. 19/26925, S. 48; *Segna*, WM 2020, 2301, 2305.

37) Begr. RegE Gesetz zur Einführung von eWp, BT-Drucks. 19/26925, S. 48.

38) Begr. RegE Gesetz zur Einführung von eWp, BT-Drucks. 19/26925, S. 48.

39) *Segna*, WM 2020, 2301, 2305.

40) Vgl. *Sickinger/Thelen*, AG 2020, 862, 866 f.; *Kleinert/Mayer*, EuZW 2020, 1059, 1063 – jeweils noch zum RefE eWpG.

niedergelegte Emissionsbedingungen nach § 5 eWpG und Identitäts- und Adressangaben zu Inhabern nach § 10 Abs. 3 eWpG. Allerdings dürfte hier nur die formelle Rechtslage betroffen sein, denn die materielle Rechtslage wird der registerführenden Stelle eben nur in den seltensten Fällen vollständig bekannt sein.[41]

b) Sicherstellung der ordnungsgemäßen Ein- und Umtragungen

Weiterhin hat die registerführende Stelle sicherzustellen, dass Eintragungen sowie Umtragungen vollständig und ordnungsgemäß erfolgen. **45**

Mit **Eintragung** ist nach **§ 4 Abs. 4 eWpG** die Aufnahme der für ein elektronisches Wertpapier nach § 13 oder § 17 eWpG erforderlichen Registerangaben in ein elektronisches Wertpapierregister unter eindeutiger und unmittelbar erkennbarer Bezugnahme auf die niedergelegten Emissionsbedingungen gemeint. Die Eintragung erfolgt unter den drei Voraussetzungen: **46**

–   Aufnahme des Wertpapiers in ein elektronisches Wertpapierregister mit den nach § 13 bzw. § 17 notwendigen Angaben;

–   Niederlegung der Emissionsbedingungen; und

–   Bezugnahme auf die Emissionsbedingungen.

Eine **Umtragung** ist dagegen nach **§ 4 Abs. 8 eWpG** die Ersetzung des Inhabers eines im elektronischen Wertpapierregister eingetragenen elektronischen Wertpapiers durch einen neuen Inhaber. **47**

Im Zuge des **Sicherstellens** kann von der registerführenden Stelle dabei **nur dasjenige** verlangt werden, **was in ihren Händen liegt**. Mitwirkungshandlungen – etwa des Inhabers – zählen hierzu naturgemäß nicht. Die Begriffe „vollständig" und „ordnungsgemäß" bedürfen keiner weiteren Erläuterung, insoweit natürlich eine professionelle Registerführung erwartet werden kann. **48**

2. Schadenersatz (§ 7 Abs. 2 Satz 2 eWpG)

Nach § 7 Abs. 2 Satz 2 eWpG ist die **registerführende Stelle dem Berechtigten zum Ersatz des Schadens verpflichtet,** der durch eine Satz 1 nicht entsprechende Registerführung entsteht, es sei denn, sie hat den Fehler nicht zu vertreten. **49**

Berechtigter ist nach § 3 Abs. 2 eWpG i. S. des gesamten eWpG, wer das Recht aus einem Wertpapier innehat. Anders als bei der Inhaberschaft nach § 3 Abs. 1 eWpG geht es um die Inhaberschaft an dem im elektronischen Wertpapier verkörperten Recht, so dass der Berechtigte etwa als Gläubiger oder Gesellschafter eingeordnet werden kann.[42] Da der Berechtigte regelmäßig keine Eigentumsanteile am elektronischen Wertpapier selbst hält, ist er (lediglich) Dritter und erlangt durch § 7 Abs. 2 Satz 2 eWpG **Drittschutz.**[43] Sollte ausnahmsweise auch das Eigentum betroffen sein, stellt dies ein nach dem Deliktsrecht geschütztes Rechtsgut dar, so dass auch Schadensersatzansprüche nach § 823 Abs. 1 BGB in Betracht kommen.[44] In der Literatur[45] wird davon ausgegangen, dass die größtmögliche praktische Relevanz des Schadensersatzanspruchs bei Kryptowertpapieren in Einzel- **50**

---

41)   Ähnlich *Segna*, WM 2020, 2301, 2305; weiter (= zumindest keine umfassende materielle Prüfung) *Geier*, RdF 2020, 258, 263.

42)   Begr. RegE Gesetz zur Einführung von eWp, BT-Drucks. 19/26925, S. 41.

43)   Begr. RegE Gesetz zur Einführung von eWp, BT-Drucks. 19/26925, S. 41; Müller/Pieper-*Pieper*, eWpG, § 7 Rz. 13.

44)   *Sickinger/Thelen*, AG 2020, 862, 864; *Döding/Wentz*, WM 2020, 2312, 2317.

45)   *Geier*, RdF 2020, 258, 263.

eintragung besteht, wenn Berechtigte also selbst als Inhaber in das Register eingetragen werden.

51 **Kritisch** wird gesehen, dass das Abstellen auf den **Berechtigtenbegriff möglicherweise zu eng** gewählt ist, denn gerade wenn es fehlerhafte Verfügungen gegeben habe, könne der Schaden durch falsche Eintragungen bei einem Dritten (= Vertragspartner des Berechtigten) und nicht beim Berechtigten eingetreten sein.[46] Allerdings entspricht es – wie etwa die Rechtsfigur der Drittschadensliquidation zeigt – der Grundkonzeption des deutschen Haftungsrechts, dass der (unvorsätzlich handelnde) Schädiger grundsätzlich nur sein kalkulierbares Risiko tragen soll. Ein Grund für eine ausnahmsweise Korrektur dieses Grundsatzes aus Billigkeitsgründen kann vorliegend auch nicht erblickt werden. Vielmehr würde der Anreiz, als registerführende Stelle zu agieren, wohl deutlich sinken, wenn registerführende Stellen unkalkulierbaren Haftungsrisiken ausgesetzt wären.

52 Auch wird teils davon ausgegangen, dass ein bei der registerführenden Stelle eintretender Datenverlust oder eine dortige unbefugte Datenveränderung nicht zur Registerführung im eigentlichen Sinne zählen, so dass frühzeitig (allerdings vergeblich) eine entsprechende **Erweiterung des Wortlauts auch in sachlicher Hinsicht gefordert** wurde.[47] Hierzu bleibt festzuhalten, dass dann § 7 Abs. 2 Satz 2 eWpG wohl besser als Satz 3 abgefasst worden wäre und sich auf die Pflichten der heutigen Sätze 1 und 3 (dann als Sätze 1 und 2) hätte beziehen müssen, was möglich gewesen wäre. Ohne einen systematischen Umbau des gesamten § 7 Abs. 2 eWpG überzeugt die geäußerte (logische) Kritik jedoch aus dogmatischen Gründen nicht.

53 Jedenfalls ist der Berechtigte nicht mit einem zeitlichen Zusatz versehen, so dass **auch der ehemals Berechtigte (nicht mehr Berechtigte)**, der sein materielles Recht mittlerweile etwa durch Veräußerung verloren hat, erfasst ist und tauglicher Anspruchsteller sein kann.[48]

54 Als **Schaden** gelten lediglich Vermögensschäden, insb. der Wertverlust des elektronischen Wertpapiers während der Nichterfüllung der Pflichten durch die registerführende Stelle.[49] Der Halbsatz „der durch eine Satz 1 nicht entsprechende Registerführung entsteht" belegt dabei, dass der auf Seiten des Berechtigten erlittene Schaden kausal auf die nicht ordnungsmäße Registerführung nach § 7 Abs. 2 Satz 1 eWpG zurückzuführen sein muss. Der Umstand, wonach der Schadenersatz auf Vermögensschäden begrenzt ist, stellt auch nach allgemeinen Grundsätzen des Schadensrechts (§ 252 Abs. 1 BGB) die Regel dar.

55 Die **Verantwortlichkeit bzw.** das **Vertretenmüssen** der registerführenden Stelle als Schuldnerin besteht jedoch nicht, wenn diese den Fehler bei der Registerführung nicht zu vertreten hat. Da eine strengere oder mildere Haftung hier nicht bestimmt ist, bedeutet dies im Umkehrschluss, dass die registerführende Stelle im Lichte von § 276 Abs. 1 BGB Vorsatz und Fahrlässigkeit (grobe und leichte) zu vertreten hat. Anders gewendet heißt das, dass sie nur dann nicht haftet, wenn der Fehler bei der Registerführung alleine durch Dritte verursacht wurde. Hier wird in der Literatur[50] ein unkalkulierbares (und damit wohl deutlich zu hohes) Risiko verortet. Jedenfalls besteht aufgrund der konkreten Formulie-

---

46) *Dubovitskaya*, ZIP 2020, 2551, 2561.

47) So der DAV, Stellungnahme z. RefE eWpG, v. 23.9.2020, S. 17, abrufbar unter https://bundesfinanz-ministerium.de/Content/DE/Gesetzestexte/Gesetze_Gesetzesvorhaben/Abteilungen/Abteilung_VII/19_Legislaturperiode/2021-06-09-einfuehrung-elektronische-wertpapiere/0-Gesetz.html (Abrufdatum: 18.2.2023).

48) So auch *Omlor*, Rdi 2021, 371, 374.

49) Vgl. auch Müller/Pieper-*Pieper*, eWpG, § 7 Rz. 14.

50) *Preuße/Wöckener/Gillenkirch*, BKR 2020, 551, 556.

rung in § 7 Abs. 2 Satz 2 eWpG der Vorteil der **Exkulpationsmöglichkeit** der registerführenden Stelle.[51]

Was genau **Fehler bei der Registerführung nach § 7 Abs. 2 Satz 1 eWpG (Pflichtverstöße)** 56
sind, sollte den Erwartungen nach im Wesentlichen aus den Festlegungen der eWpRV ablesbar sein, was damit auch für die Frage von Haftung/Schadensersatz entscheidend gewesen wäre.[52] Allerdings ist aus der jetzigen Abfassung des § 5 eWpRV kaum etwas Greifbares ableitbar, sofern es nicht um aus den MaRisk übernommene (geringe) Maßstäbe im Hinblick auf die technisch-organisatorische Ausstattung geht.

Unklar bleibt in diesem Zusammenhang, **wie der Berechtigte die Pflichtverstöße der** 57
registerführenden Stelle im Ernstfall beweisen will. Schließlich ist nicht davon auszugehen, dass er ohne weiteres stets hiervon erfährt. Ganz im Gegenteil steht zu vermuten, dass die registerführenden Stellen alles dafür tun werden, dass Informationen, die Schadenersatzansprüche gegen sie begründen könnten, nicht bekannt werden. Da § 7 Abs. 2 Satz 2 eWpG die gleiche Struktur wie § 280 Abs. 1 BGB aufweist, gilt auch hier, dass der Gläubiger (Berechtigter) den Pflichtverstoß im Bestreitensfall beweisen muss, während der Schuldner (registerführende Stelle) im Bestreitensfall zu beweisen hat, dass er den Pflichtverstoß nicht zu vertreten hat.[53]

Der vorgenannte gordische Knoten kann wohl nur **entweder durch die Annahme einer** 58
Beweislastumkehr oder der Einführung eines entsprechenden Auskunftsrechts des
Berechtigten gegenüber der registerführenden Stelle durchschlagen werden. Für eine **Beweislastumkehr** spricht dabei die überlegene Wissensposition der registerführenden Stellen, was mit anderen Fällen der insbesondere richterrechtlich ausgeformten Beweislastumkehr etwa im Arzthaftungsrecht oder im Produkthaftungsrecht vergleichbar ist. Wäre die registerführende Stelle eine Behörde, wäre dem Berechtigten der Zugang zu haftungsrelevanten Informationen ja über verwaltungsverfahrensrechtliche Akteneinsichtsrechte hinaus auch im Wege des seit den 2000er Jahren im Bund und in den Ländern gesetzlich geregelten Anspruchs auf Zugang zu amtlichen Informationen gegenüber Behörden des Bundes und der Länder möglich. Im Fall etwa einer Bundesbehörde könnte die Anspruchsgrundlage § 1 Abs. 1 Satz 1 IFG genutzt werden, so dass hiernach mit den erlangten Informationen über den Pflichtverstoß Staatshaftungsansprüche geltend gemacht werden könnten. Es leuchtet bei wertender Betrachtung nicht ein, warum bei privaten Akteuren als registerführende Stellen gänzlich andere Maßstäbe gelten sollten mit der Folge, dass die Geltendmachung von Schadensersatzansprüchen durch den potentiellen Anspruchsgegner aufgrund seiner Informationshoheit doch allzu leicht vereitelt werden kann.

IV. Datenschutz, Datensicherheit und Schutz der Datenintegrität; Schadensersatz (§ 7 Abs. 3 eWpG)

Nach § 7 Abs. 3 Satz 1 eWpG hat die registerführende Stelle die erforderlichen techni 59
schen und organisatorischen Maßnahmen zu treffen, um einen Datenverlust oder eine unbefugte Datenveränderung über die gesamte Dauer, für die das elektronische Wertpapier eingetragen ist, zu verhindern. Nach § 7 Abs. 3 Satz 2 eWpG haftet die registerführende Stelle dem Berechtigten für den Schaden, der auf Grund des Datenverlustes oder der unbefugten Datenveränderung entsteht, sofern sie nicht die nach Satz 1 erforderlichen Maßnahmen trifft. Nach § 7 Abs. 3 Satz 3 eWpG hat die registerführende Stelle sicherzustellen, dass der Gesamtbestand der vom Emittenten jeweils elektronisch begebenen Wertpapiere durch Eintragungen und Umtragungen nicht verändert wird.

---

51) Vgl. *Sickinger/Thelen*, AG 2020, 862, 869; *Döding/Wentz*, WM 2020, 2312, 2317.
52) *Wieneke/Kunz*, NZG 2021, 316, 320.
53) Vgl. Grüneberg-*Grüneberg*, BGB, § 280 Rz. 35; *Lorenz* in: BeckOK-BGB, § 280 Rz. 32.

60   In § 7 Abs. 3 eWpG soll es dabei insgesamt um **grundlegende Anforderungen an die Sicherheit der IT-Infrastruktur des elektronischen Registers** gehen.[54]

1. Maßnahmen zur Verhinderung von Datenverlust und Datenveränderung (§ 7 Abs. 3 Satz 1 eWpG)

61   Nach § 7 Abs. 3 Satz 1 eWpG hat die registerführende Stelle die erforderlichen **technischen und organisatorischen Maßnahmen** zu treffen, **um einen Datenverlust oder eine unbefugte Datenveränderung** über die gesamte Dauer, für die das elektronische Wertpapier eingetragen ist, **zu verhindern.** Einmal gespeicherte Daten dürfen nicht verlorengehen oder unterdrückt und somit der Beweisführung entzogen werden.[55] Da die Gesetzesbegründung zum Regierungsentwurf zudem darauf hinweist, dass es sich hier um Datenverlust/Datenveränderung „außerhalb der gesetzlichen Löschungsvorschriften"[56] handelt, kann Absatz 3 Satz 1 so gelesen werden, dass es hier um die Verhinderung von Datenverlust/Datenveränderung ohne oder gegen den Willen der registerführenden Stelle geht. Nichts anderes dürfte dann auch für den wohl eher seltenen Fall des willentlichen Datenverlustes gelten.

62   Zudem hat die registerführende Stelle den **Schutz der Datenintegrität vor einer Manipulation durch Dritte zu gewährleisten** (Hacking, Angriff auf die Integrität des Wertpapierregisters).[57] Warum verwirrenderweise im Normtext andere Begrifflichkeiten (Datenverlust/Datenveränderung) gewählt wurden als in der einschlägigen Stelle der Begründung des Regierungsentwurfs und in § 7 Abs. 1 eWpG (Datenintegrität) erschließt sich allerdings nicht. Erneut wird in der Gesetzesbegründung zum Regierungsentwurf darauf verwiesen, dass der (aktuelle) Stand der Technik auch für IT-Sicherheitssysteme zu nutzen ist.[58] Stand der Technik dürfte dabei nicht maximalistisch als jeweils effizientester Stand der Technik zu lesen sein,[59] da ein gewisser aktueller Standard (auch aus Kostengründen) ausreichend sein sollte.

2. Haftung (§ 7 Abs. 3 Satz 2 eWpG)

63   Nach § 7 Abs. 3 Satz 2 eWpG **haftet die registerführende Stelle dem Berechtigten für den Schaden,** der auf Grund des Datenverlustes oder der unbefugten Datenveränderung entsteht, sofern sie nicht die nach Satz 1 erforderlichen Maßnahmen trifft.

64   Es gilt **weitestgehend dasselbe wie für den Schadenersatzanspruch nach § 7 Abs. 2 Satz 2 eWpG,** so dass zunächst auf die dortigen Ausführungen verwiesen werden kann.

65   Allerdings existieren auch **gewisse Modifikationen.** So fällt zunächst auf, dass in § 7 Abs. 3 Satz 2 eWpG, anders als in Absatz 2 Satz 2, **keine Exkulpationsmöglichkeit** der registerführenden Stelle angelegt ist. Die Gesetzesbegründung zum Regierungsentwurf weist ferner darauf hin, dass es sich vorliegend um eine von der registerführenden Stelle übernommene „Garantiehaftung gegenüber den Teilnehmern" handelt.[60] Eine Garantiehaftung bedeutet eine Haftung **unabhängig von Verschulden.**[61]

---

54)   Begr. RegE Gesetz zur Einführung von eWp, BT-Drucks. 19/26925, S. 48.
55)   Begr. RegE Gesetz zur Einführung von eWp, BT-Drucks. 19/26925, S. 49.
56)   Begr. RegE Gesetz zur Einführung von eWp, BT-Drucks. 19/26925, S. 49.
57)   Begr. RegE Gesetz zur Einführung von eWp, BT-Drucks. 19/26925, S. 49; *Müller/Pieper-Pieper*, eWpG, § 7 Rz. 5.
58)   Begr. RegE Gesetz zur Einführung von eWp, BT-Drucks. 19/26925, S. 49; *Müller/Pieper-Pieper*, eWpG, § 7 Rz. 16.
59)   *Omlor*, Rdi 2021, 371, 374.
60)   Begr. RegE Gesetz zur Einführung von eWp, BT-Drucks. 19/26925, S. 49; *Müller/Pieper-Pieper*, eWpG, § 7 Rz. 18; *Conreder/Diederichsen/Okonska*, DStR 2021, 2594, 2597.
61)   *Riehm* in: BeckOGK-ZivilR, § 280 BGB Rz. 20; *Grundmann* in: MünchKomm-BGB, § 276 Rz. 6 ff.; *Dubovitskaya*, ZIP 2020, 2551, 2561.

Ungeachtet dessen wird aber auch vertreten, dass es auch an dieser Stelle auf ein Vertreten- **66**
müssen, also ein Verschulden der registerführenden Stelle ankommt.[62] Der Haftungsmaß-
stab ist damit vorliegend deutlich erhöht, zumal auch gegenüber einer Vielzahl von Personen
gehaftet werden soll.[63] Diese Haftungsrisiken dürften die Attraktivität der Tätigkeit als
registerführende Stelle entscheidend schmälern.[64] Insgesamt erscheint der **Haftungsmaß-
stab** deutlich **überzogen** und sollte bei einer Gesetzesevaluation auf das Niveau der Haftung
in § 7 Abs. 2 Satz 2 eWpG zurückgeführt werden.[65] Zumindest erscheint es ratsam, der registerführenden Stelle auch hier eine **Exkulpationsmöglichkeit** zuzugestehen. Eine solche
Exkulpationsmöglichkeit besteht derzeit jedenfalls nicht, auch nicht i. S. einer Darlegung
bzw. ggf. einer Beweisführung durch die registerführende Stelle dahingehend, dass alle
nach Satz 1 vorgesehenen Schutzstandards eingehalten wurden.[66]

3. Maßnahmen zur Sicherstellung des unveränderten Gesamtbestands (§ 7 Abs. 3 Satz 3 eWpG)

Nach § 7 Satz 3 eWpG hat die registerführende Stelle sicherzustellen, dass der **Gesamtbe-** **67**
stand der vom Emittenten jeweils elektronisch begebenen Wertpapiere durch Eintragungen
und Umtragungen **nicht verändert** wird.

§ 7 Abs. 3 Satz 3 eWpG ist offenbar derart selbsterklärend, dass die Begründung des Re- **68**
gierungsentwurfs wohl deshalb an dieser Stelle keinerlei Aussagen trifft. Auf den Punkt
gebracht obliegt es der registerführenden Stelle, **stets richtig zu addieren und zu subtra-
hieren**.

V. Keine Verwahrung (§ 7 Abs. 4 eWpG)

Nach § 7 Abs. 4 eWpG stellt die **Registerführung** als solche **keine Verwahrung i. S. des** **69**
DepotG dar. Die Verwahrung ist in den §§ 2–17a DepotG geregelt. Laut der Begründung
des Regierungsentwurfs ist das eWpG zukunftsoffen angelegt, so dass die wirtschaftliche
Entwicklung des Geschäftsmodells und die technologische Ausgestaltung der Registerführung nach den Anforderungen des Kapitalmarkts nicht vorweggenommen werden soll.[67]
Es sei daher denkbar, dass die registerführende Stelle künftig weitere, über die bloße Registerführung hinausgehende Leistungen anbiete, die dann im Ergebnis dazu führen könnten, dass die Registerführung in der Gesamtbetrachtung als Verwahrung i. S. des DepotG
einzuordnen ist, namentlich dann, wenn die registerführende Stelle selbst im Register als
Verwahrer eingetragen ist, also bspw. die Wertpapiersammelbank nach § 8 Abs. 1 Nr. 1
eWpG.[68] Vorerst würde sich die Registerführung damit auf das Zurverfügungstellen und
die Pflege einer Begebungsinfrastruktur für elektronische Wertpapiere beschränken.[69]

---

62) *Lehmann*, NJW 2021, 2318, 2323.
63) *Sickinger/Thelen*, AG 2020, 862, 869.
64) *Sickinger/Thelen*, AG 2020, 862, 869.
65) A. A. Müller/Pieper-*Pieper*, eWpG, § 7 Rz. 19.
66) So aber Müller/Pieper-*Pieper*, eWpG, § 7 Rz. 18; *Sickinger/Thelen*, AG 2020, 862, 869, was allerdings mit einer Garantiehaftung nicht in Einklang zu bringen ist.
67) Begr. RegE Gesetz zur Einführung von eWp, BT-Drucks. 19/26925, S. 49.
68) Begr. RegE Gesetz zur Einführung von eWp, BT-Drucks. 19/26925, S. 49; Müller/Pieper-*Pieper*, eWpG, § 7 Rz. 22.
69) *Dubovitskaya*, ZIP 2020, 2551, 2555; *Döding/Wentz*, WM 2020, 2312, 2317.

§ 8
Sammeleintragung; Einzeleintragung

(1) Auf Veranlassung des Emittenten kann als Inhaber elektronischer Wertpapiere bis zur Höhe des Nennbetrages der jeweiligen Emission eingetragen werden:

1. eine Wertpapiersammelbank oder ein Verwahrer (Sammeleintragung) oder

2. eine natürliche oder juristische Person oder rechtsfähige Personengesellschaft, die das elektronische Wertpapier als Berechtigte hält (Einzeleintragung).

(2) Einzeleintragungen können auf Antrag des Inhabers in eine Sammeleintragung umgewandelt werden.

Literatur: *Baur,* Das Gesetz zur Einführung elektronischer Wertpapiere – eine willkommene Brückentechnologie, jurisPR-BKR 11/2020 Anm. 1; *Bialluch-v. Allwörden,* Zivil- und prospektrechtliche Aspekte des eWpG-E, RDi 2021, 13; *Casper,* Elektronische Schuldverschreibung: es ist Zeit für einen grundlegenden gesetzlichen Neustart – Anmerkungen zum Eckpunktepapier des BMJV und des BMF, BKR 2019, 209; *Dubovitskaya,* Gesetzentwurf zur Einführung von elektronischen Wertpapieren: ein zaghafter Schritt nach vorn. ZIP 2020, 2551; *Geier,* Einführung elektronischer Wertpapiere, RdF 2020, 258; *Guntermann,* Die elektronische Aktie und das eWpG, AG 2021, 449; *Kleinert/Mayer,* Der deutsche Weg zum elektronischen Wertpapier, EuZW 2020, 1059; *Kreße,* Möglichkeiten der Girosammelverwaltung von Wertrechten durch Kreditinstitute, WM 2015, 463; *Kuthe/Lingen,* Der Referentenentwurf zur Einführung elektronischer Wertpapiere im Überblick, AG 2020, R280; *Lehmann,* Zeitenwende im Wertpapierrecht, BKR 2020, 431; *Linardatos,* Elektronische Schuldverschreibungen auf den Inhaber – des Wertpapiers neue Kleider, ZBB 2020, 329; *Litten,* Das eWPG im Kontext der Digitalisierung der Kapitalmärkte, BB 2021, 1223; *Meier,* Elektronische Wertpapiere in der Zwangsvollstreckung, MMR 2021, 381; *Saive,* Einführung elektronischer Wertpapiere, ZRP 2020, 219; *Segna,* Elektronische Wertpapiere im zentralen Register – Anmerkungen zum BMF-/BMJV-Referentenentwurf vom 10.8.2020 aus wertpapier- und depotrechtlicher Sicht, WM 2020, 2301; *Sickinger/Thelen,* Der Referentenentwurf eines Gesetzes zur Einführung von elektronischen Wertpapieren, AG 2020, 862; *Wieneke/Kunz,* Das Gesetz zur Einführung von elektronischen Wertpapieren, NZG 2021, 316.

Übersicht

I.   Allgemeines

1 § 8 eWpG regelt die Voraussetzungen der **beiden grundlegenden Formen der Inhaberschaft und ihr Verhältnis zueinander.**[1] Nach § 3 Abs. 1 eWpG ist Inhaber eines elektronischen Wertpapiers allgemein derjenige, der als Inhaber eines elektronischen Wertpapiers oder eines bestimmten Anteils an einer Gesamtemission in einem elektronischen Wertpapierregister eingetragen ist. Diese Eintragung besteht in einer **Sammel- oder** einer **Einzeleintragung.**

---

[1]   Begr. RegE Gesetz zur Einführung von eWp, BT-Drucks. 19/26925, S. 49.

§ 8 eWpG wurde **zuletzt im Gesetzgebungsgang noch** durch Beschlussempfehlung und 2
Bericht des Finanzausschusses **geändert**. Dabei wurde in § 8 Abs. 1 Nr. 2 eWpG aus „eine
natürliche oder juristische Person, die das elektronische Wertpapier für sich selbst hält
(Einzeleintragung)" letztlich „eine natürliche oder juristische Person oder rechtsfähige
Personengesellschaft, die das elektronische Wertpapier als Berechtigte hält (Einzeleintragung)".[2] Mit dieser auf einer Anregung des Bundesrates beruhenden Änderung sollte zum
einen klargestellt werden, dass in den Fällen einer Einzeleintragung in der Regel von einer
Personalunion zwischen Inhaber und Berechtigtem des elektronischen Wertpapiers auszugehen ist.[3] Zum anderen sollte auch klargestellt werden, dass rechtsfähige Personengesellschaften (Außen-GbRs, oHGs und KGs) als Inhaber eines elektronischen Wertpapiers
im Falle einer Einzeleintragung eingetragen werden können.[4] Diese stellen schließlich
keine juristischen Personen dar.

II. Sammeleintragung und Einzeleintragung (§ 8 Abs. 1 eWpG)

Nach § 8 Abs. 1 eWpG können je nach Eintragungsart auf Veranlassung des Emittenten 3
die jeweils in den beiden Nummern genannten Inhaber elektronischer Wertpapiere bis zur
Höhe des Nennbetrages der jeweiligen Emission eingetragen werden.

Wer **Emittent** ist, wird im eWpG nicht definiert. Zu erwarten gewesen wäre dabei eine De- 4
finition i. R. der Begriffsbestimmungen des § 4 eWpG. Jedoch lassen sich aus den Pflichten
des Emittenten gemäß § 21 eWpG sowie aus seinen wesentlichen Aufgaben entsprechende
Rückschlüsse ziehen, so dass ein Bild dahingehend entsteht, wer Emittent i. S. des eWpG
ist. **Kernaufgaben des Emittenten** sind jedenfalls die Niederlegung der originären oder geänderten Emissionsbedingungen bei der registerführenden Stelle gemäß § 5 Abs. 1 und
Abs. 4 eWpG sowie das Bewirken der eventuellen Ersetzung eines elektronischen Wertpapiers durch ein mittels Urkunde begebenes Wertpapier oder umgekehrt gemäß § 6 Abs. 2
und Abs. 3 eWpG. Eine Verkürzung dahingehend, dass als Emittent „der Aussteller"[5] anzusehen ist, ist dagegen nicht zu befürworten. Zudem kann wohl auch nicht ohne weiteres
die Definition des Emittenten aus Art. 2 lit. h Prospekt-VO, § 2 Nr. 5 WpPG analog herangezogen werden. Danach gilt als Emittent eine Rechtspersönlichkeit, die Wertpapiere
begibt oder zu begeben beabsichtigt. Schließlich weist das Prospektrecht eine andere Stoß-
richtung auf als das eWpG.[6]

Auf Veranlassung des Emittenten ist ein ebenso unbestimmter Begriff des eWpG wie 5
etwa Gewährleisten oder Sicherstellen in § 7 eWpG. Die Veranlassung des Emittenten
billigt ihm jedenfalls das Initiativrecht für Eintragungen zu.

Bis zur Höhe des Nennbetrages der jeweiligen Emission bedeutet, dass insbesondere bei 6
Eintragungen von Sammelemissionen darauf geachtet werden muss, dass keine Eintra-
gungsakte über den Gesamtnennbetrag hinaus erfolgen. Unterhalb der Schwelle des Ge-
samtnennbetrags besteht Wahlfreiheit hinsichtlich der Stückelung.[7]

§ 6 eWpRV[8] beinhaltet **Details im Hinblick auf die Anforderungen an die vorzuse-** 7
henden Eintragungsarten nach § 8 Abs. 1 eWpG. Ermächtigungsgrundlage hierfür bildet

---

2) Beschlussempfehlung und Bericht d. FA z. Gesetz zur Einführung von eWp, BT-Drucks. 19/29372, S. 13.
3) Beschlussempfehlung und Bericht d. FA z. Gesetz zur Einführung von eWp, BT-Drucks. 19/29372, S. 56.
4) Beschlussempfehlung und Bericht d. FA z. Gesetz zur Einführung von eWp, BT-Drucks. 19/29372, S. 56.
5) Vgl. Müller/Pieper-*Pieper*, eWpG, § 8 Rz. 17.
6) Vgl. *Bialluch-v. Allwörden*, RDi 2021, 13, 17.
7) Müller/Pieper-*Pieper*, eWpG, § 8 Rz. 2; *Linardatos*, ZBB 2020, 329, 335.
8) Verordnung über Anforderungen an elektronische Wertpapierregister (eWpRV), v. 24.10.2022, BGBl. I
2022, 1882.

§ 15 Abs. 1 Satz 1 Nr. 3 bzw. § 23 Abs. 1 Nr. 4. Nach § 6 Satz 1 eWpRV kann eine registerführende Stelle die technischen Vorkehrungen für die Registerführung von lediglich elektronischen Wertpapieren in Sammeleintragung, lediglich elektronischen Wertpapieren in Einzeleintragung oder sowohl von elektronischen Wertpapieren in Sammeleintragung als auch in Einzeleintragung vorsehen. Die Regelung stellt klar, dass registerführende Stellen frei in der Wahl der Eintragungsarten und den dafür vorzusehenden technischen Vorkehrungen sind; sie sind insbesondere nicht gezwungen, ihre technischen Systeme so auszugestalten, dass jederzeit parallel Sammel- und Einzeleintragungen möglich sind.[9] Nach § 6 Satz 2 eWpRV bleiben § 8 Abs. 2 eWpG und § 9b Abs. 2 DepotG unberührt. Zwar kann sich aus § 8 Abs. 2 eWpG und § 9b Abs. 2 DepotG eine Verpflichtung zu einer Umwandlung bzw. Überführung in die jeweils andere Eintragungsart ergeben. Jedoch ergibt sich hieraus keine Verpflichtung der registerführenden Stelle, die erforderlichen technischen Vorkehrungen unmittelbar vorzuhalten.[10]

1. Sammeleintragung (§ 8 Abs. 1 Nr. 1 eWpG)

8   Erfasst werden von der Sammeleintragung **sowohl Zentralregisterwertpapiere gemäß § 4 Abs. 2 eWpG als auch Kryptowertpapiere gemäß § 4 Abs. 3 eWpG.** Jedenfalls bei der Sammeleintragung stand etwas anderes nie zur Debatte.

9   Die **Sammeleintragung**[11] wird – **analog zur Sammelverwahrung bei mittels Urkunde begebenen Wertpapieren gemäß §§ 5 ff. DepotG** – künftig den absoluten Schwerpunkt[12] der Eintragung von elektronischen Wertpapieren bilden. Zu erwarten ist insbesondere, dass sich analog zum Verfahren der Verwahrung einer Dauerglobalurkunde ein Standardverfahren herausbildet, bei dem sich eine Wertpapiersammelbank (= Clearstream Banking AG) als Inhaber des elektronischen Wertpapiers in das zentrale Register eintragen lässt und zugleich das zentrale Register führt, so dass sich ein **institutioneller Effektengiroverkehr digital (ohne Globalurkunde) abbildet und für den Börsenhandel und die Abwicklung der einzelnen Transaktionen nutzbar** ist.

10   Zu erwarten steht in diesem Fall als **Vorteil**, dass **ohne die Urkundenverwahrkosten Einsparungen** erzielt werden können und womöglich auch die schuld- und sachenrechtliche Abwicklung zeitlich weiter beschleunigt wird. Die Eintragung eines Verwahrers als Inhaber des elektronischen Wertpapiers als weitere Alternative der Sammeleintragung dürfte dagegen eher ein Nischendasein führen, da die Teilnahme am Effektengiroverkehr hier nicht bezweckt ist. Allerdings darf nicht die **Fehlannahme** entstehen, dass elektronische Wertpapierregister bei der Sammeleintragung zu einer Art **Transaktionsregister** werden. Vielmehr wird die materielle Rechtslage nicht abgebildet, so dass es beim einzigen Vorteil verbleibt, dass keine Globalurkunde als Vehikel mehr benötigt wird.

11   Der **bisherige institutionelle Effektengiroverkehr** ist dadurch gekennzeichnet, dass die Clearstream Banking AG als Zentralverwahrer eine Bestätigung über die Höhe des Bestandes in einem Depot herausgibt, die dem Wertpapiergläubiger als Legitimitätsnachweis für sein Wertpapiereigentum dient; die Effektengeschäfte werden durch Umbuchung von

---

9) Vgl. Begr. RefE eWpRV (1. Konsultation), v. 6.8.2021, abrufbar unter https://www.bmj.de/SharedDocs/Gesetzgebungsverfahren/DE/Wertpapierregister.html (Abrufdatum: 18.2.2023).

10) Vgl. Begr. RefE eWpRV (1. Konsultation), v. 6.8.2021, abrufbar unter https://www.bmj.de/SharedDocs/Gesetzgebungsverfahren/DE/Wertpapierregister.html (Abrufdatum: 18.2.2023).

11) Kritisch zum Begriff, da letztlich nur ein einziges elektronisches Wertpapier mit Bruchteilseigentum eingetragen wird, *Lehmann*, BKR 2020, 431, 436; zuvor bereits der BAI, Stellungnahme z. RefE eWpG, v. 14.9.2020, S. 8, abrufbar unter https://bundesfinanzministerium.de/Content/DE/Gesetzestexte/Gesetze_Gesetzesvorhaben/Abteilungen/Abteilung_VII/19_Legislaturperiode/2021-06-09-einfuehrung-elektronische-wertpapiere/0-Gesetz.html (Abrufdatum: 18.2.2023).

12) Mit Blick auf die Gesetzeshistorie ähnlich *Saive*, ZRP 2020, 219.

einem Depot in das andere abgewickelt und durch geänderte Depotauszüge dokumentiert.[13] Bezugspunkt des Handels ist die i. R. der Girosammelverwahrung verwahrte Globalurkunde, wobei nun durch das eWpG der Bezugspunkt Globalurkunde durch eine elektronische Registereintragung ersetzt werden kann (jedoch nicht muss).

Datenträger der Gedankenerklärung ist also beim eWpG nicht mehr die antiquierte Papierform, sondern **der digitale Eintrag in ein elektronisches Register.**[14] Dieser systemische Unterschied wird dadurch nivelliert, dass auch das elektronische Wertpapier nach § 2 Abs. 3 eWpG als Sache gemäß § 90 BGB fingiert wird („gilt als"). **12**

In der Folge steht zu erwarten, dass wie auch bei den mittels Urkunde begebenen Wertpapieren[15] die **Eigentumsübertragung nach den §§ 929 ff. BGB**[16] erfolgt. Details sind umstritten: Während die Gesetzesbegründung zum Regierungsentwurf ebenso wie beim Parallelmodell der mittels Urkunden begebenen Wertpapiere davon ausgeht, dass die Übergabe gemäß § 929 Satz 1 BGB auch bei der Sammeleintragung, die im eWpG an die Stelle der Sammelverwahrung tritt, durch Umstellung des Besitzmittlungswillens der Wertpapiersammelbank bzw. des Verwahrers erfolgt,[17] gehen Teile der Literatur[18] davon aus, dass sich als Publizitätsträger beim elektronischen Register alleine die Inhaberschaft gemäß § 3 Abs. 1 eWpG eignet, so dass die Einigung dann nicht über die §§ 930, 868 BGB laufen kann, sondern nur über § 929 Satz 1 BGB. **13**

Zur Vollständigkeit beim Parallelmodell der mittels Urkunden begebenen Wertpapiere: Bei der Verwendung von Globalurkunden entsteht insoweit Miteigentum nach Bruchanteilen.[19] Dieses Verwahrungsmodell wird als eine **Besitzmittlungspyramide** bezeichnet, nach der der Zentralverwahrer (Clearstream Banking AG) der unmittelbare Fremdbesitzer und die angebundenen Kreditinstitute die mittelbaren Fremdbesitzer sind, während der Depotkunde der mittelbare Eigenbesitzer ist.[20] **14**

Laut der Gesetzesbegründung zum Regierungsentwurf ist die Sammeleintragung **weitestgehend der Sammelschuldbuchforderung nach § 6 BSchuWG nachgebildet.**[21] Eine **Wertpapiersammelbank oder** ein **Verwahrer** können **als Inhaber** einer Emission eingetragen werden und **halten dann für die Miteigentümer am Sammelbestand als Buchberechtigte den unmittelbaren Besitz** an der fingierten Sache, ohne selbst Rechtsinhaber zu werden.[22] **15**

Die Sammeleintragung bestimmt sich jedenfalls auch subjektbezogen anhand der hierbei berufenen Inhaber der elektronischen Wertpapiere Wertpapiersammelbank oder Verwahrer. Diese Inhaber sind regelmäßig keine Berechtigten gemäß § 3 Abs. 2 eWpG, es sei denn, sie halten die elektronischen Wertpapiere nicht wie im Regelfall für den eigentlich Berechtigten, sondern ausnahmsweise als eigene Bestände.[23] **16**

---

13) *Einsele* in: MünchKomm-HGB, Depotgeschäft Rz. 52 ff.; *Segna*, Bucheffekten, S. 18 f.; *Sickinger/Thelen*, AG 2020, 862, 863; *Litten*, BB 2021, 1223, 1224 f.

14) *Preuße/Wöckener/Gillenkirch*, BKR 2020, 551, 554.

15) Vgl. etwa *Mentz/Fröhling*, NZG 2002, 201; *Wieneke/Kunz*, NZG 2021, 316.

16) Begr. RegE Gesetz zur Einführung von eWp, BT-Drucks. 19/26925, S. 50; *Sickinger/Thelen*, AG 2020, 862, 865.

17) Begr. RegE Gesetz zur Einführung von eWp, BT-Drucks. 19/26925, S. 48.

18) *Dubovitskaya*, ZIP 2020, 2551, 2554; *Guntermann*, AG 2021, 449, 456.

19) So nun auch bei der Sammeleintragung, vgl. *Geier*, RdF 2020, 258, 260; *Segna*, WM 2020, 2301, 2307.

20) *Merkel* in: Schimansky/Bunte/Lwowski, Bankrechts-Hdb., § 93 Rz. 90; *Meier*, MMR 2021, 381, 383.

21) Begr. RegE Gesetz zur Einführung von eWp, BT-Drucks. 19/26925, S. 49.

22) Begr. RegE Gesetz zur Einführung von eWp, BT-Drucks. 19/26925, S. 49.

23) *Wieneke/Kunz*, NZG 2021, 316, 319; vgl. dazu die Deutsche Börse Group, Stellungnahme z. RefE eWpG, v. 14.9.2020, S. 10, abrufbar unter https://bundesfinanzministerium.de/Content/DE/Gesetzestexte/Gesetze_Gesetzesvorhaben/Abteilungen/Abteilung_VII/19_Legislaturperiode/2021-06-09-einfuehrung-elektronische-wertpapiere/0-Gesetz.html (Abrufdatum: 18.2.2023), welche die Frage stellt, ob dies durch einen zugelassenen Zentralverwahrer überhaupt zulässig ist.

a)   Wertpapiersammelbank

17   Nach § 4 Abs. 5 eWpG ist eine **Wertpapiersammelbank** für Zwecke des eWpG eine **nach
Art. 16 der CSDR**[24] **als Zentralverwahrer zugelassene juristische Person, die** in Abschnitt A des Anhangs zur CSDR genannte **Kerndienstleistungen im Inland erbringt.**
Art. 16 Abs. 1 der CSDR weist den zuständigen Behörden des Mitgliedstaates die Aufgabe der Zulassung zu. Die Zuständigkeit des Mitgliedstaates bestimmt sich nach Art. 16
Abs. 1 der CSDR anhand des Sitzes der betroffenen juristischen Person. In ihrem Innenverhältnis sind die Mitgliedstaaten frei, die nationale Behördenzuständigkeit selbst festzulegen.

18   Als **national zuständige Behörde (National Competent Authority – NCA) in Deutschland für die Zulassung von Zentralverwahrern** wurde gegenüber der ESMA die **BaFin**
benannt.[25] Umgesetzt ist die Antragspflicht für die Tätigkeit als Zentralverwahrer (= Bankgeschäft) im Wesentlichen in §§ 1 Abs. 1 Satz 2 Nr. 6 und Abs. 6, 530 KWG.[26] Da derartige Bankgeschäfte nur von Kreditinstituten betrieben werden dürfen (und nicht auch von
Finanzdienstleistungsinstituten), ist auch die Wertpapiersammelbank des eWpG zwingend
ein **Kreditinstitut.**

19   Soweit ersichtlich hat die BaFin bislang einzig der **Clearstream Banking AG**, einem ver-
mittels der Clearstream International S. A. und der Clearstream Holding AG mittelbarem
Tochterunternehmen der Deutsche Börse AG, eine Zulassung als Zentralverwahrer gemäß
Art. 16 der CSDR erteilt.[27] Es ist auch nicht erkennbar, welche andere juristische Person
derzeit noch für eine Zulassung in Frage kommen könnte. Wie auch bei der Girosammelverwahrung von Wertpapieren nach dem DepotG besteht bei Lichte besehen ein De-facto-
Monopol der Clearstream Banking AG.[28]

20   **Kerndienstleistungen**, die gemäß Abschnitt A des Anhangs zur CSDR im Inland erbracht
werden müssen, sind:

-    die erstmalige Verbuchung von Wertpapieren im Effektengiro (**„notarielle Dienstleistung"**);

-    die Bereitstellung und Führung von Depotkonten auf oberster Ebene (**„zentrale Kontoführung"**); und

-    der Betrieb eines Wertpapierliefer- und -abrechnungssystems (**„Abwicklungsdienstleistung"**).

21   Dass notarielle Dienstleistung, zentrale Kontoführung und Abwicklungsdienstleistung **kumulativ** erbracht werden müssen, ergibt sich aus dem entsprechenden Wortlaut von § 4
Abs. 5 eWpG „die in Abschnitt A des Anhangs zur CSDR genannte Kerndienstleistungen
im Inland erbringt". Wäre ein Alternativverhältnis gewünscht, wie auch ausreichend gewesen, hätte der Gesetzgeber anstelle dessen etwa „eine der in Abschnitt A des Anhangs
zur CSDR genannte Kerndienstleistungen im Inland erbringt" formuliert.

---

24)   Verordnung (EU) Nr. 909/2014 des Europäischen Parlaments und des Rates v. 23.7.2014 zur Verbesserung der Wertpapierlieferungen und -abrechnungen in der Europäischen Union und über Zentralverwahrer sowie zur Änderung der Richtlinien 98/26/EG und 2014/65/EU und der Verordnung (EU)
Nr. 236/2012 (Central Securities Depositories Regulation – CSDR), ABl. (EU) L 257/1 v. 28.8.2014.

25)   Abrufbar unter https://www.esma.europa.eu/sites/default/files/library/esma70-708036281-159_csdr_
list_of_competent_authorities_art_11.pdf.pdf (Abrufdatum: 18.2.2023).

26)   Vgl. zur Rechtshistorie Hopt-*Kumpan*, HGB, § 1 DepotG Rz. 6.

27)   BaFin, BaFin erteilt Clearstream Banking AG CSDR-Zulassung, abrufbar unter https://www.bafin.de/
SharedDocs/Veroeffentlichungen/DE/Meldung/2020/meldung_2020_01_22_Zulassung_Clearstream
_Banking.html (Abrufdatum: 18.2.2023).

28)   Vgl. *Kreße*, WM 2015, 463.

Die Gesetzesbegründung zum Regierungsentwurf weist darauf hin, dass der Wertpapier- **22** sammelbank als zugelassenem Zentralverwahrer die **entscheidende Rolle** zukommt, nach § 12 Abs. 3 eWpG die **Einbuchung der elektronischen Wertpapiere in den Effektengiro und damit deren Handel an einem Handelsplatz zu ermöglichen.**[29)] Die Kerndienstleistung der notariellen Dienstleistung wird also als zentral beurteilt.

Klarzustellen ist im Übrigen, dass der **Wortlaut der Wertpapiersammelbank im DepotG** **23** **ein anderer** (enger gefasster) ist. So ist eine Wertpapiersammelbank nach § 1 Abs. 3 DepotG (nur) ein Kreditinstitut, das (nur) nach Art. 16 Abs. 1 der CSDR als Zentralverwahrer zugelassen ist und das (nur) die in Abschnitt A Nr. 2 des Anhangs zur CSDR genannte Kerndienstleistung zentrale Kontoführung im Inland erbringen muss. Gleichwohl ist die Clearstream Banking AG auch im Lichte des § 1 Abs. 3 DepotG der einzige deutsche Zentralverwahrer bzw. die einzige deutsche Wertpapiersammelbank.[30)]

b) Verwahrer

Nach § 4 Abs. 6 eWpG ist ein **Verwahrer**, wer über die Erlaubnis zum Betreiben des De- **24** potgeschäfts im Inland verfügt. Die Verwahrung und die Verwaltung von Wertpapieren für andere (Depotgeschäft) ist ein nach §§ 1 Abs. 1 Satz 2 Nr. 5, 32 KWG erlaubnispflichtiges Bankgeschäft. Auch die Gesetzesbegründung zum Regierungsentwurf weist auf die §§ 1 Abs. 1 Satz 2 Nr. 5, 32 KWG hin, die nur für **Kreditinstitute** (und nicht Finanzdienstleistungsinstitute gelten), wobei (nur) Kreditinstitute hier auch ausdrücklich als mögliche Verwahrer benannt werden.[31)] Zudem erfolgt hier der Zusatz aus § 1 Abs. 1 Satz 1 KWG, wonach es sich bei Kreditinstituten nur um solche Unternehmen handeln kann, die Bankgeschäfte gewerbsmäßig oder in einem Umfang betreiben, der einen in kaufmännischer Weise eingerichteten Geschäftsbetrieb erfordert.[32)] Hier erschließt sich allerdings nicht, warum § 4 Abs. 6 eWpG dann nicht gleich entweder im Normtext den Wortlaut von § 1 Abs. 1 Satz 1 und Satz 2 KWG abbildet oder zumindest ein entsprechender Verweis in den Normtext integriert wurde.

Verwahrer sind bei Lichte betrachtet **Depotbanken**. Ihre Aufnahme in den Normtext zu- **25** sätzlich zu Wertpapiersammelbanken erst im Regierungsentwurf[33)] zeigt auf, dass Verwahrer/ Depotbanken nicht gerade im Mittelpunkt des regulatorischen Interesses stehen.

Wie bei der Definition Wertpapiersammelbanken gibt es im DepotG, das für mittels Ur- **26** kunde begebene Wertpapiere gilt, eine **zum eWpG nicht kongruente Definition des Verwahrers.** Nach § 1 Abs. 2 DepotG ist ein Verwahrer i. S. des DepotG demgemäß, wem im Betrieb seines Gewerbes Wertpapiere unverschlossen zur Verwahrung anvertraut werden. Die Erlaubnispflicht spielt hier jedenfalls bei der Definition keine Rolle.[34)]

2. Einzeleintragung (§ 8 Abs. 1 Nr. 2 eWpG)

Erfasst werden von der Einzeleintragung **sowohl Zentralregisterwertpapiere gemäß § 4** **27** **Abs. 2 als auch Kryptowertpapiere gemäß § 4 Abs. 3 eWpG.** Die Beschränkung auf Kryptowertpapiere noch im Referentenentwurf wurde im Regierungsentwurf aufgegeben.[35)]

29) Begr. RegE Gesetz zur Einführung von eWp, BT-Drucks. 19/26925, S. 43.
30) Hopt-*Kumpan*, HGB, § 1 DepotG Rz. 7; Erbs/Kohlhaas-*Wehowsky/Richter*, Strafrechtliche Nebengesetze, § 1 DepotG Rz. 10.
31) Begr. RegE Gesetz zur Einführung von eWp, BT-Drucks. 19/26925, S. 43.
32) Begr. RegE Gesetz zur Einführung von eWp, BT-Drucks. 19/26925, S. 43.
33) Vgl. *Wieneke/Kunz*, NZG 2021, NZG 2021, 316, 319.
34) Vgl. Böttcher-*Böttcher*, DepotG, § 1 Rz. 3; Scherer-*Scherer*, DepotG, § 1 Rz. 42 ff.
35) Vgl. *Kleinert/Mayer*, EuZW 2020, 1059, 1062; *Wieneke/Kunz*, NZG 2021, 316, 319.

28   Die **Einzeleintragung** bestimmt sich ebenfalls anhand der dann hier in Frage kommenden Inhaber der elektronischen Wertpapiere. Dies sind **natürliche oder juristische Personen oder rechtsfähige Personengesellschaften, die das elektronische Wertpapier als Berechtigte halten.**

29   Die Einzeleintragung ist eine **Direkteintragung des Inhabers des elektronischen Wertpapiers** (ohne Verwendung einer Wertpapiersammelbank oder eines Verwahrers als Intermediär), der zugleich der gemäß § 3 Abs. 2 eWpG Berechtigte am Recht aus dem Wertpapier ist. Anders gewendet hält hier sachenrechtlich betrachtet niemand anderes treuhänderisch das im elektronischen Wertpapier verkörperte Eigentumsrecht als der Inhaber des elektronischen Wertpapiers selbst. **Das Recht am Wertpapier und das Recht aus dem Wertpapier fallen in einer Person zusammen.**

30   Der nunmehrige **Gesetzeswortlaut und die maßgebliche Gesetzesbegründung** in Beschlussempfehlung und Bericht des Finanzausschusses sind dabei **im Verhältnis zueinander widersprüchlich abgefasst.** Denn nach dem Normtext von § 8 Abs. 1 Nr. 2 eWpG sind Inhaber des elektronischen Wertpapiers und Berechtigter stets identisch, während die Gesetzesbegründung dementgegen davon spricht, dass nur „in der Regel von einer Personalunion zwischen Inhaber und Berechtigtem [...] auszugehen ist"[36]. Ein Regel-Ausnahme-Verhältnis kann in den eindeutigen Wortlaut der Norm jedoch nicht mehr hineingelesen werden, die Gesetzesbegründung geht daher an dieser Stelle wohl ins Leere.

31   Abweichend von der sicheren (abschließenden) Anwendung der sachenrechtlichen Regelungen der §§ 929 ff. BGB bei der Sammeleintragung existieren bei der Einzeleintragung nach den §§ 24 ff. eWpG einige **sachenrechtliche Besonderheiten** wie insbesondere nach § 25 eWpG die Übertragung des Eigentums durch dingliche Einigung sowie Umtragung des Erwerbers in das Wertpapierregister auf Weisung des Berechtigten.[37]

32   Laut der Gesetzesbegründung zum Regierungsentwurf ist die Einzeleintragung **der Einzelschuldbuchforderung nach § 7 BSchuWG nachgebildet** und richtet sich, anders als die Sammeleintragung, an den privaten Kapitalmarkt.[38] Wie bei Einzelschuldbuchforderungen des Bundes auch dürfte dann neben der namentlichen Eintragung auch die Zuordnung einer eindeutigen Kennung als Inhaber möglich sein.[39]

33   **Eintragungsfähig** sind bei der Einzeleintragung **natürliche und juristische Personen sowie rechtsfähige Personengesellschaften.** Natürliche und juristische Personen sind dabei selbsterklärend. Juristische Personen sind dabei entweder juristische Personen des Zivilrechts (e. V., AG, KGaA, SE, GmbH, UG, eG, rechtsfähige Stiftung) oder des öffentlichen Rechts (Körperschaften, Anstalten und Stiftungen des öffentlichen Rechts).

34   Die **Verwendung des Wortlauts „rechtsfähige Personengesellschaften" macht allerdings in der Form wenig Sinn.** Dies erschließt sich bspw. aus dem in § 120 Abs. 17 WpHG und § 30 Abs. 1 OWiG angelegten Gegensatzpaar „juristische Personen und Personenvereinigungen". Personenvereinigungen sind dabei ebenfalls alle rechtsfähigen Personengesellschaften (oHG, KG, Außen-GbR) plus nicht rechtsfähige Vereine.[40] Schon der Umstand, dass vorliegend im Normtext eben nicht „juristische Personen und Personenvereinigungen"

---

36) Beschlussempfehlung und Bericht d. FA z. Gesetz zur Einführung von eWp, BT-Drucks. 19/29372, S. 56.

37) Vgl. *Wieneke/Kunz*, NZG 2021, 316, 321; *Preuße/Wöckener/Gillenkirch*, BKR 2020, 551, 554; *Baur*, jurisPR-BKR 11/2020 Anm. 1; *Kuthe/Lingen*, AG 2020, R280.

38) Begr. RegE Gesetz zur Einführung von eWp, BT-Drucks. 19/26925, S. 50.

39) *Segna*, WM 2020, 2301, 2302; *Wieneke/Kunz*, NZG 2021, 316, 321; a. A. *Kleinert/Mayer*, EuZW 2020, 1059, 1062 („aus Datenschutzgründen ausschließlich in pseudonymisierter Form in das Register eintragbar"); ebenso *Dubovitskaya*, ZIP 2020, 2551, 2558.

40) Assmann/Schneider/Mülbert-*Spoerr*, WpHG, § 120 Rz. 404; *Jansen* in: Schwark/Zimmern, Kapitalmarktrechts-Kommentar, § 120 WpHG Rz. 91.

verwendet wurde, um die nicht in ein Register eintragungsfähigen, nicht rechtsfähigen Vereine auszuscheiden, zeigt auf, dass es genügt hätte, „natürliche und juristische Personen sowie Personengesellschaften" zu formulieren, da es auch selbstverständlich ist, dass Innen-GbRs nicht nach außen handeln und sich demzufolge auch nicht in ein Register eintragen lassen können.

III. Umwandlung Einzeleintragung zu Sammeleintragung (§ 8 Abs. 2 eWpG)

Nach § 8 Abs. 2 eWpG können **Einzeleintragungen auf Antrag** des Inhabers **in eine**   35
Sammeleintragung umgewandelt werden.

Ähnlich wie in § 7 Abs. 6 BSchuWG geregelt, können auch im eWpG nach Maßgabe von   36
§ 8 Abs. 2 eWpG Einzeleintragungen in Sammeleintragungen umgewandelt werden. **Ziel**
dieser Regelung ist der eventuelle **Wunsch des Übergangs zum möglichen Börsenhandel.**[41]
Dies ist auch aus der Ergänzung des § 48 Abs. 2 Satz 2 BörsZulV um eine neue Nr. 7a
erkennbar, die durch Art. 2 des Gesetzes zur Einführung von elektronischen Wertpapieren
erfolgt ist.

Für die **spiegelbildliche Überführung einzelner Anteile an einer Sammeleintragung in**   37
Einzeleintragungen wurde durch Art. 4 des Gesetzes zur Einführung von elektronischen
Wertpapieren in **§ 9b Abs. 2 DepotG** eine entsprechende Vorschrift geschaffen. Liegt ein
Mischbestand vor, wird gemäß § 9 Abs. 3 eWpG ein Sammelbestand fingiert, sofern dies
im Register vermerkt ist. Daher gilt in einem solchen Fall § 9b Abs. 2 DepotG und nicht
§ 8 Abs. 2 eWpG.

Was ein **Antrag** ist, dürfte sich in Ermangelung einer Regelung im eWpG aus dem Rück-   38
griff auf § 145 BGB heraus ergeben. Somit handelt es sich um eine empfangsbedürftige
Willenserklärung, die auf das Setzen einer Rechtsfolge bei Annahme durch den Adressaten gerichtet ist. Adressat des Antrags kann nur die registerführende Stelle sein.[42] Da
keine Formbedürftigkeit (Schriftform, Textform o. Ä.) geregelt ist, kann der Antrag in
jeder erdenklichen Weise an die registerführende Stelle gerichtet werden, somit also auch
mündlich oder per Mail. Aus Beweisgründen empfiehlt sich aber natürlich eine Antragstellung in schriftlich dokumentierter Form (z. B. per Telefax, Computerfax, Mail mit
Zugangsnachweis oder eingeschriebenem Brief).

Im Hinblick auf die **Rechtsfolge der Antragstellung** streitet der Wortlaut „können" dafür,   39
dass der registerführenden Stelle ein Ermessen dahingehend zukommt, ob sie dem Antrag
entspricht. Anderenfalls hätte der Gesetzgeber eine andere Formulierung gewählt („bspw:
„sind [...] auf Antrag [...] umzuwandeln"). Allerdings erscheint eine evtl. Antragsablehnung eher fernliegend. Denn es wird nicht recht erkennbar, welche Gründe hierfür ausschlaggebend sein sollten oder welches Interesse die registerführende Stelle an einer Antragsablehnung haben könnte.

---

41) Begr. RegE Gesetz zur Einführung von eWp, BT-Drucks. 19/26925, S. 50.
42) Begr. RegE Gesetz zur Einführung von eWp, BT-Drucks. 19/26925, S. 50; Müller/Pieper-*Pieper*, eWpG,
     § 8 Rz. 17.

§ 9
Sondervorschrift für Sammeleintragungen

(1) ¹Elektronische Wertpapiere in Sammeleintragung gelten als Wertpapiersammelbestand. ²Die Berechtigten der eingetragenen inhaltsgleichen Rechte gelten als Miteigentümer nach Bruchteilen an dem eingetragenen elektronischen Wertpapier. ³Der jeweilige

Anteil bestimmt sich nach dem Nennbetrag der für den Berechtigten in Sammeleintragung genommenen Rechte.

(2) ¹Die Wertpapiersammelbank oder ein Verwahrer verwaltet die Sammeleintragung treuhänderisch für die Berechtigten, ohne selbst Berechtigter zu sein. ²Die Wertpapiersammelbank oder ein Verwahrer kann die Sammeleintragung für die Berechtigten gemeinsam mit eigenen Anteilen verwalten.

(3) Besteht die Gesamtemission als Mischbestand teils aus einer Sammeleintragung und teils aus mittels Urkunde begebenen Wertpapieren oder Wertpapieren in Einzeleintragung im selben Register, so gelten diese Teile als ein einheitlicher Sammelbestand, wenn dies im Register zur Sammeleintragung vermerkt ist.

Literatur: *Dubovitskaya*, Gesetzentwurf zur Einführung von elektronischen Wertpapieren: ein zaghafter Schritt nach vorn, ZIP 2020, 2551; *Guntermann*, Die elektronische Aktie und das eWpG, AG 2021, 449; *Hirte/Knof*, Das Pfandrecht an globalverbrieften Aktien in der Insolvenz, WM 2008, 49; *Kleinert/Mayer*, Der deutsche Weg zum elektronischen Wertpapier, EuZW 2020, 1059; *Kreße*, Möglichkeiten der Girosammelverwaltung von Wertrechten durch Kreditinstitute, WM 2015, 463; *Kusserow*, Zur Frage der Anwendbarkeit des SchVG auf Namensschuldverschreibungen, RdF 2012, 4; *Lenz/Joachimsthaler*, Das Gesetz über elektronische Wertpapiere – Beginnt jetzt die Zukunft?, DB 2021, 1384; *Segna*, Elektronische Wertpapiere im zentralen Register – Anmerkungen zum BMF-/BMJV-Referentenentwurf vom 10.8.2020 aus wertpapier- und depotrechtlicher Sicht, WM 2020, 2301; *Trinkaus/Fritzsche/Rölike/Voelcker*, Rechtsentwicklungen im Kredit- und Kapitalmarktrecht 2019, DB 2019, 41; *Wieneke/Kunz*, Das Gesetz zur Einführung von elektronischen Wertpapieren, NZG 2021, 316.

Übersicht

I.   Allgemeines

1   Während sich § 8 Abs. 1 Nr. 1 eWpG zum Wesenskern von Sammeleintragungen an der Inspirationsnorm § 6 Abs. 1 BSchuWG orientiert, wurden die vorliegend maßgeblichen **Ergänzungsregelungen des § 6 Abs. 2 bis Abs. 5 BSchuWG in ähnlicher Weise in § 9 eWpG** niedergelegt.[1]

2   In der Literatur[2] wird die **systematische Stellung des § 9 eWpG** bei den allgemeinen Bestimmungen in Abschnitt 1 **kritisiert**, da eine Anwendbarkeit auf Kryptowertpapiere für kaum vorstellbar gehalten wird, es liege vielmehr eher eine Regelung im Umfeld nur der Zentralregisterwertpapiere nahe.

---

1)   Begr. RegE Gesetz zur Einführung von eWp, BT-Drucks. 19/26925, S. 50.
2)   *Wieneke/Kunz*, NZG 2021, 316, 323; der Gesetzgeber nimmt indes ausdrücklich das Gegenteil an, vgl. Begr. RegE Gesetz zur Einführung von eWp, BT-Drucks. 19/26925, S. 51.

II. Fiktionen und Anteilsberechnung (§ 9 Abs. 1 eWpG)

§ 9 Abs. 1 eWpG setzt sich **aus drei Sätzen** zusammen. Nach § 9 Abs. 1 Satz 1 eWpG gelten 3 elektronische Wertpapiere in Sammeleintragung als Wertpapiersammelbestand. Nach § 9 Abs. 1 Satz 2 eWpG gelten die Berechtigten der eingetragenen inhaltsgleichen Rechte als Miteigentümer nach Bruchteilen an dem eingetragenen elektronischen Wertpapier. Nach § 9 Abs. 1 Satz 3 eWpG bestimmt sich der jeweilige Anteil nach dem Nennbetrag der für den Berechtigten in Sammeleintragung genommenen Rechte.

§ 9 Abs. 1 eWpG steht **in einem engen systematischen Zusammenhang mit § 9 Abs. 2** 4 **eWpG,** denn laut der Gesetzesbegründung zum Regierungsentwurf entsprechen beide Absätze zusammen weitestgehend dem Gehalt von § 6 Abs. 2 BSchuWG.[3] Offenbar hat der Gesetzgeber vorliegend nur deshalb eine Aufspaltung auf zwei Absätze vorgenommen, da ein einziger Absatz mit fünf Sätzen – § 6 Abs. 2 BSchuWG setzt sich allerdings sogar aus sechs Sätzen zusammen – im Gesamtkontext des eWpG zu wenig stimmig war, da die Absätze der einzelnen Paragrafen dort überwiegend sehr kurz abgefasst sind.

Enthalten sind in § 9 Abs. 1 eWpG nun **zwei Fiktionen** in Satz 1 und Satz 2 **sowie die** 5 **Anteilsberechnung** in Satz 3.

1. Fiktion als Wertpapiersammelbestand (§ 9 Abs. 1 Satz 1 eWpG)

Nach § 9 Abs. 1 Satz 1 eWpG gelten **elektronische Wertpapiere in Sammeleintragung** 6 **als Wertpapiersammelbestand.** Interessanterweise macht der besondere Teil der Gesetzesbegründung zum Regierungsentwurf hierzu keinerlei Angaben zu Sinn und Zweck dieser Fiktion.

Im allgemeinen Teil der Gesetzesbegründung zum Regierungsentwurf findet sich jedoch 7 der Hinweis, dass hiermit für den Berechtigten bei elektronischen Wertpapieren im Verbund mit der Fiktion als Sache **der gleiche Eigentumsschutz insbesondere in Fällen von Insolvenz und Zwangsvollstreckung** gewährleistet werden sollte wie bei Eigentümern verbriefter Wertpapiere.[4]

Eine vertiefende Gesetzesbegründung im Zusammenhang mit der „Musternorm" § 6 8 BSchuWG existiert unmittelbar nicht. Die Gesetzesbegründung zum Regierungsentwurf eines Gesetzes zur Modernisierung des Schuldenwesens des Bundes verweist insoweit weiter auf die unverändert übernommene Vorgängernorm § 8 BWpVerwG.[5] In der in der Folge einschlägigen Gesetzesbegründung zum Regierungsentwurf eines Gesetzes zur Neuordnung des Schuldbuchrechts des Bundes und der Rechtsgrundlagen der Bundesschuldenverwaltung ist die Rede davon, dass die Sammelschuldbuchforderung des Bundesschuldbuchs **durch die gesetzliche Fiktion mit dem Wertpapiersammelbestand der Wertpapiersammelbank i. S. des DepotG gleichgestellt** wird, wodurch eine Verdinglichung der an sich nur nach Zessionsrecht übertragbaren Forderung erfolgt, so dass über die dematerialisierte Sammelschuldbuchforderung wie über Schuldverschreibungen nach sachenrechtlichen Grundsätzen verfügt werden kann.[6] Dies gilt also in leicht adaptierter Weise auch für elektronische Wertpapiere in Sammeleintragung.

Die **Fiktion des § 9 Abs. 1 Satz 1 eWpG lässt** erst die **Folgefiktion des § 9 Abs. 1 Satz 2** 9 **eWpG zu.** Ohne die Fiktion als Wertpapiersammelbestand müsste nämlich die Wertpapiersammelbank (also die Clearstream Banking AG)[7] nach § 3 Abs. 1 eWpG als rechtliche

---

3) Begr. RegE Gesetz zur Einführung von eWp, BT-Drucks. 19/26925, S. 50.
4) Begr. RegE Gesetz zur Einführung von eWp, BT-Drucks. 19/26925, S. 29.
5) Begr. RegE BSchWModG, BT-Drucks. 16/1336, S. 15.
6) Begr. RegE BWpVerwG, BT-Drucks. 14/7010, S. 15.
7) Vgl. *Hirte/Knof*, WM 2008, 49, 53; *Lenz/Joachimsthaler*, DB 2021, 1384, 1386.

Eigentümerin des in Sammeleintragung eingetragenen elektronischen Wertpapiers angesehen werden. Erst die Einordnung als fiktiver depotrechtlicher Wertpapiersammelbestand ermöglicht die hiervon abweichende Fiktion, wonach die Berechtigten auch als Miteigentümer nach Bruchteilen am elektronischen Wertpapier anzusehen sind.

10   Folge davon ist einerseits, dass die §§ 929 ff. BGB ebenso wie bei der Sammelbucheintragung gemäß § 6 Abs. 2 BSchuWG anwendbar sind und Übertragungsakte ohne Änderung des Registereintrags durch Einigung und Buchung möglich sind.[8] Damit erfolgt eine Verdinglichung der ansonsten nur nach Zessionsrecht (§ 398 BGB) übertragbaren Forderung.[9] Die Gesetzesbegründung zum Regierungsentwurf spitzt dies noch weiter auf den Geheißerwerb nach § 929 BGB durch Umstellung des Besitzmittlungswillens auf die Wertpapiersammelbank bzw. den Verwahrer zu.[10] Kritisiert wird in diesem Zusammenhang, dass in Verwahrketten nicht hinreichend klar ist, wie auf der untersten Verwahrebene eine Eigentumsübertragung stattfinden soll, wie also Einigung und die Umstellung des „Besitzmittlungswillens" von oben nach unten „top down" elektronisch durch die Systeme der Unterverwahrer nachvollzogen werden soll, damit eine Eigentumsübertragung systemseitig eindeutig zugeordnet werden kann.[11] Zudem gelten wie auch für die Sammelbucheintragung über den § 9a Abs. 2 DepotG die §§ 6–9 DepotG.[12] Die Registereintragung wird also zur Grundlage der Anwendung sachenrechtlicher Standards, die Anteilsübertragungen erfolgen auch weiterhin außerhalb des Registers.[13] Damit wird im Ergebnis auch eine Teilnahmemöglichkeit am Effektengiroverkehr und damit am Börsenhandel erreicht.

11   Andererseits wird auch der angestrebte Eigentumsschutz der Berechtigten in Insolvenz und Zwangsvollstreckung wie bei durch Urkunden begebene Wertpapiere erreicht. Denn den Berechtigten steht als Miteigentümer nach Bruchteilen am Wertpapiersammelbestand im Insolvenzfall ein Aussonderungsrecht gemäß § 47 InsO und im Falle der Zwangsvollstreckung von Gläubigern der Wertpapiersammelbank oder des Verwahrers die Drittwiderspruchsklage gemäß § 771 ZPO zu.[14]

12   Insgesamt wird mit der Fiktion des § 9 Abs. 1 Satz 1 eWpG auch das Konzept „Wertrecht als Sache" umgesetzt, denn Rechteinhaber werden als Miteigentümer eines Wertpapiersammelbestands fingiert, so dass für Übertragungsakte das allgemeine Sachenrecht gilt.[15] Dennoch ist herauszustreichen, dass mit der Fiktion des § 9 Abs. 1 Satz 1 eWpG lediglich eine Rechtsfolgenanordnung getroffen wird, der grundlegende Charakter auch einer Forderung i. R. einer Sammeleintragung bleibt als schuldrechtliche Forderung erhalten.[16]

---

8)   Vgl. *Einsele*, Wertpapierrecht als Schuldrecht, S. 105; *Kreße*, WM 2015, 463, 466; *Geier*, RdF 2020, 258, 260.

9)   Begr. RegE BWpVerwG, BT-Drucks. 14/7010, S. 15.

10) Begr. RegE Gesetz zur Einführung von eWp, BT-Drucks. 19/26925, S. 50.

11) Deutsche Börse Group, Stellungnahme z. RefE eWpG, v. 14.9.2020, S. 6, abrufbar unter https://bundesfinanzministerium.de/Content/DE/Gesetzestexte/Gesetze_Gesetzesvorhaben/Abteilungen/Abteilung_VII/19_Legislaturperiode/2021-06-09-einfuehrung-elektronische-wertpapiere/0-Gesetz.html (Abrufdatum: 18.2.2023).

12) *Lockemann* in: Grunewald/Schlitt, Einf. Kapitalmarktrecht, § 5. IV. 6.; *Lehmann*, BKR 2020, 431, 436; auf einen erneuten Verweis auf die Geltung des DepotG wie in § 6 Abs. 2 Satz 6 BSchuWG wurde nun aus redaktionellen Gründen verzichtet, vgl. Begr. RegE Gesetz zur Einführung von eWp, BT-Drucks. 19/26925, S. 50.

13) Ähnlich *Trinkaus/Fritzsche/Rölike/Voelcker*, DB 2019, 41, 43; *Guntermann*, AG 2021, 449, 452.

14) Vgl. Begr. RegE BWpVerwG, BT-Drucks. 14/7010, S. 16; Ebenroth/Boujong/Joost/Strohn-*Scherer*, HGB, § 42 DepotG Rz. 7; *Einsele* in: MünchKomm-HGB, Depotrecht Rz. 142; *Döding/Wentz*, WM 2020, 2312, 2316; *Segna*, WM 2020, 2301, 2307.

15) Vgl. *Dubovitskaya*, ZIP 2020, 2551, 2556; *Segna*, WM 2020, 2301, 2308.

16) Vgl. *Segna*, WM 2020, 2301, 2308.

2. Fiktion als Miteigentum nach Bruchteilen (§ 9 Abs. 1 Satz 2 eWpG)

Nach § 9 Abs. 1 Satz 2 eWpG gelten die **Berechtigten** der eingetragenen inhaltsgleichen **13** Rechte **als Miteigentümer nach Bruchteilen** an dem eingetragenen elektronischen Wertpapier. Da die Fiktion als Wertpapiersammelbestand nach § 9 Abs. 1 Satz 1 eWpG dazu führt, dass die Wertpapiersammelbank oder der Verwahrer nur treuhänderisch für den materiell Berechtigten eingetragen ist,[17] muss das Eigentum an den elektronischen Wertpapieren zwangsläufig anderweitig zugewiesen werden. Hier kommen nur die Berechtigten gemäß § 3 Abs. 2 eWpG in Betracht.

Da aber die Fiktion in § 9 Abs. 1 Satz 1 eWpG die bestehende sachenrechtliche Lage ob- **14** jektiv nicht ändern kann, besteht jedenfalls Bedarf für die zweite Fiktion in § 9 Abs. 1 Satz 2 eWpG. Indem dann faktisch unterschiedliche Eigentumspositionen bestehen können bzw. als geltend angeordnet werden, muss wegen der bereits allgemein bestehenden Kennzeichnungspflichten bei der Sammeleintragung nach § 8 Abs. 1 Nr. 1 eWpG zwar keine weitere Kennzeichnung erfolgen, wohl aber sind wegen des Segregationsprinzips **Eigen- und Kundenbestände getrennt voneinander zu verwalten.**[18]

Die Berechtigten gelten in Bezug auf die eingetragenen elektronischen Wertpapiere dann **15** jedenfalls als **Miteigentümer (sofern es mehrere Berechtigte gibt)**, Raum für treuhänderisches Eigentum der Wertpapiersammelbank besteht damit nicht mehr.[19] Die Wertpapiersammelbank ist also nur ermächtigte Treuhänderin, damit nur formell legitimierte Registerinhaberin und nur zu Verfügungen über das Treuhandgut im eigenen Namen gemäß § 185 BGB ermächtigt, während die Berechtigten als Treugeber Vollrechtsinhaber sind.[20]

Miteigentum bedeutet nach **§ 1008 BGB**, dass das Eigentum an einer Sache mehreren **16** nach Bruchteilen zusteht. Auch hier hilft die weitere Fiktion des § 2 Abs. 3 eWpG weiter, wonach ein elektronisches Wertpapier als Sache gemäß § 90 BGB gilt. Es gelten die Regeln für die Gemeinschaft nach den §§ 741 ff. BGB, ergänzt und modifiziert durch §§ 1009 ff. BGB.[21] Die Sache wird beim Miteigentum nicht real geteilt, sondern es erfolgt lediglich eine ideelle, d. h. gedachte, aber ziffernmäßig ausgedrückte Teilung des Eigentumsrechts.[22] Nach § 1011 BGB kann jeder Miteigentümer die Ansprüche aus dem Eigentum Dritten gegenüber in Ansehung der ganzen Sache geltend machen, den Anspruch auf Herausgabe jedoch nur gemäß § 432 BGB.

Gegenstand der gebildeten Bruchteilsgemeinschaft i. S. der §§ 741 ff. BGB ist dann die **17** von der Wertpapiersammelbank verwaltete **Sammeleintragung.**[23]

Bereits die Fiktion als Wertpapiersammelbestand leitet in depotrechtliche Termini über. **18** Insoweit ergibt sich nach § 6 Abs. 1 DepotG das Miteigentum nach Bruchteilen an den zum Sammelbestand des Verwahrers gehörenden Wertpapieren. **§ 9 Abs. 1 Satz 2 eWpG** bekräftigt diese **Kernaussage aus § 6 Abs. 1 DepotG lediglich nochmals.**[24]

3. Anteilsberechnung (§ 9 Abs. 1 Satz 3 eWpG)

Nach § 9 Abs. 1 Satz 3 eWpG bestimmt sich der jeweilige Anteil nach dem Nennbetrag der **19** für den Berechtigten in Sammeleintragung genommenen Rechte. Dabei errechnet sich das

---

17) Begr. RegE Gesetz zur Einführung von eWp, BT-Drucks. 19/26925, S. 50.
18) Begr. RegE Gesetz zur Einführung von eWp, BT-Drucks. 19/26925, S. 50; vgl. dazu *Migge* in: Renz/Hense/Marbeiter, Wertpapier-Compliance in der Praxis, II. B. 8. Rz. 76.
19) Begr. RegE BWpVerwG, BT-Drucks. 14/7010, S. 15; Müller/Pieper-*Pieper*, eWpG, § 9 Rz. 5.
20) Vgl. Begr. RegE BWpVerwG, BT-Drucks. 14/7010, S. 15.
21) Jauernig-*Berger*, BGB, § 1008 Rz. 1; *Fritzsche* in: BeckOK-BGB, § 1008 Rz. 1.
22) Erman-*Aderhold*, BGB, Vor § 1008 Rz. 4; *Schmidt* in: MünchKomm-BGB, § 1008 Rz. 1.
23) *Segna*, WM 2020, 2301, 2307.
24) Vgl. Begr. RegE BWpVerwG, BT-Drucks. 14/7010, S. 16.

Verhältnis der Berechtigten zueinander **nach dem** vom jeweiligen Berechtigten **erworbenen Nennbetrag und der entsprechenden Sammeleintragung.**[25]

III.   Grundsätze der Verwaltung (§ 9 Abs. 2 eWpG)

20   § 9 Abs. 2 eWpG besteht aus zwei Sätzen, welche **zwei Grundsätze der Verwaltung** durch die Wertpapiersammelbank oder den Verwahrer skizzieren. Nach § 9 Abs. 2 Satz 1 eWpG verwaltet die Wertpapiersammelbank oder ein Verwahrer die Sammeleintragung treuhänderisch für die Berechtigten, ohne selbst Berechtigter zu sein. Nach § 9 Abs. 2 Satz 2 eWpG kann die Wertpapiersammelbank oder ein Verwahrer die Sammeleintragung für die Berechtigten gemeinsam mit eigenen Anteilen verwalten.

1.   Treuhänderische Verwaltung (§ 9 Abs. 2 Satz 1 eWpG)

21   Nach § 9 Abs. 2 Satz 1 eWpG verwaltet die Wertpapiersammelbank oder ein Verwahrer die Sammeleintragung **treuhänderisch für die Berechtigten**, ohne selbst Berechtigter zu sein. Die Gesetzesbegründung zum Regierungsentwurf verweist darauf, dass die Genannten lediglich Treuhänder der materiell Berechtigten sein können, ohne dass es eines gesonderten Vermerks der Treuhänderschaft bedarf.[26] Es handelt sich dabei allerdings um keine echte Treuhand (Vollrechtstreuhand), sondern um eine Ermächtigungstreuhand, bei der dem Treuhänder statt eines Vollrechts nur eine (Verwaltungs-)Ermächtigung i. S. des § 185 BGB eingeräumt wird.[27] Angeregt wurde im Gesetzgebungsverfahren auch, den Treuhandbegriff gänzlich fallen zu lassen, da er eine sogar über die Inhaberschaft hinausgehende Berechtigung der Wertpapiersammelbank nahelege.[28]

22   Nach ihrer Eintragung werden elektronische Wertpapiere nach § 12 Abs. 3 eWpG im Effektengiro insbesondere bei der Wertpapiersammelbank eingebucht, woraufhin die treuhänderische Verwaltung beginnt.[29] Aus der Treuhänderschaft folgt, dass die **Treugeber** und nicht die Treuhänderin Wertpapiersammelbank **materiell-rechtlich Inhaber der Sammeleintragung** sind.

23   **Bezugspunkt der treuhänderischen Verwaltung** ist die Sammeleintragung, während in der Musternorm § 6 Abs. 2 BSchuWG die Sammelbuchschuldforderung treuhänderisch verwaltet wird. Unklar bleibt nun, ob die Sammeleintragung eher das elektronische Wertpapier oder die repräsentierte Forderung erfasst.[30] Zu vermuten steht, dass eine Ausrichtung auf das elektronische Wertpapier erfolgen sollte, da die Eintragung nach § 4 Abs. 4 eWpG ihrerseits stets auf elektronische Wertpapiere Bezug nimmt.

---

25) Vgl. Begr. RegE BWpVerwG, BT-Drucks. 14/7010, S. 15.

26) Begr. RegE Gesetz zur Einführung von eWp, BT-Drucks. 19/26925, S. 50.

27) Vgl. Begr. RegE BWpVerwG, BT-Drucks. 14/7010, S. 15; *Dubovitskaya*, ZIP 2020, 2551, 2556; DAV, Stellungnahme z. RefE eWpG, v. 23.9.2020, S. 19, abrufbar unter https://bundesfinanzministerium.de/ Content/DE/Gesetzestexte/Gesetze_Gesetzesvorhaben/Abteilungen/Abteilung_VII/19_Legislaturperiode/ 2021-06-09-einfuehrung-elektronische-wertpapiere/0-Gesetz.html (Abrufdatum: 18.2.2023).

28) Deutsche Bundesbank, Stellungnahme z. RefE eWpG, v. 10.9.2020, S. 3, abrufbar unter https://bundesfinanzministerium.de/Content/DE/Gesetzestexte/Gesetze_Gesetzesvorhaben/Abteilungen/Abteilung_VII/19_Legislaturperiode/2021-06-09-einfuehrung-elektronische-wertpapiere/0-Gesetz.html (Abrufdatum: 18.2.2023).

29) Vgl. *Dubovitskaya*, ZIP 2020, 2551, 2555.

30) Vgl. DAV, Stellungnahme z. RefE eWpG, v. 23.9.2020, S. 19, abrufbar unter https://bundesfinanzministerium.de/Content/DE/Gesetzestexte/Gesetze_Gesetzesvorhaben/Abteilungen/Abteilung_VII/ 19_Legislaturperiode/2021-06-09-einfuehrung-elektronische-wertpapiere/0-Gesetz.html (Abrufdatum: 18.2.2023).

2. Gemeinsame Verwaltung (§ 9 Abs. 2 Satz 2 eWpG)

Nach § 9 Abs. 2 Satz 2 eWpG kann die Wertpapiersammelbank oder ein Verwahrer die Sammeleintragung für die Berechtigten **gemeinsam mit eigenen Anteilen verwalten**. Jedoch gilt das **Segregationsprinzip**, so dass Eigen- und Kundenbestand getrennt voneinander zu verwalten sind.[31]   24

Von Segregation wird gesprochen, wenn eine Depotbank auf der übergeordneten Ebene des Zentralverwahrers (Wertpapiersammelbank) ihre Bestände getrennt nach Kundenbeständen (Lorobeständen) und Eigenbeständen (Nostrobeständen) hält und nicht in einem Sammelkonto vermischt.[32] Dem liegt ein vor allem **aus dem Europarecht herrührendes aufsichtsrechtliches Konzept** zugrunde, welches sekundärrechtlich in Art. 16 Abs. 8 der MiFID II[33] (Umsetzung in § 84 Abs. 4 WpHG und § 10 WpDVerOV) und Art. 38 der CSDR verankert ist. Dieser europarechtliche Hintergrund **seit 2014** lässt es erklärlich erscheinen, warum es 2001 zur Vorgängernorm der Musternorm § 6 Abs. 2 Satz 5 BSchuWG, § 8 Abs. 2 Satz 5 BWpVerwG, gegenteilig zur Segregation in der einschlägigen Gesetzesbegründung zum Regierungsentwurf noch hieß „Die Vorschrift dient der Klarstellung, dass die Wertpapiersammelbank eigene Anteile nicht separat von derselben Sammelschuldbuchforderung verwahren muss".[34]   25

IV. Mischbestände (§ 9 Abs. 3 eWpG)

Nach § 9 Abs. 3 eWpG gelten, sofern die Gesamtemission als **Mischbestand** teils aus einer Sammeleintragung und teils aus mittels Urkunde begebenen Wertpapieren oder Wertpapieren in Einzeleintragung im selben Register besteht, diese Teile **als ein einheitlicher Sammelbestand**, wenn dies im Register zur Sammeleintragung vermerkt ist. Auch § 9 Abs. 3 eWpG stellt eine Fiktion dar („gelten als").   26

Sinn und Zweck der (fiktiven) Bildung von Mischbeständen ist es, dass letztlich jenseits des Sammeleintragungsbestandteils auch für die übrigen Bestandteile die Teilnahme am Effektengiroverkehr und damit am Börsenhandel ohne den Zwischenschritt der Begebung einer Papierurkunde ermöglicht wird.[35]   27

Der **Begriff der Gesamtemission** stammt aus § 1 Abs. 1 SchVG, ist aber dort ebenso wenig definiert wie im eWpG. Er ist seinerseits aus § 151 StGB, der die Strafbarkeit von Geld- und Wertzeichenfälschung vorsieht, sowie den mittlerweile gestrichenen §§ 795 und 808a BGB, entlehnt, die jeweils das Erfordernis staatlicher Genehmigung für die Ausgabe gleichartiger Schuldverschreibungen festlegten. Hiernach und nach den §§ 14 und 22 RechKredV handelt es sich dann um eine Gesamtemission, wenn eine große Zahl im Wesentlichen gleichartiger Schuldverschreibungen begeben wird, die in der Stückelung auf bestimmte Nennbeträge als Teilstücke einer Anleihe erscheinen und bei denen die Möglichkeit besteht, diese am Kapitalmarkt zu platzieren.[36]   28

Als **Mischbestand** beschreibt der Normtext die Mischung aus einer **Sammeleintragung und entweder aus mittels Urkunde begebenen Wertpapieren oder Wertpapieren in Einzeleintragung** im selben Register. Die Gesetzesbegründung zum Regierungsentwurf kon-   29

---

31) Begr. RegE Gesetz zur Einführung von eWp, BT-Drucks. 19/26925, S. 50.

32) Zobl/Hess/Schott-*Hess/Zbinden*, BEG, Art. 12 Rz. 1; *Segna*, Buchfeffekten, S. 14.

33) Richtlinie 2014/65/EU des Europäischen Parlaments und des Rates v. 15.52014 über Märkte für Finanzinstrumente sowie zur Änderung der Richtlinien 2002/92/EG und 2011/61/E ((Markets in Financial Instruments Directive – MiFID II), ABl. (EU) L 173/34 v. 12.6.2014.

34) Begr. RegE BWpVerwG, BT-Drucks. 14/7010, S. 16.

35) Müller/Pieper-*Pieper*, eWpG, § 9 Rz. 14; *Kleinert/Mayer*, EuZW 2020, 1059, 1061.

36) *Artzinger-Bolten/Wöckener* in: Hopt/Seibt, Schuldverschreibungsrecht, Anwendungsbereich Rz. 6; *Kusserow*, RdF 2012, 4, 7.

kretisiert die mittels Urkunde begebenen Wertpapiere weiter als **effektive Stücke**.[37] Effektive (d. h. tatsächlich und körperlich) vorhandene Wertpapiere bilden das Gegenstück zu Wertrechten i. R. der Girosammelverwahrung, die lediglich noch buchmäßig vorhanden und deshalb nicht auslieferbar sind. Depotrechtlich betrachtet liegt **Sonderverwahrung** i. S. der §§ 2–4 DepotG vor.[38] Streng genommen ist der Normtext von § 9 Abs. 3 eWpG damit an dieser Stelle falsch, weil er suggeriert, dass sämtliche mittels Urkunde begebenen Wertpapiere Bestandteil eines Mischbestandes sein können. Die Formulierung der drei möglichen Bestandteile zeigt im Übrigen auf, dass der Sammeleintragungsbestandteil im Vordergrund steht und die beiden anderen möglichen Bestandteile demgegenüber als Beiwerk anzusehen sind.

30 Der Normtext „teils aus mittels Urkunde begebenen Wertpapieren oder Wertpapieren in Einzeleintragung im selben Register" ist dabei so zu verstehen, dass sich der **Zusatz „im selben Register" nicht** auf **effektive Stücke,** sondern nur auf die Einzeleintragung bezieht. Bei der Sonderverwahrung von effektiven Stücken erfolgt schließlich keine Registereintragung im eigentlichen Sinne.

31 Wie der Hauptbestandteil Sammelbestand gemäß § 9 Abs. 1 Satz 1 eWpG selbst auch gilt dann **der Mischbestand als Wertpapiersammelbestand** und kann als solcher von der Wertpapiersammelbank bzw. dem Verwahrer verwahrt werden.

32 **Einzeleintragungen** können nur dann in den Wertpapiersammelbestand (über die treuhänderische Eintragung der Wertpapiersammelbank) einbezogen werden, wenn sie im selben Register eingetragen sind.[39] Der Vorrang der Sammeleintragung gegenüber der Einzeleintragung ist nur dann gerechtfertigt, wenn aus dem Register alle Einzelbestände ersichtlich sind, die den Gesamtbestand der Emission i. S. einer Gesamtemission bilden. Dies ist wiederum Voraussetzung für die (fiktive) Bildung eines einheitlichen Wertpapiersammelbestandes mit Bündelungseffekten.[40]

33 § 9 Abs. 3 eWpG erfordert es schließlich aber im Zusammenhang mit einem Mischbestand, dass „diese Teile" **im Register zur Sammeleintragung vermerkt** werden. Wie die §§ 13 Abs. 1 Nr. 7, 17 Abs. 1 Nr. 7 eWpG zeigen, betrifft dies sowohl das Zentrale Register als auch das Kryptowertpapierregister. Dort heißt es jeweils, dass die registerführende Stelle sicherzustellen hat, dass im jeweiligen Register Angaben zum Mischbestand gemäß § 9 Abs. 3 eWpG enthalten sein müssen. Die Gesetzesbegründung zum Regierungsentwurf weist insoweit darauf hin, dass als diese Teile die erfassten effektiven Stücke und Einzeleintragungen eindeutig vermerkt sein müssen.[41] Dieser Vermerk beruht insoweit auf einem Willensakt und grenzt sodann die verschiedenen Bestände an Einzeleintragungen voneinander ab: Einerseits Einzeleintragungen im Mischbestand mit der Folge, dass diese nach § 9 Abs. 1 eWpG nach den allgemeinen Regeln des Effektengiros übertragen werden, andererseits „reguläre" Einzeleintragungen mit Geltung der Sondervorschriften der §§ 24 ff. eWpG bei Übertragungsakten.[42]

---

37) Begr. RegE Gesetz zur Einführung von eWp, BT-Drucks. 19/26925, S. 51.

38) Beck/Samm/Kokemoor-*Reschke*, KWG/CRR, § 1 KWG Rz. 364; Hopt-*Kumpan*, HGB, § 2 DepotG Rz. 1.

39) Begr. RegE Gesetz zur Einführung von eWp, BT-Drucks. 19/26925, S. 51.

40) Begr. RegE Gesetz zur Einführung von eWp, BT-Drucks. 19/26925, S. 51.

41) Begr. RegE Gesetz zur Einführung von eWp, BT-Drucks. 19/26925, S. 51.

42) Kritisch hierzu Deutsche Bundesbank, Stellungnahme z. RefE eWpG, v. 10.9.2020, S. 5, abrufbar unter https://bundesfinanzministerium.de/Content/DE/Gesetzestexte/Gesetze_Gesetzesvorhaben/Abteilungen/ Abteilung_VII/19_Legislaturperiode/2021-06-09-einfuehrung-elektronische-wertpapiere/0-Gesetz.html (Abrufdatum: 18.2.2023).

§ 10
Publizität; Registergeheimnis

(1) Die registerführende Stelle muss sicherstellen, dass die Teilnehmer des elektronischen Wertpapierregisters elektronische Einsicht in das Register nehmen können.

(2) Die registerführende Stelle hat jedem, der ein berechtigtes Interesse darlegt, die elektronische Einsicht in das elektronische Wertpapierregister zu gewähren.

(3) [1]Auskünfte, die über die Angaben im elektronischen Wertpapierregister zum eingetragenen Wertpapier hinausgehen, einschließlich der Auskunft über die Identität und die Adresse eines Inhabers, darf die registerführende Stelle nur erteilen, soweit

1. derjenige, der Auskunft verlangt, ein besonderes berechtigtes Interesse darlegt,

2. die Erteilung der Auskunft für die Erfüllung des Interesses erforderlich ist und

3. die Interessen des Inhabers am Schutz seiner personenbezogenen Daten das Interesse desjenigen, der Auskunft verlangt, nicht überwiegen.

[2]Für den Inhaber eines elektronischen Wertpapiers besteht in Bezug auf ein für ihn eingetragenes Wertpapier stets ein besonderes berechtigtes Interesse.

(4) [1]Den zuständigen Aufsichts-, Ordnungs- und Strafverfolgungsbehörden ist gemäß Absatz 2 Einsicht in ein elektronisches Wertpapierregister zu gewähren und gemäß Absatz 3 Auskunft zu erteilen, soweit dies jeweils für die Erfüllung der gesetzlichen Aufgaben dieser Behörden erforderlich ist. [2]Die registerführende Stelle hat stets vom Vorliegen dieser Voraussetzungen auszugehen, wenn sie von den in § 34 Absatz 4 Satz 1 des Bundesmeldegesetzes genannten Behörden um Einsicht oder Auskunft ersucht wird.

(5) [1]Die registerführende Stelle hat über die von ihr nach den Absätzen 2 bis 4 gewährten Einsichten und erteilten Auskünfte ein Protokoll zu führen. [2]Einer Protokollierung bedarf es nicht bei Einsichtnahmen durch oder Auskunftserteilungen an einen Teilnehmer des Registers nach Absatz 1. [3]Den Teilnehmern des Registers ist auf Verlangen Auskunft aus diesem Protokoll zu den sie betreffenden Einsichtnahmen oder Auskunftserteilungen zu geben, es sei denn, die Bekanntgabe würde den Erfolg strafrechtlicher Ermittlungen oder die Aufgabenwahrnehmung einer in § 34 Absatz 4 Satz 1 des Bundesmeldegesetzes genannten Behörde gefährden. [4]Protokolleinträge sind nach Ablauf von zwei Jahren ab dem Eintragungsdatum zu vernichten.

Literatur: *Böhringer*, Protokollierung der Grundbucheinsicht beim Grundbuchamt, Rpfleger 2014, 401; *Dubovitskaya*, Gesetzentwurf zur Einführung von elektronischen Wertpapieren: ein zaghafter Schritt nach vorn, ZIP 2020, 2551; *Kleinert/Mayer*, Der deutsche Weg zum elektronischen Wertpapier – Der Referentenentwurf für das eWpG, EuZW 2020, 1059; *Lehmann*, Das Gesetz zur Einführung von elektronischen Wertpapieren, NJW 2021, 2318; *Lehmann*, Der Referentenentwurf für ein Gesetz über elektronische Wertpapiere (eWpG), BKR 2020, 431; *Siadat*, Verordnung über die Anforderungen an elektronische Wertpapierregister (eWpRV), Rdi 2021, 466; *Wieneke/Kunz*, Das Gesetz zur Einführung von elektronischen Wertpapieren, NZG 2021, 316.

Übersicht

I. Allgemeines

1 § 10 eWpG regelt die Publizität und Transparenz der elektronischen Wertpapierregister. Dabei geht es im Kern um die jeweils im elektronischen Wertpapierregister eingetragenen Angaben, d. h. die in § 13 bzw. § 17 eWpG im Detail aufgeführten Angaben, während für die Publizität der niedergelegten Emissionsbedingungen die allgemeinen Regeln i. S. von § 5 Abs. 1 und Abs. 4 eWpG gelten.[1] Im Verhältnis zwischen § 5 Abs. 1 und § 10 Abs. 2 eWpG wird insoweit als widersprüchlich kritisiert, dass die Emissionsbedingungen vor Ein-tragung jedermann zugänglich zu machen sind, während nach § 10 Abs. 2 eWpG jenseits von Teilnehmern ein berechtigtes Interesse für eine Einsichtnahme darzulegen ist.[2]

II. Publizität (§ 10 Abs. 1 eWpG)

2 Nach § 10 Abs. 1 eWpG muss die **registerführende Stelle sicherstellen**, dass die **Teil-nehmer des elektronischen Wertpapierregisters elektronische Einsicht in das Register nehmen können**.

3 § 10 Abs. 1 eWpG regelt die **Publizität** der elektronischen Wertpapierregister i. S. von § 4 Abs. 1. Dies sind das zentrale Register gemäß § 12 eWpG und das Kryptowertpapierre-gister gemäß § 16 eWpG.

4 **Verpflichtete** ist die **jeweilige registerführende Stelle**. Registerführende Stellen wiederum sind nach § 4 Abs. 10 eWpG die in § 12 Abs. 2 und § 16 Abs. 2 eWpG bezeichneten Stellen. Dabei handelt es sich nach § 12 Abs. 2 eWpG um Wertpapiersammelbanken oder Verwahrer, sofern der Emittent diese ausdrücklich und in Textform dazu ermächtigt, und nach § 16 Abs. 2 eWpG, wer vom Emittenten gegenüber dem Inhaber als eine solche Stelle benannt wird, notfalls – bei Unterbleiben einer Benennung – ist dies der Emittent selbst.

5 **Inhalt der Verpflichtung** ist das Treffen der erforderlichen technischen und organisato-rischen Maßnahmen, um sicherzustellen, dass die Teilnehmer des Registers jederzeit elek-tronisch Einsicht in das Register nehmen können.[3] Wie die registerführende Stelle dies bewerkstelligt, bleibt ihr überlassen. Auch die eWpRV[4] trifft insoweit keine Detailrege-lungen.

6 **Begünstigte** der Sicherstellungspflichten von Seiten der registerführenden Stelle sind die **Teilnehmer der elektronischen Wertpapierregister**. Aus § 10 Abs. 1 eWpG soll dabei ein unmittelbarer Anspruch der Teilnehmer auf eine elektronische Registereinsicht gegenüber

---

1) Begr. RegE Gesetz zur Einführung von eWp, BT-Drucks. 19/26925, S. 51.
2) *Wieneke/Kunz*, NZG 2021, 316, 319.
3) Begr. RegE Gesetz zur Einführung von eWp, BT-Drucks. 19/26925, S. 51.
4) Verordnung über Anforderungen an elektronische Wertpapierregister (eWpRV), v. 24.10.2022, BGBl. I 2022, 1882.

der registerführenden Stelle folgen.[5] Dogmatisch betrachtet ist dies jedoch wenig überzeugend, denn § 10 Abs. 1 eWpG regelt seinem Wortlaut nach lediglich die abstrakten Vorbedingungen, um eine Einsichtnahme zu ermöglichen. Vorzugswürdig wäre es gewesen, § 10 Abs. 1 eWpG abstrakt zu halten und dort lediglich – ohne Referenz auf Teilnehmer – die Sicherstellungspflichten der registerführenden Stelle technischer und organisatorischer Art zu regeln, während dann in § 10 Abs. 2 eWpG der Anspruch von Teilnehmern einerseits und sonstigen Personen mit berechtigtem Interesse andererseits geregelt worden wäre.[6]

Der **Anspruch der Teilnehmer auf Einsichtnahme** ist zwangsläufig ein **gebundener Anspruch**, so dass der registerführenden Stelle bei Vorliegen der Voraussetzungen auf der Rechtsfolgenebene kein Ermessen über die Erfüllung des Anspruchs eingeräumt ist. Zwar ergibt sich dies nicht unbedingt aus dem doch recht interpretationsoffenen Wortlaut von § 10 Abs. 1 eWpG „sicherstellen, dass die Teilnehmer [...] Einsicht in das Register nehmen können", jedoch lässt sich dieser Umstand anhand eines Rückschlusses aus § 10 Abs. 2 eWpG folgern. Denn jedenfalls dort besteht dem Wortlaut nach ausdrücklich ein gebundener Anspruch („hat [...] Einsicht [...] zu gewähren"). Wenn aber schon zugunsten sonstiger Dritter mit berechtigtem Interesse nach § 10 Abs. 2 eWpG ein gebundener Anspruch besteht, dann muss dies erst recht nach Absatz 1 zugunsten von Teilnehmern der elektronischen Wertpapierregister der Fall sein. Eine Divergenz bliebe jedenfalls unerklärlich.

7

Teilnehmer der elektronischen Wertpapierregister zeichnen sich dadurch aus, dass sie für eine Einsichtnahme, anders als im Zusammenhang mit § 10 Abs. 2 eWpG, kein berechtigtes Interesse darlegen müssen, ihre Teilnehmereigenschaft allein genügt.[7] Gleichwohl stellt § 10 Abs. 1 Satz 1 eWpRV mittlerweile ausdrücklich klar, dass obzwar Teilnehmer kein berechtigtes Interesse darlegen müssen, diese jedoch stets folgend aus ihrer Teilnehmereigenschaft über ein berechtigtes Interesse verfügen, sofern es um den Abruf der sie betreffenden Registerangaben geht. Zum Teilnehmerkreis sollte und soll jeder zählen, der – je nach technischer Ausgestaltung des Registers – **Inhaber, Berechtigter oder Betroffener (etwa der Emittent)** eines im Register eingetragenen Wertpapiers ist.[8] § 2 eWpRV fächert dabei nun in mehreren Varianten noch weiter auf, wer Berechtigter und Betroffener sein kann, wobei diese beiden Begrifflichkeiten im engeren Sinne in der Letztfassung der eWpRV keine Verwendung mehr finden. Hier zeigten sich vor Inkrafttreten der eWpRV jedoch noch deutliche Schwierigkeiten bei der Abgrenzung. Denn zwar gilt als Betroffener allgemein eine Person, die von einer Maßnahme, Sache oder einem Recht Dritter beeinträchtigt ist oder wird. Das Kapitalmarktrecht kennt diesen Betroffenenbegriff (soweit ersichtlich) einzig aus dem WpÜG (dort § 50 Abs. 3 Nr. 3).[9] Ohne weitere Vorgaben würde dieses Verständnis eines Betroffenen wohl auch dem § 10 eWpG unterlegt.

8

Das eWpG weicht jedoch von diesem allgemeinen Verständnis ab. Während sich Inhaber und Berechtigte dort anhand der festen Definitionen in § 3 Abs. 1 und Abs. 2 eWpG eindeutig identifizieren lassen, ist die **Unterscheidung zwischen Betroffenen (Teilnehmern) i. S. von § 10 Abs. 1 eWpG und Dritten mit berechtigtem Interesse i. S. von Absatz 2**

9

---

5) Begr. RegE Gesetz zur Einführung von eWp, BT-Drucks. 19/26925, S. 51.

6) Ähnlich kritisch *Matzke*, Stellungnahme z. RefE eWpG, v. 23.7.2020, S. 35, abrufbar unter https://bundesfinanzministerium.de/Content/DE/Gesetzestexte/Gesetze_Gesetzesvorhaben/Abteilungen/Abteilung_VII/19_Legislaturperiode/2021-06-09-einfuehrung-elektronische-wertpapiere/0-Gesetz.html (Abrufdatum: 18.2.2023).

7) Begr. RegE Gesetz zur Einführung von eWp, BT-Drucks. 19/26925, S. 51; Müller/Pieper-*Barth*, eWpG, § 10 Rz. 33.

8) Begr. RegE Gesetz zur Einführung von eWp, BT-Drucks. 19/26925, S. 51.

9) Vgl. *Noack/Holzborn* in: Kapitalmarktrechts-Kommentar, § 50 WpÜG Rz. 12; *Pohlmann/Benzing* in: KölnKomm-WpÜG, § 50 Rz. 11.

nicht immer trennscharf möglich.[10] Allerdings wies bereits die Gesetzesbegründung zum Regierungsentwurf darauf hin, dass die weitere Bestimmung des Teilnehmerkreises einer untergesetzlichen Regelung i. R. der Verordnungsermächtigung vorbehalten ist[11] (Kreis der Einsichtsberechtigten gemäß §§ 15 Abs. 1 Satz 1 Nr. 5, 23 Abs. 1 Satz 1 Nr. 8 eWpG), so dass durch die eWpRV mittlerweile ein größeres Maß an Klarheit eingetreten ist. Zuvor waren als Betroffene in rechtssicherer Weise lediglich Emittenten auszumachen. Bei Erwerbern und Veräußerern eines elektronischen Wertpapiers, die noch nicht oder nicht mehr als Inhaber eines elektronischen Wertpapiers im elektronischen Wertpapierregister eingetragen sind, deutete die Gesetzesbegründung zum Regierungsentwurf ehedem eine Einstufung als Teilnehmer an, mutmaßlich in Form eines Betroffenen.[12] Allerdings stand ursprünglich bereits zu vermuten, dass dann zumindest das Einsichtsrecht nach § 10 Abs. 2 eWpG mit einem berechtigten Interesse greift. Denn es war herauszustreichen, dass der Gesetzgeber offenbar davon ausging, dass die Einsichtsrechte nach § 10 Abs. 1 und Abs. 2 eWpG in keinem strengen Alternativverhältnis zueinander stehen,[13] so dass wohl zumindest der Anspruch nach § 10 Abs. 2 eWpG greift, sofern der Anspruch nach Absatz 1 fraglich ist.

10   **Mit Inkrafttreten der eWpRV** ist die anfänglich noch vorhandene **Unklarheit** über den Kreis der Begünstigten des Einsichtsrechts der Teilnehmer **deutlich reduziert** worden. So **bestimmt § 10 Abs. 1 eWpG i. V. m. § 2 eWpRV seither die Teilnehmer gemäß § 10 Abs. 1 eWpG**, die unzweifelhaft zur Einsicht berechtigt sind.

11   Wer Inhaber und wer Berechtigter ist, bestimmt sich dabei nach den § 3 Abs. 1 und Abs. 2 eWpG. Die Eintragung eines Rechts an einem elektronischen Wertpapier oder eine Verfügungsbeschränkung ergibt sich aus den §§ 13 Abs. 2, 17 Abs. 2 eWpG. Es ist davon auszugehen, dass die Teilnehmer gemäß § 10 Abs. 1 eWpG damit abschließend bestimmt sind. Darüber hinaus ist für ein Einsichtsrecht auf § 10 Abs. 2 eWpG abzustellen. Da mit § 10 eWpRV lediglich eine punktuelle Ergänzung des § 10 eWpG erfolgen sollte,[14] gelten die ursprünglichen Annahmen zu § 10 Abs. 1 eWpG jedenfalls uneingeschränkt fort, soweit sie nicht von § 10 eWpRV betroffen und modifiziert wurden.

12   Der **Umfang des Einsichtsrechts der Teilnehmer** beschränkt sich auf das aus der jeweiligen Registerteilnahme hervorgehende Ausmaß, besteht also nur im Hinblick auf die jeweils konkrete Funktion oder Position des Teilnehmers im Zusammenhang mit dem elektronischen Wertpapierregister.[15] Es besteht daher auch nur im Hinblick auf das den Teilnehmer jeweils betreffende elektronische Wertpapier, für das der Teilnehmer als Inhaber, Emittent oder sonst Betroffener im elektronischen Wertpapierregister eingetragen ist. Teilnehmer besitzen daher jedenfalls kein Einsichtsrecht im Hinblick auf das gesamte elektronische Wertpapierregister und in Bezug auf den gesamten Bestand der elektronischen Wertpapiere einer Emission.[16]

---

10) Vgl. im Ansatz auch BAI, Stellungnahme z. RefE eWpG, v. 14.9.2020, S. 9; DAV, Stellungnahme z. RefE eWpG, v. 23.9.2020, S. 20; Die Deutsche Kreditwirtschaft (DK), Stellungnahme z. RefE eWpG, v. 14.9.2020, S. 12 (Stellungnahmen abrufbar unter https://bundesfinanzministerium.de/Content/DE/Gesetzestexte/Gesetze_Gesetzesvorhaben/Abteilungen/Abteilung_VII/19_Legislaturperiode/2021-06-09-einfuehrung-elektronische-wertpapiere/0-Gesetz.html (Abrufdatum jew. 18.2.2023).

11) Begr. RegE Gesetz zur Einführung von eWp, BT-Drucks. 19/26925, S. 51.

12) Vgl. Begr. RegE Gesetz zur Einführung von eWp, BT-Drucks. 19/26925, S. 52; so auch *Lehmann*, NJW 2021, 2318, 2322.

13) Begr. RegE Gesetz zur Einführung von eWp, BT-Drucks. 19/26925, S. 52.

14) Vgl. bereits Begr. RefE eWpRV (1. Konsultation), v. 6.8.2021, abrufbar unter https://www.bmj.de/SharedDocs/Gesetzgebungsverfahren/DE/Wertpapierregister.html; nun auch Begr. eWpRV, v. 15.12.2022, abrufbar unter https://www.bmj.de/SharedDocs/Gesetzgebungsverfahren/DE/Wertpapierregister.html (Abrufdatum jew. 18.2.2023).

15) Begr. RegE Gesetz zur Einführung von eWp, BT-Drucks. 19/26925, S. 51.

16) Begr. RegE Gesetz zur Einführung von eWp, BT-Drucks. 19/26925, S. 51.

Der **Vollzug des Einsichtnahmerechts** erfolgt gemäß dem Wortlaut von § 10 Abs. 1 eWpG 13
ausschließlich durch elektronische Einsicht in das elektronische Wertpapierregister. Der
Teilnehmer muss dabei unter Nutzung der üblichen technischen Hilfsmittel die ihn betreffenden Registerangaben in elektronischer Form (ggf. auch nur durch Nutzung seiner
Teilnehmerinfrastruktur) lesen können.[17] Der Anspruch ist damit rein auf eine Kenntnis-
nahmemöglichkeit unter Zuhilfenahme von Informationstechnologie begrenzt. Darüber
hinaus besteht kein weitergehender Anspruch auf Erstellung von Auszügen oder Nachweisen in elektronischer oder gar schriftlicher Form. Insbesondere ist damit auch keine
Download-Möglichkeit geboten, etwa in der Form als pdf. Jedoch wird es dem Einsicht
nehmenden Teilnehmer dann zumindest möglich sein, entweder die Copy-Funktion zu
nutzen oder einen Screenshot zu erstellen und hiervon dann jeweils eine elektronische Spei-
cherdatei oder einen Ausdruck in Papierform zu erstellen. Auch ein schlichtes Abfotogra-
fieren der angezeigten Registerangaben wird stets möglich sein. Der Beweiswert derartiger
inoffizieller Auszüge/Nachweise ist dann aber natürlich ein anderer als es bei einem offiziellen Auszug/Nachweis der Fall wäre.

Zeitlich betrachtet ergab sich bislang rein aus dem Wortlaut von § 10 Abs. 1 eWpG (ohne 14
zusätzliche Berücksichtigung der Gesetzesmaterialien) nicht genau, inwieweit Teilnehmer
Einsicht nehmen können. Dies wurde **in § 10 Abs. 1 eWpRV konkretisiert**. So bestimmt
§ 10 Abs. 1 Satz 1 eWpRV nun, dass die registerführende Stelle gewährleistet, dass **Teilnehmer die sie betreffenden Registerangaben jederzeit abrufen können**. Somit muss für
die einzelnen Teilnehmer ein unmittelbarer Zugang ohne wesentlichen zeitlichen Versatz
durch gesonderte Freigaben seitens der registerführenden Stelle etwa i. R. von technischen
Zugangsbarrieren eröffnet werden. Nach § 10 Abs. 1 Satz 2 eWpRV betreffen Registerangaben zu Verfügungsbeschränkungen und Rechten Dritter den Emittenten eines elektronischen Wertpapiers in Einzeleintragung nicht i. S. von § 10 Abs. 1 Satz 1 eWpRV. Hierdurch sollte klargestellt werden, dass der Emittent aufgrund von § 10 Abs. 1 eWpG keine
Einsicht erhält, soweit Verfügungsbeschränkungen oder eine Belastung eines Wertpapiers
durch Rechte Dritter bestehen. § 13 Abs. 3 und § 17 Abs. 3 eWpG sind also nicht so zu
lesen, dass sie einer solchen Einschränkung gegenüber dem Emittenten entgegenstehen.[18]
Emittenten sind insoweit auf eine Einsicht unter den Voraussetzungen des § 10 Abs. 2
eWpG angewiesen.[19]

III. Registereinsicht mit berechtigtem Interesse (§ 10 Abs. 2 eWpG)

Nach § 10 Abs. 2 eWpG hat die registerführende Stelle **jedem, der ein berechtigtes In-** 15
teresse darlegt, die **elektronische Einsicht** in das elektronische Wertpapierregister zu gewähren.

In Abgrenzung zu § 10 Abs. 1 eWpG wird nicht das **Einsichtnahmerecht** für Teilnehmer 16
geregelt, sondern **für Personen, die ein berechtigtes Interesse darlegen können**. Diese
Dritten sind die Begünstigten der Regelung.

Verpflichter ist wie bei § 10 Abs. 1 eWpG auch die jeweilige registerführende Stelle, so 17
dass auf die dortigen Ausführungen verwiesen werden kann.

---

17) Begr. RegE Gesetz zur Einführung von eWp, BT-Drucks. 19/26925, S. 51.
18) Vgl. bereits Begr. RefE eWpRV (1. Konsultation), v. 6.8.2021, abrufbar unter https://www.bmj.de/Shared-Docs/Gesetzgebungsverfahren/DE/Wertpapierregister.html; nun auch Begr. eWpRV, v. 15.12.2022, abrufbar unter https://www.bmj.de/SharedDocs/Gesetzgebungsverfahren/DE/Wertpapierregister.html (Abrufdatum jew. 18.2.2023).
19) Vgl. bereits Begr. RefE eWpRV (1. Konsultation), v. 6.8.2021, abrufbar unter https://www.bmj.de/Shared-Docs/Gesetzgebungsverfahren/DE/Wertpapierregister.html; nun auch Begr. eWpRV, v. 15.12.2022, abrufbar unter https://www.bmj.de/SharedDocs/Gesetzgebungsverfahren/DE/Wertpapierregister.html (Abrufdatum jew. 18.2.2023).

18 Das **berechtigte Interesse** soll als unbestimmter Rechtsbegriff, welcher aufgrund der langen Rechtstradition seiner Verwendung etwa in § 12 GBO bestimmbar ist, ohne weitere gesetzgeberische Spezifikation auskommen.[20] Nach § 12 GBO genügt es jedenfalls, wenn der Antragsteller ein verständiges, durch die Sachlage gerechtfertigtes Interesse darlegt.[21] Das berechtigte Interesse kann hierbei wirtschaftlicher, rechtlicher, tatsächlicher, öffentlicher oder auch wissenschaftlicher Natur sein.[22] Dabei muss davon ausgegangen werden können, dass das Einsichts- und Informationsinteresse als wichtiger zu bewerten ist als das Geheimhaltungsinteresse.[23] Die somit bestehende **Beschränkung auf verständige Einsichtsverlangen** schließt etwa missbräuchliche Massenabfragen aus.[24] Typischer Anwendungsfall eines vorhandenen berechtigten Interesses dürfte die Eigenschaft als potenzieller Erwerber des elektronischen Wertpapiers sein, auch wenn der Standard einer tatsächlichen Einsichtnahme vor Erwerb wohl eher als lebensfremd anzusehen ist.[25]

19 **Kritisch** zu sehen ist jedoch, dass es ausreichend ist, dass ein **berechtigtes Interesse nur dargelegt werden muss,** allerdings realiter nicht vorzuliegen braucht.[26] Darlegen bedeutet nach allgemeinem Verständnis schließlich nur ein (schlüssiges) Vortragen von Tatsachen,[27] nicht aber ein Belegen dieser Tatsachen etwa durch Glaubhaftmachung oder gar durch Vollbeweis. Denkbar wäre es also, dass ein völlig unbeteiligter Dritter ohne berechtigtes Interesse mit entsprechendem Tatsachenvortrag einfach einigermaßen überzeugend behauptet, potenzieller Erwerber des elektronischen Wertpapiers sein, woraufhin ihm Registereinsicht zu gewähren ist. Die wohl deutlich zu niedrige Darlegungsschwelle birgt somit die Gefahr, dass das Merkmal des berechtigten Interesses ausgehöhlt werden kann. Der Begrenzungszweck auf eine Registereinsicht nur durch bestimmte Personen mit berechtigtem Interesse wird damit konterkariert.[28]

20 Der **Anspruch der Teilnehmer auf Einsichtnahme** ist nach dem insoweit eindeutigen Wortlaut des § 10 Abs. 2 eWpG („hat […] Einsicht […] zu gewähren") ein **gebundener Anspruch.** Liegen insoweit alle Voraussetzungen vor, darf die registerführende Stelle die Einsichtnahme auf der Rechtsfolgenebene nicht mehr verweigern, da ihr kein Ermessen zukommt.

21 Der **Vollzug des Einsichtnahmerechts** erfolgt dem Wortlaut von § 10 Abs. 2 eWpG nach **ausschließlich durch elektronische Einsicht** in das elektronische Wertpapierregister. Ein weitergehender Anspruch auf Erstellung von Auszügen oder Nachweisen in elektronischer oder gar schriftlicher Form ist – wie bei Absatz 1 auch – nicht erkennbar.[29]

---

20) Begr. RegE Gesetz zur Einführung von eWp, BT-Drucks. 19/26925, S. 52.

21) BGH, Beschl. v. 9.1.2020 – V ZB 98/19, Rz. 9 f., NJW 2020, 1511 = WM 2021, 937; OLG Düsseldorf, Beschl. v. 7.4.2015 – I-3 Wx 61/15, Rz. 11, ErbR 2015, 384 = RPfleger 2015, 636; *Wilsch* in: BeckOK-GBO, § 12 Rz. 1.

22) *Schöner/Stöber* in: Schöner/Stöber, Grundbuchrecht, Erster Teil Rz. 525; *Müller* in: Schreiber/Ruge, Hdb. Immobilienrecht, Kap. 7 Rz. 20.

23) BGH, Beschl. v. 7.3.2019 – V ZB 53/18, Rz. 18 f., NJW 2019, 2541 = WM 2019, 1410; OLG Düsseldorf, Beschl. v. 23.4.2020 – I-3 Wx 24/20, Rz. 13, RNotZ 2021, 171 = NotBZ 2021, 55.

24) Begr. RegE Gesetz zur Einführung von eWp, BT-Drucks. 19/26925, S. 51; *Kleinert/Mayer,* EuZW 2020, 1059, 1061.

25) Universität Wien, Stellungnahme z. RefE eWpG, S. 18, abrufbar unter https://bundesfinanzministerium.de/Content/DE/Gesetzestexte/Gesetze_Gesetzesvorhaben/Abteilungen/Abteilung_VII/19_Legislaturperiode/2021-06-09-einfuehrung-elektronische-wertpapiere/0-Gesetz.html (Abrufdatum: 18.2.2023); *Lehmann,* BKR 2020, 431, 437; *Dubovitskaya,* ZIP 2020, 2551, 2559.

26) Vgl. dazu auch Die Deutsche Kreditwirtschaft (DK), Stellungnahme z. RegE eWpG, v. 10.3.2021, S. 7 f., abrufbar unter https://die-dk.de/media/files/2021-03-10-Stn-DK-eWpG-RegE.pdf (Abrufdatum: 18.2.2023).

27) *Münch* in: MünchKomm-ZPO, § 1046 Rz. 5; Zöller-*Greger,* ZPO, § 138 Rz. 2.

28) A. A. wohl Müller/Pieper-*Barth,* eWpG, § 10 Rz. 51.

29) Ähnlich Müller/Pieper-*Barth,* eWpG, § 10 Rz. 35.

IV. Registergeheimnis (§ 10 Abs. 3 eWpG)

§ 10 Abs. 3 eWpG regelt obzwar der offiziellen Bezeichnung „Registergeheimnis" eher 22
das Gegenteil, nämlich die Auskunftserteilung. Der Absatz untergliedert sich in zwei
Sätze. Nach § 10 Abs. 3 Satz 1 eWpG darf die registerführende Stelle Auskünfte, die über
die Angaben im elektronischen Wertpapierregister zum eingetragenen Wertpapier hinausgehen, einschließlich der Auskunft über die Identität und die Adresse eines Inhabers, nur
erteilen, soweit:

- derjenige, der Auskunft verlangt, ein besonderes berechtigtes Interesse darlegt;

- die Erteilung der Auskunft für die Erfüllung des Interesses erforderlich ist; und

- die Interessen des Inhabers am Schutz seiner personenbezogenen Daten das Interesse
  desjenigen, der Auskunft verlangt, nicht überwiegen.

Nach § 10 Abs. 3 Satz 2 eWpG besteht für den Inhaber eines elektronischen Wertpapiers 23
in Bezug auf ein für ihn eingetragenes Wertpapier stets ein besonderes berechtigtes Interesse.

Offenbar vorgelagert und nicht zu den eigentlichen Tatbestandsvoraussetzungen aus § 10 24
Abs. 3 Satz 1 eWpG (insbesondere der Darlegung des berechtigen Interesses) gehörig, sta-
tuiert § 10 Abs. 3 eWpRV eine allgemeine Verpflichtung zum Identitätsnachweis bei
Verlangen einer Auskunft. So muss nach § 10 Abs. 3 Satz 1 eWpRV derjenige, der nach § 10
Abs. 3 eWpG Auskunft verlangt, gegenüber der registerführenden Stelle seine Identität
durch geeignete Nachweise belegen. Nach § 10 Abs. 3 Satz 2 eWpRV gilt bei juristischen
Personen oder Personengesellschaften Gleiches auch für die für diese auftretende Person
sowie für den Nachweis, dass diese hierzu berechtigt ist.

Details zum Identitätsnachweis nach § 10 Abs. 3 eWpRV finden sich in den nachfol- 25
genden Absätzen (§ 10 Abs. 4, Abs. 5 und Abs. 7 eWpRV).

§ 10 Abs. 4 eWpRV regelt zunächst von der registerführenden Stelle zu erhebende An- 26
gaben. So hat die registerführende Stelle nach § 10 Abs. 4 Satz 1 i. V. m. § 11 Abs. 2 Satz 1
Nr. 1 eWpRV bei Identifizierung einer natürlichen Person folgende Angaben zu erheben:

- Vorname und Nachname;

- Geburtsort;

- Geburtsdatum;

- Staatsangehörigkeit; und

- Anschrift.

Nach § 10 Abs. 4 Satz 1 i. V. m. § 11 Abs. 2 Satz 1 Nr. 2 eWpRV geht es bei einer juristi- 27
schen Person oder Personengesellschaft zudem um:

- Firma, Name oder Bezeichnung;

- Rechtsform;

- Registernummer, falls vorhanden;

- Anschrift des Sitzes oder der Hauptniederlassung; und

- die Vor- und Nachnamen der Mitglieder des Vertretungsorgans oder die Vor- und
  Nachnamen der gesetzlichen Vertreter und, sofern ein Mitglied des Vertretungsorgans
  oder der gesetzliche Vertreter eine juristische Person ist, von dieser Person die Angaben
  nach den lit. a bis d.

In § 10 Abs. 3 und Abs. 4 eWpRV finden sich die entsprechenden Nachweiserbringungs- 28
pflichten des Begünstigten bzw. spiegelbildlich hierzu die Nachweiseinforderungs-
pflichten des Verpflichteten. So hat die registerführende Stelle nach § 10 Abs. 4 Satz 1

eWpRV die Angaben nach Absatz 3 anhand geeigneter Nachweise zu überprüfen. Als geeignete Nachweise gelten nach § 10 Abs. 4 Satz 1 und Satz 2 eWpRV:

– entweder einer der Nachweise nach § 10 Abs. 4 Satz 1 i. V. m. § 11 Abs. 3 eWpRV, was letztlich auf § 12 Abs. 1 Satz 1 Nr. 1 bis Nr. 5 und Abs. 2 Nr. 1 bis Nr. 3 GWG (Vollidentifizierung mit anerkannten Nachweisen) verweist; oder

– ein Nachweis nach § 10 Abs. 4 Satz 2 eWpRV, was Nachweise nach § 14 Abs. 2 Satz 1 Nr. 2 GWG (vereinfachte Identifizierung) meint.

29   Bei einer **natürlichen Person** geht es bei der regelmäßig relevanten Vollidentifizierung um Nachweise wie einen Pass, Personalausweis oder Pass- oder Ausweisersatz, um einen zugelassenen elektronischen Identitätsnachweis, um eine näher definierte qualifizierte elektronische Signatur, ein notifiziertes elektronisches Identifizierungssystem oder um ein Dokument, das zur Identifizierung einer nach dem GWG zu identifizierenden Person zum Zwecke des Abschlusses eines Zahlungskontovertrags zugelassen wird. Bei einer natürlichen Person, die **für eine juristische Personen oder Personengesellschaft** auftritt, geht es bei der Vollidentifizierung zudem um Nachweise wie einen Auszug aus dem Handelsregister o. Ä., um entsprechende Gründungsdokumente oder um eine eigene dokumentierte Einsichtnahme des Verpflichteten in die Register- oder Verzeichnisdaten. Regelmäßig werden somit einerseits Personalausweis oder Reisepass sowie um andererseits Handelsregisterauszüge relevant. Ob auch ein Video-Ident-Verfahren als sog. Online-Legitimation in Bezug auf einen Identitätsnachweis für eine natürliche Person im Lichte des § 12 Abs. 1 Satz 1 GWG genügen kann, was etwa bei Online-Brokern mittlerweile als Alternative zur Ausweisprüfung etwa bei der Deutschen Post (Post-Ident-Verfahren) bei Kontoeröffnungen angeboten wird,[30] ist derzeit noch umstritten.[31] Zudem stellen sich aufgrund strenger Vorgaben für die Videoidentifizierung Fragen der Kosten und der Nutzerfreundlichkeit.[32]

30   Die nach § 10 Abs. 4 Satz 1 i. V. m. § 11 Abs. 2 eWpRV **erhobenen Angaben** sind **nach § 10 Abs. 7 eWpRV zwei Jahre nach Übermittlung an die registerführende Stelle unverzüglich** von dieser **zu löschen.** Zu kritisieren ist dabei, dass eine Löschung in unverzüglicher Weise als starre Frist erst zwei Jahre nach Übermittlung zu erfolgen hat, was erkennbar gegen Art. 17 Abs. 1 lit. a DSGVO verstößt. Denn auch schon unterhalb der Schwelle von zwei Jahren können in den erhobenen Angaben eigentlich stets enthaltene personenbezogene Daten nicht mehr notwendig sein, so dass schon dann eine unverzügliche Löschungspflicht entsteht.

1.   Auskunftserteilung (§ 10 Abs. 3 Satz 1 eWpG)

31   Nach § 10 Abs. 3 Satz 1 eWpG darf die registerführende Stelle Auskünfte, die über die Angaben im elektronischen Wertpapierregister zum eingetragenen Wertpapier hinausgehen, einschließlich der Auskunft über die Identität und die Adresse eines Inhabers, nur erteilen, soweit:

– derjenige, der Auskunft verlangt, ein besonderes berechtigtes Interesse darlegt;

– die Erteilung der Auskunft für die Erfüllung des Interesses erforderlich ist; und

– die Interessen des Inhabers am Schutz seiner personenbezogenen Daten das Interesse desjenigen, der Auskunft verlangt, nicht überwiegen.

---

30) Vgl. etwa zum Video-Ident-Verfahren der S Broker AG & Co. KG (Sparkassen Broker) www.sbroker.de/services/fragen-antworten/video-ident-verfahren.html (Abrufdatum: 18.2.2023).

31) Vgl. BGH, Urt. v. 20.4.2021 – XI ZR 511/19, NJW 2021, 2032 m. Anm. *Sarres* = ZEV 2021, 438 m. Anm. *Litzenburger.*

32) Vgl. *Siadat,* Rdi 2021, 466, 471.

Im Gegensatz zum Einsichtsrecht aus § 10 Abs. 1 und Abs. 2 eWpG geht es bei der Aus- **32** kunftserteilung nach Absatz 3 als **Bezugspunkt nicht** um **Registerangaben, sondern** um **Auskünfte zu allen sonstigen Verhältnissen**, die sich nicht aus den eingetragenen Angaben im Register selbst ergeben.[33] Hierbei soll es sich etwa um Daten handeln, die notwendigerweise durch die registerführende Stelle für die Führung des elektronischen Registers benötigt werden und nicht abschließend aufgelistet werden können.[34] Dies wiederum sind etwa Daten, die bei der üblichen geschäftlichen Kommunikation des Registerführers mit den Teilnehmern des Registers anfallen, also bspw. die notwendigen Kontaktdaten für den geschäftlichen Brief- oder Mail-Verkehr mit den Emittenten, für die ein elektronisches Wertpapierregister geführt wird, mit den Inhabern, die im Register eingetragen werden, mit den Berechtigten, für die Rechte an einem Wertpapier eingetragen werden usw.[35] Insbesondere gehören dazu auch die namentliche Identität des Inhabers im Falle von Kryptowertpapierregistern und seine Adresse sowie darüberhinausgehende personenbezogene Daten wie etwa Telefonnummern, Email-Adressen oder sonstige Kontaktdaten.[36]

Letztlich sind die vorgenannten Daten und Informationen nicht im jeweiligen elektronischen **33** Wertpapierregister enthalten, sie sind jedoch als **„Umfelddaten"** für den Betrieb des elektronischen Wertpapierregisters durch die registerführende Stelle erforderlich. Da es sich nicht um Registerangaben handelt, sind diese Daten auch nicht im jeweiligen elektronischen Wertpapierregister speicherbar und müssen somit außerhalb gespeichert werden. Die registerführende Stelle muss auch bei dieser externen Speicherung und weiterer Datenverarbeitung die Vorgaben des Datenschutzrechts einhalten. Insbesondere umfasst dies auch die Löschungspflicht für die zur Pseudonymisierung der Inhaber der Kryptowertpapiere genutzten Zuordnungsdaten.[37] Zugleich muss die externe Speicherung in einer Weise erfolgen, dass ein jederzeitiger Zugriff möglich ist, um einem Auskunftsverlangen entsprechen zu können.

Verpflichtete ist wie bei § 10 Abs. 1 und Abs. 2 eWpG erneut die jeweilige **registerführende** **34** **Stelle**, so dass auf die dortigen Ausführungen verwiesen werden kann.

Begünstigte sind alle Personen, die zunächst überhaupt ein **besonderes berechtigtes Inte-** **35** **resse** i. S. von § 10 Abs. 3 Satz 1 **Nr. 1** eWpG darlegen können. Grundsätzlich gilt im Hinblick auf das besondere berechtigte Interesse dasselbe wie im Zusammenhang mit dem berechtigten Interesse des § 10 Abs. 2 eWpG, außer dass nicht nur ein verständiges Auskunftsverlangen vorliegen muss, sondern darüber hinaus eine weitere Einschränkung des Kreises der Auskunftsberechtigten erfolgt. Im Grundsatz kann daher das berechtigte Interesse gemäß § 12 GBO die Basis bilden,[38] die vorliegend durch die Nr. 1–3 weiter konkretisiert wird. Das besondere berechtigte Interesse rechtfertigt sich im Binnenvergleich zu § 10 Abs. 2 eWpG dadurch, dass die Herausgabe von Daten von außerhalb des Registers im Zuge eines Auskunftsverlangens schwerer wiegt als die Einsichtnahme in Registerangaben.[39]

Kumulativ zum besonderen berechtigten Interesse muss die Erteilung der Auskunft **für** **36** **die Erfüllung des Interesses nach** § 10 Abs. 3 Satz 1 **Nr. 2** eWpG **erforderlich** sein. Die Nr. 2 läuft im Verhältnis zur Nr. 1 jedoch regelmäßig leer,[40] denn die Gesetzesbegründung

33) Vgl. Begr. RegE Gesetz zur Einführung von eWp, BT-Drucks. 19/26925, S. 52.
34) Begr. RegE Gesetz zur Einführung von eWp, BT-Drucks. 19/26925, S. 52.
35) Begr. RegE Gesetz zur Einführung von eWp, BT-Drucks. 19/26925, S. 52.
36) Begr. RegE Gesetz zur Einführung von eWp, BT-Drucks. 19/26925, S. 52.
37) Begr. RegE Gesetz zur Einführung von eWp, BT-Drucks. 19/26925, S. 52.
38) A. A. *Matzke*, Stellungnahme z. RefE eWpG, v. 23.7.2020, S. 36, abrufbar unter https://bundesfinanzministerium.de/Content/DE/Gesetzestexte/Gesetze_Gesetzesvorhaben/Abteilungen/Abteilung_VII/19_Legislaturperiode/2021-06-09-einfuehrung-elektronische-wertpapiere/0-Gesetz.html (Abrufdatum: 18.2.2023) – mit Verweis darauf, dass die GBO kein besonderes berechtigtes Interesse kennt.
39) Begr. RegE Gesetz zur Einführung von eWp, BT-Drucks. 19/26925, S. 52.
40) A. A. wohl Müller/Pieper-*Barth*, eWpG, § 10 Rz. 65.

zum Regierungsentwurf spricht davon, dass ein besonderes berechtigtes Interesse in der Regel vorliegt, wenn die personenbezogenen Daten zur Durchsetzung von Rechten erforderlich sind, bspw. für die Geltendmachung von Ansprüchen oder Rechten aus oder im Zusammenhang mit dem elektronischen Wertpapier im Verhältnis zwischen Inhaber, Berechtigtem, Emittenten und registerführender Stelle.[41]

37   Weiterhin ist es nach § 10 Abs. 3 Satz 1 **Nr. 3** eWpG ebenfalls **kumulativ erforderlich,** dass die Interessen des Inhabers am Schutz seiner personenbezogenen Daten das **Interesse desjenigen, der Auskunft verlangt,** nicht **überwiegen.** Bei Lichte besehen läuft dann allerdings auch die Nr. 3 völlig leer, da diese Güterabwägung der Rechtsprechung[42] nach bereits allgemein vom berechtigten Interesse erfasst ist und daher erst recht auch beim besonderen berechtigten Interesse Geltung erlangt.

38   Ein wie auch immer geartetes Zeugnis- oder Auskunftsverweigerungsrecht soll gegenüber den Begünstigten jedoch nicht bestehen.[43] Dies zeigt auf, dass auch bei § 10 Abs. 3 eWpG ein **gebundener Anspruch der Begünstigten** besteht, sofern alle tatbestandlichen Voraussetzungen vorliegen. Daher geht es innerhalb dieses Rahmens um eine Auskunftpflicht, nur jenseits dessen kann überhaupt von einem Registergeheimnis gesprochen werden.

39   Wie der **Vollzug der Auskunftserteilung** erfolgt, ist dem Gesetzeswortlaut nach völlig unklar, § 10 Abs. 3 eWpG bestimmt dies keineswegs.[44] Denkbar wäre etwa eine bloße Erteilung einer mündlichen oder schriftlichen Auskunft, die sinngemäß bzw. paraphrasierend auf die begehrten Daten oder Informationen verweist. Dass ein Auskunftsrecht nicht zwangsläufig auch das Recht auf Erhalt einer Kopie umfasst, wird etwa aus § 10a Abs. 1 Satz 1 HGB deutlich. Dazu konträr erläutert die Gesetzesbegründung zum Regierungsentwurf, dass der Begünstigte auch aktive Leistungen der registerführenden Stelle verlangen kann, etwa auch schriftliche Buchungsauszüge.[45] Offenbar muss hieraus gefolgert werden, dass zu sämtlichen Daten und Informationen, die tatsächlich einer Auskunftspflicht unterliegen, abbildende Nachweise in angemessener Form verlangt werden können. Das Verfahren und der damit ggf. verbundene Aufwendungsersatz sollte der privatautonomen Ausgestaltung vorbehalten sein, andererseits aber auch der Regelung in einer Rechtsverordnung nach den §§ 15, 23 eWpG unterliegen können.[46] Letzteres ist i. R. der eWpRV allerdings nicht erfolgt. Somit haben es die registerführenden Stellen leider in der Hand, das Verfahren und einen Aufwendungsersatz für die Auskunftserteilung derart unattraktiv zu gestalten, dass der Auskunftsanspruch faktisch weitestgehend vereitelt werden könnte. Es bleibt zu hoffen, dass hier vernünftige Lösungen gefunden werden.[47]

2.   Inhaber und besonderes berechtigtes Interesse (§ 10 Abs. 3 Satz 2 eWpG)

40   Nach § 10 Abs. 3 Satz 2 eWpG besteht für den **Inhaber** eines elektronischen Wertpapiers in Bezug auf ein für ihn eingetragenes Wertpapier **stets ein besonderes berechtigtes Interesse.**

41   Hierbei handelt es sich nur um eine **Klarstellung,** da es auf der Hand liegt, dass der Inhaber eines elektronischen Wertpapiers stets auch ein besonderes berechtigtes Interesse

---

41) Begr. RegE Gesetz zur Einführung von eWp, BT-Drucks. 19/26925, S. 52 f.
42) Vgl. BGH, Beschl. v. 7.3.2019 – V ZB 53/18, Rz. 18 f., NJW 2019, 2541 = WM 2019, 1410; OLG Düsseldorf, Beschl. v. 23.4.2020 – I-3 Wx 24/20, Rz. 13, RNotZ 2021, 171 = NotBZ 2021, 55.
43) Begr. RegE Gesetz zur Einführung von eWp, BT-Drucks. 19/26925, S. 52.
44) A. A. Begr. RegE Gesetz zur Einführung von eWp, BT-Drucks. 19/26925, S. 53.
45) Begr. RegE Gesetz zur Einführung von eWp, BT-Drucks. 19/26925, S. 53.
46) Begr. RegE Gesetz zur Einführung von eWp, BT-Drucks. 19/26925, S. 53.
47) Ähnlich Müller/Pieper-*Barth*, eWpG, § 10 Rz. 69.

hat. Unklar bleibt allerdings, warum nicht auch der Berechtigte in Satz 2 aufgeführt ist. Denn auch er hat ein evidentes besonderes berechtigtes Interesse am Erhalt auch von Daten und Informationen außerhalb des elektronischen Wertpapierregisters, da diese wertbildend für sein Recht aus dem Wertpapier sein können. In § 10 Abs. 2 eWpRV wurde dieses Versäumnis indes auf Verordnungsebene korrigiert.

V. Registereinsicht und Auskunftserteilung für bestimmte Behörden (§ 10 Abs. 4 eWpG)

§ 10 Abs. 4 eWpG regelt die **Registereinsicht und Auskunftserteilung für bestimmte Be-** 42
hörden. Der Absatz besteht aus zwei Sätzen. Nach § 10 Abs. 4 Satz 1 eWpG ist den zuständigen Aufsichts-, Ordnungs- und Strafverfolgungsbehörden gemäß § 10 Abs. 2 eWpG Einsicht in ein elektronisches Wertpapierregister zu gewähren und gemäß § 10 Abs. 3 eWpG Auskunft zu erteilen, soweit dies jeweils für die Erfüllung der gesetzlichen Aufgaben dieser Behörden erforderlich ist. Nach § 10 Abs. 4 Satz 2 eWpG hat die registerführende Stelle stets vom Vorliegen dieser Voraussetzungen auszugehen, wenn sie von den in § 34 Abs. 4 Satz 1 BMG genannten Behörden um Einsicht oder Auskunft ersucht wird.

Der § 10 Abs. 4 eWpG tauchte **erstmals im Regierungsentwurf** auf. In der Gesetzesbe- 43
gründung zum Regierungsentwurf trägt der Absatz jedoch keine offizielle Bezeichnung. Entstanden ist Absatz 4 durch Ausgliederung jeweils eines Satzes aus § 10 Abs. 2 und Abs. 3 eWpG in der Fassung des Referentenentwurfs, wonach zugunsten der zuständigen Aufsichts-, Ordnungs- und Strafverfolgungsbehörden, die in Erfüllung ihrer gesetzlichen Aufgaben handeln, jeweils vermutet werden sollte, dass ein (besonderes) berechtigtes Interesse besteht. Diese Vermutungsregelungen waren in dogmatischer Hinsicht kritisiert worden, da an und für sich nur Tatsachen Gegenstand von Vermutungen sein können, nicht aber Wertungen wie es vorliegend wohl zunächst der Fall war.[48]

1. Registereinsicht und Auskunftserteilung für bestimmte Behörden (§ 10 Abs. 4 Satz 1 eWpG)

Nach § 10 Abs. 4 Satz 1 eWpG ist den **zuständigen Aufsichts-, Ordnungs- und Straf-** 44
verfolgungsbehörden gemäß § 10 Abs. 2 eWpG **Einsicht** in ein elektronisches Wertpapierregister zu gewähren **und** gemäß Absatz 3 **Auskunft** zu erteilen, soweit dies jeweils für die Erfüllung der gesetzlichen Aufgaben dieser Behörden erforderlich ist.

Begünstigte sind **bestimmte jeweils zuständige Behörden.** Dies ist zum einen die **zustän-** 45
dige Aufsichtsbehörde, die für die Operabilität der elektronischen Wertpapierregister sorgen soll. Die Zuständigkeit der hauptsächlich maßgeblichen Aufsichtsbehörde bestimmt sich nach § 11 eWpG. Danach überwacht die BaFin als Aufsichtsbehörde die Führung eines elektronischen Wertpapierregisters nach dem eWpG. Der Plural „Aufsichtsbehörden" deutet indes an, dass ggf. auch noch andere Aufsichtsbehörden in Frage kommen. Bspw. kommen insoweit wegen maßgeblicher KWG-Erlaubnisse die Deutsche Bundesbank oder wegen etwaiger Geldwäsche-Implikationen die sämtlichen in § 50 GWG genannten Aufsichtsbehörden in Betracht. Zudem kommen auch völlig bereichsfremde Aufsichtsbehörden in Betracht, sofern ein irgendwie gearteter Konnex zu ihrer Aufgabenwahrnehmung besteht.

Die **zuständigen Ordnungsbehörden** bestimmen sich jeweils nach Landesrecht (Sicher- 46
heits- und Polizeigesetze bzw. Ordnungsgesetze, je nachdem ob im jeweiligen Bundesland

---

48) Vgl. DAV, Stellungnahme z. RefE eWpG, v. 23.9.2020, S. 22, abrufbar unter https://bundesfinanz-ministerium.de/Content/DE/Gesetzestexte/Gesetze_Gesetzesvorhaben/Abteilungen/Abteilung_VII/19_Legislaturperiode/2021-06-09-einfuehrung-elektronische-wertpapiere/0-Gesetz.html (Abrufdatum: 18.2.2023).

ein Trennungs- oder ein Einheitssystem vorliegt). Die **zuständigen Strafverfolgungsbehörden** setzen sich allgemein aus den Staatsanwaltschaften und den Polizeibehörden (in Deutschland die Landespolizeibehörden, die Bundespolizei und das Bundeskriminalamt), aber auch die Zollverwaltung sowie im Bereich des Abgabenrechts die Finanzverwaltung mit ihren Steuerfahndungsdienststellen zusammen.

47 **Verpflichtete** ist wie bei § 10 Abs. 1 bis 3 eWpG erneut die jeweilige **registerführende Stelle**, so dass auf die dortigen Ausführungen verwiesen werden kann. Dies ergibt sich zwar nicht direkt aus dem Wortlaut von § 10 Abs. 4 Satz 1 eWpG, jedoch sind zum einen nur die registerführenden Stellen zur Einsichtsgewährung und Auskunftserteilung in der Lage. Zum anderen folgt die Verpflichteteneigenschaft mittelbar aus dem Verweis auf § 10 Abs. 2 und Abs. 3 eWpG.

48 Die zuständigen Aufsichts-, Ordnungs- und Strafverfolgungsbehörden dürfen jedoch von Registereinsicht und Auskunftserteilung nicht schrankenlos Gebrauch machen, sondern nur soweit, wie dies **für die Erfüllung ihrer gesetzlichen Aufgaben erforderlich** ist. Dass Behörden einerseits nur i. R. ihrer Zuständigkeit handeln und andererseits lediglich erforderliche Maßnahmen treffen dürfen, versteht sich von selbst. Maßnahmen einer im Lichte der jeweiligen Aufgabenzuweisung unzuständigen Behörde sind vor den zuständigen Gerichten selbstverständlich angreifbar. Sind insbesondere Eingriffsmaßnahmen nicht erforderlich, liegt zudem (bei bewusstem Handeln) Willkür oder Rechtsmissbrauch vor. Das Tatbestandsmerkmal „erforderlich" stellt letztlich eine überflüssige Doppelung dar. Da die zuständigen Aufsichts-, Ordnungs- und Strafverfolgungsbehörden etwa Behörden i. S. des § 1 Nr. 1 VwVfG sein werden, ist ihre öffentlich-rechtliche Verwaltungstätigkeit an die Grundsätze für Verwaltungsverfahren gebunden. Möchte bspw. die BaFin als zuständige Aufsichtsbehörde eine Missstandsmaßnahme in Form eines Verwaltungsakts treffen, ist sie an die Ermessensgrenzen des § 40 VwVfG gebunden.[49] In diesem Zusammenhang würde es auch einen Ermessensfehler darstellen, sofern die konkrete Maßnahme nicht erforderlich wäre.

49 Den zuständigen Aufsichts-, Ordnungs- und Strafverfolgungsbehörden ist gemäß § 10 Abs. 2 eWpG Einsicht in ein elektronisches Wertpapierregister zu gewähren und gemäß § 10 Abs. 3 eWpG Auskunft zu erteilen. Dies bedeutet, dass die genannten Behörden **in gleichem Umfang Zugang zu Registerangaben und zu allen sonstigen Verhältnissen** haben **wie alle Personen mit (besonderem) berechtigtem Interesse** i. S. von § 10 Abs. 2 und Abs. 3 eWpG. Diese Gleichstellung bedeutet obzwar der Abschaffung der zunächst geplanten Vermutungsregelungen, dass die genannten Behörden nun qua gesetzlicher Anordnung ein (besonderes) berechtigtes Interesse aufweisen, wenn die begehrten Informationen für ihre Aufgabenwahrnehmung erforderlich sind.

50 Der Wortlaut von § 10 Abs. 4 Satz 1 eWpG „ist [...] zu gewähren und [...] ist zu erteilen" bedeutet einen **gebundenen Anspruch** der betreffenden Behörden. Allerdings weist Satz 1 **bei Lichte besehen lediglich einen deklaratorischen Charakter** auf. Denn sämtlichen einschlägigen Behörden dürfte entweder aufgrund von Spezialbefugnissen oder zumindest aufgrund einer Generalbefugnisnorm ohnehin die Möglichkeit eingeräumt sein, mit entsprechenden Anordnungen die Einsichtnahme und/oder Auskunftserteilung notfalls zwangsweise gegen die registerführenden Stellen durchzusetzen. Unklar bleibt in diesem Zusammenhang der Verweis in der Gesetzesbegründung zum Regierungsentwurf darauf, dass die Einsicht in das Register nach § 10 Abs. 2 eWpG nicht unter Richtervorbehalt steht, da es sich nur um die für alle Teilnehmer sichtbaren Angaben nach § 13 bzw. § 17 eWpG han-

---

49) Vgl. OVG Berlin-Brandenburg, Urt. v. 9.1.2020 – OVG 1 N 66.19, Rz. 10, BKR 2020, 419, 420; OLG Frankfurt/M., Beschl. v. 28.6.2012 – WpÜG 8/11, Rz. 22, BeckRS 2016, 17793; *Hippeli* in: BeckOK-WpHG, § 6 Rz. 49.

delt.[50] Dies könnte so gelesen werden, dass dann zumindest die Auskunftserteilung nach § 10 Abs. 3 eWpG unter einem Richtervorbehalt stünde. Doch kann z. B. die BaFin unzweifelhaft auch Informationen jenseits der Registerangaben von den registerführenden Stellen herausverlangen, wenn dies für ihre Aufsichtstätigkeit erforderlich ist. Einer richterlichen Anordnung bedarf es dabei nicht.

Der **Vollzug von Einsichtnahme und Auskunftserteilung** für die genannten Behörden 51 müsste aufgrund der insoweit eindeutigen Verweise auf § 10 Abs. 2 und Abs. 3 eWpG eigentlich gleichermaßen verlaufen wie dort für die hiernach Begünstigten. Stattdessen spricht die Gesetzesbegründung zum Regierungsentwurf im Zusammenhang mit § 10 Abs. 4 eWpG aber von gebotenen „Lesebefugnissen der Aufsichtsbehörden"[51]. Zumindest in Bezug auf die Auskunftserteilung wäre dies ein geringerer Gehalt als nach § 10 Abs. 3 eWpG, wo von der registerführenden Stelle auch aktive Leistungen wie etwa schriftliche Buchungsauszüge verlangt werden können. Allerdings kann sich diese Aussage womöglich auch nur auf das Einsichtsrecht nach § 10 Abs. 2 eWpG beziehen, so dass in diesem Fall doch keine Normendivergenz vorliegen würde.

2. Vermutung des Vorliegens der Voraussetzungen gemäß Satz 1 (§ 10 Abs. 4 Satz 2 eWpG)

Nach § 10 Abs. 4 Satz 2 eWpG hat die **registerführende Stelle stets vom Vorliegen dieser** 52 **Voraussetzungen auszugehen**, wenn sie von den in § 34 Abs. 4 Satz 1 BMG genannten Behörden um Einsicht oder Auskunft ersucht wird.

Mit § 10 Abs. 4 Satz 2 eWpG sollte sichergestellt werden, dass die registerführende Stelle 53 zumindest im Falle von Ersuchen der in § 34 Abs. 4 BMG genannten Behörden von der Prüfungslast befreit wird, so dass die **Prüfung der Erforderlichkeit der anfragenden Behörde obliegt**.[52]

Obwohl sich Vermutungslösungen innerhalb von § 10 eWpG bereits im Zuge des Refe- 54 rentenentwurfs als schwierig und konfliktbeladen herausgestellt hatten, wurde mit Satz 2 („hat [...] stets vom Vorliegen dieser Voraussetzungen auszugehen") erneut eine **Vermutung** geschaffen. Allerdings ist auch diese Vermutungslösung recht eindeutig missglückt.

§ 10 Abs. 4 Satz 2 eWpG ist schließlich gleich aus zwei Gründen heraus **dogmatisch ver-** 55 **fehlt**:

– Zum einen müssen Behörden aufgrund ihrer Bindung an Recht und Gesetz gemäß Art. 20 Abs. 3 GG ohnehin stets darauf achten, dass ihr Verwaltungshandeln rechtmäßig ist und insbesondere bei Eingriffsmaßnahmen etwa nach § 40 VwVfG die Verhältnismäßigkeit (und damit auch die Erforderlichkeit) der konkreten Maßnahme sicherstellen. Die registerführenden Stellen werden die Erforderlichkeit des Behördenhandelns aber ohnehin i. R. ihrer datenschutzrechtlichen Erwägungen prüfen müssen, da ansonsten insbesondere im Zusammenhang mit der Auskunftserteilung die Gefahr besteht, dass personenbezogene Daten unbefugt weitergegeben werden. Hiervon kann § 10 Abs. 4 Satz 2 eWpG schwerlich freizeichnen, insbesondere da es sich um Vorgaben der europäischen DSGVO[53] handelt, welche nicht durch nationale Rechtsvorschriften außer Kraft gesetzt werden können.

---

50) Begr. RegE Gesetz zur Einführung von eWp, BT-Drucks. 19/26925, S. 53.
51) Begr. RegE Gesetz zur Einführung von eWp, BT-Drucks. 19/26925, S. 53.
52) Begr. RegE Gesetz zur Einführung von eWp, BT-Drucks. 19/26925, S. 53.
53) Verordnung (EU) 2016/679 des Europäischen Parlaments und des Rates v. 27.4.2016 zum Schutz natürlicher Personen bei der Verarbeitung personenbezogener Daten, zum freien Datenverkehr und zur Aufhebung der Richtlinie 95/46/EG (Datenschutz-Grundverordnung – DSGVO), ABl. (EU) L 119/1 v. 4.5.2016.

– Zum anderen ist der Verweis auf § 34 Abs. 4 Satz 1 BMG regelrecht untauglich. Denn einerseits sind die zuständigen Aufsichtsbehörden wie etwa die BaFin dort gar nicht erfasst, andererseits enthält die Enumeration der Vorschrift auch Behörden wie Justiz-vollzugsbehörden, Verfassungsschutzbehörden des Bundes und der Länder, den Bundes-nachrichtendienst oder den Militärischen Abschirmdienst, die aber erkennbar nichts mit den zuständigen Aufsichts-, Ordnungs- und Strafverfolgungsbehörden i. S. von § 10 Abs. 4 eWpG zu tun haben. Nähme man § 10 Abs. 4 Satz 2 eWpG und die entspre-chende Passage in der Gesetzesbegründung zum Regierungsentwurf wörtlich, dann müssten die registerführenden Stellen nun Anfragen etwa der BaFin dahingehend über-prüfen, ob die jeweilige Anfrage für die Aufsichtstätigkeit der BaFin erforderlich ist, während bei Anfragen etwa der Staatsanwaltschaften demgegenüber § 10 Abs. 4 Satz 2 eWpG greift und eine Prüfung der Erforderlichkeit unterbleiben muss. Dies kann nicht richtig sein.[54] Der Verweis auf § 34 Abs. 4 Satz 1 BMG sollte daher durch eine Auf-zählung der zuständigen Aufsichts-, Ordnungs- und Strafverfolgungsbehörden gemäß § 10 Abs. 4 Satz 1 eWpG ersetzt werden.

VI. Protokollierungspflicht (§ 10 Abs. 5 eWpG)

56 § 10 Abs. 5 eWpG regelt die **Protokollierungspflicht der registerführenden Stelle in Bezug auf Einsichtsgewährung und Auskunftserteilung**. § 10 Abs. 5 eWpG besteht aus vier Sätzen:

– Nach § 10 Abs. 5 Satz 1 eWpG hat die registerführende Stelle über die von ihr nach den Absätzen 2 bis 4 gewährten Einsichten und erteilten Auskünfte ein Protokoll zu führen.

– Nach § 10 Abs. 5 Satz 2 eWpG bedarf es einer Protokollierung nicht bei Einsichtnahmen durch oder Auskunftserteilungen an einen Teilnehmer des Registers nach Absatz 1.

– Nach § 10 Abs. 5 Satz 3 eWpG ist den Teilnehmern des Registers auf Verlangen Aus-kunft aus diesem Protokoll zu den sie betreffenden Einsichtnahmen oder Auskunfts-erteilungen zu geben, es sei denn, die Bekanntgabe würde den Erfolg strafrechtlicher Ermittlungen oder die Aufgabenwahrnehmung einer in § 34 Abs. 4 Satz 1 BMG ge-nannten Behörde gefährden.

– Nach § 10 Abs. 5 Satz 4 eWpG sind Protokolleinträge nach Ablauf von zwei Jahren ab dem Eintragungsdatum zu vernichten.

57 § 10 Abs. 5 eWpG tauchte erstmals im Regierungsentwurf auf. Eine offizielle Bezeich-nung fehlt in der entsprechenden Gesetzesbegründung. Warum genau diese Ergänzung vor-genommen wurde, ist nicht erkennbar. Allerdings ist die **Protokollierung des Abrufs von Registerdaten** eigentlich **Standard** und scheint zuvor im Gesetzgebungsverfahren ledig-lich vergessen worden zu sein. Beispiele bilden etwa die Protokollierung des Abrufs von Daten aus dem Vereinsregister nach § 79 Abs. 2 Satz 1 Nr. 2 BGB i. V. m. § 36 VEV, die Protokollierung von Einsichten in Grundbücher und Grundakten sowie über die Ertei-lung von Abschriften aus Grundbüchern und Grundakten nach § 12 Abs. 4 Satz 1 GBO sowie vor allem die Protokollierung der Abrufe der Handelsregisterdaten nach § 9 HGB i. V. m. § 53 HRV. Wesentlich geht es bei diesen Protokollierungspflichten wahlweise um die Gewährleistung der Rechtmäßigkeit der Abrufe, um die Sicherung der ordnungsge-mäßen Datenverarbeitung oder um die Abrechnung der Kosten des Abrufs. Teilweise geht es aber auch um die Schärfung des Datenschutzes und vor allem i. R. der informationellen

---

54) So auch Müller/Pieper-*Barth*, eWpG, § 10 Rz. 76.

Selbstbestimmung um das Recht des Eigentümers/Inhabers, nachträglich von Einsichtnahmen Dritter Kenntnis zu erlangen.[55]

1. Protokollierungspflicht i. e. S. (§ 10 Abs. 5 Satz 1 eWpG)

Nach § 10 Abs. 5 Satz 1 eWpG hat die registerführende Stelle über die von ihr nach den **58** Absätzen 2 bis 4 gewährten Einsichten und erteilten Auskünfte ein **Protokoll** zu führen.

Genauere Angaben zum Inhalt des Protokolls enthalten § 10 Abs. 6 und Abs. 8 eWpRV. **59** Einerseits sind nach § 10 Abs. 6 eWpRV die nach § 10 Abs. 4 i. V. m. § 11 Abs. 2 eWpRV erhobenen Angaben in Bezug auf Identifizierungen mit in das Protokoll aufzunehmen. Andererseits zählt nach § 10 Abs. 8 eWpRV zum Pflichtinhalt des Protokolls:

- das Datum der Einsicht;

- die Bezeichnung der Einsicht nehmenden Person und ggf. die Bezeichnung der von dieser vertretenen Person oder Stelle;

- die Rechtsgrundlage der Einsicht;

- Angaben über den Umfang der Einsichtsgewährung; und

- eine Beschreibung des der Einsicht zugrunde liegenden berechtigten Interesses.

Verpflichtete der Protokollierungspflicht („hat [...] Protokoll zu führen") ist die jeweilige **60** **registerführende Stelle.** Genaueres kann aus der Kommentierung zu § 10 Abs. 1 eWpG entnommen werden.

2. Ausnahmen von der Protokollierungspflicht (§ 10 Abs. 5 Satz 2 eWpG)

Nach § 10 Abs. 5 Satz 2 eWpG bedarf es einer **Protokollierung nicht bei** Einsichtnahmen **61** durch oder Auskunftserteilungen an einen **Teilnehmer des Registers nach Absatz 1.**

§ 10 Abs. 5 Satz 2 eWpG weist einen **rein klarstellenden Charakter auf** und hätte genauso **62** gut auch nicht geregelt werden können. Denn aus dem Verweis nur auf die Absätze 2 bis 4 in Satz 1 wird bereits hinreichend deutlich, dass es nicht um die Protokollierung von Einsichtnahmen gemäß § 10 Abs. 1 eWpG gehen kann.

Jedoch ist dann auch der **Wortlaut** des Satz 2 **missglückt.** So ist nicht hinreichend klar, **63** was über Einsichtnahmen durch Teilnehmer (nach § 10 Abs. 1 eWpG) hinaus mit „Auskunftserteilungen an einen Teilnehmer des Registers nach Absatz 1" gemeint sein soll. In § 10 Abs. 1 eWpG geht es schließlich nur um das Einsichtsrecht von Teilnehmern, ein Auskunftsrecht von Teilnehmern ist dort nicht geregelt. Sofern sich der Verweis auf § 10 Abs. 1 eWpG indes nur auf den Teilnehmerbegriff beziehen sollte, so wäre § 10 Abs. 5 Satz 2 eWpG auch nach dieser Lesart zumindest unglücklich formuliert. Denn dann würde auf das Auskunftsrecht nach Absatz 3 rekurriert, bei welchem auch ein Teilnehmer i. S. des Absatz 1 ein besonderes berechtigtes Interesse haben kann. Jedoch würde insoweit die innere Systematik von § 10 Abs. 5 Satz 1 und Satz 2 eWpG durchbrochen, wenn Satz 1 erst eine apodiktische Protokollierungspflicht auch für Auskünfte nach § 10 Abs. 3 eWpG anordnet, die sodann in Satz 2 wieder aufgeweicht würde. So oder so ist § 10 Abs. 5 Satz 2 eWpG – gleich nach welcher Lesart – nicht unmittelbar eingängig. Eine nachträgliche Streichung des Satzes wäre der Rechtsklarheit dienlich.

---

55) Begr RegE Gesetz zur Einführung eines Datenbankgrundbuchs, BT-Drucks. 17/12635, S. 18; Meikel-*Meikel*, GBO, § 12 Rz. 87; *Keller* in: Keller/Munzig, Grundbuchrecht, § 12 Rz. 18.

3. Protokollauskunft (§ 10 Abs. 5 Satz 3 eWpG)

64 Nach § 10 Abs. 5 Satz 3 eWpG ist den **Teilnehmern des Registers** auf Verlangen **Auskunft aus diesem Protokoll** zu den sie betreffenden Einsichtnahmen oder Auskunftserteilungen zu geben, es sei denn, die Bekanntgabe würde den Erfolg strafrechtlicher Ermittlungen oder die Aufgabenwahrnehmung einer in § 34 Abs. 4 Satz 1 BMG genannten Behörde gefährden.

65 § 10 Abs. 5 Satz 3 eWpG macht als Zuspitzung (wie schon im Ansatz aus Abs. 5 Satz 1 und Satz 2) deutlich, dass die **Protokollierungspflicht den Teilnehmern** des elektronischen Wertpapierregisters i. S. des § 10 Abs. 1 eWpG **dient**. Diese Teilnehmer sollen auf ihren Wunsch hin hinsichtlich der sie betreffenden erfolgten Einsichten und erteilten Auskünfte durch die registerführende Stelle Auskunft erhalten.[56] Damit liegt § 10 Abs. 5 eWpG insgesamt erkennbar der gleiche Regelungsgedanke wie § 12 Abs. 4 Satz 1 GBO zugrunde, nämlich die Kontrolle des Informationsflusses nach außen durch den Rechteinhaber i. R. der grundrechtlich geschützten informationellen Selbstbestimmung.

66 Der einschränkende Zusatz „es sei denn, die Bekanntgabe würde den Erfolg strafrechtlicher Ermittlungen oder die Aufgabenwahrnehmung einer in § 34 Abs. 4 Satz 1 BMG genannten Behörde gefährden" legt der registerführenden Stelle eine **Prüfungspflicht** dahingehend auf, **ob dem eine Protokollauskunft begehrenden Teilnehmer** eines elektronischen Wertpapierregisters ausnahmsweise **doch keine Auskunft erteilt werden darf**. Jedoch beschränkt sich dies auf die doch eher seltenen Protokolleintragungen in Bezug auf Einsichtnahmen durch/Auskünfte an die zuständigen Aufsichts-, Ordnungs- und Strafverfolgungsbehörden gemäß § 10 Abs. 4 eWpG. Höchst fraglich ist jedoch, wie die registerführenden Stellen beurteilen sollen, ob eine Bekanntgabe i. R. einer Protokollauskunft den Erfolg strafrechtlicher Ermittlungen oder die Aufgabenwahrnehmung einer in § 34 Abs. 4 Satz 1 BMG genannten Behörde gefährden kann. Sofern etwa eine Staatsanwaltschaft Einsicht in ein elektronisches Wertpapierregister genommen hat und der betroffene Teilnehmer kurze oder einige Zeit hiernach eine Protokollauskunft zu den Einsichtnahmen wünscht, kann die registerführende Stelle schlecht prognostizieren, ob die Mitteilung an den Teilnehmer über die Einsichtnahme durch die Staatsanwaltschaft die strafrechtlichen Ermittlungen gefährdet. Das Problem wird sich wohl nur dadurch lösen lassen, dass etwa eine um Einsichtnahme anfragende Staatsanwaltschaft in dieser Anfrage zugleich um eine Art „Sperrvermerk" im Hinblick auf die Protokollauskunft über ihre Einsichtnahme ersucht.

4. Vernichtung der Protokolleinträge (§ 10 Abs. 5 Satz 4 eWpG)

67 Nach § 10 Abs. 5 Satz 4 eWpG sind **Protokolleinträge nach Ablauf von zwei Jahren** ab dem Eintragungsdatum **zu vernichten**.

68 **Verpflichtet** zur Vernichtung der Protokolleinträge sind die registerführenden Stellen, da sie auch das Protokoll führen und dementsprechend die personenbezogenen Daten in Form der Protokolleinträge mit Hinweis auf diejenigen Personen, die Einsicht genommen und an die Auskünfte erteilt wurden, vorrätig halten.

69 Die **Vernichtungspflicht folgt aus allgemeinen datenschutzrechtlichen Grundsätzen**. Danach dürfen personenbezogene Daten nicht länger gespeichert werden, als sie für den jeweiligen Verarbeitungszweck benötigt werden, danach kann die unverzügliche Löschung verlangt werden (Art. 17 Abs. 1 lit. a DSGVO und §§ 47 Nr. 5, 58 BDSG). Es obliegt dem Gesetzgeber, den zeitlichen Rahmen zu bestimmen, nach dem jedenfalls nicht mehr davon auszugehen ist, dass die personenbezogenen Daten noch benötigt werden. Vorliegend hat sich der Gesetzgeber dafür entschieden, wie auch bei der Protokollierung von Grundbuchabrufen nach § 12 Abs. 4 Satz 3 GBO einen Ablaufzeitraum von zwei Jahren zu wählen.

---

56) Begr. RegE Gesetz zur Einführung von eWp, BT-Drucks. 19/26925, S. 53.

Die **Umsetzung der Vernichtungspflicht** erfolgt durch eine Löschung der Protokolle, 70
wobei dies so ablaufen muss, dass eine nachträgliche Rekonstruktion der Protokolldaten
unmöglich ist.[57]

Zeitlich betrachtet hat die Vernichtung der Protokolleinträge **nach Ablauf von zwei** 71
Jahren ab dem Eintragungsdatum zu erfolgen. Da es keinerlei Hinweis auf die Geltung
der allgemeinen Fristenregelungen etwa der §§ 186 ff. BGB oder der §§ 221 ff. ZPO gibt,
muss die Fristenberechnung wohl nach dem natürlichen Wortsinn erfolgen. Erfolgt bspw.
ein Protokolleintrag am 1.1.2023, kommt eine automatisierte Vernichtung am 1.1.2025 in
Betracht.

---

57) Vgl. *Wilsch* in: BeckOK-GBO, § 12 Rz. 32; *Böhringer*, Rpfleger 2014, 401, 403.

§ 11
Aufsicht

**Die Bundesanstalt für Finanzdienstleistungsaufsicht überwacht als Aufsichtsbehörde
die Führung eines elektronischen Wertpapierregisters nach diesem Gesetz.**

Literatur: *Casper*, Elektronische Schuldverschreibung: Es ist Zeit für einen grundlegenden gesetzlichen Neustart, BKR 2019, 209; *Dechent*, Bundesanstalt für Finanzmarktstabilisierung – Unab-
hängige Behörden in der Bankenaufsicht?, NVwZ 2015, 767; *Franz*, Die Staatsaufsicht über die
Kommunen, JuS 2004, 937; *Heppekausen*, Blockchain, Wertpapierprospektrecht und das übrige
Aufsichtsrecht, BKR 2020, 10; *Litten*, Das eWpG im Kontext der Digitalisierung der Kapitalmärkte, BB 2021, 1223; *Preuße/Wöckener/Gillenkirch*, Der Gesetzesentwurf zur Einführung elektronischer Wertpapiere: Überblick und Bewertung der zukünftigen Rechtslage mit Blick auf die
Rechtsordnungen in Frankreich und Luxemburg BKR 2020, 551; *Wieneke/Kunz*, Das Gesetz
zur Einführung von elektronischen Wertpapieren: Der Regierungsentwurf, NZG 2021, 316.

Übersicht

I.   Allgemeines

§ 11 eWpG regelt die **Aufsicht über die Führung der elektronischen Wertpapierregister.** 1
Dies ist dadurch erforderlich, als dass die registerführenden Stellen im Vergleich zu anderen Registern (ausnahmsweise) private Rechtssubjekte sind, die nicht unkontrolliert sys-
temisch wichtige Aufgaben im Kapitalmarkt wahrnehmen sollen. Ansonsten würden erhebliche Marktverzerrungen drohen. Zudem gilt es, eine einheitliche Rechtsanwendung durch
die verschiedenen registerführenden Stellen sicherzustellen.

Interessant ist allerdings, dass die bis dato übliche **Sammelverwahrung über Globalur-** 2
kunden i. S. der §§ 5 ff. DepotG demgegenüber **keiner konkreten Aufsicht unterstellt**
ist, sondern die depotrechtlichen Verwahrer bzw. die Wertpapiersammelbank Clearstream
Banking AG lediglich über ihre Erlaubnis/Zulassung durch die BaFin i. S. des § 32 Abs. 1
KWG bzw. von Art. 16 Abs. 1 CSDR i. V. m. § 32 Abs. 1, Abs. 1c und Abs. 1d KWG
institutionell reguliert sind. Von Anfang an war allerdings klar, dass die elektronischen

Wertpapierregister demgegenüber zusätzlich einer unmittelbaren oder mittelbaren staatlichen Aufsicht unterstellt werden sollen.[1]

3   § 11 eWpG enthielt während des Gesetzgebungsverfahrens **noch bis einschließlich des Regierungsentwurfs zwei Absätze**, die beide unisono regelten, dass die BaFin die zuständige Aufsichtsbehörde ist. Erst im Zuge der Beschlussempfehlung und des Berichts des Finanzausschusses fiel dieses Redaktionsversehen[2] auf, woraufhin der zweite Absatz gestrichen wurde.

II.   Konkrete Regelung

4   Nach § 11 eWpG **überwacht die BaFin** als Aufsichtsbehörde die **Führung eines elektronischen Wertpapierregisters** nach dem eWpG. Die Zuständigkeit der BaFin ist schon deswegen konsequent, als dass die BaFin bereits für die Zulassung der registerführenden Stellen zuständig ist.[3] Aber auch die wahrscheinliche andauernde Regulierung durch die BaFin im Zuge delegierter Rechtsverordnungen gemäß der §§ 15 Abs. 2, 23 Abs. 2 eWpG passt in diesen Kontext.[4] In der Literatur[5] wurde schon frühzeitig gefordert, dass die elektronischen Wertpapierregister von der BaFin beaufsichtigt werden sollen.

5   § 11 eWpG regelt allgemein die Zuständigkeit der Aufsichtsbehörde nach dem eWpG, wobei spezielle Zuständigkeiten zum Teil gesondert geregelt sind.[6] Das Führen eines zentralen Registers sowie eines Kryptowertpapierregisters sollte generell unter **Aufsicht** gestellt werden, um dem **Anlegerschutz sowie** der **Integrität, Transparenz und der Sicherstellung der Funktionsfähigkeit des Finanzmarktes** Rechnung zu tragen.[7]

6   Die allgemeine Zuständigkeit zur Aufsicht **erstreckt sich zunächst auf die Führung beider elektronischen Wertpapierregister**: Zum einen auf die Aufsicht über die Führung des zentralen Registers nach § 12 eWpG und zum anderen auf die Aufsicht über die Führung der Kryptowertpapierregister nach § 16 eWpG.[8] Eine generelle Zuständigkeit der BaFin unter dem eWpG-Regime erscheint durch den Verweis in den Gesetzesmaterialien ausschließlich auf die §§ 12, 16, 7 ff. und § 31 Abs. 4 eWpG i. V. m. § 36 Abs. 1 Nr. 1 eWpG ausgeschlossen.[9]

7   Unklar bleibt aber, ob die BaFin im Anwendungsbereich des eWpG nicht gleichwohl **auf Basis von anderen Befugnisnormen** tätig werden könnte. Ein Tätigwerden i. S. der Missstandsaufsicht nach § 6 Abs. 1 WpHG dürfte dabei jedenfalls ausgeschlossen sein. Denn das eWpG erfasst letztlich sachlich keinen Wertpapierhandel. Jedoch dürfte zumindest ein Tätigwerden i. S. des § 4 Abs. 1a FinDAG möglich sein, sofern kollektive Verbraucherinteressen durch einen entsprechenden Missstand bedroht sind. Zwar enthält § 4 Abs. 1a FinDAG eine Liste mit potenziellen Adressaten einer Missstandsanordnung. Diese Liste ist aber recht offen gestaltet, da auch „Institute und andere Unternehmen" erfasst sind, die „nach anderen Gesetzen beaufsichtigt werden" als den dort ausdrücklich genannten Gesetzen. Damit ist

---

1)   Vgl. BMF/BMJV, Eckpunkte für die regulatorische Behandlung von elektronischen Wertpapieren und Krypto-Token, v. 7.3.2019, abrufbar unter https://www.bundesfinanzministerium.de/Content/DE/Gesetzestexte/Gesetze_Gesetzesvorhaben/Abteilungen/Abteilung_VII/19_Legislaturperiode/2019-03-07-Eckpunktepapier-Wertpapiere-Krypto-Token/0-Gesetz.html (Abrufdatum: 18.2.2023).

2)   Beschlussempfehlung und Bericht d. FA z. Gesetz zur Einführung von eWp, BT-Drucks. 19/29372, S. 56.

3)   Vgl. *Preuße/Wöckener/Gillenkirch*, BKR 2020, 551, 556; *Litten*, BB 2021, 1223, 1227.

4)   Vgl. *Wieneke/Kunz*, NZG 2021, 316, 320.

5)   *Casper*, BKR 2019, 209, 215; mittelbar auch *Heppekausen*, BKR 2020, 10, 13 f.

6)   Begr. RegE Gesetz zur Einführung von eWp, BT-Drucks. 19/26925, S. 53.

7)   Begr. RegE Gesetz zur Einführung von eWp, BT-Drucks. 19/26925, S. 53.

8)   BaFin, Jahresbericht 2020, S. 119, abrufbar unter https://www.bafin.de/SharedDocs/Downloads/DE/Jahresbericht/dl_jb_2020.html (Abrufdatum: 18.2.2023).

9)   Begr. RegE Gesetz zur Einführung von eWp, BT-Drucks. 19/26925, S. 53.

das eWpG für derartige Anordnungen nach § 4 Abs. 1a FinDAG wohl nicht gesperrt, so dass ein Hineinwirken zumindest der FinDAG-Aufsicht der BaFin in das eWpG möglich erscheint.

Streng genommen hat die Aufsicht nach § 11 eWpG nichts mit der weiteren Aufsicht der   8 BaFin bloß im Umfeld des eWpG – also mit den prospektrechtlichen Pflichten nach der Prospekt-VO/dem WpPG sowie dem Kryptoverwahrgeschäft bzw. der Emission von Kryptowertpapieren nach dem KWG zu tun, doch liegt natürlich ein gewisser Verschränkungsbereich vor.[10]

Vom **Umfang** her umfasst die BaFin-Aufsicht insbesondere auch die Aufsicht über die Ein-   9 haltung der in den §§ 7 ff. eWpG geregelten Anforderungen.[11] Dies dürfte als **reine Rechts-aufsicht**, also als Staatsaufsicht durch Überprüfung der Rechtmäßigkeit, aber gerade nicht auch der Zweckmäßigkeit des Handels des Aufsichtsobjekts,[12] zu verstehen sein. Insbesondere würde eine zusätzliche Zweckmäßigkeitsüberprüfung auch vor demjenigen Hintergrund wenig Sinn machen, als dass den registerführenden Stellen nur wenig Ermessen dahingehend eingeräumt ist, wie ihre Registerführung erfolgt. Größtenteils sehen die §§ 7 ff. eWpG nämlich gebundene Ansprüche Dritter gegen die registerführenden Stellen vor.

Wider Erwarten hat die eWpRV keine allzu engmaschigen Vorgaben gesetzt, damit den   10 registerführenden Stellen ein ordentliches Maß an Autonomie belassen. Der insoweit bestehende Handlungsspielraum der registerführenden Stellen sollte an und für sich zusätzlich zur Rechtsaufsicht durch Fachaufsicht kontrolliert werden.

Die BaFin kontrolliert die registerführenden Stellen jedoch nicht nur in Bezug auf recht-   11 mäßiges Verhalten auf Basis der rechtlichen Vorgaben durch Gesetz oder Rechtsverordnung. Im Falle entsprechender **schuldhafter Pflichtverstöße ahndet die BaFin diese zu-gleich auch als Ordnungswidrigkeit** i. S. von § 31 eWpG. Insoweit wird durch § 31 Abs. 4 eWpG nochmals klargestellt, dass die BaFin als Aufsichtsbehörde zugleich auch die zuständige Verwaltungsbehörde i. S. des § 36 Abs. 1 Nr. 1 OWiG ist.

---

10) Vgl. Müller/Pieper-*Kell*, eWpG, § 11 Rz. 3 ff.
11) Begr. RegE Gesetz zur Einführung von eWp, BT-Drucks. 19/26925, S. 53.
12) Vgl. *Kumpan* in: Kapitalmarktrechts-Kommentar, § 3 BörsG Rz. 10; *Franz*, JuS 2004, 937; *Dechent*, NVwZ 2015, 767, 768.

Abschnitt 2
Zentrale Register

§ 12
Zentrale Register

(1) Zentrale Register dienen der zentralen Eintragung und Publizität von Zentralregisterwertpapieren gemäß den nachfolgenden Bestimmungen.

(2) Zentrale Register können geführt werden von

1. Wertpapiersammelbanken oder

2. einem Verwahrer, sofern der Emittent diesen ausdrücklich und in Textform dazu ermächtigt.

(3) Ein Zentralregisterwertpapier, das in ein durch eine Wertpapiersammelbank geführtes Register eingetragen wird und als dessen Inhaber eine Wertpapiersammelbank eingetragen wird, wird zur Abwicklung im Effektengiro bei einer Wertpapiersammelbank erfasst.

(4) Die registerführende Stelle hat der Aufsichtsbehörde die Einrichtung eines zentralen Registers vor Aufnahme der Eintragungstätigkeit anzuzeigen.

Literatur: *Aufderheide*, Dezentrale Autonome Organisationen (DAO) – Smart Contracts aus der Perspektive des Gesellschaftsrechts, WM 2022, 264; *Bartlitz*, Die Begebung elektronischer Wertpapiere, NJW 2022, 1981; *Blassl*, Kryptowertpapierregister – Rechtspflichten von Registerführern und Emittenten, AG 2022, 725; *Casper*, Elektronische Schuldverschreibung – es ist Zeit für einen grundlegenden gesetzlichen Neustart, ZBK 2019, 209; *Casper/Ludwig*, Die elektronische Schuldverschreibung – eine Sache?, ZBB 2022, 65; *Döding/Wentz*, Der Referentenentwurf zur Einführung von elektronischen Wertpapieren und Kryptowertpapieren, WM 2020, 2312; *Dubovitskaya*, Gesetzentwurf zur Einführung von elektronischen Wertpapieren – ein zaghafter Schritt nach vorn, ZIP 2020, 2551; *Eichholz*, Das Genfer Wertpapierübereinkommen, WM 2013, 250; *Guntermann*, Die elektronische Aktie und das eWpG, AG 2021, 449; *Kleinert/Mayer*, Der deutsche Weg zum elektronischen Wertpapier, EuZW 2020, 1059; *Kronke*, Das Genfer UNIDROIT-Übereinkommen und die Reform des deutschen Depotrechts, WM 2010, 1625; *Kusserow*, Elektronische Schuldverschreibungen und Blockchain-Anleihen in geltendem Recht, WM 2020, 586; *Lahusen*, Das Sachenrecht der elektronischen Wertpapiere, RDi 2021, 161; *Lehmann*, Das Gesetz zur Einführung von elektronischen Wertpapieren, NJW 2021, 2318; *Lehmann*, Zeitenwende im Wertpapierrecht, BKR 2020, 431; *Lenz/Joachimsthaler*, Das Gesetz über elektronische Wertpapiere – Beginnt jetzt die Zukunft?, DB 2021, 1384; *Linardatos*, Elektronische Schuldverschreibungen auf den Inhaber – des Wertpapiers neue Kleider, ZBB 2020, 329; *Litten*, Das eWpG im Kontext der Digitalisierung der Kapitalmärkte, BB 2021, 1223; *Meier*, Elektronische Wertpapiere in der Zwangsvollstreckung, MMR 2021, 381; *Meier*, Übertragung von elektronischen Wertpapieren nach dem eWpG-E, RDi 2021, 1; *Mittwoch*, Der Entwurf eines Gesetzes zur Einführung elektronischer Wertpapiere – ein Quantensprung für das Zivil- und Finanzmarktrecht?, WM 2021, 375; *Mülbert*, Vom Ende allen sachenrechtlichen Denkens durch UNIDROIT und die EU, ZBB 2010, 445; *Omlor*, Elektronische Wertpapiere nach dem eWpG, RDi 2021, 371; *Omlor*, Re- statt Dematerialisierung des Sachenrechts, RDi 2021, 236; *Patz*, Überblick über die Regulierung von Kryptowerten und Kryptowertedienstleistern, BKR 2021, 725; *Preuße/Wöckener/Gillenkirch*, Das Gesetz zur Einführung elektronischer Wertpapiere, BKR 2021, 460; *Preuße/Wöckener/Gillenkirch*, Der Gesetzesentwurf zur Einführung elektronischer Wertpapiere, BKR 2020, 551; *Saive*, Einführung elektronischer Wertpapiere, ZRP 2020, 219; *Seeger/Kreutzmann*, Die neue

Kryptofondsanteilsverordnung (KryptoFAV), RDi 2022, 425; *Segna*, Elektronische Wertpapiere im zentralen Register, WM 2020, 2301; *Siadat*, Verordnung über die Anforderungen an elektronische Wertpapierregister (eWpRV), RDi 2021, 466; *Sickinger/Thelen*, Anleihen und Genussscheine auf der Blockchain, AG 2020, 862; *Wienecke/Kunz*, Das Gesetz zur Einführung von elektronischen Wertpapieren – Der Regierungsentwurf, NZG 2021, 316; *Zöllner*, Die Zurückdrängung des Verkörperungselements bei den Wertpapieren, in: Festschrift für Ludwig Raiser, 1974, S. 249.

Übersicht

I. Überblick[1]

Das eWpG ermöglicht die Errichtung von elektronischen Wertpapierregistern entweder in **1** Form von zentralen Wertpapierregistern (§ 4 Abs. 1 Nr. 1 eWpG) oder als Kryptowertpapierregister (§ 4 Abs. 1 Nr. 2 eWpG). Während die §§ 1–11 eWpG für beide Registerarten gelten, finden die Regelungen des § 12 eWpG – so wie auch die weiteren Vorschriften des Abschnitts 2 – lediglich auf **zentrale Wertpapierregister** Anwendung.

Nach der Regelung des Absatz 1 dienen zentrale Wertpapierregister der **zentralen Ein** **2** **tragung** und der **Publizität** von Zentralregisterwertpapieren (siehe unten Rz. 71 ff. bzw. Rz. 90 ff.).

Registerführer eines zentralen Wertpapierregisters können entweder Wertpapiersammel **3** banken (gemäß § 4 Abs. 5 eWpG) oder aber Verwahrer (gemäß § 4 Abs. 6 eWpG) sein (§ 12 Abs. 2 eWpG); siehe unten Rz. 120 ff.

Sollen in einem zentralen Wertpapierregister eingetragene Wertpapiere jedoch zur **Abwick** **4** **lung im Effektengiro** erfasst werden, so kommt als registerführende Stelle lediglich eine Wertpapiersammelbank in Betracht. Weitere Voraussetzung für die Abwicklung im Effektengiro ist, dass die Wertpapiersammelbank auch als Inhaberin der Zentralregisterwertpapiere im zentralen Wertpapierregister eingetragen ist (§ 12 Abs. 3 eWpG); siehe unten Rz. 128 ff.

Schließlich besteht eine **Anzeigepflicht** der registerführenden Stelle gegenüber der BaFin **5** als der gemäß § 11 eWpG zuständigen Aufsichtsbehörde, wonach die Einrichtung eines zentralen Registers vor Aufnahme der Eintragungstätigkeit anzuzeigen ist (§ 12 Abs. 4 eWpG); siehe unten Rz. 135 ff.

II. Entwicklung der Vorschrift

Bereits das gemeinsame **Eckpunktepapier** von BMF und BMJV vom 7.3.2019 über die „re **6** gulatorische Behandlung von elektronischen Wertpapieren und Krypto-Token"[2] enthielt erste konzeptionelle Grundlagen über die Einführung von elektronischen Wertpapierregistern einschließlich der Beteiligung von Wertpapiersammelbanken bei der Einbeziehung von elektronischen Wertpapieren in das Effektengiro. Gesetzliche Regelungsentwürfe waren naturgemäß nicht Gegenstand des Eckpunktepapiers.[3]

---

1) Diese Kommentierung gibt die persönliche Meinung des Autors wieder und entspricht nicht notwendigerweise der Auffassung der Deutschen Bundesbank. Mein besonderer Dank gilt *Herrn Dr. Christoph Keller* und *Herrn Olaf Christmann* für die fortwährende Bereitschaft zur Diskussion, auf die ich mich immer noch verlassen darf.

2) BMF und BMJV, Eckpunkte für die regulatorische Behandlung von elektronischen Wertpapieren und Krypto-Token, 7.3.2019, abrufbar unter https://www.bundesfinanzministerium.de/Content/DE/Gesetzestexte/Gesetze_Gesetzesvorhaben/Abteilungen/Abteilung_VII/19_Legislaturperiode/2019-03-07-Eckpunktepapier-Wertpapiere-Krypto-Token/0-Gesetz.html (Abrufdatum: 22.2.2023).

3) Zum Eckpunktepapier ausführlich *Casper*, ZBK 2019, 209.

7 Während der Wortlaut des § 12 Abs. 1 eWpG im Gesetzgebungsverfahren unangetastet blieb und in der **Fassung des Referentenentwurfs unverändert Gesetz** wurde, erfuhren einige der daneben in § 12 eWpG enthaltenen Regelungen im Gesetzgebungsverfahren grundlegende Änderungen, wodurch sich auch beträchtliche Folgewirkungen auf weitere Vorschriften des eWpG ergaben.[4]

8 So sah **§ 12 Abs. 2** RefE eWpG zunächst vor, dass registerführende Stellen lediglich Wertpapiersammelbanken sein konnten und Verwahrern die Führung eines zentralen Wertpapierregisters verwehrt blieb. Dies wurde vielfach als Verstärkung der Monopolstellung der einzigen deutschen Wertpapiersammelbank, der Clearstream Banking AG, wahrgenommen.[5] Im Regierungsentwurf wurde daher die Exklusivität zugunsten der Wertpapiersammelbank aufgegeben und **Verwahrern** i. S. des § 4 Abs. 6 eWpG (d. h. den Inhabern einer KWG-Erlaubnis zum Betreiben des Depotgeschäfts im Inland) **die Möglichkeit zur Führung eines zentralen Wertpapierregisters eröffnet.**[6] Damit steht die Verwahrform der in § 5 Abs. 1 Satz 2 DepotG geregelten **„Haussammelverwahrung"** auch für Zentralregisterwertpapiere weiterhin zur Verfügung.[7]

9 Mit Blick auf die gemäß **§ 12 Abs. 3** eWpG fortbestehende Unverzichtbarkeit der Wertpapiersammelbank bei der Erfassung von Zentralregisterwertpapieren zur Abwicklung im **Effektengiro** erscheint die gefundene Rollenverteilung angemessen, wenngleich zuzugeben ist, dass der eingeschränkte Anwendungsbereich der „Haussammelverwahrung"[8] im Vergleich zur verbreiteten Einbeziehung ins Effektengiro (siehe dazu unten Rz. 128 ff.) an der hervorgehobenen Stellung der Wertpapiersammelbank wenig zu ändern vermag.[9] Dies ist allerdings mit Blick auf die „Vertrauensstellung"[10] der Wertpapiersammelbank und aufgrund des umfassenden regulatorischen Regimes aufgrund der Zentralverwahrerverordnung[11] (Central Securities Depositories Regulation – CSDR) in der Sache auch gerechtfertigt (siehe dazu Rz. 128 ff.).

10 Aufgrund der Änderungen des § 12 Abs. 2 eWpG waren Folgeänderungen in § 12 **Abs. 3** eWpG erforderlich, um die in Absatz 2 erfolgte Erweiterung des Anwendungsbereiches auf Verwahrer für den Fall der Einbeziehung ins Effektengiro wieder auf solche zentralen Wertpapierregister zu beschränken, welche von Wertpapiersammelbanken geführt werden.

11 Die **Anzeigepflicht** des § 12 Abs. 4 eWpG war im Referentenentwurf noch nicht enthalten und wurde erst im Regierungsentwurf eingefügt.

---

4) Zusammen mit der Ausweitung der Registerführung von zentralen Wertpapierregistern auf Verwahrer wurde die in § 8 Abs. 1 eWpG geregelte Form der Einzeleintragung auf zentrale Wertpapierregister erstreckt, welche zuvor lediglich für Kryptowertpapierregister möglich war. Dadurch wurden u. a. die Vorschriften der §§ 24 ff. eWpG auch auf Zentralregisterwertpapiere anwendbar; dazu auch *Preuße/Wöckener/Gillenkirch*, BKR 2021, 460, 463.

5) *Lenz/Joachimsthaler*, DB 2021, 1384, 1387; *Mittwoch*, WM 2021, 375, 382 m. w. N.

6) *Preuße/Wöckener/Gillenkirch*, BKR 2021, 460, 463.

7) Müller/Pieper-*Pieper*, eWpG, § 12 Rz. 11.

8) Instruktiv zu den wirtschaftlichen Hintergründen der Haussammelverwahrung *Linardatos*, ZBB 2020, 329, 336.

9) Zum Veränderungspotential im Bereich der Kryptowertpapierregister s. *Mittwoch*, WM 2021, 375, 382.

10) Begr. RegE Gesetz zur Einführung von eWp, BT-Drucks. 19/26925, S. 54.

11) Verordnung (EU) Nr. 909/2014 des Europäischen Parlaments und des Rates v. 23.7.2014 zur Verbesserung der Wertpapierlieferungen und -abrechnungen in der Europäischen Union und über Zentralverwahrer sowie zur Änderung der Richtlinien 98/26/EG und 2014/65/EU und der Verordnung (EU) Nr. 236/2012 (Central Securities Depositories Regulation – CSDR), ABl. (EU) L 257/1 v. 28.8.2014.

III. Entwicklung der Wertpapierverwahrung

1. Streifbandverwahrung, Sammelverwahrung, Globalurkunde

Die Entwicklung weg von „physischen" Wertpapierurkunden hin zu in elektronischen Registern eingetragenen Wertpapieren ist Ausdruck des vielfach attestierten **Funktionsverlustes von Wertpapierurkunden,**[12] der bereits 1942 von Opitz als **„Kampf gegen die Materie"** beschrieben wurde.[13] **12**

Hatte der Anleger noch in den sechziger Jahren[14] unmittelbaren (Eigen-)Besitz an den in seinem Eigentum stehenden Wertpapierurkunden und präsentierte er diese selbst – z. B. bei Endfälligkeit der Anleihe – der Emittentin, so kennzeichnete die als **„Streifbandverwahrung"** bekannte Sonderverwahrung die Verwahrung durch einen vom Hinterleger bestimmten Verwahrer, der die Wertpapiere unter äußerlich erkennbarer Bezeichnung jedes Hinterlegers gesondert von seinen Eigenbeständen und den Beständen Dritter aufbewahrte (§ 2 Satz 1 DepotG). **13**

War damit der Schritt von der „Eigenverwahrung" zur „Fremdverwahrung" vollzogen, so wurde bei der **Sammelverwahrung** i. S. des § 5 DepotG auf die Trennung der Bestände eines jeden einzelnen Hinterlegers verzichtet, und die Verwahrung (vertretbarer) Wertpapiere erfolgte für alle Depotinhaber, die Wertpapiere derselben Gattung hinterlegt haben, ungetrennt in einem einheitlichen Sammelbestand.[15] **14**

Weitergehend ermöglicht eine Sammelurkunde i. S. des § 9a Abs. 1 Satz 1 DepotG (**„Globalurkunde"**) der Emittentin den Verzicht auf die Herstellung einer Vielzahl von physischen Wertpapierurkunden zugunsten lediglich eines einzigen papiernen Wertpapieres, welches mehrere Rechte verbrieft, die sonst jedes für sich in separaten (vertretbaren) Wertpapieren ein und derselben Arten hätten verbrieft werden müssen. Die Frage der Art der Verwahrung (Sonder- oder Sammelverwahrung) stellt sich beim Vorliegen einer einzigen Urkunde freilich nicht mehr.[16] **15**

Bedenkt man ferner, dass im Falle von durch Wertpapiersammelbanken girosammelverwahrten Wertpapierurkunden – trotz der Übereignung nach § 929 Satz 1 BGB – der **unmittelbare Besitz stets bei der Wertpapiersammelbank** liegt und Veräußerer oder Erwerber der Wertpapierurkunde lediglich mittelbareren Besitz innehaben bzw. erhalten, die Wertpapierurkunde also auch i. R. einer Übereignung nicht bewegt, umgelagert noch überhaupt berührt wird,[17] macht dies deutlich, dass bereits gegenwärtig das praktische Erfordernis einer physischen Wertpapierurkunde äußerst gering ist. Das vor dem Inkrafttreten des eWpG bestehende Erfordernis einer physischen Wertpapierurkunde wurde daher im Wesentlichen rechtlich begründet,[18] so dass sich der nun erfolgte **Verzicht auf eine physische Wertpapierurkunde durch das eWpG** zugunsten der Eintragung in ein elektronisches **16**

---

12) So bereits *Dechamps*, Wertrechte im Effektengiroverkehr, S. 5; *Einsele*, Wertpapierrecht als Schuldrecht – Funktionsverlust von Effektenurkunden im internationalen Rechtsverkehr, im deutschen Recht S. 7 ff., im englischen Recht S. 215 ff., im US-amerikanischen Recht S. 302 ff.; s. a. *Lehmann*, Finanzinstrumente – Vom Wertpapier- und Sachenrecht zum Recht der unkörperlichen Vermögensgegenstände, S. 16 ff.; *Habersack* in: MünchKomm-BGB, Vor § 793 Rz. 39 f. m. w. N.

13) *Opitz*, Die Vorteile der Girosammelverwahrung, S. 28 ff.; zur Sammelurkunde als „geistige Krücke" s. a. *Zöllner* in: FS Raiser, S. 249 ff.

14) *Schwarz*, Globaler Effektenhandel, S. 27.

15) Anschaulich *Opitz*, Die Vorteile der Girosammelverwahrung, S. 26 ff., der 56 „Arbeitsgänge" identifiziert, die beim Übergang von der Streifband- zur Sammelverwahrung entfallen und zur „Einsparung von Arbeitskräften und Material" führen.

16) Zur nachgezeichneten Entwicklung von der Streifbandverwahrung bis hin zur Globalurkunde s. a. *Casper*, ZBK 2019, 209, 210 f.; *Meier*, MMR 2021, 381, 383 f.; *Meier*, RDi 2021, 1, 4.

17) Vgl. dazu Beck/Samm/Kokemoor-*Alfes*, KWG, § 1 Rz. 889n, 889x, 889y; *Lehmann* in: Möslein/Omlor/ Will, Elektronische Wertpapiere, S. 79.

18) Zum Urkundserfordernis im deutschen Recht s. unten Rz 40.

Wertpapierregister als **nächster Schritt i. R. einer weiter andauernden Fortentwicklung** der Wertpapierabwicklung darstellt.

2. Bundesschuldenwesengesetz (BSchuWG)

17 Bereits vor Inkrafttreten des eWpG bestand für den Bund und seine Sondervermögen die Möglichkeit, auf Grundlage des BSchuWG vom 12.7.2006[19] **Schuldverschreibungen unter Verzicht auf eine urkundliche Verbriefung** durch die Begebung von Schuldbuchforderungen zu emittieren (sog. „Bucheffekten" oder „Wertrechte")[20]. Schuldbuchforderungen entstehen durch Eintragung im **Bundesschuldbuch** (§ 5 Abs. 3 BSchuWG), für welches in § 5 Abs. 1 Satz 2 BSchuWG bereits die Möglichkeit der Führung in elektronischer Form vorgesehen ist. Schuldbuchforderungen können entweder in Form der Sammelschuldbuchforderung gemäß § 6 BSchuWG oder als Einzelschuldbuchforderung gemäß § 7 BSchuWG begeben werden.

18 **Sammelschuldbuchforderungen** i. S. des § 6 BSchuWG werden bis zur Höhe des Nennbetrages der jeweiligen Emission auf den Namen einer Wertpapiersammelbank in das Bundesschuldbuch eingetragen (§ 6 Abs. 1 BSchuWG) und gelten qua gesetzlicher Fiktion des § 6 Abs. 2 Satz 1 BSchuWG als Wertpapiersammelbestand. Die Gläubiger der Sammelschuldbuchforderungen gelten als Miteigentümer nach Bruchteilen am Sammelbestand (§ 6 Abs. 2 Satz 2 BSchuWG), auf welchen die Vorschriften des DepotG für anwendbar erklärt werden (§ 6 Abs. 2 Satz 6 BSchuWG). Durch die so bewirkte „Verdinglichung" der im Schuldbuch eingetragenen Forderungen wird die Anwendbarkeit der sachenrechtlichen Übertragungsvorschriften erreicht, was einen – rechtlich wie operationellen – **Gleichlauf bei der Übertragung**[21] **von Bundesschuld und verkörperten Wertpapieren in Girosammelverwahrung** bewirkt.[22]

19 Im Falle von **Einzelschuldbuchforderungen** i. S. des § 7 BSchuWG verzichtet das BSchuWG nicht nur auf das Erfordernis einer urkundlichen Verbriefung, sondern darüber hinaus auch auf die sachenrechtliche Anknüpfung („Miteigentum") und die Anordnung der Anwendbarkeit der Vorschriften des DepotG („Sammelbestand" und „Miteigentum"). Vielmehr erfolgt die Übertragung von Einzelschuldbuchforderungen nach Zessionsrecht, wobei § 8 BSchuWG durch den öffentlichen Glauben des Bundeschuldbuches den gutgläubigen Erwerb vom Nichtberechtigten ermöglicht.

20 Blieb i. R. der Entwicklung hin zur Globalurkunde (siehe oben Rz. 12 ff.) das Erfordernis einer Wertpapierurkunde trotz ihrer geringen praktischen Bedeutung unangetastet, so setzte das BSchuWG nun erstmalig anstelle einer Urkunde auf eine **Eintragung in einem Register**,[23] wenngleich die sachenrechtliche Anknüpfung („Miteigentum am Sammelbestand") für Sammelschuldbuchforderungen[24] beibehalten wurde. Für die Frage, inwieweit die Regelungen des BSchuWG als Vorbild für das eWpG – und das **Bundeschuldbuch als Vorlage für das zentrale Wertpapierregister** – gedient haben, sei auf die Darstellungen unten Rz. 54 ff. verwiesen.

---

19) Für die Darstellung der Rechtslage vor Inkrafttreten des BSchuWG zurück bis zu den Reichsschuldbuchforderungen s. *Casper*, ZBK 2019, 209, 212; *Opitz*, DepotG, S. 447 ff.; *Opitz*, Die Vervollkommnung des Effektenverkehrs, S. 29 ff. – zu den Reichsschuldbuchforderungen.

20) Zum Begriff des Wertrechtes *Dechamps*, Wertrechte im Effektengiroverkehr, S. 11 ff.

21) Der Gleichlauf besteht auch mit Blick auf die Abwicklung von Zins- und Tilgungsdienstleistungen, dazu *Lendermann* in: Hopt/Seibt, Schuldverschreibungsrecht, § 6 BSchuWG Rz. 1.

22) *Wienecke/Kunz*, NZG 2021, 316, 317.

23) *Meier*, RDi 2021, 1, 4 f. m. w. N.

24) Aus diesem Grund handelt es sich nach *Casper*, ZBK 2019, 209, 212, auch nur im Falle von Einzelschuldbuchforderungen um ein Wertrecht im engeren Sinne.

3. Rechtsvergleichung und Reformbestrebungen

Bereits ein erster Blick auf das **Wertpapierrecht anderer Rechtsordnungen** zeigt, dass registereingetragene Wertpapiere ohne urkundliche Verkörperung eher die Regel als die Ausnahme bilden. Mannigfaltige Unterschiede im Detail ergeben sich z. B. durch die Verzahnung mit dem jeweiligen nationalen Zivil- und Insolvenzrecht, aufgrund der entweder unmittelbar (als Vollrechtsinhaber)[25] oder mittelbar (unter Einbeziehung von Intermediären)[26] ausgestalteten Rechtsbeziehung des Anlegers zum Wertpapier oder aber hinsichtlich der Frage, ob die Entmaterialisierung optional (z. B. Schweiz, Spanien) oder obligatorisch (z. B. Frankreich, Italien) ist. Allerdings ist *Lehmann* zuzustimmen, dass die Verbreitung von entmaterialisierten Urkunden in **Frankreich, Italien, Schweiz Spanien, dem Vereinigten Königreich und den USA** Beweis dafür erbringt, dass ein ausreichender Verkehrsschutz auch ohne körperliche Urkunden erreicht werden kann.[27]   **21**

Auch in **europäischen Rechtsakten** wie der **CSDR**[28] (vgl. dort Art. 2 Abs. 4 und Art. 3 Abs. 1 zu den „in entmaterialisierter Form" begebenen Wertpapieren) oder in **nationalen Gesetzen** (vgl. § 2 Abs. 1 WpHG betreffend Wertpapiere, über die „keine Urkunden" ausgestellt sind) stellen entmaterialisierte Wertpapiere keinen Sonderfall mehr dar, sondern treten als vollwertige Alternative zu den urkundlich verbrieften Wertpapieren. Die vorgenannten Regelungen sind allerdings aufsichtsrechtlicher Natur[29] und zielen nicht auf die Änderung oder Harmonisierung des nationalstaatlichen Wertpapierrechts ab, sondern nehmen die Existenz entmaterialisierter Wertpapiere lediglich zur Kenntnis, soweit diese nach den (anderen) Rechtsordnungen ermöglicht wird.   **22**

Die mit dem Ziel einer europäischen Wertpapierrechtsrichtlinie **(Securities Law Directive)** begonnenen Reformbestrebungen der Legal Certainty Group waren sich der unterschiedlichen rechtlichen Möglichkeiten in den EU-Mitgliedstaaten ebenfalls bewusst und nahmen in ihrem „Second Advice" aus dem Jahre 2008 ausdrücklich Bezug sowohl auf verkörperte als auch auf entmaterialisierte Wertpapiere („dematerialised or certificated securities").[30] Das Vorhaben wurde jedoch eingestellt und erreichte keine Gesetzeswirkung.[31]   **23**

Einen der Legal Certainty Group vergleichbaren Blickwinkel nahmen das Haager Wertpapierübereinkommen und das Genfer Wertpapierübereinkommen zu entmaterialisierten   **24**

---

25) So z. B. in der Schweiz als Recht sui generis, ausführlich dazu *Mock*, Die Schweizer Bucheffekte, S. 61 ff.

26) So z. B. in den USA, vgl. *Lehmann*, Finanzinstrumente – Vom Wertpapier- und Sachenrecht zum Recht der unkörperlichen Vermögensgegenstände, S. 79 ff.

27) Zu den vorgenannten Rechtsordnungen s. *Lehmann*, Finanzinstrumente – Vom Wertpapier- und Sachenrecht zum Recht der unkörperlichen Vermögensgegenstände; *Lehmann*, BKR 2020, 431, 432; einführend zu Belgien, Japan und China s. *Döding/Wentz*, WM 2020, 2312, 2313; zu Luxemburg s. *Schwarz*, Globaler Effektenhandel, S. 638 f.; zu Frankreich s. *Preuße/Wöckener/Gillenkirch*, BKR 2020, 551, 552 f.; zur Schweiz s. zuletzt *Zwellweger-Gutknecht/Monnerat* in: Möslein/Omlor/Grundmann, Elektronische Wertpapiere, S. 7 ff.; *Casper*, ZBK 2019, 209, 213; *Dubovitskaya*, ZIP 2020, 2551, 2553; *Lahusen*, RDi 2021, 161, 168; *Mock*, Die Schweizer Bucheffekte, S. 57 ff.; *Segna*, Bucheffekten, S. 391 ff.

28) Verordnung (EU) Nr. 909/2014 des Europäischen Parlaments und des Rates v. 23.7.2014 zur Verbesserung der Wertpapierlieferungen und -abrechnungen in der Europäischen Union und über Zentralverwahrer sowie zur Änderung der Richtlinien 98/26/EG und 2014/65/EU und der Verordnung (EU) Nr. 236/2012 (Central Securities Depositories Regulation – CSDR), ABl. (EU) L 257/1 v. 28.8.2014.

29) S. a. *Mittwoch*, WM 2021, 375, 378, der in Bezug auf das WpHG zutreffend vom „kapitalmarktrechtlichen Wertpapierbegriff" spricht.

30) Legal Certainty Group, Second Advice of the Legal Certainty Group Solutions to Legal Barriers related to Post-Trading within the EU, 8/2008; vgl. z. B. Recommendation 15c, abrufbar unter https://ec.europa.eu/info/publications/advice-legal-certainty-group-2006-2008_en (Abrufdatum: 22.2.2023).

31) Vgl. dazu auch *Casper*, ZBK 2019, 209, 213; *Mülbert*, ZBB 2010, 445, 455; *Schwarz*, Globaler Effektenhandel, S. 14.

Wertpapieren ein. Während das **Haager Wertpapierübereinkommen**[32] aus dem Jahre 2006 sich mit der Frage beschäftigte, welche Rechtsordnung auf grenzüberschreitende Wertpapiertransaktionen Anwendung findet sollte (sog. PRIMA Rule – Place of the Relevant Intermediary Approach), so verfolgte das **Genfer Wertpapierübereinkommen (UNIDROIT)**[33] von 2009 den Ansatz eines allein auf Buchungen basierenden Wertpapierrechtsmodelles.[34] Beiden gemein ist, dass sich der jeweilige Anwendungsbereich zwar auf entmaterialisierte Wertpapiere erstreckte, soweit diese nach den jeweiligen nationalen Rechtsordnungen vorgesehen waren. Eine Verpflichtung zur Einführung von unverkörperten Wertpapieren war aber nicht vorgesehen.[35]

25   Auch in der **Literatur**[36] wurden bereits unterschiedliche Ansätze zur Abkehr von den tradierten sachenrechtlichen Grundsätzen erwogen. So sprach sich *Einsele* für ein Treuhandmodell aus, in dem die Wertpapiersammelbank – und nicht die Anleger – Eigentümerin der Wertpapierurkunde ist und den Anlegern lediglich Ansprüche gegen die Wertpapiersammelbank zustehen sollten. Gänzlich gegen die Herstellung papierner Urkunden und für die Eintragung des Berechtigten in ein Register sprach sich *Lehmann* aus,[37] der sich zudem auch bereits mit weiteren, nun im eWpG behandelten, Themenkomplexen auseinandersetzte, wie z. B. der Rolle des Registerführers[38] oder der weiteren Ausgestaltung des Registers mit Blick auf die elektronische Führung, die Haftung und die Publizität[39].

26   **Zusammenfassend** lässt sich sagen, dass papierlose Wertpapieremissionen schon vor dem Inkrafttreten des eWpG in zahlreichen Rechtsordnungen praktiziert wurden, durch europäisches wie deutsches Recht anerkannt sind und zudem auch bereits Gegenstand rechtswissenschaftlicher Untersuchungen waren. Hinsichtlich künftiger (Rechts-)Entwicklungen, insbesondere hinsichtlich des Schicksals des sachenrechtlichen Ansatzes, der auch dem eWpG zugrunde liegt (siehe dazu unten Rz. 44 ff.), lässt die Regierungsbegründung ausdrücklich offen, ob und wohin die Reise geht und spricht vom eWpG ausdrücklich als möglicher „Brückenlösung.[40]

4.   Transaktionskosten des zentralen Wertpapierregisters und Weiterentwicklung

27   Ein vom eWpG ausdrücklich verfolgtes Ziel ist nach der Regierungsbegründung die **Senkung der Transaktionskosten** bei der Begebung von Wertpapieren:

> „Die Eröffnung der elektronischen Begebungsform soll die Begebung von Wertpapieren in Deutschland erleichtern und so die Verwahrkosten und mithin die Transaktionskosten insgesamt für die Beteiligten senken."[41]

---

32) Die deutsche Übersetzung der „Hague Convention on the law applicable to certain rights in respect of securities held with an intermediary" ist abrufbar auf der Website der Haager Konferenz für Internationales Privatrecht unter https://assets.hcch.net/upload/text36d.pdf. Zur nicht erfolgten Zeichnung durch die EU s. https://ec.europa.eu/info/publications/hague-convention-law-applicable-certain-rights-respect-securities-held-intermediary_en (Abrufdatum: 22.2.2023).

33) UNIDROIT, Convention on Substantive Rules or Intermediated Securities (Genfer Wertpapierübereinkommen), abrufbar unter https://www.unidroit.org/instruments/capital-markets/geneva-convention (Abrufdatum: 22.2.2023).

34) *Mülbert*, ZBB 2010, 445, 488 ff.

35) So ausdrücklich *Kronke*, WM 2010, 1625, 1627; *Casper*, ZBK 2019, 209, 213; wohl auch *Eichholz*, WM 2013, 250, 253.

36) Einen einführenden inhaltlichen Überblick über das jüngere Schrifttum gibt *Casper*, ZBK 2019, 209, 213 f.

37) *Lehmann*, Finanzinstrumente – Vom Wertpapier- und Sachenrecht zum Recht der unkörperlichen Vermögensgegenstände, S. 371 ff.

38) *Lehmann*, Finanzinstrumente – Vom Wertpapier- und Sachenrecht zum Recht der unkörperlichen Vermögensgegenstände, S. 376 ff.

39) *Lehmann*, Finanzinstrumente – Vom Wertpapier- und Sachenrecht zum Recht der unkörperlichen Vermögensgegenstände, S. 381, 382, 385.

40) Begr. RegE Gesetz zur Einführung von eWp, BT-Drucks. 19/26925, S. 40.

41) So z. B. Begr. RegE Gesetz zur Einführung von eWp, BT-Drucks. 19/26925, S. 47, 48, 53.

Und in der Tat **entfallen** durch den Verzicht auf eine papierne Wertpapierurkunde die Ge- 28
staltung und der **Druck der Urkunde**, die Unterschriftsleistung auf der Urkunde, deren
Einlieferung bei und die **sichere Aufbewahrung durch eine Wertpapiersammelbank** (soweit anwendbar) sowie die **Verwaltung der Urkunde** (z. B. Trennung von Zinskupons)
bis hin zu deren **Vernichtung** (einschließlich der damit jeweils verbundenen Kosten).[42]

Allerdings stehen den Einsparungen **neue Kosten- und Aufwandspositionen** gegenüber, 29
die entweder funktional vergleichbare Themenkomplexe betreffen oder aber auf die neue
elektronische Form von Register und Wertpapier zurückzuführen sind. Dazu zählen z. B.
das Anlegen von Datensätzen für Wertpapier und Inhaber, die Prüfung der Autorisierung
der dabei jeweils handelnden natürlichen Personen, die Vornahme von Eintragung, Umtragung und Übertragung sowie das elektronische Gegenstück zur Kupon-Verwaltung. Hinzu
kommen die Kosten der Registerführung, d. h. der erstmaligen Herstellung sowie der sich
anschließenden Weiterentwicklung der **Registerführungssoftware**, der zurechenbaren
Gemeinkosten der registerführenden Stelle (z. B. hinsichtlich der **Hardware, Datensi-
cherung**, Backupsysteme etc.) sowie die Aufwände zum Schutz gegen **Hackerangriffe** (als
funktionales Pendant zu Maßnahmen gegen Einbrüche in die zur Urkundenverwahrung
genutzten Tresorräume). Teilweise sind diese technischen Anforderungen auch bereits in
§ 7 Abs. 1–3 eWpG niedergelegt. Es bleibt daher abzuwarten, wie groß das Netto-Einspar-
potential ist und bei welchen Beteiligten sich die Einsparungen kostenreduzierend auswirken werden.

Zudem bleibt zwischen der Sammeleintragung zur Abwicklung im Effektengiro gemäß 30
§ 8 Abs. 1 i. V. m. § 12 Abs. 3 eWpG (siehe unten Rz. 128 ff.) und der Einzeleintragung
gemäß § 8 Abs. 2 eWpG zu unterscheiden (siehe dazu unten Rz. 51 ff.). Bei der **Sammeleintragung zur Abwicklung im Effektengiro** wird die Wertpapiersammelbank bereits
i. R. der Begebung der Zentralregisterwertpapiere als Inhaberin der Zentralregisterwertpapiere im zentralen Wertpapierregister eingetragen. An dieser Registerlage ändert sich
im Regelfall bis zum Erlöschen des Wertpapiers nichts mehr, weil sich der Eigentumserwerb außerhalb des zentralen Wertpapierregisters vollzieht und insbesondere die Eigentumsübertragung – anders als im Falle der Einzeleintragung – keine Umtragung im zentralen Wertpapierregister erfordert (siehe dazu unten Rz. 89). Aus diesem Grunde dürfte
sich bei der Sammeleintragung der Nutzen **aller technischen und rechtlichen Innovationen mit der erstmaligen Eintragung der Wertpapiersammelbank als Inhaberin erschöpfen** (einschließlich weiterer möglicher Einsparpotentiale).

Nachdem durch den Regierungsentwurf die **Einzeleintragung** auch für das zentrale Wert- 31
papierregister ermöglicht wurde (siehe dazu oben Rz. 6 ff.), bleibt abzuwarten, welche
weiteren Vorteile sich in diesem Falle aufgrund der **lediglich einstufigen Beziehung des
Anlegers zum Wertpapier** ergeben werden. Anders als bei der Sammeleintragung finden
sich jenseits der Einzelregistereintragung keine Intermediäre als Glieder in Verwahrketten
bzw. als Vertragspartner von Besitzmittlungsverhältnissen wie Depotverträgen, so dass hier
Einsparungspotential besteht. Da rechtsgeschäftliche Übertragungsvorgänge zudem nur
die Buchung im zentralen Wertpapierregister (d. h. nicht in einem weiteren Register oder
Depot) erfordern, wäre insoweit auch eine Verknüpfung mit der Geldseite denkbar. Dadurch könnte z. B. der Delivery-versus-Payment-Mechanismus (zur Vermeidung des Vor-
leistungsrisikos bei Wertpapiertransaktionen) abgebildet werden oder auch weitere Zah-

---

42) Es sei darauf hingewiesen, dass die Clearstream Banking AG in ihrer Funktion als Wertpapiersammelbank
mit der Dienstleistung „eMission" bereits einen Service anbietet, der die Erstellung der Wertpapierurkunde
durch den Emittenten überflüssig macht, da dies von der Clearstream Banking AG übernommen wird,
s. dazu CASCADE Handbuch Bd. 3 für Kunden der Clearstream Banking AG, v. 3/2021, Kap. 3 „eMission
Service", abrufbar unter https://www.clearstream.com/clearstream-en/products-and-services/connectivity-
1-/cascade/cascade-online/cascade-online-1277122 (Abrufdatum: 22.2.2023).

lungsströme im Lebenszyklus des Zentralregisterwertpapiers (z. B. Kuponzahlungen) automatisiert ausgelöst werden. Entscheidend ist hier, wie „bruchlos" das zentrale Wertpapierregister mit der Geldseite (z. B. TARGET2-BBk) zusammenarbeiten kann und ob die das Wertpapier betreffenden sonstigen Informationen (z. B. zu Zinszahlungsterminen) bereits Teil des zentralen Wertpapierregisters sein werden oder ob diese per Schnittstelle zugeführt werden müssen.[43]

32   In der **Literatur fällt die Bewertung des eWpG unterschiedlich aus.** Neben den zuvor dargestellten, eher tatsächlichen, Auswirkungen steht dabei das zugrunde liegende sachenrechtliche Begründungsfundament im Fokus. Der Verfasser fügt dem bunten Strauß griffiger Formulierungen[44] die eigene Bewertung als „Gesetzgebung der kleinen Schritte" hinzu. Die Einführung eines nicht körperlichen Wertpapiers wurde durch das eWpG zwar erreicht, **wünschenswert wäre aber ein Register** gewesen, welches für den praktisch bedeutsamsten Fall der Abwicklung von Zentralregisterwertpapieren im **Effektengiro** gemäß § 12 Abs. 3 eWpG den **materiell Berechtigten erkennen lässt.** Es spricht jedoch einiges dafür, dass dies nicht ohne Änderung der CSDR möglich gewesen wäre (siehe dazu Rz. 53 sowie Fn. 135 und damit nicht im Ermessen des deutschen Gesetzgebers stand.

33   Die **erste Begebung eines Zentralregisterwertpapiers** erfolgte zum 15.12.2021. Durch Eintragung in ein von der Clearstream Banking AG geführtes zentrales Wertpapierregister emittierte die Münchener Hypothekenbank eG ein Commercial Paper im Nominal von 5 Mio. € und einer Laufzeit von einer Woche.[45]

IV.   Zentrales Wertpapierregister und Zentralregisterwertpapiere (§ 12 Abs. 1 eWpG)

1.   Definitionen, Begrifflichkeiten und Anwendungsbereich

34   Das eWpG ermöglicht die Begebung **elektronischer Wertpapiere** i. S. des § 2 Abs. 1 Satz 2 eWpG dadurch, dass der Emittent anstelle der Ausstellung einer Wertpapierurkunde eine Eintragung in ein **elektronisches Wertpapierregister** i. S. des § 4 Abs. 1 eWpG bewirkt.

35   Elektronische Wertpapierregister sind danach entweder das **zentrale Register** (§ 4 Abs. 1 Nr. 1 i. V. m. § 12 eWpG) oder das **Kryptowertpapierregister** (§ 4 Abs. 1 Nr. 2 i. V. m. § 16 eWpG). Ein elektronisches Wertpapierregister kann dabei nur einem Registertyp entsprechen und nicht zugleich ein zentrales Wertpapierregister und ein Kryptowertpapierregister sein.[46] Zu den wesentlichen Unterschieden beider Register siehe unten Rz. 68 ff.

36   Dem entsprechend sind **Zentralregisterwertpapiere** gemäß § 4 Abs. 3 eWpG solche elektronischen Wertpapiere, die in ein zentrales Register eingetragen sind, während **Kryptowertpapiere** gemäß § 4 Abs. 4 eWpG in Kryptowertpapierregister eingetragen sind.

---

43) Eine Erweiterung der Registerführung auf Zahlstellenfunktionen oder Gläubigerkommunikation wird bereits in der Begr. RegE Gesetz zur Einführung von eWp, BT-Drucks. 19/26925, S. 54 erwähnt. Unabhängig von den im eWpG angelegten Neuerungen wird derzeit – in Anlehnung an dahingehende Bestrebungen in den USA – die Verkürzung des Settlement-Zyklus um einen Tag auf t+1 angedacht; s. dazu *Godenrath*, Das Wertpapier-Settlement wird beschleunigt, Börsenzeitung v. 11.10.2022, S. 5.

44) *Dubovitskaya*, ZIP 2020, 2551, 2552 – „Betaversion der großen Reform des Wertpapierrechts"; *Lahusen*, RDi 2021, 161, 166 – „Nachhall einer bereits verlorenen Schlacht"; *Lehmann*, BKR 2020, 431, 432 – „außergewöhnlich zaghaft"; *Lenz/Joachimsthaler*, DB 2021, 1384 – kein „großer Wurf"; *Linardatos*, ZBB 2020, 329, 330 – „überfällige Evolution"; *Litten*, BB 2021, 1223, 1225 – „großer Wurf"; *Preuße/Wöckener/Gillenkirch*, BKR 2020, 550, 558 – „beinahe revolutionär".

45) Zu den Einzelheiten s. *Godenrath*, E-Wertpapier erstmals über zentrale Struktur, Börsenzeitung v. 15.12.2021, S. 3; Deutsche Börse AG, Clearstream verarbeitet erste dematerialisierte Wertpapiere über D7, abrufbar unter: https://deutsche-boerse.com/dbg-de/media/pressemitteilungen/Clearstream-verarbeitet-erste-dematerialisierte-Wertpapiere-ber-D7-2880636 (Abrufdatum: 22.2.2023).

46) Begr. RegE Gesetz zur Einführung von eWp, BT-Drucks. 19/26925, S. 41.

Bei den Zentralregisterwertpapieren gemäß § 4 Abs. 3 eWpG handelt es sich aufgrund der **37** fehlenden Verkörperung um **Wertrechte**. Das Gesetz verwendet lediglich zum Zwecke der Beibehaltung der etablierten Begrifflichkeiten wie „Wertpapierabwicklung" den Begriff des „elektronischen Wertpapiers" und ist sich der Widersprüchlichkeit der Verwendung des Begriffsbestandteils „Papier" sehr wohl bewusst.[47]

Gemäß § 1 eWpG können lediglich **Inhaberschuldverschreibungen** als elektronische Wert- **38** papiere begeben werden. Dazu zählen Pfandbriefe, Options- und Genussscheine, Wandel- schuldverschreibungen, Zertifikate und strukturierte Schuldverschreibungen. Dies gilt un- abhängig von der Emittentin. So können z. B. Unternehmensanleihen oder von einem Spe- cial Purpose Vehicle (SPV) emittierte CDO- oder ABS-Notes in Form von Inhaberschuld- verschreibungen im zentralen Wertpapierregister eingetragen werden. Nicht erfasst sind Order- und Namenspapiere sowie Aktien[48] (siehe zum Anwendungsbereich *Haertlein*, § 1 Rz. 5 ff.).[49]

Zusätzlich können gemäß § 95 Abs. 1 Satz 1 KAGB auch **Anteile an Sondervermögen** **39** i. S. des § 1 Abs. 10 KAGB auch als elektronische Anteilscheine begeben und **in zentrale Wertpapierregister eingetragen** werden, wenn es sich um Anteilscheine auf den Inhaber handelt (§ 95 Abs. 1 Satz 2 KAGB). Für Details zu Anteilen an Sondervermögen siehe *K. -A. Neumann*, Anh. Art. 10).[50]

2. Grundlagen des zentralen Wertpapierregisters

a) Eintragung statt Urkunde gemäß § 2 Abs. 1 Satz 2 eWpG

Soll ein Wertpapier als elektronisches Wertpapier (hier: als Zentralregisterwertpapier) be- **40** geben werden, so erfolgt dies gemäß § 2 Abs. 1 Satz 2 eWpG dadurch, dass der Emittent anstelle der Ausstellung einer Wertpapierurkunde eine Eintragung (i. S. des § 4 Abs. 4 eWpG) in ein elektronisches Wertpapierregister (hier: in ein zentrales Wertpapierregister) bewirkt (**„Eintragung statt Urkunde"**). Auf diesem Wege wird auf das wertpapierrechtli- che **Urkundserfordernis**[51] verzichtet, welches vor dem Inkrafttreten des eWpG – bis auf wenige Ausnahmen[52] – für alle Wertpapiere galt.

Die Eintragung ersetzt die Herstellung der Wertpapierurkunde und auch nur diese (**Skrip- 41 turakt**), so dass für die wirksame Entstehung des Zentralregisterwertpapiers – wie im Falle von verkörperten Wertpapieren – nach der modifizierten Vertragstheorie[53] zusätzlich der Vertrag zwischen Aussteller und dem ersten Nehmer, einschließlich der Übertragung des

---

47) Begr. RegE Gesetz zur Einführung von eWp, BT-Drucks. 19/26925, S. 40 f.; so auch *Dubovitskaya*, ZIP 2020, 2551, 2553.
48) Zur geplanten Ausweitung des Anwendungsbereiches des eWpG s. BMF/BMJ, Eckpunkte für ein Zukunftsfinanzierungsgesetz, v 29.6.2022, abrufbar unter https://www.bmj.de/SharedDocs/Down- loads/DE/News/PM/220629_Eckpunkte_ZukunftsfinanzierungsG.html?nn=6705022 (Abrufdatum: 22.2.2023).
49) Vgl. auch *Preuße/Wöckener/Gillenkirch*, BKR 2021, 460; *Wienecke/Kunz*, NZG 2021, 316, 317; ins- besondere zu Pfandbriefen s. *Omlor*, RDi 2021, 371, 372; zu Aktien s. *Guntermann*, AG 2021, 449.
50) Zur Kryptofondsanteilsverordnung (Verordnungsermächtigung in § 95 Abs. 5 KAGB) vgl. *Seeger/ Kreutzmann*, RDi 2022, 425.
51) Zum Urkundserfordernis s. *Habersack* in: MünchKomm-BGB, Vor § 793 Rz. 37 f. m. w. N.; *Einsele* in: MünchKomm-BGB, § 126 Rz. 26, 27; *Diekmann* in: Habersack/Mülbert/Schlitt, Unternehmensfi- nanzierung am Kapitalmarkt, § 31 Rz. 62; *Kusserow*, WM 2020, 586, 595; *Mittwoch*, WM 2021, 375, 378.
52) Zu den Schuldverschreibungen des Bundes s. § 6 BSchuWG; zu den handelsrechtlichen Warenwert- und Traditionspapieren in elektronischer Form, d. h. Ladeschein, Lagerschein und Konnossement, s. *Saive*, ZRP 2020, 219.
53) Zu den Wertpapierrechtstheorien ausführlich *Habersack* in: MünchKomm-BGB, Vor § 793 Rz. 26, 31 m. w. N.

Eigentums an den Wertpapieren (**Begebungsvertrag**) erforderlich ist (siehe dazu unten Rz. 79 ff.).[54]

b)   Gleichstellung mit urkundlichen Wertpapieren gemäß § 2 Abs. 2 eWpG

42   Gemäß § 2 Abs. 2 eWpG entfalten Zentralregisterwertpapiere im Grundsatz dieselbe Rechtswirkung wie Wertpapiere, die mittels Urkunde begeben worden sind („**Gleichstellung**"). Das Gesetz erkennt in § 2 Abs. 2 eWpG ausdrücklich an, dass es vom Grundsatz der Gleichstellung Ausnahmen gibt („Soweit dieses Gesetz nichts anderes bestimmt […]").

43   Die z. B. bei der Übereignung zutage tretenden **Unterschiede** zwischen Papierurkunden und Zentralregisterwertpapieren resultieren daraus, dass der Skripturakt eben nicht durch Herstellung einer Wertpapierurkunde, sondern durch die Eintragung im zentralen Wertpapierregister erfolgt. Demgemäß stellen die Regelungen der §§ 24 ff. eWpG besondere Anforderungen an Verfügungen über elektronische Wertpapiere in Einzeleintragung wie z. B. das **Erfordernis der Umtragung gemäß § 4 Abs. 8 eWpG für die Übertragung des Eigentums an Zentralregisterwertpapieren** (siehe dazu Rz. 86 f.).

c)   Fiktion der Sacheigenschaft gemäß § 2 Abs. 3 eWpG

44   Gemäß § 2 Abs. 3 eWpG gilt ein **elektronisches Wertpapier als Sache i. S. des § 90 BGB**. Für elektronische Wertpapiere in Sammeleintragung bestimmt § 9 Abs. 1 eWpG ergänzend, dass diese als **Wertpapiersammelbestand** und die Berechtigten der eingetragenen inhaltsgleichen Rechte als **Miteigentümer nach Bruchteilen** an dem eingetragenen elektronischen Wertpapier gelten.

45   Gesetzgeberisches Ziel der Fiktion der Sacheigenschaft war es, den „Berechtigten" elektronischer Wertpapiere den **„gleichen umfassenden Schutz"**[55] zukommen zu lassen **wie Eigentümern verbriefter Wertpapiere**. Gemeint ist hier der Eigentumsschutz durch seine Ausprägung im Falle der Insolvenz von Registerführer oder sammeleingetragenem Verwahrer bzw. Wertpapiersammelbank durch die Aussonderung gemäß § 47 InsO und durch den Schutz in der Zwangsvollstreckung durch die Drittwiderspruchsklage gemäß § 771 ZPO. Zudem wird der deliktsrechtliche Schutz nach § 823 Abs. 1 BGB erreicht, ebenso wie der Anspruch auf Unterlassung und Beseitigung nach § 1004 BGB ermöglicht.[56]

46   Wie auch bei mittels Urkunden begebenen Wertpapieren besteht für Zentralregisterwertpapiere trotz der Sachfiktion **kein Schutz** vor den Auswirkungen der **Insolvenz des Emittenten**.

47   Zur Frage der Erforderlichkeit einer dem **Grundbuchberichtigungsanspruch** gemäß § 894 BGB entsprechenden Norm und der Bedeutung des **Herausgabeanspruches** nach § 985 BGB siehe auch Rz. 116 ff., zur Frage des **Besitzes** an Zentralregisterwertpapieren siehe Rz. 104 ff.

d)   Sammel- und Einzeleintragung gemäß §§ 8, 9 eWpG

48   Gemäß § 3 Abs. 1 eWpG ist Inhaber eines elektronischen Wertpapiers derjenige, der im elektronischen Wertpapierregister als Inhaber eingetragen ist. Diesbezüglich kann nach § 8 Abs. 1 Nr. 1 eWpG bei der **Sammeleintragung** entweder eine Wertpapiersammelbank

---

54)   *Dubovitskaya*, ZIP 2020, 2551, 2554; *Kleinert/Mayer*, EuZW 2020, 1059, 1060; *Linardatos*, ZBB 2020, 329, 340; *Meier*, RDi 2021, 1, 5; *Segna*, WM 2020, 2301, 2306.

55)   Begr. RegE Gesetz zur Einführung von eWp, BT-Drucks. 19/26925, S. 29.

56)   Weiterführend zum durch die Fiktion der Sacheigenschaft vermittelten Schutzniveau s. *Döding/Wentz*, WM 2020, 2312, 2314; *Lahusen*, RDi 2021, 161, 163 ff.; *Lehmann*, NJW 2021, 2318, 2320; *Linardatos*, ZBB 2020, 329, 332; *Sickinger/Thelen*, AG 2020, 862, 864; *Wienecke/Kunz*, NZG 2021, 316, 318.

oder ein Verwahrer als Inhaber eingetragen werden, während im Falle der **Einzeleintragung** nach § 8 Abs. 1 Nr. 2 eWpG eine natürliche oder juristische Person oder eine rechtsfähige Personengesellschaft eingetragen werden kann.

Beide Formen der Eintragung unterscheiden sich in Bezug auf die Berechtigung des Ein- **49** getragenen i. S. des § 3 Abs. 2 eWpG, also danach, wer das Recht aus einem Wertpapier innehat.

Berechtigter im Falle der **Sammeleintragung** ist gerade **nicht die eingetragene Wertpa-** **50** **piersammelbank oder der Verwahrer**, denn diese verwalten die Sammeleintragung gemäß § 9 Abs. 2 Satz 2 eWpG treuhänderisch für die Vielzahl der – nicht eingetragenen – Berechtigten. Allein durch die Eintragung werden Wertpapiersammelbank oder Verwahrer nicht selbst zum Berechtigten (zu den Einzelheiten betreffend die Sammel- und Einzeleintragung sei auf die Kommentierung der §§ 8 und 9 verwiesen, siehe *Hippeli*, § 8 Rz. 3 ff. und § 9 Rz. 20 ff.). Über den Berechtigten gibt das zentrale Wertpapierregister im Falle der Sammeleintragung gerade keine Auskunft, sondern lediglich darüber, dass der Eingetragene gerade nicht der Berechtigte ist.[57]

Anders im Falle der **Einzeleintragung**, denn hier bestimmt § 8 Abs. 1 Nr. 2 eWpG, dass **51** der in Einzeleintragung Eingetragene **das elektronische Wertpapier als Berechtigter** hält. Auf diese Unterscheidung wird insbesondere i. R. der Frage zurückzukommen sein, welchen Informationsgehalt dem zentralen Wertpapierregister mit Blick auf die Eigentümerstellung an den Zentralregisterwertpapieren zukommt und in welchen Fällen das zentrale Wertpapierregister unrichtig ist (siehe dazu Rz. 98 ff. und Rz. 111 ff.).

Fraglich ist, ob für von Wertpapiersammelbanken in Einzeleintragung geführte Register **52** eine Einschränkung im Hinblick auf den Kreis möglicher Inhaber von Zentralregisterwertpapieren besteht: Gemäß Art. 2 Abs. 1 Nr. 19 CSDR zählen zum Kreis der möglichen **Teilnehmer an einem Wertpapierliefer- und -abrechnungssystem einer Wertpapiersammelbank** lediglich die in Art. 2 lit. f Finalitätsrichtlinie[58] genannten Teilnehmer. Danach fallen Institute gemäß Art. 2 lit. b Finalitätsrichtlinie (d. h. u. a. Kreditinstitute und Wertpapierfirmen), zentrale Gegenparteien, Verrechnungsstellen, Systembetreiber oder Clearingstellen einer zentralen Gegenpartei mit Zulassung nach Art. 17 EMIR[59] unter den Teilnehmerbegriff. Andere Rechtssubjekte sind hingegen keine gemäß Art. 2 Abs. 1 Nr. 19 CSDR zulässigen Teilnehmer, insbesondere nicht Privatanleger oder Unternehmen des nichtfinanziellen Sektors.[60]

Nach § 7 Abs. 4 eWpG stellt die Registerführung als solche aber gerade keine Verwah- **53** rung i. S. des DepotG dar, so dass der **Teilnehmerbegriff des Art. 2 Abs. 1 Nr. 19 CSDR** dementsprechend **nicht identisch** ist mit dem Begriff des **Inhabers eines Zentralregisterwertpapiers** in Einzeleintragung, das in einem von einer Wertpapiersammelbank geführten zentralen Wertpapierregister geführt wird. Vielmehr stellt die eWpRV[61] in § 2 einen eigenen Teilnehmerbegriff zur Verfügung. Andererseits stehen nach der Wertung des § 7 Abs. 4 eWpG bei einer Einzeleintragung gerade keinerlei Depot- oder Verwahrverhältnisse zwi-

---

57) Dies ähnelt der depotgesetzlichen Fremdvermutung in § 4 Abs. 1 Satz 1 DepotG, wonach im Falle der Drittverwahrung dem Dritten als bekannt gilt, dass die ihm vom Verwahrer anvertrauten Wertpapiere nicht dem Verwahrer selbst gehören.
58) Richtlinie 98/26/EU des Europäischen Parlaments und des Rates v. 19.5.1998 über die Wirksamkeit von Abrechnungen in Zahlungs- sowie Wertpapierliefer- und -abrechnungssystemen (Finalitätsrichtlinie), ABl. (EU) L 166/45 v. 11.6.1998.
59) Verordnung (EU) Nr. 648/2012 des Europäischen Parlaments und des Rates v. 4.7.2012 über OTC-Derivate, zentrale Gegenparteien und Transaktionsregister (EMIR), ABl. (EU) L 201/1 v. 27.7.2012.
60) Ähnlich *Lehmann* in: Möslein/Omlor/Grundmann, Elektronische Wertpapiere, S. 80 – Einzeleintragung bei zentralen Wertpapierregistern „nicht für individuelle Anleger im Effektengiroverkehr".
61) Verordnung über Anforderungen an elektronische Wertpapierregister (eWpRV), v. 24.10.2022, BGBl. I 2022, 1882.

schen der registerführenden Wertpapiersammelbank und dem Berechtigten, so dass der Berechtigte – aufgrund seiner unmittelbaren Rechtsbeziehung zur Wertpapiersammelbank – strukturell vergleichbar mit einem Teilnehmer i. S. des Art. 2 Abs. 1 Nr. 19 CSDR ist. Das insoweit bestehende Spannungsverhältnis zwischen CSDR und eWpG wird weder im eWpG noch in § 2 Abs. 1 Nr. 2 eWpRV[62] explizit angesprochen.

e) Orientierung an BSchuWG, Mobiliar- und Immobiliarsachenrecht

54   Die **Orientierung des eWpG an den Vorschriften des BSchuWG** ist unverkennbar und vom Gesetzgeber auch so intendiert.[63] Es bestehen allerdings auch wesentliche strukturelle Unterschiede.

55   **Gemeinsamkeiten** zwischen eWpG und BSchuWG bestehen zunächst hinsichtlich des **Verzichts auf eine Verkörperung der Wertpapierurkunde**[64] zugunsten der **Eintragung in einem Register** (zentrales Wertpapierregister bzw. Bundesschuldbuch).[65]

56   Sodann enthält das BSchuWG zwar keine gesetzliche Fiktion der Sacheigenschaft wie in § 2 Abs. 3 eWpG, aber übereinstimmend gilt der im zentralen Wertpapierregister bzw. im Bundesschuldbuch Eingetragene als Miteigentümer am Sammelbestand (§ 9 Abs. 1 Satz 1 und 2 eWpG bzw. § 6 Abs. 2 Satz 1 und Satz 2 BSchuWG), jedenfalls soweit es sich um eine Sammelschuldbuchforderung handelt. Obgleich beide Gesetze sowohl die Sammel- als auch die Einzeleintragung kennen (§ 8 Abs. 1 und Abs. 2 eWpG bzw. §§ 6 und 7 BSchuWG), besteht die Stellung als (Mit-)**Eigentümer unter dem BSchuWG lediglich für Sammelschuldbuchforderungen**, aber nicht für die nach Zessionsrecht zu übertragenden Einzelschuldbuchforderungen, denen lediglich Forderungscharakter zukommt.[66] Anders ist hingegen der Ansatz des eWpG, das auch in **Einzeleintragung eingetragene Zentralregisterwertpapiere der Sachfiktion** des § 2 Abs. 3 eWpG unterstellt. Daher existiert der für Sammelschuldbuchforderungen bestehende Eigentumsschutz (siehe dazu oben Rz. 44 ff.) in gleicher Weise für alle Zentralregisterwertpapiere, unabhängig davon, ob eine Sammel- oder Einzeleintragung vorliegt.[67]

57   Den Regelungsansätzen von eWpG und BSchuWG ist weiter gemein, dass weder das zentrale Wertpapierregister noch das Bundesschuldbuch im Fall der Sammeleintragung den Anknüpfungspunkt für einen **gutgläubigen Erwerb** darstellen. Dies folgt daraus, dass eine Registerumbuchung für die Übertragung in beiden Fällen nicht erforderlich ist, da sich der Erwerb außerhalb des jeweiligen Registers vollzieht. Lediglich für Zentralregisterwertpapiere in Einzeleintragung bzw. Einzelschuldbuchforderungen knüpft der gutgläubige Erwerb am Registerinhalt an (§ 26 eWpG bzw. § 8 BSchuWG).

58   Ob die Fiktion der Sacheigenschaft in § 2 Abs. 3 eWpG als **Verweis entweder auf das Mobiliarsachenrecht** der §§ 929 ff., 932 ff, 1006 BGB oder aber **auf das Immobiliarsachenrecht** zu verstehen ist, lässt sich nicht eindeutig beantworten.[68] So bleibt es bei Zentralregisterwertpapieren in Sammeleintragung wie bisher bei der Eigentumsübertragung nach

---

62) Nach § 2 Abs. 1 Nr. 2 eWpRV gehören zu den Teilnehmern eines zentralen Wertpapierregisters u. a. die Inhaber von Zentralregisterwertpapieren.

63) S. z. B. Begr. RegE Gesetz zur Einführung von eWp, BT-Drucks. 19/26925, S. 29 – für die Gleichstellung der Sammeleintragung mit einem Wertpapiersammelbestand.

64) *Mittwoch*, WM 2021, 375, 378.

65) Zum BSchuWG als „Inspirationsquelle des eWpG" s. *Habersack* in: Möslein/Omlor/Grundmann, Elektronische Wertpapiere, S. 85.

66) Begr. RegE Gesetz zur Einführung von eWp, BT-Drucks. 19/26925, S. 50.

67) Vgl. Begr. RegE Gesetz zur Einführung von eWp, BT-Drucks. 19/26925, S. 29.

68) So auch *Omlor*, RDi 2021, 371, 372 ff., der von einer „hybriden Zuordnung" spricht; im Ergebnis wohl auch *Lahusen*, RDi 2021, 161, 163. Für die alleinige Anlehnung an das Recht der beweglichen Sachen *Casper/Ludwig*, ZBB 2022, 65, 69.

der Vorschrift des § 929 Satz 1 BGB, welche die Übertragung des Eigentums an beweglichen Sachen zum Gegenstand hat.[69] Die Verfügung über Zentralregisterwertpapiere in Einzeleintragung vollzieht sich hingegen nach den §§ 24 ff. eWpG, setzt eine Ein- bzw. Umtragung voraus und knüpft bei gutgläubigen Erwerb an den Registerinhalt an, sodass eine sachliche Nähe zum Immobiliarsachenrecht und dem Grundbuch besteht (vgl. §§ 873, 891, 892 BGB). Ordnet man, wie hier vertreten, Zentralregisterwertpapiere sowohl dem Immobiliar- als auch dem Mobiliarsachenrecht zu, ermöglicht dies den Rückgriff auf die Gesamtheit aller sachenrechtlichen Vorschriften, je nachdem, ob Register und Registereintragung (dann eher Immobiliarsachenrecht) oder aber die durch Ein- bzw. Umtragung erlangte Inhaberschaft (dann eher Mobiliarsachenrecht) für die konkret zu beantwortende Frage im Vordergrund stehen.

f) Aufsicht über den Registerführer

Die **BaFin** als gemäß § 11 eWpG zuständige Aufsichtsbehörde **überwacht die Führung**   59
des zentralen Wertpapierregisters, insbesondere die Einhaltung der für alle elektronischen Wertpapierregister geltenden Vorschriften der §§ 7 ff. eWpG sowie der nur für zentrale Wertpapierregister geltenden Regelungen der §§ 12–15 eWpG. Für Einzelheiten siehe oben *Hippeli*, § 11.[70]

g) Verwahrung, Depotgeschäft und CSDR

Gemäß § 7 Abs. 4 eWpG stellt die **Registerführung als solche keine Verwahrung i. S. des**   60
DepotG dar, so dass insoweit keine aufsichtsrechtliche Erlaubnis erforderlich ist.[71] Für zentrale Wertpapierregister kommen allerdings ohnehin als registerführende Stellen nur Verwahrer i. S. des § 4 Abs. 6 eWpG oder Wertpapiersammelbanken i. S. des § 4 Abs. 5 eWpG in Betracht. In beiden Fällen handelt es sich also um Akteure, die bereits über die aufsichtliche Erlaubnis zum Betreiben des Depotgeschäftes nach § 1 Abs. 1 Satz 2 Nr. 5 KWG[72] bzw. die Zulassung nach Art. 16 Abs. 1 der CSDR[73] verfügen. Daher ist die Frage, **ob sonstige von Registerführern angebotene Dienstleistungen**, die über die bloße Registerführung hinausgehen, als Verwahrung i. S. des DepotG bzw. als Depotgeschäft nach § 1 Abs. 1 Satz 2 Nr. 5 KWG anzusehen sind, **für die Registerführer von zentralen Wertpapierregistern nicht von Bedeutung**, da beide bereits über die – möglicherweise – erforderliche Erlaubnis verfügen.[74]

Im Einzelfall können **Verwahrer** aber zusätzlich eine **Erlaubnis nach Art. 16 Abs. 1 der**   61
CSDR benötigen. Nach Art. 2 Abs. 1 Satz 1 CSDR ist ein Zentralverwahrer eine juristische Person, die ein Wertpapierliefer- und -abrechnungssystem nach Abschnitt A Nr. 3 des

---

69) *Lehmann* in: Möslein/Omlor/Grundmann, Elektronische Wertpapiere, S. 79.

70) Instruktiv zur regulatorischen Behandlung von Kryptowerten (über den Bereich der elektronischen Wertpapiere hinaus) *Patz*, BKR 2021, 725.

71) Anders im Falle von Kryptowertpapierregistern, wo die die Führung eines Kryptowertpapierregisters gemäß § 1 Abs. 1a Nr. 8 KWG eine erlaubnispflichtige Finanzdienstleistung darstellt.

72) Zum Tatbestand des Depotgeschäftes vgl. auch BaFin, Merkblatt Depotgeschäft, v. 6.1.2009, Stand: 15.12.2021, sub. 1. a), abrufbar unter https://www.bafin.de/SharedDocs/Veroeffentlichungen/DE/Merkblatt/mb_211215_tatbestand_depotgeschaeft.html?nn=9450978 (Abrufdatum: 22.2.2023), das elektronische Wertpapiere nach dem eWpG ausdrücklich erwähnt (z. B. in Ziff. 1 lit. a a. E.).

73) Verordnung (EU) Nr. 909/2014 des Europäischen Parlaments und des Rates v. 23.7.2014 zur Verbesserung der Wertpapierlieferungen und -abrechnungen in der Europäischen Union und über Zentralverwahrer sowie zur Änderung der Richtlinien 98/26/EG und 2014/65/EU und der Verordnung (EU) Nr. 236/2012 (Central Securities Depositories Regulation – CSDR), ABl. (EU) L 257/1 v. 28.8.2014.

74) S. dazu ausdrücklich Begr. RegE Gesetz zur Einführung von eWp, BT-Drucks. 19/26925, S. 49, insbesondere mit Blick auf den Registerführer, der zusätzlich zur Führung des Registers als Inhaber in Sammeleintragung eingetragen ist.

Anhangs zur CSDR betreibt und die wenigstens eine weitere Kerndienstleistung nach Anhang Abschnitt A CSDR erbringt. Bei den in Bezug genommenen Kerndienstleistungen handelt es sich um

- die erstmalige Verbuchung von Wertpapieren im Effektengiro („**notarielle Dienstleistung**" gemäß Anhang Abschnitt A Nr. 1 CSDR),

- die Bereitstellung und Führung von Depotkonten auf oberster Ebene („**zentrale Kontoführung**" gemäß Anhang Abschnitt A Nr. 2 CSDR) sowie

- den Betrieb eines Wertpapierliefer- und -abrechnungssystems („**Abwicklungsdienstleistung**" gemäß Anhang Abschnitt A Nr. 3 CSDR).[75]

62 Da im Falle einer Sammeleintragung das zentrale Wertpapierregister nach der anfänglichen Eintragung statisch bleibt (weil sich Wertpapierübertragungen außerhalb des Registers vollziehen, siehe dazu Rz. 89), dürfte das Betreiben eines Wertpapierlieferungs- und -abrechnungssystems allein aufgrund der Stellung als Registerführer eher fernliegen. **In Fällen der Einzeleintragung** hingegen, bei denen die Übertragung des Eigentums an den Zentralregisterwertpapieren eine Umtragung vom Veräußerer auf den Erwerber erfordern, erscheint die Annahme, dass es sich hierbei um ein **Wertpapierlieferungs- und Abrechnungssystem** nach Anhang Abschnitt A Nr. 3 CSDR handelt, weniger fernliegend. Zudem existieren bei der Einzeleintragung keinerlei sich an die Registereintragung anschließende Depot- oder Verwahrverhältnisse, so dass auch die Kerndienstleistung der **zentralen Kontoführung** nach Anhang Abschnitt A Nr. 2 CSDR in Betracht käme.[76] Schließlich liegt auch die **notarielle Dienstleistung** gemäß Anhang Abschnitt A Nr. 1 CSDR vor, wenn die Begebung der Zentralregisterwertpapiere im zentralen Wertpapierregister erfolgt (gilt für Sammel- und Einzeleintragung), also nicht nur bereits bestehende verkörperte Wertpapierkunden durch Zentralregisterwertpapiere gemäß § 6 Abs. 3 eWpG ersetzt werden.[77]

h) Zentrales Wertpapierregister und Wertpapierdepots innerhalb der Verwahrkette

63 Typischerweise verfügen Eigentümer **von verkörperten Wertpapieren** nicht über unmittelbaren Eigenbesitz an den Urkunden, sondern es besteht eine **Verwahr- oder Depotkette in Form von Besitzmittlungsverhältnissen** i. S. des § 868 BGB vom Eigentümer bis hin zur Wertpapiersammelbank.[78] Es können auch ein oder mehrere Intermediäre zwischengeschaltet sein, wie z. B. die „Hausbank des Anlegers". So existiert in diesem Beispiel zwischen dem „Anleger" als dem (Mit-)Eigentümer des Wertpapiersammelbestandes und seiner „Hausbank" ein Depotvertrag, wohingegen die „Hausbank" in einem gesonderten Depotrechtsverhältnis zur Wertpapiersammelbank steht. Nur letztere ist unmittelbare Besitzerin der Wertpapierurkunden. In jedem dieser Depotrechtsverhältnisse werden bei Erwerb oder Veräußerung korrespondierende Gutschriften und Belastungsbuchungen vorgenommen. Maßgeblich für den Eigentumsübergang ist jedoch die Buchung auf dem bei der Wertpapiersammelbank geführten Depot.[79]

---

75) Ausführlich zu den einzelnen Kerndienstleistungen der CSDR s. Beck/Samm/Kokemoor-*Alfes*, KWG, § 1 Rz. 889i – 889v.

76) Vgl. dazu die Ausführungen in der Begr. RegE Gesetz zur Einführung von eWp, BT-Drucks. 19/26925, S. 59 ff. zu Kryptowertpapierregistern, die in der Sache aber auch auf von Verwahrern in Einzeleintragung geführte zentrale Wertpapierregister übertragbar sind.

77) Begr. RegE Gesetz zur Einführung von eWp, BT-Drucks. 19/26925, S. 54.

78) S. allgemein Baumbach/Hopt-*Kumpan*, HGB, § 3 DepotG Rz. 1.

79) Durch die Belastungsbuchung auf dem Depot des Veräußerers und einer korrespondierenden Guthabenbuchung auf dem Depot des Erwerbers dokumentiert die Wertpapiersammelbank die Umstellung ihres Besitzmittlungswillens zugunsten des Erwerbers i. R. der Übertragung nach § 929 Satz 1 BGB, vgl. Beck/Samm/Kokemoor-*Alfes*, KWG, § 1 Rz. 889y; zu den weiteren Einzelheiten s. Beck/Samm/Kokemoor-*Alfes*, KWG, § 1 Rz. 889n und 889x m. w. N.

Im Falle von Zentralregisterwertpapieren ist hinsichtlich der **Bedeutung der Buchungen** 64
auf den Wertpapierdepots und der Ein- bzw. Umtragung im zentralen Wertpapierre-
gister zwischen der Sammeleintragung nach § 8 Abs. 1 Nr. 1 eWpG und der Einzeleintragung nach § 8 Abs. 1 Nr. 2 eWpG zu unterscheiden:

– Bei **Zentralregisterwertpapieren in Sammeleintragung** bleibt das zentrale Wertpapierregister nach der erstmaligen Eintragung statisch, d. h. der i. R. der Begebung der
  Zentralregisterwertpapiere als Inhaber eingetragene Verwahrer bzw. die eingetragene
  Wertpapiersammelbank bleibt bis zum Erlöschen des Wertpapiers als Inhaber im zentralen Wertpapierregister ausgewiesen. Eigentumsübertragungen erfolgen außerhalb des
  zentralen Wertpapierregisters und erfordern insbesondere keine Umtragung im zentralen Wertpapierregister. Damit vollzieht sich die Übertragung des Eigentums an Zentralregisterwertpapieren rechtlich wie operational identisch zur Übertragung des Eigentums an bei einer Wertpapiersammelbank verwahrten verkörperten Wertpapierurkunden,
  d. h. unter Bezugnahme der **Buchungen auf dem bei der Wertpapiersammelbank**
  geführten Depot (siehe dazu Rz. 89).

– Anders verhält es sich bei **Zentralregisterwertpapieren in Einzeleintragung**. Hier hält
  der Eingetragene gemäß § 8 Abs. 1 Nr. 2 eWpG die elektronischen Wertpapiere als
  Berechtigter, so dass – anders als bei der Sammeleintragung – keine nachgeschalteten
  Besitzmittlungsverhältnisse in Form von Depotverhältnissen existieren. Folglich kann
  es auch keine dort ausgeführten Gutschrift- oder Belastungsbuchungen geben, so dass
  für die Übertragung des Eigentums an Zentralregisterwertpapieren in Einzeleintragung
  nur die **Umtragung im zentralen Wertpapierregister** maßgeblich sein kann.

Im Ergebnis stellt sich also die Frage nach dem Verhältnis von zentralem Wertpapierregister 65
und Buchungen auf Wertpapierdepots nicht, da bei Zentralregisterwertpapieren in Sammeleintragung das zentrale Wertpapierregister statisch bleibt und bei Zentralregisterwertpapieren in Einzeleintragung schon gar keine nachgelagerten Depotrechtsverhältnisse existieren.

i) Zusätzliche Anforderungen an das zentrale Wertpapierregister gemäß § 7 eWpG

§ 7 enthält zusätzliche, zum Teil technische bzw. organisatorische Anforderungen an die 66
Führung eines zentralen Wertpapierregisters. Danach sind zentrale Wertpapierregister so
zu führen, dass **Vertraulichkeit**, **Integrität** und **Authentizität** der Daten gewährleistet
sind (§ 7 Abs. 1 eWpG). Die registerführende Stelle hat sicherzustellen, dass das elektronische Wertpapierregister jederzeit die bestehende Rechtslage zutreffend wiedergibt und
Eintragungen sowie Umtragungen vollständig und ordnungsgemäß erfolgen (§ 7 Abs. 2
eWpG). Zudem sind die erforderlichen technischen und organisatorischen Maßnahmen
zu treffen, um einen **Datenverlust** oder eine unbefugte Datenveränderung zu verhindern
(§ 7 Abs. 3 Satz 1 eWpG). Weiterhin hat die registerführende Stelle zu gewährleisten, dass
der Gesamtbestand der vom Emittenten jeweils elektronisch begebenen Wertpapiere durch
Eintragungen und Umtragungen nicht verändert wird („**Integrität der Wertpapieremis-**
sion", § 7 Abs. 3 Satz 3 eWpG). Schließlich sehen die Reglungen des § 7 Abs. 2 Satz 2 und
des Abs. 3 Satz 2 eWpG eine Haftung der registerführenden Stelle vor. Für Einzelheiten
siehe *Hippeli*, § 7.

j) Registerinhalt und Registeränderungen gemäß §§ 13, 14 eWpG

Der Inhalt des zentralen Wertpapierregisters, d. h. alle **eintragungspflichtigen Angaben** 67
über Zentralregisterwertpapiere und deren Inhaber wird durch § 13 eWpG vorgeben.
Dazu zählen u. a. die Angabe von Emittenten und Inhaber, Emissionsvolumen und Nennbetrag sowie die Kennzeichnung, ob es sich bei dem jeweiligen Wertpapier um eine Einzel-
oder eine Sammeleintragung handelt. § 14 eWpG regelt darauf aufbauend die Vorausset-

zungen für **Änderungen des Registerinhalts**, also das prozedurale Verfahren bis hin zur Vornahme der Änderungen durch die registerführende Stelle einschließlich der Frage, wer der Änderung – abhängig von der Art des jeweils zu ändernden Registerinhalts – zustimmen muss. Für Einzelheiten siehe *Alfes*, § 13 und § 14.

k) Unterschiede zum Kryptowertpapierregister gemäß § 16 eWpG

68 Die **Unterschiede** zwischen zentralen Wertpapierregistern und Kryptowertpapierregistern ergeben sich zunächst aus den **register-spezifischen Regelungen** der §§ 12–15 für zentrale Wertpapierregister und §§ 16–23 eWpG für Kryptowertpapierregister. Maßgebliche Unterschiede bestehen zunächst hinsichtlich der **gesteigerten technischen Anforderungen an Kryptowertpapierregister**, wie z. B. das Erfordernis, dass Kryptowertpapiere auf einem fälschungssicheren Aufzeichnungssystem geführt werden müssen, in dem Daten in der Zeitfolge protokolliert und gegen unbefugte Löschung sowie nachträgliche Veränderung geschützt gespeichert werden (§ 16 Abs. 1 eWpG).

69 Anstelle dieser technischen Anforderungen setzt das zentrale Wertpapierregister hingegen auf das „**besondere Vertrauen in die Integrität der registerführenden Stellen**"[80] und ermöglicht die Führung von zentralen Wertpapierregistern nur den bereits aufsichtlich regulierten Rechtssubjekten. Denn während für die Führung eines Kryptowertpapierregisters jede vom Emittenten benannte Stelle – und sogar der Emittent selbst – in Betracht kommt (§ 16 Abs. 2 eWpG), kann gemäß § 12 Abs. 2 eWpG ein zentrales Wertpapierregister lediglich von einem Verwahrer (i. S. des § 4 Abs. 6 eWpG) oder einer Wertpapiersammelbank (i. S. des § 4 Abs. 5 eWpG) geführt werden kann, die jeweils über entsprechende aufsichtliche Erlaubnisse verfügen (siehe dazu oben Rz. 60 ff.).

70 Für Kryptowertpapiere fehlt zudem eine dem § 12 Abs. 3 eWpG vergleichbare Vorschrift über die Einbeziehung zur Abwicklung im Effektengiro, so dass **Kryptowertpapiere nicht an Handelsplätzen** i. S. von Art. 4 Abs. 1 Nr. 24 der Finanzmarktrichtlinie (MiFID II)[81] **gehandelt werden können** (siehe dazu auch Rz. 131 ff.).[82] Zur Frage, inwieweit sich zentrale Wertpapierregister und Kryptowertpapierregister hinsichtlich der **(De-)Zentralität der Registerführung unterscheiden**, siehe die Darstellung unten Rz. 71 ff.

3. Zentrale Eintragung von Zentralregisterwertpapieren (§ 12 Abs. 1 Alt. 1 eWpG)

a) Zentralität der Eintragung von Zentralregisterwertpapieren

71 Gemäß § 12 Abs. 1 Alt. 1 eWpG dienen zentrale Wertpapierregister der zentralen Eintragung von Zentralregisterwertpapieren. Wendet man den Blick zunächst auf die Bedeutung der **Zentralität der Registereintragung** (zur Eintragung als solcher siehe sogleich Rz. 75 ff.), so stellt sich diese als weiteres Abgrenzungskriterium und wesentlicher Unterschied zu Kryptowertpapierregistern dar (siehe dazu bereits Rz. 68 ff.).[83]

72 **Kryptowertpapierregister** müssen gemäß § 16 Abs. 1 eWpG auf einem Aufzeichnungssystem i. S. des § 4 Abs. 11 eWpG geführt werden. Danach ist ein Aufzeichnungssystem ein **dezentraler Zusammenschluss**, in dem die Kontrollrechte zwischen den das jeweilige System betreibenden Einheiten nach einem im Vorhinein festgelegten Muster verteilt sind. Die Dezentralität ist damit prägender Bestandteil der gesetzlichen Definition. Diese „Mehrzahl" von Registern kommt deutlich im englischen Begriff „Distributed Ledger" („verteilte

---

80) Begr. RegE Gesetz zur Einführung von eWp, BT-Drucks. 19/26925, S. 54.
81) Richtlinie (EU) Nr. 65/2014 des Europäischen Parlaments und des Rates vom 15. Mai 2014 über Märkte für Finanzinstrumente sowie zur Änderung der Richtlinien 2002/92/EG und 2011/61/EU (Finanzmarktrichtlinie – MiFID II), ABl. (EU) L 173/349 v. 12.6.2014.
82) *Preuße/Wöckener/Gillenkirch*, BKR 2021, 460, 461.
83) Müller/Pieper-*Pieper*, eWpG, § 12 Rz. 2 f.

Register") zum Ausdruck, womit eine mögliche Art der technischen Ausgestaltung der Registerführung gemeint ist.[84] Anders verhält es sich beim **zentralen Wertpapierregister**, denn dort existiert lediglich ein **einziges maßgebliches Register** (sog. „golden copy"), in welchem die Rechtsfolgen auslösenden Eintragungen vorzunehmen sind und an dem die Publizitätswirkungen anknüpfen.

Kryptowertpapierregister müssen daher dezentral, zentrale Wertpapierregister zentral geführt **73** werden. Aufgrund der **sich gegenseitig ausschließenden Architektur der Registerführung** können Kryptowertpapierregister nicht zugleich zentrale Wertpapierregister sein (und umgekehrt). Auch können Zentralregisterwertpapiere nicht zugleich Kryptowertpapiere sein (und umgekehrt).[85]

Dies bedeutet aber nicht, das registerführende Stellen von zentralen Wertpapierregistern **74** gänzlich von der Verwendung dezentraler Aufzeichnungssysteme ausgeschlossen sind, denn es wäre z. B. denkbar, dass dezentrale Aufzeichnungssysteme als prozedurale Vorstufe eines zentralen Wertpapierregisters genutzt werden. **Maßgeblich für die aus der Register-eintragung resultierenden Rechtsfolgen** (z. B. Eintragung zur Eigentumsübertragung gemäß § 25 eWpG oder gutgläubiger Erwerb gemäß § 26 eWpG) können aber dennoch nur die **Eintragungen im zentralen Wertpapierregister** (und nicht in den „Vorstufenregistern") sein, so dass die alleinige „Letztentscheidungsbefugnis über jede Form der Datenverarbeitung" beim Registerführer des zentralen Wertpapierregister liegt.[86]

b) Eintragung (§ 4 Abs. 4 eWpG), Umtragung (§ 4 Abs. 8 eWpG) und Löschung (§ 4 Abs. 9 eWpG)

Gemäß § 12 Abs. 1 Alt. 1 eWpG dienen zentrale Wertpapierregister der **zentralen Eintra- 75 gung von Zentralregisterwertpapieren**. Das Gesetz nennt hier ausdrücklich nur die „Eintragung" gemäß § 4 Abs. 4 eWpG. Mit Blick darauf, dass aber auch die sonstigen gesetzlich definierten Arten von Registeränderungen wie die Umtragung gemäß § 4 Abs. 8 eWpG und die Löschung gemäß § 4 Abs. 9 eWpG im zentralen Wertpapierregister wiederzugeben (d. h. „einzutragen") sind, sollte in der Sache unstreitig sein, dass das zentrale Wertpapierregister – über den Wortlaut hinaus – sowohl der zentralen Eintragung als auch der Umtragung und der Löschung von Zentralregisterwertpapieren dient.[87]

Nach § 4 Abs. 4 eWpG ist unter Eintragung eines Zentralregisterwertpapiers die **Aufnahme 76 der für ein Zentralregisterwertpapier nach § 13 eWpG erforderlichen Registerangaben in ein zentrales Wertpapierregister** unter eindeutiger und unmittelbar erkennbarer **Bezugnahme auf die niedergelegten Emissionsbedingungen** zu verstehen. Der Eintragung kommt i. R. der **Begebung des Zentralregisterwertpapiers** (siehe dazu unten Rz. 79 ff.), der Ersetzung einer papiernen Wertpapierurkunde durch ein Zentralregisterwertpapier gemäß § 6 Abs. 3 eWpG[88] und bei Verfügungen über Zentralregisterwertpapiere in Einzeleintragung gemäß §§ 24 ff. eWpG Bedeutung zu.

---

84) S. Begr. RegE Gesetz zur Einführung von eWp, BT-Drucks. 19/26925, S. 42. Zur Dezentralität vgl. auch *Blassl*, AG 2022, 725, 726.

85) Begr. RegE Gesetz zur Einführung von eWp, BT-Drucks. 19/26925, S. 42.

86) Begr. RegE Gesetz zur Einführung von eWp, BT-Drucks. 19/26925, S. 54.

87) Man könnte daher in § 12 Abs. 1 Alt. 1 auch von einer „Eintragung im weiteren Sinne" sprechen, während die Eintragung gemäß § 4 Abs. 4 die Eintragung „im engeren Sinne" darstellen würde; unklar Begr. RegE Gesetz zur Einführung von eWp, BT-Drucks. 19/26925, S. 54: „Die Eintragung bezieht sich **grundsätzlich** auf die elektronische Erstbegebung eines Wertpapiers." (Hervorhebung durch den Verf.).

88) Dass die Eintragung nicht lediglich i. R. der Erstbegebung von Wertpapieren eine Rolle spielt, zeigt der Fall der Ersetzung eines urkundlich begebenen Wertpapiers durch ein Zentralregisterwertpapier, indem die Eintragung lediglich anstelle des Skripturakts tritt, nicht aber zu einer (Wieder-)Begebung des Wertpapiers führt, vgl. Begr. RegE Gesetz zur Einführung von eWp, BT-Drucks. 19/26925, S. 54.

77   Die **Umtragung** gemäß § 4 Abs. 8 eWpG ist die **Ersetzung des bisherigen Inhabers** eines im zentralen Wertpapierregister eingetragenen Zentralregisterwertpapiers **durch einen neuen Inhaber.** Die Umtragung ist relevant sowohl beim (bloßen) Wechsel der Inhaberschaft als auch bei **Verfügungen über Zentralregisterwertpapiere in Einzeleintragung** gemäß §§ 24 ff. eWpG [siehe Rz. 86 f.]. Schließlich kommt der Umtragung auch i. R. des § 29 eWpG Bedeutung zu, wonach der Emittent einer elektronisch begebenen Schuldverschreibung in Einzeleintragung zur Leistung nur verpflichtet ist, wenn der Inhaber gegenüber der registerführenden Stelle eine Weisung zur Umtragung auf den Emittenten bei Zahlungsnachweis erteilt.

78   Unter **Löschung** ist gemäß § 4 Abs. 9 eWpG die **Kenntlichmachung eines eingetragenen Zentralregisterwertpapiers** und seiner niedergelegten Emissionsbedingungen **als gegenstandslos** zu verstehen, was insbesondere bei der Ersetzung eines Zentralregisterwertpapiers durch eine Wertpapierurkunde gemäß § 6 Abs. 2 eWpG erfolgt.

c)   Begebung von Zentralregisterwertpapieren

79   Nach § 2 Abs. 1 Satz 2 eWpG wird ein elektronisches Wertpapier dadurch begeben, dass der Emittent anstelle der Ausstellung einer Wertpapierurkunde eine **Eintragung in ein elektronisches Wertpapierregister** bewirkt. Wie bereits an anderer Stelle ausgeführt (siehe Rz. 40 f.) wird durch die Eintragung i. S. des § 4 Abs. 4 eWpG lediglich der Skripturakt,[89] d. h. die Herstellung der körperlichen Wertpapierurkunde ersetzt (**„Eintragung statt Urkunde"**). Wie bisher bei mittels Urkunden begebenen Wertpapieren bedarf es zusätzlich noch eines **Begebungsvertrages** zwischen Aussteller und dem ersten Nehmer, der sowohl die Verpflichtung des Austellers begründet als auch die Übertragung des Eigentums am Zentralregisterwertpapier an den ersten Nehmer bewirkt („modifizierte Vertragstheorie").[90]

80   Zwar liegt bei der Eintragung i. S. des § 4 Abs. 4 eWpG der Schwerpunkt auf der Registereintragung des Zentralregisterwertpapiers „als solcher". Dies darf aber nicht vergessen lassen, dass die Eintragung an das Erfordernis der vorherigen Niederlegung der Emissionsbedingungen gemäß § 5 Abs. 1 eWpG geknüpft ist, so dass es sich bei der **Eintragung gemäß § 4 Abs. 4 eWpG um ein zweiaktiges Geschehen aus Niederlegung und Eintragung** handelt.[91]

81   **Kein Unterschied** hinsichtlich des vorbeschriebenen Verfahrens besteht hinsichtlich der **Begebung** von Zentralregisterwertpapieren in Sammel- oder in Einzeleintragung. An dieser Stelle sei aber auf **„Unschärfen" in der Regierungsbegründung** hingewiesen. Dort wird an zwei Stellen der Inhaber als der Vertragspartner des Austellers im Begebungsvertrag genannt.[92] Auch wenn der Inhaber in Fällen der Einzeleintragung regelmäßig mit dem Berechtigten i. S. des § 3 Abs. 2 eWpG zusammenfällt, so gilt dies nicht für Fälle der Sammeleintragung, in denen – anders als in der Einzeleintragung – Inhaber und Berechtigter typischerweise auseinanderfallen, so dass in der Regierungsbegründung nicht gemeint sein kann, dass Wertpapiersammelbank oder Verwahrer durch die Sammeleintragung zur Partei

---

89)   Begr. RegE Gesetz zur Einführung von eWp, BT-Drucks. 19/26925, S. 39.

90)   *Dubovitskaya,* ZIP 2020, 2551, 2554; *Habersack* in: Möslein/Omlor/Grundmann, Elektronische Wertpapiere, S. 93; *Kleinert/Mayer,* EuZW 2020, 1059, 1060; *Linardatos,* ZBB 2020, 329, 340; *Meier,* RDi 2021, 1, 5; *Segna,* Elektronische Wertpapiere im zentralen Register, WM 2020, 2301, 2306. Für die Kreationstheorie hingegen *Bartlitz,* NJW 2022, 1981, 1984 ff.

91)   *Dubovitskaya,* ZIP 2020, 2551, 2554 f.; *Lenz/Joachimsthaler,* DB 2021, 1384, 1388.

92)   Begr. RegE Gesetz zur Einführung von eWp, BT-Drucks. 19/26925, S. 39: „Ein elektronisches Wertpapier entsteht nach der herrschenden Vertragstheorie ebenso wie sonstige Wertpapiere durch Einigung zwischen dem Emittenten und dem **Inhaber** (Begebungsvertrag) und einem Skripturakt." und S. 40: „Übereignung des Wertpapiers vom Aussteller auf den ersten *Inhaber*" (Hervorhebungen durch den Verf.).

der Begebungsverträge werden (wollen). Richtigerweise ist daher in beiden Passagen „erster Nehmer" anstelle von „Inhaber" zu lesen.

d) Wechsel der Inhaberschaft an Zentralregisterwertpapieren

Unter **Umtragung gemäß § 4 Abs. 8** eWpG ist die Ersetzung des Inhabers eines im elektronischen Wertpapierregister eingetragenen elektronischen Wertpapiers durch einen neuen Inhaber zu verstehen. Die Umtragung stellt sich damit als **„bloßer Inhaberwechsel"** dar.   82

Insbesondere ist die Umtragung als solche von der Übertragung des Eigentums an den Zentralregisterwertpapieren zu unterscheiden, denn selbst bei Zentralregisterwertpapieren in Einzeleintragung ist die Umtragung lediglich mit der Besitzverschaffung i. R. der Eigentumsübertragung nach §§ 929 ff. BGB vergleichbar (zu Inhaberschaft und Besitz siehe unten Rz. 104 ff.). Damit ist die Umtragung – wie die Verschaffung des Besitzes – zwar notwendige, aber nicht hinreichende Bedingung für die Übereignung von Zentralregisterwertpapieren in Einzeleintragung, da insoweit noch die **Einigung über den Eigentumsübergang** gemäß § 25 eWpG erforderlich ist.[93] Dies gilt ungeachtet der Tatsache, dass das zentrale Wertpapierregister den Eingetragenen weder im Falle der Sammeleintragung noch bei Zentralregisterwertpapieren in Einzeleintragung als den Eigentümer des Zentralregisterwertpapiers ausweist (siehe dazu ausführlich Rz. 98 ff.).   83

Der **bloße Inhaberwechsel** – also ohne gleichzeitige Übereignung des Zentralregisterwertpapiers – kommt **bei der Einzeleintragung regelmäßig nicht vor**, da die Inhaberschaft in Einzeleintragung durch § 8 Abs. 1 Nr. 2 i. V. m. § 2 Abs. 2 eWpG zugleich die Inhaberschaft an den Rechten aus den Zentralregisterwertpapieren ausweist, und diese Berechtigung in der Regel durch Übertragung des Eigentums am Zentralregisterwertpapier übertragen wird (vgl. die „Transportfunktion" des § 25 Abs. 2 eWpG). Bedeutsam ist die Umtragung als bloßer Inhaberwechsels aber bei einem Wechsel von der Einzeleintragung zur Sammeleintragung gemäß § 8 Abs. 2 eWpG.   84

Praktische Bedeutung erlangt die Umtragung als bloßer Inhaberwechsel **im Falle der Sammeleintragung**. So können Zentralregisterwertpapiere z. B. von einem Verwahrer auf eine Wertpapiersammelbank umgetragen werden, um dadurch die Einbeziehung ins Effektengiro gemäß § 12 Abs. 3 eWpG zu erreichen. Der umgekehrte Weg ist ebenfalls möglich, wenn zwecks Kostenreduzierung eine Einbeziehung in das Effektengiro nicht mehr gewünscht wird. Zudem ist ebenfalls der Wechsel von einem Verwahrer auf einen anderen – als Pendant zum Wechsel der Depotbank – denkbar, sollte aber eher die Ausnahme darstellen (z. B. bei gesellschaftsrechtlichen Umstrukturierungen im Konzern des Verwahrers).   85

e) Verfügungen über Zentralregisterwertpapiere in Einzeleintragung gemäß §§ 24 ff. eWpG

Die **prominenteste Bedeutung kommt der Umtragung** gemäß § 4 Abs. 8 eWpG i. R. von **Verfügungen über Zentralregisterwertpapiere in Einzeleintragung** zu. Das eWpG enthält diesbezüglich einen eigenen Regelungskomplex in Abschnitt 4 betreffend die „Verfügungen über elektronische Wertpapiere in Einzeleintragung". In § 24 eWpG wird vorangestellt, dass dort näher bestimmte Verfügungen – vorbehaltlich der sonstigen gesetzlichen Anforderungen – zu ihrer Wirksamkeit einer **Umtragung im elektronischen Wertpapierregister** (hier: im zentralen Wertpapierregister) bedürfen.   86

---

93) Es handelt sich also um eine deutliche Abkehr vom Programmsatz „The code is law." (vgl. dazu *Aufderheide*, WM 2022, 264, 266), da die Rechtsfolge des Rechtsüberganges nicht lediglich an die Registereintragung geknüpft wird und eine – ohne die erforderliche dingliche Einigung – dennoch erfolgte Umtragung nicht zu einem Eigentumserwerb des Eingetragenen führen kann. Der Verlust des Eigentums kann freilich durch einen späteren gutgläubigen Erwerb eintreten.

87   Besonders bedeutsam ist hier die Umtragung i. R. der **rechtsgeschäftlichen Übertragung des Eigentums an Zentralregisterwertpapieren gemäß § 25 eWpG**, einschließlich des gutgläubigen Erwerbs nach § 26 eWpG. Für Einzelheiten sei auf die Kommentierung der §§ 24 ff. verwiesen.

88   Das **Erfordernis der Umtragung** – als Voraussetzung für den wirksamen Übergang des Eigentums – besteht hingegen **nicht** bei anderen als rechtsgeschäftlichen Eigentumsübergängen wie z. B. i. R. der **Gesamtrechtsnachfolge** im Erbfall gemäß § 1922 Abs. 1 BGB oder der Verschmelzung gemäß § 2 UmwG.

f)   Verfügungen über Zentralregisterwertpapiere in Sammeleintragung

89   Der Vollständigkeit halber sei an dieser Stelle erwähnt, dass die Übertragung des Eigentums an in Sammeleintragung eingetragenen Zentralregisterwertpapieren keine Ein- oder Umtragungen im zentralen Wertpapierregister erfordert. Vielmehr **bleibt das zentrale Wertpapierregister** – nach erfolgter Eintragung i. R. der Begebung – in der Regel **statisch**, d. h. der eingetragene Verwahrer oder die eingetragene Wertpapiersammelbank bleibt bis zum Erlöschen des Wertpapiers als Inhaber eingetragen.[94] **Eigentumsübertragungen** erfolgen lediglich **außerhalb des zentralen Wertpapierregisters** und setzen keine Umtragung im Register voraus. Die Übereignung erfolgt – wie bislang für mittels Urkunden begebene Wertpapiere – gemäß § 929 Satz 1 BGB, wobei die Umbuchungen in den bei der Wertpapiersammelbank geführten Depots die Umstellung des Besitzmittlungswillens der Wertpapiersammelbank dokumentieren und die für § 929 Satz 1 BGB notwendige Verschaffung des (mittelbaren) Besitzes bewirken.[95]

4.   Publizität des zentralen Wertpapierregisters (§ 12 Abs. 1 Alt. 2 eWpG)

a)   Publizität durch Registereintragung

90   Das zentrale Wertpapierregister dient gemäß § 12 Abs. 1 – neben der oben, siehe Rz. 71 ff., beschriebenen Zentralität – der **Publizität von Zentralregisterwertpapieren**.

91   Mit dem in Absatz 1 enthaltenen Zusatz **„gemäß den nachfolgenden Bestimmungen"** sind sowohl die nur für zentrale Wertpapierregister geltenden Vorschriften der §§ 13–15 eWpG als auch die für alle elektronischen Wertpapiere in Einzeleintragung geltenden Vorschriften der §§ 24–27 eWpG gemeint. Die Beifügung „nachfolgend" soll aber nicht darüber hinwegtäuschen, dass letztlich alle Vorschriften des eWpG mit Ausnahme der §§ 16–23 eWpG, die nur für Kryptowertpapiere gelten, auf Zentralregisterwertpapiere Anwendung finden. Dies zeigt sich z. B. an der Vorschrift des § 10 eWpG, bei der es sich zwar nicht um eine „nachfolgende", sondern um eine dem § 12 eWpG „vorhergehende" Bestimmung handelt, welche nichtsdestotrotz die Voraussetzungen für eine Einsichtnahme in das zentrale Wertpapierregister vorgibt.

92   Zweck des **sachenrechtlichen Publizitätsprinzips** ist es, die **Veränderung von dinglichen Berechtigungen an Sachen äußerlich erkennbar zu machen**, um so für Rechtsklarheit zu sorgen und den Rechtsverkehr zu schützen.[96] Dies erfolgt bei der Übereignung beweglicher Sachen durch das Erfordernis der Übertragung des Besitzes (§§ 929 ff. BGB), bei unbeweglichen Sachen durch die Eintragung im Grundbuch (§§ 873 ff. BGB). Zwar ist der

---

94) *Sickinger/Thelen*, AG 2020, 862, 864 – „Register selbst bildet Transaktionsgeschichte nicht ab"; *Lehmann*, NJW 2021, 2318, 2321 – „Eintragung im zentralen Register [...] funktionslos".

95) Zur Übertragung des Eigentums an elektronischen Wertpapieren in Sammeleintragung s. Begr. RegE Gesetz zur Einführung von eWp, BT-Drucks. 19/26925, S. 50; *Lehmann*, NJW 2021, 2318, 2319; *Segna*, WM 2020, 2301, 2308; zur gegenwärtigen Rechtslage s. Beck/Samm/Kokemoor-*Alfes*, KWG, § 1 Rz. 889n, 889x, 889y.

96) *Gaier* in: MünchKomm-BGB, Einl. Sachenrecht Rz. 22.

Besitz im herkömmlichen Sinne in Form der Innehabung der tatsächlichen Gewalt i. S. des § 854 Abs. 1 BGB auch an elektronischen Wertpapieren denkbar (siehe dazu Rz. 104 ff.). Allerdings kann der Besitz an – lediglich per Fiktion dem Sachenrecht unterworfenen – elektronischen Wertpapieren die Publizitätsfunktion nicht in gleicher Weise erfüllen, wie es der Besitz an körperlichen Gegenständen wie papiernen Urkunden vermag.[97] Um hier dennoch eine **vergleichbare Publizität herzustellen**, hat sich der Gesetzgeber für die **Registereintragung von elektronischen Wertpapieren** entschieden.[98]

Innerhalb des zentralen Wertpapierregisters bestehen **Unterschiede hinsichtlich des Ausmaßes der Publizität**, und zwar in Abhängigkeit davon, ob es sich um Zentralregisterwertpapiere in **Einzel- oder in Sammeleintragung** handelt. Während bei Zentralregisterwertpapieren in Einzeleintragung jede Verfügung und insbesondere die Übertragung des Eigentums an Zentralregisterwertpapieren einer Umtragung im Register bedarf (siehe die Kommentierung zu §§ 24, 25 und oben Rz. 86 f.), erfolgt die Übertragung von Wertpapieren in Sammeleintragung ohne Umtragung und damit außerhalb des zentralen Wertpapierregisters (siehe dazu Rz. 89). Diese Unterschiede im Ausmaß der Publizität entsprechen in der Sache genau den Durchbrechungen des Publizitätsprinzips, die für die Übereignung beweglicher Sachen bereits in den §§ 929 ff. BGB vorgesehen sind, soweit dort eine Übereignung auch ohne die Übertragung des unmittelbaren Besitzers vom Veräußerer an den Erwerber ermöglicht wird.[99] **93**

Ein struktureller Unterschied besteht zudem zwischen dem zentralen Wertpapierregister und dem Grundbuch, da das zentrale Wertpapierregister **keine Aussage über die Eigentümerstellung des eingetragenen Inhabers an den Zentralregisterwertpapieren** trifft (dazu und zur Vermutung des § 27 siehe unten Rz. 98 ff.). **94**

Flankiert wird die Publizität des zentralen Wertpapierregisters durch die Regelung des § 7 Abs. 2 eWpG, wonach die **registerführende Stelle sicherstellt**, dass das elektronische Wertpapierregister jederzeit die **bestehende Rechtslage zutreffend wiedergibt** und Eintragungen sowie Umtragungen vollständig und ordnungsgemäß erfolgen. Was unter der bestehenden Rechtslage zu verstehen ist, die das zentrale Wertpapierregister wiedergeben soll (Berechtigung, Eigentum, Besitz), ist Gegenstand der nachfolgenden Abschnitte b) bis d), siehe Rz. 96 ff. **95**

b)   Ausweis der Berechtigung („Recht aus dem Papier")

Gemäß § 3 Abs. 2 eWpG ist Berechtigter, wer das Recht aus einem Wertpapier innehat. Inhaber ist der im elektronischen Wertpapierregister (hier: im zentralen Wertpapierregister) Eingetragene (vgl. § 3 Abs. 1 eWpG). Die **Konzepte von Inhaberschaft** gemäß § 3 Abs. 1 eWpG **und Berechtigung** gemäß § 3 Abs. 2 eWpG einerseits sowie die **Eintragungsformen der Einzel- und der Sammeleintragung** gemäß § 8 Abs. 1 Nr. 1 und Nr. 2 eWpG andererseits sind **nicht beliebig kombinierbar**: Das zentrale Wertpapierregister weist zwar jeden Eingetragenen gemäß § 3 Abs. 1 eWpG als Inhaber aus, aber nur der Inhaber eines Zentralregisterwertpapiers in Einzeleintragung gilt auch als Berechtigter i. S. des § 3 Abs. 2 eWpG, also als derjenige, dem das Recht aus dem Zentralregisterwertpapier zusteht. **96**

---

97) Begr. RegE Gesetz zur Einführung von eWp, BT-Drucks. 19/26925, S. 39.

98) Begr. RegE Gesetz zur Einführung von eWp, BT-Drucks. 19/26925, S. 39; zuzugeben ist allerdings, dass die Publizitätsfunktion der Besitzübergabe bei der Übereignung von girosammelverwahrten Wertpapieren bereits heute keine maßgebliche Rolle mehr spielt und es bereits jetzt „de facto" lediglich auf die Buchungen auf den bei der Wertpapiersammelbank geführten Wertpapierdepots ankommt (s. zum „Funktionsverlust der Urkunde" bereits oben Rz. 12 ff.).

99) Vgl. dazu *Gaier* in: MünchKomm-BGB, Einl. Sachenrecht Rz. 22.

Im Falle der Sammeleintragung geht also die materielle Berechtigung zu keinem Zeitpunkt aus dem zentralen Wertpapierregister hervor.[100]

97 Unter Verwendung der gebräuchlichen Begrifflichkeiten weist das zentrale Register nur den **Inhaber von einzeleingetragenen Zentralregisterwertpapieren** als denjenigen aus, dem das **Recht aus dem Papier zusteht.** Im Falle der Sammeleintragung verwalten der eingetragene Verwahrer oder die Wertpapiersammelbank gemäß § 9 Abs. 2 Satz 2 eWpG die Zentralregisterwertpapiere treuhänderisch für die Vielzahl der – nicht eingetragenen – Berechtigten, ohne dass Wertpapiersammelbank oder Verwahrer durch die Eintragung selbst zum Berechtigten würden. Insofern fallen Inhaberschaft und Berechtigung typischerweise auseinander, soweit es sich nicht um Eigenbestände des Verwahrers bzw. der Wertpapiersammelbank handelt.[101]

c) Ausweis des Eigentums („Recht am Papier")

98 Das **zentrale Wertpapierregister weist den Eingetragenen nicht ausdrücklich als Eigentümer eines Zentralregisterwertpapiers aus** bzw. nicht als Miteigentümer nach Bruchteilen am Wertpapiersammelbestand von in Sammeleintragung eingetragenen Zentralregisterwertpapieren gemäß § 9 Abs. 1 eWpG. Der in **Sammeleintragung** Eingetragene ist gemäß § 3 Abs. 1 eWpG nur Inhaber des Zentralregisterwertpapiers (siehe dazu sogleich Rz. 104 ff.), ohne selbst Berechtigter zu sein (siehe dazu soeben Rz. 96 f.).[102] Der in **Einzeleintragung** gemäß § 3 Abs. 2 eWpG Eingetragene wird zwar zusätzlich auch als Berechtigter ausgewiesen, so dass ihm nach Registerlage neben der Inhaberschaft auch das Recht aus dem Zentralregisterwertpapier zusteht (dazu siehe Rz. 96 f.). Eine unmittelbare Aussage über die Eigentümerstellung des Berechtigten ist damit aber noch nicht getroffen.

99 Die **Verknüpfung von Berechtigung und Eigentum erfolgt durch die Regelung des § 25 Abs. 2 eWpG,** wonach das Recht aus dem elektronischen Wertpapier mit der Übertragung des Eigentums an dem elektronischen Wertpapier übertragen wird („das Recht aus dem Papier folgt dem Recht am Papier"). Darüber hinaus wird in der Regierungsbegründung ausdrücklich anerkannt, dass zusätzlich auch eine Übertragung der Rechte aus dem Wertpapier nach Zessionsrecht gemäß §§ 398 ff. BGB möglich sein soll,[103] was allerdings gemäß § 24 Nr. 2 eWpG eine Eintragung im zentralen Wertpapierregister erfordert. Das Auseinanderfallen von Berechtigung und Eigentum wird in diesem Falle durch § 952 Abs. 2 BGB verhindert, wonach das Eigentum an dem über eine Forderung ausgestellten Schuldschein dem Gläubiger zusteht.[104] Im Ergebnis ist damit die Inhaberschaft ohne Eigentümerstellung nur in den Fällen der Sammeleintragung möglich. Ist der in Einzeleintragung **Eingetragene aber zusätzlich Berechtigter,** so fällt damit auch **immer die Stellung als Eigentümer** zusammen.[105]

100 Insofern ist es auch unschädlich, dass § 25 Abs. 1 eWpG vom Berechtigten und nicht vom Eigentümer als demjenigen spricht, der sein Eigentum i. R. des Übertragungsvorganges verliert, denn wie soeben gezeigt fallen Eigentum und Berechtigung bei der von § 25 eWpG erfassten Einzeleintragung stets zusammen. Möglicherweise ist hier die **strukturelle Verwandtschaft zur Vorschrift des § 873 Abs. 1 BGB** Grund für Bezugnahme auf den „Be-

---

100) *Habersack* in: Möslein/Omlor/Grundmann, Elektronische Wertpapiere, S. 99.
101) *Wienecke/Kunz*, NZG 2021, 316, 319.
102) *Segna*, WM 2020, 2301, 2310 – „aus materiell-rechtlicher Sicht in einem Zustand der permanenten Unrichtigkeit".
103) Begr. RegE Gesetz zur Einführung von eWp, BT-Drucks. 19/26925, S. 66.
104) Zu verkörperten Inhaberschuldverschreibungen s. *Habersack* in: MünchKomm-BGB, § 793 Rz. 37.
105) *Preuße/Wöckener/Gillenkirch*, BKR 2021, 460, 462.

rechtigten", obwohl dort – anders als in § 3 Abs. 2 eWpG – mit dem Berechtigten der wahre Inhaber des materiellen Rechts (z. B. der „Eigentümer") gemeint ist.[106]

An dem Befund, dass das zentrale Wertpapierregister nicht ausdrücklich, sondern nur über die Regelungen der § 25 Abs. 2 eWpG und § 952 Abs. 2 BGB mittelbare Auskunft über die Eigentümerstellung des Berechtigten gibt, knüpft auch die **Vermutungsregelung des § 27 eWpG** an. Danach wird zugunsten des Inhabers eines elektronischen Wertpapiers vermutet, dass er – für die Dauer seiner Eintragung als Inhaber – der Eigentümer des elektronischen Wertpapiers ist, sofern das eWpG nichts anderes vorsieht. § 27 eWpG ordnet danach – zu Recht und anders als § 891 BGB – nicht an, dass vermutet wird, ein eingetragenes Recht (z. B. „Eigentum") stehe dem Eingetragenen zu, sondern **knüpft zutreffend an die Inhaberschaft in Einzeleintragung** (d. h. „Berechtigung") an und **schließt sodann auf das Eigentum** an den elektronischen Wertpapieren. 101

Das vom Gesetzgeber gewählte Konzept mag auf den ersten Blick verwundern. Vergegenwärtigt man sich aber den auf Inhaberpapiere beschränkten Anwendungsbereich des eWpG (siehe oben Rz. 38 f.), so ist ein Register, welches lediglich über den Inhaber eines Zentralregisterwertpapiers Auskunft gibt, weniger fernliegend. Auch wenn die **gewählte Struktur nicht zwingend** war und sich der Gesetzgeber etwa auch für ein unmittelbares „Eigentumsregister" (wie das Grundbuch) hätte entscheiden können, ermöglicht die gewählte Struktur **für die Sammeleintragung** ein bruchloses **Einfügen in die bestehenden Wertpapierliefer- und -abrechnungssysteme der Wertpapiersammelbank**, so dass die maßgeblichen Buchungen weiterhin diejenigen auf den bei der Wertpapiersammelbank geführten Depots sind (siehe Rz. 89 sowie Rz. 128 ff.) und eine Umtragung im zentralen Wertpapierregister für die Übereignung von Zentralregisterwertpapieren in Sammeleintragung nicht erforderlich ist. 102

Ebenfalls wäre denkbar gewesen, für die Einzeleintragung ein „Eigentumsregister" und daneben ein separates „Inhaberregister" für die Sammeleintragung einzuführen. Dies hätte indes einen grundlegend unterschiedlichen Ansatz für beide Registerarten zur Folge gehabt, was der Gesetzgeber so zu Recht nicht umgesetzt hat. 103

d) Ausweis von Inhaberschaft und Besitz („am Papier")

Vergegenwärtigt man sich nochmals den Ansatz, dass die papierne Urkunde durch die Eintragung im zentralen Wertpapierregister ersetzt werden soll (**„Eintragung statt Urkunde"**, siehe oben Rz. 40 f.), so liegt nahe, den gemäß § 3 Abs. 1 eWpG aufgrund der Eintragung als Inhaber Ausgewiesenen als den unmittelbaren Besitzer anzusehen. Eine dahingehende gesetzliche Fiktion – ähnlich der Fiktion der Sacheigenschaft in § 2 Abs. 2 eWpG – ist im eWpG aber nicht enthalten. Klarer verhält sich dazu die Regierungsbegründung, nach der jedenfalls **Verwahrer oder Wertpapiersammelbanken unmittelbare Besitzer** i. S. des § 854 Abs. 1 BGB der Zentralregisterwertpapiere in Sammeleintragung sind.[107] Dem ist zuzustimmen, bildet dieses Verständnis doch die Grundlage dafür, dass Zentralregisterwertpapiere in Sammeleintragung wie bisher gemäß § 929 Satz 1 BGB übereignet werden können, ohne dass dafür eine Umtragung der zu übereignenden Zentralregisterwertpapiere erforderlich ist (siehe oben Rz. 89).[108] 104

Gleichwohl ist die unzureichende Publizität des Besitzes an unkörperlichen Gegenständen wie elektronischen Wertpapieren der von der Regierungsbegründung genannte Grund 105

---

106) *Kohler* in: MünchKomm-BGB, § 873 Rz. 67.
107) Begr. RegE Gesetz zur Einführung von eWp, BT-Drucks. 19/26925, S. 49.
108) *Lehmann*, BKR 2020, 431, 436; *Omlor*, RDi 2021, 236, 237.

für die Einführung der elektronischen Wertpapierregister.[109] Die durch Eintragung erlangte Inhaberschaft soll „bei elektronischen Wertpapieren die Rolle des Besitzes bei mittels Urkunde begebenen Wertpapieren" erfüllen.[110] Anstelle des Besitzes kommt damit der Inhaberschaft bzw. der Umtragung eine entscheidende Rolle z. B. allgemein bei Verfügungen (§ 24 eWpG), insbesondere bei der Übereignung (§ 25 eWpG) und dem gutgläubigen Erwerb (§ 26 eWpG) zu. Die Funktion des für Dritte nicht erkennbaren Besitzes an elektronischen Wertpapieren wird durch das für den Rechtsverkehr wahrnehmbare „formell berechtigende Herrschaftsverhältnis an dem elektronischen Wertpapier"[111] in Form der Inhaberschaft durch Registereintragung erfüllt.[112]

106   Koexistieren danach also Besitz und Inhaberschaft, so trifft das eWpG keine Aussage darüber, wie sich **Besitz und Inhaberschaft** des im zentralen Wertpapierregister Eingetragenen zueinander verhalten.[113] Hier würde eine der Fiktion der Sacheigenschaft ähnliche Regelung („Nur der Inhaber gilt als unmittelbarer Besitzer.") mehr Klarheit bringen. Es wäre damit entschieden, dass es neben der Inhaberschaft durch Registereintragung keinen sonstigen Besitz durch Innehabung tatsächlicher Gewalt gemäß § 854 Abs. 1 BGB mehr gäbe, der sich z. B. durch den Zugang zu Benutzernamen und Passwort, PIN und TAN, Private Keys oder Ähnlichem ausdrücken könnte,[114] und der z. B. bei sammeleingetragenen Zentralregisterwertpapieren i. R. einer Übereignung nach § 929 Satz 1 BGB übertragen werden müsste.

e)   Publizität und gutgläubiger Erwerb

107   Anders als in Fällen des sich außerhalb des Registers vollziehenden Eigentumserwerbs bei Zentralregisterwertpapieren in Sammeleintragung (siehe oben Rz. 89) **erweitert** das zentrale Wertpapierregister für Zentralregisterwertpapiere in Einzeleintragung **die Möglichkeiten des gutgläubigen Erwerbs** im Vergleich zu körperlichen Wertpapierurkunden. Aufgrund der nach § 13 eWpG zulässigen Registerangaben können sich Publizität und guter Glaube nicht nur auf die Berechtigung des Verfügenden, sondern auch auf das Nichtbestehen einer **Verfügungsbeschränkung zugunsten einer bestimmten Person** i. S. des § 13 Abs. 2 Satz 1 Nr. 1 eWpG beziehen, so dass solche Verfügungsbeschränkungen dem gutgläubigen Erwerb nicht entgegenstehen, wenn diese nicht eingetragen sind und der Erwerber davon keine anderweitige Kenntnis oder grob fahrlässige Unkenntnis hatte (§ 26 Satz 2 eWpG).

108   **Keine Änderungen** in Bezug auf die Möglichkeit des **gutgläubigen Erwerbs** bringt das eWpG für **Zentralregisterwertpapiere in Sammeleintragung**, da § 26 eWpG aufgrund seiner Stellung im 4. Abschnitt nur für Zentralregisterwertpapiere in Einzeleintragung Anwendung findet und der gutgläubige Erwerb von Zentralregisterwertpapieren in Sammeleintragung daher weiterhin nach den §§ 929 Satz 1, 932 Abs. 1 Satz 1, Abs. 2 BGB erfolgt.[115]

---

109) RegE Gesetz zur Einführung von eWp, BT-Drucks. 19/26925, S. 40.
110) RegE Gesetz zur Einführung von eWp, BT-Drucks. 19/26925, S. 41; dagegen *Linardatos*, ZBB 2020, 329. 337 f.
111) RegE Gesetz zur Einführung von eWp, BT-Drucks. 19/26925, S. 41.
112) *Lehmann*, BKR 2020, 431, 436 – „gesetzlicher Fiktion mit dem Besitz gleichgesetzt"; *Preuße/Wöckener/ Gillenkirch*, BKR 2021, 460, 462 – „Inhaberschaft [...] erfüllt die (vorherige) Rolle des Besitzes"; wohl anders *Lahusen*, RDi 2021, 161, 163 – „Besitz, der hier „Inhaberschaft" meint".
113) *Omlor*, RDi 2021, 236, 237.
114) RegE Gesetz zur Einführung von eWp, BT-Drucks. 19/26925, S. 41.
115) Kritisch dazu *Casper* in: Möslein/Omlor, FinTech-Handbuch, Teil 2 Kap. 4 Rz. 49.

f) Legitimations- und Liberationswirkung

§ 28 Abs. 1 eWpG regelt in seinen Sätzen 1 und 2 die **Legitimations- und Liberationswir-** 109
kung für alle elektronischen Wertpapiere. Danach kann der Inhaber einer als elektronisches Wertpapier begebenen Schuldverschreibung vom Emittenten die in der Schuldverschreibung versprochene Leistung verlangen, es sei denn, dass er hierzu nicht berechtigt ist. Der Emittent hingegen wird vor der Gefahr der Doppelleistung geschützt, indem er durch die Leistung an den Inhaber befreit wird. Damit tritt an die Stelle des berechtigten Inhabers bei physischen Wertpapierurkunden[116] der durch **Eintragung ausgewiesene Inhaber**, allerdings unter der Voraussetzung, dass dieser dazu auch **berechtigt** ist.

Die Berechtigung des in Einzeleintragung eingetragenen Inhabers ist durch die Eintragung 110
zwanglos nachgewiesen. Anders verhält sich dies im Falle der **Sammeleintragung**, da der hier als Inhaber eingetragene Verwahrer oder die eingetragene Wertpapiersammelbank nicht **Berechtigte i. S. des § 3 Abs. 2** eWpG sind (siehe dazu bereits oben Rz. 50). Es stehen ihnen also gerade nicht die Ansprüche aus dem Zentralregisterwertpapier zu, und dieser Umstand ist für den Emittenten allein aufgrund der Form der Eintragung als Sammeleintragung auch klar erkennbar. Es ist zu fragen, inwieweit es z. B. der Clearstream Banking AG in ihrer Funktion als Wertpapiersammelbank weiterhin möglich ist, für die Berechtigten die Leistungen aus dem Zentralregisterwertpapier zu fordern, wie dies gegenwärtig der Fall ist,[117] ohne dass die Berechtigten von der in § 6 Abs. 2 Satz 1 DepotG vorgesehenen Möglichkeit Gebrauch machen, sich eine Depotbescheinigung zur Rechtsausübung ausstellen zu lassen. Die Antwort findet sich im Wortlaut des § 28 Abs. 1 Satz 1 eWpG, der nicht die Berechtigung des Inhabers i. S. des § 3 Abs. 2 eWpG fordert, sondern den Leistungsanspruch des vorlegenden Inhabers nur verneint, wenn dieser „hierzu", also zur „Verlangung der Leistung" nicht berechtigt ist. Wenn sich eine solche **Berechtigung zur Verlangung der Leistung** etwa nicht schon ausdrücklich in den Zahlstellenklauseln der jeweiligen Emissionsbedingungen findet, wonach sich der Emittent die schuldbefreiende Leistung an die Clearstream Banking AG ausbedingt, so ergibt sich diese Berechtigung für Zentralregisterwertpapiere in Sammeleintragung zumindest aus § 9 Abs. 2 Satz 1 eWpG, wonach Wertpapiersammelbank und Verwahrer die Sammeleintragung **treuhänderisch** für die Berechtigten verwalten, ohne selbst Berechtigte zu sein.

g) Unrichtigkeit des zentralen Wertpapierregisters

Da das zentrale Wertpapierregister nach dem oben Gesagten nicht unmittelbar darauf abzielt, 111
die Eigentumslage darzustellen (sehe oben Rz. 98 ff.), ist das zentrale Wertpapierregister **nicht schon deshalb unrichtig, weil der Eingetragene nicht Eigentümer** des Zentralregisterwertpapieres **ist**.

Dies ist offensichtlich bei **Sammeleintragungen**, da es dem Wesen der Girosammelverwah- 112
rung entspricht, dass eine Wertpapiersammelbank oder ein Verwahrer die Sammeleintragung treuhänderisch für die Berechtigten verwaltet, ohne selbst Berechtigter zu sein (vgl. § 9 Abs. 2 Satz 1 eWpG). Aber auch bei **Einzeleintragung** gibt das Register nicht den Eigentümer des Zentralregisterwertpapiers wieder, sondern lediglich den Berechtigten, der indes aufgrund der Wirkungen des § 25 Abs. 2 eWpG und § 952 Abs. 2 BGB mit dem Eigentümer identisch ist (siehe oben Rz. 98 ff.).

Unrichtig ist das zentrale Wertpapierregister **im Falle der Einzeleintragung, wenn der** 113
Eingetragene nicht zugleich Berechtigter ist. In diesem Szenario stimmt der Inhalt des Registers nicht mit der Aussage des § 8 Abs. 1 Nr. 2 eWpG überein, wonach der in Einzel-

---

116) Zu physischen Wertpapierurkunden s. *Habersack* in: MünchKomm-BGB, § 793 Rz. 29 f.
117) Zur Rechtslage bei physischen Wertpapierurkunden s. *Habersack* in: MünchKomm-BGB, § 793 Rz. 29.

eintragung Eingetragene die Zentralregisterwertpapiere als Berechtigter hält. Praktisch kann es zu einer solchen Situation kommen, wenn z. B. eine Umtragung auf einen neuen Inhaber erfolgt, dieser aufgrund unwirksamer dinglicher Einigung nicht rechtsgeschäftlich und – bei Nichtvorliegen der dazu erforderlichen Voraussetzungen – auch nicht aufgrund gutgläubigen Erwerbs zum Berechtigten wird.

114   Es stellt sich zudem die Frage, ob und unter welchen Umständen das zentrale Wertpapierregister in **Sammeleintragung** überhaupt falsch sein kann. Stellt die Eintragung in das zentrale Wertpapierregister das Gegenstück zur Herstellung einer papiernen Urkunde dar und verschafft die Registereintragung eine dem Besitzer vergleichbare Stellung, so ist zunächst festzustellen, dass die Verschaffung der Inhaberschaft durch Eintragung auch dann erfolgt, wenn die Eintragung – z. B. aufgrund eines Fehlers bei der Dateneingabe – zugunsten eines anderen als des beabsichtigten Verwahrers erfolgt. Übertragen auf den Besitz an beweglichen Sachen hieße dies, dass ein Dieb, der die gestohlene Sache in Händen hält, dennoch Besitzer ist, ohne, dass es sich um einen „falschen" Besitz handeln würde. Der Besitz wäre dann zwar „ohne rechtlichen Grund" i. S. des § 812 Abs. 1 Satz 1 BGB erlangt und dem Besitzer würde ein Recht zum Besitz gemäß § 986 BGB nicht zustehen, er wäre aber dennoch Besitzer; ein Register, dass den Dieb als Besitzer ausweisen würde, wäre demnach nicht falsch. Im Falle von Zentralregisterwertpapieren in Sammeleintragung stellt die **Eintragung zugleich denjenigen Zustand her, über den das Register Auskunft gibt,** nämlich die Inhaberschaft des Eingetragenen. Die Frage, ob das zentrale Wertpapierregister bei Sammeleintragung unrichtig sein kann, ist daher insoweit nur zu verneinen.[118]

115   Davon abweichend kann eine Unrichtigkeit in Bezug auf die Inhaberschaft in Fällen entstehen, in denen das **als Inhaber ausgewiesene Rechtssubjekt nicht mehr besteht,** wie z. B. beim Tod einer natürlichen Person oder beim Erlöschen einer juristischen Person. Dies gilt sowohl für Zentralregisterwertpapiere in Einzel- wie in Sammeleintragung. In entsprechenden Fällen der Gesamtrechtsnachfolge würde die Inhaberschaft bei Anwendung des Rechtsgedankens von § 857 BGB etwa auf einen Erben oder übernehmenden Rechtsträger i. S. des § 2 Nr. 1 UmwG übergehen.[119]

h)   Berichtigung des zentralen Wertpapierregisters

116   Liegt eine Unrichtigkeit des zentralen Wertpapierregisters vor, so stellt sich die Frage, unter welchen Voraussetzungen ein **Anspruch auf Registerberichtigung** besteht und wer Gläubiger dieses Anspruches ist. Als Anspruchsgrundlagen werden in der Literatur – de lege ferenda – ein dem § 894 BGB nachgebildeter Registerberichtigungsanspruch[120] oder – de lege lata – der Herausgabeanspruch nach § 985 BGB[121] genannt. Nach der Gesetzesbegründung ist derjenige, der eine Inhaberstellung in Einzeleintragung z. B. aufgrund der Verfügung eines Geschäftsunfähigen erlangt hat, „zur Herausgabe" auf Grundlage der „allgemeinen Vorschriften" verpflichtet.[122]

117   Auch hier lohnt die Rückbesinnung auf den mit der Registereintragung verfolgten Zweck, nämlich die Ersetzung der papiernen Urkunde und die Verschaffung eines besitzähnlichen

---

118) In Bezug auf die Einzeleintragung ist somit zu konkretisieren, dass sich die oben beschriebene Unrichtigkeit bei der Einzeleintragung nicht auf den unrichtigen Ausweis der Inhaberschaft (i. S. von § 3 Abs. 1 eWpG), sondern lediglich auf den unrichtigen Ausweis der Berechtigung (i. S. von § 3 Abs. 2 eWpG) des Eingetragenen bezieht.

119) Zur entsprechenden Anwendung des § 857 BGB auf andere Fälle der Gesamtrechtsnachfolge s. *Schäfer* in: MünchKomm-BGB, § 857 Rz. 14.

120) *Saive*, ZRP 2020, 219, 221; wohl auch *Sickinger/Thelen*, AG 2020, 862, 868 f.

121) *Omlor*, RDi 2021, 371, 374.

122) RegE Gesetz zur Einführung von eWp, BT-Drucks. 19/26925, S. 67.

Herrschaftsverhältnisses durch die Registereintragung. Weist das Register in Einzeleintragung den Besitz einem anderen als dem wahren Berechtigten zu, so kann dieser Berechtigte, der durch die Wirkungen des § 25 Abs. 2 eWpG bzw. § 952 Abs. 2 BGB zugleich Eigentümer des Zentralregisterwertpapiers ist, die Einräumung der durch die Registereintragung vermittelten besitzähnlichen Stellung verlangen. Anspruchsgrundlage ist damit § 985 BGB i. V. m. § 2 Abs. 2 eWpG, der auf die **Vereinigung von Besitz und materieller Berechtigung** gerichtet ist. Eines dem § 894 BGB ähnlichen „Registerberichtigungsanspruches" bedarf es daher nicht.

Die **Erfüllung dieses Herausgabeanspruches** erfolgt nach dem in § 14 niedergelegten Verfahren für die Änderung des zentralen Wertpapierregisters. Hierfür bedarf es gemäß § 14 Abs. 1 Nr. 1 eWpG einer Weisung des Inhabers oder – bei Weigerung des Inhabers – eines entsprechenden Urteils i. S. des § 14 Abs. 1 Nr. 2 lit. d eWpG. Die Vollstreckung eines solchen Urteils wäre nach § 894 ZPO zu vollziehen, da es sich bei der Weisung des Inhabers an die registerführende Stelle um eine Willenserklärung handelt.[123]   **118**

i)   Publizität durch Einsichtnahme gemäß § 10 eWpG

Die **Herstellung der Publizität** des zentralen Wertpapierregisters erfolgt durch **elektronische Einsichtnahme**. Dazu enthält § 10 Abs. 1–3 eWpG i. V. m. § 10 eWpRV ein abgestuftes Regelungssystem nebst Verfahrensregelungen, welches die berechtigten Interessen des Einsichtnehmenden und die des eingetragenen Inhabers am Schutz seiner personenbezogenen Daten berücksichtigt. Für Einzelheiten sei auf die Kommentierung von *Hippeli* zu § 10 verwiesen.   **119**

V.   Wertpapiersammelbanken und Verwahrer als Registerführer (§ 12 Abs. 2 eWpG)

Gemäß § 12 Abs. 2 eWpG kommen als **registerführende Stellen** von zentralen Wertpapierregistern entweder **Wertpapiersammelbanken** (§ 12 Abs. 2 Nr. 1 eWpG) oder **Verwahrer** (§ 12 Abs. 2 Nr. 2 eWpG) in Betracht, wobei Verwahrer vom jeweiligen Emittenten dazu ausdrücklich (d. h. nicht konkludent) und in Textform i. S. des § 126b BGB ermächtigt sein müssen.   **120**

Anders als z. B. das Grundbuch oder das Handelsregister wird das **zentrale Wertpapierregister nicht hoheitlich geführt**. Selbst das „ob" der Einrichtung eines zentralen Wertpapierregisters obliegt der freien Entscheidung der Marktteilnehmer.[124]   **121**

Das eWpG enthält eigene Definitionen für die Begriffe der Wertpapiersammelbank, des Verwahrers und der registerführenden Stellen. Gemäß § 4 Abs. 5 eWpG ist eine **Wertpapiersammelbank** eine nach Art. 16 der CSDR[125] als Zentralverwahrer zugelassene juristische Person, die in Abschnitt A des Anhangs zur CSDR genannte Kerndienstleistungen im Inland erbringt (zu den Kerndienstleistungen siehe oben Rz. 61). Praktisch kommt damit als Wertpapiersammelbank i. S. des eWpG lediglich die zur Deutschen Börse Gruppe gehörende **Clearstream Banking AG** als einzige deutsche Wertpapiersammelbank in Betracht (siehe dazu oben Rz. 8 f.).   **122**

Nach § 4 Abs. 6 eWpG ist **Verwahrer**, wer über die Erlaubnis zum Betreiben des Depotgeschäfts – also der Erlaubnis gemäß § 1 Abs. 1 Satz 2 Nr. 5 KWG – im Inland verfügt.   **123**

---

123) *Linardatos*, ZBB 2020, 329, 346; *Omlor*, RDi 2021, 371, 374.
124) RegE Gesetz zur Einführung von eWp, BT-Drucks. 19/26925, S. 54; *Omlor*, RDi 2021, 371, 374.
125) Verordnung (EU) Nr. 909/2014 des Europäischen Parlaments und des Rates v. 23.7.2014 zur Verbesserung der Wertpapierlieferungen und -abrechnungen in der Europäischen Union und über Zentralverwahrer sowie zur Änderung der Richtlinien 98/26/EG und 2014/65/EU und der Verordnung (EU) Nr. 236/2012 (Central Securities Depositories Regulation – CSDR), ABl. (EU) L 257/1 v. 28.8.2014.

124   Die Definition der **registerführenden Stelle** in § 4 Abs. 10 eWpG verweist für zentrale Wertpapierregister auf die in (diesem) § 12 Abs. 2 eWpG genannten Stellen.

125   Die **Beschränkung der Registerführung auf Verwahrer und Wertpapiersammelbanken** wird damit begründet, dass es sich in beiden Fällen um bereits aufsichtlich regulierte Rechtssubjekte handelt (siehe dazu bereits Rz. 60 ff.), die ein „besondere[s] Vertrauen in die Integrität der registerführenden Stelle" rechtfertigen.[126] Der Kreis der registerführenden Stellen ist damit enger als beim Kryptowertpapierregister (siehe dazu oben Rz. 68 f.).

126   Die im Referentenentwurf erfolgte **Erweiterung des Kreises der registerführenden Stellen auf Verwahrer** – zuvor waren lediglich Wertpapiersammelbanken genannt (siehe oben Rz. 6 ff.) – und die im Wortlaut der Regelung des § 12 Abs. 2 eWpG angelegte Gleichrangigkeit von Verwahrern und Wertpapiersammelbanken mag eine ähnliche praktische und wirtschaftliche Bedeutung suggerieren, welche allerdings mit Blick auf die Regelung des § 12 Abs. 3 eWpG nicht besteht. Ist der Handel eines Zentralregisterwertpapiers an **Handelsplätzen** i. S. von Art. 4 Abs. 1 Nr. 24 der Finanzmarktrichtlinie (MiFID II)[127] intendiert, so kommt gemäß § 12 Abs. 3 eWpG lediglich eine Wertpapiersammelbank als registerführende Stelle in Betracht (siehe unten Rz. 128 ff.). Kommt es aber Emittenten und potentiellen (z. B. institutionellen) Investoren nicht auf die Handelbarkeit der Zentralregisterwertpapiere an (z. B. in Fällen einer „Privatplatzierung"), so kann eine Begebung in einem verwahrergeführten zentralen Wertpapierregister – als funktionales Pendant zur **Haussammelverwahrung**[128] oder Haussonderverwahrung – den Interessen der Beteiligten entsprechen.[129]

127   **Verwahrer und Wertpapiersammelbanken** haben – über die Berechtigung zur Führung eines zentralen Wertpapierregisters hinaus – gemein, dass nur sie als Inhaber von Zentralregisterwertpapieren eingetragen werden können, wenn die **Eintragung in Form der Sammeleintragung** gemäß § 8 Abs. 1 Nr. 1 eWpG beabsichtigt ist. Die Eintragungsform der Sammeleintragung ist aber nicht auf zentrale Wertpapierregister beschränkt.

VI.   Abwicklung im Effektengiro (§ 12 Abs. 3 eWpG)

128   Gemäß § 12 Abs. 3 eWpG wird ein Zentralregisterwertpapier, das in ein durch eine Wertpapiersammelbank geführtes Register eingetragen und als dessen Inhaberin zudem eine Wertpapiersammelbank eingetragen wird, zur Abwicklung im Effektengiro erfasst. Voraussetzung ist also die **Doppelrolle der Wertpapiersammelbank** sowohl als registerführende Stelle als auch als Inhaberin der Zentralregisterwertpapiere, wobei gedanklich zu ergänzen ist, dass es dabei um eine Eintragung in Form der Sammeleintragung gemäß § 8 Abs. 1 Nr. 1 eWpG handelt. Rechtsfolge ist die Erfassung der auf die Wertpapiersammelbank eingetragenen Zentralregisterwertpapiere zur Abwicklung im Effektengiro.

129   Der **Begriff des „Effektengiros"** ist gesetzlich nicht definiert. Man versteht darunter die sog. **„stückelose Lieferung"** von Wertpapieren. Charakteristisch ist hierbei, dass es sich zwar um eine nach sachenrechtlichen Grundsätzen erfolgende Übertragung des Eigentums an den Wertpapierurkunden handelt, es jedoch nicht zur Übertragung des unmittelbaren Besitzes an den zu übereignenden Wertpapieren vom Veräußerer auf den Erwerber kommt („stückelos"). Zudem kommt es i. R. des Eigentumsüberganges zu Buchungen auf den Wert-

---

126) RegE Gesetz zur Einführung von eWp, BT-Drucks. 19/26925, S. 54.

127) Richtlinie (EU) Nr. 65/2014 des Europäischen Parlaments und des Rates vom 15. Mai 2014 über Märkte für Finanzinstrumente sowie zur Änderung der Richtlinien 2002/92/EG und 2011/61/EU (Finanzmarktrichtlinie – MiFID II), ABl. (EU) L 173/349 v. 12.6.2014.

128) Zur Hausverwahrung in Form der Sonderverwahrung oder der Haussammelverwahrung s. ausführlich Scherer-*Rögner*, DepotG, § 5 Rz. 24 ff.

129) So auch *Linardatos*, ZBB 2020, 329, 336, und *Preuße/Wöckener/Gillenkirch*, BKR 2021, 460, 463.

papierdepots der Beteiligten, die den Übergang des mittelbaren Besitzes vom Veräußerer auf den Erwerber dokumentieren.[130)]

Wichtiger als die vorbeschriebene Art und Weise der Übertragung des Wertpapiereigentums ist in diesem Zusammenhang aber, dass die Erfassung eines Wertpapiers zur Abwicklung im Effektengiro bei einer Wertpapiersammelbank gemäß Art. 3 Abs. 1 CSDR die **Voraussetzung für die Handelbarkeit an den Handelsplätzen** i. S. von Art. 4 Abs. 1 Nr. 24 der Finanzmarktrichtlinie (MiFID II)[131)] ist. Damit sind Handelsplätze in Form des geregelten Marktes gemäß Art. 4 Abs. 1 Nr. 21 Finanzmarktrichtlinie, der multilateralen Handelssysteme (Multilateral Trading Facilities – MTF) gemäß Art. 4 Abs. 1 Nr. 22 Finanzmarktrichtlinie und der organisierten Handelssysteme (Organized Trading Facilities – OTF) gemäß Art. 4 Abs. 1 Nr. 23 Finanzmarktrichtlinie erfasst.[132)] **130**

Mangels einer mit § 12 Abs. 3 eWpG vergleichbaren Regelung in den Vorschriften der §§ 16 ff. eWpG können **Kryptowertpapiere nicht in die Abwicklung zum Effektengiro einer Wertpapiersammelbank einbezogen** werden. Gemäß Art. 3 Abs. 1 CSDR können sie daher nicht an Handelsplätzen i. S. von Art. 4 Abs. 1 Nr. 24 Finanzmarktrichtlinie gehandelt werden, so dass lediglich der OTC-Handel („Over-the-Counter") verbleibt.[133)] **131**

Die in § 12 Abs. 3 eWpG enthaltene **Beschränkung auf Wertpapiersammelbanken** (zulasten der gemäß § 12 Abs. 2 eWpG grundsätzlich als registerführende Stellen in Betracht kommenden Verwahrer) war demgemäß **keine freie Entscheidung des deutschen Gesetzgebers**, sondern durch Art. 3 Abs. 1 CSDR **unionsrechtlich vorgegeben**.[134)] **132**

Fraglich ist aber, ob es dafür der **Doppelrolle der Wertpapiersammelbank** sowohl als Registerführerin als auch als Inhaberin bedurft hätte. Da die Depotbuchungen i. R. des Effektengiros erst in den Büchern der Wertpapiersammelbank beginnen, wäre es in Übereinstimmung mit Art. 3 Abs. 1 CSDR möglich gewesen, sich auf die Inhaberschaft durch eine Wertpapiersammelbank zu beschränken, ohne zusätzlich eine Registerführung der Wertpapiersammelbank vorauszusetzen.[135)] Dies gilt insbesondere, wenn man bedenkt, dass bei der hier lediglich in Betracht kommenden Form der Sammeleintragung keine Buchungen im zentralen Wertpapierregister erfolgen („statisches Register bei Sammeleintragung", siehe dazu Rz. 89).[136)] **133**

---

130) *Habersack* in: MünchKomm-BGB, Vor § 793 Rz. 33; ausführlich dazu s. Beck/Samm/Kokemoor-*Alfes*, KWG, § 1 Rz. 889j und 889y.

131) Richtlinie (EU) Nr. 65/2014 des Europäischen Parlaments und des Rates vom 15. Mai 2014 über Märkte für Finanzinstrumente sowie zur Änderung der Richtlinien 2002/92/EG und 2011/61/EU (Finanzmarktrichtlinie – MiFID II), ABl. (EU) L 173/349 v. 12.6.2014.

132) Zur Umsetzung im WpHG s. Schwark/Zimmer-*Kumpan*, WpHG, § 2 Rz. 210.

133) *Preuße/Wöckener/Gillenkirch*, BKR 2021, 460, 461; *Mittwoch*, WM 2021, 375, 382 f., der allerdings zu Recht darauf hinweist, dass dem deutschen Gesetzgeber im Anwendungsbereich der Zentralverwahrerverordnung keine Rechtssetzungskompetenz zukommt.

134) RegE Gesetz zur Einführung von eWp, BT-Drucks. 19/26925, S. 55; *Preuße/Wöckener/Gillenkirch*, BKR 2021, 460, 463.

135) Anders als bei Zentralregisterwertpapieren in Sammeleintragung ist die Vereinbarkeit der Einzeleintragung mit der Vorgabe des Art. 3 Abs. 1 CSDR, wonach „Wertpapiere durch Buchungen im Effektengiro erfasst werden" müssen, problematisch, da im Falle der Einzeleintragung gemäß §§ 24 ff. eWpG die (konstitutiven) Ein- oder Umtragungen i. R. einer Begebung oder Übertragung lediglich im zentralen Wertpapierregister erfolgen und danach keiner weiteren Buchung mehr auf von der Wertpapiersammelbank geführten Depotkonten bedürfen. Solche weiteren Buchungen „in den Büchern" der Wertpapiersammelbank sind jedoch charakteristisch für die Abwicklung im Effektengiro i. S. der CSDR; so bereits *Habersack* in: Möslein/Omlor/Grundmann, Elektronische Wertpapiere, S. 97 f.; Müller/Pieper-*Pieper*, eWpG, § 12 Rz. 4.

136) So auch Müller/Pieper-*Pieper*, eWpG, § 12 Rz. 12.

134 Hinsichtlich der **Integration von Zentralregisterwertpapieren in die gegenwärtige Kapitalmarktinfrastruktur** ist die im Wege des § 12 Abs. 3 eWpG erfolgende Erfassung im Effektengiro einer Wertpapiersammelbank von nicht zu unterschätzender Bedeutung. Obgleich jenseits der im Fall von Sammeleintragungen eingetragenen Wertpapiersammelbanken keine technischen oder rechtlichen Innovationen zu erwarten sind (siehe dazu bereits Rz. 30), bedeutet dies im Umkehrschluss, dass insoweit auch „alles beim Alten" verbleiben kann und sich das sammeleingetragene Zentralregisterwertpapier genauso gut mit den bei der Wertpapiersammelbank geführten Depotkonten „versteht", wie dies bislang bei einer verkörperten Globalurkunde der Fall war. Zu Recht spricht die Regierungsbegründung daher von der „praktisch bedeutsamste[n] Schnittstelle zwischen einer elektronischen Wertpapierbegebungsform und der klassischen Wertpapierabwicklung".[137]

VII. Anzeigepflicht (§ 12 Abs. 4 eWpG)

135 Gemäß § 12 Abs. 4 eWpG hat die registerführende Stelle gegenüber der BaFin als der gemäß § 11 eWpG zuständigen Aufsichtsbehörde die **Einrichtung eines zentralen Wertpapierregisters vor Aufnahme der Eintragungstätigkeit**, d. h. vor dem ersten Skripturakt, **anzuzeigen.**

136 Zugunsten des BMJV und des BMF enthält § 15 Abs. 1 Satz 1 Nr. 12 eWpG eine **Ermächtigung zum Erlass einer Verordnung**, in der die näheren Bestimmungen zu den Modalitäten der Anzeige festgelegt werden können. Von dieser Ermächtigung ist in der eWpRV kein Gebrauch gemacht worden.[138]

137 Die Anzeige kann in **schriftlicher** Form gemäß § 126 BGB **oder elektronischer Form** gemäß § 126a BGB) erfolgen.[139]

VIII. Ordnungswidrigkeit (§ 31 Abs. 1 Nr. 8 eWpG)

138 Wird entgegen der Verpflichtung nach § 12 Abs. 4 eWpG eine Anzeige nicht, nicht richtig oder nicht rechtzeitig erstattet, handelt es sich gemäß § 31 Abs. 1 Nr. 8 eWpG um eine **Ordnungswidrigkeit**, die mit Bußgeld bis zu 100.000 € geahndet werden kann (§ 31 Abs. 3 eWpG). Insofern siehe die Kommentierung von *von der Meden*, § 31.

---

137) RegE Gesetz zur Einführung von eWp, BT-Drucks. 19/26925, S. 41; so *Preuße/Wöckener/Gillenkirch*, BKR 2021, 460, 461 – „Scharnier"; *Sickinger/Thelen*, AG 2020, 862, 864 – Eintragung statt Einlieferung der Urkunde als „einzig relevanter Unterschied"; *Wienecke/Kunz*, NZG 2021, 316, 317 – „bruchloses Einfügen".
138) *Siadat*, RDi 2021, 466, 467.
139) RegE Gesetz zur Einführung von eWp, BT-Drucks. 19/26925, S. 55.

§ 13
Registerangaben in zentralen Registern

(1) Die registerführende Stelle hat sicherzustellen, dass das zentrale Register die folgenden Angaben über das eingetragene Wertpapier enthält:

1. den wesentlichen Inhalt des Rechts einschließlich einer eindeutigen Wertpapierkennnummer,

2. das Emissionsvolumen,

3. den Nennbetrag,

4. den Emittenten,

5. eine Kennzeichnung, ob es sich um eine Einzel- oder eine Sammeleintragung handelt,

6. den Inhaber und

7. Angaben zum Mischbestand nach § 9 Absatz 3.

(2) ¹Bei einer Einzeleintragung hat die registerführende Stelle sicherzustellen, dass das zentrale Register neben den Angaben nach Absatz 1 auch die folgenden Angaben über das eingetragene Wertpapier enthält:

1. Verfügungsbeschränkungen zugunsten einer bestimmten Person und

2. Rechte Dritter.

²Die Bezeichnung des Inhabers nach Absatz 1 Nummer 6 kann bei einer Einzeleintragung auch durch Zuordnung einer eindeutigen Kennung erfolgen. ³Die registerführende Stelle hat auf Weisung eines nach § 14 Absatz 1 Satz 1 Nummer 1 oder Nummer 2 Weisungsberechtigten zusätzlich Angaben zu sonstigen Verfügungsbeschränkungen sowie zur Geschäftsfähigkeit des Inhabers aufzunehmen.

(3) Die registerführende Stelle hat sicherzustellen, dass die Angaben nach den Absätzen 1 und 2 Satz 1 in einer Weise verknüpft sind, dass sie nur zusammen abgerufen werden können.

Literatur: *Geier*, Einführung elektronischer Wertpapiere, RdF 2020, 258; *Helm/Keller*, Das Veräußerungs- und Zahlungsverbot nach § 46 Abs. 1 Nr. 4 KWG: Absolutes bzw. relatives Verfügungsverbot oder rein interne Maßnahme ohne Drittwirkung?, BKR 2016, 59; *Kleinert/Mayer*, Der deutsche Weg zum elektronischen Wertpapier, EuZW 2020, 1059; *Lehmann*, Zeitenwende im Wertpapierrecht, BKR 2020, 431; *Mittwoch*, Der Entwurf eines Gesetzes zur Einführung elektronischer Wertpapiere – ein Quantensprung für das Zivil- und Finanzmarktrecht?, WM 2021, 375; *Salewski*, Zertifikate – reguläre Finanzinstrumente oder unerlaubtes Glücksspiel?, BKR 2012, 100; *Siadat*, Zweiter Entwurf einer "Verordnung über die Anforderungen an elektronische Wertpapierregister", RDi 2022, 153; *Sickinger/Thelen*, Anleihen und Genussscheine auf der Blockchain, AG 2020, 862; *Wienecke/Kunz*, Das Gesetz zur Einführung von elektronischen Wertpapieren – Der Regierungsentwurf, NZG 2021, 316.

Übersicht

I. Überblick[1]

1   § 13 Abs. 1 eWpG enthält einen **Katalog von Registerangaben**, die in Bezug auf jedes Zentralregisterwertpapier in das zentrale Wertpapierregister einzutragen sind. Dazu zählen u. a. der wesentliche Inhalt des Rechts aus dem Zentralregisterwertpapier, der Emittent des Zentralregisterwertpapiers und dessen Inhaber (§ 13 Abs. 1 Satz 1 Nr. 1, 4 und 6 eWpG); zu den Einzelheiten siehe unten Rz. 16 ff.

2   Die registerführende Stelle ist zudem im Falle von Zentralregisterwertpapieren in Einzeleintragung verpflichtet, **relative Verfügungsbeschränkungen und Rechte Dritter** einzutragen (§ 13 Abs. 2 Satz 1 eWpG); siehe unten Rz. 51 ff. In Fällen der Einzeleintragung kann dabei die **Angabe des Inhabers** durch die Zuordnung einer **eindeutigen Kennung** ersetzt werden (§ 13 Abs. 2 Satz 2 eWpG); siehe unten Rz. 70.

3   **Sonstige Verfügungsbeschränkungen** sowie **Angaben zur Geschäftsfähigkeit** des Inhabers können zwar eingetragen werden, allerdings erfolgt die Eintragung nicht verpflichtend durch die registerführende Stelle, sondern nur auf Weisung des Berechtigten (§ 13 Abs. 2 Satz 3 eWpG); siehe unten Rz. 71 ff.

4   Schließlich hat die registerführende Stelle sicherzustellen, dass die **Registerangaben** von § 13 Abs. 1 und Abs. 2 Satz 1 eWpG auf eine Weise miteinander **verknüpft sind**, dass diese Angaben nicht separat, sondern nur zusammen abgerufen werden können (§ 13 Abs. 3 eWpG); siehe unten Rz. 95 ff.

5   Auf Grundlage des § 15 Abs. 1 Satz 1 Nr. 4 eWpG können **durch Rechtsverordnung nähere Bestimmungen zur Datenspeicherung und zur Datendarstellung** nach § 13 eWpG getroffen werden. Dementsprechend enthält § 7 eWpRV[2] nähere Angaben zur Darstellung des wesentlichen Inhalts des Rechts aus dem Zentralregisterwertpapier sowie § 8 eWpRV weitere Vorgaben zu den personenbezogenen Angaben von Emittent, Inhaber sowie denjenigen Personen, zugunsten derer ein Recht oder eine relative Verfügungsbeschränkung eingetragen ist.

II. Entwicklung der Vorschrift

6   Während nach dem Referentenentwurf zentrale Wertpapierregister nur von Wertpapiersammelbanken (i. S. des § 4 Abs. 5 eWpG) geführt werden konnten und zudem lediglich die Eintragung in Form der Sammeleintragung (i. S. des § 8 Abs. 1 Nr. 1eWpG) vorgesehen war, erfolgte durch den Regierungsentwurf die Ausweitung der Registerführung auf Verwahrer (i. S. des § 4 Abs. 6eWpG) sowie die Ermöglichung der Einzeleintragung (i. S. des

---

1)   Diese Kommentierung gibt die persönliche Meinung des Autors wieder und entspricht nicht notwendigerweise der Auffassung der Deutschen Bundesbank.
2)   Verordnung über Anforderungen an elektronische Wertpapierregister (eWPRV), v. 24.10.2022, BGBl. I 2022, 1882.

§ 8 Abs. 1 Nr. 2eWpG) auch für Zentralregisterwertpapiere (zu den diesbezüglichen Änderungen in § 12 eWpG siehe oben *Alfes*, § 12 Rz. 8 f.).

Daraus ergaben sich notwendige Folgeänderungen: Zum einen wurde die **Kennzeichnung,** **7** ob es sich um eine **Einzel- oder eine Sammeleintragung** handelt, in den Kreis der eintragungspflichtigen Angaben in § 13 Abs. 1 Nr. 5 eWpG aufgenommen und zudem die Möglichkeit eröffnet, die **namentliche Angabe des Inhabers** durch die Zuordnung einer **eindeutigen Kennung** zu ersetzen (§ 13 Abs. 2 Satz 2 eWpG). Beide Regelungen waren für die vorher lediglich vorgesehene Sammeleintragung nicht von Belang. Zum anderen wurden die ebenfalls nur für Fälle der Einzeleintragung bedeutsamen Regelungen zu **Verfügungsbeschränkungen und Rechten Dritter** (§ 13 Abs. 2 eWpG) sowie zur Verknüpfung der Datenbestände nach den Absätzen 1 und 2 Satz 1 aufgenommen (§ 13 Abs. 3 eWpG).

Im **Finanzausschuss** erfolgte sodann die Einschränkung, dass **lediglich relative Verfügungs-** **8** **beschränkungen** verpflichtend vom Registerführer einzutragen sind (§ 13 Abs. 2 Satz 1 eWpG), wohingegen die sonstigen Verfügungsbeschränkungen – gemeint waren die absoluten Verfügungsbeschränkungen und die gesetzlichen Verbote – sowie Angaben zur Geschäftsfähigkeit des Inhabers nur nach Weisung eines nach § 14 Abs. 1 Satz 1 eWpG Berechtigten in das zentrale Wertpapierregister aufzunehmen sind (§ 13 Abs. 2 Satz 3 eWpG). Hintergrund der Änderungen des Finanzausschusses war, dass nur (nicht eingetragene) relative, nicht aber (nicht eingetragene) sonstige Verfügungsbeschränkungen i. R. des gutgläubigen Erwerbs überwunden werden können (vgl. § 26 Sätze 2 und 3 eWpG).

III. Publizität und Bestimmtheit (§ 13 Abs. 1 eWpG)

Die registerführende Stelle hat sicherzustellen, dass das zentrale Wertpapierregister die in **9** den Nr. 1–7 näher spezifizierten Angaben über das eingetragene Wertpapier enthält. Dazu zählen z. B. die Angabe des Rechts aus dem Zentralregisterwertpapier (§ 13 Abs. 1 Nr. 1 eWpG), des Emissionsvolumens (§ 13 Abs. 1 Nr. 2 eWpG), des Nennbetrages (§ 13 Abs. 1 Nr. 3 eWpG) sowie der Identität der Emittentin (§ 13 Abs. 1 Nr. 4 eWpG). Damit wird der **wesentliche Inhalt von herkömmlichen Wertpapierurkunden im zentralen Wertpapierregister** wiedergebeben.[3]

Anders als die Regelungen der Absätze 2 und 3, die lediglich auf Zentralregisterwertpapiere **10** in Einzeleintragung Anwendung finden, gelten die Regelungen des § 13 Abs. 1 eWpG gleichermaßen für Zentralregisterwertpapiere in **Einzel- wie in Sammeleintragung.**[4]

Die registerführende Stelle „hat sicherzustellen", dass die Angaben nach § 13 Abs. 1 **11** Nr. 1–7 eWpG in das Register eingetragen werden. Damit handelt es sich um eine **Verpflichtung der registerführenden Stelle**, die sich auf Rechtsverhältnisse bezieht, an denen sie nicht beteiligt ist. So ist die registerführende Stelle weder Teil des Begebungsvertrages zwischen Emittent und erstem Nehmer des Wertpapiers, noch der Rechtsbeziehung zwischen Berechtigtem i. S. des § 3 Abs. 2 eWpG und dem Emittenten. Flankiert wird diese Verpflichtung zur Eintragung durch die Regelung des § 7 Abs. 2 Satz 1 eWpG, wonach die registerführende Stelle sicherzustellen hat, dass das zentrale Wertpapierregister jederzeit die bestehende Rechtslage zutreffend wiedergibt. In der Praxis ist zu erwarten, dass die registerführende Stelle sich die **Richtigkeit der jeweiligen Eintragungen** (z. B. die zutreffende Darstellung des wesentlichen Inhaltes des Rechts aus dem Zentralregisterwertpapier nach § 13 Abs. 1 Nr. 1 eWpG oder die Berechtigung des in Einzeleintragung einzutragenden Inhabers nach § 13 Abs. 1 Nr. 6 eWpG) durch **Erklärungen der nach § 14**

---

3)   *Lehmann*, BKR 2020, 431, 434; *Wienecke/Kunz*, NZG 2021, 316, 318.
4)   Unterschiede bestehen allerdings im Hinblick auf den gutgläubigen Erwerb gemäß § 26 eWpG und die Eigentumsvermutung für den Inhaber gemäß § 27 eWpG, die – aufgrund ihrer Stellung im Abschnitt 4 – nur auf Zentralregisterwertpapiere in Einzeleintragung Anwendung finden.

Abs. 1 eWpG **Weisungsberechtigten** (ggf. verbunden mit anwaltlichem Rechtsgutachten) **bestätigen** lässt. Hinsichtlich der Einzelheiten sei auf die Kommentierung des § 7 Abs. 2 Satz 1 eWpG verwiesen.

12 Die Registerangaben dienen sowohl der Bestimmbarkeit[5] als auch der Publizität[6]. Die vorgenannten Merkmale ermöglichen zunächst die eindeutige **Bestimmbarkeit** eines jeden im zentralen Wertpapierregister eingetragenen Zentralregisterwertpapiers,[7] so dass rechtsgeschäftliche Verfügungen in Übereinstimmung mit dem sachenrechtlichen Bestimmtheitsprinzip vorgenommen werden können. Hierbei kommt der Wertpapierkennnummer in der Praxis die wohl maßgebliche Bedeutung zu (siehe unten Rz. 22 ff.).[8] Die Bestimmbarkeit des Inhalts des Rechts aus dem Zentralregisterwertpapier wird hingegen durch die gemäß § 5 eWpG niedergelegten Emissionsbedingungen sichergestellt.[9]

13 Sodann dient die Registereintragung – als Ersatz zur papiernen Urkunde – gemäß § 12 Abs. 1 eWpG der **Publizität** und damit dem Schutz des Rechtsverkehrs (zur Publizität des zentralen Wertpapierregisters siehe auch oben *Alfes*, § 12 Rz. 90 ff.). In Bezug auf die Legitimations- und Liberationswirkung ist die Eintragung des Inhabers eines Zentralregisterwertpapiers (§ 13 Abs. 1 Nr. 6 eWpG) vergleichbar mit der Innehabung der papiernen Urkunde (vgl. dazu § 28 Satz 1 und 2 eWpG). Der Verkehrsschutz des zentralen Wertpapierregisters geht dabei über das gegenwärtige Schutzniveau papierner Urkunden hinaus,[10] denn gemäß § 24 eWpG ist jede rechtsgeschäftliche Verfügung in das zentrale Wertpapierregister einzutragen. Dazu zählt jede Inhaltsänderung des Rechts aus dem Zentralregisterwertpapier (vgl. § 24 Abs. Nr. 2 Alt. 2 eWpG), und auch ein – außerhalb des Registers stattfindender – gesetzlicher Erwerb (z. B. i. R. eines Erbfalls gemäß § 1922 Abs. 1 BGB) ist im Nachgang in das Register einzutragen.[11] Schließlich sind auch relative Verfügungsbeschränkungen nach § 13 Abs. 2 Satz 1 eWpG sowie sonstige Verfügungsbeschränkungen nach § 13 Abs. 2 Satz 3 eWpG einzutragen und erhöhen somit den Schutz des Rechtsverkehrs in einem Bereich, in welchem bei papiernen Urkunden bislang kein Schutz bestand (zur Wirkung der Eintragung von relativen Verfügungsbeschränkungen siehe unten Rz. 66 ff. und von sonstigen Verfügungsbeschränkungen siehe unten Rz. 90 ff.).

14 Die **Wirkung der Eintragung der Registerangaben nach § 13 Abs. 1 eWpG** ist für Zentralregisterwertpapiere in Einzeleintragung in § 26 Satz 1 eWpG („gilt der Inhalt des elektronischen Wertpapierregisters als vollständig und richtig sowie der Inhaber als Berechtigter") und in § 27 eWpG („Eigentumsvermutung für den Inhaber") normiert. Für Einzel- wie Sammeleintragung regelt § 28 eWpG die Legitimations- und Liberationswirkung sowie den Einwendungsausschluss. Insoweit sei bezüglich der Einzelheiten auf die diesbezügliche Kommentierung verwiesen.

15 Die für Zentralregisterwertpapiere auf § 15 eWpG gestützte **Verordnung über Anforderungen an elektronische Wertpapierregister (eWpRV)**[12] enthält in § 7 eWpRV nähere Bestimmungen zur Angabe des wesentlichen Inhalts des Rechts aus dem Zentralregisterwertpapier (§ 13 Abs. 1 Nr. 1 eWpG) sowie in § 8 eWpRV zu den personenbezogenen Registerangaben in Bezug auf den Emittenten (§ 13 Abs. 1 Nr. 4 eWpG) und den Inhaber

---

5) Begr. RegE Gesetz zur Einführung von eWp, BT-Drucks. 19/26925, S. 55.
6) Begr. RegE Gesetz zur Einführung von eWp, BT-Drucks. 19/26925, S. 55.
7) *Mittwoch*, WM 2021, 375, 381; *Kleinert/Mayer*, EuZW 2020, 1059, 1061.
8) Begr. RegE Gesetz zur Einführung von eWp, BT-Drucks. 19/26925, S. 42.
9) *Kleinert/Mayer*, EuZW 2020, 1059, 1061.
10) Begr. RegE Gesetz zur Einführung von eWp, BT-Drucks. 19/26925, S. 55.
11) Begr. RegE Gesetz zur Einführung von eWp, BT-Drucks. 19/26925, S. 55.
12) Verordnung über Anforderungen an elektronische Wertpapierregister (eWpRV), v. 24.10.2022, BGBl. I 2022, 1882.

(§ 13 Abs. 1 Nr. 6 eWpG). Die Verordnungsbestimmungen werden im Zusammenhang mit der Kommentierung der jeweiligen Registerangaben kommentiert.

IV. Registerangaben über Zentralregisterwertpapiere (§ 13 Abs. 1 Nr. 1–7 eWpG)

1. Wesentlicher Inhalt und Wertpapierkennnummer (§ 13 Abs. 1 Nr. 1 i. V. m. § 7 eWpRV)

a) Wesentlicher Inhalt (§ 13 Abs. 1 Nr. 1 eWpG i. V. m. § 7 Abs. 1, 2 eWpRV)

Gemäß § 13 Abs. 1 Nr. 1 eWpG muss das zentrale Register für jedes eingetragene Zentralregisterwertpapier Angaben über den **wesentlichen Inhalt des Rechts aus dem Zentralregisterwertpapier** enthalten. § 7 eWpRV enthält dazu nähere Angaben. **16**

Nach § 7 Abs. 1 Satz 1 eWpRV kann die Angabe des wesentlichen Inhalts des Rechts dadurch erfolgen, dass auf die gemäß § 5 eWpG niedergelegten Emissionsbedingungen Bezug genommen wird. Es ist zu erwarten, dass von der Möglichkeit der **Bezugnahme auf die Emissionsbedingungen,** die auch bereits in der Regierungsbegründung[13] angedacht war, in den meisten Fällen Gebrauch gemacht wird, da sich dadurch die nicht triviale Frage, welche Inhalte hinsichtlich des Rechts aus dem Zentralregisterwertpapier „wesentlich" und folglich in das Register aufzunehmen sind, nicht mehr im Detail stellt. **17**

Erfolgt keine Bezugnahme auf die Emissionsbedingungen, sind gemäß § 7 Abs. 1 Satz 2 eWpRV alle Angaben aufzunehmen, die aus Sicht eines **verständigen Anlegers für die Anlageentscheidung relevant** sind. Nach § 7 Abs. 1 Satz 3 eWpRV gehören dazu mindestens die folgenden Angaben: **18**

– Laufzeit;

– Höhe und Art der Verzinsung einschließlich der angewandten Berechnungsmethode;

– Fälligkeit sämtlicher Zahlungen;

– ordentliche und außerordentliche Kündigungsrechte; und

– Rangrücktrittsvereinbarungen.

Da das eWpG gemäß § 1 nur auf Inhaberschuldverschreibungen Anwendung findet, wird das wesentliche Recht **typischerweise eine Geldforderung** sein. Daher liegt es nahe, dass die Mindestangaben in § 7 Abs. 1 Satz 3 eWpRV Einzelheiten zur Verzinsung und zur Fälligkeit von Zahlungen vorgeben. Zwingend ist dies jedoch nicht, da auch jedes sonstige Leistungsversprechen Gegenstand eines Zentralregisterwertpapiers sein kann. **19**

Für **elektronische Anteilscheine** gemäß § 95 Abs. 1 KAGB ist die Angabe des wesentlichen Inhalts des Rechts sogar **verpflichtend nur durch die Bezugnahme auf die Anlagebedingungen** möglich (§ 7 Abs. 2 eWpRV). Die Begründung zum RefE eWpRV führt dazu aus, dass sich der „Inhalt der Anlagebedingungen eines Investmentfonds nicht in sinnvoller Weise auf einige wenige relevante Informationen reduzieren" lasse.[14] Dem kann zwar entgegengehalten werden, dass bestimmte Zertifikate[15] in Form einer Inhaberschuldverschreibung – ebenfalls – eine nicht zu unterschätzende Komplexität aufweisen können. Eine Bezugnahme ist jedoch für alle Beteiligten die vorzugswürdige Lösung, so dass die Regelung im Ergebnis, wenn auch nicht hinsichtlich ihrer Begründung, als sachgerecht anzusehen ist. **20**

13) Begr. RegE Gesetz zur Einführung von eWp, BT-Drucks. 19/26925, S. 55.

14) Begr. RefE eWpRV (1. Konsultation), v. 6.8.2021, S. 19, abrufbar unter https://www.bmj.de/Shared Docs/Gesetzgebungsverfahren/DE/Wertpapierregister.html (Abrufdatum: 22.2.2023).

15) Zu denken wäre hier z. B. an „Express Zertifikate" oder „Bonus Zertifikate"; vgl. dazu *Salewski*, BKR 2012, 100, 101.

21   Unabhängig vom Inhalt des Rechts aus dem Zentralregisterwertpapier und losgelöst von den Kategorien Inhaberschuldverschreibung und Anteilschein, stellt sich die Frage, inwiefern das Leitbild des „verständigen Anlegers" sowie der Zweck der „Anlageentscheidung" i. S. des § 7 Abs. 1 Satz 2 eWpRV mit der Funktion eines zentralen Wertpapierregisters überhaupt in Einklang zu bringen ist: Weder die Angaben auf einer papiernen Urkunde noch im zentralen Wertpapierregister sollen den Prospekt oder sonstige Kapitalmarktinformation ersetzen. Hinzu kommt, dass auch das **zentrale Wertpapierregister keine Vertriebsplattform** darstellt, so dass die Ausrichtung der Angaben zum wesentlichen Inhalt auf ihre eventuelle Relevanz für eine „Anlageentscheidung" dem Wesen des zentralen Wertpapierregisters eigentlich nicht entspricht. Aufgrund der Möglichkeit der Bezugnahme auf die Emissionsbedingungen sollte die Vorschrift die Praxis indes nicht vor unüberwindbare Probleme stellen.

b)   Wertpapierkennnummer (§ 13 Abs. 1 Nr. 1 eWpG i. V. m. § 7 Abs. 3 eWpRV)

22   Gemäß § 13 Abs. 1 Nr. 1 eWpG muss das zentrale Wertpapierregister – zusätzlich zum wesentlichen Inhalt des Rechts aus dem Zentralregisterwertpapier – eine eindeutige Wertpapierkennnummer enthalten. Die Wertpapierkennnummer ist in der Praxis das wichtigste Bestimmungsmerkmal zur Identifizierung eines Wertpapiers. Dies gilt sowohl für das **Verpflichtungsgeschäft** (z. B. zur Bestimmung des verkauften Wertpapiers i. R. des Vertragsschlusses an einer Börse oder im OTC-Handel) als auch für das dingliche **Erfüllungsgeschäft**, bei dem z. B. die Wertpapierkennnummer einen wesentlichen Bestandteil der an die Wertpapiersammelbank gerichteten Lieferinstruktion i. R. der Übereignung des Wertpapiers darstellt.[16]

23   Jede Wertpapierkennnummer besteht aus einer **menschenlesbaren Kombination von Zahlen und Buchstaben** und ermöglicht dadurch die eindeutige Identifizierung des jeweiligen Zentralregisterwertpapiers. Während die Regierungsbegründung noch ausdrücklich offenließ, welche Wertpapierkennnummer im Register auszuweisen sein sollte,[17] konkretisiert § 7 Abs. 3 eWpRV nun, dass die internationale Wertpapierkennnummer (International Securities Identification Number – ISIN) aufzunehmen ist. Dies soll eine Zertifizierbarkeit der Zentralregisterwertpapiere nach den im Markt anerkannten ISO-Standards (ISO 6166) erlauben und so auch zu einer erleichterten Aufsichtstätigkeit beitragen.[18]

24   Ausgangspunkt für die internationale Wertpapierkennnummer ist die von der Herausgebergemeinschaft Wertpapier-Mitteilungen, Keppler, Lehmann GmbH & Co. KG herausgegebene **Wertpapierkennnummer (WKN)**, welche aus einer sechsstelligen Ziffern- und Buchstabenkombination besteht. Ergänzt man die WKN um drei voranstehende Nullen, so erhält man zunächst die neunstellige deutsche **National Securities Identifying Number (NSIN)**. Die **internationale Wertpapierkennnummer (ISIN)** baut sodann auf der NSIN auf, ergänzt diese zu Beginn um den aus zwei Buchstaben bestehenden Ländercode (für Deutschland „DE"), sowie am Ende um eine Prüfziffer.[19] Da es sich bei der internationalen Wertpapierkennnummer um eine **verpflichtend einzutragende Angabe** handelt, können Wertpapiere, die nicht über eine ISIN verfügen, nicht in ein zentrales Wertpapierregister eingetragen werden.

---

16)   Zur Frage, wie sich eine fehlende oder unrichtige Wertpapierkennnummer i. R. der Begebung von Zentralregisterwertpapieren auswirkt s. *Geier*, RdF 2020, 258, 259.

17)   Begr. RegE Gesetz zur Einführung von eWp, BT-Drucks. 19/26925, S. 41.

18)   Begr. RefE eWpRV (1. Konsultation), v. 6.8.2021, S. 19, abrufbar unter https://www.bmj.de/Shared Docs/Gesetzgebungsverfahren/DE/Wertpapierregister.html (Abrufdatum: 22.2.2023).

19)   Beispiel: Die Aktie der SAP SE wird unter der WKN „716460" sowie unter der ISIN „DE0007164600" geführt.

2. Emissionsvolumen (§ 13 Abs. 1 Nr. 2 eWpG)

Gemäß § 13 Abs. 1 Nr. 2 eWpG muss das zentrale Wertpapierregister für jedes eingetra- 25
gene Wertpapier Angaben über das Emissionsvolumen enthalten. Das Emissionsvolumen
ergibt sich als **Produkt von Nennbetrag** (§ 13 Abs. 1 Nr. 3 eWpG) und der **Anzahl der
ausgegebenen Zentralregisterwertpapiere**.[20]

Erfolgt die Erstausgabe von Zentralregisterwertpapieren nicht zum Nennwert, sondern 26
mit Auf- oder Abschlag (**Agio** oder **Disagio**), so hat dies keinen Einfluss auf die Berechnung des im zentralen Wertpapierregister anzugebenden Emissionsvolumens, d. h. es bleibt
bei der Multiplikation von Anzahl der ausgegebenen Zentralregisterwertpapiere mit dem
Nennbetrag, ohne dass dieser um das Agio erhöht bzw. um das Disagio verringert würde.

Maßgeblich ist zunächst das Volumen zum **Emissionszeitpunkt** des Zentralregisterwert- 27
papiers. Spätere Veränderungen des Emissionsvolumens sind ebenfalls eintragungspflichtig,
d. h. bei einer späteren Aufstockung der Emission ist das Volumen der Aufstockung zusätzlich auszuweisen.

Sehen die Emissionsbedingungen vor, dass eine bestimmte **Maximalanzahl** von Inhaber- 28
schuldverschreibungen ausgegeben werden kann, und hat die Emittentin davon i. R. der
(Erst-)Emission (noch) nicht vollumfänglich Gebrauch gemacht, sodass die ausstehende
Differenz zwischen der maximalen Anzahl und den bereits ausgebebenen Zentralregisterwertpapieren in einem separaten nachfolgenden Schritt emittiert werden kann (sog. tap
issue), so ist sowohl das **bislang ausgegebene Emissionsvolumen** als auch das **maximal
mögliche Emissionsvolumen** im zentralen Wertpapierregister auszuweisen.[21]

Handelt es sich um Zentralregisterwertpapiere ohne Nennbetrag, ist die Anzahl der aus- 29
gegebenen Wertpapiere anzugeben.[22]

3. Nennbetrag (§ 13 Abs. 1 Nr. 3 eWpG)

Nach § 13 Abs. 1 Nr. 3 eWpG muss das zentrale Wertpapierregister für jedes eingetrage- 30
ne Zentralregisterwertpapier die Angabe des **Nennbetrages** enthalten. Der Nennbetrag wird
nach den Vorgaben des Emittenten festgelegt und entspricht der **kleinsten jeweils übertragbaren Einheit** des Zentralregisterwertpapiers.[23]

Der Nennbetrag entspricht bei Zentralregisterwertpapieren, denen eine Zahlungsforde- 31
rung innewohnt, einem **Teilbetrag an der Gesamtschuld** des Emittenten. Daher ist der
Nennbetrag – neben der Anzahl der ausgegebenen Zentralregisterwertpapiere – der zweite
Faktor bei der Berechnung des Emissionsvolumens nach § 13 Abs. 1 Nr. 2 eWpG.

Verfügen Zentralregisterwertpapiere über keinen Nennbetrag (z. B. wenn dem Zentral- 32
registerwertpapier andere Ansprüche als Zahlungsansprüche innewohnen), dann sind diese
Zentralregisterwertpapiere im zentralen Wertpapierregister als **„ohne Nennbetrag"** zu kennzeichnen.[24]

4. Emittent (§ 13 Abs. 1 Nr. 4 eWpG i. V. m. § 8 eWpRV)

Gemäß § 13 Abs. 1 Nr. 4 eWpG muss das zentrale Wertpapierregister Angaben zur Iden- 33
tität des **Emittenten** des Zentralregisterwertpapiers enthalten. Unter Emittent ist der Aussteller des Wertpapiers zu verstehen, der hinsichtlich des dem Zentralregisterwertpapier

---

20) Begr. RegE Gesetz zur Einführung von eWp, BT-Drucks. 19/26925, S. 56.
21) Begr. RegE Gesetz zur Einführung von eWp, BT-Drucks. 19/26925, S. 56.
22) Müller/Pieper-*Pieper*, eWpG, § 13 Rz. 11.
23) Begr. RegE Gesetz zur Einführung von eWp, BT-Drucks. 19/26925, S. 56.
24) Begr. RegE Gesetz zur Einführung von eWp, BT-Drucks. 19/26925, S. 56.

innewohnenden Rechts als Schuldner verpflichtet wird. Er ist eindeutig und zutreffend zu bezeichnen.[25]

34   Aus § 8 eWpRV ergeben sich weitere Vorgaben hinsichtlich der zum Emittenten aufzunehmenden Angaben, die sich an § 15 der Grundbuchverfügung (GBV)[26] – sowie für die GbR zudem an § 47 Abs. 2 GBO – orientieren. Dabei finden die Regelungen des § 8 Abs. 1 eWpRV gemäß ihrem Wortlaut unmittelbar nur auf Zentralregisterwertpapiere in Sammeleintragung Anwendung, während der Anwendungsbereich der Vorschriften des § 8 Abs. 2 eWpRV auf Zentralregisterwertpapiere in Einzeleintragung beschränkt ist. Aufgrund der Bezugnahme des § 8 Abs. 2 Satz 1 eWpRV auf die Regelungen des Abs. 1 ergeben sich jedoch in Bezug auf die **Angaben über den Emittenten keine Unterschiede zwischen Zentralregisterwertpapieren in Einzel- oder in Sammeleintragung** (anders ist dies bei den Angaben über den Inhaber, siehe dazu unten Rz. 43 ff.).

35   Handelt es sich bei dem Emittenten um eine **natürliche Person**, sind gemäß § 8 Abs. 1 Satz 1 Nr. 1 eWpRV der Vor- und Familienname, Geburtsdatum, Wohnort und, falls ersichtlich, akademische Grade und frühere Familiennamen einzutragen.

36   Ist der Emittent eine **juristische Person oder eine Handelsgesellschaft oder PartG**, ist die Eintragung von Name oder Firma sowie des Sitzes erforderlich (§ 8 Abs. 1 Satz 1 Nr. 2 eWpRV). Wahlweise kann auch die gültige Kennung für Rechtsträger eingetragen werden, die international unter der Bezeichnung **Legal Entity Identifier (LEI)** bekannt ist.[27] Bei dem Legal Entity Identifier handelt es sich um eine 20-stellige Kombination aus Buchstaben und Zahlen, die weltweit zur Identifizierung für juristische Personen genutzt wird, die im Finanzmarkt tätig sind. Auf Grundlage des Legal Entity Identifiers kann in der zugehörigen Datenbank[28] u. a. die Firma oder der Name des Emittenten, die Adresse der Hauptniederlassung sowie die Adresse bei Gründung in Erfahrung gebracht werden.

37   Zusätzlich sollen nach § 8 Abs. 1 Satz 2 eWpRV das Registergericht und das Registerblatt der Eintragung in das Handels-, Genossenschafts-, Partnerschafts- oder Vereinsregister angegeben werden. Dies muss aber nur dann erfolgen, wenn sich diese Angaben aus den der registerführenden Stelle vorliegenden Aufzeichnungen ergeben oder diese Angaben der registerführenden Stelle anderweitig bekannt sind. Die vorstehenden Angaben sind ebenfalls nicht erforderlich, wenn für juristische Personen bzw. Handelsgesellschaften oder PartG die gültige Kennung für Rechtsträger (LEI) angegeben worden ist (§ 8 Abs. 1 Satz 3 eWpRV).

38   Wird das Zentralregisterwertpapier von einer **GbR** emittiert, sind gemäß § 8 Abs. 1 Satz 1 Nr. 3 eWpRV die **Gesellschafter** – je nachdem, ob es sich um natürliche Personen oder um juristische Personen oder eine Handelsgesellschaft oder PartG handelt, – unter Angabe der vorstehend dargestellten Merkmale nach § 8 Abs. 1 Satz Nr. 1 eWpRV oder § 8 Abs. 1 Satz 1 Nr. 2 eWpRV **aufzunehmen**. Zur Bezeichnung der GbR können zusätzlich deren Name und Sitz angegeben werden.

39   Die Begründung zum RefE eWpRV stellt klar, dass der maßgebliche Zeitpunkt für die Richtigkeit der Daten der **Zeitpunkt der Eintragung** ist.[29] Eine Pflicht der registerführenden Stelle zur Aktualisierung des zentralen Wertpapierregisters besteht demnach nicht. Erlangt die registerführende Stelle jedoch Kenntnis von einer unrichtig gewordenen Ein-

---

25) Begr. RegE Gesetz zur Einführung von eWp, BT-Drucks. 19/26925, S. 56.

26) Grundbuchverfügung i. d. F. der Bekanntmachung v. 24.1.1995, BGBl. I 1995, 114.

27) So bereits Begr. RegE Gesetz zur Einführung von eWp, BT-Drucks. 19/26925, S. 56, und auch Begr. RefE eWpRV (2. Konsultation) z. § 8, v. 14.1.2022, S. 6, abrufbar unter https://www.bmj.de/Shared Docs/Gesetzgebungsverfahren/DE/Wertpapierregister.html (Abrufdatum: 22.2.2023).

28) S. dazu die Website der Global Legal Entity Identifier Foundation (GLEIF) unter www.gleif.org.

29) Begr. RefE eWpRV (1. Konsultation), v. 6.8.2021, S. 19, abrufbar unter https://www.bmj.de/Shared Docs/Gesetzgebungsverfahren/DE/Wertpapierregister.html (Abrufdatum: 22.2.2023).

tragung oder stellt der Eingetragene einen Antrag auf Aktualisierung, kann die register-führende Stelle das Register aktualisieren.[30]

5. Einzel- und Sammeleintragung (§ 13 Abs. 1 Nr. 5 eWpG)

Gemäß § 13 Abs. 1 Nr. 5 eWpG muss das zentrale Wertpapierregister erkennen lassen, ob 40
das jeweilige Zentralregisterwertpapier in Form der Einzeleintragung oder in Sammelein-tragung eingetragen ist.

Gemäß § 8 Abs. 1 Nr. 1 eWpG liegt eine **Sammeleintragung** vor, wenn eine Wertpapier- 41
sammelbank oder ein Verwahrer zwar als Inhaber i. S. des § 3 Abs. 1 eWpG eingetragen, aber nicht zugleich Berechtigter i. S. des § 3 Abs. 2 eWpG ist. Dies bedeutet, dass die eingetra-gene Wertpapiersammelbank oder der eingetragene Verwahrer nicht die Ansprüche aus dem Zentralregisterwertpapier innehat, sondern diese lediglich treuhänderisch für den Be-rechtigten verwaltet (vgl. § 8 Abs. 2 Satz 1 eWpG).

Eine **Einzeleintragung** liegt gemäß § 8 Abs. 1 Nr. 2 eWpG vor, wenn eine natürliche oder 42
juristische Person oder eine rechtsfähige Personengesellschaft das Zentralregisterwert-papier als Berechtigte i. S. des § 3 Abs. 2 eWpG hält, d. h. als derjenige, der das Recht aus dem Zentralregisterwertpapier innehat.

6. Inhaber (§ 13 Abs. 1 Nr. 6 eWpG i. V. m. § 8 eWpRV)

Nach § 13 Abs. 1 Nr. 6 eWpG hat das zentrale Wertpapierregister den Inhaber des Zen- 43
tralregisterwertpapiers auszuweisen. Gemäß § 3 Abs. 1 eWpG ist der Inhaber eines Zen-tralregisterwertpapiers derjenige, der als **Inhaber des Zentralregisterwertpapiers oder eines bestimmten Anteils an einer Gesamtemission im zentralen Wertpapierregister eingetra-gen** ist.[31] Mit anderen Worten wird der Eingetragene durch die Eintragung zum Inhaber, und das Register gibt Auskunft über seine Identität. Die Eintragung des Inhabers erfolgt dabei auch zum Zwecke der Geldwäscheprävention.[32]

§ 8 eWpRV enthält in seinen beiden Absätzen konkrete Vorgaben hinsichtlich der in das 44
zentrale Wertpapierregister aufzunehmenden **inhaberbezogenen Angaben.** Ähnlich wie bei den emittentenbezogenen Angaben gelten für inhaberbezogene Angaben die Regelun-gen des § 8 **Abs. 1** eWpRV nach ihrem Wortlaut zunächst nur für Zentralregisterwertpapiere in Sammeleintragung, während § 8 **Abs. 2** eWpRV nur auf Zentralregisterwertpapiere in Einzeleintragung Anwendung findet. Durch die Verweisung in § 8 Abs. 2 Satz 2 eWpRV (betreffend die Einzeleintragung) auf die Regelungen des § 8 Abs. 1 eWpRV (betreffend die Sammeleintragung) wird aber erreicht, dass sich die **inhaberbezogenen Angaben in Fällen der Einzeleintragung und der Sammeleintragung gleichen.** Zudem entsprechen die inhaberbezogenen Angaben denjenigen Angaben, die der Identifizierung der Emitten-ten im zentralen Wertpapierregister dienen. Insoweit sei auf die dortige Kommentierung verwiesen (siehe oben Rz. 33 ff.).

Eine **Ausnahme** zu diesem Gleichlauf besteht nach § 13 Abs. 2 Satz 2 eWpG sowie nach 45
§ 8 Abs. 2 Satz 2 eWpRV allerdings insoweit, als dass die **Bezeichnung des Inhabers** bei Zentralregisterwertpapieren in Einzeleintragung auch **durch die Zuordnung einer ein-deutigen Kennung erfolgen kann.** Dies ermöglicht, dass personenbezogene Angaben über den Inhaber auch in pseudonymisierter Form in das zentrale Wertpapierregister aufge-nommen werden können. Als Beispiel führt die Begründung zum RefE eWpRV aus, dass dem Inhaber eine Nummer zugewiesen werden könne, die seine eindeutige Identifizierung

---

30) Begr. RefE eWpRV (1. Konsultation), v. 6.8.2021, S. 19, abrufbar unter https://www.bmj.de/Shared
Docs/Gesetzgebungsverfahren/DE/Wertpapierregister.html (Abrufdatum: 22.2.2023).
31) Zum Verhältnis der Inhaberschaft zur Eigentümerstellung s. *Alfes*, § 12 Rz. 98 ff.
32) Begr. RegE Gesetz zur Einführung von eWp, BT-Drucks. 19/26925, S. 56.

ermöglicht, um die zweifelsfreie Zuordnung der Inhaberschaft des Wertpapiers auf diese Weise sicherzustellen.[33]

46   Da in Fällen der Sammeleintragung lediglich Verwahrer und Wertpapiersammelbanken in das zentrale Wertpapierregister als Inhaber aufgenommen werden können, hat der Gesetzgeber zu Recht **die Möglichkeit zur Pseudonymisierung nur für die Fälle der Einzeleintragung** ermöglicht, da nur in diesen Fällen ein Schutzbedürfnis für die inhaberbezogenen Daten besteht. Anders als in Fällen des Kryptowertpapierregisters, wo die Nutzung der eindeutigen Kennung für die Angabe des Inhabers gemäß § 17 Abs. 2 Satz 2 eWpG sowie nach § 8 Abs. 2 Satz 3 eWpRV verpflichtend ist, handelt es sich für zentrale Wertpapierregister lediglich um eine **Möglichkeit** der Ausgestaltung, die – sofern das zentrale Wertpapierregister die Eintragung in Form einer eindeutigen Kennung gestattet – gleichwertig neben die vollständige Angabe der Inhaberangaben tritt.

47   Wie bereits i. R. der emittentenbezogenen Angaben dargestellt (siehe oben Rz. 33 ff.), ist nach der Begründung zum RefE eWpRV der maßgebliche Zeitpunkt für die **Richtigkeit** der Daten der **Zeitpunkt der Eintragung**.[34] Soweit der RefE hierzu weiter ausgeführt, dass eine Pflicht der registerführenden Stelle zur Aktualisierung des zentralen Wertpapierregisters, z. B. im Falle eines geänderten Namens oder des Wohnortes, nicht bestehe,[35] sind damit freilich nur diejenigen Fälle gemeint, in denen der eingetragene Inhaber des Zentralregisterwertpapiers in seiner Identität unverändert bleibt und sich lediglich Bezugsdaten ändern (z. B. Wohnort oder Familienname). Nur in solchen Fällen besteht keine Verpflichtung der registerführenden Stelle zur Aktualisierung des Registers. Soll hingegen der bisherige Inhaber eines Zentralregisterwertpapiers durch einen neuen Inhaber im Wege der Umtragung gemäß § 4 Abs. 8 eWpG ersetzt werden, so steht diese „Aktualisierung des Namens" nicht im freien Ermessen der Registerführung, sondern ist verpflichtend durchzuführen und ist Ausdruck der Pflicht zur jederzeitigen Wiedergabe der bestehenden Rechtslage i. S. des § 7 Abs. 2 eWpG.

7.   Mischbestand (§ 13 Abs. 1 Nr. 7 eWpG)

48   Gemäß § 13 Abs. 1 Nr. 7 eWpG ist im zentralen Wertpapierregister anzugeben, ob eine Gesamtemission in Form eines **Mischbestandes i. S. des § 9 Abs. 3 eWpG** vorliegt. Dies ist dann der Fall, wenn die Gesamtemission teils aus einer Sammeleintragung und teils aus mittels Urkunden begebenen Wertpapieren oder aus Wertpapieren in Einzeleintragung besteht. Die unterschiedlichen Teilbestände können in solchen Fällen im selben Register zusammengefasst werden und als ein einheitlicher Sammelbestand gelten. Zusätzliche Voraussetzung dieses „Vorrangs der Sammeleintragung"[36] ist aber, dass der Mischbestand im zentralen Wertpapierregister als solcher vermerkt ist.

49   Liegt ein Mischbestand vor, sind die einzelnen **Bestandteile des Mischbestandes** (also Sammeleintragung, Einzeleintragung und mittels Urkunde begebene Wertpapiere) mit dem auf sie entfallenden Anteil des Emissionsvolumens jeweils **separat auszuweisen**.

8.   Nicht Gegenstand des zentralen Wertpapierregisters

50   Nicht Gegenstand oder Inhalt eines zentralen Wertpapierregisters sind solche Daten, die notwendigerweise oder aus bloßen Zweckmäßigkeitserwägungen von der registerführenden

---

33) Begr. RefE eWpRV (1. Konsultation), v. 6.8.2021, S. 19, abrufbar unter https://www.bmj.de/Shared Docs/Gesetzgebungsverfahren/DE/Wertpapierregister.html (Abrufdatum: 22.2.2023).

34) Begr. RefE eWpRV (1. Konsultation), v. 6.8.2021, S. 19, abrufbar unter https://www.bmj.de/Shared Docs/Gesetzgebungsverfahren/DE/Wertpapierregister.html (Abrufdatum: 22.2.2023).

35) Begr. RefE eWpRV (1. Konsultation), v. 6.8.2021, S. 19, abrufbar unter https://www.bmj.de/Shared Docs/Gesetzgebungsverfahren/DE/Wertpapierregister.html (Abrufdatum: 22.2.2023).

36) Begr. RegE Gesetz zur Einführung von eWp, BT-Drucks. 19/26925, S. 51.

Stelle erhoben und gespeichert werden, **um ein zentrales Wertpapierregister zu führen,** die aber nicht zu von § 13 eWpG erfassten Registerangaben über Zentralregisterwertpapiere gehören.[37] Dazu zählen insbesondere **alle anderen als die in § 13 i. V. m. § 8 eWpRV erwähnten personenbezogenen Angaben** über Emittenten, Inhaber sowie über die Personen, zugunsten derer ein Recht oder eine Verfügungsbeschränkung einzutragen ist. Zu diesen sonstigen personenbezogenen Daten gehören z. B. Kontaktdaten wie Telefon- und Handynummern, E-Mail-Adressen sowie die namentliche Identität des Inhabers von Zentralregisterwertpapieren, wenn von der Möglichkeit der Pseudonymisierung durch die Zuordnung einer eindeutigen Kennung nach § 13 Abs. 1 Nr. 6 eWpG i. V. m. § 8 Abs. 2 Satz 2 eWpRV Gebrauch gemacht wurde. Solche Daten sind von der registerführenden Stelle anderweitig, d. h. **außerhalb des zentralen Wertpapierregisters, zu speichern** und sind nicht vom Einsichtsrecht nach § 10 eWpG umfasst.

V. Relative Verfügungsbeschränkungen und Rechte Dritter (§ 13 Abs. 2 Satz 1 eWpG)

1. Allgemeines

Zusätzlich zu den Angaben nach § 13 Abs. 1 eWpG hat die registerführende Stelle auch **51** sicherzustellen, dass **Verfügungsbeschränkungen zugunsten einer bestimmten Person** (§ 13 Abs. 2 Satz 1 Nr. 1 eWpG) und **Rechte Dritter** (§ 13 Abs. 2 Satz 1 Nr. 2 eWpG) für jedes Zentralregisterwertpapier im zentralen Wertpapierregister eingetragen sind. Gemäß § 2 Abs. 1 Nr. 3 und 4 eWpRV gelten diejenigen Personen, zugunsten derer eine Verfügungsbeschränkung oder ein Drittrecht eingetragen ist, als **Teilnehmer des zentralen Wertpapierregisters.**[38]

Diese Verpflichtung der registerführenden Stelle besteht **nur bei Zentralregisterwert-** **52** **papieren in Einzeleintragung.** Im Falle der Sammeleintragung, d. h. wenn entweder eine Wertpapiersammelbank i. S. des § 4 Abs. 5 eWpG oder ein Verwahrer i. S. des § 4 Abs. 6 eWpG als Inhaber eingetragen ist und ein solcher Inhaber die Zentralregisterwertpapiere treuhänderisch für die Berechtigten verwaltet, erfolgen die maßgeblichen Buchungen i. R. der Übertragung des Eigentums nicht im zentralen Wertpapierregister, sondern in den von den Verwahrern oder der Wertpapiersammelbank geführten Wertpapierdepots. In der Folge bleibt das zentrale Wertpapierregister insoweit unverändert („statisch"; siehe *Alfes*, § 12 Rz. 89) und ihm kommt i. R. des Übertragungsvorganges keinerlei Funktion zu.

Die registerführende Stelle ist an denjenigen Rechtsverhältnissen, die den Verfügungsbe- **53** schränkungen oder den Rechten Dritter zugrunde liegen, nicht beteiligt und hat dadurch in der Regel keine Kenntnis von deren Existenz (siehe dazu Rz. 11 zur vergleichbaren Lage bzgl. der nach Absatz 1 in das Register aufzunehmenden Angaben). Im Rahmen ihrer **Verpflichtung zur Eintragung von relativen Verfügungsbeschränkungen oder Rechten Dritter** verbleibt für die registerführende Stelle insoweit die Möglichkeit, sich das Bestehen relativer Verfügungsbeschränkungen oder Rechte Dritter von einem nach § 14 Abs. 1 eWpG Weisungsberechtigten (ggf. verbunden mit anwaltlichem Rechtsgutachten) bestätigen zu lassen (siehe oben Rz. 11). Hinsichtlich der Einzelheiten sei auf die Kommentierung des § 7 Abs. 2 eWpG (siehe *Hippeli*, § 7 Rz. 41 ff.) verwiesen.

Nach § 8 Abs. 2 Satz 1 eWpRV hat die registerführende Stelle sicherzustellen, dass zur **54** Bezeichnung von Personen, zugunsten derer ein Recht oder eine Verfügungsbeschränkung einzutragen ist, die **Angaben nach § 8 Abs. 1 eWpRV** im zentralen Wertpapierregister enthalten sind. Es handelt sich dabei um diejenigen Angaben, die auch in Bezug auf den Inhaber oder den Emittenten des Zentralregisterwertpapiers in das Register aufzunehmen sind.

---

37) Begr. RegE Gesetz zur Einführung von eWp, BT-Drucks. 19/26925, S. 52.
38) *Siadat*, RDi 2022, 153, 154.

Dazu zählen bei natürlichen Personen z. B. Vorname und Familienname sowie Geburtsdatum und Wohnort, bei juristischen Personen deren Name oder die Firma und der Sitz. Zu den Einzelheiten kann daher auf die obige Darstellung der Registerangaben in Bezug auf den Emittenten verwiesen werden (siehe dazu oben Rz. 33 ff.).

55   Wie bereits im Zusammenhang mit den Angaben nach § 13 Abs. 1 Nr. 4 (Emittent) und Nr. 6 eWpG (Inhaber) dargestellt, ist nach der Begründung zum Referentenentwurf eWpRV der maßgebliche Zeitpunkt für die Richtigkeit der Daten lediglich der **Zeitpunkt der Eintragung**.[39] Auch mit Blick auf die Personen, zugunsten derer ein Recht oder eine Verfügungsbeschränkung einzutragen ist, gilt daher zunächst, dass eine Pflicht der registerführenden Stelle zur Aktualisierung z. B. des Wohnortes oder eines geänderten Namens nicht besteht. Soll aber z. B. der bisherige Inhaber eines Rechts am Zentralregisterwertpapier durch einen neuen Inhaber ersetzt werden, so steht diese „Aktualisierung des Namens" nicht im freien Ermessen der Registerführung, sondern ist verpflichtend durchzuführen. Insoweit sei auf die diesbezüglichen Darstellungen zu den emittenten- und inhaberbezogenen Angaben verwiesen (siehe oben Rz. 33 ff. und Rz. 43 ff.).

2. Relative Verfügungsbeschränkungen (§ 13 Abs. 2 Satz 1 Nr. 1 eWpG)

56   Einzutragen sind nach § 13 Abs. 2 Satz 1 Nr. 1 eWpG Verfügungsbeschränkungen **zugunsten einer bestimmten Person**. Diese Regelung gleicht in ihrer Struktur derjenigen des § 892 Abs. 1 Satz 2 BGB und umfasst nur relative Verfügungsbeschränkungen[40] (zu den sonstigen Verfügungsbeschränkungen des § 13 Abs. 2 Satz 3 eWpG siehe unten Rz. 71 ff.). Nach der Begründung des Finanzausschusses[41] sollen die von Rechtsprechung und Literatur[42] zur Regelung des § 892 Abs. 1 Satz 2 BGB **für das Grundbuch entwickelten Grundsätze zur Eintragungsfähigkeit** von Verfügungsbeschränkungen für das zentrale Wertpapierregister **entsprechend zur Anwendung gelangen**, wenn nicht Unterschiede zwischen zentralem Wertpapierregister und Zentralregisterwertpapieren einerseits sowie Grundbuch und Grundstücken andererseits eine entsprechende Anwendung in der Sache verbieten.[43] Ausdrücklich wird darauf verwiesen, dass bei relativen Verfügungsbeschränkungen die Eintragung der konkret begünstigten Person nicht zwingend erforderlich sei.[44]

57   Der Finanzausschuss gibt eine nicht abschließende Liste von **Beispielsfällen**,[45] in denen einzutragende relative Verfügungsbeschränkungen bestehen können:

- gesetzliche Veräußerungsverbote (§ 135 Abs. 1, 2 BGB);
- behördliche Veräußerungsverbote wie z. B. Pfändungen und Beschlagnahmen (§ 136 i. V. m. § 135 Abs. 2 BGB);
- Anordnung der Nachlassverwaltung (§ 1984 Abs. 1 Satz 2 BGB);
- Eintritt des Nacherbfalls (§ 2113 Abs. 1, 3 BGB);
- Testamentsvollstreckung (§ 2211 Abs. 1, 2 BGB);

---

39) Begr. RefE eWpRV (1. Konsultation), v. 6.8.2021, S. 19, abrufbar unter https://www.bmj.de/Shared Docs/Gesetzgebungsverfahren/DE/Wertpapierregister.html (Abrufdatum: 22.2.2023).

40) Zur Abgrenzung von relativen und absoluten Verfügungsbeschränkungen s. *Armbrüster* in: MünchKomm-BGB, § 134 Rz. 6 ff.

41) Beschlussempfehlung und Bericht d. FA z. Gesetz zur Einführung von eWp, BT-Drucks. 19/29372, S. 53.

42) Statt aller s. *Kohler* in: MünchKomm-BGB, § 892 Rz. 59 ff. m. w. N.

43) Beschlussempfehlung und Bericht d. FA z. Gesetz zur Einführung von eWp, BT-Drucks. 19/29372, S. 53.

44) Beschlussempfehlung und Bericht d. FA z. Gesetz zur Einführung von eWp, BT-Drucks. 19/29372, S. 53.

45) Beschlussempfehlung und Bericht d. FA z. Gesetz zur Einführung von eWp, BT-Drucks. 19/29372, S. 53; zu weiteren Rechten Dritter in Anlehnung an § 892 Abs. 1 Satz 2 BGB s. *Kohler* in: MünchKomm-BGB, § 892 Rz. 59–63.

– Verfügungsbeschränkungen nach Eröffnung des Insolvenzverfahrens (§ 81 Abs. 1 Satz 2 InsO und § 91 Abs. 2 InsO); und

– Veräußerungs- oder Verfügungsverbot i. R. einer einstweiligen Verfügung (§ 938 Abs. 2 ZPO.

Aus dem Bereich des **Bankaufsichtsrechts** wäre zudem ein von der BaFin nach § 46 Abs. 1 **58** Satz 2 Nr. 4 KWG gegenüber einem Kreditinstitut verhängtes vorübergehendes **Veräußerungs- und Zahlungsverbot** zu nennen, welches ebenfalls als relatives Verfügungsverbot zu qualifizieren wäre.[46]

Nicht dem Anwendungsbereich des § 13 Abs. 2 Satz 1 Nr. 1 eWpG unterliegen **sonstige** **59** **Verfügungsbeschränkungen**, d. h. gesetzliche Verbote oder absolute Verfügungsbeschränkungen sowie die fehlende Geschäftsfähigkeit des Inhabers. Diese sind zwar eintragungsfähig, unterfallen aber dem Anwendungsbereich der Regelung des § 13 Abs. 2 Satz 3 eWpG. Auf die dortige Darstellung wird verwiesen (siehe unten Rz. 71 ff.).

Der Vollständigkeit halber sei an dieser Stelle erwähnt, dass aufgrund der im Finanzaus- **60** schuss vorgenommenen Änderungen (siehe oben Rz. 8) – anders als noch in der Begründung zum Regierungsentwurf enthalten – **Mängel der Vertretungsmacht nicht** zu den von § 13 Abs. 2 Satz 1 Nr. 1 eWpG erfassten Verfügungsbeschränkungen zugunsten einer bestimmten Person zählen.[47]

3. Rechte Dritter (§ 13 Abs. 2 Satz 1 Nr. 2 eWpG)

Die registerführende Stelle hat gemäß § 13 Abs. 2 Satz 1 Nr. 2 eWpG sicherzustellen, dass **61** das zentrale Register auch **Angaben über Rechte Dritter** an den eingetragenen Zentralregisterwertpapieren enthält.

Als Rechte Dritter kommen zunächst **rechtsgeschäftlich bestellte Rechte Dritter** wie z. B. **62** das **Pfandrecht** gemäß §§ 1205, 1293 BGB sowie der **Nießbrauch** gemäß §§ 1032, 1081 BGB in Betracht.[48] Aber auch ein außerhalb des Registers stattfindender Erwerb von Rechten Dritter ist von der Eintragungspflicht umfasst.[49] So ist etwa der **gesetzliche Erwerb von Rechten Dritter** (z. B. i. R. eines Erbfalls gemäß § 1922 Abs. 1 BGB), der zu seiner Wirksamkeit keiner (konstitutiven) Eintragung im zentralen Wertpapierregister bedarf, im Nachgang in das Register einzutragen (deklarative Wirkung). Gleiches gilt auch für ein im Wege der Zwangsvollstreckung erlangtes **Pfändungspfandrecht**.[50]

Soweit bei durch **Rechtsgeschäft bestellten Rechten Dritter** bereits nach § 24 eWpG zur **63** wirksamen Entstehung bzw. Übertragung des Rechts eine Eintragung der zugrunde liegenden Verfügung erforderlich ist, hat § 13 Abs. 2 Satz 1 Nr. 2 eWpG **i. R. der Rechtsentstehung** bzw. des Rechtserwerbs **keine eigenständige Bedeutung.** Allerdings finden die Regelungen der § 8 Abs. 2 Satz 1 eWpRV i. V. m. § 8 Abs. 1 eWpRV Anwendung, wonach bestimmte personenbezogene Angaben über den Dritten in das zentrale Wertpapierregister aufzunehmen sind (siehe dazu oben Rz. 54).

Erfolgt die Eintragung einer Verfügung nicht bereits auf Grundlage des § 24 – d. h. im **64** Fall der **Entstehung bzw. des Erwerbs eines Rechts durch Dritte aufgrund Gesetzes** – hat die Eintragung nach § 13 Abs. 2 Satz 1 Nr. 2 eWpG lediglich **deklaratorische Wirkung** für die Rechtsentstehung bzw. -übertragung. Auch insofern gelten die Regelungen der § 8 Abs. 2 Satz 1 eWpRV i. V. m. § 8 Abs. 1 eWpRV bezüglich der über den Dritten aufzunehmenden Angaben.

---

46) S. dazu ausführlich *Armbrüster* in: MünchKomm-BGB, § 135 Rz. 30; a. A. *Helm/Keller*, BKR 2016, 59, 62.
47) Beschlussempfehlung und Bericht d. FA z. Gesetz zur Einführung von eWp, BT-Drucks. 19/29372, S. 54.
48) *Lieder* in: Möslein/Omlor/Grundmann, Elektronische Wertpapiere, S. 111.
49) Begr. RegE Gesetz zur Einführung von eWp, BT-Drucks. 19/26925, S. 55.
50) Auf Grundlage des RefE noch offengelassen von *Sickinger/Thelen*, AG 2020, 862, 865.

65 Unabhängig davon, welches konkrete Recht eines Dritten vorliegt bzw. ob der Rechtserwerb rechtsgeschäftlich oder gesetzlich erfolgt ist, hat die **Eintragung nach § 13 Abs. 2 Satz 1 Nr. 2 eWpG** ihre **wesentliche Bedeutung i. R. des gutgläubigen Erwerbs** (siehe dazu unten Rz. 66 ff.).

4. Wirkung der Eintragung

66 Wie bereits vorstehend ausgeführt, hat die Verpflichtung zur Eintragung von Rechten Dritter aufgrund der Regelung des § 13 Abs. 2 Satz 1 Nr. 2 eWpG keine konstitutive Bedeutung i. R. der Rechtsentstehung bzw. des Rechtserwerbs (siehe dazu oben Rz. 63). Gleiches gilt für die relativen Verfügungsbeschränkungen, für deren Entstehen die Eintragung nach § 13 Abs. 2 Satz 1 Nr. 1 eWpG im zentralen Wertpapierregister ebenfalls keine Voraussetzung ist. Die **besondere Wirkung der Eintragung** besteht in beiden Fällen des § 13 Abs. 2 eWpG hinsichtlich des **gutgläubigen Erwerbs gemäß § 26 eWpG**.

67 In Bezug auf die Verfügungsbeschränkungen des § 13 Abs. 2 Satz 1 Nr. 1 eWpG bestimmt **§ 26 Satz 2 eWpG**, dass eine **relative Verfügungsbeschränkung** gegenüber einem Erwerber nur wirksam ist, wenn sie im elektronischen Wertpapierregister eingetragen oder dem Erwerber bekannt ist. Ist eine relative Verfügungsbeschränkung hingegen nicht eingetragen und hatte der Erwerber auch keine Kenntnis von ihrem Bestehen, wirkt die Verfügungsbeschränkung diesem gegenüber nicht.

68 Für etwaige **Rechte Dritter** greift **§ 26 Satz 1 eWpG**, wonach der Inhalt des zentralen Wertpapierregisters zugunsten desjenigen, der aufgrund eines Rechtsgeschäfts in das Register eingetragen wird, als vollständig gilt, es sei denn, dass dem Erwerber zum Zeitpunkt seiner Eintragung etwas anderes bekannt oder infolge grober Fahrlässigkeit unbekannt ist. Auch insoweit ist ein gutgläubiger lastenfreier Erwerb – also ein Erwerb ohne die Belastung mit Rechten Dritter – möglich, wenn keine Rechte von Dritten im zentralen Wertpapierregister eingetragen waren und beim Erwerber diesbezüglich weder Kenntnis noch grob fahrlässige Unkenntnis bestand.

69 Ein Erwerber kann sich bei fehlender Eintragung also auf das „Schweigen des zentralen Wertpapierregisters" in Bezug auf relative Verfügungsbeschränkungen bzw. Rechte Dritter verlassen (**„negative Publizität"**). Für weitere Einzelheiten sei auf die Kommentierung zu § 26 eWpG verwiesen.

VI. Zuordnung durch eindeutige Kennung (§ 13 Abs. 2 Satz 2 eWpG)

70 Die Regelung des § 13 Abs. 2 Satz 2 eWpG ermöglicht der registerführenden Stelle, in Fällen der Einzeleintragung den einzutragenden Inhaber nicht mit seinem Namen, sondern mit einer **seinem Namen zugeordneten eindeutigen Kennung** in das zentrale Wertpapierregister einzutragen. Dadurch wird eine **Pseudonymisierung** der Inhaberschaft erreicht. Die Vorschrift ist eine Ausnahme zu § 13 Abs. 1 Nr. 6 eWpG und entspricht inhaltlich § 8 Abs. 2 Satz 2 eWpRV. Zu den Einzelheiten sei daher auf die Kommentierung zu § 13 Abs. 1 Nr. 6 eWpG verwiesen (siehe oben Rz. 43 ff.).

VII. Sonstige Verfügungsbeschränkungen und Geschäftsfähigkeit des Inhabers (§ 13 Abs. 2 Satz 3 eWpG)

1. Allgemeines

71 Die registerführende Stelle hat auf Weisung eines nach § 14 Abs. 1 Satz 1 Nr. 1 oder Nr. 2 eWpG Berechtigten zusätzlich **Angaben zu sonstigen Verfügungsbeschränkungen** sowie zur **Geschäftsfähigkeit des Inhabers** aufzunehmen (§ 13 Abs. 2 Satz 3 eWpG).

Anders als bei den Eintragungen nach § 13 Abs. 1 oder Abs. 2 Satz 1 eWpG besteht **keine** 72 **Verpflichtung für die registerführende Stelle**, Angaben zu sonstigen Verfügungsbeschränkungen oder zur Geschäftsfähigkeit des Inhabers aus eigener Initiative aufzunehmen, sondern die Aufnahme der Angaben in das zentrale Wertpapierregister erfolgt **lediglich auf Veranlassung** („nach Weisung") **der Berechtigten** i. S. des § 14 Abs. 1 Satz 1 eWpG. Die registerführende Stelle ist daher auch nicht verpflichtet, die der Weisung zugrunde liegenden Angaben auf ihre Richtigkeit hin zu prüfen, sondern darf diese – wie angewiesen – eintragen (siehe dazu auch *Alfes*, § 14 Rz. 16).[51]

Der Kreis der Weisungsberechtigten des § 13 Abs. 2 Satz 3 eWpG entspricht aufgrund der 73 Bezugnahme auf § 14 Abs. 1 Satz 1 eWpG denjenigen, die der registerführenden Stelle Weisungen zur Änderungen der Angaben nach § 13 Abs. 1 und Abs. 2 eWpG sowie Weisungen zur Löschung des Zentralregisterwertpapiers und seiner niedergelegten Emissionsbedingungen erteilen können. Zu den Weisungsberechtigten nach **§ 14 Abs. 1 Satz 1 Nr. 1 eWpG** zählen:

– der **Inhaber** – es sei denn, der registerführenden Stelle ist bekannt, dass dieser nicht berechtigt ist –; und

– die **in § 14 Abs. 1 Satz 1 Nr. 2 eWpG genannten** Personen oder Stellen, die
  – durch Gesetz,
  – aufgrund eines Gesetzes,
  – durch Rechtsgeschäft, durch gerichtliche Entscheidung oder
  – durch vollstreckbaren Verwaltungsakt berechtigt sind (zu allen Weisungsberechtigten siehe *Alfes*, § 14 Rz. 12 ff.).

Die Vorschrift des § 13 Abs. 2 Satz 3 eWpG findet **lediglich auf Zentralregisterwertpa-** 74 **piere in Einzeleintragung Anwendung**, auch wenn der Wortlaut des Absatz 2 Satz 3 insofern keine ausdrückliche Beschränkung enthält. Auch hier liegt dies darin begründet, dass im Falle der Sammeleintragung die **maßgeblichen Buchungen** – z. B. i. R. der Übertragung des Eigentums an den Zentralregisterwertpapieren – nicht im zentralen Wertpapierregister, sondern **auf den von den Verwahrern oder der Wertpapiersammelbank geführten Wertpapierdepots erfolgen**, so dass dem zentralen Wertpapierregister i. R. des Übertragungsvorganges keine Funktion zukommt (siehe dazu im Detail Rz. 52 sowie *Alfes*, § 12 Rz. 89).

§ 7 eWpRV (betreffend Registerangaben zum wesentlichen Inhalt des Rechts aus dem 75 Zentralregisterwertpapier) und § 8 eWpRV (betreffend personenbezogene Registerangaben) enthalten **keine weitergehenden Regelungen** dazu, was in Bezug auf sonstige Verfügungsbeschränkungen oder die Geschäftsfähigkeit eines Inhabers in das zentrale Wertpapierregister aufzunehmen ist (zur Bedeutung der Aufnahme des Geburtsdatums natürlicher Personen im Zusammenhang mit der Geschäftsfähigkeit gemäß § 8 Abs. 1 Satz 1 Nr. 1 eWpRV siehe unten Rz. 82 ff.).

2. Sonstige Verfügungsbeschränkungen

Sonstige Verfügungsbeschränkungen i. S. des § 13 Abs. 2 Satz 3 eWpG sind **gesetzliche** 76 **Verbote** i. S. des § 134 BGB sowie **absolute Verfügungsbeschränkungen**.[52]

Nach § 134 BGB ist ein Rechtsgeschäft nichtig, das **gegen ein gesetzliches Verbot ver-** 77 **stößt**, wenn sich nicht aus dem Gesetz ein anderes ergibt. Die Nichtigkeit des Verfügungsgeschäftes kann aus diversen Gesetzesverstößen resultieren, insbesondere Verstößen gegen

---

51) Beschlussempfehlung und Bericht d. FA z. Gesetz zur Einführung von eWp, BT-Drucks. 19/29372, S. 54.
52) Beschlussempfehlung und Bericht d. FA z. Gesetz zur Einführung von eWp, BT-Drucks. 19/29372, S. 53.

Strafgesetze (z. B. im Falle von Untreue gemäß § 266 StGB oder Betrug gemäß § 263 StGB)[53] oder einem Verstoß gegen das „kommunalrechtliche Verschleuderungsverbot"[54]. Zu den Einzelfällen gesetzlicher Verbote sei auf die allgemeinen Darstellungen zu § 134 BGB verwiesen.[55]

78 Die Regelung des § 13 Abs. 2 Satz 3 eWpG gibt keine Auskunft darüber, ob nur solche gesetzlichen Verbote eingetragen werden können, die **auch die Nichtigkeit** des **Erfüllungsgeschäftes** bewirken (d. h. auch die Nichtigkeit der Verfügungen über Zentralregisterwertpapiere) oder ob auch gesetzliche Verbote eintragungsfähig sind, die lediglich die Unwirksamkeit des **Verpflichtungsgeschäftes** zur Folge haben. Der aufgrund einer **unwirksamen Verfügung** Eingetragene wäre nicht Berechtigter i. S. des § 3 Abs. 2 eWpG, die Eintragung aufgrund eines nichtigen Verpflichtungsgeschäfts wäre hingegen (nur) **kondizierbar**, der Inhaber aber gleichwohl Berechtigter i. S. des § 3 Abs. 2 eWpG. Aufgrund des Wortlautes, der von sonstigen „Verfügungsbeschränkungen" spricht, sollten lediglich gesetzliche Verbote eingetragen werden können, die auch die **Nichtigkeit des Erfüllungsgeschäftes** (d. h. der Verfügung über Zentralregisterwertpapiere) nach sich ziehen.

79 Die Eintragung gesetzlicher Verbote, die lediglich die **Unwirksamkeit des Verpflichtungsgeschäftes** zur Folge haben, würde zwar ebenfalls die „Informations- und Warnfunktion" der Eintragung in Fällen des § 13 Abs. 2 Satz 3 eWpG fördern (siehe dazu unten Rz. 90 ff.). Indes ist die Struktur des zentralen Wertpapierregisters darauf angelegt, über **Inhaber** i. S. des § 3 Abs. 1 eWpG und über **Berechtigte** i. S. des § 3 Abs. 2 eWpG Auskunft zu geben, nicht aber dazu, ob die Berechtigung „ohne Rechtsgrund" i. S. des § 812 BGB erfolgt ist. Dementsprechend wird das zentrale Wertpapierregister nicht dadurch unrichtig, dass ein dinglich wirksamer Erwerb kondizierbar ist, so dass vor einer möglichen Kondiktion auch nicht auf Grundlage des Abs. 2 Satz 3 im zentralen Wertpapierregister gewarnt werden muss.

80 Während § 13 Abs. 2 Satz 1 eWpG die relativen Verfügungsbeschränkungen regelt, unterfallen § 13 Abs. 2 Satz 3 eWpG lediglich **absolute Verfügungsbeschränkungen**.[56] Absolute Verfügungsbeschränkungen finden sich z. B. in den familienrechtlichen oder erbrechtlichen Vorschriften des BGB. Der Finanzausschuss nennt i. R. einer nicht abschließenden Zusammenstellung[57] insofern z. B. die Verfügung eines Ehegatten über sein Vermögen im Ganzen (§ 1365 BGB) oder über das Gesamtgut im Ganzen im Fall einer Gütergemeinschaft (§ 1423 BGB). Stellen also die Zentralregisterwertpapiere eines Inhabers das Vermögen eines Ehegatten im Ganzen oder ein Gesamtgut i. S. des § 1416 Abs. 1 Satz 1 BGB dar, wäre dieser Umstand im zentralen Wertpapierregister eintragungsfähig. Aus dem Register wäre dann ersichtlich, dass in beiden Fällen für eine Verfügung die Einwilligung des Ehegatten erforderlich ist. Ebenfalls als absolute Verfügungsbeschränkung eintragbar sind z. B. die Fälle des § 1812 BGB, wonach der Vormund über ein dem Mündel gehörendes Wertpapier nur mit Genehmigung des Gegenvormunds (i. S. des § 1792 BGB) verfügen kann, wenn nicht ohnehin nach den §§ 1819–1822 BGB die Genehmigung des Familiengerichts erforderlich ist.[58]

81 Anders als im Falle der Eintragung von relativen Verfügungsbeschränkungen nach § 13 Abs. 2 Satz 1 Nr. 1 eWpG besteht bei der Eintragung von gesetzlichen Verboten und absoluten Verfügungsbeschränkungen nach § 13 Abs. 2 Satz 3 eWpG **keine strukturelle**

---

53) S. dazu ausführlich *Armbrüster* in: MünchKomm-BGB, § 134 Rz. 67–81.
54) *Armbrüster* in: MünchKomm-BGB, § 134 Rz. 173.
55) S. dazu ausführlich etwa *Armbrüster* in: MünchKomm-BGB, § 134 Rz. 67 ff. m. w. N.
56) Zur Abgrenzung s. *Armbrüster* in: MünchKomm-BGB, § 134 Rz. 6 ff.
57) Beschlussempfehlung und Bericht d. FA z. Gesetz zur Einführung von eWp, BT-Drucks. 19/29372, S. 54.
58) Beschlussempfehlung und Bericht d. FA z. Gesetz zur Einführung von eWp, BT-Drucks. 19/29372, S. 54.

Ähnlichkeit zur Regelung des § 892 Abs. 1 Satz 2 BGB. Dies ergibt sich daraus, dass im Grundbuch lediglich relative Verfügungsbeschränkungen eintragungsfähig sind, soweit absolut wirkende Verfügungsbeschränkungen nicht im Ausnahmefall durch guten Glauben überwunden werden können.[59]

3. Geschäftsfähigkeit des Inhabers

Auf Weisung eines der nach § 14 Abs. 1 eWpG Berechtigten hat die registerführende Stelle 82 auch **Angaben zur Geschäftsfähigkeit des Inhabers** aufzunehmen. Geschäftsfähigkeit ist die Fähigkeit rechtsfähiger natürlicher Personen, Rechtsgeschäfte selbständig wirksam vornehmen und rechtsverbindliche Willenserklärungen abgeben und empfangen zu können.[60]

In der Sache sind mit „Angaben zur Geschäftsfähigkeit" freilich keine Angaben gemeint, 83 die das Bestehen der Geschäftsfähigkeit nachweisen und ggf. bestehende Zweifel am Bestehen der Geschäftsfähigkeit ausräumen sollen. Eintragungsfähig sind vielmehr **Angaben betreffend die fehlende Geschäftsfähigkeit des Inhabers**, d. h. eine Geschäftsunfähigkeit i. S. des § 104 BGB oder beschränkte Geschäftsfähigkeit i. S. des § 106 BGB.

Die Regelung des § 104 BGB normiert abschließend die Fallgruppen der Geschäftsun- 84 fähigkeit. Nach § 104 Nr. 1 BGB ist **geschäftsunfähig**, wer das siebente Lebensjahr noch nicht vollendet hat („altersbedingte Geschäftsunfähigkeit").[61] Ebenso ist geschäftsunfähig, wer sich in einem nicht nur vorübergehenden Zustand **krankhafter Störung der Geistestätigkeit** befindet, der die freie Willensbestimmung ausschließt (§ 104 Nr. 2 BGB).[62]

Beschränkt geschäftsfähig sind hingegen gemäß § 106 BGB **Minderjährige, die das** 85 **siebente Lebensjahr vollendet** haben. Sie sind nach Maßgabe der §§ 107–113 BGB in ihrer Geschäftsfähigkeit beschränkt.[63]

Mit Blick auf die unterschiedlichen Rechtsfolgen von Geschäftsunfähigkeit (Unwirksam- 86 keit der Willenserklärung gemäß § 105 Abs. 1 BGB) und beschränkter Geschäftsfähigkeit („abgestufte" Wirksamkeit nach Maßgabe der §§ 107–113 BGB), ist der Inhaber im zentralen Wertpapierregister **entweder als „Geschäftsunfähig" oder als „beschränkt Geschäftsfähig" auszuweisen.** Auf diese Weise ist aus dem zentralen Wertpapierregister ersichtlich, ob und unter welchen Voraussetzungen eine Verfügung des Inhabers wirksam sein kann.[64]

Nach § 13 Abs. 1 Nr. 6 eWpG i. V. m. § 8 Abs. 1 Satz 1 Nr. 1 eWpRV gehört das **Alter** 87 **des Inhabers** zu den **personenbezogenen Angaben**, die über den Inhaber des Zentralregisterwertpapiers in das Register aufzunehmen sind. Damit ist der **registerführenden Stelle** zwar bereits aufgrund dieser Angabe sowohl eine mögliche **altersbedingte Geschäftsunfähigkeit** als auch eine mögliche **beschränkte Geschäftstätigkeit** – unabhängig von einer ausdrücklich auf § 13 Abs. 2 Satz 3 eWpG gestützten Eintragung – **bekannt.** Aufgrund des Weisungserfordernisses nach § 13 Abs. 2 Satz 3 eWpG kann die registerführenden Stelle aber nicht aus eigener Initiative die sich aus dem Geburtsdatum ergebenden Eintragungen zu einer ggf. fehlenden Geschäftsfähigkeit des Inhabers vornehmen, um einen Gleichlauf zwischen den Angaben nach § 13 Abs. 1 Nr. 6 und Abs. 2 Satz 3 eWpG herbeizuführen, solange eine entsprechende Weisung eines Berechtigten gemäß § 13 Abs. 2 Satz 3 eWpG nicht vorliegt.

---

59) Zum Grundsatz bei § 892 Abs. 1 Satz 2 BGB und zur angesprochenen Ausnahme s. *Kohler* in: MünchKomm-BGB, § 892 Rz. 59.

60) *Spickhoff* in: MünchKomm-BGB, § 104 Rz. 34.

61) *Spickhoff* in: MünchKomm-BGB, § 104 Rz. 41

62) *Spickhoff* in: MünchKomm-BGB, § 104 Rz. 42 ff.

63) *Spickhoff* in: MünchKomm-BGB, § 106 Rz. 12.

64) Z. B. im Falle des beschränkt geschäftsfähigen Minderjährigen durch Einwilligung seines gesetzlichen Vertreters oder bei Vorliegen eines lediglich rechtlichen Vorteils; vgl. dazu *Spickhoff* in: MünchKomm-BGB, § 107 Rz. 5 ff. und Rz. 36 ff.

88 Für die **Möglichkeit eines gutgläubigen Erwerbs** ist die Unterscheidung bedeutsam, ob sich eine fehlende Geschäftsfähigkeit des Inhabers aus den Angaben nach § 13 Abs. 1 oder nach Abs. 2 Satz 3 eWpG ergibt. Die Angaben nach § 13 Abs. 1 Nr. 6 eWpG sind vom Anwendungsbereich des § 26 Satz 1 eWpG erfasst (positive Publizität des Registers) und die Angaben nach § 13 Abs. 2 Satz 3 eWpG vom Anwendungsbereich des § 26 Satz 3 eWpG (keine positive Publizität des Registers). Wird z. B. der Inhaber i. R. der Angaben nach § 13 Abs. 1 Nr. 6 eWpG i. V. m. § 8 Abs. 1 Satz 1 Nr. 1 eWpRV aufgrund eines unzutreffenden Geburtsdatums unrichtigerweise nicht als geschäftsunfähig, sondern als volljährig (§ 2 BGB) und damit geschäftsfähig ausgewiesen, sollte der **Minderjährigenschutz** unabhängig vom Vorliegen einer Eintragung nach § 13 Abs. 2 Satz 3 eWpG und trotz der Gutglaubenswirkung von § 26 Satz 1 eWpG („gilt der Inhalt des elektronischen Wertpapierregisters als vollständig und richtig") dennoch dem **Schutz des Rechtsverkehrs** vorgehen.

89 Die **Bestellung eines Betreuers** oder die **Anordnung eines Einwilligungsvorbehalts** gemäß § 1903 BGB beeinträchtigen nicht per se die Geschäftsfähigkeit. Die Geschäftsfähigkeit eines Inhabers von Zentralregisterwertpapieren bestimmt sich vorrangig nach den allgemeinen Regelungen der §§ 104, 105 BGB.[65]

4. Wirkung und Zweck der Eintragung

90 Anders als für die relativen Verfügungsbeschränkungen nach § 13 Abs. 2 Satz 1 Nr. 1 eWpG und die Rechte Dritter gemäß § 13 Abs. 2 Satz 1 Nr. 2 eWpG finden die **Regelungen über den gutgläubigen Erwerb** nach § 26 Satz 1 und Satz 2 eWpG **keine Anwendung** auf die nach § 13 Abs. 2 Satz 3 eWpG eintragbaren Angaben zu **sonstigen Verfügungsbeschränkungen sowie hinsichtlich der Angaben zur fehlenden Geschäftsfähigkeit**. Dies ist ausdrücklich in § 26 Satz 3 eWpG geregelt, wonach der gutgläubige Erwerb insoweit ausgeschlossen ist.

91 Konkret bedeutet dies, dass der Inhalt des zentralen Wertpapierregisters in Bezug auf sonstige Verfügungsbeschränkungen sowie hinsichtlich der Angaben zur fehlenden Geschäftsfähigkeit des Inhabers zugunsten desjenigen, der aufgrund eines Rechtsgeschäfts in ein elektronisches Wertpapierregister eingetragen wird, nicht als vollständig oder richtig gilt. Sind sonstige Verfügungsbeschränkungen oder die beschränkte Geschäftsfähigkeit bzw. die Geschäftsunfähigkeit nicht aus dem zentralen Wertpapierregister ersichtlich, besteht also **keine negative Publizität**, sondern die sonstigen Verfügungsbeschränkungen bleiben wirksam und die Rechtsfolgen einer beschränkten Geschäftsfähigkeit bzw. einer Geschäftsunfähigkeit treten vollumfänglich ein. Ist z. B. aus dem zentralen Wertpapierregister nicht ersichtlich, dass es sich bei den Zentralregisterwertpapieren um das ganze Vermögen i. S. des § 1365 BGB handelt oder ist eine Geschäftsunfähigkeit des Inhabers nicht eingetragen, können die Zentralregisterwertpapiere dennoch **nicht gutgläubig erworben** werden. Dies gilt also auch, wenn der Erwerber insoweit gutgläubig war und sich zuvor über das Fehlen etwaiger Eintragungen im zentralen Wertpapierregister vergewissert hat.

92 Die Eintragung nach § 13 Abs. 2 Satz 3 eWpG hat vielmehr lediglich **Informations- und Warnfunktion** und soll das Risiko verringern, dass Registereintragungen vorgenommen werden, die aufgrund der sonstigen Verfügungsbeschränkungen oder der fehlenden Geschäftsfähigkeit des Inhabers auf unwirksamen Verfügungen beruhen und das Zentralregisterwertpapier unrichtig machen.[66]

93 Es besteht also eine **doppelte Schutzrichtung**: Zunächst soll die Eintragung nach § 13 Abs. 2 Satz 3 eWpG die **Erwerber** schützen, die aufgrund des Hinweises auf das Bestehen sons-

---

65) *Schneider* in: MünchKomm-BGB, § 1903 Rz. 1, 5.
66) Beschlussempfehlung und Bericht d. FA z. Gesetz zur Einführung von eWp, BT-Drucks. 19/29372, S. 54; Müller/Pieper-*Pieper*, eWpG, § 13 Rz. 34.

tiger Verfügungsverbote oder auf die fehlende Geschäftsfähigkeit des Inhabers von einer geplanten Transaktion Abstand nehmen bzw. die Erfüllung zusätzlicher Wirksamkeitsvoraussetzungen sicherstellen können (z. B. in den Fällen des § 1365 BGB durch Einholung einer Ehegatten-Einwilligung).

Eine Eintragung nach § 13 Abs. 2 Satz 3 eWpG dient darüber hinaus dem **Schutz des Eingetragenen:** Erfolgt die Eintragung eines Erwerbers in das zentrale Wertpapierregister und ist die zugrunde liegende Verfügung aufgrund einer sonstigen Verfügungsbeschränkung oder einer fehlenden Geschäftsfähigkeit unwirksam, wird der Erwerber gleichwohl Inhaber i. S. des § 3 Abs. 1 eWpG, wenngleich auch nicht Berechtigter i. S. des § 3 Abs. 2 eWpG. Der bislang eingetragene Inhaber könnte sodann eine Berichtigung des zentralen Wertpapierregisters erwirken und so die Rechtsposition des eingetragenen Erwerbers beseitigen. Die damit verbundenen nachteiligen Konsequenzen einer Rückabwicklung lassen sich für den Eingetragenen dadurch vermeiden, dass die registerführende Stelle eine Registeränderung schon gar nicht erst ausführt, wenn zwar eine Weisung des Inhabers vorliegt, die zugrunde liegende Verfügung jedoch wegen sonstiger Verfügungsbeschränkungen oder einer fehlenden Geschäftsfähigkeit des Inhabers unwirksam ist (siehe unten *Alfes*, § 14 Rz. 34).[67] — 94

VIII. Verknüpfung der Registerangaben von § 13 Abs. 1 und Abs. 2 Satz 1 eWpG (§ 13 Abs. 3 eWpG)

Die registerführende Stelle hat gemäß § 13 Abs. 3 eWpG sicherzustellen, dass die **Angaben nach Absatz 1** (u. a. wesentlicher Inhalt des Rechts aus dem Zentralregisterwertpapier sowie Angaben zu Emittent und Inhaber des Zentralregisterwertpapiers) mit den Angaben **nach Absatz 2 Satz 1** (d. h. Verfügungsbeschränkungen zugunsten einer bestimmten Person und Rechte Dritter am Zentralregisterwertpapier) in einer Weise miteinander verknüpft sind, dass **beide Datenbestände nur zusammen abgerufen werden können.** — 95

Die in § 13 Abs. 1 eWpG genannten Angaben werden sowohl für Zentralregisterwertpapiere in Einzeleintragung als auch in Fällen der Sammeleintragung in das zentrale Wertpapierregister aufgenommen. Verfügungsbeschränkungen zugunsten einer bestimmten Person (§ 13 Abs. 2 Satz 1 Nr. 1 eWpG) und Rechte Dritter (§ 13 Abs. 2 Satz 1 Nr. 2 eWpG) sind indes lediglich in Fällen der Einzeleintragung eintragungsfähig (siehe oben Rz. 52). Demnach erfasst die **Regelung des Abs. 3 lediglich Zentralregisterwertpapiere in Einzeleintragung,** da in Fällen der Sammeleintragung kein Datenbestand nach § 13 Abs. 2 Satz 1 eWpG besteht, der verknüpft werden könnte. — 96

Die Verpflichtung zur Verknüpfung der Registerangaben hat unterschiedliche Zwecke: Zum einen erfolgt die Verknüpfung aufgrund von **Praktikabilitätserwägungen,** da die Daten nach § 13 Abs. 1 und Abs. 2 Satz 1 eWpG aufgrund der Verknüpfung durch einen einzigen Handlungsvorgang zugänglich sind, was das Erfordernis separater Abrufe vermeidet.[68] — 97

Zum anderen soll die Wahrscheinlichkeit[69] erhöht werden, dass auch derjenige **Kenntnis von relativen Verfügungsbeschränkungen sowie Rechten Dritter** erlangt, der zunächst primär am Abruf der in § 13 Abs. 1 eWpG genannten Angaben interessiert war. Relative Verfügungsbeschränkungen sowie Rechte Dritter werden dem Abrufenden somit geradezu „aufgedrängt", damit diese „wesentlichen Informationen nicht übersehen werden"[70]. Zwar — 98

---

67) Vgl. auch Beschlussempfehlung und Bericht d. FA z. Gesetz zur Einführung von eWp, BT-Drucks. 19/29372, S. 54.

68) Begr. RegE Gesetz zur Einführung von eWp, BT-Drucks. 19/26925, S. 31.

69) Trotz Verknüpfung der Datenbestände kann freilich nicht in allen Fällen davon ausgegangen werden, dass derjenige, der Daten abruft, die Verfügungsbeschränkungen oder Rechte Dritter auch tatsächlich zur Kenntnis nimmt.

70) Begr. RegE Gesetz zur Einführung von eWp, BT-Drucks. 19/26925, S. 57.

ist die Kenntnis von relativen Verfügungsbeschränkungen sowie Rechten Dritter keine Voraussetzung für deren Wirksamkeit gegenüber einem potentiellen Erwerber, wenn deren Eintragung im zentralen Wertpapierregister erfolgt ist. Allerdings ermöglicht der (frühzeitige) Hinweis schon i. R. des Datenabrufs, dass der an relativen Verfügungsbeschränkungen scheiternde gutgläubige Erwerb bzw. das Scheitern eines lastenfreien Erwerbs aufgrund eingetragener Rechte Dritter für den potentiellen Erwerber frühzeitig erkennbar wird, so dass er ggf. rechtzeitig von einer Transaktion Abstand nehmen kann.

99 Auch wenn sich eingetragene relative Verfügungsbeschränkungen nach § 13 Abs. 2 Satz 1 Nr. 1 eWpG und sonstige Verfügungsbeschränkungen nach Absatz 2 Satz 3 in ihrer Wirkung unterscheiden (siehe oben Rz. 66 ff. und Rz. 90 ff.), ist kein **sachlicher Grund für die Nichteinbeziehung der sonstigen Verfügungsbeschränkungen gemäß § 13 Abs. 2 Satz 3 eWpG in die Verknüpfungsanordnung des Absatz 3 ersichtlich.** Zwar wirken sonstige Verfügungsbeschränkungen unabhängig von einer Eintragung im zentralen Wertpapierregister und können auch bei fehlender Eintragung nicht überwunden werden. Die mit der Eintragung in das zentrale Wertpapierregister verfolgten Zwecke (d. h. Schutz des potentiellen Erwerbers durch den Hinweis auf die sonstigen Verfügungsverbote sowie Schutz des eingetragenen Inhabers, der seine Inhaberschaft nicht aufgrund einer unwirksamen Verfügung verlieren soll, siehe dazu oben Rz. 92 ff.) würden aber dennoch gefördert, wenn demjenigen, der zunächst nur an den Registerangaben des § 13 Abs. 1 eWpG interessiert war, auch die Information über bestehende sonstige Verfügungsbeschränkungen „aufgedrängt" würden.[71]

IX. Ordnungswidrigkeiten (§ 31 Abs. 1 Nr. 9 und 10 eWpG)

100 Ordnungswidrig handelt:

– wer entgegen § 13 Abs. 1 eWpG, auch i. V. m. einer Rechtsverordnung nach § 15 Abs. 1 Satz 1 Nr. 4 eWpG nicht sicherstellt, dass im zentralen Wertpapierregister die dort genannten Angaben enthalten sind (§ 31 Abs. 1 Nr. 9 eWpG); oder

– wer entgegen § 13 Abs. 3 eWpG, auch i. V. m. einer Rechtsverordnung nach § 15 Abs. 1 Satz 1 Nr. 4 eWpG, nicht sicherstellt, dass die Angaben in der dort genannten Weise verknüpft sind (§ 31 Abs. 1 Nr. 10 eWpG).

101 Die Ordnungswidrigkeit kann mit einem **Bußgeld** i. H. von bis zu 100.000 € belegt werden (§ 31 Abs. 3 eWpG). Insofern sei auf die Kommentierung zu § 31 verwiesen.

---

71) In diesem Sinne auch Müller/Pieper-*Pieper*, eWpG, § 13 Rz. 42.

§ 14
Änderungen des Registerinhalts

(1) ¹Die registerführende Stelle darf, soweit gesetzlich nicht anders bestimmt, Änderungen der Angaben nach § 13 Absatz 1 und 2 sowie die Löschung des Wertpapiers und seiner niedergelegten Emissionsbedingungen nur vornehmen auf Grund einer Weisung

1. des Inhabers, es sei denn, der registerführenden Stelle ist bekannt, dass dieser nicht berechtigt ist, oder

2. einer Person oder Stelle, die berechtigt ist

   a) durch Gesetz,

   b) auf Grund eines Gesetzes,

   c) durch Rechtsgeschäft,

d) durch gerichtliche Entscheidung oder

e) durch vollstreckbaren Verwaltungsakt.

[2]Im Falle einer Verfügungsbeschränkung nach § 13 Absatz 2 Satz 1 Nummer 1 hat der Inhaber über seine Weisung hinaus der registerführenden Stelle zu versichern, dass die Zustimmung der durch die Verfügungsbeschränkungen begünstigten Personen zu der Änderung vorliegt. [3]Im Falle des § 13 Absatz 2 Satz 1 Nummer 2 tritt an die Stelle des Inhabers der eingetragene Dritte. [4]Die registerführende Stelle versieht den Eingang der Weisungen mit einem Zeitstempel. [5]Die registerführende Stelle darf von einer Weisung des Inhabers ausgehen, wenn die Weisung mittels eines geeigneten Authentifizierungsinstruments erteilt wurde.

(2) Die registerführende Stelle darf Änderungen der Angaben nach § 13 Absatz 1 Nummer 1 bis 5 und 7 sowie die Löschung einer Eintragung und ihrer niedergelegten Emissionsbedingungen, soweit gesetzlich nichts anderes bestimmt ist, nur mit Zustimmung des Emittenten vornehmen.

(3) [1]Die registerführende Stelle stellt sicher, dass Änderungen des Registerinhalts, insbesondere hinsichtlich des Inhabers, nur in der Reihenfolge vorgenommen werden, in der die diesbezüglichen Weisungen bei der registerführenden Stelle eingehen. [2]Die registerführende Stelle versieht die Änderung des Registerinhalts mit einem Zeitstempel.

(4) [1]Die registerführende Stelle stellt sicher, dass Änderungen des Registerinhalts, insbesondere hinsichtlich des Inhabers, nur in der Reihenfolge vorgenommen werden, in der die diesbezüglichen Weisungen bei der registerführenden Stelle eingehen. [2]Die registerführende Stelle versieht die Änderung des Registerinhalts mit einem Zeitstempel.

(5) [1]Hat die registerführende Stelle eine Änderung des Registerinhalts ohne eine Weisung nach Absatz 1 oder ohne die Zustimmung des Emittenten nach Absatz 2 vorgenommen, so muss sie die Änderung unverzüglich rückgängig machen. [2]Die Rechte aus der Verordnung (EU) 2016/679 des Europäischen Parlaments und des Rates vom 27. April 2016 zum Schutz natürlicher Personen bei der Verarbeitung personenbezogener Daten, zum freien Datenverkehr und zur Aufhebung der Richtlinie 95/46/EG (Datenschutz-Grundverordnung) (ABl. L 119 vom 4.5.2016, S. 1; L 314 vom 22.11.2016, S. 72; L 127 vom 23.5.2018, S. 2), insbesondere Artikel 17 der Verordnung (EU) 2016/679, bleiben unberührt.

Literatur: *Casper/Ludwig*, Die elektronische Schuldverschreibung – eine Sache?, ZBB 2022, 65; *Lehmann*, Das Gesetz zur Einführung von elektronischen Wertpapieren, NJW 2021, 2318, 2321; *Lehmann*, Zeitenwende im Wertpapierrecht, BKR 2020, 431; *Meier*, Elektronische Wertpapiere in der Zwangsvollstreckung, MMR 2021, 381; *Meier*, Übertragung von elektronischen Wertpapieren nach dem eWpG-E, RDi 2021, 1; *Omlor*, Elektronische Wertpapiere nach dem eWpG, RDi 2021, 371; *Schrey/Thalhofer*, Rechtliche Aspekte der Blockchain, NJW 2017, 1431; *Sickinger/Thelen*, Anleihen und Genussscheine auf der Blockchain, AG 2020, 862; *Wienecke/Kunz*, Das Gesetz zur Einführung von elektronischen Wertpapieren – Der Regierungsentwurf, NZG 2021, 316.

Übersicht

I. Überblick[1])

1 Die **Änderung der Registerangaben** nach § 13 Abs. 1 und Abs. 2 eWpG sowie die **Löschung eines elektronischen Wertpapiers** und seiner nach § 5 eWpG niedergelegten **Emissionsbedingungen** bedürfen der **Weisung eines Berechtigten i. S. des § 14 Abs. 1 eWpG**. Zu diesen Berechtigten zählen u. a. der Inhaber (§ 14 Abs. 1 Satz 1 Nr. 1 eWpG), die durch Gesetz, Rechtsgeschäft oder gerichtliche Entscheidung dazu berechtigen Personen oder Stellen (§ 14 Abs. 1 Satz 1 Nr. 2 eWpG) oder der Inhaber eines eingetragenen Rechts an einem Zentralregisterwertpapier (§ 14 Abs. 1 Satz 3 eWpG); siehe unten Rz. 12 ff.

2 Sind **relative Verfügungsbeschränkungen** gemäß § 13 Abs. 2 Satz 1 Nr. 1 eWpG eingetragen, muss die Weisung des Inhabers zusätzlich die Versicherung enthalten, dass die Zustimmung der durch die Verfügungsbeschränkung begünstigten Person vorliegt (§ 14 Abs. 1 Satz 2 eWpG); siehe unten Rz. 56 ff.

3 Die registerführende Stelle muss die bei ihr eingehenden Weisungen mit einem **Zeitstempel** versehen (§ 14 Abs. 1 Satz 4 eWpG). Erfolgt die Inhaberweisung mittels eines geeigneten **Authentifizierungsinstruments**, darf die registerführende Stelle ohne weitere Prüfung davon ausgehen, dass eine vom Inhaber erteilte Weisung vorliegt (§ 14 Abs. 1 Satz 5 eWpG). § 11 eWpRV[2)] enthält diesbezüglich technische Vorgaben für das Authentifizierungsinstrument; siehe unten Rz. 64 f.

4 **Änderungen der Registerangaben** nach § 13 Abs. 1 eWpG (mit Ausnahme der Änderung des Inhabers) sowie die **Löschung eines Wertpapiers** und der niedergelegten **Emissions-**

---

1) Diese Kommentierung gibt die persönliche Meinung des Autors wieder und entspricht nicht notwendigerweise der Auffassung der Deutschen Bundesbank.
2) Verordnung über Anforderungen an elektronische Wertpapierregister (eWPRV), v. 24.10.2022, BGBl. I 2022, 1882.

bedingungen bedürfen – zusätzlich zur Weisung eines nach § 14 Abs. 1 eWpG Berechtigten – der **Zustimmung des Emittenten** (§ 14 Abs. 2 eWpG); siehe unten Rz. 66 ff.

Registeränderungen erfolgen in der **Reihenfolge der zugrunde liegenden Weisungen** 5 (§ 14 Abs. 3 Satz 1 eWpG) und sind – wie auch die den Änderungen zugrunde liegenden Weisungen (§ 14 Abs. 1 Satz 4 eWpG) – von der registerführenden Stelle mit einem **Zeitstempel** zu versehen (§ 14 Abs. 3 Satz 2 eWpG); siehe unten Rz. 73 ff.

Umtragungen i. S. des § 4 Abs. 8 eWpG müssen **eindeutig** sein und in einem **angemessenen** 6 **Zeitraum** nach Eingang der zugrunde liegenden Weisung erfolgen (§ 14 Abs. 4 eWpG). Darüber hinaus dürfen Umtragungen bei Vorliegen bestimmter Voraussetzungen **nicht** („mehr") **ungültig werden** (§ 14 Abs. 4 a. E. eWpG). Insoweit enthält § 12 eWpRV weitere konkretisierende Anforderungen; siehe unten Rz. 86 ff.

Sind **Registeränderungen ohne Weisung eines** nach § 14 Abs. 1 eWpG **Berechtigten** oder 7 **ohne die Zustimmung des Emittenten** gemäß § 14 Abs. 2 eWpG erfolgt, hat die registerführende Stelle die **Änderung unverzüglich rückgängig zu machen** (§ 14 Abs. 5 Satz 1 eWpG); siehe unten Rz. 93 ff.

Die Rechte aus der DSGVO[3] gelten auch i. R. des Anwendungsbereiches des eWpG un 8 verändert fort. Dies gilt insbesondere mit Blick auf Art. 17 DSGVO zum Recht auf Löschung (§ 14 Abs. 5 Satz 2 eWpG); siehe unten Rz. 102 ff.

II. Entwicklung der Vorschrift

Während im **Referentenentwurf** die Fassung von § 14 Abs. 1 eWpG noch eine lose Ver 9 wandtschaft mit der Regelung des § 7 Abs. 4 BSchuWG aufwies, erfuhr die Norm i. R. des weiteren Gesetzgebungsverfahrens **grundlegende Änderungen**. Dies ist u. a. darauf zurückzuführen, dass der Referentenentwurf für zentrale Wertpapierregister zunächst lediglich die Registerführung durch Wertpapiersammelbanken (i. S. des § 4 Abs. 5 eWpG) und nur die Eintragung in Form der Sammeleintragung (i. S. des § 8 Abs. 1 Nr. 1 eWpG) vorsah. Demgegenüber brachte der Regierungsentwurf die Ausweitung der Registerführung auf Verwahrer (i. S. des § 4 Abs. 6 eWpG) sowie die **Ermöglichung der Einzeleintragung** (i. S. des § 8 Abs. 1 Nr. 2 eWpG) auch für Zentralregisterwertpapiere (zu den diesbezüglichen Änderungen in § 12 eWpG siehe oben *Alfes*, § 12 Rz. 8 ff.).

In der Folge machte dies eine Vielzahl von Folgeänderungen erforderlich, so dass § 14 10 eWpG – abgesehen von den Regelungen des § 14 Abs. 5 Satz 1 und Satz 2 eWpG – seine heutige Gestalt erst durch den Regierungsentwurf erhielt. Da jedoch die Einzeleintragung für Kryptowertpapiere bereits im Referentenentwurf vorgesehen war, konnte für das zentrale Wertpapierregister auf diese Bestimmungen zurückgegriffen werden. Entsprechend ist der für zentrale Register geltende **§ 14 eWpG im Wesentlichen identisch mit § 18 eWpG**, der die Änderungen des Inhalts von Kryptowertpapierregistern zum Gegenstand hat.

Als weitere Folgeänderungen zu der im **Finanzausschuss** eingebrachten Differenzierung 11 zwischen relativen Verfügungsbeschränkungen i. S. des § 13 Abs. 2 Satz 1 Nr. 1 eWpG einerseits und sonstigen Verfügungsbeschränkungen i. S. des § 13 Abs. 2 Satz 3 eWpG andererseits (siehe dazu oben *Alfes*, § 13 Rz. 8) wurde die Regelung des § 14 Abs. 1 Satz 3 eWpG eingefügt. Demnach muss der Inhaber zusammen mit seiner Weisung versichern, dass die **Zustimmung der durch die relative Verfügungsbeschränkung begünstigten Person** zur Registeränderung vorliegt. Diese Vorgabe dient der Interessenwahrung der eingetragenen Person.

---

3) Verordnung (EU) 2016/679 des Europäischen Parlaments und des Rates v. 27.4.2016 zum Schutz natürlicher Personen bei der Verarbeitung personenbezogener Daten, zum freien Datenverkehr und zur Aufhebung der Richtlinie 95/46/EG (Datenschutz-Grundverordnung), ABl. (EU) L 119/1 v. 4.5.2016.

III.   Weisungsberechtigte (§ 14 Abs. 1 Satz 1 und Satz 3 eWpG)

1.   Allgemeines

12   Die registerführende Stelle darf, soweit gesetzlich nichts anders bestimmt, **Änderungen der Angaben nach § 13 Abs. 1 und 2 eWpG sowie die Löschung des Wertpapiers und seiner niedergelegten Emissionsbedingungen** nur aufgrund einer Weisung eines Berechtigten i. S. von § 14 Abs. 1 Satz 1 oder Satz 3 eWpG vornehmen. Von der Weisungsberechtigung nicht umfasst sind Änderungen der Emissionsbedingungen, da diese nach den Bestimmungen der § 5 Abs. 2 und Abs. 3 eWpG erfolgen.

13   Die Vorschrift bezweckt den **Schutz des eingetragenen Inhabers** sowie derjenigen, denen Rechte gegen den Inhaber (z. B. aufgrund eines Pfandrechts) oder aber gegen den Emittenten zustehen.[4] Zur letzteren Gruppe zählen – zusätzlich zu den bereits als Berechtigten gemäß § 3 Abs. 2 eWpG eingetragenen Inhabern im Falle der Einzeleintragung – diejenigen, denen zwar die Rechte aus den Zentralregisterwertpapieren zustehen, die aber im Fall einer Sammeleintragung nicht zugleich als Inhaber eingetragen sind. Durch diese **abschließende Aufzählung der Weisungsberechtigten in § 14 Abs. 1 eWpG** wird der Schutz vor einer unbefugten Änderung aller derjenigen Angaben erreicht, die im Wesentlichen dem Inhalt von herkömmlichen Wertpapierurkunden entsprechen.[5]

14   Der Schutz der Integrität des Wertpapiers ist während der **gesamten Laufzeit des Wertpapiers** – d. h. von der Entstehung bis zum Erlöschen aller der dem Zentralregisterwertpapier innewohnenden Rechte und Pflichten – sichergestellt. Da nicht nur die Änderung von Registerangaben nach § 13 Abs. 1 und 2 eWpG, sondern auch die Löschung des Zentralregisterwertpapiers und seiner niedergelegten Emissionsbedingungen lediglich aufgrund einer Weisung eines nach § 14 Abs. 1 eWpG Berechtigten möglich ist, wirkt der Schutz der Registereintragungen auch darüber hinaus fort.[6] Unter Löschung des Zentralregisterwertpapiers ist dabei nicht das rückstandslose Tilgen der vorherigen Eintragung zu verstehen, sondern gemäß § 4 Abs. 9 eWpG die Kenntlichmachung eines eingetragenen elektronischen Wertpapiers und seiner niedergelegten Emissionsbedingungen als gegenstandslos. Dies entspricht in der Sache den „Rötungen" im Grundbuch (vgl. dazu § 46 Abs. 1 GBO i. V. m. § 16 Grundbuchverfügung[7] und ermöglicht die Kenntnisnahme von Registerangaben und Emissionsbedingungen auch noch nach dem Erlöschen der dem Zentralregisterwertpapier zuvor innewohnenden Rechte.

15   § 14 Abs. 1 eWpG regelt in seinen Sätzen 1 und 3 abschließend den Kreis derjenigen, die formal dazu berechtigt sind, der registerführenden Stelle Weisungen zur Änderung der Angaben nach § 13 Abs. 1 und 2 eWpG sowie zur Löschung des Wertpapiers und seiner niedergelegten Emissionsbedingungen zu erteilen. Bei dieser Weisung handelt es sich um eine Willenserklärung.[8] Die **materielle Berechtigung der Anweisenden wird hingegen nicht geregelt**, d. h. die Regelung trifft z. B. keine Aussage darüber, ob der nach § 14 Abs. 1 Satz 1 Nr. 1 eWpG gegenüber der registerführenden Stelle weisungsberechtigte Inhaber auch im Verhältnis zum Emittenten materiell berechtigt ist, eine bestimmte Änderung zu veranlassen. Inwiefern dies der Fall ist, bestimmt sich nach den Emissionsbedingungen, dem

---

4)   Begr. RegE Gesetz zur Einführung von eWp, BT-Drucks. 19/26925, S. 57.

5)   Zum Registerinhalt im Vergleich zur papiernen Urkunden vgl. *Lehmann*, BKR 2020, 431, 434; *Wienecke/Kunz*, NZG 2021, 316, 318.

6)   Begr. RegE Gesetz zur Einführung von eWp, BT-Drucks. 19/26925, S. 57.

7)   Grundbuchverfügung i. d. F. der Bekanntmachung v. 24.1.1995, BGBl. I 1995, 114.

8)   *Casper/Ludwig*, ZBB 2022, 65, 74; *Omlor* in: Möslein/Omlor/Grundmann, Elektronische Wertpapiere, S. 156; *Omlor*, RDi 2021, 371, 374.

Wertpapierrecht sowie nach den allgemeinen zivilrechtlichen Regelungen, etwa den Vorgaben des BGB oder des SchVG.[9]

Handelt es sich um einen nach § 14 Abs. 1 Satz 1 eWpG Weisungsberechtigten, ist die **16** **registerführende Stelle nicht zur Prüfung verpflichtet**, ob die **Weisung in Übereinstimmung mit dem materiellen Recht** erfolgt.[10] Für die Ausführung einer Weisung ist ausreichend, wenn die Anweisenden ihre jeweilige Weisungsberechtigung i. S. des § 14 Abs. 1 eWpG gegenüber der registerführenden Stelle nachweisen,[11] was z. B. in Fällen des § 14 Abs. 1 Satz 1 Nr. 2 lit. d eWpG durch Vorlage der zugrunde liegenden gerichtlichen Entscheidung oder in Fällen des Satz 1 Nr. 2 lit. e durch Vorlage des vollstreckbaren Verwaltungsaktes erfolgen kann. Ist die Berechtigung gegenüber der registerführenden Stelle insofern nachgewiesen, ist die materielle Rechtmäßigkeit der Weisung nicht Teil des Prüfprogramms der registerführenden Stelle.[12]

Die Regelung des § 14 Abs. 1 Satz 1 eWpG findet **sowohl auf Zentralregisterwertpapiere** **17** **in Einzeleintragung als auch in Sammeleintragung Anwendung**.[13] In der Praxis dürften indes Weisungen von in Sammeleintragung eingetragenen Verwahrern oder Wertpapiersammelbanken weniger häufig sein, da der Inhaberwechsel als die wohl häufigste Art der Registeränderung – anders als in Fällen der Einzeleintragung – bei der Sammeleintragung regelmäßig nicht oder nur äußerst selten zu beobachten sein wird. Zum Inhaberwechsel bei Sammeleintragung siehe oben *Alfes*, § 12 Rz. 89.[14]

Aus der abschließenden Aufzählung der Weisungsberechtigten in § 14 Abs. 1 Satz 1 und **18** Satz 3 eWpG folgt für Zentralregisterwertpapiere in **Sammeleintragung**, dass die **nicht eingetragenen Berechtigten** (i. S. des § 3 Abs. 2 eWpG), denen die Rechte aus dem Zentralregisterwertpapier zustehen, **nicht zum Kreis der Weisungsberechtigten gehören**. Dies folgt daraus, dass als Inhaber i. S. des § 3 Abs. 1 eWpG eine Wertpapiersammelbank oder ein Verwahrer im zentralen Wertpapierregister eingetragen ist, welche die Sammeleintragung treuhänderisch für die Berechtigten verwalten. Diese Differenzierung in § 14 Abs. 1 Satz 1 eWpG ist konsequent und ergibt sich unmittelbar aus der unterschiedlichen Struktur von Einzeleintragung und Sammeleintragung, d. h. daraus, dass der in Fällen der Sammeleintragung eingetragene Verwahrer bzw. die eingetragene Wertpapiersammelbank „lediglich" als Inhaber i. S. des § 3 Abs. 1 eWpG und gerade nicht als Berechtigter i. S. des § 3 Abs. 2 eWpG geführt wird (vgl. dazu § 8 Abs. 1 eWpG). Zudem wäre eine Weisungsbefugnis des Berechtigten i. S. des § 3 Abs. 2 eWpG rein praktisch mit dem Problem verbunden, dass eine registerführende Stelle keine Kenntnis von der Identität der – hinter dem Verwahrer bzw. der Wertpapiersammelbank stehenden – Berechtigten hat.

---

9) Begr. RefE Gesetz zur Einführung von eWp, S. 55, abrufbar unter https://bundesfinanzministerium.de/Content/DE/Gesetzestexte/Gesetze_Gesetzesvorhaben/Abteilungen/Abteilung_VII/19_Legislaturperiode/2021-06-09-einfuehrung-elektronische-wertpapiere/1-Referentenentwurf.pdf?__blob=publicationFile&v=2 (Abrufdatum: 22.2.2023).

10) Müller/Pieper-*Pieper*, eWpG, § 14 Rz. 8.

11) Begr. RefE Gesetz zur Einführung von eWp, S. 55, abrufbar unter https://bundesfinanzministerium.de/Content/DE/Gesetzestexte/Gesetze_Gesetzesvorhaben/Abteilungen/Abteilung_VII/19_Legislaturperiode/2021-06-09-einfuehrung-elektronische-wertpapiere/1-Referentenentwurf.pdf?__blob=publicationFile&v=2 (Abrufdatum: 22.2.2023).

12) Begr. RefE Gesetz zur Einführung von eWp, S. 55, abrufbar unter https://bundesfinanzministerium.de/Content/DE/Gesetzestexte/Gesetze_Gesetzesvorhaben/Abteilungen/Abteilung_VII/19_Legislaturperiode/2021-06-09-einfuehrung-elektronische-wertpapiere/1-Referentenentwurf.pdf?__blob=publicationFile&v=2 (Abrufdatum: 22.2.2023).

13) Dies gilt im Übrigen auch für alle sonstigen Regelungen des § 14, mit Ausnahme von Abs. 1 Satz 2 und 3, die lediglich für Zentralregisterwertpapiere in Einzeleintragung gelten.

14) So auch Müller/Pieper-*Pieper*, eWpG, § 14 Rz. 2.

19   § 14 Abs. 1 Satz 1 eWpG entspricht insoweit auch der gegenwärtigen Sach- und Rechtslage bei der Girosammelverwahrung verkörperter Wertpapiere, sofern es sich nicht um Eigenbestände eines Kreditinstituts, sondern um Wertpapiere von Kunden des zwischenverwahrenden Instituts handelt: In solchen Fällen verfügt der Kunde als **Eigentümer und Inhaber der Rechte aus einem Wertpapier,** welches auf oberster Ebene[15] auf einem von der Wertpapiersammelbank auf den Namen eines Kreditinstituts geführten Depot verbucht wird, über **keine Weisungsrechte gegenüber der Wertpapiersammelbank.** Und auch hier hat die Wertpapiersammelbank als die depotführende Stelle keine Kenntnis von der Identität des jeweiligen Kunden des Kreditinstituts.

20   Aus dem Auseinanderfallen von Inhaberschaft i. S. des § 3 Abs. 1 eWpG und Berechtigung i. S. des § 3 Abs. 2 eWpG folgt zudem, dass die Weisungsberechtigung nach Absatz 1 Satz 1 Nr. 1 nicht zwangsläufig mit der Berechtigung gemäß § 3 Abs. 2 eWpG zusammenfällt: Lediglich der in Einzeleintragung eingetragene Inhaber ist **zugleich Berechtigter,** während der in Fällen der Sammeleintragung Eingetragene **lediglich Inhaber** ist. Spiegelbildlich zum obigen Befund – wonach in Fällen der Sammeleintragung die Berechtigten nicht zum Kreis der Weisungsberechtigten nach § 14 Abs. 1 Satz 1 Nr. 1 eWpG gehören –, zählt in Fällen der **Sammeleintragung** der Verwahrer bzw. die Wertpapiersammelbank als **nichtberechtigter Inhaber** sehr wohl zum **Kreis der Weisungsberechtigten** gemäß § 14 Abs. 1 Satz 1 Nr. 1 eWpG. Auch insoweit besteht ein Gleichlauf zur gegenwärtigen Rechtslage der Girosammelverwahrung verkörperter Wertpapiere. Auch bei Zentralregisterwertpapieren ist die Depotinhaberin eines bei der Wertpapiersammelbank geführten Wertpapierdepots gegenüber der Wertpapiersammelbank weisungsberechtigt, selbst wenn diese Depotinhaberin nicht zugleich Eigentümerin und Inhaberin der Rechte aus dem (urkundlich verkörperten) Wertpapier ist, sondern sie diese Bestände lediglich für ihre Kunden bei der Wertpapiersammelbank verwahren lässt.

2.   Weisung des Inhabers (§ 14 Abs. 1 Satz 1 Nr. 1 eWpG)

21   Gemäß § 14 Abs. 1 Satz 1 Nr. 1 eWpG ist zunächst der **Inhaber eines Zentralregisterwertpapiers** gegenüber der registerführenden Stelle weisungsberechtigt, es sei denn, der registerführenden Stelle ist bekannt, dass der Inhaber nicht berechtigt ist. In dieser Regelung kommt das Prinzip zum Ausdruck, dass Änderungen der Registerangaben zuvörderst auf Weisung und somit mit dem Willen des Inhabers erfolgen sollen.[16] Die mit der Inhaberschaft verknüpfte **Vermutung der formellen Berechtigung** soll damit nicht nur zugunsten von Inhaber und Emittent gelten (vgl. § 28 Abs. 1 Satz 1 bzw. Satz 2 eWpG), sondern auch der registerführenden Stelle zugute zukommen.[17]

22   Erfasst sind nur vom Inhaber persönlich abgegebene Weisungen. **Keine Inhaberweisungen** i. S. von Nr. 1 sind **Weisungen der organschaftlichen oder rechtsgeschäftlichen Vertreter** des Inhabers. Diese sind von § 14 Abs. 1 Nr. 2 lit. a bzw. lit. c eWpG erfasst (siehe dazu unten Rz. 38 ff. bzw. 43 ff.).

23   In Fällen der **Einzeleintragung** von Zentralregisterwertpapieren liegt die Verknüpfung von Inhaberschaft und Berechtigung schon in der Struktur der Einzeleintragung begründet, wonach gemäß § 8 Abs. 1 Nr. 2 eWpG der durch die Eintragung als Inhaber (gemäß § 3

---

15)   Zur Kerndienstleistung der Depotführung auf oberster Ebene vgl. Abschnitt A Nr. 2 des Anhangs zur Verordnung (EU) Nr. 909/2014 des Europäischen Parlaments und des Rates v. 23.7.2014 zur Verbesserung der Wertpapierlieferungen und -abrechnungen in der Europäischen Union und über Zentralverwahrer sowie zur Änderung der Richtlinien 98/26/EG und 2014/65/EU und der VO (EU) Nr. 236/2012 (Zentralverwahrerverordnung), ABl. (EU) L 257/1 v. 28.8.2014.

16)   Begr. RegE Gesetz zur Einführung von eWp, BT-Drucks. 19/26925, S. 57.

17)   Begr. RegE Gesetz zur Einführung von eWp, BT-Drucks. 19/26925, S. 57.

Abs. 1 eWpG) Ausgewiesene zugleich Berechtigter (gemäß § 3 Abs. 2 eWpG) ist, dem die Ansprüche aus dem Zentralregisterwertpapier zustehen.

Für die **Sammeleintragung** soll die registerführende Stelle darauf vertrauen dürfen, dass 24 der ihr bekannte Inhaber – d. h. der Verwahrer oder die Wertpapiersammelbank – seine Weisungsbefugnis unmittelbar vom nicht eingetragenen Inhaber der Ansprüche aus dem Wertpapier ableitet. Bestehen weitere Glieder in der Kette bis hin zum Inhaber der Ansprüche aus dem Wertpapier, darf die registerführende Stelle darauf vertrauen, dass die Berechtigung des eingetragenen Inhabers auf mehrstufigen vertraglichen Vereinbarungen entlang der (Verwahr-)Depotkette beruht.[18]

Die Regelung des § 14 Abs. 1 Satz 1 Nr. 1 eWpG enthält lediglich **Verhaltenspflichten für** 25 **die registerführende Stelle**, trifft aber keine Aussage darüber, ob der Inhaber zur angewiesenen Änderung auch nach dem zugrunde liegenden materiellen Recht berechtigt ist (siehe dazu bereits oben Rz. 15 f.). Die Weisung kann zwar auch unmittelbar Teil des materiell-rechtlichen Übereignungstatbestandes sein, wenn es sich nach § 25 eWpG um eine Weisung i. R. einer Umtragung handelt.[19] Dies ändert jedoch nichts daran, dass es sich bei der Regelung des § 14 Abs. 1 eWpG lediglich um **Verfahrensrecht** handelt.

Die registerführende Stelle darf Weisungen des Inhabers nicht ausführen, sofern ihr bekannt ist, dass der Inhaber nicht berechtigt ist. In Fällen der Einzeleintragung liegt eine 26 Nichtberechtigung vor, wenn der eingetragene Inhaber nicht zugleich Berechtigter i. S. des § 3 Abs. 2 eWpG, also nicht zugleich der Inhaber der Ansprüche aus dem Wertpapier ist (z. B. bei Eintragung des Inhabers auf der Grundlage einer rechtsgeschäftlichen Verfügung, deren dingliche Einigung unwirksam war).

Liegt eine **Sammeleintragung** vor, ist ein anderer Maßstab anzulegen, da bei Zentralregis- 27 terwertpapieren in Sammeleintragung naturgemäß der eingetragene Verwahrer bzw. die eingetragene Wertpapiersammelbank nicht der Inhaber der Ansprüche aus dem Wertpapier ist. Verwahrer oder Wertpapiersammelbank haben dann gerade nicht die Stellung eines Berechtigten i. S. des § 3 Abs. 2 eWpG inne, sondern verwalten diese Ansprüche lediglich treuhänderisch für die (nicht eingetragenen) Inhaber der Rechte aus dem Wertpapier (vgl. § 9 Abs. 2 Satz 1 eWpG); zur Weisungsberechtigung des nicht als Berechtigten eingetragenen Verwahrers bzw. der eingetragenen Wertpapiersammelbank siehe auch oben Rz. 20. Die **Nichtberechtigung** des eingetragenen Verwahrers bzw. der eingetragenen Wertpapiersammelbank bezieht sich daher nicht auf die Rechte aus dem Zentralregisterwertpapier, sondern auf die Rechtsbeziehung zwischen eingetragenem Inhaber (i. S. des § 3 Abs. 1 eWpG) und dem (nicht eingetragenen) Inhaber der Rechte aus dem Wertpapier.[20] Eine Nichtberechtigung liegt damit vor, wenn die vom Verwahrer oder der Wertpapiersammelbank gegenüber der registerführenden Stelle erteilte Weisung einen Verstoß gegen Pflichten aus dem Treuhandverhältnis darstellt bzw. nicht von diesem gedeckt ist.[21]

Diese **Differenzierung zwischen der Berechtigung im Fall von Einzel- und Sammel-** 28 **eintragung** klingt auch im Wortlaut des § 28 Abs. 1 Satz 1 eWpG an, der nicht auf die Berechtigung i. S. des § 3 Abs. 2 eWpG als das „Innehaben der Rechte aus dem Zentralregisterwertpapier" abstellt, sondern bereits die Befugnis zur Geltendmachung der versprochenen Leistung vom Emittenten genügen lässt („es sei denn, dass er **hierzu** nicht berech-

---

18) In diesem Sinne wohl Begr. RegE Gesetz zur Einführung von eWp, BT-Drucks. 19/26925, S. 57.

19) *Omlor*, RDi 2021, 371, 375. Zur Qualifikation der Weisung nach § 25 eWpG als Willenserklärung vgl. *Meier*, RDi 2021, 1, 8.

20) Müller/Pieper-*Pieper*, eWpG, § 14 Rz. 15.

21) Unter diesem Treuhandverhältnis ist der Depotvertrag zwischen eingetragenem Verwahrer bzw. eingetragener Wertpapiersammelbank und dem (nicht eingetragenen) Inhaber der Rechte aus dem Zentralregisterwertpapier zu verstehen.

tigt ist")[22]. Diese Teil-Berechtigung soll im Fall der Sammeleintragung dem Verwahrer bzw. der Wertpapiersammelbank zustehen (in Form der Ermächtigungstreuhand nach § 185 BGB)[23], so dass diese – wie auch schon bisher im Falle von urkundlich verkörperten Wertpapieren – z. B. Zinszahlungen vom Emittenten für die (nicht eingetragenen) Berechtigten entgegennehmen kann.[24]

29   Liegt eine Nichtberechtigung des Inhabers vor, so ist darüber hinaus die **Kenntnis der registerführenden Stelle von der Nichtberechtigung des Inhabers** erforderlich („Bösgläubigkeit"). Damit knüpft das Konzept der Bösgläubigkeit nicht wie sonst üblich an der Kenntnis eines **Erwerbers** in Bezug auf die Nichtberechtigung des Veräußerers an (so z. B. in Fällen der §§ 892, 932 ff. BGB oder auch des § 26 eWpG), sondern es wird auf die Kenntnis der **registerführenden Stelle** abgestellt. Ebenfalls im Unterschied zur Regelung des § 26 eWpG oder etwa auch des Art. 40 Abs. 3 WG liegt eine Bösgläubigkeit i. S. des § 14 Abs. 1 Satz 1 eWpG lediglich im Falle **positiver Kenntnis**, nicht aber bereits bei grob fahrlässiger Unkenntnis vor.

30   Hat die registerführende Stelle hingegen lediglich **keine positive Kenntnis von der Berechtigung des Inhabers**, so kann daraus noch nicht auf das Vorliegen einer Kenntnis der Nichtberechtigung geschlossen werden. Es greift vielmehr die **Vermutung** der Berechtigung des Inhabers („formelle Berechtigung") zugunsten der registerführenden Stelle, so dass diese eine Weisung des Inhabers auch dann ausführen darf, wenn sie nicht über (positive) Kenntnis bzgl. der materiellen Berechtigung des anweisenden Inhabers verfügt.[25]

31   Nach dem oben Gesagten bezieht sich die Kenntnis der Nichtberechtigung des eingetragenen Inhabers im Fall der **Einzeleintragung** auf die fehlende Inhaberschaft der Rechte aus dem Zentralregisterwertpapier und im Fall der **Sammeleintragung** auf die fehlende Berechtigung auf Grundlage des treuhänderischen Verwaltungsverhältnisses i. S. des § 9 Abs. 2 Satz 1 eWpG („Depotvertrag"). Wenn es sich aber nicht ausnahmsweise um einen Fall handelt, in dem die registerführende Stelle eine Inhaberschaft „eigenmächtig"[26] – d. h. ohne eine Weisung eines nach Satz 1 Berechtigten – herbeigeführt hat, dürfte die **registerführende Stelle allein aufgrund ihrer Tätigkeit als Betreiberin des zentralen Wertpapierregisters regelmäßig keine Kenntnis vom Nichtvorliegen der Berechtigung** haben.

32   Die Kenntnis einer fehlenden Berechtigung wird regelmäßig erst dann vorliegen, wenn die registerführende Stelle **von Dritten durch Mitteilung von Tatsachen oder rechtlichen Wertungen** bösgläubig wird. Dies kann z. B. dadurch geschehen, dass ein nach § 14 Abs. 1 Satz 1 Nr. 2 eWpG Weisungsberechtigter der registerführenden Stelle ein Urteil (lit. d) oder einen Verwaltungsakt (lit. e) zur eigenen Legitimation vorlegt. Erwartbar dürfte eine Information bzgl. einer fehlenden Berechtigung des eingetragenen Inhabers auch gezielt durch den tatsächlichen Inhaber von Ansprüchen aus einem Zentralregisterwertpapier erfolgen, der – trotz Einzeleintragung – nicht eingetragen ist (z. B., weil der eingetragene Inhaber die Eintragung aufgrund einer unwirksamen Verfügung erlangt hat). Auch insoweit kommt die Vorlage eines Urteils in Betracht, welches nicht notwendigerweise rechtskräftig sein muss.[27]

33   Die Regierungsbegründung führt zum **Prüfungsprogramm der registerführenden Stelle** aus, dass „je nach Substanz der jeweiligen Einwendung im Einzelfall" zu entscheiden sei,

---

22)   Hervorhebung durch den Verf.
23)   *Lieder* in: Möslein/Omlor/Grundmann, Elektronische Wertpapiere, S. 105.
24)   So auch *Einsele* in: Möslein/Omlor/Grundmann, Elektronische Wertpapiere, S. 39.
25)   Begr. RegE Gesetz zur Einführung von eWp, BT-Drucks. 19/26925, S. 57.
26)   So ausdrücklich in der Begr. RegE Gesetz zur Einführung von eWp, BT-Drucks. 19/26925, S. 58.
27)   Begr. RegE Gesetz zur Einführung von eWp, BT-Drucks. 19/26925, S. 58.

ob das Stadium der Bösgläubigkeit bereits erreicht ist.[28] Dies stellt die registerführende Stelle vor erhebliche Probleme. Allein eine von Vorsicht geprägte Herangehensweise, gemäß derer eine Weisung „im Zweifel eher nicht" auszuführen wäre, stellt keine Lösung dar: Sofern die registerführende Stelle aus Vorsichtsgründen von der eigenen Bösgläubigkeit ausgeht und eine Inhaberweisung nicht ausführt, es sich aber ex post herausstellt, dass die Tatsachen für die Begründung der Bösgläubigkeit nicht hinreichend waren, dann war die registerführende Stelle zur Ausführung der Weisung verpflichtet und hat durch die ungerechtfertigte Nichtausführung ihre Pflicht zur Ausführung einer berechtigten Weisung verletzt. Man wird der registerführenden Stelle daher ein weites Ermessen hinsichtlich der Beurteilung einer ggf. fehlenden Berechtigung des Inhabers zukommen lassen müssen. Zudem ist zu berücksichtigen, dass eine (rechtliche) Prüfung einen angemessenen Zeitraum erfordert. Entsprechend können allgemeine Geschäftsbedingungen der registerführenden Stelle vorsehen, dass Inhaberweisungen in Fällen, in denen Hinweise auf eine Nichtberechtigung des Inhabers bestehen, erst nach Abschluss der Prüfung und damit verzögert ausgeführt werden können.

Die registerführende Stelle ist jedenfalls dann nicht zur Ausführung einer Inhaberweisung 34 verpflichtet, wenn **sonstige Verfügungsverbote** oder Angaben zur **fehlenden Geschäftsfähigkeit** des Inhabers gemäß § 13 Abs. 2 Satz 3 eWpG in das zentrale Wertpapierregister aufgenommen wurden (siehe oben *Alfes*, § 13 Rz. 72).[29] Die registerführende Stelle darf sich auf die diesbezüglichen Eintragungen im zentralen Wertpapierregister verlassen und kann die Ausführung von Inhaberweisungen ohne Einzelfallprüfung automatisiert verhindern (z. B. durch technische Sperren)[30].

3. Weisung einer berechtigten Person oder Stelle (§ 14 Abs. 1 Satz 1 Nr. 2 eWpG)

a) Allgemeines

Gemäß § 14 Satz 1 Nr. 2 eWpG können auch **andere Personen oder Stellen außer dem** 35 **Inhaber weisungsberechtigt** sein. Da Weisungen in der Praxis in der überwiegenden Anzahl der Fälle vom Inhaber erteilt werden, kann man die Regelungen zu den Weisungsberechtigten nach Nr. 2 – wie die Regierungsbegründung[31] – als „Ausnahmen" vom Grundsatz der Inhaberweisung bezeichnen.

In Fällen der Einzeleintragung werden die meisten Weisungen der Personen oder Stellen 36 i. S. des § 14 Abs. 1 Satz 1 Nr. 2 eWpG auf eine **Umtragung** i. S. von § 4 Abs. 8 eWpG gerichtet sein, d. h. auf die Ersetzung des gegenwärtigen Inhabers des Zentralregisterwertpapiers durch einen neuen Inhaber. Die Weisungsbefugnis der nach Satz 1 Nr. 2 berechtigten Personen oder Stellen ist diesbezüglich aber nicht eingeschränkt, so dass Weisungen auch auf Änderungen aller Angaben nach § 13 Abs. 1 und 2 eWpG sowie auf die Löschung des Wertpapiers und seiner niedergelegten Emissionsbedingungen gerichtet sein können. In den Fällen der Sammeleintragung dürften Weisungen in der Regel gerade nicht auf einen Inhaberwechsel gerichtet sein, sondern eher die gesamte Emission betreffen.

Die Personen oder Stellen nach § 14 Abs. 1 Satz 1 Nr. 2 eWpG müssen – zusammen mit 37 ihrer Weisung – gegenüber der registerführenden Stelle zusätzlich den **Nachweis** erbringen, dass die maßgeblichen Voraussetzungen für den jeweiligen Berechtigungstatbestand

---

28) Begr. RegE Gesetz zur Einführung von eWp, BT-Drucks. 19/26925, S. 58.
29) Beschlussempfehlung und Bericht d. FA z. Gesetz zur Einführung von eWp, BT-Drucks. 19/29372, S. 57.
30) Beschlussempfehlung und Bericht d. FA z. Gesetz zur Einführung von eWp, BT-Drucks. 19/29372, S. 57.
31) Begr. RefE Gesetz zur Einführung von eWp, S. 55, abrufbar unter https://bundesfinanzministerium.de/
Content/DE/Gesetzestexte/Gesetze_Gesetzesvorhaben/Abteilungen/Abteilung_VII/19_Legislaturperiode/2021-06-09-einfuehrung-elektronische-wertpapiere/1-Referentenentwurf.pdf?__blob=publicationFile&v=2 (Abrufdatum: 22.2.2023).

vorliegen.[32] Gelingt dieser Nachweis nicht, ist die registerführende Stelle nicht verpflichtet, die Weisung ausführen.

b) Berechtigung durch Gesetz (§ 14 Abs. 1 Satz 1 Nr. 2 lit. a eWpG)

38 Die Berechtigung einer Person oder einer Stelle kann sich zunächst **durch** Gesetz ergeben. Zu den durch Gesetz Berechtigten zählen die **Eltern als die gesetzlichen Vertreter ihrer minderjährigen Kinder** (§ 1629 BGB) sowie die **organschaftlichen Vertreter von juristischen Personen oder Personengesellschaften** (z. B. der GmbH-Geschäftsführer gemäß § 35 Abs. 1 Satz 1 GmbHG und der Vorstand einer AG gemäß § 78 Abs. 1 Satz 1 AktG). Ebenfalls weisungsberechtigt durch Gesetz ist der **Insolvenzverwalter** (§ 80 Abs. 1 InsO) oder der **Betreuer** als gesetzlicher Vertreter des Betreuten (§ 1902 BGB).

39 Weiterhin kann sich eine Berechtigung aus gesetzlichen **Befugnissen der Aufsichtsbehörden** (z. B. aus dem KWG) ergeben.[33]

40 Schließlich ist auch ein **Versammlungs- oder Abstimmungsleiter** einer Gläubigerversammlung berechtigt, wenn er den in der Niederschrift dokumentierten Beschlussinhalt der Gläubigerversammlung an die registerführende Stelle übermittelt (§ 21 Abs. 2 SchVG).

c) Berechtigung aufgrund eines Gesetzes (§ 14 Abs. 1 Satz 1 Nr. 2 lit. b eWpG)

41 Die Berechtigung einer Person oder einer Stelle kann sich darüber hinaus aufgrund eines Gesetzes ergeben. Die Berechtigung aufgrund eines Gesetzes ist abzugrenzen von den Fällen der Berechtigung durch Gesetz gemäß § 14 Abs. 1 Satz 1 Nr. 2 lit. a, in denen die Berechtigung auf **formell-materiellen Gesetzen** i. S. von „Parlamentsgesetzen" beruht. Die Regelung von Nr. 2 lit. b umfasst im Unterschied dazu die Rechtsakte der Exekutive, von denen i. R. von § 14 eWpG insbesondere die **Rechtsverordnung** i. S. von Art. 80 GG, weniger aber die Satzung von Relevanz sein dürfte.

42 Der Referentenentwurf nennt als Beispiel einer Berechtigung aufgrund eines Gesetzes die **Berechtigungen der BaFin**, die sich aus Verordnungen ergeben können, die ihrerseits auf aufsichtlichen Gesetzen wie z. B. dem KWG oder dem eWpG beruhen.[34]

d) Berechtigung durch Rechtsgeschäft (§ 14 Abs. 1 Satz 1 Nr. 2 lit. c eWpG)

43 Die Berechtigung einer Person oder Stelle kann sich auch **durch Rechtsgeschäft** ergeben. Weisungsberechtigt ist daher zunächst jeder **rechtsgeschäftlich bestellte Vertreter**, z. B. wer durch Erteilung einer Vollmacht gemäß §§ 164 ff. BGB oder Prokura gemäß §§ 48 ff. HGB gegenüber der registerführenden Stelle weisungsberechtigt ist. Die Weisungen der vorgenannten Vertreter wirken dabei zwar unmittelbar für und gegen den vertretenen Inhaber (§ 164 Abs. 1 Satz 1 BGB), aber gleichwohl gelten sie nicht als Inhaberweisungen nach § 14 Abs. 1 Satz 1 Nr. 1 eWpG, sondern unterfallen Nr. 2 lit. c als lex specialis.

44 Ist die Weisung gegenüber der registerführenden Stelle zugleich Teil einer rechtsgeschäftlichen Verfügung (z. B. bei einer beantragten Umtragung i. S. des § 4 Abs. 9 eWpG im Zusammenhang mit einer Übereignung nach § 25 Abs. 1 eWpG), kann die Berechtigung

---

32) So gemäß Begr. RegE Gesetz zur Einführung von eWp, BT-Drucks. 19/26925, S. 58 – ausdrücklich nur für § 14 Abs. 1 Satz 1 Nr. 2 lit. a eWpG.

33) Begr. RegE Gesetz zur Einführung von eWp, BT-Drucks. 19/26925, S. 58.

34) Begr. RefE Gesetz zur Einführung von eWp, S. 55, abrufbar unter https://bundesfinanzministerium.de/ Content/DE/Gesetzestexte/Gesetze_Gesetzesvorhaben/Abteilungen/Abteilung_VII/19_Legislaturperiode/2021-06-09-einfuehrung-elektronische-wertpapiere/1-Referentenentwurf.pdf?__blob=publicationFile&v=2 (Abrufdatum: 22.2.2023).

eines nicht eingetragenen Anweisenden auch durch die **Einwilligung des Inhabers in die Verfügung eines Nichtberechtigten** i. S. von § 185 Abs. 1 BGB entstehen.[35]

Ebenfalls zum Kreis der durch Rechtsgeschäft Berechtigten zählt der **gemeinsame Vertreter** gemäß § 7 SchVG, der entweder bereits in den Anleihebedingungen gemäß § 8 Abs. 1 Satz 1 SchVG bestellt wird (sog. „Vertragsvertreter") oder den die Anleihegläubiger wählen.[36]   45

e) Berechtigung durch gerichtliche Entscheidung (§ 14 Abs. 1 Satz 1 Nr. 2 lit. d eWpG)

Die Berechtigung einer Person oder einer Stelle kann sich durch **gerichtliche Entscheidung** ergeben. Da die Regierungsbegründung die Entscheidung eines „staatlichen" Gerichts besonders hervorhebt,[37] sind Entscheidungen (privater) Schiedsgerichte (i. S. des §§ 1025 ff. ZPO) nicht ausreichend.   46

Die Entscheidung muss stets die **konkrete Gattung der Zentralregisterwertpapiere** (ausgewiesen z. B. durch die Wertpapierkennnummer (WKN) oder die International Securities Identification Number – ISIN)[38] bezeichnen, wenn **Änderungen von Registerangaben** erfolgen sollen, **die die gesamte Emission betreffen** (z. B. Änderungen der Angaben zum wesentlichen Inhalt des Rechts (§ 13 Abs. 1 Nr. 1 eWpG), zum Emissionsvolumen (§ 13 Abs. 1 Nr. 2 eWpG) oder zum Nennbetrag (§ 13 Abs. 1 Nr. 3 eWpG).   47

Besteht ein **konkreter Bezug zum Inhaber** (z. B. bei Anweisung zum Inhaberwechsel oder zur Eintragung eines relativen Veräußerungsverbotes nach § 13 Abs. 2 Satz 1 Nr. 1 eWpG),[39] ist zwingend auch der Inhaber des Zentralregisterwertpapiers im Urteil anzugeben. Daraus folgt, dass im Fall von Zentralregisterwertpapieren in Sammeleintragung ein gegen den (nicht eingetragenen) Inhaber der Rechte aus dem Zentralregisterwertpapier ergangenes Urteil nicht zur Berechtigung über diejenigen Bestände führen kann, für die der Verwahrer bzw. die Wertpapiersammelbank als Inhaber eingetragen sind.[40]   48

Unter gerichtlichen Entscheidungen sind sodann Sicherungsmaßnahmen im einstweiligen Rechtschutz sowie Vollstreckungsmaßnahmen zu verstehen.[41] Die Regierungsbegründung nennt ausdrücklich auch die Verurteilung zur Abgabe einer Willenserklärung nach § 894 ZPO.[42] Kommt z. B. der Verkäufer eines Zentralregisterwertpapiers (in Einzeleintragung) seiner Verpflichtung zur Eigentumsübertragung nicht nach und wird **er verurteilt, die dazu erforderlichen Willenserklärungen abzugeben**,[43] ist der Kläger durch Vorlage eines dahingehenden Urteils berechtigt, die entsprechenden Weisungen gegenüber der registerführenden Stelle abzugeben. Nach § 894 ZPO gelten die jeweiligen Willenserklärungen – also sowohl die dingliche Einigung i. R. der Verfügung als auch die nach § 25 Abs. 1 Satz 1 eWpG erforderliche Weisung gegenüber der registerführenden Stelle – als abgegeben, sobald   49

---

35) Müller/Pieper-*Pieper*, eWpG, § 14 Rz. 18. Für die jedenfalls analoge Anwendung des § 185 BGB auf Verfahrenserklärungen, die im Zusammenhang mit einer Verfügung abgegeben werden, s. *Bub* in: BeckOK-BGB, § 185 Rz. 3 – als Beispiel wird die Bewilligung nach § 19 GBO genannt.

36) *Borowski*, SchVG, § 7 Rz. 2.

37) Begr. RegE Gesetz zur Einführung von eWp, BT-Drucks. 19/26925, S. 58.

38) Zur WKN und ISIN s. o. *Alfes*, § 13 Rz. 22 ff.

39) Hierunter fällt nach *Omlor* in: Möslein/Omlor/Grundmann, Elektronische Wertpapiere, S. 140, ebenfalls der durch Erbschein ausgewiesene Erbe aufgrund der Mitwirkung des Nachlassgerichts gemäß § 2353 BGB.

40) Dies entspricht dem Rechtsgedanken des „no upper-tier attachment", wonach ein Gläubiger bei Vorliegen einer mehrstufigen Verwahrkette nur in dasjenige Depot pfänden kann, das auf den Namen des Schuldners geführt wird, nicht aber in die von Intermediären entlang der Verwahrkette „gepoolten" Depotbestände.

41) Begr. RegE Gesetz zur Einführung von eWp, BT-Drucks. 19/26925, S. 58.

42) Begr. RegE Gesetz zur Einführung von eWp, BT-Drucks. 19/26925, S. 58.

43) Zur Qualifikation der Weisung nach § 25 eWpG als Willenserklärung vgl. *Meier*, RDi 2021, 1, 8.

das Urteil Rechtskraft erlangt. Eine Umtragung der Inhaberschaft erfolgt – z. B. bei Übersendung des Urteils an die registerführende Stelle durch den Kläger – aufgrund der durch das Urteil als abgegeben geltenden Inhaberweisung in der Regel nach § 14 Abs. 1 Satz 1 Nr. 1 eWpG und nicht nach Satz 1 Nr. 2 lit. d.[44]

50 § 14 Abs. 1 Satz 1 Nr. 2 lit. d eWpG erfasst weder Gerichtsentscheidungen i. R. der Eröffnung eines Insolvenzverfahrens noch mit Blick auf die Bestellung eines Betreuers. Die **Berechtigung eines Insolvenzverwalters oder Betreuers** ergibt sich **nicht aufgrund der gerichtlichen Entscheidung**, sondern sie beruht auf Gesetz (§ 80 Abs. 1 InsO bzw. § 1902 BGB) und unterfällt daher § 14 Abs. 1 Satz 1 Nr. 2 lit. a eWpG (siehe dazu oben Rz. 38).

f)   Berechtigung durch vollstreckbaren Verwaltungsakt
       (§ 14 Abs. 1 Satz 1 Nr. 2 lit. e eWpG)

51 Die Berechtigung einer Person oder einer Stelle kann sich auch durch einen **vollstreckbaren Verwaltungsakt** ergeben. Dies ist dann der Fall, wenn der Person oder Stelle im Verwaltungsakt ein entsprechendes Weisungsrecht gegenüber der registerführenden Stelle eingeräumt wird. Dazu zählen u. a. **Verwaltungsakte von Behörden i. R. aufsichtsrechtlicher Maßnahmen.**[45]

52 Zu denken wäre insbesondere an Verwaltungsakte aufgrund von § 6 Abs. 3 KWG (u. a. zur Beseitigung von Verstößen gegen aufsichtsrechtliche Bestimmungen) oder auf Grundlage von § 77 SAG betreffend die Anordnung von Abwicklungsmaßnahmen.

**4.   Weisung des Inhabers eines eingetragenen Rechtes am Zentralregisterwertpapier
       (§ 14 Abs. 1 Satz 3 eWpG)**

53 Sind an Zentralregisterwertpapieren Rechte Dritter i. S. von § 13 Abs. 2 Satz 1 Nr. 2 (wie z. B. ein Pfandrecht)[46] bestellt und gemäß § 24 eWpG eingetragen, tritt **an die Stelle des Inhabers der Dritte (§ 14 Abs. 1 Satz 3 eWpG)**, der insofern den grundsätzlich weisungsberechtigten Inhaber verdrängt. Lediglich der Dritte ist hinsichtlich seiner Rechte gegenüber der registerführenden Stelle weisungsbefugt und kann diese z. B. zur Umtragung i. S. von § 4 Abs. 8 eWpG anweisen.

54 Zur Klarstellung sei erwähnt, dass die Regelung des § 14 Abs. 1 Satz 3 eWpG bereits im Regierungsentwurf – dort als Abs. 1 Satz 2 – enthalten war. Erst anschließend wurde im Finanzausschuss die Regelung des (gegenwärtigen) Absatz 1 Satz 2 über relative Verfügungsbeschränkungen (siehe dazu sogleich Rz. 56 ff.) und die Regelung zu Drittrechten als neuer Satz 3 eingeführt. **§ 14 Abs. 1 Satz 3 eWpG bezieht sich** damit nicht auf die unmittelbar vorherstehende Regelung des Absatz 1 Satz 2 über relative Verfügungsbeschränkungen, sondern **auf Absatz 1 Satz 1.**

5.   Registeränderung ohne Weisung

55 Hat die registerführende Stelle eine Registeränderung ohne Weisung nach § 14 Abs. 1 eWpG vorgenommen, muss sie die Änderung gemäß § 14 Abs. 5 Satz 1 eWpG unverzüglich rückgängig machen (siehe dazu unten Rz. 93 ff.).

---

44) Ähnlich *Meier*, MMR 2021, 381, 384.

45) Begr. RefE Gesetz zur Einführung von eWp, S. 56, abrufbar unter https://bundesfinanzministerium.de/
     Content/DE/Gesetzestexte/Gesetze_Gesetzesvorhaben/Abteilungen/Abteilung_VII/19_Legislatur-
     periode/2021-06-09-einfuehrung-elektronische-wertpapiere/1-Referentenentwurf.pdf?__blob=publi-
     cationFile&v=2 (Abrufdatum: 22.2.2023).

46) S. dazu oben *Alfes*, § 13 Rz. 62.

IV. Versicherung der Zustimmung der durch eine Verfügungsbeschränkung begünstigten Person durch den Inhaber (§ 14 Abs. 1 Satz 2 eWpG)

Sind Verfügungsbeschränkungen zugunsten einer bestimmten Person gemäß § 13 Abs. 2 Satz 1 Nr. 1 eWpG im zentralen Wertpapierregister eingetragen,[47] hat der Inhaber gegenüber der registerführenden Stelle – zusammen mit seiner Weisung – zu **versichern**, dass die **Zustimmung der durch die Verfügungsbeschränkung begünstigten** Person zu der angewiesenen Änderung vorliegt (§ 14 Abs. 1 Satz 2 eWpG). **56**

In der Sache sollen damit nicht nur Inhaber (nach § 14 Abs. 1 Satz 1 Nr. 1 eWpG) sowie ggf. der Emittent (nach Abs. 2) vor der Ausführung einer Weisung ihre Zustimmung erklären, sondern auch diejenigen, deren Rechtsposition i. S. von § 13 Abs. 2 Satz 1 Nr. 1 eWpG die angewiesene Änderung betrifft. Dabei ist es **nicht möglich**, dass die von der Verfügungsbeschränkung begünstigte Person ihre **Zustimmung selbst gegenüber der registerführenden Stelle** erklärt. Erforderlich ist, dass die Zustimmung gegenüber dem Inhaber erfolgt, welcher das Vorliegen der Zustimmung sodann gegenüber der registerführenden Stelle versichert. Dies liegt darin begründet, dass bei relativen Verfügungsbeschränkungen die Eintragung der konkret begünstigten Person nicht zwingend erforderlich ist (siehe dazu oben *Alfes*, § 13 Rz. 56).[48] Hat die registerführende Stelle also nicht (zwingend) Kenntnis von der Identität der begünstigten Person, so ist sie auch nicht in der Lage, eine entsprechende Zustimmung einzuholen oder diese hinsichtlich der Berechtigung der erklärenden Person selbst zu überprüfen.[49] Daher hat der Inhaber das Vorliegen der Zustimmung gegenüber der registerführenden Stelle zu versichern. **57**

Die Regelung des § 14 Abs. 1 Satz 2 eWpG betrifft lediglich Fälle von **Zentralregisterwertpapieren in Einzeleintragung**, da relative Verfügungsbeschränkungen bei in Sammeleintragung eingetragenen Zentralregisterwertpapieren nicht eintragungsfähig sind (siehe dazu oben *Alfes*, § 13 Rz. 52). **58**

Dem Wortlaut nach („hat der Inhaber über seine Weisung hinaus") erfasst § 14 Abs. 1 Satz 1 eWpG **lediglich Inhaberweisungen**. Unklar bleibt, warum neben Inhaberweisungen nicht auch Weisungen nach § 14 Abs. 1 Satz 1 Nr. 2 eWpG ebenfalls mit einer entsprechenden Versicherung versehen sein müssen, z. B. die Weisungen der gesetzlichen Vertreter des Inhabers (berechtigt nach Satz 1 Nr. 2 lit. a) oder der rechtsgeschäftlich bestellten Vertreter (berechtigt nach Satz 1 Nr. 2 lit. c). Für eine unterschiedliche Behandlung beider Fallgruppen sind keine Gründe ersichtlich. Dies spricht dafür, die Versicherung einer vorliegenden Zustimmung der durch eine Verfügungsbeschränkung begünstigten Person – de lege ferenda – jedenfalls auch auf die Fälle einer gesetzlichen und rechtsgeschäftlichen Vertretung auszuweiten. **59**

Die **registerführende Stelle unterliegt keiner Verpflichtung, die Versicherung des Inhabers auf deren Richtigkeit zu überprüfen.** Versichert der Inhaber wahrheitswidrig das Vorliegen einer Zustimmung der durch die Verfügungsbeschränkung begünstigten Person, macht sich der Inhaber ggf. im Verhältnis zur begünstigten Person schadensersatzpflichtig. Dies berührt indes nicht die Wirksamkeit der Weisung gegenüber der registerführenden Stelle.[50] **60**

Es besteht **keine Pflicht** der registerführenden Stelle i. S. des § 14 Abs. 5 Satz 1 eWpG, eine **Änderung rückgängig zu machen**, wenn ein Inhaber eine Zustimmung des Begünstigten **wahrheitswidrig versichert hat**. Gleiches gilt sogar dann, wenn eine Inhaberweisung **61**

---

47) S. dazu oben *Alfes*, § 13 Rz. 56 ff.
48) Beschlussempfehlung und Bericht d. FA z. Gesetz zur Einführung von eWp, BT-Drucks. 19/29372, S. 58.
49) Beschlussempfehlung und Bericht d. FA z. Gesetz zur Einführung von eWp, BT-Drucks. 19/29372, S. 58.
50) Beschlussempfehlung und Bericht d. FA z. Gesetz zur Einführung von eWp, BT-Drucks. 19/29372, S. 58.

gänzlich ohne erforderliche Versicherung des Inhabers ausgeführt wurde; auch insoweit ist die Regelung des § 14 Abs. 5 Satz 1 eWpG nicht einschlägig (siehe dazu unten Rz. 93 ff.).

V. Zeitstempel der Weisung und Authentifizierungsinstrument (§ 14 Abs. 1 Satz 4 und Satz 5 eWpG)

62 Der Eingang einer Weisung ist von der registerführenden Stelle mit einem **Zeitstempel** zu versehen (§ 14 Abs. 1 Satz 4 eWpG). Dabei darf die registerführende Stelle von einer Weisung des Inhabers ausgehen, wenn die Weisung mittels eines **geeigneten Authentifizierungsinstruments** erteilt wurde (§ 14 Abs. 1 Satz 5 eWpG).

63 Der **Zeitstempel** einer Weisung lässt erkennen, wann die Weisung der registerführenden Stelle zugegangen ist und steht damit in Zusammenhang mit dem in § 14 Abs. 3 eWpG geregelten Prioritätsprinzip. Während Absatz 1 Satz 4 (lediglich) die Pflicht zur Vergabe eines Zeitstempels zur **Dokumentation des Zugangszeitpunktes der Weisung bei der registerführenden Stelle** festschreibt, regelt Absatz 3 Satz 1 die materielle Bedeutung dieses (Zugangs-)Zeitpunktes. § 14 Abs. 3 Satz 2 eWpG führt einen weiteren Zeitstempel ein, der den Zeitpunkt der Änderung des Registerinhaltes dokumentiert.[51] Insoweit sei auf die Kommentierung zu Absatz 3 verwiesen (siehe dazu unten Rz. 73 ff.).

64 Wird für die Übermittlung einer Weisung ein **geeignetes Authentifizierungsinstrument** i. S. des § 14 Abs. 1 Satz 5 eWpG verwendet, darf sich die registerführende Stelle ohne weitere Prüfung darauf verlassen, dass es sich um eine Weisung des Inhabers handelt. Diese Vermutung greift aufgrund des Wortlauts lediglich für Inhaberweisungen nach § 14 Abs. 1 Satz 1 eWpG und kann daher nicht auf Weisungen der berechtigten Personen oder Stellen i. S. des § 14 Abs. 1 Satz 2 eWpG übertragen werden.

65 § 11 eWpRV beruht auf § 15 Abs. 1 Satz 1 Nr. 9 eWpG und enthält **zusätzliche Anforderungen** an das geeignete Authentifizierungsinstrument. Dazu zählen z. B., dass die verwendeten Verfahren grundsätzlich dem Stand der Technik entsprechen (§ 11 Abs. 6 Nr. 1 eWpRV) und dass die registerführende Stelle das verwendete Authentifizierungsinstrument der weisungsgebenden natürlichen oder juristischen Person bzw. Personengesellschaft zuverlässig zuordnen kann (§ 11 Abs. 6 Nr. 2 eWpRV). Hinsichtlich der Einzelheiten sei auf die Kommentierung der Parallelvorschrift in § 18 Abs. 1 Satz 5 eWpG (zu Kryptowertpapierregistern) verwiesen, deren Ausführungen auch für die zentralen Wertpapierregister Geltung beanspruchen (siehe unten *Ostermeier*, § 18 Rz. 13 ff.).

VI. Zustimmung des Emittenten (§ 14 Abs. 2 eWpG)

66 Die Änderungen der Angaben nach § 13 Abs. 1 Nr. 1–5 und 7 sowie die Löschung einer Eintragung und ihrer niedergelegten Emissionsbedingungen bedürfen, soweit gesetzlich nichts anderes bestimmt, der **Zustimmung des Emittenten**. Fehlt diese Zustimmung, darf die registerführende Stelle eine dahingehende Weisung nicht ausführen. Hat die registerführende Stelle eine Änderung ohne die Zustimmung des Emittenten vorgenommen, muss sie die Änderung gemäß § 14 Abs. 5 Satz 1 eWpG unverzüglich rückgängig machen (siehe unten Rz. 93 ff.).

67 Das Zustimmungserfordernis des Emittenten stellt das Gegenstück zum in § 14 Abs. 1 Satz 1 eWpG enthaltenen Grundsatz dar, gemäß dem Registeränderungen nur nach Weisung

---

51) S. Begr. RefE Gesetz zur Einführung von eWp, S. 61, abrufbar unter https://bundesfinanzministerium.de/Content/DE/Gesetzestexte/Gesetze_Gesetzesvorhaben/Abteilungen/Abteilung_VII/19_Legislaturperiode/2021-06-09-einfuehrung-elektronische-wertpapiere/1-Referentenentwurf.pdf?__blob=publicationFile&v=2 (Abrufdatum: 22.2.2023) – zur Differenzierung zwischen Eingangs- und Vollzugszeitpunkt.

des Inhabers erfolgen. Durch die Verfahrensregelung des § 14 Abs. 2 eWpG agiert die **registerführende Stelle** (auch) im **Interessens- und Pflichtenkreis des Emittenten**[52] als dem Schuldner des dem Zentralregisterwertpapier innewohnenden Rechts.

Der Emittent kann seine Zustimmung zu einem Zeitpunkt erklären, in dem die register- **68** führende Stelle die gegenständliche Weisung bereits erhalten hat. Es spricht aber auch nichts dagegen, dass die **Zustimmung** durch den Emittenten bereits **vor dem Zugang der Weisung** bei der registerführenden Stelle erklärt werden kann.[53]

Zustimmungsbedürftig sind zunächst **alle Änderungen der Registerangaben nach § 13** **69** **Abs. 1 Nr. 1–5 und 7 eWpG.** Dazu zählen z. B. die Angaben über den wesentlichen Inhalt des Rechts (§ 13 Abs. 1 Nr. 1 eWpG), das Emissionsvolumen (§ 13 Abs. 1 Nr. 2 eWpG) oder den Nennbetrag (§ 13 Abs. 1 Nr. 3 eWpG).

Ebenfalls **zustimmungsbedürftig** ist die **Löschung einer Eintragung und ihrer niedergelegten** **70** **legten Emissionsbedingungen.** Auch wenn der Wortlaut des § 14 Abs. 2 eWpG ("Löschung einer **Eintragung** und ihrer niedergelegten Emissionsbedingungen")[54] von der Formulierung in § 14 Abs. 1 Satz 1 eWpG ("Löschung des **Wertpapiers** und seiner niedergelegten Emissionsbedingungen")[55] abweicht, sind damit keine Unterschiede im Anwendungsbereich verbunden.

Nicht zustimmungsbedürftig sind der **Inhaberwechsel** im Wege der Umtragung nach § 4 **71** Abs. 8 eWpG, Änderungen der Eintragungen über **relative Verfügungsbeschränkungen** **und Rechte Dritter** (§ 13 Abs. 2 Satz 1 Nr. 1 und 2 eWpG) sowie Änderungen bezüglich **sonstiger Verfügungsbeschränkungen** oder im Hinblick auf die **Geschäftsfähigkeit des** **Inhabers** (§ 13 Abs. 2 Satz 3 eWpG).

Die Beteiligung des Emittenten erschöpft sich im dargestellten Zustimmungsvorbehalt und **72** begründet **kein eigenes Weisungsrecht des Emittenten**, welches diesen z. B. zur Änderung des Registers aus eigener Initiative berechtigen würde. Insoweit bleibt es beim abschließend in § 14 Abs. 1 Satz 1 und Satz 3 eWpG aufgezählten Kreis der Weisungsberechtigten. Dies gilt auch dann, wenn bereits alle Verpflichtungen aus dem Zentralregisterwertpapier erfüllt worden sind. Auch in diesem Fall kann der Emittent die Löschung von Eintragung und Emissionsbedingungen nicht auf Grundlage des § 14 Abs. 2 eWpG verlangen. Dies ist erst dann möglich, wenn das Zentralregisterwertpapier nach der letzten Zahlung des Emittenten Zug-um-Zug auf diesen umgetragen wurde (vgl. § 29 Abs. 1 eWpG).[56] Durch die Eintragung wird der Emittent sodann Inhaber und seine Weisung ist dann folglich Inhaberweisung nach § 14 Abs. 1 Satz 1 Nr. 1 eWpG, welche zugleich die Zustimmung nach § 14 Abs. 2 eWpG in sich trägt.

VII. Prioritätsprinzip und Zeitstempel der Registeränderung (§ 14 Abs. 3 eWpG)

Die Regelungen des § 14 Abs. 3 eWpG etablieren das **Prioritätsprinzip** als strukturellen **73** Grundsatz für die Führung eines zentralen Wertpapierregisters. Danach ist der Eingangszeitpunkt einer Weisung bei der registerführenden Stelle maßgeblich dafür, welche von mehreren Weisungen zuerst ausgeführt wird (§ 14 Abs. 3 Satz 1 eWpG). Damit liegt – insbesondere für Fälle sich widersprechender Weisungen – eine eindeutige und sachgerechte

---

52) Begr. RegE Gesetz zur Einführung von eWp, BT-Drucks. 19/26925, S. 59.

53) S. dazu auch Müller/Pieper-*Pieper*, eWpG, § 14 Rz. 29, wonach die Zustimmung regelmäßig vorher erklärt werden wird.

54) Hervorhebung durch den Verf.

55) Hervorhebung durch den Verf.

56) Begr. RegE Gesetz zur Einführung von eWp, BT-Drucks. 19/26925, S. 59.

Verfahrensregelung vor, die festlegt, in welcher **Reihenfolge die registerführende Stelle Weisungen zur Änderung des zentralen Wertpapierregisters zu vollziehen hat.**[57]

74   Dabei wird zunächst an der Regelung des **§ 14 Abs. 1 Satz 4 eWpG** angeknüpft, wonach der **Zugangszeitpunkt einer Weisung** bei der registerführenden Stelle mittels eines **Zeitstempels** zu dokumentieren ist. Aufgrund des Prioritätsprinzips entscheidet dieser Zeitstempel darüber, welche von mehreren Weisungen als erste ausgeführt wird. Kommt es sodann zur Änderung des Registerinhaltes, so ist nach **§ 14 Abs. 3 Satz 2 eWpG** die Registeränderung ebenfalls mit einem **Zeitstempel** zu versehen, aus dem der **Zeitpunkt der Vornahme der Registeränderung hervorgeht.**

75   Die Zeitstempel i. S. des § 14 Abs. 1 Satz 4 und i. S. des Abs. 3 Satz 2 eWpG unterscheiden sich: Ersterer bezieht sich auf den Zugangszeitpunkt einer Weisung bei der registerführenden Stelle (siehe oben Rz. 62 ff.), letzterer auf den Zeitpunkt der Ausführung der Weisung (**Eingangs- und Vollzugszeitpunkt**).[58] Der Zeitstempel der Registeränderung, nicht aber der Zeitstempel der Weisung, muss im Register für die Teilnehmer ersichtlich sein.[59]

76   **Praktisch bedeutsam** wird das Prioritätsprinzip in der Regel für die Änderungen des Inhabers sein, also für **Umtragungen** i. S. des § 4 Abs. 8 eWpG.[60] Aber auch im Falle der Bestellung von **Rechten Dritter** (z. B. eines Pfandrechts) kann es entscheidend sein, welche Weisung zuerst vollzogen wird, da davon der Rang von Pfandrechten abhängt. Da das zentrale Wertpapierregister in Fällen der Sammeleintragung in der Regel statisch ist – d. h. der eingetragene Verwahrer oder die eingetragene Wertpapiersammelbank bleiben bis zum Erlöschen des Wertpapiers als Inhaber eingetragen[61] –, ist zu erwarten, dass das Prioritätsprinzip eher in Fällen der **Einzeleintragung** zur Anwendung gelangen wird.

77   Der **Anwendungsbereich** von § 14 Abs. 3 eWpG ist enger als von Absatz 1 Satz 1: Absatz 3 erfasst seinem Wortlaut nach lediglich „Änderungen des Registerinhalts", während sich Absatz 1 Satz 1 auch auf die „Löschung des Wertpapiers und seiner niedergelegten Emissionsbedingungen" bezieht. Der engere Zuschnitt wirft jedoch keine praktischen Probleme auf, denn Registeränderungen betreffend die Löschung eines Zentralregisterwertpapiers werden zwanglos von Absatz 3 umfasst. Die Löschung des Wertpapiers stellt sich insofern als Spezialfall der Änderung der Registerangaben dar.[62] Für Weisungen zur Löschung niedergelegter Emissionsbedingungen erscheint weder die Frage der Priorität besonders dringlich noch ist ein Zeitstempel erforderlich. Dies folgt daraus, dass die Emissionsbedingungen nicht Teil des zentralen Wertpapierregisters sind, weshalb es eines – die Löschung aus dem zentralen Wertpapierregister dokumentierenden – Zeitstempels nicht bedarf.

---

57) Begr. RegE Gesetz zur Einführung von eWp, BT-Drucks. 19/26925, S. 59.

58) Begr. RefE Gesetz zur Einführung von eWp, S. 61, abrufbar unter https://bundesfinanzministerium.de/Content/DE/Gesetzestexte/Gesetze_Gesetzesvorhaben/Abteilungen/Abteilung_VII/19_Legislaturperiode/2021-06-09-einfuehrung-elektronische-wertpapiere/1-Referentenentwurf.pdf?_blob=publicationFile&v=2 (Abrufdatum: 22.2.2023).

59) S. Begr. RegE Gesetz zur Einführung von eWp, BT-Drucks. 19/26925, S. 59, wonach darüber hinaus im Verordnungswege geregelt werden kann, ob die registerführende Stelle Eingang und Vollzug der Weisung gegenüber der anweisenden Person oder Stelle bestätigen muss.

60) S. Beschlussempfehlung und Bericht d. FA z. Gesetz zur Einführung von eWp, BT-Drucks. 19/29372, S. 55 – zur Einfügung des Beispiels „insbesondere hinsichtlich des Inhabers" in § 14 Abs. 3 Satz 1 eWpG.

61) *Sickinger/Thelen*, Anleihen und Genussscheine auf der Blockchain, AG 2020, 862, 864 („Register selbst bildet Transaktionsgeschichte nicht ab"); *Lehmann*, NJW 2021, 2318, 2321 („Eintragung im zentralen Register […] funktionslos"). S. a. oben *Alfes*, § 12 Rz. 89.

62) Vgl. Begr. RegE Gesetz zur Einführung von eWp, BT-Drucks. 19/26925, S. 59.

VIII. Eindeutigkeit, Ausführungsdauer und Gültigkeit von Umtragungen (§ 14 Abs. 4 eWpG)

1. Eindeutigkeit

Die registerführende Stelle muss sicherstellen, dass Umtragungen eindeutig sind. Unter Eindeutigkeit ist laut Regierungsbegründung die „eindeutige Zuordnung des Wertpapiers" zu verstehen.[63] Danach muss ein **Zentralregisterwertpapier zu jedem Zeitpunkt** – insbesondere auch nach jeder i. R. der Umtragung erfolgten Änderung des zentralen Wertpapierregisters – **einem bestimmten Inhaber zugeordnet sein**. Daraus folgt z. B., dass das zentrale Wertpapierregister bei einer Umtragung i. S. von § 4 Abs. 8 eWpG als der Ersetzung des bisherigen Inhabers durch einen neuen Inhaber zu keinem Zeitpunkt zugleich den bisherigen als auch den neuen Inhaber als Inhaber ausweisen darf. Es ist also zunächst der bisherige Inhaber zu löschen, bevor der neue Inhaber eingetragen wird.

Dieses Prinzip gilt insbesondere auch für diejenigen Fälle der Einzeleintragung, in denen die Bezeichnung des Inhabers gemäß § 13 Abs. 2 Satz 2 eWpG durch **Zuordnung einer eindeutigen Kennung** erfolgt (siehe dazu oben *Alfes*, § 13 Rz. 45 ff.). Hier müssen die verwendeten Kennungen unterscheidbar sein, dürfen also nicht mehrfach vergeben werden, und es muss sich stets aufgrund der Kennung die Identität des Inhabers nachvollziehen lassen.

Die Sicherstellung der Eindeutigkeit von Umtragungen sollte für die registerführende Stelle unproblematisch zu erreichen sein und stellt im Vergleich zu papiernen Wertpapieren keine grundsätzlich neuartige Anforderung dar. Über den gesetzlich ausdrücklich erwähnten Fall der Umtragung hinaus, sollte das **Erfordernis der Eindeutigkeit** – i. S. von Bestimmtheit und Deutlichkeit – sowohl für **Eintragungen** i. S. von § 4 Abs. 4 eWpG als auch für **alle sonstigen Angaben im Zentralregisterwertpapier** (z. B. für die Angaben über den wesentlichen Inhalt des Rechts aus dem Zentralregisterwertpapier gemäß § 13 Abs. 1 Nr. 1 eWpG) eine Selbstverständlichkeit darstellen.

2. Ausführungsdauer

Die registerführende Stelle muss sicherstellen, dass Weisungen, die auf eine **Umtragung** i. S. von § 4 Abs. 8 eWpG gerichtet sind, **innerhalb einer angemessenen Zeit ausgeführt werden**. Der angemessene Zeitraum bezieht sich damit auf die Zeit zwischen dem Eingang der Weisung eines Weisungsberechtigten gemäß § 14 Abs. 1 eWpG (ggf. einschließlich der Versicherung über das Vorliegen der Zustimmung der durch Verfügungsbeschränkungen begünstigten Personen gemäß § 14 Abs. 1 Satz 2 eWpG)[64] und dem Vollzug der Weisung durch die registerführende Stelle im Wege der Änderung der Angaben im zentralen Wertpapierregister.

Weder der Gesetzeswortlaut noch die Regierungsbegründung geben Hinweise darauf, wann von einem angemessenen Zeitraum auszugehen ist. Auch nach der auf § 15 Abs. 1 Satz 1 Nr. 11 eWpG beruhenden Regelung des § 12 Abs. 1 Satz 1 eWpRV ist die registerführende Stelle **lediglich dazu verpflichtet, einen angemessenen Zeitraum festzulegen**, innerhalb dessen Weisungen vollzogen werden. Die Begründung zum RefE eWpRV führt diesbezüglich aus, dass insoweit die „Marktentwicklung abgewartet" werden solle.[65]

78

79

80

81

82

---

63) Begr. RegE Gesetz zur Einführung von eWp, BT-Drucks. 19/26925, S. 59.
64) Die Zustimmung des Emittenten ist in Fällen der Umtragung i. S. von § 4 Abs. 8 eWpG niemals erforderlich, da der Inhaberwechsel als Änderung der Angabe nach § 13 Abs. 1 Nr. 6 eWpG vom Zustimmungserfordernis ausgenommen ist (vgl. Abs. 2: „Änderungen der Angaben nach § 13 Absatz 1 Nummer 1 bis 5 und 7").
65) Begr. RefE eWpRV (1. Konsultation), v. 6.8.2021, S. 20, abrufbar unter https://www.bmj.de/Shared Docs/Gesetzgebungsverfahren/DE/Wertpapierregister.html (Abrufdatum: 22.2.2023).

83   Die registerführende Stelle hat damit einen **weiten Gestaltungsspielraum** bei der Festlegung des angemessenen Zeitraums. Möglich sind generelle Zeitfenster, in denen Weisungen übermittelt werden können (Öffnungszeiten bzw. Geschäftstage) sowie Zeitpunkte, ab denen eine Weisung erst im nächsten Zyklus (Batch) bzw. am nächsten Geschäftstag ausgeführt wird (Cut-off-Zeiten), oder auch Maximalzeiten, innerhalb derer eine Weisung jedenfalls ausgeführt werden wird.

84   Diese **Angaben zum Ausführungszeitraum** sind den Teilnehmern des zentralen Wertpapierregisters **in elektronisch lesbarer Form mitzuteilen** und jederzeit abrufbar im **Internet zur Verfügung zu stellen** (§ 12 Abs. 1 Satz 2 eWpRV), da für diese ein nachvollziehbares Interesse daran besteht, die voraussichtliche bzw. maximale Dauer einer Umtragung zu kennen.[66] Änderungen dieser Festlegungen sind fortlaufend nummeriert und zeitlich protokolliert zu dokumentieren und den Teilnehmern zur Verfügung zu stellen (§ 12 Abs. 1 Satz 3 eWpRV).

85   Auch wenn sich die Verpflichtung der registerführenden Stelle nach dem Wortlaut von § 14 Abs. 4 eWpG lediglich auf Weisungen bezieht, die auf eine Umtragung i. S. von § 4 Abs. 8 eWpG gerichtet sind, ist zu erwarten, dass registerführende Stellen auch für die Änderungen **anderer Registerangaben Ausführungszeiträume festlegen.**

3.   Gültigkeit

86   Die registerführende Stelle muss sicherstellen, dass **Transaktionen nicht wieder ungültig** werden können.

87   Anders als bei den Anforderungen der Eindeutigkeit und der angemessenen Ausführungsdauer bezieht sich die Gültigkeit dem Wortlaut nach nicht auf Umtragungen, sondern auf den **Begriff der „Transaktion".** Dieser Begriff ist im eWpG nicht definiert. Aus der Begründung der auf § 15 Abs. 1 Satz 1 Nr. 11 eWpG beruhenden Regelung des § 12 Abs. 1 Satz 2 eWpRV lässt sich aber entnehmen, dass mit Transaktionen Eintragungen i. S. von § 4 Abs. 4 eWpG sowie Umtragungen i. S. von § 4 Abs. 8 eWpG gemeint sind.[67]

88   Instruktiv erläutert § 12 Abs. 1 Satz 1 eWpRV, auf welche Weise eine registerführende Stelle sicherstellen kann, dass Transaktionen nicht wieder ungültig werden können. Hierzu teilt die registerführende Stelle den Teilnehmern in elektronisch lesbarer Form den **angemessenen geltenden Zeitraum für Umtragungen und die Anforderungen an die Gültigkeit** der Umtragungen nach § 14 Abs. 4 eWpG mit. Im Umkehrschluss folgt hieraus, dass eine Transaktion bei Vorliegen der mitgeteilten Anforderungen nicht wieder ungültig werden kann. Bis zum Vorliegen der Anforderungen sind die Ein- bzw. Umtragung und die damit in Zusammenhang stehenden Rechtsgeschäfte schwebend wirksam.[68]

89   Unter „ungültig werden" ist also **nicht die Rückgängigmachung** nach § 14 Abs. 5 Satz 1 eWpG in Fällen fehlender Weisung nach Absatz 1 bzw. fehlender Emittentenzustimmung nach Absatz 2 zu verstehen. Die registerführende Stelle muss auch nicht sicherstellen, dass keine materiell-rechtlichen Ansprüche auf Rückübertragung (z. B. aus § 812 BGB) oder aufgrund insolvenzrechtlicher Anfechtung gemäß §§ 129 ff. InsO bestehen und der neue

---

66)   Begr. RefE eWpRV (1. Konsultation), v. 6.8.2021, S. 20, abrufbar unter https://www.bmj.de/Shared Docs/Gesetzgebungsverfahren/DE/Wertpapierregister.html (Abrufdatum: 22.2.2023).

67)   Begr. RefE eWpRV (1. Konsultation), v. 6.8.2021, S. 21, abrufbar unter https://www.bmj.de/Shared Docs/Gesetzgebungsverfahren/DE/Wertpapierregister.html (Abrufdatum: 22.2.2023).

68)   Auch wenn für Registeränderungen in Form der Ein- und Umtragung am ehesten das Bedürfnis besteht, die Voraussetzungen für deren Gültigkeit festzuschreiben, gilt dies dem Grunde nach ebenfalls für alle sonstigen Änderungen im Zentralregisterwertpapier (z. B. für die Angaben über den wesentlichen Inhalt des Rechts aus dem Zentralregisterwertpapier gemäß § 13 Abs. 1 Nr. 1 eWpG). Daher ist zu erwarten, dass die registerführenden Stellen auch insoweit Regelungen treffen werden.

Inhaber aus diesem Grunde seine Inhaberstellung zugunsten des bisherigen Inhabers verlieren könnte. Gemeint ist vielmehr, dass eine Eintragung oder Umtragung, selbst wenn alle gesetzlichen Verfahrensregelungen eingehalten wurden, **nicht aufgrund der dem Register zugrunde liegenden technischen Architektur wieder ungültig werden kann**, sofern die gemäß § 12 Abs. 1 Satz 1 eWpRV von der registerführenden Stelle **zusätzlich festgelegten Anforderungen** vorliegen.

Beispielsweise könnte die Gültigkeit einer Umtragung „an eine bestimmte Anzahl bestätigter nachfolgender Einträge (etwa bei einer Blockchain eine bestimmte Anzahl bestätigter „Blöcke") geknüpft werden".[69] Das gewählte Beispiel zeigt, dass der Gesetzgeber bei der Gefahr des „wieder-ungültig-Werdens" zuvörderst an **Kryptowertpapierregister und die Distributed-Ledger-Technologie** (DLT) gedacht hat, bei der gerade kein zentrales Register (i. S. einer „golden copy") vorliegt, sondern eine Mehrheit von dezentralen Registern, bei denen ein zeitweises inhaltliches Abweichen, gefolgt von einer späteren Konsolidierung einschließlich dem Ungültigwerden eines Teiles der dezentralen Register(-Eintragungen) regulärer Bestandteil der ordnungsgemäßen Funktionsweise ist. Hinsichtlich der Einzelheiten sei insofern auf die Kommentierung der Parallelvorschrift in § 18 Abs. 4 eWpG (zu Kryptowertpapierregistern) verwiesen (siehe unten *Ostermeier*, § 18 Rz. 59 ff.).

90

Für zentrale Wertpapierregister sollte der Zeitpunkt, zu dem Transaktionen nicht wieder ungültig werden können, in der Regel mit der Änderung des zentralen Wertpapierregisters zusammenfallen. Insofern bleibt abzuwarten, ob die registerführenden Stellen zentraler Wertpapierregister von dem ihnen eingeräumten Gestaltungsspielraum ggf. fakultativ Gebrauch machen bzw. ob neuartige technische Ausgestaltungen dies – auch im Fall von zentralen Wertpapierregistern – zukünftig ggf. sogar erforderlich machen könnten. Bislang spricht (noch) einiges dafür, dass ein Regelungsbedürfnis für das „wieder-ungültig-Werden" bei zentralen Wertpapierregistern nicht besteht, und dass bei der erst im Regierungsentwurf erfolgten Einführung der Einzeleintragung auch für Zentralregisterwertpapiere die auf Kryptowertpapierregister zugeschnittene Regelung des § 18 Abs. 4 RefE eWpG lediglich übernommen wurde, obwohl eine solche Regelung für Zentralregisterwertpapiere in der Sache eigentlich nicht erforderlich gewesen wäre.

91

Die Begründung zum Referentenentwurf verwendet den Begriff der „Finalität der Transaktionen".[70] Auch wenn sich diese Begrifflichkeit in der Regierungsbegründung nicht mehr findet, ist klarstellend anzumerken, dass es sich hierbei **weder um Finalität i. S. des Art. 3 Abs. 1 Satz 1 noch i. S. des Art. 5 Finalitätsrichtlinie**[71] handelt. Nach Art. 3 Abs. 1 Satz 1 Finalitätsrichtlinie (sog. Settlement Finality I) sind Übertragungsaufträge im Fall eines gegen einen Teilnehmer gerichteten Insolvenzverfahrens Dritten gegenüber wirksam („final"), wenn die Übertragungsaufträge vor dem Zeitpunkt der Eröffnung des Insolvenzverfahrens in das System der Wertpapiersammelbank eingebracht wurden. Sodann ist Finalität i. S. des Art. 5 Finalitätsrichtlinie erreicht, wenn Übertragungsaufträge nach den Regeln der Wertpapiersammelbank weder von einem Teilnehmer noch von einem Dritten widerrufen werden können (sog. Settlement Finality II). Die Regelungen der Finalitätsrichtlinie betreffen mit

92

---

69) Begr. RefE eWpRV (1. Konsultation), v. 6.8.2021, S. 21, abrufbar unter https://www.bmj.de/Shared Docs/Gesetzgebungsverfahren/DE/Wertpapierregister.html (Abrufdatum: 22.2.2023).

70) Begr. RefE Gesetz zur Einführung von eWp, S. 61, abrufbar unter https://bundesfinanzministerium.de/ Content/DE/Gesetzestexte/Gesetze_Gesetzesvorhaben/Abteilungen/Abteilung_VII/19_Legislaturperiode/2021-06-09-einfuehrung-elektronische-wertpapiere/1-Referentenentwurf.pdf?__blob=publicationFile&v=2 (Abrufdatum: 22.2.2023) – zur Begründung der Parallelvorschrift des § 18 Abs. 4 eWpG.

71) Richtlinie 98/26/EU des Europäischen Parlaments und des Rates v. 19.5.1998 über die Wirksamkeit von Abrechnungen in Zahlungs- sowie Wertpapierliefer- und -abrechnungssystemen (Finalitätsrichtlinie), ABl. (EG) L 166/45 v. 11.6.1998.

der **Insolvenzfestigkeit einer Übertragungsinstruktion**[72] bzw. mit der Möglichkeit des **Widerrufs von Übertragungsinstruktionen** andere Fallgestaltungen oder Regelungskomplexe, als sie dem hier kommentierten § 14 Abs. 4 eWpG zugrunde liegen.[73]

IX. Pflicht zur Rückgängigmachung (§ 14 Abs. 5 Satz 1 eWpG)

93 Hat die registerführende Stelle eine Änderung des Registerinhalts ohne die Weisung eines nach § 14 Abs. 1 eWpG Berechtigten oder ohne eine nach § 14 Abs. 2 eWpG erforderliche Zustimmung des Emittenten vorgenommen, muss die registerführende Stelle die Änderung unverzüglich rückgängig machen. Die Regelung dient damit dem **Zweck der zutreffenden Abbildung der Rechtslage** (vgl. § 7 Abs. 2 Satz 1 eWpG).[74] Hintergrund einer Änderung des Registerinhalts ohne die erforderliche Weisung können z. B. Fehler in der Datenverarbeitung oder der Dateneingabe sein.[75]

94 Anders als in § 14 Abs. 4 eWpG erfasst Absatz 5 Satz 1 nicht nur Umtragungen, sondern **alle Arten von Änderungen des Registerinhaltes**. Darüber hinaus unterscheiden sich das Ungültigwerden nach § 14 Abs. 4 eWpG und das Rückgängigmachen nach Absatz 5 Satz 1 in ihren tatbestandlichen Voraussetzungen: Während das **Ungültigwerden** nach Absatz 4 eintreten kann, solange die von der registerführenden Stelle festgelegten Voraussetzungen für die schlussendliche Gültigkeit noch nicht eingetreten sind, sind Registeränderungen nach § 14 Abs. 5 Satz 1 eWpG darüber hinaus stets **rückgängig** zu machen, wenn die Weisung eines nach Absatz 1 Berechtigten oder die Zustimmung des Emittenten nach § 14 Abs. 2 eWpG fehlt.

95 **Fehlt eine Weisung nach § 14 Abs. 1 eWpG**, d. h. eine erforderliche Weisung des Inhabers (§ 14 Abs. 1 Satz 1 Nr. 1 eWpG), der berechtigten Person oder Stelle (§ 14 Abs. 1 Satz 1 Nr. 2 eWpG) oder des Inhabers eines eingetragenen Rechts am Zentralregisterwertpapier (§ 14 Abs. 1 Satz 3 eWpG), löst dies die Pflicht der registerführenden Stelle zur Rückgängigmachung aus. Fehlt hingegen die Versicherung des Inhabers betreffend die Zustimmung der durch eine Verfügungsbeschränkung begünstigten Person (§ 14 Abs. 1 Satz 2 eWpG) oder wurde deren Zustimmung vom Inhaber wahrheitswidrig versichert, gelangt § 14 Abs. 5 Satz 1 eWpG nicht zur Anwendung. Dessen Wortlaut stellt nur auf fehlende „Weisungen" und „Zustimmungen" ab, nicht aber auf eine fehlende „Versicherung", die nach Absatz 1 Satz 3 zudem nicht Teil der Inhaberweisung ist, sondern eine separate Erklärung darstellt („[...] hat der Inhaber **über seine Weisung hinaus** der registerführenden Stelle zu versichern [...]")[76].

96 Fehlt eine erforderliche Weisung oder Zustimmung, sind Änderungen **unverzüglich**, d. h. **ohne schuldhaftes Zögern**, rückgängig zu machen.[77]

97 **Fehlen Weisung oder Zustimmung zwar im Zeitpunkt der Registeränderung**, werden diese aber gegenüber der registerführenden Stelle noch vor Vornahme der Registerkorrektur **nachgeholt**, besteht mit Blick auf die Zielsetzung der Vorschrift („zutreffende Abbildung der Rechtslage") keine Notwendigkeit mehr für eine Registerkorrektur.

---

72) Vgl. dazu auch die Umsetzung in § 116 Satz 3 InsO.

73) Während die Finalitätsrichtlinie Sachverhalte rund um die Insolvenz des Weisungsgebers behandelt, betrifft die Regelung des § 14 Abs. 4 eWpG die Frage, ob Eintragungen und die daran angeknüpften dinglichen Rechtswirkungen ihre Gültigkeit behalten, also die Frage der – nicht in der Finalitätsrichtlinie geregelten – „Settlement Finality III" (zu den Finalitätsbegriffen s. *Alfes* in: Siekmann, The European Monetary Union, § 22 ESCB Statute, Rz. 156 ff.).

74) Begr. RegE Gesetz zur Einführung von eWp, BT-Drucks. 19/26925, S. 59.

75) Müller/Pieper-*Pieper*, eWpG, § 14 Rz. 39.

76) Hervorhebung durch den Verf.

77) Begr. RegE Gesetz zur Einführung von eWp, BT-Drucks. 19/26925, S. 59.

Die Regierungsbegründung weist darauf hin, dass **Art und Weise der Korrektur von Re-** 98
gisterangaben auf Grundlage des § 15 Abs. 1 Satz 1 Nr. 6 eWpG durch Rechtsverordnung
näher geregelt werden sollen.[78] Anders als die Parallelregelung des § 23 Abs. 1 Nr. 5 eWpG
enthält § 15 Abs. 1 Nr. 6 eWpG dabei nicht den Zusatz, dass über „die Regelungen zur Rückgängigmachung von Eintragungen" durch Rechtsverordnung nähere Bestimmungen getroffen werden können. Konsequent gilt § 15 eWpRV über die „Rückgängigmachung von
Änderungen des Registerinhalts" lediglich für Kryptowertpapierregister und kann aufgrund
fehlender Verordnungsermächtigung auch nicht entsprechend auf zentrale Wertpapierregister angewendet werden.

Hinsichtlich der **Wirkung einer Rückgängigmachung** von Änderungen des Registerinhalts 99
ist zu unterscheiden: Setzen Verfügungen wie in den Fällen der Einzeleintragung eine Ein-
oder Umtragung im zentralen Wertpapierregister voraus (vgl. § 24 eWpG), ist aber **mate-**
riell-rechtlich eine Weisung z. B. des Inhabers oder die Zustimmung des Emittenten
nicht erforderlich, sondern ggf. nur deren Einigung über die konkrete Rechtsänderung
(z. B. Einigung über die Herabsetzung des Emissionsvolumens), dann muss durch das Rückgängigmachen der Registeränderung auch die Rechtsänderung – mangels Eintragung –
wieder entfallen, wenn Ziel der Rückgängigmachung die zutreffende Abbildung der Rechtslage sein soll.

Ist hingegen in Fällen der Einzeleintragung die **Weisung** des mit dem Eingetragenen iden- 100
tischen Berechtigten nach § 25 Abs. 1 Satz 1 eWpG **für die Übereignung erforderlich**,
dann fehlt es ohne eine entsprechende Weisung bereits an einer Voraussetzung für den wirksamen Eigentumsübergang. Hat der Eigentumsübergang daher noch nicht stattgefunden,
bewirkt die Rückgängigmachung der Eintragung lediglich das Zusammenführen von Eigentum, Berechtigung und Inhaberschaft, ändert darüber hinaus aber nicht die dingliche Rechtslage.

Soll bei einer **Sammeleintragung** die Umtragung zwischen Verwahrern erfolgen, ohne dass 101
dadurch Eigentum an Zentralregisterwertpapieren oder die Inhaberschaft von Rechten aus
Zentralregisterwertpapieren übertragen werden, ist mit einer Umtragung keine dingliche
Wirkung verbunden. Wird eine solche Umtragung sodann – z. B. wegen einer fehlenden
Weisung eines nach § 14 Abs. 1 eWpG Weisungsberechtigten – rückgängig gemacht, bewirkt
dieses Rückgängigmachen lediglich die Verschaffung der Stellung als eingetragener Inhaber
zugunsten des bisher eingetragenen Verwahrers, hat aber darüber hinaus keine dingliche
Wirkung.

X. Datenschutzgrundverordnung (§ 14 Abs. 5 Satz 2 eWpG)

Gemäß § 14 Abs. 5 Satz 2 eWpG bleiben die Rechte aus der **DSGVO**[79] auch im Anwen- 102
dungsbereich des eWpG unberührt. Diese ausdrückliche und lediglich deklaratorische „Klarstellung"[80] wäre nicht zwingend erforderlich gewesen, da sich die Anwendbarkeit der
DSGVO bereits aus dem Grundsatz des **Vorranges des EU-Gemeinschaftsrechts** ergibt.[81]

Besondere Erwähnung in § 14 Abs. 5 Satz 2 eWpG findet das Recht auf Löschung nach 103
Art. 17 DSGVO (sog. „Recht auf Vergessenwerden"). Danach können betroffene Personen
vom Verantwortlichen **verlangen**, dass sie betreffende personenbezogene Daten unver-

---

78) Begr. RegE Gesetz zur Einführung von eWp, BT-Drucks. 19/26925, S. 59.
79) Verordnung (EU) 2016/679 des Europäischen Parlaments und des Rates v. 27.4.2016 zum Schutz
   natürlicher Personen bei der Verarbeitung personenbezogener Daten, zum freien Datenverkehr und zur
   Aufhebung der Richtlinie 95/46/EG (Datenschutz-Grundverordnung), ABl. (EU) L 119/1 v. 4.5.2016;
   L 314/72 v. 22.11.2016; L 127/2 v. 23.5.2018.
80) Begr. RegE Gesetz zur Einführung von eWp, BT-Drucks. 19/26925, S. 59.
81) Streinz-*Streinz*, EUV/AEUV, Art. 4 EUV Rz. 35 ff.

züglich gelöscht werden. Spiegelbildlich ist der Verantwortliche **verpflichtet,** diese personenbezogenen Daten antragsgemäß unverzüglich zu löschen. Der Löschungsanspruch bzw. die Löschungsverpflichtung besteht allerdings nur dann, wenn einer der in Art. 17 Abs. 1 lit. a–f DSGVO niedergelegten Löschungsgründe vorliegt. Dazu zählen z. B., dass personenbezogene Daten für die Zwecke, für die sie erhoben wurden, nicht mehr notwendig sind (Art. 17 Abs. 1 lit. a DSGVO) oder dass die betroffene Person ihre Einwilligung zur Datenverarbeitung widerruft und es sodann an einer anderweitigen Rechtsgrundlage für die Verarbeitung fehlt (Art. 17 Abs. 1 lit. b DSGVO).

104   In der Praxis ist bei der **betroffenen Person** i. S. von Art. 17 Abs. 1 DSGVO in erster Linie an den **in Einzeleintragung** eingetragenen **Inhaber eines Zentralregisterwertpapiers** zu denken, während die registerführende Stelle als der **Verantwortliche** i. S. des Art. 17 Abs. 1 DSGVO in Betracht kommt. Anders als bei Einzeleintragungen erfolgt bei Fällen der Sammeleintragung lediglich die Eintragung einer Wertpapiersammelbank (§ 4 Abs. 5 eWpG) oder eines Verwahrers (§ 4 Abs. 6 eWpG) in das **zentrale Wertpapierregister,** so dass insoweit keine personenbezogenen Daten der Inhaber der Ansprüche aus den Zentralregisterwertpapieren im zentralen Wertpapierregister enthalten sind.

105   Im Falle der Einzeleintragung lässt sich ein weitergehender Schutz personenbezogener Daten bereits dadurch erreichen, dass die Bezeichnung des Inhabers gemäß § 13 Abs. 2 Satz 2 eWpG durch **Zuordnung einer eindeutigen Kennung** erfolgt (siehe *Alfes,* § 13 Rz. 45 f.). Während die Nutzung einer eindeutigen Kennung für zentrale Wertpapierregister optional ausgestaltet ist, ist dies für Kryptowertpapierregister gemäß § 17 Abs. 2 Satz 2 sowie nach § 8 Abs. 2 Satz 3 eWpRV verpflichtend. Ein weiterer Unterschied zu **Kryptowertpapierregistern** besteht hinsichtlich der sog. „blockweisen Fortschreibung" aller Transaktionen. Diese „blockweise Fortschreibung" ist integraler Bestandteil des vertrauensbildenden Mechanismus von dezentralen Kryptowertpapierregistern[82)] und kann – sofern die Unveränderbarkeit fortgeschriebener Blöcke einer rückwirkenden Berichtigung oder Korrektur faktisch entgegensteht – ggf. eine „technische Unmöglichkeit" von Löschungen begründen.[83)] Für zentrale Wertpapierregister stellt sich dieses Problem nicht, da diese in der Regel nicht auf einer „blockweisen Fortschreibung" beruhen.

106   Die **Löschung nach § 4 Abs. 9 eWpG** beschränkt sich auf die Kenntlichmachung eines eingetragenen elektronischen Wertpapiers und seiner niedergelegten Emissionsbedingungen als gegenstandslos. Es handelt sich dabei nicht um eine rückstandslose Löschung, die eine bislang bestehende Eintragung unkenntlich macht, sondern lediglich um eine Kennzeichnung als gegenstandslos, vergleichbar der aus dem Grundbuch bekannten Rötung (siehe oben Rz. 14). Die Löschung gemäß § 4 Abs. 9 eWpG stellt daher **keine Löschung i. S. des Art. 17 DSGVO** dar.

107   Art. 17 Abs. 3 DSGVO enthält einen **Katalog von Ausnahmetatbeständen,** bei deren Vorliegen ein Anspruch auf Löschung nicht besteht. Nach Art. 17 Abs. 3 lit. e DSGVO sind personenbezogene Daten nicht zu löschen, wenn sie zur **Geltendmachung, Ausübung oder Verteidigung von Rechtsansprüchen** dienen. Zu denken ist insoweit an Streitigkeiten über das Eigentum an bzw. über die Ansprüche aus Zentralregisterwertpapieren, zu deren Durchsetzung personenbezogene Daten, wie etwa der Name eines oder mehrerer vorheriger Inhaber, erforderlich sein können. Auch die Tatsache, dass ein bestimmter Inhaber

---

82) Begr. RegE Gesetz zur Einführung von eWp, BT-Drucks. 19/26925, S. 44, weist darauf hin, dass bei Kryptowertpapierregistern eine Löschung technisch nicht möglich sein kann.

83) Vgl. *Schrey/Thalhofer,* NJW 2017, 1431, 1435.

zu einem bestimmten Zeitpunkt eingetragen war, kann insoweit relevant und beweiserheblich sein.[84]

Wollte man den **Vergleich zum Grundbuch** anstellen, spricht viel dafür, dass auch im Fall 108 des zentralen Wertpapierregisters eine permanente und allumfassende Wiedergabe ebenfalls der i. S. des § 4 Abs. 9 eWpG als gegenstandslos gekennzeichneten Daten im öffentlichen Interesse einer ordnungsgemäßen Registerführung liegt, so dass der Ausnahmetatbestand des Art. 17 Abs. 3 lit. b DSGVO eingreift.[85]

Fristen für die Löschung von inhaberbezogenen personenbezogenen Daten können im **Ver-** 109 **ordnungswege** etabliert werden, um der „Konkretisierung datenschutzrechtlicher Interessenabwägungen" zu dienen.[86] Hierbei könnte z. B. festgeschrieben werden, dass lediglich eine bestimmte Anzahl vorheriger Inhaber aus dem zentralen Wertpapierregister ersichtlich sein müssen oder dass Inhaber von solchen Wertpapieren, deren Löschung einen bestimmten Mindestzeitraum zurückliegt, ebenfalls zu löschen sind.

Art. 23 DSGVO sieht darüber hinaus die Möglichkeit vor, dass **Mitgliedstaaten** die **Pflich-** 110 **ten und Rechte u. a. aus Art. 17 DSGVO** bei Vorliegen bestimmter Voraussetzungen **beschränken** können. Eine solche Beschränkung ließe sich gemäß Art. 23 Abs. 1 lit. j DSGVO auf die Durchsetzung zivilrechtlicher Ansprüche stützen. Eine Beschränkung des Anspruches auf Löschung liegt zudem auch in der Anordnung von Aufbewahrungsfristen,[87] wie sie sich z. B. aus § 10 Abs. 7 eWpRV oder § 11 Abs. 2 Satz 2 eWpRV, aus § 238 HGB über die Buchführungspflicht von Kaufleuten, aus § 257 HGB über die Aufbewahrung von Unterlagen sowie aus AT 6 MaRisk[88] („Dokumentation") ergeben können. Weitere Einschränkungen des Rechts auf Löschung sind zudem unter den Voraussetzungen des § 35 BDSG möglich.[89]

Auch die **nicht im zentralen Wertpapierregister enthaltenen Daten** unterliegen uneinge- 111 schränkt den Regelungen der DSGVO. Es kann sich dabei etwa um Daten handeln, die notwendigerweise oder aus bloßen Zweckmäßigkeitserwägungen von der registerführenden Stelle erhoben und gespeichert werden[90] wie z. B. Telefon- und Handynummern oder E-Mail-Adressen (siehe *Alfes*, § 13 Rz. 50). Insbesondere zählen dazu auch die Klarnamen der Inhaber von Zentralregisterwertpapieren, sofern von der Möglichkeit der Pseudonymisierung durch Zuordnung einer eindeutigen Kennung i. S. des § 13 Abs. 2 Satz 2 eWpG Gebrauch gemacht wurde.[91]

---

84) Zur Registereintragung als Beweis und der „nicht wünschenswerten" Löschung s. a. Begr. RegE Gesetz zur Einführung von eWp, BT-Drucks. 19/26925, S. 44. Instruktiv ist insoweit auch die Begr. RegE zur Regelung des § 7 Abs. 3 eWpG, die die grundlegenden Anforderungen an die Sicherheit der IT-Infrastruktur von zentralen Wertpapierregistern betrifft. Mit Blick auf die Beweisfunktion sollen Daten – außerhalb der gesetzlichen Löschungsvorschriften – nicht verloren gehen oder „der Beweisführung entzogen" werden, Begr. RegE Gesetz zur Einführung von eWp, BT-Drucks. 19/26925, S. 49.

85) So zum Verhältnis von Grundbuch und DSGVO *Wilsch* in: BeckOK-GBO, § 12d Rz. 20.

86) Begr. RegE Gesetz zur Einführung von eWp, BT-Drucks. 19/26925, S. 46, wonach § 15 Abs. 1 Satz 1 Nr. 9 eWpG über die Anforderungen an die Identifizierung des Weisungsberechtigten und das Authentifizierungsinstrument als Grundlage dienen soll.

87) *Gola*, DS-GVO, Art. 23 Rz. 40.

88) BaFin, Rundschreiben 10/2021 (BA) – Mindestanforderungen an das Risikomanagement (MaRisk), v. 16.8.2021, Stand: 4.5.2022, abrufbar unter https://www.bafin.de/SharedDocs/Veroeffentlichungen/DE/Rundschreiben/2021/rs_1021_MaRisk_BA.html (Abrufdatum: 22.2.2023).

89) *Gola*, DS-GVO, Art. 23 Rz. 37 ff.

90) Begr. RegE Gesetz zur Einführung von eWp, BT-Drucks. 19/26925, S. 52.

91) Begr. RegE Gesetz zur Einführung von eWp, BT-Drucks. 19/26925, S. 52.

XI. Ordnungswidrigkeiten (§ 31 Abs. 1 Nr. 11–13 eWpG)

112 Ordnungswidrig handelt:

– wer entgegen § 14 Abs. 1 oder Abs. 2 eWpG eine Änderung oder Löschung am zentralen Wertpapierregister vornimmt (§ 31 Abs. 1 Nr. 11);

– wer entgegen § 14 Abs. 4 eWpG i. V. m. einer Rechtsverordnung nach § 15 Abs. 1 Satz 1 Nr. 11 eWpG nicht sicherstellt, dass eine Umtragung oder Transaktion alle der dort genannten Anforderungen erfüllt (§ 31 Abs. 1 Nr. 12 eWpG); oder

– wer entgegen § 14 Abs. 5 Satz 1 eWpG eine Änderung nicht, nicht richtig, nicht vollständig oder nicht rechtzeitig rückgängig macht (§ 31 Abs. 1 Nr. 13 eWpG).

113 Die Ordnungswidrigkeit kann mit einem Bußgeld i. H. v. bis zu 100.000 € belegt werden (§ 31 Abs. 3 eWpG). Insofern sei auf die Kommentierung zu § 31 eWpG verwiesen.

§ 15
Verordnungsermächtigung in Bezug auf zentrale Register

(1) [1]Das Bundesministerium der Justiz und für Verbraucherschutz und das Bundesministerium der Finanzen können für zentrale Register durch gemeinsame Rechtsverordnung, die nicht der Zustimmung des Bundesrates bedarf, die näheren Bestimmungen treffen über

1. die technischen Anforderungen an die Niederlegung der Emissionsbedingungen nach § 5, einschließlich der Darstellung von Änderungen und des Datenzugangs, sowie die Bedingungen für die Beschränkung des Zugangs zu den Emissionsbedingungen nach § 5 Absatz 1 Satz 2,

2. das Verfahren zum Wechsel der Begebungsform oder der Auslieferung von Einzelurkunden nach § 6,

3. die Einrichtung und die Führung des Registers nach § 7, einschließlich der für die zentralen Register vorzusehenden Eintragungsarten nach § 8 Absatz 1,

4. die Vorgaben zur Datenspeicherung und zur Datendarstellung nach § 13,

5. die Anforderungen an die Gewährleistung des Einsichtsrechts gemäß § 10, den Kreis der Einsichtsberechtigten, einschließlich des Umfangs der Einsichtnahme und des jeweiligen Teilnehmerkreises für die zentralen Register, und die Gründe, die ein berechtigtes oder ein besonderes berechtigtes Einsichtsinteresse begründen, sowie die Regelungen zur Darlegung des Interesses und zum Verfahren der Einsichtnahme,

6. den zu erwartenden Sorgfaltsmaßstab für die Abbildung der Rechtslage nach § 7 Absatz 2,

7. die Anforderungen an die Vertraulichkeit, Integrität, Verfügbarkeit und Authentizität der Daten nach § 7 Absatz 3,

8. die Anforderungen an die Zurechnung zu einem Mischbestand nach § 9 Absatz 3,

9. die Anforderungen an die Identifizierung des Weisungsberechtigten und das Authentifizierungsinstrument nach § 14 Absatz 1,

10. die Verfahrensanforderung zur Übermittlung und zur Vollziehung von Weisungen nach § 14 Absatz 1 bis 4,

11. die Anforderungen an den angemessenen Zeitraum für Umtragungen und die Gültigkeit von Transaktionen nach § 14 Absatz 4 und

12. die Modalitäten der Anzeige der Einrichtung eines zentralen Registers gegenüber der Aufsichtsbehörde nach § 12 Absatz 4.

²Das Bundesamt für Sicherheit in der Informationstechnik ist anzuhören, soweit die Sicherheit informationstechnischer Systeme betroffen ist.

(2) Das Bundesministerium der Justiz und für Verbraucherschutz und das Bundesministerium der Finanzen können die Ermächtigung nach Absatz 1 durch gemeinsame Rechtsverordnung auf die Bundesanstalt für Finanzdienstleistungsaufsicht übertragen.

Literatur: *Siadat*, Verordnung über die Anforderungen an elektronische Wertpapierregister (eWpRV), RDi 2021, 466; *Siadat*, Zweiter Entwurf einer „Verordnung über die Anforderungen an elektronische Wertpapierregister", RDi 2022, 153.

Übersicht

I. Überblick[1]

§ 15 Abs. 1 eWpG enthält die **Ermächtigung** zugunsten des BMJV gemeinsam mit dem BMF, eine **Rechtsverordnung mit** näheren Bestimmungen zu den Themenkomplexen des § 15 Abs. 1 Satz 1 Nr. 1–12 eWpG zu erlassen (siehe unten Rz. 7 ff.). Diese Verordnung bedarf nicht der Zustimmung des Bundesrates (§ 15 Abs. 1 Satz 1 eWpG).   1

Soweit die Sicherheit informationstechnischer Systeme betroffen ist, ist das **Bundesamt für Sicherheit in der Informationstechnik** anzuhören (§ 15 Abs. 1 Satz 2 eWpG); siehe unten Rz. 10.   2

Die vorgenannten Ministerien können die **Verordnungsermächtigung** auch durch gemeinsame Rechtsverordnung **auf die BaFin übertragen** (§ 15 Abs. 2 eWpG); siehe unten Rz. 22.   3

II. Entwicklung der Vorschrift

Schon der **Referentenentwurf** enthielt die Verordnungsermächtigung zugunsten der vorgenannten Ministerien. Thematisch bezog sich diese allerdings nur auf die in § 15 Abs. 1 Satz 1 Nr. 1–8 eWpG genannten Themenkomplexe.   4

Erst im **Regierungsentwurf** wurden die Regelungsgegenstände der § 15 Abs. 1 Satz 1 Nr. 9–12 eWpG sowie die Anhörung des Bundesamts für Sicherheit in der Informationstechnik eingefügt. Auch die Möglichkeit zur Delegation der Verordnungsbefugnis auf die BaFin war erst im RegE enthalten.   5

Der **Finanzausschuss** nahm zudem drei konkretisierende Zusätze in den Katalog der Verordnungsgegenstände auf: In § 15 Abs. 1 Satz 1 Nr. 1 eWpG wurden die Beschränkungen des Zugangs zu den Emissionsbedingungen nach § 5 Abs. 1 Satz 2 eWpG[2] aufgenommen, in § 15 Abs. 1 Satz 1 Nr. 3 eWpG wurde die für zentrale Wertpapierregister vorzusehenden   6

---

1) Diese Kommentierung gibt die persönliche Meinung des Autors wieder und entspricht nicht notwendigerweise der Auffassung der Deutschen Bundesbank.

2) Beschlussempfehlung und Bericht d. FA z. Gesetz zur Einführung von eWp, BT-Drucks. 19/29372, S. 55.

Eintragungsarten nach § 8 eWpG ergänzt (Sammel- und Einzeleintragung)[3] und in § 15 Abs. 1 Satz 1 Nr. 5 eWpG der Umfang der Einsichtnahme und des Teilnehmerkreises der näheren Regelung durch Rechtsverordnung unterworfen.[4]

III. Verordnungsermächtigung (§ 15 Abs. 1 eWpG)

1. Allgemeines

7   Die Regelung des § 15 Abs. 1 Satz 1 eWpG ermöglicht dem **BMJV** zusammen mit dem **BMF** den **Erlass einer Rechtsverordnung,** um zu den in § 15 Abs. 1 Satz 1 Nr. 1–12 eWpG aufgelisteten Regelungskomplexen nähere Bestimmungen auf untergesetzlicher Ebene zu erlassen. Insbesondere mit Blick auf die Geschwindigkeit und Kurzlebigkeit der Entwicklungen im technischen Bereich eröffnet dies dem Normgeber die Möglichkeit zu einer kurzfristigen Reaktion, da im Fall von durch Verordnung erlassenen Vorschriften nicht stets die Änderung des eWpG als Parlamentsgesetz erforderlich ist.

8   § 15 Abs. 1 eWpG ermächtigt zum Erlass einer **Rechtsverordnung i. S. des Art. 80 GG.** Geregelt werden sollen Einzelfragen zur Führung eines zentralen Wertpapierregisters sowie die damit einhergehenden technischen Anforderungen.[5] In Übereinstimmung mit Art. 80 Abs. 1 Satz 2 GG sind in § 15 Abs. 1 Satz 1 Nr. 1–12 eWpG sowohl Inhalt, Zweck und Ausmaß der erteilten Ermächtigung bestimmt. Da kein von Art. 80 Abs. 2 GG erfasster Regelungsgegenstand vorliegt (z. B. Grundsätze für die Benutzung der Einrichtungen des Postwesens und der Telekommunikation oder Rechtsverordnung aufgrund eines Bundesgesetzes, welches der Zustimmung des Bundesrates bedarf), ist beim Erlass der Rechtsverordnung die Zustimmung des Bundesrates nicht erforderlich.

9   Im Verordnungswege sollen u. a. Detailfragen der **Niederlegung der Emissionsbedingungen** (Nr. 1)[6], Einzelheiten zur **Führung eines elektronischen Wertpapierregisters** (Nr. 3, 10, 11)[7] sowie „**sämtliche Anforderungen an die IT-Sicherheit**" (Nr. 7)[8] geregelt werden. Siehe unten Rz. 20 zum vollständigen Katalog der Regelungskomplexe sowie deren Kommentierung innerhalb dieses Werks.

10   Betreffen die im Verordnungswege zu erlassenden Regelungen die Sicherheit informationstechnischer Systeme, ist das **Bundesamt für Sicherheit in der Informationstechnik** anzuhören. Nach § 2 Abs. 1 des Gesetzes über das Bundesamt für Sicherheit in der Informationstechnik (BSIG) sind unter Informationstechnik **alle technischen Mittel zur Verarbeitung von Informationen** zu verstehen. Die Sicherheit in der Informationstechnik erfordert dabei die Einhaltung bestimmter Sicherheitsstandards, die die Verfügbarkeit, Integrität oder Vertraulichkeit von Informationen betreffen und durch Sicherheitsvorkehrungen in informationstechnischen Systemen erreicht werden (§ 2 Abs. 2 Satz 4 BSIG). Mit Blick auf den Regelungskatalog des § 15 Abs. 1 Satz 1 eWpG ist in erster Linie an Regelungen zu § 15 Abs. 1 Satz 1 Nr. 7 eWpG („Anforderungen an die Vertraulichkeit, Integrität, Verfügbarkeit und Authentizität der Daten nach § 7 Abs. 3"), aber auch an Regelungen auf Grundlage von § 15 Abs. 1 Satz 1 Nr. 4 eWpG („Vorgaben zur Datenspeicherung und zur Datendarstellung nach § 13") zu denken.

11   Der durch Verordnung zu regelnde Themenkatalog unterscheidet nicht ausdrücklich zwischen Zentralregisterwertpapieren in **Einzel- oder in Sammeleintragung.** Die Verordnungs-

---

3)   Beschlussempfehlung und Bericht d. FA z. Gesetz zur Einführung von eWp, BT-Drucks. 19/29372, S. 55.
4)   Beschlussempfehlung und Bericht d. FA z. Gesetz zur Einführung von eWp, BT-Drucks. 19/29372, S. 56.
5)   Begr. RegE Gesetz zur Einführung von eWp, BT-Drucks. 19/26925, S. 29.
6)   Begr. RegE Gesetz zur Einführung von eWp, BT-Drucks. 19/26925, S. 44.
7)   Begr. RegE Gesetz zur Einführung von eWp, BT-Drucks. 19/26925, S. 41.
8)   Begr. RegE Gesetz zur Einführung von eWp, BT-Drucks. 19/26925, S. 49.

ermächtigung gilt daher für beide Eintragungsarten. Dadurch, dass das zentrale Wertpapierregister in Fällen der Sammeleintragung nach der Eintragung i. R. der Begebung des Wertpapiers in der Regel weitgehend statisch bleibt (siehe *Alfes*, § 12 Rz. 89), haben die Regelungen jedoch größere praktische Bedeutung für die Fälle der Einzeleintragung.

Die Verordnungsermächtigung nach § 15 Abs. 1 eWpG betrifft lediglich zentrale Wertpapierregister nach §§ 12 ff. eWpG, nicht aber **Kryptowertpapierregister** nach §§ 16 ff. eWpG. Allerdings enthält § 23 eWpG eine dem § 15 eWpG vergleichbare Vorschrift, die eine Verordnungsermächtigung für den Bereich der Kryptowertpapierregister enthält. Von den in § 23 Satz 1 Nr. 1–29 eWpG enthaltenen Themenkomplexen sind diejenigen der jeweiligen Nr. 1–11 im Wesentlichen vergleichbar (zum Unterschied zwischen § 15 Abs. 1 Satz 1 Nr. 6 und § 23 Abs. 1 Satz 1 Nr. 5 siehe *Alfes*, § 14 Rz. 98). Darüber hinaus enthält § 23 Satz 1 Nr. 12–29 eWpG im Wesentlichen technische Regelungskomplexe, die der dem Kryptowertpapierregister zugrunde liegenden technischen Ausgestaltung des Aufzeichnungssystems (i. S. des § 4 Abs. 11 eWpG) geschuldet sind, und die daher bei der Verordnungsermächtigung für zentrale Wertpapierregister in § 15 eWpG keine Entsprechung finden. **12**

Eine nach § 15 eWpG erlassene Rechtsverordnung ist auch für die in § 31 eWpG enthaltenen **Ordnungswidrigkeiten** von Belang, da dort überwiegend auf ggf. bestehende Verordnungsregelungen Bezug genommen wird (vgl. z. B. die Formulierung „auch in Verbindung mit einer Rechtsverordnung" in § 31 Abs. 2 Nr. 1–7 eWpG). **13**

2. Verordnung über Anforderungen an elektronische Wertpapierregister (eWpRV)

a) Allgemeines

Die auf § 15 Abs. 1 Satz 1 eWpG und § 23 Abs. 1 Satz 1 eWpG gestützte Verordnung über Anforderungen an elektronische Wertpapierregister (eWpRV)[9] konkretisiert die **zentralen Anforderungen des eWpG an elektronische Wertpapierregister.**[10] Ziel sind dabei sowohl die Rechtssicherheit für registerführende Stellen und Marktteilnehmer[11] als auch der Schutz der Anlegerinteressen[12]. Durch die Regelung im Wege einer Verordnung wird in besonderem Maße den Grundsätzen der Technologieneutralität als wichtigen Leitgedanken des eWpG und der Innovationsoffenheit Rechnung getragen,[13] da die Regelungen aufgrund ihres Verordnungscharakters einfach und schnell angepasst werden können, um so mit den Anforderungen der stetig voranschreitenden technischen Entwicklungen Schritt zu halten.[14] **14**

In Übereinstimmung mit Art. 80 Abs. 1 Satz 3 GG nennt die eWpRV § 15 eWpG für zentrale Wertpapierregister und § 23 eWpG für Kryptowertpapierregister als **Rechtsgrundlagen.**[15] **15**

---

9) Verordnung über Anforderungen an elektronische Wertpapierregister (eWPRV), v. 24.10.2022, BGBl. I 2022, 1882.

10) Begr. RefE eWpRV (1. Konsultation), v. 6.8.2021, S. 1, 15, abrufbar unter https://www.bmj.de/Shared Docs/Gesetzgebungsverfahren/DE/Wertpapierregister.html (Abrufdatum: 22.2.2023).

11) Begr. RefE eWpRV (1. Konsultation), v. 6.8.2021, S. 1, abrufbar unter https://www.bmj.de/Shared Docs/Gesetzgebungsverfahren/DE/Wertpapierregister.html (Abrufdatum: 22.2.2023).

12) Begr. RefE eWpRV (1. Konsultation), v. 6.8.2021, S. 15, abrufbar unter https://www.bmj.de/Shared Docs/Gesetzgebungsverfahren/DE/Wertpapierregister.html (Abrufdatum: 22.2.2023).

13) Begr. RefE eWpRV (1. Konsultation), v. 6.8.2021, S. 1, abrufbar unter https://www.bmj.de/Shared Docs/Gesetzgebungsverfahren/DE/Wertpapierregister.html (Abrufdatum: 22.2.2023).

14) Allgemein zum RefE eWpRV s. *Siadat*, RDi 2021, 466 ff. Zu den Anpassungen im RefE (2. Konsultation) s. *Siadat*, RDi 2022, 153 ff.

15) Begr. RefE eWpRV (1. Konsultation), v. 6.8.2021, S. 3, 15, abrufbar unter https://www.bmj.de/Shared Docs/Gesetzgebungsverfahren/DE/Wertpapierregister.html (Abrufdatum: 22.2.2023).

16 Die eWpRV hat folgende Struktur:

– Abschnitt 1: Anwendungsbereich (§ 1 eWpRV);

– Abschnitt 2: Gemeinsame Vorschriften für zentrale Wertpapierregister und Kryptowertpapierregister (§§ 2–12 eWpRV);

– Abschnitt 3: Weitere Vorschriften für registerführende Stellen von Kryptowertpapierregistern (§§ 13–22 eWpRV); und

– Abschnitt 4: Schlussbestimmungen (§ 23 eWpRV).

17 Wie aus der untenstehenden Gegenüberstellung von Ermächtigungsgrundlagen und zugehörigen Regelungen der eWpRV ersichtlich ist (siehe unten Rz. 20 f.), haben die normgebenden Ministerien den **Ermächtigungsspielraum von § 15 eWpG nicht vollständig ausgeschöpft.** Die Begründung zum Referentenentwurf führt dazu aus, dass gegenwärtig entweder kein Regelungsbedürfnis bestehe oder aber bereits Vorschriften bestünden, denen die registerführenden Stellen als Finanzdienstleistungsunternehmen unterlägen.[16] Hier wird insbesondere auf die Regelungen der §§ 25a ff. KWG verwiesen, einschließlich den Mindestanforderungen an das Risikomanagement (MaRisk) und den bankaufsichtlichen Anforderungen an die IT (BAIT). Dabei wird die eWpRV als ein dynamisches Regelwerk verstanden, welches „nach Bedarf und auf der Grundlage von Erfahrungen" getreu den Grundsätzen der Technologieneutralität und der Innovationsoffenheit weiterentwickelt werden soll.[17]

b)   Anwendungsbereich und Inkrafttreten

18 Die eWpRV findet auf elektronische Wertpapierregister nach § 4 Abs. 1 eWpG Anwendung, d. h. sowohl auf **zentrale Wertpapierregister** gemäß § 12 eWpG als auch auf **Kryptowertpapierregister** gemäß § 16 eWpG (§ 1 eWpRV). Die Verordnung richtet sich darüber hinaus auch an die registerführenden Stellen der elektronischen Wertpapierregister. Registerführende Stellen von zentralen Wertpapierregistern sind gemäß § 12 Abs. 2 eWpG entweder **Wertpapiersammelbanken** (i. S. von § 4 Abs. 5 eWpG) oder **Verwahrer** (i. S. von § 4 Abs. 6 eWpG). Im Falle von Kryptowertpapierregistern kommen nach § 16 Abs. 2 Satz 1 eWpG als registerführende Stellen alle Rechtssubjekte in Betracht, welche vom Emittenten gegenüber dem Inhaber benannt werden.

19 Die Verordnung **tritt** gemäß § 23 eWpRV mit ihrer Verkündung **in Kraft.**

c)   Verordnungsermächtigung nach § 15 eWpG und eWpRV

20 Die nachfolgende Übersicht zeigt auf, wie die in § 15 Abs. 1 Satz 1 eWpG enthaltenen Regelungskomplexe ihren Niederschlag in den jeweiligen Bestimmungen der eWpRV gefunden haben:

Rechtsgrundlage	eWpRV
§ 15 Abs. 1 Satz 1 Nr. 1	§ 4
§ 15 Abs. 1 Satz 1 Nr. 2	§ 9
§ 15 Abs. 1 Satz 1 Nr. 3	§§ 3, 5, 6
§ 15 Abs. 1 Satz 1 Nr. 4	§§ 7, 8
§ 15 Abs. 1 Satz 1 Nr. 5	§ 10

---

16) Begr. RefE eWpRV (1. Konsultation), v. 6.8.2021, S. 16, abrufbar unter https://www.bmj.de/Shared Docs/Gesetzgebungsverfahren/DE/Wertpapierregister.html (Abrufdatum: 22.2.2023).

17) Begr. RefE eWpRV (1. Konsultation), v. 6.8.2021, S. 16, abrufbar unter https://www.bmj.de/Shared Docs/Gesetzgebungsverfahren/DE/Wertpapierregister.html (Abrufdatum: 22.2.2023).

Rechtsgrundlage	eWpRV
§ 15 Abs. 1 Satz 1 Nr. 6	nicht genutzt
§ 15 Abs. 1 Satz 1 Nr. 7	§ 5
§ 15 Abs. 1 Satz 1 Nr. 8	nicht genutzt
§ 15 Abs. 1 Satz 1 Nr. 9	§ 11
§ 15 Abs. 1 Satz 1 Nr. 10	§ 3
§ 15 Abs. 1 Satz 1 Nr. 11	§§ 3, 12
§ 15 Abs. 1 Satz 1 Nr. 12	nicht genutzt

d) Kommentierung der Regelungen der eWpRV

Die Regelungen der eWpRV (siehe auch die Übersicht bei § 23 Rz. 8 ff. [Klo- **21**
ka/Langheld]) werden i. R. dieser Kommentierung nicht separat dargestellt, sondern
jeweils in Zusammenhang mit der thematisch zugehörigen Regelung des eWpG unter den
nachfolgend bezeichneten Randnummern kommentiert:

eWpRV	Kommentierung i. R. des eWpG
§ 1 – Anwendungsbereich	§ 10 Rz. 10 [*Hippeli*], § 15 Rz. 18 [*Alfes*]
§ 2 – Teilnehmer	§ 7 Rz. 32 [*Hippeli*], § 12 Rz. 53 [*Alfes*]
§ 3 – Festlegungs- und Dokumentationspflichten; Beaufsichtigung	§ 7 Rz. 25 ff. [*Hippeli*]
§ 4 – Niederlegung der Emission gemäß § 5 eWpG	§ 5 Rz. 15, 17, 22, 46 [*Reger*]
§ 5 – Anforderungen an die Einrichtung und die Führung des Registers nach § 7 eWpG	§ 7 Rz. 7 ff. [*Hippeli*]
§ 6 – Anforderungen an die vorzusehenden Eintragungsarten nach § 8 Abs. 1 eWpG	§ 8 Rz. 7 [*Hippeli*]
§ 7 – Wesentlicher Inhalt des Rechts und eindeutiger Wertpapierkennnummer gemäß § 13 Abs. 1 Nr. 1 oder § 17 Abs. 1 Nr. 1 eWpG	§ 13 Rz. 16 ff. [*Alfes*]
§ 8 – Personenbezogene Registerangaben	§ 13 Rz. 33 ff., 43 ff. [*Alfes*]
§ 9 – Wechsel der Begebungsform nach § 6 eWpG	§ 6 Rz. 17 f., 23, 31 f. [*Reger*]
§ 10 – Einsichtnahme in das Register gemäß § 10 eWpG	§ 10 Rz. 10 ff. [*Hippeli*]
§ 11 – Anforderungen an die Identifizierung des Weisungsberechtigten und das Authentifizierungsinstrument nach § 14 Abs. 1 und § 18 Abs. 1 eWpG	§ 14 Rz. 64 f. [*Alfes*], § 18 Rz. 13 ff. [*Ostermeier*]
§ 12 – Anforderungen an den angemessenen Zeitraum und die Gültigkeit von Umtragungen nach § 14 Abs. 4 und § 18 Abs. 4 eWpG	§ 14 Rz. 84 ff. [*Alfes*], § 18 Rz. 51, 57 [*Ostermeier*]
§ 13 – Festlegungs- und Dokumentationspflichten für die registerführende Stelle eines Kryptowertpapierregisters	§ 19 Rz. 27 ff. [*Ostermeier*], § 22 Rz. 38 ff. [*Kloka/Langheld*]
§ 14 – Zugänglichkeit des verwendeten Quellcodes und der Beschreibung des Aufzeichnungssystems	§ 17 Rz. 48 f. [*Sopart*]
§ 15 – Rückgängigmachung von Änderungen des Registerinhalts	§ 14 Rz. 98 [*Alfes*], § 18 Rz. 78 ff. [*Ostermeier*]

eWpRV	Kommentierung i. R. des eWpG
§ 16 – Anforderungen an kryptographische Verfahren und sonstige Methoden der Transformation von Daten	§ 18 Rz. 16 ff. [*Ostermeier*]
§ 17 – Liste der Kryptowertpapiere bei der Bundesanstalt	§ 20 Rz. 46 ff. [*Ostermeier*]
§ 18 – Teilnahme an einem Kryptowertpapierregister; Beschwerde	–
§ 19 – Schnittstellen	§ 17 Rz. 48 [*Sopart*]
§ 20 – Verfahren für die Übertragung des Wertpapierregisters nach § 21 Abs. 2 und § 22 eWpG	§ 22 Rz. 38 ff. [*Kloka/Langheld*]
§ 21 – Dokumentation des Kryptowertpapierregisters	§ 18 Rz. 58 [*Ostermeier*]
§ 22 – Hinweise auf Bußgeldvorschriften	–
§ 23 – Inkrafttreten	§ 15 Rz. 19 [*Alfes*]

IV. Übertragung der Verordnungsermächtigung auf die BaFin (§ 15 Abs. 2 eWpG)

22   Das BMJV kann zusammen mit dem BMF die **Verordnungsermächtigung** nach § 15 Abs. 1 eWpG **auf die BaFin übertragen**. Diese Übertragung würde – in Übereinstimmung mit Art. 80 Abs. 1 Satz 4 GG – ebenfalls durch gemeinsame Rechtsverordnung erfolgen. Von dieser Möglichkeit haben die vorgenannten Ministerien jedoch **keinen Gebrauch gemacht**.

Abschnitt 3
Kryptowertpapierregister

§ 16
Kryptowertpapierregister

(1) Ein Kryptowertpapierregister muss auf einem fälschungssicheren Aufzeichnungssystem geführt werden, in dem Daten in der Zeitfolge protokolliert und gegen unbefugte Löschung sowie nachträgliche Veränderung geschützt gespeichert werden.

(2) [1]Registerführende Stelle ist, wer vom Emittenten gegenüber dem Inhaber als solche benannt wird. [2]Unterbleibt eine solche Benennung, gilt der Emittent als registerführende Stelle. [3]Ein Wechsel der registerführenden Stelle durch den Emittenten ist ohne Zustimmung des Inhabers oder des Berechtigten zulässig, es sei denn, in den Emissionsbedingungen ist etwas Abweichendes geregelt.

Literatur: *Aufderheide*, Dezentrale Autonome Organisationen (DAO) – Smart Contracts aus der Perspektive des Gesellschaftsrechts, WM 2022, 264; *Bialluch-v. Allwörden*, Zivil- und prospektrechtliche Aspekte des eWpG, RDi 2021, 13; *Burchardi*, FinTechs im europäischen Binnenmarkt, EuZW 2021, 1013; *v. Buttlar/Omlor*, Tokenisierung von Eigentums-, Benutzungs-, Zutritts- und Pfandrechten, ZRP 2021, 169; *Casper*, Elektronische Schuldverschreibung: es ist Zeit für einen grundlegenden gesetzlichen Neustart – Anmerkungen zum Eckpunktepapier des BMJV und des BMF, BKR 2019, 209; *Conreder/Diedrichsen/Okonska*, Das neue Gesetz über elektronische Wertpapiere – digitale Zeitwende im Wertpapierbereich, DStR 2021, 2594; *Danwerth/Hildner*, Nach dem Pyrrhussieg vor dem KG Berlin – Neue Lösungsansätze zur Regulierung von Bitcoins, BKR 2019, S57; *d'Avoine/Hamacher*, Kryptowährungen im Insolvenzverfahren. Sicherung, Behandlung, Verwertung und mehr, ZIP 2022, 6; *Denga*, Die Regulierung der Blockchain-Infrastruktur, JZ 2021, 227; *Döding/Wentz*, Der Referentenentwurf zur Einführung von elektronischen Wertpapieren und Kryptowertpapieren, WM 2020, 2312; *Dörrfuß/Becker/Zawodsky*, Dezentrale Autonome Unternehmen (DAO): Neuland – auch steuerlich, beck.digitax 2021, 339; *Dubovitskaya*, Gesetzentwurf zur Einführung von elektronischen Wertpapieren: ein zaghafter Schritt nach vorn, ZIP 2020, 2551; *Einsele*, Wertpapiere im elektronischen Bankgeschäft, WM 2001, 7; *Fromberger/Haffke/Zimmermann*, Kryptowerte und Geldwäsche. Eine Analyse der 5. Geldwächerichtlinie sowie des Gesetzesentwurfs der Bundesregierung, BKR 2019, 377; *Geier*, Einführung elektronischer Wertpapiere, RdF 2020, 258; *Grieser/Karck*, Token für Zahlungsdienste und Smart Contracts unter aufsichtsrechtlichen Gesichtspunkten, RdZ 2020, 148; *Guntermann*, Die elektronische Aktie und das eWpG, AG 2021, 449; *Habersack/Zickgraf*, Deliktsrechtliche Verkehrs- und Organisationspflichten im Konzern, ZHR 182 (2018) 252; *Heise*, Jetzt auch elektronische Wertpapiere, BaFin-Journal 7/2021, S. 36; *Heppekausen*, Blockchain, Wertpapierprospektrecht und das übrige Aufsichtsrecht. Keineswegs kann neue Technik das geltende Recht ersetzen, BKR 2020, 10; *Hingst/Neumann*, K.-A., Bitcoin-Handel als Anwendungsfall der Regulierung „virtueller Währungen", CB 2019, 254; *Kaulartz/Voigt/Winkler*, Fondsanteil der Zukunft? Kryptofondsanteile nach dem Entwurf der KryptoFAV, RdF 2022, 24; *Kleinert/Mayer*, Der deutsche Weg zum elektronischen Wertpapier, EuZW 2020, 1059; *Kleinert/Mayer*, Elektronische Wertpapiere und Krypto-Token, EuZW 2019, 857; *Klöhn/Parhofer*, Bitcoins sind keine Rechnungseinheiten – ein Paukenschlag und seine Folgen, ZIP 2018, 2093; *Klöhn/Parhofer/Resas*, Initial Coin Offerings (ICOs), ZBB 2018, 89; *Kusserow*, Elektronische Schuldverschreibungen und Blockchain-Anleihen im geltenden Recht, WM 2020, 586; *Kuthe/Lingen*, Der Referentenentwurf zur Einführung elektronischer Wertpapiere im Überblick, AG 2020, R280; *Lahusen*, Das Sachenrecht der elektronischen Wertpapiere, RDi 2021, 161; *Lehmann*, Das Gesetz zur Einführung von elektronischen Wertpapieren, NJW 2021, 2318; *Lehmann*, Zeitenwende im Wertpapierrecht. Der

Referentenentwurf für ein Gesetz über elektronische Wertpapiere (eWpG), BKR 2020, 431; *Lenski*, Legal Tech im Gesellschaftsrecht, LTZ 2022, 24; *Lenz/Joachimsthaler*, Das Gesetz über elektronische Wertpapiere. Beginnt jetzt die Zukunft?, DB 2021, 1384; *Linardatos*, Elektronische Schuldverschreibungen auf den Inhaber – des Wertpapiers neue Kleider, ZBB 2020, 329; *Litten*, Das eWpG im Kontext der Digitalisierung der Kapitalmärkte, BB 2021, 1223; *Lorenz*, Deutsche Rechtspolitik aktuell – Einführung von elektronischen Wertpapieren, WM 2020, 1609; *Mann*, Die Decentralized Autonomous Organization – ein neuer Gesellschaftstyp? Gesellschaftsrechtliche und kollisionsrechtliche Implikationen, NZG 2017, 1014; *Maume/Fromberger*, Die Blockchain-Aktie, ZHR 185 (2021) 507; *Meier*, Übertragung von elektronischen Wertpapieren nach dem eWpG-E, RDi 2021, 1; *Mittwoch*, Der Entwurf eines Gesetzes zur Einführung elektronischer Wertpapiere – ein Quantensprung für das Zivil- und Finanzmarktrecht?, WM 2021, 375; *Möslein/Omlor/Urbach*, Grundfragen eines Blockchain-Kapitalgesellschaftsrechts, ZIP 2020, 2149; *Mülbert*, Vom Ende allen sachenrechtlichen Denkens im Depotrecht durch UNIDROIT und die EU, ZBB 2010, 445; *Müller*, Das Wertpapier – ein unbekanntes Wesen? – Teil II, JA 2017, 401; *Nathmann*, Token in der Unternehmensfinanzierung – Rechtliche Einordnung von Initial Coin Offerings (ICO), BKR 2019, 540; *Omlor*, Elektronische Wertpapiere nach dem eWpG, RDi 2021, 371; *Omlor*, Re- statt Dematerialisierung des Sachenrechts, RDi 2021, 236; *Patz*, Überblick über die Regulierung von Kryptowerten und Kryptowertedienstleistern, BKR 2021, 725; *Preuße/Wöckener/Gillenkirch*, Das Gesetz zur Einführung elektronischer Wertpapiere. Eine erste Bewertung aus Sicht der Praxis, BKR 2021, 460; *Preuße/Wöckener/Gillenkirch*, Der Gesetzesentwurf zur Einführung elektronischer Wertpapiere – Überblick und Bewertung der zukünftigen Rechtslage mit Blick auf die Rechtsordnungen in Frankreich und Luxemburg, BKR 2020, 551; *Reger/Langheld/Haagen*, Elektronische Aktien, RDi 2021, 83; *Rennig*, Untersagung der Tätigkeit einer Krypto-Handelsplattform wegen des Betriebs des Depotgeschäfts, RDi 2021, 206; *Rennig*, KWG goes Krypto. Die Aufnahme von Kryptowerten und des Kryptoverwahrgeschäfts in das KWG, BKR 2020, 23; *Saive*, Einführung elektronischer Wertpapiere, ZRP 2020, 219; *Sattler*, Der Einfluss der Digitalisierung auf das Gesellschaftsrecht, BB 2018, 2243; *Schrey/Thalhofer*, Rechtliche Aspekte der Blockchain, NJW 2017, 1431; *Segna*, Elektronische Wertpapiere im zentralen Register, WM 2020, 2301; *Siadat*, Verordnung über die Anforderungen an elektronische Wertpapierregister (eWpRV), RDi 2021, 466; *Sickinger/Thelen*, Anleihen und Genussscheine auf der Blockchain, AG 2020, 862; *Stoschek*, Share Deals – Börsenklausel ohne Folgen?, DStR 2021, 2021; *Stoschek/Sène*, Offene Kryptofonds – eine neue Assetklasse, RdF 2021, 180; *Tobler*, Non-fungible Tokens – Einsatzmöglichkeiten aus Sicht des deutschen Rechts, DSRITB 2021, 251; *Vig*, Inhaberschuldverschreibungen auf der Blockchain, BKR 2022, 442; *Völkle*, Etherum 2.0 – Grundbaustein der weiterentwickelten Digitalisierung des Rechts, MMR 2021, 539; *Weber*, Internet-Emissionen, MMR 1999, 385; *Weber*, Die Entwicklung des Kapitalmarktrechts 2020/2021, NJW 2021, 985; *Weber/Grauer/Schmid*, Regulierung des Finanzsektors. Entwicklungen im Zeitraum von Juli 2020 bis Dezember 2020, WPg 2021, 308; *Wieneke/Kunz*, Das Gesetz zur Einführung von elektronischen Wertpapieren. Der Regierungsentwurf, NZG 2021, 316; *Zöllner*, Kryptowerte vs. virtuelle Währungen. Die überschießende Umsetzung der Fünften EU-Geldwäscherichtlinie, BKR 2020, 117.

Übersicht

I. Normzweck und Grundlagen

§ 16 eWpG ist die zentrale Norm für Kryptowertpapierregister im eWpG. Das eWpG er- 1
möglicht die Schaffung elektronischer Wertpapiere über elektronische Wertpapierregister.[1]
Hierzu sieht es **zwei Registertypen** vor: die **zentralen Wertpapierregister** (§ 4 Abs. 1
Nr. 1 eWpG) und die **Kryptowertpapierregister** (§ 4 Abs. 1 Nr. 2 eWpG). §§ 1–11 eWpG
gelten für beide Registertypen, die unter dem Oberbegriff der **elektronischen Wertpapierregister** zusammengefasst sind.[2]

---

1) *Litten*, BB 2021, 1223, 1225, bezeichnet die Möglichkeit der Begebung von Wertpapieren in elektronischer
   Form als „große[n] Wurf".
2) Die folgenden §§ 12–15 eWpG des Abschnitts 2 gelten lediglich für zentrale Register, während die
   §§ 16–23 eWpG des Abschnitts 3 Anforderungen an Kryptowertpapierregister formulieren.

2   Die Rechtseintragung in ein elektronisches Wertpapierregister ersetzt die Ausstellung physischer Wertpapierurkunden.[3] Die Begebung eines Wertpapiers erfolgt optional als elektronisches Wertpapier (§ 2 Abs. 1 Satz 1 eWpG) oder weiterhin mittels physischer (Global-)Urkunde.

3   § 16 eWpG sowie die weiteren Vorschriften des Abschnitts 3 (§§ 16–23 eWpG) finden lediglich Anwendung auf **Kryptowertpapierregister**. § 16 Abs. 1 eWpG benennt zentrale Anforderungen an Kryptowertpapierregister. Ein Kryptowertpapierregister ist auf einem **fälschungssicheren Aufzeichnungssystem** zu führen, in dem die relevanten Daten in der Zeitfolge protokolliert und gegen unbefugte Löschung sowie nachträgliche Veränderung geschützt gespeichert werden.

4   § 16 Abs. 2 Satz 1 eWpG definiert, dass **registerführende Stelle** diejenige ist, die der Emittent als solche benennt. § 16 Abs. 2 Satz 2 eWpG regelt, dass bei unterbliebener Benennung einer registerführenden Stelle der Emittent selbst als solche gilt. § 16 Abs. 2 Satz 3 eWpG regelt, dass ein Registerführerwechsel durch den Emittenten ohne Zustimmung des Kryptowertpapierinhabers oder des Berechtigten zulässig ist, es sei denn, die Emissionsbedingungen regeln Abweichendes.

II.   Definition des Kryptowertpapierregisters

5   § 16 eWpG selbst wie auch das übrige eWpG enthalten **keine gesetzliche Definition** des Begriffs „Kryptowertpapierregister", auch wenn § 4 Abs. 1 Nr. 2 eWpG anderes vermuten lässt.[4]

6   § 16 eWpG skizziert lediglich die **zentralen Anforderungen** an Kryptowertpapierregister. Eine Definition des Kryptowertpapierregisters im Sinne dieser Norm lässt sich allerdings aus einem Zusammenspiel von § 4 Abs. 1, 3, 11, § 16 eWpG sowie § 1 Abs. 1a Satz 2 Nr. 8 KWG heraus entwickeln.[5]

7   § 16 Abs. 1 eWpG bestimmt, dass ein Kryptowertpapierregister auf einem fälschungssicheren Aufzeichnungssystem zu führen ist. Der Begriff des Aufzeichnungssystems wiederum ist in § 4 Abs. 1 eWpG definiert als

> „[…] ein dezentraler Zusammenschluss, in dem die Kontrollrechte zwischen den das jeweilige System betreibenden Einheiten nach einem im Vorhinein festgelegten Muster verteilt sind".

8   Ein Kryptowertpapierregister ist folglich zu definieren als ein **gegen Fälschungen geschützter dezentraler Zusammenschluss**, in dem die **Kontrollrechte** zwischen den jeweiligen, das System betreibenden, Einheiten nach einem im Vorhinein **festgelegten Muster** verteilt sind.

9   Kryptowertpapiere sind **zwingend** in ein solches Kryptowertpapierregister **einzutragen**.[6] Genauer formuliert: Nur in ein solches Kryptowertpapierregister eingetragene Daten klassifizieren als Kryptowertpapiere i. S. des eWpG. Um somit überhaupt von Kryptowertpapieren i. S. des eWpG sprechen zu können, muss zunächst ein Kryptowertpapierregister i. S. von § 16 eWpG bestehen, in das sodann Daten eingetragen werden. Diese Dateneintragung in das Kryptowertpapierregister ist eine notwendige, aber noch keine hinreichende Voraussetzung zur Schaffung von Kryptowertpapieren (siehe dazu sogleich Rz. 10 ff.).

---

3)   Vgl. *Wieneke/Kunz*, NZG 2021, 316, 319.

4)   Vgl. *Vig*, BKR 2022, 442, 444.

5)   Eine andere Definition findet sich bei Müller/Pieper-*Kell*, eWpG, § 16 Rz. 38; vgl. auch Müller/Pieper-*Kell*, eWpG, § 16 Rz. 36: „Dem Begriff des Kryptowertpapierregisters nähert man sich etwas umständlich über zwei Normen des eWpG".

6)   Vgl. § 4 Abs. 3 eWpG; hierzu auch *Bialluch-v. Allwörden*, RDi 2021, 13; *Linardatos*, ZBB 2020, 329, 339; *Wieneke/Kunz*, NZG 2021, 316, 318.

III. Schaffung von Kryptowertpapieren

Bisher entstanden verbriefte Wertpapiere durch Einigung zwischen Emittent und Inhaber **(Begebungsvertrag)** sowie der Ausstellung der jeweiligen Wertpapierurkunde **(Skripturakt)**.[7] Bei elektronischen Wertpapieren tritt nun anstelle des Skripturaktes die **Eintragung in ein elektronisches Wertpapierregister** (§§ 2 Abs. 1, 4 Abs. 3 eWpG), bei Kryptowertpapieren entsprechend in das Kryptowertpapierregister **(Registereintragung statt Urkunde)**.[8]   10

Somit besteht kein zwingendes wertpapierrechtliches **Urkundenerfordernis**[9] mehr. Dieses Urkundenerfordernis galt vor Inkrafttreten des eWpG für die weit überwiegende Anzahl der Wertpapiere.[10] Per gesetzlicher Anordnung kann nun die Registereintragung die Ausstellung der physischen Wertpapierurkunde ersetzen. Indes bleibt nach der herrschenden modifizierten Vertragstheorie[11] weiterhin ein **Begebungsvertrag** zwischen Emittent und dem ersten Inhaber als „Käufer" (einschließlich der Eigentumsübertragung an den Kryptowertpapieren) erforderlich, damit ein Kryptowertpapier wirksam entsteht.[12]   11

1. Begebungsvertrag

Der Begebungsvertrag zwischen Emittent und Inhaber ist weiterhin erforderlich.[13] Im Fall einer Anleiheemission wird der Begebungsvertrag in der Regel als Bestandteil des Übernahmevertrags zwischen Emittent und Emissionsbank (oder ggf. Emissionskonsortium) ausgestaltet.[14] Aufgrund des Fehlens eines „Schriftstücks" in Form einer Wertpapierurkunde besteht i. R. des eWpG die **Notwendigkeit einer dezidierten vertraglichen Regelung in gesteigerter Weise**. Dies ergibt sich vor allem daraus, dass Emittent und Investor ihr „verdinglichtes" Rechtsverhältnis, anders als bei einer klassischen urkundengebundenen Emission, nicht als dingliches Schriftstück (Wertpapierurkunde) verbriefen, sondern lediglich in einem Datensatz „verkörpern".[15]   12

---

7) S. dazu auch BGH, Urt. v. 30.11.1972 – II ZR 70/71, NJW 1973, 282, 283; hierbei handelt es sich um die modifizierte Vertragstheorie bzw. Rechtsscheintheorie, die der heutigen h. M. entspricht, s. etwa *Habersack* in: MünchKomm-BGB, Vor § 793 Rz. 26; Staudinger-*Marburger*, BGB, § 793 Rz. 12; Erman-*Wilhelmi*, BGB, § 793 Rz. 2; Schulze-*Fries/Schulze*, BGB, § 793 Rz. 3; vgl. im Kontext elektronischer Wertpapiere auch *Kleinert/Mayer*, EuZW 2020, 1059, 1060; *Linardatos*, ZBB 2020, 329, 340; *Meier*, RDi 2021, 1, 2; *Saive*, ZRP 2020, 219, 220.

8) *Kleinert/Mayer*, EuZW 2020, 1059, 1060; *Sickinger/Thelen*, AG 2020, 862, 864; *Weber*, NJW 2021, 985, 986; *Meier*, RDi 2021, 1, 5; *Linardatos*, ZBB 2020, 329, 340, bezeichnet die Ersetzung des Skripturaktes durch die Eintragung nach § 4 Abs. 3 eWpG als „Neuerung" gegenüber der Entstehung von Wertpapieren und *Wieneke/Kunz*, NZG 2021, 316, 318, sprechen diesbezüglich von einem „funktionale[n] Äquivalent zum Skripturakt".

9) Zum Urkundenerfordernis s. etwa *Kusserow*, WM 2020, 586, 595; *Mittwoch*, WM 2021, 375, 378; vgl. auch *Groß*, Kapitalmarktrecht, § 32 BörsG Rz. 15.

10) Etwa bei den Bundesschuldverschreibungen, vgl. § 6 BSchuWG; zu anderen Wertpapieren in elektronischen Formen (Ladescheine, Lagerschein und Konnossement) vgl. *Saive*, ZRP 2020, 219; *Groß*, Kapitalmarktrecht, § 32 BörsG Rz. 15; s. *Casper*, BKR 2019, 209, 212, für die Darstellung der Rechtslage bzgl. Reichsschuldbuchforderungen bis zum Inkrafttreten des BSchuWG.

11) Zu den Wertpapierrechtstheorien ausführlich *Habersack* in: MünchKomm-BGB, Vor § 793 Rz. 26, 31 m. w. N.

12) *Dubovitskaya*, ZIP 2020, 2551, 2554; *Kleinert/Mayer*, EuZW 2020, 1059, 1060; *Linardatos*, ZBB 2020, 329, 340; *Meier*, RDi 2021, 1, 5; *Segna*, WM 2020, 2301, 2306; *Mittwoch*, WM 2021, 375, 378; vgl. *Vig*, BKR 2022, 442, 444.

13) Vgl. *Geier*, RdF 2020, 258; *Döding/Wentz*, WM 2020, 2312, 2313; *Kleinert/Mayer*, EuZW 2020, 1059, 1060; *Wieneke/Kunz*, NZG 2021, 316, 318; *Dubovitskaya*, ZIP 2020, 2551, 2554; allgemein zum Begebungsvertrag *Habersack* in: MünchKomm-BGB, Vor § 793 Rz. 21; *Gehrlein* in: BeckOK-BGB, § 793 Rz. 11.

14) *Segna*, WM 2020, 2301, 2306.

15) *Döding/Wentz*, WM 2020, 2312, 2315; vgl. auch *Linardatos*, ZBB 2020, 329, 340.

13   Eine Änderung des Begebungsvertrags, die über den **Ersatz des Skripturaktes** durch Registereintragung hinausgeht, ist allerdings nicht per se notwendig.[16] Wie bei herkömmlich verbrieften Wertpapieren besitzt der Begebungsvertrag typischerweise auch bei elektronischen Wertpapieren eine dingliche und eine schuldrechtliche Komponente.[17] Hierbei kann der Begebungsvertrag die entsprechenden Begrifflichkeiten aus dem eWpG verwenden (insbesondere „Zentralregisterwertpapier" und „Kryptowertpapier").

2.   „Besitz"-Übertragung

14   Die zur Schaffung eines Wertpapiers erforderliche „**Erstübereignung**"[18] vom Emittenten auf den ersten Wertpapierinhaber setzt auch nach dem eWpG eine Besitzübertragung voraus. Für diese Erstübereignung greift die gesetzliche Fiktion, wonach elektronische Wertpapiere als Sachen i. S. von § 90 BGB gelten (§ 2 Abs. 3 eWpG).[19] Durch diese **gesetzliche Sachfiktion** ist „Besitz" an elektronischen Wertpapieren im rechtlichen, indes nicht im tatsächlichen Sinne möglich. Dieser letztlich rein rechtlich konstruierte bzw. fingierte „Besitz" erfüllt bei elektronischen Wertpapieren mangels sinnlich wahrnehmbaren Bezugsobjekts, etwa einer Wertpapierurkunde, die für den Verkehrsschutz erforderliche Publizitätsfunktion nicht.[20] Das gesetzgeberische Ziel der Sachfiktion ist es gleichwohl, den „Berechtigten" aus elektronischen Wertpapieren den „**gleichen umfassenden Schutz**"[21] zukommen zu lassen wie den **Eigentümern verbriefter Wertpapiere**.[22]

15   Es bedurfte daher eines zusätzlichen Instruments, um das formell berechtigende Herrschaftsverhältnis in Bezug auf das elektronische Wertpapier für den Rechtsverkehr erkennbar zu machen. Hierzu hat der Gesetzgeber – neben der Eintragung in ein Zentralregister – die Möglichkeit zur Eintragung in ein Kryptowertpapierregister geschaffen. § 3 Abs. 1 eWpG bestimmt normativ denjenigen zum **Wertpapierinhaber**, der als solcher im elektronischen Wertpapierregister eingetragen ist. Die **Registereintragung als Substitution des Skripturaktes** ist in § 4 Abs. 4 eWpG definiert als „die Aufnahme der für ein elektronisches Wertpapier nach § 13 oder § 17 eWpG erforderlichen Registerangaben in ein elektronisches Wertpapierregister unter eindeutiger und unmittelbar erkennbarer Bezugnahme auf die niedergelegten Emissionsbedingungen".

16   Der gemäß § 3 Abs. 1 eWpG aufgrund der Eintragung als Wertpapierinhaber Ausgewiesene ist somit als **unmittelbarer Besitzer** anzusehen. Zwar fehlt es an einer ausdrücklichen gesetzlichen Fiktion wie der Fiktion der Sacheigenschaft in § 2 Abs. 3 eWpG. Die Regierungsbegründung führt aber aus, dass der **Verwahrer oder die Wertpapiersammelbanken**

---

16)   S. ergänzend hierzu bereits Begr. RefE Gesetz zur Einführung von eWp, S. 38, abrufbar unter https://bundesfinanzministerium.de/Content/DE/Gesetzestexte/Gesetze_Gesetzesvorhaben/Abteilungen/Abteilung_VII/19_Legislaturperiode/2021-06-09-einfuehrung-elektronische-wertpapiere/1-Referentenentwurf.pdf?__blob=publicationFile&v=2 (Abrufdatum: 18.2.2023); so auch *Geier*, RdF 2020, 258 f.

17)   Vgl. *Meier*, RDi 2021, 1, 2; *Segna*, WM 2020, 2301, 2306.

18)   Zur notwendigen „Erstübereignung" für die Entstehung von Wertpapieren in Papierform BGH, Urt. v. 14.5.2013 – XI ZR 160/12 Rz. 9, WM 2013, 1264 = ZIP 2013, 1270; *Vogel* in: BeckOGK-ZivilR, § 793 BGB Rz. 130, 132; *Müller*, JA 2017, 401 f.

19)   *Kleinert/Mayer*, EuZW 2020, 1059, 1060.

20)   *Guntermann*, AG 2021, 449, 456; *Kleinert/Mayer*, EuZW 2020, 1059, 1060; vgl. allgemein zur Publizitätsfunktion des Handelsregisters Ebenroth/Boujong/Joost/Strohn-*Schaub*, HGB, § 8 Rz. 44 ff.; *Wamser* in: Henssler/Strohn, GesR, § 8 Rz. 1 ff.; allgemein zum sachenrechtlichen Publizitätsprinzip *Gaier* in: MünchKomm-BGB, Einl. Sachenrecht Rz. 22, wonach dessen Zweck darin besteht, die Veränderung dinglicher Berechtigungen an Sachen nach außen erkennbar zu machen.

21)   Begr. RegE Gesetz zur Einführung von eWp, BT-Drucks. 19/26925, S. 27.

22)   Vgl. auch *Döding/Wentz*, WM 2020, 2312, 2314; *Lahusen*, RDi 2021, 161, 163 ff.; *Lehmann*, NJW 2021, 2318, 2320; *Linardatos*, ZBB 2020, 329, 332; *Sickinger/Thelen*, AG 2020, 862, 864; *Wieneke/Kunz*, NZG 2021, 316, 318.

unmittelbare Besitzer der Zentralregisterwertpapiere in Sammeleintragung im Sinne des § 854 Abs. 1 BGB sind.[23]

Die durch **Eintragung erlangte Inhaberschaft** soll „bei elektronischen Wertpapieren die 17 Rolle des Besitzes bei mittels Urkunde begebenen Wertpapieren" erfüllen.[24] Damit kommt anstelle des Besitzes i. R. des eWpG der Inhaberschaft entscheidende Bedeutung bei Verfügungen (§ 24 eWpG) – etwa der Übereignung (§ 25 eWpG) – und beim gutgläubigen Erwerb (§ 26 eWpG) zu. Den für Dritte mangels physischen Bezugsobjekts nicht erkennbaren Besitz an elektronischen Wertpapieren ersetzt der Gesetzgeber durch das für den Rechtsverkehr wahrnehmbare „formell berechtigende Herrschaftsverhältnis an dem elektronischen Wertpapier"[25] anhand der erkennbaren **Registereintragung.**[26]

Erforderlich ist, dass die registerführende Stelle nach § 17 Abs. 1 eWpG bestimmte **not-** 18 **wendige Angaben** in das Kryptowertpapierregister aufnimmt (den wesentlichen Inhalt des Rechts einschließlich einer eindeutigen Kennnummer – d. h. einer ISIN und WKN – und der Kennzeichnung als Wertpapier, das Emissionsvolumen, den Nennbetrag, den Emittenten, eine Kennzeichnung, ob es sich um eine Einzel- oder eine Sammeleintragung handelt (siehe zur Einzel- und Sammeleintragung im Detail *Lendermann/Nemeczek*, § 4 Rz. 16 ff. und *Hippeli*, § 8 Rz. 3 ff.), den Inhaber und Angaben zum Mischbestand nach § 9 Abs. 3 eWpG). Bei Einzeleintragungen hat die registerführende Stelle nach § 17 Abs. 2 eWpG zusätzlich Verfügungsbeschränkungen zugunsten einer bestimmten Person und Rechte Dritter aufzunehmen.

Daneben ist gemäß § 4 Abs. 4 eWpG eine eindeutige und unmittelbar erkennbare Bezug- 19 nahme auf die niedergelegten **Emissionsbedingungen** erforderlich. Diese sind gemäß § 5 Abs. 1 eWpG bei der registerführenden Stelle als beständiges elektronisches Dokument jedermann zur beliebig wiederholbaren unmittelbaren Kenntnisnahme zugänglich zu machen **(Niederlegung)**. Die Formulierung „bei der registerführenden Stelle" macht deutlich, dass die Niederlegung außerhalb des eigentlichen Registers erfolgen muss. Die Bezugnahme im Kryptowertpapierregister auf die niedergelegten Emissionsbedingungen sollte durch eine elektronische Verknüpfung erfolgen.[27]

Zusammenfassend ergeben sich damit folgende Voraussetzungen zur wirksamen **Schaffung** 20 **eines Kryptowertpapiers:**

– Begebungsvertrag zwischen Emittent und erstem Inhaber;

– Niederlegung der Emissionsbedingungen vor Eintragung und außerhalb des Kryptowertpapierregisters;

– Eintragung der in § 17 Abs. 1 eWpG normierten Registerangaben in ein Kryptowertpapierregister i. S. von § 4 Abs. 1, 3, 11, § 16 eWpG, § 1 Abs. 1a Satz 2 Nr. 8 KWG; und

– eindeutige und unmittelbar erkennbare Bezugnahme auf die außerhalb des Registers niedergelegten Emissionsbedingungen.

Hierdurch entsteht eine gewisse **Rechtssicherheit.** Im Gegensatz zu dem weiten und sehr 21 unterschiedlich[28] verstandenen Begriff der „Security Tokens" entsteht ein klar umgrenz-

---

23) Begr. RegE Gesetz zur Einführung von eWp, BT-Drucks. 19/26925, S. 47; vgl. hierzu auch *Lehmann*, BKR 2020, 431, 436; *Omlor*, RDi 2021, 236, 237.

24) Begr. RegE Gesetz zur Einführung von eWp, BT-Drucks. 19/26925, S. 39; dagegen *Linardatos*, ZBB 2020, 329, 332 f.

25) Begr. RegE Gesetz zur Einführung von eWp, BT-Drucks. 19/26925, S. 37.

26) Vgl. hierzu auch *Lehmann*, BKR 2020, 431, 436; *Preuße/Wöckener/Gillenkirch*, BKR 2021, 460, 462; *Lahusen*, RDi 2021, 161, 163; *Omlor*, RDi 2021, 236, 237.

27) So auch *Kleinert/Mayer*, EuZW 2020, 1059, 1061.

28) Vgl. hierzu etwa *Kleinert/Mayer*, EuZW 2019, 857, 858.

tes Finanzprodukt, bei dem relativ eindeutig bestimmbar ist, ob es sich rechtlich um ein Kryptowertpapier handelt oder nicht. Weitere Vorteile der Registerlösung und der aus dem eWpG herauszulesenden Kriterien zur Schaffung von Kryptowertpapieren sind Rechtsklarheit bezüglich des jeweiligen, durch das Kryptowertpapier „verbrieften", Rechts und Transparenz bezüglich des Kryptowertpapierinhabers.[29]

22 Keine Voraussetzung zum Entstehen eines Kryptowertpapiers ist die nach § 20 Abs. 1 und 2 eWpG verpflichtende **Veröffentlichung im Bundesanzeiger**.[30] Teilweise wird angenommen, dass der Veröffentlichung im Bundesanzeiger eine Art **Hinweisfunktion** für die zivilrechtliche Einordnung als Wertpapier zukomme.[31] Die Veröffentlichung im Bundesanzeiger könne danach dazu herangezogen werden, ob ein Leistungsversprechen und damit eine Inhaberschuldverschreibung i. S. des § 793 BGB vorliege.[32] So könne die Bezeichnung des Kryptowertpapiers im Bundesanzeiger insbesondere zur Abgrenzung gegenüber sonstigen Formen von „Krypto-Assets" dienen.[33] Dies mag grundsätzlich richtig sein, dürfte von der Argumentation her aber an der Praxis vorbeigehen: Aufgrund der zahlreichen Vorgaben des eWpG wird man in den Emissionsbedingungen nicht auf die Bezeichnung „Kryptowertpapier im Sinne des § 4 Abs. 3 eWpG" verzichten. Fälle, in denen mithilfe der Veröffentlichung im Bundesanzeiger ermittelt werden muss, ob es sich bei dem in Rede stehenden Produkt um ein Kryptowertpapier i. S. des § 4 Abs. 3 eWpG und damit um eine Inhaberschuldverschreibung (§ 793 BGB) handelt, dürften die (theoretische) Ausnahme bleiben.

IV. Vergleich zwischen zentralen Wertpapierregistern und Kryptowertpapierregistern

23 Das eWpG kennt **zwei abschließende Wertpapierregisterarten**, das zentrale Register und das Kryptowertpapierregister. Dies ist unter mehreren Gesichtspunkten beachtenswert: Was ist der Sinn und Zweck von zwei Registertypen (siehe unten Rz. 24 ff.), wie unterscheiden sich diese Registertypen voneinander (siehe unten Rz. 27 ff.) und warum sind diese zwei Wertpapierregisterarten abschließend (siehe unten Rz. 31 ff.)?

1. Sinn und Zweck von zwei Registertypen

24 Die Möglichkeit zur elektronischen Begebung von Wertpapieren war lange überfällig. Der Verzicht auf papierhafte Stücke, wenn auch ganz überwiegend nur in Form einer Globalurkunde, verspricht Effizienzgewinne bei Wertpapiertransaktionen.

25 Die elektronischen Wertpapierregister sind eine Erweiterung der bisher nutzbaren Formen zum Schaffen von und Handeln mit Wertpapieren. Letztlich ergänzt der Gesetzgeber die bestehenden Möglichkeiten des Wertpapierhandels damit um zwei neue Varianten.[34] Die **Zentralregisterwertpapiere** verändern die bestehende Wertpapierhandelsstruktur dabei nur marginal, da hier praktisch lediglich ein Verzicht auf die Globalurkunde erfolgt. Insofern geht der Gesetzgeber minimalinvasiv vor, als das eWpG nicht eine Handelsstruktur

---

29) *Maume/Fromberger*, ZHR 185 (2021) 507, 544; *Conreder/Diederichsen/Okonska*, DStR 2021, 2594, 2599; *Lehmann*, NJW 2021, 2318, 2323 f.; *Preuße/Wöckener/Gillenkirch*, BKR 2020, 551, 555, sehen diese vor allem im Zusammenhang mit der Beaufsichtigung der Registerführung durch die BaFin.

30) Begr. RegE Gesetz zur Einführung von eWp, BT-Drucks. 19/26925, S. 63; Müller/Pieper-*Barth*, eWpG, § 20 Rz. 3; *Lenz/Joachimsthaler*, DB 2021, 1384, 1388.

31) So etwa Müller/Pieper-*Barth*, eWpG, § 20 Rz. 3.

32) Müller/Pieper-*Barth*, eWpG, § 20 Rz. 3.

33) Müller/Pieper-*Barth*, eWpG, § 20 Rz. 3.

34) Allgemein zur Sinnhaftigkeit von neuen „entmaterialisierten" Wertpapierhandelsstrukturen vgl. etwa *Casper*, BKR 2019, 209, 213 f.; *Lehmann*, Finanzinstrumente, S. 371 ff.; *Mülbert*, ZBB 2010, 445, 488 ff.

abschafft, sondern den **Erhalt bisheriger Strukturen weitestgehend ermöglicht,** nur eben ohne physische Globalurkunde.

Durch die Einführung der **Kryptowertpapiere** schafft das eWpG hingegen eine **zusätzli-** **26** **che, neue Handelsstruktur** und normiert diese gesetzlich. Insoweit vermag die gesetzgeberische Festlegung auf (zunächst) zwei Registertypen – und damit einhergehend zwei neue Wertpapiertypen – grundsätzlich überzeugen. Sofern es zukünftig hinreichend technologische Neuerungen gibt, erscheint es auch nicht ausgeschlossen, dass der Gesetzgeber neben der neuen Begebungsform der Kryptowertpapiere weitere neue Begebungsformen schaffen könnte.

2. Unterschiede der Registertypen

Bemerkenswert – und keineswegs aus der reinen Gesetzeslektüre verständlich – sind die **27** Unterschiede zwischen zentralen und Kryptowertpapierregistern.[35] Aus der Gesetzesbegründung ergibt sich lediglich, dass zentrale Register Wertpapierregister sind, in denen zentrale Stellen elektronische Wertpapiere eintragen und führen.[36] Entscheidend für ein **Kryptowertpapierregister** ist hingegen, dass es **keine zentrale Stelle** führt,[37] **wohl aber** eine zentrale Stelle für die Führung **verantwortlich** ist. Daher kann ein Kryptowertpapier nicht gleichzeitig auch ein Zentralregisterwertpapier sein und somit ein Zentralregister auch nicht zugleich ein Kryptowertpapierregister.[38]

Registerführende Stellen müssen **Kryptowertpapierregister** gemäß § 16 Abs. 1 eWpG **28** auf einem Aufzeichnungssystem im Sinne des § 4 Abs. 11 eWpG führen. Danach ist ein Aufzeichnungssystem ein **dezentraler Zusammenschluss,** in dem die Kontrollrechte zwischen den das jeweilige System betreibenden Einheiten nach einem im Vorhinein festgelegten Muster verteilt sind. Die Dezentralität ist damit ein prägender Bestandteil der gesetzlichen Definition. Bei **zentralen Wertpapierregistern** existiert das **maßgebliche Register** grundsätzlich nur einmal. Kryptowertpapierregister sind daher dezentral zu führen. Zentrale Wertpapierregister sind zentral zu führen.

Gesetzlich normierte Unterschiede zwischen zentralen und Kryptowertpapierregistern er- **29** geben sich aus den für das jeweilige Register spezifischen Regelungen (§§ 12–15 eWpG für zentrale Wertpapierregister und §§ 16–23 eWpG für Kryptowertpapierregister). An die Kryptowertpapierregister stellt § 16 eWpG gesteigerte **technische Anforderungen** (siehe unten Rz. 56 ff., 61 ff., 65 ff. und 69 ff.).

Statt dieser gesteigerten technischen Anforderungen steht bei zentralen Wertpapierregis- **30** tern das „besondere Vertrauen in die Integrität der registerführenden Stellen"[39] im Vordergrund. Dieses Vertrauen speist sich daraus, dass die Führung zentraler Wertpapierregister nur durch **aufsichtsrechtlich regulierte Rechtssubjekte** möglich ist. Gemäß § 12 Abs. 2 eWpG darf nur eine Depotbank (§ 4 Abs. 6 eWpG) oder eine Wertpapiersammelbank (§ 4 Abs. 5 eWpG) ein zentrales Wertpapierregister führen. Allerdings dürfen auch

---

35) Begr. RegE Gesetz zur Einführung von eWp, BT-Drucks. 19/26925, S. 41; *Lehmann*, NJW 2021, 2318, 2323 – bezogen auf die Vornahme von Änderungen im jeweiligen Register; *Lehmann*, BKR 2020, 431, 434 f. – allgemein zu den unterschiedlichen Anforderungen an die beiden Registerarten; *Wieneke/Kunz*, NZG 2021, 316, 318.

36) Begr. RegE Gesetz zur Einführung von eWp, BT-Drucks. 19/26925, S. 41; vgl. auch Müller/Pieper-*Pieper*, eWpG, § 4 Rz. 5.

37) Begr. RegE Gesetz zur Einführung von eWp, BT-Drucks. 19/26925, S. 41; Müller/Pieper-*Pieper*, eWpG, § 12 Rz. 2 f.

38) Vgl. Begr. RegE Gesetz zur Einführung von eWp, BT-Drucks. 19/26925, S. 40, 46; *Conreder/Diederichsen/Okonska*, DStR 2021, 2594, 2596.

39) Begr. RegE Gesetz zur Einführung von eWp, BT-Drucks. 19/26925, S. 52; ebenso *Lenski*, LTZ 2022, 24.

nur solche Unternehmen die Führung eines **Kryptowertpapierregisters** anbieten, die über eine entsprechende BaFin-Erlaubnis verfügen und damit als **Finanzdienstleistungsinstitut** i. S. des KWG reguliert sind (siehe unten Rz. 78 ff.; im Detail zu den aufsichtsrechtlichen Anforderungen *Neumann*, Anh. Art. 6 Rz. 43 ff.). Dies schwächt die Rechtfertigung für die besonderen technischen Anforderungen an Kryptowertpapierregister im Vergleich zu zentralen Wertpapierregistern etwas ab.

3.   Abschließende Registertypen

31   Elektronische Register i. S. des eWpG können ausschließlich zentrale Register (§ 12 eWpG) und Kryptowertpapierregister (§ 16 eWpG) sein.[40] Dies hat zur Folge, dass der Emittent elektronische Wertpapiere i. S. des eWpG **nur durch die Eintragung eines Rechts in eine der beiden Registerarten** schaffen kann.[41] Für das wirksame Entstehen eines elektronischen Wertpapiers ist es damit erforderlich, dass ein Register vorliegt, das entweder die Voraussetzungen des § 12 eWpG oder diejenigen des § 16 eWpG erfüllt. Sofern wesentliche gesetzliche Merkmale eines Kryptowertpapierregisters (oder eines zentralen Registers) nicht vorliegen, entsteht aufgrund von **Formnichtigkeit** gar **kein Wertpapier** im zivilrechtlichen Sinne (§ 2 Abs. 1 eWpG, § 125 Satz 1 BGB, § 793 BGB).[42] Eine dematerialisierte Schuldverschreibung klassifiziert also nur dann zivilrechtlich als Wertpapier, wenn der Emittent das Wertpapier unter den Vorgaben des eWpG begibt.[43] Der Gesetzgeber hatte daher nicht die Absicht, sämtliche digitalen „Wertpapiertransaktionen" ohne Papierverwendung, also insbesondere die sog. **Security Tokens**[44], zivilrechtlich zu Wertpapieren zu erklären; **aufsichtsrechtlich** sind sie das allerdings häufig.[45]

32   Der Gesetzgeber definiert konkrete Registertypen, in denen eine Schaffung von elektronischen Wertpapieren möglich ist. Damit besteht der **„numerus clausus"** zur Begebung von Wertpapieren weiterhin fort.[46] Zur tatsächlichen Feststellung, ob ein elektronisches Wertpapier i. S. des eWpG vorliegt und damit auch ein Wertpapier im **zivilrechtlichen** Sinn, ist folglich die zugrunde liegende Infrastruktur auf deren Wertpapierregisterqualität zu überprüfen.[47]

33   Ein Register, das die hier beschriebenen **Kriterien nicht hinreichend erfüllt**, klassifiziert nicht als Kryptowertpapierregister, weswegen eine Eintragung in einem – dann mangelhaften – Register auch keine elektronischen Wertpapiere entstehen lässt. Infolgedessen ist

---

40) Müller/Pieper-*Pieper*, eWpG, § 4 Rz. 2; *Linardatos*, ZBB 2020, 329, 339, spricht in diesem Kontext auch von „zwei exklusive[n] Registerformen"; ebenso *Conreder/Diederichsen/Okonska*, DStR 2021, 2594, 2596.

41) Vgl. auch *Linardatos*, ZBB 2020, 329, 339; *Geier*, RdF 2020, 258, 259.

42) So auch Müller/Pieper-*Müller*, eWpG, § 2 Rz. 6.

43) Müller/Pieper-*Müller*, eWpG, § 2 Rz. 6; *Kusserow*, WM 2020, 586, 595.

44) Für Security Tokens wird auch der Begriff der Investment Tokens verwendet, vgl. zur Abgrenzung *Fromberger/Zimmermann* in: Maume/Maute/Fromberger, Rechtshandbuch Kryptowerte, § 1 Rz. 71 f., oder *Mittwoch*, WM 2021, 375, 377 f., der Investment Tokens wie folgt beschreibt: „[Investment Tokens] weisen schließlich entscheidende Ähnlichkeit zu konventionellen Wertpapieren auf, indem sie Investoren bestimmte Rechte – insbesondere an zukünftigen Gewinnen eines Unternehmens – einräumen."; *Conreder/ Diederichsen/Okonska*, DStR 2021, 2594, 2596, und *Kleinert/Mayer*, EuZW 2019, 857, 858, beschreiben Security Tokens als „elektronische Vermögenswerte, deren Inhabern mitgliedschaftliche Rechte oder schuldrechtliche Ansprüche vermögenswerten Inhalts zustehen"; *Preuße/Wöckener/Gillenkirch*, BKR 2021, 460, ordnen bestimmte Security Tokens als Genussscheine ein.

45) *Maume/Fromberger*, ZHR 185 (2021) 507, 513; *Stoschek/Sène*, RdF 2021, 180, 183; *Zöllner*, BKR 2020, 117, 121; die Einordnung als Wertpapiere nur in Ausnahmen annehmend *Nathmann*, BKR 2019, 540, 542.

46) Vgl. auch Müller/Pieper-*Pieper*, eWpG, § 4 Rz. 4; *Linardatos*, ZBB 2020, 329, 339; *Kusserow*, WM 2020, 586, 588; *Lahusen*, RDi 2021, 161, 165 f.

47) Vgl. dazu Müller/Pieper-*Pieper*, eWpG, § 4 Rz. 4.

auch eine Übertragung von „Wertpapieren" dann unmöglich. Im Fall eines mangelhaften Registers bestehen nicht nur seitens des Kryptowertpapierregisterführers, sondern auch seitens des Emittenten erhebliche Haftungsrisiken. Letzterer kann dann ggf. seine vertragliche Pflicht zur Lieferung von Kryptowertpapieren nicht erfüllen und wird möglicherweise schadensersatzpflichtig.

4. Einzel- und Sammeleintragung

Sowohl für Zentralregister- als auch für Kryptowertpapiere ist eine Einzel- und Sammeleintragung i. S. von § 8 eWpG möglich. **34**

a) Sammeleintragung
aa) Allgemeines

Bei der **Sammeleintragung** von elektronischen Wertpapieren trägt die registerführende **35** Stelle die Anteile auf den Namen einer **Wertpapiersammelbank** oder eines **Verwahrers**, d. h. einer Verwahrstelle, vormals auch „Depotbank", als **„Inhaber"** ein (§ 8 Abs. 1 Nr. 1 eWpG). Dieser eingetragene Inhaber verwaltet die Wertpapiere als **Treuhänder** für die Berechtigten und hat die Verfügungsgewalt über sie. Bei den Berechtigten handelt es sich nach § 9 eWpG um **Miteigentümer nach Bruchteilen** am elektronischen Wertpapier.[48] Inhaberschaft und Berechtigung fallen bei der Sammeleintragung regelmäßig auseinander.[49]

Die Sammeleintragung eines Wertpapiers ist erforderlich für dessen Teilnahme am **Effek-** **36** **tengiroverkehr** (siehe unten Rz. 96 f.). Bei der Sammeleintragung verwaltet ein Intermediär (Wertpapiersammelbank oder Verwahrer) die Rechte von verschiedenen Anlegern für diese i. R. einer sog. **Ermächtigungstreuhand**.[50] § 9 Abs. 2 Satz 1 eWpG normiert dazu, dass die Wertpapiersammelbank oder der Verwahrer durch die Eintragung in das elektronische Register legitimiert sind, ohne selbst Berechtigte zu sein.[51]

Für die Teilnahme am Effektengiroverkehr reicht die Sammeleintragung allein nicht aus. **37** Zusätzlich muss es sich bei dem **Intermediär** zwingend um eine Wertpapiersammelbank handeln (vgl. § 12 Abs. 3 eWpG). Entsprechend der Sammeleintragung physischer Wertpapiere muss der Emittent ein elektronisches Wertpapier in Deutschland von der **Clearstream Banking AG als einzigem deutschen Zentralverwahrer** in das von ihr geführte zentrale Register eintragen lassen und die Emissionsbedingungen bei Clearstream hinterlegen. Der Emittent muss dann nicht wie früher eine physische Urkunde liefern und Clearstream entsprechend keine physische Urkunde mehr verwahren. Dies spart Transaktionskosten ein.[52] Ob die dadurch gewonnene Transaktionskostenersparnis allerdings erheblich ausfällt, darf bezweifelt werden.

Die Möglichkeit der Teilnahme am Effektengiroverkehr besteht für **Kryptowertpapiere** **38** bisher nicht, auch nicht für **Kryptowertpapiere in Sammeleintragung** (siehe unten Rz. 50 ff.).[53]

---

48) Vgl. *Lehmann*, NJW 2021, 2318, 2319.
49) Vgl. *Segna*, WM 2020, 2301, 2310; *Wieneke/Kunz*, NZG 2021, 316, 319.
50) Vgl. *Segna*, WM 2020, 2301, 2307.
51) Vgl. Begr. RegE BWpVerwG z. § 8 Abs. 2 a. F.; BT-Drucks. 14/7010, S. 16; *Conreder/Diederichsen/Okonska*, DStR 2021, 2594, 2596.
52) Vgl. *Preuße/Wöckener/Gillenkirch*, BKR 2020, 551, 555; *Wieneke/Kunz*, NZG 2021, 316, 319; *Weber/Grauer/Schmid*, WPg 2021, 308, 313.
53) Vgl. *Preuße/Wöckener/Gillenkirch*, BKR 2021, 460, 461.

bb) Eigentumsübertragung

39 Für die Eigentumsübertragung von Kryptowertpapieren in Sammeleintragung gelten die sachenrechtlichen Vorschriften des BGB. Die in § 2 Abs. 3 eWpG normierte **Sachfiktion** ermöglicht gemeinsam mit der **Fiktion des Wertpapiersammelbestandes** nach § 9 Abs. 1 Satz 1 eWpG eine Übereignung nach § 929 Satz 1 BGB durch einen **Geheißerwerb** mit der Umstellung des **Besitzmittlungswillens** der Wertpapiersammelbank oder des Verwahrers.[54] Die Notwendigkeit einer solchen doppelten Fiktion zum Übertragen von Kryptowertpapieren im Sammelbestand zeigt, dass die Anwendung sachenrechtlicher Grundsätze zwar möglich ist, aber auch mit gewissen dogmatischen Verbiegungen erfolgen muss.

cc) Registerangaben im Kryptowertpapierregister

40 Nach § 17 Abs. 1 eWpG sind im Kryptowertpapierregister für Kryptowertpapiere in Sammeleintragung die **folgenden Angaben** zu führen:

– wesentlicher Inhalt des Rechts einschließlich einer eindeutigen Kennnummer (ISIN, WKN) und der Kennzeichnung als Wertpapier;

– Emissionsvolumen;

– Nennbetrag;

– Emittent(en);

– Kennzeichnung, ob es sich um eine Einzel- oder eine Sammeleintragung handelt;

– Inhaber; und

– Angaben zum Mischbestand nach § 9 Abs. 3 eWpG.

b) Einzeleintragung
aa) Allgemeines

41 § 8 Abs. 1 Nr. 2 eWpG sieht die Einzeleintragung für beide Arten der elektronischen Wertpapiere vor.[55] Bei der Einzeleintragung trägt die registerführende Stelle den **individuellen Inhaber** des Wertpapiers, d. h. eine natürliche oder juristische Person oder eine rechtsfähige Personengesellschaft, in das Register ein (§ 8 Abs. 1 Nr. 2 eWpG). Diese Person erwirbt damit **alleiniges, ungeteiltes Eigentum** am Kryptowertpapier.[56] Anstelle der namentlichen Eintragung soll auch die Zuordnung einer eindeutigen **Kennung** als Inhaber möglich sein.[57] Die registerführende Stelle kann daher den Berechtigten entweder namentlich oder durch Zuordnung einer eindeutigen Kennung als Inhaber der Einzeleintragung in das elektronische Wertpapierregister eintragen.[58]

42 Die Einzeleintragung unterscheidet sich von der Sammeleintragung vornehmlich darin, dass die registerführende Stelle das Kryptowertpapier auf den **Berechtigten als den ersten Inhaber** einträgt,[59] und nicht auf einen Intermediär.

---

54) Vgl. Müller/Pieper-*Müller*, eWpG, § 25 Rz. 3; *Mittwoch*, WM 2021, 375, 380; a. A. *Guntermann*, AG 2021, 449, 456.

55) Der vorherige RefE sah die Möglichkeit der Einzeleintragung nur für Kryptowertpapiere vor; vgl. dazu auch *Preuße/Wöckener/Gillenkirch*, BKR 2021, 460, 463; *Wieneke/Kunz*, NZG 2021, 316, 320.

56) Vgl. *Lehmann*, NJW 2021, 2318, 2321; *Preuße/Wöckener/Gillenkirch*, BKR 2021, 460, 463; vgl. *Wieneke/Kunz*, NZG 2021, 316, 321.

57) Vgl. *Wieneke/Kunz*, NZG 2021, 316, 321; im Fall von Zentralregisterwertpapieren in Einzeleintragung handelt es sich um eine „Kann-Vorschrift", während bei Kryptowertpapieren in Einzeleintragung die Zuordnung einer eindeutigen Kennnummer zwingende Voraussetzung ist, *Siadat*, RDi 2021, 466, 470.

58) Vgl. *Preuße/Wöckener/Gillenkirch*, BKR 2021, 460, 463.

59) Vgl. Müller/Pieper-*Pieper*, eWpG, § 8 Rz. 10.

Nach der Gesetzesbegründung richtet sich die Einzeleintragung bei Kryptowertpapieren **43** insbesondere an den **privaten Kapitalmarkt**, der weitestgehend ohne Intermediäre auskommen bzw. diese reduzieren möchte, um Transaktionskosten zu sparen.[60] Die Einzeleintragung ist deshalb besonders für Kryptonetzwerke geeignet, da der Anleger so Werte direkt von Anleger zu Anleger (**Peer-to-Peer**) übertragen und halten kann.[61]

bb) Eigentumsübertragung

Bei elektronischen Wertpapieren in Einzeleintragung besteht keine Möglichkeit der Übertragung im **Effektengiroverkehr**.[62] Die §§ 24 ff. eWpG normieren Sonderregeln für Verfügungen über elektronische Wertpapiere in Einzeleintragung. Zur Wirksamkeit von diesbezüglichen Verfügungen ist die Ein- oder Umtragung im Register notwendig. Die Registereintragung ist mithin **konstitutiv** für jede Verfügung.[63] So ergibt sich aus § 25 Abs. 1 eWpG das Erfordernis der Umtragung zur Übertragung des Eigentums an einem elektronischen Wertpapier. Dies stellt keine direkte Abkehr von den Übertragungsregelungen für in Urkunden begebene Wertpapiere dar, die der Inhaber nach §§ 398, 413 BGB mittels Abtretung der verbrieften Forderung übertragen kann. Vielmehr tritt die Umtragung als weitere gesetzliche Wirksamkeitsvoraussetzung hinzu, um so Verfügungen **außerhalb des Registers auszuschließen**.[64]

Die Voraussetzung der Ein- und Umtragung gilt auch für **Verfügungen über Rechte**. Eine **45** Regelung bezüglich des gutgläubigen Erwerbs ist in § 26 eWpG enthalten.[65] Danach wird zugunsten desjenigen, der aufgrund eines Rechtsgeschäfts in ein elektronisches Wertpapierregister eingetragen ist, vermutet, dass der Inhalt des elektronischen Wertpapierregisters als vollständig und richtig gilt und der Inhaber der Berechtigte aus dem Wertpapier ist.

Im Unterschied zur Einzeleintragung von Zentralregisterwertpapieren reicht die Eintra- **46** gung des Inhabers bei **Kryptowertpapieren** für die Ausübung einer **tatsächlichen Verfügungsgewalt** nicht aus. Der Inhaber benötigt zudem den **Public und den Private Key**, um über das Kryptowertpapier auch tatsächlich verfügen zu können.

cc) Registerangaben im Kryptowertpapierregister

Zusätzlich zu den beschriebenen Registerangaben nach § 17 Abs. 1 eWpG (siehe oben **47** Rz. 40) sind bei **Kryptowertpapieren in Einzeleintragung** folgende Angaben zu machen (§ 17 Abs. 2 eWpG):

– Verfügungsbeschränkungen zugunsten einer bestimmten Person; und

– Rechte Dritter.

Zudem muss die Bezeichnung des Inhabers bei Einzeleintragung durch Zuordnung einer **48** eindeutigen Kennung erfolgen (§ 17 Abs. 2 Satz 2 eWpG). Die registerführende Stelle hat auf Weisung eines nach § 18 Abs. 1 Satz 1 Nr. 1 oder Nr. 2 eWpG Weisungsberechtigten zusätzlich Angaben zu sonstigen Verfügungsbeschränkungen sowie zur Geschäftsfähigkeit des Inhabers aufzunehmen (§ 17 Abs. 2 Satz 3 eWpG).

---

60) Begr. RegE Gesetz zur Einführung von eWp, BT-Drucks. 19/26925, S. 50.
61) *Lehmann*, NJW 2021, 2318, 2321.
62) Vgl. *Wieneke/Kunz*, NZG 2021, 316, 320 f.
63) *Preuße/Wöckener/Gillenkirch*, BKR 2021, 460, 462.
64) Begr. RegE Gesetz zur Einführung von eWp, BT-Drucks. 19/26925, S. 74 f.; *Meier*, RDi 2021, 1, 6; *Conreder/Diederichsen/Okonska*, DStR 2021, 2594, 2598; *Wieneke/Kunz*, NZG 2021, 316, 321 f.
65) Vgl. *Lehmann*, NJW 2021, 2318, 2323; *Wieneke/Kunz*, NZG 2021, 316, 322.

c)   Mischbestand

49   Bei einer Gesamtemission als Mischbestand von teils in Sammeleintragung und teils physischen Wertpapieren (§ 9 Abs. 3 Alt. 1 eWpG) oder teils Wertpapieren in Einzeleintragung im selben Register (§ 9 Abs. 3 Alt. 2 eWpG) begebenen Wertpapieren gelten sie als einheitlicher Sammelbestand, sofern dies im Register zur Sammeleintragung vermerkt ist (§ 9 Abs. 3 eWpG). In einem solchen Fall erfolgen sowohl die Eigentumsübertragung als auch die Registerangaben nach den Vorgaben zur **Sammeleintragung**.[66]

5.   Kein Börsenhandel mit Kryptowertpapieren

50   Die Möglichkeit des **Börsenhandels** besteht derzeit nur für Zentralregisterwertpapiere in Sammeleintragung. Für die Zulassung von Wertpapieren zum Börsenhandel ist nach § 48 Abs. 2 Nr. 7a BörsZulVO die Verwahrung sammelverwahrter Wertpapiere bei einer Wertpapiersammelbank zwingend. Diese Möglichkeit hat der Gesetzgeber für Zentralregisterwertpapiere nach § 12 Abs. 3 eWpG geschaffen und eine entsprechende Abwicklung im Effektengiro vorgesehen. Entsprechend sieht § 48 Abs. 2 Nr. 7a BörsZulVO für elektronische Wertpapiere in Sammeleintragung nach § 8 Abs. 1 Nr. 1 eWpG vor, dass der Sammeleintrag auf den Namen einer Wertpapiersammelbank im zentralen Register nach § 12 Abs. 1 eWpG erfolgen muss.[67]

51   Während für Zentralregisterwertpapiere in Sammeleintragung eine **Einbuchung in den Effektengiro** (siehe unten zum Effektengiroverkehr Rz. 96 f.) vorgesehen ist (§ 12 Abs. 3 eWpG), besteht diese Möglichkeit für Kryptowertpapiere gerade nicht.[68] Diese sind daher auch nicht börsentauglich.

52   Eine Zulassung von Kryptowertpapieren zum Börsenhandel ist ausweislich der Gesetzesbegründung aufgrund der „erheblichen gesellschaftsrechtlichen Auswirkungen"[69] erst für einen späteren Zeitpunkt geplant.[70] Für Kryptowertpapiere ist somit derzeit nur ein **OTC-Handel („Over-the-Counter")** möglich.[71]

V.   Das Aufzeichnungssystem (§ 16 Abs. 1 eWpG)

53   § 16 Abs. 1 eWpG i. V. m. § 4 Abs. 11 eWpG beschreibt die relevanten Vorgaben, die beim Führen eines Kryptowertpapierregisters zu beachten sind. So muss die registerführende Stelle das Kryptowertpapierregister:

–   auf einem dezentralen und fälschungssicheren **Aufzeichnungssystem** führen;

–   die Daten in der **Zeitfolge** protokollieren; und

–   gegen **unbefugte** Löschung sowie nachträgliche Veränderung **geschützt** speichern.

---

66) Vgl. Müller/Pieper-*Müller*, eWpG, § 25 Rz. 4.
67) Näher hierzu *Stoschek*, DStR 2021, 2021, 2023 f.
68) *Preuße/Wöckener/Gillenkirch*, BKR 2021, 460, 461, führen dies auch als Begründung dafür an, dass sich Kryptowertpapiere wohl überwiegend auf Privatplatzierungen beschränken dürften, während Zentralregisterwertpapiere aufgrund der Einbuchung in den Effektengiroverkehr auch für das „Massengeschäft" geeignet seien. Die Möglichkeit der Einzeleintragung bei Zentralregisterwertpapieren eröffnet zudem die Option, dass das Zentralregister ein Verwahrer führt und dann keine Einbuchung in den massenhaften Effektengiroverkehr stattfindet; *Lehmann*, NJW 2021, 2318, 2321; vgl. *Vig*, BKR 2022, 442, 448.
69) Vgl. Begr. RegE Gesetz zur Einführung von eWp, BT-Drucks. 19/26925, S. 38.
70) Vgl. zur Möglichkeit der elektronischen Aktie im Detail *Bialluch-v. Allwörden*, RDi 2021, 13; *v. Buttlar/Omlor*, ZRP 2021, 169, 171; *Conreder/Diederichsen/Okonska*, DStR 2021, 2594, 2599; *Lehmann*, BKR 2020, 431, 432; *Segna*, WM 2020, 2301; *Döding/Wentz*, WM 2020, 2312; *Saive*, ZPR 2020, 219, 220; *Guntermann*, AG 2021, 449, 456; *Mittwoch*, WM 2021, 375, 382; vgl. Börse Stuttgart (BS), Stellungnahme z. RefE eWpG, Ziff. 2, abrufbar unter https://bundesfinanzministerium.de/Content/DE/Gesetzestexte/Gesetze_Gesetzesvorhaben/Abteilungen/Abteilung_VII/19_Legislaturperiode/2021-06-09-einfuehrung-elektronische-wertpapiere/0-Gesetz.html (Abrufdatum: 18.2.2023).
71) Vgl. *Preuße/Wöckener/Gillenkirch*, BKR 2021, 460 f.; vgl. *Vig*, BKR 2022, 442, 448.

Die diese Voraussetzungen abbildende Technologie beschreibt das eWpG nur sehr abstrakt.[72] Der Gesetzgeber definiert lediglich ein **Aufzeichnungssystem** in § 4 Abs. 11 eWpG als einen dezentralen Zusammenschluss, in dem die Kontrollrechte zwischen den das jeweilige System betreibenden Einheiten nach einem im Vorhinein festgelegten Muster verteilt sind. Die **Dezentralität** ist dabei das hervorstechende Merkmal im Vergleich zu „klassischen" Speichermedien.[73] **54**

Die gesetzliche Vorgabe eines fälschungssicheren Aufzeichnungssystems kann derzeit insbesondere die **Blockchain-Technologie** erfüllen.[74] Das gesamte eWpG ist **technologieneutral** zu verstehen. Grundsätzlich kann die registerführende Stelle daher zur Kryptowertpapierregisterführung jede Technologie einsetzen, solange sie die zuvor genannten Voraussetzungen einhält. Das eWpG orientiert sich ausweislich der Gesetzesbegründung an den aktuellen Marktentwicklungen, Wertpapiere mittels einer **Blockchain- bzw. Distributed-Ledger-Technologie (DLT)** zu begeben.[75] So nutzen bereits Banken und FinTechs die Blockchain-Technologie zur Kryptowertpapierregisterführung. **55**

1. Dezentralität des Registers

Nach § 4 Abs. 11 eWpG definiert sich das Aufzeichnungssystem insbesondere anhand seiner Dezentralität. Die Dezentralität des Aufzeichnungssystems ist das Unterscheidungskriterium im Vergleich zu „klassischen" Speichermedien.[76] Für ein zentrales Register können registerführende Stellen[77] indes auch zentrale Aufzeichnungssysteme verwenden. **56**

Ein dezentrales System basiert auf einer von Teilnehmern des Systems kollektiv verwalteten Datenbank. Die Netzwerkteilnehmer speichern die Datenbank oder Teile davon auf ihren Rechnern **(Peer-to-Peer-System)**.[78] **57**

Dezentralität bezüglich der Kryptowertpapierregister bedeutet somit, dass die Kontrollrechte nicht allein der registerführenden Stelle zukommen, sondern vielmehr allen das System betreibenden Einheiten. Diese dezentrale Struktur verhindert, dass eine Person oder Instanz allein die Entscheidungsgewalt über Transaktionen oder Daten besitzt.[79] Dadurch werden Manipulationen erschwert. **58**

Es ist geboten, dass ungeachtet der Dezentralität von Kryptowertpapierregistern auch für Kryptowertpapiere die **gleiche Sicherheit** betreffend Identität und Authentizität des Wert- **59**

---

72) *Lehmann*, NJW 2021, 2318, 2320; *Döding/Wentz*, WM 2020, 2312, 2318.

73) Vgl. *Müller/Pieper-Kell*, eWpG, § 16 Rz. 39; *Lehmann*, NJW 2021, 2318, 2320.

74) So auch *Conreder/Diedrichsen/Okonska*, DStR 2021, 2594; *Lorenz*, WM 2020, 1609, 1610; *Kleinert/Mayer*, EuZW 2020, 1059, 1061; *Geier*, RdF 2020, 258, 261; *Guntermann*, AG 2021, 449, 454; vgl. aber *Döding/Wentz*, WM 2020, 2312, 2318: „Aus der Technologieneutralität folgt zudem, dass eine Technologie, die nach derzeitigem Stand der Technik die Anforderungen erfüllt, mit Fortschreiten der technischen Entwicklung möglicherweise nicht mehr als Basis für ein Kryptowertpapierregister dienen kann."; vgl. auch *Kleinert/Mayer*, EuZW 2019, 857 f.: „Durch diese, innerhalb des Netzwerkes abgestimmte, redundante Spiegelung des gesamten Datenbestandes auf allen beteiligten Servern wird für Authentizität und Vollständigkeit der Daten gesorgt. Die DLT ermöglicht im Ergebnis die technisch fälschungssichere Speicherung und Verarbeitung von Informationen, Werten und Rechten sowie deren Übertragung."; s. hierzu auch *Mittwoch*, WM 2021, 375, 377.

75) Vgl. Begr. RegE Gesetz zur Einführung von eWp, BT-Drucks. 19/26925, S. 1, 30, 45; vgl. auch *Heise*, BaFin-Journal 7/2021, S. 38.

76) Vgl. *Preuße/Wöckener/Gillenkirch*, BKR 2021, 460, 461; *Mittwoch*, WM 2021, 375, 381; *Döding/Wentz*, WM 2020, 2312, 2318.

77) Begr. RegE Gesetz zur Einführung von eWp, BT-Drucks. 19/26925, S. 54.

78) *Mittwoch*, WM 2021, 375, 377; *Conreder/Diedrichsen/Okonska*, DStR 2021, 2594, 2596; *Lenski*, LTZ 2022, 24, 25.

79) Vgl. *Schrey/Thalhofer*, NJW 2017, 1431, 1433.

papiers besteht wie für zentrale Wertpapiere in zentralen Registern. Siehe nachfolgend Rz. 61 ff. zur Sicherheit der Distributed-Ledger-Technologie (DLT).

60 Der Gesetzgeber benennt i. S. einer gewollten **Technologieneutralität** zum Merkmal der Dezentralität keine spezifische Technologie. Dennoch kommt – zumindest derzeit – wegen des zwingenden Merkmals der Dezentralität lediglich die DLT in Betracht.[80]

2. Fälschungssicherheit

61 Das Kryptowertpapierregister ist nach § 16 Abs. 1 eWpG auf einem fälschungssicheren Aufzeichnungssystem zu führen.

62 Da es keine 100 %ige Fälschungssicherheit gibt, ist die Begrifflichkeit des „fälschungssicheren" Aufzeichnungssystems im Gesetzestext missverständlich. Richtigerweise spricht daher auch die Gesetzesbegründung davon, den Begriff der „Fälschungssicherheit" als „gegen Fälschungen gesichert" zu verstehen.[81] Andernfalls würde das eWpG an Kryptowertpapierregister nicht erfüllbare technische Anforderungen stellen, da kein technisches System per se absolut fälschungssicher sein kann.[82] Dies gilt auch für die papierhafte Urkunde, die – selbst wenn sie bei einem Zentralverwahrer hinterlegt ist – nicht vollständig gegen Manipulationen geschützt ist.[83] Folgerichtig stellt die Gesetzesbegründung klar, dass ein Kryptowertpapierregister die Voraussetzung der Fälschungssicherheit erfüllt, wenn eine Sicherung gegen Fälschungen auf der Basis des **Standes der Technik** erfolgt.[84] Es sind dazu gewisse technische Mindestanforderungen zu erfüllen: Zum Zweck der Fälschungssicherheit muss das Aufzeichnungssystem gegen unbefugte Löschung und nachträgliche Veränderung geschützt sein.[85] Hierzu eignet sich die DLT in besonderem Maße. Diese Technologie weist u. a. aufgrund ihres immanenten **Konsensprinzips** einen besonderen Manipulationsschutz auf.

63 Eine der grundlegenden Eigenschaften der DLT ist dabei ihre **Unveränderbarkeit** durch nachträgliche Manipulationen, zu den diesbezüglichen technischen Details siehe *Lendermann/ Nemeczek*, § 4 Rz. 28 ff. und 89 ff. und *Ostermeier*, § 18 Rz. 6 f.

64 Die DLT verfügt über verschiedene Schutzmechanismen gegen unbefugte Änderungen.[86] Die Gesetzesbegründung weist dabei vorsorglich darauf hin, dass nicht alle Aufzeichnungssysteme, die auf der DLT beruhen, per se als fälschungssicher gelten.[87] Konkrete **technische Anforderungen** werden indes nicht genannt. Die mittlerweile verabschiedete und in Kraft getretene Verordnung über Anforderungen an elektronische Wertpapierregister (**eWpRV**)[88] regelt in § 16 Abs. 1 eWpRV, dass die von der registerführenden Stelle eines

---

80) Vgl. *Müller/Pieper-Kell*, eWpG, § 16 Rz. 39; *Reger/Langheld/Haagen*, RDi 2021, 83, 84; *Wieneke/Kunz*, NZG 2021, 316.

81) Begr. RegE Gesetz zur Einführung von eWp, BT-Drucks. 19/26925, S. 59; vgl. hierzu auch *Guntermann*, AG 2021, 449, 452; vgl. *Linardatos*, ZBB 2020, 329, 335; vgl. *Sickinger/Thelen*, AG 2020, 862 f.; vgl. *Völkle*, MMR 2021, 539, der von einer „extrem hohen Validität" der Daten spricht; anders aber etwa *Maume/Fromberger*, ZHR 185 (2021) 507, 524.

82) *Preuße/Wöckener/Gillenkirch*, BKR 2021, 460, 462 f. Wohl auch *Guntermann*, AG 2021, 449, 452, wenn von „weitgehend fälschungssichere[r] Speicherung" gesprochen wird.

83) *Preuße/Wöckener/Gillenkirch*, BKR 2020, 551, 555 f.; vgl. auch *Möslein/Omlor/Urbach*, ZIP 2020, 2149, 2163.

84) Begr. RegE Gesetz zur Einführung von eWp, BT-Drucks. 19/26925, S. 59.

85) Begr. RegE Gesetz zur Einführung von eWp, BT-Drucks. 19/26925, S. 68.

86) Vgl. Begr. RegE Gesetz zur Einführung von eWp, BT-Drucks. 19/26925, S. 68.

87) Begr. RegE Gesetz zur Einführung von eWp, BT-Drucks. 19/26925, S. 68.

88) Verordnung über Anforderungen an elektronische Wertpapierregister (eWpRV), v. 24.10.2022, BGBl. I 2022, 1882, abrufbar unter: https://www.bundesfinanzministerium.de/Content/DE/Gesetzestexte/Gesetze_ Gesetzesvorhaben/Abteilungen/Abteilung_VII/19_Legislaturperiode/2022-10-28-eWpRV/3-Verkuendete-Verordnung.pdf?__blob=publicationFile&v=2 (Abrufdatum: 23.5.2023).

Kryptowertpapierregisters vorgesehenen und eingesetzten kryptografischen Verfahren und sonstigen Methoden zur Transformation von Daten, um deren semantischen Inhalt zu verbergen und deren unbefugte Verwendung oder unbemerkte Veränderung zu verhindern, dem **Stand der Technik** entsprechen müssen und die Integrität, die Authentizität und die Vertraulichkeit der Daten über den gesamten Zeitraum, in dem der Schutzbedarf besteht, sicherzustellen haben. Aus § 16 Abs. 1 eWpRV ergeben sich keine näheren technischen Details. Einzig der Verweis auf die Richtlinie TR-02102 des BSI[89] in der Begründung zur zweiten eWpRV-Konsultation kann Registerführern ggf. diesbezügliche Anhaltspunkte geben.[90]

3. Protokollierung in der Zeitfolge

In § 16 Abs. 1 eWpG normiert der Gesetzgeber auch die Pflicht des Kryptowertpapierre- **65** gisterführers zur **Protokollierung** von Daten „**in der Zeitfolge**".

Die Blockchain ermöglicht durch ihre aufeinanderfolgenden Blöcke zumindest die Dar- **66** stellung von Datenänderungen in chronologischer Reihenfolge, wie bspw. Transaktionen.[91] Die dem Bitcoin zugrunde liegende Blockchain verwendet sogar einen exakten Zeitstempel, der den Zeitpunkt einer Transaktion auf die Sekunde genau wiedergibt. Auch das Ethereum-Netzwerk benutzt einen kryptografischen Zeitstempelmodus. Bei der Auslösung einer neuen Transaktion erfolgt hier eine Speicherung und Verschlüsselung aller bisherigen Informationen sowie der Information über die neue Transaktion in einem neuen Block mit Zeitstempel. Somit gibt jeder neue Block die gesamte bisherige Transaktionshistorie wieder.[92]

§ 16 Abs. 1 eWpG normiert nur die Pflicht zur Protokollierung der **chronologischen Rei-** **67** **henfolge** von Datenänderungen. Im Unterschied zu Zentralregistern, bei denen nach § 14 Abs. 3 Satz 2 eWpG ein Zeitstempel den genauen Zeitpunkt von **Änderungen des Registerinhalts** festhalten soll, sieht jedenfalls der Wortlaut in § 16 Abs. 1 eWpG nicht ausdrücklich vor, dass der genaue Zeitpunkt von Datenänderungen im Aufzeichnungssystem festzuhalten ist. **Best Practice** dürfte allerdings gleichwohl die Protokollierung des **genauen Zeitpunktes der Datenänderung** sein. Sofern die registerführende Stelle diesen als Best Practice festhält, erscheint die Protokollierung des Zeitpunktes der jeweiligen Änderung einer Eintragung im Kryptowertpapierregister sinnhaft. Dieser Zeitpunkt ist bspw. für die rechtliche Inhaberschaft am Kryptowertpapier relevant und somit auch für die Frage, wann jemand Inhaber des Kryptowertpapiers wurde.[93]

Die Protokollierung des **Weisungseingangs** nach § 18 Abs. 3 eWpG und deren Durch- **68** führung im Kryptowertpapierregister ermöglicht auch die Protokollierung des Änderungszeitpunktes. Nach § 18 Abs. 3 eWpG soll die registerführende Stelle zunächst den Zugangszeitpunkt einer Weisung dokumentieren und anschließend deren Vollzug ebenfalls mit einem Zeitstempel versehen.[94]

---

89) Bundesamt für Sicherheit in der Informationstechnik (BSI), TR-02102, abrufbar unter https://www.bsi.bund.de/DE/Themen/Unternehmen-und-Organisationen/Standards-und-Zertifizierung/Technische-Richtlinien/TR-nach-Thema-sortiert/tr02102/tr02102_node.html (Abrufdatum: 18.2.2023).

90) Vgl. Begr. RefE eWpRV (2. Konsultation), v. 14.1.2022, S. 11, abrufbar unter https://www.bmj.de/SharedDocs/Gesetzgebungsverfahren/DE/Wertpapierregister.html (Abrufdatum: 18.2.2023).

91) Vgl. Müller/Pieper-Kell, eWpG, § 16 Rz. 45; Linardatos, ZBB 2020, 329; Reger/Langheld/Haagen, RDi 2021, 83, 84.

92) Sickinger/Thelen, AG 2020, 862 f.

93) Vgl. Müller/Pieper-Kell, eWpG, § 16 Rz. 46; Döding/Wentz, WM 2020, 2312, 2316; Sickinger/Thelen, AG 2020, 862, 865; Saive, ZRP 2020, 219, 220 f.; Geier, RdF 2020, 258, 259; Segna, WM 2020, 2301, 2306.

94) Begr. RegE Gesetz zur Einführung von eWp, BT-Drucks. 19/26925, S. 59.

4.   Schutz vor unbefugter Löschung und unbefugter nachträglicher Veränderung

69   Jedes Kryptowertpapierregister muss nach § 16 Abs. 1 eWpG gegen unbefugte Löschungen und unbefugte nachträgliche Veränderungen gesondert **gesichert** sein.

70   Fraglich ist, ob es sich bei den Anforderungen des Schutzes vor „unbefugter Löschung" und „unbefugter nachträglicher Veränderung" um jeweils **eigenständige Tatbestandsmerkmale** oder um eine nähere Spezifizierung des Tatbestandsmerkmals der **Fälschungssicherheit** handelt. Nach dem Wortlaut des § 16 Abs. 1 eWpG ist davon auszugehen, dass es sich bei beiden Anforderungen um selbstständige, von der Fälschungssicherheit losgelöste oder zumindest davon unterscheidbare Merkmale handelt, da der Schutz vor unbefugten Löschungen und nachträglichen Veränderungen **Handlungspflichten** der registerführenden Stelle normiert. Die Fälschungssicherheit hingegen stellt ein zwingendes Merkmal des Aufzeichnungssystems selbst dar.[95]

71   **Löschungen**, egal ob befugt oder unbefugt, i. S. einer vollständigen Vernichtung gespeicherter Angaben bei Verwendung der Blockchain-Technologie sind nur schwer (d. h. theoretisch) möglich.[96] Wie bei *Ostermeier*, § 18 Rz. 6 f., und *Lendermann/Nemeczek*, § 4 Rz. 28 ff. und Rz. 89 ff., beschrieben, beruht das Prinzip der Blockchain darauf, dass Nodes frühere Transaktionsdaten überprüfen und so entscheiden, ob sie einer neuen Transaktion vertrauen. Sofern dies der Fall ist, schreiben die Miner die Transaktionsdaten **unveränderlich, also grundsätzlich unlöschbar** in die Blockchain. Eine **endgültige Löschung** ist aus Gründen der **Beweisführung** für eine lückenlose Legitimationskette im Regelfall nicht wünschenswert. Gleichwohl bleibt es ggf. erforderlich, unrichtige oder rechtlich überholte Eintragungen bzw. Emissionsbedingungen und Wertpapiere, aus denen sich keine Ansprüche mehr ergeben, für den Rechtsverkehr **als gegenstandslos kenntlich zu machen**.[97]

72   § 7 Abs. 3 und § 16 Abs. 1 eWpG scheinen sich prima facie inhaltlich zu decken. Allerdings verfolgen § 7 Abs. 3 und § 16 Abs. 1 eWpG **unterschiedliche Schutzzwecke**:

–   Der gesamte § 7 eWpG bezieht sich auf den Datenschutz, die Datensicherheit und die Datenintegrität auch der Teilnehmer bzw. Nutzer des Kryptowertpapierregisters.

–   § 16 Abs. 1 zielt hingegen auf den Schutz der Integrität und des Beweiswertes des **Kryptowertpapierregisters**. Denn das Vertrauen in die Integrität und Authentizität des Kryptowertpapierregisters und die Anwendung der Gutgläubigkeitsgrundsätze sind nur berechtigt, sofern bestimmte technische Mindeststandards erfüllt sind (siehe dazu oben Rz. 56 ff., 61 ff., 65 ff. und 69 ff.).[98]

73   Unabhängig von den in Teilen unterschiedlichen Schutzzwecken der § 7 Abs. 3 und § 16 Abs. 1 eWpG normieren beide Vorschriften die Pflicht der registerführenden Stelle, die erforderlichen technischen und organisatorischen Maßnahmen zu treffen, um einen Datenverlust oder eine unbefugte Datenveränderung für das Kryptowertpapierregister und dessen Teilnehmer bzw. Nutzer zu verhindern. Insofern ist zur Bestimmung des technischen Standards zur Erreichung der Datensicherheit i. S. von § 15 Abs. 1 eWpG auch auf § 7 eWpG und den ihn konkretisierenden **§ 5 eWpRV** abzustellen.

---

95)   *Linardatos*, ZBB 2020, 329, 335; wohl auch *Tobler*, DSRITB 2021, 251, 262, der die Fälschungssicherheit allgemein als Merkmal der Blockchain und vergleichbarer Technologien anführt; anders Müller/Pieper-*Kell*, eWpG, § 16 Rz. 48.

96)   *Denga*, JZ 2021, 227, 228.

97)   Vgl. Begr. RegE Gesetz zur Einführung von eWp, BT-Drucks. 19/26925, S. 44; vgl. Müller/Pieper-*Pieper*, eWpG, § 4 Rz. 63; *Linardatos*, ZBB 2020, 329, 345; *Lehmann*, NJW 2021, 2318, 2321.

98)   Begr. RegE Gesetz zur Einführung von eWp, BT-Drucks. 19/26925, S. 59.

§ 5 eWpRV beschreibt **Regelprozesse und Testpflichten**, die einen hinreichenden Schutz   74
des Kryptowertpapierregisters vor unbefugten Löschungen und unbefugten nachträglichen
Veränderungen sicherstellen sollen. So sind **Systemtests** durchzuführen, wenn die registerführende Stelle neue Systeme einsetzt oder bestehende Systeme wesentlich verändert. Daneben sind **Regelprozesse**, u. a. zum Testen der Sicherheitsvorkehrungen, zu schaffen. Die
fachlich und technisch zuständigen Mitarbeiter der registerführenden Stelle sollen diese
Tests durchführen und abnehmen. Neben der Implementierung neuer Systeme und wesentlichen Veränderungen soll die registerführende Stelle Regelprozesse bezüglich der Entwicklung, des Testens, der Freigabe und der Implementierung in die Produktionsprozesse
etablieren, wobei die Produktions- und Testumgebung voneinander getrennt sein sollen.

Nähere Detailangaben zu **technischen Vorgaben** enthält die eWpRV nicht. Daher könnten   75
die registerführenden Stellen anerkannte Standards (z. B. ISO/DIN) heranziehen; soweit
diese noch nicht bestehen, dürften sich schrittweise branchenübliche Best Practices entwickeln. Da alle Kryptowertpapierregisterführer über eine BaFin-Erlaubnis verfügen müssen,
werden auch die Test- und Produktionsprozesse zum Gegenstand der Aufsicht.

Kommt die registerführende Stelle ihren Pflichten zum Schutz der Datenintegrität nicht   76
nach, haftet sie gegenüber dem Berechtigten für den infolge des Verlusts der Daten oder
der unberechtigten Veränderung eingetretenen Schaden im Wege einer **Garantiehaftung**.[99]
Die registerführende Stelle haftet somit **verschuldensunabhängig** gegenüber einer Vielzahl
von Personen. Eine Exkulpationsmöglichkeit, wie sie bspw. in Art. 82 Abs. 3 DSGVO[100] zu
finden ist, sieht das eWpG nicht vor.[101] Für Einzelheiten siehe *Hippeli*, § 7 Rz. 55, 65 f.

VI. Die registerführende Stelle (§ 16 Abs. 2 eWpG)

§ 16 Abs. 2 Satz 1 und 2 eWpG regeln, wer registerführende Stelle ist bzw. als solche gilt.   77
§ 16 Abs. 2 Satz 3 eWpG regelt zudem den Wechsel der registerführenden Stelle.

1. Erlaubnispflicht

Der Gesetzgeber nahm die Kryptowertpapierregisterführung mit Einführung des eWpG   78
neu in das KWG als **erlaubnispflichtige Finanzdienstleistung** auf (§ 1 Abs. 1a Satz 2 Nr. 8
i. V. m. § 32 Abs. 1 Satz 1 KWG; im Detail zu den aufsichtsrechtlichen Anforderungen
Neumann, Anh. Art. 6 Rz. 43 ff.). Aufgrund des Anlegerschutzes und der Marktintegrität
sollen Kryptowertpapierregisterführer unter BaFin-Aufsicht stehen.[102] Die im KWG und
dem eWpG verwendeten Begriffe „Kryptowertpapier" und „Kryptowertpapierregisterführung" decken sich insoweit inhaltlich (zur Abgrenzung Kryptowert – Kryptowertpapier
Neumann, Anh. Art. 6 Rz. 18 ff.). § 1 Abs. 1a Nr. 8 KWG verweist ausdrücklich auf § 16
eWpG.

---

99) Ebenso *Sickinger/Thelen*, AG 2020, 862, 869, und *Conreder/Diederichsen/Okonska*, DStR 2021, 2594,
    2597; a. A. *Omlor*, RDi 2021, 371, 374.
100) Verordnung (EU) 2016/679 des Europäischen Parlaments und des Rates v. 27.4.2016 zum Schutz
    natürlicher Personen bei der Verarbeitung personenbezogener Daten, zum freien Datenverkehr und
    zur Aufhebung der Richtlinie 95/46/EG (Datenschutz-Grundverordnung – DSGVO), ABl. (EU)
    L 119/1 v. 4.5.2016.
101) Vgl. *Sickinger/Thelen*, AG 2020, 862, 869.
102) Begr. RegE Gesetz zur Einführung von eWp, BT-Drucks. 19/26925, S. 74 f.; vgl. hierzu auch *Müller/
    Pieper-Kell*, eWpG, § 11 Rz. 14; *Heppekausen*, BKR 2020, 10, 15; *Döding/Wentz*, WM 2020, 2312, 2321.

a) Erlaubnis zur Kryptowertpapierregisterführung

79 Da die Führung eines Kryptowertpapierregisters im KWG als erlaubnispflichtige Finanzdienstleistung klassifiziert ist, bedarf sie einer **Erlaubnis der BaFin**.[103] Dies gilt für den registerführenden Emittenten genauso wie für etwaige Dienstleister, die ein Kryptowertpapierregister führen.[104] Für die Erlaubnis zur Führung eines Kryptowertpapierregisters scheidet die Möglichkeit des **EU-Passportings**[105] aus. Da die Erlaubnis zum Erbringen dieser Finanzdienstleistung nicht auf europäischem Recht beruht, sondern einen nationalen „Sonderweg" darstellt, kann die registerführende Stelle diese Erlaubnis nicht aus dem oder in das europäische Ausland übertragen. Die Details zum Erlaubnisverfahren ergeben sich aus §§ 32 f. KWG.

80 Gemäß § 7 Abs. 4 eWpG stellt die **Registerführung für Zentral- oder Kryptowertpapierregister keine Verwahrung i. S. des DepotG** dar, sodass insoweit keine aufsichtsrechtliche Erlaubnis zum Betreiben des Depotgeschäfts erforderlich ist (zur Abgrenzung der regulatorischen Erlaubnistatbestände Depotgeschäft/eingeschränktes Verwahrgeschäft, Kryptoverwahrgeschäft und Kryptowertpapierregisterführung im Detail *Neumann*, Anh. Art. 6 Rz. 46 ff.).

81 Für zentrale Wertpapierregister kommen allerdings ohnehin als registerführende Stellen nur Verwahrer i. S. des § 4 Abs. 6 eWpG oder Wertpapiersammelbanken i. S. des § 4 Abs. 5 eWpG in Betracht (§ 12 Abs. 2 eWpG). Ein **„Verwahrer"** nach § 4 Abs. 6 eWpG muss über eine Erlaubnis zum Betreiben des Depotgeschäfts verfügen, was wiederum die Verwahrung und Verwaltung von Wertpapieren für andere (§ 1 Abs. 1 Satz 2 Nr. 5 KWG) bedeutet und damit Bankgeschäft i. S. des KWG ist. Somit ist Verwahrer i. S. von § 12 Abs. 2 Nr. 2 eWpG ein Kreditinstitut, das über die Erlaubnis zum Depotgeschäft verfügt (Depotbank). Eine **Wertpapiersammelbank** ist ein Unternehmen, das über die Zulassung nach Art. 16 Abs. 1 der CSDR[106] als Zentralverwahrer verfügt.

82 Die Führung eines Kryptowertpapierregisters ist dagegen nicht – wie bei den zentralen Registern – Wertpapiersammelbanken und „Verwahrern" vorbehalten. Als registerführende Stelle kommen insofern **natürliche oder juristische Personen und rechtsfähige Personengruppen** in Betracht.

b) Bestehende BaFin-Erlaubnis als Voraussetzung zum Entstehen von Kryptowertpapieren?

83 Teilweise findet sich in der Literatur die – nach hier vertretener Auffassung – abzulehnende Ansicht,[107] dass eine bestehende Erlaubnis nach § 32 Abs. 1 i. V. m. § 1 Abs. 1a

---

103) Im Detail zu den aufsichtsrechtlichen Anforderungen s. *Neumann*, Anh. Art. 6 Rz. 43 ff.; vgl. auch *Kaulartz/Voigt/Winkler*, RdF 2022, 24, 28; das KWG sieht Erleichterungen für das Genehmigungsverfahren bei der BaFin vor, sofern nur die Kryptowertpapierregisterführung und keine weiteren Finanzdienstleistungen erbracht werden sollen, *Döding/Wentz*, WM 2020, 2312, 2320; dies ist auf eine wertungsmäßige Gleichstellung mit dem Kryptoverwahrgeschäft zurückzuführen, *Dubovitskaya*, ZIP 2020, 2551, 2558.

104) Begr. RegE Gesetz zur Einführung von eWp, BT-Drucks. 19/26925, S. 60.

105) Sofern die Zulassungsvoraussetzungen auf europäischer Ebene vereinheitlicht sind, entfaltet die von einem Mitgliedstaat erteilte Zulassung auch in anderen Mitgliedstaaten eine entsprechende Wirkung (sog. Passporting), *Burchardi*, EuZW 2021, 1013, 1016; allgemein zu grenzüberschreitenden Sachverhalten, insbesondere dem Passporting, *Binder* in: Binder/Glos/Riepe, Hdb. Bankenaufsichtsrecht, § 3 Rz. 84 ff.

106) Verordnung (EU) Nr. 909/2014 des Europäischen Parlaments und des Rates v. 23.7.2014 zur Verbesserung der Wertpapierlieferungen und -abrechnungen in der Europäischen Union und über Zentralverwahrer sowie zur Änderung der Richtlinien 98/26/EG und 2014/65/EU und der Verordnung (EU) Nr. 236/2012 (Central Securities Depositories Regulation – CSDR), ABl. (EU) L 257/1 v. 28.8.2014.

107) So etwa auch Müller/Pieper-*Pieper*, eWpG, § 4 Rz. 14.

Satz 2 Nr. 8 KWG „**konstitutive**" **Voraussetzung** für die jeweilige Kryptowertpapierregisterqualität und das Entstehen von Kryptowertpapieren sei.

Verstöße gegen die Erlaubnispflicht nach § 1 Abs. 1a Satz 2 KWG können nicht per se   84
dazu führen, dass überhaupt keine Tätigkeit als registerführende Stelle vorliegt. Dies würde
die neue **Erlaubnispflicht der Kryptowertpapierregisterführung ad absurdum führen**.
So wäre es dann faktisch gar nicht möglich, die Kryptowertpapierregisterführung oder auch
andere Finanzdienstleistungen ohne Erlaubnis zu erbringen, da die Erlaubnis konstitutives Merkmal der eigentlichen Dienstleistung – d. h. der Kryptowertpapierregisterführung
bzw. anderer Bank- und Finanzdienstleistungen – wäre. Damit wäre es dann denklogisch
unmöglich, ein erlaubnispflichtiges Geschäft ohne die jeweilige Erlaubnis zu erbringen. § 52
Abs. 1 Nr. 2 KWG macht hingegen deutlich, dass es zwar verboten ist, ein erlaubnispflichtiges Geschäft ohne Erlaubnis zu betreiben, aber eben möglich.

Daneben ist zu berücksichtigen, dass es **unterschiedliche Wertpapierbegriffe** im Zivil- und   85
im Aufsichtsrecht gibt (zur Unterscheidung zwischen zivilrechtlichem und aufsichtsrechtlichem Wertpapierbegriff siehe im Detail *Schulze De la Cruz*, Anh. Art. 3 Rz. 9 ff.).[108]
Dies spricht ebenfalls dagegen, das Bestehen einer aufsichtsrechtlichen Erlaubnis zur Voraussetzung für ein Kryptowertpapierregister bzw. für das Entstehen eines Kryptowertpapiers im zivilrechtlichen Sinne zu machen. Daher können auch Kryptowertpapiere wirksam in einem Register entstehen, für das der Registerführer (noch) keine entsprechende
BaFin-Erlaubnis erhalten hat.

c)   Erlaubnis zur Zentralverwahrung

Neben ihrer **Erlaubnispflicht** für die **Kryptowertpapierregisterführung** kann die register   86
führende Stelle unter Umständen auch der Zulassungspflicht für die Erbringung von Dienstleistungen nach Art. 16 Abs. 1 CSDR[109] als **Zentralverwahrer** unterliegen.[110] Der Gesetzgeber rekurriert in der Gesetzesbegründung „insbesondere"[111] auf den Fall, dass die registerführende Stelle auch das dem Kryptowertpapierregister zugrunde liegende dezentrale
Aufzeichnungssystem betreibt bzw. verantwortet.[112] Demnach sollte die registerführende
Stelle im Fall der Nutzung eines Blockchain-Netzwerks – insbesondere bei Nutzung einer
Permissioned Blockchain[113], also eines in privater Inhaberschaft betriebenen Blockchain-
Netzwerks – überprüfen, ob sie neben ihrer Erlaubnis zur Kryptowertpapierregisterführung
auch einer Erlaubnis als Zentralverwahrer nach § 1 Abs. 1 Satz 2 Nr. 6 KWG bedarf.

Um sich als Zentralverwahrer zu **qualifizieren**, ist es nach § 1 Abs. 6 KWG i. V. m. Art. 2   87
Abs. 1 Nr. 1 CSDR erforderlich, dass eine juristische Person:

– ein **Wertpapierliefer- und -abrechnungssystem** nach Abschnitt A Nr. 3 des Anhangs
  der CSDR (sog. Abwicklungsdienstleistung) betreibt; und

---

108) *Vogel* in: BeckOGK-ZivilR, § 793 BGB Rz. 8; Emde/Dornseifer/Dreibus-*Kayser/Schlikker*, KAGB,
     § 193 Rz. 6; *Bergmann* in: Langenbucher/Bliesener/Spindler, Bankrechts-Kommentar, Kap. 36 Rz. 2;
     Weitnauer/Boxberger/Anders-*Hartrott*, KAGB, § 193 Rz. 10 ff.

109) Verordnung (EU) Nr. 909/2014 des Europäischen Parlaments und des Rates v. 23.7.2014 zur Verbesserung der Wertpapierlieferungen und -abrechnungen in der Europäischen Union und über Zentralverwahrer sowie zur Änderung der Richtlinien 98/26/EG und 2014/65/EU und der Verordnung (EU)
     Nr. 236/2012 (Central Securities Depositories Regulation – CSDR), ABl. (EU) L 257/1 v. 28.8.2014.

110) Darauf hinweisend auch Begr. RegE Gesetz zur Einführung von eWp, BT-Drucks. 19/26925, S. 60.

111) Begr. RegE Gesetz zur Einführung von eWp, BT-Drucks. 19/26925, S. 60.

112) Begr. RegE Gesetz zur Einführung von eWp, BT-Drucks. 19/26925, S. 60; vgl. Beck/Samm/Kokemoor-
     Alfes/Lendermann/Nemeczek/Pitz, KWG, § 1 Rz. 889cc.

113) Vgl. zur Permissioned Blockchain im Detail *Guggenberger* in: Leupold/Wiebe/Glossner, IT-Recht,
     Teil 14.2 Rz. 13 f.; *Maume/Fromberger*, ZHR 185 (2021) 507, 511 f.

– wenigstens **eine weitere Kerndienstleistung** nach Abschnitt A des Anhangs der CSDR erbringt.[114]

88 Insofern ist zunächst zu prüfen, unter welchen Umständen die registerführende Stelle eine Abwicklungsdienstleistung nach Abschnitt A Nr. 3 des Anhangs der CSDR erbringt und welche weitere Kerndienstleistung nach Abschnitt A des Anhangs der CSDR ggf. erbracht wird:

aa) Abwicklungsdienstleistung nach Abschnitt A Nr. 3 des Anhangs der CSDR

89 Gemäß Art. 2 Abs. 1 Nr. 10 CSDR ist ein **Wertpapierliefer- und -abrechnungssystem** ein System i. S. von Art. 2 lit. a 1., 2. und 3. Gedankenstrich der Finalitätsrichtlinie[115], das nicht von einer zentralen Gegenpartei betrieben wird und dessen Tätigkeit darin besteht, Zahlungs- bzw. Übertragungsaufträge auszuführen.

90 Ein **System** ist die förmliche Vereinbarung, die – ohne Mitrechnung einer etwaigen Verrechnungsstelle, einer zentralen Vertragspartei oder Clearingstelle oder eines etwaigen indirekten Teilnehmers[116] – zwischen mindestens drei Teilnehmern getroffen wurde und gemeinsame Regeln und vereinheitlichte Vorgaben für die Ausführung von Zahlungs- bzw. Übertragungsaufträgen zwischen den Teilnehmern vorsieht, die dem Recht eines von den Teilnehmern gewählten EU-/EWR-Mitgliedstaates unterliegt. Darüber hinaus muss das Recht des jeweiligen EU-/EWR-Mitgliedstaats die förmliche Vereinbarung als System ansehen, und es muss dort gemeldet sein. Zuvor hat sich der EU-/EWR-Mitgliedstaat von der Zweckdienlichkeit der Regeln des Systems zu überzeugen. Die Anerkennung als System erfolgt hierbei unbeschadet anderer, weitergehender einzelstaatlicher Vorschriften. Unter ein solches System fallen insbesondere alle Wertpapierlieferungs- und -abrechnungssysteme der Clearstream Banking AG und der Eurex Clearing, der Landesbanken/Girozentralen, des Sparkassensektors und des Genossenschaftsbankensektors.[117]

91 Bei Nutzung einer **Public Blockchain**,[118] die prinzipiell für jeden Teilnehmer offen ist, liegt eine solche Vereinbarung zwischen den Teilnehmern regelmäßig nicht vor. Bei Nutzung einer **Permissioned Blockchain**, die nur ausgewählten Personen Zugriff ermöglicht, ist allerdings durchaus denkbar, dass eine förmliche Vereinbarung im Hinblick auf gemeinsame Regeln und vereinheitlichte Vorgaben für die Ausführung der Übertragungsaufträge zwischen mindestens drei Teilnehmern vorliegt, sodass ein solches Aufzeichnungssystem dem Begriff des Systems i. S. der Finalitätsrichtlinie entsprechen könnte.

92 Dieses System muss zudem **Übertragungsaufträge** ausführen. Ein Übertragungsauftrag ist nach Art. 2 lit. i Finalitätsrichtlinie eine Weisung des Teilnehmers, die auf die Übertragung des Eigentums an Wertpapieren oder eines Anspruchs auf Übereignung von Wertpapieren im Wege der Verbuchung oder auf sonstige Weise gerichtet ist. Ein Aufzeichnungssystem, das auf der DLT beruht, führt regelmäßig Übertragungsaufträge aus, da durch die

---

114) Vgl. Schwennicke/Auerbach-*Schwennicke*, KWG, § 1 Rz. 52a ff.

115) Richtlinie 98/26/EG des Europäischen Parlaments und des Rates v. 19.5.1998 über die Wirksamkeit von Abrechnungen in Zahlungs- sowie Wertpapierliefer- und -abrechnungssystemen (Finalitätsrichtlinie), ABl. (EG) L 166/45 v. 11.6.1998.

116) Zum Begriff des indirekten Teilnehmers *Segna*, Bucheffekten, S. 370: „Indirekte Teilnehmer sind Teilnehmer, die lediglich unter Vermittlung eines direkten Teilnehmers Zahlungs- bzw. Übertragungsaufträge in das System einbringen können."

117) Vgl. Schwennicke/Auerbach-*Schwennicke*, KWG, § 1 Rz. 292; Boos/Fischer/Schulte-Mattler-*Schäfer*, KWG, § 1 Rz. 309.

118) Zum Begriff der Public Blockchain s. etwa *Lehmann*, NJW 2021, 2318, 2323; *Maume/Fromberger*, ZHR 185 (2021) 507, 511 f.

Kryptowertpapierregisterführung die Übereignung von Kryptowertpapieren oder Miteigentumsanteilen an Kryptowertpapier-Sammelbeständen erfolgt.

Ein Wertpapierliefer- und -abrechnungssystem liegt dann nicht vor, wenn eine **zentrale** 93 **Gegenpartei** das System betreibt (Art. 2 Abs. 1 Nr. 10 CSDR i. V. m. Art. 2 lit. a Finalitätsrichtlinie). Insofern würde ein Wertpapierliefer- und -abrechnungssystem bereits dann nicht vorliegen, wenn es sich bei der registerführenden Stelle um eine zentrale Gegenpartei handelt. Der Begriff der zentralen Gegenpartei (auch Central Counterparty oder CCP) bestimmt sich nach Art. 2 Abs. 1 Nr. 16 CSDR i. V. m. Art. 2 Nr. 1 der EMIR[119]. Hiernach ist eine zentrale Gegenpartei eine juristische Person, die zwischen die Gegenparteien der auf einem oder mehreren Märkten gehandelten Kontrakte tritt und somit als Käufer für jeden Verkäufer bzw. als Verkäufer für jeden Käufer fungiert. Die zentrale Gegenpartei ist als Vertragspartner zwischen die Parteien geschaltet und tritt als **unmittelbarer Vertragspartner** jeder der beiden Parteien auf. In der Folge schließt die zentrale Gegenpartei wiederum den Vertrag mit dem jeweiligen Verkäufer bzw. Käufer, sodass Käufer und Verkäufer bei Vertragsschluss nicht wissen, an wen die zentrale Gegenpartei die entsprechenden Finanzinstrumente („wirtschaftlich") verkauft.[120] Kryptowertpapierregisterführer vollziehen hingegen lediglich den Übertragungsvorgang in Form der **Umtragung eines Registereintrags** auf einen neuen Wertpapierinhaber. Somit fungieren sie regelmäßig nicht als zentrale Gegenpartei.

Sofern eine Vereinbarung bezüglich gemeinsamer Regelungen und vereinheitlichter Vorgaben für die Ausführung von Übertragungsaufträgen zwischen **mindestens drei Teilnehmern** des Aufzeichnungssystems vorliegt, kann ein Wertpapierliefer- und -abrechnungssystem i. S. von Art. 2 lit. a Finalitätsrichtlinie bei Führung eines Kryptowertpapierregisters gegeben sein. 94

bb) Kerndienstleistung nach Abschnitt A Nr. 1 und 2 des Anhangs der CSDR?

Zentralverwahrer üben **zusätzlich** zum Wertpapierliefer- und -abrechnungssystem eine 95 Kerndienstleistung nach Abschnitt A Nr. 1 und 2 des Anhangs der CSDR aus. Diese sind:

- die erstmalige Verbuchung von Wertpapieren im Effektengiro (sog. **notarielle Dienstleistung**, Abschnitt A Nr. 1 Anhang CSDR); und
- die Bereitstellung und Führung von Depotkonten auf oberster Ebene (sog. **zentrale Kontoführung**, Abschnitt A Nr. 2 Anhang CSDR).

(1) Notarielle Dienstleistung

Der **Effektengiroverkehr** ermöglicht die buchmäßige Übertragung/stücklose Lieferung 96 von girosammelverwahrten, vertretbaren Wertpapieren (Effekten) und Wertrechten ohne die Übergabe von Urkunden im Inland und (unter bestimmten Voraussetzungen) als grenzüberschreitenden Effektengiroverkehr von und zu ausländischen Wertpapiersammelbanken auf der Grundlage direkter Kontoverbindungen.[121] Die teilnehmenden Banken hinterlegen die zur Girosammelverwahrung zugelassenen Werte bei einer Wertpapier-

---

119) Verordnung (EU) Nr. 648/2012 des Europäischen Parlaments und des Rates v. 4.7.2012 über OTC-Derivate, zentrale Gegenparteien und Transaktionsregister (European Market Infrastructure Regulation – EMIR), ABl. (EU) L 201/1 v. 27.7.2012.
120) Zum Begriff der zentralen Gegenpartei s. *Segna*, Bucheffekten, S. 80.
121) Allgemein zu Wertpapieren im elektronischen Bankgeschäft, *Einsele*, WM 2001, 7.

sammelbank. Die dort hinterlegten Effekten können die Wertpapiersammelbanken dann buchmäßig übertragen.[122]

97 Während für Zentralregisterwertpapiere nach § 4 Abs. 2 eWpG eine **Einbuchung in den Effektengiro** vorgesehen ist (§ 12 Abs. 3 eWpG), besteht eine derartige Option für Kryptowertpapiere nicht, weil für diese keine rechtliche Möglichkeit zur Einbuchung in den Effektengiro vorhanden ist (siehe oben zur Möglichkeit des **Börsenhandels** Rz. 50 ff.). Demnach kann ein Kryptowertpapierregisterführer zumindest nach aktuellem Stand die Kerndienstleistung der erstmaligen Verbuchung von Wertpapieren im Effektengiro i. S. von Abschnitt A Nr. 1 Anhang CSDR nicht ausüben.[123]

(2) Zentrale Kontoführung

98 Ein Zentralverwahrer kann als Kerndienstleistung auch die Bereitstellung und Führung von **Depotkonten**[124] auf oberster Ebene erbringen (Abschnitt A Nr. 2 Anhang CSDR). Insofern müsste die registerführende Stelle die Kryptowertpapiere verwahren, verwalten oder sichern.[125] Elektronische Wertpapiere sind ausdrücklich in § 1 Abs. 1 Satz 3 DepotG aufgeführt und somit depotfähig.[126]

99 § 7 Abs. 4 eWpG stellt klar, dass die Registerführung im Sinne des eWpG als solche keine Verwahrung i. S. des DepotG[127] ist. Die bloße Registerführung zielt auf das Zurverfügungstellen und die Pflege einer **Begebungsinfrastruktur** für Wertpapiere ab. Allerdings besteht beim Anbieten **weiterer** Leistungen wie z. B. der **Verwahrung, Verwaltung oder Sicherung** von Kryptowertpapieren bzw. den entsprechenden „Private Keys" die grundsätzliche Möglichkeit, dass die registerführende Stelle als **Verwahrer** im Sinne des DepotG zu qualifizieren ist.[128]

100 Eine **Verwahrung** von Kryptowertpapieren bedarf deren Inobhutnahme als Dienstleistung für Dritte. Dies erfasst vor allem Dienstleister, die die Kryptowertpapiere ihrer Kunden in einem Sammelbestand aufbewahren, ohne dass die Kunden selbst Kenntnis von den dabei verwendeten kryptografischen Schlüsseln (**Private Keys**)[129] haben. Unter der **Verwaltung** eines Kryptowertpapiers ist die im weitesten Sinne laufende Wahrnehmung von Rechten aus den Wertpapieren zu verstehen. Die **Sicherung** von Kryptowertpapieren ist die als Dienstleistung erbrachte digitale Speicherung der privaten kryptografischen Schlüssel für Dritte wie auch die Aufbewahrung physischer Datenträger (z. B. eines USB-Sticks oder eines Blattes Papier), auf denen solche Schlüssel gespeichert bzw. niedergeschrieben sind. Die bloße Zurverfügungstellung von Speicherplatz, bspw. durch Webhosting- oder Cloudspeicher-Anbieter, ist indes nicht erfasst, solange diese ihre Dienste nicht ausdrücklich für

---

122) *Lehmann*, NJW 2021, 2318, 2319; Beck/Samm/Kokemoor-*Alfes/Lendermann/Nemeczek/Pitz*, KWG, § 1 Rz. 889j.

123) Vgl. *Preuße/Wöckener/Gillenkirch*, BKR 2021, 460 f.; vgl. *Mittwoch*, WM 2021, 375, 382; vgl. Börse Stuttgart (BS), Stellungnahme z. RefE eWpG, Ziff. 2, abrufbar unter https://bundesfinanzministerium.de/Content/DE/Gesetzestexte/Gesetze_Gesetzesvorhaben/Abteilungen/Abteilung_VII/19_Legislaturperiode/2021-06-09-einfuehrung-elektronische-wertpapiere/0-Gesetz.html (Abrufdatum: 18.2.2023).

124) Synonym werden auch die Begriffe „Depot", „Wertpapierkonto" oder „Wertpapierdepot" verwendet, Beck/Samm/Kokemoor-*Alfes/Lendermann/Nemeczek/Pitz*, KWG, § 1 Rz. 889o.

125) Vgl. *Patz*, BKR 2021, 725, 730.

126) *Patz*, BKR 2021, 725, 728. Zur Abgrenzung des bankmäßigen Depotgeschäfts und zum Verwahrvertrag s. *Klanten* in: Ellenberger/Bunte, Bankrechts-Hdb., § 47 Rz. 1 ff.

127) Ausführlich zur Verwahrung i. R. des Depotgeschäfts *Einsele* in: MünchKomm-HGB, Depotgeschäft Rz. 21 ff.

128) Vgl. Begr. RegE Gesetz zur Einführung von eWp, BT-Drucks. 19/26925, S. 49; *Patz*, BKR 2021, 725, 730.

129) Zum Begriff des Private Key vgl. *Lehmann*, NJW 2021, 2318, 2320; *Fromberger/Haffke/Zimmermann*, BKR 2019, 377, 378 f.; *d'Avoine/Hamacher*, ZIP 2022, 6, 7 f.; Müller/Pieper-*Kell*, eWpG, § 16 Rz. 34 f.

die Speicherung der privaten kryptografischen Schlüssel anbieten.[130] Dritter kann insofern auch der Emittent sein.[131]

Sofern die registerführende Stelle zusätzlich zur Bereitstellung der Infrastruktur des Registers eine der vorgenannten Dienstleistungen anbietet, kann in einer Gesamtschau die Vornahme eines **Depotgeschäfts**[132] vorliegen.[133] Unter Umständen könnte die registerführende Stelle demnach die **Kerndienstleistung der zentralen Kontoführung** i. S. von Abschnitt A Nr. 2 Anhang CSDR erbringen.[134]   101

2. Benennung der registerführenden Stelle (§ 16 Abs. 2 Satz 1 eWpG)

Die Verwaltung und Fortschreibung der Kryptowertpapierregister wie auch der zentralen   102
Register kann automatisiert und algorithmenbasiert erfolgen. Trotzdem verlangt der Gesetzgeber aufgrund der Dezentralität des Aufzeichnungssystems und des hiermit einhergehenden Mangels an einem Intermediär nach einem **verantwortlichen Normadressaten**: der registerführenden Stelle.[135] Die Benennung einer verantwortlichen Person dient vordergründig dem Schutz der Kryptowertpapierinhaber, da die registerführende Stelle eine Vielzahl von Pflichten zu erfüllen hat, was zumindest in Teilen die BaFin überwacht. Es können natürliche oder juristische Personen und rechtsfähige Personengruppen die Rolle der registerführenden Stelle übernehmen.[136] Daher ist es nicht möglich, eine willkürlich entstehende **Blockchain-basierte Organisation** (z. B. eine sog. dezentralisierte autonome Organisation – DAO)[137], die innerhalb der Rechtsordnung keinen eigenen Rechtsstatus besitzt, als Kryptowertpapierregisterführer zu benennen.[138]

Die Benennung eines zentral für die Kryptowertpapierregisterführung Verantwortlichen mag   103
im Widerspruch zum dezentralen Gedanken der Verwendung einer Blockchain stehen.[139] Zum Beispiel basieren sowohl Bitcoin als auch Ethereum auf sog. Public Blockchains, die sich gerade dadurch auszeichnen, dass sie über keinen zentralen „Betreiber" verfügen.[140] Für eine verantwortliche Zentralinstanz bezüglich der Kryptowertpapierregisterführung

---

130) BaFin, Merkblatt Hinweise zum Tatbestand des Kryptoverwahrgeschäfts, v. 2.3.2020, https://www.bafin.de/SharedDocs/Veroeffentlichungen/DE/Merkblatt/mb_200302_kryptoverwahrgeschaeft.html (Abrufdatum: 18.2.2023).

131) BaFin, Merkblatt Hinweise zum Tatbestand des Kryptoverwahrgeschäfts, v. 2.3.2020, https://www.bafin.de/SharedDocs/Veroeffentlichungen/DE/Merkblatt/mb_200302_kryptoverwahrgeschaeft.html (Abrufdatum: 18.2.2023); *Patz*, BKR 2021, 725, 728.

132) Allgemein zum Depotgeschäft vgl. *Einsele* in: MünchKomm-HGB, Depotgeschäft Rz. 1 ff.; *Kumpan* in: Schwark/Zimmer, WpHG, § 2 Rz. 168 ff.; s. zusätzlich auch BaFin, Merkblatt Depotgeschäft, v. 6.1.2009, Stand: 15.12.2021, abrufbar unter https://www.bafin.de/SharedDocs/Veroeffentlichungen/DE/Merkblatt/mb_211215_tatbestand_depotgeschaeft.html?nn=9450978 (Abrufdatum: 18.2.2023).

133) Sofern die angebotenen Dienstleistungen unter die Definition des Depotgeschäfts i. S. von § 1 Abs. 1 Satz 2 Nr. 5 KWG fallen, tritt das Kryptoverwahrgeschäft i. S. von § 1 Abs. 1a Satz 2 Nr. 6 KWG hinter dem Depotgeschäft zurück, s. *Neumann*, Anh. Art. 6 Rz. 46 ff.; *Segna*, WM 2020, 2301, 2303; *Rennig*, BKR 2020, 23, 27; *Döding/Wentz*, WM 2020, 2312, 2320.

134) Zur Abgrenzung von Kryptoverwahrgeschäft und Depotgeschäft bzw. Registerführung vgl. *Neumann*, Anh. Art. 6 Rz. 46 ff.; *Patz*, BKR 2021, 725, 730; *Geier*, RdF 2020, 258, 263; *Rennig*, RDi 2021, 206, 207; *Zöllner*, BKR 2020, 117, 124, sieht darüber hinaus auch die Möglichkeit des eingeschränkten Verwahrgeschäfts nach § 1 Abs. 1a Satz 2 Nr. 12 KWG, sofern „Kryptowerte, die gleichzeitig Wertpapiere sind", verwahrt werden.

135) Vgl. Begr. RegE Gesetz zur Einführung von eWp, BT-Drucks. 19/26925, S. 60.

136) So auch *Linardatos*, ZBB 2020, 329, 339.

137) Weiterführend zu Konzept, technischem Hintergrund und Rechtsproblemen von DAOs s. *Aufderheide*, WM 2022, 264 ff.; *Mann*, NZG 2017, 1014 ff.; eine allgemeine Darstellung aus steuerrechtlicher Sicht bei *Dörrfuß/Becker/Zawodsky*, beck.digitax 2021, 339, 340.

138) Vgl. *Linardatos*, ZBB 2020, 329, 339.

139) Darauf ebenfalls hinweisend Müller/Pieper-*Kell*, eWpG, § 16 Rz. 54.

140) Müller/Pieper-*Kell*, eWpG, § 16 Rz. 54; so auch im Ergebnis *Maume/Fromberger*, ZHR 185 (2021) 507, 511 f., und *Heppekausen*, BKR 2020, 10, 15.

sprechen der **Anlegerschutz** und die Effektivität der Aufsicht.[141] Im Kryptowertpapierregister werden mit dem Kryptowertpapier Vermögenswerte geschaffen, investierbar und handelbar gemacht. Die Benennung eines „Zuständigen", um an diesen sodann bestimmte Anforderungen bezüglich der korrekten Führung des Kryptowertpapierregisters zu stellen, die einen einheitlichen Standard von Vertraulichkeit und Datenintegrität sicherstellen, ist daher nachvollziehbar.

104 Überlegungen, rein dezentrale **„Blockchain-Netzwerke"** als Betreiber von Kryptowertpapierregistern zuzulassen,[142] bei denen sich die Teilnehmer als Allgemeinheit willkürlich zusammenfinden, erteilt das eWpG damit eine Absage. Sofern sich bestimmte **„Nodes"** einer Public (Permissionless) Blockchain als Kryptowertpapierregisterführer zusammenschließen möchten, ist dies zwar theoretisch möglich, allerdings müsste dann eine juristische Person diese „Nodes" eingliedern, die wiederum für deren Funktion i. S. dieser Norm verantwortlich ist. Einzelne Nodes ohne eine solche Eingliederung stellen lediglich eine technische Infrastruktur dar, die nicht Trägerin von Rechten und Pflichten sein kann. Durch eine „Eingliederung" bestimmter Nodes in eine juristische Person treffen die Rechte und Pflichten grundsätzlich die juristische Person, die „hinter den Nodes" steht.[143] Dass diese juristische Person dann auch hinreichende „Durchgriffsmöglichkeiten" auf die grundsätzlich unabhängigen Nodes hat, um ihre Pflichten aus diesem Gesetz zu erfüllen, ist schwer vorstellbar. Die besondere Herausforderung im Kontext von Public Blockchains besteht darin, dass deren Architektur gerade darauf ausgerichtet ist, Einzelnen oder einer Gruppe keinen bestimmenden Einfluss auf das Gesamtnetzwerk zu geben. Möchten die Nodes als Betreiber also Registerführer sein, müssen sie dazu ein **Rechtssubjekt** bilden. Hierzu könnten sie etwa eine GbR gründen.[144]

a) Formeller Benennungsakt

105 Terminologisch einheitlich bezeichnet das eWpG die für das Register verantwortliche Person als registerführende Stelle, unabhängig von der Art des Wertpapierregisters und dessen Automatisierungsgrad. Registerführende Stelle ist insofern ein **formeller, kein materieller Begriff.** Personen oder Unternehmen, die technisch am dezentralen Aufzeichnungssystem beteiligt und damit materiell Teil der Registerführung sind, werden nicht zur registerführenden Stelle, wenn der Emittent sie nicht zuvor formell als solche bezeichnet.[145] Es ist ein **formeller Benennungsakt** erforderlich (siehe unten Rz. 110 ff.).

106 Die formelle Benennung des Registerführers dient der Klarheit, wer als Registerführer die Verantwortung trägt, sodass auch der **Haftungsadressat zweifelsfrei** feststeht.

107 Die rein formelle Benennung der registerführenden Stelle steht grundsätzlich vollständig zur Disposition des Emittenten. Nach § 16 Abs. 2 Satz 3 eWpG kann der Emittent die registerführende Stelle auch wechseln, sofern nicht in den Emissionsbedingungen Abweichendes geregelt ist. Nähere Beschreibungen dieser Befugnis zum Wechsel der registerführenden Stelle finden sich im eWpG nicht. Dieser darf trotzdem **nur so häufig** und mit so viel **zeitlichem Vorlauf** erfolgen, dass damit keine Beeinträchtigung der Verlässlichkeit und Vertraulichkeit des Kryptowertpapierregisters verbunden ist (siehe unten Rz. 144 f.).

---

141) Ebenso *Preuße/Wöckener/Gillenkirch*, BKR 2020, 551, 557; allgemein zum Anlegerschutz i. R. der Blockchain-Technologie *Heppekausen*, BKR 2020, 10, 11.

142) Vgl. hierzu etwa *Möslein/Omlor/Urbach*, ZIP 2020, 2149, 2150; *Mann*, NZG 2017, 1014; *Sattler*, BB 2018, 2243, 2250 f.; *Klöhn/Parhofer/Resas*, ZBB 2018, 89, 91.

143) Müller/Pieper-Kell, eWpG, § 16 Rz. 52.

144) Vgl. auch Müller/Pieper-Kell, eWpG, § 16 Rz. 55; *Linardatos*, ZBB 2020, 329, 339.

145) Vgl. Begr. RegE Gesetz zur Einführung von eWp, BT-Drucks. 19/26925, S. 60.

b) Ungeschriebenes Merkmal: Einigung zwischen Emittent und Registerführer

Es ist eine **Einigung** zwischen dem Emittenten und der ausgewählten registerführenden 108
Stelle über die Übernahme der Eigenschaft als registerführende Stelle erforderlich. Dies
ist zwar im Gesetz als Voraussetzung für eine rechtlich wirksame Benennung der registerführenden Stelle nicht ausdrücklich formuliert, folgt aber schon daraus, dass der Emittent
eine Person nicht einseitig zur registerführenden Stelle erklären und so zur Erfüllung umfangreicher Pflichten verpflichten kann (keine einseitige Willenserklärung zulasten Dritter).[146] Sofern der Emittent die designierte registerführende Stelle mittels **einseitiger
Willenserklärung** benennt, begründet allein dies noch nicht die Eigenschaft als Kryptowertpapierregisterführer des Erklärungsempfängers. Das Gesetz belegt einen Kryptowertpapierregisterführer mit erheblichen Pflichten, insbesondere mit einer Erlaubnispflicht
nach § 1 Abs. 1a Satz 2 Nr. 8 i. V. m. § 32 Abs. 1 Satz 1 KWG. Würde bereits eine einseitige
Benennung durch den Emittenten die Eigenschaft als registerführende Stelle begründen,
könnte der Emittent einem Dritten in dessen völliger Unkenntnis Pflichten auferlegen.
Hierbei handelt es sich um einen in der deutschen Rechtsordnung grundsätzlich unzulässigen Vertrag zulasten Dritter.[147] Daher wird der Benannte nach hier vertretener Rechtsauffassung erst mit dessen Benennung **und** der entsprechenden Einigung (z. B. durch
schriftlichen Vertrag) zur pflichtgebundenen registerführenden Stelle.

Eine nähere Ausgestaltung dieses Verhältnisses erfolgt ggf. anhand eines Kryptowertpapier 109
registerführungsvertrags. Dieser kann die **erforderlichen Standards zur Funktionstüchtigkeit des Kryptowertpapierregisters** regeln.[148] Der Emittent sollte etwa sicherstellen,
dass die registerführende Stelle an die **Einhaltung der Pflichten aus §§ 7, 17, 18 eWpG
gebunden** ist. Im Falle der **Funktionsuntüchtigkeit** des Kryptowertpapierregisters sollte
vertraglich zudem geregelt sein, dass die registerführende Stelle **Abhilfe** schaffen muss und
bei einer **Übertragung der Kryptowertpapiere** in ein anderes elektronisches Wertpapierregister **mitwirkt.** Der Vertrag sollte ebenfalls die technischen Grundlagen, die quantitativen wie qualitativen Standards und die sonstigen Leistungsbeschreibungen des Dienstleisters (einschließlich der Möglichkeiten zur Überprüfung durch den Emittenten), eine
Eskalation sowie Kündigungsmöglichkeiten regeln.

c) Benennung gegenüber dem Kryptowertpapierinhaber

Registerführende Stelle ist nach § 16 Abs. 2 Satz 1 eWpG die natürliche oder juristische 110
Person, die der Emittent gegenüber dem Inhaber als solche zu benennen hat. Im Rahmen
der **Benennung** nimmt der Emittent bei erstmaliger Ausgabe der Kryptowertpapiere eine
entsprechende Beschreibung des Kryptowertpapiers vor, aus der hinreichend klar und
dauerhaft ersichtlich ist, wer Kryptowertpapierregisterführer ist. Die Benennung erfolgt
durch einseitige Erklärung des Emittenten gegenüber dem Kryptowertpapierinhaber. Dies
wird häufig konkludent durch die Veröffentlichung im Bundesanzeiger nach § 20 Abs. 1, 2
Nr. 3 eWpG erfolgen. Die Benennung setzt einen Rechtsschein hinsichtlich der registerführenden Stelle. Eine Wirkung gegenüber Dritten entfaltet die Benennung des Kryptowertpapierregisterführers erst bei Veröffentlichung gemäß § 20 Abs. 1 eWpG.

Der Emittent ist in Fällen des **Registerwechsels** verpflichtet, diesen den Kryptowertpapier 111
inhabern **anzuzeigen.** Dies folgt daraus, dass registerführende Stelle nur ist, wen der Emittent gegenüber den Kryptowertpapierinhabern als solche benannt hat.[149] Sofern die Anzeige

---

146) Vgl. Müller/Pieper-*Kell*, eWpG, § 16 Rz. 57.
147) Ebenso Müller/Pieper-*Kell*, eWpG, § 16 Rz. 57.
148) Vgl. Begr. RegE Gesetz zur Einführung von eWp, BT-Drucks. 19/26925, S. 69.
149) Begr. RegE Gesetz zur Einführung von eWp, BT-Drucks. 19/26925, S. 60; vgl. *Kuthe/Lingen*, AG
2020, R280; vgl. Müller/Pieper-*Kell*, eWpG, § 16 Rz. 56.

des Wechsels an die Kryptowertpapierinhaber unterbleibt, sind die Voraussetzungen für eine wirksame Benennung als registerführende Stelle nicht erfüllt. In einem solchen Fall gilt der Emittent dann selbst als registerführende Stelle, wie in Zweifelsfällen vom Gesetzgeber vorgesehen.[150] Mit dieser Regel verhindert der Gesetzgeber, dass es (zeitweise) an einer verantwortlichen, registerführenden Stelle fehlen könnte. Dies verstärkt die Effektivität der Anzeigepflicht gegenüber den Kryptowertpapierinhabern. Angesichts des ggf. erfolgenden Rückgriffs auf den Emittenten als registerführende Stelle – und nicht auf die bisherige registerführende Stelle – liegt es im Eigeninteresse des Emittenten, der Anzeigepflicht betreffend eines Registerwechsels nachzukommen, um nicht ggf. selbst die Pflichten als Registerführer übernehmen zu müssen (zu den Pflichten des Emittenten als (freiwillige) oder unfreiwillige) registerführende Stelle siehe nachfolgend Rz. 132 ff.).

112   Der konkrete **Benennungsakt** der registerführenden Stelle unterliegt keinen speziellen Formerfordernissen. Eine Benennung kann gegenüber dem Kryptowertpapierinhaber somit formlos und ohne individualisiertes Inkenntnissetzen erfolgen. So ist bspw. eine allgemein zugängliche Veröffentlichung, etwa auf der Internetseite des Emittenten, ausreichend, sofern sie für einen durchschnittlich informierten, objektiven Kryptowertpapierinhaber zugänglich und erkennbar ist.[151]

113   Idealerweise erfolgt die Benennung und Veröffentlichung der registerführenden Stelle bereits vor der Wertpapieremission.[152]

114   Bei einem **Wechsel** der registerführenden Stelle kann der Emittent von den Kryptowertpapierinhabern keine regelmäßige Überprüfung der Website oder ähnlicher Quellen auf etwaige Änderungen hinsichtlich des Kryptowertpapierregisters erwarten. Dies würde die Pflichten eines Kryptowertpapierinhabers überstrapazieren. Anleger möchten häufig lediglich investieren und sich nicht im Detail fortlaufend mit sich ggf. verändernden Handelsinfrastrukturen auseinandersetzen. Daher kann der Emittent die Kryptowertpapierinhaber über den Wechsel der registerführenden Stelle individuell informieren, um die andernfalls ggf. greifende Zweifelsfallregelung nach § 16 Abs. 2 Satz 2 eWpG zu vermeiden, wonach der Emittent bei unterbliebener Benennung selbst als registerführende Stelle gilt.

3.   Pflichten der registerführenden Stelle

115   Die (Verhaltens-)Pflichten der registerführenden Stelle ergeben sich aus § 7 eWpG. § 7 Abs. 1 eWpG normiert die Pflicht der registerführenden Stelle, die Vertraulichkeit, Integrität und Authentizität der Daten zu gewährleisten. Zudem muss die registerführende Stelle nach Abs. 2 sicherstellen, dass das Register jederzeit die bestehende Rechtslage zutreffend wiedergibt und Ein- wie auch Umtragungen vollständig und ordnungsgemäß erfolgen.[153] Nach Abs. 3 sind hierfür die erforderlichen technischen und organisatorischen Maßnahmen zu treffen.[154] Für Einzelheiten sei auf die Kommentierung des § 7 eWpG verwiesen.

116   Nicht eindeutig ist, in welchem **Umfang** die **BaFin** die Einhaltung dieser Pflichten überwacht. Zwar obliegt der BaFin als Aufsichtsbehörde nach § 11 eWpG die **Überwachung** der Führung der elektronischen Wertpapierregister. Worauf sich diese Überwachung im

---

150) Begr. RegE Gesetz zur Einführung von eWp, BT-Drucks. 19/26925, S. 60; vgl. Müller/Pieper-*Kell*, eWpG, § 16 Rz. 59; vgl. auch *Linardatos*, ZBB 2020, 329, 339.

151) So auch Müller/Pieper-*Kell*, eWpG, § 16 Rz. 53 f.; vgl. auch *Linardatos*, ZBB 2020, 329, 339.

152) Vgl. *Kuthe/Lingen*, AG 2020, R280; Müller/Pieper-*Kell*, eWpG, § 16 Rz. 58; vgl. auch *Linardatos*, ZBB 2020, 329, 339.

153) Vgl. *Geier*, RdF 2020, 258, 263; Begr. RegE Gesetz zur Einführung von eWp, BT-Drucks. 19/26925, S. 48.

154) Vgl. *Döding/Wentz*, WM 2020, 2312, 2317; *Kaulartz/Voigt/Winkler*, RdF 2022, 24, 30; vgl. *Conreder/ Diederichsen/Okonska*, DStR 2021, 2594, 2597.

Detail bezieht, beschreibt § 11 eWpG nicht. In der Gesetzesbegründung findet sich dazu lediglich, dass die Aufsicht „insbesondere" über die Einhaltung der in den §§ 7 ff. eWpG geregelten Anforderungen wache.[155] Die BaFin überwacht jedenfalls die in § 16 Abs. 1 eWpG genannten Anforderungen an Kryptowertpapierregister (hinreichende Fälschungssicherheit, Protokollierung in der Zeitfolge und Schutz vor unbefugter Löschung und unbefugter nachträglicher Veränderung).[156]

4. Pflichten des nicht registerführenden Emittenten

Der Emittent ist verpflichtet, einen Kryptowertpapierregisterführer zu benennen – sofern er die Registerführung nicht selbst übernimmt – und diesen zur Einhaltung der aus dem eWpG resultierenden Anforderungen zu verpflichten.[157]   117

Das eWpG sieht die Primärverantwortung für die Kryptowertpapiere beim Emittenten selbst.[158] § 21 eWpG weist dazu dem Emittenten eine **weitreichende Verantwortung bezüglich der Sicherung der Handelbarkeit des Kryptowertpapiers** zu.[159] Auch die Delegation der Registerführung auf eine andere Stelle befreit den Emittenten nicht völlig von seiner Verantwortung, vgl. § 21 Abs. 1 eWpG.[160] Die Rechtfertigung für diese umfassende Verantwortungszuweisung an den Emittenten liegt nach der Gesetzesbegründung in der Entscheidung des Emittenten, das elektronische Wertpapier als Kryptowertpapier über ein Kryptowertpapierregister zu begeben.[161]   118

Die Verantwortung des Emittenten hinsichtlich der Handelbarkeit des Kryptowertpapierregisters beschränkt sich nicht auf das Kryptowertpapier, sondern umfasst auch das Kryptowertpapierregister, da die Handelbarkeit des Kryptowertpapiers untrennbar mit der Funktionstüchtigkeit des Registers zusammenhängt.[162]   119

Auch im Falle einer Kryptowertpapierregisterführung durch Dritte verbleiben somit gewisse Pflichten beim Emittenten. Er muss **überwachen**, dass der Kryptowertpapierregisterführer seinen rechtlichen Verpflichtungen, insbesondere denen aus dem eWpG, hinreichend nachkommt. Hier greifen die allgemeinen Rechtsgrundsätze zur **Delegation auf Dritte**.[163] Selbst wenn man von keinen originären Pflichten beim Emittenten ausginge, hätte er den von ihm eingesetzten Kryptowertpapierregisterführer jedenfalls zu überwachen.   120

---

155) Begr. RegE Gesetz zur Einführung von eWp, BT-Drucks. 19/26925, S. 53; allgemein zur BaFin als Aufsichtsbehörde bzgl. elektronischer Wertpapierregister vgl. *Casper*, BKR 2019, 209, 215; *Heppekausen*, BKR 2020, 10, 13 f.

156) Zur Schwierigkeit der Überwachung der Blockchain-Technologie im Finanzbereich vgl. *Grieser/Karck*, RdZ 2020, 148, 151; *Kleinert/Mayer*, EuZW 2020, 1059, 1061 f.; *Linardatos*, ZBB 2020, 329, 339; *Wieneke/Kunz*, NZG 2021, 316, 321.

157) Vgl. *Lehmann*, BKR 2020, 431, 435; vgl. *Preuße/Wöckener/Gillenkirch*, BKR 2021, 460, 462; vgl. *Döding/Wentz*, WM 2020, 2312, 2319.

158) Vgl. auch *Döding/Wentz*, WM 2020, 2312, 2319; *Habersack* in: Omlor/Möslein/Grundmann, Elektronische Wertpapiere, S. 83, 90.

159) *Döding/Wentz*, WM 2020, 2312, 2319; *Habersack* in: Omlor/Möslein/Grundmann, Elektronische Wertpapiere, S. 83, 90 f.

160) Vgl. auch *Lehmann*, NJW 2021, 2318, 2323; *Lehmann*, BKR 2020, 431, 435; *Döding/Wentz*, WM 2020, 2312, 2320.

161) Begr. RegE Gesetz zur Einführung von eWp, BT-Drucks. 19/26925, S. 65.

162) Vgl. auch Begr. RegE Gesetz zur Einführung von eWp, BT-Drucks. 19/26925, S. 65, 69; *Habersack* in: Omlor/Möslein/Grundmann, Elektronische Wertpapiere, S. 83, 91; *Müller/Pieper-Barth*, eWpG, 2022, § 21 Rz. 6.

163) Der primär Verantwortliche schuldet auch die sorgfältige Auswahl und Überwachung des Übernehmenden, so die ständige Rspr., vgl. RGZ 102, 269, 272; RGZ 113, 293, 296 f.; BGH, Urt. v. 30.9.1970 – III ZR 81/67, NJW 1971, 43, 44; BGH, Urt. v. 2.10.1984 – VI ZR 125/83, NJW 1985, 270, 271; BGH, Urt. v. 27.11.1984 – VI ZR 49/83, NJW 1985, 484, 485; BGH, Urt. v. 17.1.1989 – VI ZR 186/88, NJW-RR 1989, 394, 395; vgl. auch *Habersack/Zickgraf*, ZHR 182 (2018) 252, 276 f.

121   Zusätzlich muss der Emittent die Veröffentlichung der Eintragung eines Kryptowertpapiers im Bundesanzeiger mit umfangreichen Angaben zum Kryptowertpapier und die Veröffentlichung von etwaigen Änderungen veranlassen.[164]

a)   Ordnungsgemäße Auswahl der registerführenden Stelle

122   Der Emittent ist dafür verantwortlich, dass hinreichende Klarheit darüber besteht, wer registerführende Stelle ist.[165] So muss der Emittent – bzw. der ggf. von ihm benannte Dritte – als **Adressat der gesetzlichen Pflichten** sicherstellen, dass das Kryptowertpapierregister die gesetzlich vorgesehenen Mindestangaben enthält und die registerführende Stelle das Register ordnungsgemäß einrichtet und führt. Er muss bei der Auswahl überprüfen, ob der Kryptowertpapierregisterführer ein geeignetes Aufzeichnungssystem führt.[166]

123   Der Emittent hat sich insbesondere Auskunft darüber zu verschaffen, ob und wie **externe Dienstleister** die nach diesem Gesetz für das Kryptowertpapierregister geltenden Anforderungen erfüllen.

124   Da es sich bei der Führung eines Kryptowertpapierregisters um eine **erlaubnispflichtige Finanzdienstleistung** handelt (§ 1 Abs. 1a Satz 2 Nr. 8 KWG), darf der Emittent zumindest berechtigt darauf vertrauen, dass ein zugelassener Kryptowertpapierregisterführer grundsätzlich in der Lage ist, ein Kryptowertpapierregister nach den gesetzlichen Vorgaben zu führen. Trotzdem wird der Emittent allein durch eine bestehende **BaFin-Erlaubnis** des Kryptowertpapierregisterführers nicht vollständig frei, sich vor dessen Beauftragung entsprechende Informationen von diesem zu beschaffen und zu plausibilisieren, wie dieser das Kryptowertpapierregister unter Einhaltung der gesetzlichen Vorgaben führt. Diese Anforderungen aufseiten des Emittenten sind indes nicht zu überspannen (siehe oben Rz. 102 ff.). Es ist vom Emittenten etwa nicht zu verlangen, sämtliche technischen Vorgänge und Details eines Kryptowertpapierregisters zu kennen, zu verstehen und zu prüfen. Vielmehr darf er berechtigt darauf vertrauen, dass der BaFin-beaufsichtigte Kryptowertpapierregisterführer die entsprechenden Vorgaben des eWpG und der weiteren regulatorischen Vorgaben einhält. Praktisch reicht es aus, wenn der Emittent zureichende Informationen über das Kryptowertpapierregister anfordert und diese einer **Plausibilitätskontrolle** unterzieht. Hierfür mag der Kryptowertpapierregisterführer solche Unterlagen zur Verfügung stellen, die er auch bereits der BaFin im entsprechenden Erlaubnisverfahren zur Verfügung gestellt hat.

b)   Überwachung der registerführenden Stelle

125   Der Emittent, der einen geeigneten Kryptowertpapierregisterführer benannt hat, bleibt weiter für die Registerführung verantwortlich, zumindest mittelbar. § 21 Abs. 1 eWpG verpflichtet den Emittenten, die erforderlichen technischen und organisatorischen Maßnahmen zu treffen, um die Integrität und die Authentizität der Kryptowertpapiere für die **gesamte Dauer**, in der diese im Kryptowertpapierregister eingetragen sind, zu gewährleisten. Für Einzelheiten siehe *Kloka/Langheld*, § 21 Rz. 6 ff.

126   In welchem **Verhältnis** die Pflichten als registerführende Stelle nach §§ 7, 16 Abs. 2, 17, 18 eWpG zu der Emittentenpflicht in § 21 Abs. 1 eWpG stehen, sofern der Emittent

---

164) Vgl. *Lehmann*, NJW 2021, 2318, 2323; *Conreder/Diederichsen/Okonska*, DStR 2021, 2594, 2597 f.
165) Begr. RegE Gesetz zur Einführung von eWp, BT-Drucks. 19/26925, S. 60.
166) Begr. RegE Gesetz zur Einführung von eWp, BT-Drucks. 19/26925, S. 65.

selbst das Register führt, legt das Gesetz nicht ausdrücklich fest.[167] § 21 eWpG ist die zentrale Pflichtennorm für den Emittenten, wohingegen § 16 eWpG die zentrale Pflichtennorm für den Kryptowertpapierregisterführer darstellt.[168] Neben dem wohl bloß redaktionellen Versehen in § 21 Abs. 1 eWpG – d. h. einmal im Plural von den Kryptowertpapieren und danach im Singular von dem Kryptowertpapier zu sprechen – stellt sich die materielle Frage, in welchem Verhältnis die den Emittenten treffenden Pflichten zu den Pflichten des Kryptowertpapierregisterführers aus § 16 Abs. 1 eWpG stehen.

Praktisch relevant ist diese Frage insbesondere dann, wenn **Emittent** und **registerführende** 127 **Stelle auseinanderfallen,** wovon in der Regel auszugehen sein dürfte. Unstreitig ist, dass dem Emittenten auch dann eine gewisse eigene Verantwortung für das Kryptowertpapierregister zukommt, wenn er die Registerführung an einen Dritten übertragen hat.[169] Insbesondere § 21 eWpG macht deutlich, dass das Gesetz **mehr verlangt als lediglich eine ordnungsgemäße Auswahl des Kryptowertpapierregisterführers** zu Beginn einer Kryptowertpapieremission. Vielmehr hat der Emittent während des gesamten Lebenszyklus des Kryptowertpapiers gewisse Überwachungspflichten. Diese Überwachungspflichten beziehen sich unmittelbar auf das Kryptowertpapier, aber auch auf das Kryptowertpapierregister, da die Integrität und die Authentizität der Kryptowertpapiere unmittelbar mit der Funktionstüchtigkeit des Kryptowertpapierregisters zusammenhängen.

Auch die **Überwachungspflichten** des Emittenten hinsichtlich der registerführenden Stelle 128 dürfen allerdings nicht überspannt werden. Es wäre unpraktikabel und auch aus Anlegerschutzgesichtspunkten nicht geboten, wenn jeder Emittent kleinteilig das Kryptowertpapierregister während der gesamten Emissionsdauer überwachen müsste. Zum einen stellt die Kryptowertpapierregisterführung eine erlaubnispflichtige Finanzdienstleistung dar, sodass die Kryptowertpapierregisterführer bereits erhebliche regulatorische Anforderungen erfüllen müssen, deren Einhaltung die BaFin überwacht. Zum anderen dürfte Emittenten häufig auch das **technische Knowhow** fehlen, um Kryptowertpapierregister im Detail auf ihre technische Funktionsfähigkeit zu überprüfen. Daher sieht das Gesetz gerade die Möglichkeit vor, die Registerführung an Dritte **auszulagern.** Auch erscheint es unpraktikabel, dass ein von der BaFin überwachter Kryptowertpapierregisterführer zusätzlich von einem bzw. **auch mehreren Emittenten überwacht wird.**

Im Rahmen geltender Delegationsgrundsätze hat der Emittent die registerführende Stelle 129 zu überwachen. Diese Überwachungs-/Instruktionspflichten des nicht registerführenden Emittenten sind indes teleologisch zu reduzieren (aufgrund bereits bestehender Überwachung durch die BaFin, mangels ausreichenden technischen Knowhows der Emittenten selbst).[170] Entsprechend ist es ausreichend, dass bei **sorgfältiger Auswahl eines Registerführers** der Emittent den Registerführer vertraglich dazu verpflichtet, die erforderlichen Standards zur Funktionsfähigkeit des Kryptowertpapierregisters einzuhalten (zum Kryptowertpapierregisterführungsvertrag siehe oben Rz. 102 ff.).

Mit einem solchen Vertragsschluss kommt der Emittent seinen Überwachungspflichten hin- 130 sichtlich der erforderlichen technischen und organisatorischen Maßnahmen zunächst hin-

---

167) Kritisch dazu Deutsches Aktieninstitut (DA), Stellungnahme z. RefE eWpG, v. 11.9.2020, S. 5; DAV, Stellungnahme z. RefE eWpG, v. 23.9.2020, Rz. 70, Stellungnahmen abrufbar unter https://bundesfinanzministerium.de/Content/DE/Gesetzestexte/Gesetze_Gesetzesvorhaben/Abteilungen/Abteilung_VII/19_Legislaturperiode/2021-06-09-einfuehrung-elektronische-wertpapiere/0-Gesetz.html (Abrufdatum jew. 18.2.2023).

168) Hierzu auch *Döding/Wentz,* WM 2020, 2312, 2319; *Habersack* in: Omlor/Möslein/Grundmann, Elektronische Wertpapiere, S. 83, 90.

169) So auch Müller/Pieper-*Barth,* eWpG, § 21 Rz. 2; *Lehmann,* BKR 2020, 431, 435; *Lehmann,* NJW 2021, 2318, 2323; *Döding/Wentz,* WM 2020, 2312, 2320.

170) Vgl. Begr. RegE Gesetz zur Einführung von eWp, BT-Drucks. 19/26925, S. 69.

reichend nach, da er diese wirksam an den Registerführer delegiert. Sofern der Emittent allerdings Informationen darüber erhält, dass der Registerführer seinen Pflichten nicht entspricht, hat er für entsprechende Abhilfe zu sorgen.

131   Zusammenfassend lässt sich sagen, dass der Emittent jedenfalls **die Pflichten einer registerführenden Stelle nach §§ 7, 17, 18 eWpG nicht selbst unmittelbar zu erfüllen hat**, sofern er einen dazu geeigneten Registerführer benennt und diesen entsprechend vertraglich zur Einhaltung der relevanten Vorschriften dieses Gesetzes verpflichtet. In Anlehnung an die allgemeinen Delegationsgrundsätze[171] verbleiben beim Emittenten die **Verpflichtungen zur sorgfältigen Auswahl** und **Instruktion** der registerführenden Stelle, wobei Letzteres vertraglich geregelt werden kann.[172] Zudem verbleiben bestimmte Überwachungspflichten beim Emittenten.

5.   Emittent als (freiwillige oder unfreiwillige) registerführende Stelle (§ 16 Abs. 2 Satz 2 eWpG)

132   Sofern Emittenten **keine registerführende Stelle** benennen, gelten sie nach § 16 Abs. 2 Satz 2 eWpG selbst als registerführende Stelle. Dies steht im Einklang mit dem Erlaubnistatbestand im KWG, der nicht vorsieht, dass die Tätigkeit der Kryptowertpapierregisterführung „für andere" erbracht werden muss, vgl. § 1 Abs. 1a Satz 2 Nr. 8 KWG.

a)   Emittent als freiwillig registerführende Stelle

133   Ein Emittent, der keine registerführende Stelle benennt, gilt **qua Gesetz** selbst als registerführende Stelle, sodass er für die Einhaltung der entsprechenden Pflichten verantwortlich ist. Dies beruht auf dem Umstand, dass sonst bei einem dezentralen Aufzeichnungssystem mangels der Zwischenschaltung eines Intermediärs keine andere verantwortliche Person bestünde.[173]

134   Bei Selbstbenennung als registerführende Stelle sowie in Zweifelsfällen hat der Emittent somit die Pflichten einer registerführenden Stelle nach §§ 7, 17, 18 eWpG in eigener Person zu erfüllen.[174]

135   Fraglich ist, ob den Emittenten die gleichen **aufsichtsrechtlichen Anforderungen** treffen wie einen externen Dienstleister. Hierfür spricht zunächst der Gesetzeswortlaut, da § 1 Abs. 1a Satz 2 Nr. 8 KWG nicht auf das Führen eines Kryptowertpapierregisters „für andere" beschränkt ist. Dass den Emittenten, der ein Kryptowertpapierregister führt, die **gleichen aufsichtsrechtlichen Anforderungen** treffen wie ein Dritt-Finanzdienstleistungsinstitut, sorgt u. a. für ein einheitliches **Anlegerschutzniveau** bei Kryptowertpapierregisterführern.[175] Schließlich nimmt der Emittent in einem solchen Fall die gleiche – mit der Registerführung stets verbundene – Vertrauensstellung gegenüber den Kryptowertpapierinhabern ein.[176] Auch die BaFin führt aus, dass für den Emittenten, sofern er als registerführende Stelle gilt, die gleichen aufsichtsrechtlichen Anforderungen wie für einen externen Dienstleister gelten.[177] Sind Emittent und registerführende Stelle nicht identisch, erfolgt auf Grundlage von § 21 Abs. 1 eWpG eine gewisse zusätzliche Kontrolle durch den Emittenten – neben der Beaufsichtigung durch die BaFin –, da für ihn die Pflicht greift,

---

171) Vgl. bspw. zur Delegation deliktischer Sorgfaltspflichten *Wagner* in: MünchKomm-BGB, § 823 Rz. 521 ff.
172) Vgl. hierzu auch *Geier*, RdF 2020, 258, 263.
173) Vgl. *Lehmann*, NJW 2021, 2318, 2323; vgl. auch *Sickinger/Thelen*, AG 2020, 862, 864.
174) Zu den Pflichten der registerführenden Stelle vgl. *Habersack* in: Omlor/Möslein/Grundmann, Elektronische Wertpapiere, S. 83, 87 ff.; *Reger/Langheld/Haagen*, RDi 2021, 83 Rz. 7 ff.
175) *Preuße/Wöckener/Gillenkirch*, BKR 2020, 551, 556.
176) Vgl. auch Begr. RegE Gesetz zur Einführung von eWp, BT-Drucks. 19/26925, S. 60.
177) Vgl. *Heise*, BaFin-Journal 7/2021, S. 39; vgl. auch *Patz*, BKR 2021, 725; *Sickinger/Thelen*, AG 2020, 862, 864.

für die gesamte Dauer der Eintragung ein ordnungsgemäßes Funktionieren des Registers sicherzustellen (siehe dazu oben Rz. 125 ff.).[178] Diese weitere „Kontrollinstanz" neben der BaFin existiert freilich nur, wenn sich registerführende Stelle und Emittent unterscheiden.

Die **hohen regulatorischen Anforderungen** für Kryptowertpapierregisterführer erschweren   **136** den Kapitalmarktzugang für Emittenten, da diese ggf. auf einen externen Kryptowertpapier-registerführer angewiesen sind, sofern sie nicht selbst Bank- oder Finanzdienstleistungs-institut sind.[179]

Etwa das vorzuhaltende Anfangskapital i. H. von mindestens 150.000 € (§ 33 Abs. 1 Satz 1   **137** Nr. 1b KWG), umfangreiche Reportingpflichten und Anforderungen an die Geschäftsleiter würden Emittenten, sofern sie Kryptowertpapiere in einem eigenen Register führen wollten, ab der ersten Emission mit **hohem Aufwand** konfrontieren.[180]

Dies steht in einem Spannungsverhältnis zum ursprünglichen Gedanken der Krypto-   **138** Technologie, Eingangshürden – z. B. für mittelständische Unternehmen oder Start-ups – zum Finanzmarkt zu senken.[181] Jedenfalls bei **Eigenemission** erscheint eine regulatori-sche Verpflichtung des Emittenten als Registerführer nach § 16 Abs. 2 Satz 2 eWpG un-angemessen. Auch bei urkundlichen Wertpapieremissionen für Eigenemissionen (direkte Platzierung von Wertpapieren durch den Emittenten bei Anlegern) soll etwa keine Er-laubnispflicht für das Emissionsgeschäft bestehen, vgl. § 1 Abs. 1 Satz 2 Nr. 10 KWG. Auch das AktG kennt eine Registerführung für Namensaktien, ohne dass diesbezüglich weitere regulatorische Anforderungen für die AG bestünden, vgl. § 67 AktG. Wünschens-wert wäre daher de lege ferenda, dass der Gesetzgeber für **Emittenten, die i. R. einer Eigenemission die Registerführung** selbst betreiben, eine ausdrückliche **Ausnahme** im-plementiert.[182]

b)   Emittent als unfreiwillig registerführende Stelle

In **Zweifelsfällen** ist der Emittent selbst registerführende Stelle.[183] Entsprechendes gilt,   **139** wenn der Emittent einen mangels Rechtsfähigkeit untauglichen Registerführer als register-führende Stelle benennt.[184] Der Emittent hat im Falle einer Überlassung der Registerfüh-rung an Dritte dafür zu sorgen, dass hinreichend **Klarheit** darüber besteht, **wer** die re-gisterführende Stelle ist.[185]

---

178) Vgl. Begr. RegE Gesetz zur Einführung von eWp, BT-Drucks. 19/26925, S. 65.

179) Vgl. Antrag der Fraktion der FDP, v. 20.1.2021, BT-Drucks. 10/26025, S. 2 f.

180) Vgl. thinkBLOCKtank, Stellungnahme z. eWpG, v. 14.9.2020, S. 14 abrufbar unter https://bundes-finanzministerium.de/Content/DE/Gesetzestexte/Gesetze_Gesetzesvorhaben/Abteilungen/Abtei-lung_VII/19_Legislaturperiode/2021-06-09-einfuehrung-elektronische-wertpapiere/0-Gesetz.html (Abrufdatum: 18.2.2023).

181) Vgl. *Mittwoch*, WM 2021, 375, 382.

182) Vgl. *Sickinger/Thelen*, AG 2020, 862, 864; thinkBLOCKtank, Stellungnahme z. eWpG, v. 14.9.2020, S. 13, abrufbar unter https://bundesfinanzministerium.de/Content/DE/Gesetzestexte/Gesetze_Geetzes-vorhaben/Abteilungen/Abteilung_VII/19_Legislaturperiode/2021-06-09-einfuehrung-elektronische-wertpapiere/0-Gesetz.html (Abrufdatum: 18.2.2023); so auch im Antrag der FDP-Fraktion, die lediglich für eine Anzeige des Emittenten an die BaFin optierte, vgl. Antrag der Fraktion der FDP, v. 20.1.2021, BT-Drucks. 10/26025, S. 3; zum Verhältnis des Kryptoverwahrgeschäfts zum Depotgeschäft etwa *Rennig*, RDi 2021, 206, 207; zur Abgrenzung des Depotgeschäfts, des Kryptoverwahrgeschäfts und der elektronischen Wertpapierregisterführung s. *Neumann*, Anh. Art. 6 Rz. 47 ff.; *Segna*, WM 2020, 2301, 2303; vgl. auch *Weber*, MMR 1999, 385, 390.

183) Begr. RegE Gesetz zur Einführung von eWp, BT-Drucks. 19/26925, S. 60: In Zweifelsfällen gilt er selbst als registerführende Stelle; so auch *Heise*, BaFin-Journal 7/2021, S. 38 f.; vgl. auch *Lehmann*, BKR 2020, 431, 435; *Kaulartz/Voigt/Winkler*, RdF 2022, 24, 30.

184) *Döding/Wentz*, WM 2020, 2312, 2319; vgl. Begr. RegE Gesetz zur Einführung von eWp, BT-Drucks. 19/26925, S. 60.

185) Begr. RegE Gesetz zur Einführung von eWp, BT-Drucks. 19/26925, S. 60.

140   Sofern der Emittent einen externen Dienstleister als Kryptowertpapierregisterführer beauftragt, besteht ein Risiko, ggf. dennoch weiter als Kryptowertpapierregisterführer zu gelten. Dies kann etwa der Fall sein, wenn der Emittent es unterlässt, gegenüber den Kryptowertpapierinhabern eine registerführende Stelle zu **benennen**. Eine weitere denkbare Konstellation ist, dass der Vertrag zwischen dem Emittenten und der ausgewählten registerführenden Stelle (Kryptowertpapierregisterführungsvertrag) aus bestimmten Gründen **nichtig** ist.

141   Da der Emittent im Zweifel[186] selbst als registerführende Stelle gilt, müsste er in diesem Fall **selbst** alle **aufsichtsrechtlichen Anforderungen** erfüllen und insbesondere auch über eine **KWG-Lizenz** für die erlaubnispflichtige Kryptowertpapierregisterführung verfügen.

142   Dieser Automatismus ist für den Emittenten im Lichte des § 54 Abs. 2 KWG nicht unproblematisch, wonach bereits das **fahrlässige unerlaubte Erbringen von Finanzdienstleistungen** strafbewehrt ist. Dass Emittenten bei Mängeln der Bestellung eines externen Kryptowertpapierregisterführers ggf. selbst als Registerführer gelten und damit mangels entsprechender KWG-Lizenz eventuell einen Straftatbestand verwirklichen, erscheint auch im Hinblick auf den in **Art. 103 Abs. 2 GG niedergelegten Bestimmtheitsgrundsatz** kritisch.[187] Es ist daher nach hier vertretener Auffassung geboten, § 16 Abs. 2 Satz 2 eWpG restriktiv auszulegen, sofern ein Emittent redlich die Kryptowertpapierregisterführung auf Dritte zu übertragen sucht.

143   Da der gesetzlich verankerte Automatismus – eine Art „**Fall-back-Lösung**" bei Zweifeln über die Person des Registerführers – für den Emittenten erhebliche **Haftungsrisiken** birgt, sollten Emittenten penibel darauf achten, dass ihnen bei der Benennung und Beauftragung eines Kryptowertpapierregisterführers keine Fehler unterlaufen. Der Emittent muss hierfür eine wirksame Einigung mit der designierten registerführenden Stelle über ihre Benennung treffen (siehe oben Rz. 102 ff.) und sie formell gegenüber den Kryptowertpapierinhabern als registerführende Stelle benennen (siehe oben Rz. 110 ff.).

6.   Wechsel der registerführenden Stelle durch den Emittenten (§ 16 Abs. 2 Satz 3 eWpG)

144   Der Emittent kann die registerführende Stelle grundsätzlich auch **ohne Zustimmung** des Inhabers oder des Berechtigten wechseln, es sei denn, die Emissionsbedingungen regeln etwas Abweichendes (§ 16 Abs. 2 Satz 3 eWpG). Beim Wechsel der registerführenden Stelle ist zu beachten, dass diese als **verantwortliche Stelle** den in den §§ 7, 16, 17 eWpG normierten Standard der Registerführung sichern soll. Den Emittenten trifft insofern eine **Sorgfaltspflicht**, als er die Einhaltung der Anforderungen aus §§ 7 und 16 durch die registerführende Stelle überwachen muss.[188] Daher sollte das Register **nur so häufig gewechselt** werden, wie hiermit keine Beeinträchtigung des **Standards** der Registerführung einhergeht.[189] Dies ist insoweit selbstverständlich, als die registerführende Stelle alle Handlungen unterlassen muss, die ihren in § 7 eWpG normierten **Sorgfaltspflichten** zuwiderlaufen.[190]

---

186) Begr. RegE Gesetz zur Einführung von eWp, BT-Drucks. 19/26925, S. 60; so auch *Heise*, BaFin-Journal 7/2021, S. 38 f.; vgl. auch *Lehmann*, BKR 2020, 431, 435; *Kaulartz/Voigt/Winkler*, RdF 2022, 24, 30.

187) Zur Verneinung der BaFin-Einordnung von Bitcoin als Rechnungseinheit unter Hinweis auf den in Art. 103 Abs. 2 GG niedergelegten Bestimmtheitsgrundsatz, aufgrund drohender Strafbarkeit einer solchen Einordung, vgl. KG Berlin, Urt. v. 25.9.2018 – (4) 161 Ss 28/18 (35/18), BKR 2018, 473; dazu auch *Rennig*, BKR 2020, 23, 26; *Klöhn/Parhofer*, ZIP 2018, 2093; *Froitzheim*, BKR 2018, 475 (Urteilsanm.); *Danwerth/Hildner*, BKR 2019, 57; *Hingst/K.-A. Neumann*, CB 2019, 254 ff.

188) Müller/Pieper-*Barth*, eWpG, § 21 Rz. 10.

189) Vgl. Müller/Pieper-*Kell*, eWpG, § 16 Rz. 56.

190) Vgl. Begr. RegE Gesetz zur Einführung von eWp, BT-Drucks. 19/26925, S. 60.

Zur Sicherstellung von Publizität und Schutz des Rechtsverkehrs ist der Emittent gemäß 145
§ 20 eWpG verpflichtet, u. a. die registerführende Stelle und die wesentlichen Informationen
über das Kryptowertpapier im **Bundesanzeiger zu veröffentlichen**. Für Einzelheiten sei
auf die Kommentierung des § 20 eWpG verwiesen.

7. Registerführerwechsel versus Registerwechsel

Nicht eindeutig ist die gesetzliche Abgrenzung zwischen einem „Wechsel der registerfüh- 146
renden Stelle durch den Emittenten" in § 16 Abs. 2 Satz 3 eWpG und dem in §§ 21 Abs. 2
Satz 2, 22 eWpG genannten Übertrag von Kryptowertpapieren in ein anderes Kryptowertpapierregister. **Abzugrenzen** ist hier

– der Wechsel des **Kryptowertpapierregisters** (also ein Kryptowertpapier wird von Register A in Register B übertragen) vom

– Wechsel der **registerführenden Stelle** (also dem Austausch der registerführenden
  Person).

Der **Wechsel der registerführenden Stelle** ist gemäß § 16 Abs. 2 Satz 3 eWpG ohne Zu- 147
stimmung des Inhabers oder des Berechtigten zulässig, sofern die **Emissionsbedingungen**
nichts Abweichendes regeln. Mit der registerführenden Stelle wechselt „nur" die rechtliche
Verantwortung für das Kryptowertpapierregister und nicht zwingend auch das verwendete
Aufzeichnungssystem. Praktisch dürfte jedoch mit einem Wechsel des Registerführers auch
das Aufzeichnungssystem wechseln, da jeder Registerführer grundsätzlich sein **individuelles
Aufzeichnungssystem** betreibt. Es ist zwar theoretisch denkbar, dass nur der Registerführer wechselt und dasselbe Register dann lediglich von einer anderen Person betrieben
wird; eine Beibehaltung des Aufzeichnungssystems dürfte allerdings nur in den Fällen relevant sein, in denen der zukünftige Registerführer das Aufzeichnungssystem des alten
Registerführers übernimmt.

§ 22 eWpG beinhaltet die „**Grundregel**" für den **Wechsel des elektronischen Wertpa- 148
pierregisters** durch die Übertragung eines bereits eingetragenen Kryptowertpapiers in ein
anderes elektronisches Wertpapierregister.[191] Erfasst ist damit der Wechsel **in ein zentrales
Register** gemäß § 12 eWpG oder **in ein anderes Kryptowertpapierregister**.[192]

---

191) Begr. RegE Gesetz zur Einführung von eWp, BT-Drucks. 19/26925, S. 65.
192) Vgl. Begr. RegE Gesetz zur Einführung von eWp, BT-Drucks. 19/26925, S. 65.

§ 17
Registerangaben im Kryptowertpapierregister

(1) Die registerführende Stelle hat sicherzustellen, dass das Kryptowertpapierregister
folgende Angaben über das eingetragene Kryptowertpapier enthält:

1. den wesentlichen Inhalt des Rechts einschließlich einer eindeutigen Kennnummer
   und der Kennzeichnung als Wertpapier,

2. das Emissionsvolumen,

3. den Nennbetrag,

4. den Emittenten,

5. eine Kennzeichnung, ob es sich um eine Einzel- oder eine Sammeleintragung
   handelt,

6. den Inhaber und

7. Angaben zum Mischbestand nach § 9 Absatz 3.

(2) [1]Bei einer Einzeleintragung hat die registerführende Stelle sicherzustellen, dass das Kryptowertpapierregister neben den Angaben nach Absatz 1 auch die folgenden Angaben über das eingetragene Wertpapier enthält:

1. Verfügungsbeschränkungen zugunsten einer bestimmten Person und

2. Rechte Dritter.

[2]Die Bezeichnung des Inhabers nach Absatz 1 Nummer 6 muss bei einer Einzeleintragung durch Zuordnung einer eindeutigen Kennung erfolgen. [3]Die registerführende Stelle hat auf Weisung eines nach § 18 Absatz 1 Satz 1 Nummer 1 oder Nummer 2 Weisungsberechtigten zusätzlich Angaben zu sonstigen Verfügungsbeschränkungen sowie zur Geschäftsfähigkeit des Inhabers aufzunehmen.

(3) Die registerführende Stelle hat sicherzustellen, dass die Angaben nach den Absätzen 1 und 2 Satz 1 in einer Weise verknüpft sind, dass sie nur zusammen abgerufen werden können.

Übersicht

I. Normzweck und Grundlagen

1. Ersetzung der Funktion einer Papierurkunde

Ursprünglich sollte die Verbriefung von Inhaberschuldverschreibungen in Papierurkunden **1** dem Verkehrsschutzinteresse potenzieller Erwerber dienen,[1] einen gutgläubigen Erwerb ermöglichen und damit die Verkehrsfähigkeit steigern.[2] Der Verkehrsschutz wurde über die **Publizitäts- und Beweisfunktion** des unmittelbaren Besitzes an der Urkunde erreicht: Wer Besitzer der Urkunde war, für den galt die widerlegbare Vermutung (Beweis) der materiellen Berechtigung (Legitimation des Inhabers).[3] Bei elektronischen Wertpapieren ist das nun anders, weil für den Rechtsverkehr die **faktische Verfügungsgewalt** des Inhabers des privaten Schlüssels nicht mehr ersichtlich ist.

Die „wichtige[n] Publizitätsfunktion des Besitzes an Papierurkunden"[4] wird von Seiten des **2** Gesetzgebers gleichwohl immer noch als „für den Verkehrsschutz so bedeutend"[5] angesehen. „Um das formell berechtigende Herrschaftsverhältnis an dem elektronischen Wertpapier auch für den Rechtsverkehr sichtbar zu machen",[6] bedurfte es der gesetzlichen Regelungen des eWpG, u. a. zur Eintragung des Inhabers in das elektronische Register.

Die Verkehrsschutzfunktion setzt freilich nicht nur eine Eintragung voraus, sondern auch, **3** dass der potenzielle Erwerber in das Wertpapierregister **Einsicht nehmen**[7] und mit der darin **enthaltenen Information** etwas anfangen kann. § 10 eWpG regelt die Vorschriften zu Publizität und Registergeheimnis, bezieht aber lediglich die in § 17 eWpG (bzw. § 13 eWpG) genannten Angaben ein.[8] Laut § 10 Abs. 1 eWpG können „Teilnehmer" des Wertpapierregisters in das Register Einsicht nehmen. Zum **Teilnehmerkreis** gehört zunächst jeder Inhaber, Berechtigte oder Betroffene (wie der Emittent) eines eingetragenen Wertpapiers.[9] Der **potenzielle Erwerber** jedoch gehört nicht dazu. Er erhält erst Einsicht, wenn er als potenzieller Teilnehmer des Registers ein „berechtigtes sachliches Interesse" darlegt (§ 10 Abs. 2 eWpG).[10] Erwerber und Veräußerer können laut Regierungsbegründung ein solches **berechtigtes Interesse** darlegen.[11]

Das Kryptowertpapier gewährt mit der Einsicht aber lediglich Informationen über den In- **4** haber in Form seiner **anonymen Kennung.** Laut § 8 Abs. 1 Nr. 2 eWpG kann als Inhaber

> „[...] eine natürliche oder juristische Person, die das elektronische Wertpapier für sich selbst hält (Einzeleintragung)"

eingetragen werden. Gemäß § 17 Abs. 2 Satz 2 eWpG wird im Register der Inhaber nicht **5** als natürliche oder juristische Person bezeichnet, sondern mit einer pseudonymisierten Kennung. Die (namentliche) **Identität des Inhabers** und Berechtigten bleibt damit für einen potenziellen Erwerber (Verkehrsschutz) **unbekannt.** Der Einsichtnehmende kann höchstens vergleichen, ob die vom Verkäufer angegebene Kennung (z. B. dessen Public Address) mit der Registerauskunft übereinstimmt. (Die Registerauskunft liefert aber keine Angabe über die Identität des Inhabers, vgl. § 10 Abs. 3 eWpG). Da das Kryptowertpapier-

---

1) Vgl. Begr. RegE Gesetz zur Einführung von eWp z. § 2 eWpG, BT-Drucks. 19/26925, S. 39.
2) Vgl. *Einsele* in: Omlor/Möslein/Grundmann, Elektronische Wertpapiere, § 2, S. 46.
3) Vgl. *Habersack* in: MünchKomm-BGB, Vor § 793 Rz. 16.
4) Vgl. Begr. RegE Gesetz zur Einführung von eWp z. § 2 eWpG, BT-Drucks. 19/26925, S. 38.
5) Vgl. Begr. RegE Gesetz zur Einführung von eWp z. § 3 eWpG, BT-Drucks. 19/26925, S. 40.
6) Vgl. Begr. RegE Gesetz zur Einführung von eWp z. § 2 eWpG, BT-Drucks. 19/26925, S. 41.
7) Vgl. *Einsele* in: Omlor/Möslein/Grundmann, Elektronische Wertpapiere, § 2, S. 48.
8) Vgl. Begr. RegE Gesetz zur Einführung von eWp z. § 10 eWpG, BT-Drucks. 19/26925, S. 51.
9) Vgl. Begr. RegE Gesetz zur Einführung von eWp z. § 10 Abs. 1 eWpG, BT-Drucks. 19/26925, S. 51.
10) Vgl. *Einsele* in: Omlor/Möslein/Grundmann, Elektronische Wertpapiere, § 2, S. 48–49.
11) Vgl. Begr. RegE Gesetz zur Einführung von eWp z. § 10 Abs. 2 eWpG, BT-Drucks. 19/26925, S. 52.

register keine namentliche Zuordnung enthält (und damit keine formelle Legitimationswirkung entfaltet, siehe Rz. 74), könnte der Verkäufer auch unberechtigt über den Bestand
einer fremden Adresse verfügen. Der Erwerber würde nur aufgrund des fehlenden Gutglaubensschutzes in die Verfügungsberechtigung nicht gutgläubig erwerben (zum Gutglaubensschutz siehe *Schulz*, § 26 Rz. 11 f., 20–23; zur Legitimation des Inhabers siehe
auch *Wieneke*, § 28 Rz. 27 ff.).

6   Auskunft über die **Identität des Inhabers** erhält unter engen Voraussetzungen schließlich
nur, wer ein **„besonderes berechtigtes Interesse darlegt"** (§ 10 Abs. 3 eWpG), etwa zur
Durchsetzung von Rechten oder Geltendmachung von Ansprüchen.[12] Ein potenzielles
Erwerbsinteresse allein reicht dafür nicht aus.[13]

2.   Durch Eintragung in ein elektronisches Register

7   Die Eintragung der Angaben nach § 17 eWpG in das Kryptowertpapierregister ersetzt beim
elektronischen Wertpapier den Akt der **Skriptur**, d. h. die Ausfertigung der papiernen Wertpapierurkunde. Die Eintragung nach § 4 Abs. 4 eWpG *ist* der Skripturakt (§ 2 Abs. 1
eWpG):[14]

> „Eintragung eines elektronischen Wertpapiers ist die Aufnahme der für ein elektronisches Wert-
> papier nach § 13 oder § 17 erforderlichen Registerangaben in ein elektronisches Wertpapier-
> register unter eindeutiger und unmittelbar erkennbarer Bezugnahme auf die niedergelegten
> Emissionsbedingungen." (§ 4 Abs. 4 eWpG).

8   Die Eintragung der Angaben nach § 17 in das Kryptowertpapierregister ist also **unabding-
barer Teil der Begebung** und konstitutive Voraussetzung für die Entstehung des (Krypto-)
Wertpapiers:[15]

> „Der von der registerführenden Stelle zu erstellende Registerinhalt ist ein wesentlicher
> Schritt bei der Kreation des elektronischen Wertpapiers."[16]

9   Die Eintragung in ein „Aufzeichnungssystem" (§ 4 Abs. 11 eWpG) ist dabei nur eine **neue
Form** der nutzbaren „Speichertechnologie": Statt Speicherung des verkörperten Rechts in
Papierform erfolgt die Speicherung (mittels Aufzeichnungssystem) im Kryptowertpapier-
register.[17]

3.   Unter Ausweitung des Rechtsschutzes

10 Das Wertpapierregister soll **Transparenz** im Rechtsverkehr auch für das elektronisch begebene Wertpapier schaffen, um

> „[…] das formell berechtigende Herrschaftsverhältnis an dem elektronischen Wertpapier
> auch für den Rechtsverkehr sichtbar zu machen".[18]

11 Darüber hinaus soll

> „[…] die Eintragung elektronisch begebener Wertpapiere […] nicht nur die Publizität der In-
> haberschaft der Papierurkunde ersetzen, sondern einen weitergehenden Schutz des Rechts-
> verkehrs ermöglichen, als sie aus der Publizität der Urkunde als Bezugsobjekt folgt."[19]

---

12) Vgl. Begr. RegE Gesetz zur Einführung von eWp z. § 20 Abs. 3 eWpG, BT-Drucks. 19/26925, S. 52–53.
13) Vgl. Begr. RegE Gesetz zur Einführung von eWp z. § 10 Abs. 3 eWpG, BT-Drucks. 19/26925, S. 52–53:
     Es ist eine Interessensabwägung der Betroffenen erforderlich (z. B. liegt besonderes berechtigtes Inte-
     resse nur zur Durchsetzung von Rechten und Geltendmachung von Ansprüchen vor).
14) Vgl. Begr. RegE Gesetz zur Einführung von eWp z. § 2 und § 2 Abs. 1 eWpG, BT-Drucks. 19/26925,
     S. 39; *Einsele* in: Omlor/Möslein/Grundmann, Elektronische Wertpapiere, § 2, S. 34.
15) Vgl. *Lieder* in: Omlor/Möslein/Grundmann, Elektronische Wertpapiere, § 5, S. 105.
16) Vgl. Begr. RegE Gesetz zur Einführung von eWp z. § 4 Abs. 4 eWpG, BT-Drucks. 19/26925, S. 42.
17) Vgl. Begr. RegE Gesetz zur Einführung von eWp, BT-Drucks. 19/26925, S. 39.
18) Vgl. Begr. RegE Gesetz zur Einführung von eWp, BT-Drucks. 19/26925, S. 41.
19) Vgl Begr. RegE Gesetz zur Einführung von eWp z. § 13 eWpG, BT-Drucks. 19/26925, S. 55 sowie
     S. 61 z. § 17 eWpG.

Der **weitergehende Rechtsschutz** soll durch den besonderen Vorteil des Registers, Trans- 12
parenz der eingetragenen Rechte zu schaffen, gewährleistet werden.

Der Transparenzzweck erfordert die genaue **sachenrechtliche Bestimmtheit** des Krypto- 13
wertpapiers,[20] des Inhabers sowie bestehender Rechte und Verfügungshindernisse. Dazu
sollen die Angaben nach § 17 Abs. 1 und Abs. 2 eWpG in das Register aufgenommen
werden. Des Weiteren soll nicht nur Transparenz über den Inhaber, sondern auch über
bisherige **Verfügungen** und **Inhaltsänderungen** des Wertpapiers entstehen. Im Sinne der
Transparenz bedarf jede rechtsgeschäftliche Verfügung über das elektronische Wertpapier
in Einzeleintragung für ihre Wirksamkeit der Eintragung im Register (§ 24 eWpG). Ebenso
soll jede gesetzliche Inhaltsänderung und jeder gesetzliche Erwerb im Register abgebildet
werden.[21]

Im Ergebnis sollen sich aus dem Kryptowertpapierregister **alle für den Rechtsverkehr maß-** 14
geblichen Informationen ergeben.[22] Daher soll dem Registereintrag auch ein zurechenbarer Rechtsschein zukommen, gegen den ein weitergehender **Einwendungsausschluss**
besteht, als dies bei einer Begebung des Wertpapiers mittels Urkunde der Fall wäre.[23]

II. Normüberblick

1. Gleichlauf zwischen § 17 eWpG und § 13 eWpG

§ 17 eWpG entspricht in Normaufbau und Inhalt § 13 eWpG zu den Registerangaben für 15
Zentralregisterwertpapiere. Beide Vorschriften sind nahezu wortgleich. In der Regierungsbegründung wird hinsichtlich Erläuterung der einzelnen Angaben nach § 17 Abs. 1 und
Abs. 2 eWpG auf die Erläuterungen zu § 13 eWpG und zum Zentralregister verwiesen.[24]
§ 13 und § 17 eWpG hätten danach auch zusammengefasst und **„vor die Klammer"** gezogen werden können.

Der Normgleichlauf ist schlüssig angesichts der proklamierten **„Technologieneutralität"** 16
des eWpG. eWpG und eWpRV wurden im Hinblick auf die nutzbaren Technologien zur
Registerführung ausdrücklich „technologieneutral" formuliert. Als Kryptowertpapierregister kommen nach dem derzeitigen Stand der Technik in erster Linie Aufzeichnungssysteme auf Basis der Distributed-Ledger-Technologie (DLT) in Frage, für die pars pro
toto die Blockchain steht.[25] Das heißt, die Blockchain ist *ein* Anwendungsfall der DLT
(jede Blockchain ist eine DLT), aber nicht jede DLT ist eine Blockchain. In einer **Blockchain**
sind aufgrund der Unveränderlichkeit der Blöcke in der Regel nur die Datenbankoperatio-
nen Create und Retrieve, also Anlegen und Lesen von Datensätzen möglich. **DLT-Daten-**
banken ermöglichen darüber hinaus auch das Update und Delete von Datensätzen.[26]

Aufgrund dieser Neutralität erübrigten sich DLT-, blockchain- oder smart-contract-spe- 17
zifische Anforderungen an das Kryptowertpapierregister. Die „technologieneutrale" Ausgestaltung ermöglicht damit ein maximales Maß an **Flexibilität** hinsichtlich der Registerführung. Die Zurückhaltung hinsichtlich Fragen der Ausgestaltung blendet aber auch wichtige **Fragestellungen** aus, die sich erst aus der konkreten Auseinandersetzung mit der tech-

---

20) Vgl. Müller/Pieper-*Pieper*, eWpG, § 13 Rz. 3.
21) Vgl. Begr. RegE Gesetz zur Einführung von eWp z. § 13 eWpG, BT-Drucks. 19/26925, S. 55 sowie
    S. 61 z § 17 eWpG.
22) Vgl. Begr. RegE Gesetz zur Einführung von eWp, BT-Drucks. 19/26925, S. 61.
23) Vgl. Begr. RegE Gesetz zur Einführung von eWp, BT-Drucks. 19/26925, S. 55.
24) Vgl. Begr. RegE Gesetz zur Einführung von eWp, BT-Drucks. 19/26925, S. 61.
25) Vgl. Begr. RegE Gesetz zur Einführung von eWp, BT-Drucks. 19/26925, S. 42.
26) Vgl. *Siegel* in: Omlor/Link, Kryptowährungen und Token, Kap. 3 Rz. 106.

nologischen Umsetzung ergeben, wie Publizität der Registerangaben, Datensicherheit, Datenintegrität und Datenauthentizität.

18   Zentralregister und Kryptowertpapierregister werden vom Gesetzgeber letztlich nur als **unterschiedliche Speichervarianten** elektronischer Wertpapiere verstanden. Hier besondere Anforderungen für das eine oder das andere vorzusehen, liegt bei abstrakter Betrachtung erst einmal nicht auf der Hand. § 17 Abs. 1 Satz 1 eWpG zum Kryptowertpapierregister sieht daher genauso wie § 13 eWpG eine **registerführende Stelle** vor, die sicherzustellen hat, dass die erforderlichen Angaben im Register enthalten sind. Die Funktion der registerführenden Stelle ist beim zentralen Register bereits Teil der Definition, beim Kryptowertpapierregister ergibt sie sich dagegen erst aus dem Bedürfnis nach einem Normadressaten und Verantwortlichen für die Erfüllung gesetzlicher Pflichten.[27]

19   § 17 Abs. 1 eWpG enthält parallel und wortgleich zu § 13 eWpG den **Katalog von Registerangaben**, die bei Begebung bzw. zur Bestimmbarkeit jedes Kryptowertpapiers in das Kryptowertpapierregister einzutragen sind. Dazu zählen u. a. der wesentliche Inhalt des Rechts, Kennnummer und Bezugnahme auf die Emissionsbedingungen, Emissionsvolumen, Nennbetrag, Emittent und Inhaber (§ 17 Abs. 1 Satz 1 Nr. 1 bis 4 und 6 eWpG).

20   Gleichermaßen angabepflichtig sind im Kryptowertpapierregister wie im Zentralregister die **Art der Eintragung** (Einzel- oder Sammeleintragung) sowie ggf. das Vorliegen eines Mischbestands (§ 17 Abs. 1 Satz 1 Nr. 5 und 7 eWpG).

21   Im Fall der Einzeleintragung wird die registerführende Stelle außerdem verpflichtet, **relative Verfügungsbeschränkungen** und Rechte Dritter einzutragen (§ 17 Abs. 2 Satz 1 eWpG).

22   Bei Einzeleintragung **können** außerdem sonstige **(absolute) Verfügungsbeschränkungen** sowie Angaben zur Geschäftsfähigkeit des Inhabers in das Register eingetragen werden. Hierzu ist die registerführende Stelle nicht verpflichtet. Die Eintragung erfolgt nur auf **Weisung** des Berechtigten (§ 17 Abs. 2 Satz 3 eWpG).

23   § 17 Abs. 3 eWpG verlangt schließlich, dass die Registerangaben gemäß § 17 Abs. 1 und Abs. 2 Satz 1 eWpG nur **zusammen abrufbar** sein sollen. Die registerführende Stelle hat sicherzustellen, dass die Angaben miteinander verknüpft und nur zusammen abrufbar sind (§ 17 Abs. 3 eWpG).

24   Auf Grundlage des § 23 Abs. 1 Satz 1 eWpG können durch Rechtsverordnung nähere Bestimmungen zur **Datenspeicherung** und zur **Datendarstellung** nach § 17 eWpG getroffen werden. § 7 eWpRV enthält etwa konkretisierende Angaben zur Darstellung des wesentlichen Inhalts des Rechts und der Wertpapierkennnummer. § 8 eWpRV enthält Vorgaben zu den personenbezogenen Angaben von Emittent, Inhaber sowie Personen, zugunsten derer ein Recht oder eine relative Verfügungsbeschränkung eingetragen ist.

2.   Unterschiede der Angaben gemäß § 17 eWpG gegenüber § 13 eWpG

25   Abweichungen zwischen § 13 und § 17 eWpG ergeben sich bezüglich folgender Angaben:

Angaben	§ 17 Kryptowertpapierregister	§ 13 Zentralregister
Abs. 1 Satz 1 Nr. 1	Kennzeichnung des Kryptowertpapiers mit einer **eindeutigen Kennnummer** (z. B. ISIN oder Blockchain-Adresse/ Public Key)	Pflicht zur Kennzeichnung des Zentralregisterwertpapiers mit der internationalen Wertpapierkennung (**ISIN**)

---

[27] Vgl. Begr. RegE Gesetz zur Einführung von eWp z. § 16 Abs. 2 eWpG, BT-Drucks. 19/26925, S. 60.

Angaben	§ 17 Kryptowertpapierregister	§ 13 Zentralregister
Abs. 1 Satz 1 Nr. 1	Zusätzlich Pflicht zur **Kennzeichnung als Wertpapier**	n/a
Abs. 2 Satz 2	**Pflicht** („muss"), den Inhaber (nur!) statt des Namens anhand einer eindeutigen Kennung zu bezeichnen (**Pseudonymisierung**)	**Möglichkeit** („kann"), den Inhaber statt des Namens mit einer eindeutigen Kennung zu bezeichnen

Nachfolgend wird auf die Unterschiede zu § 13 eWpG hinsichtlich Registerführung und   26
Eintragung sowie Besonderheiten aufgrund der **technologischen Eigenarten** des Kryptowertpapierregisters eingegangen. Soweit Gleichlauf zu § 13 eWpG besteht, wird für die für Zentral- und Kryptowertpapierregister gleichermaßen geltenden Vorschriften weiterführend auf die Kommentierung von *Alfes* zu § 13 Rz. 1 ff. verwiesen.

III. Registerführende Stelle des Kryptowertpapierregisters § 17 Abs. 1 Satz 1 eWpG

1. Konzeption und Funktion einer zentralen Instanz beim Kryptowertpapierregister

Sowohl § 13 als auch § 17 eWpG sehen eine **registerführende Stelle** vor, die die Einhal-   27
tung der Angabepflichten über das Wertpapier sicherstellen soll. Beim Zentralregister liegt die Notwendigkeit einer zentral verwaltenden Stelle auf der Hand.

Beim Kryptowertpapierregister ist hingegen laut Regierungsbegründung gerade   28

> „[…] entscheidend für ein solches dezentrales elektronisches Wertpapierregister […], dass es nicht zentral geführt wird, aber aus der besonderen Art der Aufzeichnung heraus die gleiche Sicherheit für Identität und Authentizität des Wertpapiers bietet wie das zentrale Register."[28)]

Als Kryptowertpapierregister wird laut Regierungsbegründung ein „fälschungssicheres Auf-   29
zeichnungssystem"[29)] bezeichnet und in § 4 Abs. 11 eWpG definiert als

> „[…] dezentraler Zusammenschluss, in dem die Kontrollrechte zwischen den das jeweilige System betreibenden Einheiten nach einem im Vorhinein festgelegten Muster verteilt sind."

Die Definition umschreibt damit eine DLT.   30

Der Sicherheitsgrad des Kryptowertpapierregisters wird danach nicht nur an der **Dezen-**   31
tralität der Datenbank festgemacht, sondern auch an der **besonderen Art der Aufzeich-**
nung zwischen den betreibenden Einheiten, also der dezentralen Validierung der aufgezeichneten Transaktionen nach einem im Vorhinein festgelegten (deterministischen) Muster (sog. **Konsensmechanismus**).[30)] Der Konsensmechanismus kann dabei unterschiedliche Protokolle und Algorithmen zur Entscheidungsfindung im Netzwerk vorsehen, z. B. Proof of Work, Proof of Stake, Delegated Proof of Stake, Proof of History oder Proof of Authority. Die Konsensalgorithmen sind aber letzten Endes der Mechanismus, der für Sicherheit und Dezentralisierung in verteilten Systemen sorgt.[31)] Die Verifizierung der Transaktionen, Hinzufügung und Fortführung des Datenbestands zwischen fremden Teilnehmern ist damit möglich, ohne dass diese sich vertrauen müssen und sogar böswillige Netzwerkteilnehmer tolerierbar sind (Byzantine Fault Tolerance).[32)]

---

28) Begr. RegE Gesetz zur Einführung von eWp, BT-Drucks. 19/26925, S. 42.
29) Vgl. Begr. RegE Gesetz zur Einführung von eWp z. § 16 Abs. 1 eWpG, BT-Drucks. 19/26925, S. 59.
30) Vgl. *Varmaz/Varmaz/Günther/Poddig* in: Omlor/Link, Kryptowährungen und Token, Kap. 1 Rz. 23.
31) Vgl. *Antonopoulos/Wood*, Ethereum – Grundlagen und Programmierung, S. 317.
32) Vgl. *Baur/Brügmann/Sedlmeir/Urbach* in: Leupold/Wiebe/Glossner, IT-Recht, Teil 16.1 Rz. 8, 10.

32 Damit steht eine **zentrale Instanz** eigentlich im Widerspruch zur **dezentralen Konzeption** des Registers seitens des Gesetzgebers.[33] Der Gesetzgeber hat die **registerführende Stelle** dennoch im Kontext des Kryptowertpapierregisters eingeführt. Ihr komme, so die Regierungsbegründung, als „Garant für die Integrität des genutzten Verfahrens [...] die entscheidende Rolle zu".[34] Geschuldet ist die registerführende Stelle den **rechtlichen und regulatorischen Gegebenheiten** und dem Bedürfnis der Aufsicht nach einem **Normadressaten und -verpflichteten**.[35]

> „Das [Kryptowertpapier-]Register und die ihm zugrundeliegende Technologie hat die Rechtslage zu jedem Zeitpunkt zutreffend wiederzugeben".[36]

33 Dazu sorgt die registerführende Stelle für Eintragung, Richtigkeit und Vollständigkeit der Registerangaben, überwacht Änderungen, gibt Transaktionen frei, und nimmt Korrekturen und Rückabwicklungen vor, wenn der Zustand des Kryptowertpapierregisters nicht die tatsächliche Rechtslage widerspiegeln sollte.

34 Der registerführenden Stelle obliegt es weiterhin, die **Verknüpfung** zwischen Namen bzw. Firma des Inhabers und Kennzeichnung des Inhabers auf der Blockchain in einem (separaten, zentralen) Aufzeichnungssystem zu führen (das nicht dem Pseudonymisierungserfordernis unterliegt).[37] Der registerführenden Stelle kommt die Aufgabe zu, für die stete **Konsistenz** von Kryptowertpapierregister (beispielhaft im Folgenden auf Blockchain-Basis) und der Off-Blockchain-Zuordnung[38] von Inhaber und juristischer bzw. natürlicher Person zu sorgen. Bei Abweichungen und **Korrekturbedarf** des Kryptowertpapierregisterstatus hat die registerführende Stelle die Korrektur im Register (auf der Blockchain) zu veranlassen.[39] Als Papierersatz sorgt die Blockchain nur dafür, dass das verkörperte Recht nicht verloren geht. Die registerführende Stelle sorgt dafür, dass der richtige Inhalt auf der Blockchain steht und ändert diesen Inhalt bei Bedarf – unabhängig davon, was zuvor vom Konsens der Blockchain festgestellt wurde.

35 Damit verbleibt am Ende eine reine **Speicher- und Aufzeichnungsfunktion** der Wertpapierdaten und Transaktionen bei der Blockchain. Die **Verwaltung** und **Zuordnung** der mit den Token verknüpften Rechte obliegt dagegen – wie beim zentral geführten Register – der registerführenden Stelle.[40] Die Transaktion eines auf der Blockchain eingetragenen Wertpapiers (Token) wird zwar durch Bestätigung auf der Blockchain final. Die (berechtigte) Inhaberschaft wird dagegen erst in der Verwaltung bzw. Zuordnungsdatei des Registerführers zu einer natürlichen oder juristischen Person/Personengemeinschaft bestätigt.

---

33) Vgl. *Habersack* in: Omlor/Möslein/Grundmann, Elektronische Wertpapiere, § 4, S. 92.

34) Begr. RegE Gesetz zur Einführung von eWp, BT-Drucks. 19/26925, S. 44.

35) Begr. RegE Gesetz zur Einführung von eWp z. § 16 Abs. 2 eWpG, BT-Drucks. 19/26925, S. 60; vgl. Müller/Pieper-*Pieper*, eWpG, § 4 Rz. 67.

36) Begr. RegE Gesetz zur Einführung von eWp, BT-Drucks. 19/26925, S. 48.

37) Vgl. etwa die Anforderungen der Begr. RefE eWpRV (1. Konsultation) z. § 20 Abs. 1 Nr. 2, v. 6.8.2021, „welche Inhalte außerhalb des dezentralen Aufzeichnungssystems gespeichert werden"; Nr. 4, „wie die verwendeten Datenbanken oder sonstige Speichersysteme miteinander verknüpft sind", abrufbar unter https://www.bmj.de/SharedDocs/Gesetzgebungsverfahren/DE/Wertpapierregister.html (Abrufdatum: 18.2.2023).

38) Vgl. Begr. RegE Gesetz zur Einführung von eWp z. § 4 Abs. 9 eWpG, BT-Drucks. 19/26925, S. 44, S. 61 z. § 17 Abs. 2 Satz 1 Nr. 2 eWpG.

39) Vgl. Begr. RegE Gesetz zur Einführung von eWp z. § 14 Abs. 5 eWpG, BT-Drucks. 19/26925, S. 59; § 15 Abs. 1 eWpRV.

40) Vgl. Begr. RegE Gesetz zur Einführung von eWp z. § 17 Abs. 2 Satz 1 Nr. 2 eWpG, BT-Drucks. 19/26925, S. 61.

2. Praktische Umsetzung der Registerführung nach § 17 eWpG

Die Aufgabe des Registerführers ist, die für Entstehung und Bestimmbarkeit des Wertpa- 36
piers nötigen Angaben gemäß § 17 eWpG in das Kryptowertpapierregister aufzunehmen.
Während Blockchain-Transaktionen mit einer ausreichenden Anzahl an Bestätigungen Finalität erreichen und damit irreversibel werden, müssen Kryptowertpapierregister gleichzeitig die Option der **Änderung** und **Korrektur** des Registerinhalts gemäß § 18 eWpG vorsehen.[41] Der **finale Konsens** der Blockchain muss also von der registerführenden Stelle
jederzeit „korrigiert" werden können.

Umsetzbar ist dies in der Praxis entweder über **spezifische Blockchain-Funktionen**[42] oder 37
in eigenen **Programmcodes** (Smart Contracts), die Rückabwicklungs-, Storno- und Kor-
rekturmechanismen vorsehen können.[43] Während des Gesetzgebungsverfahrens zum eWpG
wurde davon ausgegangen, dass existierende Blockchain-Strukturen kaum die Anforderungen des § 17 erfüllen würden und anzupassen wären bzw. die Registerführung nur über
Smart Contracts auf bestehenden Blockchains umgesetzt werden könnte.[44] Des Weiteren
wurde unterstellt, dass Public Permissionless Blockchains wohl nur eine untergeordnete
Rolle spielen würden.[45]

Wie sich mit Begebung der ersten Kryptowertpapiere in der Praxis gezeigt hat,[46] werden 38
Kryptowertpapierregister durchaus auf Public Permissionless Blockchains wie Ethereum
bzw. Polygon, Algorand oder Stellar aufgesetzt. Daneben werden wohl auch Private Blockchains wie Corda oder Hyperledger verwendet. Zur Registerführung werden Smart Contracts eingesetzt (auf Polygon, das ethereum-virtual-machine-kompatibel ist), teils aber
auch Blockchain-spezifische Funktionen zur Issuance und Verwaltung von Token genutzt
(so auf Stellar, das über eigene Asset-Token-Funktionalitäten verfügt),[47] um den Security
Token (das spätere elektronische Wertpapier) zu generieren und anschließend i. S. eines
Kryptowertpapierregisters zu verwalten.

Das Kryptowertpapier wird dabei meist **als Token** wie andere Nicht-Kryptowertpapiere, 39
z. B. auf Ethereum mit Mindeststandards wie einem ERC-20 oder ERC-777[48] Token
Smart Contract[49] auf der Blockchain generiert.[50] Der Smart Contract kann dabei bereits
mit allen notwendigen Operationen ausgestattet werden, die zur Verwaltung des Token

---

41) Vgl. Begr. RegE Gesetz zur Einführung von eWp z. § 14 Abs. 5 eWpG, BT-Drucks. 19/26925, S. 59.
42) Z. B. werden hier in der Praxis spezifische Clawback- und Unwind-Funktionen oder das Whitelisting
von Wallets über sog. Trustlines angewandt.
43) Vgl. *Antonopoulos/Wood*, Ethereum – Grundlagen und Programmierung, S. 250–251; z. B. Erweite-
rungen von Token-Standards um Funktionen wie Recovery, Whitelisting, Caps, Eignerkontrolle.
44) Vgl. bitkom, Stellungnahme z. RefE eWpG, v. 10.9.2020, S. 7, abrufbar unter https://bundesfinanz-
ministerium.de/Content/DE/Gesetzestexte/Gesetze_Gesetzesvorhaben/Abteilungen/Abeilung_VII/
19_Legislaturperiode/2021-06-09-einfuehrung-elektronische-wertpapiere/0-Gesetz.html (Abrufdatum:
18.2.2023).
45) Vgl. Müller/Pieper-*Kell*, eWpG, § 17 Rz. 10.
46) Vgl. BaFin, Kryptowertpapierliste nach eWpG, Stand: 8.5.2023, abrufbar unter https://www.bafin.de
(Abrufdatum: 15.5.2023).
47) Vgl. Stellar Development Foundation, Issue Assets, abrufbar unter https://developers.stellar.org/docs/
issuing-assets/ (Abrufdatum: 18.2.2023). Stellar bietet mit sog. Trustlines sowie Clawback-Funktionen
spezifische Möglichkeiten der Token-Verwaltung.
48) Vgl. Ethereum Foundation, Token Standards, abrufbar unter https://ethereum.org/en/developers/
docs/standards/ (Abrufdatum: 18.2.2023).
49) Vgl. z. B. Ethereum Foundation, Unterstand the ERC-20 Token Smart Contract, abrufbar unter https://
ethereum.org/en/developers/tutorials/understand-the-erc-20-token-smart-contract/ (Abrufdatum:
18.2.2023).
50) Vgl. Müller/Pieper-*Kell*, eWpG, § 17 Rz. 12: „Ein dezentrales Aufzeichnungssystem, das das Kryptowertpapierregister ist, unterscheidet sich technisch im Zweifel nicht von einem dezentralen Aufzeichnungssystem, das kein Kryptowertpapierregister ist und z. B. Kryptowerte speichert, die keine Kryptowertpapiere sind."

nötig sind: Eigentumsrechte, Transfers und Zugriffsrechte.[51] Das Kryptowertpapierregister könnte aber auch über einen gesonderten **Register Smart Contract** verwaltet werden, an den der neue Token transferiert wird. Die verwendeten Smart Contracts enthalten letztendlich also nur den Code, der bestimmt, welche Operationen mit den Token möglich sind.[52] Jeder (Token) Smart Contract hat dabei eine **Kontraktadresse auf der Blockchain**, unter der jederzeit alle zugehörigen Transaktionen aufgerufen werden können: Anweisungen, die an den Kontrakt gesendet wurden oder Token, die an andere Adressen ausgegeben oder erhalten werden.[53]

40 Zum Kryptowertpapier wird der neue Token erst **mit formeller Begebung**: Neben dem Abschluss eines Begebungsvertrags (zu diesem Erfordernis siehe *Denga*, § 2 Rz. 9), und der Niederlegung der Emissionsbedingungen erfordert dies die **Eintragung der Angaben nach § 17 eWpG** in das Kryptowertpapierregister (§§ 2 Abs. 1 Satz 2, 5 Abs. 1 eWpG). Da die Angaben nach § 17 eWpG **bei dem Wertpapier im Register** zu machen sind, kommt dafür (auf der Blockchain) nur die Adresse des Token Contract bzw. (falls vorhanden) eines Register-Smart Contract in Frage. Auf einer Public Permissionless Blockchain müsste also unter der Adresse des Token Contract bzw. des verknüpften Register-Smart Contract Folgendes **eingetragen** sein (§ 17 Abs. 1 eWpG):

– (Wertpapier-)Kennnummer, Bezeichnung als Wertpapier (ggf. ISIN);[54]

– wesentlicher Inhalt des Rechts oder ersatzweise Verlinkung auf die Emissionsbedingungen (§ 7 Abs. 1 eWpRV);

– Emissionsvolumen;

– Nennbetrag;

– Emittent;

– Kennzeichnung als Sammel- oder Einzeleintragung[55]; und

– ggf. Vorliegen eines Mischbestands.

41 Die Eintragungen auf Public Permissionless Blockchains sind vollumfänglich öffentlich. Das **Pseudonymisierungsbedürfnis** des Inhabers ist dabei durchaus nachvollziehbar (§ 17 Abs. 2 Satz 2 eWpG). In der Praxis scheint aber auch insgesamt auf eine Aufnahme der übrigen Angaben nach § 17 eWpG direkt auf öffentlichen Blockchains – im Kryptowertpapierregister – verzichtet zu werden. Die Angaben sind über die Websites der Registerführer und Internetauftritte bzw. Emissionsbedingungen teilweise einsehbar, soweit es sich um öffentliche Platzierungen handelt. Diese Umsetzungspraxis überrascht, wo doch das Register weniger als Transaktionsregister, sondern vielmehr **als Realfoliensystem** (ähnlich dem Grundbuch und Handelsregister) verstanden wurde, aus dem stets die aktuellen Informationen zu dem eingetragenen Wertpapier ersichtlich sein sollen.[56] Auch nach dem Verständnis des Gesetzgebers entspricht

„[d]ie Darstellung im Wertpapierregister den Angaben des Depotauszugs, die sich für Zwecke des Handels mit Wertpapieren des Kapitalmarkts als geeignet erwiesen haben."[57]

---

51) Vgl. *Antonopoulos/Wood*, Ethereum – Grundlagen und Programmierung, S. 227.

52) Vgl. *Kaulartz* in: Leupold/Wiebe/Glossner, IT-Recht, Teil 9.5 Rz. 8.

53) Vgl. *Antonopoulos/Wood*, Ethereum – Grundlagen und Programmierung, S. 112.

54) Begr. RegE Gesetz zur Einführung von eWp, BT-Drucks. 19/26925, S. 41: „[...] das durch eine Wertpapierkennnummer eindeutig bestimmte Wertpapier".

55) Ausdrücklich laut Begr. RegE Gesetz zur Einführung von eWp z. § 17 eWpG, BT-Drucks. 19/26925, S. 61: „Es bedarf der Kennzeichnung im Register, ob es sich um eine Einzel- oder Sammeleintragung handelt."

56) Vgl. *Lieder* in: Omlor/Möslein/Grundmann, Elektronische Wertpapiere, § 5, S. 105.

57) Vgl. Begr. RegE Gesetz zur Einführung von eWp z. § 5 Abs. 1 eWpG, BT-Drucks. 19/26925, S. 45.

Verständlich wird dies nur, wenn man sich vom Gesetzeswortlaut des dezentralen Auf- **42** zeichnungssystems (§ 4 Abs. 11 eWpG) löst und eine **hybride bzw. zentralisierte Ausgestaltung** des Kryptowertpapierregisters für zulässig erachtet (was sich so weder aus dem Gesetz noch der Gesetzesbegründung ergibt). Tatsächlich setzen sich in der Praxis Strukturen der **geteilten Registerführung** durch, bei denen der Token auf einer z. B. öffentlich einsehbaren Blockchain, wie Polygon oder Stellar, **geschaffen** wird und dort auch die **Zuweisung** der Stücke zu den Wallets erfolgt. Die **Angaben nach § 17 eWpG** und die **Verknüpfung der namentlichen Identität** der Inhaber mit den Public Addresses werden dagegen auf Private/Permissioned Blockchains oder Off-Chain in lokalen bzw. zentralen Datenbanken gespeichert.[58] Das Bedürfnis nach einer beschränkten Einsehbarkeit für die Öffentlichkeit schlägt sich damit in einer **Teilung der Register** in einen dezentralen (öffentlichen) und einen zentralen (geschlossenen/privaten) Speicher nieder. Das Kriterium der Dezentralität ist damit aber nicht nur irreführend, sondern **obsolet.**[59]

3. Risiken zwischen zentraler Registerverwaltung und Blockchain

Die der DLT zugeschriebene hohe Sicherheit resultiert aus der hohen Sicherheit **Block-** **43** **chain-intrinsischer Mechanismen:**

– kryptographische Verfahren zur Validierung von Transaktionen, dezentrale Datenspeicherung;

– Verwaltung mittels Blockchain-eigener Konsensregeln; und

– eine breite Developer-Basis zur Fortentwicklung des Protokolls.

Anders ist die Lage für Individualcode (Software), die auf dieser DLT (Hardware) ausge- **44** führt wird. Smart Contracts sind nichts anderes als Programmcode, der auf einer Blockchain gespeichert und ausgeführt wird.[60] Während es sich aufgrund individueller Ausgestaltungsmöglichkeiten anbietet bzw. teils nicht anders möglich ist, die Eingriffsrechte der Registerführung und -verwaltung über Smart Contracts abzubilden, entstehen dabei gleichzeitig **Sicherheitslücken** aufgrund des Programmcode und ein **Kontrahentenrisiko** (die registerführende Stelle).[61] Der Verweis des Gesetzgebers auf die „hohe Sicherheit" des Aufzeichnungssystems erfasst nur die halbe Wahrheit: die Blockchain als **Speichermedium** (Hardware), nicht aber die Software, mit der die gespeicherten Daten **verwaltet** werden. Das bedeutet keineswegs, Smart Contracts zu meiden, sondern lediglich anzuerkennen, dass zusätzliche Eingriffsrechte aufgrund **Blockchain-fremder Regeln** nicht mehr mit der Sicherheit des Blockchain-Protokolls gleichzusetzen sind.

Kryptowertpapiere sind sog. extrinsische Assets, die durch außerhalb der **Blockchain-Um-** **45** **gebung geltende Gesetze und Regeln** kontrolliert werden. Solche extrinsischen Assets, die von Gesetzen außerhalb der Konsensregeln der Blockchain bestimmt werden, beinhalten ein zusätzliches **Kontrahentenrisiko:**[62] Sie werden von einem Vermittler gehalten (nur über die registerführende Stelle sind Verfügungen möglich). Dieser kontrolliert in der Regel den Zugang zum Private Key und welche Adressen Transaktionen tätigen dürfen und verwaltet den Namen des Inhabers bzw. Berechtigten in externen Registern.

---

58) Vgl. dazu bereits im Vorfeld der Gesetzesentstehung die Einschätzung von *Matzke*, Stellungnahme z. RefE eWpG, v. 23.7.2020, S. 24, abrufbar unter https://bundesfinanzministerium.de/Content/DE/Gesetzestexte/Gesetze_Gesetzesvorhaben/Abteilungen/Abteilung_VII/19_Legislaturperiode/2021-06-09-einfuehrung-elektronische-wertpapiere/0-Gesetz.html (Abrufdatum: 18.2.2023).

59) Vgl. *Matzke*, Stellungnahme z. RefE eWpG, v. 23.7.2020, S. 25, abrufbar unter https://bundesfinanzministerium.de/Content/DE/Gesetzestexte/Gesetze_Gesetzesvorhaben/Abteilungen/Abteilung_VII/19_Legislaturperiode/2021-06-09-einfuehrung-elektronische-wertpapiere/0-Gesetz.html (Abrufdatum: 18.2.2023).

60) Vgl. *Kaulartz* in: Leupold/Wiebe/Glossner, IT-Recht, Teil 9.5 Rz. 7.

61) Vgl. *Antonopoulos/Wood*, Ethereum – Grundlagen und Programmierung, S. 161.

62) Vgl. *Antonopoulos/Wood*, Ethereum – Grundlagen und Programmierung, S. 224.

46   Während der Angriff robuster kryptographischer Protokolle enorm aufwändig (Rechen-kapazität, finanzielle Ressourcen, Zeit) und derzeit faktisch unmöglich ist,[63] sind **Sicher-heitslücken oder Angriffe** (Exploits) von Smart Contracts gang und gäbe.[64] Ein auf öf-fentlichen Blockchains implementierter Smart Contract Code ist öffentlich für jedermann zugänglich und ausführbar.[65] Zu bedenken ist die Unmöglichkeit, den Code eines Smart Contract nachträglich zu ändern, sobald er aktiviert ist; er kann maximal gelöscht werden, wenn er einen Selfdestruct-Code enthält.[66] Je komplexer, vielfältiger und individueller der Code, desto wahrscheinlicher sind **Code-Fehler oder Lücken**, über die der Smart Contract manipulativ getriggert werden kann.[67]

47   Berühmtestes Beispiel eines Smart Contract Exploit ist der Angriff von „The DAO", der im Juni 2016 zum Verlust von 150 Mio. US$ und anschließend dem Fork von Ethereum geführt hat.[68] Allein in 2022 erbeuteten die zehn größten Smart Contract Exploits 2,1 Mrd. US$, darunter die Angriffe gegen die Wormhole Solana-Ethereum Bridge (rund 300 Mio. US$), gegen FTX (nach Insolvenzanmeldung, ca. 500 Mio. US$) und der Ronin Bridge Hack mit rund 600 Mio. US$.[69] Nur wenige Beispiele von vielen, anhand derer klar wird, **welche gravierenden Schwachstellen Smart Contracts** aufweisen können.[70]

48   Derartige Implikationen der Registerführung (nötige Verwaltungsfunktionen, Ausgestal-tung, Sicherheit bzw. Qualität der verwendeten Smart Contracts) finden bislang kaum Beachtung. Die eWpRV beschränkt sich auf die pauschale Anforderung, dass die verwen-deten Verfahren und Methoden sowie Schnittstellen dem „Stand der Technik" entsprechen müssen.[71]

---

63)   Vgl. *Brighente/Conti/Kumar*, Extorsionware: Exploiting Smart Contract Vulnerabilities for Fun and Profit, S. 1, abrufbar unter https://arxiv.org/pdf/2203.09843 (Abrufdatum: 18.2.2023).

64)   Vgl. *Nikolic/Kolluri/Sergey/Saxena/Hobor*, Finding The Greedy, Prodigal, and Suicidal Contracts at Scale, 2018, S. 1, abrufbar unter https://arxiv.org/pdf/1802.06038.pdf; *Wang/Huang/Meng et al.*, An Automated Analyzer for Financial Security of Ethereum Smart Contracts, 2022, S. 2, abrufbar unter https://arxiv.org/pdf/2208.12960; *Perez/Livshits*, Smart contract vulnerabilities: Vulnerable does not imply exploited, 30th USENIX Security Symposium (USENIX Security 21), 2021, abrufbar unter https://www.semanticscholar.org/paper/Smart-Contract-Vulnerabilities%3A-Vulnerable-Does-Not-Perez-Livshits/7a6c6756655c18cfd9ecbe529ae62a557ffbbd94; *Brighente/Conti/Kumar*, Extorsionware: Exploiting Smart Contract Vulnerabilities for Fun and Profit, abrufbar unter https://arxiv.org/pdf/2203.09843, S. 3: „an average number of 15 – 50 errors per 1000 lines of delivered code"; S W C Registry (Smart contract weakness classification and test cases), abrufbar unter https://swcregistry.io/ (Abruf-datum jew. 18.2.2023).

65)   Vgl. *Brighente/Conti/Kumar*, Extorsionware: Exploiting Smart Contract Vulnerabilities for Fun and Profit, S. 1, abrufbar unter https://arxiv.org/pdf/2203.09843 (Abrufdatum: 18.2.2023).

66)   Vgl. *Antonopoulos/Wood*, Ethereum – Grundlagen und Programmierung, S. 269.

67)   Zum Überblick *Antonopoulos/Wood*, Ethereum – Grundlagen und Programmierung, Kap. 9.

68)   Vgl. Gemini.com, abrufbar unter https://www.gemini.com/cryptopedia/the-dao-hack-makerdao; danach war Ursache des Hacks ein Reentrancy-Bug: „a bug in The DAO's wallet smart contracts would allow them to be drained"; vgl. zu Details *Daian*, abrufbar unter http://bit.ly/2EQaLCI (Abrufdatum jew. 18.2.2023), kurz gefasst: Zwei Code-Zeilen lagen in einer kritischen Funktion der DAO in der falschen Reihenfolge vor.

69)   Vgl. Cointelegraph.com, abrufbar unter https://cointelegraph.com/news/the-10-largest-crypto-hacks-and-exploits-in-2022-saw-2-1b-stolen (Abrufdatum: 18.2.2023): „The 10 largest crypto hacks and exploits in 2022 saw $2.1B stolen".

70)   Vgl. überblicksartig *Li et al.*, A Survey of DeFi Security: Challenges and Opportunities, abrufbar unter https://arxiv.org/pdf/2206.11821 (Abrufdatum: 18.2.2023), S. 6–8.

71)   Vgl. Begr. RefE eWpRV (1. Konsultation) z. § 16 Abs. 1 (Verfahren und Methoden), v. 6.8.2021: „[...] müssen dem Stand der Technik entsprechen und die Integrität, die Authentizität und die Ver-traulichkeit der Daten über den gesamten Zeitraum, in dem der Schutzbedarf besteht, sicherstellen." Begr. RefE eWpRV (1. Konsultation) z. § 19 Abs. 3), v. 6.8.2021: „Die Gestaltung und die Sicherheit aller implementierten Schnittstellen müssen dem Stand der Technik entsprechen.", abrufbar unter https://www.bmj.de/SharedDocs/Gesetzgebungsverfahren/DE/Wertpapierregister.html (Abrufdatum: 18.2.2023).

Fragen der **IT-Sicherheit** werden einer Anhörung des Bundesamts für Sicherheit in der 49
Informationstechnik (BSI) überlassen.[72] Der Referentenentwurf der Verordnung sieht
nur vor, dass bei besonders berechtigtem Interesse der Code der Smart Contracts zur Verfügung zu stellen ist und das BSI diese Informationen anfordern darf (§ 14 Abs. 1 eWpRV).

Es stellt sich die Frage, wie **angemessen** Technologie-Neutralität der gesetzlichen Vor- 50
schriften ist, wenn die Technologie das Kernkonzept für Sicherheit und Implementierung
des Registers ist und die Registerführung der öffentlichen Glaubenswirkung des Registers
gerecht werden soll (§ 26 eWpG). Neutralität sollte Risiken aufgrund Besonderheiten der
Technologie nicht ausblenden.

Es sei denn, man käme zu dem Ergebnis, dass diese Risiken gar nicht relevant sind, weil 51
schlussendlich ohnehin die maßgeblichen Informationen nicht im Register, sondern Off-
Blockchain in einer **Datenbank der registerführenden Stelle** verwaltet werden. Wenn dann
ein Kryptowertpapier auf der Blockchain im Zuge eines Code-Bug „verloren" geht, ist der
finanzielle Verlust erst einmal Null. Vielen Angreifern genügte in der Vergangenheit aber
auch die bloße Kontrolle über Daten und Code, um erfolgreich – in 2021 u. a. vom
U.S. Department of Justice – Lösegelder in Millionenhöhe zu fordern.[73]

IV. Die einzelnen Angaben nach § 17 eWpG

1. Pflichtangaben zur Bestimmbarkeit des Kryptowertpapiers (§ 17 Abs. 1 eWpG)

a) Wesentlicher Inhalt des Rechts, eindeutige Kennnummer und Kennzeichnung als Wertpapier (§ 17 Abs. 1 Nr. 1 eWpG)

Die Skriptur als Teil der Begebung des Kryptowertpapiers besteht wie die Skriptur eines 52
Zentralregisterwertpapiers aus **drei Schritten:**[74]

1. **Aufnahme** der in § 17 eWpG vorgeschriebenen **Registerangaben** in das Kryptowertpapierregister (§ 4 Abs. 4 eWpG);
2. **Niederlegung der Emissionsbedingungen** bei der registerführenden Stelle (§ 5 Abs. 1
   eWpG): Die Niederlegung dient der Bestimmbarkeit des Inhalts des elektronischen
   Wertpapiers; und
3. **Verknüpfung** der Eintragung des Kryptowertpapiers im Kryptowertpapierregister mit
   den Emissionsbedingungen (§ 4 Abs. 4 eWpG). Diese dient der Beweisfunktion des
   Rechtsverhältnisses, die aus dem Register heraus möglich und von jedermann nach-
   verfolgbar sein soll.[75] Die Verknüpfung auf die Emissionsbedingungen, die bei der
   registerführenden Stelle hinterlegt und jederzeit für Dritte abrufbar sein muss, kann
   anhand der im Register eingetragenen **Wertpapierkennnummer** oder über einen **Link**
   auf die Emissionsbedingungen im Registereintrag erfolgen.[76]

Nach § 13 eWpG ist, wie nach § 17 eWpG, i. R. der Begebung die Aufnahme dieser Angaben 53
(quasi die Niederschrift auf Papierurkunde) in das Kryptowertpapierregister zentrale Voraussetzung der **Entstehung** des Kryptowertpapiers.[77]

---

72) Vgl. Begr. RegE Gesetz zur Einführung von eWp z. § 23 Abs. 1 eWpG, BT-Drucks. 19/26925, S. 65.
73) Vgl. *Brighente/Conti/Kumar*, Extorsionware: Exploiting Smart Contract Vulnerabilities for Fun and
    Profit, S. 1, abrufbar unter https://arxiv.org/pdf/2203.09843 (Abrufdatum: 18.2.2023).
74) Vgl. Begr. RegE Gesetz zur Einführung von eWp z. § 4 Abs. 4 eWpG, BT-Drucks. 19/26925, S. 42.
75) Vgl. Begr. RegE Gesetz zur Einführung von eWp z. § 4 Abs. 4 eWpG, BT-Drucks. 19/26925, S. 43.
76) Vgl. Begr. RegE Gesetz zur Einführung von eWp z. § 4 Abs. 4 eWpG, BT-Drucks. 19/26925, S. 43:
    „Dabei ist an eine elektronische Verknüpfung der Wertpapierkennnummer mit dem bei der register-
    führenden Stelle gespeicherten Datenbestand zu den jeweiligen Emissionsbedingungen zu denken."
    Begr. RegE Gesetz zur Einführung von eWp z. § 5 Abs. 1 eWpG, BT-Drucks. 19/26925, S. 45.
77) Vgl. *Lieder* in: Omlor/Möslein/Grundmann, Elektronische Wertpapiere, § 5, S. 106.

54   Wie im Zentralregister muss im Kryptowertpapierregister erkennbar sein, um **welche Art von Wertpapier** (Inhaberschuldverschreibung) es sich handelt und **welchen konkreten Inhalt** das Recht hat.[78] Die Darstellung im Register kann auch durch einen Verweis auf die niedergelegten Emissionsbedingungen erfolgen.[79]

55   Andernfalls sind die wesentlichen Angaben zum **Inhalt des Rechts** im Register wiederzugeben. Wesentlich sind die aus Sicht eines verständigen Anlegers für die Anlageentscheidung relevanten Informationen, dazu gehören **mindestens**:

– Laufzeit;

– Höhe und Art der Verzinsung, Berechnungsmethode;

– Fälligkeit sämtlicher Zahlungen;

– ordentliche und außerordentliche Kündigungsrechte; und

– Rangrücktrittsvereinbarungen.[80]

56   Da die Angabe via **Verlinkung** auf die Emissionsbedingungen ausreichend ist, ist nicht davon auszugehen, dass in der Praxis diese Angaben zum Inhalt des Rechts zusätzlich in das Register aufgenommen werden.

57   Die Bestimmbarkeit des Wertpapiers muss ferner anhand einer **eindeutigen Kennung** erfolgen. Beim Zentralregisterwertpapier muss die Identifizierung mittels der eindeutigen Wertpapier-Kennnummer erfolgen, regelmäßig die **internationale Wertpapierkennnummer** (ISIN) und die daraus abgeleitete **deutsche WKN**. Anhand der ISIN ist im Rechtsverkehr regelmäßig erkennbar, dass es sich um ein Wertpapier handelt. Da die ISIN im Wertpapierhandel der Identifizierung und Bestimmtheit von Wertpapieren schlechthin dient, dürfte sie als Kennzeichnung genügen, dass es sich um ein Wertpapier handelt.[81]

58   Beim Kryptowertpapier kann die **sachenrechtliche Bestimmtheit** anhand einer sonstigen „eindeutigen Kennung“ oder der Wertpapierkennnummer erfolgen. Für Kryptowertpapiere, die als Token auf der Blockchain begeben werden, ist die Beantragung einer ISIN nach eWpG möglich, aber nicht zwingend. Ausreichend und praktikabel ist die Identifizierung anhand einer **eindeutigen Kennnummer** (§ 17 Abs. 1 Nr. 1 eWpG). Dies kann ebenso die (einzigartige) Blockchain-Adresse eines (Token) Smart Contract sein, mit dem das Kryptowertpapier z. B. generiert worden ist.[82] Ist eine ISIN vorhanden, müsste diese gemäß § 7 Abs. 3 eWpRV ebenfalls in das Register aufgenommen werden (§ 7 eWPRV gilt für § 13 und § 17 eWpG; Absatz 3 differenziert nicht nach Zentralregister- und Kryptowertpapieren).[83]

59   Entspricht die eindeutige Kennung nicht der ISIN, müsste gesondert eine Kennzeichnung **als Wertpapier** erfolgen. Gerade weil sich Kryptowertpapiere in dem dezentralen Aufzeichnungssystem **technisch nicht von anderen Token unterscheiden**, die keine Krypto-

---

78)   Vgl. Begr. RegE Gesetz zur Einführung von eWp z. § 13 Abs. 1 Nr. 1 eWpG, BT-Drucks. 19/26925, S. 55.

79)   Vgl. Begr. RegE Gesetz zur Einführung von eWp z. § 13 Abs. 1 Nr. 1 eWpG, BT-Drucks. 19/26925, S. 55; Begr. RefE eWpRV (1. Konsultation), z. § 7 Abs. 1 Satz 1, v. 6.8.2021, abrufbar unter https://www.bmj.de/SharedDocs/Gesetzgebungsverfahren/DE/Wertpapierregister.html (Abrufdatum: 18.2.2023).

80)   Vgl. Begr. RefE eWpRV (1. Konsultation) z. § 7 Abs. 1 Satz 2 Nr. 1–5, v. 6.8.2021, abrufbar unter https://www.bmj.de/SharedDocs/Gesetzgebungsverfahren/DE/Wertpapierregister.html (Abrufdatum: 18.2.2023).

81)   Vgl. Müller/Pieper-*Pieper*, eWpG, § 13 Rz. 7, Müller/Pieper-*Kell*, eWpG, § 17 Rz. 11.

82)   Vgl. *Matzke*, Stellungnahme z. RefE eWpG, v. 23.7.2020, S. 12, abrufbar unter https://bundesfinanzministerium.de/Content/DE/Gesetzestexte/Gesetze_Gesetzesvorhaben/Abteilungen/Abteilung_VII/19_Legislaturperiode/2021-06-09-einfuehrung-elektronische-wertpapiere/0-Gesetz.html (Abrufdatum: 18.2.2023).

83)   Vgl. Begr. RefE eWpRV (1. Konsultation) z. § 7 Abs. 3, v. 6.8.2021, abrufbar unter https://www.bmj.de/SharedDocs/Gesetzgebungsverfahren/DE/Wertpapierregister.html (Abrufdatum: 18.2.2023).

wertpapiere sind,[84] ist die Kennzeichnung als Wertpapier bzw. Eintragung der ISIN hier relevant zur Unterscheidung. In der Praxis wurden für Kryptowertpapiere bisher regelmäßig ISINs beantragt.[85] Die Angabe der ISIN, die Verknüpfung auf die Emissionsbedingungen und weitere Angaben nach § 17 eWpG könnten in die **Metadaten** eines Smart Contract auf der Blockchain aufgenommen werden.[86] Derartige Eintragungen, insbesondere der ISIN, auf einsehbaren Registern von Public Blockchains (Polygon, Stellar, Ethereum) unter der Adresse des Token Smart Contract oder eines verknüpften Kontrakts sind in der Praxis bisher nicht ersichtlich.[87]

In der Literatur wird zutreffend und im Einklang mit den Definitionen in § 4 Abs. 11 und § 16 Abs. 1 eWpG vertreten, dass es nicht zulässig sei, die Angaben des § 17 Abs. 1 und 2 eWpG **außerhalb der technischen Infrastruktur** des Kryptowertpapierregisters zu speichern.[88] Ein Unterlassen von Angaben auf der Blockchain bzw. im „dezentralen Aufzeichnungssystem" wäre nur dann gesetzeskonform, wenn laut Gesetz als Kryptowertpapierregister auch zentrale Infrastrukturen oder kombinierte (hybride) Register zulässig wären (siehe dazu Rz. 42). Das ergibt sich so nicht aus dem Gesetz oder der Regierungsbegründung, aus der nur auf eine allgemeine Zulässigkeit geschlossener (d. h. private/permissioned) Blockchains zu schließen ist.[89] Die Definition des „Aufzeichnungssystems" als „dezentraler Zusammenschluss" gemäß § 4 Abs. 11 eWpG ist insofern irreführend. Für die praktische Umsetzung ist das Merkmal der Dezentralität des Kryptowertpapierregisters weitestgehend vernachlässigbar. Auch zentral verwaltete Private Permissioned Blockchains und sonstige zentrale, private Datenbanken, die nicht auf einer DLT beruhen, können als Kryptowertpapierregister (bzw. dessen Bestandteil) fungieren. 60

Die Praxis stützt sich damit weniger auf den Wortlaut des Gesetzes als vielmehr auf eine im Entstehungskontext des eWpG diskutierte weite Auslegung zulässiger Kryptowertpapierregister-Architekturen.[90] Zugleich zeichnet sich ab, dass die Kryptowertpapierregisterführung in **hybriden bzw. geteilten Strukturen**, bestehend aus einer Blockchain sowie einer zentralen, geschlossenen Datenbank, umgesetzt wird. 61

In dieser Konstellation ist eine Blockchain als dezentrales Aufzeichnungssystem bestenfalls Bestandteil der Registerführung, nämlich als das Teilsystem, auf dem der Wertpapier- 62

---

84) Vgl. Müller/Pieper-*Kell*, eWpG, § 17 Rz. 12.

85) *BaFin*, Kryptowertpapierliste nach dem eWpG, Stand: 8.5.2023, abrufbar unter https://www.bafin.de (Abrufdatum: 15.5.2023).

86) Vgl. *Matzke*, Stellungnahme z. RefE eWpG, v. 23.7.2020, S. 26, abrufbar unter https://bundesfinanzministerium.de/Content/DE/Gesetzestexte/Gesetze_Gesetzesvorhaben/Abteilungen/Abteilung_VII/19_Legislaturperiode/2021-06-09-einfuehrung-elektronische-wertpapiere/0-Gesetz.html (Abrufdatum: 18.2.2023).

87) Abfragen einzelner Emissionen (*BaFin*, Kryptowertpapierliste nach dem eWpG, Stand: 8.5.2023, abrufbar unter https://www.bafin.de) über die jeweiligen Blockchain-Explorer ergaben keine derartigen, lesbaren Angaben: https://stellar.expert/explorer/public; https://polygonscan.com/ (Abrufdatum jew. 15.5.2023).

88) Vgl. Pieper/Müller-*Kell*, eWpG, § 17 Rz. 9, die das Kryptowertpapierregister zutreffend gemäß § 4 Abs. 11 und § 16 Abs. 1 eWpG definiert.

89) Vgl. Begr. RegE Gesetz zur Einführung von eWp z. § 10 Abs. 2 eWpG, BT-Drucks. 19/26925, S. 51: „Ein unbeschränktes Einsichtsrecht für die gesamte Öffentlichkeit ist auch im Falle eines Kryptowertpapierregisters nicht erforderlich, da bspw. auch geschlossene Kryptowertpapierregister möglich sind."

90) Vgl. *Matzke*, Stellungnahme z. RefE eWpG, v. 23.7.2020, S. 24, abrufbar unter https://bundesfinanzministerium.de/Content/DE/Gesetzestexte/Gesetze_Gesetzesvorhaben/Abteilungen/Abteilung_VII/19_Legislaturperiode/2021-06-09-einfuehrung-elektronische-wertpapiere/0-Gesetz.html (Abrufdatum: 18.2.2023): „Die strikte Trennung zwischen zentralen und dezentralen Systemen wird verschwimmen. Daher sollte das Merkmal der Dezentralität nicht überspannt werden. Es ist vielmehr ein weites Verständnis zugrunde zu legen, das Mischarchitekturen zwischen dezentralen und zentralen Systemen ebenso zulässt. Wünschenswert wäre es schließlich, wenn dieses praxisgerechte weite Verständnis der Dezentralität im Gesetz konkretisiert wird."

token emittiert und an die Inhaber bzw. deren Adressen übertragen wird. Keinesfalls aber zeichnet die Blockchain stets alle nach § 17 eWpG geforderten Angaben auf, sondern meist nur Stückzahl und Bezeichnung des Token, im Einzelfall die ISIN. Eine erkennbare praktische Bedeutung kommt den Angaben nach § 17 eWpG auf der Blockchain damit wohl nicht zu.

63   Problematischer dürfte die mit normalen technischen Mitteln nicht erkennbare Bezugnahme des Registerwertpapiereintrags auf die Emissionsbedingungen sein, da diese Bezugnahme ein Teilakt der Verkörperung des Rechts ist (Beweisfunktion) und damit konstitutiv wirkt (siehe *Lendermann/Nemeczek*, § 4 Rz. 57, 59); weiterführend dazu auch *Alfes*, § 13 Rz. 16 ff.

b)   Emissionsvolumen, Nennbetrag, Emittent (§ 17 Abs. 1 Nr. 2–4 eWpG)

64   Eine pseudonymisierte Angabe des Emittenten, wie sie für den Inhaber vorgeschrieben ist, darf im Kryptowertpapierregister nicht erfolgen. Nach § 8 Abs. 2 eWpRV sind zur **Bezeichnung des Emittenten** die Angaben nach Absatz 1 aufzunehmen, bei einer juristischen Person ist dies nach § 17 Abs. 1 Nr. 2 eWpG Name/Firma und Sitz, Registergericht und Registerblatt, alternativ die „gültige Kennung für Rechtsträger", der Legal Entity Identifier (LEI). Anhand einer pseudonymisierten Angabe wäre der Emittent als Schuldner aus dem Wertpapier nicht mehr eindeutig und zutreffend identifizierbar.[91]

65   Betreffend **Emissionsvolumen** (§ 13 Abs. 1 Nr. 2 eWpG), **Nennbetrag** (§ 13 Abs. 1 Nr. 3 eWpG) und **Emittent** (§ 13 Abs. 1 Nr. 4 eWpG) bestehen keine materiellen Unterschiede zwischen § 13 und § 17 eWpG (siehe hierzu im Detail *Alfes*, § 13 Rz. 25–39).

c)   Angabe des Inhabers (§ 17 Abs. 1 Nr. 6 eWpG) und Bezeichnung mittels eindeutiger Kennung (§ 17 Abs. 2 Satz 2 eWpG)

66   Das Kryptowertpapierregister muss ebenso wie das Zentralregister nach § 13 bzw. § 17 Abs. 1 Nr. 6 eWpG die Angabe des Inhabers des Wertpapiers enthalten. Bei der Begebung wird der **Erwerber** durch die Eintragung zum **Inhaber** i. S. des eWpG. Er erhält die Inhaberschaft am elektronischen Wertpapier, was der Rolle des Besitzes entspricht (siehe *Schulz*, Vor §§ 24–27 Rz. 5 f.: Auf das Innehaben des Private Key soll es für das Innehaben des Besitzes nicht ankommen).[92] An dieser Stelle sei auf das grundsätzlich **unterschiedliche Besitzverständnis** des eWpG und klassischer Blockchain-Strukturen hingewiesen: Während es für **technischen Besitz und Verfügungsmacht** über einen Token auf einer Blockchain allein auf das Innehaben des Private Key ankommt, kommt es für den **rechtlichen Besitz** an dem elektronischen Wertpapier (technisch: dem Token) allein auf die Eintragung als Inhaber an. Damit kann ein Inhaber freilich seinen Besitz einem Dritten gegenüber niemals allein auf Grundlage des (öffentlich einsehbaren) Blockchain-Eintrags nachweisen, da er auf der Blockchain nur **pseudonymisiert** eingetragen ist (siehe Rz. 5). Für den Nachweis müsste er erst eine Versicherung oder Bestätigung der Inhaberschaft seitens der registerführenden Stelle beibringen.

67   Beim Kryptowertpapier in **Einzeleintragung** ist die Pseudonymisierung des Inhabers laut Gesetzgeber aus **Datenschutzgründen** vorzunehmen.[93] Vor diesem Hintergrund ergibt sich die Regelung in § 17 Abs. 2 Satz 2 eWpG, wonach im Kryptowertpapierregister bei

---

91) Begr. RegE Gesetz zur Einführung von eWp z. § 13 Abs. 1 Nr. 4 eWpG, BT-Drucks. 19/26925, S. 56 sowie S. 61 z. § 17 Abs. 1 Nr. 4 eWpG.

92) Begr. RegE Gesetz zur Einführung von eWp z. § 3 Abs. 1 eWpG, BT-Drucks. 19/26925, S. 41.

93) Vgl. Begr. RegE Gesetz zur Einführung von eWp z. § 17 Abs. 2 eWpG, BT-Drucks. 19/26925, S. 61.

Einzeleintragung zwingend eine Bezeichnung des Inhabers mittels Kennung erfolgen muss:

> „Die Bezeichnung des Inhabers nach Absatz 1 Nummer 6 **muss** bei einer Einzeleintragung durch **Zuordnung** einer eindeutigen Kennung erfolgen."

Umgekehrt bedeutet dies, dass bei **Sammeleintragung** der Inhaber konkret bezeichnet **68** werden muss und eine pseudonymisierte Eintragung nicht zulässig ist. § 8 Abs. 1 Nr. 2 eWpRV sieht dafür bei juristischen Personen (wie bei Angabe des Emittenten) die Angabe von Name/Firma, Sitz, Registergericht und Registerblatt – oder alternativ des Legal Entity Identifiers (LEI) vor.[94] Für den Rechtsverkehr ist es von Bedeutung, ob im Fall einer Sammeleintragung eine **Wertpapiersammelbank** oder ein **Verwahrer** Inhaber ist;[95] darum ist deren konkrete Angabe bei der Sammeleintragung erforderlich (§ 8 Abs. 1 eWpRV). Ob Sammeleintragungen in der Praxis tatsächlich ein relevanter Anwendungsfall für das Kryptowertpapierregister werden, darf indes bezweifelt werden.

Praxisrelevanter ist der Fall, dass mehrere Verwahrer nach den Regeln der Einzeleintragung **69** für **verschiedene Anteile der Emission** einzeln ins Kryptowertpapierregister eingetragen werden, die sie treuhänderisch für Kunden oder für sich selbst halten (siehe *Lendermann/ Nemeczek*, § 4 Rz. 49). Dies ermöglicht eine **Peer-to-Peer-Abwicklung** zwischen institutionellen Kunden auf einem DLT-basierten Netzwerk außerhalb der üblichen Infrastrukturen (siehe *Lendermann/Nemeczek*, § 4 Rz. 49).

Im Zentralregister ist die **Pseudonymisierung** nicht erforderlich. Es **kann** aber auch im **70** Zentralregister bei Einzeleintragung statt der namentlichen Bezeichnung des Inhabers eine Bezeichnung anhand einer Kennung erfolgen. Naheliegend für die Vergabe bzw. Zuordnung einer solchen Kennung im Kryptowertpapierregister ist in der Praxis, den Public Key bzw. die Network Address der für den Inhaber generierten Wallet zu verwenden.[96]

Schlüssigerweise spricht das Gesetz hier von einer **Zuordnung**. Dies bedeutet, dass – außer- **71** halb des Kryptowertpapierregisters (Off-Chain) – der Name bzw. die Firma der natürlichen/ juristischen Person/Personengesellschaft des Berechtigten verzeichnet wird und über dieses **externe Verzeichnis** die eindeutige Kennung im Kryptowertpapierregister mit der namentlichen Identität verknüpft ist.

> „Nach der Konzeption des Gesetzentwurfs ergibt sich die Inhaberschaft aus der Zuordnung der Eintragung eines elektronischen Wertpapiers zu einer Person."[97]

Berechtigter in der realen Welt ist die Person, nicht eine Kennung. **72**

> „Daher verliert eine Person die Inhaberschaft, wenn das elektronische Wertpapier nicht mehr auf sie eingetragen ist."[98]

Damit ist neben dem Kryptowerpapierregister (unabhängig davon, ob dieses zentral/öf- **73** fentlich oder hybrid/zentral/geschlossen geführt wird, siehe Rz. 60) ein **weiteres Register** von erheblicher Bedeutung, in dem die **Verlinkung** zwischen Inhaber (Berechtigtem) und eindeutiger Kennung im Kryptowertpapierregister geführt wird.

Aus dem Kryptowertpapierregister ergibt sich damit keine Legitimationswirkung: **Formell** **74** **legitimiert** sei laut Gesetzesbegründung die **Person, der das Kryptowertpapierregister das elektronische Wertpapier als Inhaber zuordnet** (unabhängig davon, ob diese Person

---

94) Vgl. Begr. RefE eWpRV (1. Konsultation) z. § 8 Abs. 1 Nr. 2, v. 6.8.2021, abrufbar unter https:// www.bmj.de/SharedDocs/Gesetzgebungsverfahren/DE/Wertpapierregister.html (Abrufdatum: 18.2.2023).
95) Begr. RegE Gesetz zur Einführung von eWp z. § 13 Abs. 1 Nr. 6 eWpG, BT-Drucks. 19/26925, S. 56 sowie S. 61 z. § 17 Abs. 1 Nr. 6 eWpG.
96) Die Netzwerkadresse ist aus dem Public Key ableitbar.
97) Begr. RegE Gesetz zur Einführung von eWp, BT-Drucks. 19/26925, S. 43.
98) Begr. RegE Gesetz zur Einführung von eWp, BT-Drucks. 19/26925, S. 43.

von der Eintragung weiß, berechtigt ist oder tatsächlich über das elektronische Wertpapier verfügen kann).[99] Das Kryptowertpapierregister nimmt aber **keine Zuordnung zu einer Person** vor. Allein der Registerführer verwaltet die Zuordnung der Kennung (Inhaberschaft) zu einer Person. Alles Vertrauen ruht demnach nicht auf dem Kryptowertpapierregister, sondern der registerführenden Stelle. Ein feiner Unterschied zur Praxis des Grundbuchs oder Handelsregisters. In puncto Inhaberschaft ist das dezentrale Kryptowertpapierregister damit **faktisch ein Zentralregister** (zu den Konsequenzen beim gutgläubigen Erwerb siehe *Schulz*, § 26 Rz. 10, und zur Eigentumsvermutung zugunsten des Eingetragenen *Schulz*, § 27 Rz. 7, 10).

d)   Sammel- und Einzeleintragung (§ 17 Abs. 1 Nr. 5eWpG) und Mischbestand (§ 17 Abs. 1 Nr. 7 eWpG)

75   Kryptowertpapiere können wie Zentralregisterwertpapiere in Einzel- oder Sammeleintragung begeben werden oder bei Kombination von Sammel- und Einzeleintragung einer Emission einen **Mischbestand** nach § 9 Abs. 3 eWpG darstellen. Für Kryptowertpapiere ist bei Sammeleintragung freilich nicht die Möglichkeit des Einbezugs in den **Effektengiroverkehr** gegeben (anders beim Zentralregisterwertpapier, § 12 Abs. 3 eWpG); weiterführend dazu siehe die Kommentierung von *Alfes* zu § 13 Rz. 40–42 und § 12 Rz. 70, 128 ff.

76   In der Praxis ist zu erwarten, dass die **Sammeleintragung** für Kryptowertpapiere kaum zur Anwendung kommen wird, da von vornherein der besondere Vorteil einer Sammeleintragung, die **Handelbarkeit im Effektengiroverkehr,** für Kryptowertpapiere **ausgeschlossen** ist.

77   Bei einer Sammeleintragung gemäß § 8 Abs. 1 Nr. 1 eWpG können nur **Wertpapiersammelbanken** oder **Verwahrstellen** als Inhaber i. S. des § 3 Abs. 1 eWpG eingetragen werden. Das Vorliegen einer Einzel- oder Sammeleintragung bzw. eines Mischbestands ist gemäß § 17 Abs. 1 Nr. 5 und Nr. 7 eWpG kenntlich zu machen. Mischbestände bzw. Sammeleintragungen dürften in der Praxis bei der Emission von Kryptowertpapieren jedoch die Ausnahme bleiben.

78   Das Bedürfnis nach **Pseudonymisierung** gilt nur im Fall der Einzeleintragung. Bei Sammeleintragung ist die Verwahrstelle oder Wertpapiersammelbank im Register namentlich mit ihrer natürlichen oder juristischen Person oder der LEI eindeutig zu bezeichnen; siehe Rz. 68 und weiterführend dazu *Alfes*, § 13 Rz. 36 ff. und 43 ff.

2.   Zusätzliche Angaben bei Einzeleintragung (§ 17 Abs. 2 eWpG)

79   Laut Gesetzesbegründung ergeben sich im Fall der Einzeleintragung vermeintlich noch **weitergehende Informationsbedürfnisse** für den Rechtsverkehr:[100] Verfügungsverbote, Verfügungsbeschränkungen, Rechte Dritter oder sonstige absolute Beschränkungen. Ob derartige Angaben tatsächlich Gehalt haben, ist angesichts des pseudonymisierten Inhabers, auf den sie sich beziehen, fraglich.

a)   Verfügungsbeschränkungen zugunsten einer bestimmten Person (§ 17 Abs. 2 Satz 1 Nr. 1 eWpG) und Rechte Dritter (§ 17 Abs. 2 Satz 1 Nr. 2 eWpG)

80   Im Kryptowertpapierregister sind personenbezogene Angaben zur Inhaberschaft eines Kryptowertpapiers **in Einzeleintragung** aus Datenschutzgründen in ausschließlich pseudonymisierter Form, also mittels einer dem Inhaber zugewiesenen Kennnummer in das Re-

---

99) Begr. RegE Gesetz zur Einführung von eWp, BT-Drucks. 19/26925, S. 41.

100) Begr. RegE Gesetz zur Einführung von eWp z. § 13 Abs. 2 Satz 1 Nr. 1 eWpG, BT-Drucks. 19/26925, S. 56 sowie S. 61 z. § 17 Abs. 2 Satz 1 Nr. 1 eWpG.

gister aufzunehmen.[101] Die personenbezogene Angabe des Namens des Inhabers findet im Kryptowertpapierregister nicht statt. Etwas anderes gilt für Personen, zugunsten derer ein Recht oder eine Verfügungsbeschränkung einzutragen ist. § 8 Abs. 2, Abs. 1 eWpRV sieht vor, dass für **natürliche Personen** mindestens Vorname, Name, Geburtsdatum und Wohnort, für **juristische Personen** Name/Firma, Sitz, Registernummer und Registergericht oder alternativ die gültige Kennung für Rechtsträger (LEI) einzutragen sind.

Die Eintragung **relativer Verfügungsbeschränkungen** (mit Folge der relativen Unwirksam- 81 keit von Verfügungen) und **Rechte Dritter** sind von der registerführenden Stelle verpflichtend vorzunehmen (§ 17 Abs. 2 eWpG „hat […] sicherzustellen"). Die registerführende Stelle muss die benötigten Angaben bzw. deren Bestätigung seitens des Inhabers **beschaffen**; weiterführend dazu siehe *Alfes*, § 13 Rz. 51–65.

b)   Wirkung der Eintragung

Die Eintragung von relativen Verfügungshindernissen und Rechten Dritter, die **aufgrund** 82 **Gesetzes** entstehen (z. B. Erbfall, Pfändungspfandrecht), ist **deklaratorischer** Natur. Entstehung und Bestand der Rechte, Beschränkungen bzw. Verbote bleiben von der Eintragung unberührt.

Die Eintragung von **Rechten Dritter** im Kryptowertpapierregister kann auch **konstitutiver** 83 Natur (z. B. Pfandrecht, Nießbrauch) sein.[102] Soweit ein Recht zur wirksamen Entstehung/ Übertragung bereits der Eintragung nach § 24 eWpG bedarf (Erwerb aufgrund Rechtsgeschäfts, Eintragung nach § 24 eWpG wirkt konstitutiv), kommt es auf die Eintragung nach § 17 eWpG nicht mehr an, sie ist rein deklaratorisch.

Nur für **Rechte Dritter** existiert eine **positive Publizitätswirkung** des Wertpapierregisters 84 (§ 26 Satz 1 eWpG, siehe dazu *Schulz*, § 26 Rz. 1–6 und 12 f.).[103] Ein eingetragenes Recht gilt als wie im Register angegeben bestehend, es sei denn, der Erwerber kennt die Registerunrichtigkeit oder verkennt sie grob fahrlässig, § 26 Satz 1 eWpG.

Eine **negative Publizität** gilt für Verfügungshindernisse wie auch für Rechte Dritter. Die 85 **fehlende Eintragung** ermöglicht den **Gutglaubenserwerb** gemäß § 26 eWpG. Ist eine Verfügungsbeschränkung oder ein Recht eines Dritten nach Absatz 2 Satz 1 **nicht eingetragen** und hatte der Erwerber auch keine (grob fahrlässige Un-)Kenntnis, erwirbt er das Wertpapier gutgläubig lastenfrei. Verfügungen über **eingetragene** Rechte führen zur **Unwirksamkeit** der Verfügung (näher zu Verfügungshindernissen und Rechten Dritter siehe die Kommentierungen von *Alfes*, § 13 Rz. 51 ff. und *Schulz*, § 26 Rz. 11 ff. sowie zu Verfügungen über eWp *Schulz*, § 24 Rz. 4 ff.).

c)   Sonstige Verfügungsbeschränkungen und Geschäftsfähigkeit des Inhabers (§ 17 Abs. 2 Satz 3 eWpG)

Die registerführende Stelle hat auf Weisung eines nach § 18 Abs. 1 Satz 1 Nr. 1 oder Nr. 2 86 eWpG Weisungsberechtigten zusätzlich Angaben zu sonstigen **Verfügungsbeschränkungen** (gesetzliche Verbote und absolute Verfügungsbeschränkungen) sowie zur **Geschäftsfähigkeit** des Inhabers aufzunehmen. Die Aufnahme ist nicht verpflichtend für die registerführende Stelle, sondern erfolgt nur auf ausdrückliche Weisung des Weisungsberechtigten (§ 18 eWpG). Gesetzliche Verbote und absolute Verfügungsbeschränkungen entfalten weder eine positive noch eine negative Publizitätswirkung (vgl. § 26 Satz 3 eWpG).

---

101) Begr. RegE Gesetz zur Einführung von eWp z. § 17 eWpG, BT-Drucks. 19/26925, S. 61.

102) Begr. RegE Gesetz zur Einführung von eWp z. § 13 Abs. 2 Nr. 1, 2 eWpG, BT-Drucks. 19/26925, S. 57 sowie S. 61 z. § 17 Abs. 2 eWpG.

103) Vgl. Müller/Pieper-*Pieper*, eWpG, § 13 Rz. 32; Müller/Pieper-*Kell*, eWpG, § 17 Rz. 11.

Diese Rechte erlauben – ob eingetragen oder nicht – **keinen** gutgläubigen Erwerb nach § 26 eWpG. Da gutgläubiger Erwerb in diesen Fällen nicht möglich ist, besteht lediglich eine Möglichkeit zur Eintragung auf Weisung, aber keine Eintragungspflicht für die registerführende Stelle (siehe dazu *Alfes*, § 13 Rz. 71 ff.).

3. Verknüpfung der Pflichtangaben und zusätzlichen Angaben, Abrufbarkeit (§ 17 Abs. 3 eWpG)

87 Die registerführende Stelle hat gemäß § 17 Abs. 3 eWpG sicherzustellen, dass die Angaben nach § 17 Abs. 1 und Abs. 2 Satz 1 eWpG in einer Weise **verknüpft** sind, dass sie nur zusammen abgerufen werden können. Die Regelung ist nur bei Wertpapieren in **Einzeleintragung** relevant (§ 17 Abs. 2 Satz 1 eWpG bezieht sich nur auf Einzeleintragungen). Fraglich ist, wie dies im Kryptowertpapierregister **technisch** ausgestaltet werden soll. Angaben **zum Wertpapier** könnten in den Metadaten des Token Smart Contract hinterlegt werden. Fraglich ist aber, wo Angaben **zu Verfügungsbeschränkungen** stehen sollen und ob diese über Blockchain-Explorer überhaupt regelmäßig auslesbar sein werden.[104] Die **Wallet-Adressen der Inhaber** sind dagegen über die Transaktionshistorie dauerhaft mit der Token-Contract-Adresse verknüpft. Solange unter der Adresse des Inhabers die Verfügungsbeschränkungen, -hindernisse und Rechte Dritter entsprechend eingetragen sind, dürfte die Vorschrift des § 17 Abs. 3 eWpG als erfüllt gelten (siehe dazu *Alfes*, § 13 Rz. 95 ff.).

---

104) Vgl *Matzke*, Stellungnahme z. RefE eWpG, v. 23.7.2020, S. 26, abrufbar unter https://bundesfinanz-ministerium.de/Content/DE/Gesetzestexte/Gesetze_Gesetzesvorhaben/Abteilungen/Abteilung_VII/19_Legislaturperiode/2021-06-09-einfuehrung-elektronische-wertpapiere/0-Gesetz.html (Abrufdatum: 18.2.2023).

§ 18
Änderungen des Registerinhalts

(1) ¹Die registerführende Stelle darf Änderungen der Angaben nach § 17 Absatz 1 und 2 sowie die Löschung des Kryptowertpapiers und seiner niedergelegten Emissionsbedingungen nur vornehmen auf Grund einer Weisung

1. des Inhabers, es sei denn, der registerführenden Stelle ist bekannt, dass dieser nicht berechtigt ist, oder

2. einer Person oder Stelle, die hierzu berechtigt ist
   a) durch Gesetz,
   b) auf Grund eines Gesetzes,
   c) durch Rechtsgeschäft,
   d) durch gerichtliche Entscheidung oder
   e) durch vollstreckbaren Verwaltungsakt.

¹Im Falle einer Verfügungsbeschränkung nach § 17 Absatz 2 Satz 1 Nummer 1 hat der Inhaber über seine Weisung hinaus der registerführenden Stelle zu versichern, dass die Zustimmung der durch die Verfügungsbeschränkungen begünstigten Personen zu der Änderung vorliegt. Im Falle des § 17 Absatz 2 Satz 1 Nummer 2 tritt an die Stelle des Inhabers der eingetragene Dritte. ²Die registerführende Stelle versieht den Eingang der Weisungen mit einem Zeitstempel. ³Die registerführende Stelle darf von einer Weisung des Inhabers ausgehen, wenn die Weisung mittels eines geeigneten Authentifizierungsinstruments erteilt wurde.

(2) Die registerführende Stelle darf Änderungen der Angaben nach § 17 Absatz 1 Nummer 1 bis 5 und 7 sowie die Löschung einer Eintragung und ihrer niedergelegten Emissionsbedingungen nur mit Zustimmung des Emittenten vornehmen, soweit gesetzlich nichts anderes bestimmt ist.

(3) [1]Die registerführende Stelle stellt sicher, dass Änderungen des Registerinhalts, insbesondere hinsichtlich des Inhabers, nur in der Reihenfolge vorgenommen werden, in der die entsprechenden Weisungen bei der registerführenden Stelle eingehen. [2]Die registerführende Stelle versieht die Änderung des Registerinhalts mit einem Zeitstempel.

(4) Die registerführende Stelle muss sicherstellen, dass Umtragungen eindeutig sind, innerhalb einer angemessenen Zeit erfolgen und die Transaktion auf dem Aufzeichnungssystem nicht wieder ungültig werden kann.

(5) [1]Hat die registerführende Stelle eine Änderung des Registerinhalts ohne eine Weisung nach Absatz 1 oder ohne die Zustimmung des Emittenten nach Absatz 2 vorgenommen, so muss sie die Änderung unverzüglich rückgängig machen. [2]Die Rechte aus der Verordnung (EU) 2016/679, insbesondere deren Artikel 17, bleiben unberührt.

Literatur: *Dubovitskaya*, Gesetzentwurf zur Einführung von elektronischen Wertpapieren: ein zaghafter Schritt nach vorn, ZIP 2020, 2551; *Hingst/Neumann*, Bargeld im Recht – Zivil- und verfassungsrechtliche Dimensionen einer Bargeldabschaffung, in: Festschrift für Karsten Schmidt, Bd. I, 2019 S. 465; *Kleinert/Mayer*, Der deutsche Weg zum elektronischen Wertpapier, EuZW 2020, 1059; *Lamport/Shostak/Pease*, The Byzantine Generals Problem, TOPLAS 4/1982, S. 382; *Lehmann*, Das Gesetz zur Einführung von elektronischen Wertpapieren, NJW 2021, 2318; *Lehmann*, Zeitenwende im Wertpapierrecht, BKR 2020, 431; *Linardatos*, Elektronische Schuldverschreibungen auf den Inhaber – des Wertpapiers neue Kleider, ZBB 2020, 329; *Meier*, Elektronische Wertpapiere in der Zwangsvollstreckung, MMR 2021, 381; *Reger/Langenheld/Haagen*, Elektronische Aktien, RDi 2021, 83; *Siadat*, Zweiter Entwurf einer „Verordnung über die Anforderungen an elektronische Wertpapierregister", RDi 2022, 153; *Siadat*, Verordnung über die Anforderungen an elektronische Wertpapierregister, RDi 2021, 466.

Übersicht

I. Vorbemerkung[1]

1 Die Vorschrift ist dem Wortlaut nach weitgehend deckungsgleich mit § 14 eWpG, der **Parallelvorschrift** zur Änderung des Inhalts von zentralen Wertpapierregistern. Dies spiegelt die Gesetzesbegründung wider, die zur Erläuterung der Vorschrift ausschließlich auf die Ausführungen zu § 14 eWpG verweist.[2] Entsprechend wird daher auch an dieser Stelle zunächst auf die Kommentierung zu § 14 eWpG verwiesen. Die nachfolgenden Ausführungen konzentrieren sich auf die Besonderheiten von Kryptowertpapierregistern. Denn trotz grundsätzlich identischer Anforderungen an die Änderungen des Registerinhalts, kann sich deren Umsetzung bei Kryptowertpapierregistern merklich von zentralen Wertpapierregistern unterscheiden.[3]

2 In der Literatur ist die identische Formulierung der Parallelvorschriften in §§ 14 und 18 eWpG auf **Kritik** gestoßen. Für eine effiziente Regelung und als Beitrag zu einer konsistenten Rechtsanwendung wäre es de lege ferenda durchaus zu befürworten, allgemeine Bestimmungen „vor die Klammer zu ziehen" oder innerhalb von § 18 auf § 14 eWpG zu verweisen.[4]

3 Die nachfolgenden **Begriffsbestimmungen** dienen ausschließlich dieser Kommentierung von § 18 eWpG. Es handelt sich bei den zu diesem Zweck definierten Begriffen um **keine Rechtsbegriffe**, sondern um Begriffe technischer Natur zur Darstellung der technischen Funktionsweise von Aufzeichnungssystemen i. S. von § 4 Abs. 11 eWpG.

Technischer Begriff	Bedeutung
Transaktionsdaten (Tx)	Im Register einzutragende/eingetragene Daten
Transaktionsnachricht	Nachricht mit signierten[5] Transaktionsdaten
Transaktion	Vorzunehmender/vorgenommener Registereintrag

II. Vornahme von Änderungen aufgrund einer Weisung (§ 18 Abs. 1 eWpG)

4 Die registerführende Stelle darf Änderungen der Registerangaben nach § 17 Abs. 1 Satz 1 und Abs. 2 eWpG sowie die Löschung des Kryptowertpapiers und dessen niedergelegter Emissionsbedingungen nur aufgrund einer Weisung des Inhabers oder einer anderen berechtigten Person oder Stelle vornehmen (§ 18 Abs. 1 Satz 1 eWpG).

1. Begriff der „Vornahme"

5 Die Löschung **außerhalb des Aufzeichnungssystems** (§ 4 Abs. 11 eWpG) gespeicherter Emissionsbedingungen (§ 5 Abs. 1 eWpG) ist der registerführenden Stelle technisch grundsätzlich ohne weiteres selbst möglich. Die registerführende Stelle nimmt die Löschung **unmittelbar** selbst vor. Einer Mitwirkung Dritter bedarf es dabei regelmäßig nicht.

6 Anders ist dies bei Änderungen oder Löschungen der **innerhalb des Aufzeichnungssystems** gespeicherten Registerangaben. Das Aufzeichnungssystem ist gesetzlich definiert als ein dezentraler Zusammenschluss, in dem die Kontrollrechte zwischen den das jeweilige System betreibenden Einheiten nach einem im Vorhinein festgelegten Muster verteilt sind (§ 4 Abs. 11 eWpG). Der Gesetzgeber zielt mit dieser Formulierung auf Aufzeichnungs-

---

1) Die folgenden Ausführungen geben ausschließlich die persönliche Auffassung des Autors wieder.
2) Begr. RegE Gesetz zur Einführung von eWp, BT-Drucks. 19/26925, S. 61 ff.
3) Vgl. *Lehmann*, NJW 2021, 2318, 2323.
4) So *Lieder* in: Omlor/Möslein/Grundmann, Elektronische Wertpapiere, § 5, S. 116.
5) Die (kryptografische) Signatur dient als technischer Berechtigungsnachweis zur Registeränderung gegenüber dem Netzwerk und ist systembedingt für jede Transaktion erforderlich (s. dazu unter Rz. 19 ff.).

systeme auf Basis einer sog. Distributed-Ledger-Technologie (DLT) ab. Solche Aufzeichnungssysteme werden nicht von einem zentralen Intermediär betrieben, sondern von einer Vielzahl dezentral verteilter, **über das Internet miteinander verbundener Rechner (Nodes)**, die jeweils eigenständig eine synchron geführte Kopie des Registers – zusammen das **Distributed Ledger** – führen und speichern. Dass die registerführende Stelle nach dem Wortlaut der Vorschrift auch in einem **Distributed Ledger** Änderungen „vornimmt", ist insofern irreführend, als dass die tatsächliche Vornahme eines jeden Registereintrags (Transaktion) durch die **Nodes** des Netzwerks erfolgt (zum genauen Ablauf siehe Rz. 60 ff.).[6] Die registerführende Stelle ist an der Transaktion nur **mittelbar** beteiligt, indem sie die Transaktion **durch eine entsprechende Transaktionsnachricht an das Netzwerk** initiiert.[7]

Der hier für diese Kommentierung verwendete **Begriff der Transaktionsnachricht** meint **7** die **Daten**, die in das Register eingetragen werden sollen (Transaktionsdaten), zusammen mit dem gegenüber den **Nodes** des Netzwerks zu erbringenden **Berechtigungsnachweis**, der zur Herbeiführung einer Registeränderung technisch erforderlich ist. Ohne diesen Nachweis können in einem **Distributed Ledger** systembedingt grundsätzlich keine Eintragungen vorgenommen werden. Der **Berechtigungsnachweis** wird regelmäßig mittels einer **kryptografischen Signatur** erbracht (siehe dazu ausführlich Rz. 19 ff.). Diese Signatur enthält grundsätzlich keine Aussage über die materielle Berechtigung zur Registeränderung. Sie ist lediglich formelle, technische Voraussetzung für jede Transaktion. Vor Aufnahme der Transaktionsdaten in das **Distributed Ledger** ist die Signatur von den **Nodes** zu verifizieren. Erst nach erfolgreicher **Verifizierung** wird die Registeränderung vorgenommen, mithin die Transaktion vollzogen.

2. Weisung und Authentifizierungsinstrument

Eine **Weisung** erfolgt durch die **Übermittlung** von Transaktionsdaten an die registerführende Stelle, zusammen mit der **Anweisung**, deren Aufnahme ins Kryptowertpapierregister zu initiieren. **8**

Eine solche Weisung kann mittels eines geeigneten Authentifizierungsinstruments erteilt **9** werden (§ 18 Abs. 1 Satz 5 eWpG). Wie in § 11 Abs. 6 Nr. 1 eWpRV normiert, kommt dabei in aller Regel eine **kryptografische Signatur** zum Einsatz.[8] Beim Einsatz einer kryptografischen Signatur übermittelt der Weisende bereits die Transaktionsnachricht an die registerführende Stelle, die diese dann an das Netzwerk weiterleitet.

Kryptografische Signaturen haben Bedeutung **in zweifacher, voneinander zu unterscheidender Hinsicht:** **10**

– **Gegenüber der registerführenden Stelle** dient die Signatur als formeller Nachweis der **Weisungsberechtigung**. Dies gilt zunächst für Weisungen des Inhabers. Gleiches dürfte

---

6) Vgl. auch Bitkom (Bundesverband Informationswirtschaft, Telekommunikation und Neue Medien e. V.), Stellungnahme z. RefE eWpG, v. 10.9.2020, S. 7, abrufbar unter https://bundesfinanzministerium.de/ Content/DE/Gesetzestexte/Gesetze_Gesetzesvorhaben/Abteilungen/Abteilung_VII/19_Legislaturperiode/ 2021-06-09-einfuehrung-elektronische-wertpapiere/0-Gesetz.html (Abrufdatum: 20.2.2023).

7) Vgl. Blockchain Bundesverband e. V., Stellungnahme z. RefE, v. 14.9.2021, S. 15, abrufbar unter https:// bundesfinanzministerium.de/Content/DE/Gesetzestexte/Gesetze_Gesetzesvorhaben/Abteilungen/ Abteilung_VII/19_Legislaturperiode/2021-06-09-einfuehrung-elektronische-wertpapiere/0-Gesetz.html; Bitkom (Bundesverband Informationswirtschaft, Telekommunikation und Neue Medien e. V.), Stellungnahme z. RefE eWpG, v. 10.9.2020, S. 7, abrufbar unter https://bundesfinanzministerium.de/Content/ DE/Gesetzestexte/Gesetze_Gesetzesvorhaben/Abteilungen/Abteilung_VII/19_Legislaturperiode/2021-06-09-einfuehrung-elektronische-wertpapiere/0-Gesetz.html (Abrufdatum jew. 20.2.2023), zustimmend Müller/Pieper-*Kell*, eWpG, § 18 Rz. 8; *Dubovitskaya*, ZIP 2020, 2551, 2560.

8) Anders Müller/Pieper-*Kell*, eWpG, § 18 Rz. 7, und *Kleinert/Mayer*, EuZW 2020, 1059, 1063, die kryptografische Schlüssel als Authentifizierungsinstrument ansehen.

trotz fehlender gesetzlicher Regelung aber auch für Weisungen anderer weisungsberechtigter Personen oder Stellen gelten, soweit die registerführende Stelle diesen die Möglichkeit einer Weisungserteilung mittels eines geeigneten Authentifizierungsinstruments eröffnet hat.[9] Ist der formelle Nachweis der Weisungsberechtigung gegenüber der registerführenden Stelle über eine gültige Signatur erbracht, darf diese auch von der **materiellen** Weisungsberechtigung ausgehen – sofern ihr nichts Gegenteiliges bekannt ist (vgl. § 18 Abs. 1 Satz 1 Nr. 1 eWpG) – und die Transaktionsnachricht dem Netzwerk zuführen.

– **Gegenüber den Nodes des Netzwerks** hat die kryptografische Signatur als Systemvoraussetzung für die Aufnahme der Transaktionsdaten in das **Distributed Ledger** rein technische Bedeutung.

11 Neben Weisungen, die mittels eines geeigneten Authentifizierungsinstruments erteilt werden, müssen Weisungen auch **ohne ein geeignetes Authentifizierungsinstrument** möglich sein. Das ergibt sich bereits aus dem Wortlaut von § 18 Abs. 1 Satz 5 eWpG. Denn die Vorschrift regelt nicht, in welcher Art und Weise eine Weisung erteilt werden muss. Stattdessen enthält sie zugunsten der registerführenden Stelle die gesetzliche Vermutung, dass eine Weisung, die mittels eines geeigneten Authentifizierungsinstruments erteilt wurde, vom Inhaber stammt. Besonders in den Fällen von § 18 Abs. 1 Satz 1 Nr. 2 eWpG wird der Weisungsberechtigte oder die weisungsberechtigte Stelle oftmals auch gar nicht in der Lage sein, eine kryptografische Signatur selbst zu generieren, so dass es zur Erstellung der Transaktionsnachricht an das Netzwerk der Mitwirkung weiterer Personen oder Stellen bedarf, wobei dafür u. U. auch die registerführende Stelle selbst in Betracht kommen kann (siehe dazu ausführlich Rz. 37 ff.).

12 Der Begriff der Weisung ist nicht mit der Übermittlung von Transaktionsdaten zusammen mit einer kryptografischen Signatur bzw. der Übermittlung einer Transaktionsnachricht an die registerführende Stelle gleichzusetzen. Denn die **Anweisung** ist als Teil der Weisung regelmäßig **konkludent in der Übermittlung einer Transaktionsnachricht** an die registerführende Stelle enthalten. Die registerführende Stelle fungiert als **Gatekeeper** des Aufzeichnungssystems.[10] Nicht vorgesehen ist, dass Weisungsberechtigte selbst Transaktionsnachrichten – d. h. ohne Erteilung einer Weisung an die registerführende Stelle – an die **Nodes** des Netzwerks senden.

3. Geeignetheit des Authentifizierungsinstruments (§ 18 Abs. 1 Satz 5 eWpG)

13 Von einer **Weisung des Inhabers** bzw. eines anderen Weisungsberechtigten (siehe dazu auch unter Rz. 37) darf die registerführende Stelle nach § 18 Abs. 1 Satz 5 eWpG ausgehen, wenn sie mittels eines **geeigneten Authentifizierungsinstruments** erteilt wurde. Die Anforderungen an das Authentifizierungsinstrument sind auf Grundlage der Ermächtigungen in § 15 Abs. 1 Satz 1 Nr. 9 und in § 23 Abs. 1 Satz 1 Nr. 9 eWpG für zentrale Register sowie für Kryptowertpapierregister in § 11 Abs. 6 eWpRV einheitlich näher bestimmt.[11]

14 Nach § 11 **Abs. 6 eWpRV** ist ein Authentifizierungsinstrument – das insbesondere eine kryptografische Signatur, aber auch ein vergleichbares Authentifizierungsinstrument sein kann – als geeignet anzusehen, wenn:

– die verwendeten Verfahren dem **Stand der Technik** entsprechen (§ 11 Abs. 6 Nr. 1 eWpRV); und

---

9) Müller/Pieper-*Kell*, eWpG, § 18 Rz. 6.

10) Vgl. Müller/Pieper-*Pieper*, eWpG, § 14 Rz. 4, 12.

11) Begr. RefE eWpRV (2. Konsultation), v. 14.1.2022, S. 8, abrufbar unter https://www.bmj.de/SharedDocs/Gesetzgebungsverfahren/DE/Wertpapierregister.html (Abrufdatum: 20.2.2023).

– die registerführende Stelle die verwendete Signatur oder das verwendete vergleichbare Authentifizierungsinstrument derjenigen natürlichen oder juristischen Person oder Personengesellschaft, die die Weisung erteilt hat, **zuverlässig zuordnen** kann (§ 11 Abs. 6 Nr. 2 eWpRV).

Die Vorschrift stellt klar, dass ein geeignetes Authentifizierungsinstrument eine – wie bei Blockchain-basierten Aufzeichnungssystemen typischerweise zum Einsatz kommende – kryptografische Signatur sein kann, aber keinesfalls sein muss. Auch andere Authentifizierungsinstrumente können geeignet sein.[12] Der **technologieneutrale Regelungsansatz** des eWpG[13] wird damit in der eWpRV beibehalten. **15**

a) Stand der Technik (§ 11 Abs. 6 Nr. 1 eWpRV)

Die eWpRV fordert hinsichtlich technischer Anforderungen an mehreren Stellen, den „**Stand der Technik**" zu beachten (so etwa in §§ 16 Abs. 1, 19 Abs. 3 eWpRV). Damit wird zwar eine **entwicklungsoffene Regulierung** gewährleistet. Diese geht jedoch zulasten der Rechtssicherheit, denn hilfreiche Konkretisierungen des Begriffs der „Geeignetheit" sind mit der Formulierung nicht verbunden.[14] In der Praxis ist der Stand der Technik ggf. nur schwer zu bestimmen. Schwierig zu beurteilen kann insbesondere auch die Frage sein, ab welchem Grad technologischen Fortschritts ein Authentifizierungsinstrument **nicht mehr** als geeignet anzusehen ist. Für die Beurteilung dürfte es jedenfalls überwiegend qualitativ auf die **technisch möglichen** und nicht nur quantitativ auf die **mehrheitlich verwendeten** Verfahren ankommen. Hierfür spricht auch der überarbeitete Wortlaut des § 11 Abs. 6 Nr. 1 eWpRV, der im Vergleich zum Vorentwurf nicht mehr von „gängigen Standards" spricht.[15] Gleichwohl wäre es unverhältnismäßig, stets das Optimum des technisch Möglichen zu fordern, zumal sich in der Praxis neue Verfahren stets in einer Anfangsphase erst noch bewähren müssen. **16**

Die Begründung zu § 16 eWpRV – diese Vorschrift spezifiziert insbesondere Anforderungen an kryptografische Verfahren und sonstige Methoden der Transformation von Daten – verweist als Orientierungshilfe auf die regelmäßig aktualisierten **Veröffentlichungen des Bundesamts für Sicherheit in der Informationstechnik (BSI)**.[16] An diesen sollen sich registerführende Stellen orientieren.[17] Während in der Begründung zum Erstentwurf der eWpRV noch zu lesen war, dass sich die registerführende Stelle daran orientieren „kann", wurde die Formulierung im überarbeiteten Entwurf zu einem „**soll**" verstärkt.[18] **17**

---

12) Begr. RefE eWpRV (2. Konsultation), v. 14.1.2022, S. 8, abrufbar unter https://www.bmj.de/SharedDocs/Gesetzgebungsverfahren/DE/Wertpapierregister.html (Abrufdatum: 20.2.2023).

13) Vgl. Begr. RegE Gesetz zur Einführung von eWp, BT-Drucks. 19/26925, S. 29.

14) Vgl. *Siadat*, RDi 2021, 466, 471 – zum eWpRV-RefE (1. Konsultation).

15) Vgl. Begr. RefE eWpRV (1. Konsultation) z. § 10 Abs. 1 Nr. 1, v. 6.8.2021, abrufbar unter https://www.bmj.de/SharedDocs/Gesetzgebungsverfahren/DE/Wertpapierregister.html; zur Änderung des Wortlauts s. a. Deutscher Derivate Verband (DDV), Stellungnahme z. RefE eWpG, v. 14.9.2020, S. 4, abrufbar unter https://bundesfinanzministerium.de/Content/DE/Gesetzestexte/Gesetze_Gesetzesvorhaben/Abteilungen/Abteilung_VII/19_Legislaturperiode/2021-06-09-einfuehrung-elektronische-wertpapiere/0-Gesetz.html (Abrufdatum jew. 20.2.2023).

16) Begr. RefE eWpRV (2. Konsultation), v. 14.1.2022, S. 11, abrufbar unter https://www.bmj.de/SharedDocs/Gesetzgebungsverfahren/DE/Wertpapierregister.html (Abrufdatum: 20.2.2023).

17) Begr. RefE eWpRV (2. Konsultation), v. 14.1.2022, S. 11, abrufbar unter https://www.bmj.de/SharedDocs/Gesetzgebungsverfahren/DE/Wertpapierregister.html (Abrufdatum: 20.2.2023).

18) Vgl. Begr. RefE eWpRV (1. Konsultation), v. 6.8.2021, S. 22, und Begr. RefE eWpRV (2. Konsultation), v. 14.1.2022, S. 11, abrufbar unter https://www.bmj.de/SharedDocs/Gesetzgebungsverfahren/DE/Wertpapierregister.html (Abrufdatum: 20.2.2023).

18 § 16 eWpRV verweist beispielhaft auf **die technische Richtlinie zu kryptografischen Verfahren (TR-02102)**,[19] die auch beim Einsatz kryptografischer Schlüssel zur Orientierung heranzuziehen sein dürfte. Die Beachtung der veröffentlichten Regeln stehe im Einklang mit anderweitigen aufsichtlichen Vorgaben an die IT-Sicherheit.[20] Mit der TR-02102 legt das BSI eine Bewertung der Sicherheit ausgewählter kryptografischer Verfahren vor. Diese Richtlinie wird regelmäßig aktualisiert, so dass sie auch langfristig als Orientierungshilfe herangezogen werden kann. Dabei erhebt das BSI allerdings keinen Anspruch auf Vollständigkeit. Daher sind in der Richtlinie nicht aufgeführte Verfahren entsprechend auch nicht per se als unsicher einzustufen.[21]

aa) Kryptografische Signaturen

19 Zur Authentifizierung der Teilnehmer in dezentralen Aufzeichnungssystemen kommen derzeit mehrheitlich Verfahren auf Basis sog. **asymmetrischer Kryptografie**[22] zum Einsatz.[23] Mit einem privaten Schlüssel wird dabei eine kryptografische Signatur als Authentifizierungsinstrument (vgl. § 11 Abs. 6 eWpRV) generiert, die dann mit dem zugehörigen öffentlichen Schlüssel verifiziert werden kann. Vereinfacht läuft das diesbezügliche Verfahren wie folgt ab:[24]

20 Voraussetzung für die Teilnahme an einem dezentralen Aufzeichnungssystem ist zunächst eine **Netzwerkadresse**, vergleichbar einer IBAN, der digitale Werteinheiten (sog. **Token**) – dies können, müssen aber nicht zwingend Kryptowertpapiere sein – zugeordnet werden können. Die Netzwerkadresse ist gleichzeitig das **Pseudonym** eines jeden Teilnehmers, auf dessen Identität nicht ohne weitere Informationen außerhalb des Aufzeichnungssystem geschlossen werden kann (siehe dazu auch Rz. 53).[25] Eine Netzwerkadresse kann bspw. wie folgt aussehen:

1PhjKV6fhWkKqUuT4Ga8NwjRntZCKU3uEH[26]

21 Zu jeder Netzwerkadresse gehört ein für die Autorisierung einer Transaktion benötigtes Schlüsselpaar, bestehend aus einem **privaten Schlüssel,** dem sog. Private Key[27] (pvK) und einem **öffentlichen Schlüssel**, dem sog. Public Key (pbK). Unter anderem zur besseren

---

19) Vgl. Begr. RefE eWpRV (1. Konsultation), v. 6.8.2021, S. 22, und Begr. RefE eWpRV (2. Konsultation), v. 14.1.2022, S. 11, abrufbar unter https://www.bmj.de/SharedDocs/Gesetzgebungsverfahren/DE/Wertpapierregister.html (Abrufdatum: 20.2.2023).

20) Vgl. Vgl. Begr. RefE eWpRV (1. Konsultation), v. 6.8.2021, S. 22, und Begr. RefE eWpRV (2. Konsultation), v. 14.1.2022, S. 11, abrufbar unter https://www.bmj.de/SharedDocs/Gesetzgebungsverfahren/DE/Wertpapierregister.html (Abrufdatum: 20.2.2023).

21) So BSI zur TR-02102-1, Stand: 28.1.2022, abrufbar unter https://www.bsi.bund.de/SharedDocs/Downloads/DE/BSI/Publikationen/TechnischeRichtlinien/TR02102/BSI-TR-02102.pdf?__blob=publicationFile&v=6 (Abrufdatum: 20.2.2023).

22) Ausführlich zur Kryptografie als Lehre der Verschlüsselung und insbesondere zum Unterschied zwischen symmetrischer und asymmetrischer Kryptografie, *Sohr/Kemmerich* in: Kipker, Cybersecurity, Kap. 2 Rz. 21–63.

23) Zu den implementierten kryptografische Funktionen und Verfahren sind i. R. der Dokumentation des Kryptowertpapierregisters nähere Angaben zu machen (§§ 3 Abs. 1 Nr. 1, 21 Abs. 1 Nr. 7 eWpRV).

24) Die Darstellung orientiert sich exemplarisch an Bitcoin, einem archetypischen Beispiel eines Distributed-Ledger-Systems.

25) Vgl. *Berentsen/Schär*, Bitcoin, Blockchain und Kryptoassets, S. 121.

26) Beispiel einer Bitcoin-Adresse.

27) Zum Teil auch als „Secret Key" bezeichnet.

Lesbarkeit werden Schlüssel und Adressen meist in unterschiedlichen Kodierungen darge-stellt.[28] Nachfolgend die zur beispielhaft genannten Bitcoin-Adresse zugehörigen Schlüssel:

PvK: Kxz2yCm1idtEBdYNwgWtS7T6oUzNNA37FHA8AAitW7nuQo5sukwd

PbK: 0251c62db6c76d29dbff4d9ef50b009458 ffe343b2bedd6928971cebef478e0209

Der private Schlüssel ist zur **Geheimhaltung** bestimmt und für den Nachweis der Trans-   22
aktionsberechtigung gegenüber dem Netzwerk erforderlich. Der öffentliche Schlüssel, der
zur Überprüfung der Transaktionsberechtigung benötigt wird, ist dagegen im Netzwerk
frei verfügbar.

Zur Generierung einer **kryptografischen Signatur** werden kryptografische Hashfunktio-   23
nen eingesetzt. Eine **Hashfunktion** H – zu Deutsch „Streuwertfunktion" – ist eine mathe-
matische Funktion, die einer beliebigen und beliebig großen Datenmenge d (Klartext) einen
sog. Hashwert – kurz Hash – h (Geheimtext) von feststehender Länge und mit regelmäßig
deutlich reduzierter Datenmenge zuordnet, so dass $H(d) = h_d$ ist.[29] Dies erfolgt **deter-
ministisch**, so dass die Verwendung desselben Klartextes immer zum selben Geheimtext
führt.[30]

Die für die Autorisierung von Transaktionen in dezentralen Aufzeichnungssystemen zum   24
Einsatz kommenden **kryptografischen Hashfunktionen** weisen insbesondere zwei Besonderheiten auf:

– Es ist mit an Sicherheit grenzender Wahrscheinlichkeit ausgeschlossen, dass verschiedene Datenmengen den gleichen Hashwert haben ($H(d) = H(d')$). Man spricht daher
  auch von **kollisionsresistenten Funktionen.**[31] Da jede Veränderung von d zu einem
  anderen Hashwert führt, kann mit dem Hashwert als Prüfsumme die **Integrität** der verwendeten Datenmenge kontrolliert werden.[32] Jeder **Hashwert h_d** ist damit vergleichbar einem **Fingerabdruck** von d.

– Die verwendeten Hashfunktionen sind **nicht umkehrbar.** Das bedeutet, dass die Um-
  kehrfunktion **H^{-1}** der Hashfunktion **H** nicht oder nur mit unvertretbarem Aufwand
  zu berechnen ist. Während sich ausgehend von d (Klartext) der Hashwert $H(d)$ in der
  Regel durch den Einsatz geringer Rechenleistung effizient berechnen lässt, kann von
  h_d nur theoretisch durch ineffizientes Ausprobieren (Trial-and-Error) zurück auf d geschlossen werden. Man spricht insofern auch von **Einwegfunktionen.**[33] Veranschau-
  lichen lässt sich diese Eigenschaft am Beispiel der Multiplikation zweier höherer Prim-
  zahlen[34]: Während sich deren Multiplikation ohne großen Aufwand durchführen lässt,
  ist die Zerlegung des Produkts in die multiplizierten Primfaktoren nur durch sehr zeit-
  intensives Ausprobieren (Trial-and-Error) möglich. Für die Sicherstellung der Unum-

---

28) Zu verschiedenen Kodierungen ausführlich *Antonopoulos*, Mastering Bitcoin, S. 69–71, und *Berentsen/
     Schär*, Bitcoin, Blockchain und Kryptoassets, S. 124–126. Die Darstellung des privaten Schlüssels erfolgt
     bei Bitcoin bspw. in der Form eines mit dem Verfahren Base58 erzeugten 52-stelligen Codes. Mit diesem
     Verfahren zur Kodierung können aus positiven ganzen Zahlen Codes erstellt werden, die sich zusammen-
     setzen aus 58 Zeichen eines alphanumerischen Alphabets, bestehend aus Groß- und Kleinbuchstaben
     von A bis Z sowie Ziffern von 1 bis 9, ohne die vier leicht zu verwechselnden Zeichen 0 (Null),
     O (großes o), I (großes i) und l (kleines L).
29) *Berentsen/Schär*, Bitcoin, Blockchain und Kryptoassets, S. 140 f.; *Ertel/Löhmann*, Angewandte Krypto-
     graphie, S. 99.
30) *Berentsen/Schär*, Bitcoin, Blockchain und Kryptoassets, S. 141.
31) *Sohr/Kemmerich* in: Kipker, Cybersecurity, Kap. 2 Rz. 65–67.
32) *Sohr/Kemmerich* in: Kipker, Cybersecurity, Kap. 2 Rz. 66; *Buchmann*, Einführung in die Kryptographie,
     S. 166 f.
33) *Ertel/Löhmann*, Angewandte Kryptographie, S. 98; *Buchmann*, Einführung in die Kryptographie, S. 166.
34) *Antonopoulos/Wood*, Mastering Ethereum, S. 61.

kehrbarkeit einer Hashfunktion ist zudem wichtig, dass bereits kleinste Abweichungen in der verwendeten Datenmenge einen völlig anderen Hashwert zur Folge haben. Dieser sog. **Lawineneffekt** (Avalanche Effect) macht so letztlich auch ein effizientes, systematisches Ausprobieren unmöglich.[35] Bei mit der häufig eingesetzten Hashfunktion **SHA-256** generierten Hashwerten müssten die zugrunde liegenden Ausgangsdaten aus 2^{256} willkürlich zu wählenden Möglichkeiten erraten werden, was praktisch ausgeschlossen oder nur rein theoretisch unter Einsatz enormer Rechenleistung denkbar ist.[36] Zur Veranschaulichung: Ein heutiger durchschnittlicher Desktop Computer kann etwa 60 Mio. Hashwerte pro Sekunde berechnen und bräuchte damit etwa $3 \cdot 10^{61}$ Jahre, um die richtige Lösung zu finden.[37]

bb) Autorisierungsverfahren

25   Grundlage einer jeden Transaktion ist eine **Transaktionsnachricht** über die Neuzuordnung einer bestimmten Anzahl digitaler Werteinheiten von einer hin zu einer anderen Netzwerkadresse, die im Netzwerk verbreitet wird.[38] Damit in das Distributed Ledger nur integre Transaktionen von dazu berechtigten Teilnehmern aufgenommen werden, verlangt das sog. **Protocol** des jeweiligen Netzwerks (das Protocol umfasst die festgelegten Regeln für die Art und Weise der Kommunikation der Nodes)[39] einen **Berechtigungsnachweis**, der i. R. eines Autorisierungsverfahrens zu erbringen ist. Dazu wird das zu einer Netzwerkadresse zugehörige Schlüsselpaar (siehe dazu Rz. 21 f.) benötigt.

26   Damit ein Teilnehmer das Netzwerk zur Eintragung von Transaktionsdaten **Tx** veranlassen kann, muss er sich authentisieren. Die **Authentisierung**[40] dient als Identitätsnachweis. Der Berechtigte muss dazu mit seinem geheimen privaten Schlüssel pvK eine **digitale Signatur** erstellen. Dazu wird zunächst ein Hashwert der Transaktionsdaten h_{Tx} generiert. Unter Anwendung eines „Signieralgorithmus" SIG wird dann aus h_{Tx} und pvK die Signatur der Transaktionsdaten sig_{Tx} berechnet.[41]

$$SIG\,(h_{Tx},\,pvK) = sig_{Tx}$$

27   Die Signatur ist einmalig wie ein Fingerabdruck, denn jede auch nur kleinste Veränderung von Tx würde h_{Tx} und damit auch sig_{Tx} gänzlich verändern.

28   Nachdem Tx zusammen mit sig_{Tx} im Netzwerk verbreitet wurde,[42] verifizieren die empfangenden Nodes des Netzwerks mit Hilfe des öffentlichen Schlüssels pbK, ob die

---

35) *Ahlberg/Ruiz-Ogarrio*, Mathematical and Economic Foundations of Bitcoin, v. 26.2.2020, S. 11, abrufbar unter, https://ssrn.com/abstract=3544047 (Abrufdatum: 20.2.2023).

36) Diese Beurteilung beruht auf dem aktuellen Stand der Technik. Sollte es allerdings bei der Entwicklung von Quantencomputern zu erheblichen Fortschritten kommen, könnte die Sicherheit aktueller Verfahren möglicherweise anders zu beurteilen sein, vgl. bspw. BSI TR-02102-1, Stand: 28.1.2022, S. 34, abrufbar unter https://www.bsi.bund.de/SharedDocs/Downloads/DE/BSI/Publikationen/Technische-Richtlinien/TR02102/BSI-TR-02102.pdf?__blob=publicationFile&v=6 (Abrufdatum: 20.2.2023).

37) *Rosenbaum*, Bitcoin, S. 38; vgl. zur Relevanz des technischen Fortschritts (z. B. Quantencomputer) für die Sicherheit bzw. Anonymität elektronisch verschlüsselter Zahlungssysteme sowie den daraus für eine etwaige Bargeldabschaffung folgenden, auch verfassungsrechtlichen, Implikationen *Hingst/Neumann* in: FS K. Schmidt, Bd. I, S. 465, 483.

38) *Berentsen/Schär*, Bitcoin, Blockchain und Kryptoassets, S. 169.

39) *Ertel/Löhmann*, Angewandte Kryptographie, S. 164.

40) Zum Begriff *Sohr/Kemmerich* in: Kipker, Cybersecurity, Kap. 2 Rz. 16.

41) Vgl. *Antonopoulos*, Mastering Bitcoin, S. 139 f.; *Antonopoulos/Wood*, Mastering Ethereum, S. 115 f.; ausführlich zur Berechnung bei Bitcoin, *Berentsen/Schär*, Bitcoin, Blockchain und Kryptoassets, S. 165–167.

42) Dieser sog. *Broadcast* erfolgt über einen sog. Flooding-Algorithmus, mit dem die Transaktionsnachricht peer to peer exponentiell innerhalb von Sekunden unter allen aktiven Nodes des Netzwerks verteilt wird, dazu *Antonopoulos*, Mastering Bitcoin, S. 25, sowie *Antonopoulos/Wood*, Mastering Ethereum, S. 123.

Transaktionsdaten tatsächlich mit dem zur Netzwerkadresse gehörenden pvK signiert wurde. Für diese **Authentifizierung** überprüft ein „Verifizierungsalgorithmus" VER mit $H(Tx)$, pbK und sig_{Tx}, ob die Signatur der Transaktionsdaten gültig ist und gibt entsprechend True für gültig oder False für ungültig aus.[43]

$$VER\ (H(Tx),\ pbK,\ sig_{Tx}) = True\ /\ False$$

Ist die **Signatur gültig,** wurden zwei Dinge bewiesen: 29

– Die verifizierenden Nodes haben die **Transaktionsdaten** unverfälscht empfangen, da sig_{Tx} nicht zu veränderten Transaktionsdaten Tx' passen würde. Die Transaktionsdaten sind mithin **integer.**

– Für die **Transaktionsnachricht** wurde der **private Schlüssel der Sendeadresse verwendet,** da andernfalls mit dem zur Sendeadresse gehörenden pbK die Signatur nicht als gültig bestätigt würde.

Unter der **Prämisse,** dass der private Schlüssel vor dem Zugriff Unberechtigter geschützt 30 wurde, kann davon ausgegangen werden, dass die jeweilige Transaktion **von einem Berechtigten veranlasst** wurde.

cc) Technische Lösung für Verfügungsbeschränkungen (§ 18 Abs. 1 Satz 2 eWpG)

Im Fall einer Verfügungsbeschränkung (§ 17 Abs. 2 Satz 1 Nr. 1 eWpG) hat der Inhaber 31 über seine Weisung hinaus der registerführenden Stelle zu versichern, dass die **Zustimmung** der durch die Verfügungsbeschränkung begünstigten Person zur Registeränderung vorliegt. In welcher Form dies zu **versichern** ist, ist gesetzlich nicht geregelt. Nach Ansicht des Gesetzgebers sei der registerführenden Stelle allerdings eine Prüfung der Zustimmung der durch die Verfügungsbeschränkung begünstigten Person weder möglich noch zumutbar.[44]

Eine **Prüfung** der Zustimmung dürfte jedoch **technisch möglich** sein. So gibt es – zu- 32 mindest bei manchen DLT – neben den bereits dargestellten Netzwerkadressen mit **einem** privaten Schlüssel auch sog. **Multisignature-Adressen** (kurz: Multisig-Adressen). Diese Adressen haben mehrere (in der Regel zwei bis drei) private Schlüssel. Deren Besonderheit liegt darin, dass zur Initiierung einer Transaktion m Signaturen von insgesamt n privaten Schlüsseln erforderlich sind (m-of-n). Gibt es bspw. zu einer Netzwerkadresse zwei private Schlüssel, kann festgelegt werden, dass im Fall einer Verfügungsbeschränkung i. S. von § 18 Abs. 1 Satz 2 eWpG eine Transaktionsnachricht beide Signaturen (2-of-2) enthalten muss.[45] Ein sog. **Smart Contract** könnte dabei vorsehen, dass bei Vorliegen bestimmter Voraussetzungen, etwa nach Zeitablauf, das Erfordernis des „Zweitschlüssels" automatisch entfällt und eine entsprechende Verfügungsbeschränkung damit automatisch aufgehoben wird.[46]

---

43) *Antonopoulos*, Mastering Bitcoin, S. 141; *Antonopoulos/Wood*, Mastering Ethereum, S. 116 f.; ausführlich zur Berechnung bei Bitcoin, *Berentsen/Schär*, Bitcoin, Blockchain und Kryptoassets, S. 167 f.

44) Beschlussempfehlung und Bericht d. FA z. Gesetz zur Einführung von eWp, BT-Drucks. 19/29372, S. 55 f.

45) Hier sind verschiedenste Kombinationsmöglichkeiten für unterschiedliche Anwendungsfälle möglich (1-of-2, 2-of-2, 1-of-3, 2-of-3, 3-of-3), so dass bspw. auch zwei Berechtigte, ähnlich einem „Gemeinschaftskonto" unabhängig voneinander mit einem der beiden privaten Schlüssel (1-of-2) Transaktionen initiieren können; ausführlich zum Thema Multisig-Adressen im Bitcoin-Netzwerk als erste und archetypische DLT, *Antonopoulos*, Mastering Bitcoin, S. 82, 149–154, 290.

46) Im Ethereum-Netzwerk sind Multisig-Adressen über die Verwendung sog. Smart Contracts implementierbar, deren Ausführung wiederum an weitere Bedingungen geknüpft werden kann, *Antonopoulos/Wood*, Mastering Ethereum, S. 124 f.; ausführlich zu Smart Contracts, *Braegelmann/Kaulartz*, Rechtshandbuch Smart Contracts.

b) Zuverlässige Zuordenbarkeit (§ 11 Abs. 6 Nr. 2 eWpRV)

33 Die für die Geeignetheit eines Authentifizierungsinstruments nach § 11 Abs. 6 Nr. 2 eWpRV erforderliche zuverlässige Zuordenbarkeit wirft bei **Verwendung einer kryptografischen Signatur** das Problem auf, dass diese allein grundsätzlich **keiner Person zuordenbar** ist.[47] Denn jeder, der im Besitz des für die Signatur erforderlichen privaten Schlüssels ist, kann eine gültige Signatur generieren. Von einer Zuordenbarkeit wäre nur unter der **Prämisse** auszugehen, dass der private Schlüssel vom Inhaber oder Berechtigten bestimmungsgemäß geheim gehalten wurde und damit tatsächlich nur diesem bekannt ist. Zwar ließe § 18 Abs. 1 Satz 5 eWpG zunächst vermuten, dass diese Prämisse für kryptografische Signaturen ausreichen könnte.[48] Dem steht allerdings die Vorschrift des § 11 Abs. 6 Nr. 2 eWpRV in gewisser Weise entgegen, nach der eine zuverlässige Zuordenbarkeit explizit auch für kryptografische Signaturen verlangt wird. Für die **Vermutungsregel** des Abs. 1 Satz 5, die es registerführenden Stellen nach der Vorstellung des Gesetzgebers erlauben sollte, Änderungen im Einzelfall auch ohne detaillierte Identitätsüberprüfung vorzunehmen,[49] scheint damit ein gewisser Bedeutungsverlust verbunden. Denn im Ergebnis hat die registerführende Stelle letztlich bei jeder Weisung den Weisenden zu identifizieren.[50]

34 Umfang und Verfahren der nach § 11 **Abs. 1 bis 5 eWpRV** von der registerführenden Stelle vorzunehmenden Identifizierung orientieren sich dabei an den Vorgaben des GwG.[51] Registerführende Stellen sollten hierbei insbesondere die von der BaFin veröffentlichten Auslegungs- und Anwendungshinweise zum Geldwäschegesetz beachten.[52] Für eine Identifizierung kommt der Einsatz von **Zwei-Faktor-Authentifizierungssystemen (2FA-Systeme)** in Betracht, die in der Finanzindustrie ohnehin zwingend sein können.[53] 2FA-Systeme wie etwa Google Authenticator oder Mobile/SMS-Tan sind grundsätzlich denkbar. Zwar ist es zutreffend, dass auch bei diesen Verfahren nicht zweifelsfrei verifiziert werden kann, ob eine Weisung tatsächlich vom Berechtigten stammt, da grundsätzlich jede Person das erforderliche Endgerät benutzen könnte.[54] Allerdings erfordert § 11 Abs. 6 Nr. 2 eWpRV eine „**zuverlässige**" und keine „zweifelsfreie" Zuordenbarkeit.

35 Für ein erhöhtes Maß an Sicherheit erscheinen solche Verfahren als besonders geeignet, bei denen einzigartige **biometrische Merkmale** verwendet werden, wie etwa bei der Fingerabdruck- oder Gesichtserkennung.[55] So können kryptografische Signaturen, für deren Erstellung zunächst ein Abgleich der biometrischen Merkmale, etwa mittels eines Smartphones, erforderlich ist, höchst zuverlässig zugeordnet werden.

---

47) *Siadat*, RDi 2021, 466, 471.
48) Vgl. Müller/Pieper-*Kell*, eWpG, § 18 Rz. 7, die (allerdings noch ohne Berücksichtigung der Regelung des § 11 Abs. 6 Nr. 2 RefE eWpRV) das Problem der unmöglichen Zuordenbarkeit kryptografischer Signaturen von der Vermutung des § 18 Abs. 1 Satz 5 eWpG regelungstechnisch als „eingehegt" ansieht.
49) Begr. RegE Gesetz zur Einführung von eWp, BT-Drucks. 19/26925, S. 58.
50) *Siadat*, RDi 2022, 153, 159, und RDi 2021, 466, 471.
51) Begr. RefE eWpRV (2. Konsultation), v. 14.1.2022, S. 8, abrufbar unter https://www.bmj.de/SharedDocs/Gesetzgebungsverfahren/DE/Wertpapierregister.html (Abrufdatum: 20.2.2023).
52) Begr. RefE eWpRV (2. Konsultation), v. 14.1.2022, S. 8, abrufbar unter https://www.bmj.de/SharedDocs/Gesetzgebungsverfahren/DE/Wertpapierregister.html (Abrufdatum: 20.2.2023).
53) Bitkom (Bundesverband Informationswirtschaft, Telekommunikation und Neue Medien e. V.), Stellungnahme z. RefE eWpG, v. 10.9.2020, S. 8, abrufbar unter https://bundesfinanzministerium.de/-Content/DE/Gesetzestexte/Gesetze_Gesetzesvorhaben/Abteilungen/Abteilung_VII/19_Legislaturperiode/2021-06-09-einfuehrung-elektronische-wertpapiere/0-Gesetz.html (Abrufdatum: 20.2.2023); zur teilweise vorgeschriebenen starken Kundenauthentifizierung (sog. „Strong Customer Authentification"), §§ 1 Abs. 24, 55 ZAG s. bspw. *Herresthal* in: Langenbucher/Bliesener/Spindler, Bankrechts-Kommentar, Vorb. §§ 675j–676c BGB Rz. 55a ff.
54) *Siadat*, RDi 2021, 466, 471 f.
55) Vgl. *Siadat*, RDi 2021, 466, 471 f.; *Siadat*, RDi 2022, 153, 159.

Die Wahl der verwendeten Technologie zur Identifizierung steht der registerführenden 36
Stelle grundsätzlich frei. Insbesondere verschiedene Multi-Faktor-Systeme können geeignet sein. Das jeweilige Verfahren zur Identitätsprüfung sollte aber jedenfalls die Kriterien der **TR-03147**[56)] und **TR-03107-1 und -2**[57)] des BSI einhalten.[58)]

4. Zentrale Rolle der registerführenden Stelle im dezentralen Register?

Wie bereits oben dargestellt, siehe Rz. 7, werden Registeränderungen entgegen dem Wort- 37
laut von § 18 Abs. 1 Satz 1 eWpG bei Aufzeichnungssystemen auf Basis einer DLT nicht
von der registerführenden Stelle, sondern von den Nodes des Netzwerks vorgenommen.
Veranlasst wird eine Transaktion durch eine im Netzwerk verteilte Transaktionsnachricht.
In ihrer Rolle als Gatekeeper leitet die registerführende Stelle die jeweilige **Transaktionsnachricht des Inhabers** an das Netzwerk, sofern sie nicht Kenntnis von dessen fehlender
materieller Berechtigung hat (§ 18 Abs. 1 Satz 1 Nr. 1 eWpG). Die registerführende Stelle
ist damit „**Durchlaufstelle**"[59)] für Transaktionsnachrichten des Inhabers (siehe dazu Rz. 12).
Gleiches gilt für Transaktionsnachrichten anderer weisungsberechtigter Personen oder
Stellen (§ 18 Abs. 1 Satz 2 Nr. 2 eWpG), sofern ihnen von der registerführenden Stelle die
Möglichkeit einer Weisung mittels eines geeigneten Authentifizierungsinstruments eröffnet
wurde.

Problematisch gestalten sich diejenigen Fälle, in denen es Weisungsberechtigten nicht mög- 38
lich ist, Transaktionsnachrichten selbst zu generieren, die sie i. R. einer Weisung an die registerführende Stelle übermitteln können. Namentlich handelt es sich um Fälle, in denen
ein erforderlicher **privater Schlüssel** (siehe dazu Rz. 21 f.) **dem Weisungsberechtigten nicht
oder nicht mehr bekannt** ist. Ein Zugriff auf die entsprechenden Kryptowertpapiere wäre
dann nicht möglich. In Betracht kommen neben Fällen des Schlüsselverlusts[60)] bspw. auch
Fälle der Zwangsvollstreckung,[61)] deren Durchführung auch gegen den Willen des Inhabers möglich sein muss.[62)]

An der **Verpflichtung der registerführenden Stelle**, Registeränderungen aufgrund von 39
Weisungen eines Weisungsberechtigten „vorzunehmen", ändert sich auch in den voranste-
hend genannten Fällen grundsätzlich nichts. Der registerführenden Stelle muss es weiterhin
möglich sein, Transaktionen durch entsprechende **Transaktionsnachrichten an das Netzwerk** zu initiieren (siehe dazu Rz. 6 f.). Zur Gretchenfrage wird, wer diese Transaktionsnachrichten generiert bzw. überhaupt generieren kann. Es bleibt unklar, ob die registerführende Stelle über ihre Gatekeeper-Funktion hinaus eine **zentrale Rolle** einnehmen
soll, vergleichbar dem Führer zentraler Register.[63)] Teils wird gefordert, dass Änderungen

---

56) Technische Richtlinie zur Vertrauensniveaubewertung von Verfahren zur Identitätsprüfung natürlicher
    Personen.
57) Technische Richtlinie zu Elektronischen Identitäten und Vertrauensdiensten im E-Government Teil 1
    und Teil 2.
58) Begr. RefE eWpRV (2. Konsultation), v. 14.1.2022, S. 8, abrufbar unter https://www.bmj.de/Shared-
    Docs/Gesetzgebungsverfahren/DE/Wertpapierregister.html (Abrufdatum: 20.2.2023).
59) Zum Begriff Müller/Pieper-*Kell*, eWpG, § 18 Rz. 8 (Fn. 12).
60) In der Praxis wird das Verlustrisiko regelmäßig nicht allein beim Inhaber des Kryptowertpapiers selbst
    liegen, da die Speicherung privater Schlüssel meist von Kryptoverwahrern übernommen wird (§ 1 Abs. 1a
    Satz 2 Nr. 6 KWG).
61) Ausführlich zu elektronischen Wertpapieren in der Zwangsvollstreckung *Meier*, MMR 2021, 381.
62) Müller/Pieper-*Kell*, eWpG, § 18 Rz. 14 ff., diskutiert zudem die Frage, ob und in welcher Form der
    Ersteller einer Transaktionsnachricht im Register einsehbar sein soll, und kommt richtigerweise zum
    Ergebnis, dass dies, auch wenn von § 10 und § 17 eWpG nicht vorgesehen, aus Gründen der Rechtssi-
    cherheit dringend zu empfehlen ist.
63) Bei zentralen Registern wird gerade „das besondere Vertrauen in die Integrität der Wertpapierurkunde
    [...] durch das besondere Vertrauen in die Integrität der registerführenden Stelle ersetzt", so Begr.
    RegE Gesetz zur Einführung von eWp, BT-Drucks. 19/26925, S. 54.

in Kryptowertpapierregistern stets durch die registerführende Stelle vornehmbar sein müssen.[64]

40   Zur **technischen Lösung** des Problems wird die Verwendung eines sog. **Master Key** als „Generalschlüssel" diskutiert.[65] Mit der Existenz eines **Master Key** ist indes hohes Missbrauchspotential verbunden. Zudem soll der registerführenden Stelle eigentlich gerade keine zentrale Rolle zukommen.[66] Als **nicht-technische Lösung** kommen auch Mittel außerhalb des Kryptowertpapierregisters in Betracht, wie etwa die **Kraftloserklärung von Kryptowertpapieren** (ggf. durch die registerführende Stelle)[67] **und deren Neuausgabe.**[68]

41   Einer **vertrauenswürdigen Stelle**, wie etwa der BaFin, einen **Master Key** zur Verwahrung anzuvertrauen,[69] ist grundsätzlich erwägenswert. Gleichwohl konterkariert die Einbeziehung jeder – noch so vertrauensvollen Stelle – grundsätzlich das Konzept der Dezentralität.

42   Um zu vermeiden, dass **eine** Stelle zur Zentralfigur aufsteigt, könnten ggf. **Multisig-Adressen** und **Smart Contracts** (siehe dazu Rz. 32) eingesetzt werden. Denkbar wäre z. B., dass es zu jeder Netzwerkadresse neben dem privaten Schlüssel des Inhabers zwei weitere private Schlüssel gibt, die aber nur in Kombination den Zugriff auf die jeweiligen Kryptowertpapiere ermöglichen. So könnte, soweit einer der beiden Zusatzschlüssel bei der registerführenden Stelle verbleibt, diese nur mit Zustimmung einer prüfenden, unparteiischen „**dritten Instanz**" Transaktionsnachrichten generieren. Das Missbrauchsrisiko eines Master Key wäre damit deutlich reduziert. Die Rolle des unparteiischen Prüfers könnte ein unabhängiger Kryptoverwahrer einnehmen, den der Emittent bei Begebung (§ 2 Abs. 1 Satz 2 eWpG) des Kryptowertpapiers benennt und der sich gegenüber der registerführenden Stelle verpflichtet. Der Emittent selbst würde sich für diese Rolle grundsätzlich nicht eignen, da er für die von ihm begebenen Kryptowertpapiere gleichzeitig auch registerführende Stelle sein kann (§ 16 Abs. 2 Satz 2 eWpG).

III.   Zustimmungsvorbehalt des Emittenten (§ 18 Abs. 2 eWpG)

43   Während Änderungen, die den Inhaber, Verfügungsbeschränkungen oder Rechte Dritter betreffen, keine Mitwirkung des Emittenten erfordern, ist für die Änderung der Registerangaben nach § 17 Abs. 1 Nr. 1 bis 5 und 7 eWpG sowie die Löschung einer Eintragung (§ 4 Abs. 9 eWpG) und ihrer niedergelegten Emissionsbedingungen grundsätzlich die Zustimmung des Emittenten erforderlich. Denn die registerführende Stelle wird hierbei im **Interessen- und Pflichtenkreis des Emittenten** tätig.[70]

44   Für die nach § 18 Abs. 2 eWpG zustimmungspflichtigen **Registereintragungen** ist es ratsam, wenngleich nicht zwingend erforderlich, den Zustimmungsvorbehalt über eine tech-

---

64)   *Reger/Langheld/Haagen*, RDi 2021, 83, 85 f.; vgl. auch Müller/Pieper-*Pieper*, eWpG, § 7 Rz. 10.

65)   So bspw. vorgeschlagen von *Habersack* in: Omlor/Möslein/Grundmann, Elektronische Wertpapiere, § 4 S. 92 (Fn. 46); auch erwogen von Müller/Pieper-*Kell*, eWpG, § 18 Rz. 9.

66)   Müller/Pieper-*Kell*, eWpG, § 18 Rz. 11.

67)   Sollte die Kraftloserklärung aus Gründen der Registerpublizität dann auch im Register ersichtlich sein, was grundsätzlich wünschenswert wäre, ist mit dem als „off-chain" konstruierten Lösungsansatz gegenüber der Verwendung eines *Master Key* nichts gewonnen, da die Befugnis zur Kraftloserklärung ebenfalls einem Zugriff auf alle Kryptowertpapiere gleichkäme, vgl. Müller/Pieper-*Kell*, eWpG, § 18 Rz. 9. Ein sog. Burning mit anschließender Neuausgabe, bei dem die Kryptowertpapiere an eine Netzwerkadresse transferiert würden, der lediglich Kryptowertpapiere zugeordnet werden könnten, von der aus ein späterer Transfer technisch ausgeschlossen ist, so dass die Kryptowertpapiere faktisch aus dem Umlauf genommen wären, würde ebenfalls einen Master Key erfordern.

68)   Ausführlich dazu Müller/Pieper-*Kell*, eWpG, § 18 Rz. 9 ff.

69)   Vgl. Müller/Pieper-*Kell*, eWpG, § 18 Rz. 11.

70)   Begr. RegE Gesetz zur Einführung von eWp, BT-Drucks. 19/26925, S. 58 f., 62.

nische Lösung sicherzustellen.[71] Zu Umsetzungsmöglichkeiten wird auf die Ausführungen zu **Multisig-Adressen** verwiesen (siehe unter Rz. 32), die an dieser Stelle entsprechend gelten.

IV. Prioritätsprinzip (§ 18 Abs. 3 eWpG)

Die registerführende Stelle versieht den **Eingang jeder Weisung** mit einem **Zeitstempel** 45 (§ 18 Abs. 1 Satz 4 eWpG). Damit soll die **chronologische Ausführung** der Weisungen nach dem Prioritätsprinzip gewährleistet werden.[72] So sind nach Absatz 3 Änderungen des Registerinhalts nur in der Reihenfolge vorzunehmen, in der die entsprechende Weisung bei der registerführenden Stelle eingeht.

Diese Regelung ist indes nicht dahingehend zu verstehen, dass die registerführende Stelle 46 per se alle bei ihr eingehenden Weisungen chronologisch zu bearbeiten hat. Es ist ausreichend, das Prioritätsprinzip nur bei verschiedenen Weisungen, **dasselbe Kryptowertpapier betreffend**, anzuwenden.[73]

Die registerführende Stelle trägt die Aufgabe der **Eingangsprotokollierung**, da in den der- 47 zeit verwendeten dezentralen Aufzeichnungssystemen üblicherweise weder der Eingangszeitpunkt von Transaktionsnachrichten protokolliert wird noch Transaktionsnachrichten nach einer chronologischen Reihenfolge verarbeitet werden. Die Priorisierung durch die **Miner** (siehe dazu Rz. 65) richtet sich im Wesentlichen nach der Höhe der angebotenen Transaktionsgebühren (**Gas Fee**).[74]

Zwar ist es in dezentralen Aufzeichnungssystemen nicht möglich, dass ein Kryptowert- 48 papier, das bereits umgetragen wurde, vom ehemaligen Inhaber ein zweites Mal umgetragen wird (sog. **Double Spending**)[75], sofern die erste Umtragung unumkehrbar ist (zur Unumkehrbarkeit siehe Rz. 59 ff.). Jedoch ist damit insbesondere bei **widerstreitenden Transaktionsnachrichten** verschiedener Weisungsberechtigter noch keine ausreichende Rechtssicherheit verbunden. Entscheidend kommt es vielmehr darauf an, welche der verschiedenen initiierten Umtragungen das Netzwerk zuerst bearbeitet. So wäre es bspw. im Fall einer Kryptowertpapierpfändung möglich, dass der Inhaber des Kryptowertpapiers diese dadurch vereitelt, dass er eine mit besonders hohen Gebühren hinterlegte Transaktionsnachricht in das Netzwerk einbringt, die dann trotz zeitlich späterer Einbringung früher vollzogen wird („Wegübertragung' vor der Pfändung").[76] Soweit nicht bereits das **Protocol** des verwendeten Distributed-Ledger-Systems eine chronologische Verarbeitung von Transaktionsnachrichten vorsieht,[77] bedarf es deshalb der registerführenden Stelle, die Einhaltung des Prioritätsprinzips sicherzustellen und für ein ausreichendes Maß an **Rechtssicherheit** zu sorgen. § 18 Abs. 3 eWpG ist deshalb dahingehend zu verstehen, dass **erst**

---

71) Vgl. auch Müller/Pieper-*Kell*, eWpG, § 18 Rz. 12.

72) Begr. RegE Gesetz zur Einführung von eWp, BT-Drucks. 19/26925, S. 59, 62.

73) Müller/Pieper-*Kell*, eWpG, § 18 Rz. 18.

74) Bitkom (Bundesverband Informationswirtschaft, Telekommunikation und Neue Medien e. V.), Stellungnahme z. RefE eWpG, v. 10.9.2020, S. 7, abrufbar unter https://bundesfinanzministerium.de/Content/DE/Gesetzestexte/Gesetze_Gesetzesvorhaben/Abteilungen/Abteilung_VII/19_Legislaturperiode/2021-06-09-einfuehrung-elektronische-wertpapiere/0-Gesetz.html (Abrufdatum: 20.2.2023).

75) Zahlreiche Hinweise auf die einschlägige Literatur zum technischen Problem des Double Spending bei digitalen Währungssystemen und technischen Lösungsansätzen seit 1993 finden sich zusammengefasst bei *Chohan*, The Double Spending Problem and Cryptocurrencies, v. 6.1.2021, abrufbar unter: https://papers.ssrn.com/abstract=3090174 (Abrufdatum: 20.2.2023).

76) Eingehend zur nichtlinearen und von der Höhe der Transaktionsgebühren abhängigen Verarbeitung von Transaktionsnachrichten in Distributed-Ledger-Systemen Müller/Pieper-*Kell*, eWpG, § 18 Rz. 19 ff.

77) Zu technischen Umsetzungsmöglichkeiten der „Eingangskontrolle", insb. auf Ebene des Konsens-Algorithmus, Müller/Pieper-*Kell*, eWpG, § 18 Rz. 21.

nach **Unumkehrbarkeit einer Transaktion** eine neue, dasselbe Wertpapier betreffende, Transaktionsnachricht von der registerführenden Stelle in das Netzwerk eingebracht werden darf.

49   Neben der Protokollierung des Eingangs aller Weisungen ist nach § 18 Abs. 3 Satz 2 eWpG auch jede **Änderung des Registerinhalts** mit einem **Zeitstempel** zu versehen. Gemeint ist damit der **Vollzugszeitpunkt** der Transaktion.[78] Da in üblichen Distributed-Ledger-Systemen dieser Zeitpunkt regelmäßig automatisch protokolliert wird, ist die Einhaltung dieser Anforderung unproblematisch möglich.[79]

50   Ob und inwieweit anweisende Personen oder Stellen über den Zeitpunkt der Einbringung der Transaktionsnachricht in das Netzwerk und den Vollzugszeitpunkt der Transaktion eine **Benachrichtigung** erhalten sollen, regelt § 18 eWpG nicht. Der Gesetzgeber verweist insofern auf die Möglichkeit einer Regelung im Verordnungswege.[80] Aufgrund des bestehenden und berechtigten Informationsinteresses anweisender Personen oder Stellen ist eine Informationspflicht der registerführenden Stelle wünschenswert.

V.   Umtragungen (§ 18 Abs. 4 eWpG)

51   Nach § 18 Abs. 4 eWpG hat die registerführende Stelle sicherzustellen, dass Umtragungen **eindeutig** sind, **innerhalb einer angemessenen Zeit** erfolgen und die Transaktion auf dem Aufzeichnungssystem **nicht wieder ungültig werden kann**. Zweck der Vorschrift ist es, die Zuordnung eines Wertpapiers zu jeder Zeit eindeutig zu ermöglichen.[81] Auf Grundlage der Ermächtigung in § 23 Abs. 1 Nr. 11[82] finden sich dazu in § 12 eWpRV ergänzende Anforderungen. Hierbei handelt es sich aber um keine technischen Vorgaben, sondern um Festlegungs- und Mitteilungspflichten (siehe dazu im Einzelnen Rz. 57). Der Grund für die fehlende Normierung technischer Voraussetzungen liegt im zugrunde gelegten **Grundsatz der Technologieneutralität**. Konkrete technische Voraussetzungen zur Gültigkeit einer Eintragung oder Umtragung zu normieren ist kaum möglich, ohne diesen Grundsatz zu verletzen.[83]

52   Am **Begriff der Umtragung** wird **Kritik** geübt – dies vor dem Hintergrund, dass es sich bei der Eintragung technisch betrachtet um einen neuen Dateneintrag in einem neuen Block der jeweiligen Chain handelt.[84] Diese Kritik fußt wesentlich auf dem Umstand, dass die Umtragung im Referentenentwurf noch als „Austragung des Inhabers eines im elektronischen Wertpapierregister eingetragenen elektronischen Wertpapiers und die Eintragung eines neuen Inhabers" (§ 4 Abs. 5 eWpG) definiert war.[85] Mit Tilgung des Begriffs der „Austragung" und der Definition als „Ersetzung [...] durch einen neuen Inhaber" (§ 4 Abs. 8 eWpG) als deutlich offenere Formulierung, dürfte sich diese Kritik mittlerweile erledigt haben.

---

78) Begr. RegE Gesetz zur Einführung von eWp, BT-Drucks. 19/26925, S. 59, 62.

79) Müller/Pieper-*Kell*, eWpG, § 18 Rz. 22.

80) Begr. RegE Gesetz zur Einführung von eWp, BT-Drucks. 19/26925, S. 59, 62.

81) Begr. RegE Gesetz zur Einführung von eWp, BT-Drucks. 19/26925, S. 59, 62.

82) Für zentrale Register auf Grundlage von § 15 Abs. 1 Nr. 11 eWpG.

83) Begr. RefE eWpRV (1. Konsultation), v. 6.8.2021, S. 21 und Begr. RefE eWpRV (2. Konsultation), v. 14.1.2022, S. 9, abrufbar unter https://www.bmj.de/SharedDocs/Gesetzgebungsverfahren/DE/Wertpapierregister.html (Abrufdatum: 20.2.2023).

84) Müller/Pieper-*Kell*, eWpG, § 18 Rz. 24 – mit Verweis auf *Lehmann*, BKR 2020, 431, 436.

85) *Lehmann*, BKR 2020, 431, 436.

1. Eindeutigkeit

Eine Umtragung ist **eindeutig**, wenn ein eindeutig **identifizierbares elektronisches Wert-** **53** **papier** einem neuen eindeutig **identifizierbaren Inhaber** zugeordnet wurde.[86] Während Kryptowertpapiere über ihre **eindeutige Kennnummer** (§ 17 Abs. 1 Nr. 1) zu identifizieren sind, kann eine Identifizierung des Inhabers regelmäßig über dessen **Netzwerkadresse** erfolgen.[87] Zwar ist die Netzwerkadresse innerhalb des Aufzeichnungsystems nur ein Pseudonym des Inhabers. Dieses Pseudonym ist jedoch außerhalb des Aufzeichnungssystems bei der registerführenden Stelle mit einer Person verknüpft, so dass der Inhaber des Kryptowertpapiers so eindeutig identifizierbar ist.

Die Umtragung ist schließlich **eindeutig vollzogen** („Finalität")[88], wenn die Umtragung **54** unumkehrbar ist (siehe dazu Rz. 59 ff.).

2. Angemessener Zeitraum

Umtragungen müssen innerhalb einer angemessenen Zeit erfolgen. Gemeint ist damit der **55** **Zeitraum zwischen Eingang der Weisung und deren finalem Vollzug** (zur Finalität siehe Rz. 59 ff.).

Welcher Zeitraum für eine Umtragung als angemessen anzusehen ist, **bestimmt** bislang **56** auch die eWpRV **nicht näher**. Auf eine Konkretisierung habe man bewusst verzichtet, da man diesbezüglich die Marktentwicklung abwarten wolle und es zu erwarten sei, dass Anbieter, auf deren Systemen die Umtragung unangemessen lange dauert, sich am Markt nicht behaupten werden können.[89] Sollte die eWpRV zukünftig einen maximalen Umtragungszeitraum vorsehen, könnte dies z. B. durch eine Generalklausel geschehen. Der Umtragungszeitraum könnte dann durch eine per Rundschreiben bekannt zu gebende Verwaltungspraxis näher konkretisiert werden. Dies wäre im Vergleich zu einer normierten Regelung weniger schwerfällig.[90] Bis zu einer normativen Bestimmung des angemessenen Zeitraums bleibt es zunächst bei der **Festlegungspflicht der registerführenden Stelle** (§ 3 Abs. 1 Nr. 3 eWpRV).[91]

Seitens von Anlegern und sonstigen Teilnehmern (§ 2 eWpRV) besteht ein nachvollzieh- **57** bares **Interesse an einer planbaren Dauer** von Umtragungen, deren Einhaltung auch Merkmal der Zuverlässigkeit eines Registers bzw. der registerführenden Stelle ist.[92] Die registerführende Stelle hat den Teilnehmern daher **in elektronisch lesbarer Form** insbesondere den festgelegten Umtragungszeitraum **mitzuteilen** (§ 12 Abs. 1 Satz 1 eWpRV). Die Festlegungen sind **jederzeit im Internet abrufbar** zur Verfügung zu stellen. Zudem sind

---

86) Vgl. Müller/Pieper-*Kell*, eWpG, § 18 Rz. 25.
87) Geringfügig anders Müller/Pieper-*Kell*, eWpG, § 18 Rz. 25, die für die Identifizierung der Inhaber deren private Schlüssel heranzieht.
88) Vgl. Müller/Pieper-*Kell*, eWpG, § 18 Rz. 26.
89) Begr. RefE eWpRV (1. Konsultation), v. 6.8.2021, S. 20, und Begr. RefE eWpRV (2. Konsultation), v. 14.1.2022, S. 8, abrufbar unter https://www.bmj.de/SharedDocs/Gesetzgebungsverfahren/DE/Wertpapierregister.html (Abrufdatum: 20.2.2023).
90) So vorgeschlagen von Müller/Pieper-*Kell*, eWpG, § 18 Rz. 27.
91) Der Ansicht, dass besonders lange Zeiträume die Gefahr des Double-Spending erhöhen würden und i. S. der Finanzmarktstabilität inakzeptabel seien – so Müller/Pieper-*Kell*, eWpG, § 18 Rz. 27 – ist entgegenzuhalten, dass ein Double-Spending schon aufgrund des von der registerführenden Stelle einzuhaltenden Prioritätsprinzips nach § 18 Abs. 3 eWpG (s. dazu oben Rz. 45 ff.) eher unwahrscheinlich ist. Dies jedenfalls dann, wenn – wie hier vertreten – zur Einhaltung des Prioritätsprinzips eine Transaktionsnachricht von der registerführenden Stelle erst dann in das Netzwerk eingebracht werden darf, nachdem die vorausgehende Transaktion als final zu beurteilen ist (s. dazu unten Rz. 59 ff.).
92) Begr. RefE eWpRV (1. Konsultation), v. 6.8.2021, S. 20, und Begr. RefE eWpRV (2. Konsultation), v. 14.1.2022, S. 8 f., abrufbar unter https://www.bmj.de/SharedDocs/Gesetzgebungsverfahren/DE/Wertpapierregister.html (Abrufdatum: 20.2.2023).

Änderungen fortlaufend zu nummerieren und zeitlich protokolliert zu dokumentieren sowie den Teilnehmern in gleicher Weise mitzuteilen (§ 12 Abs. 1 Satz 2 und 3 eWpRV). Eine **aktive** Mitteilungspflicht soll dabei nur bestehen, sofern zu den Teilnehmern ein Kommunikationskanal existiert.[93]

58 Auch i. R. der **Dokumentation des Kryptowertpapierregisters** ist anzugeben, nach welcher Zeitspanne in das Aufzeichnungssystem eingebrachte Eintragungen oder Umtragungen gültig werden (§§ 3 Abs. 1 Nr. 3, 21 Abs. 1 Nr. 5 eWpRV).

3. Unumkehrbarkeit der Transaktion

59 Eine Umtragung kann dann **nicht wieder ungültig werden**, wenn sie final, d. h. unumkehrbar ist. Wenngleich „unumkehrbar" nicht absolut zu verstehen ist, können z. B. aktuelle **Distributed-Ledger-Systeme**, die den Anforderungen an ein **fälschungssicheres Aufzeichnungssystem** i. S. der §§ 4 Abs. 11, 16 Abs. 1 eWpG genügen, annähernde Unumkehrbarkeit von Transaktionen gewährleisten.[94] Nachfolgend wird dies anhand der Funktionsweise von Bitcoin[95], einem archetypischen Distributed-Ledger-System, exemplarisch dargestellt.[96]

a) Blockchain

60 Meist wird für die Dokumentation der Transaktionen in einem dezentralen Aufzeichnungssystem ein **Ledger in Form einer Blockchain** verwendet. Eine Blockchain ist eine **rückwärts verlinkte Liste von Datensätzen**, sog. Blöcken B.[97] Jeder Block enthält Transaktionsdaten. Zusammen mit weiteren Metadaten wird für jeden Block B_n ein Hashwert, der **Block-Hash** $H(B_n)$, errechnet, über den der Block, vergleichbar einem Fingerabdruck, identifiziert werden kann (zu Hashfunktionen siehe Rz. 23 f.).[98]

61 Bei der Berechnung eines jeden Block-Hash wird der Hashwert des in der Blockchain zeitlich vorausgehenden Blocks (**Parent Block**), der sog. **Previous Block-Hash** $H(B_{n-1})$, auch **Reference** genannt, miteinbezogen.[99] So entsteht die namensgebende fortlaufende Verkettung der Blöcke einer Blockchain, zurückgehend bis auf ihren ersten Block, den sog. **Genesis-Block** B_G.[100] Die Nummer eines Blocks, sog. **Blockhöhe** n, gibt den Abstand des Blocks zum Genesis-Block (mit der Blockhöhe 0) an.[101]

---

93) Begr. RefE eWpRV (1. Konsultation), v. 6.8.2021, S. 20, und Begr. RefE eWpRV (2. Konsultation), v. 14.1.2022, S. 9, abrufbar unter https://www.bmj.de/SharedDocs/Gesetzgebungsverfahren/DE/Wertpapierregister.html (Abrufdatum: 20.2.2023); was unter einem „bestehenden Kommunikationskanal" zu verstehen ist, wird in der RefE eWpRV nicht weiter konkretisiert. Denkbar ist, dass bereits die Kenntnis der E-Mail-Adressen der Teilnehmer, die der registerführenden Stelle regelmäßig bekannt sein dürften, oder eine Website der registerführenden Stelle ausreichen, *Siadat*, RDi 2022, 153, 155 f.

94) Die registerführende Stelle hat den Teilnehmern in elektronisch lesbarer Form insbesondere die Anforderungen an die Gültigkeit der Umtragung mitzuteilen (§ 12 Abs. 1 Satz 1 eWpRV). Dabei hat sie den besonderen Risiken des i. R. des Aufzeichnungssystems verwendeten Konsensverfahrens Rechnung zu tragen und sicherzustellen, dass eine einmal gültige Eintragung oder Umtragung auch zu jedem späteren Zeitpunkt gültig bleibt (§ 12 Abs. 2 eWpRV).

95) Der Begriff „Bitcoin" bezeichnet hier nicht nur die Kryptowährung, sondern das gesamte Bitcoin- Aufzeichnungssystem.

96) S. dazu auch *Nakamoto*, Bitcoin: A Peer-to-Peer Electronic Cash System, abrufbar unter https://bitcoin.org/bitcoin.pdf (Abrufdatum: 20.2.2023).

97) *Antonopoulos*, Mastering Bitcoin, S. 211.

98) *Antonopoulos*, Mastering Bitcoin, S. 211, 213.

99) *Antonopoulos*, Mastering Bitcoin, S. 211; *Berentsen/Schär*, Bitcoin, Blockchain und Kryptoassets, S. 197.

100) *Antonopoulos*, Mastering Bitcoin, S. 211.

101) *Antonopoulos*, Mastering Bitcoin, S. 211, 214.

Abb. 1: Schematische Darstellung einer Blockchain ausgehend vom Genesis-Block B_G

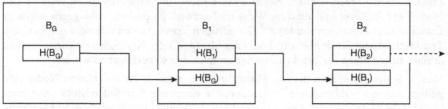

Quelle: Eigene Darstellung.

Wird eine Blockchain als **Distributed Ledger** verwendet, bedeutet dies, dass eine Vielzahl 62
von Systemteilnehmern jeweils eine eigene Kopie der Blockchain unterhalten. Die Systemteilnehmer sind in einem Netzwerk über das Internet miteinander verbunden, über das sie
Informationen über neue Eintragungen teilen, um alle Ledger synchron zu führen. Die **Gesamtheit** aller Ledger ist das Distributed Ledger.

b) Konsens-Algorithmen

Der Einsatz einer Blockchain ist für die Gewährleistung der Integrität eines dezentral orga- 63
nisierten Aufzeichnungssystems nur einer von zwei zentralen Bausteinen. Denn bei einem
Distributed Ledger besteht grundsätzlich die Gefahr, dass die Ledger der einzelnen Teilnehmer voneinander abweichen, da es korrupten Teilnehmern unbenommen ist, individuelle,
„falsche" Ledger zu führen. In Ermangelung eines prüfenden Intermediärs bedarf es daher
eines technischen Mechanismus zur **konsensualen Klärung** der Frage, welches Ledger – bzw.
welches Distributed Ledger – „richtig" ist, auf dessen Informationsinhalt zu vertrauen ist
und das alle der (mehrheitlich redlichen) Teilnehmer synchron weiterführen wollen. Das
Problem der netzwerkweiten **Konsensfindung** wird auch als **Byzantine Generals' Problem**
bezeichnet.[102] Zur technischen Lösung dieses Problems werden sog. Konsens-Algorithmen
eingesetzt. Erst die **Kombination aus einer Blockchain** (oder einem anderen, in ähnlicher
Weise aufgebauten Ledger)[103] **und einem Konsens-Algorithmus** kann ein fälschungssicheres Distributed Ledger und damit die Integrität des Aufzeichnungssystems gewährleisten.

Für die verbindliche Anerkennung der Richtigkeit der Blöcke einer Blockchain – und damit 64
der darin enthaltenen Transaktionsdaten – kann bspw. ein Konsens-Algorithmus verwendet
werden, der einen Arbeitsnachweis, einen sog. **Proof of Work (PoW)**, für die Erstellung
eines jeden Blocks erfordert:[104] Möchte ein Systemteilnehmer die seiner Netzwerkadresse
zugeordneten digitalen Werteinheiten (Token)[105] transferieren, sendet er über seinen Node
mit seinem privaten Schlüssel **signierte Transaktionsdaten als Transaktionsnachricht** an
das Netzwerk. Die empfangenden Nodes überprüfen sodann zunächst die Transaktion
auf ihre Gültigkeit. Neben der Signatur (siehe dazu Rz. 26 ff.) wird dabei auch eine Reihe

---

102) *Antonopoulos*, Mastering Bitcoin, S. 4 f.; das Byzantine Generals' Problem beschreibt das Problem der
Konsensfindung unter nicht vertrauenswürdigen Teilnehmern eines Netzwerks, das anhand eines fiktiven Beispiels illustriert wird: Mehrere Generäle planen einen Angriff auf eine Stadt, der allerdings nur
dann erfolgreich sein kann, wenn sich die Generäle an eine gemeinsame Strategie halten. Die Kommu-
nikationskanäle zwischen den Generälen und einige Generäle selbst sind jedoch nicht vertrauenswürdig;
ausführlich *Lamport/Shostak/Pease*, TOPLAS 4/1982, S. 382–401.

103) Alternativ kann bspw. auch ein sog. Tangle oder Hashgraph verwendet werden.

104) Auch hierzu gibt es zahlreiche Alternativen wie bspw. Proof of Stake, Delegated Proof of Stake, Delegated
Byzantine Fault Tolerance, Proof of Importance, Proof of Burn, Proof of Activity, Proof of Capacity mit
verschiedenen Vor- und Nachteilen. Im Überblick s. etwa *Komalavalli/Saxena/Laroiya* in: Krishnan/Balas,
Handbook of Research on Blockchain Technology, S. 361 f.

105) Dies können u. a. Kryptowertpapiere sein.

weiterer Kriterien, wie etwa die Deckung der Transaktion, geprüft. Für gültig befundene Transaktionen werden von den **Nodes** an ihre **Peers** (die direkt mit ihnen verbundenen Nodes) weitergeleitet und auf diese Weise im Netzwerk propagiert, wohingegen ungültige Transaktionen aussortiert werden.[106] Die **gültigen** Transaktionen sammeln sich in einem **Transaktionspool** (auch Memory-Pool oder Mempool) der Nodes, wo sie darauf warten, in einen neuen Block der Blockchain aufgenommen und so **bestätigt** zu werden.[107]

65   Manche Systemteilnehmer, die sog. **Miner,** betreiben spezielle Nodes (Mining Nodes), die **gültige,** aber noch **unbestätigte** Transaktionen in einem sog. **Candidate Block** (Anwärterblock) zusammenfassen.[108] Damit dieser Block Bestandteil der Blockchain werden kann, ist von einem Miner ein **Arbeitsnachweis** zu erbringen. Dieser Proof of Work liegt in der für die Berechnung des Block-Hash aufgewendeten **Rechenleistung**. Weil für die Berechnung eines Hashwerts grundsätzlich nur wenig Rechenleistung erforderlich ist, knüpft der PoW-Algorithmus eine Bedingung an den zu berechnenden Hashwert: Jeder Block-Hash hat mit einer bestimmten Anzahl von Nullen zu beginnen. Damit diese Bedingung erfüllt wird, ist es erforderlich für jeden Block eine Zahl – die sog. **Nonce**[109] – zu finden, deren Einbeziehung in die Berechnung des Block-Hash zu einem Hashwert mit der geforderten Anzahl von Nullen führt. Da die für den gewünschten Hashwert benötigte Nonce aber nicht rechnerisch ermittelt werden kann (zu Hashfunktionen siehe Rz. 23 f.), ist sie nur durch zeit- und energieintensives Ausprobieren i. R. unzähliger **Hashwertberechnungen (Mining)** und damit dem Einsatz von hoher Rechenleistung zu finden. Sobald einer der Miner eine passende Nonce gefunden hat, wurde der Arbeitsnachweis für einen Block erbracht. Der Block ist dann „**geschürft**" (signiert). Gleichzeitig sind damit die im Block enthaltenen Transaktionsdaten bestätigt, mithin die Transaktionen vollzogen (wenngleich noch keine Finalität der Transaktion vorliegt, siehe dazu Rz. 59 ff.).

66   Der neue **Block wird anschließend im Netzwerk propagiert.** Für die empfangenden Nodes ist der Proof of Work leicht überprüfbar: Führt die Berechnung des Block-Hash unter Einbeziehung der propagierten Nonce zu einem Hashwert, der mit der geforderten Anzahl von Nullen beginnt, ist bewiesen, dass die Arbeit geleistet wurde.[110] Erst nach Prüfung ergänzen die Nodes ihre Kopie der Blockchain um den **neuen verifizierten Block** und leiten ihn an ihre Peers. Dies stellt sicher, dass nur gültige Blöcke im Netzwerk verteilt werden.[111] Die Mining Nodes im Netzwerk brechen sodann gleichzeitig das Mining eines Blocks gleicher Blockhöhe ab und versuchen den nächsten Block der Blockchain zu finden.[112]

67   Das **PoW-Konzept** basiert auf der Annahme, dass die gesamte, das System aufrechterhaltende, Rechenleistung gleichmäßig auf die – sich mehrheitlich regelkonform verhaltenden – Nodes verteilt ist, so dass **unredliche Teilnehmer** in Ermangelung ausreichender Rechenleistung gewissermaßen „**überstimmt**" werden.[113]

68   Aufgrund der Verkettung aller Blöcke über deren Hashwerte, erfordert jede kleinste Veränderung der Daten eines Blocks – und damit **jede Veränderung einer Transaktion** und wiederum deren Hashwerts – die **Neuberechnung aller späteren Hashwerte der Blockchain**

---

106) *Antonopoulos*, Mastering Bitcoin, S. 234.
107) *Antonopoulos*, Mastering Bitcoin, S. 235 f.
108) *Antonopoulos*, Mastering Bitcoin, S. 236.
109) „*Number that can only be used once*".
110) *Antonopoulos*, Mastering Bitcoin, S. 247.
111) *Antonopoulos*, Mastering Bitcoin, S. 254.
112) *Antonopoulos*, Mastering Bitcoin, S. 254.
113) *Nakamoto*, Bitcoin: A Peer-to-Peer Electronic Cash System, S. 1, abrufbar unter https://bitcoin.org/bitcoin.pdf (Abrufdatum: 20.2.2023).

$(H(Tx_n) \cdot H(B_n) \cdot H(B_{n+1}) \cdot H(B_{n+2}) \cdot [\dots]).$[114] Wollte ein korrupter Teilnehmer das Distributed Ledger verändern, müsste er daher für alle von der Manipulation beeinflussten Blöcke erneut die jeweiligen Arbeitsnachweise erbringen. Dabei müsste er die anderen Miner „überholen", damit seine Darstellung der Blockchain im Netzwerk dominant und von den anderen Mining Nodes fortgeschrieben würde. Um bei diesem Vorgehen erfolgreich zu sein, wären mehr als 50 % der im Netzwerk zur Verfügung stehenden Rechenleistung erforderlich (sog. **51 %-Attack**). Dies ist zum einen **technisch annähernd ausgeschlossen** und zum anderen für einen Angreifer aufgrund der mit dem Einsatz enormer Rechenleistung verbundenen Energiekosten **unwirtschaftlich.**[115] Damit bietet das Konzept des Proof of Work einen äußerst hohen Schutz vor Manipulation, solange sich über 50 % der Hashing Power im Netzwerk auf redliche Netzwerkteilnehmer verteilt.[116] Im Ergebnis ist daher dasjenige Ledger vertrauenswürdig und für das jeweilige dezentrale Aufzeichnungssystem als „richtig" anzusehen, in das die Gesamtheit der teilnehmenden Miner die meiste Rechenleistung investiert hat (**Trust in Computational Work**).

c) Finalität

Bei Verwendung einer Blockchain in Kombination mit einem PoW-Algorithmus kann es vorkommen, dass bspw. zwei Miner annähernd gleichzeitig die Nonce für den nächsten Block der Kette finden (zum Mining siehe Rz. 65). Dies hat zur Folge, dass eine Gabelung, sog. **Fork**, entsteht, an der sich die Blockchain in **zwei Stränge** teilt.[117] 69

Abb. 2: Schematische Darstellung einer Mainchain B_A mit zwei Sidechaines B_B und B_C[118]

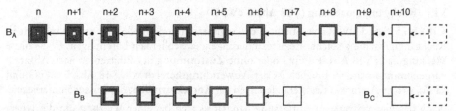

Quelle: Eigene Darstellung.

Eine Fork kann für eine Weile Bestand haben, so dass zeitweise zwei verschiedene Stränge von den Minern parallel verfolgt werden. Nach einer gewissen Zeit erweist sich jedoch einer der beiden Stränge als dominant und es bildet sich eine **Mainchain** heraus. Dies wäre nur dann anders, wenn verschiedene Miner dauerhaft auf gleicher Blockhöhe Nonces annähernd zeitgleich finden würden. Nur so könnten mehrere Stränge konstant nebeneinander 70

---

114) *Antonopoulos*, Mastering Bitcoin, S. 212; unter https://andersbrownworth.com/blockchain/tokens (Abrufdatum: 20.2.2023) ist dieser Effekt anhand einer Demonstration nachvollziehbar.

115) Dazu bspw. *Braiins*, How Much Would it Cost to 51 % Attack Bitcoin, v. 11.1.2021, abrufbar unter https://braiins.com/blog/how-much-would-it-cost-to-51-attack-bitcoin; Crypto51, PoW 51 % Attack Cost, abrufbar unter https://www.crypto51.app (Abrufdatum jew. 20.2.2023).

116) *Antonopoulos*, Mastering Bitcoin, S. 253.

117) *De Filippi/Wright*, Blockchain and the Law, S. 24; auch bei einer 51 %-Attacke (s. dazu unter Rz. 68) kann eine derartige Fork entstehen.

118) Im Beispiel wurde der Block auf Blockhöhe n+2 der B_A bereits von acht Folgeblöcken bestätigt, während der Block der B_B auf gleicher Blockhöhe nur fünf Bestätigungen erhalten hat. Da B_B ab Blockhöhe n+7 nicht weiterverfolgt wurde, sind alle Transaktionen in den Blöcken der B_B ab Blockhöhe n+2 (auch *Orphan Block* genannt) bis n+7 ungültig und müssen in neue Blöcke der Mainchain aufgenommen werden. Auf Blockhöhe n+10 wurden bislang weder der Block der B_A noch der Block der B_C bestätigt, so dass sich an dieser Stelle noch nicht entschieden hat, welcher der beiden Stränge sich im Laufe der Zeit als dominant erweisen wird.

Bestand haben. Technisch ist dies über einen gewissen Zeitraum betrachtet jedoch annähernd ausgeschlossen. Die in den Blöcken der rezessiven **Sidechain** enthaltenen Transaktionen werden ungültig und müssen in einen neuen Block der Mainchain aufgenommen werden.

71   Je mehr Blöcke auf einen Block folgen, desto wahrscheinlicher ist es, dass sich der jeweilige Block nicht in einer Sidechain befindet. Ab einer gewissen Anzahl von Folgeblöcken (Bestätigungen) kann daher davon ausgegangen werden, dass ein Block derart „gefestigt" ist, dass er und die enthaltenen Transaktionen nicht wieder ungültig werden. Eine Transaktion ist dann **final** vorgenommen.[119] Bei Bitcoin gilt eine Transaktion bspw. nach sechs Folgeblöcken als irreversibel verifiziert.[120]

72   Die Begründung des Referentenentwurfs der eWpRV bezieht sich auf diese Art der Finalität. So könne bei auf einer DLT basierenden Aufzeichnungssystemen die **Gültigkeit einer Umtragung** etwa an eine bestimmte Anzahl bestätigter nachfolgender Einträge (bei einer Blockchain eine bestimmte Anzahl bestätigter „Blöcke") geknüpft werden, wobei die konkrete Anzahl stark von der jeweiligen Technologie, insbesondere dem verwendeten Konsensverfahren, abhänge.[121]

73   Die **Dokumentation des Kryptowertpapierregisters** hat eine **Beschreibung und Bewertung** der mit dem angewandten Konsensverfahren einhergehenden Risiken zu enthalten, insbesondere die Angabe, nach welcher Zeitspanne in das Aufzeichnungssystem eingebrachte Eintragungen oder Umtragungen **gültig** und unter welchen Umständen gültige Eintragungen oder Umtragungen wieder **ungültig** werden können (§§ 3 Abs. 1 Nr. 1, 21 Abs. 1 Nr. 5 eWpRV).

VI.   Rückgängigmachung (§ 18 Abs. 5 eWpG)

74   § 18 Abs. 5 Satz 1 eWpG verpflichtet die registerführende Stelle zur unverzüglichen[122] Rückgängigmachung solcher Registeränderungen, einschließlich Löschungen,[123] die **ohne Weisung** nach § 18 Abs. 1 eWpG oder **ohne Zustimmung** des Emittenten nach Absatz 2 vorgenommen wurden. Fraglich ist der **Anwendungsbereich** von § 18 Abs. 5 eWpG und damit, welche Arten von Registeränderungen der **Korrekturpflicht** des Absatz 5 unterliegen.

75   Nach der hier vertretenen Auffassung handelt es sich bei einer **Weisung** um die Übermittlung von Transaktionsdaten an die registerführende Stelle, zusammen mit der **Anweisung**, deren Aufnahme in das Kryptowertpapierregister zu initiieren (siehe dazu oben Rz. 8). Die Übermittlung von Transaktionsdaten an die registerführende Stelle wird regelmäßig nicht ohne eine entsprechende Anweisung erfolgen. Sollten Transaktionsdaten zusammen mit einer kryptografischen Signatur als bereits vollständige Transaktionsnachricht an die registerführende Stelle übermittelt werden, wird man regelmäßig von einer konkludenten Anweisung und damit einer vollständigen Weisung ausgehen dürfen. Fälle in denen die registerführende Stelle auf eigene Faust Registeränderungen initiiert, sind kaum denkbar, insbesondere dann nicht, wenn die registerführende Stelle selbst gar nicht in der Lage sein

---

119) So etwa auch Bitkom (Bundesverband Informationswirtschaft, Telekommunikation und Neue Medien e. V.), Stellungnahme z. RefE eWpG, v. 10.9.2020, S. 8, abrufbar unter https://bundesfinanzministerium.de/Content/DE/Gesetzestexte/Gesetze_Gesetzesvorhaben/Abteilungen/Abteilung_VII/19_Legislaturperiode/2021-06-09-einfuehrung-elektronische-wertpapiere/0-Gesetz.html (Abrufdatum: 20.2.2023), die auch auf die bereits übliche Praxis zahlreicher Krypto-Handelsplätze hinweist.

120) *Ertel/Löhmann*, Angewandte Kryptographie, S. 164.

121) Begr. RefE eWpRV (1. Konsultation), v. 6.8.2021, S. 21, und Begr. RefE eWpRV (2. Konsultation), v. 14.1.2022, S. 9, abrufbar unter https://www.bmj.de/SharedDocs/Gesetzgebungsverfahren/DE/Wertpapierregister.html (Abrufdatum: 20.2.2023).

122) D. h. ohne schuldhaftes Zögern (§ 121 Abs. 1 Satz 1 BGB).

123) Auch Löschungen unterfallen dem Oberbegriff der Registeränderung Müller/Pieper-*Kell*, eWpG, § 18 Rz. 29.

sollte, eigenständig Registeränderungen zu initiieren (siehe dazu Rz. 37 ff.). Beschränkt man § 18 Abs. 5 eWpG nur auf Fälle **formell unberechtigter** Registeränderungen,[124] dürfte dessen Anwendungsbereich praktisch leerlaufen.

Nach dem Willen des Gesetzgebers soll die Registerkorrekturpflicht „weisungslos[e], d. h. **76** **unberechtigte Änderungen** des Registerinhalts"[125] betreffen. Dies dürfte über formell unberechtigte Registeränderungen hinausgehen. § 18 Abs. 5 eWpG soll gerade dem **Ziel der zutreffenden Abbildung der Rechtslage** dienen.[126] Diesem Ziel ist allerdings nur dann in ausreichendem Maße gedient, wenn grundsätzlich jegliche unberechtigte Registeränderung rückgängig zu machen ist. Damit im Einklang steht die Vorschrift des § 7 Abs. 2 Satz 1 eWpG, nach der die registerführende Stelle auch sicherzustellen hat, dass das Register jederzeit die bestehende Rechtslage zutreffend wiedergibt. „Ohne Weisung" ist daher als **„ohne Weisung eines Berechtigten"** zu verstehen. Bei diesem Verständnis dürfte die Diskussion um einen Berichtigungsanspruch bei materiell unberechtigten Registeränderungen, der sich außerhalb von § 18 Abs. 5 eWpG vollziehen soll, an Bedeutung verlieren.[127]

Die Ansicht, dass bei Verwendung von dezentralen Aufzeichnungssystemen, in denen die **77** registerführende Stelle keine Möglichkeit hat, **Änderungen** selbst herbeizuführen, eine Änderungspflicht nach § 18 Abs. 5 eWpG generell nicht bestünde, ließe den Schluss zu, dass derartige Systeme für die Kryptowertpapierregisterführung zulässig wären.[128] Eine Pflicht zur Korrektur ohne die **technische** Möglichkeit zur Korrektur wäre dann nicht erfüllbar und könnte nicht gefordert werden. Allerdings scheint ein **vollständig autonomes System gänzlich ohne Eingriffsmöglichkeit** der registerführenden Stelle **vom Gesetzgeber gerade nicht gewollt** zu sein. Man mag zwar auf die DLT-motivierte Entstehungsgeschichte des eWpG verweisen.[129] Dem steht jedoch der Wortlaut von § 18 Abs. 5 eWpG entgegen, der **implizit eine Änderungsmöglichkeit vorsieht**. Bestätigt wird dies noch einmal von § 15 Abs. 1 eWpRV, der ausdrücklich klarstellt, dass die registerführende Stelle das von ihr geführte Kryptowertpapierregister so einzurichten hat, „dass sie Änderungen des Registerinhalts rückgängig machen kann".[130] Diese Klarstellung soll die Rechtssicherheit erhöhen und die Durchsetzbarkeit normativer Anforderungen mit aufsichtsrechtlichen Mitteln erleichtern.[131] Nicht zuletzt ergibt sich dies schon aus dem Umstand, dass auch Weisungen ohne den Einsatz eines geeigneten Authentifizierungsinstruments möglich sein müssen (siehe dazu Rz. 11) und die Dienstleistung der registerführenden Stelle gerade in der „Führung" eines Kryptowertpapierregisters besteht.

---

124) So Müller/Pieper-*Kell*, eWpG, § 18 Rz. 29–31.

125) Begr. RegE Gesetz zur Einführung von eWp, BT-Drucks. 19/26925, S. 59, 62 (Hervorhebung durch den Verf.).

126) Begr. RegE Gesetz zur Einführung von eWp, BT-Drucks. 19/26925, S. 59, 62.

127) Zur Diskussion und mit zahlreichen Nachweisen, Müller/Pieper-*Kell*, § 18 Rz. 30 mit Fn. 44.

128) So Müller/Pieper-*Pieper*, eWpG, § 14 Rz. 39.

129) So Müller/Pieper-*Pieper*, eWpG, § 14 Rz. 39.

130) In § 15 Abs. 1 eWpRV-RefE (1. Konsultation) war noch formuliert, dass die registerführende Stelle ihr „Aufzeichnungssystem (§ 4 Abs. 11 eWpG)" dementsprechend einzurichten hat. Diese Formulierung wurde dahingehend kritisiert, dass sie den Eindruck erwecke, die Nutzung einer Blockchain wäre aufgrund ihrer Unveränderbarkeit ausgeschlossen, s. Die Deutsche Kreditwirtschaft (DK), Stellungnahme z. RefE eWpG, v. 14.8.2021, S. 8 f., abrufbar unter https://bundesfinanzministerium.de/Content/ DE/Gesetzestexte/Gesetze_Gesetzesvorhaben/Abteilungen/Abteilung_VII/19_Legislaturperiode/2021-06-09-einfuehrung-elektronische-wertpapiere/0-Gesetz.html (Abrufdatum: 20.2.2023).

131) Begr. RefE eWpRV (1. Konsultation), v. 6.8.2021, S. 22, und Begr. RefE eWpRV (2. Konsultation), v. 14.1.2022, S. 10, abrufbar unter https://www.bmj.de/SharedDocs/Gesetzgebungsverfahren/DE/Wertpapierregister.html (Abrufdatum: 20.2.2023).

1. Technische Umsetzung

78 Nähere Bestimmungen zur **Rückgängigmachung** von Registereinträgen finden sich auf Grundlage der **Ermächtigung** in § 23 Abs. 1 Satz 1 Nr. 5 eWpG in § 15 eWpRV.

79 Nach § 15 Abs. 2 Satz 1 eWpRV hat die Rückgängigmachung einer Änderung so zu erfolgen, dass der Inhalt der rückgängig zu machenden **Änderung weiterhin feststellbar** ist. Änderungen müssen zudem erkennen lassen, zu welchem Zeitpunkt sie vorgenommen wurden (§ 15 Abs. 2 Satz 2 eWpRV). Dies gewährleistet, dass der Begriff der Rückgängigmachung nicht i. S. einer vollständigen und unwiederbringlichen Unkenntlichmachung oder „Überschreibung" missverstanden wird, sondern die Rückgängigmachung ihrerseits vollständig nachvollziehbar bleibt.[132] Die Rückgängigmachung hat durch eine Art **Korrekturbuchung** zu erfolgen, bei der sämtliche Änderungen – einschließlich des korrigierten Registerinhalts – dokumentiert bleiben. Dies lehnt sich an § 239 Abs. 3 HGB an, der die Führung von Handelsbüchern betrifft.[133] Der Begriff „Rückgängigmachung" ist insofern etwas unglücklich gewählt.[134] Anstatt „muss [...] rückgängig machen" wäre z. B. „muss [...] korrigieren" vorzugswürdig.

80 Konkrete Vorgaben zur **technischen Umsetzung** enthält die eWpRV bewusst nicht.[135] Die eWpRV stellt jedoch klar, dass § 15 eWpRV der Verwendung eines **öffentlichen Distributed Ledgers**, ggf. in Form einer dezentral geführten Blockchain, nicht entgegensteht, solange die registerführende Stelle Korrekturbuchungen gewährleisten kann.[136]

81 Bei **Blockchains** erfolgt eine Korrekturbuchung mittels einer Transaktion zugunsten des Berechtigten.[137] Die Transaktion ist dabei mit einem Hinweis zu versehen, der sie als Korrekturbuchung ausweist, um so eine Unterscheidung zu regulären Buchungsvorgängen zu gewährleisten.[138] Zur Frage, ob und wie die registerführende Stelle eine berichtigende Transaktionsnachricht generieren kann, und damit zur Frage der Erforderlichkeit eines **Master Key**, siehe die Ausführungen unter Rz. 39 ff. Um den Anforderungen an die **Registerkorrekturpflicht** technisch gerecht zu werden, dürfte es jedenfalls ausreichen, wenn unter Einbindung Dritter (dazu unter Rz. 42) die Möglichkeit zur Rückgängigmachung gewährleistet ist.

82 Die technischen Verfahren zur Rückgängigmachung von Eintragungen gemäß § 18 Abs. 5 sind i. R. der **Dokumentation des Kryptowertpapierregisters** darzustellen (§§ 3 Abs. 1 Nr. 1, 21 Abs. 1 Nr. 6 eWpRV).

---

132) Begr. RefE eWpRV (1. Konsultation), v. 6.8.2021, S. 22, und Begr. RefE eWpRV (2. Konsultation), v. 14.1.2022, S. 10, abrufbar unter https://www.bmj.de/SharedDocs/Gesetzgebungsverfahren/DE/Wertpapierregister.html (Abrufdatum: 20.2.2023).

133) Begr. RefE eWpRV (1. Konsultation), v. 6.8.2021, S. 22, und Begr. RefE eWpRV (2. Konsultation), v. 14.1.2022, S. 10, abrufbar unter https://www.bmj.de/SharedDocs/Gesetzgebungsverfahren/DE/Wertpapierregister.html (Abrufdatum: 20.2.2023).

134) So etwa Bitkom (Bundesverband Informationswirtschaft, Telekommunikation und Neue Medien e. V.), Stellungnahme z. RefE eWpG, v. 10.9.2020, S. 8, abrufbar unter https://bundesfinanzministerium.de/Content/DE/Gesetzestexte/Gesetze_Gesetzesvorhaben/Abteilungen/Abteilung_VII/19_Legislaturperiode/2021-06-09-einfuehrung-elektronische-wertpapiere/0-Gesetz.html (Abrufdatum: 20.2.2023); vgl. auch Müller/Pieper-*Kell*, eWpG, § 18 Rz. 32. – mit Verweis auf *Dubovitskaya*, ZIP 2020, 2551, 2560 f.

135) Begr. RefE eWpRV (1. Konsultation), v. 6.8.2021, S. 22, und Begr. RefE eWpRV (2. Konsultation), v. 14.1.2022, S. 10, abrufbar unter https://www.bmj.de/SharedDocs/Gesetzgebungsverfahren/DE/Wertpapierregister.html (Abrufdatum: 20.2.2023).

136) Begr. RefE eWpRV (2. Konsultation), v. 14.1.2022, S. 10, abrufbar unter https://www.bmj.de/SharedDocs/Gesetzgebungsverfahren/DE/Wertpapierregister.html (Abrufdatum: 20.2.2023).

137) Vgl. auch *Linardatos*, ZBB 2020, 329, 346.

138) Vgl. Müller/Pieper-*Kell*, eWpG, § 18 Rz. 32.

2. Datenschutz (§ 18 Abs. 5 Satz 2 eWpG)

§ 18 Abs. 5 Satz 2 eWpG stellt klar, dass die Regelungen der DSGVO[139], insbesondere **83** etwaige **Löschungspflichten** in Bezug auf bei der registerführenden Stelle gespeicherte personenbezogene Daten, unberührt bleiben. Der Gesetzgeber hebt dabei besonders Art. 17 DSGVO hervor, das sog. **„Recht auf Vergessenwerden"** personenbezogener Daten.[140] Zwar erfolgt die Eintragung des Wertpapierinhabers im Kryptowertpapierregister ausschließlich pseudonymisiert mittels Angabe einer Kennung (§ 17 Abs. 2 Satz 2).[141] Jedoch ist bereits diese Angabe personenbezogen i. S. von Art. 4 Nr. 1 DSGVO, sofern die betroffene Person zumindest in Kombination mit den außerhalb des Kryptowertpapierregisters gespeicherten Daten identifizierbar ist. Um etwaigen Löschungspflichten der DSGVO nachzukommen, hat die registerführende Stelle die außerhalb des Kryptowertpapierregisters bei der registerführenden Stelle gespeicherten personenbezogenen Daten zu löschen. Eine Löschung der pseudonymisierten Angaben im Kryptowertpapierregister ist aufgrund dessen technischer Ausgestaltung nicht möglich, allerdings auch nicht erforderlich, sofern sich das Pseudonym nicht mehr entschlüsseln lässt und damit nicht mehr „personenbezogen" ist.[142]

VII. Rechtsfolgen bei Verstößen (§ 31 Abs. 2 Nr. 11–13 eWpG)

Nimmt die registerführende Stelle entgegen § 18 Abs. 1 oder Abs. 2 eWpG vorsätzlich **84** oder fahrlässig Änderungen oder Löschungen vor, stellt dies eine **Ordnungswidrigkeit** dar, die mit einer Geldbuße bis zu 100.000 € geahndet werden kann (§ 31 Abs. 2 Nr. 11 eWpG). Siehe zu den Ordnungswidrigkeiten im Detail *von der Meden*, § 31 Rz. 63 ff.

Gleiches gilt für Verstöße gegen § 18 Abs. 4 eWpG bezüglich der Anforderungen an den **85** angemessenen Zeitraum für eine Umtragung und an die Gültigkeit von Transaktionen sowie für Verstöße gegen § 18 Abs. 5 Satz 1 eWpG i. V. m. § 15 Abs. 2 eWpRV bezüglich der Regelungen zur Rückgängigmachung von Eintragungen (§ 31 Abs. 2 Nr. 12 und 13 eWpG). Siehe zu den Ordnungswidrigkeiten im Detail *von der Meden*, § 31 Rz. 67 ff.).

---

139) Verordnung (EU) 2016/679 des Europäischen Parlaments und des Rates v. 27.4.2016 zum Schutz natürlicher Personen bei der Verarbeitung personenbezogener Daten, zum freien Datenverkehr und zur Aufhebung der Richtlinie 95/46/EG (Datenschutz-Grundverordnung – DSGVO), ABl. (EU) L 119/1 v. 4.5.2016.
140) Begr. RegE Gesetz zur Einführung von eWp, BT-Drucks. 19/26925, S. 59, 62.
141) Begr. RegE Gesetz zur Einführung von eWp, BT-Drucks. 19/26925, S. 61.
142) Vgl. Begr. RegE Gesetz zur Einführung von eWp zu § 4 Abs. 9, BT-Drucks. 19/26925, S. 44; Müller/Pieper-*Kell*, eWpG, § 18 Rz. 33.

§ 19
Registerauszug

(1) Die registerführende Stelle hat dem Inhaber eines einzeln eingetragenen Kryptowertpapiers auf Verlangen einen Registerauszug in Textform zur Verfügung zu stellen, sofern dies zur Wahrnehmung seiner Rechte erforderlich ist.

(2) Ist der Inhaber eines einzeln eingetragenen Kryptowertpapiers ein Verbraucher, so hat die registerführende Stelle dem Inhaber zu folgenden Zeitpunkten einen Registerauszug in Textform zur Verfügung zu stellen:

1. nach Eintragung eines Kryptowertpapiers in das Register zugunsten des Inhabers,

2. bei jeder Veränderung des Registerinhalts, die den Inhaber betrifft, und

3. einmal jährlich.

Literatur: *Hecht*, Notariat 4.0 und Blockchain-Technologie, MittBayNot 2020, 314; *Heckelmann*, Zulässigkeit und Handhabung von Smart Contracts, NJW 2018, 504; *Kipker/Birreck/Niewöhner/-Schnorr*, Rechtliche und technische Rahmenbedingungen der „Smart Contracts", MMR 2020, 509, 511; *Kleinert/Mayer*, Der deutsche Weg zum elektronischen Wertpapier, EuZW 2020, 1059; *Lehmann/Rettig*, Rechtliche Vorgaben für Kunden-Online-Postfächer, NJW 2020, 569; *Preuße/Wöckener/Gillenkirch*, Das Gesetz zur Einführung elektronischer Wertpapiere – Eine erste Bewertung aus Sicht der Praxis, BKR 2021, 460.

Übersicht

I. Regelungszweck[1]

1 Die Vorschrift ist zweigeteilt. Während nach der allgemeinen Regelung in § 19 Abs. 1 eWpG **alle Inhaber einzeln eingetragener Kryptowertpapiere** auf Verlangen Anspruch auf einen Registerauszug haben, sofern dieser zur Wahrnehmung ihrer Rechte erforderlich ist, ist **Verbrauchern** (§ 13 BGB) nach der speziellen Regelung in § 19 Abs. 2 eWpG auch ohne explizites Verlangen anlassbezogen ein Registerauszug zur Verfügung zu stellen.

2 Die Regelung des § 19 Abs. 1 eWpG war im Referentenentwurf nicht vorgesehen, denn die Vorschrift war zunächst als reine **Verbraucherschutzvorschrift** („Registerauszug für Verbraucher") konzipiert (vgl. § 19 RefE eWpG). Die Ergänzung geht zurück auf einen Vorschlag der „Initiative Minderheitsaktionäre".[2] Die Möglichkeit der elektronischen Einsichtnahme in das Kryptowertpapierregister (§ 10 Abs. 1 eWpG) wurde nicht als ausreichend angesehen.[3]

3 Nach dem Gesetzgeber soll der Auszug aus dem **Kryptowertpapierregister** dem **Nachweis der Inhaberschaft oder eines Rechts** an einem Kryptowertpapier dienen, der mangels Wertpapierurkunde bei elektronischen Wertpapieren nur über den Registerinhalt geführt werden kann.[4] Der Registerauszug soll dann zur Rechtsausübung, etwa in einem Klageverfahren, dienen.[5] Bei Kryptowertpapieren in **Sammeleintragung** ist dies mit einer De-

---

1) Die folgenden Ausführungen geben ausschließlich die persönliche Auffassung des Autors wieder.

2) Initiative Minderheitsaktionäre (IMA), Stellungnahme z. RefE eWpG, v. 14.9.2020, S. 2, abrufbar unter https://bundesfinanzministerium.de/Content/DE/Gesetzestexte/Gesetze_Gesetzesvorhaben/Abteilungen/Abteilung_VII/19_Legislaturperiode/2021-06-09-einfuehrung-elektronische-wertpapiere/0-Gesetz.html (Abrufdatum: 20.2.2023).

3) Statt einer Ausdehnung der Vorschrift wurde auch eine gänzliche Streichung der Vorschrift angeregt. So etwa DAV, Stellungnahme z. RefE eWpG, v. 23.9.2020, S. 28 Rz. 69, in der das Recht zur elektronischen Einsichtnahme (§ 10 Abs. 1 eWpG) als ausreichend erachtet wurde, abrufbar unter https://bundesfinanzministerium.de/Content/DE/Gesetzestexte/Gesetze_Gesetzesvorhaben/Abteilungen/Abteilung_VII/19_Legislaturperiode/2021-06-09-einfuehrung-elektronische-wertpapiere/0-Gesetz.html (Abrufdatum: 20.2.2023).

4) Begr. RegE Gesetz zur Einführung von eWp, BT-Drucks. 19/26925, S. 62.

5) Begr. RegE Gesetz zur Einführung von eWp, BT-Drucks. 19/26925, S. 62.

Andreas J. Ostermeier

potbescheinigung (§ 6 Abs. 2 Satz 1 DepotG) möglich,[6] sodass es keiner Regelung i. R. von § 19 eWpG bedurfte.

Für **Zentralregisterwertpapiere in Einzeleintragung** (§§ 4 Abs. 2, 8 Abs. 1 Nr. 2 eWpG) enthält das Gesetz keine dem § 19 eWpG vergleichbare Regelung. Dies scheint ein Versehen des Gesetzgebers zu sein, da die Einzeleintragung von Zentralregisterwertpapieren im Referentenentwurf des eWpG noch nicht vorgesehen war.[7] In bestimmten Fällen wird daher eine **analoge Anwendung** der Vorschrift diskutiert.[8] Jedenfalls ist eine **einheitliche Regelung** i. R. der Publizitätsvorschrift des § 10 eWpG zu befürworten, da ein Informations- und Sicherungsbedürfnis bei einzeln eingetragenen Zentralregisterwertpapieren in gleicher Weise wie für entsprechende Kryptowertpapiere besteht.[9]

II. Registerauszug auf Verlangen (§ 19 Abs. 1 eWpG)

Einen Anspruch auf einen Registerauszug haben **Inhaber** von einzeln eingetragenen Kryptowertpapieren, sofern der Registerauszug zur Wahrnehmung ihrer Rechte erforderlich ist. In **analoger Anwendung** kommen auch **andere Teilnehmer** (§ 2 eWpRV) eines Kryptowertpapierregisters als Anspruchsberechtigte in Betracht, wenn ein Auszug zur Wahrnehmung ihrer Rechte erforderlich ist, da sie zwar in das Register Einsicht nehmen können, die hierfür relevante Anspruchsnorm des § 10 eWpG aber nicht die Bereitstellung etwaiger Auszüge oder Nachweise umfasst.[10]

Ein Registerauszug muss **ausdrücklich verlangt** werden. Die registerführende Stelle hat nach § 19 Abs. 1 eWpG im Gegensatz zur verbraucherschützenden Regelung in § 19 Abs. 2 eWpG keine verlangensunabhängigen Registerauszüge bereitzustellen.

Der Anspruch nach § 19 Abs. 1 eWpG setzt voraus, dass der Registerauszug **zur Wahrnehmung der Rechte des Inhabers erforderlich** ist. Dies betrifft letztlich sämtliche Fälle, in denen es für den Inhaber erforderlich ist, seine Inhaberschaft am Kryptowertpapier nachzuweisen. Der Anspruch ist zu bejahen, sofern der Auszug für die Rechtsdurchsetzung geeignet ist und kein anderes, milderes Mittel zur Erreichung dieses Ziels zur Verfügung steht.[11] Dies kann Fälle betreffen, in denen der Inhaber – ggf. gerichtlich – seine Ansprüche aus dem Kryptowertpapier gegenüber dem Emittenten geltend machen will.[12]

Daneben kommen aber auch andere Fälle in Betracht, in denen es sich nicht um die Durchsetzung von Rechten im eigentlichen Sinne handelt, sondern rein um den erforderlichen **Nachweis der Rechte am Kryptowertpapier**. Im Falle einer geplanten Veräußerung der Wertpapiere kann dies bspw. notwendig sein. Möchte der Inhaber gegenüber Kaufinteressenten seine Inhaberschaft nachweisen, so ist der Registerauszug dafür ein geeignetes Mittel. Praktisch relevant könnte dies etwa i. R. eines Asset Deals sein, bei dem Kryptowertpapiere einen Teil der zu veräußernden Vermögensgegenstände darstellen. Der Inhaber wird hier regelmäßig seine Inhaberschaft mit einem Registerauszug nachweisen müssen, den er Kaufinteressenten – üblicherweise in einem Datenraum – zur Verfügung stellen wird.

---

6) Begr. RegE Gesetz zur Einführung von eWp, BT-Drucks. 19/26925, S. 72; *Kleinert/Mayer*, EuZW 2020, 1059, 1063 f.

7) *Lieder* in: Omlor/Möslein/Grundmann, Elektronische Wertpapiere, § 5, S. 131 – mit Verweis auf § 8 Abs. 2 RefE eWpRV.

8) Ausführlich dazu Müller/Pieper-*Barth*, eWpG, § 19 Rz. 2 ff.

9) So vorgeschlagen von *Lieder* in: Omlor/Möslein/Grundmann, Elektronische Wertpapiere, § 5, S. 131.

10) Müller/Pieper-*Barth*, eWpG, § 19 Rz. 6.

11) Müller/Pieper-*Barth*, eWpG, § 19 Rz. 8 – mit Verweis auf *Schäfer* in MünchKomm-BGB, § 666 Rz. 23 f. – zum Merkmal der Erforderlichkeit für die Benachrichtigungspflicht aus §§ 675, 666 BGB.

12) Müller/Pieper-*Barth*, eWpG, § 19 Rz. 10.

9   Nach der Grundregel der prozessualen Beweislastverteilung trägt der **Anspruchsteller die Beweislast** für die Erforderlichkeit des Registerauszugs.[13] Die registerführende Stelle sollte bei der Anspruchsprüfung allerdings **keine all zu hohen Anforderungen** stellen, denn im Unterschied zu den Einsichts- und Auskunftsrechten nach § 10 Abs. 2 und Abs. 3 eWpG betreffen Registerauszüge für den Inhaber keine personenbezogenen Daten anderer Teilnehmer, sodass es einer Abwägung mit informationellen Selbstbestimmungsrechten Dritter regelmäßig nicht bedarf.[14]

10   Auch eine **freiwillig bereitgestellte Abrufmöglichkeit für Registerauszüge** auf der Internetseite der registerführenden Stelle ist denkbar. Nach einer erfolgreichen Authentifizierung des Inhabers könnte dieser selbst einen Registerauszug „ziehen". Nach IT-seitiger Generierung des Auszugs könnte dieser z. B. per E-Mail an den Inhaber versandt werden.[15] Die registerführende Stelle könnte damit auf freiwilliger Basis auf die Darlegung und Prüfung der Erforderlichkeit verzichten.[16]

III.   Anlassbezogener Registerauszug für Verbraucher (§ 19 Abs. 2 eWpG)

11   Ist der Inhaber eines einzeln eingetragenen Kryptowertpapiers **Verbraucher** (§ 13 BGB), hat ihm die registerführende Stelle zu bestimmten Anlässen unaufgefordert, d. h. **ohne explizites Verlangen**, einen Registerauszug zur Verfügung zu stellen. Verbraucher sind alle natürlichen Personen, die Kryptowertpapiere überwiegend weder aufgrund ihrer gewerblichen Tätigkeit noch aufgrund ihrer selbstständigen beruflichen Tätigkeit halten, wobei es nicht auf die Höhe des in Wertpapierform gehaltenen Vermögens ankommt, sondern auf **Umfang und Komplexität** der damit verbundenen Geschäfte.[17] Für die Eigenschaft als Verbraucher kommt es damit entscheidend darauf an, ob die Kryptowertpapiere i. R. der privaten Vermögensverwaltung gehalten werden. Sollte die Vermögensverwaltung aufgrund ihres Umfangs und ihrer Komplexität einen planmäßigen Geschäftsbetrieb erfordern, ist nicht mehr von einem Verbraucher auszugehen.[18]

1.   Nach Eintragung (§ 19 Abs. 2 Nr. 1 eWpG)

12   Wird ein Verbraucher als Inhaber eines Kryptowertpapiers eingetragen, ist ihm nach seiner Eintragung ein Registerauszug zur Verfügung zu stellen. Dies betrifft zum einen Fälle, in denen bereits bei **Begebung des Kryptowertpapiers** (§§ 2 Abs. 1, 4 Abs. 4, 17 eWpG) die Eintragung eines Verbrauchers als Inhaber in das Kryptowertpapierregister erfolgt und zum anderen Fälle der **Umtragung** (§ 4 Abs. 8 eWpG) auf einen Verbraucher infolge des Erwerbs eines Kryptowertpapiers.

13   Der Begriff der **„Eintragung"** i. S. der Vorschrift ist damit nicht gleichbedeutend mit dem in § 4 Abs. 4 eWpG definierten, der nur die erstmalige Eintragung erfasst.[19] Würde nur die erstmalige Eintragung erfasst, stünde dies dem Zweck der Vorschrift entgegen. Denn

---

13) Vgl. zu den Grundregeln der Beweislast, Musielak/Voigt-*Foerste*, ZPO, § 286 Rz. 35.

14) Müller/Pieper-*Barth*, eWpG, § 19 Rz. 9.

15) Vgl. dazu Initiative Minderheitsaktionäre (IMA), Stellungnahme z. RefE eWpG, v. 14.9.2020, S. 2, abrufbar unter https://bundesfinanzministerium.de/Content/DE/Gesetzestexte/Gesetze_Gesetzesvorhaben/Abteilungen/Abteilung_VII/19_Legislaturperiode/2021-06-09-einfuehrung-elektronische-wertpapiere/0-Gesetz.html (Abrufdatum: 20.2.2023).

16) Datenschutzrechtliche Vorschriften stünden dem nicht entgegen, vgl. Müller/Pieper-*Barth*, eWpG, § 19 Rz. 9.

17) Müller/Pieper-*Barth*, eWpG, § 19 Rz. 17.

18) Vgl. Rspr. des BGH zum Verbraucherbegriff BGH, Urt. v. 20.2.2018 – XI ZR 445/17, Rz. 21, NJW 2018, 1812; BGH Urt. v. 23.10.2001 – XI ZR 63/01, NJW 2002, 368 f.

19) Müller/Pieper-*Barth*, eWpG, § 19 Rz. 18.

Andreas J. Ostermeier

Anleger sind bei der Emission von Wertpapieren üblicherweise nicht deren Ersterwerber.[20] Vielmehr erfolgt die Platzierung von Wertpapieren in der Regel durch eine Bank oder ein Bankenkonsortium das der Emittent für diesen Zweck einschaltet und nicht durch den Emittent selbst.[21]

Für Kryptowertpapiere dürfte die Vorgehensweise in der Praxis ähnlich sein. So wird re- **14** gelmäßig bei der Begebung eines Kryptowertpapiers zunächst eine Bank oder ein Bankenkonsortium als Inhaber eingetragen werden.[22] Der Anwendungsbereich von § 19 Abs. 2 Nr. 1 eWpG wäre in der Praxis für Verbraucher kaum von Bedeutung, würden nur Fälle der Ersteintragung erfasst.

2. Bei Veränderungen des Registerinhalts (§ 19 Abs. 2 Nr. 2 eWpG)

Verbrauchern ist in Ergänzung zu § 19 Abs. 2 Nr. 1 eWpG bei allen Veränderungen des **15** Registerinhalts, die sie als Inhaber betreffen, ein Registerauszug zur Verfügung zu stellen. Bei derartigen Veränderungen des Registerinhalts besteht nach Auffassung des Gesetzgebers ein **besonderes Informationsinteresse**, da sie mit einem möglichen Rechtsverlust verbunden sein können.[23] Da es Verbrauchern nicht zumutbar sei, den Registerinhalt ständig zu überwachen, soll die Information über Veränderungen des Registerinhalts Verbraucher in die Lage versetzen, einer nicht gewollten Veränderung zeitnah nachgehen und ggf. geeignete Sicherungs- und Gegenmaßnahmen ergreifen zu können.[24]

Während der eWpG-Referentenentwurf noch „jede" Veränderung als pflichtbegründen- **16** den Anlass zur Verfügungstellung eines Registerauszugs ansah,[25] verpflichtet § 19 Abs. 2 Nr. 2 eWpG in der finalen Fassung die registerführende Stelle nur bei Veränderungen, **die den Verbraucher betreffen**, zur Bereitstellung eines Registerauszugs. Diese Beschränkung geht zurück auf eine Empfehlung des Finanzausschusses, wonach die Bereitstellung unnötiger und überflüssiger Informationen vermieden werden sollte.[26] Das **Erfordernis der Betroffenheit** ist sachgerecht,[27] denn für Verbraucher sind nur solche Veränderungen des Registerinhalts von Bedeutung, die ihre Rechtsposition betreffen und ggf. beeinträchtigen können. Anhand dieses Maßstabes ist von der registerführenden Stelle zu prüfen, ob es sich um eine dem Verbraucher mitzuteilende Veränderung des Registerinhalts handelt oder nicht.

Regelmäßig mitteilungspflichtig sind Veränderungen des Registerinhalts, wenn sie fol- **17** gende Bereiche betreffen:

– den wesentlichen Inhalt des Rechts;

– das Emissionsvolumen;

– den Nennbetrag;

– Angaben zum Emittenten oder zum zum Inhaber;

---

20) Müller/Pieper-*Barth*, eWpG, § 19 Rz. 18.
21) *Grundmann/Denga* in: Ellenberger/Bunte, Bankrechts-Hdb., § 92 Rz. 1.
22) Müller/Pieper-*Barth*, eWpG, § 19 Rz. 18.
23) Begr. RegE Gesetz zur Einführung von eWp, BT-Drucks. 19/26925, S. 62.
24) Begr. RegE Gesetz zur Einführung von eWp, BT-Drucks. 19/26925, S. 63.
25) Begr. RefE Gesetz zur Einführung von eWp, S. 62, abrufbar unter https://bundesfinanzministerium.de/Content/DE/Gesetzestexte/Gesetze_Gesetzesvorhaben/Abteilungen/Abteilung_VII/19_Legislaturperiode/2021-06-09-einfuehrung-elektronische-wertpapiere/1-Referentenentwurf.pdf?__blob=publicationFile&v=2 (Abrufdatum: 20.2.2023).
26) Beschlussempfehlung und Bericht d. FA z. Gesetz zur Einführung von eWp, BT-Drucks. 19/29372, S. 56.
27) *Preuße/Wöckener/Gillenkirch*, BKR 2021, 460, 464.

– Verfügungsbeschränkungen; oder

– Rechte Dritter, soweit vom Verbraucher selbst gehaltene Wertpapiere betroffen sind.[28]

18 Entsprechend besteht eine Mitteilungspflicht z. B. in den Fällen der **Umtragung, Zinsanpassungen** oder **Veränderungen des Emittenten**, bspw. wegen Rechtsformwechsel, Umfirmierung oder Umwandlungsmaßnahmen nach dem UmwG sowie bei Änderungen der Anschrift.[29]

19 Mit Blick auf den Schutzzweck von § 19 Abs. 2 Nr. 2 eWpG erscheint problematisch, dass es für die **Angabe des wesentlichen Inhalts des Rechts** im Kryptowertpapierregister zulässig ist, auf die Emissionsbedingungen Bezug zu nehmen (§ 7 Abs. 1 Satz 1 eWpRV). Sofern das Register selbst neben einer Bezugnahme auf die Emissionsbedingungen keine weiteren Angaben zum wesentlichen Inhalt des Rechts enthält, wird der Verbraucher bei Inhaltsänderungen jedenfalls nicht mittels Registerauszug in Kenntnis gesetzt, da der Registerauszug nur das wiedergibt, was tatsächlich auch im Register eingetragen ist. Mitteilungspflichtig nach § 19 Abs. 2 Nr. 2 eWpG wären insofern lediglich Veränderungen an der Bezugnahme, d. h. am Verweis auf die Emissionsbedingungen selbst. Im Hinblick auf Veränderungen des wesentlichen Inhalts des Rechts **kann die Vorschrift ihre verbraucherschützende Aufgabe dann nicht erfüllen**. Hier konfligieren § 19 Abs. 2 Nr. 2 eWpG und § 7 Abs. 1 Satz 1 eWpRV.[30]

20 Trotz grundsätzlicher Inhaberbetroffenheit können Veränderungen am Registerinhalt **ausnahmsweise nicht mitteilungspflichtig** sein, wenn sie für den Verbraucher unerheblich sind. Rein redaktionelle Korrekturen sind bspw. von der Mitteilungspflicht ausgenommen.[31] Dies soll Aufwand und Kosten vermeiden, die durch die Bereitstellung unnötiger bzw. überflüssiger Informationen entstünden.[32] Im Ergebnis ist dies sicherlich zutreffend, auch wenn das Argument des Kostenaufwands kaum überzeugen dürfte, zumindest wenn die Erstellung von Registerauszügen automatisiert erfolgt und diese etwa per E-Mail versendet werden (siehe dazu Rz. 25). Der Kostenaufwand dürfte dann überschaubar sein.

21 Nach dem Wortlaut von § 19 Abs. 2 Nr. 2 eWpG muss die Mitteilung der Veränderung des Registerinhalts **„bei" der Änderung** erfolgen. Der Gesetzgeber hat eine „nicht rechtzeitige" Zurverfügungstellung des Registerauszuges in den Katalog der Ordnungswidrigkeiten aufgenommen (§ 31 Abs. 2 Nr. 15 eWpG). Dabei bleibt nach dem Gesetzeswortlaut unklar, welcher konkrete Zeitpunkt noch als fristwahrend anzusehen ist. Zur Gewährleistung eines hohen Verbraucherschutzes scheint jedenfalls eine **mit Änderung des Registereintrags einhergehende Mitteilung** (unverzüglich) sachgerecht. Denn die Mitteilung soll den Verbraucher in die Lage versetzen, ggf. Maßnahmen gegen eine ungerechtfertigte Veränderung zu ergreifen.[33] Eine Mitteilung **vor Wirksamwerden einer Änderung** ist nicht erforderlich, denn ein Registerauszug kann gerade nur den aktuellen, aber nicht den zukünftigen Stand eines Registers abbilden.

---

28) Beschlussempfehlung und Bericht d. FA z. Gesetz zur Einführung von eWp, BT-Drucks. 19/29372, S. 56.

29) Vgl. Müller/Pieper-*Barth*, eWpG, § 19 Rz. 19.

30) Kritisch zur Verweisungsmöglichkeit Müller/Pieper-*Pieper*, eWpG, § 13 Rz. 9.

31) Beschlussempfehlung und Bericht d. FA z. Gesetz zur Einführung von eWp, BT-Drucks. 19/29372, S. 57.

32) Beschlussempfehlung und Bericht d. FA z. Gesetz zur Einführung von eWp, BT-Drucks. 19/29372, S. 56.

33) Begr. RegE Gesetz zur Einführung von eWp, BT-Drucks. 19/26925, S. 63.

3. Jährlich (§ 19 Abs. 2 Nr. 3 eWpG)

Zur **laufenden Information** und **erleichterten Dokumentation**[34] hat die registerführende   22
Stelle Verbrauchern nach Nr. 3 jährlich einen Registerauszug zur Verfügung zu stellen.
Wann im Kalenderjahr diese Pflicht zu erfüllen ist, ist **nicht geregelt**. Der Anfang oder
das Ende eines Kalenderjahres sind mögliche, indes nicht zwingende Zeitpunkte. Ebenso
muss die registerführende Stelle **nicht** allen im Register eingetragenen Verbrauchern den
jährlichen Registerauszug **gleichzeitig** zur Verfügung stellen.

§ 19 Abs. 2 Nr. 3 eWpG verlangt nicht, dass zwischen der Bereitstellung des ersten Re-   23
gisterauszugs nach § 19 Abs. 2 Nr. 1 eWpG und dem jährlichen Registerauszug genau ein
Jahr vergangen sein muss. Für den ersten jährlichen Registerauszug kann die registerführende Stelle damit auch einen früheren Zeitpunkt wählen. **Spätester Zeitpunkt für den
ersten jährlichen Registerauszug** ist der erste Jahrestag der Eintragung des Verbrauchers.
Denn „**jährlich**" i. S. von § 19 Abs. 2 Nr. 3 eWpG ist als **Angabe eines Zeitraums** zu
verstehen. Für die Jährlichkeit kommt es daher nicht per se darauf an, wann der Registerauszug im Kalenderjahr zur Verfügung gestellt wird. Erforderlich ist vielmehr ein **jährlicher Turnus**. Die **Höchstfrist für jeden Folgeauszug** ist damit spätestens am Jahrestag des
vorangegangenen Registerauszugs.[35] Ein jährlicher Registerauszug zum gleichen Stichtag
erfüllt die Voraussetzung der Jährlichkeit.

Ein **jährlicher Registerauszug ist ausnahmsweise nicht erforderlich**, wenn dem Verbrau-   24
cher im Kalenderjahr bereits vorzeitig aus anderen Gründen ein Registerauszug zur Verfügung gestellt wurde, etwa aufgrund von § 19 Abs. 1 oder Abs. 2 Nr. 1 oder Nr. 2 eWpG,
da die laufende Information und Dokumentation damit bereits miterfüllt ist.[36] Hieraus
kann sich für die Zukunft indes eine Verschiebung eines jährlichen Stichtags ergeben.

IV. Form und Inhalt des Registerauszugs

1. Textform

Sowohl Registerauszüge nach § 19 Abs. 1 eWpG als auch nach Absatz 2 sind in Textform   25
(§ 126b BGB) zur Verfügung zu stellen. Textform erfordert eine lesbare Erklärung auf
einem dauerhaften Datenträger, in der die Person des Erklärenden genannt ist. Dies kann
bspw. per **Briefpost** erfolgen. Im Gegensatz zur Schriftform (§ 126 BGB) ist eine eigen-
händige Unterschrift nicht erforderlich. Wird der Registerauszug etwa in Form einer **E-Mail**
an den Inhaber übermittelt, ist dies für die Einhaltung der Textform ebenfalls ausreichend.[37]
Auch die Bereitstellung über ein sog. **Kunden-Online-Postfach** bzw. über eine Kunden-
Mailbox auf einer Website kann der Textform genügen.[38]

Schließlich ist es denkbar, dass auch ein **Eintrag in einem Distributed Ledger**, wie etwa   26
einer Blockchain das Erfordernis der Textform erfüllen kann. Denn eine Blockchain eignet
sich grundsätzlich zur dauerhaften Wiedergabe einer lesbaren Erklärung.[39] Zu einem ver-

---

34) Begr. RegE Gesetz zur Einführung von eWp, BT-Drucks. 19/26925, S. 63.
35) So auch das Verständnis der „Jährlichkeit" i. R. von § 161 Abs. 1 AktG, *Koch*, AktG, § 161 Rz. 15.
36) *Müller/Pieper-Barth*, eWpG, § 19 Rz. 20.
37) Vgl. Begr. RegE Gesetz zur Umsetzung der Verbraucherrechterichtlinie und zur Änderung des Ge-
    setzes zur Regelung der Wohnungsvermittlung, BT-Drucks. 17/12637, S. 44 (li. Sp.) zu den Anforde-
    rungen an die Textform des § 126b BGB.
38) Zu den Voraussetzungen für die Einhaltung der Textform bei Kunden-Online-Postfächern ausführlich
    Lehmann/Rettig, NJW 2020, 569 – mit Verweis auf die Rspr. des EuGH, Urt. v. 25.1.2017 – Rs. C-375/15,
    ECLI:EU:C:2017:38 = ZIP 2017, 514.
39) *Müller/Pieper-Barth*, eWpG, § 19 Rz. 11; *Kipker/Birreck/Niewöhner/Schnorr*, MMR 2020, 509, 511;
    Hecht, MittBayNot 2020, 314, 321; *Heckelmann*, NJW 2018, 504, 507.

meintlichen „**Medienbruch**"[40] muss es daher nicht zwangsläufig kommen, da ein Registerauszug bspw. nicht per Briefpost bereitgestellt werden muss, sondern auch ein Kommunikationskanal der dem dezentralen Aufzeichnungssystem entspricht, verwendet werden kann, solange die Voraussetzungen des § 126b BGB eingehalten werden.[41]

2. Art, Format und Inhalt (§ 23 Abs. 1 Nr. 29 eWpG i. V. m. § 13 eWpRV)

27   Neben der vorgeschriebenen Textform enthält das eWpG keine weiteren Vorgaben für die Gestaltung des Registerauszugs. Nähere Bestimmungen zu Art, Format und Inhalt können das BMJV[42] und das BMF auf dem Verordnungswege erlassen (§ 23 Abs. 1 Nr. 29 eWpG). Zwar nehmen die Verordnungsgeber bei ihrer Begründung zu § 13 eWpRV Bezug auf die genannte **Verordnungsermächtigung**,[43] jedoch wurden in § 13 eWpRV Art, Format und Inhalt des Registerauszugs nicht konkretisiert. Die Entwicklung künftiger Marktstandards mag zu einer Konkretisierung auf dem Verordnungswege beitragen.[44]

28   § 13 Abs. 1 Nr. 5 eWpRV verpflichtet die registerführende Stelle jedoch dazu, für Art, Format und Inhalt Festlegungen zu treffen.[45] Die Festlegungen sind **nachvollziehbar**, **aussagefähig** und **für einen sachkundigen Dritten leicht verständlich** zu dokumentieren (§ 13 Abs. 1 eWpRV). Entsprechendes dürfte auch für Art, Format und Inhalt des Registerauszugs selbst gelten. In Betracht kommt etwa eine tabellarische Darstellung, ähnlich einem chronologischen Handelsregisterauszug. Sofern es für die Nachvollziehbarkeit von Registereintragungen erforderlich ist, wären darin – neben dem jeweiligen Ist-Zustand – ggf. auch die historischen Vor-Zustände abzubilden.

29   Auch ohne gesetzliche Regelung ist darauf zu achten, dass der Registerauszug diejenigen Informationen enthält, die zum Nachweis der Inhaberschaft oder eines Rechts und ggf. der Rechtsausübung erforderlich sind, damit er seine Nachweisfunktion[46] erfüllen kann. Dies skizziert einen gewissen **Mindestinhalt**. Regelmäßig sollten daher die den Inhaber betreffenden Registerangaben nach § 17 Abs. 1, Abs. 2 eWpG enthalten sein. Sollten für die Wiedergabe der Rechtslage wesentliche Informationen nicht umfasst sein, wäre der Registerauszug ggf. nicht vollständig.

V. Kosten

30   Eine Vergütung oder einen Aufwendungsersatz für die Bereitstellung von Registerauszügen sieht § 19 eWpG weder für Registerauszüge nach Absatz 1[47] noch nach Absatz 2 vor. Das eWpG normiert diesbezüglich auch keine Verordnungsermächtigung.[48] Daraus folgt allerdings nicht zwangsläufig, dass ein Aufwendungsersatz per se unzulässig wäre. Eine entsprechende Vertragsregelung wäre daher möglich.[49] Bei einer Regelung i. R. von all-

---

40) Begr. RegE Gesetz zur Einführung von eWp, BT-Drucks. 19/26925, S. 63.

41) Vgl. Müller/Pieper-*Barth*, eWpG, § 19 Rz. 11.

42) Seit dem Organisationserlass des Bundeskanzlers v. 8.12.2021 nur noch BMJ.

43) Begr. RefE eWpRV (1. Konsultation), v. 6.8.2021, S. 21 – hier noch zu § 12 RefE eWpRV, abrufbar unter https://www.bmj.de/SharedDocs/Gesetzgebungsverfahren/DE/Wertpapierregister.html (Abrufdatum: 20.2.2023).

44) Begr. RegE Gesetz zur Einführung von eWp, BT-Drucks. 19/26925, S. 63.

45) Für eine verbraucherschützende Vorschrift ist dies ein ungewöhnlich weiter Ermessensspielraum, vgl. Müller/Pieper-*Barth*, eWpG, § 19 Rz. 11 (Fn. 26).

46) Begr. RegE Gesetz zur Einführung von eWp, BT-Drucks. 19/26925, S. 62.

47) Anders etwa § 6 Abs. 2 Satz 1 DepotG, wonach vom Verwahrer für Depotbescheinigungen zur Rechtsausübung ein angemessener Aufwendungsersatz verlangt werden kann.

48) Müller/Pieper-*Barth*, eWpG, § 19 Rz. 22.

49) Vgl. Müller/Pieper-*Barth*, eWpG, § 19 Rz. 15.

gemeinen Geschäftsbedingungen dürfte allerdings § 307 BGB zu beachten sein, so dass bei Kosten, die sich nicht an den tatsächlich anfallenden Kosten orientieren, eine unangemessene Benachteiligung des Registerauszugempfängers anzunehmen ist.[50]

Ein Aufwendungsersatz wäre jedenfalls nur in **angemessener Höhe** zulässig, um den Anspruch auf einen Registerauszug nicht erheblich zu erschweren bzw. zu ersticken.[51] Die für die Erstellung eines Registerauszugs tatsächlich anfallenden Kosten (siehe dazu Rz. 20) dürften jedenfalls erstattungsfähig sein.   **31**

VI. Rechtsfolgen bei Verstößen (§ 31 Abs. 2 Nr. 15, Abs. 3 eWpG)

Stellt die registerführende Stelle vorsätzlich oder fahrlässig nicht, nicht richtig, nicht vollständig oder nicht rechtzeitig einen Registerauszug zur Verfügung, stellt dies eine **Ordnungswidrigkeit** dar, die mit einer Geldbuße bis zu 100.000 € geahndet werden kann. Siehe hierzu im Detail *von der Meden*, § 31 Rz. 86 ff.   **32**

---

50) Vgl. etwa BGH, Urt. v. 17.12.2013 – XI ZR 66/13, BKR 2014, 127 – zur AGB-rechtlichen Unwirksamkeit einer Kostenpauschale für nacherstellte Kontoauszüge.

51) So auch Müller/Pieper-*Barth*, eWpG, § 19 Rz. 15.

§ 20
Veröffentlichung im Bundesanzeiger

(1) ¹Der Emittent muss unverzüglich folgende Veröffentlichungen im Bundesanzeiger veranlassen:

1. die Veröffentlichung der Eintragung eines Kryptowertpapiers in ein Kryptowertpapierregister sowie

2. die Veröffentlichung der Änderung der in Absatz 2 genannten Angaben eines eingetragenen Kryptowertpapiers.

²Unverzüglich nach der jeweiligen Veröffentlichung hat der Emittent der Aufsichtsbehörde diese Veröffentlichung mitzuteilen.

(2) Die Veröffentlichung im Bundesanzeiger hat folgende Angaben zu enthalten:

1. den Emittenten,

2. Informationen zum Kryptowertpapierregister,

3. die registerführende Stelle,

4. den wesentlichen Inhalt des Rechts einschließlich einer eindeutigen Kennnummer und der Kennzeichnung als Wertpapier,

5. das Datum der Eintragung des Kryptowertpapiers in das Kryptowertpapierregister sowie im Fall einer Änderung das Datum der Änderung und

6. ob es sich um eine Eintragung oder um die Änderung der Angaben nach den Nummern 2 bis 4 handelt.

(3) Die Aufsichtsbehörde führt über die ihr nach Absatz 1 Satz 2 in Verbindung mit Satz 1 Nummer 1 mitgeteilten Kryptowertpapiere eine öffentliche Liste im Internet. Die Liste enthält zu jedem Kryptowertpapier jeweils folgende Angaben:

1. den Emittenten,

2. die registerführende Stelle,

3. das Datum der Eintragung des Kryptowertpapiers in das Kryptowertpapierregister sowie

4. bei nach Absatz 1 Satz 2 in Verbindung mit Satz 1 Nummer 2 mitgeteilten Änderungen das Datum und den wesentlichen Inhalt der jeweiligen Änderungen.

Literatur: *Heise,* Jetzt auch elektronisch: Wertpapiere, BaFin Journal 7/2021, S. 39; *Lehmann,* Das Gesetz zur Einführung von elektronischen Wertpapieren, NJW 2021, 2318; *Linardatos,* Elektronische Schuldverschreibungen auf den Inhaber – des Wertpapiers neue Kleider, ZBB 2020, 329.

I.   Regelungszweck[1]

1   Wesentliche Informationen über Kryptowertpapiere sind im Bundesanzeiger zu veröffentlichen. Wegen der künftig zu erwartenden großen Anzahl verschiedener Kryptowertpapierregister, sieht der Gesetzgeber ein besonderes **Bedürfnis einer zentralen Anlaufstelle für diese Informationen.**[2] Denn anders als die Führung zentraler elektronischer Wertpapierregister, darf die Kryptowertpapierregisterführung (§ 1 Abs. 1a Satz 2 Nr. 8 KWG) nicht nur von Wertpapiersammelbanken (§ 4 Abs. 5 eWpG) oder Verwahrern (§ 4 Abs. 6 eWpG), sondern von jedem Finanzdienstleistungsinstitut erbracht werden, das über eine entsprechende Erlaubnis (§ 32 KWG) verfügt. Mitunter kann das auch der Emittent eines Kryptowertpapiers selbst sein (§ 16 Abs. 2 Satz 2 eWpG).

---

1)   Die folgenden Ausführungen geben ausschließlich die persönliche Auffassung des Autors wieder.
2)   Begr. RegE Gesetz zur Einführung von eWp, BT-Drucks. 19/26925, S. 63.

Zentralregisterwertpapiere sind vom Anwendungsbereich des § 20 eWpG **ausgenommen**. Die **Beschränkung auf Kryptowertpapiere** erscheint sachgerecht, da Zentralregisterwertpapiere in von Verwahrern geführten zentralen Registern ohnehin nicht für den Handel im Effektengiro zugelassen sind (§ 12 Abs. 3 eWpG) und sich damit nur an einen beschränkten Anlegerkreis richten.[3] Auf Grundlage dieser Wertungen wären auch sog. **Private Placements** von Kryptowertpapieren – diese richten sich ebenfalls nur an einen beschränkten Anlegerkreis – vom Anwendungsbereich der Vorschrift auszunehmen. Der Gesetzgeber hat indes – trotz Kritik, Notwendigkeit und Nutzen der Veröffentlichung seien bei Private Placements nicht erkennbar[4] – keine solche Ausnahme vorgesehen. Die Veröffentlichungs- und Mitteilungspflichten i. S. von § 20 eWpG gelten daher ohne Einschränkung für alle Kryptowertpapiere. Dass Zentralregisterwertpapiere vom Anwendungsbereich der Vorschrift gänzlich ausgenommen sind, mag der Tatsache geschuldet sein, dass die Führung zentraler Register im Referentenentwurf des eWpG noch Wertpapiersammelbanken vorbehalten war.[5] Nach § 12 Abs. 2 Nr. 2 eWpG dürfen nun aber auch Verwahrer zentrale Register führen. 2

Die Veröffentlichung im Bundesanzeiger dient der **Publizität** und dem **Schutz des Rechtsverkehrs**.[6] Dafür eignet sich nach Ansicht des Gesetzgebers der Bundesanzeiger besonders, da er innerhalb bekannter und bewährter Strukturen für **jedermann** einfach und kostenlos im Internet einen Zugang zu den wesentlichen Informationen über die jeweiligen Kryptowertpapiere gewährleistet.[7] Sollten Informationen über Kryptowertpapiere im dezentralen Aufzeichnungssystem eines Kryptowertpapierregisters, etwa aus technischen Gründen, einmal nicht oder nur erschwert zugänglich sein, können sie über den Bundesanzeiger weiterhin in unveränderter Form abgerufen werden, sodass der Bundesanzeiger, falls erforderlich, eine **Beweisfunktion** erfüllen kann.[8] Dies bietet zugleich einen Schutz vor nachträglichen Manipulationen. 3

Den Veröffentlichungen im Bundesanzeiger kommt indes **kein öffentlicher Glaube** zu, da sie weder von der BaFin noch vom Betreiber des Bundesanzeigers inhaltlich geprüft werden.[9] Nach Intention des Gesetzgebers könne die Beschreibung des Inhalts des Rechts sowie die Bezeichnung des Kryptowertpapiers allerdings im Einzelfall für die **zivilrechtliche Einordnung als Wertpapier** sowie für die **Abgrenzung gegenüber Forderungen** ggf. von Bedeutung sein.[10] Insbesondere für die Abgrenzung zu anderen digitalen Wertdarstellungen, wie bspw. Utility-Token, kann die Bezeichnung als Kryptowertpapier herangezogen werden.[11] Mit Blick auf einen effektiven **Anlegerschutz** lassen sich darüber hinaus ggf. konkrete Fragen beantworten, z. B. ob vom Emittenten ein Wertpapierprospekt gemäß Art. 3 Abs. 1 der ProspektVO zu veröffentlichen ist.[12] 4

---

3) Müller/Pieper-*Barth*, eWpG, § 20 Rz. 4.
4) BAI, Stellungnahme z. RefE eWpG, v. 14.9.2020, S. 11, abrufbar unter https://bundesfinanzministerium.de/Content/DE/Gesetzestexte/Gesetze_Gesetzesvorhaben/Abteilungen/Abteilung_VII/19_Legislaturperiode/2021-06-09-einfuehrung-elektronische-wertpapiere/0-Gesetz.html (Abrufdatum: 20.2.2023).
5) § 12 Abs. 2 RefE eWp, abrufbar unter https://bundesfinanzministerium.de/Content/DE/Gesetzestexte/Gesetze_Gesetzesvorhaben/Abteilungen/Abteilung_VII/19_Legislaturperiode/2021-06-09-einfuehrung-elektronische-wertpapiere/1-Referentenentwurf.pdf?__blob=publicationFile&v=2 (Abrufdatum: 20.2.2023).
6) Begr. RegE Gesetz zur Einführung von eWp, BT-Drucks. 19/26925, S. 63.
7) Begr. RegE Gesetz zur Einführung von eWp, BT-Drucks. 19/26925, S. 63.
8) Begr. RegE Gesetz zur Einführung von eWp, BT-Drucks. 19/26925, S. 63.
9) Begr. RegE Gesetz zur Einführung von eWp, BT-Drucks. 19/26925, S. 63.
10) Begr. RegE Gesetz zur Einführung von eWp, BT-Drucks. 19/26925, S. 63.
11) Müller/Pieper-*Barth*, eWpG, § 20 Rz. 11.
12) *Linardatos*, ZBB 2020, 329, 334 und Fn. 65.

5 Die Bekanntmachung erfolgt im Bundesanzeiger **im Bereich „Kapitalmarkt".** Den Bundesanzeiger gibt das BMJV[13] seit dem 1.4.2012 ausschließlich in elektronischer Form über das Internet (www.bundesanzeiger.de) heraus. Den elektronischen Bundesanzeiger betreibt die Bundesanzeiger Verlag GmbH mit Sitz in Köln.

6 Von der Möglichkeit, die **Art und Weise** sowie das **Format** der Veröffentlichung durch Verordnung zu konkretisieren (§ 23 Abs. 1 Satz 1 Nr. 20 eWpG), wurde bislang nicht Gebrauch gemacht.

II. Pflicht zur Veröffentlichung im Bundesanzeiger (§ 20 Abs. 1 Satz 1 eWpG)

7 Nach Eintragung eines Kryptowertpapiers in ein Kryptowertpapierregister (§ 20 Abs. 1 Satz 1 Nr. 1 eWpG) ist der **Emittent** verpflichtet, die **Veröffentlichung** der in § 20 Abs. 2 eWpG genannten Informationen über das Kryptowertpapier im Bundesanzeiger **zu veranlassen.** Gleiches gilt nach Wirksamwerden von **Änderungen,** welche die zu einem bereits eingetragenen Kryptowertpapier veröffentlichten Angaben betreffen (§ 20 Abs. 1 Satz 1 Nr. 2 eWpG).

8 Der Emittent kann sich bei der Veranlassung der Veröffentlichung eines **Dienstleisters**, etwa der registerführenden Stelle, bedienen. Er bleibt jedoch nach außen verantwortlich und haftet ggf. für Verstöße.[14] Eine schuldhafte Pflichtverletzung des Dienstleisters kann im Innenverhältnis einen Regressanspruch des Emittenten begründen.

9 Die Veröffentlichung der Informationen ist **keine konstitutive Voraussetzung** für die wirksame Begebung eines Kryptowertpapiers (§§ 2 Abs. 1, 4 Abs. 4, 17 eWpG), sondern **rein deklaratorisch.**[15] Gleiches gilt für die Wirksamkeit von Änderungen der nach § 20 Abs. 2 eWpG zu veröffentlichenden Angaben.

1. Unverzügliche Veranlassung

10 Der Emittent muss die Veröffentlichung **unverzüglich,** d. h. ohne schuldhaftes Zögern (§ 121 Abs. 1 BGB), **veranlassen.** Entgegen dem Gesetzeswortlaut spricht der Gesetzgeber in seiner Begründung etwas ungenau von der Pflicht zur „unverzüglichen Veröffentlichung".[16] Genau genommen liegt indes die Veröffentlichung selbst nicht in den Händen des Emittenten, sodass es, wie auch nach dem Wortlaut von § 20 Abs. 1 Satz 1 eWpG, richtigerweise auf den **Zeitpunkt der Veranlassung** der Veröffentlichung ankommen muss.[17] Gemeint ist damit der Zeitpunkt der Übermittlung der zu veröffentlichenden Informationen an die Bundesanzeiger Verlag GmbH, zusammen mit der Erteilung des Veröffentlichungsauftrags.

11 Werden dem Bundesanzeiger **nicht veröffentlichungsfähige Informationen** – etwa aufgrund grober Fehler oder Unvollständigkeit – übermittelt, ist dies keine ordnungsgemäße Veranlassung.[18] Eine solch unzureichende Veranlassung genügt zur Fristwahrung nicht.

12 Da weder die Eintragung eines Kryptowertpapiers noch diesbezügliche Änderungen – einschließlich deren Wirksamwerdens – per se **unvorhergesehene Ereignisse** sind, hat der Emittent regelmäßig ausreichend Zeit, die Veranlassung der Veröffentlichung vorzubereiten.[19] Die „unverzügliche" Veranlassung kommt daher regelmäßig einer **„sofortigen"** Ver-

---

13) Seit dem 8.12.2021 nur noch „Bundesministerium der Justiz (BMJ)".
14) Begr. RegE Gesetz zur Einführung von eWp, BT-Drucks. 19/26925, S. 63.
15) Begr. RegE Gesetz zur Einführung von eWp, BT-Drucks. 19/26925, S. 63.
16) Begr. RegE Gesetz zur Einführung von eWp, BT-Drucks. 19/26925, S. 64.
17) So auch Müller/Pieper-*Barth*, eWpG, § 20 Rz. 11.
18) Vgl. Müller/Pieper-*Barth*, eWpG, § 20 Rz. 11.
19) Vgl. Begr. RegE Gesetz zur Einführung von eWp, BT-Drucks. 19/26925, S. 63.

anlassung gleich, die sich zeitlich unmittelbar an die Eintragung oder das Wirksamwerden der Änderung anschließt. So hat der Emittent im Regelfall noch am Tag der Eintragung eines Kryptowertpapiers oder einer Änderung die im Bundesanzeiger zu veröffentlichenden Informationen zusammen mit dem Veröffentlichungsauftrag an die Bundesanzeiger Verlag GmbH zu übermitteln. Spätestens ist die Veröffentlichung am nächsten Werktag zu veranlassen, der auf den Tag der Eintragung eines Kryptowertpapiers oder einer Änderung folgt. Dies scheint jedenfalls für solche Fälle sachgerecht, in denen die Eintragung eines Kryptowertpapiers oder einer Änderung erst zum Ende eines Werktags erfolgt ist.

Unterbleibt die Veranlassung der Veröffentlichung **ausnahmsweise** unverschuldet, ist sie 13 sobald möglich nachzuholen. Sollten etwa technische Probleme dazu führen, dass eine Übermittlung der zu veröffentlichenden Informationen an die Bundesanzeiger Verlag GmbH nicht möglich ist, ist deren Übermittlung nachzuholen, sobald die technischen Probleme behoben sind. Eine spezifische Aufschubmöglichkeit sieht § 20 Abs. 1 Satz 1 eWpG nicht vor.

Zur Veranlassung der Veröffentlichung sind die zu veröffentlichenden Informationen nach 14 einer einmaligen elektronischen Registrierung über die **Publikations-Plattform** des Bundesanzeigers hochzuladen. Erfolgt dies bis spätestens 14:00 Uhr des Übermittlungstages, werden die hochgeladenen Informationen nach Informationen der Bundesanzeiger Verlag GmbH regelmäßig spätestens am übernächsten Werktag veröffentlicht. Dem entgegen geht der Gesetzgeber davon aus, dass eine Veröffentlichung im Bundesanzeiger am Tag nach der Eintragung oder Änderung in der Regel unproblematisch möglich sei.[20] Dies steht im Widerspruch zur bislang üblichen **Veröffentlichungspraxis.**[21]

2. Veröffentlichungspflichtige Angaben (§ 20 Abs. 2 eWpG)

Im Bundesanzeiger sind **bei Eintragung eines Kryptowertpapiers die in § 20 Abs. 2 eWpG** 15 **genannten Angaben** zu veröffentlichen (§ 20 Abs. 1 Satz 1 Nr. 1 eWpG). Die Veröffentlichungspflicht betrifft **generische Daten über die Gattung** eines bestimmten Kryptowertpapiers im Fall von Sammeleintragungen i. S. von § 8 Abs. 1 Nr. 1 eWpG, nicht aber Einzeleintragungen i. S. von § 8 Abs. 1 Nr. 2 eWpG.[22] Im Einzelnen veröffentlichungspflichtig sind nach § 20 Abs. 2 eWpG:

- der Emittent (§ 20 Abs. 2 Nr. 1 eWpG);
- Informationen zum Kryptowertpapierregister (§ 20 Abs. 2 Nr. 2 eWpG);
- die registerführende Stelle (§ 20 Abs. 2 Nr. 3 eWpG);
- der wesentliche Inhalt des Rechts einschließlich einer eindeutigen Kennnummer und der Kennzeichnung als Wertpapier (§ 20 Abs. 2 Nr. 4 eWpG);
- das Datum der Eintragung des Kryptowertpapiers sowie im Falle einer Änderung das Datum der Änderung (§ 20 Abs. 2 Nr. 5 eWpG); und
- ob es sich um eine Eintragung oder um eine Änderung der Angaben nach Absatz 1 Satz 1 Nr. 2–4 handelt (§ 20 Abs. 2 Nr. 6 eWpG).

Veröffentlichungspflichtig sind darüber hinaus **Änderungen der in Absatz 2 genannten** 16 **Angaben** zu einem bereits eingetragenen Kryptowertpapier (§ 20 Abs. 1 Nr. 2 eWpG). Auf

---

20) Begr. RegE Gesetz zur Einführung von eWp, BT-Drucks. 19/26925, S. 64.

21) Z. B. wurden die Kryptowertpapiere „DekaBank Nullzins-Anleihen 06/2022 3426" (ISIN DE000DK022X0) und „DekaBank Nullzins-Anleihe 03/2022 3428" (ISIN DE000DK022Z5) der DekaBank Deutsche Girozentrale am 10.12.2021 (Freitag) eingetragen und am 14.12.2021 (Dienstag) im Bundesanzeiger veröffentlicht.

22) *Lehmann*, NJW 2021, 2318, 2323.

diese Weise soll die Information des Rechtsverkehrs kontinuierlich sichergestellt und die Beweisfunktion gewahrt werden.[23] Veröffentlichungspflichtige Änderungen werden in der Regel Angaben nach § 20 Abs. 2 Nr. 1 bis 4 eWpG betreffen, da es sich bei den in Absatz 2 Nr. 5 und 6 genannten Angaben grundsätzlich um gleichbleibende Informationen handelt.[24]

17   Dass auch Änderungen der in § 20 Abs. 2 eWpG genannten Angaben zu veröffentlichen sind, begründet der Gesetzgeber damit, dass eine **Umgehung der Veröffentlichungspflicht** andernfalls leicht möglich wäre.[25] So könnte der Emittent im Anschluss an die Veröffentlichung im Bundesanzeiger den Registerinhalt wieder ändern. Die spiegelbildliche Wiedergabe des aktuellen Stands der wesentlichen Informationen über ein Kryptowertpapier ist entscheidend für die Herstellung der Publizität und die Information des Rechtsverkehrs mit zutreffenden Angaben.[26]

18   Sollten veröffentlichungspflichtige Angaben über ein Kryptowertpapier im Bundesanzeiger unrichtig oder unvollständig veröffentlicht worden sein, hat der Emittent deren Korrektur bzw. Ergänzung zu veranlassen. Zwar hat der Gesetzgeber hierfür keine gesetzliche Pflicht normiert. Jedoch kann die Veröffentlichung im Bundesanzeiger ihre Beweisfunktion (siehe dazu Rz. 3) nur erfüllen, sofern die veröffentlichten Angaben zutreffend und vollständig sind. Auch unter dem Gesichtspunkt der Fehlerprävention ist eine **Korrekturpflicht** geboten. Anders ist dies zu beurteilen, wenn es sich lediglich um Fehler ohne inhaltliche Bedeutung, wie etwa bloße Rechtschreibfehler handelt. In solchen Fällen erscheint eine Korrekturpflicht nicht geboten. Auf Korrekturen falscher oder unvollständiger Angaben ist explizit hinzuweisen, um die Unterscheidbarkeit zu tatsächlichen Änderungen des Registerinhalts zu gewährleisten.

a)   Emittent (§ 20 Abs. 2 Nr. 1 eWpG)

19   Der Emittent muss eindeutig und zutreffend bezeichnet sein. Die Angabe entspricht grundsätzlich derer im Kryptowertpapierregister nach § 17 Abs. 1 Nr. 4 eWpG. Detaillierte personenbezogene Angaben entsprechend den Anforderungen des § 8 eWpRV dürften i. R. von § 20 Abs. 2 eWpG allerdings nicht erforderlich sein. Entscheidend sollte es vielmehr darauf ankommen, dass der Emittent im Bundesanzeiger **zweifelsfrei zu identifizieren** ist. Anzugeben sind dazu regelmäßig Firma, Anschrift, Rechtsform sowie falls vorhanden, eine Handelsregisternummer und das zugehörige Registergericht.[27]

20   Auch die Angabe der Rechtsträgerkennung Legal Entity Identifier (LEI) kann grundsätzlich ausreichen. Denn über das LEI-Register können alle genannten Informationen ermittelt werden.[28] Bei korrekter Angabe der Legal Entity Identifier scheinen weitere Angaben nicht mehr zwingend. Allerdings unterliegt die alleinige Angabe des Legal Entity Identifier großem Fehlerpotential. So kann bereits die unbeabsichtigte Falschangabe eines Buchstabens oder einer Ziffer im LEI-Code zur Unauffindbarkeit des Rechtsträgers führen. Um die zweifelsfreie Identifizierbarkeit zu gewährleisten, empfiehlt sich daher die Angabe aller zuvor genannten Informationen. Der Legal Entity Identifier kann dann zusätzlich mitangegeben werden.

---

23) Begr. RegE Gesetz zur Einführung von eWp, BT-Drucks. 19/26925, S. 63.
24) Vgl. Müller/Pieper-*Barth*, eWpG, § 20 Rz. 9.
25) Begr. RegE Gesetz zur Einführung von eWp, BT-Drucks. 19/26925, S. 63.
26) Müller/Pieper-*Barth*, eWpG, § 20 Rz. 9.
27) Vgl. Müller/Pieper-*Barth*, eWpG, § 20 Rz. 18.
28) Ein kostenfreier Abruf ist bspw. über die Suchfunktion der Global Legal Entity Identifier Foundation (GLEIF) unter https://search.gleif.org/#/search/ (Abrufdatum: 20.2.2023) möglich.

b) Informationen zum Kryptowertpapierregister (§ 20 Abs. 2 Nr. 2 eWpG)

Ein schutzwürdiges Interesse besteht grundsätzlich auch an Informationen zum Krypto- **21** wertpapierregister. Dabei sind für Anleger und Rechtsverkehr besonders **Angaben zur Erreichbarkeit** des Registers von Bedeutung.[29] Was konkret unter Erreichbarkeit zu verstehen ist, ergibt sich nicht aus dem Wortlaut des § 20 Abs. 2 Nr. 2 eWpG. Für den Anleger dürfte es in erster Linie darauf ankommen, auf welcher **Art von Aufzeichnungssystem** das Register beruht und wie das Register **technisch zu erreichen** ist.[30] Die Angabe eines Weblinks, der direkt zum Kryptowertpapierregister führt, dürfte hierfür genügen.[31]

Darin werden sich die erforderlichen Angaben zum Kryptowertpapierregister regelmäßig **22** erschöpfen. Weiterführende Informationen sind im Bundesanzeiger nicht erforderlich. Aus Gründen des Anlegerschutzes sind detaillierte **Angaben zur Technologie nicht zwingend erforderlich**, da jedes Kryptowertpapierregister gleichermaßen die Voraussetzungen eines fälschungssicheren Aufzeichnungssystems (§ 16 Abs. 1 eWpG) zu erfüllen hat, ohne dass es dabei auf die konkret verwendete Technologie ankommt. Freiwillige, ggf. ausführliche Angaben zur Technologie sind damit freilich nicht ausgeschlossen (siehe dazu Rz. 33).

c) Registerführende Stelle (§ 20 Abs. 2 Nr. 3 eWpG)

Für die Angabe der registerführenden Stelle ist es, ebenso wie für die Angabe des Emit- **23** tenten, ausreichend, wenn sie **zweifelsfrei identifizierbar** ist. Firma, Anschrift, Rechtsform sowie die Handelsregisternummer und das zugehörige Registergericht sind dazu grundsätzlich anzugeben. Auch die Angabe der Rechtsträgerkennung Legal Entity Identifier (LEI) kann bei korrekter Angabe ausreichen, ist als alleinige Angabe wegen des hohen Fehlerpotentials in der Schreibweise aber nicht zu empfehlen (siehe dazu Rz. 20).

Die Kenntnis der aktuellen registerführenden Stelle liegt im besonderen Interesse der An- **24** leger und des Rechtsverkehrs, da sie grundsätzlich ohne Zustimmung des Inhabers oder des Berechtigten eines Kryptowertpapiers gewechselt werden kann (§ 16 Abs. 2 Satz 2 eWpG) und Adressat wichtiger Pflichten ist, wie etwa der Pflicht zur Sicherstellung der Einsichtnahme in das Register (§ 10 Abs. 1 und Abs. 2 eWpG).[32]

d) Wesentlicher Inhalt des Rechts, einschließlich eindeutiger Kennnummer und Kennzeichnung als Wertpapier (§ 20 Abs. 2 Nr. 4 eWpG)

Die Angabe des **wesentlichen Inhalts des Rechts** entspricht der Angabe im Kryptowert- **25** papierregister nach § 17 Abs. 1 Nr. 1 i. V. m. § 7 eWpRV.[33] Der wesentliche Inhalt des Rechts umfasst nach der Definition in § 7 Abs. 1 Satz 2 eWpRV alle Angaben, die aus Sicht eines verständigen Anlegers für die Anlageentscheidung relevant[34] sind.

Unklar ist, ob eine **Bezugnahme auf die Emissionsbedingungen**[35] ausreicht. Zwar genügt **26** im Kryptowertpapierregister eine solche Bezugnahme für die Angabe des wesentlichen

---

29) Begr. RegE Gesetz zur Einführung von eWp, BT-Drucks. 19/26925, S. 64.

30) Müller/Pieper-*Barth*, eWpG, § 20 Rz. 19.

31) So bspw. beim Kryptowertpapier „DekaBank Nullzins-Anleihe 06/2022 3426" (ISIN DE000DK022X0) der DekaBank Deutsche Girozentrale.

32) Begr. RegE Gesetz zur Einführung von eWp, BT-Drucks. 19/26925, S. 64.

33) Begr. RegE Gesetz zur Einführung von eWp, BT-Drucks. 19/26925, S. 64.

34) Vormals in § 6 Abs. 1 Satz 2 RefE eWpRV (1. Konsultation), v. 6.8.2021, noch „potentiell relevant", abrufbar unter https://www.bmj.de/SharedDocs/Gesetzgebungsverfahren/DE/Wertpapierregister.html (Abrufdatum: 20.2.2023).

35) So bspw. bei den beiden ersten, am 14.12.2021 bekannt gemachten, Kryptowertpapieren „DekaBank Nullzins-Anleihen 06/2022 3426" (ISIN DE000DK022X0) und „DekaBank Nullzins-Anleihe 03/2022 3428" (ISIN DE000DK022Z5) der DekaBank Deutsche Girozentrale.

Inhalts des Rechts (§ 7 Abs. 1 Satz 1 eWpRV), sodass dieser selbst im Kryptowertpapier-register nicht eingetragen werden muss.[36] In Anbetracht der Beweisfunktion des Bundes-anzeigers ist dies jedoch **im Bundesanzeiger nicht ausreichend.** Denn die Veröffentli-chung im Bundesanzeiger fungiert als eine Art „Back-up" für die wesentlichen Informatio-nen über ein Kryptowertpapier, die dort jederzeit von jedermann auch in Zukunft in un-veränderter Form abrufbar sein sollen.[37] Der Bundesanzeiger dient damit nicht der bloßen Wiedergabe des Eintrags im Kryptowertpapierregister, sondern soll selbst die wesentlichen Informationen über ein Kryptowertpapier enthalten. Um insbesondere die **Beweisfunktion** des Bundesanzeigers und die Funktion als Auslegungshilfe (zum Zweck der Veröffentli-chung im Bundesanzeiger siehe Rz. 3) in ausreichendem Maße erfüllen zu können, genügt eine ausschließliche Bezugnahme auf die Emissionsbedingungen, die genauso wie das Kryptowertpapierregister – etwa aus technischen Gründen – nicht oder nur erschwert zu-gänglich sein können, nicht.[38]

27 Auch die Möglichkeit, nach § 5 Abs. 1 Satz 2 eWpG i. V. m. § 4 Abs. 5 eWpRV den Zugang zu den Emissionsbedingungen eines Kryptowertpapiers auf einen eingeschränkten Perso-nenkreis zu begrenzen, ändert nichts daran, dass im Bundesanzeiger eine alleinige Bezug-nahme auf die Emissionsbedingungen nicht ausreicht. Denn selbst wenn die Emissions-bedingungen nicht für jedermann öffentlich einsehbar sind, besteht zumindest seitens des zugelassenen Anlegerkreises ein **Schutzbedürfnis** hinsichtlich des wesentlichen Inhalts des Rechts, also dem wesentlichen Teil der Emissionsbedingungen. Darauf schließen lässt jedenfalls die Tatsache, dass der Gesetzgeber den Anwendungsbereich des § 20 eWpG gerade nicht auf bestimmte Kryptowertpapiere mit beschränktem Anlegerkreis eingeschränkt hat (siehe dazu Rz. 2).

28 Darüber hinaus soll die Möglichkeit der Bezugnahme auf die Emissionsbedingungen im Kryptowertpapierregister dem Umstand Rechnung tragen, dass im Kryptowertpapierregister aufgrund **technischer Gegebenheiten** eine Angabe ggf. nur in begrenztem Umfang möglich ist.[39] Bei Veröffentlichungen im Bundesanzeiger besteht eine vergleichbare Einschränkung aber nicht.[40] So ist es durchaus möglich – über die Angabe des wesentlichen Inhalts hinaus –, auch die vollständigen Anleihebedingungen eines Kryptowertpapiers im Bundesanzeiger zu veröffentlichen,[41] wenngleich dies nicht verbindlich ist.

---

36) Müller/Pieper-*Barth*, eWpG, § 13 Rz. 9, hält zu Recht bereits die Bezugnahme auf die teils komplexen Emissionsbedingungen i. R. der Registerangaben für den Rechtsverkehr wenig dienlich, denn sie er-möglicht gerade nicht die Bestimmbarkeit „de[s] charakteristische[n] Inhalt[s] des verbrieften Rechts auf den ersten Blick" (s. Begr. RegE Gesetz zur Einführung von eWp, BT-Drucks. 19/26925, S. 45).

37) Vgl. Begr. RegE Gesetz zur Einführung von eWp, BT-Drucks. 19/26925, S. 63.

38) Auch eine Angabe, wie etwa „Inhaberschuldverschreibung über 3.000 € mit einer Laufzeit vom 1.2.2022 bis 31.5.2022" beim Kryptowertpapier „Testanleihe der The Cluster Company GmbH" der The Cluster Company GmbH (ISIN DE000A3MQAK2), kann zur Beweisführung ggf. unzureichend sein.

39) Vgl. Begr. RegE Gesetz zur Einführung von eWp, BT-Drucks. 19/26925, S. 64.

40) Die Eintragung elektronischer Anteilscheine an Investmentvermögen in der Rechtsform des Sonder-vermögens (§ 95 Abs. 1 KAGB) erfolgt verpflichtend durch Bezugnahme auf die Anlagebedingungen (§ 95 Abs. 3 Satz 1 KAGB i. V. m. § 13 Abs. 1 Nr. 1 eWpG i. V. m. § 7 Abs. 2 Satz 1 eWpRV). Als Grund nennen die Gesetzgebungsmaterialien, dass sich der Inhalt der Anlagebedingungen eines In-vestmentfonds nicht in sinnvoller Weise auf einige wenige relevante Informationen reduzieren lasse (Begr. RefE eWpRV [1. Konsultation], v. 6.8.2021, S. 19, und Begr. RefE eWpRV [2. Konsultation], v. 14.1.2022, S. 6, abrufbar unter https://www.bmj.de/SharedDocs/Gesetzgebungsverfahren/DE/Wertpapier-register.html [Abrufdatum: 20.2.2023]). Die mit § 2 Verordnung über Kryptofondsanteile (KryptoFAV) ermöglichte Eintragung von Anteilscheinen in ein Kryptowertpapierregister bzw. Kryptofondsanteil-register – und damit die Begebung von Kryptofondsanteilen –, könnte im Bundesanzeiger eine um-fangreichere Darstellung des wesentlichen Inhalts des Rechts erfordern.

41) So beim Kryptowertpapier der DF Digitalinvest Strategie 1 GmbH (ISIN: DE000A30VK21).

Als **Mindestinhalt** sind regelmäßig die Art des Wertpapiers,[42] die Laufzeit, die Höhe und   29
Art der Verzinsung einschließlich der angewandten Berechnungsmethode, die Fälligkeit
sämtlicher Zahlungen, ordentliche und außerordentliche Kündigungsrechte sowie Rangrücktrittsvereinbarungen zu benennen (vgl. § 7 Abs. 1 Satz 3 eWpRV).

Zusätzlich ist im Bundesanzeiger nach § 20 Abs. 2 Nr. 4 eWpG eine eindeutige Kennnum-   30
mer zu veröffentlichen und das Wertpapier als solches zu kennzeichnen. Als Kennnummer ist im Einklang mit § 7 Abs. 3 eWpRV die internationale Wertpapierkennnummer des
Kryptowertpapiers anzugeben. Es handelt sich dabei um die **International Securities Identification Number** (ISIN).[43] Diese Kennnummer dient im Rechtsverkehr der eindeutigen Identifizierung des Kryptowertpapiers und erleichtert eine effektive Aufsicht.[44] Die
Kennzeichnung als Wertpapier dient der Abgrenzung zu anderen Kryptowerten, die nicht
als Kryptowertpapiere einzuordnen sind.[45] Alternativ zur ISIN könnte künftig de lege
ferenda auch die Angabe der Adresse des zu einem Kryptowertpapier gehörenden **Smart
Contract** als ausreichend zugelassen werden. Mit einem sog. Blockchain-Explorer ist damit
der das Kryptowertpapier „verkörpernde" Token zweifelsfrei identifizierbar.

e) Datum der Eintragung oder Änderung (§ 20 Abs. 2 Nr. 5 eWpG)

Aufgrund der dem Bundesanzeiger im Einzelfall zu Teil werdenden **Beweisfunktion**, hat   31
die Angabe des Eintragungsdatums des Kryptowertpapiers in das Kryptowertpapierregister
oder – im Falle einer Änderung der Angaben nach § 20 Abs. 2 Nr. 2 bis 4 eWpG – die
Angabe des Änderungsdatums zu erfolgen. Zwar ist eine rückwirkende Änderung von Daten
in Kryptowertpapierregistern auf dem Stand heutiger Technik eher unwahrscheinlich. Wegen
des stetigen technologischen Fortschritts kann es aber dazu kommen, dass ein Register
künftig nicht mehr oder **nur noch schwer erreichbar** ist. Denkbar wäre dies bspw., wenn
die Zahl der Nutzer des für das Kryptowertpapierregister verwendeten Aufzeichnungssystems rapide abnehmen würde, z. B. weil sie zukünftig ggf. neue andere Aufzeichnungssysteme wegen besserer Transaktionsgeschwindigkeit oder Manipulationsschutz bevorzugen
sollten. Die Eintragung im Bundesanzeiger wäre dann bedeutsam, da davon auszugehen ist,
dass die dortigen Veröffentlichungen langfristig zugänglich sein werden, selbst wenn einzelne
Aufzeichnungssysteme bereits technologisch veraltet sein sollten.[46] Weicht das Datum
im Bundesanzeiger vom **tatsächlichen Zeitpunkt einer Eintragung oder Änderung im
Kryptowertpapierregister** ab, kommt es auf Letzteren an.[47]

f) Kennzeichnung als Eintragung oder Änderung (§ 20 Abs. 2 Nr. 6 eWpG)

Die Veröffentlichung im Bundesanzeiger ist als **Eintragung oder Änderung** zu bezeich-   32
nen. Die Angabe, ob es sich um eine Eintragung oder Änderung handelt, hat dabei lediglich klarstellende Funktion.[48]

---

42) Zu denken ist bspw. an Wandel- oder Optionsanleihen.
43) Vgl. Begr. RefE eWpRV (1. Konsultation), v. 6.8.2021, S. 19, abrufbar unter https://www.bmj.de/Shared-
    Docs/Gesetzgebungsverfahren/DE/Wertpapierregister.html (Abrufdatum: 20.2.2023).
44) Vgl. Begr. RefE eWpRV (1. Konsultation), v. 6.8.2021, S. 19, abrufbar unter https://www.bmj.de/Shared-
    Docs/Gesetzgebungsverfahren/DE/Wertpapierregister.html (Abrufdatum: 20.2.2023).
45) Begr. RegE Gesetz zur Einführung von eWp, BT-Drucks. 19/26925, S. 30.
46) Müller/Pieper-*Barth*, eWpG, § 20 Rz. 20.
47) Vgl. Begr. RegE Gesetz zur Einführung von eWp, BT-Drucks. 19/26925, S. 64.
48) Begr. RegE Gesetz zur Einführung von eWp, BT-Drucks. 19/26925, S. 64.

3. Freiwillige Angaben

33 Zusätzlich zu den Pflichtangaben (§ 20 Abs. 2 eWpG) können **in angemessenem Rahmen** auch freiwillige Angaben im Bundesanzeiger gemacht werden, sofern sie – etwa durch ihren Umfang – den Zweck der Veröffentlichung, d. h. Publizität und Schutz des Rechtsverkehrs, nicht gefährden.[49] Denkbar sind etwa ergänzende Angaben zum wesentlichen Inhalt des Rechts oder sonstige Informationen, die z. B. aufgrund technischer Einschränkungen im Kryptowertpapierregister nur begrenzt eingetragen werden können.[50] Informationen zur Funktionsweise des Kryptowertpapierregisters kommen ebenfalls in Betracht.

4. Kosten

34 Nach der Begründung des Gesetzgebers sollen die Informationen im Bundesanzeiger **kostenlos zugänglich** sein.[51] Gesetzlich normiert wurde dies indes nicht. Ein lediglich kostenpflichtiger Zugang stünde im Widerspruch zum Zweck der Vorschrift. Denn die Informationen sollen gerade **für jedermann** einfach zugänglich sein.[52] Durch die Erhebung von Kosten oder Gebühren wäre der Zugang merklich erschwert, zumal schon rein praktisch der Bezahlvorgang eine deutliche Hürde darstellen würde. Ein kostenpflichtiger Abruf der im Bundesanzeiger veröffentlichten Informationen dürfte daher unzulässig sein.[53]

35 Das Gesetz enthält ebenfalls keine Regelung für die Allokation anfallender **Veröffentlichungskosten**. Grundsätzlich hat diese der Veranlasser der Veröffentlichung, mithin der verpflichtete **Emittent**, zu tragen. Vertraglich, etwa in den Emissionsbedingungen, kann jedoch geregelt werden, dass die Veröffentlichungskosten der Inhaber oder der Berechtigte des Kryptowertpapiers trägt.[54]

III. Mitteilung der Veröffentlichung an die BaFin (§ 20 Abs. 1 Satz 2 eWpG)

36 Nach Veröffentlichung der Eintragung oder Änderungen der veröffentlichten Angaben hat der **Emittent** der BaFin als Aufsichtsbehörde die Veröffentlichung mitzuteilen. Die Mitteilung soll die BaFin in die Lage versetzen, falls erforderlich, **aufsichtsrechtliche Maßnahmen** rechtzeitig zu ergreifen.[55] Die Mitteilung hat daher **unverzüglich nach der Veröffentlichung**, d. h. ohne schuldhaftes Zögern (§ 121 Abs. 1 BGB) zu erfolgen. Eine „gleichzeitig" mit der Veröffentlichung einhergehende Mitteilung, wie noch im Referentenentwurf vorgesehen, ist nicht erforderlich (vgl. § 20 Abs. 1 RefE eWpG). Damit ist eine Mitteilung am Tag der Veröffentlichung im Bundesanzeiger zwar möglich, aber nicht zwingend. Die BaFin ist jedenfalls am ersten Werktag nach Veröffentlichung im Bundesanzeiger zu informieren. Für die Rechtzeitigkeit kommt es dabei nicht auf den Zugang der Mitteilung, sondern auf den Zeitpunkt der Übermittlung an.

37 Emittenten sollten darauf achten, dass sie ihre Mitteilung an die BaFin nachweisen können, da eine nicht rechtzeitig erfolgte Mitteilung bußgeldbewehrt ist (§ 31 Abs. 1 Nr. 1, Abs. 3 eWpG).

---

49) Begr. RegE Gesetz zur Einführung von eWp, BT-Drucks. 19/26925, S. 64.
50) Begr. RegE Gesetz zur Einführung von eWp, BT-Drucks. 19/26925, S. 64.
51) Begr. RegE Gesetz zur Einführung von eWp, BT-Drucks. 19/26925, S. 63.
52) Begr. RegE Gesetz zur Einführung von eWp, BT-Drucks. 19/26925, S. 63.
53) Müller/Pieper-*Barth*, eWpG, § 20 Rz. 12.
54) Müller/Pieper-*Barth*, eWpG, § 20 Rz. 12.
55) Begr. RegE Gesetz zur Einführung von eWp, BT-Drucks. 19/26925, S. 64.

IV. Kryptowertpapierliste der BaFin (§ 20 Abs. 3 eWpG)

Über die von Emittenten mitgeteilten Kryptowertpapiere führt die BaFin auf ihrer In- **38** ternetseite **www.bafin.de** eine öffentliche Liste.[56)] Das BMJV hat gemeinsam mit dem BMF von der Verordnungsermächtigung in § 23 Abs. 1 Satz 1 Nr. 21 eWpG Gebrauch gemacht und in **§ 17 eWpRV** nähere Bestimmungen zu dieser Liste erlassen.

Zweck der Liste ist es, dem Rechtsverkehr unkompliziert eine einfache Übersicht über **39** die mit einem Kryptowertpapier verbundenen Veröffentlichungen und die dahinterliegenden Maßnahmen zu ermöglichen.[57)] Die Liste dient dem Schutz der Marktteilnehmer und stellt gleichzeitig sicher, dass jederzeit eindeutig erkennbar ist, wer registerführende Stelle und damit Adressat etwaiger Verwaltungsakte ist.[58)]

Zu Recht kann man das Erfordernis der Kryptowertpapierliste als eine **regulatorische** **40** **Übertreibung** kritisieren.[59)] Denn ebenso wie der Veröffentlichung im Bundesanzeiger kommt auch der Kryptowertpapierliste **kein öffentlicher Glaube** zu (zumal es sich weder um eine formell noch inhaltlich geprüfte Zusammenstellung der im Bundesanzeiger veröffentlichten Informationen handelt).[60)] Die Liste der BaFin dient mithin reinen **Informationszwecken**, ohne eine Rechtswirkung zu begründen.[61)] Zwar können die in der Kryptowertpapierliste veröffentlichten Informationen die Basis der Darlegung eines berechtigten Interesses für die Einsichtnahme in das Kryptowertpapierregister (§ 10 Abs. 2 eWpG) bilden.[62)] Gleiches gilt indes auch für die Veröffentlichung im Bundesanzeiger. Eine ersatzlose Streichung von § 20 Abs. 3 eWpG (de lege ferenda) wäre daher durchaus zu erwägen.[63)] Während die Kryptowertpapierliste inhaltlich keinen erkennbaren Mehrwert liefert, bietet sie den praktischen Vorteil einer leicht zugänglichen Übersicht der Veröffentlichungen zu einzelnen Kryptowertpapieren.

Mangels entsprechender Kostenregelung ist sowohl die **Aufnahme** in die Liste als auch **41** der **Zugang** zu dieser **kostenlos**.[64)]

1. Form und Inhalt der Kryptowertpapierliste (§ 20 Abs. 3 Satz 2 eWpG)

Die Liste kann in **tabellarischer** Form geführt werden und enthält eine **Zusammenfassung** **42** der Kryptowertpapierveröffentlichungen im Bundesanzeiger.[65)] Neben der Anzeigemöglichkeit der Liste auf der Internetseite der BaFin, stellt die BaFin derzeit die Liste zusätzlich im Excel-Format zum Download zur Verfügung.[66)]

Im Einzelnen sind für jedes Kryptowertpapier die folgenden Angaben zu veröffentlichen: **43**

– Emittent (§ 20 Abs. 3 Satz 2 Nr. 1 eWpG);

– registerführende Stelle (§ 20 Abs. 3 Satz 2 Nr. 2 eWpG);

---

56) Die Kryptowertpapierliste nach eWpG, Stand: 20.12.2022, ist abrufbar unter https://www.bafin.de/dok/ 17227056 (Abrufdatum: 20.2.2023).
57) Begr. RegE Gesetz zur Einführung von eWp, BT-Drucks. 19/26925, S. 64.
58) Begr. RefE eWpRV (1. Konsultation), v. 6.8.2021, S. 22, abrufbar unter https://www.bmj.de/Shared-Docs/Gesetzgebungsverfahren/DE/Wertpapierregister.html (Abrufdatum: 20.2.2023).
59) *Lieder* in: Omlor/Möslein/Grundmann, Elektronische Wertpapiere, § 5, S. 133.
60) Begr. RegE Gesetz zur Einführung von eWp, BT-Drucks. 19/26925, S. 63 f.
61) *Heise*, BaFin Journal 7/2021, S. 36, 39.
62) Müller/Pieper-*Barth*, eWpG, § 20 Rz. 24.
63) Vgl. *Lieder* in: Omlor/Möslein/Grundmann, Elektronische Wertpapiere, § 5, S. 133.
64) Müller/Pieper-*Barth*, eWpG, § 20 Rz. 29.
65) Begr. RegE Gesetz zur Einführung von eWp, BT-Drucks. 19/26925, S. 64.
66) Anlage der Kryptowertpapierliste nach eWpG, Stand: 20.12.2022, abrufbar unter https://www.bafin.de/ dok/17227056 (Abrufdatum: 20.2.2023) im Bereich „Zusatzinformationen".

– Datum der Eintragung des Kryptowertpapiers in das Kryptowertpapierregister (§ 20 Abs. 3 Satz 2 Nr. 3 eWpG); und

– mitgeteilte Änderungen der in Absatz 2 genannten Angaben mit ihrem jeweiligen Datum und dem wesentlichen Inhalt der jeweiligen Änderung (§ 20 Abs. 3 Satz 2 Nr. 4 eWpG).

44 Eine darüber hinausgehende Wiedergabe des gesamten Inhalts der Veröffentlichung im Bundesanzeiger ist nicht erforderlich.[67]

45 **Emittent und registerführende Stelle** (sofern diese vom Emittenten abweicht) sind **zweifelsfrei identifizierbar** anzugeben (siehe Rz. 19 f., 23 f.). Die BaFin gibt dazu jeweils die Firma, die Anschrift sowie, falls vorhanden, die Legal Entity Identifier (LEI) als Rechtsträgerkennung an.

2. Kenntniserlangung der BaFin über die zu veröffentlichenden Angaben

a) Verpflichteter

46 Wie die BaFin von den von ihr in der Kryptowertpapierliste zu veröffentlichenden Angaben Kenntnis erlangt, geht aus dem Wortlaut von § 20 Abs. 3 eWpG nicht hervor. § 20 Abs. 1 Satz 2 eWpG spricht zunächst lediglich davon, dass der Emittent die Veröffentlichung mitzuteilen hat. Ob neben einer reinen Mitteilung der Veröffentlichung weitere Angaben zu machen sind, regelt das eWpG nicht. So wäre es grundsätzlich denkbar, dass die BaFin die im Bundesanzeiger veröffentlichten Angaben eigenständig übernimmt. Allerdings stellt § 17 Abs. 1 eWpRV klar, dass der **Emittent** zur Übermittlung der Angaben an die BaFin verpflichtet ist.

b) Zu übermittelnde Angaben (§ 17 Abs. 1 eWpRV)

47 Die an die BaFin zu übermittelnden Angaben bestimmt § 17 Abs. 1 eWpRV näher:

– die Firma, die Anschrift und die Rechtsträgerkennung der registerführenden Stelle (§ 17 Abs. 1 Nr. 1 eWpRV);

– die Firma, die Anschrift und die Rechtsträgerkennung des Emittenten (§ 17 Abs. 1 Nr. 2 eWpRV);

– die Bezeichnung und die internationale Wertpapierkennnummer des Kryptowertpapiers (§ 17 Abs. 1 Nr. 3);

– das Datum der Eintragung des Kryptowertpapiers in das Kryptowertpapierregister (§ 17 Abs. 1 Nr. 4 eWpRV); und

– im Falle einer Änderung von Angaben nach § 20 Abs. 2 eWpG das Datum und der wesentliche Inhalt der jeweiligen Änderung (§ 17 Abs. 1 Nr. 5 eWpRV).

48 Warum nach der eWpRV die Übermittlung von **Firma, Anschrift und Rechtsträgerkennung** sowohl der registerführenden Stelle als auch des Emittenten erforderlich ist, erschließt sich aus der Verordnungsbegründung nicht. Gemessen am Zweck der Kryptowertpapierliste (siehe dazu Rz. 39) wäre es ausreichend gewesen, nur allgemein solche Angaben zu fordern, die den Emittenten zweifelsfrei identifizierbar machen. Die Detailvorgaben der eWpRV geben der Praxis aber jedenfalls transparente und klare Vorgaben.

49 Nach § 17 Abs. 2 Satz 4 eWpRV ist zusätzlich ein **Nachweis über die Veröffentlichung** im Bundesanzeiger zu übermitteln. Ein solcher Nachweis kann grundsätzlich durch Übermittlung einer Kopie des **Veröffentlichungsbelegs** des Bundesanzeigers erfolgen. Alter-

---

67) Begr. RegE Gesetz zur Einführung von eWp, BT-Drucks. 19/26925, S. 64.

nativ dürfte auch die Übermittlung des **Weblinks** auf die Veröffentlichung genügen[68] oder die Übersendung eines **Ausdrucks** der Veröffentlichung. Die genannten Möglichkeiten eignen sich allesamt gleichermaßen als Nachweis einer Veröffentlichung. In welcher Form die BaFin den Nachweis erwartet, wird aus ihrem Formblatt für Mitteilungen nach § 20 Abs. 1 Satz 2 eWpG aktuell nicht ersichtlich.[69] Es wird dort lediglich die Beifügung eines separaten Nachweises über die Veröffentlichung gefordert.

c) Art und Weise der Übermittlung (§ 17 Abs. 2 eWpRV)

Wie die Übermittlung an die BaFin zu erfolgen hat, bestimmt § 17 Abs. 2 eWpRV. Danach sind die Angaben und der Nachweis über die Veröffentlichung im Bundesanzeiger **regelmäßig in elektronischer Form** auf einem von der BaFin hierzu auf ihrer Internetseite bekannt gegebenen Weg zu übermitteln. Die BaFin hat dazu ein Formblatt auf ihrer Internetseite bereitgestellt.[70] Derzeit ist eine ausschließliche Übermittlung dieses Formblatts per E-Mail an kryptowertpapierliste@bafin.de vorgesehen.[71] Der Nachweis über die Veröffentlichung ist der E-Mail separat beizufügen. Die BaFin könnte für die Übermittlung künftig auch die Nutzung einer Melde- und Veröffentlichungsplattform vorsehen. Sollte die BaFin keinen elektronischen Übermittlungsweg bekannt geben oder macht eine technische Störung die elektronische Übermittlung unmöglich, hat die Übermittlung **ausnahmsweise schriftlich** zu erfolgen. 50

3. Ablehnung der Veröffentlichung (§ 17 Abs. 3 eWpRV)

Grundsätzlich hat die BaFin alle Kryptowertpapiere in die Liste aufzunehmen.[72] Die BaFin kann die Aufnahme übermittelter Angaben allerdings ablehnen, sofern sie gerechtfertigt annehmen darf, dass die Angaben unzutreffend sind. Wenngleich dies **keine Prüfungspflicht der BaFin** begründet,[73] dürfte in der Praxis zumindest eine Plausibilitätsprüfung erfolgen. 51

Lehnt die BaFin eine Veröffentlichung ab, hat sie den Emittenten und die registerführende Stelle davon in Kenntnis zu setzen und diesen Gelegenheit zu geben, innerhalb einer angemessenen Frist und unter Einreichung geeigneter Nachweise die **Angaben zu korrigieren** oder die **Annahme unzutreffender Angaben zu widerlegen**. Bezüglich der einzureichenden Nachweise enthält die eWpRV keine näheren Angaben. Die Nachweispflicht steht in gewissem Widerspruch dazu, dass seitens der BaFin grundsätzlich keine Prüfung der Angaben erfolgen soll. Damit sich die Angaben im Bundesanzeiger und die Angaben in der Kryptowertpapierliste nicht widersprechen, wäre aber im Fall der Korrektur der BaFin unrichtig mitgeteilter Angaben jedenfalls auch an einen Nachweis einer entsprechenden 52

---

68) Gleiches gilt etwa i. R. der Bekanntmachung einer Angebotsunterlage i. S. von § 11 WpÜG und der anschließenden Mitteilung an die BaFin nach § 14 Abs. 3 Satz 1 Nr. 2 und Satz 2 WpÜG, BT-Drucks. 16/1003, S. 18 (re. Sp.).

69) BaFin, Mitteilung an die Aufsichtsbehörde über die Veröffentlichung eines Kryptowertpapiers im Bundesanzeiger nach § 20 Abs. 1 Satz 2 eWpG, Stand: 3.5.2022, abrufbar unter https://www.bafin.de/dok/17232530 (Abrufdatum: 20.2.2023).

70) BaFin, Mitteilung an die Aufsichtsbehörde über die Veröffentlichung eines Kryptowertpapiers im Bundesanzeiger nach § 20 Abs. 1 Satz 2 eWpG, Stand: 3.5.2022, abrufbar unter https://www.bafin.de/dok/17232530 (Abrufdatum: 20.2.2023).

71) Vgl. Fn. 2 des Formblatts der BaFin, Mitteilung an die Aufsichtsbehörde über die Veröffentlichung eines Kryptowertpapiers im Bundesanzeiger nach § 20 Abs. 1 Satz 2 eWpG, Stand: 3.5.2022, abrufbar unter https://www.bafin.de/dok/17232530 (Abrufdatum: 20.2.2023).

72) Müller/Pieper-*Barth*, eWpG, § 20 Rz. 30.

73) Begr. RefE eWpRV (1. Konsultation), v. 6.8.2021, S. 22, und Begr. RefE eWpRV (2. Konsultation), v. 14.1.2022, S. 11, abrufbar unter https://www.bmj.de/SharedDocs/Gesetzgebungsverfahren/DE/Wertpapierregister.html (Abrufdatum: 20.2.2023).

Korrektur im Bundesanzeiger zu denken, sofern die unrichtigen Angaben dort veröffentlicht wurden. Geeignet wäre hierzu abermals die Übersendung einer Kopie des Veröffentlichungsbelegs, die Mitteilung des Weblinks auf die Veröffentlichung oder ein Ausdruck der Veröffentlichung (siehe dazu bereits Rz. 49).

53 Ob die BaFin Kryptowertpapiere ggf. auch wieder **aus der Liste entfernen** darf, sofern dies aus aufsichtsrechtlichen Gründen erforderlich scheint, ist gesetzlich nicht geregelt. Insofern wurde von der Verordnungsermächtigung in § 23 Abs. 1 Satz 1 Nr. 21 eWpG bislang kein Gebrauch gemacht.[74]

V.   Rechtsfolgen bei Verstößen (§ 31 Abs. 1, Abs. 3 eWpG)

54 Veranlasst der Emittent die Veröffentlichung nicht, nicht richtig, nicht vollständig oder nicht rechtzeitig oder macht der Emittent eine Mitteilung nicht, nicht richtig, nicht vollständig oder nicht rechtzeitig, stellt dies ggf. eine **Ordnungswidrigkeit** dar; zu den Einzelheiten siehe *von der Meden*, § 31 Rz. 14 ff.).

---

74) Müller/Pieper-*Barth*, eWpG, § 20 Rz. 31.

§ 21
Pflichten des Emittenten

(1) Der Emittent trifft die erforderlichen technischen und organisatorischen Maßnahmen, um die Integrität und die Authentizität der Kryptowertpapiere für die gesamte Dauer, für die das Kryptowertpapier eingetragen ist, zu gewährleisten.

(2) [1]Ist die Erfüllung der nach diesem Gesetz für das Kryptowertpapierregister geltenden Anforderungen nicht mehr sichergestellt, hat der Emittent in angemessener Zeit Abhilfe zu schaffen. [2]Schafft er keine Abhilfe, so kann die Aufsichtsbehörde vom Emittenten verlangen, das Kryptowertpapier in ein anderes elektronisches Wertpapierregister zu übertragen.

Literatur: *Bräutigam*, SLA: In der Praxis alles klar?, CR 2004, 248; *Conreder/Diederichsen/ Okonska*, Das neue Gesetz über elektronische Wertpapiere – digitale Zeitenwende im Wertpapierbereich, DStR 2021, 2594; *Döding/Wentz*, Der Referentenentwurf zur Einführung von elektronischen Wertpapieren und Kryptowertpapieren, WM 2020, 2312; *Dubovitskaya*, Gesetzentwurf zur Einführung von elektronischen Wertpapieren: ein zaghafter Schritt nach vorn, ZIP 2020, 2551; *Geier*, Einführung elektronischer Wertpapiere, RdF 2020, 258; *Grieser/Karck*, Token für Zahlungsdienste und Smart Contracts unter aufsichtsrechtlichen Gesichtspunkten, RdZ 2020, 148; *Habersack*, Haftung des Emittenten eines Zertifikats für die Verwirklichung von Risiken in Bezug auf den Basiswert?, ZIP 2014, 1149; *Kleinert/Mayer*, Der deutsche Weg zum elektronischen Wertpapier: Der Referentenentwurf für das eWpG, EuZW 2020, 1059; *Lehmann*, Das Gesetz zur Einführung von elektronischen Wertpapieren, NJW 2021, 2318; *Lehmann*, Zeitenwende im Wertpapierrecht: Der Referentenentwurf für ein Gesetz über elektronische Wertpapiere (eWpG), BKR 2020, 431; *Linardatos*, Elektronische Schuldverschreibungen auf den Inhaber – des Wertpapiers neue Kleider, ZBB 2020, 329; *Lorenz*, Deutsche Rechtspolitik aktuell, WM 2021, 1615; *Patz*, Überblick über die Regulierung von Kryptowerten und Kryptowertedienstleistern, BKR 2021, 725; *Reger/Langheld/Haagen*, Elektronische Aktien, RDi 2021, 83; *Schreibauer/ Taraschka*, Service Level Agreements für Softwarepflegeverträge, CR 2003, 557; *Siadat*, Verordnung über die Anforderungen an elektronische Wertpapierregister, RDi 2021, 466; *Sickinger/ Thelen*, Anleihen und Genussscheine auf der Blockchain, AG 2020, 862; *Wieneke/Kunz*, Das Gesetz zur Einführung elektronischer Wertpapiere, NZG 2021, 316.

Übersicht

I.   Normzweck und Überblick

1.   Regelungsgegenstand

§ 21 eWpG legt dem **Emittenten** unabhängig von der Registerführung (siehe dazu *Blassl*,   **1**
§ 16 Rz. 133 ff.) **eigene Pflichten**[1] auf und beinhaltet zugleich eine **Ermächtigungsgrundlage für ein Einschreiten seitens der Aufsichtsbehörde.** Die Vorschrift war mit lediglich redaktioneller Abweichung bereits im Referentenentwurf enthalten und ist im Laufe des Gesetzgebungsverfahrens inhaltlich unverändert geblieben:[2]

–   § 21 Abs. 1 eWpG verpflichtet den Emittenten, die erforderlichen technischen und organisatorischen Maßnahmen zu treffen, um die Integrität und die Authentizität der

---

1)   Vgl. auch *Lehmann*, BKR 2020, 431, 435; *Döding/Wentz*, WM 2020, 2312, 2319; *Dubovitskaya*, ZIP 2020, 2551, 2560; *Wienecke/Kunz*, NZG 2021, 316, 321; *Conreder/Diederichsen/Okonska*, DStR 2021, 2594, 2597 f.; daneben trifft den Emittenten die Pflicht zur Veröffentlichung im Bundesanzeiger (s. dazu *Ostermeier*, § 20 Rz. 7 ff.).

2)   Zu einem – letztlich unberücksichtigt gebliebenen – Vorschlag, den registerführenden Emittenten über einen zusätzlichen Absatz 3 in die Missbrauchsprävention einzubinden, Deutsche Schutzvereinigung für Wertpapierbesitz (DSW), Stellungnahme z. RefE eWpG, S. 4, und *Otto/Steinfeld*, Stellungnahme z. RefE eWpG, v. 13.9.2020, S. 7, 10: „(3) Der registerführende Emittent trifft die erforderlichen technischen und organisatorischen Maßnahmen, um missbräuchlicher Ausnutzung der automatisierten, algorithmenbasierten Führung eines Kryptowertpapierregisters nach § 16 Absatz 1 vorzubeugen. Er hat insbesondere sicherzustellen, dass Änderungen an einem anderen Kryptowertpapierregister nach § 16 Absatz 1 Satz 3 nicht automatisiert und algorithmenbasiert zu Änderungen an dem Kryptowertpapierregister oder den Kryptowertpapieren führen." (Stellungnahmen z. RefE abrufbar unter https://bundesfinanzministerium.de/Content/DE/Gesetzestexte/Gesetze_Gesetzesvorhaben/Abteilungen/Abteilung_VII/19_Legislaturperiode/2021-06-09-einfuehrung-elektronische-wertpapiere/0-Gesetz.html [Abrufdatum jew. 20.2.2023]).

Kryptowertpapiere für die gesamte Dauer, für die das Kryptowertpapierregister eingetragen ist, zu gewährleisten.

– Hieran anknüpfend bestimmt **§ 21 Abs. 2 Satz 1 eWpG**, dass der Emittent in angemessener Zeit Abhilfe zu schaffen hat, wenn die Erfüllung der nach dem eWpG für das Kryptowertpapierregister geltenden Anforderungen nicht mehr sichergestellt ist.

– Schafft der Emittent keine Abhilfe, gibt **§ 21 Abs. 2 Satz 2 eWpG** der Aufsichtsbehörde eine Eingriffsbefugnis an die Hand: Sie kann vom Emittenten verlangen, das Kryptowertpapier in ein anderes elektronisches Wertpapierregister zu übertragen.

2.   Regelungszweck

2   Vollständig erfassen lässt sich der teleologische Bedeutungsgehalt des § 21 eWpG erst unter Berücksichtigung der **allgemeinen Zielsetzungen des eWpG**: Danach sollen einerseits **Innovationen im Finanzsektor** unter Einbindung neuer Technologien ermöglicht werden, gleichzeitig aber dem **Anlegerschutz** Rechnung getragen werden und durch das Schaffen rechtssicherer regulatorischer Rahmenbedingungen und Aufsichtsstrukturen **die Integrität, die Transparenz und die Funktionsfähigkeit der Finanzmärkte geschützt und verbessert werden**.[3]

3   Insoweit sind die Zuweisung von eigenen Pflichten an den Emittenten sowie die daran anknüpfende Eingriffsbefugnis der Aufsichtsbehörde in erster Linie als **rechtstechnische Mittel zur Sicherstellung der Handelbarkeit von Kryptowertpapieren nach Maßgabe der aufsichtsrechtlichen Anforderungen** zu begreifen. **Maßgeblicher Beweggrund** sind die **Schwierigkeiten bei der Durchsetzbarkeit** der aufsichtsrechtlichen Anforderungen, die mit Distributed-Ledger-Technologien (DLT) wie der Blockchain-Technologie einhergehen: Deren Idee, durch ihre dezentrale Organisation sowie ihre automatische und algorithmenbasierte Funktionsweise auch und gerade Intermediäre abzuschaffen, erschwert allen voran die Aufgabe der Finanzaufsicht. Denn die Finanzaufsicht reguliert in erster Linie Unternehmen mit Intermediärsfunktion.[4] Ein dezentrales System selbst kann aber nicht Normadressat sein und scheidet damit als Verpflichteter einer Regulierung aus.[5] Ohne **eindeutige Herauskristallisierung von Normadressaten**, die als Rechtssubjekte und damit insbesondere als Träger von **ihnen gesondert zugeordneten rechtlichen Pflichten** zur Verfügung stehen, würde die Durchsetzbarkeit der aufsichtsrechtlichen Anforderungen erschwert, wenn nicht gar unmöglich gemacht.[6]

4   In diesem Zusammenhang wendet sich das eWpG **zuvörderst an den Emittenten**:[7] § 21 eWpG weist ihm eine **umfassende Verantwortung im Hinblick auf die Sicherung der**

---

3)   Allg. dazu Begr. RegE Gesetz zur Einführung von eWp, BT-Drucks. 19/26925, S. 1.

4)   *Grieser/Karck*, RdZ 2020, 148, 151.

5)   Vgl. Begr. RegE Gesetz zur Einführung von eWp z. § 16 eWpG, BT-Drucks, 19/26925, S. 60; dazu *Kleinert/Mayer*, EuZW 2020, 1059, 1061 f.; *Linardatos*, ZBB 2020, 329, 339; *Wienecke/Kunz*, NZG 2021, 316, 321.

6)   Allg. dazu BaFin, Blockchain-Technologie – Gedanken zur Regulierung, geändert am 1.8.2018, abrufbar unter https://www.bafin.de/SharedDocs/Veroeffentlichungen/DE/BaFinPerspektiven/2018/bp_18-1_Beitrag_Fusswinkel.html, sowie Deutsche Bundesbank, Monatsbericht 7/2021, S. 33, 45, abrufbar unter   https://www.bundesbank.de/de/publikationen/berichte/monatsberichte/monatsbericht-juli-2021-869512 (Abrufdatum jew. 20.2.2023); vgl. wiederum auch Begr. RegE Gesetz zur Einführung von eWp z. § 16 eWpG, BT-Drucks. 19/26925, S. 60.

7)   Implizit auch *Döding/Wentz*, WM 2020, 2312, 2319, sowie *Habersack* in: Omlor/Möslein/Grundmann, Elektronische Wertpapiere, S. 83, 90 – im Hinblick auf das Pflichtengefüge des eWpG thematisieren beide Beiträge zunächst die Bedeutung des § 21 eWpG an erster Stelle; vgl. auch Deutsche Börse Group, Kommentare z. RefE eWpG, S. 13, abrufbar unter https://www.bundesfinanzministerium.de/Content/DE/Gesetzestexte/Gesetze_Gesetzesvorhaben/Abteilungen/Abteilung_VII/19_Legislaturperiode/2021-06-09-einfuehrung-elektronische-wertpapiere/Stellungnahme-dbg.pdf?__blob=publicationFile&v=1 (Abrufdatum: 20.2.2023).

Handelbarkeit des Kryptowertpapiers zu.[8] Die **Garantenstellung**[9] des Emittenten kommt im eWpG auch an anderer Stelle zum Ausdruck – bspw. implizit in § 16 Abs. 2 Satz 2 eWpG, wonach der Emittent in Zweifelsfällen selbst als registerführende Stelle gilt[10] und daher die damit verbundenen Pflichten (siehe dazu unten Rz. 10 ff.) selbst zu erfüllen hat. Auch durch die Übertragung der Registerführung auf eine andere Stelle (siehe dazu *Blassl*, § 16 Rz. 144 f.) kann sich der Emittent nicht völlig von seiner Verantwortung befreien (siehe dazu im Einzelnen unten Rz. 12 ff.).[11] Denn unabhängig von einer möglichen Übertragung trifft den Emittenten nach § 21 Abs. 1 eWpG die Verpflichtung, die erforderlichen technischen und organisatorischen Maßnahmen zu treffen, um die Integrität und die Authentizität der Kryptowertpapiere für die gesamte Dauer, für die das Kryptowertpapier eingetragen ist, zu gewährleisten. Die **Rechtfertigung** für die umfassende Verantwortungszuweisung erblickt die Begründung des Regierungsentwurfs in der **Entscheidung des Emittenten, das elektronische Wertpapier als Kryptowertpapier** (zum Begriff siehe *Lendermann/Nemeczek*, § 4 Rz. 46 ff.) **über ein Kryptowertpapierregister** (zum Begriff siehe *Lendermann/Nemeczek*, § 4 Rz. 25 ff.) **zu begeben.**[12]

Daneben trägt § 21 eWpG dem **Grundsatz der Technologieneutralität und Innovations-** **offenheit** Rechnung:[13] Die Vorschrift ist bewusst weit gefasst und beinhaltet keine konkreten Vorgaben – weder für die Erfüllung der Anforderungen an die Garantenstellung nach Absatz 1 noch für die Übertragung in ein anderes elektronisches Wertpapierregister nach Absatz 2 Satz 2. Um gleichwohl auf technologische Entwicklungen schnell reagieren zu können, können die Pflichten des Emittenten im Wege der Rechtsverordnung gemäß § 23 Abs. 1 Satz 1 Nr. 25 eWpG auf einfache Weise angepasst und konkretisiert werden.[14] 5

II. Garantenstellung (§ 21 Abs. 1 eWpG)

1. Allgemeines

Der Emittent eines Kryptowertpapiers ist gemäß § 21 Abs. 1 eWpG zu den erforderlichen 6 technischen und organisatorischen Maßnahmen verpflichtet, um die Integrität und die Authentizität der Kryptowertpapiere für die gesamte Dauer, für die das Kryptowertpapier

---

8) *Döding/Wentz*, WM 2020, 2312, 2319; *Habersack* in: Omlor/Möslein/Grundmann, Elektronische Wertpapiere, S. 83, 90 f.

9) So die Bezeichnung im RegE, s. Begr. RegE Gesetz zur Einführung von eWp z. § 21 eWpG, BT-Drucks. 19/26295, S. 65.

10) Begr. RegE Gesetz zur Einführung von eWp z. § 16 eWpG, BT-Drucks. 19/26925, S. 60: „In Zweifelsfällen gilt er selbst als registerführenden Stelle."; s. dazu *Blassl*, § 16 Rz. 133.

11) Vgl. auch *Lehmann*, NJW 2021, 2318, 2323.

12) Begr. RegE Gesetz zur Einführung von eWp z. § 21 eWpG, BT-Drucks. 19/26925, S. 65: „Entscheidet sich der Emittent ein Kryptowertpapier zu begeben, trifft ihn daher die Pflicht, hierfür hinreichende technische und organisatorische Vorkehrungen zu treffen [...]." – Folgerichtig gibt es keine entsprechende Pflicht für die Begebung des Wertpapiers als Zentralregisterwertpapier (zum Begriff s. *Lendermann/Nemeczek*, § 4 Rz. 39 ff.) über ein zentrales Register (zum Begriff s. *Lendermann/Nemeczek*, § 4 Rz. 11 ff.).

13) *Casper* in: Möslein/Omlor, FinTech-Handbuch, § 28 Rz. 28: „Ausprägung der Technologieneutralität ist § 21 eWpG."; vgl. nun auch die konsequente Fortsetzung dieses Leitgedankens in Begr. eWpRV, v. 27.10.2022, S. 2: „[A]ngesichts der verwendeten, sich noch in der Entwicklung befindlichen Technologien (insbesondere beim Kryptowertpapierregister) [erscheint es] angezeigt, die Vorgaben zunächst nicht zu eng zu fassen, um die Martkentwicklung abwarten zu können. [...] Dadurch wird dem Grundsatz der Technologieneutralität und Innovationsoffenheit Rechnung getragen, einem wichtigen Leitgedanken des eWpG.", abrufbar https://www.bmj.de/SharedDocs/Gesetzgebungsverfahren/Dokumente/Bundesanzeiger_eWpRV_Bekanntmachung.html (Abrufdatum 20.2.2023).

14) Dazu bereits BMF/BMJV, Eckpunkte für die regulatorische Behandlung von elektronischen Wertpapieren und Krypto-Token, v. 7.3.2019, S. 2: „Im Hinblick darauf, dass sich die technischen Standards und Anforderungen rasch ändern können, soll eine Ermächtigung vorgesehen werden, die konkreten technischen Einzelheiten durch Rechtsverordnung zu regeln.", abrufbar unter https://www.bundesfinanzministerium.de/Content/DE/Gesetzestexte/Gesetze_Gesetzesvorhaben/Abteilungen/Abteilung_VII/19_Legislaturperiode/2019-03-07-Eckpunktepapier-Wertpapiere-Krypto-Token/0-Gesetz.html (Abrufdatum: 20.2.2023).

eingetragen ist, zu gewährleisten. Die Begründung des Regierungsentwurfs spricht von einer „Garantenstellung".[15] Sie ist als eine **umfassende Verantwortung des Emittenten für die Sicherstellung der Handelbarkeit des Kryptowertpapiers** zu begreifen.[16] Die Garantenstellung bezieht sich nicht nur – wie der Wortlaut auf den ersten Blick vermuten lässt – auf das Kryptowertpapier, sondern auch auf das Kryptowertpapierregister, weil die Handelbarkeit des Kryptowertpapiers unmittelbar von der Funktionstüchtigkeit des Registers abhängig ist[17] und beides letztlich auf derselben Grundlage – dem Aufzeichnungssystem – beruht.[18] Im Konkreten kommt dies auch in der Begründung des Regierungsentwurfs zu § 30 eWpG zum Ausdruck:[19] Danach hat der Emittent sicherzustellen, dass er sich nur eines Kryptowertpapierregisters bedient, das die aufsichtsrechtlichen Anforderungen einhält. Zu gewährleisten ist dabei die Funktionstüchtigkeit des Kryptowertpapierregisters in dem Sinne, dass einerseits autorisierte Änderungen des Registerinhalts und insbesondere Umtragungen zeitnah, eindeutig und irreversibel erfolgen und andererseits die Registerinhalte vor nicht-autorisierten Datenverlusten und -veränderungen hinreichend geschützt sind.[20]

7   Welche Maßnahmen der Emittent konkret zu treffen hat, lässt § 21 Abs. 1 eWpG im Ausgangspunkt offen. Die Begründung des Regierungsentwurfs nennt die Auswahl eines geeigneten Aufzeichnungssystems (zum Begriff siehe *Lendermann/Nemeczek*, § 4 Rz. 89 ff.), also die dem Kryptowertpapierregister zugrunde liegende Technologie, und – bei Registerführung durch einen Dritten (siehe dazu *Blassl*, § 16 Rz. 117 ff.) – die Auswahl einer geeigneten registerführenden Stelle.[21] Im Übrigen überlässt der Gesetzgeber die inhaltliche Konkretisierung gemäß § 23 Abs. 1 Satz 1 Nr. 25 eWpG der näheren Ausgestaltung durch Rechtsverordnung. Dadurch wird der Verordnung in der Praxis große Bedeutung zukommen.[22] Etwaige Unklarheiten über das Verhältnis zu den Pflichten der registerführenden Stelle könnten beseitigt werden.

8   Die Verordnung über Anforderungen an elektronische Wertpapierregister (**eWpRV**)[23], die am 29.10.2022 in Kraft getreten ist, verschafft zunächst keine Klarheit:[24] Sie schöpft

---

15) Begr. RegE Gesetz zur Einführung von eWp z. § 21 eWpG, BT-Drucks. 19/26925, S. 65.

16) *Döding/Wentz*, WM 2020, 2312, 2319: „Den Emittenten trifft auch für den Fall, dass er als registerführende Stelle eine andere Person bestimmt, eine umfassende Verantwortung."; so tendenziell auch *Habersack* in: Omlor/Möslein/Grundmann, Elektronische Wertpapiere, S. 83, 90 f.: „Besondere Aufmerksamkeit widmet der Entwurf der Sicherung der Handelbarkeit des Kryptowertpapiers. Insoweit adressiert er zunächst den Emittenten."

17) Vgl. auch Begr. RegE Gesetz zur Einführung von eWp z. § 21 eWpG, BT-Drucks. 19/26925, S. 65: „Die Handelbarkeit des Kryptowertpapiers ist unmittelbar von der Funktionstüchtigkeit des Registers, weil Verfügungen über das Wertpapier eine Eintragung in das Register voraussetzen."

18) *Habersack* in: Omlor/Möslein/Grundmann, Elektronische Wertpapiere, S. 83, 91: „Diese Technologie [i. e. die Distributed Ledger Technologie] bildet im Übrigen nicht nur die Grundlage des Registers, sondern typischerweise auch die des registrierten elektronischen Wertpapiers selbst."

19) Dazu und zum Folgenden Begr. RegE Gesetz zur Einführung von eWp z. § 21 eWpG, BT-Drucks. 19/26925, S. 69.

20) So auch Müller/Pieper-*Barth*, eWpG, § 21 Rz. 6, der aber missverständlich davon schreibt, die Funktionsfähigkeit sei ein Merkmal der Integrität des Systems.

21) Begr. RegE Gesetz zur Einführung von eWp z. § 21 eWpG, BT-Drucks. 19/26925, S. 65: „Integrität und Authentizität des Registerinhalts und damit des Kryptowertpapiers hängen entscheidend davon ab, dass der Emittent durch Auswahl eines geeigneten Aufzeichnungssystems und ggf. Auswahl einer geeigneten registerführenden Stelle für die gesamte Dauer der Eintragung ein ordnungsgemäßes Funktionieren des Registers sicherstellt."

22) So auch zur Bedeutung der Verordnung für das Kryptowertpapierregister allgemein *Wieneke/Kunz*, NZG 2021, 316, 321.

23) Verordnung über Anforderungen an elektronische Wertpapierregister (eWPRV), v. 24.10.2022, BGBl. I 2022, 1882.

24) Dies wurde bereits vor Veröffentlichung des ersten RefE von *Casper* in: Möslein/Omlor, FinTech-Handbuch, § 28 Rz. 28, befürchtet: „Dass die zu erwartende Verordnung insoweit für Klarheit sorgen wird, ist eher nicht zu vermuten."

---

die Ermächtigungsgrundlage in § 23 eWpG nicht vollständig aus und verzichtet darauf, zu sämtlichen dort genannten Aspekten verbindliche Vorgaben zu machen. So fehlt u. a. eine Regelung zu § 23 Abs. 1 Satz 1 Nr. 25 eWpG (Anforderungen an die erforderlichen technischen und organisatorischen Maßnahmen des Emittenten). Nach der Begründung des eWpRV „erscheint es angesichts der verwendeten, sich noch in der Entwicklung befindlichen Technologien (insbesondere beim Kryptowertpapierregister) angezeigt, die Vorgaben zunächst nicht zu eng zu fassen, um die Marktentwicklung abwarten zu können"[25]; dadurch werde „dem Grundsatz der Technologieneutralität und Innovationsoffenheit Rechnung getragen, einem wichtigen Leitgedanken des eWpG"[26]. Vor diesem Hintergrund ist eine Konkretisierung der Pflichten aus Absatz 1 im Verordnungswege nach § 23 Abs. 1 Satz 1 Nr. 25 eWpG erst mit gestiegener Praxiserfahrung zu erwarten.

Solange der Verordnungsgeber keine näheren Bestimmungen zu § 21 Abs. 1 eWpG erlassen hat, sind die **Pflichten des Emittenten** zur Festlegung der erforderlichen technischen und organisatorischen Maßnahmen im Einzelnen **im Wege der Gesetzesauslegung zu ermitteln**. Als Auslegungshilfe dient dabei vor allem das bereits Gesagte zum Normzweck (siehe oben Rz. 2 ff.): Die Verantwortung des Emittenten als Garant für die Sicherung der Handelbarkeit des Kryptowertpapiers ist umfassend zu begreifen. Dementsprechend ist auch der Pflichtenkreis des Emittenten im Ausgangspunkt **weit zu fassen**. 9

2. Emittentenpflichten im Einzelnen

a) Auswahl eines geeigneten Aufzeichnungssystems

Eng mit der Sicherung der Handelbarkeit des Kryptowertpapiers zusammen hängen die in § 16 Abs. 1 eWpG geregelten **Anforderungen an das einem Kryptowertpapierregister zugrunde liegende Aufzeichnungssystem**.[27] Gerade DLT wie die Blockchain-Technologie bilden nicht nur die Grundlage des Kryptowertpapierregisters, sondern typischerweise auch die des registrierten elektronischen Wertpapiers selbst.[28] Folgerichtig nennt die Begründung des Regierungsentwurfs zunächst die **Auswahl eines geeigneten Aufzeichnungssystems** als eine der erforderlichen technischen und organisatorischen Maßnahmen, die der Emittent zu treffen hat.[29] 10

In Anbetracht der Technologieneutralität und Innovationsoffenheit sind die Anforderungen an die Ausgestaltung des Aufzeichnungssystems **technikneutral** gefasst.[30] Der Gesetzgeber verpflichtet den Emittenten nicht zur Auswahl einer DLT wie bspw. der Blockchain-Technologie, auch wenn nach dem derzeitigen Stand der Technik in erster Linie diese Technologien gewöhnlicherweise – aber nicht stets – die gesetzlichen Anforderungen erfüllen.[31] Zu den Anforderungen an ein geeignetes Aufzeichnungssystem siehe im Einzelnen *Blassl*, § 16 Rz. 53 ff. 11

---

25) Begr. eWpRV, v. 27.10.2022, S. 2, abrufbar unter: https://www.bmj.de/SharedDocs/Gesetzgebungs-verfahren/Dokumente/Bundesanzeiger_eWpRV_Bekanntmachung.html (Abrufdatum: 20.2.2023).

26) Begr. eWpRV, v. 27.10.2022, S. 2, abrufbar unter: https://www.bmj.de/SharedDocs/Gesetzgebungs-verfahren/Dokumente/Bundesanzeiger_eWpRV_Bekanntmachung.html (Abrufdatum: 20.2.2023).

27) *Habersack* in: Omlor/Möslein/Grundmann, Elektronische Wertpapiere, S. 83, 91; *Casper* in: Möslein/Omlor, FinTech- Handbuch, § 28 Rz. 28; vgl. auch Begr. RegE Gesetz zur Einführung von eWp z. § 21 eWpG, BT-Drucks. 19/26925, S. 65: „Die Handelbarkeit des Kryptowertpapiers ist unmittelbar abhängig von der Funktionstüchtigkeit des Registers, weil Verfügungen über das Wertpapier eine Eintragung in das Register voraussetzen."

28) *Habersack* in: Omlor/Möslein/Grundmann, Elektronische Wertpapiere, S. 83, 91.

29) Begr. RegE Gesetz zur Einführung von eWp z. § 21 eWpG, BT-Drucks. 19/26925, S. 65.

30) Begr. RegE Gesetz zur Einführung von eWp z. § 16 eWpG, BT-Drucks. 19/26925, S. 59.

31) Begr. RegE Gesetz zur Einführung von eWp z. § 16 eWpG, BT-Drucks. 19/26925, S. 59 f.

b) Im Besonderen: Pflichten des nicht registerführenden Emittenten

12 Der Emittent hat dafür Sorge zu tragen, dass Klarheit über die registerführende Stelle besteht.[32] Bei **Selbstbenennung** als registerführende Stelle sowie in **Zweifelsfällen**[33] hat der Emittent die Pflichten einer registerführenden Stelle nach §§ 7, 17, 18 eWpG[34] in eigener Person zu erfüllen. Der Emittent kann aber auch die Funktion der registerführenden Stelle einem **Dienstleister** überlassen (siehe dazu *Blassl*, § 16 Rz. 117 ff.); in diesem Fall hat der Dienstleister die Pflichten nach §§ 7, 17, 18 eWpG zu erfüllen. In welchem **Verhältnis** dazu sodann die Pflicht des Emittenten nach § 21 Abs. 1 eWpG steht, legt das Gesetz nicht ausdrücklich fest – insoweit ergibt sich ein unklares Bild.[35] Auch in der Literatur ist diese Abgrenzung bislang nicht zweifelsfrei geklärt. In der Gesamtschau dürften sich die Pflichtenkreise im Ausgangspunkt wie folgt abgrenzen: Dem Emittenten steht es frei, die Pflichten nach §§ 7, 17, 18 eWpG entweder selbst zu erfüllen oder die Erfüllung an einen Dienstleister zu übertragen. Entscheidet er sich für letztere Variante, wird der Emittent jedoch als Ausprägung der **Garantenstellung** (dazu siehe oben Rz. 6 ff.) nicht vollständig entlastet: Zwar hat er die **Pflichten einer registerführenden Stelle** nach §§ 7, 17, 18 eWpG **nicht selbst zu erfüllen**; gleichwohl hat er deren **Einhaltung sicherzustellen**. In Anlehnung an die Delegation von Aufgaben[36] verbleiben beim Emittenten die **Verpflichtungen zur sorgfältigen Auswahl** (siehe dazu Rz. 13 ff.) und **Instruktion** (siehe Rz. 16 f.) sowie zur **fortlaufenden Überwachung** der registerführenden Stelle (siehe Rz. 18 f.).[37]

aa) Auswahl einer geeigneten registerführenden Stelle

13 Zunächst trifft den Emittenten – wie auch die Begründung des Regierungsentwurfs festhält[38] – die Pflicht zur **Auswahl einer geeigneten registerführenden Stelle**. Um die Handelbarkeit der Kryptowertpapiere sicherzustellen, hat der Emittent sich insbesondere Auskunft bei dem in Betracht kommenden Dienstleister darüber zu verschaffen, ob und auf welche Weise dieser die nach dem eWpG für das Kryptowertpapierregister geltenden Anforderungen zu erfüllen vermag. Die erteilten Angaben sind einer sorgfältigen Plausibilitätskontrolle im Hinblick auf ihrer Umsetzung zu unterziehen.

---

32) Begr. RegE Gesetz zur Einführung von eWp z. § 16 eWpG, BT-Drucks. 19/26925, S. 60.

33) Begr. RegE Gesetz zur Einführung von eWp z. § 16 eWpG, BT-Drucks. 19/26925, S. 60: „In Zweifelsfällen gilt er selbst als registerführenden Stelle."; s. dazu *Blassl*, § 16 Rz. 139.

34) Übersichtlich zu den Pflichten der registerführenden Stelle *Habersack* in: Omlor/Möslein/Grundmann, Elektronische Wertpapiere, S. 83, 87 ff.; *Reger/Langheld/Haagen*, RDi 2021, 83 Rz. 7 ff.

35) Kritisch dazu bereits Deutsches Aktieninstitut, Stellungnahme z. RefE eWpG, v. 11.9.2020, S. 5: „Ferner regen wir an, dass die in § 21 eWpG genannten Pflichten klargestellt werden. Dabei sollte der Pflichtenkreis zwischen Emittent, registerführender Stelle und Kryptoverwahrer konkret abgegrenzt werden. Beispielsweise stellt sich die Frage, welche ‚technischen und organisatorischen Maßnahmen' und welche Überprüfungen der Emittent ergreifen muss."; tendenziell auch Deutscher Anwaltsverein, Stellungnahme z. RefE eWpG, Rz. 70 unter Verweis auf Rz. 63: „Sieht man sich das Zusammenspiel der §§ 16 Abs. 1, 11 Abs. 1 und 21 eWpG-E an, ergibt sich ein unklares Bild." (Stellungnahmen z. RefE abrufbar unter https://bundesfinanzministerium.de/Content/DE/Gesetzestexte/Gesetze_Gesetzesvorhaben/Abteilungen/Abteilung_VII/19_Legislaturperiode/2021-06-09-einfuehrung-elektronische-wertpapiere/0-Gesetz.html [Abrufdatum jew. 20.2.2023]).

36) Vgl. bspw. zur Delegation deliktischer Sorgfaltspflichten *Wagner* in: MünchKomm-BGB, § 823 Rz. 521 ff.

37) In diese Richtung *Geier*, RdF 2020, 258, 263: „Materiell werden registerführende Stellen dazu verpflichtet, sicherzustellen, dass der Inhalt des Wertpapierregisters ‚die bestehende Rechtslage zutreffend wiedergibt' (§ 7 Abs. 2 eWpG). [...] Letztlich überträgt der RefE die Verantwortung zur Prüfung bestimmter verfügungsrelevanter Aspekte der registerführenden Stelle. So ist diese verpflichtet, die Tatbestandsmerkmale der §§ 14, 18 eWpG zu prüfen. [...] Für die technische Struktur der Blockchain ist bei KWP der Emittent verantwortlich (§ 21 eWpG): [...]".

38) Begr. RegE Gesetz zur Einführung von eWp z. § 21 eWpG, BT-Drucks. 19/26925, S. 65.

Da es sich bei der Führung eines Kryptowertpapierregisters um eine erlaubnispflichtige 14
Finanzdienstleistung handelt (§ 1 Abs. 1a Satz 2 Nr. 8 KWG), darf der Emittent im Normalfall davon ausgehen, dass ein nach Abschluss des Erlaubnisverfahrens zugelassener
Kryptowertpapierregisterführer über den nötigen rechtlichen und technischen Sachverstand
verfügt. Gleichwohl werden allein durch die Erlaubniserteilung an die registerführende
Stelle die Auswahl- und Überwachungspflichten des Emittenten nicht hinfällig.[39] Insbesondere wenn Tatsachen über die registerführende Stelle bekannt werden, die eine Versagung der Erlaubnis nach § 33 Abs. 1 KWG rechtfertigen, hat er von der Wahl dieser registerführenden Stelle abzusehen.

Die **vorläufige Erteilung der Erlaubnis für die Kryptowertpapierregisterführung nach** 15
§ 65 Abs. 2 Satz 1 KWG[40] hat für sich genommen **keine Aussagekraft** für die Eignung des
Dienstleisters als registerführende Stelle: Zum einen handelt es sich lediglich um eine fingierte Erlaubnis ohne inhaltliche Prüfung. Ausreichend für die vorläufige Erlaubniserteilung ist bereits das Stellen eines vollständigen Erlaubnisantrags nach § 32 Abs. 1 Satz 1 und 2
KWG, verbunden mit der schriftlichen Anzeige gegenüber der BaFin zwei Monate vor
Aufnahme der beabsichtigten Tätigkeit. Zum anderen gilt diese Fiktion nur vorläufig – die
BaFin kann die Aufnahme der Tätigkeit im Einzelfall noch bis zum Abschluss des Erlaubnisverfahrens untersagen (§ 65 Abs. 2 Satz 3 KWG). Überdies konnte von der Übergangsvorschrift des § 65 Abs. 2 Satz 1 KWG nur bis zum Ablauf von maximal sechs Monaten
nach dem 10.6.2021, d. h. bis Ablauf des 10.12.2021, Gebrauch gemacht werden.

bb) Instruktion der registerführenden Stelle

Mit der Auswahlpflicht korrespondiert die Pflicht zur sorgfältigen **Instruktion** der aus- 16
gewählten registerführenden Stelle im Hinblick auf ihre Aufgaben. Weder dem Wortlaut
des § 21 Abs. 1 eWpG noch dessen Begründung im Regierungsentwurf lässt sich entnehmen, wie diese Instruktionspflicht im Konkreten ausgestaltet ist. Hinweise dazu liefern
jedoch die **Materialien zu § 30 Satz 1 eWpG:** Danach ist der Inhaber einer in einem
Kryptowertpapierregister eingetragenen Schuldverschreibung zur außerordentlichen Kündigung berechtigt, wenn er dem Emittenten erfolglos eine angemessene Frist zur Wiederherstellung der Funktionstüchtigkeit des Kryptowertpapierregisters gesetzt hat. An dieser
bereits im Referentenentwurf enthaltenen Regelung war zunächst Kritik aufgekommen:
Für den Fall, dass sich der Emittent eines Dienstleisters als registerführende Stelle bedient,
werfe die Regelung die Frage auf, ob der Emittent im Einzelfall überhaupt die notwendigen Vorkehrungen treffen könne, um die Fehlfunktionen des Kryptowertpapierregisters
zu beseitigen.[41] In der Folge ergänzte der Regierungsentwurf die Begründung des Referentenentwurfs[42] zu § 30 eWpG u. a. um den Zusatz, dass – wenn der Emittent sich zur Re-

---

39) So bereits zur Delegation deliktischer Sorgfaltspflichten *Wagner* in: MünchKomm-BGB, § 823 Rz. 527.
40) Dazu *Patz*, BKR 2021, 725, 728.
41) Krit. Blockchain Bundesverband e. V., Stellungnahme z. RefE eWpG, v. 14.9.2020, S. 15 (zu § 30): „Vor-
    gesehen ist gemäß § 30 eWpG, dass Inhaber von Inhaberschuldverschreibungen, die in Form von Krypto-
    wertpapieren ausgegeben wurden, von einem gesetzlichen Recht zur außerordentlichen Kündigung profitie-
    ren, wenn der Emittent die Funktionsfähigkeit des Kryptowertpapierregisters nicht innerhalb des vom Wert-
    papierinhaber festgelegten Zeitrahmens wiederherstellt. An der den Emittenten von Kryptowertpapieren
    auferlegten Pflicht fällt auf, dass der jeweilige Emittent von Kryptowertpaieren und das das Kryptowertpa-
    pierregister betreibende Unternehmen nicht zwangsläufig dieselbe Person und nicht einmal Teil derselben
    Gruppe sein müssen. Dies wirft aber die Frage auf, ob der Emittent im Einzelfall überhaupt die notwendigen
    Vorkehrungen treffen kann, um die Fehlfunktionen des Kryptowertpapierregisters, welche nicht direkt von
    ihm betrieben werden darf, zu beseitigen. Auch insoweit besteht Anpassungs- und Ergänzungsbedarf hin-
    sichtlich der vorgesehenen Regelung.", abrufbar unter https://bundesfinanzministerium.de/Content/DE/
    Gesetzestexte/Gesetze_Gesetzesvorhaben/Abteilungen/Abteilung_VII/19_Legislaturperiode/2021-06-09-
    einfuehrung-elektronische-wertpapiere/0-Gesetz.html (Abrufdatum: 20.2.2023).
42) Begr. RegE Gesetz zur Einführung von eWp z. § 30 eWpG, BT-Drucks. 19/26925, S. 70.

gisterführung eines Dienstleisters bedient – dessen entsprechende **Bindung an die erforderlichen Standards zur Funktionstüchtigkeit** des Kryptowertpapierregisters **in einem** über die Registerführung zu schließenden **Vertrag erfolgen** kann.[43]

17   In den Fokus der Instruktionspflicht rückt damit der über die Registerführung zu schließende Vertrag (**Registerführungsvertrag**): Der Emittent hat darin sicherzustellen, dass die registerführende Stelle **an die Einhaltung der Pflichten aus §§ 7, 17, 18 eWpG** auch **vertraglich gegenüber ihm gebunden** ist. Darüber hinaus hat der Emittent i. R. des Registerführungsvertrags sicherzustellen, dass **im Falle der Funktionsuntüchtigkeit** des Kryptowertpapierregisters die registerführende Stelle **Abhilfe** schafft. Ferner ist die registerführende Stelle zu verpflichten, bei einer – ggf. durch die Aufsichtsbehörde angeordnete – **Übertragung der Kryptowertpapiere** in ein anderes elektronisches Wertpapierregister **mitzuwirken**, damit der Emittent seinen Verpflichtungen aus § 21 Abs. 2 Satz 1 eWpG (siehe dazu Rz. 20 ff.) und Satz 2 (siehe Rz. 32 ff.) nachkommen kann. Der Registerführungsvertrag sollte also die technischen Grundlagen, quantitativen und qualitativen Standards und sonstigen Leistungsbeschreibungen des Dienstleisters, einschließlich der Möglichkeiten zur Überprüfung durch den Emittenten, der Eskalation und Kündigungsmöglichkeiten, festhalten, die die Funktionstüchtigkeit des Kryptowertpapierregisters gewährleisten. Damit ähnelt der Registerführungsvertrag einem **Service-Level-Agreement für IT-Dienstleistungen**[44]. Auf diese Weise ist sichergestellt, dass der Emittent hinsichtlich der Erfüllung der Pflichten aus §§ 7, 17, 18 eWpG einen einklagbaren Anspruch gegen die registerführende Stelle hat, den der Emittent notfalls auch gerichtlich durchsetzen kann.

cc)   Überwachung der registerführenden Stelle und des Kryptowertpapierregisters

18   Die Pflicht zur Überwachung der registerführenden Stelle und des Kryptowertpapierregisters ist zwar nicht in der Begründung des Regierungsentwurfs explizit aufgeführt. Nach dem Wortlaut des § 21 Abs. 1 eWpG hat der Emittent die Integrität und Authentizität der Kryptowertpapiere jedoch **für die gesamte Dauer**, für die das Kryptowertpapier eingetragen ist, zu gewährleisten. Das Gesetz geht damit implizit davon aus, dass der Emittent entsprechend seiner Garantenstellung auch zur fortlaufenden Überwachung der registerführenden Stelle und des Kryptowertpapierregisters verpflichtet ist.

19   Um der fortlaufenden Überwachungspflicht gerecht zu werden, bieten sich – wiederum i. R. des Registerführungsvertrags – die **Festlegung von Dokumentationspflichten** zu Prozessen und zu technischen Verfahren betreffend die Erfüllung der Anforderungen nach §§ 7, 17, 18 eWpG an, die der Dienstleister dem Emittenten jederzeit auf Verlangen vorzulegen hat. Darüber hinaus sollte der Emittent den **Programmcode des dem Kryptowertpapierregister zugrunde liegenden Aufzeichnungssystems jederzeit einsehen** können, sodass der Emittent potentiell nachvollziehen kann, wie das Aufzeichnungssystem aufgebaut ist und funktioniert. Soweit der Programmcode Open-Source-Software ist, ist er für jedermann frei verfügbar und damit auch für den Emittenten einsehbar.[45] Denkbar ist aber auch, dass die registerführende Stelle proprietäre Software zur Registerführung einsetzt,

---

43)   Begr. RegE Gesetz zur Einführung von eWp z. § 30 eWpG, BT-Drucks. 19/26925, S. 69.

44)   Grundlegend dazu *Schreibauer/Taraschka*, CR 2003, 557; *Bräutigam*, CR 2004, 248; *Redeker*, IT-Recht, Rz. 671 ff.

45)   Vgl. Deutsche Bundesbank, Monatsbericht 7/2021, S. 33, 38: „Der Programmcode dezentraler Finanzanwendungen kann als Open-Source-Software von jedem eingesehen werden, wodurch er von Entwicklern als Blaupause für neue Projekte genutzt werden kann. Durch die Kombination und Ergänzung vorhandener Codezeilen können neue Anwendungen mit vergleichsweise geringem Programmieraufwand entstehen. Gleichzeitig können die Netzwerkakteure zumindest potentiell nachvollziehen, wie Anwendungen aufgebaut sind und funktionieren.", abrufbar unter https://www.bundesbank.de/de/publikationen/berichte/monatsberichte/monatsbericht-juli-2021-869512 (Abrufdatum: 20.2.2023).

welche nicht öffentlich verfügbar ist. Dann empfiehlt es sich, für den Emittenten ein vertragliches **Einsichtnahmerecht** und die **Hinterlegung** des Programmcodes zu vereinbaren. Auf diese Weise soll der Emittent sich unter Hinzuziehung von fachkundigem Personal jederzeit ein besseres Bild davon verschaffen können, ob die technischen Voraussetzungen zur Sicherstellung der Handelbarkeit des Kryptowertpapiers gewährleistet sind.

III. Abhilfe (§ 21 Abs. 2 Satz 1 eWpG)

Wenn die Erfüllung der nach diesem Gesetz für das Kryptowertpapierregister geltenden Anforderungen nicht mehr sichergestellt ist, hat der Emittent gemäß § 21 Abs. 2 Satz 1 eWpG in angemessener Zeit Abhilfe zu schaffen. Die Pflicht bildet einerseits **Anknüpfungspunkt für aufsichtsrechtliche Maßnahmen** (siehe dazu Rz. 32 ff.), ist daneben aber auch als **gesetzlich verankerte Nebenleistungspflicht** innerhalb der jeweiligen schuldrechtlichen Beziehung zu den Inhabern der Kryptowertpapiere zu begreifen (eingehend siehe unten Rz. 47). 20

1. Fehlende Sicherstellung der Erfüllung der aufsichtsrechtlichen Anforderungen

Mit den „nach diesem Gesetz für das Kryptowertpapierregister geltenden Anforderungen" angesprochen sind sämtliche Vorgaben an das Kryptowertpapierregister nach dem eWpG (bspw. die allgemeinen Registerführungspflichten nach § 7 eWpG) und der Rechtsverordnung gemäß § 23 eWpG.[46] Die Begründung des Regierungsentwurfs nennt als Anwendungsfälle zum einen Situationen, in denen das gewählte Aufzeichnungsverfahren unbrauchbar wird – etwa weil sich für die Aufrechterhaltung des Aufzeichnungsverfahrens nicht mehr genug sog. „Miner" finden, – sowie zum anderen Fälle, in denen sich das dezentrale Aufzeichnungssystem als nachhaltig unsicher erweist oder aus anderen Gründen nicht nur vorübergehend nicht mehr in gesetzeskonformer Weise betrieben wird.[47] 21

2. Abhilfemaßnahmen

Wie der Emittent Abhilfe zu schaffen hat, schreibt § 21 Abs. 2 Satz 1 eWpG nicht vor. In Betracht kommen folgende Abhilfemaßnahmen: 22

a) Änderung des bereits verwendeten Aufzeichnungssystems

Denkbar ist zunächst, dass **das bereits verwendete Aufzeichnungssystem in einer Weise geändert wird, dass dieses (wieder) den gesetzlichen Vorgaben** entspricht. Dies kann sich je nach Anforderungen der verwendeten Technologie aufgrund der dezentralen Verwaltung des Aufzeichnungssystems jedoch als schwierig herausstellen – die Dezentralität soll ja gerade einseitige Änderungen des Aufzeichnungssystems verhindern. Gleichwohl kann der Programmcode, in welchem die Schuldverschreibungen erschaffen wurden, bereits von vornherein dergestalt programmiert werden, dass der Emittent jederzeit die volle Kontrolle über den Programmcode ausüben und auf diese Weise Aktualisierungen durchführen kann.[48] Üblicherweise werden dezentrale Governance-Prozesse implementiert, bei denen 23

---

46) S. a. Müller/Pieper-*Barth*, eWpG, § 21 Rz. 30.

47) Begr. RegE Gesetz zur Einführung von eWp, BT-Drucks. 19/26925, S. 65; vgl. auch *Dubovitskaya*, ZIP 2020, 2551, 2560: „Er ist ferner verpflichtet, Abhilfe zu schaffen, wenn die gesetzlichen Anforderungen an das Kryptowertpapierregister nicht mehr erfüllt werden, etwa wenn sich die gewählte Technologie als unsicher erweist oder ungebräuchlich wird."

48) Vgl. *Matzke* in: Breidenbach/Glatz, Rechtshdb. Legal Tech, Kap. 5.8 Rz. 8: „Wenn gewünscht, kann ein Smart Contract derart programmiert werden, dass der Emittent tokenbasierter Schuldverschreibungen jederzeit die volle Kontrolle über den Smart Contract ausüben [kann], um etwa einzelne oder alle Token einzufrieren bzw. transferierbar zu machen und Transaktionen rückabzuwickeln."

Systemänderungen mithilfe sog. **Governance-Token** herbeigeführt werden können.[49] Auf diese Weise können administrative Eingriffe von außen in das Aufzeichnungssystem sichergestellt werden.

b)　Übertragung der Kryptowertpapiere in ein anderes Wertpapierregister

24　Die zulässigen Abhilfemaßnahmen beschränken sich nicht auf die Wiederherstellung des bereits verwendeten Aufzeichnungssystems. Denn an späterer Stelle im eWpG – namentlich im Zusammenhang mit dem außerordentlichen Kündigungsrecht (dazu siehe unten Rz. 40 sowie *Wieneke*, § 30 Rz. 13 ff.) – bestimmt § 30 Satz 2 eWpG, dass die Wiederherstellung der Funktionstüchtigkeit des Registers der Übertragung der Schuldverschreibung auf ein anderes Wertpapierregister gleichsteht.[50] Als alternative Abhilfemaßnahme kommt damit auch und gerade die **Übertragung der Kryptowertpapiere in ein anderes Wertpapierregister** in Betracht (siehe dazu unten Rz. 32 sowie insbesondere *Kloka/Langheld*, § 22 Rz. 7 ff.), und zwar sowohl die Übertragung in ein Kryptowertpapierregister als auch die Übertragung in ein zentrales Register. § 30 Satz 2 eWpG spricht lediglich von der „Übertragung […] auf ein anderes Wertpapierregister" und meint insoweit mit Blick auf § 4 Abs. 1 eWpG beide Arten von Wertpapierregistern.

c)　Wechsel von der Digital- zur Urkundenform

25　Darüber hinaus ist zu beachten, dass ein Wertpapier, nachdem es zunächst als elektronisches Wertpapier über ein Kryptowertpapierregister begeben worden ist, nicht zwingend in der digitalen Welt eines Kryptowertpapierregisters (oder eines zentralen Registers) verbleiben muss, sondern **das eWpG technologische Systemwechsel zulässt:** Nach § 6 Abs. 2 Satz 1 eWpG kann der Emittent ein elektronisches Wertpapier durch ein inhaltsgleiches mittels Urkunde begebenes Wertpapier ersetzen, wenn der Berechtigte zustimmt oder die Emissionsbedingungen eine solche Ersetzung ohne Zustimmung des Berechtigten ausdrücklich zulassen (siehe im Einzelnen *Reger*, § 6 Rz. 16 ff.). Nach dieser Maßgabe kann der Emittent die Begebungsform selbst dann ersetzen, wenn das Kryptowertpapierregister die aufsichtsrechtlichen Anforderungen einhält – und damit die Handelbarkeit der Wertpapiere als solche sichergestellt ist.

26　Der **Wechsel von der Digital- zur Urkundenform als Abhilfemaßnahme** ist daher allen voran für solche Fälle in Betracht zu ziehen, in denen nicht sichergestellt ist, dass das Kryptowertpapierregister die aufsichtsrechtlichen Anforderungen erfüllt. **Für die Praxis** empfiehlt es sich, bereits in den **Emissionsbedingungen eine solche Ersetzung** ohne Zustimmung des Berechtigten gerade für den Fall **nach § 6 Abs. 2 Satz 1 Nr. 2 eWpG zuzulassen,** falls sich herausstellen sollte, dass die aufsichtsrechtlichen Anforderungen an das Kryptowertpapierregister nicht erfüllt werden.

---

49)　Vgl. Deutsche Bundesbank, Monatsbericht 7/2021, S. 38 f.: „Dezentrale Finanzanwendungen basieren auf vordefinierten Programmcodes und können daher nicht selbstständig auf unvorhersehbare Ereignisse oder sich verändernde Gegebenheiten reagieren. Um dennoch administrative Eingriffe von außen zu ermöglichen, werden üblicherweise dezentrale Governance-Prozesse implementiert. Dabei verwenden dezentrale Finanzanwendungen üblicherweise Governance-Token, mit denen die Entscheidungsprozesse technisch auf der zugrunde liegenden Blockchain abgebildet werden können (sog. On-Chain-Governance). Werden Verbesserungsvorschläge zur Weiterentwicklung der Anwendung eingebracht, können die Inhaber der Governance-Token im Rahmen eines gewichteten Abstimmungsverfahrens über die Vorschläge entscheiden.", abrufbar unter https://www.bundesbank.de/de/publikationen/berichte/monatsberichte/monatsbericht-juli-2021-869512 (Abrufdatum: 20.2.2023).

50)　Vgl. auch *Habersack* in: Omlor/Möslein/Grundmann, Elektronische Wertpapiere, S. 83, 91: „Die Übertragung steht denn auch nach § 30 S. 2 eWpG der Wiederherstellung der Funktionstüchtigkeit des Registers gleich."

Zu erwägen ist, ob § 6 Abs. 2 eWpG **dahingehend teleologisch zu reduzieren** ist, dass **27** **bei fehlender Funktionstüchtigkeit** des Kryptowertpapierregisters die Kryptowertpapiere auch ohne die **Voraussetzungen des § 6 Abs. 2 Satz 1 eWpG**, d. h. ohne Zustimmung des Berechtigten und ohne Zulassung in den Emissionsbedingungen, in Urkundenform verbrieft werden können. Wenn das Kryptowertpapierregister funktionsuntüchtig ist, ist das Schutzbedürfnis des Berechtigten auf Erhalt der elektronischen Form reduziert, aber nicht ausgeschlossen. Gegen eine teleologische Reduktion des § 6 Abs. 2 eWpG spricht aber der Wortlaut des § 21 Abs. 2 Satz 2 eWpG und des § 22 eWpG, welche ausdrücklich nur von Übertragungen in ein anderes elektronisches Wertpapierregister sprechen. Zudem darf der Berechtigte darauf vertrauen, dass das Wertpapier weiterhin in einer elektronischen Form handelbar bleibt.

d) Abhilfemaßnahmen des nicht registerführenden Emittenten

Bedient sich der Emittent zur Registerführung eines Dienstleisters und hat damit nicht **28** der Emittent selbst, sondern der Dienstleister als registerführende Stelle die Pflichten nach §§ 7, 17, 18 eWpG zu erfüllen, so lässt § 21 Abs. 2 Satz 1 eWpG offen, welche Maßnahmen der Emittent zu treffen hat. Insoweit ist wiederum auf den **Registerführungsvertrag** zu verweisen (siehe dazu bereits oben Rz. 17). Auf diese Weise kann der **Emittent** bei entsprechender vertraglicher Ausgestaltung auf die registerführende Stelle **einwirken** und sie damit zur **Mitwirkung bei der** entsprechenden **Umsetzung der jeweiligen Abhilfemaßnahmen** (siehe dazu vorstehend Rz. 22 ff.) **auffordern** und z. B. im Wege des einstweiligen Rechtsschutzes **durchsetzen** – insbesondere zur Einhaltung der Pflichten nach §§ 7, 17, 18 eWpG. Hierzu zwingt ihn die Pflicht nach § 21 Abs. 2 Satz 1 eWpG, Abhilfe zu schaffen, wenn die Erfüllung der Anforderungen durch den Registerführer nicht mehr sichergestellt ist.

3. In angemessener Zeit

Der Emittent hat die Abhilfe in angemessener Zeit zu schaffen. Weder der Gesetzeswort- **29** laut noch die Begründung des Regierungsentwurfs zu § 21 Abs. 2 eWpG geben Hinweise darauf, wie die **Dauer** des angemessenen Zeitraums zu ermitteln ist. Der Zeitraum unterscheidet sich jedenfalls im Ausgangspunkt von dem Zeitraum, innerhalb dessen der Emittent die Pflichten zur Veröffentlichung im Bundesanzeiger nach § 20 Abs. 1 Satz 1 eWpG und zur Mitteilung dieser Veröffentlichung an die Aufsichtsbehörde nach § 20 Abs. 1 Satz 2 eWpG zu erfüllen hat: Diese Pflichten hat der Emittent „unverzüglich", d. h. ohne schuldhaftes Zögern,[51] zu erfüllen. Aus grammatikalischen und systematischen Gesichtspunkten ist daher zunächst festzuhalten, dass die Dauer der „angemessene[n] Zeit" im Ausgangspunkt **weiter zu fassen ist als „Unverzüglichkeit".**

Welcher Zeitraum aber letzten Endes angemessen ist, hängt von den **Umständen des Ein-** **30** **zelfalls** ab. In der Literatur wird vertreten, diesen Zeitraum abhängig von den konkreten Defiziten, nach dem Umfang erforderlicher Maßnahmen und der Verfügbarkeit entsprechender Reparaturmöglichkeiten zu bestimmen.[52] Dem ist im Grundsatz zuzustimmen. Zu ergänzen ist aber, dass mangelnde (pflichtwidrige) Vorbereitung des Emittenten (und der registerführenden Stelle) auf die Möglichkeit einer nicht gesetzmäßigen Registerführung keine längere Frist rechtfertigen kann. **Maßgebliches Kriterium** ist dabei die **Vorhersehbarkeit.** Denn gerade der Faktor der Vorhersehbarkeit von Ereignissen rund um

---

51) Begr. RegE Gesetz zur Einführung von eWp z. § 20 eWpG, BT-Drucks. 19/26925, S. 63.
52) Müller/Pieper-*Barth*, eWpG, § 21 Rz. 33.

das Kryptowertpapierregister spielte bei der gesetzgeberischen Festlegung von Zeiträumen zur Erfüllung von Pflichten eine entscheidende Rolle.

31   Dies zeigt sich an der soeben angesprochenen Pflicht des Emittenten zur Veröffentlichung im Bundesanzeiger gemäß § 20 Abs. 1 Satz 1 eWpG: Die Begründung des Regierungsentwurfs erblickt die Rechtfertigung für die Pflicht zur unverzüglichen Veröffentlichung darin, dass es sich bei der Eintragung des Kryptowertpapiers bzw. der Wirksamkeit der Änderung im Kryptowertpapierregister „nicht um unvorhergesehene Ereignisse handelt"[53]. Der Entwurf der Rechtsverordnung verlangt in § 20 Abs. 1 eWpRV bspw. von der registerführenden Stelle, technische Vorkehrungen zu treffen und Verfahren festzulegen, um sicherzustellen, dass die Übertragung eines Kryptowertpapiers in ein anderes elektronisches Wertpapierregister jederzeit(!) möglich ist. Daher kann für das Merkmal der „angemessene[n] Zeit" i. S. des Absatzes 2 Satz 1 festgehalten werden: **Je eher vorhersehbar war, dass das Kryptowertpapierregister die aufsichtsrechtlichen Anforderungen nicht erfüllt, desto geringer ist der Zeitraum der „angemessene[n] Zeit" zu bemessen und desto rascher hat der Emittent Abhilfe zu verschaffen.** In Anlehnung an den Begriff der Fälschungssicherheit (siehe dazu *Blassl*, § 16 Rz. 61 ff.) ist auch die Vorhersehbarkeit der Funktionsuntüchtigkeit des Kryptowertpapierregisters aus **ex-ante-Sicht** und **vor dem Hintergrund des Stands der Technik** zu interpretieren.[54]

IV.   Aufsichtsrechtliche Maßnahmen (§ 21 Abs. 2 Satz 2 eWpG)

32   Wenn die Erfüllung der nach dem Gesetz für das Kryptowertpapierregister geltenden Anforderungen nicht mehr sichergestellt ist und der Emittent keine Abhilfe in angemessener Zeit schafft, kann die Aufsichtsbehörde nach § 21 Abs. 2 Satz 2 eWpG vom dem Emittenten verlangen, das Kryptowertpapier in ein anderes Wertpapierregister zu übertragen. Die Norm beinhaltet eine Eingriffsgrundlage für ein verwaltungsrechtliches Vorgehen der Aufsichtsbehörde.[55] Aufsichtsbehörde ist die BaFin (vgl. § 11 Abs. 2 eWpG).

33   Entsprechend dem Wortlaut („kann [...] verlangen") handelt es sich um eine **Ermessensentscheidung**. Im Hinblick auf das **Entschließungsermessen** wird man im Normalfall wegen der besonderen Bedeutung der Integrität und Authentizität des Kryptowertpapierregisters von einer **Ermessensreduzierung auf Null** auszugehen haben. Allenfalls bei geringfügigen Verstößen könnte die BaFin von einer Verfolgung i. S. ihres risikoorientierten Ansatzes absehen. Es ist kaum vorstellbar, dass die BaFin als Aufsichtsbehörde bei ihrer Ermessensentscheidung eine rechtswidrige Registerführung dulden könnte.

34   Das **Auswahlermessen** richtet sich maßgeblich nach dem **Zweck der Eingriffsgrundlage**, die Handelbarkeit der Kryptowertpappiere sicherzustellen und auf diese Weise dem Anlegerschutz Rechnung zu tragen sowie die Integrität, die Transparenz und die Funktionsfähigkeit der Finanzmärkte zu schützen (dazu siehe oben Rz. 2). Im Ausgangspunkt kann die Aufsichtsbehörde sowohl die Übertragung in ein Kryptowertpapierregister als auch die Übertragung in ein zentrales Register anordnen – § 21 Abs. 2 Satz 2 eWpG spricht von der Übertragung in ein „elektronisches Wertpapierregister" und meint insoweit mit Blick auf § 4 Abs. 1 eWpG **beide Arten von Wertpapierregistern**.

35   Für die **Anordnung eines Wechsels aus einem Kryptowertpapierregister in ein zentrales Register** wird man **in der Regel nicht** von einer auf Null reduzierten Ermessenentscheidung auszugehen haben. Dazu müsste die Aufsichtsbehörde begründen, warum die

---

53) Begr. RegE Gesetz zur Einführung von eWp z. § 20 eWpG, BT-Drucks. 19/26925, S. 63.

54) So zum Begriff der Fälschungssicherheit Begr. RegE Gesetz zur Einführung von eWp z. § 16 eWpG, BT-Drucks. 19/26925, S. 59.

55) Vgl. Begr. RegE Gesetz zur Einführung von eWp z. § 21 eWpG, BT-Drucks. 19/26925, S. 65.

Führung eines Kryptowertpapierregisters generell nicht mehr geeignet erscheint, die Handelbarkeit der Kryptowertpapiere sicherzustellen. Im Rahmen der Prüfung der Verhältnismäßigkeit ihrer Maßnahme müsste die Aufsichtsbehörde erwägen, warum nicht etwa der Wechsel der registerführenden Stelle (z. B. vom Emittenten auf einen Dritten) oder auf ein anderes Aufzeichnungssystem als milderes Mittel in Betracht käme.[56] Das Gesetz regelt nicht ausdrücklich, ob die Aufsichtsbehörde ein konkretes Kryptowertpapierregister oder ein konkretes Aufzeichnungssystem vorschreiben kann. Im Rahmen der Verhältnismäßigkeit hat die Aufsichtsbehörde die Grundentscheidung des Gesetzes, dem Emittenten diese Auswahl zu überlassen, zu respektieren und müsste begründen, warum eine entsprechende konkrete Vorgabe geeignet, als relativ mildestes Mittel erforderlich und angemessen wäre.[57] Damit ist eine konkrete Vorgabe des Kryptowertpapierregisters bzw. des Aufzeichnungssystems nicht prinzipiell ausgeschlossen, aber praktisch **eher unwahrscheinlich**.

Unerheblich ist die **Entscheidung zwischen Einzel- und Sammeleintragung**, weil sie für   36
die Gewährleistung der ordnungsgemäßen Funktionsfähigkeit des Aufzeichnungssystems nicht erforderlich ist. Diese Entscheidung verbleibt gemäß § 8 Abs. 2 eWpG beim Inhaber; sie kann daher auch nicht durch die Aufsichtsbehörde ersetzt werden.

Hinsichtlich des Verfahrens für die Übertragung des Kryptowertpapiers in ein anderes   37
elektronisches Wertpapierregister sind die Vorgaben des § 20 eWpRV zu beachten. Im Einzelnen siehe dazu *Kloka/Langheld*, § 22 Rz. 38 ff.

V.   Folgen von Verstößen
1.   Ordnungswidrigkeit

An § 21 Abs. 2 Satz 2 eWpG knüpft § 31 Abs. 1 Nr. 2 eWpG im Falle der Zuwiderhand-   38
lung eine **Ordnungswidrigkeit**. Nach dem objektiven Tatbestand reicht es bereits aus, dass der Emittent der Anordnung der BaFin gemäß § 21 Abs. 2 Satz 2 eWpG schlicht nicht nachkommt.[58] In Bezug auf den subjektiven Tatbestand enthält § 31 Abs. 1 Nr. 2 eWpG – anders als § 31 Abs. 2 eWpG – keine ausdrücklichen Vorgaben, sodass nach § 10 OWiG nur Vorsatz als Ordnungswidrigkeit geahndet werden kann (dazu siehe auch *von der Meden*, § 31 Rz. 23 ff.). Der **Bußgeldrahmen** beträgt nach § 31 Abs. 3 eWpG **100.000 €**; Verwaltungsbehörde i. S. des § 36 Abs. 1 Nr. 1 OWiG ist die BaFin, § 31 Abs. 4 eWpG. Im Einzelnen siehe dazu *von der Meden*, § 31 Rz. 92 ff.

2.   Zivilrechtliche Folgen

Die umfassende Verantwortung des Emittenten nach § 21 eWpG bildet nicht nur Anknüp-   39
fungspunkt für verwaltungsrechtliche Maßnahmen nach § 21 Abs. 2 Satz 2 eWpG und – auf nächster Eskalationsstufe – für die Verhängung von Bußgeldern nach § 31 Abs. 1 Nr. 2 eWpG, sondern hat darüber hinaus Auswirkungen auch und gerade auf die Rechtsverhältnisse zwischen Emittent und Anleger:

a)   Recht zur außerordentlichen Kündigung (§ 30 Satz 1 eWpG)

Die Auswirkungen der umfassenden Verantwortung des Emittenten nach § 21 eWpG auf   40
die zivilrechtlichen Rechtsbeziehungen kommen in § 30 eWpG zum Vorschein: Nach

---

56)   So auch Müller/Pieper-*Barth*, eWpG, § 21 Rz. 36 ff.
57)   Im Ergebnis auch Müller/Pieper-*Barth*, eWpG, § 21 Rz. 37.
58)   Begr. RegE Gesetz zur Einführung von eWp z. § 31 eWpG, BT-Drucks. 19/26925, S. 69: „Zudem stellt es eine Ordnungswidrigkeit dar, wenn der Emittent eines Kryptowertpapiers einer Anordnung der Bundesanstalt für Finanzdienstleistungsaufsicht zur Übertragung eines Kryptowertpapiers auf ein anderes Kryptowertpapierregister gemäß § 21 Absatz 2 nicht nachkommt."

dessen Satz 1 ist der Inhaber einer in einem Kryptowertpapierregister eingetragenen „Schuldverschreibung" zur **außerordentlichen Kündigung** berechtigt, wenn er dem Emittenten erfolglos eine angemessene Frist zur Wiederherstellung der Funktionstüchtigkeit des Kryptowertpapierregisters gesetzt hat. Dies muss insbesondere dann gelten, wenn der Registerführer den Registerführungsvertrag gekündigt und das Führen des Kryptowertpapierregisters eingestellt hat, weil der Emittent seinen Pflichten aus dem Registerführungsvertrag – insbesondere der Zahlungspflicht – nicht nachgekommen ist.

41 Über den Wortlaut hinaus muss das Kündigungsrecht auch Inhabern anderer elektronischer Wertpapiere zustehen, wenn diese in einem Kryptowertpapierregister eingetragen sind.[59] Nach der Begründung des Regierungsentwurfs besteht das Kündigungsrecht des Inhabers unabhängig davon, ob es sich um den ersten Inhaber handelt, der Vertragspartei des Begebungsvertrages ist, oder um einen späteren Inhaber.[60] Zugleich stellt die Begründung des Regierungsentwurfs klar, dass ein Rückgriff auf allgemeine Vorschriften zur Anpassung und Beendigung von Verträgen unbenommen bleibt.[61] Vor diesem Hintergrund ist § 30 Satz 1 eWpG als gesetzliche Konkretisierung des Rechts zur außerordentlichen Kündigung zu verstehen (siehe dazu *Wieneke*, § 30 Rz. 1),[62] ohne dass damit zugleich eine abschließende Regelung mit Sperrwirkung im Hinblick auf weitere Regelungen zur Anpassung und Beendigung von Verträgen verbunden ist. Siehe im Einzelnen *Wieneke*, § 30 Rz. 1 ff.

b)   Schadensersatz, insbesondere des nicht registerführenden Emittenten

42 Wenn der Emittent selbst die Funktion der registerführenden Stelle ausübt, ist er zugleich Haftungsadressat sowohl im Hinblick auf die Haftung für vermutetes Verschulden bei unzutreffender Abbildung der Rechtslage nach § 7 Abs. 2 Satz 2 (siehe dazu *Hippeli*, § 7 Rz. 49 ff.) als auch im Hinblick auf die Garantiehaftung bei Datenverlust und -veränderung nach § 7 Abs. 3 Satz 2 (siehe *Hippeli*, § 7 Rz. 63 ff.). Nicht im eWpG ausdrücklich geregelt ist dagegen die zivilrechtliche Haftung des Emittenten bei Verletzung seiner Pflichten aus § 21 eWpG. Einzelne Autoren haben insoweit bereits auf Klärungsbedarf hingewiesen.[63] Bedeutsam wird diese Frage allen voran dann, wenn der Emittent die Registerführung einem Dienstleister überlassen hat und damit weder nach § 7 Abs. 2 Satz 2 eWpG noch nach § 7 Abs. 3 Satz 2 eWpG in Anspruch genommen werden kann:

aa)   Keine abschließende Regelung in §§ 28–30 eWpG

43 § 21 eWpG selbst beinhaltet **keine Regelung zu etwaigen Schadensersatzverpflichtungen** des nicht registerführenden Emittenten bei Verletzung der darin statuierten Pflichten. Zwar finden sich **Sondervorschriften** zu den Rechten betreffend die Schuldverschreibung als elektronisches Wertpapier **in §§ 28–30 eWpG**. Gerade für den Fall der fehlenden Funktionstüchtigkeit des Kryptowertpapierregisters belässt es das eWpG dort allerdings

---

59) Vgl. *Habersack* in: Omlor/Möslein/Grundmann, Elektronische Wertpapiere, S. 83, 91: „Das Gesetz spricht dieses Sonderkündigungsrecht explizit nur dem Inhaber einer in einem Kryptowertpapierregister eingetragenen ‚Schuldverschreibung‘ zu, was vor dem Hintergrund des nach § 1 eWpG auf Schuldverschreibungen begrenzten Anwendungsbereichs ohnehin selbstverständlich sein sollte; das Kündigungsrecht sollte deshalb, ohne dass damit eine sachliche Änderung verbunden wäre, dem Inhaber eines in einem Kryptowertpapierregister eingetragenen, elektronischen Wertpapiers‘ zugestanden werden."

60) Begr. RegE Gesetz zur Einführung von eWp z. § 30 eWpG, BT-Drucks. 19/26925, S. 69.

61) Begr. RegE Gesetz zur Einführung von eWp z. § 30 eWpG, BT-Drucks. 19/26925, S. 69.

62) Allg. zur Frage eines Rechts zur außerordentlichen Kündigung einer Schuldverschreibung und dessen Konkretisierung *Habersack* in: MünchKomm-BGB, § 793 Rz. 13 m. w. N.

63) *Freytag/Bachmeier*, BKR 2020, 595, 597 (Urteilsanm.): „Auch im Zusammenhang mit der Führung von Kryptowertpapierregistern werden spannende Haftungsfragen zu klären sein, wenngleich insoweit abzuwarten ist, wie sich die vertragliche Struktur einer solchen Verwahrung darstellen wird."

bei der Sonderregelung zur außerordentlichen Kündigung in § 30 eWpG, ohne darüber hinaus Schadensersatzverpflichtungen des nicht registerführenden Emittenten festzulegen. Vor diesem Hintergrund stellt sich die Frage, ob das Fehlen einer expliziten Regelung dahingehend zu verstehen ist, dass solche Schadensersatzansprüche gegen den nicht registerführenden Emittenten nach der gesetzgeberischen Intention gerade nicht bestehen sollen. Zweifel an etwaigen Schadensersatzverpflichtungen drängen sich umso mehr auf, als dass das eWpG an anderer Stelle – wie der Blick auf § 7 Abs. 2 und § 7 Abs. 3 eWpG zeigt – Schadensersatzverpflichtungen unmittelbar nach der jeweils einzuhaltenden Pflicht regelt. Daraus könnte ein Umkehrschluss dahingehend gezogen werden, dass mangels unmittelbarer Regelung in § 21 eWpG eine Schadensersatzhaftung zulasten des Emittenten gerade nicht beabsichtigt sei.

Gleichwohl ist eine **Sperrwirkung der §§ 28–30 eWpG** für Schadensersatzverpflichtun-   44
gen nach allgemeinen zivilrechtlichen Regelungen zu verneinen. Die **Begründung des Gesetzentwurfs** stellt in ihrer einführenden Erläuterung zu §§ 28–30 eWpG klar, dass im Übrigen die **allgemeinen zivilrechtlichen Regelungen anwendbar bleiben,** da elektronisch begebene Schuldverschreibungen „normale" Schuldverschreibungen sind.[64] Der fehlende abschließende Charakter kommt auch in der Begründung des Regierungsentwurfs zu § 30 eWpG zum Vorschein, indem sie darauf hinweist, dass ein Rückgriff auf allgemeine Vorschriften zur Anpassung und Beendigung von Verträgen unbenommen bleibe.[65]

Es dürfte dem Gesetzgeber insoweit allein um eine Klarstellung und Konkretisierung des   45
Rechts zur außerordentlichen Kündigung gegangen sein. Die speziellen Regelungen zu Schadensersatzverpflichtungen der registerführenden Stelle in § 7 Abs. 2 Satz 2 und § 7 Abs. 3 Satz 2 eWpG dürften vornehmlich der Besonderheit geschuldet sein, dass im Falle der Registerführung durch einen hierfür beauftragten Dienstleister dieser ausschließlich mit dem Emittenten kontrahiert und daher dessen Haftung für Vermögensschäden der Rechteinhaber aus dem elektronischen Wertpapier nach der zivilrechtlichen Ausgangslage nur über die Grundsätze des Vertrages mit Schutzwirkung zugunsten Dritter erfolgen kann. Mit § 7 Abs. 2 Satz 2 und § 7 Abs. 3 Satz 2 eWpG dürften die Gesetzesverfasser diesbezüglich Rechtsklarheit bezweckt haben, dass auch der mit der Registerführung beauftragte Dienstleister – obwohl dieser nicht mit den Rechteinhabern aus dem elektronischen Wertpapier kontrahiert – letztlich doch für deren Vermögensschäden haftet (siehe dazu *Hippeli*, § 7 Rz. 49 ff., 63 ff.).[66] Ein solches Klarstellungsbedürfnis besteht im Hinblick auf das Rechtsverhältnis zwischen Emittent und Anleger gerade nicht, weil hier in jedem Fall eine schuldrechtliche Beziehung besteht (siehe dazu sogleich Rz. 46). Eine **Haftung des nicht registerführenden Emittenten für Vermögensschäden** kann sich daher allen voran **aus § 280 Abs. 1 Satz 1 BGB** ergeben.[67]

bb) Schadensersatzanspruch nach § 280 Abs. 1 Satz 1 BGB

Der Emittent steht in einem **Schuldverhältnis** zu sämtlichen Inhabern der Kryptowert-   46
papiere: Die Erstinhaber sind Vertragspartei des Begebungsvertrags mit dem Emittenten als Schuldverhältnis im weiteren Sinne, auf dessen Grundlage das Kryptowertpapier entsteht

---

64) Begr. RegE Gesetz zur Einführung von eWp z. Abschn. 5 eWpG, BT-Drucks. 19/26925, S. 68.
65) Begr. RegE Gesetz zur Einführung von eWp z. § 30 eWpG, BT-Drucks. 19/26925, S. 69.
66) Die Begr. RegE geht nicht vertieft auf das Haftungskonzept in § 7 eWpG ein, sondern spricht lediglich davon, dass die Pflicht zur zutreffenden Registerführung „drittschützend" sei, vgl. Begr. RegE Gesetz zur Einführung von eWp z. § 7 eWpG, BT-Drucks. 19/26925, S. 48. Dogmatisch betrachtet dürfte es sich um einen gesetzlich verankerten Vertrag mit Schutzwirkung zugunsten Dritter handeln – so zum RefE eWpG bereits *Sickinger/Thelen*, AG 2020, 862 Rz. 47.
67) *Müller/Pieper-Barth*, eWpG, § 21 Rz. 18 ff.

(im Einzelnen dazu *Denga*, § 2 Rz. 9), während die späteren Inhaber nach Übereignung des Kryptowertpapiers gemäß § 25 Abs. 1 eWpG sowie der damit einhergehenden Übertragung des Rechts aus dem Papier (§ 25 Abs. 2 eWPG) den Zahlungsanspruch gegen den Emittenten nach Maßgabe des § 28 Abs. 1 Satz 1 eWpG erlangen und damit zumindest ein Schuldverhältnis im engeren Sinne (§ 241 Abs. 1 BGB) zum Emittenten begründet wird.[68]

47   Ungeachtet der Differenzierung zwischen Schuldverhältnis im weiteren und im engeren Sinne trifft den Emittenten die **Pflicht**, die Handelbarkeit der Wertpapiere sicherzustellen. Für den Rechtsrahmen „normaler" Inhaberschuldverschreibungen nach dem BGB zeigt sich dies vor allem in § 798 Satz 1 BGB: Die Vorschrift gewährt dem Inhaber einer beschädigten oder verunstalteten und deshalb zum Umlauf nicht mehr geeigneten Schuldverschreibungsurkunde einen Anspruch auf Erteilung einer Ersatzurkunde gegen den Aussteller – und zwar ungeachtet davon, ob es sich um einen Erstinhaber oder einen späteren Inhaber des Wertpapiers handelt. Andernfalls seien Umlauffähigkeit und damit die Verkehrsfähigkeit von Inhaberschuldverschreibungen als Wertpapiere gestört.[69] Dieser Rechtsgedanke gilt letztlich auch für Kryptowertpapiere: § 21 Abs. 1 eWpG legt dem Emittenten eine **umfassende Verantwortung** auf, die Handelbarkeit der Kryptowertpapiere nach Maßgabe der aufsichtsrechtlichen Anforderungen sicherzustellen. Bei Nichteinhaltung der aufsichtsrechtlichen Anforderungen verpflichtet § 21 Abs. 2 Satz 1 eWpG den Emittenten zur **Abhilfe** in angemessener Zeit. Diese Pflichten bestehen als **gesetzlich geregelte Nebenleistungspflichten** auch und gerade **innerhalb der jeweiligen Schuldverhältnisse zu den Inhabern**. Zum Ausdruck kam dies auch in § 30 Satz 1 eWpG, wonach bei fehlender Funktionstüchtigkeit des Kryptowertpapierregisters sämtliche(!) Inhaber berechtigt sind, dem Emittenten zunächst eine angemessene Frist zur Wiederherstellung der Funktionstüchtigkeit zu setzen und bei erfolglosem Ablauf dieser Frist außerordentlich zu kündigen. Die **Missachtung der** nach § 21 eWpG bestehenden **Vorgaben** (siehe dazu Rz. 20 ff.) stellt damit eine **Pflichtverletzung i. S. des § 280 Abs. 1 BGB** dar.

48   Das **Vertretenmüssen** wird nach § 280 Abs. 1 Satz 2 BGB **vermutet**. Soweit die Begründung des Regierungsentwurfs von einer **„Garantenstellung"** spricht,[70] ist damit nur ein Oberbegriff für die einzelnen Emittentenpflichten gebildet (siehe oben Rz. 6) – **ohne Einfluss auf das Vertretenmüssen** (etwa in dem Sinne einer Garantiehaftung). Bei Erfüllung der Verpflichtung des Emittenten zur **Abhilfe nach § 21 Abs. 2 Satz 1** (siehe oben Rz. 20) wird ein mit der Registerführung beauftragter Dienstleister auch im Pflichtenkreis des Emittenten und damit als **Erfüllungsgehilfe i. S. des § 278 Abs. 1 Alt. 2 BGB** tätig, sodass der Emittent insoweit ein Verschulden der registerführenden Stelle in gleichem Umfang zu vertreten hat wie eigenes Verschulden.[71]

49   Inhaber von Kryptowertpapieren können als ersatzfähigen Schaden i. S. des §§ 249 ff. BGB solche **Vermögensschäden vom Emittenten** ersetzt verlangen, die infolge der Verletzung von Pflichten nach § 21 eWpG – bspw. infolge fehlender Abhilfe innerhalb angemessener Zeit nach § 21 Abs. 2 Satz 1 eWpG – eingetreten sind. **Ersatzfähig** sind danach auch der **entgangene Gewinn** (§ 252 Satz 1 BGB).

---

68) Vgl. zu dieser Differenzierung bei „normalen" Inhaberschuldverschreibungen i. S. des § 793 Abs. 1 BGB bereits BGH, Urt. v. 15.7.2014 – XI ZR 100/13, Rz. 25 ff., ZIP 2014, 1778; *Habersack*, ZIP 2014, 1149, 1150 f.

69) So zu § 798 BGB bereits Staudinger-*Marburger*, BGB, § 798 Rz. 1.

70) Begr. RegE Gesetz zur Einführung von eWp z. § 21 eWpG, BT-Drucks. 19/26925, S. 65.

71) Müller/Pieper-*Barth*, eWpG, § 21 Rz. 20.

cc) Schadensersatzanspruch nach § 823 Abs. 1 BGB

Denkbar sind auch Schadensersatzansprüche der Inhaber gegenüber dem Emittenten gemäß   50
§ 823 Abs. 1 und Abs. 2 BGB.[72] Es ist nicht zu erwarten, dass dieser Anspruch neben
dem Schadensersatzanspruch gemäß § 280 Abs. 1 Satz 1 BGB praktische Relevanz erlangt.
Es gibt keine Anhaltspunkte dafür, dass die deliktsrechtlichen Handlungspflichten des
Emittenten inhaltlich weiter reichen könnten als die beschriebenen gesetzlichen Neben-
pflichten des Emittenten. Eine Haftung des Emittenten gemäß § 831 BGB für mangelhaf-
te Aufsicht über die registerführende Stelle scheidet dagegen aus, weil die registerführende
Stelle als selbstständiges Unternehmen mangels organisatorischer Abhängung vom Emittenten nicht Verrichtungsgehilfe ist.[73]

dd) Verhältnis zur Haftung der registerführenden Stelle

Die Haftung des nicht registerführenden Emittenten kann mit einer Haftung des mit der   51
Registerführung betrauten Dienstleisters (bspw. auf Grundlage des § 7 Abs. 2 Satz 2 oder
§ 7 Abs. 3 Satz 2 eWpG) zusammenfallen (zum Verhältnis der Pflichtenkreise siehe oben
Rz. 12).[74] In diesen Fällen haften der nicht registerführende Emittent und der mit der
Registerführung betraute Dienstleister als **Gesamtschuldner** i. S. des §§ 421 ff. BGB. Der
Innenausgleich richtet sich in der Regel nach dem der Registerführung zugrunde liegen-
den Vertrag (vgl. § 426 Abs. 1 Satz 1 Halbs. 2 BGB). Weil danach typischerweise der
Dienstleister an die Einhaltung der erforderlichen Standards zur Funktionstüchtigkeit des
Kryptowertpapierregisters gebunden sein wird,[75] wird der Emittent von dem mit der Re-
gisterführung betrauten Dienstleister in der Regel **vollumfänglichen Ausgleich** verlangen können.

---

72) Müller/Pieper-*Barth*, eWpG, § 21 Rz. 21 ff.
73) Müller/Pieper-*Barth*, eWpG, § 21 Rz. 23.
74) Vgl. auch *Geier*, RdF 2020, 258, 263: „Da die registerführende Stelle als Node Teil dieser Struktur ist,
    sind Fälle denkbar, in denen sowohl die registerführende Stelle als auch der Emittent in Haftung ge-
    nommen werden können. Die registerführende Stelle trifft nämlich ihrerseits die Pflicht, den Node auf
    dem Stand der Technik zu betreiben."; ebenso Müller/Pieper-*Barth*, eWpG, § 21 Rz. 20.
75) Vgl. auch Begr. RegE Gesetz zur Einführung von eWp z. § 30 eWpG, BT-Drucks. 19/26925, S. 69,
    sowie bereits oben Rz. 16.

§ 22
Wechsel des Wertpapierregisters

Will der Emittent ein Kryptowertpapier in ein anderes elektronisches Wertpapierregister übertragen, benötigt er hierfür die Zustimmung sämtlicher Inhaber des Kryptowertpapiers oder die Zustimmung der Aufsichtsbehörde.

Literatur: *Conreder/Diederichsen/Okonska*, Das neue Gesetz über elektronische Wertpapiere –
digitale Zeitenwende im Wertpapierbereich, DStR 2021, 2594; *Döding/Wentz*, Der Referentenentwurf zur Einführung von elektronischen Wertpapieren und Kryptowertpapieren, WM 2020,
2312; *Dubovitskaya*, Gesetzentwurf zur Einführung von elektronischen Wertpapieren: ein zaghafter Schritt nach vorn, ZIP 2020, 2551; *Geier*, Einführung elektronischer Wertpapiere, RdF
2020, 258; *Lehmann*, Das Gesetz zur Einführung von elektronischen Wertpapieren, NJW 2021,
2318; *Linardatos*, Elektronische Schuldverschreibungen auf den Inhaber – des Wertpapiers neue
Kleider, ZBB 2020, 329; *Saive*, Einführung elektronsicher Wertpapiere, ZRP 2020, 219; *Wieneke/
Kunz*, Das Gesetz zur Einführung elektronischer Wertpapiere, NZG 2021, 316.

Übersicht

I. Normzweck und Überblick

1 § 22 eWpG beinhaltet nach der Vorstellung des Gesetzgebers[1] die „Grundregel" für den **Wechsel des elektronischen Wertpapierregisters** durch Übertragung eines bereits eingetragenen Kryptowertpapiers in ein anderes elektronisches Wertpapierregister. Gemäß § 4 Abs. 1 eWpG sind damit Übertragungen

– in ein **zentrales Register** gemäß § 12 eWpG sowie

– in ein **anderes Kryptowertpapierregister** gemäß § 16 eWpG erfasst.[2]

2 § 22 eWpG ist auf Kryptowertpapiere in Einzel- und Sammeleintragung anwendbar.[3]

3 **Zu unterscheiden** ist der Wechsel des elektronischen Wertpapierregisters von einem **Wechsel der registerführenden Stelle**, die **gemäß § 16 Abs. 2 Satz 3 eWpG** ohne Zustimmung des Inhabers oder des Berechtigten zulässig ist, es sei denn, in den Emissionsbedingungen ist etwas Abweichendes geregelt (siehe hierzu *Blassl*, § 16 Rz. 144 ff.). Mit der registerführenden Stelle wechselt nur die rechtliche Verantwortung für das Kryptowertpapierregister, nicht notwendigerweise auch das verwendete Aufzeichnungssystem. Die **Differenzierung** zwischen einem Wechsel der registerführenden Stelle und einem Wechsel des elektronischen Wertpapierregisters wurde im Gesetzgebungsverfahren teilweise kritisiert

---

1) Begr. RegE Gesetz zur Einführung von eWp z. § 22 eWpG, BT-Drucks. 19/26925, S. 65.
2) Vgl. Begr. RegE Gesetz zur Einführung von eWp z. § 22 eWpG, BT-Drucks. 19/26925, S. 65.
3) Vgl. Müller/Pieper-*Pieper*, eWpG, § 22 Rz. 3.

und auch eine Zustimmungspflicht beim Wechsel der registerführenden Stelle gefordert.[4] Diese Kritik ist insofern nachvollziehbar, als auch mit einem Wechsel der registerführenden Stelle weitreichende Konsequenzen für das elektronische Wertpapier verbunden sein können, insbesondere wenn die beiden registerführenden Stellen nicht dasselbe Aufzeichnungssystem verwenden.

Neben der Möglichkeit der Übertragung eines Kryptowertpapiers in ein anderes elektronisches Wertpapierregister (§ 22), kann der Emittent ein Kryptowertpapier auch durch ein **inhaltsgleiches**, urkundlich verbrieftes Wertpapier **ersetzen**, wenn der Berechtigte zustimmt oder die Emissionsbedingungen eine solche Ersetzung ohne Zustimmung des Berechtigten ausdrücklich zulassen (§ 6 Abs. 2; siehe hierzu *Reger*, § 6 Rz. 16 ff.). **4**

Auch der Wechsel des elektronischen Wertpapierregisters gemäß § 22 eWpG ist ein Recht des Emittenten, das er nicht nach seinem Belieben ausüben kann. Der Emittent muss entweder die Zustimmung sämtlicher Inhaber des Kryptowertpapiers (Var. 1) oder die Zustimmung der Aufsichtsbehörde (Var. 2) einholen. **5**

Die Vorschrift war bereits wortgleich im Referentenentwurf enthalten[5] und ist im weiteren Verlauf des Gesetzgebungsverfahrens inhaltlich unverändert geblieben. **6**

II. Übertragung eines Kryptowertpapiers in ein anderes elektronisches Wertpapierregister

1. Allgemeines

Der **Begriff der „Übertragung"** eines Kryptowertpapiers durch den Emittenten nach § 22 eWpG ist nicht gleichzusetzen mit dem Übertragungsbegriff in § 25 eWpG, da der Gesetzgeber den Begriff jeweils in einem anderen Kontext gebraucht. In **§ 25 eWpG** meint „Übertragung" die **Übertragung des Eigentums** an einem elektronischen Wertpapier, also die Übereignung des elektronischen Wertpapiers durch den Berechtigten auf einen Dritten im Wege des Zweiterwerbs (siehe hierzu *Schulz*, § 25 Rz. 1 ff.). In § 22 eWpG ist die Übertragung durch den Emittenten geregelt, der ja gerade nicht Berechtigter ist und damit das elektronische Wertpapier gar nicht dinglich übereignen kann. Die Bedeutung des Begriffs im Kontext des § 22 eWpG wird durch dessen amtliche Überschrift deutlich. Demnach geht es um den „Wechsel des Wertpapierregisters" und nicht um die Übereignung. Das Kryptowertpapier soll demnach nur in einem anderen elektronischen Wertpapierregister eingetragen, also „an einem anderen Ort verwahrt werden". **7**

Nach dem Wortlaut der Vorschrift kann der Emittent „ein" Kryptowertpapier übertragen, unabhängig davon, ob es sich hierbei um Kryptowertpapiere in Einzel- oder Sammeleintragung handelt.[6] Die Übertragung (nur) einzelner Kryptowertpapiere, die aus einer Gesamtemission stammen, soll jedoch nicht möglich sein, damit allein ein fortlaufendes Register für einen Gesamtbestand geführt wird.[7] Im Rahmen einer Gesamtemission ist es zwar möglich, die Rechte in verschiedenen Eintragungsarten zu begeben (vgl. § 9 Abs. 3 **8**

---

4) Vgl. z. B. Gesamtverband Deutscher Versicherungswirtschaft, Stellungnahme z. RefE eWpG, v. 14.9.2020, S. 4 f., abrufbar unter https://bundesfinanzministerium.de/Content/DE/Gesetzestexte/Gesetze_Gesetzesvorhaben/Abteilungen/Abteilung_VII/19_Legislaturperiode/2021-06-09-einfuehrung-elektronische-wertpapiere/0-Gesetz.html (Abrufdatum: 20.2.2023).

5) Begr. RefE Gesetz zur Einführung von eWp z. § 22 eWpG, abrufbar unter https://bundesfinanzministerium.de/Content/DE/Gesetzestexte/Gesetze_Gesetzesvorhaben/Abteilungen/Abteilung_VII/19_Legislaturperiode/2021-06-09-einfuehrung-elektronische-wertpapiere/1-Referentenentwurf.pdf?__blob=publicationFile&v=2 (Abrufdatum: 20.2.2023).

6) Vgl. Müller/Pieper-*Pieper*, eWpG, § 22 Rz. 4.

7) Begr. RegE Gesetz zur Einführung von eWp z. § 9 eWpG, BT-Drucks. 19/26925, S. 50; vgl. *Habersack* in: Omlor/Möslein/Grundmann, Elektronische Wertpapiere, S. 83, 90.

eWpG), eine **Übertragung** gemäß § 22 eWpG **muss sich** jedoch **immer auf sämtliche Kryptowertpapiere einer Emission beziehen,** die in dem **jeweiligen Register eingetragen** sind.[8]

2. Eintragung des Wertpapiers in ein neues elektronisches Wertpapierregister

9 Der Wechsel des elektronischen Wertpapierregisters, in das ein Kryptowertpapier eingetragen ist, setzt jedenfalls die **Eintragung** des Kryptowertpapiers **in ein neues elektronisches Wertpapierregister** voraus.[9] Dies folgt aus der Definition des § 4 Abs. 4 eWpG, wonach die Aufnahme eines elektronischen Wertpapiers in ein elektronisches Wertpapierregister durch dessen Eintragung erfolgt.[10] Diese neue Eintragung muss ihrerseits die erforderlichen Angaben gemäß § 17 eWpG enthalten.

10 **Aus praktischer Sicht** zu erwägen ist, ob die Eintragung im neuen Register mit dem Hinweis auf den durchgeführten Wechsel des Wertpapierregisters erfolgen sollte. Dies ist zwar nicht explizit geregelt, würde jedoch klarstellen, welche Eintragung das elektronische Wertpapierregister verkörpern soll und somit einen Beitrag zur Rechtsklarheit leisten. Außerdem könnte die Historie des Kryptowertpapiers so leichter nachvollzogen werden, wenn das vorherige Kryptowertpapierregister bekannt ist.

11 Die **Übertragung** in ein zentrales Register wird **vor allem dann relevant,** wenn das elektronische Wertpapier zum börslichen Handel zugelassen werden soll. Dann ist eine Einbuchung in den Effektengiroverkehr erforderlich. Grund hierfür ist Art. 3 Abs. 1 der CSDR[11], nach dem jeder Emittent mit Sitz in der EU, der übertragbare Wertpapiere ausgibt oder ausgegeben hat, die zum Handel an Handelsplätzen zugelassen sind bzw. dort gehandelt werden, Sorge dafür tragen muss, dass diese Wertpapiere durch Buchungen im Effektengiro erfasst werden, indem die Wertpapiere entweder immobilisiert oder von Anfang an in entmaterialisierter Form begeben werden.

12 Darüber hinaus sind nach Art. 3 Abs. 2 der CSDR Geschäfte mit übertragbaren Wertpapieren, die an einem Handelsplatz ausgeführt werden, an dem oder vor dem vorgesehenen **Abwicklungstag** im Effektengiro bei einem Zentralverwahrer einzubuchen, falls eine derartige Einbuchung nicht bereits erfolgt ist. Sinn und Zweck dieser nach der Finanzkrise in den Jahren 2008/2009 eingeführten Regelungen ist es, die ordnungsgemäße Abwicklung von Wertpapiergeschäften für gehandelte Wertpapiere auf Handelsplattformen sicherzustellen und damit das Vertrauen in die Funktionsfähigkeit, Integrität und Transparenz der Märkte aufrechtzuerhalten.[12]

13 Eine Abbildung des Kryptowertpapiers in einem Kryptowertpapierregister **erfüllt nicht die Anforderungen** an die Möglichkeit zur Abwicklung **im Effektengiro.** Für die Zwecke einer **Handelbarkeit** des Kryptowertpapiers an einem Handelsplatz ist daher die Überführung in die traditionelle Marktinfrastruktur von Zentralverwahrer, Wertpapierhandelsbanken, Depotbanken und Intermediären erforderlich.[13]

---

8) Vgl. Müller/Pieper-*Pieper*, eWpG, § 22 Rz. 4.
9) Vgl. Müller/Pieper-*Pieper*, eWpG, § 22 Rz. 7.
10) Vgl. Begr. RegE Gesetz zur Einführung von eWp z. § 4 eWpG, BT-Drucks. 19/26925, S. 42 f.
11) Verordnung (EU) Nr. 909/2014 des Europäischen Parlaments und des Rates v. 23.7.2014 zur Verbesserung der Wertpapierlieferungen und -abrechnungen in der Europäischen Union und über Zentralverwahrer sowie zur Änderung der Richtlinien 98/26/EG und 2014/65/EU und der Verordnung (EU) Nr. 236/2012 (Central Securities Depositories Regulation – CSDR), ABl. (EU) L 257/1 v. 28.8.2014.
12) Vgl. ErwG 5 ff. CSDR.
13) Vgl. hierzu auch *Bauer* in: Mülbert/Früh/Seyfried, Bankrecht und Kapitalmarktrecht, Rz. 18.210.

3. Löschung des Kryptowertpapiers aus dem alten Kryptowertpapierregister

Zu erwägen ist, ob eine Übertragung i. S. des § 22 eWpG **zusätzlich** auch die Löschung 14 des Kryptowertpapiers aus dem alten Kryptowertpapierregister voraussetzt.

Auf absehbare Zeit dürfte die technische Umsetzung einer vollständigen Löschung bzw. 15 Austragung eines Kryptowertpapiers aus einem Kryptowertpapierregister **schwierig** werden. Die **gegenwärtig** entwickelten **Technologien** setzen darauf, dass Einträge nachträglich unveränderlich gespeichert werden und damit **nicht gelöscht werden können.**[14] Mangels Standardisierung innerhalb der bisher verfolgten Ansätze sind diese untereinander nicht interoperabel. Eine vollständige Löschung bzw. Austragung eines Kryptowertpapiers aus einem Kryptowertpapierregister ist deshalb nach derzeitigem Stand der Technik nicht umsetzbar. Diese Problematik hat der Gesetzgeber erkannt und u. a. deshalb die Löschung in § 4 Abs. 9 eWpG dahingehend definiert, dass das elektronische Wertpapier als gegenstandlos gekennzeichnet wird (siehe hierzu *Lendermann/Nemeczek*, § 4 Rz. 74 ff.).[15]

Für das Erfordernis einer Löschung zur Umsetzung eines **Wechsels** des Kryptowert- 16 papierregisters spricht der Wortlaut der Vorschrift („übertragen") sowie der amtlichen Überschrift des § 22 eWpG („Wechsel"). Der Begriff „Übertragung" wird bei einer Übertragung von Rechten dahingehend verstanden, dass der bisherige Rechtsinhaber aus seiner Rechtsposition ausscheidet und der neue Rechtsinhaber in dieselbe Rechtsposition eintritt. Auch der Begriff „Wechsel" deutet daraufhin, dass neben der Eintragung in ein neues Register eine Löschung der Eintragung im alten Register erforderlich ist. Eine Löschung würde dem Rechtsverkehr zudem klar erkennbar machen, in welchem Register ein elektronisches Wertpapier eingetragen ist, weil ohne Löschung potentiell **zwei Eintragungen in verschiedenen Kryptowertpapierregistern denkbar** wären.[16] Würde das Kryptowertpapier ohne weitere Kennzeichnung im alten Kryptowertpapierregister eingetragen bleiben, wäre unklar, welche Eintragung das echte Recht verkörpert.[17] Schließlich spricht auch ein Vergleich mit der Regelung des § 6 Abs. 2 Satz 2 eWpG dafür, wonach bei der **Ersetzung** eines elektronischen Wertpapiers durch ein **urkundlich verbrieftes Wertpapier** eine Löschung im elektronischen Wertpapierregister vorzunehmen ist.

Entscheidend **gegen** das Erfordernis einer **Löschung** könnten **die Fälle sprechen,** in denen 17 das Register **funktionsuntüchtig** geworden und eine Kenntlichmachung der Gegenstandslosigkeit i. S. des § 4 Abs. 9 eWpG deshalb technisch nicht mehr möglich ist. Wenn man dann eine Löschung im funktionsunfähigen Register verlangen würde, könnte ein Wechsel des Registers nicht mehr durchgeführt werden. Klar ist, dass ein funktionsunfähiges Register die Verkehrsfähigkeit eines Kryptowertpapiers nicht nachhaltig beeinträchtigen darf. Nicht geregelt ist, wie und wo die Löschung eines Kryptowertpapiers kenntlich zu machen ist. Es liegt nahe, die **Kenntlichmachung im bisherigen Kryptowertpapierregister** zu verlangen. Wenn das Kryptowertpapierregister jedoch nicht mehr ordnungsgemäß funktioniert, müsste eine Löschung auch an anderer Stelle möglich sein.[18] Wie bereits aufgezeigt bietet es sich an, bei der Neueintragung einen Hinweis auf den erfolgten Registerwechsel einzufügen. Durch eine Löschung an anderer Stelle ließe sich die Verkehrsfähigkeit des Kryptowertpapiers sicherstellen und gleichzeitig wäre für den Rechtsverkehr klar-

---

14) Vgl. Conreder/Meyer-*Farhan*, eWpG, § 4 Rz. 35; Begr. RegE Gesetz zur Einführung von eWp z. § 4 eWpG, BT-Drucks. 19/26925, S. 48.

15) Begr. RegE Gesetz zur Einführung von eWp z. § 4 eWpG, BT-Drucks. 19/26925, S. 44.

16) Vgl. Begr. RegE Gesetz zur Einführung von eWp z. § 4 eWpG, BT-Drucks. 19/26925, S. 44.

17) Vgl. *Habersack* in: Omlor/Möslein/Grundmann, Elektronische Wertpapiere, S. 83, 90. Demnach kann ein elektronisches Wertpapier immer nur in einem Registertyp eingetragen sein.

18) Vgl. auch Müller/Pieper-*Pieper*, eWpG, § 22 Rz. 7, der eine öffentliche Kennzeichnung des Kryptowertpapierregisters als funktionsuntüchtig durch die BaFin befürwortet.

gestellt, welche Eintragung gilt. Eine Löschung des Kryptowertpapiers aus dem alten Kryptowertpapierregister würde dann nie technisch unmöglich sein.

III. Zustimmung zum Registerwechsel

18   Ein Wechsel erfordert die Zustimmung

- **sämtlicher Inhaber** des Kryptowertpapiers (Var. 1); oder
- der **Aufsichtsbehörde** (Var. 2).

19   Nicht geregelt ist, zu welchem **Zeitpunkt** die Zustimmung erteilt werden muss bzw. erteilt werden kann. Auch hier ist zwischen der vorherigen **Einwilligung** und der nachträglichen **Genehmigung** zu unterscheiden (vgl. §§ 182 ff. BGB). Beide Möglichkeiten sind nicht von vornherein ausgeschlossen. Sorgfältig handelnde Organe von Emittenten werden die technische Umschreibung eines Kryptowertpapiers aber kaum ohne vorliegende (vorherige) Einwilligung vornehmen lassen. Auch ist zu erwarten, dass die Kryptowertpapierregisterführer zur Haftungsvermeidung ihre Mitwirkung am Wechsel vom Nachweis der vorherigen Zustimmung abhängig machen werden. Trotzdem mögen Fälle denkbar sein, in denen die Möglichkeit einer Genehmigung sinnvoll erscheint, bspw. wenn im Falle eines Kryptowertpapierregisters zügiges Handeln angezeigt ist. Daher sollte auch die nachträgliche Genehmigung als hinreichende Zustimmung i. S. des § 22 eWpG angesehen werden.

1. Zustimmung sämtlicher Inhaber (§ 22 Var. 1 eWpG)

a) Bedeutung

20   Ein Registerwechsel ist einerseits zulässig, wenn sämtliche Inhaber i. S. des § 3 Abs. 1 eWpG zustimmen. Bei einem Wechsel des Aufzeichnungssystems sind alle Inhaber gleichermaßen von dieser technischen Änderung betroffen. Inhaber von Krypto-Assets, zu denen auch Kryptowertpapiere zählen, benötigen nach dem bisherigen Stand der Technik üblicherweise einen **Zugang** zu dem verwendeten Aufzeichnungssystem, um Krypto-Assets zu besitzen und zu übertragen (sog. **Wallets**). Das Vertrauen der Inhaber darauf, dass das verwendete Aufzeichnungssystem nicht ohne ihre Zustimmung gewechselt wird, ist deshalb schützenswert.[19]

21   Bei Kryptowertpapieren in Einzeleintragung müssen die Inhaber sämtlicher Kryptowertpapiere, die aus einer **Gesamtemission** stammen und in dem konkreten Register eingetragen sind, zustimmen. Die Übertragung einzelner Kryptowertpapiere einer Gesamtemission ist nicht möglich (siehe bereits Rz. 8).[20] Nach der Gesetzesbegründung kann in den Emissionsbedingungen geregelt werden, dass gemäß den Vorschriften des Schuldverschreibungsgesetzes auch eine Zustimmung einer Mehrheit der Inhaber ausreicht.[21]

22   Auffällig ist, dass der Gesetzgeber zwei scheinbar vergleichbare **Sachverhalte unterschiedlich regelt.** Gemeint sind die Fälle des § 6 Abs. 2, 4 eWpG (siehe hierzu auch unten Rz. 26 ff.), in denen elektronische Wertpapiere durch Urkunden oder umgekehrt urkundlich verbriefte Wertpapiere durch elektronische Wertpapiere ersetzt werden. Gemäß § 6 Abs. 2 Satz 1 Nr. 1, Abs. 4 Satz 1 eWpG ist dafür – sofern überhaupt eine Zustimmung

---

19) Vgl. Begr. RegE Gesetz zur Einführung von eWp z. § 6 eWpG, BT-Drucks. 19/26925, S. 48.

20) Vgl. Müller/Pieper-*Pieper*, eWpG, § 22 Rz. 4.

21) Begr. RegE Gesetz zur Einführung von eWp z. § 22 eWpG, BT-Drucks. 19/26925, S. 65; vgl. auch Deutsche Bundesbank, Stellungnahme z. RefE eWpG, v. 10.9.2020, S. 6, abrufbar unter https:// bundesfinanzministerium.de/Content/DE/Gesetzestexte/Gesetze_Gesetzesvorhaben/Abteilungen/ Abteilung_VII/19_Legislaturperiode/2021-06-09-einfuehrung-elektronische-wertpapiere/0-Gesetz.html (Abrufdatum: 20.2.2023).

erforderlich ist – die **Zustimmung des Berechtigten** erforderlich, während es für Übertragungen gemäß § 22 eWpG der **Zustimmung der Inhaber** bedarf.

– Bei elektronischen Wertpapieren in **Einzeleintragung** sind die Inhaber gemäß § 8 Abs. 1 Nr. 2 zugleich die Berechtigten, sodass sich die unterschiedlichen Regelungen im Ergebnis nicht auswirken.

– Anders ist es aber bei Kryptowertpapieren in **Sammeleintragung.** Möchte der Emittent ein Kryptowertpapier in Sammeleintragung durch eine Urkunde ersetzen, benötigt er dazu die Zustimmung der Berechtigten, während er für eine Übertragung in ein anderes elektronisches Wertpapierregister die Zustimmung des Inhabers benötigt.[22]

b) Einholung der Zustimmung

aa) Form und Modalität

Die Zustimmung bedarf nach dem Gesetz **keiner besonderen Form.** Aus Nachweisgründen wird der Emittent in der Praxis aber zumindest Textform (§ 126b BGB) verlangen.   23

Für die **Einholung und Übermittlung** der Zustimmungserklärung wäre bei entsprechender technischer Ausgestaltung zu überlegen, auch das dem Kryptowertpapierregister zugrunde liegende Aufzeichnungssystem zu nutzen. Wie dies praktisch funktionieren soll, ist derzeit aber noch nicht absehbar. Denkbar ist, die Wallet-Software zu verwenden, um den Inhabern des Kryptowertpapiers Push-Nachrichten mit einer entsprechenden Aufforderung zu senden. Das wäre dann aber im engeren Sinn keine Nutzung des Aufzeichnungssystems selbst.   24

Darüber hinaus ist im Kryptowertpapierregister gemäß § 17 Abs. 1 Nr. 6 eWpG i. V. m. § 8 Abs. 1 Satz 1, Abs. 2 Satz 2 eWpRV die Anschrift des Inhabers eines Kryptowertpapiers eingetragen. Der Emittent ist gemäß § 2 Abs. 1 Nr. 1 eWpRV Teilnehmer des Kryptowertpapierregisters, sodass er gemäß § 10 Abs. 1, Abs. 3 Satz 1 eWpG jederzeit Einsicht in das Kryptowertpapierregister nehmen kann.[23] Mithin ist dem Emittenten eine Kontaktaufnahme zum Inhaber zwecks Einholung der Zustimmung i. S. des § 22 Var. 1 eWpG auch auf diese Weise möglich.   25

bb) Zulässigkeit von Vorabeinwilligungen

Zu erwägen ist, ob die Inhaber eine vorherige **Einwilligung bereits vorab in den Emissionsbedingungen** erklären können. Diese Möglichkeit steht bei der Ersetzung eines elektronischen Wertpapiers durch eine Urkunde gemäß § 6 Abs. 2 Satz 1 Nr. 2 eWpG zur Verfügung. In § 22 eWpG **fehlt** hingegen eine **entsprechende Regelung.**   26

Die Subsumtion einer in den Emissionsbedingungen vorab erklärten Einwilligung unter das Merkmal **„Zustimmung"** ist bei rechtsmethodischer Betrachtung schwierig. Zwar lässt der Wortlaut eine derartige Subsumtion zu, allerdings differenziert der Gesetzgeber in § 6 eWpG ausdrücklich zwischen einer „regulären" Zustimmung (§ 6 Abs. 2 Satz 1 Nr. 1 eWpG), der Entbehrlichkeit einer „regulären" Zustimmung („ohne Zustimmung des Berechtigten", § 6 Abs. 2 Satz 1 Nr. 2 eWpG) aufgrund einer „aufschiebend konkludent bereits mit der Zeichnung des Wertpapiers erklärt[en Zustimmung]"[24] und einer ausdrücklichen Zustimmung (§ 6 Abs. 4 Satz 1 eWpG). Der Gesetzgeber begründet die Möglichkeit gemäß § 6 Abs. 2 Satz 1 Nr. 2 eWpG damit, dass bei der Ersetzung eines elektronischen Wertpapiers durch eine Urkunde ein Wechsel in „eine streng regulierte [und] ver-   27

---

22) Vgl. auch Müller/Pieper-*Pieper*, eWpG, § 22 Rz. 5.

23) Ausführlich zur Einsichtnahme in die elektronischen Wertpapierregister: *Siadat*, RDi 2021, 466, Rz. 23 ff.

24) Begr. RegE Gesetz zur Einführung von eWp z. § 6 eWpG, BT-Drucks. 19/26925, S. 47.

traute Infrastruktur"[25] stattfindet. Dies ist bei Übertragungen gemäß § 22 eWpG nicht der Fall.

28   In der Sache ist es nicht überzeugend, eine vorab **in den Emissionsbedingungen erklärte Zustimmung** für nicht ausreichend zu erachten. Dies deshalb, weil die Interessen der Anleger durch eine ausreichend präzise Formulierung der Zustimmungserklärung in den Emissionsbedingungen ausreichend berücksichtigt werden können. Die Anleger haben sich bereits zuvor für ein Kryptowertpapier und die damit verbundene Technologie entschieden. Der Registerwechsel wird daher regelmäßig nicht mit der Nutzung einer weniger bewährten Infrastruktur einhergehen. Außerdem würde es dem zivilrechtlichen **Grundsatz der Privatautonomie** widersprechen, wenn in Fällen des § 21 Abs. 2 eWpG (Funktionsunfähigkeit des Registers) eine vorab in den Emissionsbedingungen erklärte Zustimmung nicht anerkannt würde und stattdessen die BaFin die Zustimmung erklärt.

29   Weiterhin ist dem Emittenten die **Ersetzung von Sammelurkunden** oder **sammelverwahrten Einzelurkunden** durch ein Zentralregisterwertpapier grundsätzlich **ohne Zustimmung möglich** (§ 6 Abs. 3 Satz 1 eWpG). Die Nichtberücksichtigung dieser Konstellation in § 22 eWpG zeigt die Zurückhaltung des Gesetzgebers gerade bei der Regulierung der Kryptowertpapierregister. Der Gesetzgeber hat sich bewusst dazu entschieden, das eWpG technologieoffen zu gestalten und hat deshalb von detaillierteren Regeln zunächst abgesehen, um die Marktentwicklung nicht unnötig zu erschweren.[26] Daher kann aus der gegenüber § 6 eWpG weniger detaillierten Regelung in § 22 eWpG nicht geschlossen werden, dass eine vorab in den Emissionsbedingungen erklärte Zustimmung keine Zustimmung i. S. des § 22 eWpG darstellen kann.

2.   Aufsichtsbehörde (§ 22 Var. 2 eWpG)

30   Gemäß § 22 Var. 2 eWpG kann auch die Aufsichtsbehörde der Übertragung des Kryptowertpapiers in ein anderes elektronisches Wertpapierregister zustimmen.

31   Eine **Zustimmung** der Aufsichtsbehörde **liegt vor**, wenn diese gemäß § 21 Abs. 2 Satz 2 eWpG eine Übertragung verlangt, weil das konkrete Kryptowertpapierregister nicht mehr die gesetzlichen Anforderungen erfüllt (siehe dazu *Kloka/Langheld*, § 21 Rz. 32 ff.). Um einem weitergehenden verwaltungsrechtlichen Verfahren zu entgehen, muss der Emittent einen Wechsel des elektronischen Wertpapierregisters veranlassen.[27] Die Einholung der Zustimmungen sämtlicher Inhaber ist dann entbehrlich, weil die Aufsichtsbehörde mit dem Verlangen gemäß § 21 Abs. 2 Satz 2 eWpG **konkludent** auch die Zustimmung zur Übertragung gemäß § 22 eWpG erteilt.[28]

32   Die Zustimmung der Aufsichtsbehörde wird aus Sicht des Emittenten relevant, wenn die **Zustimmung der Inhaber nicht erreicht werden kann**, etwa weil einzelne Inhaber ihre Zustimmung verweigern oder auf eine entsprechende Aufforderung nicht reagieren. Außerhalb der Fälle des § 21 Abs. 2 eWpG darf sich die Aufsichtsbehörde aber jedenfalls dann nicht über den Willen eines Inhabers hinwegsetzen, wenn der Emittent das Kryptowertpapier in ein Kryptowertpapierregister übertragen will, das auf einer anderen Technologie – z. B. nicht auf der Distributed Ledger Technologie (DLT) – als das alte Kryptowertpapierregister beruht. Die mit den Kryptowertpapierregistern verbundenen Techniken sind relativ neu, sodass sich durch deren Nutzung auch für die Inhaber **gewisse Risiken** er-

---

25) Begr. RegE Gesetz zur Einführung von eWp z. § 6 eWpG, BT-Drucks. 19/26925, S. 47.
26) Vgl. Begr. RegE Gesetz zur Einführung von eWp, BT-Drucks. 19/26925, S. 29 f., 59 f.
27) Begr. RegE Gesetz zur Einführung von eWp z. § 21 eWpG, BT-Drucks. 19/26925, S. 65: „[§ 21 Abs. 2] beinhaltet eine Eingriffsgrundlage für ein verwaltungsrechtliches Vorgehen der Aufsichtsbehörde".
28) Müller/Pieper-*Pieper*, eWpG, § 22 Rz. 6.

geben können. Diese Risiken werden sogar ausdrücklich in der Begründung zu § 6 Abs. 4 eWpG erwähnt und bewegen den Gesetzgeber zu der Schlussfolgerung, dass die Nutzung einer bestimmten Technologie nur dann erfolgen darf, wenn diese auch vom Inhaber gewollt ist.[29]

Im Rahmen des Gesetzgebungsverfahrens wurde der Gedanke geäußert, die Zustimmung **33** der Aufsichtsbehörde könnte auch in den Fällen erforderlich sein, in denen die registerführende Stelle **insolvent** wird.[30] Unseres Erachtens kann der Emittent in derartigen Konstellationen gemäß § 16 Abs. 2 Satz 3 eWpG die registerführende Stelle austauschen, ohne dafür die Zustimmung der **Aufsichtsbehörde** und grundsätzlich des Inhabers zu benötigen. Sollte der Emittent nicht von sich aus tätig werden oder eine ausnahmsweise erforderliche Zustimmung der Inhaber nicht eingeholt werden können, dürften aber auch die Voraussetzungen für ein Verlangen der Aufsichtsbehörde gemäß § 21 Abs. 2 Satz 2 eWpG vorliegen. **Die Aufsichtsbehörde wird eine Zustimmung** gemäß § 22 Var. 2 eWpG **außerhalb der Fälle des § 21 Abs. 2 eWpG** daher **regelmäßig nicht erteilen.**[31]

IV. Zivilrechtliche Folgen eines Wechsels des elektronischen Wertpapierregisters

1. Vergleich zu urkundlich verbrieften Wertpapieren

Die zivilrechtlichen Folgen eines Wechsels des elektronischen Wertpapierregisters sind **34** im Gesetz nicht geregelt. Das elektronische Wertpapier gilt gemäß § 2 Abs. 3 eWpG aber als (bewegliche)[32] Sache (siehe *Denga*, § 2 Rz. 17) und wird gemäß § 2 Abs. 2 eWpG grundsätzlich wie ein urkundlich verbrieftes Wertpapier behandelt. Das elektronische Wertpapier entsteht nach h. M. – vergleichbar physisch verbrieften Wertpapieren – durch den **Skripturakt** in Form der Eintragung und den Abschluss eines Begebungsvertrags zwischen dem Emittenten und dem Anleger (siehe hierzu auch *Denga*, § 2 Rz. 9).[33]

a) Rechtslage bei urkundlich verbrieften Wertpapieren

Bei physischen Urkunden kann der Emittent dem einzelnen Inhaber anstelle der bisherigen **35** Wertpapierurkunde eine neue Wertpapierurkunde ausstellen. Dies ist in den Fällen des § 798 BGB möglich, also dann, wenn die Wertpapierurkunde aufgrund einer Verunstaltung oder Beschädigung nicht mehr verkehrsfähig ist.[34] Ein wiederkehrender Anwendungsfall des § 22 eWpG dürfte die **Funktionsunfähigkeit** des Kryptowertpapierregisters darstellen, in welchem die Verkehrsfähigkeit des Kryptowertpapiers ebenfalls beeinträchtigt ist. Die Fälle des § 798 BGB sind mithin mit denen des § 22 eWpG teilweise vergleichbar.

Die Ausstellung einer neuen Urkunde hat keine Auswirkungen auf die materielle Rechts- **36** lage. Mit Fertigstellung der Ersatzurkunde wird der Berechtigte gemäß § 952 Abs. 2 BGB

---

29) Begr. RegE Gesetz zur Einführung von eWp z. § 6 eWpG, BT-Drucks. 19/26925, S. 48; vgl. auch Müller/Pieper-*Pieper*, eWpG, § 22 Rz. 6.

30) Deutsche Börse Gruppe, Stellungnahme z. RefE eWpG, v. 14.9.2020, S. 13, abrufbar unter https://bundes-finanzministerium.de/Content/DE/Gesetzestexte/Gesetze_Gesetzesvorhaben/Abteilungen/Abteilung_VII/19_Legislaturperiode/2021-06-09-einfuehrung-elektronische-wertpapiere/0-Gesetz.html (Abrufdatum: 20.2.2023).

31) Vgl. Müller/Pieper-*Pieper*, eWpG, § 22 Rz. 6, der einen über § 21 Abs. 2 eWpG hinausgehenden Anwendungsbereich verneint.

32) *Meier*, MMR 2021, 381, 384; *Geier*, RdF 2020, 258, 259.

33) Zum Erfordernis eines Begebungsvertrags für die Entstehung eines elektronischen Wertpapiers vgl. Begr. RegE Gesetz zur Einführung von eWp z. § 4 eWpG, BT-Drucks. 19/26925, S. 42; *Dubovitskaya*, ZIP 2020, 2551, 2554 f.; *Wieneke/Kunz*, NZG 2021, 316, 318; *Casper* in: Möslein/Omlor, FinTech-Handbuch, § 28 Rz. 31 f.

34) Vgl. *Habersack* in: MünchKomm-BGB, § 798 Rz. 1; Staudinger-*Marburger*, BGB, § 798 Rz. 2; *Gehrlein* in: BeckOK-BGB, § 798 Rz. 1; *Schödel* in: NK-BGB, § 798 Rz. 1.

Eigentümer dieser. Auch Rechte Dritter an der ursprünglichen Urkunde setzen sich an der **Ersatzurkunde** fort. Ohne dass ein (neuer) Begebungsvertrag geschlossen wird, wird mit dem Umtausch der Urkunden das Recht durch die neue Urkunde verbrieft. Die alte Urkunde verliert gleichzeitig ihre Wertpapiereigenschaft.[35]

b) Rechtslage bei elektronischen Wertpapieren

37 Der **Wechsel des elektronischen Wertpapierregisters** soll nach der Gesetzesbegründung **keine Änderung** der materiellen Rechtslage bewirken.[36] Der Skripturakt wird bei Kryptowertpapieren durch die Eintragung in ein Kryptowertpapierregister ersetzt.[37] Diese Skriptur wird durch einen Wechsel des Wertpapierregisters „erneuert". Die mit dem Wechsel verbundene Eintragung im neuen elektronischen Wertpapierregister entspricht also der Ausstellung einer neuen Wertpapierurkunde. Bei Übertragungen gemäß § 22 eWpG ist – vergleichbar den physischen Wertpapierurkunden – kein neuer Begebungsvertrag erforderlich, sodass bei der (Neu-)Eintragung auch kein neues Wertpapier entsteht. Stattdessen setzt sich, vergleichbar mit den Fällen des § 798 BGB, das zuvor begründete Wertpapier in der neuen Eintragung in dem neuen Register fort. Auf diese Weise bleiben – wie vom Gesetzgeber intendiert – auch sämtliche Rechte an und aus dem Kryptowertpapier erhalten.

2. Verfahrensausgestaltung – Zeitliche Reihenfolge von Eintragung und Löschung

a) Regelungen in § 22 eWpG und §§ 13 Abs. 1 Nr. 3, 20 eWpRV

38 Das Verfahren für die Übertragung eines Kryptowertpapiers in ein anderes elektronisches Wertpapierregister ist im Gesetz nicht geregelt. Auch die Begründung des Gesetzentwurfs äußert sich dazu nicht.

39 § 23 Abs. 1 Nr. 26 eWpG enthält die **Ermächtigung**, die Details bezüglich des Verfahrens für den Wechsel des Wertpapierregisters nach §§ 21 Abs. 2, 22 eWpG durch Rechtsverordnung zu regeln. Diese Ermächtigung wird durch §§ 13 Abs. 1 Nr. 3, 20 eWpRV wahrgenommen.[38] Gemäß § 20 Abs. 1 eWpRV hat die registerführende Stelle i. S. des § 16 Abs. 2 eWpG durch technische Vorkehrungen und Verfahren sicherzustellen, dass eine Übertragung eines Kryptowertpapiers in ein anderes elektronisches Wertpapierregister jederzeit möglich ist. Gemäß § 20 Abs. 2 Satz 2 eWpRV gilt dies ausdrücklich auch für die Fälle des § 21 Abs. 2 eWpG, also dann, wenn die Funktionsfähigkeit des Kryptowertpapierregisters beeinträchtigt ist. Die Vorkehrungen und Verfahren sind schriftlich zu dokumentieren und der BaFin vorzulegen (§ 20 Abs. 3 i. V. m. Abs. 2 eWpRV). Darüber hinaus sind die Vorkehrungen und Verfahren gemäß § 20 Abs. 1 Satz 2 eWpRV laufend zu überprüfen und bei Bedarf zu aktualisieren.

40 Das eWpG und die eWpRV überlassen die Ausgestaltung des Verfahrens für einen Registerwechsel somit den registerführenden Stellen. In der Praxis ist daher zu erwarten, dass die registerführenden Stellen die Regelungen für den Registerwechsel in ihren **Allgemeinen Geschäftsbedingungen** festlegen. An die Stelle einer staatlichen Regelung tritt mithin die **Überwachung durch die BaFin**, die sie mithilfe der ihr vorgelegten Dokumente ausüben soll.

---

35) *Habersack* in: MünchKomm-BGB, § 798 Rz. 2; Staudinger-*Marburger*, BGB, § 798 Rz. 4; *Gehrlein* in: BeckOK-BGB, § 798 Rz. 2; *Schödel* in: NK-BGB, § 798 Rz. 2.

36) Begr. RegE Gesetz zur Einführung von eWp z. § 21 eWpG, BT-Drucks. 19/26925, S. 65; vgl. auch Müller/Papier-*Barth*, eWpG, § 21 Rz. 39; *Dubovitskaya*, ZIP 2020, 2551, 2560.

37) Vgl. z. B. *Lieder* in: Omlor/Möslein/Grundmann, Elektronische Wertpapiere, S. 103, 105 ff.

38) Begr. eWpRV, v. 27.10.2022, S. 8, abrufbar unter https://www.bmj.de/SharedDocs/Gesetzgebungsverfahren/Dokumente/Bundesanzeiger_eWpRV_Bekanntmachung.html (Abrufdatum: 20.2.2023).

In zeitlicher Hinsicht gibt die eWpRV lediglich vor, dass die Vorkehrungen und Verfahren 41
vor Inbetriebnahme des Kryptowertpapierregisters festgelegt sein müssen, weil ansonsten
eine jederzeitige Übertragung nicht gewährleistet werden könnte.

b) Ausgestaltungsmöglichkeiten – Analogie zum Verfahren bei § 6 Abs. 2 eWpG?

Wie bereits ausgeführt ist unklar, ob neben der Eintragung des Wertpapiers in dem neuen 42
elektronischen Wertpapierregister auch die Löschung im alten Kryptowertpapierregister
erforderlich ist. Hält man eine Löschung für erforderlich, stehen den registerführenden
Stellen auf der zeitlichen Ebene, die folgenden **drei Möglichkeiten** zur Ausgestaltung des
Verfahrens zur Verfügung.

aa) Eintragung nach Löschung?

Nach einer ersten denkbaren Möglichkeit wird das Kryptowertpapier zunächst in dem alten 43
Kryptowertpapierregister **gelöscht** und erst **anschließend** in dem neuen elektronischen
Wertpapierregister **eingetragen**. Bei diesem Vorgehen existiert für einen gewissen Zeitraum keine Eintragung und somit auch kein elektronisches Wertpapier. Der Fortbestand
der an dem elektronischen Wertpapier bestehenden bzw. aus ihm resultierenden Rechte in
dem neu eingetragenen elektronischen Wertpapier (siehe hierzu Rz. 37) ließe sich nach
dieser ersten Möglichkeit daher kaum begründen. In dem Zeitraum, in dem das Wertpapier nicht eingetragen ist, greift die sachenrechtliche Fiktion des § 2 Abs. 3 eWpG nicht
und das Trägermedium für die bestehenden Rechte entfällt. Diese Variante erscheint nach
derzeitiger Rechtslage ungeeignet.

bb) Gleichzeitige Löschung und Eintragung

Nach einer zweiten denkbaren Möglichkeit erfolgen Eintragung im neuen elektronischen 44
Wertpapierregister und Löschung im bisherigen Kryptowertpapierregister gleichzeitig.[39]
Demnach wäre eine klare rechtliche Übertragungskette vorhanden. Es gäbe keinen Zeit-
raum, in dem das elektronische Wertpapier nicht existiert und umgekehrt gäbe es auch
keinen Zeitraum, in dem das Wertpapier an zwei verschiedenen Stellen eingetragen ist.
Die technische Umsetzung dieser zweiten Möglichkeit dürfte freilich schwierig werden.

cc) Löschung nach Eintragung

Nach einer dritten denkbaren Möglichkeit erfolgt zunächst die Eintragung im neuen elek- 45
tronischen Wertpapierregister und erst anschließend wird das Kryptowertpapier aus dem
alten Kryptowertpapierregister gelöscht. Das Wertpapier ist dann **für einen gewissen Zeitraum in zwei Registern** eingetragen. Dies entspricht dem Verfahren bei der **Ersetzung** von
elektronischen Wertpapieren **durch urkundlich verbriefte Wertpapiere**, mithin der Regelung in § 6 Abs. 2 eWpG i. V. m. § 9 eWpRV. Demnach ist die Löschung im elektronischen Wertpapierregister erst dann vorzunehmen, wenn die Urkunde ausgestellt wurde.
§ 6 Abs. 2 Satz 3 eWpG fingiert, dass das verbriefte Recht erst dann durch die (neue) Urkunde verkörpert wird, wenn die Löschung im elektronischen Wertpapierregister **vollzogen**
wurde. Einen Zeitraum, in dem das Wertpapier zweifach verbrieft wird, gibt es demnach
nicht.

Diese Regelungen könnten analog auch für Übertragungen gemäß § 22 eWpG herange- 46
zogen werden. Das Vorliegen einer vergleichbaren Interessenlage ist auf den ersten Blick

---

39) In diesem Sinne wohl Müller/Pieper-*Pieper*, eWpG, § 22 Rz. 7, wonach „[d]ie Darstellung der Skriptur-
angaben im Front-End des neuen Registers […] in dem Moment erfolgen [sollte], in dem die Wertpapiere im alten Register gelöscht werden".

naheliegend, schließlich wird sowohl in § 6 Abs. 2 eWpG als auch in § 22 eWpG der Begebungswechsel eines Kryptowertpapiers geregelt. Die Ausgangspunkte einer Ersetzung gemäß § 6 Abs. 2 eWpG und einer Übertragung gemäß § 22 eWpG sind identisch. In beiden Fällen existiert ein Kryptowertpapier. Neben dem weitergehenden Anwendungsbereich des § 6 Abs. 2 eWpG – dieser ist auch auf Zentralregisterwertpapiere anwendbar – besteht der **Unterschied** zwischen den beiden Regelungen im Ziel des Wechsels. In den Fällen des § 6 Abs. 2 eWpG wechselt die Begebungsform von einer elektronischen Eintragung zu einer Urkunde. In den Fällen des § 22 eWpG verbleibt das Wertpapier in einem elektronischen Register. Soweit aber der zivilrechtliche Vollzug des Wechsels geregelt wird, sind die Interessenlagen beider Sachverhalte vergleichbar. Aus der Gesetzes- und Verordnungsbegründung zu § 6 eWpG, § 9 eWpRV geht hervor, dass dieses Verfahren zur Gewährleistung einer klaren rechtlichen Übertragungskette gewählt wurde.[40] Einer klaren rechtlichen Übertragungskette bedarf es auch bei Wechseln gemäß § 22 eWpG, sodass sich eine analoge Anwendung anbietet.

47 Wie bereits oben angedeutet (siehe Rz. 16) ist die Begründung einer analogen Anwendung von Regelungen von § 6 eWpG, § 9 eWpRV auf Übertragungen gemäß § 22 eWpG **rechtsmethodisch aber nur schwer begründbar**. Dies hat folgenden Hintergrund: Der Gesetzgeber sieht in den §§ 15 Abs. 1 Satz 1 Nr. 2, 23 Abs. 1 Satz 1 Nr. 3 eine **Verordnungsermächtigung** vor, die eine Konkretisierung des Verfahrens bei der Ersetzung von elektronischen Wertpapieren durch Urkunden gemäß § 6 Abs. 2 eWpG ermöglicht. Der Verordnungsgeber macht von dieser Ermächtigung Gebrauch und regelt die zeitliche Reihenfolge der Urkundenerstellung und der Löschung des elektronischen Wertpapiers. Für den Wechsel des elektronischen Wertpapierregisters gemäß § 22 eWpG sieht der Gesetzgeber in § 23 Abs. 1 Satz 1 Nr. 26 eWpG eine entsprechende Verordnungsermächtigung vor. Auch hier macht der Verordnungsgeber von der Ermächtigung Gebrauch, legt aber keine zeitliche Reihenfolge für die Eintragung und Löschung des elektronischen Wertpapiers fest, sondern überlässt, wohl aus Gründen der Innovations- und Technologieoffenheit,[41] die Ausgestaltung des Verfahrens ausdrücklich (§ 20 eWpRV) den registerführenden Stellen.

48 Sachlich wäre es dennoch nicht überzeugend, eine analoge Anwendung von vornherein abzulehnen. Der **technologieoffene Ansatz** zur Regulierung elektronischer Wertpapiere gebietet eine Zurückhaltung des Gesetzgebers bei verfahrenstechnischen Regelungen. Wohl aus diesem Grund haben Gesetz- und Verordnungsgeber bei der Ersetzung eines elektronischen Wertpapiers durch eine Urkunde deutlich detailliertere Vorgaben gemacht als bei einem Wechsel des elektronischen Wertpapierregisters.[42] Aus der gegenüber § 6 eWpG, § 9 eWpRV weniger umfassenden Regelung in § 22 eWpG, § 20 eWpRV sollte aber nicht geschlossen werden, dass der Gesetzgeber eine entsprechende Verfahrensausgestaltung nicht akzeptiert. Soweit also eine Ausgestaltung nach dieser dritten denkbaren Möglichkeit technisch möglich ist, können die registerführenden Stellen entsprechende Verfahren einrichten. Eine **analoge Anwendung** insbesondere des § 6 Abs. 2 Satz 3 eWpG ist dann zur Gewährleistung einer klaren rechtlichen Übertragungskette zwingend erforderlich. Die neue Eintragung würde demnach erst dann an die Stelle der alten Eintragung treten, wenn die Löschung im alten Register eingetragen wurde.

---

40) Begr. RegE Gesetz zur Einführung von eWp z. § 6 eWpG, BT-Drucks. 19/26925, S. 47.
41) Begr. eWpRV, v. 27.10.2022, S. 3, abrufbar unter https://www.bmj.de/SharedDocs/Gesetzgebungs-verfahren/Dokumente/Bundesanzeiger_eWpRV_Bekanntmachung.html (Abrufdatum: 20.2.2023).
42) Vgl. Begr. RegE Gesetz zur Einführung von eWp, BT-Drucks. 19/26925, S. 29 f., 59 f.

V. Rechtsfolgen bei Registerwechseln ohne Zustimmung

1. Elektronisches Wertpapier und verbrieftes Recht

Erfolgt ohne vorherige Einwilligung sämtlicher Inhaber oder der BaFin eine Neueintra- 49
gung des elektronischen Wertpapiers in einem anderen elektronischen Wertpapierregister,
fehlt es an der gemäß § 22 eWpG erforderlichen Mitwirkung der Inhaber oder der Aufsichtsbehörde, und die Neueintragung kann nicht das verbriefte Recht verkörpern. Nach
den allgemeinen wertpapierrechtlichen Grundsätzen bewirkt allein die Skriptur auch nicht
die Entstehung eines neuen Wertpapiers.[43] Die **Neueintragung stellt** also **ein Nullum
dar**. Weiterhin ist die Eintragung im alten Kryptowertpapierregister maßgeblich. Sie verkörpert das verbriefte Recht. Sämtliche Rechte an und aus dem Kryptowertpapier bleiben
also erhalten.

Sofern im alten Register eine Löschung eingetragen wird, sind die Inhaber aus der alten 50
Eintragung jedoch **nicht mehr formell legitimiert**. Diese Situation ist für die Inhaber
unbefriedigend, weil sie zum einen das verbriefte Recht nicht geltend machen und zum
anderen praktisch nicht über das elektronische Wertpapier verfügen können. Die Inhaber
können den Wechsel des Registers jedoch entweder jederzeit genehmigen oder ihre
formelle Legitimation aus dem alten Register zurückerlangen (siehe hierzu Rz. 51 ff.).

2. Rückerlangung der formellen Legitimation

Falls der Emittent den Wechsel in ein neues elektronisches Wertpapierregister ohne Zu- 51
stimmung vollzieht oder vollziehen lässt und eine Löschung in dem alten Kryptowertpapierregister eingetragen wird, müssen die Inhaber eine Möglichkeit haben, ihre formelle
Legitimation in dem alten Register **wiederzuerlangen**. Ansonsten wäre das Zustimmungserfordernis in § 22 eWpG wirkungslos, weil den Inhabern über den Verlust der formellen
Legitimation aus dem alten Register hinausgehende Nachteile regelmäßig nicht entstehen
werden. Der Emittent könnte Übertragungen gemäß § 22 eWpG dann einfach ohne Zustimmung durchführen (lassen).

Zu beachten ist, dass die bestehende Rechtslage durch die elektronischen Wertpapierre- 52
gister auch dann zutreffend dargestellt wird, wenn ein Registerwechsel ohne Zustimmung
erfolgt ist. Die Inhaber bleiben schließlich Inhaber des elektronischen Wertpapiers. Allein
das konkrete elektronische Wertpapierregister, also der **Ort der Eintragung** des elektronischen Wertpapiers ist **fehlerhaft**. Daher wird durch einen Registerwechsel ohne Zustimmung auch nicht die Gefahr eines Rechtsverlusts durch gutgläubigen Erwerb geschaffen.

Ob die Voraussetzungen eines allgemeinen Registerberichtigungsanspruchs überhaupt vor- 53
liegen würden, ist daher unklar, jedenfalls existiert für elektronische Wertpapierregister **kein
spezieller Registerberichtigungsanspruch** (siehe hierzu auch *Ostermeier*, § 18 Rz. 76).
Die Einfügung eines solchen Anspruchs wurde i. R. des Gesetzgebungsverfahrens teilweise
gefordert, letztlich ohne Erfolg.[44]

Die registerführende Stelle des alten Registers ist aber verpflichtet, die eingetragene Lö- 54
schung gemäß § 18 Abs. 5 Satz 1 eWpG (i. V. m. § 15 eWpRV) unverzüglich rückgängig
zu machen. Die Löschung ist ein Sonderfall der Änderung des Registerinhalts. Gemäß § 18
Abs. 1, 2 eWpG darf sie nur mit Einverständnis einer in § 18 Abs. 1 Satz 1 eWpG genann-

---

43) Begr. RegE Gesetz zur Einführung von eWp z. § 4 eWpG, BT-Drucks. 19/26925, S. 42; *Dubovitskaya*,
   ZIP 2020, 2551, 2554 f.; *Wieneke/Kunz*, NZG 2021, 316, 318; *Casper* in: Möslein/Omlor, FinTech-
   Handbuch, § 28 Rz. 31 f.

44) Vgl. *Habersack* in: Omlor/Möslein/Grundmann, Elektronische Wertpapiere, S. 83, 89; für die Einfügung
   eines Registerberichtigungsanspruchs *Saive*, ZRP 2020, 219, 221; gegen die Einfügung eines Registerberichtigungsanspruchs: *Linardatos*, ZBB 2020, 329, 346.

ten Person oder Stelle **und** des Emittenten vorgenommen werden.[45] Im Regelfall müssen daher die Inhaber (§ 18 Abs. 1 Satz 1 Nr. 1 eWpG) und der Emittent der Löschung zustimmen. Die Inhaber haben dem Wechsel des elektronischen Wertpapierregisters und der damit verbundenen Löschung gerade nicht zugestimmt. Die registerführende Stelle hätte das Kryptowertpapier daher nicht aus dem alten Register löschen dürfen, sodass die Löschung **unverzüglich rückgängig zu machen** ist.

55   In Betracht kommen ferner **Schadensersatzansprüche** gegen die registerführende Stelle gemäß § 7 Abs. 2 Satz 2 eWpG und gegen den Emittenten gemäß § 280 Abs. 1 BGB.

VI.   Sonstiges

56   Die Durchführung einer Übertragung gemäß § 22 eWpG **bedarf keiner besonderen Lizenz.**[46]

---

45)   Vgl. Begr. RegE Gesetz zur Einführung von eWp z. §§ 18, 14 eWpG, BT-Drucks. 19/26925, S. 62, 59; hier wird klargestellt, dass die Zustimmung des Emittenten nicht an die Stelle der Weisung des Berechtigten (i. S. des § 18 Abs. 1 Satz 1 eWpG) tritt, sondern eine zusätzliche Voraussetzung darstellt.

46)   Aufgeworfen: Bitkom, Stellungnahme z. RefE eWpG, v. 10.9.2020, S. 6, abrufbar unter https://bundesfinanzministerium.de/Content/DE/Gesetzestexte/Gesetze_Gesetzesvorhaben/Abteilungen/Abteilung_VII/19_Legislaturperiode/2021-06-09-einfuehrung-elektronische-wertpapiere/0-Gesetz.html (Abrufdatum: 20.2.2023); verneint: Begr. RegE Gesetz zur Einführung von eWp z. § 22 eWpG, BT-Drucks. 19/26925, S. 65, wonach bei einer Übertragung gemäß § 22 „keine Zusammenführung von Angebot und Nachfrage stattfindet" und daher ein anderer Tatbestand als das Betreiben einer Handelsplattform vorliege; vgl. auch *Döding/Wentz*, WM 2020, 2312, 2320.

§ 23
Verordnungsermächtigung in Bezug auf Krypto-
wertpapierregister

(1) [1]Das Bundesministerium der Justiz und für Verbraucherschutz und das Bundesministerium der Finanzen können für Kryptowertpapierregister durch gemeinsame Rechtsverordnung, die nicht der Zustimmung des Bundesrates bedarf, nähere Bestimmungen erlassen über

1. das Verfahren und die Einzelheiten der Eintragung nach § 4 Absatz 4,

2. die technischen Anforderungen an die Niederlegung der Emissionsbedingungen nach § 5, einschließlich der Darstellung von Änderungen und des Datenzugangs, sowie die Bedingungen für die Beschränkung des Zugangs zu den Emissionsbedingungen nach § 5 Absatz 1 Satz 2,

3. das Verfahren zum Wechsel der Begebungsform oder der Auslieferung von Einzelurkunden nach § 6,

4. die Einrichtung und die Führung des Registers nach § 7, einschließlich der für die Kryptowertpapierregister vorzusehenden Eintragungsarten nach § 8 Absatz 1,

5. den zu erwartenden Sorgfaltsmaßstab für die Abbildung der Rechtslage nach § 7 Absatz 2 sowie die Regelungen zur Rückgängigmachung von Eintragungen nach § 18 Absatz 5,

6. die Anforderungen an die Vertraulichkeit, Integrität, Verfügbarkeit und Authentizität der Daten nach § 7 Absatz 3,

7. die Anforderungen für die Zurechnung zu einem Mischbestand nach § 9 Absatz 3,

8. die Anforderungen an die Gewährleistung des Einsichtsrechts gemäß § 10, den Kreis der Einsichtsberechtigten, einschließlich des Umfangs der Einsichtnahme und des jeweiligen Teilnehmerkreises für die Kryptowertpapierregister, und die Gründe, die ein berechtigtes oder ein besonderes berechtigtes Einsichtsinteresse begründen, sowie die Regelungen zur Darlegung des Interesses und zum Verfahren der Einsichtnahme,

9. die Anforderungen an die Identifizierung des Weisungsberechtigten und an das Authentifizierungsinstrument nach § 18 Absatz 1,

10. die Verfahrensanforderung zur Übermittlung und zur Vollziehung von Weisungen nach § 18 Absatz 1 bis 4,

11. die Anforderungen an den angemessenen Zeitraum für Umtragungen und an die Gültigkeit von Transaktionen auf dem Aufzeichnungssystem nach § 18 Absatz 4,

12. die Anforderungen an den Austausch von Informationen des Registers mit dritten Systemen oder Anwendungen und an die gegenseitige Nutzung ausgetauschter Informationen,

13. die Zugänglichkeit des verwendeten Quellcodes,

14. die verwendeten Steuerungsverfahren und Steuerungsmaßnahmen,

15. die Sicherstellung von Verantwortlichkeiten und Identifizierungsmerkmalen,

16. die Anforderungen an die technische Leistungsfähigkeit und die technische Skalierbarkeit,

17. die Berechtigungskonzepte zur Änderung und Fortschreibung der Daten auf dem Aufzeichnungssystem und der Inhalte des Registers,

18. die verwendeten kryptografischen Verfahren und alle Mittel und Methoden für die Transformation von Daten, um ihren semantischen Inhalt zu verbergen, ihre unbefugte Verwendung zu verhindern oder ihre unbemerkte Veränderung zu verhindern,

19. die Daten, die im Aufzeichnungssystem gespeichert werden müssen,

20. die Art und Weise, das Format und den Inhalt der Veröffentlichung und der Mitteilung nach § 20 Absatz 1,

21. die Voraussetzungen für die Aufnahme und die Löschung von Kryptowertpapieren, das Format, den Inhalt und die Führung der Liste durch die Aufsichtsbehörde gemäß § 20 Absatz 3,

22. die Informationen, die die registerführende Stelle mit den Informationen im Aufzeichnungssystem abgleichen oder ergänzen muss und speichern muss,

23. die Kriterien für eine Teilnahme am Register, die einen fairen und offenen Zugang ermöglichen,

24. die Kommunikationsverfahren mit den Teilnehmern einschließlich der Schnittstellen, über die diese mit der registerführenden Stelle sowie dem Aufzeichnungssystem verbunden sind,

25. die Anforderungen an die erforderlichen technischen und organisatorischen Maßnahmen des Emittenten nach § 21 Absatz 1,

26. die Details bezüglich des Verfahrens für den Wechsel des Wertpapierregisters nach § 21 Absatz 2 und § 22,

27. die Dokumentation und die Beschreibung des Registers,

28. die Anforderungen an die Geschäftsorganisation bei der Führung des Registers und

29. die Art, das Format und den Inhalt des Registerauszugs gemäß § 19.

²Das Bundesamt für Sicherheit in der Informationstechnik ist anzuhören, soweit die Sicherheit informationstechnischer Systeme betroffen ist.

(2) Das Bundesministerium der Justiz und für Verbraucherschutz und das Bundesministerium der Finanzen können die Ermächtigung nach Absatz 1 durch gemeinsame Rechtsverordnung auf die Bundesanstalt für Finanzdienstleistungsaufsicht übertragen.

Literatur: *Siadat*, Verordnung über die Anforderungen an elektronische Wertpapierregister (eWpRV), RDi 2021, 466.

Übersicht

I.   Allgemeines

1   § 23 eWpG enthält Ermächtigungen zugunsten des Bundesministeriums der Justiz und für Verbraucherschutz (BMJV) gemeinsam mit dem Bundesministerium der Finanzen (BMF), gemäß Art. 80 GG Rechtsverordnungen zu erlassen. In der Rechtsverordnung sollen nähere Bestimmungen zu den Themenkomplexen des § 23 Abs. 1 Satz 1 Nr. 1 bis 29 eWpG getroffen werden.

2   Auf Grundlage des § 23 eWpG erlassene Rechtsverordnungen bedürfen keiner Zustimmung des Bundesrates.

3   Soweit von der Rechtsverordnung Fragen der Sicherheit informationstechnischer Systeme betroffen sind, wurde das Bundesamt für Sicherheit in der Informationstechnik (**BSI**) nach § 23 Abs. 1 Satz 2 eWpG angehört.[1)]

4   Wie auch die Regelung des § 15 Abs. 1 Satz 1 eWpG ermöglicht die Regelung des § 23 Abs. 1 Satz 1 eWpG dem BMJV zusammen mit dem BMF den Erlass einer Rechtsverordnung, um zu den in § 23 Abs. 1 Satz 1 eWpG aufgelisteten Regelungskomplexen nähere Bestimmungen auf Rechtsverordnungsebene zu erlassen. Dies ermöglicht es dem Verordnungsgeber, kurzfristig und ohne weiteren Anpassungsbedarf auf gesetzlicher Ebene im eWpG auf technische Entwicklungen reagieren zu können. Siehe vertiefend die Ausführungen von *Alfes*, § 15 Rz. 7 ff.[2)]

II.   Ermächtigungsadressaten (§ 23 Abs. 1 Satz 1 und Abs. 2 eWpG)

5   Gemäß § 23 Abs. 1 Satz 1 und Abs. 2 eWpG werden das BMJV und das BMF zum Erlass gemeinsamer Rechtsverordnungen ermächtigt. Eine Reihe von Zuständigkeiten der Bundesministerien haben sich nach Inkrafttreten des eWpG und vor Erlass einer Rechtsverordnung verschoben. Das eWpG wurde vom 19. Deutschen Bundestag beschlossen. Zum Zeitpunkt des Bundestagsbeschlusses und bei Inkrafttreten des eWpG war allein das BMJV für die Geschäftsbereiche Justiz und Verbraucherschutz zuständig. Nach Inkrafttreten

---

1)   Zu den Rechtsfolgen einer unterlassenen Anhörung: *Uhle* in: BeckOK-GG, Art. 80 Rz. 36 m. w. N.

2)   Allgemein zum RefE eWpRV s. *Siadat*, RDi 2021, 466 ff.

des eWpG und vor Erlass einer Rechtsverordnung wurde die Bezeichnung des Bundesjustizministeriums verändert (Bundesministerium der Justiz – BMJ) und die Zuständigkeit für den Verbraucherschutz aus dem Geschäftsbereich des BMJ in den Geschäftsbereich des Bundesministeriums für Umwelt, Naturschutz, nukleare Sicherheit und Verbraucherschutz (BMUV) überführt.[3]

Kommt es zu einer **Überführung von Zuständigkeiten** aus dem Geschäftsbereich eines Bundesministeriums in den Geschäftsbereich eines anderen Bundesministeriums, so gehen damit die in Gesetzen zugewiesenen Zuständigkeiten auf das nach der Überführung zuständige Ministerium über (§ 1 Abs. 1 Zuständigkeitsanpassungsgesetz – ZustAnpG). Dabei bewirkt die bloße Veränderung der Bezeichnung eines Ministeriums zudem keine Verschiebung von Zuständigkeiten (§ 1 Abs. 2 ZustAnpG). Das ZustAnpG ist auch für Verordnungsermächtigungen gemäß Art. 80 Abs. 1 Satz 1 GG einschlägig.[4] **6**

Sinn und Zweck des eWpG ist es primär, Innovationen im Finanzsektor zu ermöglichen, damit der Handelsplatz Deutschland wettbewerbsfähig bleibt. Im eWpG werden hierzu wertpapierrechtliche und allgemeine zivilrechtliche Grundlagen geschaffen. Verbraucher werden in § 19 Abs. 2 eWpG (Anspruch von Verbrauchern auf Erteilung eines Registerauszugs) besonders geschützt. Ausweislich der Gesetzesbegründung zu § 23 eWpG wollte der Gesetzgeber zwar auch eine Ermächtigung für Regelungen zum Verbraucherschutz beschließen,[5] der deutliche Schwerpunkt der Verordnungsermächtigung betrifft aber weiterhin die Geschäftsbereiche des BMJ und des BMF. **7**

III. Nutzung der Verordnungsermächtigungen im Einzelnen

1. Verordnungsermächtigung gemäß § 23 Abs. 1 Satz 1 eWpG

Die eWpRV schöpft die im Gesetz vorgesehenen Rechtsgrundlagen bewusst nicht umfassend aus und lässt einige der in § 23 Abs. 1 Satz 1 eWpG genannten **Regelungskomplexe** aus. Die eWpRV begründet dies zum einen damit, dass die nicht geregelten Punkte im eWpG selbst oder in sonstigen Vorschriften, die für die Registerführer als Finanzdienstleistungsunternehmen gelten, hinreichend adressiert würden. Als Beispiel führt der Referentenentwurf an, dass registerführende Stellen als Finanzdienstleistungsunternehmen gemäß §§ 25a ff. KWG einschließlich der zu deren Konkretisierung erlassenen Verwaltungsvorschriften den Mindestanforderungen an das Risikomanagement (MaRisk)[6] und den bankaufsichtlichen Anforderungen an die IT (BAIT)[7] unterlägen.[8] Zum anderen will der Gesetzgeber die **Marktentwicklung** abwarten und diese nicht (zu früh) durch umfassende Regulierung einhegen.[9] Im Wesentlichen sollen die registerführenden Stellen **8**

---

3) Organisationserlass des Bundeskanzlers v. 8.12.2021, BGBl. I 2021, 5176.

4) *Uhle* in: BeckOK-GG, Art. 80 Rz. 12; v. Münch/Kunig-*Wallrabenstein*, GG, Art. 80 Rz. 18; Dreier-*Bauer*, GG, Art. 80 Rz. 24; Sachs-*Mann*, GG, Art. 80 Rz. 16.

5) Begr. RegE Gesetz zur Einführung von eWp z. § 23 eWpG, BT-Drucks. 19/26925, S. 65, wonach „[n]ähere Vorgaben […] zu Informationspflichten gegenüber Verbrauchern" den Ermächtigungsadressaten vorbehalten bleiben.

6) BaFin, Rundschreiben 10/2021 (BA) – Mindestanforderungen an das Risikomanagement (MaRisk), v. 16.8.2021, Stand: 4.5.2022, abrufbar unter https://www.bafin.de/SharedDocs/Veroeffentlichungen/DE/Rundschreiben/2021/rs_1021_MaRisk_BA.html (Abrufdatum: 20.2.2023).

7) BaFin, Rundschreiben 10/2017 (BA) – Bankaufsichtliche Anforderungen an die IT (BAIT), Stand: 16.8.2021, abrufbar unter https://www.bafin.de/SharedDocs/Downloads/DE/Rundschreiben/dl_rs_1710_ba_BAIT.pdf?__blob=publicationFile&v=6 (Abrufdatum: 20.2.2023).

8) Begr. eWpRV, v. 27.10.2022, S. 2, abrufbar unter: https://www.bmj.de/SharedDocs/Gesetzgebungsverfahren/Dokumente/Bundesanzeiger_eWpRV_Bekanntmachung.html (Abrufdatum: 20.2.2023).

9) Vgl. auch Müller/Pieper-*Pieper*, eWpG, § 23 Rz. 1.

zunächst Prozesse und technische Verfahren festlegen. Bei Bedarf soll die Verordnung auf der Grundlage von Erfahrungen später sachgerecht angepasst und ergänzt werden.[10]

9   Die nachfolgende **Übersicht** zeigt auf, wie die in § 23 Abs. 1 Satz 1 eWpG enthaltenen Regelungskomplexe ihren Niederschlag in den jeweiligen Bestimmungen der eWpRV gefunden haben:

Rechtsgrundlage	eWpRV
§ 23 Abs. 1 Satz 1 Nr. 1	§§ 7, 8, 13
§ 23 Abs. 1 Satz 1 Nr. 2	§§ 4, 16
§ 23 Abs. 1 Satz 1 Nr. 3	§ 9
§ 23 Abs. 1 Satz 1 Nr. 4	§§ 3, 5, 6, 21
§ 23 Abs. 1 Satz 1 Nr. 5	§§ 13, 15
§ 23 Abs. 1 Satz 1 Nr. 6	§§ 5, 21
§ 23 Abs. 1 Satz 1 Nr. 7	§ 21
§ 23 Abs. 1 Satz 1 Nr. 8	§§ 2, 10
§ 23 Abs. 1 Satz 1 Nr. 9	§§ 11, 21
§ 23 Abs. 1 Satz 1 Nr. 10	§§ 3, 21
§ 23 Abs. 1 Satz 1 Nr. 11	§§ 3, 12, 21
§ 23 Abs. 1 Satz 1 Nr. 12	Nicht genutzt
§ 23 Abs. 1 Satz 1 Nr. 13	§ 14
§ 23 Abs. 1 Satz 1 Nr. 14	Nicht genutzt
§ 23 Abs. 1 Satz 1 Nr. 15	Nicht genutzt
§ 23 Abs. 1 Satz 1 Nr. 16	Nicht genutzt
§ 23 Abs. 1 Satz 1 Nr. 17	§ 21
§ 23 Abs. 1 Satz 1 Nr. 18	§§ 16, 21
§ 23 Abs. 1 Satz 1 Nr. 19	§§ 7, 8, 21
§ 23 Abs. 1 Satz 1 Nr. 20	Nicht genutzt
§ 23 Abs. 1 Satz 1 Nr. 21	§ 17
§ 23 Abs. 1 Satz 1 Nr. 22	§ 21
§ 23 Abs. 1 Satz 1 Nr. 23	§§ 13, 18
§ 23 Abs. 1 Satz 1 Nr. 24	§ 19
§ 23 Abs. 1 Satz 1 Nr. 25	Nicht genutzt
§ 23 Abs. 1 Satz 1 Nr. 26	§§ 13, 20
§ 23 Abs. 1 Satz 1 Nr. 27	§ 21
§ 23 Abs. 1 Satz 1 Nr. 28	Nicht genutzt
§ 23 Abs. 1 Satz 1 Nr. 29	§ 13

---

10)   Begr. eWpRV, v. 27.10.2022, S. 3, abrufbar unter: https://www.bmj.de/SharedDocs/Gesetzgebungsverfahren/Dokumente/Bundesanzeiger_eWpRV_Bekanntmachung.html (Abrufdatum: 20.2.2023).

2. Verordnungsermächtigung gemäß § 23 Abs. 2 eWpG

Der Erlass einer Rechtsverordnung nach § 23 Abs. 1 eWpG kann durch gemeinsame Rechts- **10** verordnung der Ermächtigungsadressaten (siehe hierzu Rz. 5) auf die **BaFin delegiert** werden (§ 23 Abs. 2 eWpG). Von der Verordnungsermächtigung des Absatz 2 wurde (bislang) kein Gebrauch gemacht.

Die Regelungen der eWpRV werden i. R. dieser Kommentierung nicht separat dargestellt, **11** sondern jeweils in Zusammenhang mit der thematisch zugehörigen Regelung des eWpG kommentiert; siehe dazu die Übersicht bei *Alfes*, § 15 Rz. 21.

Abschnitt 4
Verfügungen über elektronische Wertpapiere in Einzeleintragung

Vorbemerkungen
§§ 24–27 eWpG

Literatur: *Böning*, Der Besitz des Hinterlegers an Dauerglobalaktien, ZInsO 2008, 873; *Casper/Richter*, Die elektronische Schuldverschreibung – eine Sache?, ZBB 2022, 65; *Dubovitskaya*, Gesetzentwurf zur Einführung von elektronischen Wertpapieren: ein zaghafter Schritt nach vorn, ZIP 2020, 2551; *Einsele*, Wertpapiere im elektronischen Bankgeschäft, WM 2001, 7; *Geier*, Digitalisierung: Einführung elektronischer Wertpapiere, RdF 2020, 258; *Habersack/Mayer*, Globalverbriefte Aktien als Gegenstand sachenrechtlicher Verfügungen?, WM 2000, 1678; *Kleinert/Mayer*, Der deutsche Weg zum elektronischen Wertpapier, EuZW 2020, 1059; *Lahusen*, Das Sachenrecht der elektronischen Wertpapiere, RDi 2021, 161; *Lehmann*, Zeitwende im Wertpapierrecht, BKR 2020, 431; *Linardatos*, Elektronische Schuldverschreibungen auf den Inhaber – des Wertpapiers neue Kleider, ZBB 2020, 329; *Mentz/Fröhling*, Die Formen der rechtsgeschäftlichen Übertragung von Aktien, NZG 2002, 201; *Mittwoch*, Der Entwurf eines Gesetzes zur Einführung elektronischer Wertpapiere – ein Quantensprung für das Zivil- und Finanzmarktrecht?, WM 2021, 375; *Nodhoushani*, Rechtsfragen bei der Aktienpfändung, WM 2007, 289; *Omlor*, Elektronische Wertpapiere nach dem eWpG, RDi 2021, 371; *Omlor*, Re- statt Dematerialisierung des Sachenrechts, RDi 2021, 236; *Omlor/Wilke/Blöcher*, Zukunftsfinanzierungsgesetz Fortschritt durch Blockchain-Wertrechte und ein Privatrecht der Token, MMR 2022, 1044; *Sickinger/Thelen*, Anleihen und Genussscheine auf die Blockchain, AG 2020, 862; *Steuer*, Rechtliche Grundlagen des modernen Aktienhandels, JuS 2018, 415; *Wieneke/Kunz*, Das Gesetz zur Einführung von elektronischen Wertpapieren, NZG 2021, 316.

Übersicht

I. Überblick

In Abschnitt 4 des eWpG hat der Gesetzgeber mit den §§ 24–27 eWpG **Sonderregelungen für Verfügungen über elektronische Wertpapiere in Einzeleintragung sowie über Rechte an oder aus solchen Wertpapieren** geschaffen, die auf den Verfügungstatbeständen des allgemeinen Zivilrechts aufbauen und diese ergänzen sollen.[1]   **1**

§ 24 eWpG schafft zunächst ein **Transparenzerfordernis** für Verfügungen, indem er ihre Wirksamkeit an die Eintragung bzw. Umtragung im elektronischen Wertpapierregister knüpft (Grundsatz „Keine Verfügung außerhalb des Registers"). § 25 eWpG regelt den **derivativen Eigentumserwerb** vom Berechtigten durch Einigung zwischen Veräußerer und Erwerber und die Eintragung des Erwerbers im elektronischen Wertpapierregister. Der   **2**

---

1) Begr. RegE Gesetz zur Einführung von eWp, BT-Drucks. 19/26925, S. 65.

gutgläubige Erwerb ist in § 26 eWpG geregelt. § 27 eWpG stellt schließlich die **Vermutung** auf, dass derjenige, der als Inhaber in das elektronischen Wertpapierregister eingetragen ist, auch **Eigentümer** des elektronischen Wertpapiers ist.

II.   Zusammenhang mit der Sachfiktion des § 2 Abs. 3 eWpG

3   Die Vorschriften der §§ 24–27 eWpG sind im engen Zusammenhang mit der in § 2 Abs. 3 eWpG geregelten Fiktion zu verstehen, wonach elektronische Wertpapiere als (bewegliche) Sachen i. S. des § 90 BGB gelten. Grundsätzlich folgt aus dieser Sachfiktion, dass elektronische Wertpapiere nach den **Vorschriften des Mobiliarsachenrechts gemäß §§ 929 ff. BGB** zu übereignen sind.[2] Damit käme es für den Eigentumserwerb neben einer entsprechenden Einigung zwischen Veräußerer und Erwerber darauf an, dass eine Übergabe (i. S. der Verschaffung von Eigenbesitz) des elektronischen Wertpapiers an den Erwerber erfolgt oder ein Übergabesurrogat zur Anwendung gelangt.

4   Ob „Besitz" an elektronischen Wertpapieren überhaupt möglich und unter welchen Voraussetzungen eine Person als „Besitzer" anzusehen ist, ist im eWpG allerdings nicht geregelt[3] und auch die Begründung des Regierungsentwurfs enthält in dieser Hinsicht keine ausdrückliche Aussage[4]. Schwierigkeiten bereitet die Übertragung des Besitzkonzepts des BGB, weil elektronische Wertpapiere anders als bewegliche Sachen **unverkörpert** sind.[5] Einige Autoren haben deswegen Zweifel geäußert, ob der Besitz überhaupt eine für elektronische Wertpapiere geeignete Rechtsfigur sei.[6] Teilweise wird sogar bestritten, dass ein Besitz an elektronischen Wertpapieren möglich sei.[7] Ungeachtet dessen ist der **Besitz an elektronischen Wertpapieren anzuerkennen**. Dies ergibt sich aus der Sachfiktion des § 2 Abs. 3 eWpG, die keinen Vorbehalt hinsichtlich der Regelungen über den Besitz enthält. Ferner geht der Gesetzgeber für elektronische Wertpapiere in Sammelverwahrung davon aus, dass die Übertragung den §§ 929 ff. BGB folgen soll (siehe hierzu noch eingehend Rz. 9 ff.), und unterstellt damit wiederum, dass elektronische Wertpapiere i. S. der §§ 854 ff. BGB besessen werden können.

5   Innerhalb des Schrifttums werden allerdings unterschiedliche Sichtweisen vertreten, woran für die **Feststellung des Besitzes an einem elektronischen Wertpapier** anzuknüpfen ist. Teilweise wird darauf abgestellt, dass der Besitzer die faktische Verfügungsgewalt über das Authentifizierungsinstrument, mit dem Eintragungen im elektronischen Wertpapierregis-

---

2)   *Lehmann*, BKR 2020, 431, 436; *Matzke*, Stellungnahme z. RefE, v. 23.7.2020, S. 27, abrufbar unter https://bundesfinanzministerium.de/Content/DE/Gesetzestexte/Gesetze_Gesetzesvorhaben/Abteilungen/Abteilung_VII/19_Legislaturperiode/2021-06-09-einfuehrung-elektronische-wertpapiere/0-Gesetz.html (Abrufdatum: 20.2.2023).

3)   Im Gesetzgebungsverfahren ist eine entsprechende Klarstellung vorgeschlagen, aber nicht umgesetzt worden, s. hierzu: Bundesverband Alternative Investments e. V., Stellungnahme z. RefE, v. 14.9.2020, S. 7; DAV, Stellungnahme z. RefE, v. 23.9.2020, S. 29 Rz. 73; Die Deutsche Kreditwirtschaft (DK), Stellungnahme z. RefE, v. 15.9.2020, S. 11 (Stellungnahmen z. RefE abrufbar unter https://bundesfinanzministerium.de/Content/DE/Gesetzestexte/Gesetze_Gesetzesvorhaben/Abteilung_VII/19_Legislaturperiode/2021-06-09-einfuehrung-elektronische-wertpapiere/0-Gesetz.html [Abrufdatum jew. 20.2.2023]).

4)   Allerdings ist bei Begr. RegE Gesetz zur Einführung von eWp, BT-Drucks. 19/26925, S. 40, die Rede von dem „durch die Sachfiktion mögliche[n] Besitz an elektronischen Wertpapieren". Der Gesetzgeber hielt den Besitz an elektronischen Wertpapieren daher offenbar für möglich.

5)   *Omlor/Wilke/Blöcher*, MMR 2022, 1004, 1047.

6)   *Lehmann*, BKR 2020, 431, 433; in diese Richtung auch: *Lahusen*, RDi 2021, 161, 167 – „nicht bestehende sachenrechtliche Anschlussfähigkeit".

7)   Conreder/Meier-*Bartlitz*, eWpG, § 2 Rz. 36.

ter veranlasst werden können, innehaben müsse.[8] Man mag diesen Ansatz als **Theorie des faktischen Besitzverhältnisses** bezeichnen. Maßgebliches Authentifizierungsinstrument soll bei elektronischen Wertpapieren in Einzeleintragung der **Private Key** sein.[9] Zur Begründung dieser Ansicht wird angeführt, dass sie dem analogen Besitzverständnis i. S. des Innehabens der faktischen Verfügungsgewalt besser entspräche und Eintragung als Inhaber und unmittelbarer Besitz eine unterschiedliche Bedeutung behielten.[10]

Die Gegenansicht geht davon aus, dass der unmittelbare Besitz durch die Eintragung als Inhaber im elektronischen Wertpapierregister gesetzlich fingiert wird.[11] Diese Sichtweise mag man **Theorie des fingierten Besitzverhältnisses** nennen. Ihr ist zu folgen: Das Ziel des Gesetzgebers bei der Schaffung des eWpG war es, das sachenrechtliche Denken des deutschen Wertpapierrechts mit einer Registerlösung zu verknüpfen.[12] Diesem Gedanken entspricht zunächst, dass man den Besitz als solchen anerkennt. Versucht man sodann die Probleme bei der Feststellung des Besitzes an elektronischen Wertpapieren auf Grundlage dieses Gedankens zu lösen, liegt es nahe, auf das Register, d. h. die Registereintragung als Inhaber, abzustellen anstatt auf ein außerhalb des Registers liegendes Verhältnis. Für die Maßgeblichkeit der Eintragung als Inhaber zur Verlautbarung des Besitzes spricht auch die Vermutungswirkung der Eintragung gemäß § 27 eWpG. Dass man dadurch für den Besitz einen anderen Anknüpfungspunkt als im Immobiliarsachenrecht hat, ist dem Umstand geschuldet, dass elektronische Wertpapiere unverkörpert und lediglich fingierte Sachen sind; ein unüberwindbarer Bruch in der Systematik liegt darin nicht. 6

III. Konsequenzen in den verschiedenen Eintragungsarten

Je nachdem, ob sie in Sammel- oder Einzeleintragung geführt werden, hat die zuvor beschriebene Problematik des Besitzes an elektronischen Wertpapieren unterschiedliche Auswirkungen. 7

1. Sammeleintragung

Die §§ 24–27 eWpG gelten nicht für elektronische Wertpapiere in Sammeleintragung, d. h. für solche elektronischen Wertpapiere, als deren Inhaber eine Wertpapiersammelbank oder ein Verwahrer in das elektronische Wertpapierregister eingetragen ist (§ 8 Abs. 1 Nr. 1 eWpG). Dies ergibt sich zwar nicht aus dem Wortlaut der Einzelvorschriften der §§ 24–27 eWpG, aber aus der amtlichen Überschrift des Abschnitt 4 und der systematischen Stellung der Vorschriften in diesem Abschnitt.[13] 8

---

8) Müller/Pieper-*Müller*, eWpG, § 2 Rz. 26; *Kleinert/Mayer*, EuZW 2020, 1059, 1063; *Matzke*, Stellungnahme z. RefE eWpG, v. 23.7.2020, S. 16, abrufbar unter https://bundesfinanzministerium.de/Content/DE/Gesetzestexte/Gesetze_Gesetzesvorhaben/Abteilungen/Abteilung_VII/19_Legislaturperiode/2021-06-09-einfuehrung-elektronische-wertpapiere/0-Gesetz.html (Abrufdatum: 20.2.2023).

9) *Matzke*, Stellungnahme z. RefE eWpG, v. 23.7.2020, S. 16, abrufbar unter https://bundesfinanzministerium.de/Content/DE/Gesetzestexte/Gesetze_Gesetzesvorhaben/Abteilungen/Abteilung_VII/19_Legislaturperiode/2021-06-09-einfuehrung-elektronische-wertpapiere/0-Gesetz.html (Abrufdatum: 20.2.2023).

10) Müller/Pieper-*Müller*, eWpG, § 2 Rz. 26.

11) *Dubovitskaya*, ZIP 2020, 2551, 2560; *Linardatos*, ZBB 2020, 329, 333 f.; *Lehmann*, BKR 2020, 431, 436; *Sickinger/Thelen*, AG 2020, 862, 864; Bundesverband Alternative Investments e. V., Stellungnahme z. RefE eWpG, v. 14.9.2020, S. 7; DAV, Stellungnahme z. RefE eWpG, v. 23.9.2020, S. 29 Rz. 73 (Stellungnahmen z. RefE abrufbar unter https://bundesfinanzministerium.de/Content/DE/Gesetze_Gesetzesvorhaben/Abteilungen/Abteilung_VII/19_Legislaturperiode/2021-06-09-einfuehrung-elektronische-wertpapiere/0-Gesetz.html [Abrufdatum jew. 20.2.2023]); in diese Richtung auch: *Einsele* in: Omlor/Möslein/Grundmann, Elektronische Wertpapiere, § 2, S. 51, 53; *Omlor*, RDi 2021, 236, 237.

12) Begr. RegE Gesetz zur Einführung von eWp, BT-Drucks. 19/26925, S. 40.

13) *Omlor* in: Omlor/Möslein/Grundmann, Elektronische Wertpapiere, § 6, S. 154; *Wieneke/Kunz*, NZG 2021, 316, 321; *Casper/Richter*, ZBB 2022, 65, 73.

9   Für **Verfügungen über elektronische Wertpapiere in Sammeleintragung** sind stattdessen
    ausschließlich die §§ 929 ff. BGB maßgeblich. Erforderlich sind somit grundsätzlich Eini-
    gung und Übergabe bzw. ein Übergabesurrogat, d. h. die **Besitzverschaffung ist unmit-
    telbarer Bestandteil sämtlicher Übertragungsvorgänge**. Dies beruht auf der Fiktion des
    § 9 Abs. 1 eWpG, wonach elektronische Wertpapiere in Sammeleintragung als Wertpapier-
    sammelbestand und die Berechtigten der eingetragenen inhaltsgleichen Rechte als Mitei-
    gentümer nach Bruchteilen an dem eingetragenen elektronischen Wertpapier gelten. Im
    elektronischen Wertpapierregister als Inhaber eingetragen ist zwar eine Wertpapiersammel-
    bank oder ein Verwahrer, aber dieser Rechtsträger verwaltet die Sammeleintragung gemäß
    § 9 Abs. 2 Satz 1 eWpG treuhänderisch für die Berechtigten, ohne selbst Berechtigter zu
    sein.

10 Durch diese Regelungen gilt für elektronische Wertpapiere in Sammeleintragung das für
    die Girosammelverwahrung von physischen Urkunden von der h. M. vertretene **gestufte
    Verwahrsystem**,[14] teilweise auch als **„Besitzpyramide"** bezeichnet.[15] Für die Übertra-
    gung kommt es also auf die Besitzverschaffung an. Die Wertpapiersammelbank oder der
    Verwahrer hält unmittelbaren Fremdbesitz am elektronischen Wertpapier. Dies ergibt sich
    nach der hier vertretenen Ansicht (siehe oben Rz. 4) bereits aus ihrer Eintragung als In-
    haber (Unmittelbarkeit des Besitzes) sowie aus § 9 Abs. 2 eWpG (Fremdbesitz). Die De-
    potbanken der Anleger sind mittelbare Fremdbesitzer erster Stufe. Sofern weitere Institute
    in der Verwahrkette zwischengeschaltet sind, haben sie mittelbaren Fremdbesitz zweiter
    Stufe, ggf. dritter Stufe u. s. w., inne. Die Anleger, die an dem Wertpapiersammelbestand
    als Berechtigte beteiligt sind, sind schließlich mittelbare Eigenbesitzer. Grundlage für diesen
    mittelbaren Besitz des Anlegers (§§ 871, 868 BGB) ist sein Anspruch auf Überführung der
    Sammeleintragung i. H. des auf den Anleger entfallenden Anteils in eine Einzeleintragung
    gemäß § 9b Abs. 2 DepotG.

11 **Zentralregisterwertpapiere in Sammeleintragung**, die in ein durch eine Wertpapiersam-
    melbank geführtes Register eingetragen werden und als deren Inhaber eine Wertpapier-
    sammelbank eingetragen wird, können auf dieser Grundlage gemäß § 12 Abs. 3 eWpG im
    Effektengiroverkehr unter Beteiligung der **Depotbank** des Veräußerers übertragen wer-
    den. Zunächst beauftragt der Veräußerer seine Depotbank mit der Veräußerung der be-
    treffenden Wertpapiere. Hierzu weist er die Depotbank an, ihrerseits die registerführende
    Stelle anzuweisen, das elektronische Wertpapier nicht länger für sie (d. h. die anweisende
    Depotbank), sondern für die Depotbank des Erwerbers zu besitzen (Geheißerwerb).[16]
    Da der Erwerber bei börslichen Geschäften im Zeitpunkt der Weisung noch nicht bekannt
    ist, wird das Angebot der Depotbank des Veräußerers auf die dingliche Einigung nach den
    Grundsätzen eines „Geschäfts mit dem, den es angeht" abgegeben.[17] Dem Erwerber wird
    der mittelbare Besitz verschafft, indem die Wertpapiersammelbank als unmittelbare Be-
    sitzerin das bei ihr geführte Konto der lieferungspflichtigen Depotbank belastet und dem

---

14) Zu diesem Konzept bei physischen Urkunden: *Bauer* in: Kümpel/Mülbert/Früh/Seyfried, Bank- und
     Kapitalmarktrecht, Rz. 18.52 ff.; Scherer-*Rögner*, DepotG, § 5 Rz. 70; *St. Schulz* in: Göthel, Grenz-
     überschreitende M&A-Transaktionen, § 12 Rz. 28; *Nodoushani*, WM 2007, 289, 294 f.; *Böning*, ZInsO
     2008, 873, 876. Die Gegenansicht bestreitet, dass der Anleger einen gegen die Wertpapiersammelbank
     gerichteten Herausgabe- oder Auslieferungsanspruch und eine Besitzposition innehat, vgl. *Einsele*, Bank-
     und Kapitalmarktrecht, § 9 Rz. 18; *Einsele* in: MünchKomm-HGB, Depotgeschäft, Rz. 88; *Einsele*, WM
     2001, 7, 11; zustimmend *Habersack/Mayer*, WM 2000, 1678, 1679 f.; *Mentz/Fröhling*, NZG 2002, 201, 210.

15) Müller/Pieper-*Pieper*, eWpG, § 9 Rz. 6; *Steuer*, JuS 2018, 415, 417; *Dubovitskaya*, ZIP 2020, 2551,
     2556; *Mittwoch*, WM 2021, 375.

16) Zu den Modalitäten des Effektengiroverkehrs: *Bauer* in: Kümpel/Mülbert/Früh/Seyfried, Bank- und
     Kapitalmarktrecht, Rz. 18.60 ff.

17) *Wieneke/Kunz*, NZG 2021, 316.

Konto der lieferungsberechtigten Depotbank eine entsprechende Gutschrift erteilt (sog. Besitzumstellung).[18)]

Keine Regelung enthält das eWpG zu der Frage, wie **Übertragungen von elektronischen** 12 **Wertpapieren in Sammeleintragung** von statten gehen sollen, **die nicht von § 12 Abs. 3 eWpG erfasst sind.** Dies betrifft zum einen Zentralregisterwertpapiere, die in ein von einem Verwahrer geführtes Register eingetragen sind und als deren Inhaber ein Verwahrer eingetragen ist, und zum anderen Kryptowertpapiere in Sammeleintragung. Allgemein finden auf diese elektronischen Wertpapiere gemäß § 9b Abs. 1 DepotG die Vorschriften des DepotG über Sammelverwahrung und Sammelbestandanteile sinngemäße Anwendung, wenn sie von dem Verwahrer auf einem Depotkonto des Hinterlegers verbucht werden. Vor diesem Hintergrund kann die Übertragung dieser elektronischen Wertpapiere in Sammeleintragung in einer dem Effektengiro entsprechenden Weise erfolgen: Hierbei handelt es sich nicht um ein Effektengiro im engeren Sinne des § 12 Abs. 3 eWpG. Aber bei entsprechender Gestaltung der Verwahrungs- und Übertragungsbedingungen können die Eigentumsübertragung und vor allem die Besitzverschaffung **nach den gleichen Regeln wie bei der klassischen Besitzpyramide des Effektengiroverkehrs** von statten gehen.

Für Verfügungen an elektronischen Wertpapieren in Sammeleintragung ergeben sich hieraus 13 die folgenden **Konsequenzen**, die erheblich von den Regelungen für elektronische Wertpapiere in Einzeleintragung gemäß §§ 24–27 eWpG abweichen:

– Verfügungen an einem elektronischen Wertpapier in Sammeleintragung erlangen aus dem elektronischen Wertpapierregister heraus keine Transparenz und bedürfen zu ihrer Wirksamkeit keiner Eintragung in das elektronische Wertpapierregister. Gleiches gilt für Verfügungen über Rechte an oder aus einem solchen elektronischen Wertpapier.

– Elektronische Wertpapiere in Sammeleintragung werden nach den §§ 929 ff. BGB übereignet. Die Abtretung von Rechten an oder aus solchen elektronischen Wertpapieren erfolgt gemäß §§ 398 ff. BGB, eine Verpfändung gemäß §§ 1204 ff. BGB.[19)]

– Für den gutgläubigen Erwerb an elektronischen Wertpapieren in Sammeleintragung gelten die §§ 932 ff. BGB.

– Die Eigentumsfiktion gemäß § 1006 Abs. 1 Satz 1 BGB gilt für den Anleger als mittelbaren Eigenbesitzer.

Wenn Verfügungen über elektronische Wertpapiere in Sammeleintragung über Eintragun- 14 gen oder Umtragungen auf Konten dokumentiert werden, liegt darin lediglich eine Verlautbarung des geänderten Besitzmittlungswillens, kein konstitutiver Akt i. S. der §§ 24 ff. eWpG.[20)]

2. Einzeleintragung

Für elektronische Wertpapiere in Einzeleintragung, d. h. für solche elektronischen Wert- 15 papiere, deren Inhaber als Berechtigter in das elektronische Wertpapierregister eingetragen ist (§ 8 Abs. 1 Nr. 2 eWpG), kommen ergänzend zu den Vorschriften des Sachenrechts die §§ 24–27 eWpG zur Anwendung. Der Gesetzgeber möchte sie als „Sonderregelungen, die auf den Verfügungstatbeständen des allgemeinen Zivilrechts aufbauen und diese ergänzen" verstanden wissen.[21)] Mit diesen Regelungen strebt der Gesetzgeber ein besonders **hohes Maß an Verkehrsfähigkeit sowie Transparenz** an.[22)] Da sich die Einzeleintra-

---

18) *Bauer* in: Kümpel/Mülbert/Früh/Seyfried, Bank- und Kapitalmarktrecht, Rz. 18.62.
19) Müller/Pieper-*Pieper*, eWpG, § 9 Rz. 6.
20) Müller/Pieper-*Müller*, eWpG, § 24 Rz. 3.
21) Begr. RegE Gesetz zur Einführung von eWp, BT-Drucks. 19/26925, S. 65.
22) Begr. RegE Gesetz zur Einführung von eWp, BT-Drucks. 19/26925, S. 66.

gung vor allem an den privaten Kapitalmarkt richtet und ohne Intermediäre auskommen soll,[23] soll ein auf Eintragungen bezogenes System an die Stelle der Anknüpfung an den bei unverkörperten Sachen schwer zu bestimmenden Besitz treten.

16   Da sich die §§ 24–27 eWpG ohne weitere Differenzierung auf elektronische Wertpapiere in Einzeleintragung beziehen, gelten die Vorschriften **sowohl für Kryptowertpapiere als auch für Zentralregisterwertpapiere**, sofern die entsprechende Eintragungsform gewählt worden ist. Ob es einen praktischen Bedarf für Zentralregisterwertpapiere in Einzeleintragung gibt, ist zweifelhaft. Diese elektronischen Wertpapiere unterscheiden sich kaum von Kryptowertpapieren, abgesehen davon, dass das elektronische Wertpapierregister von einer Wertpapiersammelbank oder einem Verwahrer geführt wird. Die Vorteile eines elektronischen Wertpapiers in Sammeleintragung weisen sie jedoch nicht auf.[24] Insbesondere ist der jeweilige Inhaber selbst in das elektronische Wertpapierregister einzutragen (§ 8 Abs. 1 Nr. 2 eWpG) und Verfügungen können vor der Ein- oder Umtragung nicht wirksam werden (§§ 24, 25 eWpG).

17   Zu den Modifikationen, die die sachenrechtlichen Regelungen über Verfügungen durch die §§ 24–27 eWpG erfahren, sei auf die Einzelkommentierungen verwiesen.

IV. Abschließender Charakter der Regelungen

18   Generell lässt sich festhalten, dass der Gesetzgeber mit den §§ 24–27 eWpG eine abschließende Regelung für Verfügungen über elektronische Wertpapiere in Einzeleintragung treffen wollte.[25] Daher ist im Anwendungsbereich der einzelnen Vorschriften der Rückgriff auf die allgemeinen Regelungen des bürgerlichen Rechts ausgeschlossen. Hieraus ergeben sich die folgenden Konsequenzen:

–   Sämtliche in § 24 eWpG geregelten Verfügungen über elektronische Wertpapiere und über Rechte an oder aus elektronischen Wertpapieren setzen neben den Voraussetzungen der allgemeinen Verfügungstatbestände (z. B. Abtretung gemäß §§ 398 ff. BGB, Erlass gemäß § 397 BGB, Pfandrechtsbestellung gemäß §§ 1273, 1204 ff. BGB, Bestellung eines Nießbrauchs gemäß §§ 1068, 1030 ff.) stets eine Registereintragung voraus. Eine Verfügung nach den allgemeinen Regeln außerhalb des elektronischen Wertpapierregisters kommt nicht in Betracht und wäre unwirksam.[26]

–   Die Übereignung eines elektronischen Wertpapiers in Einzeleintragung ist nur gemäß § 25 eWpG möglich, der die §§ 929 ff. BGB als lex specialis verdrängt.[27] Auch eine Abtretung der Rechte aus dem elektronischen Wertpapier gemäß §§ 398 ff. BGB ist ohne Erfüllung der Anforderungen des § 24 eWpG nicht wirksam.

–   Ein gutgläubiger Erwerb von elektronischen Wertpapieren oder von Rechten daran oder daraus ist gemäß § 26 eWpG nur aufgrund des öffentlichen Glaubens an die Vollständigkeit und Richtigkeit des elektronischen Wertpapierregisters möglich.[28] Ein an den Besitz anknüpfender gutgläubiger Erwerb gemäß §§ 932 ff. BGB kommt nicht in Betracht.

---

23)   Begr. RegE Gesetz zur Einführung von eWp, BT-Drucks. 19/26925, S. 50.
24)   So auch *Wieneke/Kunz*, NZG 2021, 316, 322.
25)   Zweifelnd, aber im Ergebnis zustimmend *Casper* in: Möslein/Omlor, FinTech-Handbuch, § 28 Rz. 42.
26)   Müller/Pieper-*Müller*, eWpG, § 24 Rz. 17; *Geier*, RdF 2020, 258, 262; *Omlor*, RDi 2021, 236, 239.
27)   Müller/Pieper-*Müller*, eWpG, § 25 Rz. 16; *Casper* in: Möslein/Omlor, FinTech-Handbuch, § 28 Rz. 46; Staudinger-*Heinze*, BGB, § 929 Rz. 6c.
28)   Müller/Pieper-*Müller*, eWpG, § 25 Rz. 16; *Geier*, RdF 2020, 258, 262; a. A. – ergänzende Anwendung von § 932 Abs. 1 BGB für den Erwerb vom Inhaber des Private Key – *Matzke*, Stellungnahme z. RefE eWpG, v. 23.7.2020, S. 29, abrufbar unter https://bundesfinanzministerium.de/Content/DE/Gesetzestexte/Gesetze_Gesetzesvorhaben/Abteilungen/Abteilung_VII/19_Legislaturperiode/2021-06-09-einfuehrung-elektronische-wertpapiere/0-Gesetz.html (Abrufdatum: 20.2.2023).

– Für die Inhaberschaft an einem elektronischen Wertpapier streitet nur die Vermutungswirkung gemäß § 27 eWpG zugunsten des als Inhaber Eingetragenen. Ein Rückgriff auf § 1006 BGB, wonach der Besitz an einer beweglichen Sache eine Vermutungswirkung begründet, kommt nicht in Betracht.[29]

V. Erweiterungen des Anwendungsbereichs

Vereinzelt ist die ganzheitliche **Anwendung der §§ 24–27 eWpG außerhalb ihres gesetzlich vorgegebenen Anwendungsbereichs** der Verfügungen über elektronische Wertpapiere in Einzeleintragung in Betracht gezogen worden. So könnte man erwägen, die §§ 24–27 eWpG auf DLT-basierte Aufzeichnungssysteme, die keine elektronischen Wertpapierregister darstellen (etwa weil sie sich auf Token beziehen, die keine Inhaberschuldverschreibungen gemäß § 1 eWpG darstellen), analog anzuwenden. Derartige Ansätze sind grundsätzlich abzulehnen. Der hohe Schutz ihrer Verkehrsfähigkeit, den elektronische Wertpapiere durch die §§ 24–27 eWpG erfahren, beruht auf der ausdrücklichen gesetzgeberischen Anordnung. Für andere Aufzeichnungssysteme bleibt es im Interesse der Rechtssicherheit bei den allgemeinen Regeln, die für Verfügungen über solche Rechte gelten.   19

Etwas anders gilt natürlich, wenn die entsprechende Anwendung gesetzlich angeordnet wird. So sind die Regelungen des Abschnitts 4 gemäß § 95 Abs. 3 Satz 1 KAGB auf Anteile an Sondervermögen, die als **elektronische Anteilscheine** begeben werden, entsprechend anzuwenden.   20

---

29) Begr. RegE Gesetz zur Einführung von eWp, BT-Drucks. 19/26925, S. 67; *Omlor* in: Omlor/Möslein/Grundmann, Elektronische Wertpapiere, § 6, S. 148; *Casper/Richter*, ZBB 2022, 65, 78; a. A. *Kleinert/Mayer*, EuZW 2020, 1059, 1063.

§ 24
Verfügungstransparenz

Folgende Verfügungen bedürfen vorbehaltlich der sonstigen gesetzlichen Anforderungen zu ihrer Wirksamkeit einer Eintragung oder Umtragung in dem elektronischen Wertpapierregister:

1. **Verfügungen über ein elektronisches Wertpapier,**

2. **Verfügungen über ein Recht aus einem elektronischen Wertpapier oder über ein Recht an einem solchen Recht oder**

3. **Verfügungen über ein Recht an einem elektronischen Wertpapier oder über ein Recht an einem solchen Recht.**

Literatur: *Bialluch-v. Allwörden*, Zivil- und prospektrechtliche Aspekte des eWpG-E, RDi 2021, 13; *Haedicke*, Der bürgerlich-rechtliche Verfügungsbegriff, JuS 2001, 966; *Hezel*, Zwangsvollstreckung in Wertpapiere unter Beachtung der Grundsätze des Vollstreckungs- sowie des materiellen Rechts, RPfleger 2006, 105; *Linardatos*, Elektronische Schuldverschreibungen auf den Inhaber – des Wertpapiers neue Kleider, ZBB 2020, 329; *Meier*, Übertragung von elektronischen Wertpapieren nach dem eWpG-E, RDi 2021, 1; *Möslein/Omlor/Urbach*, Grundfragen eines Blockchain-Kapitalgesellschaftsrechts, ZIP 2020, 2149; *Omlor*, Elektronische Wertpapiere nach dem eWpG, RDi 2021, 371; *Saive*, Einführung elektronischer Wertpapiere, ZRP 2020, 219; *Saive/Esner*, Verpfändung und Vollstreckung bei elektronischen Wertpapieren, NJW 2022, 3038; *Sickinger/Thelen*, Anleihen und Genussscheine auf die Blockchain, AG 2020, 862; *Zöllner*, Die Zurückdrängung des Verkörperungselements bei den Wertpapieren, in: Festschrift für Ludwig Raiser, 1974, S. 249.

Übersicht

I. Normzweck und Grundlagen

1 § 24 eWpG regelt den Grundsatz **„Keine Verfügung außerhalb des Registers".**[1] Die Regelung hat den Zweck, die **Wirksamkeit sämtlicher Verfügungen über elektronische Wertpapiere** in Einzeleintragung, über Rechte aus bzw. an einem solchen Wertpapier und über Rechte an solchen Rechten von der Eintragung oder Umtragung im elektronischen Wertpapierregister abhängig zu machen. Damit strebt der Gesetzgeber, wie es schon anhand der amtlichen Überschrift der Norm zu erkennen ist, eine weitreichende **Verfügungstransparenz** an. Indem den Marktteilnehmern die Möglichkeit gegeben wird, die wesentlichen wertpapierbezogenen Informationen im Register einzusehen sowie wertpapierrelevante Transaktionen nachzuvollziehen, soll die Grundlage für das Vertrauen der Marktteilnehmer in die rechtliche Infrastruktur geschaffen werden.

2 Wertpapierrechtlich betrachtet wird durch das Eintragungserfordernis eine wichtige Weichenstellung vorgenommen: Die **Publizitätsfunktion** des elektronischen Wertpapiers in Einzeleintragung erfüllt nicht der „Besitz", sondern die Eintragung in das elektronische Wertpapierregister.

II. Anwendungsbereich

1. Begriff der Verfügung

3 § 24 eWpG führt den Begriff der Verfügung in das eWpG ein, definiert ihn jedoch nicht. Es ist davon auszugehen, dass der Begriff auch im eWpG in seinem **allgemeinen bürgerlich-rechtlichen Verständnis** verwendet wird.[2] Danach umfasst er Rechtsgeschäfte, durch die der Verfügende auf ein Recht unmittelbar einwirkt, indem er es auf einen Dritten über-

---

1) Begr. RegE Gesetz zur Einführung von eWP, BT-Drucks. 19/26925, S. 66.
2) Müller/Pieper-*Müller*, eWpG, § 24 Rz. 2; *Gleske/Bunting* in: Hopt/Seibt, Schuldverschreibungsrecht, § 24 eWpG Rz. 8; *Casper* in: Möslein/Omlor, FinTech-Handbuch, § 28 Rz. 41; *Saive*, ZRP 2020, 219, 221.

trägt oder mit einem Recht belastet oder das Recht aufhebt oder es sonstwie in seinem Inhalt ändert.[3]

2. Erfasste Verfügungen

In einem gewissen Widerspruch zur Intention des Gesetzgebers, keine Verfügungen außer- **4** halb des elektronischen Wertpapierregisters zulassen zu wollen (siehe oben Rz. 1) und der Weite des maßgeblichen bürgerlich-rechtlichen Verfügungsbegriffs steht die Formulierung am Anfang des § 24 eWpG, dass nur die „folgenden" Verfügungen vom Ein- oder Umtragungserfordernis umfasst seien. Dennoch gibt es Rechtsänderungen, die nicht von § 24 eWpG umfasst sind (siehe hierzu Rz. 18 f.). Zunächst soll jedoch der Blick auf die Verfügungen gerichtet werden, die unter § 24 eWpG fallen.

a) Elektronische Wertpapiere (§ 24 Nr. 1 eWpG)

§ 24 Nr. 1 eWpG umfasst Verfügungen über elektronische Wertpapiere in Einzeleintragung **5** (zu Verfügungen über elektronische Wertpapiere in Sammeleintragung siehe *Schulz*, Vor §§ 24–27 Rz. 8 ff.). Die Vorschrift soll Verfügungen über das Wertpapier als Ganzes erfassen.[4] Damit bezieht sie sich auf Verfügungen über das **Eigentum an elektronischen Wertpapieren**.[5] Umfasst werden die Übertragung, die Belastung, die Inhaltsänderung und die Eigentumsaufgabe an einem elektronischen Wertpapier.

aa) Eigentumsübertragung

Zu den Modalitäten der **Übertragung des Eigentums** an einem elektronischen Wertpapier **6** sei auf die Kommentierung zu § 25 eWpG verwiesen.

bb) Belastung

Der praktisch relevanteste Fall einer **Belastung des Eigentums** an einem elektronischen **7** Wertpapier dürfte die Verpfändung sein,[6] daneben kommt auch die Einräumung eines Nießbrauchs gemäß §§ 1068, 1030 ff. BGB in Betracht.[7] Grundsätzlich richtet sich die Bestellung eines Pfandrechts nach §§ 1205 ff. BGB, setzt also neben der Einigung zwischen Pfandgeber und Pfandnehmer die Übergabe der zu verpfändenden Sache an den Pfandnehmer oder die Vornahme eines Surrogats gemäß § 1205 Abs. 2 BGB voraus. Dieses Publizitätselement wird für elektronische Wertpapiere durch die Eintragung ersetzt. Dass die Eintragungen von Belastungen durch Rechte Dritter im elektronischen Wertpapierregister vorgenommen werden können, wird durch die §§ 13 Abs. 2 Nr. 2 bzw. 17 Abs. 2 Nr. 2 eWpG sichergestellt.

Nicht erfasst von § 24 Nr. 1 eWpG sind hingegen **schuldrechtliche Abreden über Rechte** **8** **aus oder an einem elektronischen Wertpapier.** Ein Kaufvertrag über den Zinsanspruch aus einem elektronischen Wertpapier oder eine Abtretungsvereinbarung über den Übereignungsanspruch aus einem Kaufvertrag über ein elektronisches Wertpapier können daher

---

3) BGHZ 1, 294, 304 = NJW 1951, 645, 647; BGHZ 13, 1, 3 = NJW 1954, 953; BGHZ 75, 221, 226 = NJW 1980, 175, 176; BGH NJW 1987, 3177; *Neuner*, AT BGB, § 29 Rz. 31; *Haedicke*, JuS 2001, 966.

4) Begr. RegE Gesetz zur Einführung von eWP, BT-Drucks. 19/26925, S. 66.

5) So im Ergebnis auch Müller/Pieper-*Müller*, eWpG, § 24 Rz. 5. Die dort geäußerten Bedenken hinsichtlich einer möglichen Perplexiät der Regelung überzeugen angesichts der klaren Äußerung des Gesetzgebers, die Vorschrift solle Verfügungen über das Wertpapier als Ganzes erfassen, nicht.

6) Dieses Beispiel ist auch in Begr. RegE Gesetz zur Einführung von eWP, BT-Drucks. 19/26925, S. 66, erwähnt.

7) Conreder/Meier-*Meier*, eWpG, § 24 Rz. 7.

wirksam vereinbart werden, ohne dass die Begründung dieses Rechts in das elektronische Wertpapierregister eingetragen worden ist.

cc) Inhaltsänderung

9 **Inhaltsänderungen** i. S. des § 24 Nr. 1 eWpG sind Vereinbarungen zwischen Emittent und Inhaber, durch welche die niedergelegten Emissionsbedingungen geändert werden. Denn der Inhalt des Rechts, für das ein elektronisches Wertpapier eingetragen wird, einschließlich der Nebenbestimmungen, wird eben durch die Emissionsbedingungen bestimmt (§ 4 Abs. 7 eWpG). Insoweit muss zusätzlich zu dem Erfordernis der Eintragung gemäß § 24 Nr. 1 eWpG eine Niederlegung gemäß § 5 Abs. 3 eWpG erfolgen (siehe hierzu *Reger*, § 5 Rz. 37 ff.). Erst wenn beide Wirksamkeitserfordernisse erfüllt sind, tritt die Änderung in Kraft.

10 Inhaltsänderungen sind abzugrenzen von **schuldrechtlichen Abreden in Bezug auf elektronische Wertpapiere**, die nicht unter § 24 Nr. 1 eWpG fallen. Daher bedürfen sie nicht der Eintragung in das elektronische Wertpapierregister (und sind gemäß §§ 17 Abs. 1, 2 eWpG auch gar nicht eintragungsfähig). Für die Frage, ob der Emittent und der Inhaber den Inhalt des elektronischen Wertpapiers ändern oder nur eine schuldrechtliche Abrede treffen wollen, die neben das Rechtsverhältnis aus dem Wertpapier tritt, ist der **Parteiwille** maßgeblich, der durch Auslegung (§§ 133, 157 BGB) zu ermitteln ist. Wenn die Abrede Regelungspunkte betrifft, die gemäß § 17 Abs. 1, 2 eWpG als Angaben in das elektronische Wertpapierregister aufgenommen werden müssen und die Änderung nicht nur für den betreffenden Inhaber, sondern abstrakt-generell über den konkreten Einzelfall hinaus für das elektronische Wertpapier gelten soll, spricht dies für eine Inhaltsänderung. Typische Abreden, die in der Regel keine Inhaltsänderungen darstellen, sondern rein schuldrechtlichen Charakter haben und neben die Rechte aus dem Wertpapier treten, sind **Stundungs- und Rangrücktrittsvereinbarungen** (§ 39 Abs. 1 Nr. 5 InsO) mit einem bestimmten Inhaber.

dd) Eigentumsaufgabe

11 Auch die **Aufgabe des Eigentums (Dereliktion)** an einem elektronischen Wertpapier richtet sich nach § 24 Nr. 1 eWpG.[8] Hierzu ist gemäß § 397 BGB zum einen der Abschluss einer Erlassvereinbarung erforderlich, zum anderen folgt aus Nr. 1 die Notwendigkeit der Eintragung der Eigentumsaufgabe (i. S. des Erlöschens der Inhaberschaft) im elektronischen Wertpapierregister. Ebenso wie nach h. M. bei verbrieften Inhaberpapieren[9] ist auch bei elektronischen Wertpapieren eine Dereliktion durch einen einseitigen Akt des Inhabers (wie der Besitzaufgabe gemäß § 959 BGB) nicht möglich. Daran ändert auch das durch § 24 eWpG geschaffene Eintragungserfordernis für die Eigentumsaufgabe nichts.

b) Rechte aus einem elektronischen Wertpapier oder Rechte an einem solchen Recht (§ 24 Nr. 2 eWpG)

12 § 24 Nr. 2 eWpG betrifft zum einen Verfügungen über **Rechte aus einem elektronischen Wertpapier**. Gegenständlich umfasst sind sämtliche Haupt- und Nebenrechte, die sich aus dem elektronischen Wertpapier ergeben (wie z. B. der Rückzahlungs- und der Zinsanspruch oder ein mit einer Optionsanleihe verbundenes Optionsrecht). Darüber hinaus müs-

---

8) Dem steht nicht entgegen, dass die Aufgabe des Eigentums in Begr. RegE Gesetz zur Einführung von eWP, BT-Drucks. 19/26925, S. 66 f., nicht genannt wird, so auch: Müller/Pieper-*Müller*, eWpG, § 24 Rz. 5.

9) *Schermaier* in: BeckOGK-BGB, § 959 Rz. 4; Staudinger-*Heinze*, § 959 Rz. 11; *Martinek/Heine* in: jurisPK-BGB, § 959 Rz. 8; *Zöllner* in: FS Raiser, S. 249, 276.

sen die betreffenden Rechte einer Verfügung zugänglich sein. Daher sind Rechte, die nach allgemeinen Regeln nicht unabhängig vom Wertpapier abgetreten werden können (z. B. Informationsrechte, Stimmrechte auf einer Gläubigerversammlung), kein Gegenstand einer wirksamen Verfügung gemäß § 24 Nr. 2 eWpG. Auch in den Fällen der Nr. 2 gilt der allgemeine Verfügungsbegriff (siehe Rz. 3), d. h. Übertragungen (z. B. Abtretung des Zinsanspruchs), Belastungen (z. B. Verpfändung oder Begründung eines Nießbrauchs an dem Zinsanspruch), Inhaltsänderungen (z. B. teilweiser Verzicht auf einen Zinsanspruch) und Aufhebungen (z. B. Erlass des Zinsanspruchs) dieser Rechte sind erfasst.

Zum anderen gilt § 24 Nr. 2 eWpG auch für Verfügungen über sämtliche **Rechte an Rechten aus einem elektronischen Wertpapier.** Das sind Rechte, die der Inhaber an den Haupt- und Nebenrechten, die sich aus dem elektronischen Wertpapier ergeben, gewährt hat (z. B. ein Pfandrecht oder ein Nießbrauch an einem Zinsanspruch).[10] Danach setzen die Übertragung (Übergang des Pfandrechts[11] infolge der Abtretung des gesicherten Zinsanspruchs), die Belastung (Verpfändung des Pfandrechts durch den Pfandgläubiger), eine Inhaltsänderung (teilweiser Verzicht auf das Pfandrecht) oder die Aufhebung (Verzicht auf ein Pfandrecht) die Eintragung in das elektronische Wertpapierregister voraus.

c) Verfügungen über ein Recht an einem elektronischen Wertpapier oder über ein Recht an einem solchen Recht (§ 24 Nr. 3 eWpG)

§ 24 Nr. 3 eWpG umfasst Verfügungen über Rechte an einem elektronischen Wertpapier. 14
Die Vorschrift ist im Hinblick auf den Anwendungsbereich des § 24 Nr. 1 eWpG **einschränkend** auszulegen: Zwar stellt das Eigentum ein Recht an einem elektronischen Wertpapier dar, doch sollen Verfügungen über dieses Recht nach dem Konzept des Gesetzgebers von § 24 Nr. 1 eWpG umfasst sein, so dass es nicht unter Nr. 3 fällt.[12] Diesem Verständnis entspricht auch, dass der Gesetzgeber § 24 Nr. 3 eWpG nur aufgenommen hat, um „vollständigkeitshalber" eine Regelung für Verfügungen über weitere Rechte an elektronischen Wertpapieren zu treffen.[13]

Der Begriff des „Rechts an einem elektronischen Wertpapier" ist in § 24 Nr. 3 eWpG 15
ebenso zu verstehen wie in § 24 Nr. 2 eWpG (siehe hierzu Rz. 7 f.). Insbesondere umfasst die Norm keine schuldrechtlichen Abreden in Bezug auf ein elektronisches Wertpapier; auch für die Erstreckung auf Gestaltungsrechte besteht kein Raum.[14] Der Hinweis in der Regierungsbegründung, die Variante solle „Verfügungen über Herausgabeansprüche" erfassen,[15] geht daher fehl.[16] Auf schuldrechtliche Herausgabeansprüche findet die Norm aus systematischen Gründen keine Anwendung. Der dingliche Herausgabeanspruch gemäß § 985 BGB ist nach h. M. einer isolierten Abtretung nicht zugänglich.[17]

Unter § 24 Nr. 3 Var. 1 eWpG fallen damit **Verfügungen über beschränkt dingliche Rechte** 16
(z. B. Pfandrecht oder Nießbrauch) an einem elektronischen Wertpapier, mithin:

– die Übertragung (Übergang des Pfandrechts infolge der Abtretung des elektronischen Wertpapiers);

---

10) Conreder/Meier-*Meier*, eWpG, § 24 Rz. 55.
11) Begr. RegE Gesetz zur Einführung von eWP, BT-Drucks. 19/26925, S. 66.
12) A. A. (Nr. 1 geht vollumfänglich in Nr. 3 Var. 1 auf): Müller/Pieper-*Müller*, eWpG, § 24 Rz. 11.
13) Begr. RegE Gesetz zur Einführung von eWP, BT-Drucks. 19/26925, S. 66.
14) Teilweise a. A. Conreder/Meier-*Meier*, eWpG, § 24 Rz. 57.
15) Begr. RegE Gesetz zur Einführung von eWP, BT-Drucks. 19/26925, S. 66.
16) Zum Widerspruch dieser Aussage mit dem Gesetzeswortlaut auch: Müller/Pieper-*Müller*, eWpG, § 24 Rz. 10; a. A. (aber ohne inhaltliche Auseinandersetzung): *Kleinert/Mayer*, EuZW 2020, 1059, 1063.
17) BGH, Urt. v. 23.2.1973 – V ZR 109/71, BGHZ 60, 235, 240 = NJW 1973, 703 – zum Beseitigungsanspruch gemäß § 1004 BGB; BGH, Urt. v. 7.6.1990 – IX ZR 237/89, BGHZ 111, 364, 369 = NJW 1990, 2459; *Thole* in: Staudinger, BGB, § 985 Rz. 4 m. w. N. auch zur Gegenansicht.

- die Belastung (Verpfändung eines Pfandrechts an einem elektronischen Wertpapier);
- eine Inhaltsänderung (teilweiser Verzicht auf das Pfandrecht); oder
- die Aufhebung (Verzicht auf ein Pfandrecht) eines solchen Rechts.

17 § 24 Nr. 3 Var. 2 eWpG erfasst dagegen **Verfügungen über Rechte an beschränkt dinglichen Rechten** an einem elektronischen Wertpapier. Hierzu zählen wiederum

- die Übertragung (Übergang des Pfandrechts an einem Pfandrecht infolge des Übergangs des [Ausgangs-]Pfandrechts durch Abtretung des elektronischen Wertpapiers);
- die Belastung (Verpfändung eines Pfandrechts an einem Pfandrecht an einem elektronischen Wertpapier);
- eine Inhaltsänderung (teilweiser Verzicht auf das Pfandrecht); und
- die Aufhebung (Verzicht auf ein Pfandrecht).

3. Nicht erfasste Rechtsänderungen

18 § 24 eWpG erfasst nicht sämtliche Rechtsänderungen an einem elektronischen Wertpapier. Es gibt durchaus Rechtsänderungen, die außerhalb des elektronischen Wertpapierregisters und damit unabhängig von ihrer Eintragung wirksam werden. Ihnen ist gemein, dass es sich nicht um „Verfügungen" handelt. Hierzu zählen zum einen **Rechtsänderungen kraft Gesetzes**, z. B. im Wege des Erbgangs (§ 1922 BGB) oder der Gesamtrechtsnachfolge (z. B. § 20 Abs. 1 Nr. 1 UmwG).[18]

19 Obwohl sie als öffentlich-rechtlicher Hoheitsakt keine Verfügung darstellt, geht die h. M. davon aus, dass auch die **Pfändung eines elektronischen Wertpapiers** unter § 24 eWpG fällt und einer Eintragung in das elektronische Wertpapierregister bedarf.[19] Wendet man den für die Pfändung von Inhaberpapieren maßgeblichen[20] § 808 Abs. 1 ZPO wortlautgetreu auf elektronische Wertpapiere an, erfolgt die Pfändung, indem der Gerichtsvollzieher das gemäß § 2 Abs. 3 eWpG als Sache geltende elektronische Wertpapier in Besitz nimmt. Hiergegen spricht aber bereits, dass § 808 Abs. 1 ZPO nur von „körperlichen" Sachen spricht. Ausschlaggebend sind jedoch teleologische Erwägungen: Nur die **Eintragung eines Pfändungspfandrechts** im elektronischen Wertpapierregister kann der Transparenzfunktion hinreichend Rechnung tragen. Außerdem wäre es systemwidrig, bei der Anwendung der Vorschriften über die Pfändung an den Besitz und nicht an die Eintragung als Mittel der Verlautbarung anzuknüpfen.[21] Die fehlende gesetzliche Regelung ist aufgrund der daraus resultierenden Rechtsunsicherheit bei der Durchsetzung der Rechte des Vollstreckungsgläubigers unbefriedigend. Eine Klarstellung durch den Gesetzgeber wäre wünschenswert.

III. Allgemeine Voraussetzungen für die Verfügungen

1. Rechtsgeschäftliche Verfügungen

20 Wenn über die von § 24 eWpG erfassten Rechte verfügt werden soll, sind die **nach allgemeinen Regeln erforderlichen Rechtsgeschäfte** abzuschließen. Daher müssen Rechte aus einem elektronischen Wertpapier zu ihrer Übertragung gemäß §§ 398 ff. BGB abgetreten werden. Pfandrechte an Rechten aus einem elektronischen Wertpapier gehen als ak-

---

18) *Omlor*, RDi 2021, 371, 375.

19) Müller/Pieper-*Müller*, eWpG, § 24 Rz. 2; a. A. Conreder/Meier-*Meier*, eWpG, § 24 Rz. 50; *Bialluch-v. Allwörden*, RDi 2021, 13, 15. *Sickinger/Thelen*, AG 2020, 862, 865, gehen dagegen davon aus, dass eine Pfändung durch Inbesitznahme des Private Key und des Public Key des Berechtigten erfolgt.

20) *Gruber* in: MünchKomm-ZPO, § 808 Rz. 4; *Placzek* in: Beck'sches Mandatshdb. Bankrecht, § 19 Rz. 24; *Hezel*, Rpfleger 2006, 105, 108.

21) *Saive/Esmer*, NJW 2022, 3038, 3041.

zessorische Sicherheiten gemäß §§ 1273 Abs. 2, 1250 Abs. 1 Satz 1 BGB mit Abtretung des besicherten Rechts kraft Gesetzes auf den Erwerber über. Inhaltsänderungen und Aufhebungen müssen zwischen dem Gläubiger und dem Schuldner des Rechts vereinbart werden. In allen Fällen tritt jedoch als **weitere Wirksamkeitsvoraussetzung die Eintragung im elektronischen Wertpapierregister** hinzu.[22]

2. Ergänzung durch analoge Anwendung des § 25 Abs. 1 eWpG

Während die Regelung, dass die Ein- oder Umtragung im elektronischen Wertpapierregister eine Wirksamkeitsvoraussetzung für die genannten Verfügungen darstellt, § 24 eWpG eindeutig zu entnehmen ist, fehlt es in den §§ 24–27 eWpG an einer Regelung über die weiteren materiell-rechtlichen Voraussetzungen, die erfüllt sein müssen, damit die angestrebten Ein- bzw. Umtragungen von Verfügungen vorgenommen werden können. Aus diesem Schweigen des Gesetzes kann jedoch nicht der Schluss gezogen werden, dass es keine solchen Voraussetzungen gibt.

Vielmehr ist § 25 Abs. 1 eWpG auch auf die vom Wortlaut der Norm nicht umfassten Verfügungen des § 24 eWpG **entsprechend anzuwenden**.[23] § 25 Abs. 1 eWpG dient nach dem Willen des Gesetzgebers dazu, *„pars pro toto* zu normieren, wie die allgemeinen zivilrechtlichen Verfügungstatbestände […] unter Berücksichtigung der zusätzlichen Voraussetzungen des § 24 eWpG entsprechend anzuwenden sind".[24] Daher erfordern sämtliche in § 24 eWpG geregelten Verfügungen, dass das begründete Recht oder die sonstige Verfügung auf Weisung des Berechtigten zugunsten des Begünstigten ein- oder umgetragen wird und beide darüber einig sind, dass die Verfügung eintreten soll. Ferner wird die betreffende Verfügung entsprechend dem Rechtsgedanken des § 25 Abs. 1 Satz 2 eWpG erst mit der Ein- bzw. Umtragung wirksam; dies ergibt sich jedoch bereits unmittelbar aus § 24 eWpG.

Über das Ein- bzw. Umtragungserfordernis gemäß § 24 eWpG hinaus muss demnach eine **Weisung des Berechtigten** bestehen, und die **Einigung zwischen dem Berechtigten und dem Begünstigten** muss **bis zum Zeitpunkt der Ein- bzw. Umtragung fortbestehen**. Zu den Einzelfragen sei auf die Kommentierung der beiden Merkmale bei § 25 eWpG verwiesen (zur Weisung siehe *Schulz*, § 25 Rz. 18 ff. und zur Einigung siehe § 25 Rz. 8 ff.).

3. Ersetzung der Übergabe

Da die §§ 24–27 eWpG eine abschließende Regelung über die Verfügungen über elektronische Wertpapiere und über Rechte an und aus elektronischen Wertpapieren darstellen und § 24 eWpG darauf abzielt, dass die Eintragung im elektronischen Wertpapierregister die Publizitätsfunktion übernimmt, kommt es für die Wirksamkeit einer Verfügung nicht auf eine Übergabe, d. h. die Einräumung der tatsächlichen Sachherrschaft, an. Damit ist auch die Übergabe eines Authentifizierungsinstruments (wie ein Private Key) keine Wirksamkeitsvoraussetzung.

IV. Eintragung oder Umtragung

Verfügungen i. S. des § 24 eWpG sind absolut unwirksam, solange die **besondere Wirksamkeitsvoraussetzung** der Ein- oder Umtragung noch nicht vorgenommen worden ist.[25] Ein- oder Umtragung sind damit für die Rechtsänderung konstitutiv und nicht lediglich

21

22

23

24

25

---

22) Begr. RegE Gesetz zur Einführung von eWP, BT-Drucks. 19/26925, S. 66; *Meier*, RDi 2021, 1, 6.

23) So auch: Müller/Pieper-*Müller*, eWpG, § 25 Rz. 13; *Saive/Esmer*, NJW 2022, 3038, 3040.

24) Begr. RegE Gesetz zur Einführung von eWP, BT-Drucks. 19/26925, S. 67.

25) Müller/Pieper-*Müller*, eWpG, § 25 Rz. 12.

Verlautbarungsakte zur Sicherung von bereits stattgefundenen Verfügungen im Verhältnis zu Dritten. Umgekehrt sind Ein- oder Umtragung für sich genommen für die Verwirklichung der Verfügung nicht hinreichend, führen die angestrebte Rechtsänderung also nicht herbei.

26   Eine **Eintragung** ist in § 4 Abs. 4 eWpG definiert als die Aufnahme der für ein elektronisches Wertpapier erforderlichen Registerangaben in ein elektronisches Wertpapierregister unter eindeutiger und unmittelbar erkennbarer Bezugnahme auf die niedergelegten Emissionsbedingungen. Damit gemeint ist allerdings nur die Eintragung bei der Begebung eines elektronischen Wertpapiers (Eintragung im engeren Sinne). In § 24 eWpG wird der **Begriff in einem weiteren Sinne** verwendet und umfasst jede erstmalige Eintragung einer in § 17 eWpG vorgesehenen Angabe im elektronischen Wertpapierregister aufgrund einer von § 24 eWpG erfassten Verfügung (siehe auch *Lendermann/Nemeczek*, § 4 Rz. 51).[26] Eine Eintragung ist daher etwa erforderlich, wenn erstmals ein Pfandrecht an einem elektronischen Wertpapier bestellt wird.

27   In den meisten Fällen des § 24 eWpG wird keine Eintragung, sondern eine **Umtragung** vorzunehmen sein. § 4 Abs. 8 eWpG definiert die Umtragung als Ersetzung des Inhabers eines im elektronischen Wertpapierregister eingetragenen elektronischen Wertpapiers durch einen neuen Inhaber. Auch hier wird der Begriff in der Definitionsnorm in einem sehr engen Verständnis verwendet: Er bezieht sich ausschließlich auf die Übertragung des Eigentums an einem elektronischen Wertpapier. Ebenso wie den Begriff der Eintragung hat man auch den **Begriff der Umtragung in einem weiteren Sinne** zu verstehen. Er umfasst nach diesem Verständnis jede Ersetzung einer in § 17 eWpG vorgesehenen Angabe im elektronischen Wertpapierregister durch eine neue Angabe aufgrund einer von § 24 eWpG erfassten Verfügung. Eine analoge Anwendung des § 4 Abs. 8 eWpG auf weitere Fälle von Übertragungen wird den praktischen Anforderungen des § 24 eWpG nicht gerecht, denn schließlich stellen auch Inhaltsänderungen Verfügungen i. S. des § 24 eWpG dar, die zu keinem Wechsel der Inhaberschaft am elektronischen Wertpapier führen.

28   Da § 24 eWpG auch für die **Aufhebung** von elektronischen Wertpapieren und von Rechten an oder aus elektronischen Wertpapieren ein Eintragungserfordernis begründet, umfasst der Umtragungsbegriff im weiteren Sinne auch die Eintragung der Löschung eines elektronischen Wertpapiers (§ 4 Abs. 9 eWpG) oder der Aufhebung von Rechten an oder aus einem elektronischen Wertpapier, soweit diese auf rechtsgeschäftlichen Verfügungen beruhen.

V.   Rechtsfolgen unwirksamer Verfügungen

29   Die Rechtsfolgen unwirksamer Verfügungen gemäß § 24 eWpG sind nicht im eWpG geregelt, sondern ergeben sich aus den allgemeinen Regeln des Zivilrechts. Dabei ist danach zu differenzieren, ob die Ein- bzw. Umtragung im elektronischen Wertpapierregister noch aussteht oder bereits erfolgt ist.

1.   Vor Ein- bzw. Umtragung im elektronischen Wertpapierregister

30   Ergibt sich die Unwirksamkeit einer Verfügung vor der Ein- bzw. Umtragung im elektronischen Wertpapierregister (z. B. weil die registerführende Stelle eine entsprechende Weisung nicht umsetzt), können die Voraussetzungen für eine wirksame Verfügung noch herbeigeführt werden. Ob die Parteien hierzu verpflichtet sind, ist anhand des schuldrechtlichen Grundgeschäfts zu beurteilen. Wenn die Einigung zwischen den Parteien im Zeitpunkt der Eintragung aus Rechtsgründen unwirksam war, stellt sich die Frage, ob das Grundgeschäft von demselben Mangel betroffen war.

---

26) Müller/Pieper-*Pieper*, eWpG, § 4 Rz. 30; *Gleske/Bunting* in: Hopt/Seibt, Schuldverschreibungsrecht, § 24 eWpG Rz. 6.

2. Nach Ein- bzw. Umtragung im elektronischen Wertpapierregister

Wenn die Unwirksamkeit einer Verfügung erst nach ihrer Eintragung im elektronischen 31
Wertpapierregister festgestellt wird, gibt das elektronische Wertpapierregister nicht die
materielle Rechtslage zutreffend wieder.

In diesen Fällen besteht **keine Befugnis der registerführenden Stelle zu korrigierenden** 32
Eintragungen, wenn sie keine Weisung gemäß §§ 14 Abs. 1, 18 Abs. 1 eWpG erhalten
hat. §§ 14 Abs. 5, 18 Abs. 5 eWpG sehen zwar eine Verpflichtung der jeweiligen registerführenden Stelle vor, Eintragungen in bestimmten Fällen rückgängig zu machen. Sie betreffen aber nur die Fälle formell unberechtigter Registeränderungen bei fehlender Weisung gemäß §§ 14 Abs. 1, 18 Abs. 1 eWpG oder einer fehlenden Zustimmung des Emittenten gemäß §§ 14 Abs. 2, 18 Abs. 2 eWpG. Bei materiell-rechtlichen Unwirksamkeits-
gründen greifen diese Normen nicht ein.[27]

Wenn es sich bei dem Begünstigten der Eintragung um den Vertragspartner des Inhabers 33
handelt, kann dieser aus dem schuldrechtlichen Grundgeschäft einen – infolge der unwirksamen Verfügung fortbestehenden – Erfüllungsanspruch haben. Auf dieser Grundlage kann
der Eingetragene dann die **erneute Vornahme des Erfüllungsgeschäfts** ohne den rechtlichen
Mangel verlangen. Wenn auch das schuldrechtliche Geschäft unwirksam (oder nicht mehr
wirksam) ist, kann der Veräußerer von dem zu Unrecht eingetragenen Inhaber bzw. dem
Begünstigten der Eintragung gemäß §§ 812 ff. BGB Herausgabe des Erlangten und gemäß
§ 985 BGB Rückübertragung des elektronischen Wertpapiers bzw. des betreffenden Rechts
verlangen. Beide Ansprüche sind auf die Abgabe einer Weisung an die registerführende Stelle
gerichtet, durch eine nachfolgende, gegenläufige Umtragung zugunsten des Anspruchsin-
habers die Inhaberschaft des Berechtigten bzw. die zutreffende materielle Rechtslage wiederherzustellen.[28]

Im Gesetzgebungsverfahren ist gefordert worden, in diesen Fällen einen **Berichtigungs-** 34
anspruch des Berechtigten gemäß § 894 BGB analog anzuerkennen.[29] Ein solcher Anspruch besteht jedoch nicht.[30] Dies ergibt sich aus einer Parallelbetrachtung der Rechtslage im Mobiliarsachenrecht, wo ein entsprechender Anspruch ebenfalls nicht besteht.
Der Eigentümer einer Sache, der in seinem Besitz gestört wird, muss vielmehr den **Be-**
sitzverschaffungsanspruch gemäß § 985 BGB gegen den unberechtigten Besitzer (d. h. den
zu Unrecht eingetragenen Inhaber) geltend machen.[31] Für sonstige Beeinträchtigungen des
Eigentums durch Dritte (etwa zu Unrecht eingetragene Rechte oder Inhaltsänderungen
am elektronischen Wertpapier) steht der **Besitzstörungsanspruch gemäß § 1004 Abs. 1**
BGB zur Verfügung. Insofern fehlt es bereits an einer Regelungslücke für die analoge Anwendung der Vorschrift.

---

27) Müller/Pieper-*Keil*, eWpG, § 18 Rz. 30.
28) *Omlor*, RDi 2021, 371, 375 – für den Anspruch gemäß § 985 BGB.
29) The German Blockchain Association (Blockchain Bundesverband e. V.), Stellungnahme z. RefE eWpG, v.
14.9.2020, S. 12; *Matzke*, Stellungnahme z. RefE eWpG, v. 23.7.2020, S. 37; *Saive*, Stellungnahme z.
RefE eWpG, v. 13.9.2020, S. 3 (Stellungnahmen abrufbar unter https://bundesfinanzministerium.de/
Content/DE/Gesetzestexte/Gesetze_Gesetzesvorhaben/Abteilungen/Abteilung_VII/19_Legislatur-
periode/2021-06-09-einfuehrung-elektronische-wertpapiere/0-Gesetz.html [Abrufdatum jew. 21.2.2023]);
aus dem Schrifttum: *Saive*, ZRP 2021, 219, 221; für in Token „verbriefte" Mitgliedschaftsrechte auch:
Möslein/Omlor/Urbach, ZIP 2020, 2149, 2160; *Ribak*, Wertpapierrecht der Security Token Offerings,
S. 271.
30) *Omlor* in: Omlor/Möslein/Grundmann, Elektronische Wertpapiere, § 6, S. 153 f.; *Casper* in: Möslein/
Omlor, Fintech-Handbuch, § 28 Rz. 53; *Sickinger/Thelen*, AG 2020, 862, 869; *Linardatos*, ZBB 2020,
329, 346.
31) Ausführliche Herleitung bei: *Linardatos*, ZBB 2020, 329, 346.

§ 25
Übereignung

(1) ¹Zur Übertragung des Eigentums an einem elektronischen Wertpapier ist es erforderlich, dass das elektronische Wertpapier auf Weisung des Berechtigten auf den Erwerber umgetragen wird und beide sich darüber einig sind, dass das Eigentum übergehen soll. ²Bis zur Umtragung auf den Erwerber verliert der Berechtigte sein Eigentum nicht.

(2) Das Recht aus dem Wertpapier wird mit der Übereignung des elektronischen Wertpapiers nach Absatz 1 übertragen.

Literatur: *Casper/Richter*, Die elektronische Schuldverschreibung – eine Sache?, ZBB 2022, 65; *Döding/Wentz*, Der Referentenentwurf zur Einführung von elektronischen Wertpapieren und Kryptowertpapieren, WM 2020, 2312; *Dubovitskaya*, Gesetzentwurf zur Einführung von elektronischen Wertpapieren: ein zaghafter Schritt nach vorn, ZIP 2020, 2551; *Kaulartz/Matzke*, Die Tokenisierung des Rechts, NJW 2018, 3278; *Kleinert/Mayer*, Der deutsche Weg zum elektronischen Wertpapier, EuZW 2020, 1059; *Lehmann*, Zeitwende im Wertpapierrecht, BKR 2020, 431; *Linardatos*, Elektronische Schuldverschreibungen auf den Inhaber – des Wertpapiers neue Kleider, ZBB 2020, 329; *Meier*, Übertragung von elektronischen Wertpapieren nach dem eWpG-E, RDi 2021, 1; *Omlor*, Elektronische Wertpapiere nach dem eWpG, RDi 2021, 371; *Preuße/Wöckener/Gillenkirch*, Der Gesetzesentwurf zur Einführung elektronischer Wertpapiere – Überblick und Bewertung der zukünftigen Rechtslage mit Blick auf die Rechtsordnungen in Frankreich und Luxemburg, BKR 2020, 551; *Sickinger/Thelen*, Anleihen und Genussscheine auf die Blockchain, AG 2020, 862; *Wieneke/Kunz*, Das Gesetz zur Einführung von elektronischen Wertpapieren, NZG 2021, 316.

Übersicht

I.   Normzweck und Grundlagen

1.   Eigentumsübertragung

1   § 25 Abs. 1 eWpG regelt die **derivative Eigentumsübertragung** (zum originären Erwerb siehe *Denga*, § 2 Rz. 8 ff.) an einem **elektronischen Wertpapier in Einzeleintragung** (zum Erwerb von elektronischen Wertpapieren in Sammeleintragung siehe *Schulz*, Vor §§ 24–27 Rz. 8 ff.) **vom Berechtigten** (zum Erwerb vom Nichtberechtigten siehe *Schulz*, § 26 Rz. 27) an einen Erwerber.

2   Die Vorschrift ist strukturell an die Regelung zur Übertragung beweglicher Sachen gemäß § 929 Satz 1 BGB angelehnt, wobei die dort vorgeschriebene Übergabe durch die Umtragung im elektronischen Wertpapierregister ersetzt wird.[1] Insofern bestehen Parallelen zur Übertragung von Grundstücken gemäß § 873 Abs. 1 BGB, deren Wirksamkeit von der Eintragung im Grundbuch abhängt. Allerdings ist **Zurückhaltung beim Rückgriff auf immo-**

---

1)   Begr. RegE Gesetz zur Einführung von eWp, BT-Drucks. 19/26925, S. 66; *Dubovitskaya*, ZIP 2020, 2551, 2559.

biliarsachenrechtliche Grundsätze bei der Auslegung des § 25 eWpG geboten.[2] Die dogmatische Grundlage der Regelungen über die Übertragung von elektronischen Wertpapieren bildet – wie bei der Übertragung von verbrieften Wertpapieren – das Mobiliarsachenrecht (siehe hierzu schon *Schulz*, Vor §§ 24–27 Rz. 3).[3] Nur soweit durch Anwendung dieser Grundsätze keine angemessene Lösung gefunden werden kann, kann ein Rückgriff auf Konzepte des Immobiliarsachenrechts erwogen werden.

§ 25 Abs. 1 eWpG liegen die allgemeinen sachenrechtlichen Grundsätze des Trennungs- **3** prinzips und des Abstraktionsprinzips zugrunde. Gemäß dem **Trennungsprinzip** ist zwischen dem schuldrechtlichen Grundgeschäft und dem dinglichen Verfügungsgeschäft zu unterscheiden.[4] Beim praktisch bedeutsamsten Fall des Kaufs bzw. Verkaufs von elektronischen Wertpapieren ergeben sich so gesehen drei Rechtsverhältnisse:

- Kaufvertrag über die elektronischen Wertpapiere mit den Verpflichtungen zur Kaufpreiszahlung gegen Übertragung des Eigentums;
- Verfügungsgeschäft hinsichtlich der elektronischen Wertpapiere; und
- Verfügungsgeschäft hinsichtlich der Kaufpreiszahlung. § 25 Abs. 1 eWpG betrifft ausschließlich das Verfügungsgeschäft hinsichtlich der elektronischen Wertpapiere.

Gemäß dem **Abstraktionsprinzip** sind die Wirksamkeit des schuldrechtlichen und des **4** dinglichen Geschäfts grundsätzlich rechtlich unabhängig voneinander zu beurteilen.[5] Bei der Übertragung elektronischer Wertpapiere zeigt sich dies bei den unterschiedlichen Wirksamkeitsvoraussetzungen für das schuldrechtliche und das dingliche Geschäft. Während eine schuldrechtliche Verpflichtung durch Abschluss des Kaufvertrags formfrei begründet werden kann, bedarf die Übertragung eines elektronischen Wertpapiers zu ihrer Wirksamkeit der Eintragung in das Wertpapierregister (§§ 24, 25 Abs. 1 eWpG). Solange die Eintragung des Eigentumsübergangs noch nicht erfolgt ist, kann der Käufer aufgrund des Kaufvertrags (und gemäß der darin geregelten Bedingungen) die Übertragung (durch eine entsprechende Weisung an die registerführende Stelle) verlangen. Ist die Eintragung dagegen wirksam erfolgt, obwohl das schuldrechtliche Grundgeschäft unwirksam ist, stehen dem Verkäufer Herausgabeansprüche nach dem Bereicherungsrecht gemäß §§ 812 ff. BGB zu.

Der Anwendungsbereich des § 25 Abs. 1 eWpG ist nicht auf die Übertragung von elektro- **5** nischen Wertpapieren beschränkt. Nach dem Willen des Gesetzgebers soll die Vorschrift zeigen, „wie die allgemeinen zivilrechtlichen Verfügungstatbestände […] unter Berücksichtigung der zusätzlichen Voraussetzungen des § 24 eWpG entsprechend anzuwenden sind".[6] Damit findet sie **entsprechende Anwendung auf sämtliche sonstigen auf das Eigentum und beschränkte dingliche Rechte am elektronischen Wertpapier bezogene Verfügungen** (siehe hierzu eingehend *Schulz*, § 24 Rz. 21 f.).[7]

---

2) Ähnlich *Casper/Richter*, ZBB 2022, 65, 69.

3) *Casper/Richter*, ZBB 2022, 65, 69; in diese Richtung auch: *Linardatos*, ZBB 2020, 329, 346 – in Bezug auf einen Registerberichtigungsanspruch gemäß § 894 BGB analog.

4) *Neuner*, AT BGB, § 29 Rz. 23; *Medicus/Petersen*, AT BGB, § 20 Rz. 220 ff.; *Beckmann* in: jurisPK-BGB, § 929 Rz. 17.

5) *Neuner*, AT BGB, § 29 Rz. 66 ff.; *Medicus/Petersen*, AT BGB, § 20 Rz. 224 ff.; *Beckmann* in: jurisPK-BGB, § 929 Rz. 18.

6) Begr. RegE Gesetz zur Einführung von eWp, BT-Drucks. 19/26925, S. 67.

7) So auch Müller/Pieper-*Müller*, eWpG, § 25 Rz. 13.

2.　Transportfunktion

6　In § 25 Abs. 2 eWpG wird schließlich die **wertpapierrechtliche Transportfunktion der elektronischen Wertpapiere** im Gesetz verankert: Das Recht aus dem elektronischen Wertpapier folgt dem Recht am elektronischen Wertpapier.[8]

II.　Übertragung des Eigentums an elektronischen Wertpapieren (§ 25 Abs. 1 eWpG)

7　Die Übertragung des Eigentums an elektronischen Wertpapieren setzt gemäß § 25 Abs. 1 eWpG die Einigung zwischen dem Berechtigten und dem Erwerber über den Eigentumsübergang (siehe Rz. 8 ff.), die Weisung des Berechtigten an die registerführende Stelle (siehe Rz. 18 ff.) und die Umtragung des elektronischen Wertpapiers auf den Erwerber (siehe Rz. 15 ff.) voraus.

1.　Einigung

8　Die Einigung i. S. des § 25 Abs. 1 eWpG ist ein **formfrei**[9] abzuschließender, **selbständiger dinglicher Vertrag**, der darauf gerichtet ist, die **dingliche Rechtsänderung** unmittelbar herbeizuführen. Im Gesetzgebungsverfahren ist dieses Erfordernis kritisiert worden, weil es nicht zur „pseudonymen Welt des Kryptowertpapierverkehrs" passe[10] und „in der Praxis auf eine bloße Fiktion" hinausliefe[11]. Diese Kritik beruht darauf, dass sich Veräußerer und Erwerber bei der Übertragung von elektronischen Wertpapieren in Einzeleintragung regelmäßig nicht kennen. Unlösbare Probleme bereitet diese Anonymität jedoch nicht, wenn man Konstruktionen anwendet, die von der Übertragung girosammelverwahrter verbriefter Wertpapiere bekannt sind:[12] Die Weisung des Berechtigten an die registerführende Stelle (siehe hierzu noch eingehend Rz. 18 ff.) ist als Angebot an „den, den es angeht" zur dinglichen Einigung über die Übertragung des elektronischen Wertpapiers anzusehen.[13] Die korrespondierende Annahmeerklärung muss dem Berechtigten nicht zugehen. Aufgrund des für den Erwerber lediglich rechtlich vorteilhaften Erwerbs dürfte eine Verkehrssitte bestehen, wonach der Zugang der Annahmeerklärung gemäß § 151 BGB entbehrlich ist.[14] Zur Erhöhung der Rechtssicherheit aller Teilnehmer sollten Regelungen, die dieses Konzept dokumentieren, in die Geschäftsbedingungen der registerführenden Stelle für das elektronische Wertpapierregister aufgenommen werden.[15]

9　Die Einigung muss dem sachenrechtlichen **Bestimmtheitsgrundsatz** genügen. Hierzu muss die Vereinbarung zwischen den Parteien an einfache, äußere Abgrenzungskriterien für die zu übertragenden elektronischen Wertpapiere anknüpfen und so konkret sein, dass es für jeden, der die Parteiabreden in dem für den Eigentumsübergang vereinbarten Zeitpunkt kennt, ohne weiteres ersichtlich ist, welche elektronischen Wertpapiere übereignet werden sollen.[16] Eine Einigung ist in diesem Sinne jedenfalls dann als hinreichend bestimmt anzusehen, wenn sich ihr:
- die registerführende Stelle (insbesondere bei Kryptowertpapieren);

---

8)　Begr. RegE Gesetz zur Einführung von eWp, BT-Drucks. 19/26925, S. 67; *Omlor* in: Omlor/Möslein/Grundmann, Elektronische Wertpapiere, § 6, S. 147.

9)　Für den Fall, dass die Weisung gegenüber der registerführenden Stelle als Angebot in Bezug auf die dingliche Einigung verstanden wird, sind die hierfür ggf. von der registerführenden Stelle gemäß § 3 Abs. 1 Nr. 2 eWpRV aufgestellten Formanforderungen zu beachten, s. hierzu *Schulz*, § 24 Rz. 20.

10)　*Lehmann*, BKR 2020, 431, 437; ähnlich *Sickinger/Thelen*, AG 2020, 862, 866.

11)　*Dubovitskaya*, ZIP 2020, 2551, 2559.

12)　*Sickinger/Thelen*, AG 2020, 862, 866 – unter Bezugnahme auf: *Kaulartz/Matzke*, NJW 2018, 3278, 3280.

13)　Weitergehend (Entbehrlichkeit der Annahme): *Gleske/Bunting* in: Hopt/Seibt, Schuldverschreibungsrecht, § 25 eWpG Rz. 6.

14)　So auch Müller/Pieper-*Müller*, eWpG, § 25 Rz. 6 a. E.; *Casper/Richter*, ZBB 2022, 65, 74 f.

15)　Hierauf weisen auch *Kaulartz/Matzke*, NJW 2018, 3278, 3280, hin.

16)　Zum Mobiliarsachenrecht: BGH, Urt. v. 31.1.1979 – VIII ZR 93/78, NJW 1979, 976, 977; BGH, Urt. v. 13.6.1956 – IV ZR 24/56, BGHZ 21, 52, 56; BGH, Urt. v. 24.6.1958 – VIII ZR 205/57, BGHZ 28, 16, 20; BGH, Urt. v. 1.4.1963 – VIII ZR 211/61, WM 1963, 504, 505 – st. Rspr.

- die eindeutige Kennnummer (§§ 13 Abs. 1 Nr. 1, 17 Abs. 1 Nr. 1 eWpG); und

- der Nennbetrag der zu übertragenen elektronischen Wertpapiere (§§ 13 Abs. 1 Nr. 3, 17 Abs. 1 Nr. 3 eWpG) entnehmen lässt (zur Einigung über die Person des Erwerbers siehe oben *Schulz*, § 25 Rz. 8).

Bei Übertragungen von elektronischen Wertpapieren mittels Distributed-Ledger-Techno- **10** logie (DLT) dürfte die Einhaltung dieser Vorgaben in der Regel keine größeren Schwierigkeiten bereiten, weil zu erwarten ist, dass die Übertragungsmechanismen der Wallets entsprechend ausgestaltet sind. Zu bedenken ist schließlich, dass auch die dingliche Einigung der Auslegung gemäß §§ 133, 157 BGB zugänglich ist,[17] durch die ein *prima facie* bestehender unzureichender Regelungsgehalt überwunden werden kann.

Nicht geregelt ist der Zeitpunkt, zu dem die Einigung vorliegen muss. Insofern ist es ent- **11** sprechend der h. M. im Mobiliarsachenrecht[18] unter Gleichsetzung der Umtragung im Wertpapierregister mit der Übergabe der zu übereignenden Sache erforderlich, dass die **Einigung im Zeitpunkt der Umtragung** vorliegt. Hierfür spricht vor allem – wie auch zu § 929 Satz 1 BGB – die Formulierung in § 25 Abs. 1 Satz 1 eWpG „einig sind". Zum anderen fehlt es an einer Regelung wie § 873 Abs. 2 BGB, so dass die zur Einigung führenden Willenserklärungen bis zur Umtragung widerrufen werden können.[19] Wenn im Zeitpunkt der Umtragung keine Einigkeit (mehr) zwischen Veräußerer und Erwerber besteht, findet infolge der Umtragung kein Eigentumserwerb statt. Es steht den Parteien in diesem Fall jedoch frei, den bereits verlautbarten Eigentumsübergang durch eine nachfolgende Einigung zu bestätigen und somit auch materiell-rechtlich die Übertragung herbeizuführen.[20]

Die Einigung kann unter **Bedingungen gemäß §§ 158 ff. BGB** vereinbart werden. So kann **12** die Wirksamkeit der Einigung über die Übertragung des elektronischen Wertpapiers von der vorherigen Zahlung des Kaufpreises abhängig gemacht werden (aufschiebende Bedingung).

Generell zulässig ist die Beteiligung Dritter an der Einigung im Wege der Stellvertretung **13** oder der Botenschaft i. R. der allgemeinen zivilrechtlichen Regelungen (insbesondere der §§ 164 ff. BGB). Möglich ist auch die nachträgliche Genehmigung einer zunächst unwirksamen Transaktion, etwa wenn ein Vertreter ohne Vertretungsmacht tätig geworden ist.[21]

Schließlich setzt eine wirksame Einigung voraus, dass der Veräußerer zur Verfügung über **14** das elektronische Wertpapier berechtigt ist.[22] Diese **Verfügungsbefugnis** muss vom Berechtigten herrühren, d. h. gemäß § 3 Abs. 2 eWpG vom materiell-rechtlichen Inhaber des elektronischen Wertpapiers. Ist dieser nicht identisch mit dem formell berechtigten Inhaber gemäß § 3 Abs. 1 eWpG und einigt sich der Erwerber nur mit dem Inhaber, ist eine Übereignung gemäß § 25 eWpG nicht möglich. In Betracht kommt dann allerdings ein gutgläubiger Erwerb vom Nichtberechtigten gemäß § 26 eWpG.

2. Umtragung

Ferner setzt die Übertragung eines elektronischen Wertpapiers die Umtragung auf den Er- **15** werber im elektronischen Wertpapierregister voraus. Die Umtragung ersetzt damit funk-

---

17) BGH, Urt. v. 29.3.1990 – IX ZR 134/89, NJW 1990, 1913 – für die Übereignung von Bargeld: *Oechsler* in: MünchKomm-BGB, § 929 Rz. 27.
18) Allg. Ansicht, vgl. BGH, Urt v. 14.11.1977 – VIII ZR 66/76, NJW 1978, 696; Staudinger-*Heinze*, BGB, § 929 Rz. 80 m. w. N.
19) Müller/Pieper-*Müller*, eWpG, § 25 Rz. 6; Conreder/Meier-*Meier*, eWpG, § 25 Rz. 7; ausführlich *Ribak*, Wertpapierrecht der Security Token Offerings, S. 217 ff.
20) Hierzu: *Omlor* in: Omlor/Möslein/Grundmann, Elektronische Wertpapiere, § 6, S. 145.
21) *Omlor* in: Omlor/Möslein/Grundmann, Elektronische Wertpapiere, § 6, S. 147.
22) *Gleske/Bunting* in: Hopt/Seibt, Schuldverschreibungsrecht, § 25 eWpG Rz. 5.

tional die Besitzverschaffung an der Urkunde. Der Begriff der Umtragung wird in § 25 Abs. 1 eWpG in seinem engen Verständnis verwendet und bezieht sich daher gemäß § 4 Abs. 8 eWpG auf die Ersetzung des Inhabers durch den Erwerber als neuen Inhaber (zu dem in anderen Vorschriften abweichenden Verständnis siehe *Schulz*, § 24 Rz. 26, sowie *Lendermann/Nemeczek*, § 4 Rz. 51).[23]

16   Im Referentenentwurf[24] wurde Umtragung noch als zweiaktiger Vorgang definiert, nämlich die Austragung des (alten) Inhabers und die Eintragung eines neuen Inhabers. Die Formulierung des § 4 Abs. 8 eWpG, in der von einer „Ersetzung" die Rede ist, geht von einem einaktigen Vorgang aus. Damit wird die Formulierung den technischen Realitäten der DLT besser gerecht.[25] Aufgrund der Technologieoffenheit des eWpG kann jedoch nicht ausgeschlossen werden, dass ein elektronisches Wertpapierregister technologisch auf eine Weise geführt wird, dass die Umtragung in mehreren Schritten vollzogen wird. Für diesen Fall stellt § 25 Abs. 1 Satz 2 eWpG klar, dass der Berechtigte dann bis zur Umtragung auf den Erwerber (bzw. deren Abschluss) sein Eigentum nicht verliert. Die Regelung stellt damit sicher, dass ein Übereignungsvorgang nicht zu **herrenlosen Wertpapieren** führt.[26]

17   Nicht erforderlich ist für den Vollzug der Eigentumsübertragung am elektronischen Wertpapier die Übertragung des Private Key als Authentifizierungsinstrument.

3.   Auf Weisung des Berechtigten

18   Schließlich muss die Umtragung auf einer Weisung des Berechtigten an die registerführende Stelle beruhen. Die Weisung ist eine **empfangsbedürftige Willenserklärung**[27], die im Grundsatz keiner bestimmten **Form** unterliegt und daher auch konkludent abgegeben werden kann. Allerdings dient die Weisung auch gemäß §§ 14 Abs. 1, 18 Abs. 1 eWpG der Autorisierung von Änderungen im elektronischen Wertpapierregister. Gemäß § 23 Nr. 10 eWpG können Verfahrensanforderungen zur Übermittlung und zur Vollziehung von Weisungen nach § 14 Abs. 1 bis 5 bzw. § 18 Abs. 1 bis 4 eWpG im Verordnungswege festgelegt werden. § 3 Abs. 1 Nr. 2 eWpRV verpflichtet die registerführende Stelle dazu, die Einzelheiten solcher Verfahrensanforderungen festzulegen. Da die registerführende Stelle die eingegangenen Weisungen zu dokumentieren und gemäß § 14 Abs. 1 Satz 4 bzw. § 18 Abs. 1 Satz 4 eWpG den Eingang der Weisung mit einem Zeitstempel zu versehen hat, spricht vieles dafür, in diesem Rahmen wenigstens die **Textform gemäß § 126b BGB** vorzuschreiben.[28] Ungeachtet der allgemeinen Formfreiheit wird die Weisung dann diese Anforderungen erfüllen müssen.

19   Die Weisung muss vom Berechtigten abgegeben werden (§§ 14 Abs. 1 Satz 1, 18 Abs. 1 Satz 1, 25 Abs. 1 eWpG), ohne dass die anweisende Person mit dem Berechtigten identisch sein muss. Die Beteiligung Dritter im Wege der **Stellvertretung gemäß §§ 164 ff. BGB oder der Botenschaft** ist also ebenso zulässig wie bei der Einigung über die Rechtsübertragung. In formaler Hinsicht, d. h. als Nachweis gegenüber der registerführenden Stelle,

---

23)   *Gleske/Bunting* in: Hopt/Seibt, Schuldverschreibungsrecht, § 25 eWpG Rz. 7.

24)   RefE Gesetz zur Einführung von eWp, abrufbar unter https://bundesfinanzministerium.de/Content/DE/Gesetzestexte/Gesetze_Gesetzesvorhaben/Abteilungen/Abteilung_VII/19_Legislaturperiode/2021-06-09-einfuehrung-elektronische-wertpapiere/1-Referentenentwurf.pdf?__blob=publicationFile&v=2 (Abrufdatum: 21.2.2023).

25)   Müller/Pieper-*Müller*, eWpG, § 24 Rz. 15.

26)   Begr. RegE Gesetz zur Einführung von eWp, BT-Drucks. 19/26925, S. 67; *Kleinert/Mayer*, EuZW 2020, 1059, 1063.

27)   Müller/Pieper-*Müller*, eWpG, § 25 Rz. 8; Conreder/Meier-*Meier*, eWpG, § 25 Rz. 17; *Gleske/Bunting* in: Hopt/Seibt, Schuldverschreibungsrecht, § 25 eWpG Rz. 4.; *Meier*, RDi 2021, 1, 8; *Omlor*, RDi 2021, 371, 375; *Casper/Richter*, ZBB 2022, 65, 74; ausführlich *Ribak*, Wertpapierrecht der Security Token Offerings, S. 215 f.

28)   Müller/Pieper-*Pieper*, eWpG, § 14 Rz. 13.

sind die Regelungen der §§ 14 Abs. 1 Satz 5, 18 Abs. 1 Satz 5 eWpG von Bedeutung. Beide Regelungen sehen gleichlautend vor, dass die registerführende Stelle von einer Weisung des Inhabers ausgehen darf, wenn die **Weisung mittels eines geeigneten Authentifizierungsinstruments** erteilt wurde. Die Regelung dient dazu, den Prüfungsaufwand der registerführenden Stelle zu reduzieren, um Änderungen ohne detaillierte Identitätsüberprüfung im Einzelfall vornehmen zu können.[29] Ein solches geeignetes Authentifizierungsinstrument dürfte der Private Key sein.[30] Materiell-rechtlich kommt es hingegen darauf an, ob im Zeitpunkt der Umtragung eine wirksame Weisung des Berechtigten vorgelegen hat.

Die Weisung ist grundsätzlich gemäß § 130 Abs. 1 Satz 2 BGB widerruflich, allerdings kann **20** das **Widerrufsrecht** nach allgemeinen Regeln, d. h. individualvertraglich, jedoch nicht in AGB,[31] abbedungen werden. Aufgrund des Charakters der Weisung als Willenserklärung ist ein Widerruf allerdings gemäß § 130 Abs. 1 Satz 1 BGB ausgeschlossen, wenn die Weisung der registerführenden Stelle zugegangen ist.[32] Angesichts der zu erwartenden vollautomatisierten Führung von elektronischen Wertpapierregistern wird sich der registermäßige Vollzug in der Praxis unmittelbar an den Zugang der Weisung anschließen.[33]

III. Übertragung von Rechten aus einem elektronischen Wertpapier (§ 25 Abs. 2 eWpG)

„Das Recht aus dem Papier folgt dem Recht am Papier.", mit dieser Kurzformel wird seit **21** jeher die **Transportfunktion** von Inhaberpapieren beschrieben. Der Grundsatz wird aus § 793 Abs. 1 BGB abgeleitet[34] und besagt, dass für die Inhaberschaft an einer als Inhaberpapier verbrieften Forderung grundsätzlich das Eigentum an der Urkunde maßgeblich ist. Damit wird der gutgläubige Erwerb der Forderung vom Nichtberechtigten gemäß § 935 BGB ermöglicht und so eine **Steigerung der Umlauffähigkeit von Wertpapieren** herbeigeführt.

Für elektronische Wertpapiere in Einzeleintragung wird dieser Grundsatz nun erstmals ko- **22** difiziert. Da der ursprüngliche Anwendungsbereich des eWpG vor allem Inhaberschuldverschreibungen umfasst, für die die Geltung dieses Prinzips anerkannt ist, hätte es dieser Regelung nicht bedurft. Sie besitzt also nur **klarstellende Bedeutung**.[35]

---

29) Begr. RegE Gesetz zur Einführung von eWp, BT-Drucks. 19/26925, S. 58.
30) Müller/Pieper-*Müller*, eWpG, § 25 Rz. 8; *Gleske/Bunting* in: Hopt/Seibt, Schuldverschreibungsrecht, § 25 eWpG Rz. 4; *Sickinger/Thelen*, AG 2020, 862, 865; *Wieneke/Kunz*, NZG 2021, 316, 322.
31) Staudinger-*Singer/Benedict*, BGB, § 130 Rz. 103; Grüneberg-*Ellenberger*, BGB, § 130 Rz. 19.
32) *Casper* in: Möslein/Omlor, FinTech-Handbuch, § 28 Rz. 44; *Omlor* in: Omlor/Möslein/Grundmann, Elektronische Wertpapiere, § 6, S. 146; *Gleske/Bunting* in: Hopt/Seibt, Schuldverschreibungsrecht, § 25 eWpG Rz. 4.
33) So auch: *Omlor* in: Omlor/Möslein/Grundmann, Elektronische Wertpapiere, § 6, S. 147.
34) *Ekkenga* in: MünchKomm-HGB, Effektengeschäft Rz. 31.
35) Begr. RegE Gesetz zur Einführung von eWp, BT-Drucks. 19/26925, S. 67; Conreder/Meier-*Meier*, eWpG, § 25 Rz. 21; *Meier*, RDi 2021, 1, 8; *Döding/Wentz*, WM 2020, 2312, 2316; *Preuße/Wöckener/Gillenkirch*, BKR 2020, 551, 554; *Omlor*, RDi 2021, 371, 376; a. A. – konstitutive Wirkung – Müller/Pieper-*Müller*, eWpG, § 25 Rz. 14.

§ 26
Gutgläubiger Erwerb

¹Zugunsten desjenigen, der auf Grund eines Rechtsgeschäfts in ein elektronisches Wertpapierregister eingetragen wird, gilt der Inhalt des elektronischen Wertpapierregisters als vollständig und richtig sowie der Inhaber als Berechtigter, es sei denn, dass dem

Erwerber zum Zeitpunkt seiner Eintragung etwas anderes bekannt oder infolge grober Fahrlässigkeit unbekannt ist. ²Eine Verfügungsbeschränkung im Sinne des § 13 Absatz 2 Satz 1 Nummer 1 oder des § 17 Absatz 2 Satz 1 Nummer 1 ist dem Erwerber gegenüber nur wirksam, wenn sie im elektronischen Wertpapierregister eingetragen ist oder dem Erwerber bekannt ist. ³Die Sätze 1 und 2 sind nicht anzuwenden auf die Angaben, die unter § 13 Absatz 2 Satz 3 und § 17 Absatz 2 Satz 3 fallen.

Literatur: *Casper/Richter*, Die elektronische Schuldverschreibung – eine Sache?, ZBB 2022, 65; *Dubovitskaya*, Gesetzentwurf zur Einführung von elektronischen Wertpapieren: ein zaghafter Schritt nach vorn, ZIP 2020, 2551; *Kieser/Kloster*, Wissenszurechnung bei der GmbH, GmbHR 2001, 176; *Kleinert/Mayer*, Der deutsche Weg zum elektronischen Wertpapier, EuZW 2020, 1059; *Lehmann*, Zeitwende im Wertpapierrecht, BKR 2020, 431; *Linardatos*, Elektronische Schuldverschreibungen auf den Inhaber – des Wertpapiers neue Kleider, ZBB 2020, 329; *Mayer*, Der Erwerb einer GmbH nach den Änderungen durch das MoMiG, DNotZ 2008, 403; *Meier*, Übertragung von elektronischen Wertpapieren nach dem eWpG-E, RDi 2021, 1; *Omlor*, Elektronische Wertpapiere nach dem eWpG, RDi 2021, 371; *Ostendorf*, Der Gutglaubenserwerb des Verwaltungstreuhänders, NJW 1974, 217; *Wieneke/Kunz*, Das Gesetz zur Einführung von elektronischen Wertpapieren, NZG 2021, 316.

Übersicht

I. Normzweck und Grundlagen

1 § 26 eWpG ermöglicht einen der formellen Registerlage entsprechenden gutgläubigen Erwerb von elektronischen Wertpapieren in Einzeleintragung, wenn die materielle Rechtslage davon abweicht. Der Gesetzgeber strebt damit den **Schutz des redlichen Rechtsverkehrs** sowie die **Gewährleistung der Rechtssicherheit und der Umlauffähigkeit elektronischer Wertpapiere** an.[1] Anknüpfungspunkt sind die Eintragungen im elektronischen

---

1) Begr. RegE Gesetz zur Einführung von eWp, BT-Drucks. 19/26925, S. 67.

Wertpapierregister, wobei hinsichtlich der Reichweite des Gutglaubensschutzes zwischen den einzelnen Registerangaben differenziert wird. Der eingetragene **Inhalt des elektronischen Wertpapiers** und die **Inhaberschaft des Eingetragenen** genießen den weitreichenden Schutz einer positiven Publizität i. S. einer **Richtigkeitsvermutung** (siehe hierzu Rz. 6 ff.). In Bezug auf **Verfügungsbeschränkungen** gilt eine negative Publizität i. S. einer **Vollständigkeitsvermutung** (siehe hierzu Rz. 15 ff.). Bestimmte Registerangaben sind vom Gutglaubensschutz ausgenommen (siehe hierzu Rz. 20 ff.).

Die Möglichkeit des gutgläubigen Erwerbs ist ein wesentliches Element eines Regelungsregimes zur Übertragung von Wertpapieren.[2] Im Gesetzgebungsverfahren für das eWpG waren Regelungen zum Gutglaubenserwerb daher von Anfang an vorgesehen.[3] Allerdings änderte sich der Umfang der konkreten Regelungen. § 26 eWpG i. d. F. des Referentenentwurfs sah noch einen umfassenden Schutz des guten Glaubens an die „Registereintragungsverschaffungsmacht des Veräußerers" vor, der neben Registerinhalt und Inhaberschaft auch Bevollmächtigung, Verfügungsbefugnis und Geschäftsfähigkeit umfasste.[4] Aufgrund von Kritik im Schrifttum[5] nahm der Gesetzgeber von diesem Konzept Abstand. Die Norm erhielt ihre später Gesetz gewordene Fassung im Regierungsentwurf. | 2

Strukturell ist das Regelungskonzept des § 26 eWpG dem deutschen Sachenrecht bereits bekannt.[6] Die Norm ist schon sprachlich an § 892 Abs. 1 BGB angelehnt, der den gutgläubigen Erwerb von Grundstücken und daran bestehenden Rechten regelt. Da elektronische Wertpapiere gemäß § 2 Abs. 3 eWpG als (bewegliche) Sachen anzusehen sind und für Verfügungen über elektronische Wertpapiere grundsätzlich die §§ 929 ff. BGB maßgeblich sind, ist allerdings **Zurückhaltung beim Rückgriff auf immobiliarsachenrechtliche Grundsätze** bei der Auslegung der §§ 24–27 eWpG geboten. | 3

II. Inhalt des elektronischen Wertpapierregisters

Gegenstand des Gutglaubensschutzes ist der **notwendige Inhalt des elektronischen Wertpapierregisters**. Dieser wird in den § 13 Abs. 1 und Abs. 2 eWpG für zentrale Register und in § 17 Abs. 1 und Abs. 2 eWpG für Kryptowertpapierregister nahezu deckungsgleich festgelegt.[7] Damit umfasst der Gutglaubensschutz gemäß § 26 eWpG: | 4

– den wesentlichen Inhalt des Rechts einschließlich einer eindeutigen Kennnummer und, bei Kryptowertpapieren, der Kennzeichnung als Wertpapier;

– das Emissionsvolumen;

---

2) *Baumbach/Hefermehl/Casper*, WechselG, Grundzüge Rz. 117 – „Bedürfnis für einen gutgläubigen Erwerb ist unabweislich und weitgehend konsentiert".

3) Vgl. schon das Diskussionspapier des MJV und des BMF „Eckpunkte für die regulatorische Behandlung von elektronischen Wertpapieren und Krypto-Token – Digitale Innovationen ermöglichen – Anlegerschutz gewährleisten", v. 7.3.2019, abrufbar unter https://www.bmjv.de/SharedDocs/Gesetzgebungsverfahren/Dokumente/Eckpunkte_Krypto_Blockchain.pdf?__blob=publicationFile&v=2 (Abrufdatum: 21.2.2023).

4) Begr. RefE Gesetz zur Einführung von eWp, S. 15, 67, abrufbar unter https://bundesfinanzministerium.de/Content/DE/Gesetzestexte/Gesetze_Gesetzesvorhaben/Abteilungen/Abteilung_VII/19_Legislaturperiode/2021-06-09-einfuehrung-elektronische-wertpapiere/1-Referentenentwurf.pdf?__blob=publicationFile&v=2 (Abrufdatum: 21.2.2023).

5) *Linardatos*, ZBB 2020, 329, 342 f.; DAV, Stellungnahme z. RefE eWpG, v. 23.9.2020, S. 31, Rz. 78 – zum gutgläubigen Erwerb von Minderjährigen und Geschäftsunfähigen, abrufbar unter https://bundesfinanzministerium.de/Content/DE/Gesetzestexte/Gesetze_Gesetzesvorhaben/Abteilungen/Abteilung_VII/19_Legislaturperiode/2021-06-09-einfuehrung-elektronische-wertpapiere/0-Gesetz.html (Abrufdatum: 21.2.2023).

6) *Meier*, RDi 2021, 1, 9.

7) Zur Bezugnahme auf diese Vorschriften zur Festlegung des Umfangs der Fiktionswirkung: Begr. RegE Gesetz zur Einführung von eWp, BT-Drucks. 19/26925, S. 67.

– den Nennbetrag;

– den Emittenten;

– eine Kennzeichnung, ob es sich um eine Einzel- oder eine Sammeleintragung handelt;

– den Inhaber;

– Angaben zum Mischbestand nach § 9 Abs. 3 eWpG;

– Angaben über Verfügungsbeschränkungen zugunsten einer bestimmten Person (siehe aber Rz. 11, 15 ff.);

– Angaben über Rechte Dritter;

– sowie – über den Wortlaut der §§ 13, 17 eWpG hinausgehend, aber in § 26 Satz 1 eWpG ausdrücklich vorgesehen – die Berechtigtenstellung des Inhabers.

5 **Ergänzende Angaben**, die nicht in den §§ 13 Abs. 1 oder Abs. 2 bzw. § 17 Abs. 1 oder Abs. 2 eWpG vorgesehen, aber dennoch in ein elektronisches Wertpapierregister aufgenommen worden sind (z. B. Handelskurse, Transaktionszeitpunkte, weitere persönliche Angaben zum Inhaber), genießen hingegen keinen Gutglaubensschutz.[8]

III. Reichweite des Gutglaubensschutzes

1. Guter Glaube an die Vollständigkeit und Richtigkeit des Registerinhalts sowie an die Berechtigung des Inhabers (§ 26 Satz 1 eWpG)

6 Nach § 26 Satz 1 eWpG gilt der Inhalt des elektronischen Wertpapierregisters als vollständig und richtig sowie der Inhaber als Berechtigter. Damit kommt den Eintragungen im elektronischen Wertpapierregister **sowohl eine positive als auch eine negative Publizitätswirkung** zu, d. h. der Erwerber kann darauf vertrauen, dass die eingetragenen Angaben zutreffend sind ("richtig") und darüber hinaus keine einzutragenden Rechtsverhältnisse bestehen, die nicht eingetragen sind ("vollständig").

7 Soweit der gute Glaube an eingetragene Umstände anknüpft, stellt die **Wirksamkeit der Ein- oder Umtragung** des Eingetragenen eine weitere Voraussetzung dar. Die Wirksamkeitserfordernisse von Ein- und Umtragungen in elektronischen Wertpapierregistern sind im eWpG nicht ausdrücklich geregelt. Da die Regelungen über die elektronischen Wertpapierregister ein hohes Maß an Verkehrsschutz schaffen sollen, sind keine zu hohen Anforderungen an wirksame Eintragungen zu stellen. Es muss vor allem ausgeschlossen sein, dass der Gutglaubensschutz bereits entfällt, wenn es im Eintragungsverfahren zu Fehlern gekommen ist. Eintragungen im elektronischen Wertpapierregister sind daher bereits als wirksam anzusehen, wenn die betreffende Eintragung von der registerführenden Stelle (und nicht etwa von einem Dritten) vorgenommen wurde und im elektronischen Wertpapierregister nach außen erkennbar wiedergegeben wird. Keine Rolle spielt es dagegen, ob die Eintragung auf einer wirksamen oder ordnungsgemäßen Weisung gemäß §§ 14 Abs. 1, 18 Abs. 1 eWpG beruhte.[9] In der Praxis wird es an einer wirksamen Eintragung daher nur in seltenen Fällen fehlen, z. B. bei von außen vorgenommenen Eingriffen in das elektronische Wertpapierregister (Hacking, Datenmanipulation). Nichtigkeit ist auch denkbar bei erkennbar unvollständigen Eintragungen, aus denen die betreffende Angabe nicht eindeutig ersichtlich ist.

---

8) Begr. RegE Gesetz zur Einführung von eWp, BT-Drucks. 19/26925, S. 67.

9) *Omlor* in: Omlor/Möslein/Grundmann, Elektronische Wertpapiere, § 6, S. 148.

a) Vollständigkeit und Richtigkeit des Registerinhalts

Der öffentliche Glaube des Inhalts eines elektronischen Wertpapierregisters erstreckt sich **8** zunächst einmal auf den **Bestand des elektronischen Wertpapiers**.[10] Der gutgläubige Erwerber kann also sicher sein, dass das eingetragene Wertpapier rechtlich existiert.

Ferner sind die im elektronischen Wertpapierregister enthaltenen **Angaben zum Inhalt des** **9** **von dem elektronischen Wertpapier verkörperten Rechts** vom öffentlichen Glauben umfasst. Dieser Schutz erstreckt sich auf die **gesamten niedergelegten Emissionsbedingungen**. Diese umfassen gemäß § 4 Abs. 7 eWpG den Inhalt eines Rechts, für das ein elektronisches Wertpapier eingetragen wird, einschließlich der Nebenbestimmungen. Man könnte dies anders sehen, wenn man § 26 Satz 1 eWpG als einen Verweis auf die §§ 13 Abs. 1 Nr. 1 bzw. 17 Abs. 1 Nr. 1 eWpG versteht, wonach in das Wertpapierregister nur bestimmte enumerativ aufgezählte Angaben einzutragen sind, insbesondere nur die „wesentlichen Inhalte" des betreffenden Rechts. Die Interessen des Verkehrsschutzes und der Emittentin, die davor geschützt werden muss, ohne ihr Zutun einer Vielzahl von (wenngleich nur geringfügig) unterschiedlich ausgestalteten Verbindlichkeiten ausgesetzt zu sein, erfordern eine weitere Sichtweise. Die Emissionsbedingungen, die im elektronischen Wertpapierregister gemäß § 5 Abs. 1 eWpG niedergelegt sind, zählen damit i. S. des § 26 Satz 1 eWpG zum Inhalt des Wertpapierregisters. Das gilt unabhängig davon, ob sich im elektronischen Wertpapierregister gemäß § 7 Abs. 1 Satz 1 eWpRV eine Bezugnahme auf die Emissionsbedingungen findet oder hiervon abgesehen und lediglich die Angaben gemäß § 7 Abs. 1 Satz 3 eWpRV aufgenommen wurden.

Schließlich erstreckt sich der öffentliche Glaube gemäß § 26 eWpG auch auf die **Person** **10** **des Inhabers** des elektronischen Wertpapiers (zu dessen Berechtigung siehe nachfolgend unter Rz. 14). Unklar ist, wie weit der öffentliche Glaube reicht, wenn in einem elektronischen Wertpapierregister zur Person des Inhabers nicht die persönlichen Angaben, sondern nur **Angaben in pseudonymisierter Form** angegeben sind. In einem Kryptowertpapierregister ist der Inhaber gemäß § 8 Abs. 2 Satz 3 eWpRV (nur) durch Zuordnung einer eindeutigen Kennung zu bezeichnen. Bei Zentralregisterpapieren in Einzeleintragung kann die registerführende Stelle festlegen, ob der Inhaber durch persönliche Angaben oder durch Zuordnung einer eindeutigen Kennung bezeichnet wird (§ 8 Abs. 2 Satz 2 eWpRV). Bei pseudonymisierter Eintragung eines Inhabers erstreckt sich der Gutglaubensschutz auf die Person, die bei der registerführenden Stelle dem Pseudonym zugeordnet ist. Er umfasst nicht den jeweiligen Inhaber des Private Key, der als Authentifizierungsinstrument für eine Weisung an die registerführende Stelle gemäß § 18 Abs. 1 Satz 5 eWpG fungiert. Andernfalls unterliefe man den durch die §§ 24–27 eWpG bezweckten Verkehrsschutz, weil der öffentliche Glaube der Registereintragung an einen außerhalb des Registers liegenden Umstand anknüpfen würde.

Unklar ist, ob sich die positive und negative Publizitätswirkung des § 26 Satz 1 eWpG auch **11** auf die **Verfügungsbefugnis des Eingetragenen** bezieht. So kann man eine Äußerung der Verfasser des Regierungsentwurfs verstehen, wonach sich die Fiktion zum Registerinhalt auch auf die in §§ 13 Abs. 2 und 17 Abs. 2 eWpG vorgesehenen Angaben bezieht, wozu Verfügungsbeschränkungen zugunsten einer Person und Rechte Dritter zählen.[11] Dagegen spricht allerdings zum einen der Umstand, dass die im Referentenentwurf vorgesehene ausdrückliche Regelung über den Schutz des guten Glaubens in die Veräußerungsbe-

---

10) So zum Bestehen einer Hypothek an einem Grundstück schon: RG, Urt. v. 14.10.1908 – Rep. V. 546/07, RGZ 69, 263, 268.
11) Begr. RegE Gesetz zur Einführung von eWp, BT-Drucks. 19/26925, S. 67; zu dieser Lesart auch Conreder/Meier-*Meier*, eWpG, § 26 Rz. 7 f., sowie *Meier*, RDi 2021, 1, 9.

fugnis (vgl. § 26 Nr. 3 RefE eWpG[12]) nicht ins Gesetz übernommen wurde. Zum anderen heißt es in der Entwurfsbegründung weiter, dass „darüber hinausgehende Fiktionen im Hinblick auf einzelne Wirksamkeitsvoraussetzungen", wie etwa „das Fehlen von Verfügungshindernissen", nicht an einen Rechtsscheinstatbestand im Register angeknüpft werden könnten.[13] Die letztgenannte Sichtweise ist zutreffend. Neben den zuvor genannten Argumenten spricht für sie, dass andernfalls § 26 Satz 2 eWpG leerliefe, der für einen Sonderfall des Bestehens von Verfügungsbeschränkungen eine negative Publizitätswirkung anordnet (siehe hierzu eingehend Rz. 15 ff.).

12   Vor diesem Hintergrund ist der **Gutglaubensschutz bezüglich Verfügungsbeschränkungen zugunsten einer Person** gemäß § 17 Abs. 2 Satz 1 Nr. 1 einschränkend auszulegen. Für derartige Beschränkungen besteht keine positive Publizität i. S. einer Richtigkeitsgewähr des elektronischen Wertpapierregisters: Wenn das Recht nicht besteht, aber dennoch eingetragen ist, und Inhaber und Erwerber einigen sich über die Übertragung des elektronischen Wertpapiers, erfolgt diese gemäß § 25 eWpG.[14] Die **negative Publizität** hinsichtlich nicht eingetragener Verfügungsbeschränkungen zugunsten einer Person besteht zwar, richtet sich aber ausschließlich gemäß § 26 Satz 2 eWpG.

13   In das elektronische Wertpapierregister eingetragene sonstige Verfügungsbeschränkungen oder Eintragungen zur (mangelnden) Geschäftsfähigkeit des Inhabers gemäß §§ 13 Abs. 2 Satz 3 und 17 Abs. 2 Satz 3 eWpG sind nicht vom Gutglaubensschutz gemäß § 26 Satz 1 umfasst (§ 26 Satz 3 eWpG).

b)   Berechtigung des Inhabers

14   Darüber hinaus gilt der im elektronischen Wertpapierregister ausgewiesene Inhaber eines elektronischen Wertpapiers als dessen Berechtigter, d. h. als derjenige, der materiell das Recht aus dem Wertpapier innehat (§ 3 Abs. 2 eWpG).

2.   Guter Glaube an das Nichtbestehen von Verfügungsbeschränkungen zugunsten einer Person (§ 26 Satz 2 eWpG)

15   Eine besondere Regelung gilt gemäß § 26 Satz 2 eWpG für Verfügungsbeschränkungen zugunsten einer Person gemäß §§ 13 Abs. 2 Satz 1 Nr. 1 eWpG oder 17 Abs. 2 Satz 1 Nr. 1 eWpG. Diese Verfügungsbeschränkungen sind einem Erwerber gegenüber nur wirksam, wenn sie im elektronischen Wertpapierregister eingetragen oder dem Erwerber bekannt sind. Hierunter sollen sog. **relative Verfügungsbeschränkungen** fallen, die nicht zugunsten der Allgemeinheit, sondern nur zugunsten einer **bestimmten Person** gelten. Diese kann ihrerseits für die Eintragung sorgen und hat damit auch das Risiko einer unterlassenen Eintragung zu tragen.[15]

16   Von § 26 Satz 2 eWpG sind erfasst:
- Verfügungsbeschränkungen gemäß § 135 Abs. 1 BGB;
- behördliche Veräußerungsverbote gemäß § 136 BGB;
- der Verlust der Verfügungsbefugnis des Erben bei Anordnung der Nachlassverwaltung gemäß § 1984 BGB;

---

12) RefE eWpRV (1. Konsultation), v. 6.8.2021, abrufbar https://www.bmj.de/SharedDocs/Gesetzgebungsverfahren/DE/Wertpapierregister.html (Abrufdatum: 21.2.2023).
13) Begr. RegE Gesetz zur Einführung von eWp, BT-Drucks. 19/26925, S. 67.
14) Conreder/Meier-*Meier*, eWpG, § 26 Rz. 8; *Meier*, RDi 2021, 1, 9 f.
15) So auch zu § 892 Abs. 1 Satz 2 BGB *Kohler* in: MünchKomm-BGB, § 892 Rz. 59.

- Verlust der Verfügungsbefugnis des Vorerben bei Eintritt der Nacherbfolge gemäß § 2113 Abs. 1 BGB;

- Verlust der Verfügungsbefugnis des Erben im Fall der Ernennung eines Testamentsvollstreckers gemäß § 2211 Abs. 1 BGB;

- Verlust der Verfügungsbefugnis des Schuldners bei Eröffnung des Insolvenzverfahrens gemäß § 81 Abs. 1 InsO;

- Ausschluss des sonstigen Rechtserwerbs bei Eröffnung des Insolvenzverfahrens gemäß § 91 Abs. 2 InsO; und

- Verfügungsverbote aufgrund einstweiliger Verfügung gemäß § 938 Abs. 2 ZPO.

Diese Aufzählung umfasst die nach Ansicht des Finanzausschusses von §§ 13 Abs. 2 Satz 1   **17**
Nr. 1 oder 17 Abs. 2 Satz 1 Nr. 1 eWpG umfassten Verfügungsbeschränkungen,[16] abschlie
ßend ist sie freilich nicht.

§ 26 Satz 2 eWpG statuiert eine **negative Publizität des elektronischen Wertpapierregis**   **18**
ters hinsichtlich Verfügungsbeschränkungen zugunsten einer Person. Der gutgläubige Erwerber eines elektronischen Wertpapiers darf bei Schweigen des Registers darauf vertrauen,
dass derartige Beschränkungen nicht bestehen. Eine positive Publizitätswirkung ist damit
nicht verbunden:[17] Wenn jemand von einem Insolvenzverwalter ein elektronisches Wertpapier erwirbt, während die Insolvenzverwaltung im elektronischen Wertpapierregister eingetragen, aber in Wirklichkeit bereits aufgehoben worden ist, ist kein gutgläubiger Erwerb
möglich. Grundsätzlich soll die negative Publizität des elektronischen Wertpapierregisters
so weit reichen wie die des Grundbuchs gemäß § 892 Abs. 1 Satz 2 BGB.[18]

Die Abwesenheit sonstiger Verfügungsbeschränkungen oder von Eintragungen zur (man   **19**
gelnden) Geschäftsfähigkeit des Inhabers gemäß §§ 13 Abs. 2 Satz 3 und 17 Abs. 2 Satz 3
eWpG fällt nicht unter die negative Publizität des elektronischen Wertpapierregisters (§ 26
Satz 3 eWpG).

3. Nicht erfasste Umstände

Der **Gutglaubensschutz gemäß § 26 eWpG ist nicht allumfassend.** Insbesondere kann   **20**
nach der Neufassung der Regelung im Regierungsentwurf gegenüber dem Referentenentwurf nicht mehr davon ausgegangen werden, dass die „Verschaffungsmacht" des Veräußerers umfassend geschützt wird.[19]

Der gutgläubige Erwerb scheidet aus, wenn eine **Einigung zwischen dem eingetragenen**   **21**
Verfügenden und dem Erwerber nicht wirksam zustande gekommen ist.[20] Damit unterscheidet sich die Rechtslage bei gutgläubigem Erwerb elektronischer Wertpapiere nicht
von der beim gutgläubigen Erwerb von beweglichen oder unbeweglichen Sachen, wo der
Rechtsscheinstatbestand jeweils auch nur über den Mangel der Rechtsinhaberschaft hinweghilft und sämtliche anderen Voraussetzungen des Eigentumserwerbs vorliegen müssen.
Die mangelnde Wirksamkeit der dinglichen Einigung kann auf **sämtlichen Rechtsmängeln**

---

16) Beschlussempfehlung und Bericht d. FA z. Gesetz zur Einführung von eWp, BT-Drucks. 19/29372, S. 53.

17) Beschlussempfehlung und Bericht d. FA z. Gesetz zur Einführung von eWp, BT-Drucks. 19/29372, S. 57.

18) Beschlussempfehlung und Bericht d. FA z. Gesetz zur Einführung von eWp, BT-Drucks. 19/29372, S. 57.

19) So aber noch Begr. RefE Gesetz zur Einführung von eWp, S. 67, abrufbar unter https://bundesfinanzministerium.de/Content/DE/Gesetzestexte/Gesetze_Gesetzesvorhaben/Abteilungen/Abteilung_VII/19_Legislaturperiode/2021-06-09-einfuehrung-elektronische-wertpapiere/1-Referentenentwurf.pdf?__blob=publicationFile&v=2 (Abrufdatum: 21.2.2023); hierzu auch *Wieneke/Kunz*, NZG 2021, 316, 322.

20) *Dubovitskaya*, ZIP 2020, 2551, 2559; *Kleinert/Mayer*, EuZW 2020, 1059, 1063; *Lehmann*, BKR 2020, 431, 437.

des allgemeinen Zivilrechts beruhen (z. B. mangelnde Geschäftsfähigkeit des Veräußerers, Sittenwidrigkeit, Anfechtung, Verstoß gegen gesetzliche Verbote).[21]

22   Ebenso wenig schützt § 26 eWpG den guten Glauben an die **Vertretungsmacht des Veräußerers**. Für eine Erstreckung darauf fehlt es bereits (auch im Referentenentwurf, wo die Bevollmächtigung des Vertreters noch vom Gutglaubensschutz umfasst war) an einem Anknüpfungspunkt für den Rechtsschein, denn Vertretungsverhältnisse zählen nach den §§ 13, 17 eWpG nicht zum notwendigen Inhalt des elektronischen Wertpapierregisters. Für eine – mitunter rechtspolitisch geforderte[22] – Erstreckung des Tatbestands auf die Vertretungsmacht besteht indes keine Notwendigkeit. Die allgemeinen Regelungen über die Vertretungsmacht sehen bereits einige Rechtsscheintatbestände vor (z. B. § 170 BGB, § 56 HGB) und funktionieren in der Praxis gut. Dem Erwerber nimmt § 26 eWpG nicht ab, anhand dieser Regeln – wie bei anderen Geschäften auch – die Vertretungsmacht des nicht eingetragenen Veräußerers zu prüfen, wenn dieser angibt, nicht im eigenen Namen zu handeln. Anders als bei der Weisung an die registerführende Stelle gemäß § 14 Abs. 1 Satz 1, 5 eWpG bzw. § 18 Abs. 1 Satz 1, 5 eWpG (hierzu schon *Schulz*, § 25 Rz. 19) gibt es auch keine Regelung, wonach Vermutungswirkungen zur Vertretungsmacht an die Inhaberschaft des Private Key geknüpft werden.

23   Schließlich umfasst § 26 eWpG nicht den guten Glauben an die **Verfügungsbefugnis des Veräußerers** (siehe hierzu bereits oben Rz. 12).

24   Der Regelungsgehalt des § 26 eWpG geht aber nicht so weit, dass die Norm den **Gutglaubensschutz in Bezug auf Rechtsscheintatbestände außerhalb des eWpG** ausschließt. Relevant wird dies etwa bei der Frage, ob § 366 Abs. 1 HGB beim Erwerb von elektronischen Wertpapieren zur Anwendung gelangt, so dass ein Erwerber, der elektronische Wertpapiere von einem Kaufmann im Betrieb von dessen Handelsgewerbe erwirbt, in seinem guten Glauben an die Verfügungsbefugnis geschützt wird. Eine so weitreichende Ausschlusswirkung ist § 26 eWpG nicht zuzusprechen,[23] so dass diese Regelungen weiterhin Anwendung finden.

25   Schließlich geht der Inhalt bilateraler **schuldrechtlicher Vereinbarungen** zwischen Emittenten und Inhaber des elektronischen Wertpapiers entsprechend den allgemeinen Regeln für den gutgläubigen Erwerb nicht mit auf den Erwerber über. Hierfür bedarf es separater Vereinbarungen.

IV.   Voraussetzungen des gutgläubigen Erwerbs

26   Ein gutgläubiger Erwerb gemäß § 26 eWpG setzt voraus, dass die Voraussetzungen für einen Erwerb vom Berechtigten nicht vorgelegen haben (siehe hierzu Rz. 27), dass das elektronische Wertpapierregister in einer vom Gutglaubensschutz umfassten Weise unrichtig oder unvollständig ist (siehe hierzu Rz. 28), dass die Eintragung des Erwerbers aufgrund eines Rechtsgeschäfts erfolgt (siehe Rz. 29 ff.) und der Erwerber keine Kenntnis oder grob fahrlässige Unkenntnis von der Unrichtigkeit bzw. Unvollständigkeit hatte (siehe hierzu Rz. 35 ff.).

1.   Kein Erwerb vom Berechtigten

27   Zunächst setzt § 26 eWpG implizit voraus, dass die Voraussetzungen für einen Erwerb des betreffenden elektronischen Wertpapiers gemäß § 25 eWpG oder des betreffenden Rechts an oder aus dem elektronischen Wertpapier gemäß § 24 eWpG nicht vorgelegen haben.

---

21)   Beschlussempfehlung und Bericht d. FA z. Gesetz zur Einführung von eWp, BT-Drucks. 19/29372, S. 56.

22)   *Meier*, RDi 2021, 1, 10.

23)   In Richtung der gegenteiligen Sichtweise argumentiert *Meier*, RDi 2021, 1, 10, ohne jedoch ausdrücklich die entsprechende Schlussfolgerung zu ziehen.

Denn soweit ein Erwerb vom Berechtigten erfolgt ist, ist für den gutgläubigen Erwerb kein Raum (und kein Bedarf).

2. Unrichtigkeit oder Unvollständigkeit des elektronischen Wertpapierregisters

Ferner muss das elektronische Wertpapierregister unrichtig oder unvollständig in Bezug   28
auf einen Umstand gewesen sein, der vom Gutglaubensschutz umfasst ist, d. h. im Hinblick auf den Bestand des Rechts (siehe Rz. 8), dessen Inhalt (soweit von den Angaben im elektronischen Wertpapierregister umfasst) (siehe Rz. 4 und Rz. 9), die Berechtigung des eingetragenen Inhabers (siehe Rz. 14) oder das Nichtbestehen von Verfügungsbeschränkungen (siehe Rz. 15 ff.).

3. Eintragung aufgrund eines Rechtsgeschäfts

a) Eintragung

Der Gutglaubensschutz gemäß § 26 Satz 1 eWpG wirkt nur zugunsten desjenigen, der in   29
das elektronische Wertpapierregister eingetragen worden ist. Eintragung in diesem Sinne bezieht sich auf die **Eintragung als Inhaber eines elektronischen Wertpapiers bzw. eines Rechts an oder aus einem elektronischen Wertpapier.** Die Definition der „Eintragung eines elektronischen Wertpapiers" gemäß § 4 Abs. 4 eWpG spielt bei der Auslegung des § 26 eWpG keine Rolle, da es hier um die Eintragung als Inhaber, nicht um die Eintragung des elektronischen Wertpapiers geht. Die Eintragung kann – und wird regelmäßig – das Ergebnis einer Umtragung gemäß §§ 24, 25 eWpG sein, die nicht die Merkmale einer Umtragung i. S. des § 4 Abs. 8 eWpG erfüllen muss (siehe hierzu *Schulz*, § 24 Rz. 25).

b) Derivativer Erwerb durch Verkehrsgeschäft

Die Eintragung muss „aufgrund eines Rechtsgeschäfts" erfolgt sein. Zunächst folgt daraus,   30
dass der Gutglaubensschutz des § 26 eWpG bei Erwerbstatbeständen, die keine rechtsgeschäftliche Grundlage haben, nicht zur Anwendung gelangt. Das betrifft **Erwerbsvorgänge kraft Gesetzes** (z. B. Erbschaft, Umwandlungen i. S. des § 1 UmwG) sowie **Erwerbsvorgänge kraft Hoheitsaktes** (z. B. i. R. der Zwangsvollstreckung).[24]

§ 26 eWpG umfasst **sämtliche derivativen rechtsgeschäftlichen Erwerbsvorgänge an elek-**   31
tronischen Wertpapieren in Einzeleintragung. Somit sind sowohl die Übereignung eines elektronischen Wertpapiers als auch die Übertragung eines Rechts an oder aus einem elektronischen Wertpapier erfasst. In allen diesen Fällen gilt gemäß den §§ 24, 25 eWpG ein Publizitätserfordernis, das die Grundlage für einen Gutglaubensschutz schafft. **Kein Gutglaubensschutz** besteht hingegen **beim originären Eigentumserwerb an einem elektronischen Wertpapier.**[25] Zwar beruht auch dieser Erwerbsvorgang auf einem Rechtsgeschäft, allerdings fehlt der Bezugspunkt des Gutglaubensschutzes, weil vor dem Erwerb noch keine Eintragung des elektronischen Wertpapiers erfolgt ist.[26] Es gibt also noch keinen Inhalt des elektronischen Wertpapierregisters, der als vollständig und richtig gelten könnte. Möglich ist allerdings ein originärer gutgläubiger Erwerb gemäß § 26 eWpG eines Rechts an einem elektronischen Wertpapier (z. B. Pfandrecht) oder aus einem elektronischen Wertpapier (z. B. wenn im elektronischen Wertpapierregister ein nicht bestehender Anspruch, etwa auf eine Zinszahlung, ersichtlich ist). Anders als im Fall des originären Eigentumserwerbs

---

24) *Omlor*, RDi 2021, 371, 376.
25) Müller/Pieper-*Müller*, eWpG, § 26 Rz. 5; *Casper/Richter*, ZBB 2022, 65, 77; a. A. *Linardatos*, ZBB 2020, 329, 342.
26) Müller/Pieper-*Müller*, eWpG, § 26 Rz. 5.

liegt in diesen Fällen eine Voreintragung des Inhabers vor, dessen Berechtigung zur Einräumung des betreffenden Rechts vom Gutglaubensschutz umfasst ist.[27]

32 In gleichem Maße wie die Tatbestände des gutgläubigen Erwerbs an beweglichen Sachen gemäß § 932 Abs. 1 BGB und Grundstücken gemäß § 892 Abs. 1 BGB ist auch der Anwendungsbereich des § 26 eWpG im Wege der teleologischen Reduktion auf **Verkehrsgeschäfte** zu beschränken.[28] Damit werden Fälle vom Gutglaubenserwerb ausgeschlossen, in denen Veräußerer und Erwerber rechtlich oder wirtschaftlich identisch sind; der Erwerber kann sich nur auf seinen guten Glauben berufen, wenn ein **Wechsel des Rechtssubjektes** stattgefunden hat.[29] Damit kommt der gutgläubige Erwerb etwa dann nicht in Betracht, wenn eine Gesellschaft ihrem Alleingesellschafter ein elektronisches Wertpapier überträgt,[30] bei bestimmten Treuhandgestaltungen[31] oder bei einer Übertragung an das vom Nichtberechtigten vertretene Kind.[32]

33 Keine Voraussetzung ist, dass das maßgebliche Verkehrsgeschäft **entgeltlich** war.[33]

c) Keine Ausnahme für abhandengekommene elektronische Wertpapiere

34 Ein gutgläubiger Erwerb von elektronischen Wertpapieren ist auch dann möglich, wenn das elektronische Wertpapier gemäß § 935 Abs. 1 BGB abhandengekommen ist, d. h. der Verlust der Inhaberschaft nicht mit dem Willen des Berechtigten erfolgt ist.[34] Das eWpG sieht keine entsprechende Ausnahme vor und stärkt damit die Verkehrsfähigkeit elektronischer Wertpapiere in Einzeleintragung. Im Vergleich zu einem in einer Urkunde verbrieften Inhaberpapier überrascht die Regelung nicht, denn für sie gilt die Ausnahme des § 935 Abs. 1 BGB ebenso wenig (§ 935 Abs. 2 BGB).

4. Keine Kenntnis oder grob fahrlässige Unkenntnis der Unrichtigkeit oder Unvollständigkeit

35 Der gutgläubige Erwerb eines elektronischen Wertpapiers oder eines Rechts an oder aus einem elektronischen Wertpapier ist ausgeschlossen, wenn dem Erwerber die Unvollständigkeit oder Unrichtigkeit des Inhalts des elektronischen Wertpapierregisters bekannt oder infolge grober Fahrlässigkeit unbekannt war. Dieser Maßstab gilt bei allen von § 26 eWpG umfassten Erwerben. Der Wortlaut des § 26 Satz 2 eWpG legt es zwar nahe, dass es beim gutgläubigen Erwerb entgegen einer relativen Verfügungsbeschränkung nur auf positive Kenntnis ankommen könnte. Da die Ergänzung nur „zur Klarstellung des Anwendungsbereichs des gutgläubigen Erwerbs" in das eWpG aufgenommen wurde,[35] dürfte es sich hierbei um ein Redaktionsversehen handeln.[36]

---

27) So auch, aber nur beschränkt auf die Gewährung von Rechten an elektronischen Wertpapieren Müller/Pieper-*Müller*, eWpG, § 26 Rz. 5.
28) Müller/Pieper-*Müller*, eWpG, § 26 Rz. 5; *Omlor* in: Omlor/Möslein/Grundmann, Elektronische Wertpapiere, § 6, S. 150; *Omlor*, RDi 2021, 371, 376.
29) *Baur/Stürner*, Sachenrecht, § 23 Rz. 24; *Westermann/Gursky/Eickmann*, Sachenrecht, § 45 Rz. 8.
30) RG, Urt. v. 15.6.1927 – V 347/26, BeckRS 1927, 100264; BGH, Urt. v. 19.6.1998 – V ZR 356/96, juris.
31) *Kohler* in: MünchKomm-BGB, § 892 Rz. 36; *Ostendorf*, NJW 1974, 217 ff.
32) Habersack/Casper/Löbbe-*Löbbe*, GmbHG, § 16 Rz. 146; *Mayer*, DNotZ 2008, 403, 420.
33) Müller/Pieper-*Müller*, eWpG, § 26 Rz. 8.
34) Müller/Pieper-*Müller*, eWpG, § 26 Rz. 7; *Gleske/Bunting* in: Hopt/Seibt, Schuldverschreibungsrecht, § 26 eWpG Rz. 8; *Dubovitskaya*, ZIP 2020, 2551, 2560; *Lehmann*, BKR 2020, 431, 436; die Gegenansicht vertrat im Gesetzgebungsverfahren der Blockchain Bundesverband e. V., Stellungnahme z. RefE eWpG, v. 14.9.2021, S. 13, abrufbar unter https://bundesfinanzministerium.de/Content/DE/Gesetzestexte/Gesetze_Gesetzesvorhaben/Abteilungen/Abteilung_VII/19_Legislaturperiode/2021-06-09-einfuehrung-elektronische-wertpapiere/0-Gesetz.html (Abrufdatum: 21.2.2023).
35) Beschlussempfehlung und Bericht d. FA z. Gesetz zur Einführung von eWp, BT-Drucks. 19/29372, S. 57.
36) So auch Müller/Pieper-*Müller*, eWpG, § 26 Rz. 16; a. A. *Gleske/Bunting* in: Hopt/Seibt, Schuldverschreibungsrecht, § 26 eWpG Rz. 12.

                      Stephan Schulz

Der Gutglaubensschutz wird aufgrund dieser Regelung in höherem Maße eingeschränkt als 36
dies bspw. im Immobiliarsachenrecht der Fall ist, wo nur positive Kenntnis der Unrichtigkeit schadet (§ 892 Abs. 1 Satz 1 BGB). Mit Blick auf die Vorschriften des Mobiliarsachenrechts, nach denen der gutgläubige Erwerb ebenfalls bereits bei fahrlässiger Unkenntnis ausgeschlossen ist (§ 932 Abs. 2 BGB) und die bei der Übertragung von elektronischen Wertpapieren generell zur Anwendung gelangen, ist diese Einschränkung jedoch folgerichtig.

a) Positive Kenntnis

Einerseits verhindert also **positive Kenntnis der Unvollständigkeit oder Unrichtigkeit** 37
des Registerinhalts den gutgläubigen Erwerb. Positive Kenntnis liegt vor, wenn der Erwerber alle Tatsachen kannte, aus denen sich die Unvollständigkeit oder Unrichtigkeit des elektronischen Wertpapierregisters ergibt, und er den rechtlichen Schluss auf die Unvollständigkeit oder Unrichtigkeit gezogen hat;[37] die Kenntnis der tatsächlichen Umstände allein reicht nicht aus. Beurteilt der Erwerber die Tatsachen aufgrund eines Rechtsirrtums unzutreffend, so liegt allenfalls grob fahrlässige Unkenntnis vor.

b) Grob fahrlässige Unkenntnis

Andererseits ist der gutgläubige Erwerb auch bei **grob fahrlässiger Unkenntnis der Un-** 38
vollständigkeit oder Unrichtigkeit des Registerinhalts ausgeschlossen.[38] Zieht man zur Auslegung dieses Merkmals die zu § 932 Abs. 2 BGB entwickelten Grundsätze heran, muss der Erwerber die im Verkehr erforderliche Sorgfalt nach den gesamten Umständen in ungewöhnlich hohem Maße verletzt und dasjenige unbeachtet gelassen haben, was im betreffenden Fall jedem hätte einleuchten müssen.[39] Der maßgebliche Sorgfaltsmaßstab ist jeweils im Einzelfall zu ermitteln und beruht auf den objektivierten und berufsspezifischen oder gruppentypischen Fähigkeiten eines durchschnittlichen Erwerbers.[40] Im Einklang mit diesen Grundsätzen besteht **keine generelle Nachforschungspflicht** des Erwerbers eines elektronischen Wertpapiers, um in den Genuss des Gutglaubensschutzes gemäß § 26 eWpG zu gelangen.[41] Der Erwerber muss im Grundsatz auch nicht das elektronische Wertpapierregister eingesehen haben oder sich anderweitig Kenntnis von dessen Inhalt verschafft haben.[42]

Im Einzelfall ist jedoch nicht ausgeschlossen, dass das **Unterlassen weiterer Nachforschun-** 39
gen den Vorwurf grober Fahrlässigkeit begründet.[43] Das kann etwa dann der Fall sein, wenn das Geschäft nach den besonderen Umständen des Falls ungewöhnlich erscheint oder besondere Gründe in der Person des Verfügenden vorliegen, die einen sorgfältigen Kauf-

---

37) BGH, Urt. v. 21.12.1960 – VIII ZR 145/59, NJW 1961, 777; Staudinger-*Heinze*, BGB, § 932 Rz. 41.
38) Dieser Maßstab gilt trotz der Formulierung in § 26 Satz 2 eWpG auch beim gutgläubigen Erwerb entgegen einer relativen Verfügungsbeschränkung (s. Rz. 35).
39) BGH, Urt. v. 1.3.2013 – V ZR 92/12, Rz. 11, NJW 2013, 1946 = MDR 2013, 707; BGH, Urt. v. 9.2.2005 – VIII ZR 82/03, NJW 2005, 1365 = WM 2005, 761; BGH, Urt. v. 15.11.1999 – II ZR 98/98, NJW-RR 2000, 576, 577 = ZIP 2000, 146; BGH, Urt. v. 13.4.1994 – II ZR 196/93, NJW 1994, 2022, 2023 = ZIP 1994, 787; BGH, Urt. v. 11.5.1953 – IV ZR 170/52, BGHZ 10, 14, 16 = NJW 1953, 1139; Grüneberg-*Herrler*, BGB, § 932 Rz. 10. Diese Grundsätze werden auch beim gutgläubigen Erwerb von GmbH-Geschäftsanteilen herangezogen, s. hierzu Scholz-*Seibt*, GmbHG, § 16 Rz. 86.
40) *Omlor* in: Omlor/Möslein/Grundmann, Elektronische Wertpapiere, § 6, S. 150; Staudinger-*Heinze*, BGB, § 932 Rz. 49.
41) Müller/Pieper-*Müller*, eWpG, § 26 Rz. 10.
42) Begr. RegE Gesetz zur Einführung von eWp, BT-Drucks. 19/26925, S. 67; *Omlor* in: Omlor/Möslein/ Grundmann, Elektronische Wertpapiere, § 6, S. 151.
43) So im Ergebnis auch: *Lehmann*, BKR 2020, 431, 437 – „Mindestmaß an Aufmerksamkeit".

mann zur Vorsicht oder zu weiteren Nachforschungen veranlassen würden.[44] In einem solchen Fall drängt es sich für den potentiellen Erwerber auf, vom Verfügenden einen Registerauszug (§ 19 Abs. 1 eWpG) anzufordern[45] oder selbst in das elektronische Wertpapierregisters Einsicht zu nehmen (§ 10 Abs. 2 eWpG)[46]. Konnte der potentielle Erwerber auf dem einen oder anderen Weg Kenntnis des Registerinhalts nehmen, müssen weitere Prüfungen jedoch nur angestellt werden, wenn **konkrete Verdachtsmomente für die Unrichtigkeit oder Unvollständigkeit** des elektronischen Wertpapierregisters vorliegen.[47] Das kann etwa bei unklarer Zuordnung der Inhaberschaft an den betreffenden Wertpapieren (z. B. Doppeleintragung), offensichtlicher Unvollständigkeit der Registerangaben, sonstigen erheblich widersprüchlichen Angaben im elektronischen Wertpapierregister oder bei erheblichen formalen Mängeln des Registerauszugs der Fall sein.[48]

c) Eingetragene Widersprüche zum Registerinhalt oder zu fehlenden Registerangaben

40 Anders als § 892 Abs. 1 BGB oder § 16 Abs. 3 Satz 3 GmbH ist keine Regelung vorgesehen, wonach ein in das elektronische Wertpapierregister eingetragener **Widerspruch zum Registerinhalt oder zu fehlenden Registerangaben** den gutgläubigen Erwerb ausschließt. Allerdings ist die registerführende Stelle gemäß § 7 Abs. 2 Satz 1 eWpG verpflichtet sicherzustellen, dass das elektronische Wertpapierregister jederzeit die bestehende Rechtslage zutreffend wiedergibt. Nach der zutreffenden Ansicht sind daher Eintragungen im elektronischen Wertpapierregister möglich (i. S. einer Eintragungsfähigkeit), die darauf hinweisen, dass ein Dritter die im Register wiedergegebene Rechtslage bestreitet.[49] Aufgrund der fehlenden entsprechenden Anordnung im eWpG führen solche Eintragungen jedoch nicht zu einem absoluten Ausschluss der Möglichkeit des Gutglaubenserwerbs. Sie geben dem potentiellen Erwerber jedoch Anlass zu Nachforschungen im oben beschriebenen Sinne (siehe Rz. 39). Führt der Erwerber aufgrund der Eintragung weitere Prüfungen durch und gelangt er (ggf. nach Einholung von externem Rechtsrat) zu dem Ergebnis, dass der geltend gemachte Einwand nicht besteht, ohne dass ihm ein Fahrlässigkeitsvorwurf gemacht werden kann, bleibt der gutgläubige Erwerb gemäß § 26 eWpG möglich.

d) Bezugsperson von Kenntnis und Kennenmüssen

41 Handelt es sich bei dem Erwerber um eine natürliche Person, kommt es i. R. des § 26 eWpG auf seine eigene Kenntnis bzw. sein eigenes Kennenmüssen an. Tritt beim Erwerb ein rechtsgeschäftlicher Vertreter des Erwerbers auf, ist gemäß § 166 Abs. 1 BGB grundsätzlich der Wissensstand des Vertreters maßgeblich, sofern nicht die Ausnahme gemäß § 166 Abs. 2 BGB eingreift. Beim Erwerb durch eine juristische Person kommt es i. R. einer „wertenden Beurteilung" primär auf die Kenntnis bzw. das Kennenmüssen eines Mitglieds

---

44) So die Rspr. des BGH zum Prüfungsmaßstab bei der Vorlage von Wertpapieren: BGH, Urt. v. 10.5.1994 – XI ZR 212/93, NJW 1994, 2093 = ZIP 1994, 1012; BGH, Urt. v. 2.4.1962 – II ZR 42/61, NJW 1962, 1056 = MDR 1962, 546; BGH, Urt. v. 13.10.1969 – II ZR 22/69, NJW 1970, 146 = MDR 1970, 123.

45) Der potentielle Erwerber hat gemäß § 19 Abs. 1 eWpG keinen eigenen Anspruch auf Erteilung eines Registerauszugs. Dieser steht nur dem Inhaber zu, sowie nach zutreffender Ansicht weiteren Teilnehmern i. S. des § 2 eWpRV, s. hierzu *Ostermeier*, § 19 Rz. 5.

46) Zur Frage, unter welchen Voraussetzungen ein Dritter Anspruch auf Einsichtnahme in das elektronische Wertpapierregister hat: *Einsele* in: Omlor/Möslein/Grundmann, Elektronische Wertpapiere, § 2, S. 49 f.

47) Müller/Pieper-*Müller*, eWpG, § 26 Rz. 10.

48) So zu den Prüfungspflichten bei möglicherweise unrichtigen Gesellschafterlisten gemäß § 16 GmbHG: Scholz-*Seibt*, GmbHG, § 16 Rz. 86.

49) Zu den Voraussetzungen, unter denen ein solcher Widerspruch in das elektronische Wertpapierregister eingetragen werden kann, s. Müller/Pieper-*Pieper*, eWpG, § 7 Rz. 10.

des Geschäftsleitungsorgans an.[50] Auch wenn nur ein am Geschäft nicht beteiligter weiterer Geschäftsleiter oder ein Arbeitnehmer unterhalb der Geschäftsleitungsebene Kenntnis von einem Umstand hatte oder den Umstand hätte kennen müssen, ist eine Wissenszurechnung möglich. Sie setzt dann jedoch voraus, dass die betreffende Tatsache bei ordnungsgemäßer Speicherung, Weitergabe und Abrufbarkeit den Geschäftsleitern hätten bekannt sein müssen (Grundsatz der Wissensorganisationspflicht im Unternehmen).[51]

5.   Maßgeblicher Zeitpunkt

Für das Vorliegen der Voraussetzungen des § 26 eWpG kommt es hinsichtlich aller Voraussetzungen auf den **Zeitpunkt der Eintragung des Erwerbers** an. Regelmäßig wird dies der Zeitpunkt sein, an dem der Rechtserwerb abgeschlossen wird. Wenn die Unrichtigkeit oder Unvollständigkeit des elektronischen Wertpapierregisters nach der Einigung der Parteien oder der Weisung des Eingetragenen, aber vor der Eintragung des Erwerbers aufgehoben wird, scheidet ein gutgläubiger Erwerb folglich aus.[52] Im Fall einer auf die Eintragung nachfolgenden Einigung zwischen dem zuvor Eingetragenen und einem Erwerber, wäre zwar ein Rechtserwerb vom Berechtigten möglich (siehe hierzu *Schulz*, § 25 Rz. 11). Ein gutgläubiger Erwerb vom Nichtberechtigten kommt jedoch wegen des „richtig gewordenen" Wertpapierregisters nicht in Betracht.[53]   42

Das zuvor Gesagte gilt **auch hinsichtlich der Gutgläubigkeit des Erwerbers.** Zwar wird zum Teil vertreten, entsprechend der Regelung des § 892 Abs. 2 BGB für die Gutgläubigkeit auf den Zeitpunkt der Weisung abzustellen.[54] Dagegen sprechen vor allem der klare Wortlaut des § 26 eWpG („zum Zeitpunkt seiner Eintragung [...] bekannt oder infolge grober Fahrlässigkeit unbekannt") und das Fehlen einer ausdrücklichen Regelung über eine solche Vorverlagerung. Angesichts der zu erwartenden vollautomatischen Umsetzung von angewiesenen Umtragungen im elektronischen Wertpapierregister dürfte die praktische Relevanz der Frage ohnehin gering bleiben.[55]   43

6.   Darlegungs- und Beweislast

Der Erwerber trägt die Darlegungs- und Beweislast für das Vorliegen der allgemeinen Erwerbsvoraussetzungen (u. a. Einigung, Erwerb aufgrund eines Rechtsgeschäfts), seine Eintragung im elektronischen Wertpapierregister und beim lastenfreien Erwerb die Unvollständigkeit des elektronischen Wertpapierregisters im Zeitpunkt der Eintragung. Die Darlegungs- und Beweislast für die Nichtigkeit einer Eintragung im elektronischen Wertpapierregister trägt hingegen die Gegenseite.   44

Aufgrund der „es sei denn"-Formulierung im Gesetz trifft die Gegenseite die Darlegungs- und Beweislast dafür, dass der Erwerber die Unrichtigkeit oder Unvollständigkeit des Registers kannte oder hätte kennen müssen.[56] Der bisherige Berechtigte bzw. der vom Rechts-   45

---

50) Zum GmbH-Recht s. hierzu BGH, Urt. v. 2.2.1996 – V ZR 239/94, NJW 1996, 1339, 1340 = ZIP 1996, 548; BGH, Urt. v. 13.10.2000 – V ZR 349/99, NJW 2001, 359, 360 = ZIP 2001, 26.
51) BGH, Urt. v. 8.12.1989 – V ZR 246/87, BGHZ 109, 327 = NJW 1990, 975, 976; BGH, Urt. v. 2.2.1996 – V ZR 239/94, BGHZ 132, 30, 35 ff. = ZIP 1996, 548; BGH, Urt. v. 15.4.1997 – XI ZR 105/96, BGHZ 135, 202, 206 = WM 1997, 1092; BGH, Urt. v. 13.10.2000 – V ZR 349/99, NJW 2001, 359 f. = ZIP 2001, 26; BGH, Urt. v. 1.10.1999 – V ZR 218/98, DVBl. 2000, 272 f. = NJW 1999, 3777; Lutter/Hommelhoff-*Kleindiek*, GmbHG, § 35 Rz. 61; Noack/Servatius/Haas-*Beurskens*, GmbHG, § 35 Rz. 67; *Leuschner* in: MünchKomm-BGB, § 31 Rz. 26; *Kieser/Kloster*, GmbHR 2001, 176, 180.
52) *Omlor* in: Omlor/Möslein/Grundmann, Elektronische Wertpapiere, § 6, S. 149.
53) Müller/Pieper-*Müller*, eWpG, § 26 Rz. 10.
54) *Omlor* in: Omlor/Möslein/Grundmann, Elektronische Wertpapiere, § 6, S. 151.
55) Müller/Pieper-*Müller*, eWpG, § 26 Rz. 9.
56) *Omlor* in: Omlor/Möslein/Grundmann, Elektronische Wertpapiere, § 6, S. 151; *Gleske/Bunting* in: Hopt/Seibt, Schuldverschreibungsrecht, § 26 eWpG Rz. 10.

verlust infolge lastenfreien Erwerbs Betroffene muss demnach Tatsachen vortragen und ggf. beweisen, die einen Schluss auf den Wissensstand des Erwerbers hinsichtlich der Berechtigung des Veräußerers zulassen oder aus denen die Ungewöhnlichkeit des tatsächlichen Erwerbsvorgangs erkennbar wird, aus der sich bei rechtlicher Bewertung dann die Begründung von Aufklärungspflichten ergeben.[57)]

V. Rechtsfolgen des gutgläubigen Erwerbs

46   Liegen die Voraussetzungen des § 26 eWpG vor, erwirbt der Erwerber das betreffende elektronische Wertpapier oder das Recht daran oder daraus so, als sei das elektronische Wertpapierregister richtig und vollständig gewesen.

47   Aufgrund der **positiven Publizitätswirkung** des Registers erwirbt ein gutgläubiger Erwerber also ein materiell-rechtlich nicht bestehendes elektronisches Wertpapier bzw. ein daran bestehendes oder sich daraus ergebendes Recht, wenn das elektronische Wertpapier oder das betreffende Recht im elektronischen Wertpapierregister eingetragen ist. Das elektronische Wertpapier bzw. das betreffende Recht wird mit dem im elektronischen Wertpapierregister wiedergegebenen Inhalt erworben. Wenn der eingetragene Inhaber nicht der Berechtigte ist, erfolgt ein Erwerb vom Nichtberechtigten.

48   Aufgrund der **negativen Publizitätswirkung** des Registers erwirbt der gutgläubige Erwerber das Wertpapier bzw. das betreffende Recht frei von nicht eingetragenen Rechten („lastenfreier Erwerb") und ungeachtet nicht eingetragener Verfügungsbeschränkungen zugunsten einer Person gemäß §§ 13 Abs. 2 Satz 1 Nr. 1 oder 17 Abs. 2 Satz 1 Nr. 1 eWpG.

49   Wie in allen anderen Fällen gutgläubigen Erwerbs, ist eine gemäß § 26 eWpG gutgläubig erworbene Rechtsposition an einem elektronischen Wertpapier oder an einem daran bestehenden oder sich daraus ergebenden Recht aus rechtlicher Sicht mit einer gemäß § 25 eWpG vom Berechtigten erworbenen Rechtsposition absolut gleichwertig.

---

57)   Zum gutgläubigen Erwerb beweglicher Sachen: OLG Hamm, Urt. v. 8.7.2013 – I-5 U 111/12, NJW-RR 2014, 277, 279; *Oechsler* in: MünchKomm-BGB, § 892 Rz. 71.

§ 27
Eigentumsvermutung für den Inhaber

Sofern dieses Gesetz nichts anderes vorsieht, wird zugunsten des Inhabers eines elektronischen Wertpapiers vermutet, dass er für die Dauer seiner Eintragung als Inhaber Eigentümer des Wertpapiers ist.

Literatur: *Linardatos*, Elektronische Schuldverschreibungen auf den Inhaber – des Wertpapiers neue Kleider, ZBB 2020, 329.

Übersicht

I. Normzweck und Grundlagen

Nach § 27 eWpG besteht für den im elektronischen Wertpapierregister eingetragenen In- 1
haber eine **widerlegliche Rechtszustandsvermutung**, dass er für die Dauer seiner Eintragung als Inhaber Eigentümer des Wertpapiers ist. Die Regelung dient der **Beweiserleichterung**[1] und betont den öffentlichen Glauben, der den Eintragungen im elektronischen Wertpapierregister zukommt. Sie ist daher in engem Zusammenhang mit der Regelung des gutgläubigen Erwerbs gemäß § 26 eWpG zu sehen.

Nach Meinung des Gesetzgebers besteht ein Regelungsbedürfnis für die Vermutung gemäß 2
§ 27 eWpG, weil die **„Sachfiktion"** gemäß § 2 Abs. 3 eWpG das dem Besitz zugrunde liegende tatsächliche Herrschaftsverhältnis nicht fingieren könne.[2] Damit nimmt der Gesetzgeber auf die beschriebenen Schwierigkeiten bei der Bestimmung des Besitzes bei elektronischen Wertpapieren Bezug. Nach allgemeinen Regeln sollte § 1006 BGB auf elektronische Wertpapiere, die gemäß § 2 Abs. 3 eWpG als (bewegliche) Sachen angesehen werden, ohnehin Anwendung finden. Aufgrund der Regelung des § 27 eWpG kommt es für die Vermutung bezüglich der Inhaberschaft nicht auf den Besitz an, sondern auf die Eintragung als Inhaber. Die Existenz der Vorschrift ist ein wichtiges Argument dafür, dass der **Besitz** an einem elektronischen Wertpapier nicht an die **Inhaberschaft** an der tatsächlichen Sachherrschaft, sondern an die **Eintragung** als Inhaber anknüpft (siehe zum Ganzen schon *Schulz*, Vor §§ 24–27 Rz. 4).

Der Gesetzgeber betont, dass die Regelung § 1006 Abs. 1 und 2 BGB entsprechen solle.[3] 3
Der Umstand, dass die Eintragung im Register den Anknüpfungspunkt der Vermutung bildet, weist allerdings deutliche Parallelen zur **Vermutungswirkung der Grundbucheintragung** gemäß § 891 Abs. 1 BGB auf.[4] Ungeachtet der generell gebotenen Zurückhaltung bei der Übertragung immobiliarsachenrechtlicher Grundsätze auf die §§ 24–27 eWpG kann die zu § 891 Abs. 1 BGB ergangene Rechtsprechung und Literatur zur Auslegung des § 27 eWpG herangezogen werden, wenn die Übertragung von zu § 1006 BGB entwickelten Auslegungsansätzen wegen der Anknüpfung der Vorschrift an den Besitz zu unbefriedigenden Ergebnissen führt.

II. Voraussetzungen

1. Eintragung im elektronischen Wertpapierregister

§ 27 eWpG setzt zunächst die **Eintragung des Vermutungsbegünstigten** im elektronischen 4
Wertpapierregister als Inhaber voraus. Der Begriff der „Eintragung" ist nicht i. S. der „Eintragung eines elektronischen Wertpapiers" gemäß § 4 Abs. 4 eWpG zu verstehen, sondern in einem weiteren Sinne. Damit umfasst er **jede Eintragung** als Inhaber, sei sie i. R. eines originären oder eines derivativen Erwerbs eines elektronischen Wertpapiers erfolgt. Eintragungen in diesem Sinne können somit die Folge einer Eintragung gemäß § 4 Abs. 4 eWpG (beim originären Erwerb) oder einer Umtragung gemäß § 4 Abs. 8 eWpG (beim derivativen Erwerb) sein.

Weitere Voraussetzung ist die **Wirksamkeit der Ein- oder Umtragung**, die zur Eintragung 5
des Vermutungsbegünstigten führt. Hierzu kann auf die Ausführungen oben, siehe *Schulz*, § 26 Rz. 7, verwiesen werden.

---

1) *Omlor* in: Omlor/Möslein/Grundmann, Elektronische Wertpapiere, § 6, S. 147.
2) Begr. RegE Gesetz zur Einführung von eWp, BT-Drucks. 19/26925, S. 67.
3) Begr. RegE Gesetz zur Einführung von eWp, BT-Drucks. 19/26925, S. 67.
4) Conreder/Meier-*Meier*, eWpG, § 27 Rz. 3; *Omlor* in: Omlor/Möslein/Grundmann, Elektronische Wertpapiere, § 6, S. 148; *Linardatos*, ZBB 2020, 329, 337.

6   Darüber hinaus greift die Vermutung gemäß § 27 eWpG nicht ein, wenn die Eintragungen im elektronischen Wertpapierregister zur Inhaberschaft zwar wirksam, aber **objektiv widersprüchlich** sind, mithin wenn es zu Doppelbuchungen gekommen ist.[5]

2.   Eintragung als Inhaber

7   Voraussetzung für die Vermutungswirkung des § 27 eWpG ist allein die Eintragung der betreffenden Person als **Inhaber eines elektronischen Wertpapiers** in das elektronische Wertpapierregister. Soweit die Eintragung des Inhabers nur in pseudonymisierter Form erfolgt, erstreckt sich der Gutglaubensschutz gemäß § 26 eWpG auf die Person, die bei der registerführenden Stelle dem Pseudonym zugeordnet ist (nicht auf den jeweiligen Inhaber des Private Key, siehe hierzu schon *Schulz*, § 26 Rz. 7). Worauf die Eintragung der Inhaberschaft beruhte (Rechtsgeschäft, Gesetz, Verwaltungsakt etc.) oder ob sie zu Recht erfolgte, spielt keine Rolle.[6] Auch wenn der Eingetragene selbst Anhaltspunkte dafür hatte oder hätte haben müssen, dass er zu Unrecht als Inhaber eingetragen sein könnte, besteht die Vermutung.

8   Unklar ist, ob die Vermutung des § 27 eWpG auch zugunsten von **Inhabern an Rechten an oder aus einem elektronischen Wertpapier** eingreift. Der Wortlaut „Eintragung als Inhaber" spricht hiergegen.[7] Soweit es um **Rechte an einem elektronischen Wertpapier** geht, kommt es auf diese Frage nicht an, weil in anderen Vorschriften die Ansprüche aus dem Eigentum für entsprechend anwendbar erklärt werden. Daher können sich der Gläubiger eines Pfandrechts (§ 1227 BGB) und der Inhaber eines Nießbrauchs (§ 1065 BGB) an einem elektronischen Wertpapier auf die Vermutungswirkung gemäß § 27 eWpG berufen.[8] Für beide Rechte ist anerkannt, dass sich die Inhaber auf § 1006 BGB berufen können, wenn die Rechte an einer beweglichen Sache bestellt worden sind.[9] Zugunsten von Inhabern von **Rechten aus einem elektronischen Wertpapier** kann auf eine solche gesetzliche Anordnung jedoch nicht zurückgegriffen werden. Der Gedanke des Verkehrsschutzes spricht dafür, die Vorschrift auf diese Fälle analog anzuwenden. Damit wird die Vermutungswirkung quasi ein Spiegelbild der Eintragungspflicht gemäß § 24 Nr. 3 eWpG. Wenn der Inhaber eines elektronischen Wertpapiers den Anspruch auf Zinszahlung an einen Dritten abtritt und der Dritte als Inhaber dieses Rechts in das Register eingetragen wird, kann sich der Dritte beim Nachweis seiner Inhaberschaft an dem Zinsanspruch auf § 27 eWpG (in analoger Anwendung) berufen.

---

5)   *Omlor* in: Omlor/Möslein/Grundmann, Elektronische Wertpapiere, § 6, S. 148; Müller/Pieper-*Müller*, eWpG, § 27 Rz. 2.

6)   Nach der Rspr. zu beweglichen Sachen überwindet auch die Vermutung des § 1006 BGB eine potentielle Darlegungs- und Beweislast des Besitzers hinsichtlich der Frage, ob und auf welcher Grundlage er mit dem Besitz das Eigentum erworben hat, vgl. BGH, Urt. v. 4.2.2002 – II ZR 37/00, NJW 2002, 2101, 2102 = MDR 2002, 782; BGH, Urt. v. 16.10.2003 – IX ZR 55/02, NJW 2004, 217, 219 = ZIP 2003, 2247; OLG Köln, Beschl. v. 25.1.2010 – 27 U 23/09, zit. nach juris (abrufbar unter https://www.juris.de/perma?d=JURE110007742 [Abrufdatum: 21.2.2023]).

7)   Der DAV, Stellungnahme zum RefE eWpG, v. 23.9.2020, S. 31, Rz. 80, sah insofern ein Klarstellungsbedürfnis. Der Gesetzgeber ist dieser Anregung jedoch nicht gefolgt. (Stellungnahme abrufbar unter https://bundesfinanzministerium.de/Content/DE/Gesetzestexte/Gesetze_Gesetzesvorhaben/Abteilungen/Abteilung_VII/19_Legislaturperiode/2021-06-09-einfuehrung-elektronische-wertpapiere/0-Gesetz.html [Abrufdatum: 21.2.2023]).

8)   Müller/Pieper-*Müller*, eWpG, § 27 Rz. 5.

9)   Für Pfandrechte: *Damrau* in: MünchKomm-BGB, § 1227 Rz. 5; für den Nießbrauch: *Pohlmann* in: MünchKomm-BGB, § 1065 Rz. 3.

3. Fehlen einer abweichenden Regelung im eWpG

Die Vermutungswirkung des § 27 eWpG gilt nur, „sofern dieses Gesetz nichts anderes vor- 9
sieht". Damit ist ein **Vorbehalt bezüglich abweichender Regelungen im eWpG** vorgesehen.
Welche Regelungen hierunter fallen sollen, ist indes nicht ersichtlich, und auch die Gesetzgebungsmaterialien schweigen sich hierzu aus. De lege lata läuft der Vorbehalt leer.[10]

III. Rechtsfolgen

Die **Vermutung** des § 27 eWpG führt dazu, dass der als Inhaber eingetragene nicht mehr 10
beweisen muss als den Umstand, dass er zu dem betreffenden Zeitpunkt als Inhaber in
das elektronische Wertpapierregister eingetragen war, wenn die Frage des Eigentums an
einem elektronischen Wertpapier im Streit steht. Unmittelbar umfasst die Vermutung zum
einen den Bestand des elektronischen Wertpapiers und zum anderen das Eigentum daran.
Mittelbar erstreckt sich die Vermutung nach allgemeinen wertpapierrechtlichen Grundsätzen auch auf die Inhaberschaft an den Rechten aus dem elektronischen Wertpapier. Allerdings erstreckt sich die Vermutung des § 27 eWpG nicht auf die Lastenfreiheit des
Eigentums bzw. der Rechte aus dem elektronischen Wertpapier.[11]

In zeitlicher Hinsicht wirkt die **Vermutung für die gesamte Dauer der Eintragung**, d. h. 11
vom Zeitpunkt der Eintragung des Vermutungsbegünstigten bis zum Zeitpunkt seiner
Ersetzung durch einen neuen Inhaber.[12] Regelmäßig werden sich diese Zeitpunkte anhand
des elektronischen Wertpapierregisters, ggf. unter Zuhilfenahme der Aufzeichnungen der
registerführenden Stelle, exakt bestimmen lassen. Dass der Begünstigte im Zeitpunkt der
Berufung auf die Vermutung nicht mehr eingetragen ist, ist unschädlich; die Vermutung
gilt auch bei früheren Eintragungen.[13] Aufgrund des klaren Gesetzeswortlauts zur zeitlichen Wirkung der Vermutung ist für Ansätze, die Vermutung auf den Eigentumserwerb
bei Eintragung zu beschränken und dem Vermutungsbegünstigten eine sekundäre Behauptungslast aufzuerlegen, wenn der Vermutungsgegner den Eigentumserwerb bestreitet, wie
sie von der h. M. zu § 1006 BGB[14] vertreten werden, kein Raum.[15]

IV. Prozessuale Fragen

Die Vermutung des § 27 eWpG gilt im Geschäftsverkehr unter Privaten ebenso wie ge- 12
genüber Behörden (einschließlich der Finanzbehörden) und Gerichten. Sie gilt auch gegenüber der registerführenden Stelle. Allerdings wird sie in dem praktisch bedeutsamsten Fall,
dem Nachweis über die Berechtigung zur Erteilung von Weisungen zur Umtragung, durch
§ 14 Abs. 1 Satz 1 und Satz 5 eWpG bzw. § 18 Abs. 1 Satz 1 und Satz 5 eWpG als speziellere Vorschrift verdrängt. Danach darf die registerführende Stelle von einer Weisung des
Inhabers ausgehen, wenn die Weisung mittels eines geeigneten Authentifizierungsinstruments erteilt wurde. Statt auf die Inhaberschaft laut Register kommt es auf die Inhaberschaft am Private Key an.

Im Prozess ist § 27 eWpG in allen Verfahrensarten anzuwenden. Als **gesetzliche Vermu-** 13
tung regelt die Vorschrift nicht nur die **Beweislast**, sondern auch die **Darlegungs- bzw.**

---

10) Müller/Pieper-*Müller*, eWpG, § 27 Rz. 4.
11) Müller/Pieper-*Müller*, eWpG, § 27 Rz. 7.
12) *Gleske/Bunting* in: Hopt/Seibt, Schuldverschreibungsrecht, § 27 eWpG Rz. 3; damit entspricht die
    Regelung der h. M. zu § 891 BGB, vgl. BGH, Urt. v. 26.9.1969 – V ZR 135/66, BGHZ 52, 355, 358 =
    NJW 1969, 2139, 2140; Staudinger-*Picker*, BGB, § 891 Rz. 42 m. w. N.
13) Begr. RegE Gesetz zur Einführung von eWp, BT-Drucks. 19/26925, S. 68 – „Nachweis der gegenwär-
    tigen oder früheren Eintragung".
14) *Raff* in: MünchKomm-BGB, § 1006 Rz. 43 ff.; Staudinger-*Thole*, BGB, § 1006 Rz. 23 ff.; *Bayer* in:
    jurisPK-BGB, § 1006 Rz. 4, jew. m. w. N. auch zur Rspr.
15) Müller/Pieper-*Müller*, eWpG, § 27 Rz. 7.

Behauptungslast. Daher kann sich der Eingetragene im Prozess zunächst darauf beschränken, den Umstand seiner Eintragung darzutun und hierfür, z. B. durch Vorlage eines Registerauszugs gemäß § 19 Abs. 1 eWpG, Beweis anzutreten.[16] Aufgrund der Vermutung ist es für ihn nicht erforderlich, die Umstände vorzutragen, unter denen er in das elektronische Wertpapierregister eingetragen worden ist. Auch die Darlegungs- und Beweislast für die Nichtigkeit einer Eintragung im elektronischen Wertpapierregister trägt der Vermutungsgegner.

14 Allerdings ist die Vermutung des § 27 eWpG widerleglich.[17] Die Widerlegung der Vermutung setzt gemäß § 292 ZPO den **vollen Beweis des Gegenteils der Vermutungsfolge** voraus. Der Vermutungsgegner muss also beweisen, dass die Eintragung des Inhabers unrichtig ist. Das Gericht würdigt den Vortrag des Vermutungsgegners gemäß § 286 ZPO. Die Unrichtigkeit muss allerdings zur Überzeugung des Gerichts feststehen; bloße Zweifel an der Richtigkeit oder Glaubhaftmachung der Unrichtigkeit genügen nicht.[18]

15 Das Recht, sich auf die Vermutung gemäß § 27 eWpG zu berufen, steht nicht nur dem Eingetragen zu.[19] Es kann sich jeder auf die Vermutung berufen, der ein rechtliches Interesse daran hat.[20] Die Vermutung kann sich auch gegen den eingetragenen Inhaber richten. So kann sich etwa die Emittentin auf § 27 eWpG berufen, wenn das elektronische Wertpapier eine Verpflichtung des Inhabers begründet und sie dieses Recht geltend macht. Gleiches gilt für Behörden, wenn es in einem Verwaltungsverfahren auf die Frage der Inhaberschaft an einem elektronischen Wertpapier ankommt.

---

16) Begr. RegE Gesetz zur Einführung von eWp, BT-Drucks. 19/26925, S. 68.

17) Conreder/Meier-*Meier*, eWpG, § 27 Rz. 5.

18) So die h. M. zu § 891 BGB: BGH, Urt. v. 30.11.1966 – V ZR 199/63, juris = MDR 1967, 749; OLG Rostock, Urt. v. 14.3.2002 – 7 U 12/01, OLGR Rostock 2003, 94, 95; Staudinger-*Picker*, BGB, § 891 Rz. 57.

19) A. A. Müller/Pieper-*Müller*, eWpG, § 27 Rz. 9.

20) So zu § 891 BGB: BGH v. 18.3.1970 – V ZR 84/67, juris Rz. 25 = WM 1970, 557, 558; *Toussaint* in: jurisPK-BGB, § 891 Rz. 31.

Abschnitt 5
Sondervorschriften zu Buch 2 Abschnitt 8 Titel 24 des Bürgerlichen Gesetzbuches

§ 28
Rechte aus der Schuldverschreibung; Einwendungen des Emittenten

(1) [1]Der Inhaber einer als elektronisches Wertpapier begebenen Schuldverschreibung kann vom Emittenten die in der Schuldverschreibung versprochene Leistung verlangen, es sei denn, dass er hierzu nicht berechtigt ist. [2]Der Emittent wird auch durch die Leistung an den Inhaber befreit.

(2) Der Emittent einer elektronisch begebenen Schuldverschreibung kann nur folgende Einwendungen erheben:

1. Einwendungen, die sich aus der Eintragung ergeben,

2. Einwendungen, die die Gültigkeit der Eintragung betreffen,

3. Einwendungen, die sich aus den Anleihebedingungen ergeben, oder

4. Einwendungen, die ihm zustehen

   a) im Fall einer Einzeleintragung unmittelbar gegen den Inhaber,

   b) im Fall einer Sammeleintragung unmittelbar gegen denjenigen, der auf Grund einer Depotbescheinigung zur Rechtsausübung gemäß § 6 Absatz 2 Satz 3 des Depotgesetzes als Inhaber gilt.

Literatur: *Bialluch-v. Allwörden*, Zivil- und prospektrechtliche Aspekte des eWpG-E, RDi 2021, 13; *Casper*, Elektronische Schuldverschreibung: es ist Zeit für einen grundlegenden gesetzlichen Neustart, BKR 2019, 209; *Casper/Richter*, Die elektronische Schuldverschreibung – eine Sache?, ZBB 2022, 65; *Döding/Wentz*, Der Referentenentwurf zur Einführung von elektronischen Wertpapieren und Kryptowertpapieren, WM 2020, 2312; *Dubovitskaya*, Gesetzentwurf zur Einführung von elektronischen Wertpapieren: ein zaghafter Schritt nach vorn, ZIP 2020, 2551; *Geier*, Einführung elektronischer Wertpapiere, RdF 2020, 258; *Guntermann*, Die elektronische Aktie und das eWpG, AG 2021, 449; *Kleinert/Meyer*, Der deutsche Weg zum elektronischen Wertpapier, EuZW 2020, 1059; *Lehmann*, Zeitenwende im Wertpapierrecht, BKR 2020, 431; *Linardatos*, Einwendungen und Ausschlussgründe bei elektronischen Wertpapieren – ein Überblick, BKR 2022, 486; *Linardatos*, Elektronische Schuldverschreibungen auf den Inhaber – des Wertpapiers neue Kleider, ZBB 2020, 329; *Lorenz*, Deutsche Rechtspolitik aktuell, WM 2020, 12609; *Pleyer/Schleiffer*, Neue Entwicklung im Depotrecht, DB 1972, 77; *Saive*, Einführung elektronischer Wertpapiere, ZRP 2020, 219; *Segna*, Elektronische Wertpapiere im zentralen Register, WM 2020, 2301; *Wieneke/Kunz*, Das Gesetz zur Einführung von elektronischen Wertpapieren, NZG 2021, 316; *Wieneke/Schulze De la Cruz*, Mögliche Einschränkungen der Gläubigerschutzvorschrift des § 225 AktG in Krediterträgen oder Anleihebedingungen, WM 2020, 1720.

Übersicht

I.   Normzweck und Grundlagen

1   Die §§ 28 bis 30 eWpG enthalten Sonderbestimmungen zu den Vorschriften über Inhaberschuldverschreibungen in den §§ 793 ff. BGB für elektronische Wertpapiere. Durch das eWpG als Brückengesetz, das eine weitere Öffnung für elektronische Wertpapiere ermöglichen soll, erhalten erstmals entmaterialisierte Schuldverschreibungen Einzug in das deutsche Rechtssystem.[1] Soweit die §§ 28 bis 30 eWpG keine Regelungen treffen, bleiben die §§ 793 ff. BGB anwendbar, da es sich auch bei elektronisch begebenen Inhaberschuldverschreibungen im Übrigen um „herkömmliche" Inhaberschuldverschreibungen handeln soll.[2] Gemäß § 2 Abs. 2 eWpG entfalten elektronische Wertpapiere nämlich, soweit das eWpG nichts anderes bestimmt, dieselbe Rechtswirkung wie Wertpapiere, die mittels Urkunde begeben werden.

2   Als erste Annäherung ist es hilfreich, einen Blick auf das bestehende deutsche Wertpapierregime zu werfen und dabei sowohl den Fall der Ausstellung von effektiven Inhaberschuldverschreibungen, der den gesetzlichen Regelungen des BGB zugrunde liegt, als auch den in der Praxis häufigeren Fall der girosammelverwahrten Wertpapiere zu betrachten. Für das Verständnis der Regelungen in den §§ 28 bis 30 eWpG für entmaterialisierte Wertpapiere ist dabei entscheidend, in welchem Umfang es konzeptionell und rechtstechnisch bei den bisherigen Grundsätzen herkömmlicher Wertpapiere bleibt und in welchen Bereichen das Gesetz, insbesondere für Kryptowertpapiere, Neuland betritt.

1.   Verbriefung des Forderungsrechts in Einzelurkunden

3   Den gesetzlichen Regelungen des BGB liegt das tradierte Konzept zugrunde, dass Inhaberschuldverschreibungen einzeln verbrieft werden. Man spricht von effektiven Stücken.

4   Ausweislich des in der Legaldefinition gemäß § 793 Abs. 1 BGB zum Ausdruck kommenden schuldrechtlichen Verständnisses des Gesetzgebers handelt es sich bei einer **Inhaberschuldverschreibung** um eine Urkunde, in der der Aussteller einem verfügungsberechtig-

---

1) *Linardatos*, BKR 2022, 486 – mit Verweis auf Begr. RegE Gesetz zur Einführung von eWp, BT-Drucks. 19/26925, S. 44; vgl. *Döding/Wentz*, WM 2020, 2312, 2318; vgl. Begr. RegE Gesetz zur Einführung von eWp, BT-Drucks. 19/26925, S. 68.

2) Vgl. Begr. RegE Gesetz zur Einführung von eWp, BT-Drucks. 19/26925, S. 68.

ten Inhaber eine in der Urkunde festgelegte Leistung verspricht.[3] Die Ausstellung dieser Urkunde erfolgt durch Unterzeichnung gemäß § 793 Abs. 2 BGB mit Namensunterschrift.[4] Der Aussteller gibt regelmäßig in Form eines **abstrakten Schuldversprechens** ein Leistungsversprechen für eine Leistung i. S. von § 241 Abs. 1 BGB ab, meist ein Zahlungsversprechen.[5] Hinzukommen muss der Wille des Ausstellers, sich gegenüber jedem berechtigten Inhaber der Urkunde zur Leistung zu verpflichten.[6]

Die Inhaberschuldverschreibung ist ein **Inhaberpapier** und damit ein Wertpapier.[7] Die In-   5
haberschuldverschreibung findet ihre Emanation in der Papierform der Urkunde, an die in mehrfacher Weise die Rechtstatsache der Innehabung des Papiers anknüpft. Allerdings wird der Bestand des verbrieften Rechts durch den Verlust des Papiers nicht beeinträchtigt. Gleichzeitig ist unmittelbarer Besitz für den Bestand und die Ausübung des verbrieften Rechts kein grundsätzliches Erfordernis.[8] Allerdings wird bei Inhaberpapieren zugunsten des jeweiligen Inhabers widerleglich vermutet, dass er materiell Berechtigter ist, so dass der Aussteller an diesen leisten muss, sofern er nicht den Nachweis des Gegenteils erbringt.[9]

Die **Legitimationswirkung** zugunsten des Ausstellers der Urkunde als auch zugunsten   6
des Inhabers bewirkt die Inhaberschuldverschreibung durch ihre Verbriefung. Für die Legitimation gegenüber dem Schuldner ist hierbei der Schein der materiellen Berechtigung, vermittelt durch den Besitz am Papier, ausschlaggebend (**formelle Legitimation**).[10] Der Schuldner darf sich auf die formelle Legitimation verlassen, um nicht nachprüfen zu müssen, ob der Inhaber des Wertpapiers auch materiell Berechtigter ist. Seine Gutgläubigkeit vorausgesetzt, kann er gemäß § 793 Abs. 1 Satz 2 BGB, aufgrund der **Liberationswirkung**, mit befreiender Wirkung an den formell Legitimierten leisten.[11] Nach § 797 Satz 1 BGB ist er jedem berechtigten Inhaber gegen Aushändigung der Urkunde zur Leistung verpflichtet.

In dem konstruktiven Ausgangsfall der **Einzelverbriefung** in effektiven Stücken gibt es nur   7
ein Zweipersonenverhältnis zwischen dem Aussteller und dem Inhaber bzw. Berechtigten. Damit ist die Einzelverbriefung mit dem Fall der **elektronischen Wertpapiere in Einzeleintragung** nach § 8 Abs. 1 Nr. 2 eWpG verwandt. Sobald Sammel- oder Globalurkunden ausgestellt werden, die einer Mehrzahl von Berechtigten gehören, kommt es zu einer Mediatisierung des Verhältnisses zwischen Inhaber und Berechtigtem, die auch charakteristisch für elektronische Wertpapiere in Sammeleintragung nach § 8 Abs. 1 Nr. 1 eWpG ist.

2.   Sammelurkunden und Ausgabe von Sammel- oder Globalurkunden

In der Praxis der Massenemissionen wurde die Verbriefung von Forderungsrechten in Ein-   8
zelurkunden weitgehend dadurch ersetzt, dass bereits vom Schuldner Globalurkunden ausgegeben werden. Wie aus § 9a DepotG folgt, gibt dabei der Schuldner keine Einzelurkunden, sondern **Sammelurkunden** aus, die mehrere Rechte verbriefen und potentiell mehreren

---

3) Staudinger-*Marburger*, BGB, § 793 Rz. 1.
4) *Habersack* in: MünchKomm-BGB, § 793 Rz. 6.
5) BGH, Urt. v. 31.5.2016 – XI ZR 370/15, Rz. 31, BGHZ 210, 263 = BKR 2016, 337; BGH, Urt. v. 15.7.2014 – XI ZR 100/13, Rz. 32, NJW 2014, 3362 = DB 2014, 2035; *Habersack* in: MünchKomm-BGB, § 793 Rz. 7.
6) *Habersack* in: MünchKomm-BGB, § 793 Rz. 9; *Alfes/Eulenburg* in: jurisPK-BGB, § 793 Rz. 69; Staudinger-*Marburger*, BGB, § 793 Rz. 7.
7) Staudinger-*Marburger*, BGB, Vorb. § 793 Rz. 1 ff., 7.
8) Staudinger-*Marburger*, BGB, Vorb. § 793 Rz. 4.
9) Staudinger-*Marburger*, BGB, Vorb. § 793 Rz. 7.
10) Staudinger-*Marburger*, BGB, § 793 Rz. 23.
11) Staudinger-*Marburger*, BGB, § 793 Rz. 26 ff.

Berechtigten zustehen. Rein praktisch kommt es zu einer Aufspaltung des Gesamtbetrags der Anleihe in eine Vielzahl von Einzelrechten,[12] den sog. **Teilschuldverschreibungen**, die freilich in einer einzigen Urkunde verbrieft sind.

9   Sind Rechte in Form einer **Globalurkunde** verbrieft, schließt dies die Auslieferung von Einzelstücken durch den Inhaber von girosammelverwahrten Anteilen aus.[13] Für die Rechtsausübung ist damit bereits heute die unmittelbare Innehabung des Papiers in den meisten Fällen schon nicht mehr möglich. Bei girosammelverwahrten Effekten (vgl. §§ 5 ff. DepotG) und solchen, die in einer Sammelurkunde verbrieft sind (§ 9a DepotG), ist das urkundliche Verkörperungselement damit bereits in den Hintergrund gedrängt, obgleich sie weiterhin begrifflich als „herkömmliche" Wertpapiere erfasst sind.[14]

10   Der Handel findet, vor allem bei in Globalurkunden verbrieften Rechten, nicht mehr dadurch statt, dass das verbriefte Recht durch Einigung und Urkundenübergabe (§ 929 BGB) übertragen wird oder in sonstiger Form eine Vorlegung, etwa für die Geltendmachung, erforderlich ist.[15] Vielmehr ermöglicht das Institut der sog. **Girosammelverwahrung** (§§ 5 bis 9 DepotG) bei einer Wertpapiersammelbank (Clearstream Banking AG) die **buchungstechnische Übertragung**.[16] Die in einer Sammelurkunde verbrieften Inhaberschuldverschreibungen sind dadurch immobilisiert und bleiben verwahrt bei der Wertpapiersammelbank. Rein tatsächlich betrachtet erfolgt die Übertragung dadurch, dass die Wertpapiersammelbank die Schuldverschreibung in einer Dreiecksbeziehung mit den Depotbanken der Kunden vom Konto des Veräußerers auf das Konto des Erwerbers umbucht. Dies unterstreicht die auf dieser Komplexitätsstufe bereits in der Praxis vor Einführung des eWpG eingetretene **Dematerialisierung** von Wertpapieren.[17] In Girosammelverwahrung hinterlegte Wertpapiere nehmen dadurch in unverbriefter Form am sog. **Effektengiroverkehr** teil.[18]

11   Obwohl die sachenrechtliche Übertragung faktisch durch Buchungsvorgänge der Wertpapiersammelbank ersetzt ist, wird der Vorgang in herkömmlichen sachenrechtlichen Kategorien nachvollzogen, so dass es nach herkömmlicher Auffassung bei der Anwendbarkeit der §§ 929 ff. BGB bleibt.[19] Trotz des notwendigen sachenrechtlichen Argumentationsaufwands ergab sich ein robustes und praxiserprobtes System. In rechtlicher Hinsicht wird dabei letztlich ein **mehrfachgestufter mittelbarer Besitz** des Wertpapierinhabers an dem verwahrten Sammelbestand konstruiert.[20] Dies hat Auswirkungen auf das Begriffsverständnis der Innehabung, bspw. bei Inhaberpapieren, so dass Innehabung bereits vor Einführung des eWpG keinen unmittelbaren Papierbesitz voraussetzt, sondern nur die Gewähr bieten muss, dass andere von der praktischen Nutzung des Papiers ausgeschlossen sind.[21]

---

12) *Habersack* in: MünchKomm-BGB, Vorb. § 793 Rz. 32.

13) § 9a Abs. 3 Satz 2 DepotG, *Pleyer/Schleiffer*, DB 1972, 77, 78; *Seiler/Geier* in: Ellenberger/Bunte, Bankrechts-Hdb., § 84 Rz. 28; Baumbach/Hefermehl/Casper-*Baumbach/Hefermehl/Casper*, WG/ScheckG, A. Grundzüge des Wertpapierrechts Rz. 94.

14) Vgl. § 9a Abs. 1 Satz 1 DepotG; s. a. Staudinger-*Marburger*, BGB, Vorb. § 793 Rz. 4.

15) Baumbach/Hefermehl/Casper-*Baumbach/Hefermehl/Casper*, WG/ScheckG, A. Grundzüge des Wertpapierrechts Rz. 94; *Casper*, BKR 2019, 209, 212; Staudinger-*Marburger*, BGB, Vorb. § 793 Rz. 5.

16) *Habersack* in: MünchKomm-BGB, Vorb. § 793 Rz. 33.

17) *Habersack* in: MünchKomm-BGB, Vorb. § 793 Rz. 33 und § 793 Rz. 4; vgl. Baumbach/Hefermehl/Casper-*Baumbach/Hefermehl/Casper*, WG/ScheckG, A. Grundzüge des Wertpapierrechts Rz. 93; vgl. *Bauer* in: Kümpel/Mülbert/Früh/Seyfried, Bankrecht und Kapitalmarktrecht, Depotgeschäft Rz. 18.47.

18) *Bauer* in: Kümpel/Mülbert/Früh/Seyfried, Bankrecht und Kapitalmarktrecht, Depotgeschäft Rz. 18.45 ff.

19) *Guntermann*, AG 2021, 449, 450.

20) BGH, Urt. v. 24.9.2015 – IX ZR 272/13, Rz. 15 f., BGHZ 207, 23 = NZG 2016, 187.

21) Staudinger-*Marburger*, BGB, Vorb. § 793 Rz. 4 m. w. N.

     Laurenz Wieneke

Dass im Fall der Girosammelverwahrung und bei Globalurkunden die **Vorlegung** des Papiers gar nicht mehr möglich ist, hat Auswirkungen auf die Wertpapierfunktionen, insbesondere die **Legitimations- und Präsentationsfunktion.** An die Stelle der Vorlage des Wertpapiers, der Inhaberschuldverschreibung, tritt in der Praxis die Bescheinigung der depotführenden Bank.[22] Insofern sehen typische Anleihebedingungen vor, dass dem Anleihegläubiger ein Anspruch auf Ausstellung einer **Depotbescheinigung zur Rechtsausübung** zusteht.[23] Eine typische Klausel würde etwa lauten: 12

> „Jeder Anleihegläubiger kann in Rechtsstreitigkeiten gegen die Emittentin oder in Rechtsstreitigkeiten, an denen der Anleihegläubiger und die Emittentin beteiligt sind, im eigenen Namen seine Rechte aus den von ihm gehaltenen Schuldverschreibungen geltend machen unter Vorlage einer Bescheinigung seiner Depotbank, die (i) den vollen Namen und die volle Anschrift des Anleihegläubigers enthält und (ii) den Gesamtnennbetrag der Schuldverschreibungen angibt, die am Tag der Ausstellung dieser Bescheinigung dem bei dieser Depotbank bestehenden Depot des Anleihegläubigers gutgeschrieben sind. Im Sinne der vorstehenden Bestimmungen ist „Depotbank" ein Bank- oder sonstiges Finanzinstitut (einschließlich Clearstream Frankfurt, Clearstream Luxemburg und Euroclear), das eine Genehmigung für das Wertpapier-Depotgeschäft hat und bei dem der Anleihegläubiger Schuldverschreibungen im Depot verwahren lässt."[24]

Für die Abwicklung der Zahlung übt die **Verwahrstelle als Ermächtigungstreuhänder** über das Clearingsystem die Rechte aus dem Wertpapier aus. Sie steht nicht mit dem materiell Berechtigten, sondern nur mit den Depotbanken in vertraglicher Beziehung, die eine unmittelbare Kontobeziehung zur Wertpapiersammelbank (**Clearstream Banking AG**) unterhalten.[25] Die Wertpapiersammelbank erhält (in der Regel mittelbar über die Zahlstelle) die Zahlung vom Emittenten und leitet sie über die Depotbanken an den Gläubiger weiter. Als Inhaber des Papiers ist die Wertpapiersammelbank dazu zunächst formell legitimiert. Zudem wird die **materielle Legitimation** der Wertpapiersammelbank in der Praxis von den Gläubigern, die nur mit ihrer Depotbank vertraglich verbunden sind, über eine Kette von Intermediären bis hin zur Wertpapiersammelbank mittels Ermächtigungen konstruiert.[26] Im Gegenzug erhält der Aussteller entsprechend § 797 BGB die verwahrte Urkunde zurück.[27] Der Gläubiger, der ausschließlich in Vertragsbeziehung mit seiner Depotbank steht, in aktienrechtlicher Terminologie mit dem Letztintermediär,[28] sowie die Depotbank selbst halten die Urkunde dabei nie in den Händen. 13

Diese Struktur wird in der Kautelarjurisprudenz abgesichert und gespiegelt.[29] Eine typische Klausel in den Anleihebedingungen würde zur Abwicklung der Zahlung etwa lauten: 14

> „Die Zahlung von Kapital und Zinsen erfolgt über die Zahlstelle zur Weiterleitung an das Clearing System oder nach dessen Weisung zur Gutschrift für die jeweiligen Kontoinhaber. Die Zahlung an das Clearing System oder nach dessen Weisung befreit die Emittentin in Höhe der geleisteten Zahlung von ihren entsprechenden Verbindlichkeiten aus den Schuldverschreibungen."[30]

---

22) *Casper*, BKR 2019, 209, 212.

23) *Wieneke/Kunz*, NZG 2021, 316, 322.

24) S. a. das Muster von *Artzinger-Bolten/Wöckener* in: Hopt/Seibt, Schuldverschreibungsrecht, Anh. C § 14, S. 1754. Eine solche Bestimmung wird man angesichts der neuen Regelung in § 6 Abs. 1 DepotG in einem reinen nationalen Zusammenhang in Zukunft nicht mehr für erforderlich halten. Bei einer internationalen Platzierung dürfte sie aber weiterhin ihre Berechtigung haben.

25) Vgl. *Linardatos*, BKR 2022, 486, 488.

26) *Linardatos*, BKR 2022, 486, 488.

27) Staudinger-*Marburger*, BGB, § 793 Rz. 24.

28) S. § 67a Abs. 5 Satz 2 AktG.

29) S. hierzu ausführlich *Einsele* in: MünchKomm-HGB, Depotgeschäft Rz. 173 ff. m. w. N.

30) S. a. das Muster von *Artzinger-Bolten/Wöckener* in: Hopt/Seibt, Schuldverschreibungsrecht, Anh. C § 7, S. 1748.

15 Damit ist der Emittent berechtigt und verpflichtet an die Wertpapiersammelbank zu zahlen. Clearstream ist wiederum berechtigt, die Zahlung entgegenzunehmen. Dazu ist in den AGB der Clearstream Banking AG in Ziff. XIX „Verwaltung von Wertpapieren, Kapitalmaßnahmen" unter Tz. 4 geregelt:

> „CBS ist bei girosammelverwahrten Wertpapieren berechtigt und, falls der Kunde die Rechte oder die erforderlichen Maßnahmen aufgrund der Girosammelverwahrung nicht selbst ausüben kann, auch verpflichtet, Dritten gegenüber alle Rechte eines Eigentümers geltend zu machen, soweit sie dies für erforderlich hält oder eine entsprechende Weisung des Kunden vorliegt."[31]

16 Mit der vollständigen Rückzahlung der Inhaberschuldverschreibung wird das Papier in einem ersten Schritt bei den Depotkunden als (früheren) Inhabern **ausgebucht** und von der Zahlstelle dem Emittenten **eingebucht** und bei diesem regelmäßig in einem zweiten Schritt ausgebucht oder von Clearstream entwertet. Daneben regelt Nr. 14 Abs. 1 der Sonderbedingungen für Wertpapiergeschäfte[32] der für das Verhältnis des Inhabers mit seiner Depotbank relevanten **Sonderbedingungen für Wertpapiergeschäfte** zur Einlösung von Wertpapieren:

> „Bei im Inland verwahrten Wertpapieren sorgt die Bank für die Einlösung von Zins-, Gewinnanteil- und Ertragsscheinen sowie von rückzahlbaren Wertpapieren bei deren Fälligkeit."

17 Hierdurch ist die Depotbank des Inhabers spiegelbildlich zur **Empfangnahme der Zahlungen** für den Berechtigten ermächtigt und verpflichtet.

18 Im Ergebnis kommt es daher, sobald Sammel- oder Globalurkunden ausgestellt werden, die einer Mehrzahl von Berechtigten gehören, zu einer **Mediatisierung** des Verhältnisses zwischen Inhaber und Berechtigtem. **Intermediäre** werden nicht nur für die Abwicklung von Übertragungen auf der Briefseite, sondern auch bei Zahlungen auf der Geldseite erforderlich. Diese Rolle von Intermediären wird auch charakteristisch für elektronische Wertpapiere in Sammeleintragung nach § 8 Abs. 1 Nr. 1 eWpG sein.

3. Teilweise Entmaterialisierung des Wertpapiers durch das eWpG

19 Die Girosammelverwahrung führte zwar bereits zu einer Immobilisierung der Urkunden, nach herkömmlicher Meinung aber nicht zu einer Entmaterialisierung des Wertpapiers.[33] Auch wenn, jenseits der Wahl der Einzelverbriefung durch die Beteiligten, die Verkörperung in tatsächlicher Hinsicht in der Praxis bereits vor Einführung des eWpG keine wesentliche Rolle spielte, setzten die am Effektenverkehr teilnehmenden Papiere oder Wertrechte (Bucheffekte)[34] nach den §§ 5 ff. DepotG aus rechtlicher Sicht weiterhin die Verwahrung urkundlich verbriefter Wertpapiere voraus.[35]

20 Aus § 2 Abs. 1 Satz 2 eWpG folgt, dass der Emittent anstatt der Ausstellung einer Urkunde in Papierform die Eintragung in ein elektronisches Register bewirkt. Der „schlichte Fortschritt" des eWpG durch die Ausgabe solcher elektronischer Wertpapiere (§ 2 Abs. 1, 2 eWpG), die nur noch in einem elektronischen Register repräsentiert sind, besteht jedenfalls bei **Zentralregisterwertpapieren in Sammelverwahrung** darin, dass gegenüber „herkömmlichen" girosammelverwahrten Papieren die Verkörperung in einer bei einer Wert-

---

31) Abrufbar unter https://www.clearstream.com/clearstream-en/keydocuments-1-/csd-1-/general-terms-and-conditions/allgemeine-geschaeftsbedingungen-cbf-1296570 (Abrufdatum 14.2.2023).

32) Sonderbedingungen für Wertpapiergeschäfte, die einheitlich für das gesamte deutsche Kreditwesen gelten; Stand: 3.1.2018, z. B. abrufbar unter https://www.deutsche-bank.de/content/dam/deutsche-bank/de/shared/pdf/ser-agb-bedingungen-sonderbedingungen_wertpapiergeschaefte_ag.pdf (Abrufdatum: 14.2.2023).

33) *Seiler/Geier* in: Ellenberger/Bunte, Bankrechts-Hdb., § 84 Rz. 26.

34) Zum Begriff s. Baumbach/Hefermehl/Casper-*Baumbach/Hefermehl/Casper*, WG/ScheckG, A. Grundzüge des Wertpapierrechts Rz. 92.

35) Vgl. Staudinger-*Marburger*, BGB, Vorb. § 793 Rz. 5.

papiersammelbank hinterlegten **Urkunde entfällt** und durch ein elektronisches Register ersetzt wird.[36] Für die Wertpapiersammelbank entfällt daher das Erfordernis, eine Urkunde in physische Verwahrung zu nehmen.

In technischer Hinsicht dürfte dies für die Wertpapiersammelbank aber regelmäßig keinen   21
wesentlichen Unterschied darstellen, da sie schon jetzt zur Ermöglichung der Teilnahme am Effektenverkehr eine elektronische Datei für sammelverwahrte Wertpapiere wird führen müssen, in der die notwendigen **Eintragungsinhalte** und das Recht erfasst sind, um Umbuchungen und Auszahlungen rechtssicher durchführen zu können.[37] Insofern werden sich aus den §§ 28 bis 30 eWpG, abgesehen von der fehlenden Einlieferung und Hinterlegung der Urkunde bei Clearstream, auch keine wesentlichen Unterschiede gegenüber der gegenwärtigen Praxis ergeben.

Etwas anderes sieht die Situation allerdings insbesondere bei **Kryptowertpapieren in Ein-**   22
zelverwahrung aus, weil die Regelungssachverhalte der §§ 28 bis 30 eWpG dort mit der Rechtswirklichkeit neuer Prozesse konfrontiert sind. In diesem Bereich wird gerade nicht auf bestehende Prozesse der Wertpapierabwicklung zurückgegriffen, sondern es finden **neue (dezentrale) Technologien** Anwendung.

In allen Fällen elektronischer Wertpapiere i. S. des § 1 eWpG sind gegenüber den physi-   23
schen Wertpapieren in ihrer vom BGB vorausgesetzten Form Sonderregelungen erforderlich, die deren Eigenschaften und die mit ihnen verknüpften Rechtsfolgen teilweise oder vollständig modifizieren. Das Gesetz enthält entsprechende Regelungen in den §§ 28 bis 30 eWpG.[38] Dabei werden zum Teil, insbesondere bezüglich der Zentralregisterwertpapiere in Sammelverwahrung, nur **Prozesse normiert**, die schon jetzt der Rechtswirklichkeit entsprechen. Teils wurden aber auch, insbesondere für Kryptowertpapiere in Einzelverwahrung, funktional äquivalente Regelungen geschaffen, die den neuen Techniken entsprechen, etwa die **Leistungspflicht nur gegen Umtragung** nach § 29 eWpG. Ein weiterer Unterschied der Neuregelungen ist eine **angepasste Terminologie**. Anstatt von Schuldner und Gläubiger, spricht das Gesetz bei elektronischen Inhaberschuldverschreibung nunmehr

– vom Emittenten,

– vom Inhaber und

– vom Berechtigten.[39]

II. Anwendungsbereich

Der Anwendungsbereich von § 28 eWpG umfasst sowohl Zentralregisterwertpapiere (§ 12   24
eWpG) als auch Kryptowertpapiere (§ 16 eWpG). Weder der Wortlaut noch die systematische Stellung liefern Anhaltspunkte dafür, dass die Norm nicht auf alle **elektronischen Wertpapiere i. S. von § 1 eWpG** anwendbar wäre. Damit findet die Vorschrift insbesondere auf beide Varianten elektronischer Wertpapiere nach § 4 Abs. 1 eWpG Anwendung.[40] Außerdem ergeben sich keine Einschränkungen des Anwendungsbereichs hinsichtlich der Begebungsform in Sammeleintragung oder Einzeleintragung (vgl. § 8 Abs. 1 eWpG).

---

36) Vgl. Begr. RegE Gesetz zur Einführung von eWp, BT-Drucks. 19/26925, S. 48.

37) *Wieneke/Kunz*, NZG 2021, 316, 318; vgl. ferner *Habersack* in: MünchKomm-BGB, Vorb. § 793 Rz. 40.

38) Vgl. *Segna*, WM 2020, 2301, 2304; Begr. RegE Gesetz zur Einführung von eWp, BT-Drucks. 19/26925, S. 68.

39) *Linardatos*, BKR 2022, 486, 487.

40) Müller/Pieper-*Müller*, eWpG, § 28 Rz. 8.

25 **Voraussetzung** für die Anwendbarkeit der Vorschrift ist, dass **in sachlicher Hinsicht** ein elektronisches Wertpapier in Form einer **Schuldverschreibung** vorliegt. Diese muss alle konstitutiven Elemente einer Inhaberschuldverschreibung enthalten. Dies setzt einerseits entsprechend § 793 BGB voraus, dass ein **Leistungsversprechen,**[41] d. h. eine in der Schuldverschreibung versprochene Leistung des Emittenten als Versprechenden, gegeben ist und sich dieses Versprechen aufgrund einer sog. **Inhaberklausel** auf den Inhaber des elektronischen Wertpapiers bezieht.[42] Dabei ist nach § 2 Abs. 1 eWpG für die **Begebung** sowohl ein Begebungsvertrag zwischen dem Emittenten und dem ersten Berechtigten[43] als auch die Eintragung nach § 4 Abs. 1 eWpG erforderlich, d. h. die Niederlegung von Emissionsbedingungen durch den Emittenten vor der Eintragung (§ 5 eWpG) und die Aufnahme des elektronischen Wertpapiers in ein elektronisches Wertpapierregister, wobei eindeutig und unmittelbar Bezug auf die niedergelegten Emissionsbedingungen genommen werden muss (§ 4 Abs. 4 eWpG).[44]

26 Neben den konstitutiven Anforderungen an „herkömmliche" Schuldverschreibungen müssen daher **weitere drei Bestandteile**, nämlich:

- Niederlegung der Emissionsbedingungen;

- Aufnahme der Registerdaten; und

- Bezugnahme auf die Emissionsbedingungen, erfüllt sein.[45]

27 Andernfalls können sich hieraus mögliche **Einwendungen** des Emittenten ergeben (vgl. § 28 Abs. 2 Nr. 2 eWpG); siehe unten bei Rz. 86 ff.

III. Rechte aus elektronischen Schuldverschreibungen auf den Inhaber (§ 28 Abs. 1 Satz 1 eWpG)

28 Die Regelung des § 28 Abs. 1 Satz 1 eWpG ist an § 793 BGB angelehnt und bestimmt, dass der Inhaber des elektronischen Wertpapiers formell legitimiert ist, die in der Schuldverschreibung versprochene Leistung an sich zu verlangen, es sei denn, dass er hierzu nicht berechtigt ist.[46] Damit liegt § 28 Abs. 1 Satz 1 eWpG das Verständnis zugrunde, dass für die **Legitimationsfunktion** die Innehabung des Papiers i. S. von § 793 Abs. 1 Satz 1 BGB **durch die Eintragung als Inhaber** in ein elektronisches Register ersetzt werden soll.[47] Dies entspricht auch dem Verständnis von § 2 Abs. 1 Satz 2 eWpG, wonach bei elektronischen Wertpapieren die Eintragung in ein elektronisches Wertpapierregister der Ausstellung einer Wertpapierurkunde entspricht.

1. Formelle Legitimation (Inhaberschaft)

29 Inhaber der in der Schuldverschreibung versprochenen Leistung aus der elektronischen Schuldverschreibung ist nach § 3 Abs. 1 eWpG derjenige, „der als Inhaber eines elektronischen Wertpapiers oder eines bestimmten Anteils an einer Gesamtemission in einem elek-

---

41) Conreder/Meier-*Linardatos*, eWpG, § 29 Rz. 27.

42) Müller/Pieper-*Müller*, eWpG, § 28 Rz. 2 f.; vgl. *Einsele* in: Omlor/Möslein/Grundmann, Elektronische Wertpapiere, § 2 II.

43) Müller/Pieper-*Müller*, eWpG, § 28 Rz. 4.

44) Müller/Pieper-*Müller*, eWpG, § 28 Rz. 5.

45) Vgl. Müller/Pieper-*Pieper*, eWpG, § 4 Rz. 32; vgl. *Lieder* in: Omlor/Möslein/Grundmann, Elektronische Wertpapiere, § 5 II. 4., S. 120 f.

46) Begr. RegE Gesetz zur Einführung von eWp, BT-Drucks. 19/26925, S. 68.

47) *Einsele* in: Omlor/Möslein/Grundmann, Elektronische Wertpapiere, § 2 III. 1., S. 36; *Geier*, RdF 2020, 258, 262; *Kleinert/Mayer*, EuZW 2020, 1059, 1064; *Lorenz*, WM 2020, 1609, 1610; Conreder/Meier-*Linardatos*, eWpG, § 28 Rz. 4.

tronischen Wertpapierregister eingetragen ist". Die formelle Legitimation gemäß § 28 Abs. 1 Satz 1 eWpG gegenüber dem Emittenten basiert demnach nur auf der **Eintragung** im elektronischen Wertpapierregister.[48]

Als Inhaber eingetragen sein kann entweder im Fall der **Sammeleintragung** nach § 8 Abs. 1 Nr. 1 eWpG eine Wertpapiersammelbank oder ein Verwahrer sowie im Fall der **Einzeleintragung** nach § 8 Abs. 1 Nr. 2 eWpG eine natürliche oder juristische Person oder rechtsfähige Personengesellschaft, die das Wertpapier als Berechtigte hält.[49] Damit stellt der **Begriff „Inhaber"** bei elektronischen Wertpapieren auf die **formelle Zuordnung im Register** ab. Diese fällt in der Einzeleintragung (regelmäßig) mit dem Berechtigten zusammen. Demgegenüber fallen Inhaberschaft und Berechtigung bei elektronischen Wertpapieren in Sammeleintragung aufgrund der Mediatisierung auseinander, soweit es sich nicht um eigene Bestände der eingetragenen Wertpapiersammelbank bzw. des eingetragenen Verwahrers handelt.[50]   **30**

Indem sich der Begriff des „Inhabers" bei elektronischen Wertpapieren auf die **formelle Zuordnung im Register** bezieht,[51] tritt i. R. der formellen Legitimation im Kontext des eWpG die Registereintragung an die Stelle des Besitzes einer Wertpapierurkunde.[52]   **31**

2. Materielle Legitimation (Berechtigung)

Der Leistungsanspruch des Gläubigers aus § 28 Abs. 1 Satz 1 eWpG setzt weiter voraus, dass der Gläubiger auch Berechtigter ist. Anders als § 793 Abs. 1 Satz 1 BGB knüpft § 28 Abs. 1 Satz 1 eWpG dafür nicht an die Verfügungsbefugnis über die Urkunde, mithin das Recht am Papier, an.[53] Aus dieser Modifikation gegenüber § 793 BGB folgt, dass Gläubiger des verbrieften Rechts nicht der (eingetragene) Inhaber als solcher ist, sondern die Person, die als **„Berechtigter" gemäß § 3 Abs. 2 eWpG** das Recht aus dem Wertpapier innehat.[54] Möglich bleiben außerdem die rechtsgeschäftliche oder gesetzliche Ermächtigung (§ 185 Abs. 1 BGB), eine gesetzliche Verfügungsbefugnis (bspw. das Einziehungsrecht des Pfandgläubigers nach § 1294 BGB oder des Insolvenzverwalters nach § 80 InsO) oder die Genehmigung (§ 185 Abs. 2 Var. 1 BGB).[55] Die materielle Legitimation ist hingegen keine in das elektronische Register eintragungsfähige Tatsache, so dass sich aus dem Register auch keine Anhaltspunkte über die materielle Berechtigung ergeben.   **32**

Weiterhin folgt mittelbar aus § 28 Abs. 1 Satz 1 eWpG a. E., dass die formelle Legitimation für das Leistungsverlangen hinsichtlich der in der Schuldverschreibung versprochenen Leistung nach § 28 Abs. 1 Satz 1 eWpG nicht genügt, sondern das Leistungsrecht nur dem materiell Berechtigten zusteht.[56] Auswirkungen hat dies **je nach dem, ob eine Einzel- oder eine Sammeleintragung vorliegt**, da im Fall der Sammeleintragung Inhaberschaft und Be-   **33**

---

48) Vgl. Begr. RegE Gesetz zur Einführung von eWp, BT-Drucks. 19/26925, S. 41.

49) Letzteres soll neben der Verwendung eines Klarnamens auch die Verwendung eines Pseudonyms erlauben, sofern vor allem zur Erfüllung geldwäscherechtlicher Pflichten, die Identifizierbarkeit gewährleistet ist; *Linardatos*, BKR 2022, 486, 487 m. w. N.

50) Müller/Pieper-*Müller*, eWpG, § 28 Rz. 10; *Linardatos*, BKR 2022, 486, 488; *Wieneke/Kunz*, NZG 2021, 316, 319; *Dubovitskaya*, ZIP 2020, 2551, 2556; Conreder/Meier-*Linardatos*, eWpG, § 28 Rz. 7 ff.

51) *Wieneke/Kunz*, NZG 2021, 316, 319; Conreder/Meier-*Linardatos*, eWpG, § 28 Rz. 6.

52) *Einsele* in: Omlor/Möslein/Grundmann, Elektronische Wertpapiere, § 2 III. 1., S. 36 f.

53) Müller/Pieper-*Müller*, eWpG, § 28 Rz. 11.

54) Müller/Pieper-*Müller*, eWpG, § 28 Rz. 10; *Linardatos*, BKR 2022, 486, 487; Conreder/Meier-*Linardatos*, eWpG, § 28 Rz. 12.

55) Müller/Pieper-*Müller*, eWpG, § 28 Rz. 11; *Einsele* in: Omlor/Möslein/Grundmann, Elektronische Wertpapiere, § 2 III. 2. b).

56) *Linardatos*, BKR 2022, 486, 487.

rechtigung in der gesetzlichen und tatsächlichen Konstruktion (regelmäßig) auseinander fallen.

3.   Besonderheiten in Abhängigkeit der Eintragungsform

34   Wie das eWpG auch sonst zwischen elektronischen Wertpapieren in Einzeleintragung und in Sammeleintragung unterscheidet, so ist diese Unterscheidung vor allem mit Blick auf die formelle und materielle Legitimation von Bedeutung.

a)   Einzeleintragung

35   Im Fall der Einzeleintragung fallen formelle und materielle Legitimation typischerweise, d. h. im gesetzlichen „Sollzustand", zusammen, so dass der im elektronischen Register eingetragene Inhaber auch stets Inhaber der Rechtsposition und mithin materiell Berechtigter ist (vgl. § 8 Abs. 1 Nr. 2 eWpG, d. h. die Person, „die das elektronische Wertpapier als Berechtigte hält").[57] Lediglich die Legitimation durch die Innehabung einer Urkunde in Papierform wird dabei durch die nach § 10 Abs. 1 eWpG einsehbare Eintragung des Inhabers ersetzt.[58]

36   Während Inhaberschaft und Berechtigung im Zeitpunkt der Entstehung des elektronischen Wertpapiers in Einzeleintragung notwendig zusammenfallen, da der Aussteller der elektronischen Schuldverschreibung den Begebungsvertrag mit dem Inhaber schließt,[59] ist ein **Auseinanderfallen von Inhaberschaft und Berechtigung** zu einem späteren Zeitpunkt durchaus möglich. In Betracht kommen hierfür nicht nur Fälle der Einzel- oder Gesamtrechtsnachfolge kraft Gesetzes (etwa die Erbschaft oder Umwandlungsvorgänge wie Verschmelzung und Spaltung), sondern auch eine fehlgeschlagene Verfügung (etwa der Fall einer Umtragung trotz fehlender Einigung oder Berechtigung).[60] In einem solchen Fall kann der Inhaber trotz seiner formellen Legitimation nicht die versprochene Leistung verlangen, da er „hierzu nicht berechtigt ist"; das ergibt sich aus § 28 Abs. 1 Satz 1 eWpG a. E.[61] Siehe zu der Frage, in welchem Umfang der „nur" materiell Berechtigte, der aber nicht Inhaber ist, die Leistung verlangen kann, unten *Wieneke*, § 29.

37   Aus dem Umstand, dass i. R. des eWpG bei Einzeleintragung formelle Inhaberschaft und materielle Berechtigung im Regelfall nicht auseinanderfallen, ergibt sich, dass auf diesen Fall die **Vermutung aus § 27 eWpG** anwendbar ist. Obwohl sich dem Wortlaut nach die Vermutung des § 27 eWpG etwas unschlüssig auf das „Eigentum des Wertpapiers" wie an einer tatsächlich existierenden Urkunde bezieht, ist damit die Vermutung der materiellen Berechtigung gemeint (siehe oben *Schulz*, § 27).[62] Insofern wird auch im eWpG ein **Gleichlauf mit der Vermutung der materiellen Berechtigung** aufgrund der formellen Inhaberschaft wie bei § 793 Abs. 1 Satz 1 BGB hergestellt. Macht der Inhaber also die versprochene Leistung aus einem elektronischen Wertpapier in Einzeleintragung gerichtlich geltend, kommt ihm, was die Berechtigung anbelangt, die Eigentumsvermutung nach § 27 eWpG zugute. Daher kann sich der Eingetragene (im Prozess) zunächst darauf be-

---

57)   *Linardatos*, BKR 2022, 486, 487; Conreder/Meier-*Linardatos*, eWpG, § 28 Rz. 13.

58)   Vgl. Begr. RegE Gesetz zur Einführung von eWp, BT-Drucks. 19/26925, S. 78; Conreder/Meier-*Linardatos*, eWpG, § 28 Rz. 13.

59)   Begr. RegE Gesetz zur Einführung von eWp, BT-Drucks. 19/26925, S. 37; s. zu der Konstellation des fehlerhaften Begebungsvertrags unten bei Rz. 86 ff.

60)   Vgl. etwa Conreder/Meier-*Linardatos*, eWpG, § 3 Rz. 45; Müller/Pieper-*Müller*, eWpG, § 3 Rz. 7 f.; *Einsele* in: Omlor/Möslein/Grundmann, Elektronische Wertpapiere, § 2 II. 3., S. 39 f.; *Omlor* in: Omlor/ Möslein/Grundmann, Elektronische Wertpapiere, § 6 II. 3., S. 148.

61)   *Einsele* in: Omlor/Möslein/Grundmann, Elektronische Wertpapiere, § 2 V. 1., S. 45.

62)   Vgl. hierzu auch *Einsele* in: Omlor/Möslein/Grundmann, Elektronische Wertpapiere, § 2 III. 2. a), S. 38.

schränken, den Umstand seiner Eintragung darzutun.[63] In der Praxis reicht daher im Fall der Einzeleintragung die **„Auskunft über die Identität und die Adresse eines Inhabers"** nach § 10 Abs. 3 eWpG für das Leistungsverlangen nach § 28 Abs. 1 eWpG aus.

Allerdings ist die Vermutung widerleglich. Die **Widerlegung der Vermutung** setzt gemäß 38 § 292 ZPO den vollen Beweis des Gegenteils der Vermutungsfolge voraus. Der Emittent muss daher beweisen, dass die Eintragung des Inhabers unrichtig ist (siehe hierzu im Einzelnen oben *Schulz*, § 27). Ist die Vermutung widerlegt, besteht eine Leistungspflicht trotz der Eintragung als Inhaber nicht.

b) Sammeleintragung

Da im Fall der Sammelverwahrung elektronischer Wertpapiere gemäß § 8 Abs. 1 Nr. 1 eWpG 39 die Wertpapiersammelbank oder der Verwahrer als Inhaber(in) in das elektronische Wertpapierregister eingetragen ist, fallen **formelle und materielle Berechtigung** nach der gesetzlichen Konzeption grundsätzlich **auseinander**, sofern es sich nicht ausnahmsweise um eigene Bestände der Wertpapiersammel- oder Depotbank handelt.[64]

Eine Wertpapiersammelbank ist nach § 4 Abs. 5 eWpG ein nach Art. 16 der CSDR[65] zu- 40 gelassener Zentralverwahrer, in Deutschland also nur die **Clearstream Banking AG**.[66] Für den praktisch besonders relevanten Fall, dass ein Zentralregisterwertpapier in Sammeleintragung an einem Handelsplatz gehandelt werden soll, wird das zentrale Register bei der Clearstream Banking AG geführt werden müssen. Die Öffnung zur Registerführung auch durch **Depotbanken** ermöglicht für Zentralregisterwertpapiere eine Art Haussammelverwahrung (§ 5 Abs. 1 Satz 2 DepotG) bei einem Kreditinstitut, allerdings nur, wenn die Emissionen nicht auf den Umlauf der Wertpapiere im Effektengiroverkehr ausgelegt sind.[67] Nach § 9 Abs. 1 eWpG führt die Sammeleintragung dazu, dass die elektronischen Wertpapiere als Wertpapiersammelbestand und die Berechtigten als **Miteigentümer nach Bruchteilen** gelten, wobei sich der jeweilige Anteil nach dem Nennbetrag bestimmt.

Inhaber der Forderung und damit **Berechtigter** aus der elektronischen Schuldverschreibung 41 ist aber grundsätzlich nicht die Wertpapiersammelbank, sondern regelmäßig der **Depotkunde**, für den der Letztintermediär in der Verwahrkette das Wertpapier hält.[68] Daraus folgt, dass Inhaber des Rechts aus dem Wertpapier bei Sammeleintragung nicht die Wertpapiersammelbank oder ein anderer Verwahrer ist, sondern zunächst der (Erst-)**Erwerber** des elektronischen Papiers[69] sowie sodann derjenige, an den das elektronische Wertpapier im Effektengiroverkehr übertragen wird.

Ein wesentlicher Unterschied des § 28 Abs. 1 Satz 1 eWpG zu § 793 Abs. 1 Satz 1 BGB be- 42 steht für den Fall der Sammeleintragung in der Konsequenz darin, dass bei sammelverwahrten Inhaberschuldverschreibungen aus der Inhaberschaft keine Vermutung der materiellen Berechtigung folgt.[70] Daher besteht in diesem Fall auch **keine Vermutung gemäß**

---

63) Begr. RegE Gesetz zur Einführung von eWp, BT-Drucks. 19/26925, S. 68.

64) Müller/Pieper-*Müller*, eWpG, § 28 Rz. 10; *Linardatos*, BKR 2022, 486, 488; *Wieneke/Kunz*, NZG 2021, 316, 319; *Dubovitskaya*, ZIP 2020, 2551, 2556.

65) Verordnung (EU) Nr. 909/2014 des Europäischen Parlaments und des Rates v. 23.7.2014 zur Verbesserung der Wertpapierlieferungen und -abrechnungen in der Europäischen Union und über Zentralverwahrer sowie zur Änderung der Richtlinien 98/26/EG und 2014/65/EU und der Verordnung (EU) Nr. 236/2012 (Central Securities Depositories Regulation – CSDR), ABl. (EU) L 257/1 v. 28.8.2014.

66) Müller/Pieper-*Pieper*, eWpG, § 4 Rz. 46 f.; *Wieneke/Kunz*, NZG 2021, 316, 320.

67) *Wieneke/Kunz*, NZG 2021, 316, 320.

68) *Linardatos*, BKR 2022, 486, 488; Conreder/Meier-*Linardatos*, eWpG, § 28 Rz. 14 f.

69) *Einsele* in: Omlor/Möslein/Grundmann, Elektronische Wertpapiere, § 2 II., S. 36.

70) *Einsele* in: Omlor/Möslein/Grundmann, Elektronische Wertpapiere, § 2 III. 2. b), S. 39.

§ 27 eWpG. Die Entmaterialisierung beraubt elektronische Wertpapiere in Sammeleintragung der Funktion, über die Innehabung den Berechtigten zu bestimmen.[71] Allerdings tritt an diese Stelle die **Depotbescheinigung zur Rechtsausübung** nach § 6 Abs. 2 DepotG, wonach derjenige, dem der hinterlegte Anteil am Sammelbestand darin zugewiesen wird, zum Zwecke der Beweisführung **als Inhaber gilt.**

aa) Legitimation der Wertpapiersammelbank oder des Verwahrers

43   Auch wenn die Wertpapiersammelbank bzw. ein Verwahrer im Fall der Sammeleintragung folglich nur der formell Legitimierte und nicht der Berechtigte der Forderung aus der elektronischen Schuldverschreibung ist, findet die aus der herkömmlichen Girosammelverwahrung bekannte Ermächtigungstreuhand Anwendung. Hierzu stellt § 9 Abs. 2 Satz 1 eWpG klar, dass

> „[d]ie Wertpapiersammelbank oder ein Verwahrer die Sammeleintragung[72] treuhänderisch für die Berechtigten [verwaltet], ohne selbst Berechtigter zu sein".

44   Damit liegt nunmehr ein Fall der **gesetzlichen Ermächtigungstreuhand** vor, die analog § 185 BGB dazu berechtigt, die Forderung beim Emittenten geltend zu machen und einzuziehen ohne selbst hinsichtlich der Forderung berechtigt zu sein (§§ 3 Abs. 1, 9 Abs. 1 Satz 1, Abs. 2 eWpG).[73] Daraus folgert die Regierungsbegründung zutreffend, die Wertpapiersammelbank bzw. der Verwahrer könne

> „wie bei einer Globalurkunde, auch für die Sammeleintragung die Abwicklung der Zins- und Tilgungsleistungen übernehmen."[74]

45   Somit ändert sich an der bisherigen Praxis nichts. Eine gesetzliche Ermächtigung war sinnvoll, weil der Berechtigte als Kunde des Letztintermediärs in der Verwahrkette typischerweise keine direkte Geschäftsbeziehung mit dem Inhaber, d. h. der Clearstream Banking AG bzw. der Depotbank, unterhält. Im Fall der Registerführung durch **Depotbanken**, d. h. wenn ein Kreditinstitut für Zentralregisterwertpapiere eine Art Haussammelverwahrung (§ 5 Abs. 1 Satz 2 DepotG) anbietet, ist diese Regelung regelmäßig auskömmlich. Bei längeren Verwahrketten, insbesondere im Regelfall einer Verwahrung bei einer **Wertpapiersammelbank**, d. h. bei Clearstream, kommen, wie bislang auch, das Regelwerk von Clearstream, die vertraglichen Regelungen auf den einzelnen Verwahrstufen und Nr. 14 der **Sonderbedingungen für Wertpapiergeschäfte**[75] hinzu, um die Ermächtigungskaskade zu vervollständigen.

46   Der Begriff des Berechtigten bezieht sich bei elektronischen Wertpapieren grundsätzlich auf die materielle Zuordnung des Rechts (vgl. § 3 Abs. 2 eWpG).[76] Für den Fall der **Sammeleintragung** ist der **Begriff der Berechtigung** i. S. von § 28 Abs. 1 Satz 1 eWpG a. E. allerdings **abweichend** zu dem „Berechtigten" i. S. des § 3 Abs. 2 eWpG und den Fall der Einzeleintragung zu verstehen. So wird in der Literatur zu Recht die Auffassung vertreten, unter dem Begriff der „Berechtigung" bei § 28 Abs. 1 Satz 1 eWpG a. E. sei im Fall

---

71) *Lehmann,* BKR 2020, 431, 436; *Linardatos,* BKR 2022, 486, 488.

72) Gemeint sind die sammeleingetragenen elektronischen Wertpapiere; s. *Wieneke/Kunz,* NZG 2021, 316, 319.

73) *Einsele* in: Omlor/Möslein/Grundmann, Elektronische Wertpapiere, § 2 III. 2. b), S. 38 f.; Conreder/Meier-*Linardatos,* eWpG, § 28 Rz. 17; Müller/Pieper-*Müller,* eWpG, § 28 Rz. 12.

74) Begr. RegE Gesetz zur Einführung von eWp, BT-Drucks. 19/26925, S. 49; so auch Müller/Pieper-*Müller,* eWpG, § 28 Rz. 12.

75) Sonderbedingungen für Wertpapiergeschäfte, Stand: 3.1.2018, z. B. abrufbar unter https://www.deutsche-bank.de/content/dam/deutschebank/de/shared/pdf/ser-agb-bedingungen-sonderbedingungen_wertpapiergeschaefte_ag.pdf (Abrufdatum: 14.2.2023).

76) Conreder/Meier-*Linardatos,* eWpG, § 28 Rz. 12; *Wieneke/Kunz,* NZG 2021, 316, 319.

der Sammeleintragung die mit der Ermächtigungstreuhand (vgl. § 9 Abs. 2 Satz 1 eWpG) verbundene Befugnis der Wertpapiersammelstelle zur Einziehung der Forderung zu verstehen.[77]

In der durch das eWpG aufgespannten Matrix der elektronischen Wertpapiere sind auch **Kryptowertpapiere in Sammeleintragung** vorgesehen. Wie man sich das vorstellen soll, ist unklar.[78] In jedem Fall ergeben sich aus der gesetzlichen Ermächtigungstreuhand, die § 28 Abs. 1 Satz 1 eWpG zugrunde liegt, Anforderungen an die technische Ausgestaltung. Clearingsysteme halten nämlich neben der Briefseite auch immer eine Geldseite vor. Das bedeutet, dass die registerführende Stelle bei Kryptowertpapieren auch immer eine **Infrastruktur für die Zahlungsabwicklung** bereitstellen muss. Wenn er nämlich im Fall der Sammeleintragung als im Wertpapierregister eingetragener Inhaber zur Empfangnahme der Leistung (insbesondere Nominalbetrag und Zinsen) ermächtigt ist, muss er auch eine rechtssichere Weiterleitung an die Berechtigten gewährleisten können. 47

Wird diese technische Ausgestaltung nicht für die gesamte Dauer, für die das Kryptowertpapier eingetragen ist, gewährleistet, ist der Inhaber der Schuldverschreibung zudem nach den Voraussetzungen des § 30 Abs. 1 Satz 1 eWpG zur **außerordentlichen Kündigung** berechtigt. 48

bb)   Legitimation des Hinterlegers

Das Auseinanderfallen des formell und materiell Berechtigten im Fall der Sammeleintragung sowie die Übernahme der Ermächtigungstreuhand zugunsten der Wertpapiersammelbank oder eines sonstigen Verwahrers stellen den Hintergrund der Neuregelung in § 6 Abs. 2 DepotG dar.[79] Sofern der materiell Berechtigte im Fall der Sammeleintragung als Hinterleger seinen Leistungsanspruch gegenüber dem Emittenten geltend machen will, benötigt er hierzu einen Nachweis. Nach § 6 Abs. 2 DepotG hat der materiell Berechtigte daher einen Anspruch auf Ausstellung einer **„Depotbescheinigung zur Rechtsausübung"**. Gemäß der Fiktion aus § 6 Abs. 2 Satz 3 DepotG gilt der in der Depotbescheinigung zur Rechtsausübung Genannte zur Beweisführung als Inhaber des ihm zugewiesenen Anteils am Sammelbestand. 49

Die Ausstellung einer Depotbescheinigung zur Rechtsausübung bewirkt damit wieder eine **gewisse Materialisierung** und zeigt, dass sich der Gesetzgeber nicht zu weit vom bisherigen Wertpapierrecht entfernen wollte.[80] Problematisch erscheint allerdings, dass der Hinterleger zwar den Anspruch auf Ausstellung einer Depotbescheinigung zur Rechtsausübung hat, allerdings **nicht zwingend auch materiell Berechtigter** sein muss.[81] 50

Im Regelfall wird man davon ausgehen können, dass die gesetzliche Ermächtigungstreuhand, die § 28 Abs. 1 Satz 1 eWpG zugrunde liegt, das **Recht zur eigenständigen Geltendmachung** der Leistung durch den aufgrund einer Depotbescheinigung zur Rechtsausübung nach § 6 Abs. 2 DepotG ausgewiesenen Berechtigten verdrängt. Das bedeutet, dass der Emittent auch dann mit befreiender Wirkung an die eingetragene Wertpapiersammelbank bzw. den Verwahrer zahlen kann, wenn der Berechtigte seine Forderung selbst zur unmittelbaren Zahlung an sich geltend macht. Dieser Vorrang ergibt sich aus der gesetzlichen Regelung und ist typischerweise so in den Anleihebedingungen geregelt. 51

---

77) *Einsele* in: Omlor/Möslein/Grundmann, Elektronische Wertpapiere, § 2 III. 2. b), S. 39; Müller/Pieper-*Müller*, eWpG, § 28 Rz. 12; Conreder/Meier-*Linardatos*, eWpG, § 28 Rz. 14.
78) So auch schon *Wieneke/Kunz*, NZG 2021, 316, 320.
79) *Döding/Wentz*, WM 2020, 2312, 2318; *Wieneke/Kunz*, NZG 2021, 316, 322.
80) Vgl. hierzu den Wortlaut des § 6 Abs. 2 Satz 3 DepotG.
81) Zur Problematik *Einsele* in: Omlor/Möslein/Grundmann, Elektronische Wertpapiere, § 2 III. 4., S. 40.

52   Der durch die Sammeleintragung angestrebte Effizienzvorteil wäre nicht zu erzielen, wenn er durch einzelne Berechtigte unterlaufen werden könnte.[82] Zahlt allerdings der Emittent nicht, kann der Berechtigte auf der Grundlage einer Depotbescheinigung **Zahlung an sich verlangen**, zumal der Inhaber im Fall der Sammeleintragung nicht die (gerichtliche) Durchsetzung der Forderung übernehmen wird.

IV.   Liberationswirkung (§ 28 Abs. 1 Satz 2 eWpG)

1.   Zugunsten des Emittenten

53   § 28 Abs. 1 Satz 2 eWpG besagt, dass „der Emittent […] durch die Leistung an den Inhaber befreit [wird]" und regelt damit die Liberationswirkung. Die Regelung ist funktional äquivalent zu § 793 Abs. 1 Satz 2 BGB, wonach „[d]er Aussteller […] auch durch die Leistung an einen nicht zur Verfügung berechtigten Inhaber befreit [wird]". Teilweise wird die Auffassung vertreten, dass eine an § 793 Abs. 1 Satz 2 BGB angelehnte Regelung entbehrlich gewesen wäre, da § 2 Abs. 2 eWpG bereits die Gleichstellung mit mittels papierner Urkunde begebenen Wertpapieren anordne und § 28 Abs. 2 eWpG die wertpapierrechtliche Einwendungslehre ohnehin nicht vollständig kodifiziere.[83]

54   Nach § 28 Abs. 1 Satz 2 eWpG wird der Emittent durch eine Leistung an den Inhaber von seiner Verpflichtung befreit. Dies ist bei einer Leistung an den Inhaber, der auch **Berechtigter** ist, selbstverständlich und ergibt sich aus § 362 Abs. 1 BGB. Der Kern der Regelung besteht daher darin, dass, wie § 793 Abs. 1 Satz 2 BGB ausdrücklich sagt, die befreiende Wirkung der Leistung an den Inhaber **auch** eintritt, wenn sie an einen **Nichtberechtigten** erfolgt.[84]

55   § 28 Abs. 1 Satz 2 eWpG findet auch auf den Fall der **Sammeleintragungen** Anwendung, so dass die Leistung an die – gerade typischerweise nicht materiell berechtigte – Wertpapiersammelbank bzw. einen Verwahrer Liberationswirkung hat. Vor diesem Hintergrund ist es unerheblich, ob erst die gesetzliche Ermächtigungstreuhand, die den Inhaber im Fall der Sammeleintragung analog § 185 BGB dazu berechtigt, die Forderung beim Emittenten geltend zu machen und einzuziehen (§ 9 Abs. 2 eWpG), zu einer Berechtigung führt. Die Ermächtigungskonstruktion entspricht nämlich, wie oben dargestellt (siehe oben Rz. 14 ff.), schon jetzt der gegenwärtigen Praxis bei girosammelverwahrten Inhaberschuldverschreibungen. Dass damit das Abwicklungs- und Insolvenzrisiko auf den Anleger übertragen wird, ist im Fall der Sammeleintragung nicht unsachgerecht, wenn eingetragener Inhaber eine Wertpapiersammelbank oder ein Verwahrer ist. Ob dies aus der Perspektive des Anlegerschutzes auch für Kryptowertpapiere in Sammeleintragung gilt, wird sich zeigen müssen.

56   An der durch § 28 Abs. 1 Satz 2 eWpG geregelten befreienden Wirkung der Leistung an den Inhaber ändert sich im Fall der Sammeleintragung auch dann nichts, wenn sich ein Berechtigter einer **Depotbescheinigung zur Rechtsausübung** nach § 6 Abs. 2 Satz 3 DepotG an den Emittenten wendet. Zwar hat dann der Emittent positive Kenntnis von der Person des materiell Berechtigten. Aufgrund des **Vorrangs der gesetzlichen Ermächtigungstreuhand** ist aber gleichwohl **an den Inhaber zu leisten**. Erfolgt also die Rechtsausübung durch den Ermächtigungstreuhänder, bleibt es bei der schuldbefreienden Wirkung durch Leistung an den Inhaber.[85]

57   Macht der Berechtigte allerdings subsidiär auf der Grundlage einer Depotbescheinigung die Zahlung an sich geltend, weil der Emittent gerade an den eingetragenen Inhaber nicht zahlt,

---

82)   So wird man auch *Linardatos*, BKR 2022, 486, 488, verstehen können.

83)   *Bialluch-v. Allwörden*, RDi 2021, 13, 16 f.

84)   *Linardatos*, BKR 2022, 486, 488; Conreder/Meier-*Linardatos*, eWpG, § 28 Rz. 22.

85)   *Linardatos*, BKR 2022, 486, 488.

kann es bei einer **falschen Depotbescheinigung** eines Letztintermediärs für den ersten Nichtintermediär aufgrund von § 6 Abs. 2 Satz 3 DepotG ebenfalls zu einer Liberationswirkung kommen; auch in einer solchen Situation soll der Emittent davor geschützt sein, zweimal zahlen zu müssen. Die Bescheinigung muss selbstverständlich echt und aktuell sein sowie einen Sperrvermerk enthalten, um die Möglichkeit von Zwischenverfügungen auszuschließen.[86]

Ihre wesentliche Funktion entfaltet die Liberationswirkung des § 28 Abs. 1 Satz 2 eWpG **58** im Fall der **Einzeleintragung**. Hier wird der Emittent bei Auseinanderfallen von Eintragung und Berechtigung davor geschützt, doppelt oder mehrfach leisten zu müssen.[87] Entgegen der Relevanz der materiellen Legitimation für das Leistungsverlangen gemäß § 28 Abs. 1 Satz 1 eWpG erfordert Satz 2 keine Prüfung der materiellen Berechtigung des Inhabers und sichert so die Funktionalität des elektronischen Wertpapiers i. R. moderner Massenemissionen.[88] Insofern kann sich der Emittent auf die formale Registerposition verlassen und an die dort genannte Person mit schuldbefreiender Wirkung leisten.[89]

Ist die Emittentin durch Leistung an den Inhaber befreit worden, muss der materiell Be- **59** rechtigte sich nach § 816 Abs. 2 BGB **an den formell Berechtigten halten**, der die Leistung empfangen hat.[90] Im Fall einer falschen Depotbescheinigung kommt zudem ggf. auch ein Anspruch **gegen den Verwahrer** aus § 6 Abs. 2 Satz 2 DepotG in Betracht.

2. Einschränkung

Die Liberationswirkung des § 793 Abs. 1 Satz 2 BGB wird in Ausnahmefällen allerdings **60** mangels Schutzwürdigkeit des Ausstellers nach überwiegender Auffassung restriktiv verstanden.[91] Insofern hat die Leistung keine befreiende Wirkung, wenn der Aussteller die **fehlende Berechtigung** des Inhabers **positiv kennt oder unschwer hätte kennen** und beweisen können.[92] Einzelheiten sind umstritten, insbesondere die Frage, ob nur positive Kenntnis und liquide Beweismittel den guten Glauben des Ausstellers ausschließen oder ob bereits grobe Fahrlässigkeit und grob fahrlässiges Verkennen der Beweislage schaden.[93]

Richtigerweise wird angenommen, dass diese bei § 793 Abs. 1 Satz 2 BGB herkömmlich **61** anzuwendenden Restriktionen auch i. R. des § 28 Abs. 1 Satz 2 eWpG greifen.[94] Dafür spricht bereits der in § 2 Abs. 2 eWpG zum Ausdruck kommende Gedanke der Vergleichbarkeit zu in Papierform begebenen Urkunden. Im Fall der **Sammeleintragung** wird allerdings die gesetzlich vorgesehene Ermächtigungstreuhand (§ 9 Abs. 2 Satz 1 eWpG) dazu führen, dass der Streit über den Umfang der Einschränkungen in der Praxis nicht zum Tragen kommen wird.[95]

---

86) S. zum Thema Sperrvermerk Reinhard/Schall-*Schulze De la Cruz*, SchVG, § 10 Rz. 19 m. w. N.

87) Begr. RegE Gesetz zur Einführung von eWp, BT-Drucks. 19/26925, S. 78; *Linardatos*, BKR 2022, 486, 488; Müller/Pieper-*Müller*, eWpG, § 28 Rz. 17.

88) *Linardatos*, BKR 2022, 486, 488; Müller/Pieper-*Müller*, eWpG, § 28 Rz. 17.

89) Conreder/Meier-*Linardatos*, eWpG, § 28 Rz. 24.

90) Müller/Pieper-*Müller*, eWpG § 28 Rz. 17; so auch die Rechtslage bei herkömmlichen Wertpapieren; s. nur Staudinger-*Marburger*, BGB, § 793 Rz. 30 m. w. N.

91) BGH, Urt. v. 20.11.1958 – VII ZR 4/58, BGHZ 28, 368, 370 = NJW 1959, 622; *Habersack* in: MünchKomm-BGB, § 793 Rz. 42; *Gehrlein* in: BeckOK-BGB, § 793 Rz. 14; Jauernig-*Stadler*, BGB, § 793 Rz. 14.

92) Vgl. BGH, Urt. v. 20.11.1958 – VII ZR 4/58, BGHZ 28, 368, 370 = NJW 1959, 622.

93) Vgl. etwa *Habersack* in: MünchKomm-BGB, § 793 Rz. 42.

94) *Einsele* in: Omlor/Möslein/Grundmann, Elektronische Wertpapiere, § 2 IV., S. 42; Conreder/Meier-*Linardatos*, eWpG, § 28 Rz. 30; Müller/Pieper-*Müller*, eWpG, § 28 Rz. 18.

95) So auch *Einsele* in: Omlor/Möslein/Grundmann, Elektronische Wertpapiere, § 2 IV., S. 42.

62 Im Fall der **Einzeleintragung** mag das anders sein. Der Zweck der Liberationsfunktion besteht darin, den Aussteller bzw. Emittenten i. R. moderner Massenemissionen nicht zu überfordern. Insbesondere soll sich der Aussteller grundsätzlich nicht um die Interna des Inhabers kümmern müssen, gleichgültig, welcher Art sie sind.[96] Dies gilt auch für elektronische Wertpapiere. Daher ist nach überwiegender Auffassung auch eine Leistung mit befreiender Wirkung an einen Geschäftsunfähigen oder beschränkt Geschäftsfähigen möglich.[97] Fraglich ist dies allerdings, wenn etwa technische Pannen zu einer deklaratorischen Fehleintragung etwa bei einem Kryptowertpapier führen.[98] Ist dieser Fehler eher der Sphäre des Emittenten zuzuweisen, wird man jedenfalls von einem höheren Sorgfaltsmaßstab ausgehen müssen.

63 Findet die Liberationswirkung aufgrund der genannten Einschränkungen nicht statt, wird der Emittent durch die Zahlung an den Inhaber nicht frei. Er muss erneut an den Berechtigten leisten und kann nach § 812 Abs. 1 Satz 1 Alt. 1 BGB im Wege der Leistungskondiktion den Leistungsempfänger auf Rückzahlung in Anspruch nehmen.[99]

V. Einwendungen bei elektronischen Wertpapieren (§ 28 Abs. 2 eWpG)

1. Allgemeines

64 § 28 Abs. 2 eWpG trifft eine funktionsgleiche Parallelregelung zu § 796 BGB und limitiert die Einwendungen des Emittenten elektronischer Wertpapiere im Interesse der Umlauffähigkeit.[100] Nach § 796 BGB kann

> „[d]er Aussteller […] dem Inhaber der Schuldverschreibung nur solche Einwendungen entgegensetzen, welche die Gültigkeit der Ausstellung betreffen oder sich aus der Urkunde ergeben oder dem Aussteller unmittelbar gegen den Inhaber zustehen."

65 Sprachlich ist § 28 Abs. 2 eWpG zudem an **§ 6 Abs. 6 BSchuWG** angelehnt. Nach dieser Bestimmung kann

> „[d]er Schuldner der Sammelschuldbuchforderung […] nur solche Einwendungen erheben, die sich aus der Eintragung ergeben, die Gültigkeit der Eintragung betreffen oder ihm unmittelbar gegen den Gläubiger zustehen".

66 § 28 Abs. 2 eWpG lässt **bestimmte Einwendungen** des Emittenten eines elektronischen Wertpapiers gegen das Leistungsverlangen zu. Die fehlende Verfügungsbefugnis, d. h. die fehlende materielle Berechtigung, kann der Emittent – wie auch bei § 796 BGB[101] – daneben unabhängig von § 28 Abs. 2 eWpG geltend machen; dies ergibt sich bereits aus § 28 Abs. 1 Satz 1 eWPG.[102]

67 Die Ausschlussfunktion der Einwendungen gegen das Leistungsverlangen des verfügungsberechtigten Inhabers gemäß § 28 Abs. 2 eWpG dient der **Herstellung der Umlauffähigkeit** elektronischer Wertpapiere.[103] Spiegelbildlich dient sie dem Schutz des Vertrauens des Rechtsverkehrs, dass die vom Wertpapier getragene Forderung in beschriebenem Umfang besteht und auch durchsetzbar ist.[104]

---

96) *Habersack* in: MünchKomm-BGB, § 793 Rz. 43.
97) Müller/Pieper-*Müller*, eWpG, § 28 Rz. 20; *Linardatos*, BKR 2022, 486, 488; Conreder/Meier-*Linardatos*, eWpG, § 28 Rz. 22.
98) Vgl. hierzu etwa Müller/Pieper-*Müller*, eWpG, § 28 Rz. 19.
99) Conreder/Meier-*Linardatos*, eWpG, § 28 Rz. 26; Müller/Pieper-*Müller*, eWpG, § 28 Rz. 18.
100) *Linardatos*, BKR 2022, 486, 488; *Einsele* in: Omlor/Möslein/Grundmann, Elektronische Wertpapiere, § 2 V. 1., S. 43; Begr. RegE Gesetz zur Einführung von eWp, BT-Drucks. 19/26925, S. 68.
101) Vgl. etwa *Habersack* in: MünchKomm-BGB, § 796 Rz. 1; *Gehrlein* in: BeckOK-BGB, § 796 Rz. 1.
102) *Einsele* in: Omlor/Möslein/Grundmann, Elektronische Wertpapiere, § 2 V. 1., S. 45; *Linardatos*, BKR 2022, 486, 489; Conreder/Meier-*Linardatos*, eWpG, § 28 Rz. 30; Müller/Pieper-*Müller*, eWpG, § 28 Rz. 32.
103) *Linardatos*, BKR 2022, 486, 488; Conreder/Meier-*Linardatos*, eWpG, § 28 Rz. 32.
104) *Linardatos*, BKR 2022, 486, 488.

Damit dient die Regelung demselben Schutzzweck wie § 796 BGB. Aus diesem Schutzzweck 68
ergeben sich **Einschränkungen**. So gilt die Begrenzungsfunktion des § 796 BGB **nur zugunsten des Sekundärerwerbers**; gegenüber dem ersten Nehmer kann der Schuldner alle
seine Einwendungen geltend machen.[105] Vor diesem Hintergrund erklärt sich, dass auch
der funktional äquivalente § 28 Abs. 2 eWpG aufgrund einer **teleologischen Reduktion**[106]
die unmittelbaren Einwendungen des Emittenten gegen den Erstinhaber nicht ausschließt.
Der Ausschluss kommt erst zum Tragen, wenn das elektronische Wertpapier unter Dritten
im Verkehr ist, schützt also nur vor Einwendungen, die der Emittent dem Zweit- oder
Folgeerwerber entgegenhalten könnte.[107] Die Anwendung des § 28 Abs. 2 eWpG setzt damit
auch voraus, dass der Erwerb vom Erstinhaber durch ein **Verkehrsgeschäft** erfolgte. Ein
Erwerb im Wege einer Erbschaft[108] oder durch eine Gesamtrechtsnachfolge i. R. eines Um-
wandlungsvorgangs (etwa einer Verschmelzung oder Spaltung) würde also nicht ausreichen.
In diesen Fällen liegt eine schutzwürdige Vermögensdisposition des Erwerbers nicht vor;
er übernimmt vielmehr unverändert die Rechtsposition des Ersterwerbers.

Gleichzeitig bezieht sich der Vertrauensschutz nicht auf Ansprüche gegen den Inhaber als 69
Person, so dass diese insoweit unberührt bleiben.[109] Dies ergibt sich aus § 28 Abs. 2 Nr. 4
eWpG.

Der Begriff der **Einwendungen** ist wie bei § 796 BGB im umfassenden Sinne zu verstehen; 70
er schließt sowohl echte (rechtshindernde oder -vernichtende) Einwendungstatsachen als
auch dauernde (peremptorische) und vorübergehende (dilatorische) Einreden im engeren
Sinne ein.[110]

2. Rechtsdogmatischer Hintergrund

Dem in § 28 Abs. 2 eWpG geregelten Einwendungsausschluss liegen, wie bei § 796 BGB, 71
in rechtsdogmatischer Hinsicht die **Grundsätze der Vertrauenshaftung** zugrunde. Diese
setzen voraus, dass ein Vertrauenstatbestand besteht, den der Verpflichtete zurechenbar
gesetzt hat und auf den der Berechtigte in schutzwürdiger Weise vertraut. Im Rahmen des
vom eWpG bewirkten Einwendungsausschlusses kann der Vertrauenstatbestand **in der
Registerposition** des Inhabers gesehen werden.[111] Die Schaffung des Vertrauenstatbestands
muss dabei freilich dem Emittenten zurechenbar sein, und er muss auf Seiten des Inhabers
zu einer schutzwürdigen Vermögensdisposition geführt haben.

Vor diesem Hintergrund ergeben sich Einschränkungen, die in § 796 BGB und mithin auch 72
in § 28 Abs. 2 eWpG nicht reflektiert sind. Insofern kann das dem Einwendungsausschluss
zugrunde liegende **Verkehrsinteresse** zurücktreten, wenn auf Seiten des Emittenten ein hin-
reichender Zurechnungsgrund fehlt oder auf Erwerberseite keine schutzwürdige Vertrauens-
disposition getroffen wurde.[112] Allerdings liegt manchen Einwendungstatbeständen des

---

105) *Habersack* in: MünchKomm-BGB, § 796 Rz. 1; Staudinger-*Marburger*, BGB, § 796 Rz. 5.

106) Müller/Pieper-*Müller*, eWpG, § 28 Rz. 27.

107) Müller/Pieper-*Müller*, eWpG, § 28 Rz. 27; *Linardatos*, BKR 2022, 486, 488 f.; Conreder/Meier-*Linardatos*,
eWpG, § 28 Rz. 31 f.

108) Vgl. *Linardatos*, BKR 2022, 486, 489.

109) Begr. RegE Gesetz zur Einführung von eWp, BT-Drucks. 19/26925, S. 68; *Einsele* in: Omlor/Möslein/
Grundmann, Elektronische Wertpapiere, § 2 V. 1., S. 44.

110) *Linardatos*, BKR 2022, 486, 488; Conreder/Meier-*Linardatos*, eWpG, § 28 Rz. 30; Müller/Pieper-
Müller, eWpG, § 28 Rz. 21; s. für herkömmliche Schuldverschreibungen Staudinger-*Marburger*, BGB,
§ 796 Rz. 1; *Vogel* in: BeckOGK-ZivilR, § 796 BGB Rz. 8, 9; *Habersack* in: MünchKomm-BGB, § 796
Rz. 6.

111) *Linardatos*, BKR 2022, 486, 489.

112) *Linardatos*, BKR 2022, 486, 489; *Linardatos*, ZBB 2020, 329, 342 f.; kritisch hingegen *Casper/Richter*,
ZBB 2022, 65, 76.

§ 28 Abs. 2 eWpG die gesetzliche Wertung zugrunde, dass sie den Verkehrsschutz des Erwerbers über die Interessen des Emittenten stellen oder das Fehlen eines Rechtsscheinträgers voraussetzen.[113] Diese dogmatische Rückbindung hat insbesondere Auswirkungen für die Gültigkeitseinwendungen nach § 28 Abs. 2 Nr. 3 eWpG.

73   Da die Regelungen der §§ 28 bis 30 eWpG an die bisherigen Funktionen von Wertpapieren anknüpfen, wird teilweise angezweifelt, ob es § 28 Abs. 2 eWpG überhaupt bedurft hätte.[114] Dem wird in der Literatur allerdings entgegenhalten, dass eine Ausweitung des Anwendungsbereichs des eWpG auf andere Wertpapiere konzeptionell nicht ausgeschlossen sei und § 28 Abs. 2 eWpG daraus seine Legitimation ableite.[115]

3.   Einwendungen des Emittenten nach § 28 Abs. 2 eWpG

a)   § 28 Abs. 2 Nr. 1 eWpG

74   § 28 Abs. 2 Nr. 1 eWpG lässt Einwendungen zu, „die sich aus der Eintragung ergeben"; gemeint ist damit die Registereintragung. Parallel zu papiernen Schuldverschreibungen entspricht die Eintragung dem Urkundeninhalt und lässt sich damit zusammen mit den Einwendungen aus Nr. 3 als **urkundliche Einwendungen** bezeichnen.[116] Dies erlaubt die Vergleichbarkeit mit § 796 Var. 2 BGB („Einwendungen […], welche […] sich aus der Urkunde ergeben"), d. h. mit Einwendungen, die auch dem Aussteller papierner Wertpapierurkunden zustehen.

75   Der **Inhalt der Eintragung** ergibt sich bei Zentralregisterwertpapieren aus § 13 eWpG, bei Kryptowertpapieren aus § 17 eWpG. Nach § 13 Abs. 1 eWpG hat die registerführende Stelle sicherzustellen, dass das zentrale Wertpapierregister die in den Nr. 1 bis 7 näher spezifizierten Angaben über das eingetragene Wertpapier enthält. Dazu zählen insbesondere:

– die Angabe des wesentlichen Inhalts des Rechts aus dem eingetragenen Wertpapier (Nr. 1);

– das Emissionsvolumen (Nr. 2);

– der Nennbetrag (Nr. 3); und

– die Identität des Emittenten (Nr. 4).

76   Damit wird der **wesentliche Inhalt** von herkömmlichen Wertpapierurkunden im zentralen Wertpapierregister wiedergegeben. Dieselben Angaben verlangt § 17 Abs. 1 eWpG als funktional äquivalente Regelung für die Registerangaben im Kryptowertpapierregister.

77   Die Festlegungen zu:

– Emissionsvolumen (Nr. 2);

– Nennbetrag (Nr. 3); und

– Identität des Emittenten (Nr. 4)

sind klar. Nur der ausgewiesene Emittent oder ggf. sein Rechtsnachfolger kann in Anspruch genommen werden und, vorbehaltlich von Nebenrechten, auch nur bis zu der als Emissionsvolumen genannten Höhe.

78   **Schwieriger zu beurteilen** ist der **wesentliche Inhalt des Rechts** (Nr. 1). Nach § 7 Abs. 1 Satz 1 eWpRV kann die Angabe des wesentlichen Inhalts des Rechts dadurch erfolgen,

---

113) *Linardatos*, BKR 2022, 486, 490.

114) Hierzu bei *Döding/Wentz*, WM 2020, 2312, 2317 f.

115) *Linardatos*, BKR 2022, 486, 489.

116) Müller/Pieper-*Müller*, eWpG, § 28 Rz. 22; *Einsele* in: Omlor/Möslein/Grundmann, Elektronische Wertpapiere, § 2 V. 1.

dass auf die gemäß § 5 eWpG niedergelegten Emissionsbedingungen Bezug genommen wird. Das erscheint praktikabel, da sich dadurch die Frage, welche Inhalte hinsichtlich des Rechts „wesentlich" und folglich in das Register aufzunehmen sind, nicht stellt (siehe oben *Alfes*, § 13).

Erfolgt keine Bezugnahme auf die Emissionsbedingungen, sind gemäß § 7 Abs. 1 Satz 2 **79** eWpRV alle Angaben aufzunehmen, die aus Sicht eines verständigen Anlegers für die Anlageentscheidung relevant sind. Dazu gehören in jedem Fall:

– die Laufzeit;

– die Höhe und Art der Verzinsung einschließlich der angewandten Berechnungsmethode;

– die Fälligkeit sämtlicher Zahlungen;

– die ordentlichen und außerordentlichen Kündigungsrechte; und

– etwaige Rangrücktrittsvereinbarungen (§ 7 Abs. 1 Satz 3 eWpRV).

Daraus ergeben sich Überschneidungen zu den Einwendungen nach § 28 Abs. 2 Nr. 3 eWpG **80** („die sich aus den Anleihebedingungen ergeben"), was aber angesichts der gleichen Rechtsfolge im Ergebnis regelmäßig unproblematisch ist.

Kommt es allerdings zu **Abweichungen zwischen den Angaben und den Anleihebedingungen**, ist zunächst im Wege der Auslegung zu ermitteln, was Gegenstand der übernommenen Verpflichtung ist.[117] Dabei werden, wie bei einer papiernen Urkunde, vielfach die Anleihebedingungen den Vorrang haben, weil nach der Marktpraxis die Übernahme der Verpflichtung „nach Maßgabe der Anleihebedingungen" erfolgt. Lautet das **Volumen** der Emission etwa auf einen bestimmten Betrag, kann die Leistungspflicht durchaus höher sein, wenn die Anleihebedingungen Verpflichtungen zur Zahlung von Zinsen oder sonstigen Nebenleistungen vorsehen. Auch ein ausgewiesener **Fälligkeitstag** gilt nur vorbehaltlich der Ausübung von vorbehaltenen Kündigungsmöglichkeiten. Selbst für den Emittenten können die Anleihebedingungen die Möglichkeit **eines Wechsels** vorsehen. Dieser Wechsel muss nicht im Register vermerkt sein, sollte aber aus Gründen der Rechtssicherheit alsbald nachvollzogen werden.

Die Verpflichtung des Emittenten aus dem elektronischen Wertpapier umfasst somit typi- **82** scherweise den Umfang seines tatsächlichen Leistungsversprechens, so dass insbesondere alle auf die Leistungspflicht bezogenen Abreden als immanent erfasst gelten.[118] Dies sind einerseits die Einwendungen aus dem „wesentlichen Inhalt" des eingetragenen Rechts gemäß §§ 13 Abs. 1 Nr. 1, 17 Abs. 1 Nr. 1 eWpG, wie die Person des Emittenten, das Emissionsvolumen oder der Nennbetrag, andererseits, abhängig von der technischen Umsetzung, aber auch alle sonstigen eingetragenen Leistungsmodalitäten.[119]

Zu § 796 BGB wird vertreten, dass, wenn in der Urkunde ausnahmsweise der **Schuld- 83 grund** angegeben ist, dem Inhaber auch **Einwände aus dem Kausalverhältnis** entgegengehalten werden können. Gegebenenfalls sei im Wege der Auslegung zu ermitteln, ob sich der Aussteller mit der betreffenden Angabe Einwendungen aus dem Kausalverhältnis offenhalten wolle oder ob es sich nur um eine rechtlich bedeutungslose Bezugnahme handele. Allerdings soll das Kausalverhältnis nur solche Einwendungen begründen, die sich aus dem Gesetz ergeben und nicht (nur) auf einer Absprache zwischen Aussteller und erstem Neh-

---

117) Weiterführend Müller/Pieper-*Müller*, eWpG, § 28 Rz. 6; *Lieder* in: Omlor/Möslein/Grundmann, Elektronische Wertpapiere, § 5 II. 4., S. 120.

118) *Linardatos*, BKR 2022, 486, 490; Müller/Pieper-*Müller*, eWpG, § 28 Rz. 22.

119) Vgl. *Lieder* in: Omlor/Möslein/Grundmann, Elektronische Wertpapiere, § 5 II. 3., S. 109 ff.; *Linardatos*, BKR 2022, 486, 490.

mer beruhen.[120] Entsprechendes würde zweifellos auch für elektronische Wertpapiere gelten.[121] Praktische Anwendungsfälle sind allerdings schwer vorstellbar. Typischerweise liegt dem Wertpapier ein **abstraktes Schuldversprechen** zugrunde.

84 Die Praxis kennt allerdings Fälle, in denen etwa durch die Ausgabe einer Wandelschuldverschreibung eine **Sacheinlage** „bezahlt" wird.[122] Auch bei (Unternehmens-)Käufen kommt es mitunter vor, dass der Kaufpreis durch eine Art „Vendor Loan" im Wege der Ausgabe von Schuldverschreibungen „bezahlt" wird. In der Praxis wird in diesen Fällen aber **bewusst auf jede Bezugnahme auf den Schuldgrund verzichtet.** Die Vorstellung, solche Instrumente so ausgestalten zu wollen, dass der Emittent dem Inhaber, der derivativ erworben hat, Einwendungen aus dem Kausalverhältnis entgegenhalten kann, etwa Nicht- oder Schlechterfüllung, wäre aus Sicht der Praxis abwegig. Solche Instrumente wären jedenfalls nicht verkehrsfähig und würden damit ihre zentrale Finanzierungsfunktion verlieren.

85 Teilweise wird für herkömmliche Wertpapiere zudem gefordert, die Angabe eines bestimmten Schuldgrundes könne nur zu einer urkundlichen Einwendung führen, wenn **nach der Verkehrssitte** jeder Inhaber mit bestimmten Einwendungen rechnen müsse.[123] Diese Einschränkung würde zum einen dazu führen, dass es solche Fälle nicht gibt; die Verkehrssitte rechnet bei verkehrsfähigen Instrumenten gerade nicht mit Einschränkungen aus dem Schuldgrund. Zum anderen wäre die Einschränkung jedenfalls bei elektronischen Wertpapieren dann nicht mit § 28 Abs. 2 Nr. 3 eWpG vereinbar, wenn sie sich hinreichend klar aus den Anleihebedingungen ergibt.[124] Eine Verpflichtung aus dem Papier besteht nur nach Maßgabe des Leistungsversprechens.

b)   § 28 Abs. 2 Nr. 2 eWpG

86 § 28 Abs. 2 Nr. 2 eWpG lässt Einwendungen zu, „die die Gültigkeit der Eintragung betreffen". Grundsätzlich entspricht § 28 Abs. 2 Nr. 2 eWpG damit der Regelung des § 796 Var. 1 BGB bei herkömmlichen Wertpapieren, d. h. „Einwendungen [...], welche die Gültigkeit der Ausstellung betreffen". Die Regelungen sind funktional äquivalent, was sich aus der dem Skripturakt vergleichbaren Bedeutung der Registereintragung für die Entstehung des elektronischen Wertpapiers ergibt.

87 Die Begebung eines elektronischen Wertpapiers erfolgt gemäß § 2 Abs. 1 Satz 2 eWpG dadurch, dass der Emittent anstelle der Ausstellung einer Wertpapierurkunde eine **Eintragung** in ein elektronisches Wertpapierregister bewirkt. Auch wenn damit keine normativen Festlegungen zu der rechtsdogmatisch umstrittenen Frage der Entstehung eines in einer Wertpapierurkunde verbrieften Wertpapiers[125] getroffen werden sollen,[126] knüpft das Gesetz an einen **zweigliedrigen Tatbestand** an, hält an der Einigung fest und ersetzt für die Entstehung des elektronischen Wertpapiers den Skripturakt durch eine Eintragung

---

120) Streitig; vgl. etwa *Vogel* in: BeckOGK-ZivilR, § 796 BGB Rz. 15; *Gehrlein* in: BeckOK-BGB, § 796 Rz. 3; *Habersack* in: MünchKomm-BGB, § 796 Rz. 6; Staudinger-*Marburger*, BGB, § 796 Rz. 7; Soergel-*Welter*, BGB, § 796 Rz. 7.

121) *Linardatos*, BKR 2022, 486, 490; Conreder/Meier-*Linardatos*, eWpG, § 28 Rz. 37; Müller/Pieper-*Müller*, eWpG, § 28 Rz. 22.

122) S. etwa zur Anschauung den Beschluss der Hauptversammlung der CECONOMY AG v. 12.4.2022 zu TOP 2 oder der ADLER Real Estate AG v. 15.10.2015.

123) *Habersack* in: MünchKomm-BGB, § 796 Rz. 6.

124) So auch *Linardatos*, BKR 2022, 486, 491.

125) Nach der herrschenden (modifizierten) Vertragstheorie entsteht das Wertpapier durch einen Begebungsvertrag, d. h. eine Einigung zwischen dem Emittenten und dem Inhaber, und einem Skripturakt; vgl. zu den verschiedenen Wertpapierrechtstheorien *Habersack* in: MünchKomm-BGB, Vorb. § 793 Rz. 24 ff.; *Artzinger-Bolten/Wöckener* in: Hopt/Seibt, Schuldverschreibungsrecht, § 2 SchVG Rz. 18 ff.

126) Begr. RegE Gesetz zur Einführung von eWp, BT-Drucks. 19/26925, S. 39.

nach § 4 Abs. 4 eWpG.[127] Danach ist die Eintragung eines elektronischen Wertpapiers „die Aufnahme der für ein elektronisches Wertpapier nach §§ 13 oder 17 eWpG erforderlichen Registerangaben in ein elektronisches Wertpapierregister unter eindeutiger und unmittelbar erkennbarer Bezugnahme auf die niedergelegten Emissionsbedingungen". Die Eintragung ist zentral für die elektronische Begebungsform von Wertpapieren, weil sie den **Skripturakt ersetzt** und das gesetzliche Formerfordernis (§ 125 Satz 1 BGB) des eWpG bildet (siehe oben *Lendermann/Nemeczek*, § 4 Rz. 41).[128] Alle drei Bestandteile, nämlich Niederlegung der Emissionsbedingungen, Aufnahme der Registerdaten und Bezugnahme auf die Emissionsbedingungen müssen erfüllt sein.[129]

Vom Wortlaut her bezieht sich § 28 Abs. 2 Nr. 2 eWpG nur auf **Mängel der Eintragung** 88 und nicht auf den anderen Teil des zweigliedrigen Entstehungstatbestands, nämlich die Einigung i. R. der vertraglichen Begebung. Genauso wie bei § 796 Var. 1 BGB können sich aber auch aus **Mängeln der Begebung** relevante Einwendungen ergeben, wobei der Umfang im Einzelfall vor dem rechtsdogmatischen Hintergrund der Vertrauenshaftung zu ermitteln ist.

Die Überlegungen verlaufen parallel zu den **Gültigkeitseinwendungen nach § 796 Var. 1** 89 **BGB.** Danach ist entsprechend dem für herkömmliche Wertpapiere relevanten Tatbestand aus Skripturakt und Begebungsvertrag zwischen Ausstellungsmängeln und Begebungsmängeln zu unterscheiden. Zu den **Ausstellungsmängeln** werden etwa die Fälschung der Unterschrift des Ausstellers, die Verfälschung des Urkundeninhalts, der Fall des absoluten Zwangs (vis absoluta) sowie der fehlenden Geschäftsfähigkeit oder Vertretungsmacht des Ausstellers zur Zeit der Ausstellung gezählt.[130]

Als mögliche **Begebungsmängel** kommen etwa das gänzliche Fehlen eines Begebungsver- 90 trags (Dissens oder Abhandenkommen der Urkunde), ein Gesetzes- oder Sittenverstoß (§§ 134, 138 BGB) oder Willensmängel (§§ 116 ff., 119 ff. BGB) in Betracht.[131]

Die Grenzen zwischen beiden Kategorien sind fließend, da Mängel auf beide Tatbestands- 91 elemente durchschlagen können. Ausgangspunkt für die **rechtliche Behandlung** ist, dass in jedem Fall sämtliche dieser Einwendungen uneingeschränkt gegen den **Ersterwerber** geltend gemacht werden können. Bezüglich des **redlichen Zweiterwerbers** ist nach den **Grundsätzen der Rechtsscheinhaftung** zu differenzieren. In all diesen Fällen besteht ein Rechtsschein der gültigen Verpflichtung. Bei den Einwendungen der Fälschung oder Verfälschung der Urkunde, der fehlenden Geschäftsfähigkeit oder Vertretungsmacht und der absoluten Gewalt bei der Ausstellung kann dieser Rechtsschein der Verpflichtung dem Aussteller aber bei wertender Betrachtung nicht zugerechnet werden. Diese Einwendungen sind daher **redlichkeitsbeständig** und nicht ausschlussfähig, da sie auch einem gutgläubigen rechtsgeschäftlichen Zweiterwerber entgegengehalten werden können.

Alle anderen Einwendungen lassen dagegen den zurechenbar veranlassten Rechtsschein 92 einer Verpflichtung unberührt. Sie greifen daher nur gegenüber dem Ersterwerber, dessen Gesamtrechtsnachfolger und gegenüber dem bösgläubigen späteren Erwerber, **nicht aber**

---

127) Begr. RegE Gesetz zur Einführung von eWp, BT-Drucks. 19/26925, S. 39; *Dubovitskaya*, ZIP 2020, 2551, 2554; *Geier*, RdF 2020, 258; *Kleinert/Mayer*, EuZW 2020, 1059, 1060 f.; *Saive*, ZRP 2020, 219, 220; *Müller/Pieper-Müller*, eWpG, § 2 Rz. 7; *Wieneke/Kunz*, NZG 2021, 316, 319.

128) Müller/Pieper-*Müller*, eWpG, § 2 Rz. 6.

129) Müller/Pieper-*Pieper*, eWpG, § 4 Rz. 32; *Lieder* in: Omlor/Möslein/Grundmann, Elektronische Wertpapiere, § 5 II. 4., S. 120 f.

130) *Gehrlein* in: BeckOK-BGB, § 796 Rz. 2; *Habersack* in: MünchKomm-BGB, § 796 Rz. 9; Staudinger-*Marburger*, BGB, § 796 Rz. 3; *Vogel* in: BeckOGK-ZivilR, § 796 BGB Rz. 11 ff.

131) Staudinger-*Marburger*, BGB, § 796 Rz. 6; *Vogel* in: BeckOGK-BGB, § 796 Rz. 13.

gegenüber dem redlichen rechtsgeschäftlichen Zweiterwerber (oder späteren Erwerbern). Sie sind also **redlichkeitsunbeständig** und damit ausschlussfähig.[132]

93   Diese Systematik gilt auch für § 28 Abs. 2 Nr. 2 eWpG. Die Norm betrifft über ihren Wortlaut hinaus nicht nur **Eintragungsmängel**, sondern wie § 796 Var. 1 BGB auch **Begebungsmängel**, die nicht aus der Eintragung oder Mängeln der Eintragung ersichtlich sind. Sie unterscheiden sich daher von den Einwendungen der Nr. 1 und 3.

94   Erfasst sind mithin in einem ersten Schritt alle Einwendungen, die **Mängel der elektronischen Begebung** gemäß § 4 Abs. 4 eWpG, bestehend aus Einigung und Eintragung, betreffen.[133] Darunter fallen daher auch Mängel, die das Zustandekommen oder die Wirksamkeit der für Begebung erforderlichen Einigung betreffen.[134]

95   In einem zweiten Schritt ist zwischen **redlichkeitsbeständigen und redlichkeitsunbeständigen Gültigkeitseinwendungen,** die die Eintragung im elektronischen Register betreffen, zu unterscheiden. Ist daher der durch die Eintragung geschaffene Rechtsschein dem Emittenten nicht zurechenbar, ergeben sich dadurch redlichkeitsbeständige Einwendungen. Das ist auch i. R. von § 28 Abs. 2 Nr. 2 eWpG relevant, etwa der Fall bei fehlender Geschäftsfähigkeit oder Vertretungsmacht auf Seiten des Emittenten oder der absoluten Gewalt bei der Veranlassung der Eintragung. Der Fallgruppe der Fälschung oder Verfälschung der Urkunde aus der Welt der herkömmlichen Wertpapiere würde es entsprechen, wenn ein Dritter das System eines elektronischen Wertpapierregisters hacken und die Eintragungsvoraussetzungen bewirken würde. Auch in einem solchen Fall wäre der Rechtsschein der Verpflichtung dem Emittenten bei wertender Betrachtung nicht zurechenbar. Etwas anderes mag gelten, wenn er, wie bei Kryptowertpapieren denkbar, das Register selbst betreibt (vgl. § 30 eWpG) und technisch nicht hinreichend gegen Einwirkungen Dritter absichert.

96   Für alle anderen Eintragungs- und Begebungsmängel wäre § 28 Abs. 2 Nr. 2 eWpG teleologisch zu reduzieren. Für **Begebungsmängel** wie Sittenverstoß (§§ 134, 138 BGB) oder Willensmängel (§§ 116 ff., 119 ff. BGB) kann insofern nichts anderes gelten als bei herkömmlichen Wertpapieren.

97   In welchem Umfang das auch für **Mängel des technischen Eintragungsvorgangs** gilt, ist schwer zu beurteilen. Dieser besteht wie vorgenant aus drei Bestandteilen, nämlich Niederlegung der Emissionsbedingungen, Aufnahme der Registerdaten und Bezugnahme auf die Emissionsbedingungen. Ob Fälle denkbar sind, in denen ein elektronisches Wertpapier in den Umlauf gelangt, obwohl es zu Fehlern im Eintragungsvorgang gekommen ist, wird die Praxis zeigen. Denkbar wäre etwa, dass eine Registereintragung erfolgt ist, allerdings ohne hinreichende Bezugnahme auf die Emissionsbedingungen, oder dass die Emissionsbedingungen gar vollständig fehlen. Bei elektronischen Wertpapieren in Sammeleintragung unter der Verwaltung einer Wertpapiersammelbank (§ 9 eWpG) wird dies kaum möglich sein, bei Kryptowertpapieren (in Einzeleintragung) wird man das aber nicht ausschließen können.

98   Die **Eintragung** ist **zentral** für die elektronische Begebungsform von Wertpapieren, weil sie den Skripturakt ersetzt und das gesetzliche Formerfordernis (§ 125 Satz 1 BGB) des eWpG bildet (siehe oben *Lendermann/Nemeczek*, § 4 Rz. 41).[135] Ist die Eintragung insofern missglückt, läge damit **Formnichtigkeit** vor. Je nach Fallgestaltung wäre es dabei sogar möglich, dass der Inhaber die Formnichtigkeit hätte erkennen können, weil die Niederle-

---

132) S. hierzu *Habersack* in: MünchKomm-BGB, § 796 Rz. 9 ff.; Staudinger-*Marburger*, BGB, § 796 Rz. 3 ff.; *Vogel* in: BeckOGK-ZivilR, § 796 BGB Rz. 11; Soergel-*Welter*, BGB, § 796 Rz. 5.

133) *Linardatos*, BKR 2022, 486, 489; Müller/Pieper-*Müller*, eWpG, § 28 Rz. 24.

134) Müller/Pieper-*Müller*, eWpG, § 28 Rz. 25.

135) Müller/Pieper-*Müller*, eWpG, § 2 Rz. 6.

gung der Emissionsbedingungen nach § 5 Abs. 1 eWpG in einer Form zu erfolgen hat, die für jedermann zugänglich ist. Bei Anwendung der vorstehenden Rechtsscheingrundsätze läge freilich ein **dem Emittenten zurechenbarer Rechtsschein** vor, der redlichkeitsunbeständig und damit ausschlussfähig ist. Von einer groben Fahrlässigkeit[136] auf Seiten des Inhabers wäre typischerweise nicht auszugehen, da es ihm im Massenverkehr nicht obliegt, die Wirksamkeit der Niederlegung der Emissionsbedingungen zu prüfen. Bei Mängeln des technischen Eintragungsvorgangs würde also regelmäßig eine teleologische Reduktion von § 28 Abs. 2 Nr. 2 eWpG **zugunsten des rechtsgeschäftlichen Zweiterwerbers** eingreifen. Das erscheint im Ergebnis auch sachgerecht, weil sich dadurch ein Risiko realisiert, das in der Sphäre des Emittenten liegt und von ihm besser hätte kontrolliert werden können.

Teilweise wird in der Literatur geltend gemacht, das **unterschiedliche Schutzniveau** zwischen Ersterwerber und rechtsgeschäftlichem Zweiterwerber würde zu unterschiedlichen Rechtsfolgen bei Einzel- und Sammeleintragung führen. Bei der **Einzeleintragung** sei der Inhaber regelmäßig auch (Erst-)Erwerber und hätte mit dem Emittenten den Begebungsvertrag abgeschlossen. Daher könne der Emittent auch sämtliche Mängel aus dem Begebungsvertrag geltend machen. Nur im Fall der **Sammeleintragung** würde der Emittent typischerweise nicht mit dem Inhaber, also dem im Register eingetragenen, den Begebungsvertrag schließen, und könne daher die entsprechenden Einwendungen nicht vollständig geltend machen.[137] Den ersten Teil dieser Einschätzung wird man bezweifeln dürfen, denn auch das elektronische Wertpapier in Einzeleintragung ist grundsätzlich auf Umlauffähigkeit ausgelegt, wie sich aus §§ 24 ff. eWpG ergibt. Sollten tatsächlich massenhaft Wertpapiere in Einzeleintragung unmittelbar an Investoren ausgegeben werden, wird man aus Gründen des Anlegerschutzes im Einzelfall prüfen müssen, ob die Zulassung aller Eintragungs- und Begebungsmängel zu einer angemesse Verteilung der Risikosphären führt.

99

c) § 28 Abs. 2 Nr. 3 eWpG

Nach dieser Regelung kann der Emittent alle verpflichtungsbezogenen Einwendungen geltend machen, also solche, „die sich aus den **Anleihebedingungen** ergeben". Begrifflich bilden die Anleihebedingungen die schuldverschreibungsspezifische Untergruppe der Emissionsbedingungen.[138] Der Begriff der Anleihebedingungen wird in § 2 Abs. 1 SchVG als „Bedingungen[en] zur Beschreibung der Leistung sowie der Rechte und Pflichten des Schuldners und der Gläubiger" definiert. Demgegenüber spricht das eWpG etwa in § 5 von der Niederlegung der „Emissionsbedingungen". Der Begriff der **Emissionsbedingungen** wird in § 4 Abs. 7 eWpG legal definiert. Danach sind Emissionsbedingungen „der niedergelegte Inhalt des Rechts, für das ein elektronisches Wertpapier eingetragen wird, einschließlich der Nebenbestimmungen".

100

Trotz der derzeitigen Beschränkung des Anwendungsbereichs des eWpG auf Inhaberschuldverschreibungen wurde nicht der in diesem Zusammenhang übliche Begriff der „Anleihebedingungen" verwendet, um den Begriff auch bei einer künftigen Einführung elektronischer Aktien beibehalten zu können (siehe hierzu auch oben *Reger*, § 5).[139] Beide Begriffe haben im vorliegenden Zusammenhang dieselbe Bedeutung.

101

Die Einwendungen aus den **Anleihebedingungen** (§ 28 Abs. 2 Nr. 3 eWpG) stehen aufgrund ihres Inhaltsbezugs in einem systematischen Zusammenhang zu den Einwendungen aus der Eintragung (§ 28 Abs. 2 Nr. 1 eWpG). Beide sind urkundliche Einwendungen und

102

---

136) Vgl. zur groben Fahrlässigkeit als relevanten Sorgfaltsmaßstab *Habersack* in: MünchKomm-BGB, § 796 Rz. 12; Staudinger-*Marburger*, BGB, § 796 Rz. 12; *Vogel* in: BeckOGK-ZivilR, § 796 BGB Rz. 14.

137) *Einsele* in: Omlor/Möslein/Grundmann, Elektronische Wertpapiere, § 2 V. 1.

138) Müller/Pieper-*Müller*, eWpG, § 28 Rz. 23.

139) Begr. RegE Gesetz zur Einführung von eWp z. § 5 eWpG, BT-Drucks. 19/26925, S. 43.

funktional äquivalent zu § 796 Var. 2 BGB („Einwendungen [...], welche [...] sich aus der Urkunde ergeben"). Dies kommt auch dadurch zum Ausdruck, dass der Gesetzgeber (wie auch bereits in § 2 Abs. 2 Satz 2 SchVG) durch § 4 Abs. 4 eWpG den „wesentlichen Inhalt" und die Anleihebedingungen zu einer Einheit verknüpft, so dass nur in dieser Zusammenschau der gesamte Inhalt des Rechts wiedergeben ist.

103 **Zu den urkundlichen Einwendungen gehören** wie bei § 796 Var. 2 BGB alle Einwendungen, deren tatsächliche Grundlage sich aus dem **Inhalt der Urkunde** ergibt. Sie wirken absolut (inter omnes), können also jedem Inhaber entgegengesetzt werden, ohne Rücksicht darauf, ob er Kenntnis hatte oder hätte haben müssen.[140] Prominentestes Beispiel zur Veranschaulichung ist der Einwand mangelnder Fälligkeit. Ist ein bestimmter Tag für die Rückzahlung vorgesehen, ist der verbriefte Anspruch erst an diesem Tag fällig. Ist der Emittent etwa bei einer Hybridanleihe mit unbegrenzter Laufzeit berechtigt, die Zinszahlungen nach Maßgabe der Anleihebedingungen aufzuschieben, werden Zinszahlungen bei Ausübung des Aufschubrechts nicht fällig und ein Rückzahlungsanspruch besteht von vornherein nicht. Zudem können die Anleihebedingungen zulassen, dass der Schuldner ausgetauscht wird.[141] Bei solchen Schuldnersetzungsklauseln kann der Emittent geltend machen, nicht mehr verpflichtet zu sein.

104 Werden die Anleihen aufgrund eines Prospekts begeben, wirken Einwendungen, die nur im **Prospekt** enthalten sind, nicht aber ihren Weg in die Anleihebedingungen gefunden haben, nicht zugunsten des Emittenten.[142] Schon formale Gründe der Rechtssicherheit sprechen für die Begrenzung auf die Anleihebedingungen im technischen Sinne. Auch in der Sache dient der Prospekt ausschließlich der Information der Anleger und nicht der Beschränkung der Leistungspflicht des Emittenten zu ihren Lasten.

d) § 28 Abs. 2 Nr. 4 eWpG

105 Unter § 28 Abs. 2 Nr. 4 eWpG fallen alle relativ wirkenden persönlichen Einwendungen des Inhabers, und zwar unterteilt nach Art der Eintragung:

– „im Fall einer Einzeleintragung unmittelbar gegen den Inhaber" (§ 28 Abs. 2 Nr. 4 lit. a eWpG); und

– „im Fall einer Sammeleintragung unmittelbar gegen denjenigen, der auf Grund einer Depotbescheinigung zur Rechtsausübung gemäß § 6 Absatz 2 Satz 3 des Depotgesetzes als Inhaber gilt" (§ 28 Abs. 2 Nr. 4 lit. b eWpG).

106 Anders als im Fall der Nr. 2 werden damit die beiden Fälle der Einzel- und Sammeleintragung gesetzgeberisch voneinander getrennt.[143]

107 § 28 Abs. 2 Nr. 4 eWpG korrespondiert mit § 796 Var. 3 BGB,[144] der die **nicht urkundlichen unmittelbaren Einwendungen** regelt, d. h. Einwendungen, die „dem Aussteller unmittelbar gegen den Inhaber zustehen". Zu den Einwendungen, die sich aus dem persönlichen Rechtsverhältnis des Ausstellers zu einem bestimmten Inhaber ergeben, zählen in diesem Zusammenhang bspw. die bereits erfolgte Zahlung (§ 362 BGB), die Aufrechnung mit einer Gegenforderung (§ 389 BGB), die Bereicherungseinrede (§ 821 BGB) sowie die Stundung oder der Erlass.[145]

---

140) *Habersack* in: MünchKomm-BGB, § 796 Rz. 6 f.; Staudinger-*Marburger*, BGB, § 796 Rz. 8.

141) Veranneman-*Oulds*, SchVG, § 2 Rz. 5; Friedl/Hartwig-Jacob-*Hartwig-Jacob*, SchVG, § 3 Rz. 97 ff.; *Wieneke/Schulze De la Cruz*, WM 2020, 1720, 1726.

142) Staudinger-*Marburger*, BGB, § 796 Rz. 7.

143) Im Unterschied noch Begr. RegE Gesetz zur Einführung von eWp, BT-Drucks. 19/26925, S. 19.

144) *Einsele* in: Omlor/Möslein/Grundmann, Elektronische Wertpapiere, § 2 V. 1., S. 44.

145) *Gehrlein* in: BeckOK-BGB, § 796 Rz. 4; *Habersack* in: MünchKomm-BGB, § 796 Rz. 13; Staudinger-*Marburger*, BGB, § 796 Rz. 9; Soergel-*Welter*, BGB, § 796 Rz. 8.

Nach § 3 Abs. 1 eWpG ist **Inhaber** eines elektronischen Wertpapiers derjenige, der als In-   108
haber in einem elektronischen Wertpapierregister eingetragen ist. Dieser ist gemäß § 8 Abs. 1
eWpG im Fall der Sammeleintragung typischerweise eine Wertpapiersammelbank bzw. im
Fall der Einzeleintragung eine Person, „die das elektronische Wertpapier als Berechtigter
hält". Damit stellt der Begriff „Inhaber" bei elektronischen Wertpapieren auf die formelle
Zuordnung im Register ab. Diese fällt in der Einzeleintragung (regelmäßig) mit dem Berechtigten zusammen. Demgegenüber fallen Inhaberschaft und Berechtigung bei elektronischen Wertpapieren in Sammeleintragung auseinander, soweit es sich nicht um eigene Bestände der eingetragenen Wertpapiersammel- oder Depotbank handelt. Vor diesem Hintergrund ist die Differenzierung in § 28 Abs. 2 Nr. 4 eWpG zu verstehen.

Im Fall der **Einzeleintragung** stehen dem Emittenten die persönlichen Einwendungen un-   109
mittelbar gegen den Inhaber zu. Dies entspricht dem Modell von § 796 Var. 3 BGB. Bei
der Einzeleintragung liegt eine Direkteintragung des Inhabers des elektronischen Wertpapiers (ohne Zwischenschaltung einer Wertpapiersammelbank oder eines Verwahrers als
Intermediär) vor, der zugleich der gemäß § 3 Abs. 2 eWpG Berechtigte am Recht aus dem
Wertpapier ist (siehe oben *Hippeli*, § 8). Die erfassten persönlichen Einwendungen sind
dieselben wie bei § 796 Var. 3 BGB, d. h. insbesondere:

– die Bereicherungs- oder Arglisteinrede (§§ 821, 853 BGB);

– die Aufrechnung (§ 389 BGB);

– der Erlass (§ 397 BGB);

– der Nachrang (§ 39 Abs. 1 Nr. 6 InsO); und

– alle sonstigen Einwendungen, die sich aus dem persönlichen Rechtsverhältnis zwischen
  Emittent und einem bestimmten Inhaber ergeben.[146]

Während Inhaberschaft und Berechtigung im Zeitpunkt der Entstehung des elektronischen   110
Wertpapiers in Einzeleintragung notwendig zusammenfallen, ist ein **Auseinanderfallen von
Inhaberschaft und Berechtigung** zu einem späteren Zeitpunkt durchaus möglich. In Betracht kommen hierfür nicht nur Fälle der Einzel- oder Gesamtrechtsnachfolge kraft Gesetzes (etwa die Erbschaft oder Umwandlungsvorgänge wie Verschmelzung und Spaltung),
sondern auch eine fehlgeschlagene Verfügung (etwa der Fall einer Umtragung trotz fehlender Einigung oder Berechtigung).[147] In einem solchen Fall ist die mangelnde Verfügungsbefugnis des eingetragenen Inhabers bei Einzeleintragung eine unmittelbare, von § 28
Abs. 2 Nr. 4 lit. a eWpG erfasste – wenngleich auch nicht persönliche – Einwendung des
Emittenten; das ergibt sich bereits aus § 28 Abs. 1 Satz 1 eWpG.[148] Macht in einem solchen
Fall der materiell Berechtigte den Anspruch aus der Schuldverschreibung geltend, ergibt sich
aus Sinn und Zweck der Regelung, dass der Emittent nach § 28 Abs. 2 Nr. 4 lit. a eWpG die
nicht urkundlichen unmittelbaren Einwendungen, die ihm gegen diesen zustehen, geltend
machen kann.

Im Fall der **Sammeleintragung** stehen die von § 28 Abs. 2 Nr. 4 lit. b eWpG erfassten   111
Einwendungen dem Emittenten gegenüber demjenigen zu, der aufgrund des § 6 Abs. 2
Satz 3 DepotG als Inhaber fingiert wird.[149] Im Fall der Sammeleintragung ist Inhaber nach
§ 8 Abs. 1 Nr. 1 eWpG „eine Wertpapiersammelbank oder ein Verwahrer". Folglich **fallen**

---

146) Conreder/Meier-*Linardatos*, eWpG, § 28 Rz. 46; Müller/Pieper-*Müller*, eWpG, § 28 Rz. 26; *Einsele* in:
   Omlor/Möslein/Grundmann, Elektronische Wertpapiere, § 2 V. 1.

147) Vgl. etwa Müller/Pieper-*Müller*, eWpG, § 3 Rz. 7 f.; *Einsele* in: Omlor/Möslein/Grundmann, Elektronische Wertpapiere, § 2 II. 3., S. 39 f.; *Omlor* in: Omlor/Möslein/Grundmann, Elektronische Wertpapiere, § 6 II. 3., S. 148.

148) *Einsele* in: Omlor/Möslein/Grundmann, Elektronische Wertpapiere, § 2 V. 1., S. 45.

149) *Einsele* in: Omlor/Möslein/Grundmann, Elektronische Wertpapiere, § 2 V. 1., S. 44.

Inhaberschaft und Berechtigung bei elektronischen Wertpapieren in Sammeleintragung **auseinander,** soweit es sich nicht um eigene Bestände der eingetragenen Wertpapiersammel- oder Depotbank handelt.[150] Eine Wertpapiersammelbank ist nach § 4 Abs. 5 eWpG ein nach Art. 16 der CSDR[151] zugelassener Zentralverwahrer, in Deutschland also nur die Clearstream Banking AG. Für den praktisch besonders relevanten Fall, dass ein Zentralregisterwertpapier in Sammeleintragung an einem Handelsplatz gehandelt werden soll, wird das zentrale Register bei der Clearstream Banking AG geführt werden müssen.

112 **Einwendungen gegen den Inhaber,** also die Clearstream oder einen Verwahrer, soll der Emittent aber gerade nicht geltend machen dürfen. Dies ist auch sachgerecht, da der Berechtigte gegen etwaige Einwendungen aus einem Drittverhältnis zwischen den Emittenten und dem Intermediär geschützt werden muss. Der Emittent kann mithin nur Einwendungen vorbringen, die er unmittelbar gegenüber dem Hinterleger geltend machen kann, der sich durch eine **Depotbescheinigung zur Rechtsausübung** legitimiert hat.

113 Gemäß § 6 Abs. 2 DepotG kann der Hinterleger zur Ausübung seiner Rechte jederzeit vom Verwahrer einen **in Schriftform ausgestellten Auszug** über den für den Hinterleger in Verwahrung genommenen Anteil am Sammelbestand verlangen. Nach § 6 Abs. 2 Satz 3 DepotG gilt derjenige, dem „die Depotbescheinigung zur Rechtsausübung den hinterlegten Anteil am Sammelbestand zuweist, [...] zum Zwecke der Beweisführung als Inhaber." Hinterleger ist i. S. des DepotG derjenige Kunde, welcher Wertpapiere einreicht.[152] Diese Regelung ist vor dem Hintergrund der in der Praxis vielfach anzutreffenden mehrstufigen Verwahrketten unterkomplex, weil es in der Kette mehrere Hinterleger geben kann.[153] Der Investor muss aber nicht nur vor Einwendungen gestützt werden, die der Emittent gegen den Zentralverwahrer hat, sondern auch vor solchen, die dem Emittenten **gegen etwaige Zwischenverwahrer** zustehen. Letztlich ist daher im Zusammenhang mit § 28 Abs. 2 Nr. 4 lit. b eWpG nur die Depotbescheinigung zur Rechtsausübung relevant, die der – in aktienrechtlicher Terminologie[154] – **Letztintermediär für den letzten Nichtintermediär** in der Verwahrkette ausstellt.[155] Damit ergibt sich auch ein inhaltlicher Gleichlauf zu § 6 Abs. 6 Bundesschuldenwesengesetz (BSchuWG), wonach „der Schuldner der Sammelschuldbuchforderung nur solche Einwendungen erheben [kann], die [...] ihm unmittelbar gegen den Gläubiger zustehen". Wie im Fall der Einzeleintragung greift auch gegenüber dem nur mit der Depotbescheinigung zur Rechtsausübung ausgestatteten Hinterleger die Einwendung mangelnder Verfügungsbefugnis i. S. von § 28 Abs. 2 Nr. 4 lit. b eWpG.[156]

114 Zudem ist auch im Fall der Depotbescheinigung zur Rechtsausübung ein **Auseinanderfallen zwischen** demjenigen, der nach § 6 Abs. 2 Satz 3 DepotG als **Inhaber** gilt, und dem **Berechtigten** möglich. So ist bei girosammelverwahrten Papieren eine Übertragung auch außerhalb des Depotsystems möglich, etwa nach §§ 930, 931 BGB. In diesem Fall stehen den Emittenten die nicht urkundlichen unmittelbaren Einwendungen auch gegen den Berechtigten zu.

---

150) *Dubovitskaya,* ZIP 2020, 2551, 2556; *Wieneke/Kunz,* NZG 2021, 316, 319.

151) Verordnung (EU) Nr. 909/2014 des Europäischen Parlaments und des Rates v. 23.7.2014 zur Verbesserung der Wertpapierlieferungen und -abrechnungen in der Europäischen Union und über Zentralverwahrer sowie zur Änderung der Richtlinien 98/26/EG und 2014/65/EU und der Verordnung (EU) Nr. 236/2012 (Central Securities Depositories Regulation – CSDR), ABl. (EU) L 257/1 v. 28.8.2014.

152) *Scherer-Scherer,* DepotG, § 1 Rz. 42.

153) *Einsele* in: Omlor/Möslein/Grundmann, Elektronische Wertpapiere, § 2 II. 3., S. 40 f.; *Linardatos,* BKR 2022, 486, 487, stellt auf denjenigen ab, „der am Ende der Depotkette und in Vertragsbeziehung zur Depotbank steht".

154) Vgl. § 67a Abs. 5 Satz 2 AktG.

155) S. zu der Parallelproblematik im Aktienrecht *Wieneke* in: HK-AktG, § 67a Rz. 2.

156) *Einsele* in: Omlor/Möslein/Grundmann, Elektronische Wertpapiere, § 2 V. 1., S. 45.

Hinsichtlich der im Fall der Einzeleintragung grundsätzlich unproblematisch möglichen 115
Einwendung mangelnder Verfügungsbefugnis ist die im Zusammenhang mit der Ermächtigungstreuhand gesetzlich geregelte Verfügungsbefugnis der Wertpapiersammelbank oder des Verwahrers gemäß § 9 Abs. 2 Satz 1 eWpG zu beachten. Im Fall der Sammeleintragung wird der Emittent daher selten mit Blick auf den Inhaber die Einwendung der mangelnden Verfügungsbefugnis geltend machen können.

Letztlich besteht sowohl für den Fall der Sammeleintragung als auch für den Fall der Ein 116
zeleintragung das Erfordernis einer Korrektur in Fällen der **Arglist** in analoger Anwendung von **Art. 17 WG**. Wie bei § 796 Var. 3 BGB geht es hierbei um Konstellationen, in denen Einwendungen gegen den Inhaber als Vordermann dadurch abgeschnitten werden sollen, dass das Recht an einen Dritten, den Hintermann, übertragen wird.[157] Ein möglicher Anwendungsfall wäre etwa der **Nachrang nach § 39 Abs. 1 Nr. 5 InsO**, der sich aus der Doppelstellung als Gesellschafter und Berechtigter aus einer (elektronischen) Schuldverschreibung ergeben kann. So könnte der Gesellschafter versuchen, den Nachrang der von ihm gehaltenen Schuldverschreibungen dadurch zu umgehen, dass dieser an einen Dritten verkauft.

Die Frage ist bereits bei (unverbrieften) Darlehensforderungen umstritten. Nach zutref 117
fender Ansicht bleibt allerdings das insolvenzrechtliche Nachrangs- und Anfechtungsrisiko des Rückgewähranspruchs eines einmal vom Anwendungsbereich des § 39 Abs. 1 Nr. 5 InsO erfassten Darlehens von der Zession an einen Dritten unberührt.[158] Dasselbe gilt auch bei (elektronischen) Schuldverschreibungen, allerdings in analoger Anwendung von Art. 17 WG nur im Fall der Arglist. Einem **gutgläubigen Erwerber**, also insbesondere beim Erwerb über die Börse, kann diese Einwendung nicht entgegengehalten werden; das ergibt sich im Umkehrschluss aus § 796 Var. 3 BGB, § 28 Abs. 2 Nr. 4 eWpG. Der Emittent kann dann allerdings nach bereicherungsrechtlichen Grundsätzen Rückgriff bei dem **Gesellschafter/ früheren Berechtigten** nehmen (**Rückgriffskondiktion**); der Höhe nach kann der Emittent entweder das verlangen, was der Gesellschafter/frühere Berechtigte erlangt hat (Rechtsgedanke des § 816 Abs. 1 Satz 1 BGB) oder die ausgezahlte Quote.

---

157) Vgl. hierzu *Gehrlein* in: BeckOK-BGB, § 796 Rz. 4; *Habersack* in: MünchKomm-BGB, § 796 Rz. 14; Staudinger-*Marburger*, BGB, § 796 Rz. 10 f.; Soergel-*Welter*, BGB, § 796 Rz. 8.
158) Vgl. nur BGH, Urt. v. 21.2.2013 – IX ZR 32/12, NZI 2013, 308, 310 = NJW 2013, 2282, sowie ausführlich *Schulze De la Cruz*, Der neue Normzweck des Rechts der Gesellschafterdarlehen und seine Auswirkungen auf den persönlichen Anwendungsbereich, S. 268 ff., 272.

§ 29
Leistungspflicht nur gegen Umtragung; Erlöschen

(1) Der Emittent einer elektronisch begebenen Schuldverschreibung ist zur Leistung aus der Schuldverschreibung nur verpflichtet, wenn der Inhaber gegenüber der registerführenden Stelle eine Weisung zur Umtragung auf den Emittenten bei Zahlungsnachweis erteilt.

(2) Die Vorlegung einer elektronisch begebenen Schuldverschreibung im Sinne des § 801 des Bürgerlichen Gesetzbuchs erfolgt durch ausdrückliches Verlangen der Leistung unter Glaubhaftmachung der Berechtigung.

Literatur: *Casper/Richter*, Die elektronische Schuldverschreibung – eine Sache?, ZBB 2022, 65; *Döding/Wentz*, Der Referentenentwurf zur Einführung von elektronischen Wertpapieren und Kryptowertpapieren, WM 2020, 2312; *Meier*, Übertragung von elektronischen Wertpapieren nach dem eWpG-E, RDi 2021, 1; *Müller*, Die wertpapierrechtliche Innehabung im Erkenntnisverfahren, WM 2017, 69; *Omlor*, Elektronische Wertpapiere nach dem eWpG, RDi 2021, 371; *Sickinger/Thelen*, Anleihen und Genussscheine auf die Blockchain, AG 2020, 862; *Wieneke/Kunz*, Das Gesetz zur Einführung von elektronischen Wertpapieren, NZG 2021, 316; *Wieneke/Schulze De la Cruz*, Mögliche Einschränkungen der Gläubigerschutzvorschrift des § 225 AktG in Kreditverträgen oder Anleihebedingungen, WM 2020, 1720.

Übersicht

I.   Normzweck und Grundlagen

1   Auch § 29 eWpG enthält Sonderbestimmungen zu den Vorschriften über Inhaberschuldverschreibungen nach den §§ 793 ff. BGB, die auf die Entmaterialisierung elektronischer Inhaberschuldverschreibungen zugeschnitten sind.[1] Wie die Regelung des § 797 Satz 1 BGB, wonach „[d]er Aussteller [...] nur gegen Aushändigung der Schuldverschreibung zur Leistung verpflichtet [ist]", so bewirkt auch die Vorschrift des § 29 Abs. 1 eWpG den Schutz des Emittenten vor einer doppelten Inanspruchnahme und ist damit dessen funktionales Äquivalent für elektronische Wertpapiere i. S. des eWpG.[2] § 29 Abs. 2 eWpG enthält darüber hinaus eine Konkretisierung von § 801 BGB, wonach der Anspruch aus einer Schuldverschreibung erlischt, wenn diese nicht rechtzeitig dem Aussteller zur Einlösung vorgelegt wird.

II.   Fall der Einzeleintragung: Leistung gegen Umtragung (§ 29 Abs. 1 eWpG)

2   § 29 Abs. 1 eWpG bestimmt, dass der Emittent einer elektronisch begebenen Schuldverschreibung nur zur Leistung verpflichtet ist, wenn der Inhaber gegenüber der registerführenden Stelle eine **Weisung zur Umtragung auf den Emittenten bei Zahlungsnachweis** erteilt. Die Vorschrift entspricht daher **§ 797 Satz 1 BGB** bei herkömmlichen Inhaberschuldverschreibungen, der vorsieht, dass der Aussteller nur gegen Aushändigung der Schuldverschreibungsurkunde zur Leistung verpflichtet ist. Allerdings soll es in Bezug auf elektronisch begebene Schuldverschreibungen auch nach Leistung des Emittenten keiner Vorgänge außerhalb des digitalen Umfelds bedürfen, so dass eine Aushändigung einer Urkunde nicht in Betracht kommt.[3] Die Umtragung auf den Emittenten bei der registerführenden Stelle tritt somit an die Stelle der Aushändigung der Urkunde an den Aussteller.

---

1)   Begr. RegE Gesetz zur Einführung von eWp, BT-Drucks. 19/26925, S. 68; Müller/Pieper-*Müller*, eWpG, § 29 Rz. 1; Conreder/Meier-*Linardatos*, eWpG, § 29 Rz 1.

2)   *Döding/Wentz*, WM 2020, 2312, 2318; *Wieneke/Kunz*, NZG 2021, 316, 322; Conreder/Meier-*Linardatos*, eWpG, § 29 Rz 2.

3)   Begr. RegE Gesetz zur Einführung von eWp, BT-Drucks. 19/26925, S. 68.

Ob § 29 Abs. 1 eWpG dem Emittenten ein **Zurückbehaltungsrecht** i. S. der §§ 273, 274 **3** BGB gewährt, ist fraglich. Ein solches Verständnis ist bei § 797 Satz 1 BGB vorherrschend.[4] Der Aussteller müsse nur Zug-um-Zug gegen Übergabe der Urkunde leisten. Vollstreckungsrechtlich seien daher §§ 756, 765 ZPO anwendbar.[5] Demgegenüber wird von der Gegenansicht geltend gemacht, eine Zug-um-Zug-Verurteilung im vollstreckungsrechtlichen Sinne der §§ 756, 765 ZPO komme nicht in Betracht, da der Anspruch auf Aushändigung der Urkunde kein selbstständiger Gegenanspruch sei. Es liege vielmehr eine besondere Ausgestaltung des Rechts auf Quittung vor.[6]

Da § 29 Abs. 1 eWpG eine zu § 797 Satz 1 BGB funktional äquivalente Regelung ist, stellt **4** sich die Frage, inwieweit diese Problematik auch für elektronische Wertpapiere besteht. Gegen eine Übertragung auf § 29 Abs. 1 eWpG spricht allerdings, dass der Wortlaut von § 29 Abs. 1 eWpG gegenüber dem Wortlaut der Entwurfsfassung des Referentenentwurfs nicht mehr wie bei § 797 Satz 1 BGB lautet; ursprünglich sollte die Leistungsverpflichtung nur „gegen" Erteilung der Weisung bestehen. Vielmehr spricht das Gesetz nunmehr nur vom Bestehen der Leistungspflicht,

> „[...] wenn der Inhaber gegenüber der registerführenden Stelle eine Weisung zur Umtragung auf den Emittenten bei Zahlungsnachweis erteilt"

und macht die Weisung damit ausdrücklich zur Voraussetzung der Leistungspflicht;[7] da- **5** hinter tritt der Umstand zurück, dass die amtliche Überschrift der Vorschrift („Leistungspflicht nur gegen Umtragung") weiterhin plakativ eine andere Auslegung nahelegen könnte. Damit bedarf es eines Zurückbehaltungsrechts i. S. der §§ 273, 274 BGB nicht. Vielmehr ist die **Erteilung der Weisung ein echtes Tatbestandsmerkmal**, so dass die Leistungspflicht von vornherein dahingehend beschränkt ist, dass sie nur besteht, wenn eine entsprechende Weisung erteilt wird.[8] Dies ergibt sich auch aus der neuen Parallelnorm in § 6 Abs. 2 Satz 4 DepotG, wonach

> „[...] [d]er Leistungsanspruch des Hinterlegers aus seinem Anteil am Sammelbestand [...] von vornherein dahingehend beschränkt [ist], dass er gegen die Leistung einen der Leistung entsprechenden Anteil am Sammelbestand auf den Aussteller überträgt."

Dies entsprach bereits vor Inkrafttreten des eWpG der Praxis im Kontext der Geltend- **6** machung von Ansprüchen aus girosammelverwahrten Schuldverschreibungen.[9]

Die Frage, wie in einem gerichtlichen Verfahren die **Tenorierung** aufgrund der tatbestand- **7** lichen Beschränkung der Leistungspflicht auf die Umtragung zu lauten hat, stellt sich daher nicht, da ohne Beweis über die Erteilung einer vorausgegangenen Weisung eine Klage als unbegründet abzuweisen ist.[10]

1. Weisung

a) Allgemeine Anforderungen an Weisungen im eWpG

Von dem Erfordernis einer Weisung ist im eWpG an verschiedenen Stellen die Rede. Dabei **8** geht es wie bspw. in den §§ 14 Abs. 1, 18 Abs. 1 und 25 Abs. 1 eWpG, insbesondere darum,

---

4) *Gehrlein* in: BeckOK-BGB, § 797 Rz. 1; Staudinger-*Marburger*, BGB, § 797 Rz. 3.
5) So aber wohl *Kusserow/Scholl*, Fragen und Antworten zum Entwurf eines Gesetzes zur Einführung von elektronischen Wertpapieren, S. 18.
6) BGH, Urt. v. 14.5.2013 – XI ZR 160/12, ZIP 2013, 1270 = DB 2013, 1478; *Habersack* in: MünchKomm-BGB, § 797 Rz. 3, sowie ausführlich *Müller*, WM 2017, 69, 74 f.
7) Müller/Pieper-*Müller*, eWpG, § 29 Rz. 5; vgl. auch Conreder/Meier-*Linardatos*, eWpG, § 29 Rz 23.
8) Müller/Pieper-*Müller*, eWpG, § 29 Rz. 5.
9) *Wieneke/Kunz*, NZG 2021, 316, 322.
10) Müller/Pieper-*Müller*, eWpG, § 29 Rz. 6; a. A. wohl Conreder/Meier-*Linardatos*, eWpG, § 29 Rz. 27.

dass der Inhaber oder ein sonstiger Berechtigter eine Änderung des ihn betreffenden Registerinhalts veranlassen bzw. autorisieren möchte. Da es in § 29 Abs. 1 eWpG um eine „Weisung zur Umtragung" geht, springt die Parallele zu § 25 Abs. 1 Satz 1 eWpG ins Auge. Danach ist für die Übertragung eines elektronischen Wertpapiers in Einzeleintragung u. a. erforderlich, „dass das elektronische Wertpapiere auf Weisung des Berechtigten auf den Erwerber umgetragen wird". Es liegt daher nahe, für eine Bestimmung der Anforderungen i. R. von § 29 Abs. 1 eWpG an die **Weisung zur Übertragung nach § 25 eWpG** anzuknüpfen (siehe hierzu und zum Folgenden ausführlich oben *Schulz*, § 25).

9 Im Rahmen von § 25 Abs. 1 eWpG wird die Weisung als eine **empfangsbedürftige Willenserklärung**[11] angesehen, bei der ein Widerruf gemäß § 130 Abs. 1 Satz 1 BGB ausgeschlossen ist, wenn die Weisung der registerführenden Stelle zugegangen ist.[12] Sie soll im Grundsatz keiner bestimmten **Form** unterliegen und daher auch konkludent abgegeben werden können. Allerdings dient die Weisung auch gemäß §§ 14 Abs. 1, 18 Abs. 1 eWpG der Autorisierung von Änderungen im elektronischen Wertpapierregister. Da die registerführende Stelle die eingegangenen Weisungen dokumentieren und den Eingang der Weisung mit einem Zeitstempel versehen muss, wird in diesem Rahmen wenigstens die Textform gemäß § 126b BGB für erforderlich gehalten.[13]

10 Die Weisung muss **vom Berechtigten** abgegeben werden (§§ 14 Abs. 1 Satz 1, 18 Abs. 1 Satz 1, 25 Abs. 1 eWpG), ohne dass die die Weisung erteilende Person mit dem Berechtigten identisch sein muss, so dass die Beteiligung Dritter im Wege der Stellvertretung gemäß §§ 164 ff. BGB oder der Botenschaft möglich ist. Zudem sehen die §§ 14 Abs. 1 Satz 5, 18 Abs. 1 Satz 5 eWpG übereinstimmend vor, dass die registerführende Stelle von einer Weisung des Inhabers ausgehen darf, wenn die **Weisung mittels eines geeigneten Authentifizierungsinstruments** erteilt wurde. Hier ist in erster Linie an den Private Key dezentraler Systeme zu denken.[14]

b) Weisung als empfangsbedürftige Willenserklärung

11 Tatbestandlich bedarf es nach § 29 Abs. 1 eWpG zunächst einer Weisung des Inhabers gegenüber der registerführenden Stelle. Dabei handelt es sich wie in den vorgenannten vergleichbaren Konstellationen normativ sowie gestützt auf den Wortlaut der Norm („gegenüber", „Erteilung") um eine **empfangsbedürftige Willenserklärung**.[15] Damit sind die Vorschriften des BGB über Wirksamkeit und Zugang von Willenserklärungen anwendbar. Überdies wollte der Gesetzgeber, dass die Weisung ihrer Art nach unwiderruflich sein soll.[16] Das entspricht ohnehin der Gesetzeslage für Willenserklärungen nach § 130 Abs. 1 Satz 2 BGB, woraus sich ergibt, dass der Widerruf nur bis zu ihrem Zugang möglich ist. Die **Unwiderruflichkeit** ist gerade im vorliegenden Zusammenhang auch interessengerecht, da letztlich auch bei elektronischen Wertpapieren das Vertrauen des Emittenten in die tatsächliche Umtragung nach seiner Zahlung geschützt werden soll, damit es nicht zu einer

---

11) Conreder/Meier-*Meier*, eWpG, § 25 Rz 17; Müller/Pieper-*Müller*, eWpG, § 25 Rz. 8; *Meier*, RDi 2021, 1, 8; *Omlor*, RDi 2021, 371, 375; *Casper/Richter*, ZBB 2022, 65, 74.

12) *Casper* in: Möslein/Omlor, FinTech-Handbuch, § 28 Rz. 44; *Omlor* in: Omlor/Möslein/Grundmann, Elektronische Wertpapiere, § 6, S. 146.

13) Müller/Pieper-*Pieper*, eWpG, § 14 Rz. 13.

14) Müller/Pieper-*Müller*, eWpG, § 25 Rz. 8; *Sickinger/Thelen*, AG 2020, 862, 865; *Wieneke/Kunz*, NZG 2021, 316, 322.

15) So auch Conreder/Meier-*Linardatos*, eWpG, § 29 Rz 8; Müller/Pieper-*Müller*, eWpG, § 29 Rz. 3 jew. m. w. N.

16) Dort „Nachweis der unwiderruflichen Weisung", Begr. RegE Gesetz zur Einführung von eWp, BT-Drucks. 19/26925, S. 68.

doppelten Inanspruchnahme kommen kann.[17] Das deckt sich mit der Auslegung zu § 25 Abs. 1 eWpG.

Folge dieser Unwiderruflichkeit ist konsequenter Weise außerdem der **Ausschluss** jeglicher auflösender **Bedingungen oder Befristungen** nach § 158 Abs. 2 sowie § 163 BGB.[18] Das liegt nahe, da einseitige Rechtsgeschäfte, insbesondere Gestaltungsrechte, aus Gründen der Rechtssicherheit regelmäßig bedingungsfeindlich sind. Ob eine dennoch auflösend bedingt oder befristet erklärte Weisung wirksam sein soll, muss wie bei sonstigen empfangsbedürftigen Willenserklärungen nach den §§ 133, 157 BGB aus Sicht eines objektiven Empfängers bestimmt werden. Es ergeben sich zwei Auslegungsalternativen. Entweder die Weisung ist wirksam, weil Bedingung bzw. Befristung nicht Bestandteil der Weisung wurden. Hierfür wird geltend gemacht, dass nur so das Vertrauen des Emittenten in die Durchführung der Umtragung nach Zahlung geschützt werden könne.[19] Das wird aber in der Regel nicht das Ergebnis der Auslegung sein, weil der Inhaber gerade diese (unbedingte) Weisung nicht abgegeben hat. Interessengerechter wird es regelmäßig sein, die Weisung als unwirksam anzusehen, weil Bedingung bzw. Befristung unzulässig sind. Würde der Inhaber einer herkömmlichen Inhaberschuldverschreibung die Zahlung verlangen, die Urkunde aber nur unter bestimmten Bedingungen zurückgeben wollen, würde der Aussteller schlicht die Auszahlung verweigern.

Inhaltlich muss die Weisung ausweislich des Wortlauts des § 29 Abs. 1 eWpG auf die Umtragung des Emittenten bei Zahlungsnachweis gerichtet sein. Sie muss jedoch nicht ausdrücklich diese konkreten Worte enthalten, solange im Wege der **Auslegung** aus Sicht eines objektiven Empfängers gemäß §§ 133, 157 BGB ein entsprechender Inhalt erkennbar wird. Die Weisung kann mithin auch **konkludent** erfolgen. Sie ist, da das Gesetz keine besondere **Form** vorsieht, grundsätzlich nicht an Formvorschriften gebunden.[20] Allerdings wird man berücksichtigen müssen, dass die Weisung auch in diesem Zusammenhang der Autorisierung von Änderungen im elektronischen Wertpapierregister dient. Auch hier muss die registerführende Stelle die eingegangenen Weisungen dokumentieren und den Eingang der Weisung mit einem Zeitstempel versehen. Ob daraus allerdings wie bei § 25 Abs. 1 eWpG die Textform gemäß § 126b BGB folgt,[21] wird man in diesem Zusammenhang (und ggf. auch im Zusammenhang mit §§ 14 Abs. 1 Satz 1, 18 Abs. 1 Satz 1, 25 Abs. 1 eWpG) bezweifeln müssen. Vorliegend geht es mit § 29 Abs. 2 eWpG freilich nur um die Abwicklung der Zahlung.

Auch die alte Welt des § 797 Satz 1 BGB hat technische Lösungen gefunden, die den Emittenten vor einer doppelten Zahlung geschützt haben, ohne dass Urkunden ausgehändigt werden mussten (siehe hierzu oben *Wieneke*, § 28 Rz. 14 ff.). Zu einem Effizienzrückschritt soll es nicht kommen. Daher sollte es dem Emittenten unbenommen bleiben, insbesondere für Kryptowertpapiere sichere **technische Lösungen** zu finden mit der Folge, dass die Weisung in den Anleihebedingungen fingiert[22] oder als vorab erklärt angesehen werden kann. Dies sollte kein Problem sein, wenn der Emittent davor geschützt ist, doppelt zahlen zu müssen, und der Berechtigte nicht befürchten muss, seine Inhaberstellung zu verlieren, ohne die Leistung zu erhalten. Nur eine technische und rechtliche Konstruktion, die auf

---

17) *Döding/Wentz*, WM 2020, 2312, 2318; Müller/Pieper-*Müller*, eWpG, § 29 Rz. 3.
18) Müller/Pieper-*Müller*, eWpG, § 29 Rz. 3. Conreder/Meier-*Linardatos*, eWpG, § 29 Rz 8, weist freilich zutreffend darauf hin, dass die Bedingung der „pflichtgemäßen Zahlung" zulässig sein muss.
19) Vgl. Müller/Pieper-*Müller*, eWpG, § 29 Rz. 3.
20) Conreder/Meier-*Linardatos*, eWpG, § 29 Rz. 9; Müller/Pieper-*Müller*, eWpG, § 29 Rz. 3.
21) Müller/Pieper-*Pieper*, eWpG, § 14 Rz. 13.
22) S. zu den konstruktiven Möglichkeiten, Verzichtserklärungen in Anleihebedingungen aufzunehmen, insbesondere *Wieneke/Schulze De la Cruz*, WM 2020, 1720, 1726.

eine (ausdrückliche oder konkludente) Weisung verzichtet, öffnet die elektronische Schuldverschreibung für den **Massenverkehr**. Müsste der Emittent nämlich die Investoren/Inhaber vor der Rückzahlung um eine Weisung ersuchen, wäre eine effiziente Durchführung der Zahlungsabwicklung unmöglich. Da der Emittent typischerweise die technische Struktur mit dem Registerführer aufsetzt, kann er hierbei seine Interessen selber schützen, so dass es aufgrund des Anlegerschutzes bei der Gestaltung in erster Linie darum geht, zu gewährleisten, dass die Inhaberposition erst mit Zahlung übergeht. – Die technische Lösung stellt allerdings eine Herausforderung dar. Ein Clearingsystem muss, um Transaktionen sicher abwickeln zu können, eine Briefseite und eine Geldseite haben und beide miteinander verbinden. Deckt demgegenüber ein Kryptowertpapierregister nur die Verfügungen über Kryptowertpapiere (Security Leg) ab, nicht aber die Gegenleistung auf der anderen Transaktionsseite (Cash Leg), ist eine Zug-um-Zug-Abwicklung (Delivery versus Payment oder DvP) bei Übertragungen nicht möglich.[23] Dieses Problem wird sich auch im Fall der Zahlung bei Endfälligkeit stellen. Bestandteil einer möglichen Lösung wäre ggf. ein digitaler Euro oder die von der Bundesbank vorgestellte Abwicklung von DLT-basierten Wertpapieren in Zentralbankgeld.[24]

15 Die Erklärung hat **durch den Inhaber**, also die im Register eingetragene Person, zu erfolgen, wobei es sich nicht um den materiell, sondern den formell Berechtigten handelt. Zu berücksichtigen sind hierbei abermals die Unterschiede zwischen Einzel- und Sammeleintragung, da bei Einzeleintragung typischerweise formelle und materielle Legitimation nicht auseinanderfallen (vgl. § 8 Abs. 1 Nr. 2 eWpG).[25] Ausweislich § 29 Abs. 1 eWpG hat die Erklärung **gegenüber der registerführenden Stelle** zu erfolgen, wovon nach den allgemeinen Regeln auch deren Empfangsvertreter oder Empfangsboten umfasst sind. Registerführende Stellen sind auch im Zusammenhang dieser Vorschrift die Wertpapiersammelbanken oder Verwahrer i. S. von § 12 Abs. 2 eWpG bzw. Kryptowertpapierregister i. S. von § 16 Abs. 2 eWpG.

2. Leistung und Umtragung bei Zahlungsnachweis

16 Bei der Frage nach der Leistungspflicht des Emittenten stellen sich insbesondere zwei Fragen, nämlich:

– einerseits angesichts der „wenn"-Verknüpfung des Gesetzeswortlauts die Frage der zeitlichen Reihenfolge von Weisung, Leistung und Umtragung; und

– andererseits die Frage der Zulässigkeit von Teilleistungen.

17 Folgt man richtigerweise der eingangs genannten Auffassung, wonach § 29 Abs. 1 eWpG kein Zurückbehaltungsrecht i. S. der §§ 273, 274 BGB gewährt, so stehen Weisung und Leistung in keinem Zug-um-Zug-Verhältnis. Die damit verbundene Hochstufung der Erteilung der Weisung auf Umtragung zum Tatbestandsmerkmal der Leistungspflicht führt mithin dazu, dass die **Weisung auf Umtragung der Leistung zeitlich vorgelagert** ist.[26] Da anzunehmen ist, dass die registerführende Stelle diese zeitliche Reihenfolge beachtet, bedarf es für den Schutz des Emittenten keines Zurückbehaltungsrechts.[27]

---

23) Conreder/Meier-*Reiter*, eWpG, § 16 Rz 32.
24) Bundesbank, Abwicklung von DLT-basierten Wertpapieren in Zentralbankgeld erfolgreich getestet, https://www.bundesbank.de/de/presse/pressenotizen/abwicklung-von-dlt-basierten-wertpapieren-in-zentralbankgeld-erfolgreich-getestet-861438 (Abrufdatum: 14.2.2023); s. hierzu auch Conreder/Meier-*Reiter*, eWpG, § 16 Rz 31 f.
25) S. zu dieser Differenzierung Conreder/Meier-*Linardatos*, eWpG, § 29 Rz. 10 ff.; vgl. auch Müller/Pieper-*Müller*, eWpG, § 29 Rz. 3.
26) Vgl. Müller/Pieper-*Müller*, eWpG, § 29 Rz. 4 (Fn. 8); a. A. wohl *Kusserow/Scholl*, Fragen und Antworten zum Entwurf eines Gesetzes zur Einführung von elektronischen Wertpapieren, S. 18.
27) Müller/Pieper-*Müller*, eWpG, § 29 Rz. 6.

Dies stellt keine den Inhaber benachteiligende Vorleistungspflicht dar. Er kann sich darauf 18
verlassen, dass im Fall der Zahlung auch die Umtragung erfolgt; dafür steht der Registerführer als Dritter ein. Im weiteren sachlogischen Ablauf erfolgte die **Umtragung erst nach
der Zahlung.** Dies ist auch sachgerecht, da der Emittent die registerführende Stelle ausgesucht hat, sie also als in seinem Lager stehend angesehen werden kann. Die Interessen
der Beteiligten an der Abwicklung ihrer Leistungsbeziehung sind sowohl durch die Unwiderruflichkeit der Weisung als auch durch die bereits gesetzlich angeordnete Anknüpfung der Umtragung bei Zahlungsnachweis gewahrt. Im Ergebnis spricht freilich nichts
dagegen, dass die **Umtragung zeitgleich mit der Zahlung** erfolgt. Anlegerschutzinteres-
sen werden dadurch nicht berührt.

Bei herkömmlichen Wertpapieren gilt, dass der Aussteller kraft Gesetzes das Eigentum an 19
dem (eingelösten) Papier erwirbt. Der **Eigentumserwerb** tritt **kraft Gesetzes** ein und zwar
auch bei Zahlung an einen nichtberechtigten Inhaber.[28] Dies gilt auch bei elektronischen
Wertpapieren.[29] Hier wird der Emittent mit Zahlung zum Berechtigten (und mit der Umschreibung auch zum Inhaber). Dass dies auch dann der Fall ist, wenn der Inhaber nicht
der Berechtigte war, ergibt sich aus § 28 Abs. 1 Satz 2 eWpG. Daraus folgt im vorliegenden Zusammenhang, dass auch die Weisung eines Inhabers maßgeblich ist, der nicht der
Berechtigte ist, wobei freilich auch hier die für § 28 Abs. 1 Satz 1 eWpG aufgezeigten
Grenzen ausschlaggebend sind (siehe hierzu oben *Wieneke*, § 28 Rz. 66 ff.).

Weiterhin ist i. R. von § 29 Abs. 1 eWpG fraglich, ob wie bei § 797 Satz 1 BGB die volle 20
Leistung zu erbringen ist, so dass, wer nur eine **Teilleistung** erbringt, die Umtragung nicht
verlangen kann.[30] Hier wird im Fall der Teilleistung i. S. von § 266 BGB (bei Vorliegen
eines Einverständnisses des Gläubigers;[31] das wäre bei elektronischen Wertpapieren wohl
der Inhaber und nicht der materiell Berechtigte), aufgrund der technischen Möglichkeiten
bei elektronischen Schuldverschreibungen, eine Teilumtragung als technische Lösung vorgeschlagen.[32] Das Anliegen, eine Teilleistung des Emittenten rechtstechnisch zu ermöglichen, ist in jedem Fall zu befürworten, zumal auch bei herkömmlichen Schuldverschreibungen Vermerke von Teilleistungen auf der Urkunde unter unterstellter Duldungspflicht
des Gläubigers zulässig sind.[33] Clearstream arbeitete im Fall von Teilleistungen technisch
mit einem Poolfaktor; dieser stellt ein Maß für Teiltilgungen einer Anleihe dar und wird
mit dem Nominalbetrag verrechnet, ohne dass es zu einem Austausch der Urkunde kommt.

Im Ergebnis erscheint die Lösung über eine Teilumtragung – wenn technisch überhaupt 21
möglich – aber nicht als sachgerecht. Vielmehr würde man, entsprechend dem, was bei auch
herkömmlichen Wertpapieren möglich ist, den im Register vermerkten Nennbetrag der eingetragenen Wertpapiere (vgl. § 13 Abs. 1 Nr. 3 sowie § 17 Abs. 1 Nr. 3 eWpG) um die Teilleistung reduzieren. Die Weisung auf Umtragung müsste also durch eine **Weisung auf
Reduzierung** des Nennbetrags ersetzt werden. Geht man davon aus, dass unter bestimmten
Umständen die Weisung zur Umtragung in den Anleihebedingungen fingiert oder als vorab
erklärt angesehen werden kann (siehe oben Rz. 14), wird man darin im Wege einer interes-

---

28) *Einsele* in: MünchKomm-HGB, Depotgeschäft Rz. 175; Staudinger-*Marburger*, BGB, § 797 Rz. 6 f.;
    Habersack in: MünchKomm-BGB, § 797 Rz. 3 - unter Hinweis auf den Rechtsgedanken des § 952 BGB.
29) Conreder/Meier-*Linardatos*, eWpG, § 29 Rz 25.
30) Vgl. zur Teilleistung bei herkömmlichen Wertpapieren nur *Habersack* in: MünchKomm-BGB, § 797
    Rz. 3; Staudinger-*Marburger*, BGB, § 797 Rz. 4.
31) Wenn der Emittent bei Fälligkeit die Leistung nur teilweise erbringen kann oder will, wird man immer von
    einem Einverständnis des Gläubigers zur Teilleistung ausgehen können; eine Unzulässigkeit der Teil-
    leistung gemäß § 266 BGB wäre nicht interessengerecht; anders Müller/Pieper-*Müller*, eWpG, § 29 Rz. 8.
32) Müller/Pieper-*Müller*, eWpG, § 29 Rz. 8.
33) Hierzu *Habersack* in: MünchKomm-BGB, § 797 Rz. 5; Staudinger-*Marburger*, BGB, § 797 Rz. 4.

sengerechten Auslegung auch eine Weisung zur Reduzierung des Nennbetrags im Fall der Teilleistung sehen können.

22   In der Folge der **Umtragung** auf den Emittenten wird der Emittent qua Registereintragung neuer formeller Inhaber der elektronischen Schuldverschreibung.[34] Dies entspricht § 4 Abs. 8 eWpG, wonach die Umtragung „die Ersetzung des Inhaber eines im elektronischen Wertpapierregister eingetragenen elektronischen Wertpapiers durch einen neuen Inhaber" ist. Diese Umtragung bewahrt den Emittenten, wie die Aushändigung gemäß § 797 Satz 1 BGB davor, doppelt oder gar mehrfach in Anspruch genommen zu werden.[35] Daher ist es denkbar, dass der Emittent als neuer Inhaber nach der Umtragung sogleich auch die **Löschung** i. S. von § 4 Abs. 9 eWpG, mithin „die Kenntlichmachung eines eingetragenen elektronischen Wertpapiers und seiner niedergelegten Emissionsbedingungen als gegenstandslos" veranlassen wird.[36]

III.   Fall der Sammeleintragung

23   § 29 Abs. 1 eWpG passt hinten und vorne nicht auf elektronische Wertpapiere in Sammeleintragung. Dies folgt daraus, dass im Fall der Sammeleintragungen gemäß § 8 Abs. 1 Nr. 1 eWpG eine Wertpapiersammelbank oder ein Verwahrer als Inhaber eingetragen wird und diese(r) gemäß § 12 Abs. 2 eWpG das zentrale Register selbst führt. Ist nun der Emittent gemäß § 28 Abs. 1 Satz 1 eWpG zur Leistung an den Inhaber verpflichtet, besteht gemäß § 29 Abs. 1 eWpG eine Leistungspflicht nur, wenn dieser **Inhaber** gegenüber der registerführenden Stelle, also im Fall der Sammeleintragung **an sich selbst**, eine Weisung zur Umtragung erteilt. Im Fall der Sammeleintragung würde sich also die perplexe Situation ergeben, dass die Wertpapiersammelbank **gleichzeitig Inhaber**, also Erklärender, **und registerführende Stelle**, also Erklärungsempfänger, ist.

24   Diese problematische Personenidentität von Erklärendem und Empfänger kann man hinnehmen und rechtstechnisch dadurch lösen, dass die registerführende Stelle in diesen Fällen dogmatisch vom Verbot des Insichgeschäfts bzw. der Mehrfachvertretung i. S. von § 181 BGB befreit sein müsste.[37] Das ergibt aber keinen Sinn und erfüllt auch nicht den Zweck der Norm. Der Emittent soll vor einer doppelten Inanspruchnahme geschützt werden; da hilft es nichts, wenn der Zahlungsempfänger sich selbst gegenüber erklärt hat, er werde die Umtragung schon vornehmen. Der Berechtigte soll seine Inhaberstellung nicht verlieren, ohne die Leistung zu erhalten; der Berechtigte ist nicht beteiligt und der Inhaber hat es selbst in der Hand, die Umtragung vorzunehmen. Nimmt man die offensichtliche Parallele zu § 25 Abs. 1 eWpG hinzu, wird klar, dass auch **§ 29 Abs. 1 eWpG nur auf den Fall der Einzeleintragung** anwendbar ist.

25   Für den Fall der Sammelverwahrung sollte sich durch das eWpG abgesehen von der Begebung nichts ändern. Damit **ersetzt die Begebung** des elektronischen Wertpapiers die bisher für die Girosammelverwahrung erforderliche **Einlieferung und Hinterlegung** der Urkunde. Weitere Abweichungen zu dieser Standardsituation nach dem gegenwärtig üblichen Verfahren waren **nicht vorgesehen**.[38] Das gilt sowohl für die Übertragung der (elektronischen) Wertpapiere als auch für die Einlösung. Im Regelfall der **kollektiven Geltendmachung** wird die Leistung (in der Regel auf Veranlassung des Emittenten) durch

---

34)   Conreder/Meier-*Linardatos*, eWpG, § 29 Rz 19.
35)   *Döding/Wentz*, WM 2020, 2312, 2318; *Einsele* in: Omlor/Möslein/Grundmann, Elektronische Wertpapiere, § 2 III. 1.
36)   Vgl. *Kusserow/Scholl*, Fragen und Antworten zum Entwurf eines Gesetzes zur Einführung von elektronischen Wertpapieren, S. 18.
37)   Zu diesem Problem Müller/Pieper-*Müller*, eWpG, § 29 Rz. 4 (Fn. 8).
38)   *Wieneke/Kunz*, NZG 2021, 316, 319.

die Zahlstelle erbracht und Clearstream bewirkt die Umbuchung der Papiere auf das Depot des Emittenten bei der Zahlstelle.[39] Allenfalls erforderlich ist hier eine **Weisung der Zahlstelle an Clearstream** (den Inhaber) die entsprechende Buchung gegen Zahlung vorzunehmen.

Im Regelfall verdrängt die gesetzliche Ermächtigungstreuhand, die § 28 Abs. 1 Satz 1 eWpG **26** zugrunde liegt, das Recht zur eigenständigen Geltendmachung der Leistung durch den aufgrund einer Depotbescheinigung zur Rechtsausübung nach § 6 Abs. 2 DepotG ausgewiesenen Berechtigten (siehe oben *Wieneke*, § 28 Rz. 56). Zahlt allerdings der Emittent nicht, kann der Berechtigte im Wege der **eigenständigen Geltendmachung** auf der Grundlage einer Depotbescheinigung zur Rechtsausübung Zahlung an sich verlangen. Für diesen Fall gilt die mit § 29 Abs. 1 eWpG vergleichbare Regelung des **§ 6 Abs. 2 Satz 2 DepotG**, wonach der Hinterleger „gegen Leistung einen der Leistung entsprechenden Anteil am Sammelbestand auf den Aussteller überträgt". Dies bedeutet für die Praxis nichts anderes, als dass der Inhaber seiner Depotbank eine **Weisung zur Umtragung** an den Emittenten erteilt. Das gilt gemäß § 9b DepotG auch für elektronische Wertpapiere in Sammeleintragung.

IV. Sondervorschriften zum Erlöschen und der Verjährung gemäß § 801 BGB (§ 29 Abs. 2 eWpG)

1. Ergänzende Bestimmungen und Anwendbarkeit des § 801 BGB

Damit elektronische Wertpapiere i. S. des eWpG ihre digitale Form auch hinsichtlich der **27** Erlöschens- und Verjährungstatbestände des § 801 BGB nicht ändern müssen, modifiziert § 29 Abs. 2 eWpG durch ergänzende Voraussetzungen die im BGB vorgesehene urkundliche Vorlegung.[40]

§ 801 Abs. 1 BGB regelt, dass **28**

> „[...] [d]er Anspruch aus einer Schuldverschreibung auf den Inhaber [...] mit dem Ablauf von 30 Jahren nach dem Eintritt der für die Leistung bestimmten Zeit [erlischt], wenn nicht die Urkunde vor dem Ablauf der 30 Jahre dem Aussteller zur Einlösung vorgelegt wird. Erfolgt die Vorlegung, so verjährt der Anspruch in zwei Jahren von dem Ende der Vorlegungsfrist an. Der Vorlegung steht die gerichtliche Geltendmachung des Anspruchs aus der Urkunde gleich."

§ 801 BGB will das Interesse des Ausstellers an einer zeitlichen Beschränkung der Leis- **29** tungspflicht schützen und führt zu diesem Zweck für die Vorlegung **Ausschlussfristen** ein, die durch eine Verjährungsregelung ergänzt werden.[41] Gemäß § 801 Abs. 3 BGB können „[d]ie Dauer und der Beginn der Vorlegungsfrist [...] von dem Aussteller in der Urkunde anders bestimmt werden." Von der Möglichkeit **abweichender Regelungen** wird in der Praxis regelmäßig Gebrauch gemacht.[42] Eine übliche Regelung lautet etwa:

> „Die Vorlegungsfrist gemäß § 801 Abs. 1 Satz 1 Bürgerliches Gesetzbuch („BGB") für die Schuldverschreibungen beträgt zehn Jahre. Die Verjährungsfrist für Ansprüche aus den Schuldverschreibungen, die innerhalb der Vorlegungsfrist zur Zahlung vorgelegt wurden, beträgt zwei Jahre von dem Ende der betreffenden Vorlegungsfrist an."[43]

Nach § 29 Abs. 2 eWpG erfolgt die Vorlegung einer elektronisch begebenen Schuldver- **30** schreibung i. S. von § 801 BGB durch ausdrückliches Verlangen der Leistung unter Glaub-

---

39) *Einsele* in: MünchKomm-HGB, Depotgeschäft Rz. 175.

40) Vgl. Begr. RegE Gesetz zur Einführung von eWp, BT-Drucks. 19/26925, S. 68.

41) Vgl. *Habersack* in: MünchKomm-BGB, § 801 Rz. 1; *Vogel* in: BeckOGK-ZivilR, § 801 BGB Rz. 2.

42) S. hierzu etwa *Vogel* in: BeckOGK-ZivilR, § 801 BGB Rz. 17.

43) S. a. das Muster von *Artzinger-Bolten/Wöckener* in: Hopt/Seibt, Schuldverschreibungsrecht, Anh. C. § 13, S. 1753.

haftmachung der Berechtigung. Die Vorschrift konkretisiert § 801 Abs. 1 BGB dahingehend, dass die Glaubhaftmachung der Berechtigung an die Stelle der Vorlage der Schuldverschreibungsurkunde tritt. Die Vorschrift ermöglicht somit die Anwendung des in § 801 BGB vorgesehenen **Erlöschenstatbestands** sowie, unter Einbeziehung einer Sonderbestimmung, der **spezifischen Verjährungsfrist** in Bezug auf die Vorlage der Schuldverschreibung.

31   Wie i. R. von § 801 BGB findet die Vorlegungs- bzw. Ausschlussfrist ihre notwendige Ergänzung in der **Verjährungsregel** des § 801 Abs. 1 Satz 2 BGB, so dass auch bei elektronischen Schuldverschreibungen Rechtsfolgen an das zwar rechtzeitige Erheben des Leistungsanspruchs aber anschließende Nichtverfolgen des Leistungsbegehrens nach Vorlegung geknüpft werden.[44] Beide Fälle verlangen aufgrund der Modifikation des § 29 Abs. 2 eWpG i. R. des § 801 BGB nicht nur ein ausdrückliches Verlangen der Leistung aus der Inhaberschuldverschreibung, sondern auch die Glaubhaftmachung der eigenen Berechtigung.

2. Voraussetzungen

32   Die Vorschrift des § 29 Abs. 2 eWpG enthält mit dem ausdrücklichen Leistungsverlangen und der Glaubhaftmachung der Berechtigung zwei Voraussetzungen zur Vorlegung von elektronisch begebenen Schuldverschreibungen i. S. des § 801 BGB.

a)   Ausdrückliches Leistungsverlangen

33   Der Wortlaut setzt zunächst ein ausdrückliches Verlangen der Leistung voraus. Dieses als Leistungsaufforderung zu verstehende Verlangen erfordert die Kommunikation eines entsprechenden Willens. Uneinigkeit besteht dahingehend, ob dieses Verlangen die Qualität einer **Willenserklärung** oder einer rechtsgeschäftsähnlichen Handlung aufweist.[45] Letztlich ist dieser Streit eher akademischer Natur, da in jedem Fall die §§ 104 ff. BGB und insbesondere das **Zugangserfordernis** des § 130 Abs. 1 Satz 1 BGB entweder direkt oder analog anwendbar sind.

34   Zwar knüpft das Gesetz **keine Formerfordernisse** an das Leistungsverlangen, sieht allerdings dessen Ausdrücklichkeit vor. Ein bloß konkludentes Verlangen ist daher nicht ausreichend.[46]

35   Wer die Leistungsaufforderung auszusprechen hat, regelt § 29 Abs. 2 eWpG nicht. Aus dem systematischen Zusammenhang ergibt sich aber, dass dies grundsätzlich **durch den Inhaber** erfolgen muss. Nach § 28 Abs. 1 eWpG steht das Recht, die Leistung zu verlangen, dem Inhaber zu und der Emittent wird nur durch Leistung an den Inhaber befreit. Das ist für elektronische Wertpapiere in **Einzeleintragung** richtig, wo Inhaberschaft und Berechtigung im gesetzlichen Sollzustand zusammenfallen. Für elektronische Wertpapiere in **Sammeleintragung** fallen Inhaberschaft und Berechtigung aber (regelmäßig) auseinander; daher wird man hier wieder differenzieren müssen. Aufgrund der gesetzlichen Ermächtigungstreuhand ist der Registerführer i. R. der **kollektiven Geltendmachung** als Inhaber auch ermächtigt, die Leistungsaufforderung auszusprechen. Unter den Bedingungen der **eigenständigen Geltendmachung** (siehe hierzu oben Rz. 26) auf der Grundlage einer Depotbescheinigung zur Rechtsausübung nach § 6 Abs. 2 Satz 2 DepotG kann dann allerdings auch der Berechtigte befugt sein, die Leistungsaufforderung vorzunehmen.

---

44) Vgl. *Habersack* in: MünchKomm-BGB, § 801 Rz. 7; *Vogel* in: BeckOGK-ZivilR, § 801 BGB Rz. 17.

45) Vgl. einerseits Conreder/Meier-*Linardatos*, eWpG, § 29 Rz. 35, und andererseits Müller/Pieper-*Müller*, eWpG, § 29 Rz. 10.

46) Müller/Pieper-*Müller*, eWpG, § 29 Rz. 10.

b) Glaubhaftmachung

Der Gesetzgeber verlangt über die allgemeinen Regelungen des Rechtsnachweises der In- **36**
haberschaft hinaus, dass derjenige, der die Leistungsaufforderung ausspricht, seine eigene
Berechtigung glaubhaft macht. Der eigentliche zivilprozessrechtliche terminus technicus
der **Glaubhaftmachung** (vgl. § 294 ZPO) kann hierbei nicht gemeint sein und wird damit
missverständlich gebraucht.[47] Das ergibt sich bereits daraus, dass die Gesetzesbegründung
von einem materiell-rechtlichen und nicht von einem prozessualen Begriffsverständnis ausgeht.[48]

Hier wird erneut die Unterscheidung zwischen elektronisch begebenen Schuldverschreibun- **37**
gen in Einzeleintragung und solchen in Sammeleintragung relevant. Im Fall der **Einzeleintragung,** wo formelle und materielle Legitimation (regelmäßig) nicht auseinanderfallen, genügt bereits der Nachweis der Eintragung, da damit gleichzeitig die materielle Berechtigung nachgewiesen werden kann.[49] Praktisch lässt sich letzteres durch den Registerauszug (§ 19 eWpG), der über den Wortlaut hinaus nicht zwingend nur auf Krypotwertpa-
piere anwendbar ist, bewerkstelligen.[50] Im Grundsatz geht es um den Nachweis der Inhaberschaft, so dass im Ergebnis aufgrund der formellen Legitimation auch i. R. von § 801
BGB bei elektronischen Schuldverschreibungen die materielle Legitimation vermutet werden kann.[51]

Für elektronische Wertpapiere in **Sammeleintragung** reicht die durch Einsicht in das Wert- **38**
papierregister offensichtliche Inhaberstellung zusammen mit der gesetzlichen Ermächtigungstreuhand des Registerführers i. R. der kollektiven Geltendmachung aus. Eine weitere
Glaubhaftmachung ist nicht erforderlich. Da formelle und materielle Berechtigung im Fall
der Sammeleintragung (regelmäßig) auseinanderfallen, benötigt der Hinterleger für die
eigenständige Geltendmachung bereits i. R. von § 28 Abs. 1 Satz 1 eWpG (siehe hierzu
Wieneke, § 28 Rz. 51) eine in § 6 Abs. 2 DepotG vorgesehene Depotbescheinigung zur
Rechtsausübung. Damit erhält sie eine weitere Funktion i. R. von § 29 Abs. 2 eWpG. Obgleich die Glaubhaftmachung prinzipiell nicht mit der gemäß § 6 Abs. 2 DepotG vorgesehenen Depotbescheinigung zur Rechtsausübung gleichzusetzen ist, dient die Depotbescheinigung zur Rechtsausübung dem Nachweis der Berechtigung bei elektronischen
Wertpapieren in dem Umfang der Vermutung nach § 27 eWpG für den Fall der Sammelverwahrung.[52]

---

47) Müller/Pieper-*Müller,* eWpG, § 29 Rz. 11; dies verkennt *Einsele* in: Omlor/Möslein/Grundmann,
Elektronische Wertpapiere, § 2 III. 1.
48) Begr. RegE Gesetz zur Einführung von eWp, BT-Drucks. 19/26925, S. 70.
49) Begr. RegE Gesetz zur Einführung von eWp, BT-Drucks. 19/26925, S. 68; Conreder/Meier-*Linardatos,*
eWpG, § 29 Rz 30.
50) Müller/Pieper-*Müller,* eWpG, § 29 Rz. 11.
51) Müller/Pieper-*Müller,* eWpG, § 29 Rz. 11.
52) Vgl. Begr. RegE Gesetz zur Einführung von eWp, BT-Drucks. 19/26925, S. 68; vgl. Müller/Pieper-*Müller,*
eWpG, § 29 Rz. 11.

§ 30
Außerordentliche Kündigung

¹Der Inhaber einer in einem Kryptowertpapierregister eingetragenen Schuldverschreibung ist zur außerordentlichen Kündigung berechtigt, wenn er dem Emittenten erfolglos eine angemessene Frist zur Wiederherstellung der Funktionstüchtigkeit des Kryptowertpapierregisters gesetzt hat. ²Der Wiederherstellung der Funktionstüchtigkeit des

Registers steht die Übertragung der Schuldverschreibung auf ein anderes Wertpapierregister nach § 21 Absatz 2 und § 22 gleich.

Literatur: *Dubovitskaya*, Gesetzentwurf zur Einführung von elektronischen Wertpapieren: ein zaghafter Schritt nach vorn, ZIP 2020, 2551; *Geier*, Einführung elektronischer Wertpapiere, RdF 2020, 258; *Lehmann*, Zeitenwende im Wertpapierrecht, BKR 2020, 431; *Wieneke/Kunz*, Das Gesetz zur Einführung von elektronischen Wertpapieren, NZG 2021, 316.

Übersicht

I. Normzweck und Grundlagen

1 Die Vorschrift des § 30 eWpG betrifft die außerordentliche Kündigung bei Kryptowertpapieren und tritt nach verbreiteter Meinung grundsätzlich neben die allgemeinen gesetzlichen Bestimmungen zur Anpassung und Beendigung von Verträgen.[1] Damit bezweckt der Gesetzgeber den **Anlegerschutz** zu stärken.[2] § 30 eWpG statuiert dafür ein **außerordentliches Kündigungsrecht** für Inhaber einer elektronisch begebenen Schuldverschreibung, die in einem Kryptowertpapierregister eingetragen ist, wenn die Funktionstüchtigkeit des Kryptowertpapierregisters nicht mehr sichergestellt ist und der Inhaber dem Emittenten erfolglos eine angemessene Frist zur Wiederherstellung der Funktionstüchtigkeit des Kryptowertpapierregisters gesetzt hat (§ 30 Satz 1 eWpG) oder die Übertragung in ein anderes Register innerhalb dieser Frist scheitert (§ 30 Satz 2 eWpG). Vor dem Hintergrund des intendierten Anlegerschutzes ist die Regelung **zwingend** und kann nicht in den Anleihebedingungen relativiert oder gar abbedungen werden.[3] Weitere gesetzliche oder sich aus den Anleihebedingungen ergebende Kündigungsgründe bleiben durch § 30 eWpG unberührt.[4]

2 Hintergrund ist die **Garantenstellung des Emittenten** für die Funktionstüchtigkeit des Kryptowertpapierregisters. Diese resultiert aus der Verantwortungszuweisung des Gesetzgebers in § 21 eWpG dahingehend, dass derjenige, der sich als Emittent eines Kryptowertpapierregisters bedient, dessen Funktionstüchtigkeit gewährleisten muss.[5] Ist die Funktionstüchtigkeit des Registers nicht mehr gewährleistet und scheitert die Wiederherstellung seiner Funktionstüchtigkeit oder eine Übertragung an ein anderes (funktionstüchtiges) Register, ist es dem Inhaber bzw. Berechtigten als Anleger nicht zumutbar, den Ablauf der Schuldverschreibung abzuwarten. Praktischer Grund hierfür kann sein, dass eine von dem Inhaber angestrebte Übertragung nicht mehr möglich ist, ein nicht autorisierter Rechts-

---

1) Begr. RegE Gesetz zur Einführung von eWp, BT-Drucks. 19/26925, S. 69; gemeint sind wohl die §§ 313, 323 ff. BGB, vgl. Müller/Pieper-*Müller*, eWpG, § 30 Rz. 7.
2) Begr. RegE Gesetz zur Einführung von eWp, BT-Drucks. 19/26925, S. 69; Conreder/Meier-*Bialluch-v. Allwörden*, eWpG, § 30 Rz 1.
3) Conreder/Meier-*Bialluch-v. Allwörden*, eWpG, § 30 Rz 13.
4) S. im Einzelnen Conreder/Meier-*Bialluch-v. Allwörden*, eWpG, § 30 Rz 10 ff.
5) Vgl. § 21 Abs. 1 eWpG sowie Begr. RegE Gesetz zur Einführung von eWp, BT-Drucks. 19/26925, S. 69.

Laurenz Wieneke

verlust droht oder der Nachweis der Inhaberschaft bei Geltendmachung nicht mehr möglich sein wird.

Der Anwendungsbereich der Vorschrift bezieht sich ausweislich des Wortlauts nur auf **3** **Kryptowertpapiere**.[6] Des Weiteren muss es sich bei diesen Kryptowertpapieren um eine **Inhaberschuldverschreibung** i. S. der §§ 793 ff. BGB handeln;[7] wobei freilich bei anderen Kryptowertpapieren aufgrund derselben Interessenlage eine entsprechende Anwendung möglich sein sollte. Kryptowertpapiere sind nach der allgemeinen Gesetzessystematik sowohl in Einzeleintragung als auch in Sammeleintragung möglich. Der Fall der **Einzeleintragung** wird die Praxis dominieren; aus diesem Bereich werden sich auch Anwendungsfälle für § 30 eWpG ergeben.

Wie man sich demgegenüber eine **Sammeleintragung** bei Kryptowertpapieren vorstellen **4** soll, bleibt unklar.[8] Sofern auch in diesem Fall ein Sammelbestand begründet wird, bei dem die Abwicklung über Intermediäre im bekannten Effektengiroverkehr stattfindet,[9] ist jedenfalls nicht ersichtlich, wie die Potenziale, die üblicherweise mit der Verwendung der neuen (dezentralen) Technologien (Distributed-Ledger-Technologie – DLT) verbunden werden, genutzt werden können. Entscheidender im vorliegenden Zusammenhang ist freilich, dass der Handel in den elektronischen Registern im Fall der Sammeleintragung die Inhaberstellung unberührt lässt. Daher dürften die technischen Herausforderungen, die zu einer Beeinträchtigung der Funktionsfähigkeit führen könnten, überschaubar sein.

II. Voraussetzungen des außerordentlichen Kündigungsrechts

1. Kündigungsberechtigung

a) Einzeleintragung

Kündigungsberechtigt nach § 30 Satz 1 eWpG ist zum einen, wer **Inhaber einer Krypto-** **5** **schuldverschreibung** ist.[10] Nicht relevant ist, ob es sich dabei um den ersten Inhaber, also den Vertragspartner des Emittenten i. R. des Begebungsvertrags, oder einen späteren Inhaber handelt, der die Kryptoschuldverschreibung derivativ erworben hat.[11] Hierbei kann allein auf die formelle Legitimation durch die Inhaberschaft abgestellt werden, die sich aus dem Wertpapierregister selbst ergibt. Die ansonsten i. R. der §§ 28, 29 eWpG zu beachtende Unterscheidung aufgrund des typischerweise gegebenen Auseinanderfallens von formeller und materieller Legitimation, die bei Wertpapieren in Sammeleintragung gegeben ist, soll im Fall der Einzeleintragung gerade nicht vorliegen; einer solchen Differenzierung bedarf es daher in der Regel hier nicht.[12]

Zum anderen kann es aber auch im Fall der **Einzeleintragung** zu einem Auseinanderfallen **6** von formeller und materieller Berechtigung kommen. Auch wenn Inhaberschaft und Berechtigung im Zeitpunkt der Entstehung des elektronischen Wertpapiers in Einzeleintragung notwendig zusammenfallen,[13] ist ein **Auseinanderfallen von Inhaberschaft und Berechtigung** zu einem späteren Zeitpunkt durchaus möglich (siehe oben *Wieneke*, § 28 Rz. 36). In Betracht kommen hierfür nicht nur Fälle der Einzel- oder Gesamtrechtsnachfolge kraft

---

6) Conreder/Meier-*Bialluch-v. Allwörden*, eWpG, § 30 Rz 2.
7) Müller/Pieper-*Müller*, eWpG, § 30 Rz. 2.
8) *Lehmann*, BKR 2020, 431, 434, denkt bspw. an einen Wallet-Provider; s. a. *Geier*, RdF 2020, 258, 261, sowie *Wieneke/Kunz*, NZG 2021, 316, 320.
9) Dahingehend wohl *Dubovitskaya*, ZIP 2020, 2551, 2558; *Wieneke/Kunz*, NZG 2021, 316, 320.
10) Conreder/Meier-*Bialluch-v. Allwörden*, eWpG, § 30 Rz 3.
11) Begr. RegE Gesetz zur Einführung von eWp, BT-Drucks. 19/26925, S. 69.
12) Müller/Pieper-*Müller*, eWpG, § 30 Rz. 3.
13) Begr. RegE Gesetz zur Einführung von eWp, BT-Drucks. 19/26925, S. 37.

Gesetzes (etwa die Erbschaft oder Umwandlungsvorgänge wie Verschmelzung und Spaltung), sondern auch eine fehlgeschlagene Verfügung (etwa der Fall einer Umtragung trotz fehlender Einigung oder Berechtigung). Gerade im vorliegenden Zusammenhang der kompromittierten Funktionsfähigkeit des Kryptowertpapierregisters wird man trotz der allseits beschworenen Sicherheit von Kryptosystemen auch an Fälle denken müssen, in denen es zu nicht autorisierten Änderungen, etwa durch Hacker, gekommen ist oder in denen es, etwa aufgrund eines Datenverlusts, nicht mehr möglich ist, auf die (bisherigen) Inhalte des Registers Zugriff zu nehmen. Gerade in diesen Fällen darf aber der materiell Berechtigte nicht rechtlos gestellt sein. Daher ist auch der **materiell Berechtigte**, der nicht zugleich Inhaber ist oder der seine Inhaberschaft gerade aufgrund der beeinträchtigten Funktionsfähigkeit des Kryptowertpapierregisters nicht nachweisen kann, zur Kündigung berechtigt.

7   In Fällen von Datenmanipulation und -verlust wird sich die Frage des Nachweises der materiellen Berechtigung in besonderer Schärfe stellen. Die Verpflichtung der registerführenden Stelle nach § 19 Abs. 1 eWpG, dem Inhaber eines einzeln eingetragenen Kryptowertpapiers auf Verlangen einen Registerauszug in Textform zur Verfügung zu stellen, sofern dies zur Wahrnehmung seiner Rechte erforderlich ist, wird hier nicht weiterhelfen, weil der vermeintlich materiell Berechtigte nicht (mehr) im Register ausgewiesen wird. Auch eine Depotbescheinigung zur Rechtsausübung (vgl. § 6 Abs. 2 DepotG) hilft nicht weiter, da dies ein Instrument der Sammeleintragung ist. War der vermeintlich materiell Berechtigte vor der Kompromittierung der Funktionsfähigkeit als Inhaber eingetragen, streitet jedenfalls die **zeitraumbezogene Rechtszustandsvermutung des § 27 eWpG** dafür, dass er in diesem Zeitraum Inhaber und Berechtigter war.

8   Nimmt man die **Garantenstellung** des Emittenten nach § 21 Abs. 1 eWpG hinzu, die darin besteht, die erforderlichen technischen und organisatorischen Maßnahmen zu treffen, um die Integrität und die Authentizität des Kryptowertpapierregisters zu gewährleisten, wird der Emittent (auch i. R. einer Kündigung nach § 30 eWpG) **darlegen und beweisen müssen**, dass die Aus- oder Umtragung des vormaligen Inhabers autorisiert war. Anders gewendet wird der Emittent darlegen und beweisen müssen, dass der Verlust der Inhaberstellung gerade nicht auf die beeinträchtigte Funktionsfähigkeit des Kryptowertpapierregisters zurückzuführen ist. Dies gilt als interessengerechte Lösung richtigerweise auch, wenn der Emittent das Kryptowertpapierregister nicht selbst als registerführende Stelle betreibt, sondern durch einen von ihm ausgesuchten Dienstleister betreiben lässt.

b)   Sammeleintragung

9   Kryptowertpapiere sind nach der allgemeinen Gesetzessystematik auch in Sammeleintragung möglich. **Inhaber** ist dann nach § 8 Abs. 1 Nr. 1 eWpG eine Wertpapiersammelbank oder ein Verwahrer. Auch in einem solchen Fall ist es der Inhaber, der bei einer Kompromittierung der Funktionstüchtigkeit des Kryptowertpapierregisters zur Kündigung berechtigt ist. Hintergrund dafür ist die Übernahme der, wie bisher in der Praxis bei Girosammelverwahrung schon jetzt üblichen, **Ermächtigungstreuhand** des eWpG (vgl. § 9 Abs. 2 eWpG), die den Inhaber an die Interessen des materiell Berechtigten bindet.[14] Auch wenn es schwer fällt, sich konkrete Anwendungsfälle vorzustellen, weil im Fall der Sammeleintragung das Verhältnis zwischen Emittent und Inhaber stabil und damit (technisch) wenig anspruchsvoll ausgestaltet sein sollte, ist das Kündigungsrecht, wenn die Voraussetzungen gegeben sind, ein sinnvolles Instrument.

10 Ob der Inhaber in einer solchen Situation, wie sie § 30 eWpG vorsieht, zur Kündigung berechtigt ist, ist bei Kryptowertpapieren in Sammeleintragung auch eine Frage des **Innen-**

---

14) Müller/Pieper-*Müller*, eWpG, § 9 Rz. 12.

verhältnisses zum Berechtigten. In jedem Fall wird man aber den Inhaber durch die Bindung an die Interessen des materiell Berechtigten (vgl. § 9 Abs. 2 eWpG) als berechtigt und verpflichtet ansehen können, den Emittenten zur Abhilfe oder zur Übertragung der Schuldverschreibung auf ein anderes Wertpapierregister anzuhalten. Bei schwerwiegenden Mängeln wird man den Inhaber auch als berechtigt ansehen können, eine Kündigung auszusprechen, da die Wertpapiersammelbank bzw. der Verwahrer ohne ein funktionsfähiges Register ihre bzw. seine Aufgaben nicht wahrnehmen kann.

Geht der Inhaber in diesem Fall nicht im Wege der kollektiven Geltendmachung (siehe zur **11** Unterscheidung zwischen kollektiver und individueller Geltendmachung *Wieneke*, § 28) gegen den Emittenten vor, ist der Berechtigte auf Grundlage einer **Depotbescheinigung zur Rechtsausübung** (vgl. § 6 Abs. 2 DepotG) berechtigt, den Inhaber zur Fristsetzung und Kündigung anzuweisen oder selbst die Frist zu setzen und ggf. die Kündigung zu erklären.

2. Kündigungserklärung

Die Kündigungserklärung erfolgt, wie auch sonst bei Kündigungen, durch einseitige emp- **12** fangsbedürftige Willenserklärung gegenüber dem Emittenten.[15] Kündigungserklärungen gegenüber einem Dienstleister, der für den Emittenten das Kryptowertpapierregister betreibt, muss dieser sich grundsätzlich nicht zurechnen lassen, sofern er diesen nicht (etwa in den Anleihebedingungen) zum Erhalt solcher Erklärungen ermächtigt hat.

3. Kündigungsgrund: Funktionsbeeinträchtigung oder Scheitern der Übertragung in ein anderes Register

Kündigungsgrund ist das Scheitern der Wiederherstellung der Funktionsfähigkeit des Krypto- **13** wertpapierregisters, wobei das Gesetz die gescheiterte eigene Abhilfe (§ 30 Satz 1 eWpG) sowie das Scheitern der Wiederherstellung durch Übertragung der Schuldverschreibung auf ein anderes Wertpapierregister nach § 21 Abs. 2 und § 22 eWpG (§ 30 Satz 2 eWpG) gleichsetzt.

Die **Anforderungen an die Registerführung** ergeben sich insbesondere aus § 7 Abs. 1 **14** eWpG, wonach jederzeit die Vertraulichkeit, Integrität und Authentizität der Daten zu gewährleisten sind. Konkretisierungen ergeben sich für Kryptowertpapiere aus den §§ 16 ff. WpHG im Zusammenhang mit der eWpRV. Nicht ausreichend ist es, nur die prozeduralen Anforderungen etwa von § 5 eWpRV einzuhalten, wonach die Systeme insbesondere vor ihrem erstmaligen Einsatz und vor ihrem Einsatz nach wesentlichen Veränderungen zu testen und von den fachlich und technisch zuständigen Mitarbeitern der registerführenden Stelle abzunehmen sind und die registerführende Stelle einen Regelprozess der Entwicklung, des Testens, der Freigabe und der Implementierung in die Produktionsprozesse zu etablieren hat.[16] Aus Sicht des Anlegers kommt es nämlich ausschließlich auf die im Ergebnis erreichte und stabil aufrechterhaltene Funktionstüchtigkeit selbst an. Diese **Funktionstüchtigkeit** hat das Kryptowertpapierregister **verloren**, wenn autorisierte Änderungen des Registerinhalts, insbesondere **Umtragungen**

– nicht zeitnah,

– nicht eindeutig oder

– nicht irreversibel

vorgenommen werden können oder wenn der Inhaber nicht eindeutig ausgewiesen wird.

---

15) Müller/Pieper-*Müller*, eWpG, § 30 Rz. 8.

16) S. zu weiteren Anforderungen auch Conreder/Meier-*Bialluch-v. Allwörden*, eWpG, § 30 Rz 4 – unter Hinweis auf die von der BaFin aufgestellten Mindestanforderungen an das Risikomanagement (MaRisk).

15   Ein elektronisches Wertpapier ist auf Übertragbarkeit und Handel ausgerichtet. Wenn daher Verfügungen, insbesondere Übereignungen nach §§ 24 f. eWpG nicht zügig und rechtssicher abgewickelt werden können, ist die Funktionstüchtigkeit des Kryptowertpapierregisters in einem wesentlichen Punkt kompromittiert. Daneben liegt mit Blick auf § 21 Abs. 1 eWpG eine Beeinträchtigung der Funktionstüchtigkeit vor, wenn **Integrität und Authentizität** der Kryptowertpapiere nicht gewährleistet sind.[17] Dies ist etwa dann der Fall, wenn es zu nichtautorisierten Änderungen, wie Datenmanipulation und Datenverlusten, kommt.[18] Im Umkehrschluss folgt aus § 30 Satz 2 eWpG und dessen Verweis auf § 21 Abs. 1 eWpG hinsichtlich der Übertragung von Schuldverschreibungen in ein neues Register, dass die Funktionstüchtigkeit i. S. von § 30 Satz 1 eWpG jedenfalls auch dann beeinträchtigt ist, wenn die erforderlichen technischen und organisatorischen Maßnahmen des Emittenten nicht ausreichen, um die Integrität und die Authentizität der Kryptowertpapiere für die gesamte Dauer, für die das Kryptowertpapier eingetragen ist, zu gewährleisten.

16   Wie es zu den Beeinträchtigungen kommt, ist unerheblich. So sind dem Emittenten, sofern er nicht selbst das Register führt, entsprechende Beeinträchtigungen der Funktionstüchtigkeit des Registers durch den von ihm ausgesuchten und beauftragten Dienstleister zuzurechnen. Diese **Zurechnung** ist interessengerecht, da der Emittent den registerführenden Dienstleister ausgesucht hat und mit ihm in einer vertraglichen Beziehung steht und daher die Möglichkeit hat, vertraglich und tatsächlich die Einhaltung der erforderlichen Standards der Funktionsfähigkeit sicherzustellen.[19] Auch Einflüsse von dritter Seite, etwa Angriffe von Hackern, können zu relevanten Beeinträchtigungen der Funktionstüchtigkeit führen. Auf ein Verschulden des Emittenten kommt es in diesem Zusammenhang nicht an, weil es mit dem Kündigungsrecht als Rechtsfolge eher um die Abwehr einer Gefahr als um Schadensersatz geht.

17   Fraglich ist allerdings, wer bei Streitigkeiten über das außerordentliche Kündigungsrecht in den Fällen des § 30 Satz 1 eWpG die **Darlegungs- und Beweislast** trägt. Aufgrund der gesetzgeberischen Intention der Sicherstellung des Anlegerschutzes und Garantenstellung des Emittenten sowie ggf. der vertraglichen Beziehung zwischen ihm und einem externen Dienstleister spricht vieles für eine sekundäre Darlegungslast des Emittenten.[20]

18   Mit der gescheiterten Wiederherstellung der Funktionstüchtigkeit gleichzusetzen ist nach § 30 Satz 2 eWpG der Fall, dass die Übertragung der Schuldverschreibungen auf ein anderes Wertpapierregister zur Behebung der Funktionsbeeinträchtigung nicht ausreicht. Das ist der Fall, wenn die Übertragung scheitert oder auch das neue Wertpapierregister unter Funktionsmängeln leidet. Da sich die Übertragung nach den §§ 21, 22 eWpG richtet, ist nämlich auch die Funktionstüchtigkeit des neuen Wertpapierregisters an § 21 Abs. 1 eWpG zu messen. Eine Übertragung reicht daher selbstverständlich nicht aus, wenn auch das neue Wertpapierregister i. S. von § 30 Satz 1 eWpG in seiner Funktion beeinträchtigt ist.

4.   Erfolglose Setzung einer angemessenen Frist

19   Weiterhin ist erforderlich, dass der Inhaber erfolglos eine angemessene Frist zur Wiederherstellung der Funktionsfähigkeit gesetzt hat. Es handelt sich, wie auch sonst bei Frist-

---

17) S. zu diesen Begriffen etwa Müller/Pieper-*Barth*, eWpG, § 21 Rz. 13; Conreder/Meier-*Bialluch-v. Allwörden*, eWpG, § 30 Rz 4.

18) Begr. RegE Gesetz zur Einführung von eWp, BT-Drucks. 19/26925, S. 69; Conreder/Meier-*Bialluch-v. Allwörden*, eWpG, § 30 Rz 4.

19) Begr. RegE Gesetz zur Einführung von eWp, BT-Drucks. 19/26925, S. 69.

20) Müller/Pieper-*Müller*, eWpG, § 30 Rz. 4.

setzungen, um eine rechtsgeschäftsähnliche Handlung, so dass die §§ 104 ff. BGB analoge Anwendung finden.[21]

Wie im Fall von § 323 Abs. 1 BGB erfordert eine wirksame Fristsetzung keine Bestimmung der maßgeblichen **Zeitspanne** nach dem Kalender oder in konkreten Zeiteinheiten; vielmehr kann die Dauer einer Frist grundsätzlich auch durch ein Verlangen nach **sofortiger, unverzüglicher oder umgehender Leistung** gesetzt werden. Dann muss dem Emittenten aufgrund der Warnfunktion der Fristsetzung allerdings deutlich geworden sein, dass ihm für die Erfüllung nur ein begrenzter (bestimmbarer) Zeitraum zur Verfügung steht.[22] Angesichts der Garantenstellung des Emittenten für die Funktionsfähigkeit und die allgemeine Interessenlage wird man regelmäßig davon ausgehen können, dass dem Emittenten die Bedeutung der Sache ohnehin hinreichend klar ist. 20

Die Beurteilung der Länge der Frist als **angemessen** setzt die Berücksichtigung der **Umstände des Einzelfalls** voraus.[23] Vor diesem Hintergrund dürfte es nicht zulässig sein, eine Konkretisierung der Frist in die Anleihebedingungen aufzunehmen.[24] Auch hier wird man auf die zu § 323 Abs. 1 BGB entwickelten Grundsätze zurückgreifen können. Danach braucht die Frist auf keinen Fall so lange zu sein, dass der Emittent die Möglichkeit erhält, jetzt überhaupt erst mit der Wiederherstellung der Funktionsfähigkeit zu beginnen.[25] Angesichts der aus § 21 Abs. 1 eWpG resultierenden Garantenstellung des Emittenten wird dieser im Fall der eingeschränkten Funktionsfähigkeit des Wertpapierregisters sofort und von sich aus tätig werden müssen und nicht auf Abmahnung durch den Inhaber warten können. Durch die Nachfrist soll dem Emittenten daher nur noch eine letzte Gelegenheit gewährt werden, seine schon „im Wesentlichen ins Werk gesetzte" wie auch immer geartete Wiederherstellung der Funktionstüchtigkeit des Registers zu beenden und voll umzusetzen. 21

Vom Emittenten kann man deshalb **außerordentliche Anstrengungen erwarten**, so dass er sich z. B. nicht darauf berufen kann, er sei von seinem zur Verfügungstellung des Kryptowertpapierregisters ausgesuchten Dienstleister im Stich gelassen worden und müsse sich aus diesem Grunde jetzt erst nach neuen Anbietern umsehen. In jedem Fall muss die Frist dem Emittenten nicht kumulativ einen eigenen Abhilfeversuch und die Übertragung in ein anderes Register die Funktionstüchtigkeit ermöglichen. 22

Nach den aus anderen schuldrechtlichen Vorschriften bekannten Maßstäben für angemessene Fristen ist eine kürzere Frist in beiden Fällen des § 30 eWpG insbesondere dann gerechtfertigt, wenn die Funktionsbeeinträchtigung **erheblich** ist. Dann mag zwar ein größerer Aufwand auf Seiten des Emittenten erforderlich sein; i. R. der Interessenabwägung streitet dann aber der Umfang der Beeinträchtigung für den Inhaber für eine zeitnahe Behebung. Am Ende wird die Praxis zeigen, wie lange registerführende Stellen benötigen, um die Funktionsfähigkeit eines Kryptowertpapierregisters wiederherzustellen oder die Übertragung auf ein anderes Wertpapierregister zu veranlassen. 23

Die Frist muss **erfolglos verstreichen**, so dass nach Ablauf der Frist entweder die Funktionsfähigkeit nicht wiederhergestellt ist oder die Übertragung in ein anderes Register gescheitert ist oder die Übertragung zwar erfolgreich war, jedoch dessen Funktionsfähigkeit (noch) nicht gegeben ist.[26] 24

---

21) Müller/Pieper-*Müller*, eWpG, § 30 Rz. 5; s. a. Conreder/Meier-*Bialluch-v. Allwörden*, eWpG, § 30 Rz 5.
22) S. hierzu *Ernst* in: MünchKomm-BGB, § 323 Rz. 74 – unter Hinweis auf die Rspr. des BGH.
23) Conreder/Meier-*Bialluch-v. Allwörden*, eWpG, § 30 Rz 5; Müller/Pieper-*Müller*, eWpG, § 30 Rz. 5.
24) A. A. Conreder/Meier-*Bialluch-v. Allwörden*, eWpG, § 30 Rz 5.
25) S. hierzu und zum Folgenden statt aller *Ernst* in: MünchKomm-BGB, § 323 Rz. 77 m. w. N.
26) Müller/Pieper-*Müller*, eWpG, § 30 Rz. 6.

25 Die **Auswahl der Mittel** zur Wiederherstellung der Funktionsfähigkeit – eigene Abhilfe und die Übertragung in ein anderes Register – steht dem Emittenten zu. Er kann daher etwa auch dann selbst Abhilfe schaffen, wenn die Migration auf einen neuen Anbieter schneller und sicherer wäre. Allenfalls in extremen Ausnahmefällen (bspw. absoluter und begründeter Vertrauensverlust in den gegenwärtigen Anbieter) wird der Inhaber auf eine Übertragung der Schuldverschreibung auf ein anderes Wertpapierregister bestehen können.

26 Für eine **erfolgreiche Übertragung** reicht es nicht alleine aus, wenn der Emittent einen neuen Anbieter beauftragt, dessen Register dem Stand der Technik entspricht und für sich genommen voll funktionstüchtig ist, wenn es aber für die konkrete Emission nicht funktioniert. Die Funktionstüchtigkeit ist nämlich aus der Perspektive der Inhaber bzw. Anleger zu beurteilen und muss insbesondere Übertragungen und die Geltendmachung der Rechte voll gewährleisten. Wenn dies nicht der Fall ist, weil etwa Daten ganz oder teilweise abhandengekommen sind oder deren Migration auf das neue System scheitert, kann funktional von einer Wiederherstellung der Funktionstüchtigkeit nicht die Rede sein.

27 Sind die vorgenannten Voraussetzungen erfüllt, steht dem Inhaber bzw. bei Sammeleintragung auch dem materiell Berechtigten, der durch eine Depotbescheinigung zur Rechtsausübung ausgewiesen ist, als **Rechtsfolge** ein außerordentliches Kündigungsrecht zu. Zur Form und zu den weiteren Modalitäten der **Kündigungserklärung** können die Anleihebedingungen weitere Vorgaben machen;[27] eine Einschränkung oder Relativierung des Kündigungsrechts in den Anleihebedingungen ist aufgrund des intendierten Anlegerschutzes unzulässig. Der Inhaber muss nicht unmittelbar nach Fristablauf kündigen; angesichts der Interessenlagen kommt eine Verwirkung nicht in Betracht. Stellt der Emittent allerdings im weiteren Verlauf die Funktionstüchtigkeit des Kryptowertpapierregisters wieder her, erlischt das Kündigungsrecht,[28] weil eine Gefährdung der Interessen des Inhabers nicht mehr besteht.

28 Die wirksam erklärte Kündigung führt zur **Fälligstellung** der Schuldverschreibung. Mit der Fälligstellung endet allerdings nicht die **kollektive Bindung**. Sehen die Anleihebedingungen vor, dass die Gläubiger nach Maßgabe des SchVG durch Mehrheitsbeschluss einer Änderung der Anleihebedingungen zustimmen können, sind derartige Mehrheitsbeschlüsse gemäß § 5 Abs. 2 Satz 1 SchVG für alle Gläubiger grundsätzlich gleichermaßen verbindlich. Da Gläubiger durch **Mehrheitsbeschluss nach § 5 Abs. 3 Satz 1 Nr. 8 SchVG** auch „dem Verzicht auf das Kündigungsrecht der Gläubiger oder dessen Beschränkung" zustimmen können, stellt sich die Frage, ob auch das **gesetzliche Kündigungsrecht** nach § 30 eWpG vor oder nach erklärter Kündigung durch Mehrheitsbeschluss ausgeschlossen bzw. wieder rückgängig gemacht werden kann. Einen Anhaltspunkt könnte hierzu die *Solarword*-Entscheidung des BGH bieten, nach der Mehrheitsbeschlüsse der Gläubiger nach § 5 SchVG auch für solche Gläubiger verbindlich sind, die die Anleihe zuvor bereits außerordentlich gekündigt haben.[29] Dogmatische Grundlage hierfür ist, dass im Fall der Kündigung der Schuldverschreibung das durch die Anleihe begründete Dauerschuldverhältnis zwischen dem Inhaber als Gläubiger und dem Emittenten bestehen bleibt, bis dieser die Forderung vollständig erfüllt hat und das Schuldverhältnis infolge dessen endgültig beendet wird.[30]

---

27) Conreder/Meier-*Bialluch-v. Allwörden*, eWpG, § 30 Rz 7.
28) Conreder/Meier-*Bialluch-v. Allwörden*, eWpG, § 30 Rz 7.
29) BGH, Urt. v. 8.12.2015 – IX ZR 488/14, NJW 2016, 1175 = BKR 2016, 171.
30) BGH, Urt. v. 8.12.2015 – IX ZR 488/14, Rz. 18, NJW 2016, 1175 = BKR 2016, 171; s. a. Reinhard/Schall-*Birke*, SchVG, § 5 Rz. 64; differenzierend *Thole* in: Hopt/Seibt, Schuldverschreibungsrecht, § 5 SchVG Rz. 105.

Das **gilt** selbstverständlich **auch für elektronische Wertpapiere.** Mit seinen beiden Kern- 29
vorschriften der §§ 4, 5 SchVG verfolgt das SchVG das Ziel, die Gläubiger einer Anleihe
in einem geordneten, fairen und transparenten Verfahren an den Vor- und Nachteilen einer
vorinsolvenzrechtlichen Sanierung gleichmäßig zu beteiligen. Diesem Zweck würde die
Wirksamkeit einer vorher erklärten Kündigung widersprechen. Im vorliegenden Zusammenhang eines nicht funktionierenden Kryptowertpapierregisters geht es aber nicht darum
zu verhindern, dass ein Gläubiger mit seiner Kündigung die vorinsolvenzlichen Sanierungs-
chancen reduziert, sondern um das individuelle Recht des Inhabers eines Kryptowertpapiers,
als solcher ausgewiesen zu sein und Übertragungen vornehmen zu können. Dieses Recht
ist gleichermaßen der kollektiven Bindung vorgelagert. Handgreiflich wird dies in der Regel
bereits dadurch, dass eine Gläubigerversammlung bei einem nicht funktionierenden Kryptowertpapierregister rechtssicher wohl kaum durchgeführt werden kann. Der mit § 30 eWpG
intendierte Individualschutz kann daher nicht durch den kollektiven Beschluss der Gläubigerversammlung ausgehebelt werden.[31] Bei einem gleichwohl gefassten dahingehenden
Beschluss der Gläubigerversammlung wird man von **Nichtigkeit**[32] ausgehen müssen, da
eine entsprechende Regelung auch von Anfang an in Anleihebedingungen wirksam nicht
hätte vereinbart werden können.

5.   Sonderproblem: Verdrängung allgemeiner Regelungen zur Fristsetzung

Sonderfragen stellen sich hinsichtlich der Aussage in der Gesetzesbegründung, dass 30

> „[...] ein Rückgriff auf allgemeine Vorschriften zur Anpassung und Beendigung von Verträ-
> gen [...] unbenommen [bleibt]".[33]

Insofern stellt sich die Frage, ob § 30 eWpG allgemeine Tatbestände zur außerordentlichen 31
Kündigung weiterhin zulässt oder als lex specialis verdrängt. Dies betrifft insbesondere die
allgemeine Vorschrift zur Kündigung von Dauerschuldverhältnissen aus wichtigem Grund
nach § 314 BGB, der in Absatz 2 Satz 2 und 3 unter gewissen Umständen die Setzung einer
angemessenen Frist für entbehrlich hält (insbesondere bei ernsthafter und endgültiger Weigerung) oder einen zeitlichen Kündigungsausschlussgrund in § 314 Abs. 3 BGB enthält
(Kündigung nur innerhalb einer angemessenen Frist nach Kenntnis). Die Gesetzesbegründung zum eWpG hilft nicht weiter, da sie keine konkreten Anhaltspunkte gibt.

Bei genauerer Betrachtung überzeugt es eher, § 314 Abs. 2 Satz 2 und 3 sowie Abs. 3 BGB 32
als durch § 30 eWpG **regelmäßig verdrängt** anzusehen.[34] Hierfür spricht die vom Gesetzgeber vorgenommene und hinter § 30 eWpG stehende Interessenabwägung, wonach das
außerordentliche Kündigungsrecht grundsätzlich unter der Bedingung stehen soll, dass
der Emittent vorrangig das Recht erhält, die Funktionsfähigkeit des Kryptowertpapierregisters selbst oder durch Übertragung wiederherzustellen. Diese gesetzgeberische Entscheidung wird man bei Anwendung des § 314 Abs. 2 Satz 2 und 3 BGB berücksichtigen müssen.
Dies legt dann eine differenzierende Betrachtung nahe.

Weigert sich etwa der Emittent **„ernsthaft und endgültig"** i. S. von §§ 314 Abs. 2 Satz 2, 33
323 Abs. 1 Nr. 1 BGB die Funktionsfähigkeit wiederherzustellen oder streitet er eine Beeinträchtigung der Funktionsfähigkeit rundweg ab, ist eine Fristsetzung eine sinnlose For-
malie und kann daher entfallen. Demgegenüber kommt eine Entbehrlichkeit der Fristset-

---

31)   Conreder/Meier-*Bialluch-v. Allwörden*, eWpG, § 30 Rz. 9, 13, die es allerdings für zulässig hält, dass
       die Anleihebedingungen die Möglichkeit vorsehen, dass eine Kündigung nach § 30 eWpG durch
       Mehrheitsbeschluss aufgehoben wird.
32)   Vgl. allgemein zur Frage der Nichtigkeit von Beschlüssen der Gläubigerversammlung Reinhard/Schall-
       Birke, SchVG, § 20 Rz. 9 ff.; *Kiem* in: Hopt/Seibt, Schuldverschreibungsrecht, § 20 SchVG Rz. 28 ff.
33)   Begr. RegE Gesetz zur Einführung von eWp, BT-Drucks. 19/26925, S. 69.
34)   So Müller/Pieper-*Müller*, eWpG, § 30 Rz. 7.

zung nach §§ 314 Abs. 2 Satz 2, 323 Abs. 1 Nr. 2 BGB (vertraglich bestimmte Termine) regelmäßig nicht in Betracht.

34   Im Rahmen von **§ 314 Abs. 2 Satz 3 BGB**, wonach die Bestimmung einer Frist zur Abhilfe und eine Abmahnung auch entbehrlich sind, wenn besondere Umstände vorliegen, die unter Abwägung der beiderseitigen Interessen die sofortige Kündigung rechtfertigen, wird man die vom Gesetzgeber **in § 30 eWpG vorgenommene Interessenabwägung** berücksichtigen müssen. Danach steht dem Emittenten das vorrangige Recht zu, die Funktionsfähigkeit des Kryptowertpapierregisters selbst oder durch Übertragung wiederherzustellen. Nur wenn dies in angemessener Zeit nicht geschieht, überwiegt das Interesse des Inhabers einer elektronisch begebenen Schuldverschreibung an der außerordentlichen Kündigung vor dem Laufzeitende.[35] Außerdem kann bei erheblichen Mängeln der Funktionsfähigkeit und schwerwiegender Funktionsbeeinträchtigung auch eine sehr kurze Frist angemessen sein. Schließlich stellt sich die Frage, ob der Inhaber gemäß § 314 Abs. 3 BGB nur innerhalb einer **angemessenen Frist**, nachdem er vom Kündigungsgrund Kenntnis erlangt hat, soll kündigen können. Dies erscheint angesichts der Bedeutung, die der Funktionsfähigkeit des Registers bei elektronischen Wertpapieren zukommt, nicht interessengerecht.

---

35) Müller/Pieper-*Müller*, eWpG, § 30 Rz. 7.

Abschnitt 6
Bußgeldvorschriften

§ 31
Bußgeldvorschriften

(1) Ordnungswidrig handelt, wer

1. entgegen § 20 Absatz 1 eine Veröffentlichung nicht, nicht richtig, nicht vollständig oder nicht rechtzeitig vornimmt oder eine Mitteilung nicht, nicht richtig, nicht vollständig oder nicht rechtzeitig macht oder

2. einer vollziehbaren Anordnung nach § 21 Absatz 2 Satz 2 zuwiderhandelt.

(2) Ordnungswidrig handelt, wer vorsätzlich oder fahrlässig

1. entgegen § 7 Absatz 1, auch in Verbindung mit einer Rechtsverordnung nach § 15 Absatz 1 Nummer 3 oder § 23 Absatz 1 Nummer 4, ein Register nicht oder nicht richtig führt,

2. entgegen § 7 Absatz 2 Satz 1, in Verbindung mit einer Rechtsverordnung nach § 15 Absatz 1 Nummer 6 oder § 23 Absatz 1 Nummer 5, nicht sicherstellt, dass eine Eintragung oder Umtragung in der dort genannten Weise erfolgt,

3. entgegen § 7 Absatz 3 Satz 1, in Verbindung mit einer Rechtsverordnung nach § 15 Absatz 1 Nummer 7 oder § 23 Absatz 1 Nummer 6, eine dort genannte Maßnahme nicht, nicht richtig oder nicht rechtzeitig trifft,

4. entgegen § 7 Absatz 3 Satz 2, auch in Verbindung mit einer Rechtsverordnung nach § 15 Absatz 1 Nummer 7 oder § 23 Absatz 1 Nummer 6, nicht sicherstellt, dass der dort genannte Gesamtbestand nicht verändert wird,

5. entgegen § 10 Absatz 1, auch in Verbindung mit einer Rechtsverordnung nach § 15 Absatz 1 Nummer 5 oder § 23 Absatz 1 Nummer 8, nicht sicherstellt, dass die Teilnehmer Einsicht nehmen können,

6. entgegen § 10 Absatz 2 Satz 1 in Verbindung mit einer Rechtsverordnung nach § 15 Absatz 1 Nummer 5 oder § 23 Absatz 1 Nummer 8 Einsicht nicht oder nicht rechtzeitig gewährt,

7. entgegen § 10 Absatz 3 Satz 1 in Verbindung mit einer Rechtsverordnung nach § 15 Absatz 1 Nummer 5 oder § 23 Absatz 1 Nummer 8 eine Auskunft erteilt,

8. entgegen § 12 Absatz 4 eine Anzeige nicht, nicht richtig oder nicht rechtzeitig erstattet,

9. entgegen § 13 Absatz 1 Satz 1, auch in Verbindung mit einer Rechtsverordnung nach § 15 Absatz 1 Nummer 4, oder entgegen § 17 Absatz 1 Satz 1 nicht sicherstellt, dass ein dort genanntes Register die dort genannten Angaben enthält,

10. entgegen § 13 Absatz 3, auch in Verbindung mit einer Rechtsverordnung nach § 15 Absatz 1 Nummer 4, oder entgegen § 17 Absatz 3 nicht sicherstellt, dass die Angaben in der dort genannten Weise verknüpft sind,

11. entgegen § 14 Absatz 1 oder 2 oder § 18 Absatz 1, 2 oder 4 Satz 1 eine Änderung oder Löschung vornimmt,

12. entgegen § 14 Absatz 5 Satz 1 oder entgegen § 18 Absatz 5 Satz 1, auch in Verbindung mit einer Rechtsverordnung nach § 23 Absatz 1 Nummer 5, eine Änderung nicht, nicht richtig, nicht vollständig oder nicht rechtzeitig rückgängig macht,

13. entgegen § 16 Absatz 1 ein Kryptowertpapierregister nicht richtig führt,

14. entgegen § 14 Absatz 4 in Verbindung mit einer Rechtsverordnung nach § 15 Absatz 1 Nummer 11 oder § 18 Absatz 4 Satz 2 in Verbindung mit einer Rechtsverordnung nach § 23 Absatz 1 Nummer 11 nicht sicherstellt, dass eine Umtragung oder Transaktion eine dort genannte Anforderung erfüllt, oder

15. entgegen § 19, auch in Verbindung mit einer Rechtsverordnung nach § 23 Absatz 1 Nummer 29, einen Registerauszug nicht, nicht richtig, nicht vollständig oder nicht rechtzeitig zur Verfügung stellt.

(3) Die Ordnungswidrigkeit kann mit einer Geldbuße bis zu hunderttausend Euro geahndet werden.

(4) Verwaltungsbehörde im Sinne des § 36 Absatz 1 Nummer 1 des Gesetzes über Ordnungswidrigkeiten ist die Bundesanstalt für Finanzdienstleistungsaufsicht.

Literatur: *Hoyer*, Zur Differenzierung zwischen Erfolgs-, Handlungs- und Unrechtszurechnung, GA 2006, 298; *Lange*, Auswirkungen des VerSanG auf die Managerhaftung, CCZ 2020, 265; *Linardatos*, Elektronische Schuldverschreibungen auf den Inhaber – des Wertpapiers neue Kleider, ZBB 2020, 329; *Schall*, Umweltschutz durch Strafrecht: Anspruch und Wirklichkeit, NJW 1990, 1263.

Übersicht

I. Normzweck und Normadressaten

Die Bußgeldvorschriften sollen die Einhaltung aller zentralen Vorschriften des eWpG 1
sichern. Der Gesetzgeber hat auf eine strafrechtliche Sanktionierung bei Verstößen verzichtet und stattdessen mit dem **Ordnungswidrigkeitenrecht** die „kleine Schwester" des
Strafrechts zum Schutz der durch das eWpG entstandenen bzw. neu zu schützenden Rechtsgüter abgestellt. Dies führt in der Praxis allerdings aus Sicht der regelmäßig als Normadressaten des eWpG betroffenen Unternehmen nicht zu einem Ausschluss des **sanktionsrecht-
lichen Haftungsrisikos**. Denn bei Verletzungen von den nach § 31 eWpG in Bezug genommenen Vorschriften dient dieser Rechtsverstoß als Anknüpfungspunkt für eine **Haftung des Verbandes** nach §§ 9, 30 OWiG.[1]

Nur natürliche Personen haften direkt nach § 31 eWpG. Aufgrund des im Ordnungs- 2
widrigkeitenrecht geltenden **Einheitstäterprinzips** (§ 14 OWiG) haften alle Beteiligten dem
Grunde nach ohne Differenzierung nach Tatbeiträgen, auch wenn im Strafrecht eine Bei-
hilfe oder eine Anstiftung anzunehmen wäre. Eine Differenzierung zwischen verschie-
nen Betroffenen kann indes mit Blick auf eine unterschiedliche Vorwerfbarkeit auf Rechts-
folgenseite angezeigt sein.

II. Rechtsgut

Die Bußgeldvorschriften schützen die **Wahrung der Vertraulichkeit, Integrität und Au- 3
thentizität der Daten** (vgl. § 7 Abs. 1 eWpG), womit letztlich der **Anlegerschutz** und die
Integrität der Transaktionen gewährleistet wird.[2] Geschützt wird die Richtigkeit des
Registers, zugleich aber auch die berechtigten Belange der interessierten Öffentlichkeit.
Es handelt sich damit um kollektive Rechtsgüter. Ein etwaiges Einverständnis bzw. eine
Einwilligung in die in § 31 eWpG aufgestellten Bußgeldtatbestände lassen deshalb Tatbe-
stand und Rechtswidrigkeit nicht entfallen.

III. Verhältnis zu anderen Sanktionsnormen

1. Verhältnis des eWpG zu KWG und WpHG

Nach dem nachvollziehbaren Willen des Gesetzgebers sollen die Vorschriften des **§ 56 KWG** 4
mit ihren Sanktionierungen für Verstöße gegen Vorgaben, die durch die registerführenden
Stellen einzuhalten sind, neben den Bußgeldvorschriften des § 31 eWpG weiterhin gelten.[3] Das Gleiche gilt für die Strafvorschriften des KWG. Weil gemäß § 2 Abs. 2 eWpG
ein elektronisches Wertpapier die gleichen Rechtswirkungen entfaltet wie ein Wertpapier,
das mittels Urkunde begeben wurde, gilt für den über § 31 eWpG gesicherten Schutzum-

---

1) Der Diskontinuität des BTages zum Opfer gefallen ist zunächst das lange diskutierte neue Verbands-
sanktionengesetz, vgl. dazu etwa *Lange*, CCZ 2020, 265.
2) Müller/Pieper-*Ruppert*, eWpG, § 31 Rz. 1.
3) Begr. RegE Gesetz zur Einführung von eWp, BT-Drucks. 19/26925, S. 70.

fang, dass dessen Bußgeldvorschriften einen Rückgriff auf die §§ 119 ff. WpHG grundsätzlich zulassen. Die Bußgeldvorschriften des eWpG ergänzen die Sanktionsnormen des WpHG, weil und insoweit durch die Einführung der neuen Register ein weiterer Schutzbedarf entsteht.

2. Verhältnis des KAGB zu eWpG

5   In § 95 Abs. 3 KAGB wird u. a. die entsprechende Geltung des § 31 Abs. 2 Nr. 1–12, Abs. 3 und 4 eWpG angeordnet (§ 95 Abs. 3 Satz 1 KAGB), wenn sich nicht aus den Vorschriften des KAGB etwas anderes ergibt (§ 95 Abs. 3 Satz 2 KAGB). Die Regelung ist mit dem **Bestimmtheitsgebot** (Art. 103 Abs. 2 GG, § 3 OWiG) nicht vereinbar, weil völlig offenbleibt, wie § 95 Abs. 3 Satz 2 KAGB auszulegen sein könnte und deshalb letztlich **das Ob** der Sanktionierbarkeit in die Hände der Bußgeldbehörde gelegt wird.[4] Hiergegen lässt sich nicht einwenden, dass die Frage, „ob sich aus dem KAGB etwas anderes ergibt", eine Auslegungsfrage ist. Dies mag zutreffen, führt aber aufgrund der teleologischen Weite und fehlenden tatbestandlichen Anknüpfung an konkrete Regelungen zu einer für den Normunterworfenen nicht mehr ausreichenden Vorhersehbarkeit, in welchen Fällen die Verweisung des § 95 Abs. 3 KAGB auf § 31 eWpG zum Tragen kommt und eine hoheitliche Sanktion zu erwarten ist. Der Tatbestandsausschluss des § 95 Abs. 3 Satz 2 KAGB ist zwar ein für den Normunterworfenen **strafbarkeitsausschließendes Tatbestandsmerkmal.** Daraus folgt indes nicht, dass die Anforderungen des Bestimmtheitsgebots keine Geltung beanspruchen. Denn erst die Verweisung auf das KAGB begründet im Zusammenspiel mit der Verweisung des § 95 Abs. 3 Satz 1 KAGB den Normbefehl. Die Verhaltensnorm lässt sich nicht allein aus der Verweisung herleiten, sondern sie wird erst durch die Bezugnahme auf das KAGB konturiert. Diese Konturierung bleibt aber diffus.

IV. Deliktsstruktur

1. Echte Unterlassungs- und Begehungsdelikte

6   Der Aufbau der einzelnen Bußgeldtatbestände ähnelt sich. Mit Ausnahme der in § 31 Abs. 2 Nr. 7 und 11 eWpG enthaltenen Tatbestände sind alle anderen Varianten im Kern **echte Unterlassungsdelikte.** Eine Haftung nach diesen Vorschriften setzt also nur voraus, dass der Betroffene Handlungsadressat nach den Vorschriften des eWpG war und ihm die Einhaltung der Pflicht möglich und zumutbar ist. Eine Garantenstellung i. S. des § 8 OWiG ist nicht erforderlich. Es handelt sich um **Sonderdelikte. Täter** kann nur sein, wer nach den jeweils in Bezug genommenen Vorschriften („entgegen") für die Einhaltung der dort aufgestellten Pflichten haftet.

7   Die Handlungspflicht ergibt sich aus der jeweiligen Norm selbst. Mit der Tathandlung verletzt der Normadressat entweder **vollständig** („nicht") oder **partiell** („nicht richtig" oder „nicht vollständig") eine Handlungspflicht aus dem eWpG. Auch die Versäumung einer den Normadressaten treffenden Handlungspflicht in **zeitlicher Hinsicht** („nicht rechtzeitig") ist teilweise tatbestandsmäßig.

8   Man mag darüber streiten, ob die unrichtige und die unvollständige Erfüllung einer Handlungspflicht nicht in Wirklichkeit dasselbe meinen. Schon mit Blick auf **Art. 103 Abs. 2 GG,** der nach der Rechtsprechung des BVerfG grundsätzlich auch im Ordnungswidrigkeitenrecht Geltung beansprucht,[5] mag in Zweifelsfällen eine der beiden Varianten dem natürlichen Sprachgebrauch näher als die andere stehen. Der Strafrichter wird bei seiner

---

4) Müller/Pieper-*Ruppert*, eWpG, § 31 Rz. 100.
5) BVerfG, Beschl. v. 17.11.2009 – 1 BvR 2717/08, NJW 2010, 754; BVerfG, Beschl. v. 15.9.2011 – 1 BvR 519/10, NVwZ 2012, 504.

Tenorierung nicht auf eine Festlegung verzichten dürfen, weil es sich technisch gesehen bei den verschiedenen Varianten um unterschiedliche Tatbestände handelt.

Der Tatbestand des § 31 **Abs. 2 Nr. 7** eWpG, der eine unberechtigte Erteilung einer Aus- 9 kunft mit einer Geldbuße belegt und der Tatbestand des § 31 **Abs. 2 Nr. 11** eWpG, der eine unberechtigte Änderung oder Löschung des Registerinhalts sanktioniert, sind hingegen **Begehungsdelikte**. Auch diese sind als Sonderdelikte ausgestaltet, weil der Normbefehl nur denjenigen trifft, der auch die Pflichten der §§ 10, 14 und 18 eWpG zu beachten hat.

2. Blankettnormen

Sämtliche Bußgeldtatbestände des § 31 eWpG sind **Blankettnormen**, d. h. der Bußgeld- 10 tatbestand ergibt sich erst aus einem Zusammenspiel der Blankettnorm und der in Bezug genommenen Ausfüllungsnorm. Soweit es sich hierbei um Außenverweisungen handelt, die (auch) auf nicht im eWpG enthaltene Normen verweisen, folgen für die Auslegung der Ausfüllungsnorm im Bußgeldverfahren besondere Anforderungen aus dem **Gesetzlichkeitsprinzip** des Art. 103 Abs. 1 GG (vgl. auch § 3 OWiG). Unzulässig ist insbesondere jede Form der sanktionsbegründenden Analogie oder sanktionsbegründenden teleologischen Reduktion, selbst wenn diese i. R. der Interpretation der Ausfüllungsnorm außerhalb des Anwendungsbereichs der Bußgeldvorschrift des § 31 eWpG angemessen erscheinen mag.

Besondere **verfassungsrechtliche Probleme** können sich aber nicht nur aus der Auslegung 11 der Ausfüllungsnorm ergeben. Sie können auch aus der Blankettverweisung selbst herrühren. Dies ist nicht nur möglich, wenn die Blankettnorm ihrerseits nicht den Anforderungen des Gesetzlichkeitsprinzips genügt. Eine Verweisung kann auch ein kompetenzrechtliches Problem verursachen, wenn der Gesetzgeber aufgrund der Verweisung nicht mehr selbst über die wesentlichen Fragen des Ob und des Wie der Sanktionierung entscheidet (vgl. Art. 80 Abs. 1 Satz 2 GG) und damit nicht mehr aus dem Blankettgesetz selbst die wesentlichen Voraussetzungen der Sanktionierung erkennbar sind.[6] In den Varianten, in denen § 31 eWpG die Sanktionierung von einer **Entscheidung des Verordnungsgebers** abhängig macht, indem die Vorschrift auf Rechtsverordnungen nach § 15 oder nach § 23 eWpG verweist, stellt sich damit die Frage nach der verfassungsrechtlichen Zulässigkeit dieses Vorgehens. Vgl. zu den einzelnen verfassungsrechtlichen Implikationen die Ausführungen zu den einzelnen Tatbeständen.

V. Die einzelnen Bußgeldtatbestände

§ 31 Abs. 1 eWpG richtet sich an den Emittenten, § 31 Abs. 2 eWpG an die registerfüh- 12 rende Stelle.

§ 31 Abs. 1 eWpG erfasst nur **vorsätzliches**, nicht fahrlässiges Handeln (vgl. § 10 OWiG). 13 Vorsätzlich handelt, wer mit dolus eventualis oder mit direktem Vorsatz den objektiven Ordnungswidrigkeitentatbestand verwirklicht.

1. § 31 Abs. 1 Nr. 1 eWpG: Verletzung von § 20 Abs. 1 Satz 1 und 2 eWpG

§ 31 Abs. 1 Nr. 1 eWpG enthält vier verschiedene Tatbestände. Die Vorschrift unterschei- 14 det zwischen den in § 20 Abs. 1 Satz 1 Nr. 1 und 2 eWpG genannten Veröffentlichungen im Bundesanzeiger und den in § 20 Abs. 1 Satz 2 eWpG genannten Mitteilungen an die Aufsichtsbehörde.

---

6) Vgl. BVerfG, Beschl. v. 21.9.2016 – 2 BvL 1/15, NJW 2016, 3648 = DVBl. 2017, 186 m. Anm. *Wiemers*; BVerfG, Beschl. v. 11.3.2020 – 2 BvL 5/17, NZWiSt 2020, 263.

15   Unterlassen ist eine Veröffentlichung oder Mitteilung, wenn sie gar nicht erfolgt.[7] Gegenstand des Vorwurfs kann nur die Pflicht sein, wie sie sich aus § 20 Abs. 1 eWpG ergibt. Zur Veröffentlichung im Bundesanzeiger sind deshalb die Angaben nach § 20 Abs. 2 eWpG zu erklären. Auch wenn nach § 20 Abs. 3 eWpG die von der Aufsichtsbehörde geführte öffentliche Liste nicht vollständig die Pflichtangaben des § 20 Abs. 2 eWpG widerspiegelt, ändert dies nichts am Gleichlauf der sich aus § 20 Abs. 1 Satz 2 eWpG ergebenden Mitteilungspflicht mit der Veröffentlichungspflicht.

16   Soweit mindestens ein Umstand nicht mitgeteilt wird, der gemäß § 20 Abs. 2 eWpG mitzuteilen ist, handelt es sich nicht um ein Unterlassen der Veröffentlichung oder Mitteilung, sondern um eine **unvollständige Erfüllung der Pflicht.**

17   **Unrichtig ist eine Erklärung, wenn mindestens ein mitgeteilter Umstand inhaltlich nicht der Wahrheit entspricht.**[8] Dies führt dazu, dass die gesamte Erklärung, bei der es sich um eine Tat im materiellen Sinne handelt, als unrichtig anzusehen ist. Auf der Ebene der Bemessung der Geldbuße spielen Qualität und Umfang der unrichtigen Erklärung aber eine wesentliche Rolle.

18   Soweit sowohl die Verletzung der Veröffentlichungs- als auch die Verletzung der Mitteilungspflicht an die **zeitliche Versäumnis** („nicht rechtzeitig") anknüpfen, ist der Bezugspunkt für das fristauslösende Ereignis jeweils ein anderer. Während die Veröffentlichungspflicht an die Eintragung in das Kryptowertpapierregister oder dessen Änderung anknüpft, ist die Veröffentlichung im Bundesanzeiger das die Pflicht begründende Ereignis i. S. der Mitteilungspflicht.

19   Beide Pflichten sind **unverzüglich**, also ohne schuldhaftes Zögern (§ 121 Abs. 1 Satz 1 BGB), zu erfüllen. Der Gesetzgeber geht davon aus, dass damit grundsätzlich am nächsten Werktag die Pflicht zu erfüllen ist, weil es sich nicht um unvorhergesehene Ereignisse handele.[9] Dies mag verwaltungsrechtlich zutreffend sein. Aus **sanktionsrechtlicher** Sicht kann indes nicht jede marginale Abweichung von den Vorgaben des Verwaltungsrechts eine Haftung begründen. Hier kann im Einzelfall ein **großzügigerer Maßstab** anzulegen sein. Ohnehin können Anknüpfungspunkt für eine Bebußung nur dem Emittenten zurechenbare Verzögerungen sein.[10]

20   Während sich **Inhalt und Umfang der Veröffentlichungs- und der Mitteilungspflicht** nicht unterscheiden, sondern es sich bei Bundesanzeiger und Aufsichtsbehörde nur um unterschiedliche Adressaten handelt, setzt nach dem klaren Wortlaut der Vorschrift die nachgelagerte Pflicht zur Mitteilung erst in dem Zeitpunkt ein, in dem es auch zu einer Veröffentlichung gekommen ist. **Konkurrenzrechtlich** folgt daraus, dass eine Verletzung der Mitteilungspflicht stets ein Mehr gegenüber der vollständig unterlassenen Veröffentlichung und Mitteilung erfordert. **Eigenständiges Unrecht** kann in der fehlerhaften Mitteilung nur liegen, wenn sie sich von der Veröffentlichung unterscheidet, weil sie gerade in Bezug zu ihr ein Defizit aufweist. Unterbleibt die Veröffentlichung vollständig, ergibt sich dies aus dem Wortlaut des § 20 Abs. 1 Satz 2 eWpG, der in diesem Fall schon keine Pflicht zur Mitteilung vorsieht.

21   **Systematisch** folgt hieraus, dass jedenfalls im Fall der weniger schwer wiegenden nicht vollständigen Veröffentlichung die Mitteilungspflicht nur insoweit bestehen kann, wie die Veröffentlichung reicht. Dieses Ergebnis resultiert zudem aus dem Wortlaut selbst, der in § 20 Abs. 1 Satz 2 eWpG nur verlangt, dass „diese" Veröffentlichung, also die dem Bun-

---

7) So auch Müller/Pieper-*Ruppert*, eWpG, § 31 Rz. 21.
8) Müller/Pieper-*Ruppert*, eWpG, § 31 Rz. 22.
9) Begr. RegE Gesetz zur Einführung von eWp, BT-Drucks. 19/26925, S. 63 f.
10) Müller/Pieper-*Ruppert*, eWpG, § 31 Rz. 24.

desanzeiger gegenüber erklärte, mitgeteilt wird. Deshalb fällt die an sich fehlerhafte Mitteilung – d. h. diejenige, die fehlerhaft ist, weil sie nicht der Wahrheit entspricht – nur dann unter die Verletzung der Mitteilungspflicht, wenn sie von der Veröffentlichung **abweicht**. Ob dies sogar dann gilt, wenn die von der Veröffentlichung abweichende Mitteilung an sich richtig ist, d. h. wenn und insoweit sie – anders als die vorige Veröffentlichung – der Wahrheit entspricht, ist zweifelhaft. Richtigerweise wird man diesen Fall aufgrund des eindeutig auf die Veröffentlichung Bezug nehmenden Wortlauts als Verletzung der Mitteilungspflicht ansehen müssen.

Im Fall der Verhängung einer Geldbuße wegen einer Verletzung der Veröffentlichungspflicht kann die **wahrheitsgemäße Offenbarung** des Sachverhalts gegenüber der Aufsichtsbehörde aber nicht mehr zu einer Verschärfung der Sanktion führen. Dies lässt sich entweder auf Rechtsfolgenebene oder bereits durch eine teleologische Reduktion des Tatbestands erreichen. **22**

2. § 31 Abs. 1 Nr. 2 eWpG: Zuwiderhandlung gegen vollziehbare Anordnung nach § 21 Abs. 2 Satz 2 eWpG

§ 31 Abs. 1 Nr. 2 eWpG sanktioniert den Verstoß gegen § 21 Abs. 2 Satz 2 eWpG, allerdings mit der Einschränkung, dass die in das Ermessen der Behörde gestellte Anordnung vollziehbar ist. **Tatbestandlich** nicht erfasst ist damit die Verletzung einer behördlichen Anordnung, die (noch) nicht vollziehbar ist, d. h. soweit ein gegen die Anordnung eingelegter Rechtsbehelf einen **Suspensiveffekt** entfaltet. Dies ist bei fristgerechter Anfechtung der Anordnung zunächst grundsätzlich der Fall, weil das eWpG keine dem § 113 WpHG vergleichbare Regelung kennt. **23**

Mit Blick auf den **Bestimmtheitsgrundsatz** ist die in der Norm zum Ausdruck kommende Verwaltungsaktsakzessorietät nicht zu beanstanden, weil jedenfalls der Regelungsadressat durch den Gesetzgeber bestimmt ist.[11] Außerdem ist die Behörde an Gesetz und Recht gebunden (Art. 20 Abs. 3 GG), sodass die primär durch Zweckmäßigkeitserwägungen getragene Entscheidung, ob die sofortige Vollziehbarkeit angeordnet wird, einen im Ordnungswidrigkeitenrecht noch vertretbaren **exekutiven Spielraum** begründet. **24**

Fraglich ist aber, ob auch die Zuwiderhandlung gegen eine **rechtswidrige vollziehbare Anordnung** von § 31 Abs. 1 Nr. 2 eWpG erfasst ist. Diese Frage stellt sich mit besonderer Dringlichkeit, wenn der Eilrechtsschutz keinen Erfolg hat, sich aber im Hauptsacheverfahren die Rechtswidrigkeit der behördlichen Anordnung herausstellte. Würde § 31 Abs. 1 Nr. 2 eWpG in diesem Fall eingreifen, würde der **bloße Verwaltungsungehorsam** sanktioniert. Während eine strafrechtliche Sanktion in einer solchen Konstellation verfehlt wäre, stellt sich im Ordnungswidrigkeitenrecht die Frage, ob der bloß **formale Schutz** der behördlichen vollziehbaren Anordnung ausreichender Anknüpfungspunkt für eine Bebußung ist. Weil im Ordnungswidrigkeitenrecht – anders als im Strafrecht – der **sozialethische Unwertgehalt** der Sanktion in den Hintergrund tritt, ließe sich argumentieren, dass der Gesetzgeber die Trennung zwischen der Frage der Vollziehbarkeit und der Rechtmäßigkeit von Verwaltungsakten im Ordnungswidrigkeitenrecht zugrunde legen darf. Die Vorschrift des § 31 Abs. 2 Nr. 2 eWpG solle, so ließe sich anführen, gerade die Möglichkeit der Behörde schützen, vorbehaltlich einer anderslautenden Entscheidung im Eilrechtsschutz, die sofortige Vollziehung durchzusetzen. Überzeugend ist eine solche Auffassung aber im **25**

---

11) Müller/Pieper-*Ruppert*, eWpG, § 31 Rz. 28; vgl. aber etwa *Schall*, NJW 1990, 1263, 1266 ff.

Ergebnis nicht:[12] Es widerspricht gerade nicht dem Grundsatz der **Einheit der Rechts-ordnung**,[13] wenn die formale verwaltungsrechtliche Trennung von Wirksamkeit und Recht-mäßigkeit eines Verwaltungsakts im Sanktionenrecht nicht nachvollzogen wird, weil die tiefere Legitimation für den mit der Sanktionierung verbundenen **Grundrechtseingriff** nicht der Ungehorsam gegen rechtswidrige behördliche Entscheidungen sein kann, sondern nur der Verstoß gegen eine durch das Gesetz angeordnete Verhaltensnorm.[14]

26 Selbst wenn man der gegenteiligen Auffassung folgen würde, wäre i. R. der Ausübung des Ermessens auf **Rechtsfolgenebene** die Rechtswidrigkeit der Anordnung ein wesentlicher Punkt für die Bemessung der Geldbuße bzw. die Ausübung des Ermessens, ob überhaupt eine Sanktion angezeigt ist. Jedenfalls bei materiell rechtswidrigen Anordnungen dürfte regelmäßig der vollständige Verzicht auf eine Sanktionierung naheliegen.

3. § 31 Abs. 2 Nr. 1 eWpG: Zuwiderhandlung gegen § 7 Abs. 1 eWpG

27 Der Bußgeldtatbestand des § 31 Abs. 2 Nr. 1 eWpG sanktioniert die unterlassene oder nicht richtige Registerführung entgegen § 7 Abs. 1 eWpG, auch i. V. m. einer Rechtsver-ordnung nach § 15 Abs. 1 Satz 1 Nr. 3 oder § 23 Abs. 1 Satz 1 Nr. 4 eWpG. Anküpfungs-punkt ist demnach in allen Fällen die Verletzung von § 7 Abs. 1 eWpG, wonach die re-gisterführende Stelle ein elektronisches Wertpapierregister so zu führen hat, dass Vertrau-lichkeit, Integrität und Authentizität der Daten gewährleistet sind. Die Regelung stellt die **Generalklausel** hinsichtlich der Pflicht zur ordnungsgemäßen Registerführung dar. Als solche ist sie in hohem Maße unbestimmt.

28 Problematisch ist, ob diese **Unbestimmtheit zu einer Verletzung des Gesetzlichkeits-prinzips** führt. Nicht zu leugnen dürfte sein, dass selbst für den professionell agierenden Marktteilnehmer die Unübersichtlichkeit der Norm und die Verweisungsketten in ein Span-nungsfeld mit dem rechtstaatlichen Gebot geraten, ordnungsrechtliche Haftungsszenarien im Vorhinein klar und deutlich erkennen zu können. In jedem Fall dürfte deshalb auch für den Fall, dass man die Regelungstechnik noch für verfassungskonform hält, eine großzü-gige Einstellungspraxis opportun sein.

29 Soweit spezifische Formen der Verletzung der Vertraulichkeit, Integrität und Authentizität der Daten durch andere Regelungen (z. B. § 7 Abs. 2 Satz 1, Abs. 3 Satz 1 und 2 eWpG) geschützt sind, sind diese Regelungen **spezieller**, sodass es keines Rückgriffs auf § 7 Abs. 1 eWpG bedarf. Das Problem der Unbestimmtheit des Tatbestands stellt sich in diesen Fällen nicht.

30 Virulent wird das Problem indes, wo eine Konkretisierung des Tatbestands nur durch die Bezugnahme auf die **Rechtsverordnungen** nach § 15 Abs. 1 Satz 1 Nr. 3 oder § 23 Abs. 1 Satz 1 Nr. 4 eWpG erkennbar wird oder wo gar die alleinige Bezugnahme auf die Gene-ralklausel ausreichen soll.

31 Zwar wird man nicht in Abrede stellen können, dass in allen Fällen, in denen die inkrimi-nierte Handlung durch eine Rechtsverordnung beschrieben wird, aus der Zusammenschau

---

12) Die ältere Rspr. lässt im Verkehrsordnungswidrigkeitenrecht den bloßen Verwaltungsungehorsam als Anknüpfungspunkt für die Bebußung ausreichen, vgl. BGH, Beschl. v. 23.7.1969 – 4 StR 371/68, NJW 1969, 2023, 2025. Dieser Ansatz dürfte aber mit den speziellen Bedürfnissen des Straßenverkehrs zu-sammenhängen, vgl. OLG Celle, Beschl. v. 8.11.2018 – 3 Ss(OWi) 190/18, BeckRS 2018, 29509 m. w. N. Das LG Berlin hat hingegen die spätere Aufhebung eines die Strafbarkeit begründenden Verwaltungs-akts – entgegen der älteren Rechtsprechung des BGH – als Wiederaufnahmegrund anerkannt, weil an-dernfalls das Schuldprinzip verletzt werde, LG Berlin, Beschl. v. 22.12.2016 – 502 Qs 71/16, NStZ-RR 2017, 121 – mit Verweis auf BVerfG, Beschl. v. 1.12.1992 – 1 BvR 88/91, 1 BvR 576/91, NJW 1993, 581.

13) Vgl. zum Grundsatz der Einheit der Rechtsordnung Schönke/Schröder-*Sternberg-Lieben*, StGB, Vorb. §§ 32 ff. Rz. 27 ff.

14) Müller/Pieper-*Ruppert*, eWpG, § 31 Rz. 27 m. w. N.

von **Blankett und Ausfüllungsnorm** jedenfalls für den rechtlich beratenen Normadressaten die Verbotsnorm ausreichend deutlich hevortritt. Dies spricht für die Möglichkeit einer verfassungskonformen Auslegung. Damit ist aber noch nicht entschieden, ob aus **kompetenzrechtlicher** Sicht die Übertragung der Entscheidung über den Rahmen der ordnungsrechtlichen Sanktionierung im verfassungsrechtlich gezogenen Rahmen bleibt. Nach der **Rechtsprechung des BVerfG** ist es dem Gesetzgeber zwar nicht verwehrt, auch i. R. dynamischer Verweisungen auf andere Normsetzungsinstanzen zu verweisen; verweist der formelle Gesetzgeber auf den Verordnungsgeber, darf diesem aber lediglich die Konkretisierung der Verbotsnorm überlassen werden; für den Normunterworfenen müssen sich die wesentlichen Anforderungen der Norm bereits aus dem **formellen Gesetz** ergeben.[15]

Aus der Norm des § 7 Abs. 1 eWpG ergeben sich eher allgemein gehaltene und noch stark   **32** konkretisierungsbedürftige Gebote, die Register ihrem Zweck entsprechend zu führen. Auf welche Weise sie konkret zu führen sind, entscheidet der Verordnungsgeber (vgl. § 5 eWpRV)[16]. Dabei ist er zwar an den Rahmen gebunden, der ihm durch § 15 Abs. 1 Satz 1 Nr. 3 oder § 23 Abs. 1 Satz 1 Nr. 4 eWpG gesetzt ist. Das dortige Programm sieht aber nur vor, dass der Verordnungsgeber überhaupt Bestimmungen über die Register treffen darf. Es enthält keinerei inhaltliche Eingrenzungen, die eine **Vorhersehbarkeit** des inkriminierten Verhaltens durch den formellen Gesetzgeber garantieren und trägt damit aus sanktionsrechtlicher Sicht auch nicht die Vorgaben des § 4 eWpRV. Denn das Ob und Wie der Bebußung wird nicht durch den demokratisch unmittelbar legitimierten Gesetzgeber getroffen. **Die Bußgeldnorm des § 31 Abs. 2 Nr. 1 eWpG ist damit insgesamt verfassungswidrig.**[17] Erst recht gilt dies für die Konstellationen, in denen ausweislich des Wortlauts („auch in Verbindung mit […]") nicht einmal durch den Verordnungsgeber eine Eingrenzung der Generalklausel vorgesehen ist.

4.   § 31 Abs. 2 Nr. 2 eWpG: Zuwiderhandlung gegen § 7 Abs. 2 Satz 1 eWpG

§ 31 Abs. 2 Nr. 2 eWpG sanktioniert die Verletzung der Pflicht zur ordnungsgemäßen Wie-   **33** dergabe der Rechtslage und vollständigen und richtigen Eintragungen nach § 7 Abs. 2 Satz 1 eWpG. Anders als im Fall des § 31 Abs. 2 Nr. 1 eWpG ist **ausdrückliche Voraussetzung** der Sanktionierung der Verstoß gegen eine Rechtsverordnung nach § 15 Abs. 1 Nr. 6 oder § 23 Abs. 1 Nr. 5 eWpG. Der Verstoß gegen die Rechtsverordnung spezifiziert also die Verletzung von § 7 Abs. 2 eWpG. Die in § 5 Abs. 2–4 eWpRV aufgestellten Voraussetzungen (Testung und Abnahme; Etablierung eines Regelprozesses; Trennung von Produktions- und Testumgebung) beruhen aber ausweislich des ersten Referentenentwurfs auf § 15 Abs. 1 Nr. 3 und 7 und § 23 Abs. 1 Nr. 4 eWpG.[18] Dies ist vom Gesetzgeber ausdrücklich so gewollt, der hier mit Blick auf die Regelungen des KWG, der MaRisk[19] und bankenaufsichtsrechtlicher Anforderungen an die IT (BAIT)[20] keinen Handlungsbedarf

---

15) BVerfG, Beschl. v. 11.3.2020 – 2 BvL 5/17, Rz. 83, NZWiSt 2020, 263.

16) Verordnung über Anforderungen an elektronische Wertpapierregister (eWpRV), v. 24.10.2022, BGBl. I 2022, 1882.

17) A. A. wohl Müller/Pieper-*Ruppert*, eWpG, § 31 Rz. 29 ff.; in der Sache diskutiert *Ruppert* indes Bestimmtheitsprobleme, wenn er etwa darauf hinweist, dass noch keine anerkannten Branchenstandards bestünden (Rz. 32) und durch die Rechtsverordnungen Rechtssicherheit geschaffen werde (Rz. 34).

18) Begr. RefE eWpRV (1. Konsultation), v. 6.8.2021, S. 18, abrufbar https://www.bmj.de/SharedDocs/ Gesetzgebungsverfahren/DE/Wertpapierregister.html (Abrufdatum: 18.2.2023).

19) BaFin, Rundschreiben 10/2021 (BA) – Mindestanforderungen an das Risikomanagement (MaRisk), v. 16.8.2021, Stand: 4.5.2022, abrufbar unter https://www.bafin.de/SharedDocs/Veroeffentlichungen/ DE/Rundschreiben/2021/rs_1021_MaRisk_BA.html (Abrufdatum: 18.2.2023).

20) BaFin, Rundschreiben 10/2017 (BA) – Bankaufsichtliche Anforderungen an die IT (BAIT), Stand: 16.8.2021, abrufbar unter https://www.bafin.de/SharedDocs/Downloads/DE/Rundschreiben/dl_rs_ 1710_ba_BAIT.pdf?__blob=publicationFile&v=6 (Abrufdatum: 18.2.2023).

gesehen hat.[21] Die **Regelung läuft nach derzeitigem Rechtsstand deshalb zum größten Teil ins Leere.**

34   Einen Anwendungsbereich wird nur der Fall der Verletzung von § 15 Abs. 2 eWpRV haben, der einen mit üblichen handelsregisterrechtlichen Vorgaben vergleichbaren Sorgfaltsmaßstab i. S. des § 23 Abs. 1 Nr. 5 Var. 2 eWpG aufstellt.

5.   § 31 Abs. 2 Nr. 3 eWpG: Zuwiderhandlung gegen § 7 Abs. 3 Satz 1 eWpG

35   § 31 Abs. 2 Nr. 3 eWpG sanktioniert einen Verstoß gegen die Pflicht, erforderliche technische und organisatorische Maßnahmen zu treffen, um einen Datenverlust oder eine unbefugte Datenveränderung über die gesamte Eintragungsdauer des elektronischen Wertpapiers zu verhindern. Der konkrete Tatbestand ergibt sich dabei erst aus einer **Zusammenschau** mit der eWpRV. Insofern bleibt unklar, ob der Verordnungsgeber vollständig von seiner in § 15 Abs. 1 Nr. 7 oder § 23 Abs. 1 Nr. 6 eWpG vorgesehenen Möglichkeit einer näheren Regelung Gebrauch macht.

36   Im ersten Referentenentwurf zur eWpRV finden sich nur in Bezug auf § 23 Abs. 1 Nr. 6 eWpG Hinweise, dass diesbezüglich Regelungen in § 5 und § 21 eWpRV aufgenommen worden sind.[22] Ein vergleichbarer Hinweis auf § 15 Abs. 1 Nr. 7 eWpG fehlt. Aufgrund der in Absatz 2 Nr. 3 zwingend vorausgesetzten Verletzung einer Norm der eWpRV folgt daraus, dass eine Sanktionierung nur bei Verstößen gegen die auf § 23 Abs. 1 Nr. 6 eWpG basierenden Regelungen des § 4 Satz 1–3 eWpRV möglich ist. Da der Verordnungsgeber eine Regelung voraussichtlich ausdrücklich nur in Bezug auf diese Vorschrift beabsichtigt, hat er von seiner ihm eingeräumten Regelungsbefugnis im Übrigen keinen Gebrauch gemacht, sodass die **Regelungen ins Leere** laufen. Dies gilt auch für den anerkannten bloßen „Berührungspunkt" mit den Regelungen in § 20 eWpRV.[23]

6.   § 31 Abs. 2 Nr. 4 eWpG: Zuwiderhandlung gegen § 7 Abs. 3 Satz 3 eWpG

37   § 31 Abs. 2 Nr. 4 eWpG sanktioniert die Verletzung der Pflicht zur Sicherstellung des Gesamtbestands aus § 7 Abs. 3 Satz 3 eWpG. Ausweislich des Wortlauts der Regelung ist der Norminhalt „auch" ohne Rückgriff auf die eWpRV zu definieren. Die Norm ist ausreichend bestimmt, weil die technischen Anforderungen sich aus dem Ziel der Verhinderung einer Reduzierung oder Vermehrung des Gesamtbestandes in ausreichender Deutlichkeit ableiten lassen.

38   Problematisch ist indes, dass der Tatbestand letztlich eine **abstrakte Gefährdung** ausreichen lässt, sodass bereits jede minimale Unterschreitung des Stands der Technik vom Wortlaut erfasst sein könnte, selbst wenn die damit einhergehende Gefahr für den Gesamtbestand minimal ist.[24] Hierbei handelt es sich bereits um eine Frage des **erlaubten Risikos** und nicht bloß der Vorwerfbarkeit. Schon tatbestandlich nicht erfasst sind – gerade kurz nach Beginn der Einführung des Registers – technische Abweichungen, die sich im Nachhinein als verbesserungswürdig darstellen, aber **ex ante** in ihrer Anwendung unter Sicherheitsgesichtspunkten vertretbar waren. Das Ordnungswidrigkeitenrecht sichert nicht einen Anspruch auf perfekte Technik, sondern auf **angemessene Sicherheit.**

---

21)   Begr. RefE eWpRV (1. Konsultation), v. 6.8.2021, S. 16, abrufbar https://www.bmj.de/SharedDocs/
Gesetzgebungsverfahren/DE/Wertpapierregister.html (Abrufdatum: 18.2.2023).

22)   Begr. RefE eWpRV (1. Konsultation), v. 6.8.2021, S. 16, abrufbar https://www.bmj.de/SharedDocs/
Gesetzgebungsverfahren/DE/Wertpapierregister.html (Abrufdatum: 18.2.2023).

23)   Vgl. Begr. RefE eWpRV (1. Konsultation), v. 6.8.2021, S. 23, abrufbar https://www.bmj.de/SharedDocs/
Gesetzgebungsverfahren/DE/Wertpapierregister.html (Abrufdatum: 18.2.2023).

24)   Müller/Pieper-*Ruppert*, eWpG, § 31 Rz. 47.

7. § 31 Abs. 2 Nr. 5 eWpG: Zuwiderhandlung gegen § 10 Abs. 1 eWpG

§ 31 Abs. 2 Nr. 5 eWpG sanktioniert die Verletzung des Einsichtnahmerechts der Teil- **39** nehmer nach § 10 Abs. 1 eWpG. Nicht erfasst sind Verletzungen von § 10 Abs. 2–5 eWpG. Insoweit enthalten § 31 Abs. 2 Nr. 6 und 7 eWpG speziellere Regelungen.

Die Sanktionsnorm erfasst die unterlassene Bereitstellung technischer oder organisatori- **40** scher Strukturen, die eine Einsichtnahme schon dem Grunde nach unmöglich machen. Erfasst ist aber nur die damit einhergehende **Verletzung des Einsichtnahmerechts** für den Berechtigten. Den Berechtigten definiert die auf § 15 Abs. 1 Nr. 5 und § 23 Abs. 1 Satz 1 Nr. 8 eWpG basierende Regelung des § 10 Abs. 1 eWpRV näher.[25] Hierbei handelt es sich um eine verfassungsrechtlich zulässige **einschränkende Konkretisierung** der Verbotsnorm durch den Verordnungsgeber.[26]

§ 31 Abs. 2 Nr. 5 eWpG erfasst ebenfalls die Bereitstellung eines technischen und organi- **41** satorischen Systems, das eine Einsichtnahme nur mit **zeitlichen Verzögerungen** ermöglicht. Dies ergibt sich aus dem ebenfalls in Bezug genommenen § 10 Abs. 2 eWpRV, der eine jederzeitige Abrufbarkeit der Daten fordert. Auch dies stellt eine verfassungsrechtlich **zulässige Konkretisierung** der Pflicht zur Sicherstellung der Einsichtnahme dar. Auch wenn aus **verwaltungsrechtlicher** Sicht an das Erfordernis der jederzeitigen Einsichtnahme strenge Anforderungen gestellt werden dürfen, ist bei der Auslegung der Sanktionsnorm im Einzelfall ein großzügigerer Maßstab denkbar.

Fehlt es an einer **technischen oder organisatorischen** Möglichkeit der jederzeitigen Ein- **42** sichtnahme, richtet sich die Sanktionierung vorrangig nach § 31 Abs. 2 Nr. 5 und nicht nach § 31 Abs. 2 Nr. 6 eWpG. Dies gilt jedenfalls in den Fällen, in denen das nach § 31 Abs. 2 Nr. 5 eWpG sanktionierte Fehlen der erforderlichen Strukturen die Erfüllung der Pflicht nach Nr. 6 unmöglich macht.

8. § 31 Abs. 2 Nr. 6 eWpG: Zuwiderhandlung gegen § 10 Abs. 2 eWpG

Nach § 31 Abs. 2 Nr. 6 eWpG handelt ordnungswidrig, wer entgegen § 10 Abs. 2 eWpG **43** Einsicht nicht oder nicht rechtzeitig gewährt. Verletzungen sonstiger Einsichtsrechte nach § 10 eWpG sind ausdrücklich nicht vom Ordnungswidrigkeitentatbestand erfasst.

Sanktioniert wird die **unterlassene oder verspätete Gewährung** von Einsicht in das Re- **44** gister bei Darlegung eines berechtigten Interesses. Ausreichend ist naturgemäß allein die Darlegung eines rechtlich anerkannten und deshalb **berechtigten Interesses**. Geschützt ist nämlich nur, wer auch einen Anspruch auf Einsichtnahme hat, nicht bereits, wer einen solchen Anspruch nur behauptet, etwa weil er subjektiv sein Interesse für berechtigt hält.

Der Begriff des berechtigten Interesses findet sich auch in anderen Zusammenhängen (vgl. **45** etwa §§ 406e, 475 StPO oder § 12 GBO). Auf die dort entwickelten Grundsätze kann zurückgegriffen werden. Erforderlich ist demnach zwar keine Glaubhaftmachung, aber die Darlegung eines **rechtlich anerkannten Sachbezugs**. Die Tatsachen, aus denen sich Grund und Umfang der benötigten Auskunft ergeben, sind schlüssig darzulegen,[27] sodass die registerführende Stelle in der Lage ist, das Recht auf Einsichtnahme umfassend zu prüfen. Im Einzelfall kann dann eine teilweise Gewährung von Einsicht ausreichend und geboten sein.

---

25) Vgl. Begr. RefE eWpRV (1. Konsultation), v. 6.8.2021, S. 20, abrufbar https://www.bmj.de/SharedDocs/
   Gesetzgebungsverfahren/DE/Wertpapierregister.html (Abrufdatum: 18.2.2023).
26) So im Ergebnis auch Müller/Pieper-*Ruppert*, eWpG, § 31 Rz. 50.
27) Vgl. LG Hamburg, Beschl. v. 28.10.2021 – 625 Qs 21/21 OWi, BeckRS 2021, 36508.

46 Bestehen **Zweifel** an der Berechtigung des Interesses, stellt die mit einer gebotenen Prüfung der Berechtigung einhergehende **angemessene Verzögerung** keine sanktionierbare Verletzung der Pflicht zur rechtzeitigen Gewährung der Einsicht dar. In diesen Fällen ist die später gewährte Einsicht noch rechtzeitig.

47 Irrt sich der zur Einsichtsgewährung Verpflichtete über das Bestehen der Pflicht, richtet sich seine Haftung nach den allgemeinen Regeln der **Irrtumsdogmatik.** Die Verpflichteten können sich durch Einholung eines lege artis gefertigten **Rechtsgutachtens** ordnungsrechtlich entlasten. Sie handeln nicht vorsätzlich oder fahrlässig, wenn sie sich auf belastbare Rechtsauskünfte verlassen.

9. § 31 Abs. 2 Nr. 7 eWpG: Zuwiderhandlung gegen § 10 Abs. 3 Satz 1 eWpG

48 Auch die Verletzung der Pflicht zur **Erteilung von Auskünften,** die über die Angaben im elektronischen Wertpapierregister zum eingetragenen Wertpapier hinausgehen, wird ordnungsrechtlich sanktioniert (§ 31 Abs. 2 Nr. 7 eWpG).

49 Diese Konstellation führt für den Verpflichteten zu besonderen Schwierigkeiten, weil § 10 Abs. 3 Satz 1 eWpG von ihm einen **rechtmäßigen Interessenausgleich** zwischen grundrechtlich geschützten Positionen verlangt, der traditionell der staatlichen Gewalt obliegt. Dass eine – im Einzelfall anspruchsvolle und nicht zwingend zu eindeutigen Ergebnissen führende – Abwägung widerstreitender Interessen für den Fall der nachträglichen Identifizierung eines durch die Bußgeldbehörde oder einen Dritten identifizierten „Fehlers" zu einer ordnungsrechtlichen Sanktionierung führen kann, ist **rechtspolitisch fragwürdig.** Die Praxis wird dem systemimmanenten Konflikt des Verpflichteten hier durch eine deutlich großzügige Prüfung des **subjektiven Tatbestands** beiseite stehen müssen.

50 Legt der Verpflichtete eine nachvollziehbare und rechtlich vertretbare Prüfung vor, die insbesondere bisher ergangene etwaige gerichtliche Entscheidungen berücksichtigt, und kommt er damit nachvollziehbar zu dem Ergebnis, dass die vorzunehmende **Verhältnismäßigkeitsprüfung** die Erteilung einer Auskunft nicht zulässt, handelt er nicht sorgfaltswidrig und erst recht nicht vorsätzlich.

51 Dem Verpflichteten wird allerdings bei allen Auskunftsansprüchen nach § 10 Abs. 3 eWpG **im Zweifel** anzuraten sein, die Auskunft nicht zu gewähren. Dies ergibt sich gerade aus der Bußgeldvorschrift des § 31 Abs. 2 Nr. 7 eWpG. Denn die **unterlassene Erteilung** der Auskunft nach § 10 Abs. 3 eWpG ist – anders als die unterlassene oder verspätete Gewährung der Einsichtnahme nach § 10 Abs. 1 und 2 eWpG – gerade nicht bußgeldbewehrt. Hieraus folgt für die Beratungspraxis der **Grundsatz: Im Zweifel für die Einsichtnahme, im Zweifel gegen die Auskunft.**

10. § 31 Abs. 2 Nr. 8 eWpG: Zuwiderhandlung gegen § 12 Abs. 4 eWpG

52 Nach § 12 Abs. 4 eWpG hat die registerführende Stelle der Aufsichtsbehörde die Einrichtung eines zentralen Registers vor Aufnahme der Eintragungstätigkeit **anzuzeigen.** Wer diese Anzeige nicht, nicht richtig oder nicht rechtzeitig erstattet, handelt ordnungswidrig. Die Anzeige muss bis zur **Aufnahme** der Eintragungstätigkeit erfolgen. Eine verspätete Anzeige wiegt, wenn sie zeitnah nachgeholt wird, weniger schwer als eine vollständig unterlassene Anzeige. Insbesondere bei kurzen zeitlichen Versäumnissen wird in der Regel eine Einstellung aus Opportunitätsgründen zu erwägen sein.

53 **Nicht erstattet** ist die Anzeige, wenn sie vollständig unterbleibt.

Nicht rechtzeitig erstattet ist die Anzeige, wenn sie nicht vor Aufnahme der Eintragungs- 54
tätigkeit erfolgt; bei einem Wechsel der registerführenden Stelle muss die Anzeige zum
Zeitpunkt der Aufnahme der Registerfunktion durch den neuen Registerführer erfolgen.[28]

Nicht richtig erstattet ist eine Anzeige, wenn sie die Aufsichtsbehörde nicht in die Lage 55
versetzt, die Einrichtung des zentralen Registers nachzuvollziehen und mit der registerführenden Stelle zu verknüpfen.[29] Soweit in der Literatur die Auffassung vertreten wird,
bereits die Nichteinhaltung der formellen Vorgaben für die Art und Weise der Erstattung
der Anzeige könne erfasst sein,[30] ist dies richtig, sobald die eWpRV hierfür konkrete Vorgaben vorsieht. Dann dürfte mit Blick auf das **Gesetzlichkeitsprinzip** gegen eine solche
Konkretisierung nichts zu erinnern sein. Solange über eine Rechtsverordnung aber keine
entsprechenden Pflichten vorgesehen sind, kann die bloße Aufforderung der Behörde,
bestimmte Wege der Anzeige zu wählen, keine Rechtspflicht auslösen. Deshalb ist etwa
auch die mündliche Mitteilung nach geltendem Recht zulässig (wenn auch offensichtlich
wenig praktikabel).

11. § 31 Abs. 2 Nr. 9 eWpG: Zuwiderhandlung gegen § 13 Abs. 1 oder § 17 Abs. 1 eWpG

Nach § 13 Abs. 1 eWpG hat die registerführende Stelle sicherzustellen, dass das zentrale 56
Register die in § 13 Abs. 1 eWpG aufgeführten **Angaben über das eingetragene Wertpapier** enthält.

Die Vorschrift soll die **formelle Richtigkeit** des Registers schützen, d. h. die registerführ- 57
rende Stelle muss im Register die ihr zur Verfügung stehenden Daten korrekt abbilden,
ohne dass es auf die richtige Abbildung der materiellen Rechtslage ankäme.[31] Sanktions-
bedroht ist damit die „registerliche Lüge".[32]

Nach der verfassungsrechtlich zulässigen Konkretisierung der Vorschrift durch § 7 eWpRV 58
genügt bei Inhaberschuldverschreibungen eine Bezugnahme auf die Emissionsbedingungen. Auf den ersten Blick könnte man § 31 Abs. 2 Nr. 9 eWpG zwar so verstehen, dass
die die **Haftung einschränkenden Regelungen** der eWpRV für einen Verstoß gegen § 17
Abs. 1 eWpG nicht zur Anwendung kommen sollen. Denn der Relativsatz mit dem Verweis auf die eWpRV bezieht sich ausdrücklich nur auf die Verletzung von § 13 Abs. 1 eWpG.
Eine solche Auslegung würde aus übergeordneten **systematischen Gesichtspunkten** aber
keinen Sinn ergeben. Es ist stringent, einen Gleichlauf zwischen der Auslegung von § 13
Abs. 1 und § 17 Abs. 1 eWpG auch auf sanktionenrechtlicher Ebene zu gewährleisten. Eine
Differenzierung zwischen § 13 Abs. 1 und § 17 Abs. 1 eWpG wäre insoweit nicht nachvollziehbar. Dies erkennt der Verordnungsgeber selbst, indem er in § 7 eWpRV gemeinsame konkretisierende Regelungen für beide Vorschriften vorsieht. Eine solche restriktive
Auslegung ist mit Blick auf die besondere Grundrechtsrelevanz der Bußgeldvorschrift
auch möglich, weil § 7 eWpRV eine **haftungseinschränkende Wirkung** zukommt.

12. § 31 Abs. 2 Nr. 10 eWpG: Zuwiderhandlung gegen § 13 Abs. 3 oder § 17 Abs. 3 eWpG

Die Vorschrift sanktioniert mittelbar die Verletzung der Pflicht zur Wiedergabe der zu- 59
sätzlichen Angaben nach § 13 Abs. 2 und § 17 Abs. 2 eWpG, indem sie an eine **fehlende**

---

28) Müller/Pieper-*Ruppert*, eWpG, § 31 Rz. 68.
29) Müller/Pieper-*Ruppert*, eWpG, § 31 Rz. 67.
30) So etwa Müller/Pieper-*Ruppert*, eWpG, § 31 Rz. 67.
31) Müller/Pieper-*Ruppert*, eWpG, § 31 Rz. 76.
32) Müller/Pieper-*Ruppert*, eWpG, § 31 Rz. 76.

Verknüpfung i. S. des § 13 Abs. 3 eWpG anknüpft; diese Verknüpfung wiederum bezieht sich auf die Angaben nach den Absätzen 1 und 2 des § 13 bzw. § 17 eWpG.

60 § 31 Abs. 2 Nr. 9 erfasst keine Verletzungen von § 13 Abs. 2 bzw. § 17 Abs. 2 eWpG.

61 Die Pflicht zur Informationsverküpfung nach dem jeweiligen Abs. 3 des § 13 bzw. § 17 eWpG ist verletzt, wenn die Informationen i. S. der jeweiligen Absätze 1 und 2 des § 13 bzw. § 17 eWpG nicht zusammen abrufbar sind.[33] Dies ist dann der Fall, wenn **keine zusammenhängende Skriptur** eines elektronischen Wertpapiers besteht und dies so den Registereintrag fragmentarisiert.[34]

62 Hinsichtlich der Bezugnahme des § 31 Abs. 2 Nr. 10 eWpG auf die eWpRV gelten die voranstehenden Ausführungen zu § 31 Abs. 2 Nr. 9 i. V. m. § 13 Abs. 1 eWpG entsprechend, siehe oben Rz. 58.

13. § 31 Abs. 2 Nr. 11 eWpG: Zuwiderhandlung gegen § 14 Abs. 1 oder 2 oder § 18 Abs. 1 oder 2 eWpG

63 § 31 Abs. 2 Nr. 11 eWpG sanktioniert denjenigen mit Geldbuße, der im zentralen Register oder im Kryptowertpapierregister entgegen § 14 Abs. 1 oder 2 oder entgegen § 18 Abs. 1 oder 2 eWpG **Änderungen oder Löschungen** vornimmt. Die Norm bekräftigt, dass die registerführende Stelle nicht aus eigenem Recht Änderungen an dem elektronischen Wertpapier vornehmen darf. Aus der Bezugnahme auf die Absätze 1 oder 2 von § 14 und § 18 eWpG ergibt sich ein umfassender Schutz der **Integrität des Registerinhalts**.

64 Tatbestandlich ist sowohl die **Löschung** des Wertpapiers selbst als auch die Löschung der niedergelegten Emissionsbedingungen (vgl. § 4 Abs. 9 eWpG).[35]

65 Eine **Zustimmmung** des Berechtigten zur Änderung oder Löschung nach § 14 Abs. 2 oder § 18 Abs. 2 eWpG führt zur Tatbestandslosigkeit der Änderung oder Löschung.[36] Dass keine Zustimmung nach diesen Vorschriften vorliegt, ist im Bußgeldverfahren positiv festzustellen. Beweiserleichterungen bestehen insoweit im Bußgeldverfahren nicht; bei Zweifeln an einer Zustimmung, ist nach allgemeinen Regeln von einer Zustimmung auszugehen.

66 Zum **Konkurrenzverhältnis** des § 31 Abs. 2 Nr. 11 zu § 31 Abs. 2 Nr. 13 eWpG, siehe die Kommentierung zu § 31 Abs. 2 Nr. 13, unten Rz. 72.

14. § 31 Abs. 2 Nr. 12 eWpG: Zuwiderhandlung gegen § 14 Abs. 4 oder § 18 Abs. 4 eWpG

67 § 31 Abs. 2 Nr. 12 eWpG sanktioniert die Verletzung der Pflichten der registerführenden Stellen aus § 14 Abs. 4 oder § 18 Abs. 4 eWpG. Dort ist für das zentrale Register und das Kryptowertpapierregister angeordnet, dass die registerführende Stelle sicherstellen muss, dass **Umtragungen** eindeutig sind, innerhalb einer angemessenen Zeit erfolgen und die Transaktion auf dem Aufzeichnungssystem nicht wieder ungültig werden kann. Diese Pflichten erweisen sich als **erheblich konkretisierungsbedürftig**.

68 Soweit der Gesetzgeber die Konkretisierung der Pflichten nicht einmal durch den Verordnungsgeber selbst vornimmt, sondern der Verordnungsgeber seinerseits die registerführenden Stellen ermächtigt, selbst die unbestimmten Rechtsbegriffe mit Leben zu füllen (§ 12 eWpRV), kann dies **nicht mehr als verfassungsrechtlich zulässige Delegation** der Aus-

---

33) Begr. RegE Gesetz zur Einführung von eWp, BT-Drucks. 19/26925, S. 57.
34) Müller/Pieper-*Ruppert*, eWpG, § 31 Rz. 80.
35) Müller/Pieper-*Ruppert*, eWpG, § 31 Rz. 83.
36) Vgl. instruktiv zu Einverständnis und Einwilligung Schönke/Schröder-*Sternberg-Lieben*, StGB, Vor § 32 Rz. 29 ff.

füllung des Verbotstatbestands verstanden werden. Private Normsetzung kann grundsätzlich keine Bußgeldnorm begründen.[37] Solange der Verordnungsgeber keine eindeutig bestimmte Konkretisierung der Pflichten aufstellt, bleibt es deshalb für die Auslegung des Tatbestands ausschließlich bei der Bezugnahme auf die Begriffe der Absätze 4 der §§ 14 und 18 eWpG.

Hinsichtlich der Anforderungen an Eindeutigkeit und Irreversibilität („nicht wieder ungültig werden können") dürfte aus technischer Sicht ausreichende **begriffliche Klarheit** bestehen, welche Verhaltensweisen zu einer Sanktionierung führen können.[38] Eines Rückgriffs auf die eWpRV oder anderer Normen bedarf es insoweit nicht mehr. **69**

Der Begriff des **angemessenen Umtragungszeitraums** enthält keine primär technische, sondern eine deutlich normative Komponente. Soweit der Verordnungsgeber selbst auf eine Konkretisierung des Begriffs verzichtet, würde eine Bebußung mit der Begründung, der Umtragungszeitraum sei nicht angemessen, gegen das Bestimmtheitsgebot verstoßen. Denn es ist für den Normunterworfenen – insbesondere ohne die Möglichkeit eines Rückgriffs auf eine langjährig gewachsene Auslegungspraxis der Gerichte – in diesem neuen Rechtsgebiet durch Auslegung nicht mehr erkennbar, welcher Umtragungszeitraum noch angemessen ist und ab wann eine Sanktionierung droht. Eine für den Normunterworfenen leicht verständliche Bestimmung in Tagen oder Wochen wäre leicht möglich gewesen. Diese Tatbestandvariante erweist sich deshalb als **verfassungswidrig**. **70**

15. § 31 Abs. 2 Nr. 13 eWpG: Zuwiderhandlung gegen § 14 Abs. 5 Satz 1 oder § 18 Abs. 5 Satz 1 eWpG

§ 31 Abs. 2 Nr. 13 eWpG sanktioniert die unterlassene, verspätete oder fehlerhafte **Berichtigung eines Registers**. **71**

In ihrer Struktur ist die Vorschrift an § 31 Abs. 1 eWpG angelehnt, der die (vorsätzliche) Verletzung der Veröffentlichungspflicht erfasst. Weil die Handlungen, die eine Berichtigungspflicht auslösen, ihrerseits nach § 31 Abs. 2 Nr. 11 eWpG bußgeldbewehrt sind, stellt sich die Frage nach dem **Konkurrenzverhältnis** zwischen beiden Tatbeständen. Haftet der Betroffene bereits nach § 31 Abs. 2 Nr. 11 eWpG, ist der Unrechtsgehalt damit voll abgegolten.[39] Ein zusätzlicher Rückgriff auf § 31 Abs. 2 Nr. 13 eWpG ist dann gesperrt. Die Haftung lebt erst wieder auf, wenn – etwa wegen Verjährung – eine Bebußung nach Nr. 11 nicht mehr in Betracht kommt. **72**

Dritte, denen die Verletzung des § 31 Abs. 2 Nr. 11 eWpG zwar nicht vorwerfbar ist, die aber für die **Einhaltung** der Pflichten der registerführenden Stellen verantwortlich sind, haften nach § 31 Abs. 2 Nr. 13 eWpG. **73**

Die Änderung muss durch den Registerinhaber selbst vorgenommen worden sein; eine Änderung durch Dritte, etwa i. R. eines **Cyber-Angriffs**, reicht ausweislich des klaren Wortlauts nicht aus.[40] Nicht erfasst vom Begriff der Änderung ist auch die **Löschung**, weil innerhalb der §§ 14 und 18 eWpG zwischen Änderung und Löschung unterschieden wird und Löschung deshalb nicht als Oberbegriff der Änderung interpretiert werden darf.[41] **74**

Mit Blick auf den Sinn und Zweck des § 31 Abs. 2 Nr. 13 eWpG, der die **Integrität** des Registers und die zutreffende Abbildung der Rechtslage schützen soll, ist eine unterlassene **75**

---

37) In einem demokratischen Rechtsstaat obliegt die Sanktionierung von sozialschädlichem Fehlverhalten dem formellen Gesetzgeber, vgl. Kindhäuser/U. Neumann/Paeffgen-*Hassemer/Kargl*, StGB, § 1 Rz. 10.
38) Vgl. Müller/Pieper-*Kell*, eWpG, § 18 Rz. 26 und Rz. 28.
39) Vgl. zur „Abgeltung" *Roxin*, Strafrecht AT, Bd. 2, § 32 Rz. 170.
40) Müller/Pieper-*Ruppert*, eWpG, § 31 Rz. 89.
41) Müller/Pieper-*Ruppert*, eWpG, § 31 Rz. 89.

Rückgängigmachung einer Änderung dann nicht tatbestandsmäßig (teleologische Reduktion), wenn nach der Änderung die Rechtslage ausnahmsweise zutreffend wiedergegeben wird.[42] In diesem Fall fehlt es gleichsam am **„Erfolgsunrecht"** der unterlassenen Änderung; der **Versuch** ist nicht sanktioniert.[43]

76 Zur Abgrenzung der verschiedenen Tathandlungen siehe oben Rz. 15 ff. zur Kommentierung des § 31 Abs. 1 eWpG.

77 Weil jedenfalls bei der **Blockchain** eine Rückgängigmachung der Transaktion nicht in dem Sinne möglich ist, dass es zu einer „Rückabwicklung" kommt, kann mit der Rückgängigmachung nur gemeint sein, dass durch **korrigierende Blöcke** ein Zustand hergestellt wird, der den wahren Rechtszustand sinngemäß abbildet.

78 Der Verordnungsgeber hat von seiner Befugnis nach § 23 Abs. 1 Satz 1 Nr. 5 eWpG, die Pflichten für die ordnungsgemäße Rückgängigmachung des Krypowertpapierregisters zu regeln, bislang keinen Gebrauch gemacht. Für das zentrale Register fehlt es an einer Bezugnahme auf § 15 eWpG, sodass eine Konkretisierung der sanktionsbewehrten Pflichten nach § 31 Abs. 2 Nr. 13 eWpG insoweit ausscheidet.

16. § 31 Abs. 2 Nr. 14 eWpG: Zuwiderhandlung gegen § 16 Abs. 1 eWpG

79 § 31 Abs. 2 Nr. 14 eWpG sanktioniert die Verletzung von § 16 Abs. 1 eWpG. Danach muss ein Kryptowertpapierregister auf einem **fälschungssicheren Aufzeichnungssystem** geführt werden, in dem Daten in der Zeitfolge protokolliert und gegen unbefugte Löschung sowie nachträgliche Veränderung geschützt gespeichert werden.

80 Der Tatbestand darf **nicht als Auffangtatbestand** missverstanden werden, mit dem sämtliche Fehler bei der Führung eines Kryptowertpapierregisters erfasst würden.[44] Dies gilt insbesondere angesichts der Tatsache, dass das Krypowertpapierregister einen technologieneutralen Ansatz verfolgt und etwa nicht auf eine Distributed-Ledger-Technologie (DLT) beschränkt ist. Die Anforderungen an ein sicheres Kryptowertpapierregister sind daher nicht einfach mittels Bezugnahme auf einen bestimmten Technologiestandard erfassbar.[45] Von vornherein falsch wäre es auch, aus der Wahl eines Open Source-Ansatzes, bei dem der Quellcode für jedermann einsehbar ist, eine Verletzung von § 16 Abs. 1 eWpG ableiten zu wollen. Sowohl **Open-Source- als auch Closed-Source-Ansätze** haben mit Blick auf die Sicherheit des Aufzeichnungssystems Vor- und Nachteile.[46]

81 Soweit § 16 Abs. 1 eWpG eine Protokollierung der Daten in der **Zeitfolge** fordert, handelt es sich dabei bei Nutzung einer Blockchain ohnehin um eine Selbstverständlichkeit.[47] Ob der Ordnungswidrigkeitentatbestand über die Identifizierung einer Chronologie hinaus die unterlassene Protokollierung eines exakten Zeitpunkts für die Erstellung jedes Blocks (wie es etwa in der Bitcoin-Blockchain der Fall ist) erfordert, ist angesichts des Wortlauts sehr zweifelhaft. Logisch nicht verlangt sein kann jedenfalls, dass jede registerführende Stelle immer den **höchsten Stand der Technik** erfüllt.[48] Ein solcher Perfektionsanspruch wäre mit dem Schuldprinzip nicht in Einklang zu bringen.

---

42) So auch Müller/Pieper-*Ruppert*, eWpG, § 31 Rz. 90.

43) Vgl. zur Unterscheidung von Handlungs- und Erfolgsunrecht etwa *Hoyer*, GA 2006, 298.

44) Müller/Pieper-*Ruppert*, eWpG, § 31 Rz. 93.

45) Müller/Pieper-*Kell*, eWpG, § 16 Rz. 6, 7.

46) Müller/Pieper-*Kell*, eWpG, § 16 Rz. 9 ff. m. w. N. zur IT-Literatur.

47) Müller/Pieper-*Kell*, eWpG, § 16 Rz. 45.

48) Vgl. zur Diskussion des vorzugswürdigen Sorgfaltsmaßstabs i. R. der Bestimmung der Fahrlässigkeit etwa Schönke/Schröder-*Sternberg-Lieben/Schuster*, StGB, § 15 Rz. 141, die thematisieren, ob entgegen der h. M. überhaupt Sonderfähigkeiten und Sonderwissen Berücksichtigung finden dürfen.

Soweit eine Aufzeichnung der exakten Zeitpunkte erforderlich ist, um eine unbefugte Lö- 82
schung oder Veränderung von Daten zu verhindern, greifen ggf. die anderen Varianten des
§ 16 Abs. 1 eWpG. Auch diese verlangen aber jedenfalls nicht ein unmögliches[49] – d. h.
perfektes – System gegen unbefugte Löschung und nachträgliche Veränderung. Weil Löschung und Veränderung auf der Blockchain ohnehin nur durch Hinzufügung eines neuen
Blocks möglich sind, dürfte es bei Anwendung der Blockchain-Technologie im Wesentlichen um die Frage gehen, unter welchen **sicherheitstechnischen Voraussetzungen** ändern-
de zusätzliche Blöcke hinzugefügt werden können, aus denen sich dann eine „Löschung"
oder eine „Veränderung" ergibt. Dies ist eine technische Frage.

Ein nicht ordnungsgemäßes Führen des Krypowertpapierregisters liegt vor diesem Hinter- 83
grund dann vor, wenn das **Schutzniveau** des Aufzeichnungssystems hinsichtlich Fälschungssicherheit in Bezug auf Chronologie, Löschung oder Änderung von Daten in nach dem
Stand der Technik unvertretbarer Weise von den Üblichkeiten der Branche nach unten abweicht.

Dabei ist bei der Bejahung des **subjektiven Tatbestands** besondere Zurückhaltung geboten, 84
etwa wenn sich die Technik schnell entwickelt, es konträre Ansätze gibt oder Sicherheits-
anforderungen hinsichtlich eines bestimmten Aspekts auf Kosten anderer technischer Si-
cherheitsbesdürfnisse gehen können.

Im Zweifel dürfte gerade zu Beginn der Einführung neuer Technologien eine besonders 85
großzügige Einstellungspraxis geboten sein.

17.   § 31 Abs. 2 Nr. 15 eWpG: Zuwiderhandlung gegen § 19 eWpG

§ 31 Abs. 2 Nr. 15 eWpG erfasst vier Tathandlungen „entgegen § 19", wobei § 19 eWpG 86
selbst aus **zwei Absätzen** besteht. Ungeachtet dieser Struktur machen die vier in § 31 Abs. 2
Nr. 15 eWpG genannten Tathandlungen bereits aus sich heraus deutlich, auf welche der in
§ 19 eWpG enthaltenen Varianten sich die Sanktionsnorm bezieht. Die Vorschrift sichert
den Anlegerschutz ordnungswidrigkeitenrechtlich ab.

Nicht zur Verfügung gestellt ist ein Registerauszug, wenn auf Verlangen (§ 19 Abs. 1 eWpG) 87
oder bei Vorliegen der Voraussetzungen gegenüber einem Verbraucher (§ 19 Abs. 2 eWpG)
der Registerauszug gar nicht übersandt wird (§ 31 Abs. 2 Nr. 15 Var. 1 eWpG).

Nicht richtig zur Verfügung gestellt wird ein Registerauszug, wenn er nicht die Textform 88
nach § 126b BGB hat (§ 31 Abs. 2 Nr. 15 Var. 2 eWpG).

Nicht vollständig zur Verfügung gestellt wird ein Registerauszug, wenn er seine Nachweis- 89
funktion mangels ausreichenden Informationsgehalts nicht erfüllt (§ 31 Abs. 2 Nr. 15 Var. 3
eWpG).[50] Abhängig davon, ob § 19 Abs. 1 oder Abs. 2 eWpG einschlägig ist, unterscheiden sich die Anforderungen an die Vollständigkeit.

Nicht rechtzeitig zur Verfügung gestellt wird ein Registerauszug, wenn er im Falle des § 19 90
Abs. 1 eWpG nicht innerhalb einer angemessenen Frist zur Verfügung gestellt wird (§ 31
Abs. 2 Nr. 15 Var. 4 eWpG); im Falle des § 19 Abs. 2 eWpG ist er unverzüglich zur Verfügung zu stellen, weil in diesen Fällen die Pflicht bereits vorab bekannt ist.[51] Für die Angemessenheit der Frist im Fall des § 19 Abs. 1 eWpG sind auch möglicherweise erforderliche Fristen für eine rechtliche Prüfung zu berücksichtigen. Jedenfalls bei einer Bereitstel-

---

49) *Linardatos*, ZBB 2020, 329, 335.
50) Vgl. Begr. RegE Gesetz zur Einführung von eWp, BT-Drucks. 19/26925, S. 62.
51) Müller/Pieper-*Ruppert*, eWpG, § 31 Rz. 95.

lung des Registerauszugs innerhalb von 14 Kalendertagen[52] dürfte eine Pflichtverletzung regelmäßig ausscheiden.

91   Soweit **Art, Format und Inhalt** des Registerauszugs nach § 19 eWpG i. V. m. § 13 Abs. 1 Nr. 5 eWpRV durch die registerführende Stelle selbst konkretisiert werden sollen, kann diese ihrem ordnungsrechtlichen Haftungsrisiko dadurch begegnen, dass sie – in Übereinstimmung mit den genannten Grundsätzen der Rechtzeitigkeit, Vollständigkeit und Richtigkeit – eigene **angemessene Richtlinien** festlegt. In diesen kann sie insbesondere Maßstäbe für Prozesse erarbeiten, mit denen sie Verlangen nach § 19 Abs. 1 eWpG begegnet und mit denen sie Verbraucher informiert. Die registerführende Stelle kann in diesem Zusammenhang auch im Detail bestimmen, welchen Informationsgehalt die zu übersendenden Auszüge haben sollen. Soweit die erarbeiteten Richtlinien auf vertretbaren Rechtsauffassungen beruhen und die registerführende Stelle etablierte Prozesse hinreichend überwacht, kann dies eine Exkulpation ermöglichen.

VI. Rechtsfolgen (§ 31 Abs. 3 eWpG)

92   Ordnungswidrigkeiten nach dieser Vorschrift können mit einer **Geldbuße** von bis zu 100.000 € geahndet werden. Nach § 17 Abs. 2 OWiG gilt für **fahrlässige** Taten nach § 31 Abs. 2 eWpG eine Höchstgrenze von 50.000 €.

93   Soweit Unternehmen nach § 30 OWiG sanktioniert werden, ist der anzuwendende **Bußgeldrahmen** mangels Verweisung des eWpG auf § 30 OWiG identisch mit dem Bußgeldrahmen für natürliche Personen (vgl. § 30 Abs. 2 Satz 3 OWiG).

VII. Zuständigkeit der BaFin

94   Der Gesetzgeber hat von der in § 36 Abs. 1 Nr. 1 OWiG vorgesehenen Möglichkeit Gebrauch gemacht und die **Bundesanstalt für Finanzdienstleistungsaufsicht** in § 31 Abs. 4 eWpG zur Verfolgung und Ahndung (vgl. § 35 Abs. 2 OWiG) von Ordnungswidrigkeiten nach dem eWpG berufen. Eine Zuständigkeit von **Landesbehörden** ist damit ausgeschlossen (vgl. e contrario § 36 Abs. 2 und 3 OWiG).

95   Fallen Ordnungswidrigkeiten nach dem eWpG mit anderen Ordnungswidrigkeiten zusammen, richtet sich die **Zuständigkeit** der **Verwaltungsbehörde** nach §§ 38, 39 OWiG. Ist eine Staatsanwaltschaft involviert, weil die verfolgte Tat zugleich eine Straftat darstellt, ist die **Staatsanwaltschaft** auch für die Verfolgung der Ordnungswidrigkeiten nach dem eWpG sachlich zuständig (§ 40 OWiG). Im Übrigen kann sie nach § 42 OWiG die Verfolgung übernehmen, wenn ein **Zusammenhang** zwischen Straftat und Ordnungswidrigkeit besteht.

---

52) Diese Frist wird etwa bei komplexen steuerlichen Berichtigungserklärungen häufig für angemessen erachtet, vgl. Klein-*Rätke*, AO, § 153 Rz. 20.

Abschnitt 7
Schlussvorschriften

§ 32
Anwendbares Recht

(1) Soweit nicht § 17a des Depotgesetzes anzuwenden ist, unterliegen Rechte an einem elektronischen Wertpapier und Verfügungen über ein elektronisches Wertpapier dem Recht des Staates, unter dessen Aufsicht diejenige registerführende Stelle steht, in deren elektronischem Wertpapierregister das Wertpapier eingetragen ist.

(2) ¹Steht die registerführende Stelle nicht unter Aufsicht, so ist der Sitz der register-führenden Stelle maßgebend. ²Ist der Sitz der registerführenden Stelle nicht bestimmbar, so ist der Sitz des Emittenten des elektronischen Wertpapiers maßgebend.

Literatur: *Bloch/de Vauplane*, Loi applicable et critères de localisation des titres multi-intermédiés dans la Convention de La Haye du 13 décembre 2002, J.D.I. 123 (2005) 3; *Damjanovic/Pfurtscheller/Raschauer*, Liechtensteins „Blockchain-Regulierung" – Ein- und Ausblicke, ZEuP 2021, 397; *Deuber/Khorrami Jahromi*, Liechtensteiner Blockchain-Gesetzgebung: Vorbild für Deutschland?, MMR 2020, 576; *Devos*, The Hague Convention on the law applicable to book-entry securities – the relevance for the European System of Central Banks, in: Liber Amicorum Zamboni Garavelli, 2005, S. 377; *Einsele*, Das Kollisionsrecht Intermediär-verwahrter Wertpapiere, EuZW 2018, 402; *Einsele*, Wertpapiere im elektronischen Bankgeschäft, WM 2001, 7; *Girsberger/Hess*, Das Haager Wertpapierübereinkommen, AJP/PJA 2006, 992; *Gruson*, Die Doppelnotierung von Aktien deutscher Gesellschaften an der New Yorker und Frankfurter Börse – die so genannte Globale Aktie, AG 2004, 358; *Habersack/Ehrl*, Börsengeschäfte unter Einbeziehung eines zentralen Kontrahenten, ZfpW 2015, 312; *Haubold*, RIMA – Kollisionsregel mit materiellrechtlichem Kern, RIW 2005, 656; *Heindler*, The law applicable to third-party effects of transactions in intermediated securities, Unif. L. Rev. 2019, 685; *Heppding/Schalast/Schiereck*, Rechtliche und regulatorische Handhabung von STO im internationalen Kontext, RdF 2021, 84; *Herring/Cristea*, Die Umsetzung der Finanzsicherheiten-Richtlinie und ihre Folgen für Kapitalanlagegesellschaften, deutsche Single-Hedgefonds und Prime Broker, ZIP 2004, 1627; *Horn*, Sicherungsrechte an Geld- und Wertpapierguthaben im internationalen Finanzverkehr, in: Festschrift für Walther Hadding, 2004, S. 893; *Huber*, Das Effektengirosystem und die Kreditsicherung mit Wertpapieren, ZIP 2021, 1573; *Keller*, Die EG-Richtlinie 98/26 vom 19-5-1998 über die Wirksamkeit von Abrechnungen in Zahlungs- sowie Wertpapierliefersystemen und -abrechnungssystemen und ihre Umsetzung in Deutschland, WM 2000, 1269; *Kerkemeyer*, Blockchain-Transaktionen im Internationalen Recht, ZHR 184 (2020) 793; *Knöfel*, Elektronische Wertpapiere im Internationalen Privatrecht, in: Festschrift für Christian von Bar, 2022, S. 157; *Kranz*, IPR-Fragen bei der Verpfändung von Mitgliedschaftsrechten, IPRax 2021, 139; *Kronke, Zur Komplementarität von IPR und Einheitsrecht bei der Modernisierung des Wirtschaftsrechts – Eine Fallstudie* in: Festschrift für Max-Planck-Institut für Privatrecht, 2001, S. 757; *Lahusen*, Das Sachenrecht der elektronischen Wertpapiere, RDi 2021, 161; *Lehmann*, Das Gesetz zur Einführung von elektronischen Wertpapieren, NJW 2021, 2318; *Lehmann*, National Blockchain Laws as a Threat to Capital Markets Integration, Unif. L. Rev 2021, 148; *Mankowski*, Die Belegenheit von Globalurkunden – Neue Welt grüßt alte Welt, IPRax 2021, 352; *Martiny*, Virtuelle Währungen, insbesondere Bitcoins, im Internationalen Privat- und Zivilverfahrensrecht, IPRax 2018, 553; *Omlor*, Digitales Eigentum an Blockchain-Token – rechtsvergleichende Entwicklungslinien Inhalt, ZVglRWiss 119 (2020) 41; *Paech*, Cross-border issues of securities law: European efforts to support securities markets with a coherent legal framework, 2011, Briefing Note for the Directorate-General for Internal Policies of European Parliament, IPA/ECON/NT/2011-09; *Preuße/Wöckener/Gillenkirch*, Das Gesetz zur Einführung elektronischer Wertpapiere, BKR 2021, 460;; *Schefold*, Kollisionsrechtliche Lösungsansätze im Recht des grenzüberschreitenden Effektengiroverkehrs – die Anknüpfungsregelungen der Sicherheitenrichtlinie (EG) und der Haager Konvention über das auf zwischenverwahrte Wertpapiere anwendbare Recht, in: Festschrift für Erik Jayme, Bd. I, 2004, S. 805; *Reuschle*, Grenzüberschreitender Effektengiroverkehr, RabelsZ 68 (2004) 687; *Scholz*, Die Übertragung von Aktien im sachenrechtlichen Korsett, WM 2022, 1104; *Schwemmer*, Das Tokensachstatut Zur kollisionsrechtlichen Behandlung der Übertragung von Bitcoin, Kryptowertpapieren und anderen Kryptotoken, IPRax 2022, 331; *Segna*, „Who owns what?" – Rechtsunsicherheiten im internationalen Effektengiroverkehr, in: Festschrift für Werner F. Ebke, 2021, S. 915; *Skauradszun*, Das Internationale Privatrecht der Kryptowerte, elektronischen Wertpapiere und Kryptowertpapiere, ZfPW 2022, 56; *Skauradszun*, Kryptowerte im Bürgerlichen Recht, AcP 221(2021) 353; *Spindler*, Fintech, digitalization, and the law applicable to proprietary effects of transactions in securities (tokens): a European perspective, Unif. L. Rev. 2019, 724; *Steuer*, Rechtliche Grundlagen des modernen Aktienhandels – Ein Überblick am Beispiel der Frankfurter Wertpapierbörse, JuS 2018, 415; *Than*, Neue Rechtsentwicklungen für den grenzüberschreitenden Effektengiroverkehr, in: Festschrift für Siegfried Kümpel, 2003, S. 543; *Thévenoz*, Intermediated Securities, Legal Risk, and the International Harmonization of Commercial Law, Stan. J.L. Bus. & Fin. Vol. 13 (2008) 384; *Wendehorst*, Digitalgüter im Internationalen Privatrecht, IPRax 2020, 490; *Wilke*, Das IPR der elektronischen Wertpapiere, IPRax 2021, 502; *Zobl*, Internationale Übertragung und Verwahrung von Wertpapieren (aus schweizerischer Sicht), SZW/RSDA 2001, 105.

Übersicht

I. Grundlagen

1. Normzweck und Historie

Nach dem Verständnis des deutschen materiellen Rechts handelt es sich bei einem elek- 1
tronischen Wertpapier um eine Inhaberschuldverschreibung (§ 1 eWpG), die aufgrund der
Eintragung in ein elektronisches Wertpapierregister begeben (§ 2 Abs. 1 Satz 2 eWpG),
hierdurch „verdinglicht" (§ 2 Abs. 3 eWpG) und in den rechtlichen Wirkungen einem klassischen urkundlichen Wertpapier gleichgestellt (§ 2 Abs. 2 eWpG) wird. Entsprechendes
gilt für einen elektronisch begebenen Anteilsschein an einem Sondervermögen im kapital-
anlagerechtlichen Sinne (§ 95 Abs. 1 Satz 1, Abs. 3 KAGB). Materiell-rechtlich zeichnen
sich elektronische Wertpapiere (ebenso wie klassische Anleihen) durch deren **Doppelna-
tur** als einem **echten Wertpapier** und einem **Schuldverhältnis** (oder künftig auch einem
korporativem Rechtsverhältnis) aus, die aufgrund ihrer elektronischen „Verbriefung" besonders verkehrsfähig und damit prinzipiell auf Kapitalmärkten handelbar sind. Der Lebenssachverhalt „elektronisches Wertpapier" berührt daher potenziell eine Vielzahl unterschiedlicher Regelungsbereiche wie etwa Schuldrecht, Sachenrecht, Handelsrecht, Kapitalmarktrecht, möglicherweise auch Deliktsrecht und Gesellschaftsrecht.[1]

Dabei hat der zugrunde liegende **Lebenssachverhalt** gerade im Falle von elektronischen 2
Wertpapieren, die unter anderem unter Verwendung der Distributed-Ledger-Technologie
(DLT) auch dezentral begeben und registriert werden können, **vielfach grenzüberschreitende Bezüge** und Berührungspunkte.[2] Daher stellt sich in Bezug auf die den Lebenssachverhalt potenziell betreffenden Regelungsbereiche jeweils die Frage nach dem konkret anwendbaren Recht. Dementsprechend stellt das **internationale Wertpapier- und Effektenrecht** eine bunte kollisionsrechtliche **Querschnittsmaterie** dar, die regelmäßig Fragen der
Statutenabgrenzung – also der Abgrenzung zwischen den Anwendungsbereichen in Betracht kommender Kollisionsnormen – aufwirft (siehe Rz. 66 ff.).[3] Diese **Abgrenzungs-
frage** ist nicht zuletzt deshalb praktisch relevant, weil die nationalen Gesetzgeber unterschiedliche Regelungsmodelle für DLT-basierte und andere elektronische Wertpapiere im-
plementiert haben.[4]

Vor diesem Hintergrund enthält § 32 eWpG eine spezifische Kollisionsnorm zur Bestim- 3
mung des auf „Rechte an" und „Verfügungen über" elektronische Wertpapiere anwendbaren Rechts. Die Norm **behandelt** damit nur einen **Teilausschnitt** des internationalen Pri-

---

1) *Schwarz* in: Hopt/Seibt, Schuldverschreibungsrecht, Rz. 15.1; *Freitag* in: Reithmann/Martiny, Int. Vertragsrecht, Rz. 9.1.

2) *Financial Markets Law Committee*, Distributed Ledger Technology and Governing Law: Issues of Legal
Uncertainty, Rz. 1.2, 4.6, Stand: 3/2018, abrufbar unter http://fmlc.org/wp-content/uploads/2018/05/dlt_
paper.pdf (Abrufdatum: 18.2.2023); *Heindler*, Unif. L. Rev. 2019, 685, 697; *Kerkemeyer*, ZHR 184 (2020)
793, 805, 813, 826; *Skauradszun*, AcP 221(2021) 353, 393; *Skauradszun*, ZfPW 2022, 56, 67, 73; *Lehmann*,
Unif. L. Rev 2021, 148, 168; *Lehmann* in: Omlor/Link, Kryptowährungen und Token, Kap. 5 Rz. 24, 26,
159.

3) *Schwarz* in: Hopt/Seibt, Schuldverschreibungsrecht, Rz. 15.1; im Einzelnen *Schwarz*, Globaler Effektenhandel, S. 693 ff.

4) Rechtsvergleichende Umschau bei *Lehmann*, Unif. L. Rev 2021, 148, 151 ff.; *Omlor*, ZVglRWiss 119
(2020) 41, 42 ff.; *Heppding/Schalast/Schiereck*, RdF 2021, 84 ff.; *Schwemmer*, IPRax 2022, 331, 333;
s. a. Müller/Pieper-*Müller*, eWpG, § 32 Rz. 4 a. E.

vatrechts der elektronischen Wertpapiere, nämlich das sog. Wertpapiersachstatut (siehe Rz. 5 f.). Die nicht von § 32 erfassten Regelungsbereiche (etwa schuldrechtliche, gesellschaftsrechtliche und insolvenzrechtliche Fragestellungen) unterliegen demgegenüber anderen Kollisionsnormen außerhalb des eWpG (siehe Rz. 66 ff.).

4   In der ursprünglichen Fassung des Regierungsentwurfs enthielt § 32 lediglich ein Anknüpfungsmoment, nämlich den Verweis auf das Recht des Staates, unter dessen Aufsicht die registerführende Stelle steht, also den heutigen § 32 Abs. 1 eWpG; die **Hilfsanknüpfungen** des heutigen § 32 Abs. 2 eWpG kannte der Entwurf demgegenüber noch nicht.[5] Diese wurden erst im Rahmen des parlamentarischen Verfahrens nach einer entsprechenden **Beschlussempfehlung des Finanzausschusses** aufgenommen.[6] Dasselbe gilt für den in Abs. 1 Halbsatz 1 enthaltenen umfassenden **Vorbehalt** (siehe dazu Rz. 43 ff.) **zugunsten** der bereits seit 1999 bestehenden speziellen Kollisionsnorm zur Bestimmung des Wertpapiersachstatuts in § **17a DepotG** (siehe dazu Rz. 13 ff.). Auch diese Vorbehaltsregelung fand erst auf Anregung des Finanzausschusses Eingang in das Gesetz.[7] Für die historische Auslegung des § 32 eWpG sind daher neben den (sehr kurzen) Ausführungen im Regierungsentwurf maßgeblich (auch) die (ebenfalls sehr kurzen) Begründungserwägungen des Finanzausschusses heranzuziehen.

2. Wertpapierrechts- und Wertpapiersachstatut

5   § 32 eWpG regelt das sog. Wertpapiersachstatut.[8] Hintergrund ist der Umstand, dass sich die aus dem traditionellen materiellen Wertpapier- bzw. Effektenrecht bekannte **Trennung** zwischen:

– dem **Recht aus dem Papier** bzw. aus der Registereintragung (also dem in Effektenform „verdinglichten" Anleiheschuldverhältnis zwischen Emittent und Effekteninhaber); und

– dem **Recht an dem Papier** bzw. der Registereintragung (also den dinglichen Rechtsverhältnissen in Bezug auf das Repräsentationsmittel bzw. Trägermedium des Anleiheschuldverhältnisses, klassischerweise also der Einzel- oder Globalurkunde),

auch im traditionellen Kollisionsrecht der Wertpapiere fortsetzt:[9] Deshalb ist im internationalen Wertpapier- bzw. Effektenrecht nach allgemeiner Ansicht zwischen dem sog. **Wertpapierrechtsstatut** einerseits und dem **Wertpapiersachstatut** andererseits zu unterscheiden. Dabei meint ersteres die auf das verbriefte Recht als solches (das Recht *aus* dem Wertpapier) anzuwendende Rechtsordnung. Betroffen sind beispielsweise das Schuldstatut bei einem Zahlungsanspruch aus einer Schuldverschreibung oder das Gesellschaftsstatut im Falle mitgliedschaftlicher Rechte aus Aktien. Demgegenüber verweist der zweite Begriff auf die

---

5)   Begr. RegE eWpG, BT-Drucks. 19/26925, S. 21, 69.

6)   Beschlussempfehlung und Bericht d. FA z. § 32 eWpG, BT-Drucks. 19/29372, S. 32, 58.

7)   Beschlussempfehlung und Bericht d. FA z. § 32 eWpG, BT-Drucks. 19/29372, S. 32, 58.

8)   Müller/Pieper-*Müller*, eWpG, § 32 Rz. 2, 6; *Wendehorst* in: MünchKomm-BGB, Art. 43 EGBGB Rz. 318, 325; *Einsele* in: Omlor/Möslein/Grundmann, Elektronische Wertpapiere, S. 54 f.; *Lehmann* in: Omlor/Link, Kryptowährungen und Token, Kap. 5 Rz. 131 ff.; *Wilke*, IPRax 2021, 502, 505; *Schwemmer*, IPRax 2022, 331, 336; *Knöfel* in: FS v. Bar, S. 157, 161 f.; *Skauradszun*, ZfPW 2022, 56, 70; a. A. wohl *Kerkemeyer*, ZHR 184 (2020) 793, 826, 829.

9)   *Schwarz* in: Hopt/Seibt, Schuldverschreibungsrecht, Rz. 15.2.

Rechtsordnung, die unmittelbar auf die Wertpapierurkunde in ihrer Eigenschaft als bewegliche Sache (das Recht *an* dem Wertpapier) anzuwenden ist.[10]

Das **Wertpapierstatut ist** somit **gespalten.** Diese Zweiteilung ist auch im europäischen 6
Richtlinienrecht sowie in ausländischen Kollisionsrechten angelegt. Sie stellt daher ein
international anerkanntes Grundprinzip des internationalen Wertpapierrechts dar – und
zwar trotz der weltweit zu verzeichnenden Entwicklung in Richtung auf (durch die Begebung von Globalurkunden oder papierlosen Registerrechten) weitestgehend „entkörper-
lichte" Effektensysteme.[11] Dieses ursprünglich vor dem Hintergrund des klassischen „physischen" Wertpapierrechts entwickelte Grundverständnis der **Aufteilung** in Wertpapier-
sach- und Wertpapierrechtsstatut wird von der zutreffenden herrschenden Meinung **auch
dem § 32 eWpG zugrunde gelegt.**[12] Sachlicher Grund dieser Aufteilung bleibt weiterhin
der Aspekt des besonderen Verkehrsschutzes in Bezug auch auf elektronische Wertpapiere und der Drittwirkung (erga omnes) von Verfügungen über elektronische Wertpapiere,
die wegen einer anderen internationalprivatrechtlichen Interessenlage andere Anknüpfungsregeln erfordern als die Anknüpfung des Rechtsverhältnisses zum Emittenten aus dem
elektronischen Wertpapier.[13]

3. Entwicklungslinien des Wertpapiersachstatuts

a) Traditionelle Belegenheitsanknüpfung

Die eigentumsrechtlichen Fragen bezogen auf eine klassische Wertpapierurkunde unter- 7
liegen traditionell dem am Lageort der Wertpapierurkunde geltenden Recht, d. h. der lex rei
sitae bzw. der **lex cartae sitae** als Wertpapiersachstatut (Art. 43 Abs. 1 EGBGB).[14] Diese
traditionelle physische situs-Anknüpfung gilt (bzw. galt) praktisch wohl weltweit.[15]

---

10) S. zum klassischen Verständnis BGH, Urt. v. 26.9.1989 – XI ZR 178/88, BGHZ 108, 353, 356 = NJW
1990, 242; OLG Düsseldorf, Urt. v. 30.7.2003 – 11 U 3/03, NJOZ 2004, 1213, 1215; OLG Stuttgart,
Urt. v. 12.4.2022 – 1 U 205/18, ZIP 2022, 1047, 1048 f.; Begr. RegE Gesetz zur Änderung insolvenzrechtlicher und kreditwesenrechtlicher Vorschriften z. § 17a DepotG, BT-Drucks. 14/1539, S. 15;
Wendehorst in: MünchKomm-BGB, Art. 43 EGBGB Rz. 200; *Grüneberg-Thorn*, BGB, Art. 43 EGBGB
Rz. 1; *Staudinger-Mansel*, Int. Sachenrecht, Anh. Art. 43 EGBGB Rz. 23, 58 ff.; *Einsele*, EuZW 2018,
402, 403; *Kranz*, IPRax 2021, 139, 140; im Einzelnen *Schwarz*, Globaler Effektenhandel, S. 694 ff.
11) S. im Einzelnen m. N. *Schwarz*, Globaler Effektenhandel, S. 718 ff., 739 f., 780, 968; s. a. *Segna*, Bucheffekten, S. 383.
12) Müller/Pieper-*Müller*, eWpG, § 32 Rz. 2, 6; *Wendehorst* in: MünchKomm-BGB, Art. 43 EGBGB Rz. 318,
325; *Gleske/Rätz* in: Hopt/Seibt, Schuldverschreibungsrecht, § 32 eWpG Rz. 5 ff.; *Einsele* in: Omlor/
Möslein/Grundmann, Elektronische Wertpapiere, S. 54 f.; *Lehmann* in: Omlor/Link, Kryptowährungen
und Token, Kap. 5 Rz. 131 ff.; *Wilke*, IPRax 2021, 502, 505; *Schwemmer*, IPRax 2022, 331, 336; *Knöfel* in:
FS v. Bar, S. 157, 161 f.; *Skauradszun*, ZfPW 2022, 56, 70; s. a. *Kronke/Haubold* in: Kronke/Melis/Kuhn,
Hdb. Int. Wirtschaftsrecht, Teil L Rz. 189; *Lüttringhaus* in: NK-BGB, Anh. Art. 46d EGBGB Rz. 17; a. A.
wohl *Kerkemeyer*, ZHR 184 (2020) 793, 826, 829; *Staudinger-Mansel*, Int. Sachenrecht, Anh. Art. 43
EGBGB Rz. 27; *Conreder/Meier-Saive*, eWpG, § 32 Rz. 25.
13) *Schwarz* in: Hopt/Seibt, Schuldverschreibungsrecht, Rz. 15.3; anders im Ergebnis wohl *Kerkemeyer*, ZHR
184 (2020) 793, 826, 829; *Staudinger-Mansel*, Int. Sachenrecht, Anh. Art. 43 EGBGB Rz. 27; *Conreder/
Meier-Saive*, eWpG, § 32 Rz. 25.
14) BGH, Urt. v. 26.9.1989 – XI ZR 178/88, BGHZ 108, 353, 356 = NJW 1990, 242; OLG Köln, Urt. v.
9.6.1994 – 18 U 239/93, IPRax 1996, 340, 341 f. = ZIP 1994, 1459; OLG Brandenburg, Urt. v.
12.12.1996 – 5 U 62/95, VIZ 1997, 535 ff.; OLG Düsseldorf, Urt. v. 30.7.2003 – 11 U 3/03, NJOZ
2004, 1213, 1215 f.; OLG Karlsruhe, Urt. v. 22.12.2005 – 9 U 84/05, BKR 2006, 260, 261 = ZIP 2006,
1576; OLG Frankfurt/M., Urt. v. 24.11.2010 – 4 U 92/10, ZEV 2011, 478, 479; OLG Stuttgart, Urt. v.
12.4.2022 – 1 U 205/18, ZIP 2022, 1047, 1048 f.; Begr. RegE Gesetz zur Änderung insolvenzrechtlicher
und kreditwesenrechtlicher Vorschriften z. § 17a DepotG, BT-Drucks. 14/1539, S. 15.
15) Vgl. ErwG 8 Satz 1 Richtlinie 2002/47/EG des Europäischen Parlaments und des Rates v. 6.6.2002
über Finanzsicherheiten (Finanzsicherheitenrichtlinie), ABl. (EG) L 168/43 v. 27.6.2002; *Martiny*, IPRax
2012, 119, 124.

b) Lokalisierung elektronischer Wertpapiere

8 Allerdings ist eine solche **physische Lokalisierung** in Bezug auf ein elektronisches Wertpapier, welches naturgemäß kein körperliches Substrat hat, sondern durch einen Datensatz (nämlich die Eintragung in ein elektronisches Wertpapierregister, § 2 Abs. 1 Satz 2 eWpG) geschaffen wird, mindestens **artifiziell**. Dies gilt insbesondere für elektronische Wertpapiere, die technisch auf die sog. DLT zurückgreifen und bspw. mittels Einträgen auf der Blockchain dokumentiert werden. Denn der Kern dieser Technologie besteht gerade in ihrer dezentralen Funktionsweise, bei der die dem Netzwerk angeschlossenen Teilnehmer und deren Rechner (Nodes) ubiquitär lokalisiert sein können.[16] In diesen Fällen lässt sich ein eindeutiger „Belegenheitsort" des elektronischen Wertpapiers nicht definieren.[17]

9 Eine (vermeintlich) *situs*-bezogene Anknüpfung muss also mit **weitreichenden Hilfserwägungen** arbeiten, indem das elektronische Wertpapier bspw. an dem Sitz des Registerführers, des Emittenten[18] oder des Inhabers des privaten Datenschlüssels oder sogar nach Wahl der Netzwerkteilnehmer lokalisiert wird. Dieser Befund zwingt letztlich zu einer **Abkehr von** der traditionellen lex rei sitae bzw. **lex-cartae-sitae-Regel**[19] hin zu einer eigenen Kollisionsnorm für das Sachstatut der elektronischen Wertpapiere.[20] Eine solche sieht nun § 32 eWpG vor. Maßgeblich ist danach das Recht des Staates, unter dessen Aufsicht die registerführende Stelle steht; eine Rechtswahlmöglichkeit besteht nicht (obwohl dies sachgerecht gewesen wäre, siehe Rz. 57).

c) Parallele zum Effektengiroverkehr

10 Eine ähnliche Rechtsentwicklung hat es in einem anderem Bereich des internationalen Wertpapierrechts bereits gut zwei Dekaden früher gegeben, nämlich dem grenzüberschreitenden Effektengiroverkehr. Angesprochen ist insoweit das globale Phänomen der **Entstehung buchungsgestützter Effektensysteme**, in denen Verfügungen über handelbare Kapitalmarkttitel (Effekten) nur noch durch Depotkontobuchungen verlautbart werden (Effektengiro).[21] Ermöglicht wird dies durch die sog. **Immobilisierung und Mediatisierung von Wertpapieren**: Alle innerhalb eines Landes begebenen Wertpapierurkunden werden unmittelbar nach ihrer Emission einer zentralen Stelle zur dauerhaften Aufbewahrung übergeben

---

16) *Financial Markets Law Committee*, Distributed Ledger Technology and Governing Law: Issues of Legal Uncertainty, Rz. 1.2, 4.6, Stand: 3/2018, abrufbar unter http://fmlc.org/wp-content/uploads/2018/05/dlt_paper.pdf (Abrufdatum: 18.2.2023); *Heindler*, Unif. L. Rev. 2019, 685, 697; *Kerkemeyer*, ZHR 184 (2020) 793, 805, 813, 826; *Skauradszun*, AcP 221(2021) 353, 393; *Skauradszun*, ZfPW 2022, 56, 67, 73; *Lehmann*, Unif. L. Rev 2021, 148, 168; *Lehmann* in: Omlor/Link, Kryptowährungen und Token, Kap. 5 Rz. 24, 26, 159.

17) Begr. RegE eWpG, BT-Drucks. 19/26925, S. 69; Beschlussempfehlung und Bericht d. FA z. eWpG, BT-Drucks. 19/29372, S. 58; *Kerkemeyer*, ZHR 184 (2020) 793, 822; *Skauradszun*, AcP 221 (2021) 353, 393, *Skauradszun*, ZfPW 2022, 56, 73; *Martiny*, IPRax 2018, 553, 559; Müller/Pieper-*Müller*, eWpG, § 32 Rz. 15; a. A. möglicherweise *Lahusen*, RDi 2021, 161 (Rz. 32).

18) So de lege lata vor Geltung des § 32 auf Basis von Art. 43 EGBGB wohl *Schäfer/Eckhold* in: Assmann/Schütze/Buck-Heeb, Hdb. Kapitalanlagerecht, § 16a Rz. 49; dagegen im Ergebnis *Kerkemeyer*, ZHR 184 (2020) 793, 822, 826 f.

19) Deutlich Begr. RegE eWpG, BT-Drucks. 19/26925, S. 69.

20) Instruktiv zu möglichen Anknüpfungsmodellen für DLT-basierte und andere digitale Wertpapiere *Financial Markets Law Committee*, Distributed Ledger Technology and Governing Law: Issues of Legal Uncertainty, Rz. 6.1 ff., Stand: 3/2018, abrufbar unter http://fmlc.org/wp-content/uploads/2018/05/dlt_paper.pdf (Abrufdatum: 18.2.2023); *Heindler*, Unif. L. Rev. 2019, 685, 696 ff.; *Wendehorst*, IPRax 2020, 490, 496 ff.; *Wendehorst* in: MünchKomm-BGB, Art. 43 EGBGB Rz. 326 ff.; *Lehmann* in: Omlor/Link, Kryptowährungen und Token, Kap. 5 Rz. 143 ff.; s. a. *Mankowski*, IPRax 2021, 352, 353, 355 f.

21) Instruktive Einführung bei *UNIDROIT*, Legislative Guide on Intermediated Securities, v. 5/2017, Rz. 6 ff., abrufbar unter https://www.unidroit.org/wp-content/uploads/2021/06/LEGISLATIVE-GUIDE-English.pdf (Abrufdatum: 18.2.2023).

Simon Schwarz

(Zentralverwahrer, Central Securities Depository, CSD). Handelt es sich um eintragungsbedürftige Finanzinstrumente (Registered Securities), wird anstelle der Investoren entweder der CSD oder ein Strohmann („nominee") im maßgeblichen Register eingetragen. Im Rahmen des Handels braucht dann keine Umschreibung zu erfolgen (u. U. aber für die Legitimation gegenüber dem Emittenten). Vergleichbar dem Geldgiroverkehr werden **Verfügungen ausschließlich durch Zu- und Abbuchungen auf** von Intermediären geführten **Depotkonten** auf Weisung der Anleger vollzogen, physische Übergaben finden nicht statt (Effektengiroverkehr). Dadurch ist ein nahezu vollständiger **Funktionsverlust der Wertpapierurkunde** eingetreten.[22]

Dieser Umstand führte kollisionsrechtlich zu der Einsicht, dass eine **Anknüpfung an den** **Belegenheitsort** für sammelverwahrte und (faktisch) nur durch Depotbuchungen übertragene Wertpapiere **nicht mehr sachgemäß** ist. An die Stelle der Urkunde ist im Kapitalmarktverkehr wirtschaftlich die Depotgutschrift getreten. Aus diesem Grund haben sich in den meisten Rechtsordnungen buchungsbezogene Anknüpfungsregeln entwickelt. Dieses Konzept der Buchungsanknüpfung wurde international unter dem Schlagwort des „Place of the Relevant Intermediary Approach" (kurz: **PRIMA**) bekannt.[23]   11

Hiermit wird indes **nur ein Grundkonzept** beschrieben, welches gerade keine vollständig   12
ausdifferenzierte Kollisionsnorm darstellt. Denn erstens ist noch nicht entschieden, welcher Intermediär bei einer Verfügung über Depotgutschriften als maßgeblich (relevant) zu qualifizieren ist. In Betracht kommen insoweit die Depotbank des Verfügenden, diejenige des Verfügungsempfängers oder auch beide Intermediäre mit der Folge einer gespaltenen Verfügungsanknüpfung. Zweitens ist nicht ausgemacht, wie bei gestuften Verwahrungsketten zu verfahren ist, ob nämlich jeder eingeschaltete Intermediär als kontoführende Stelle relevant sein könnte mit der Folge beliebig vieler Anknüpfungspunkte im System.[24] Dementsprechend herrscht auch rechtsvergleichend vielfach **Streit, wie** Buchungsanknüpfungen nach dem **PRIMA-Modell** konkret auszugestalten und **in der Fallanwendung zu handhaben** sind – und zwar selbst im Bereich des harmonisierten europäischen Richtlinienrechts (siehe dazu noch Rz. 13 ff., 36 ff.).[25]

II. Primäranknüpfung (§ 17a DepotG)

Bereits im Jahre 1999 hat der deutsche Gesetzgeber das PRIMA-Modell (siehe Rz. 11) als maß-   13
geblich Kollisionsnorm zur Bestimmung des Wertpapiersachstatuts im Effektengiroverkehr in § 17a DepotG kodifiziert. Diese Regelung ist auch **zentral für das Verständnis** des internationalen Privatrechts der elektronischen Wertpapiere. Denn ausweislich Abs. 1 Halbsatz 1 ist § 17a DepotG vorrangig anzuwenden. Daher werden die **vielfältigen Auslegungs- und**

---

22) Dazu im Einzelnen *Schwarz*, Globaler Effektenhandel, S. 27 ff.; im Überblick *Schwarz* in: Basedow/Hopt/Zimmermann, Handwörterbuch des europäischen Privatrechts, Stichwort „Verwahrung (Wertpapiere)", abrufbar unter: https://hwb-eup2009.mpipriv.de/ (Abrufdatum: 18.2.2023).

23) Rechtsvergleichend *Schwarz*, Globaler Effektenhandel, S. 791 ff.

24) *Schwarz* in: Hopt/Seibt, Schuldverschreibungsrecht, Rz. 15.175.

25) Europäische Kommission, Mitteilung über das auf die dingliche Wirkung von Wertpapiergeschäften anzuwendende Recht, COM(2018) 89 final v. 12.3.2018; rechtsvergleichend zur Entwicklung und Auslegung der europäischen PRIMA-Anknüpfung näher *Schwarz*, Globaler Effektenhandel, S. 803 ff.; *Segna*, Bucheffekten, S. 361 ff.; *Einsele*, EuZW 2018, 402, 403 ff.; *Heindler*, Unif. L. Rev. 2019, 685, 698 ff.; *Mankowski*, IPRax 2021, 352, 353 ff.

Anwendungsfragen, die sich in Bezug auf § 17a DepotG stellen, im Folgenden kurz skizziert.[26] Die Norm lautet wie folgt:

> „§ 17a DepotG
> Verfügungen über Wertpapiere
>
> Verfügungen über Wertpapiere oder Sammelbestandanteile, die mit rechtsbegründender Wirkung in ein Register eingetragen oder auf einem Konto verbucht werden, unterliegen dem Recht des Staates, unter dessen Aufsicht das Register geführt wird, in dem unmittelbar zugunsten des Verfügungsempfängers die rechtsbegründende Eintragung vorgenommen wird, oder in dem sich die kontoführende Haupt- oder Zweigstelle des Verwahrers befindet, die dem Verfügungsempfänger die rechtsbegründende Gutschrift erteilt."

1. Europarechtlicher Hintergrund

14   Nach dem ursprünglichen Willen des Gesetzgebers diente § 17a DepotG der **Umsetzung** der internationalprivatrechtlichen Vorgaben in Art. 9 Abs. 2 der sog. **Finalitätsrichtlinie**[27] in das deutsche Recht.[28] Dabei ging der Gesetzgeber zunächst bewusst über den von der Finalitätsrichtlinie geforderten Reformbedarf hinaus.[29] Im Jahre 2003 erweiterte der deutsche Gesetzgeber die Zweckbestimmung des § 17a DepotG nachträglich dahingehend, dass die Norm nunmehr auch der **Implementation** der kollisionsrechtlichen Regelungen in Art. 9 i. V. m. Art. 2 der zwischenzeitlich erlassenen sog. **Finanzsicherheitenrichtlinie** dient.[30] Den Wortlaut passte er dabei willentlich nicht an, weil er die aktuelle Fassung von § 17a DepotG für die vollständige Erfüllung der Umsetzungsverpflichtung für ausreichend erachtete.[31]

15   Im Rahmen der Auslegung ist daher entscheidend zu berücksichtigen, dass § 17a DepotG der Umsetzung der genannten europäischen Richtlinien dient und daher das **Gebot der richtlinienkonformen Auslegung zu beachten** ist. Dieses erfordert ggf. eine über die Wortlautgrenze der fraglichen Norm (hier: § 17a DepotG) hinausgehende Rechtsfortbildung, sofern dies möglich und zur Befolgung der Umsetzungspflicht notwendig ist.[32] Die für eine Rechtsfortbildung erforderliche planwidrige Regelungslücke liegt vor, wenn der Gesetzgeber in Bezug auf eine Umsetzungsnorm davon ausging, dass diese den Anforderungen der umzusetzenden Richtlinie vollumfänglich entspricht (was der gesetzgeberischen Ansicht zu § 17a DepotG entspricht)[33] und sich diese Einschätzung später als fehlerhaft herausstellen sollte.[34] Das ist hier der Fall (siehe Rz. 19 ff.).

---

26) Dazu im Einzelnen *Schwarz*, Globaler Effektenhandel, S. 910 ff.; *Schwarz* in: Hopt/Seibt, Schuldverschreibungsrecht, Rz. 15.178 ff.; s. a. *Segna*, Bucheffekten, S. 378 ff.; *Einsele* in: MünchKomm-HGB, Depotgeschäft Rz. 203 f.; *Einsele*, EuZW 2018, 402, 406 ff.; Scherer-*Dittrich*, DepotG, § 17a Rz. 34 ff.

27) Richtlinie 98/26/EG des Europäischen Parlaments und des Rates v. 19.5.1998 über die Wirksamkeit von Abrechnungen in Zahlungs- sowie Wertpapierliefer- und -abrechnungssystemen (Finalitätsrichtlinie), ABl. (EG) L 166/45 v. 11.6.1998.

28) Begr. RegE Gesetz zur Änderung insolvenzrechtlicher und kreditwesenrechtlicher Vorschriften z. § 17 DepotG, BT-Drucks. 14/1539, S. 15; *Schwarz* in: Hopt/Seibt, Schuldverschreibungsrecht, Rz. 15.171.

29) Begr. RegE Gesetz zur Änderung insolvenzrechtlicher und kreditwesenrechtlicher Vorschriften z. § 17 DepotG, BT-Drucks. 14/1539, S. 16; *Schwarz* in: Hopt/Seibt, Schuldverschreibungsrecht, Rz. 15.171.

30) Richtlinie 2002/47/EG des Europäischen Parlaments und des Rates v. 6.6.2002 über Finanzsicherheiten (Finanzsicherheitenrichtlinie), ABl. (EG) L 168/43 v. 27.6.2002.

31) Begr. RegE Gesetz zur Umsetzung der Richtlinie 2002/47/EG und zur Änderung des Hypothekenbankgesetzes und anderer Gesetze, BT-Drucks. 15/1853, S. 12.

32) BGH, Urt. v. 26.11.2008 – VIII ZR 200/05 (Quelle), Rz. 21, BGHZ 179, 27 = ZIP 2009, 176.

33) Begr. RegE Gesetz zur Umsetzung der Richtlinie 2002/47/EG und zur Änderung des Hypothekenbankgesetzes und anderer Gesetze, BT-Drucks. 15/1853, S. 12.

34) BGH, Urt. v. 26.11.2008 – VIII ZR 200/05 (Quelle), Rz. 22 ff., BGHZ 179, 27 = ZIP 2009, 176.

2.   Anknüpfungsgegenstand (Anwendungsbereich)

Der sachliche Anwendungsbereich (Anknüpfungsgegenstand) von § 17a DepotG wird um-   **16**
schrieben mit „Verfügungen über Wertpapiere oder Sammelbestandanteile, die mit rechtsbegründender Wirkung in ein Register eingetragen oder auf einem Konto verbucht werden". Zur Reichweite und Abgrenzung zu anderen Statuten siehe unten Rz. 53 ff. und
Rz. 66 ff.

a)   Elektronische Wertpapiere (Wertrechte)

Erfasst werden erstens „Wertpapiere [...], die mit rechtsbegründender Wirkung in ein   **17**
Register eingetragen werden". Damit **schließt** der (bereits seit 1999 bestehende) Wortlaut
des § 17a **DepotG** auch alle „elektronischen Wertpapiere" (die in der rechtsvergleichenden
Literatur bisher vielfach als **„Wertrechte"** bezeichnet wurden)[35] ausdrücklich **mit ein.**[36]
Dies wird durch den neu eingefügten § 1 Abs. 3 Satz 1 DepotG nochmals klargestellt,
wonach „Wertpapiere im Sinne dieses Gesetzes [...] auch elektronisch begebene Wertpapiere im Sinne des Gesetzes über elektronische Wertpapiere" sind.[37] Damit stellt sich die
Frage der **Abgrenzung des Anwendungsbereichs** von § 17a DepotG und § 32 eWpG (siehe
dazu Rz. 43 ff.). Zur Qualifikation des Begriffs „(elektronisches) Wertpapier" siehe Rz. 48 ff.

b)   Sammelbestandteile (Depotgutschriften)

Als zweiten Anknüpfungsgegenstand nennt § 17a DepotG „Sammelbestandanteile, die mit   **18**
rechtsbegründender Wirkung [...] auf einem Konto verbucht werden". Um die Bedeutung des **Tatbestandsmerkmals der „rechtsbegründenden" Wirkung** der Kontobuchung
besteht in der deutschen kollisionsrechtlichen Literatur seit Einführung des § 17a DepotG
Streit. Ein Teil der Literatur nimmt den Begriff wörtlich und hebt ausschließlich darauf ab,
dass die Depotgutschrift rechtstechnisch konstitutiver Teil des Übertragungstatbestands
sein muss, damit § 17a DepotG zur Anwendung gelangt.[38] Demgegenüber geht die Mehrheit der Autoren davon aus, dass das Tatbestandsmerkmal **funktional zu verstehen** ist und
die Depotbuchung meint, die zumindest faktisch das Recht des Verfügungsempfängers
verlautbart.[39]

Hintergrund der zutreffenden herrschenden Meinung ist zunächst die Überlegung, dass   **19**
im Falle der **wortlautgetreuen Auslegung** § 17a DepotG (zumindest bis zur Einführung
des eWpG) mit Blick auf das deutsche materielle Recht komplett **leerliefe.** Denn das

---

35) Überblick bei *Schwarz*, Globaler Effektenhandel, S. 51 ff.; *Segna*, Bucheffekten, S. 27 ff.

36) Scherer-*Dittrich*, DepotG, § 17a Rz. 36; *Wendehorst* in: MünchKomm-BGB, Art. 43 EGBGB Rz. 210 ff.;
     Welter/Brian in: Ellenberger/Bunte, Bankrechts-Hdb., § 5 Rz. 181; *Mankowski* in: Reithmann/Martiny,
     Int. Vertragsrecht, Rz. 19.54; *Wilke*, IPRax 2021, 502, 504.

37) *Skauradszun*, ZfPW 2022, 56, 74; *Schwemmer*, IPRax 2022, 331, 338.

38) S. *Einsele*, WM 2001, 2415, 2421; Hopt-*Kumpan*, HGB, § 17a DepotG Rz. 1; *Welter/Brian* in: Ellenberger/
     Bunte, Bankrechts-Hdb., § 5 Rz. 180; ferner *Einsele* in: MünchKomm-HGB, Depotgeschäft Rz. 206 ff.;
     Einsele, EuZW 2018, 402, 406 ff.; *Than* in: FS Kümpel, S. 543, 553; *Reuschle*, RabelsZ 68 (2004) 687, 720.

39) *Schwarz*, Globaler Effektenhandel, S. 918 ff.; *Schwarz* in: Hopt/Seibt, Schuldverschreibungsrecht,
     Rz. 15.184 ff.; *Segna*, Bucheffekten, S. 383 f.; *Keller*, WM 2000, 1269, 1281; *Keller*, BKR 2002, 347, 351 f.;
     Horn in: FS Hadding, S. 893, 897 f.; *Kronke/Haubold* in: Kronke/Melis/Kuhn, Hdb. Int. Wirtschaftsrecht,
     Teil L Rz. 202; *Wendehorst* in: MünchKomm-BGB, Art. 43 EGBGB Rz. 234, 254; Staudinger-*Mansel*,
     Int. Sachenrecht, Anh. Art. 43 EGBGB Rz. 70; *Dittrich*, Effektengiroverkehr mit Auslandsberührung,
     S. 99–101; *Kieper*, Abwicklungssysteme in der Insolvenz, S. 229 f.; *Franz*, Überregionale Effektentrans-
     aktionen und anwendbares Recht, S. 93–113; *Ege*, Das Kollisionsrecht der indirekt gehaltenen Wert-
     papiere, S. 75; *Mahler*, Rechtsgeschäftliche Verfügungen über sonder- und sammelverwahrte Wertpa-
     piere des Kapitalmarktes, S. 197–203; *Schlaegel*, Die Finanzsicherheiten-Richtlinie (2002/47/EG) und
     ihre Umsetzung in das deutsche Recht, S. 155 f.; *Wust*, Die grenzüberschreitende Verbuchung von Wert-
     papieren, S. 319–324; *Hennrich*, Die Aktienverpfändung im grenzüberschreitenden Effektengirover-
     kehr, S. 177–180.

deutsche Recht kennt für den – vom Richtlinienrecht besonders in den Blick genommenen (siehe Rz. 20) – Bereich des Effektengiro (auch nach Inkrafttreten des eWpG) überhaupt nur einen einzigen Fall einer konstitutiven Buchung, nämlich den Sondertatbestand des § 24 Abs. 2 DepotG, der in der Praxis nie zur Anwendung gelangt. Damit wäre die Kollisionsnorm aus deutscher materiell-rechtlicher Sicht für den Kapitalmarktverkehr praktisch überflüssig, was nicht dem gesetzgeberischen Willen entspricht, der zwingendes Richtlinienrecht der Finalitätsrichtlinie umsetzen wollte.[40]

20   Die **Notwendigkeit einer richtlinienkonformen Auslegung** (siehe Rz. 15) wird besonders deutlich, wenn man die ebenfalls mit § 17a DepotG umgesetzte (siehe Rz. 14) Kollisionsnorm aus Art. 9 der Finanzsicherheitenrichtlinie mit in den Blick mit. Gemäß Art. 9 Abs. 1 Satz 1 der Finanzsicherheitenrichtlinie muss der Anknüpfungsgegenstand vielmehr ganz allgemein **„im Effektengiro übertragbare Wertpapiere"** in einem funktionalen Sinne erfassen. Diese werden definiert als

> „Finanzinstrumente [...], bei denen die Eigentumsverhältnisse durch einen Registereintrag oder eine Buchung auf einem von einem Intermediär oder für den Intermediär selbst geführten Depotkonto nachgewiesen werden" (Art. 2 Abs. 1 lit. g Finanzsicherheitenrichtlinie).

21   Durch diese **funktionale Begriffsbildung** wollte der Richtliniengeber sicherstellen, dass die Anknüpfung für sämtliche vermögensrechtliche Rechtspositionen gilt, die innerhalb des indirekten Verwahrungssystems gehandelt und im Wege einer Depotgutschrift verlautbart werden, und zwar unabhängig von der den jeweiligen Gutschriften zugrunde liegenden sachrechtlichen Konstruktion.[41]

22   Dementsprechend muss auch § 17a DepotG in einem funktionalen Sinne verstanden und richtlinienkonform erweitert dahingehend ausgelegt werden, dass er als allgemeine Kollisionsnorm für dingliche Rechtsfragen innerhalb des buchungsgestützten Effektensystems dienen soll. Das Tatbestandsmerkmal „Sammelbestandanteile, die mit rechtsbegründender Wirkung [...] auf einem Konto verbucht werden," fungiert mithin allein als eine **Umschreibung des rechtstatsächlichen Umstandes,** dass die begebenen (verbrieften oder unverbrieften) Anteile dauerhaft immobilisiert und in das buchungsgestützte Effektensystem überführt wurden, so dass deren **vermögensrechtliche Zuordnung** zu einzelnen Anlegern (rechtstatsächlich) **nur noch mittels Depotkontobuchung erfolgt.**[42]

c)   Erfassung hybrider Rechtspositionen (funktionale Qualifikation)

23   Entsprechend der vorgenannten funktionalen Qualifikation (siehe Rz. 21) umschließt der **Anknüpfungsbegriff** „Sammelbestandanteile, die [...] auf einem Konto verbucht werden" nicht nur im Ausgangspunkt sachenrechtliche Rechtspositionen, wie das Bruchteilseigentum des deutschen Depotrechts. Vielmehr werden auch im Ansatz **schuldrechtlich geprägte hybride Rechtsfiguren,**[43] wie das US-amerikanische „security entitlement" oder

---

40)   *Schwarz* in: Hopt/Seibt, Schuldverschreibungsrecht, Rz. 15.185.

41)   Näher dazu *Schwarz*, Globaler Effektenhandel, S. 832 ff.

42)   *Schwarz* in: Hopt/Seibt, Schuldverschreibungsrecht, Rz. 15.187.

43)   Rechtsvergleichender Überblick zu den Regelungsmodellen bei *UNIDROIT*, Legislative Guide on Intermediated Securities, v. 5/2017, Rz. 39 ff., abrufbar unter https://www.unidroit.org/wp-content/uploads/2021/06/LEGISLATIVE-GUIDE-English.pdf (Abrufdatum: 18.2.2023); *Schwarz* in: Basedow/Hopt/Zimmermann, Handwörterbuch des europäischen Privatrechts, Stichwort „Verwahrung (Wertpapiere)", abrufbar unter: https://hwb-eup2009.mpipriv.de/ (Abrufdatum: 18.2.2023); im Einzelnen (insbesondere zum US-amerikanischen, belgischen und luxemburgischen Regelungsmodell) *Schwarz*, Globaler Effektenhandel, S. 21 ff., 495 ff., 674 ff., 683 ff. und (insbesondere zum schweizerischen Regelungsmodell) *Segna*, Bucheffekten, S. 37 ff., 433 ff.

das belgische und luxemburgische „droit de copropriété, de nature incorporelle", **erfasst**.[44] Dieses Ergebnis folgt zum einen aus dem Grundsatz der **richtlinienkonformen Auslegung**.[45] Denn sowohl die Finalitätsrichtlinie als auch die Finanzsicherheitenrichtlinie erstrecken sich jeweils auf diese hybriden Rechtsgebilde.[46]

Zum anderen lässt sich diese Sichtweise **anhand des Begriffs „Sammelbestandteil" selbst belegen** und folgt damit bereits aus einer wortlautgetreuen Gesetzesauslegung.[47] Denn unter den depotrechtlichen Begriff der Sammelverwahrung (§§ 5–9 DepotG), die den Hinterlegern kraft Gesetzes Bruchteilseigentum an dem (fingierten) Gesamtsammelbestand (GS) verschafft (§ 6 Abs. 1 DepotG), fällt nach § 5 Abs. 4 Satz 1 DepotG auch die internationalisierte Sammelverwahrung via Kontoverbindungen (CSD-Links). In diesen Fällen erhält der deutsche Anleger eine vollwertige GS-Gutschrift – also einen „Sammelbestandanteil" –, obwohl nach dem Depotrecht des Lageortes den Hinterlegern lediglich „eine Rechtsstellung eingeräumt wird, die derjenigen nach diesem Gesetz gleichwertig ist" (§ 5 Abs. 4 Satz 1 Nr. 2 DepotG). Hierbei handelt es sich richtiger Ansicht nach um einen Fall der **gesetzlich angeordneten Substitution**, der zufolge bestimmte ausländische Rechtsinstitute als dem deutschen Recht gleichwertig anzuerkennen und dem deutschen Bruchteilseigentum gleichzustellen sind, so dass den inländischen Anlegern ein (hybrider und vollwertiger) „Sammelbestandanteil" zu gewähren ist.[48] 24

Als derartige **funktionsäquivalente Rechtsinstitute** sind aber gerade auch die hybriden Rechtspositionen des US-amerikanischen, belgischen oder luxemburgischen Rechts anzusehen.[49] Rechtstatsächlich wurden zu den Zentralverwahrern in diesen Ländern deshalb auch gegenseitige Kontoverbindungen im Sinne von § 5 Abs. 3 Satz 1 DepotG eingerichtet, was der deutsche Gesetzgeber gebilligt hat.[50] Folglich zeigt schon die **grammatikalisch-systematische Auslegung des § 17a DepotG**, dass die Kollisionsnorm auch auf derartige Rechtskonstruktionen anzuwenden ist. 25

Im Ergebnis fällt daher auch das deutsche Modell der in Bezug auf im Ausland verwahrte Wertpapiere nach Nr. 12 Abs. 4 Satz 1 der Sonderbedingungen für Wertpapiergeschäfte von deutschen Banken zu erteilenden sog. Gutschrift in Wertpapierrechnung (**WR-Gutschrift**)[51] in den Anwendungsbereich des § 17a DepotG.[52] Denn eine Differenzierung zwischen den genannten erfassten ausländischen hybriden Rechtspositionen einerseits und inländischen im Ausgangspunkt schuldrechtlichen, aber (ebenfalls) teilverdinglichten Rechtspositionen andererseits überzeugt in der Sache nicht und entspricht zudem nicht dem 26

---

44) Entgegen *Wust*, Die grenzüberschreitende Verbuchung von Wertpapieren, S. 316 f.; wohl auch *Einsele* in: MünchKomm-HGB, Depotgeschäft Rz. 209; wie hier (außer für WR-Gutschriften) etwa *Dittrich*, Effektengiroverkehr mit Auslandsberührung, S. 87; *Gleske/Rätz* in: Hopt/Seibt, Schuldverschreibungsrecht, § 32 eWpG Rz. 13; erwägend *Mankowski*, IPRax 2021, 352, 354.

45) *Schwarz* in: Hopt/Seibt, Schuldverschreibungsrecht, Rz. 15.189.

46) Zur Finalitätsrichtlinie *Schwarz*, Globaler Effektenhandel, S. 808 ff. und zur Finanzsicherheitenrichtlinie S. 832 ff.

47) *Schwarz* in: Hopt/Seibt, Schuldverschreibungsrecht, Rz. 15.189.

48) Im Einzelnen *Schwarz*, Globaler Effektenhandel, S. 269 ff., 274 ff.; *Schwarz* in: Hopt/Seibt, Schuldverschreibungsrecht, Rz. 15.189; a. A. aber *Wust*, Die grenzüberschreitende Verbuchung von Wertpapieren, S. 215 f., 316; *Segna*, Bucheffekten, 2018, S. 314 ff., *Segna* in: FS Werner F. Ebke, S. 915, 920 ff.

49) Im Einzelnen *Schwarz*, Globaler Effektenhandel, S. 265 ff., 666 ff., 681 ff., 690; anders im Ergebnis *Wust*, Die grenzüberschreitende Verbuchung von Wertpapieren, S. 215 f., 316; *Segna*, Bucheffekten, S. 314 ff.; *Segna* in: FS Werner F. Ebke, S. 915, 920 ff.

50) S. *Schwarz*, Globaler Effektenhandel, S. 268.

51) Zum Modell der WR-Gutschrift Hopt-*Hopt*, HBG, AGB-WPGeschäfte 8a Rz. 1 f.; *Einsele* in: MünchKomm-HGB, Depotgeschäft Rz. 220 ff.; im Einzelnen *Schwarz*, Globaler Effektenhandel, S. 247 ff., 445 ff.

52) *Schwarz* in: Hopt/Seibt, Schuldverschreibungsrecht, Rz. 15.190.

Regelungsgehalt des Richtlinienrechts.[53] Entgegen der ursprünglichen Intention des Gesetzgebers und der darauf basierenden wohl (noch) überwiegenden Literaturansicht[54] sind (in richtlinienkonformer Auslegung) deshalb auch WR-Gutschriften **unter § 17a DepotG zu subsumieren.**[55]

d)   Dynamische und statische Sachverhalte (Verfügungen und Rechtsposition)

27   Nach ihrem Wortlaut betrifft die Regelung in § 17a DepotG lediglich „Verfügungen" über mediatisierte Wertpapiere. Die Vorschrift stellt also ausschließlich auf dynamische Sachverhalte ab. Allerdings erstrecken sich die Kollisionsnormen der Finalitätsrichtlinie und der Finanzsicherheitenrichtlinie richtigerweise gerade auch auf statische Konstellationen. Das Richtlinienrecht regelt nämlich die Frage, welches nationale Depotrecht über die Rechtsnatur und die dinglichen Wirkungen der den Anlegern kraft Depotgutschrift erteilten Rechtspositionen entscheidet.[56] Aus diesem Grund **muss § 17a DepotG richtlinienkonform** dahingehend **fortgebildet werden**, dass dessen Rechtsanwendungsbefehl **auch für statische Sachverhalte gilt.**[57] Dieses Ergebnis kann mittels analoger Anwendung des § 17a DepotG erzielt werden.

28   Für diese Auslegung spricht im Übrigen auch der gesetzlich ausdrücklich vorgesehene **Vorrang von § 17a DepotG** vor § 32 (siehe Rz. 43 ff.): Würde die Buchungsanknüpfung des § 17a Var. 2 DepotG bei sammeleingetragenen elektronischen Wertpapieren nur Verfügungen (und wegen der richtlinienkonformen Auslegung statische Teilaspekte von Sicherungsrechten[58]) erfassen, dann wäre die Rechtsnatur des mittels Depotbuchung zu erwerbenden elektronischen Wertpapiers nach der international aufsichtsrechtlichen Anknüpfung aus § 32 Abs. 1 eWpG zu beurteilen und damit potentiell ein anderes materielles Sachenrecht anzuwenden als dasjenige, welches über die Verfügung befunden hat. Dies kann zu **Anpassungsproblemen** führen. Überzeugender ist daher eine einheitliche Beurteilung nach § 17a Var. 2 DepotG (analog).

---

53)   Zur Finalitätsrichtlinie *Schwarz*, Globaler Effektenhandel, S. 808 ff., und zur Finanzsicherheitenrichtlinie S. 832 ff.

54)   Begr. RegE Gesetz zur Änderung insolvenzrechtlicher und kreditwesenrechtlicher Vorschriften z. § 17 DepotG, BT-Drucks. 14/1539, S. 16; *Einsele* in: MünchKomm-HGB, Depotgeschäft, Rz. 204; *Hopt-Kumpan* HGB, § 17a DepotG Rz. 1; Ebenroth/Boujong/Joost/Strohn-*Scherer*, HGB, § 17a DepotG Rz. 2; *Lüttringhaus* in: NK-BGB, Anh. Art. 46d EGBGB Rz. 19; Staudinger-*Mansel*, Int. Sachenrecht, Anh. Art. 43 EGBGB Rz. 69; *Mankowski* in: Reithmann/Martiny, Int. Vertragsrecht, Rz. 19.54; *Dittrich*, Effektengiroverkehr mit Auslandsberührung, S. 86; *Franz*, Überregionale Effektentransaktionen und anwendbares Recht, S. 86; differenzierend *Schlaegel*, Die Finanzsicherheiten-Richtlinie (2002/47/EG) und ihre Umsetzung in das deutsche Recht, S. 89 f., 151 f., 158–160.

55)   Im Ergebnis ebenso *Herring/Cristea*, ZIP 2004, 1627, 1633, 1635; *Kronke/Haubold* in: Kronke/Melis/Kuhn, Hdb. Int. Wirtschaftsrecht, Teil L Rz. 320; *Wendehorst* in: MünchKomm-BGB, Art. 43 EGBGB Rz. 250 f.; *Ege*, Das Kollisionsrecht der indirekt gehaltenen Wertpapiere, S. 112 f.; *Hennrich*, Die Aktienverpfändung im grenzüberschreitenden Effektengiroverkehr, S. 181 (anders – Abtretungsstatut – aber S. 149, 152); *Segna*, Bucheffekten, S. 381 (analoge Anwendung von § 17a DepotG); vom Blickwinkel des § 32 eWpG kommend Müller/Pieper-*Müller*, eWpG, § 32 Rz. 7.

56)   Zur Finalitätsrichtlinie *Schwarz*, Globaler Effektenhandel, S. 815, und zur Finanzsicherheitenrichtlinie S. 832 ff., 837 ff.; insoweit auch *Segna*, Bucheffekten, S. 385.

57)   *Schwarz*, Globaler Effektenhandel, S. 922 f.; ebenso *Wendehorst* in: MünchKomm-BGB, Art. 43 EGBGB Rz. 249, 266; *Franz*, Überregionale Effektentransaktionen und anwendbares Recht, S. 127; *Saager*, Effektengiroverkehr und Internationales Privatrecht, S. 148 f.; *Lehmann*, Finanzinstrumente, S. 495; gleiches Ergebnis über Art. 46 EGBGB *Ege*, Das Kollisionsrecht der indirekt gehaltenen Wertpapiere, S. 118 f., 127; anders (die Frage nach der Rechtsnatur des verbuchten Vermögensgegenstands sei gemäß Art. 43 Abs. 1 EGBGB weiterhin der lex cartae sitae zu entnehmen) *Dittrich*, Effektengiroverkehr mit Auslandsberührung, S. 76, 95, 182; *Wust*, Die grenzüberschreitende Verbuchung von Wertpapieren, S. 327 ff.; *Segna*, Bucheffekten, S. 385.

58)   So *Wust*, Die grenzüberschreitende Verbuchung von Wertpapieren, S. 327 ff.; *Segna*, Bucheffekten, S. 385; s. a. *Dittrich*, Effektengiroverkehr mit Auslandsberührung, S. 76, 95, 182.

Dabei ist das **Anknüpfungsmoment** des § 17a DepotG bei der Anwendung auf statische 29
Sachverhalte dahingehend **zu modifizieren**, dass auf das Recht des Staates verwiesen wird,
„in dem sich die kontoführende Haupt- oder Zweigstelle des Verwahrers befindet, die
dem *Anleger* [statt: Verfügungsempfänger] die rechtsbegründende Gutschrift erteilt *hat*".
Bei dieser Formulierung handelt es sich gleichsam um eine Verlängerung des § 17a DepotG.
Schließlich muss der aktuell buchungsmäßig Begünstigte ursprünglich „Verfügungsempfänger" im direkten Wortsinne des § 17a DepotG gewesen sein (sofern nicht ein Ersterwerb im Zusammenhang mit einer Emission oder ein Erwerb kraft Gesetzes vorliegt, etwa
in Fällen der Gesamtrechtsnachfolge).[59]

3. Anknüpfungsmoment (Ermittlung des anwendbaren Rechts)

§ 17a DepotG enthält **zwei** unterschiedliche **Anknüpfungsmomente**. Hiernach ist entweder 30
das Recht des Staates anzuwenden:

(i) „unter dessen Aufsicht das Register geführt wird, in dem unmittelbar zugunsten des
Verfügungsempfängers die rechtsbegründende Eintragung vorgenommen wird" (**Var. 1**);
oder

(ii) „in dem sich die kontoführende Haupt- oder Zweigstelle des Verwahrers befindet, die
dem Verfügungsempfänger die rechtsbegründende Gutschrift erteilt" (**Var. 2**).

a) Anknüpfung an die Registeraufsicht
aa) Nur einzeleingetragene elektronische Wertpapiere

Die Registeranknüpfung aus § 17a Var. 1 DepotG kommt nur dann zum Tragen, wenn eine 31
Verfügung unmittelbar zugunsten des Erwerbers in das Register eingetragen wird. Ist der
Verfügungsempfänger indes nicht selbst in das Register eingetragen (sondern stattdessen
etwa ein Treuhänder), ist auf die zweite Variante, also die Kontoanknüpfung (§ 17a Var. 2
DepotG), abzustellen.[60] Damit kommt **§ 17a Var. 1 DepotG** unter Zugrundelegung des
deutschen materiellen Rechts nur in den Fällen eines **elektronischen Wertpapiers in Ein-
zeleintragung** zur Anwendung. Denn nur in diesem Fall findet die Übertragung durch
Eintragung des Verfügungsbegünstigten unmittelbar im Register statt (arg e § 25 Abs. 1
Satz 1 eWpG i. V. m. der Legaldefinition der „Umtragung" in § 4 Abs. 8 eWpG).

Sammeleingetragene Wertrechte werden demgegenüber zu Sammelbestandteilen und wer- 32
den nach dem ausdrücklichen Willen des eWpG-Gesetzgebers daher nach den Grundsätzen des Effektengiro (§ 12 Abs. 3 eWpG) nach den §§ 929 ff. BGB übertragen.[61] Dabei
wird die im Rahmen des Erwerbstatbestands erforderliche „Übergabe" durch Umstellung
des Besitzmittlungsverhältnisses mittels Depotgutschrift beim Erwerber verlautbart.[62] Das
ist ein **Fall des § 17a Var. 2 DepotG**.[63]

---

59) *Lehmann*, Finanzinstrumente, S. 495; *Schwarz*, Globaler Effektenhandel, S. 922 f.; *Schwarz* in: Hopt/
Seibt, Schuldverschreibungsrecht, Rz. 15.191; s. a. *Saager*, Effektengiroverkehr und Internationales Privatrecht, S. 150.

60) Scherer-*Dittrich*, DepotG, § 17a Rz. 58, 67; *Schwarz* in: Hopt/Seibt, Schuldverschreibungsrecht, Rz. 15.193.

61) Begr. RegE eWpG, BT-Drucks. 19/26925, S. 49, 50, 55, 65.

62) Zur rechtlichen Konstruktion der Übertragung im Effektengiro monographisch etwa *Schwarz*, Globaler
Effektenhandel, S. 283 ff. (zusammenfassend S. 432 ff.); *Segna*, Bucheffekten, S. 203 ff.; aus der jüngeren
Aufsatzliteratur *Scholz*, WM 2022, 1104, 1106 ff.; *Huber*, ZIP 2021, 1573, 1577 ff.; *Steuer*, JuS 2018,
415 ff. (mit JuS-Extra 2018, 10 ff.); *Habersack/Ehrl*, ZfpW 2015, 312, 340 ff.

63) Ebenso im Ergebnis *Einsele* in: Omlor/Möslein/Grundmann, Elektronische Wertpapiere, S. 56; Müller/
Pieper-*Müller*, eWpG, § 32 Rz. 3; *Schwemmer*, IPRax 2022, 331, 338; *Wilke*, IPRax 2021, 502, 504 f.;
Knöfel in: FS v. Bar, S. 157, 168.

bb) Aufsichtsrechtsakzessorische Anknüpfung

33 Sollte der Anwendungsbereich von § 17a Var. 1 DepotG im Einzelfall eröffnet sein, wird das Recht des Staates, unter dessen Aufsicht das Register geführt wird, berufen. Damit stellt sich i. R. der Verweisung die **Vorfrage** unter wessen Aufsicht das Register geführt wird. Dies meint nicht einen faktischen Lebenssachverhalt (Wer übt praktisch Aufsicht aus?), sondern die abstrakt-normativ festgelegte Zuständigkeit (Wem steht die Aufsichtsbefugnis zu?). Angesprochen ist insoweit die **internationale Aufsichtszuständigkeit** als eine Frage des internationalen öffentlichen Rechts. Es muss also nach inländischem und ausländischem internationalem Aufsichtsrecht geprüft werden, wessen Staates materielles Aufsichtsrecht den Regulierungsanspruch in Bezug auf die unmittelbar gutschreibende registerführende Stelle erhebt.[64]

34 Die dieser regulierungsrechtlichen Fragestellung zugrundeliegenden öffentlich-rechtlichen Wertungen (die typischerweise zu einseitigen und territorialen Kollisionsnormen führen) müssen nicht notwendiger Weise mit den typischen internationalprivatrechtlichen Interessen übereinstimmen (die typischerweise zu allseitigen Kollisionsnormen führen). Zudem kann es (gerade bei dezentralen DLT-basierten elektronischen Wertpapieren) zur Aufsichtszuständigkeit mehrerer Staaten (oder auch keines einzigen Staates) kommen.[65] Darüber hinaus ist es für die Klarheit der kollisionsrechtlichen Verweisung – und damit für die Rechtspraxis – nicht ideal, dass eine Anknüpfung nicht aus sich heraus eine Verweisung ausspricht, sondern die Bestimmung des im Einzelfall konkret anwendbaren Rechts einer anderen Norm (hier: dem internationalen Aufsichtszuständigkeitsrecht) überlässt. Dies gilt umso mehr, wenn diese andere Kollisionsnorm (also das internationale Aufsichtszuständigkeitsrecht) vielfach nicht selbst kodifiziert ist und daher mit Rechtsanwendungsunsicherheiten belegt ist.[66] Unter diesen Gesichtspunkten kann man durchaus **Kritik an der akzessorischen Anknüpfung an das Aufsichtsrecht** üben.[67] Allerdings hat es gewisse praktische Vorteile, wenn die Aufsichtszuständigkeit und das anwendbare Wertpapiersachstatut parallel laufen.[68]

35 Aus der Sicht des deutschen Rechts bestimmt sich die **internationale Aufsichtszuständigkeit** der BaFin aus **§ 32 Abs. 1 Satz 1 KWG** (siehe dazu Rz. 61 f.) – und nicht § 11 eWpG, der nur die inländische sachliche Zuständigkeit der BaFin regelt und die internationale Aufsichtszuständkeit voraussetzt.[69] Sollte neben dem deutschen Aufsichtsrecht zusätzlich noch ein ausländisches Recht Geltung beanspruchen und ist deutsches Recht die lex

---

64) Zu § 17a DepotG *Born*, Europäischen Kollisionsrecht des Effektengiros, S. 273; *Knöfel* in: FS v. Bar, S. 157, 167 f.; zum sachlich gleichlautenden § 32 eWpG: Müller/Pieper-*Müller*, eWpG, § 32 Rz. 16, 26; *Einsele* in: Omlor/Möslein/Grundmann, Elektronische Wertpapiere, S. 54; *Wilke*, IPRax 2021, 502, 506; *Schwemmer*, IPRax 2022, 331, 337; s. a. *Lehmann* in: Omlor/Link, Kryptowährungen und Token, Kap. 5 Rz. 155 f.

65) *Lehmann* in: Omlor/Link, Kryptowährungen und Token, Kap. 5 Rz. 156; *Wilke*, IPRax 2021, 502, 506.

66) S. zu den Schwierigkeiten der Anwendung des § 32 Abs. 1 Satz 1 KWG auf grenzüberschreitende Sachverhalte etwa *Lehmann* in: MünchKomm-BGB, Int. Finanzmarktaufsichtsrecht, Rz. 199 ff.

67) Etwa (in Bezug auf die parallele Registeranknüpfung in § 32 eWpG) *Einsele* in: Omlor/Möslein/Grundmann, Elektronische Wertpapiere, S. 54; *Lehmann* in: Omlor/Link, Kryptowährungen und Token, Kap. 5 Rz. 156; s. a. Müller/Pieper-*Müller*, eWpG, § 32 Rz. 20; *Wilke*, IPRax 2021, 502, 506; *Schwemmer*, IPRax 2022, 331, 337.

68) *Knöfel* in: FS v. Bar, S. 157, 168; *Schwemmer*, IPRax 2022, 331, 337.

69) Mit Einzelheiten zur Anwendung des § 32 KWG Müller/Pieper-*Müller*, eWpG, § 32 Rz. 17 f.; s. gleichsinnig *Wilke*, IPRax 2021, 502, 506; *Knöfel* in: FS v. Bar, S. 157, 169; *Schwemmer*, IPRax 2022, 331, 337; *Gleske/Rätz* in: Hopt/Seibt, Schuldverschreibungsrecht, § 32 eWpG Rz. 15.

fori, dann geht das deutsche Recht (jedenfalls im Anwendungsbereich des § 17a Var. 1 DepotG) in entsprechender Anwendung von Art. 5 Abs. 1 Satz 2 EGBGB vor.[70]

b) Anknüpfung an den Kontoführungsort

Liegt keine unmittelbar zugunsten des Verfügungsempfängers erfolgende Registereintra- 36
gung, sondern „nur" eine entsprechende Depotgutschrift vor – wie das bspw. bei sammeleingetragenen elektronischen Wertpapieren regelmäßig der Fall ist (siehe Rz. 18 ff.)- ist
das anwendbare Recht nach § 17a Var. 2 DepotG zu ermitteln.

aa) Maßgeblicher Intermediär

Maßgeblich ist dann das „Recht des Staates, in dem sich kontoführende Haupt- oder Zweig- 37
stelle des Verwahrers befindet, die dem Verfügungsempfänger die rechtsbegründende Gutschrift erteilt". Insoweit muss das Tatbestandsmerkmal der **„rechtsbegründenden" Wirkung** (wegen des Gebots der richtlinienkonformen Auslegung) wiederum in **einem funktionalen Sinne interpretiert** werden (siehe Rz. 21). Mit der Formulierung ist diejenige Gutschrift gemeint, mittels derer der im mediatisierten Effektensystem gehandelte Vermö-
gensgegenstand rechtstatsächlich unmittelbar dem Endanleger zugeordnet wird.[71] Anknüpfungspunkt ist damit der **Intermediär des Verfügungsempfängers**, sofern eine Transaktion mittels Umbuchung abgewickelt wird.[72] Gibt es keine Umbuchung (z. B. weil ein
Sperrvermerk angebracht wird oder eine Übertragung gänzlich außerhalb des Effektengiros
erfolgt,[73] ist in analoger Anwendung des § 17a DepotG auf den Intermediär abzustellen,
bei dem die fraglichen Gutschriften verbucht bleiben (ähnlich wie in statischen Situationen).[74] Das ist in buchungslosen Konstellationen der Intermediär des („still") Verfügenden.[75]

bb) Lokalisierung des Depotkontos

Berufen wird das „Recht des Staates, [...] in dem sich die kontoführende Haupt- oder 38
Zweigstelle des Verwahrers befindet". In Umsetzung der Finalitätsrichtlinie und der Finanzsicherheitenrichtlinie ist also eine (vermeintlich) **objektive Anknüpfung an den Kontoführungsort** vorgesehen. Da es sich bei Depotkonten in erster Linie um eine unkörperliche
Dienstleistung seitens der Depotbank handelt, lässt sich der (physische) Ort der Kontoführung rechtstatsächlich häufig nur sehr schwer oder gar nicht eindeutig ermitteln.[76] Des-

---

70) Zu § 32 eWpG: Müller/Pieper-*Müller*, eWpG, § 32 Rz. 32; *Wilke*, IPRax 2021, 502, 506; im Ergebnis
ebenso *Einsele* in: Omlor/Möslein/Grundmann, Elektronische Wertpapiere, S. 55 – für Wertpapiere
nach dem eWpG ist Wertpapiersachstatut stets deutsches Recht; a. A. (hilfsweise Anknüpfung nach
§ 32 Abs. 2) aber *Knöfel* in: FS v. Bar, S. 157, 170 – im Falle des § 17a Var. 1 DepotG besteht indes
keine Anknüpfungskaskade.

71) *Schwarz* in: Hopt/Seibt, Schuldverschreibungsrecht, Rz. 15.196.

72) *Schwarz*, Globaler Effektenhandel, S. 818 ff., 842 ff., s. dort auch zu dem (unzutreffenden) Einwand der
Zirkularität des Anknüpfungspunktes; wie hier etwa Scherer-*Dittrich*, DepotG, § 17a Rz. 69; *Wendehorst*
in: MünchKomm-BGB, Art. 43 EGBGB Rz. 255.

73) Dazu in Bezug auf das deutsche Sachrecht *Schwarz*, Globaler Effektenhandel, S. 419 ff.

74) *Schwarz* in: Hopt/Seibt, Schuldverschreibungsrecht, Rz. 15.196; *Wendehorst* in: MünchKomm-BGB,
Art. 43 EGBGB Rz. 255; Staudinger-*Mansel*, Int. Sachenrecht, Anh. Art. 43 EGBGB Rz. 71; Scherer-
Dittrich, DepotG, § 17a Rz. 69; *Dittrich*, Effektengiroverkehr mit Auslandsberührung, S. 102 f.; *Ege*, Das
Kollisionsrecht der indirekt gehaltenen Wertpapiere, S. 117; *Saager*, Effektengiroverkehr und Interna-
tionales Privatrecht, S. 144 f.; *Wust*, Die grenzüberschreitende Verbuchung von Wertpapieren, S. 325 f.,
334; *Kranz*, IPRax 2021, 139, 142; anders wohl *Einsele*, WM 2001, 7, 15.

75) *Schwarz* in: Hopt/Seibt, Schuldverschreibungsrecht, Rz. 15.196; *Schwarz*, Globaler Effektenhandel, S. 820,
843, 924.

76) Näher *Schwarz*, Globaler Effektenhandel, S. 820 f. und 853 ff.

halb muss in erster Linie nach dem vom Intermediär in Absprache mit dem Depotkunden subjektiv gewollten (fiktiven) Kontoführungsort gesucht werden, wie er sich objektiv in der Depotvertragsdokumentation (inkl. Depotauszügen) niedergeschlagen hat.[77]

39   Ein solches **subjektiv-objektives Verständnis des Anknüpfungspunktes „Kontoführungsort"** liegt auch der Gesetzesbegründung zu § 17a DepotG zugrunde. Dort wird nämlich darauf hingewiesen, dass „[z]ur Beantwortung der Frage, wer kontoführende Zweig- oder Hauptstelle des Verwahrers ist, [...] darauf abgestellt werden [kann], welche Zweig- oder Hauptstelle die Depotverwahrererklärung oder die Depotauszüge in eigenem Namen gegenüber den Depotkunden abgibt"[78]. Als Vergleichsmaßstab für den Anknüpfungspunkt in § 17a DepotG wird zudem insbesondere das „amerikanische Recht" genannt (gemeint ist wohl U.C.C. § 8-110(e)(4)).[79] Letzteres bestimmt das anwendbare Depotsachstatut indes ganz dezidiert in erster Linie mittels subjektiver Lokalisierung. Die Versendung der Depotunterlagen ist dabei nur eine subsidiäre Hilfsanknüpfung, falls eindeutigere subjektive Anknüpfungskriterien fehlschlagen sollten.[80] Mit einer solchen subjektiv-objektiven Lokalisierung des Depotkontos sympathisiert zudem auch die Kommission und erachtet eine entsprechende Auslegung des nationalen Rechts jedenfalls ausdrücklich für mit den Vorgaben der Finalitätsrichtlinie und der Finanzsicherheitenrichtlinie für vereinbar.[81]

cc) Funktionsweise der Verweisung (Stufenanknüpfung)

40   Die Funktionsweise der Verweisung in § 17a Var. 2 DepotG hängt wesentlich von der **konkret zu beurteilenden rechtstatsächlichen Buchungssituation** ab.[82] Im Fall von **anonymen Transaktionen** (z. B. Börsengeschäften) ist eine **gespaltene Anknüpfung** notwendig, d. h. der Rechtsverlust des Veräußerers richtet sich nach dem durch seine Depotbank identifizierten Depotsachstand (§ 17a DepotG analog), während der Rechtserwerb des Begünstigten nach der Rechtsordnung des Intermediärs des Verfügungsempfängers zu beurteilen ist (§ 17a DepotG direkt).[83] In der **Situation nicht-anonymer Geschäfte** ist grundsätzlich jeweils die **zeitlich letzte Gutschrift zugunsten eines Verfügungsempfängers** maßgeb-

---

77) *Schwarz* in: Hopt/Seibt, Schuldverschreibungsrecht, Rz. 15.197; im Einzelnen mit Lokalisierungskriterien *Schwarz*, Globaler Effektenhandel, S. 878 ff.; zustimmend *Mankowski*, IPRax 2021, 352, 354.

78) Begr. RegE Gesetz zur Änderung insolvenzrechtlicher und kreditwesenrechtlicher Vorschriften z. § 17 DepotG, BT-Drucks. 14/1539, S. 16.

79) Begr. RegE Gesetz zur Änderung insolvenzrechtlicher und kreditwesenrechtlicher Vorschriften z. § 17 DepotG, BT-Drucks. 14/1539, S. 16.

80) U.C.C. § 8-110(e): „The following rules determine a 'securities intermediary's jurisdiction' for purposes of this section: (1) If an agreement between the securities intermediary and its entitlement holder governing the securities account expressly provides that a particular jurisdiction is the securities intermediary's jurisdiction for purposes of this part, this article, or this act, that jurisdiction is the securities intermediary's jurisdiction. (2) If paragraph [1] does not apply and an agreement between the securities intermediary and its entitlement holder expressly provides that the agreement is governed by the law of a particular jurisdiction, that jurisdiction is the securities intermediary's jurisdiction. (3) If neither paragraph (i) nor paragraph (ii) applies and an agreement between the securities intermediary and its entitlement holder governing the securities account expressly provides that the securities account is maintained at an office in a particular jurisdiction, that jurisdiction is the securities intermediary's jurisdiction. (4) If none of the preceding paragraphs applies, the securities intermediary's jurisdiction is the jurisdiction in which the office identified in an account statement as the office serving the entitlement holder's account is located. (5) If none of the preceding paragraphs applies, the securities intermediary's jurisdiction is the jurisdiction in which the chief executive office of the securities intermediary is located."

81) Europäische Kommission, Mitteilung über das auf die dingliche Wirkung von Wertpapiergeschäften anzuwendende Recht, COM(2018) 89 final, v. 12.3.2018, S. 6; so wohl auch *Heindler*, Unif. L. Rev. 2019, 685, 710.

82) *Schwarz* in: Hopt/Seibt, Schuldverschreibungsrecht, Rz. 15.198; im Einzelnen *Schwarz*, Globaler Effektenhandel, S. 882 ff., zusammenfassend S. 913 f.

83) *Schwarz* in: Hopt/Seibt, Schuldverschreibungsrecht, Rz. 15.198; *Schwarz*, Globaler Effektenhandel, S. 907 f.; a. A. *Einsele* in: MünchKomm-HGB, Depotgeschäft Rz. 209; *Segna*, Bucheffekten, S. 386 f.

lich, um das auf die Lösung von Prioritätskonflikten anzuwendende Recht zu bestimmen.[84] Kommt es (bei funktional-wirtschaftlicher Betrachtung) jedoch zu einer doppelten Verbuchung „desselben" Vermögensgegenstandes, sind sämtliche Verfügungsempfängerbuchungen maßgeblich. Es sind dann also mehrere Depotsachstatute nebeneinander anzuwenden. Etwaige Widersprüche sind mit schuldrechtlichen Mitteln auszugleichen.[85]

Nach h. M. **in Deutschland** zur Auslegung der europäischen PRIMA-Regel der Finalitätsrichtlinie und der Finanzsicherheitenrichtlinie (und damit von § 17a DepotG) (siehe dazu Rz. 14 f.) ist für die Beurteilung statischer Sachverhalte ausschließlich auf die letzte Verwahrungsstufe als dem maßgeblichen Intermediär abzustellen. Das ist die **Depotbank des Endanlegers.** Das so identifizierte Depotsachstatut soll dann einheitlich für sämtliche Buchungen auch auf den vorgelagerten Verwahrungsebenen gelten.[86] **International** wird demgegenüber gerade auch im Hinblick auf die europäischen Vorgaben wohl überwiegend angenommen, dass das anwendbare Recht **auf jeder Verwahrungsebene gesondert zu bestimmen** ist. Hiernach ist jeder Intermediär in Bezug auf die Beurteilung der von ihm erteilten Gutschrift der „relevante" bzw. „maßgebliche" Intermediär im Sinne des (europäischen) PRIMA-Modells.[87] Eine solche stufenweise Anknüpfung liegt auch dem Haager Wertpapierübereinkommen[88] zugrunde (vgl. Art. 4 Abs. 1 Satz 1 Alt. 1 i. V. m. Art. 1 Abs. 1 lit. e, g).[89] Wie an anderer Stelle dargelegt wurde, ist im Ergebnis richterweise **auch i. R. des § 17a Var. 2 DepotG** von einer **stufenweisen Anknüpfung** auszugehen (kombiniert mit einer beschränkten Universalitätsfunktion).[90]

41

---

84) *Schwarz* in: Hopt/Seibt, Schuldverschreibungsrecht, Rz. 15.199; im Einzelnen *Schwarz*, Globaler Effektenhandel, S. 885 ff.

85) *Schwarz* in: Hopt/Seibt, Schuldverschreibungsrecht, Rz. 15.199; im Einzelnen Schwarz, Globaler Effektenhandel, S. 883 ff., 891 ff.

86) Etwa *Keller*, WM 2000, 1269, 1281 f.; *Kronke* in: FS Max-Planck-Institut für Privatrecht, S. 757, 765; *Gruson*, AG 2004, 358, 374; *Wendehorst* in: MünchKomm-BGB, Art. 43 EGBGB Rz. 257, 265; *Hennrich*, Die Aktienverpfändung im grenzüberschreitenden Effektengiroverkehr, S. 167 (dort in Fn. 168); (implizit) *Wust*, Die grenzüberschreitende Verbuchung von Wertpapieren, S. 387 ff.; *Segna*, Bucheffekten, S. 384–387; anders (wie hier für eine gesonderte Beurteilung auf jeder Verwahrungsstufe) *Schefold* in: FS Jayme I, S. 805, 809, 813; *Than* in: FS Kümpel, S. 543, 558; wohl auch *Haubold*, RIW 2005, 656, 658 (m. Fn. 26).

87) The Giovannini Group, Cross-Border Clearing and Settlement Arrangements in the European Union, 11/2001, S. 58, abrufbar unter https://ec.europa.eu/economy_finance/publications/pages/publication-1950_en.pdf (Abrufdatum: 18.2.2023); *Zobl*, SZW/RSDA 2001, 105, 112 f.; *Girsberger/Hess*, AJP/PJA 2006, 992, 999, 1005; *Thévenoz*, Stan. J.L. Bus. & Fin. Vol. 13 (2008) 384, 420; *Morton* in: Eidenmüller/Kieninger, The Future of Secured Credit in Europe, S. 364, 370 f.; *Ooi* in: Gullifer/Payne, Intermediated Securities, S. 219, 230; *Paech*, Briefing Note to the European Parliament, IPA/ECON/NT/2011-09, S. 23 ff.; wohl auch *Chun*, Cross-Border Transactions of Intermediated Securities, S. 375.

88) Convention on the Law Applicable to Certain Rights in respect of Securities held with an Intermediary (Haager Übereinkommen über die auf bestimmte Rechte an Intermediär-verwahrten Wertpapieren anzuwendende Rechtsordnung), v. 5.7.2006, abrufbar unter https://www.hcch.net/en/instruments/conventions/full-text/?cid=72 (Abrufdatum: 18.2.2023).

89) *Goode/Kanda/Kreuzer*, Explanatory Report on the Hague Securities Convention, Rz. 4–5, 4–11, 4–43; Permanent Bureau of the HCCH, Prel. Doc. No 12 in: Actes & doc. de la 19e sess. 2002 II, 2006, S. 271, 273; *Horn* in: FS Hadding, S. 893, 902; *Devos* in: Liber Amicorum Zamboni Garavelli, S. 377, 382; *Bloch/de Vauplane*, J.D.I. 123 (2005) 3, 26 f.; *Einsele* in: MünchKomm-HGB, Depotgeschäft Rz. 215 a. E.; *Ege*, Das Kollisionsrecht der indirekt gehaltenen Wertpapiere, S. 168; *Saager*, Effektengiroverkehr und Internationales Privatrecht, S. 207, 212–214; *Chun*, Cross-Border Transactions of Intermediated Securities, S. 412 ff.; *Segna*, Bucheffekten, S. 535.

90) *Schwarz* in: Hopt/Seibt, Schuldverschreibungsrecht, Rz. 15.200 ff.; *Schwarz*, Globaler Effektenhandel, S. 927 ff.; a. A. die in Fn. 86 genannten Autoren.

III. Anknüpfungsgegenstand (Anwendungsbereich)

42 Gemäß § 32 unterliegen „Rechte an […] und Verfügungen über ein elektronisches Wertpapier" dem Recht des Staates der Registeraufsicht. Anknüpfungsgegenstand sind also allgemein „elektronische Wertpapiere", wobei sich der Anwendungsbereich der Kollisionsnorm ausdrücklich auf die Beurteilung sowohl statischer Sachverhalte („Rechte an") als auch dynamischer Sachverhalte („Verfügungen über") erstreckt (**umfassendes Wertpapiersachstatut**) – allerdings ausdrücklich nur soweit der speziellere § 17a DepotG nicht vorrangig anzuwenden ist.

1. Vorrang von § 17a DepotG

43 In einem ersten Schritt ist das Verhältnis der Anwendungsbereiche von § 17a DepotG zu § 32 zu klären. Denn insoweit § 17a DepotG auf einen konkreten Fall anwendbar ist, soll § 32 eWpG gemäß Absatz 1 Halbs. 1 ausdrücklich zurücktreten. Wie dargelegt, erfasst § 17a DepotG nach seinem Wortlaut im Ausgangspunkt sowohl sammeleingetragene (§ 17a Var. 2 DepotG, siehe Rz. 18 ff.) als auch einzeleingetragene (§ 17a Var. 1 DepotG, siehe Rz. 17) elektronische Wertpapiere (§ 1 Abs. 1 Satz 3 DepotG).[91]

44 Bei einer **wortlautgetreuen Abgrenzung** der beiden Kollisionsnormen verbleibt damit **für § 32 eWpG** zu gut wie **kein praktischer Anwendungsbereich** mehr. § 32 eWpG wäre somit ein reiner Auffangtatbestand für Fälle, in denen die beiden Anknüpfungspunkte des § 17a DepotG (also die akzessorische Anknüpfung an Registeraufsicht oder die Anknüpfung an die verlautbarende Depotbuchung) im Einzelfall ergebnislos verlaufen sollten (mit der Folge, dass auch nur die Ersatzanknüpfungen des § 32 eWpG aus Absatz 2 Satz 1 und 2 eingriffen, nicht aber die Hauptanknüpfung des Absatz 1).[92]

45 Um dieses Ergebnis der weitgehenden Gegenstandslosigkeit zu verhindern, wird der Vorrangtatbestand des Halbsatz 1 Satz 1 von der wohl überwiegenden Meinung einschränkend dahingehend ausgelegt, dass sich der **Vorrang ausschließlich** auf **sammeleingetragene** (also depotmäßig verbuchte) **elektronische Wertpapiere** beziehe (§ 17a Var. 2 DepotG), während einzeleingetragene elektronische Wertpapiere nicht § 17a Var. 1 DepotG, sondern § 32 Abs. 1 eWpG unterfallen sollen. Begründet wird diese restriktive Auslegung mit einem Verweis auf die Gesetzesmaterialien zu § 17a DepotG.[93] Denn nach dem historischen Willen des Gesetzgebers sollte § 17a DepotG wohl tatsächlich nur sammelverwahrte – d. h. „im Effektengiro übertragbare Wertpapiere" i. S. des europäischen Rechts (Art. 9 Abs. 1 Satz 1 Finanzsicherheitenrichtlinie) – erfassen.[94] Zudem wird darauf verwiesen, dass der historische Gesetzgeber bei § 17a DepotG (vermeintlich) nur staatlich registrierte Wertpapiere im Blick gehabt habe.[95]

---

91) *Skauradszun*, ZfPW 2022, 56, 74; *Schwemmer*, IPRax 2022, 331, 338.
92) *Skauradszun*, ZfPW 2022, 56, 76, 78, 79; Conreder/Meier-*Saive*, eWpG, § 32 Rz. 35; wohl auch *Lehmann*, NJW 2021, 2318 (Rz. 49).
93) Müller/Pieper-*Müller*, eWpG, § 32 Rz. 3; *Einsele* in: Omlor/Möslein/Grundmann, Elektronische Wertpapiere, S. 56; *Gleske/Rätz* in: Hopt/Seibt, Schuldverschreibungsrecht, § 32 eWpG Rz. 10; *Wilke*, IPRax 2021, 502, 504 f.; *Knöfel* in: FS v. Bar, S. 157, 168; *Schwemmer*, IPRax 2022, 331, 338; a. A. *Skauradszun*, ZfPW 2022, 56, 76, 78; Conreder/Meier-*Saive*, eWpG, § 32 Rz. 35; *Schwarz* in: Hopt/Seibt, Schuldverschreibungsrecht, Rz. 15.207; wohl auch *Lehmann*, NJW 2021, 2318 (Rz. 49).
94) Begr. RegE Gesetz zur Änderung insolvenzrechtlicher und kreditwesenrechtlicher Vorschriften z. § 17 DepotG, BT-Drucks. 14/1539, S. 16; *Wendehorst* in: MünchKomm-BGB, Art. 43 EGBGB Rz. 248; Staudinger-*Mansel*, Int. Sachenrecht, Anh. Art. 43 EGBGB Rz. 68; Scherer-*Dittrich*, DepotG, § 17a Rz. 62; *Mankowski* in: Reithmann/Martiny, Int. Vertragsrecht, Rz. 19.54.
95) Müller/Pieper-*Müller*, eWpG, § 32 Rz. 3. Eine solche Verengung auf staatliche Register ist den Materialien allerdings zumindest nicht unmittelbar zu entnehmen, vgl. Begr. RegE Gesetz zur Änderung insolvenzrechtlicher und kreditwesenrechtlicher Vorschriften z. § 17 DepotG, BT-Drucks. 14/1539, S. 15 f.

Eine solche Einschränkung des Anwendungsbereichs von § 17a DepotG auf Sammelbe- **46** standteile hat der Gesetzgeber in den Materialien zu § 32 eWpG indes nicht noch einmal wiederholt. Dort wird lediglich hervorgehoben, dass „insbesondere" bzw. „in der Regel" elektronische Wertpapiere in Sammeleintragung vorrangig von § 17a DepotG erfasst werden; zu einzeleingetragenen Wertpapieren ist demgegenüber gar keine Aussage enthalten.[96] Daher erscheint die vorgeschlagene **einschränkende Auslegung** unter dem Gesichtspunkt der historischen Auslegung **nicht zwingend.** Umgekehrt spricht die systematisch-grammatikalische Auslegung (§ 32 Abs. 1 Satz 1 i. V. m. §§ 1 Abs. 3 Satz 3 eWpG, 17a Var. 1 DepotG) deutlich für einen **umfassenden Vorrang von § 17a DepotG,** der einzeleingetragene elektronische Wertpapiere erfasst. Im Ergebnis beschränkt sich die Funktion des § 32 eWpG damit auf die Auffangtatbestände des Absatzes 2.

Freilich dürfte die vorgenannte **Abgrenzungsdogmatik kaum praktische Auswirkungen** **47** haben. Denn sowohl § 32 Abs. 1 eWpG als auch § 17a Var. 1 DepotG sehen jeweils eine akzessorische Anknüpfung an die internationale Aufsichtszuständigkeit vor und dürften daher stets zu gleichen Ergebnissen kommen.[97]

2. Qualifikation als elektronisches Wertpapier

Soweit im Einzelfall kein Vorrang des § 17a DepotG besteht (siehe Rz. 43 ff.), ist eine wei- **48** tere Anwendungsvoraussetzung, dass ein **„elektronisches Wertpapier"** vorliegt. Hierunter fallen nach deutschem materiell-rechtlichen Verständnis jedenfalls Zentralregister- und Kryptowertpapiere (§ 4 Abs. 1 eWpG).[98] Der Begriff ist jedoch (wie in § 17a DepotG, siehe Rz. 21 f.) **autonom zu qualifizieren.**[99] Er umschließt daher darüber hinaus sämtliche in- und ausländische Rechtserscheinungen,[100] die bei funktionaler Betrachtung als einem elektronischen Wertpapier deutschrechtlicher Prägung als gleichwertig anzusehen sind.[101]

Als Mindestvoraussetzung dürfte es einer **Eintragung in einem Register** im Sinne einer **49** konstitutiven elektronischen Dokumentation (einschließlich in dezentralen Datenbanken und DLT-Systemen) bedürfen.[102] Erfasst werden beispielsweise Token (also exklusive, nicht reproduzierbare Einträge in eine Datenbank)[103], die infolge der „Verbriefung" durch Re-

---

96) Beschlussempfehlung und Bericht d. FA z. § 32 Abs. 1 Halbs. 1 eWpG, BT-Drucks. 19/29372, S. 58.

97) Ebenso im Ergebnis *Schwemmer*, IPRax 2022, 331, 338; *Preuße/Wöckener/Gillenkirch*, BKR 2021, 460, 464; *Lehmann*, NJW 2021, 2318 (Rz. 49); anders möglicherweise *Knöfel* in: FS v. Bar, S. 157, 168, der zwischen einer auf die Tätigkeit der Registerführung (§ 17a Var. 1 DepotG) und einer auf den Registerführer als Finanzdienstleistungsinstitut (§ 32 Abs. 1 eWpG) unterscheiden möchte. Da kollisionsrechtlich allerdings eine funktionale Qualifikation vorzunehmen ist, dürften diese materiellrechtlich geprägten Begriffe der tätigkeits- und personenbezogenen Aufsicht (s. dazu *Knöfel* in: FS v. Bar, S. 157, 169) in den kollisionsrechtlichen Tatbeständen von § 17a Var. 1 DepotG und § 32 Abs. 1 eWpG zu gleichen Ergebnissen führen.

98) *Wilke*, IPRax 2021, 502, 505.

99) Allgemein zum Begriff der Qualifikation *v. Hein* in: MünchKomm-BGB, Einl. IPR Rz. 109 ff.; Grüneberg-*Thorn*, BGB, Einl. EGBGB Rz. 27; *Lehmann* in: Omlor/Link, Kryptowährungen und Token, Kap. 5 Rz. 9.

100) Rechtsvergleichende Umschau zu ausländischen Regelungsmodellen zu elektronischen Wertpapieren bei *Lehmann*, Unif. L. Rev 2021, 148, 151 ff.; *Omlor*, ZVglRWiss 119 (2020) 41, 42 ff.; *Heppding/Schalast/Schiereck*, RdF 2021, 84 ff.; *Schwemmer*, IPRax 2022, 331, 333; s. a. Müller/Pieper-*Müller*, eWpG, § 32 Rz. 4 a. E.

101) Müller/Pieper-*Müller*, eWpG, § 32 Rz. 4; *Gleske/Rätz* in: Hopt/Seibt, Schuldverschreibungsrecht, § 32 eWpG Rz. 13, 16; *Einsele* in: Omlor/Möslein/Grundmann, Elektronische Wertpapiere. S. 55; *Knöfel* in: FS v. Bar, S. 157, 164; *Wilke*, IPRax 2021, 502, 505; *Schwemmer*, IPRax 2022, 331, 336; a. A. möglicherweise Conreder/Meier-*Saive*, eWpG, § 32 Rz. 5, 13.

102) Müller/Pieper-*Müller*, eWpG, § 32 Rz. 4.

103) *Knöfel* in: FS v. Bar, S. 157, 160 m. w. N.; *Schwemmer*, IPRax 2022, 331, 332.

gistereintrag (§ 2 Abs. 2 eWpG) klassisch wertpapierrechtliche Funktionsmerkmale[104] aufweisen wie beispielsweise Übertragbarkeit und Verkehrsfähigkeit des verbrieften Rechts (Verkehrsschutzfunktion) und/oder Befreiungswirkung des Emittenten gegenüber dem Inhaber des digitales Wertes (Librationsfunktion).[105]

50   Die genauen **Mindestkriterien für eine funktionale Gleichwertigkeit** werden sich in der weiteren Praxis und Rechtswissenschaft freilich erst noch entwickeln müssen.[106] Jedenfalls fallen etwaige Anteile an Gesellschaften (etwa: ausländische Aktien) nicht schon deshalb als dem kollisionsrechtlichen Anwendungsbereich heraus, weil der materielle Anwendungsbereich des eWpG (derzeit) auf Inhaberschuldverschreibungen (§ 1 eWpG) und Investmentanteilsscheine (§ 95 Abs. 1 Satz 1, Abs. 3 KAG) begrenzt ist.[107]

3.   Statische und dynamische Sachverhalte (Rechtsposition und Verfügungen)

51   Aus der Formulierung „Rechte an" und „Verfügungen über" wird deutlich, dass § 32 eWpG das **Wertpapiersachstatut** – also das auf dingliche Rechtsfragen anwendbare Recht – für elektronisch begebene Wertpapiere umfassend bestimmen soll (sofern § 17a DepotG nicht vorrangig ist).[108] Dabei werden **sowohl statische Sachverhalte** („Recht an") – also Fragen der Ausgestaltung der materiell-rechtlichen Rechtsposition des Inhabers des elektronischen Wertpapiers einschließlich des Vollrechtseigentums und abgeleiteter Rechte wie Pfandrecht und Nießbrauch[109] – als auch **dynamische Sacherhalte** („Verfügungen über") – also Fragen der Übertragung, Belastung und Aufhebung des elektronischen Wertpapiers bzw. der Rechte daran[110] – **erfasst**.

52   Um einen möglichst umfassenden Gleichlauf mit dem ebenfalls das Wertpapiersachstatut regelnden (vorrangigen) § 17a DepotG zu erreichen, ist auch im Rahmen des § 32 eWpG umfassend **funktional zu qualifizieren** und dessen Anwendungsbereich (auch ohne richtlinienkonforme Auslegung) **auf hybride Rechtsformen zu erstrecken** (zu § 17a DepotG siehe Rz. 23 ff.), die sowohl schuld- als auch sachenrechtliche Strukturmerkmale aufweisen.[111] Dementsprechend ist § 32 eWpG auch auf Verfügungen im Separationsmodell („stage-by-stage approach") anzuwenden, die sich ähnlich dem Geldgiroverkehr vollziehen, der Erwerber mittels Registereintrag also jeweils originär eine neue Rechtsposition erwirbt (vergleichbar einer deutschen WR-Gutschrift oder einem US-amerikanischen Securities Entitlement).[112]

---

104) Zu den Wertpapierfunktionen etwa *Einsele* in: Omlor/Möslein/Grundmann, Elektronische Wertpapiere, S. 36 ff.

105) S. a. *Knöfel* in: FS v. Bar, S. 157, 161; *Omlor* in: Omlor/Link, Kryptowährungen und Token, Kap. 6 Rz. 46 f.; *Lehmann* in: Omlor/Link, Kryptowährungen und Token, Kap. 5 Rz. 131 ff.

106) Ebenso *Wilke*, IPRax 2021, 502, 505.

107) Ebenso im Ergebnis Müller/Pieper-*Müller*, eWpG, § 32 Rz. 11; eine (nur) analoge Anwendung auf nicht-schuldrechtliche Wertpapiere erwägend *Wilke*, IPRax 2021, 502, 505.

108) *Wilke*, IPRax 2021, 502, 505; *Knöfel* in: FS v. Bar, S. 157, 164.

109) Müller/Pieper-*Müller*, eWpG, § 32 Rz. 5.

110) Müller/Pieper-*Müller*, eWpG, § 32 Rz. 6.

111) Rechtsvergleichender Überblick zu den unterschiedlichen Regelungsmodellen bei *UNIDROIT*, Legislative Guide on Intermediated Securities, v. 5/2017, Rz. 39 ff., abrufbar unter https://www.unidroit.org/wp-content/uploads/2021/06/LEGISLATIVE-GUIDE-English.pdf (Abrufdatum: 18.2.2023); *Schwarz* in: Basedow/Hopt/Zimmermann, Handwörterbuch des europäischen Privatrechts, Stichwort „Verwahrung (Wertpapiere)", abrufbar unter: https://hwb-eup2009.mpipriv.de/; im Einzelnen (zum US-amerikanischen, belgischen und luxemburgischen Regelungsmodell) *Schwarz*, Globaler Effektenhandel, S. 21 ff., 495 ff., 674 ff., 683 ff. und (insbesondere zum schweizerischen Regelungsmodell) *Segna*, Bucheffekten, S. 37 ff., 433 ff.

112) Müller/Pieper-*Müller*, eWpG, § 32 Rz. 7.

4. Reichweite des Wertpapiersachstatuts

Das von § 17a DepotG oder § 32 bestimmte Wertpapiersachstatut ist maßgeblich, inso- 53
weit die eigentumsrechtliche Zuordnung des elektronischen Wertpapiers im Sinne einer
(fingierten, § 2 Abs. 3 eWpG) beweglichen Sache in Rede steht (siehe auch noch
Rz. 66 ff.).[113]

Dem Wertpapiersachstatut unterliegen daher **sämtliche dingliche Rechte**, die sich 54
– aus dem Erwerb und Verlust des Eigentums oder eines beschränkt dinglichen Rechts und
– aus dem Besitz und der Rechtsstellung am Papier ergeben können,

gleichviel ob sie kraft Rechtsgeschäfts oder kraft Gesetzes begründet werden.[114] Es hat daher
vor allem darüber zu befinden, welche **Voraussetzungen zur Übertragung der Registereintragung bzw. des Sammelbestandanteils** als Substitut für die Wertpapierurkunde bzw.
zur Bestellung eines dinglichen Rechts daran erfüllt sein müssen.[115] Es umfasst somit auch
Fragen des gutgläubigen Erwerbs.[116] Die materiell-rechtliche Fragestellung, ob den Depotkunden ein dingliches Recht an sammelverwahrten bzw. sammeleingetragenen elektronischen
Wertpapieren zusteht, ist also im Ausgangspunkt nach diesem Statut zu beurteilen.

Dementsprechend richten sich auch etwaige **Besitzverhältnisse** an dem Registereintrag als 55
Substitut der Wertpapierurkunde im Grundsatz nach dem Wertpapiersachstatut. Präziser
formuliert bestimmt das Wertpapiersachstatut, welche Arten von Besitz bestehen können
und wie die Voraussetzungen für die unterschiedlichen Besitzarten im Einzelnen lauten.
Im Rahmen der Prüfung dieser Voraussetzungen können sich allerdings Vorfragen stellen,
die unter Umständen gesondert angeknüpft werden müssen (etwa: das Bestehen eines Besitzmittlungsverhältnisses in Form eines Depotvertrags).[117]

IV. Anknüpfungsmoment (Ermittlung des anwendbaren Rechts)

Als Anknüpfungsmoment sieht § 32 eWpG eine **Anknüpfungskaskade** vor, die aus: 56
– einer primären aufsichtsrechts-akzessorischen Anknüpfung (§ 32 Abs. 1 Halbs. 2 eWpG);
– einer hilfsweisen Anknüpfung an das Sitzrecht des Registers (§ 32 Abs. 2 Satz 1 eWpG);
und
– einer Auffangzuständigkeit des Sitzrechts des Emittenten (§ 32 Abs. 2 Satz 2 eWpG)
besteht.

---

113) Zur Abgrenzung des Wertpapiersachstatuts zum Abtretungsstatut (Art. 14 Rom I-VO) s. *Schwarz* in:
Hopt/Seibt, Schuldverschreibungsrecht, Rz. 15.214 ff.
114) *Schwarz* in: Hopt/Seibt, Schuldverschreibungsrecht, Rz. 15.208; *Dittrich*, Effektengiroverkehr mit Auslandsberührung, S. 34; *Wendehorst* in: MünchKomm-BGB, Art. 43 EGBGB Rz. 203; *Teubel* in: JurisPK-
BGB, Art. 43 EGBGB Rz. 20; *Lüttringhaus* in: NK-BGB, Anh. Art. 46d EGBGB Rz. 16.
115) RG, Entsch. v. 15.2.1884 – III 252/83, RGZ 11, 52, 55; BGH, Urt. v. 26.9.1989 – XI ZR 178/88,
BGHZ 108, 353, 356 = NJW 1990, 242; OLG Köln, Urt. v. 9.6.1994 – 18 U 239/93, IPRax 1996, 340,
341 f. = ZIP 1994, 1459; OLG Brandenburg, Urt. v. 12.12.1996 – 5 U 62/95, VIZ 1997, 535 ff.; OLG
Düsseldorf, Urt. v. 30.7.2003 – 11 U 3/03, NJOZ 2004, 1213, 1215 f.; OLG Karlsruhe, Urt. v.
22.12.2005 – 9 U 84/05, BKR 2006, 260, 261 = ZIP 2006, 1576; OLG Frankfurt/M., Urt. v. 24.11.2010 –
4 U 92/10, ZEV 2011, 478, 479; *Lutter/Drygala* in: KölnKomm-AktG, Anh. § 68 Rz. 38 f.
116) Zum allgemeinen Sachstatut BGH, Urt. v. 10.6.2009 – VIII ZR 108/07, NJW 2009, 2824, 2825 f.;
speziell für das Wertpapiersachstatut bereits RG, Entsch. v. 6.10.1897 – I 166/97, JW 1897, 573, 573;
Wendehorst in: MünchKomm-BGB, Art. 43 EGBGB Rz. 203; *Teubel* in: JurisPK-BGB, Art. 43 EGBGB
Rz. 20; *Duden*, Der Rechtserwerb vom Nichtberechtigten an beweglichen Sachen und Inhaberpapieren
im deutschen internationalen Privatrecht, S. 88 ff.; *Kassaye*, Neuere Entwicklungen im internationalen
Mobiliarsachenrecht, S. 257.
117) S. BGH, Urt. v. 20.7.2012 – V ZR 135/11, Rz. 14, JZ 2013, 305 = WM 2013, 858; *Schwarz* in: Hopt/
Seibt, Schuldverschreibungsrecht, Rz. 15.209; *Wendehorst* in: MünchKomm-BGB, Art. 43 EGBGB Rz. 68,
87; *Teubel* in: JurisPK-BGB, Art. 43 EGBGB Rz. 14; *Einsele*, Bank- und Kapitalmarktrecht, § 9 Rz. 82.

1.　Keine Parteiautonomie (Rechtswahl)

57　Eine Rechtswahl wird nicht zugelassen; § 32 eWpG enthält nur Kriterien für eine objektive Anknüpfung.[118] Diese Regelungstechnik ist indes nicht selbstverständlich. Denn gute Gründe hätten insbesondere in Bezug auf DLT-basierte elektronische Wertpapiersysteme – ebenso wie im gesamten Bereich des Effektengiroverkehrs[119] – für eine gewisse Form von Parteiautonomie gesprochen (etwa eine Rechtswahl durch alle Systemteilnehmer, die ggf. auf bestimmte mit dem konkreten Sachverhalt sachlich verbundene Rechtsordnungen zu beschränken gewesen wäre – sog. elective situs).[120] Umgekehrt kann man die primär vorgesehene akzessorische Anknüpfung an die internationale Aufsichtszuständigkeit kritisieren (siehe Rz. 34). Ein Beispiel für eine Rechtswahlmöglichkeit betreffend das Wertpapiersachstatut für elektronische Wertpapiere enthält etwa das Liechtensteinische Recht (Art. 3 Abs. 2 lit. b Token- und VT-Dienstleister-Gesetz[121]).[122]

2.　Anknüpfung an die Registeraufsicht

58　§ 32 Abs. 1 Halbs. 2 eWpG beruft das Recht des Staates, „unter dessen Aufsicht diejenige registerführende Stelle steht, in deren elektronischem Wertpapierregister das Wertpapier eingetragen ist".

59　Zunächst ist also die **maßgebliche registerführende Stelle** zu ermitteln. Gemeint ist dasjenige elektronische Register (Datenbank), in dem die für die Entstehung des elektronischen Wertpapiers (oder eines Funktionsäquivalents nach ausländischem Recht) konstitutive Eintragung erfolgt ist.[123] Sollte die registerführende Stelle während der Laufzeit des elektronischen Wertpapiers wechseln (etwa in den Fällen des § 16 Abs. 2 Satz 3 eWpG) oder das elektronische Wertpapier in ein anderes Register übertragen werden (etwa in den Fällen des § 22 eWpG), dann ist diese neue registerführende Stelle für die Zwecke der Anknüpfung in § 32 Abs. 1 eWpG (und Abs. 2 Satz 1) maßgeblich.[124] Trotz der auf den ersten Blick möglicherweise unterschiedlich erscheinenden Formulierungen der Anknüpfungspunkte in Absatz 1 einerseits („registerführende Stelle, in deren [...] Wertpapierregister [...] eingetragen ist") und § 17a Var. 1 DepotG andererseits („Register geführt wird, in dem mittelbar zugunsten des Verfügungsempfängers die rechtsbegründende Eintragung vorgenommen wird") dürften beide Verweisungen im Ergebnis daher gleichwohl zu gleichen Ergebnissen kommen. Denn in beiden Fällen wird auf die registerführende Stelle abgestellt, **in dessen Register zuletzt die konstitutive Eintragung erfolgt ist.**[125]

---

118) Müller/Pieper-*Müller*, eWpG, § 32 Rz. 15; Conreder/Meier-*Saive*, eWpG, § 32 Rz. 26; *Knöfel* in: FS v. Bar, S. 157, 164; den Ausschluss der Rechtswahl begrüßend *Wendehorst* in: MünchKomm-BGB, Art. 43 EGBGB Rz. 327; a. A. (eine Rechtswahl werde gewährt) wohl *Lahusen*, RDi 2021, 161 (Rz. 32).

119) Dazu im Einzelnen *Schwarz*, Globaler Effektenhandel, S. 859 ff.; s. a. Conreder/Meier-*Saive*, eWpG, § 32 Rz. 29 f.

120) Financial Markets Law Committee, Distributed Ledger Technology and Governing Law: Issues of Legal Uncertainty, Rz. 7.3 ff., 8.1, Stand: 3/2018, abrufbar unter http://fmlc.org/wp-content/uploads/2018/05/dlt_paper.pdf (Abrufdatum: 18.2.2023); *Lehmann*, Unif. L. Rev. 2021, 148, 177 f.; s. a. *Spindler*, Unif. L. Rev. 2019, 724, 737; *Wendehorst*, IPRax 2020, 490, 497 f.

121) Zu diesem Gesetz überblicksmäßig etwa *Deuber/Khorrami Jahromi*, MMR 2020, 576 ff.; *Omlor*, ZVglRWiss 119 (2020) 41, 55 ff.; *Damjanovic/Pfurtscheller/Raschauer*, ZEuP 2021, 397 ff.; *Heppding/Schalast/Schiereck*, RdF 2021, 84, 88 f.

122) Müller/Pieper-*Müller*, eWpG, § 32 Rz. 15; Conreder/Meier-*Saive*, eWpG, § 32 Rz. 30; *Knöfel* in: FS v. Bar, S. 157, 164; *Omlor*, ZVglRWiss 119 (2020) 41, 56; kritisch zu dieser Rechtswahlmöglichkeit *Wendehorst* in: MünchKomm-BGB, Art. 43 EGBGB Rz. 327.

123) Müller/Pieper-*Müller*, eWpG, § 32 Rz. 16.

124) Ebenso Müller/Pieper-*Müller*, eWpG, § 32 Rz. 27 (missverständlich Rz. 16 a. E., wonach die „erstmalige" Eintragung maßgeblich sei).

125) Anders möglicherweise Müller/Pieper-*Müller*, eWpG, § 32 Rz. 16 a. E.; *Knöfel* in: FS v. Bar, S. 157, 168.

Ist der maßgebliche Registerführer ermittelt, wird das Wertpapiersachstatut sodann (ebenso **60** wie bei § 17a Var. 1 DepotG, siehe Rz. 33 ff.) **akzessorisch an die internationale Aufsichtszuständigkeit angeknüpft.**[126] Insoweit folgt des internationale Privatrecht also dem internationalen öffentlichen Recht. Es muss daher nach deutschem und ausländischem Aufsichtsrecht geprüft werden, welches Recht einen Regulierungsanspruch in Bezug auf die konkret registerführende Stelle erhebt.[127] Dabei wird die deutsche (implizite) Zuständigkeitsnorm (siehe Rz. 35, 61) für die Zwecke des § 32 Abs. 1 eWpG nicht allseitig ausgestaltet, sondern es wird ein potenziell anwendbares ausländisches Aufsichtsrecht daraufhin befragt, ob es nach seinen eigenen aufsichtsrechtlichen Kollisionsvorschriften zur Beaufsichtigung des Registerführers international zuständig ist.[128] Daher kann es zu Normenhäufung (mehr als ein Staat ist zuständig) oder Normenmangel (kein Staat ist zuständig) kommen – auch weil es in diesem Bereich keine harmonisierten Kollisionsnormen gibt.[129] In diesen Fällen wird man sich mit den subsidiären Anknüpfungen aus § 32 Abs. 2 eWpG behelfen müssen. Sollte allerdings im Falle der Normenhäufung auch deutsches Recht berufen sein, geht dieses analog **Art. 5 Abs. 1 Satz 2 EGBGB** vor.[130] Hierdurch würde auch ein Gleichlauf mit § 17a Var. 1 DepotG erzielt (siehe dazu Rz. 35).

Sollte in dem konkret zu beurteilenden Sachverhalt eine deutsche Aufsichtszuständigkeit **61** in Bezug auf den maßgeblichen Registerführer (und damit deutsches materielles Recht als Wertpapiersachstatut) in Betracht kommen, wäre dies insbesondere anhand des § 32 **Abs. 1 Satz 1 KWG** zu prüfen („Wer im Inland [...] Finanzdienstleistungen erbringen will, bedarf der [...] Erlaubnis") und nicht etwa nach § 11 eWpG, der die Anwendung deutschen Aufsichtsrats bereit voraussetzt (siehe auch Rz. 35).[131] Die Anwendungsvoraussetzungen von § 32 Abs. 1 Satz 1 KWG sind im Einzelnen umstritten.[132]

Entscheidendes Tatbestandsmerkmal für die Zwecke der Bestimmung des Wertpapiersach- **62** statuts ist die **Registerführung im Inland.** Dieses Kriterium ist jedenfalls bei einem Sitz der registerführenden Stelle im Deutschland erfüllt. Ausreichen dürfte auch eine inländische Zweigniederlassung, von der aus das Register geführt wird.[133] Schwieriger ist die Beurteilung, wenn zwar keine inländische Zweigniederlassung besteht, aber gleichwohl wesentliche Teilakte der Registerführung im Inland erbracht werden, so dass von einer „fiktiven Zweigstelle" im Inland ausgegangen werden kann.[134] Für Zentralverwahrer gelten speziellere Regelungen.[135]

---

126) *Wilke*, IPRax 2021, 502, 506; s. a. *Einsele* in: Omlor/Möslein/Grundmann, Elektronische Wertpapiere, S. 54; *Gleske/Rätz* in: Hopt/Seibt, Schuldverschreibungsrecht, § 32 eWpG Rz. 15.

127) Zu § 17a DepotG *Born*, Europäischen Kollisionsrecht des Effektengiros, S. 273; *Knöfel* in: FS v. Bar, S. 157, 167 f.; zum sachlich gleichlautenden § 32 eWpG Müller/Pieper-*Müller*, eWpG, § 32 Rz. 16, 26; *Einsele* in: Omlor/Möslein/Grundmann, Elektronische Wertpapiere, S. 54; *Wilke*, IPRax 2021, 502, 506; *Schwemmer*, IPRax 2022, 331, 337; s. a. *Lehmann* in: Omlor/Link, Kryptowährungen und Token, Kap. 5 Rz. 155 f.

128) Müller/Pieper-*Müller*, eWpG, § 32 Rz. 26; *Wilke*, IPRax 2021, 502, 506, 507.

129) Vgl. *Wilke*, IPRax 2021, 502, 506; *Lehmann* in: Omlor/Link, Kryptowährungen und Token, Kap. 5 Rz. 156.

130) Müller/Pieper-*Müller*, eWpG, § 32 Rz. 32; *Wilke*, IPRax 2021, 502, 506; a. A. – dann hilfsweise Anknüpfung nach § 32 Abs. 2 eWpG – *Knöfel* in: FS v. Bar, S. 157, 170.

131) Müller/Pieper-Müller, eWpG, § 32 Rz. 14, 17; *Gleske/Rätz* in: Hopt/Seibt, Schuldverschreibungsrecht, § 32 eWpG Rz. 15; *Wilke*, IPRax 2021, 502, 506; *Knöfel* in: FS v. Bar, S. 157, 169; *Schwemmer*, IPRax 2022, 331, 337; anders (Zuständigkeit nach § 11) möglicherweise *Einsele* in: Omlor/Möslein/Grundmann, Elektronische Wertpapiere, S. 54 f.

132) Dazu *Lehmann* in: MünchKomm-BGB, Int. Finanzmarktaufsichtsrecht Rz. 199 ff.; Schwennicke/Auerbach-*Schwennicke*, KWG, § 32 Rz. 7 ff.; Müller/Pieper-*Müller*, eWpG, § 32 Rz. 18, 21 ff.

133) Müller/Pieper-*Müller*, eWpG, § 32 Rz. 22.

134) Schwennicke/Auerbach-*Schwennicke*, KWG, § 32 Rz. 9; s. a. *Lehmann* in: MünchKomm-BGB, Int. Finanzmarktaufsichtsrecht Rz. 205.

135) Dazu Müller/Pieper-*Müller*, eWpG, § 32 Rz. 19 f.

3. Hilfsanknüpfungen an Registersitz und Emittentensitz

63 Sollte die registerführende Stelle nicht unter staatlicher Aufsicht stehen oder die konkrete internationale Aufsichtszuständigkeit nicht hinreichend eindeutig ermittelbar sein, ist nach § 32 Abs. 2 Satz 1 eWpG als **Ersatzanknüpfung** auf den **satzungsmäßigen Sitz des Registerführers** und gemäß § 32 Abs. 2 Satz 2 eWpG ganz hilfsweise auf den **satzungsmäßigen Sitz des Emittenten abzustellen.**[136] Bei der Maßgeblichkeit des Emittentensitzes handelt es sich um eine Notlösung, wenn schon gar kein relevanter Registerort identifizierbar ist – etwa bei rein dezentralen DLT-Systemen – und damit eine registerbezogene Anknüpfung notwendigerweise ins Leere geht bzw. ubiquitär wäre. Allerdings kann der Sitz des Emittenten eines elektronischen Wertpapiers weitgehend zufällig und aus der Sicht der Anleger unter Umständen nur schwer erkennbar sein.[137] Daher sollte der Rückfall auf die Auffanganknüpfung an den Emittentensitz tendenziell **restriktiv** gehandhabt werden.

64 Diese Hilfsnorm wurde erst im Verlauf des Gesetzgebungsverfahrens auf Empfehlung des Finanzausschusses aufgenommen.[138] Angesichts des ebenfalls erst im parlamentarischen Verfahren eingefügten weitreichenden **Vorrangs von § 17a Var. 1 DepotG** (siehe Rz. 4), dürfte die verbleibende (geringe) praktische Bedeutung des § 32 eWpG in dessen Ersatzanknüpfungen bestehen, die im Falle der Unergiebigkeit der Anknüpfungspunktes aus § 17a Var. 1 DepotG – und damit auch des gleichsinnigen Anknüpfungspunktes aus Absatz 1 – zur Anwendung kommen.

4. Rück- und Weiterverweisung (Renvoi)

65 Nach überwiegender Literaturmeinung handelt es sich – im Einklang mit der allgemeinen Regel aus Art. 4 Abs. 1 Satz 1 Halbs. 1 EGBGB – um eine **Gesamtverweisung.**[139] Denn es gibt keinen gesetzgeberischen Hinweis auf eine Sachnormverweisung, und das allgemeine Streben nach Entscheidungsharmonie im Sachenrecht[140] spricht für die Gesamtverweisung[141] (wie sie auch mit Blick auf Art. 43 EGBGB bekannt ist)[142].

V. Abgrenzung zu anderen Kollisionsnormen

1. Wertpapierrechtsstatut

66 Vom Wertpapiersachstatut ist das Wertpapierrechtsstatut zu unterscheiden (siehe Rz. 5 f.). Damit wird diejenige **Rechtsordnung** bezeichnet, **die auf das verbriefte Recht selbst anzuwenden ist.** Unter dieser Rechtsordnung gelangt das verbriefte Recht zur Entstehung (lex causae), weshalb es auch als **Hauptstatut** bezeichnet wird.[143] Wie das Wertpapier-

---

136) Müller/Pieper-*Müller*, eWpG, § 32 Rz. 31; *Gleske/Rätz* in: Hopt/Seibt, Schuldverschreibungsrecht, § 32 eWpG Rz. 18 f.; *Wilke*, IPRax 2021, 502, 507; *Knöfel* in: FS v. Bar, S. 157, 170.

137) S. a. *Lehmann* in: Omlor/Link, Kryptowährungen und Token, Kap. 5 Rz. 167; *Wendehorst*, IPRax 2020, 490, 497.

138) Beschlussempfehlung und Bericht d. FA z. § 32 eWpG, BT-Drucks. 19/29372, S. 32, 58.

139) Müller/Pieper-*Müller*, eWpG, § 32 Rz. 33; *Gleske/Rätz* in: Hopt/Seibt, Schuldverschreibungsrecht, § 32 eWpG Rz. 20; *Knöfel* in: FS v. Bar, S. 157, 169; *Wilke*, IPRax 2021, 502, 507.

140) Staudinger-*Mansel*, Int. Sachenrecht, Anh. Art. 43 EGBGB Rz. 1150.

141) *Wilke*, IPRax 2021, 502, 507; Müller/Pieper-*Müller*, eWpG, § 32 Rz. 33.

142) Grüneberg-*Thorn*, BGB, Art. 43 EGBGB Rz. 1 a. E.; Staudinger-*Mansel*, Int. Sachenrecht, Anh. Art. 43 EGBGB Rz. 1146; *Wendehorst* in: MünchKomm-BGB, Art. 43 EGBGB Rz. 117.

143) Begr. RegE Gesetz zur Änderung insolvenzrechtlicher und kreditwesenrechtlicher Vorschriften z. § 17 DepotG, BT-Drucks. 14/1539, S. 15; *Schwarz* in: Hopt/Seibt, Schuldverschreibungsrecht, Rz. 15.4; *Wendehorst* in: MünchKomm-BGB, Art. 43 EGBGB Rz. 200; *Teubel* in: JurisPK-BGB, Art. 43 EGBGB Rz. 19.

rechtsstatut zu ermitteln ist, hängt von der Art des mittels Wertpapier verkörperten Rechtsverhältnisses ab:[144]

Handelt es sich bei dem verbrieften Recht um eine schuldrechtliche **Forderung** (wie im 67 deutschen materiellen Recht von § 1 eWpG derzeit noch vorausgesetzt), richtet sich das Wertpapierrechtsstatut aufgrund des vertraglichen Charakters des Rechtsverhältnisses nach den **Regeln des internationalen Schuldvertragsrechts.**[145] Damit sind die Vorschriften der **Rom I-VO**[146] entweder als autonomes deutsches Recht analog anzuwenden (wegen des Ausschlusstatbestands in Art. 1 Abs. 2 lit. d Rom I-VO[147]) oder gelten unmittelbar als europäisches Verordnungsrecht (wegen Nichtanwendbarkeit des Ausschlusstatbestands[148]).[149] Damit ist für das Wertpapierrechtsstatut für Forderungen (Schuldverschreibungen) grundsätzlich **Rechtwahlfreiheit** (Art. 3 Abs. 1 Rom I-VO analog) eröffnet,[150] und zwar ohne die Einschränkungen des besonderen kollisionsrechtlichen Verbraucherschutzes (Art. 6 Abs. 4 lit. d Rom I-VO).[151] Sollte ausnahmsweise einmal keine Rechtswahl vorliegen, ist **objektiv in der Regel an den Sitz des Forderungs- bzw. Anleiheschuldners anzuknüpfen** (Art. 2 und 4 Rom I-VO).[152]

Handelt es sich bei dem elektronisch durch Registereintrag verkörperten Recht um einen 68 Gesellschaftsanteil, ist das **Gesellschaftsstatut** (lex societatis) berufen.[153]

Als Hauptstatut des (elektronischen) Wertpapiers entscheidet das Wertpapierrechtsstatut 69 selbstständig über **alle Fragen, die das in der Urkunde verkörperte Rechtsverhältnis selbst betreffen.** Daher sind nach dem Wertpapierrechtsstatut zunächst die **Entstehung des Rechts** einschließlich des wertpapierrechtlichen Akts der elektronischen Verkörperung desselben sowie etwaige Heilungsmöglichkeiten im Falle von Mängeln der Begebung zu beurteilen. Als zentrale Aufgabe ist das Wertpapierrechtsstatut sodann für die Bestimmung des **konkreten Inhalts und Umfangs des verbrieften Rechts** maßgeblich.[154] Das schließt

---

144) OLG Düsseldorf, Urt. v. 30.7.2003 – 11 U 3/03, NJOZ 2004, 1213, 1215; *Schwarz* in: Hopt/Seibt, Schuldverschreibungsrecht, Rz. 15.4; *Grüneberg-Thorn*, BGB, Art. 43 EGBGB Rz. 1; Staudinger-*Mansel*, Int. Sachenrecht, Anh. Art. 43 EGBGB Rz. 73.

145) BGH, Urt. v. 15.12.1986 – II ZR 34/86, BGHZ 99, 207, 209 f. = NJW 1987, 1145; BGH, Urt. v. 25.10.2005 – XI ZR 353/04, BGHZ 164, 361 = IPRax 2007, 43, 44; *Schwarz* in: Hopt/Seibt, Schuldverschreibungsrecht, Rz. 15.5; Staudinger-*Magnus*, Int. Vertragsrecht 1, Anh. I Art. 1 Rz. 33 f.; Staudinger-*Mansel*, Int. Sachenrecht, Anh. Art. 43 EGBGB Rz. 79.

146) Verordnung (EG) Nr. 593/2008 des Europäischen Parlaments und des Rates v. 17.6.2008 über das auf vertragliche Schuldverhältnisse anzuwendende Recht (Rom I-VO), ABl. (EU) L 177/6 v. 4.7.2008.

147) So die herrschende, bereits zur inhaltsgleichen Vorgängernorm des Art. 1 Abs. 2 lit. d Rom I-VO entwickelte Ansicht zu Art. 37 Nr. 1 EGBGB a. F. BGH, Urt. v. 17.7.2014 – XI ZR 100/13, Rz. 26, NJW 2014, 3362 = WM 2014, 1624, unter Berufung auf die Begr. RegE z. Art. 37 EGBGB, BT-Drucks. 10/504, S. 84; Staudinger-*Mansel*, Int. Sachenrecht, Anh. Art. 43 EGBGB Rz. 79; *Martiny* in: MünchKomm-BGB, Art. 1 Rom I-VO Rz. 61, Art. 4 Rom I-VO Rz. 223; Staudinger-*Magnus*, Int. Vertragsrecht 1, Anh. Art. 1 Rom I-VO Rz. 69, Art. 4 Rom I-VO Rz. 289; wohl auch Conreder/Meier-*Saive*, eWpG, § 32 Rz. 36.

148) So eine neuere Ansicht Müller/Pieper-*Müller*, eWpG, § 32 Rz. 9; *Lehmann* in: Omlor/Link, Kryptowährungen und Token, Kap. 5 Rz. 184.

149) Zur dogmatisch umstrittenen Regelungstechnik (die aber zu gleichen Ergebnissen führt und letztlich vom EuGH zu klären sein wird) s. *Schwarz* in: Hopt/Seibt, Schuldverschreibungsrecht, Rz. 15.6 ff.; anders (keine Anwendung der Regelung der Rom I-VO, sondern Ermittlung der engsten Verbindung) wohl *Skauradszun*, ZfPW 2022, 56, 69, 79.

150) S. dazu im Einzelnen *Schwarz* in: Hopt/Seibt, Schuldverschreibungsrecht, Rz. 15.10 ff.

151) Näher *Schwarz* in: Hopt/Seibt, Schuldverschreibungsrecht, Rz. 15.17 ff.; anders § 32 eWpG Müller/Pieper-*Müller*, eWpG, § 32 Rz. 9.

152) Zu Einzelheiten s. *Schwarz* in: Hopt/Seibt, Schuldverschreibungsrecht, Rz. 15.24 f.

153) Zur Anknüpfung des Gesellschaftsstatuts *Schwarz* in: Hopt/Seibt, Schuldverschreibungsrecht, Rz. 15.47 ff., und zur Abgrenzung des Gesellschaftsstatuts zum Forderungsstatut Rz. 15.36 ff. sowie Rz. 15.105 ff.

154) *Schwarz* in: Hopt/Seibt, Schuldverschreibungsrecht, Rz. 15.26; *Schwarz*, Globaler Effektenhandel, S. 713.

Fragen des Zustandekommens des Begebungsvertrags und betreffend die AGB-Kontrolle mit ein (arg e Art. 10 Abs. 1 Rom I-VO).[155] Im Übrigen enthält Art. 12 Abs. 1 Rom I-VO (analog) eine allgemeine Qualifikationsnorm zur Reichweite des Forderungsstatuts.[156] Erfasst werden insbesondere auch Fragen der Änderungen von Anleihebedingungen (inklusive Änderungen durch Mehrheitsbeschluss und Collective Action Clauses).[157]

70   Das Wertpapierrechtsstatut entscheidet auch darüber, **ob** es sich bei dem fraglichen Kapitalmarktprodukt **überhaupt** um ein (elektronisches) **Wertpapier** im materiell-rechtlichen Sinne handelt.[158] Damit sind insbesondere die Auswirkungen gemeint, welche die Eigentums- und „Besitz"verhältnisse an einem über das Recht ausgestellten Registereintrag auf die Rechtsträgerschaft selbst haben. Der **für das (registermäßig) verkörperte Recht maßgebliche Übertragungsmodus** wird mit anderen Worten vom Wertpapierrechtsstatut bestimmt. Nach diesem richtet sich also, ob der Merksatz „Das Recht aus dem Papier folgt dem Recht an dem Papier" auf den Anlagegegenstand zutrifft.[159] Daher richtet sich beispielsweise die Frage:

- wie jemand Gläubiger einer verbrieften Forderung werden und diese auf Dritte übertragen kann, nach dem auf die Forderung anwendbaren Recht (d. h. den Emissionsbedingungen); oder

- wie jemand Mitglied in einer Gesellschaft werden oder diese Mitgliedschaft auf einen Dritten übertragen kann, nach dem Gesellschaftsstatut.[160]

71   Ebenso richten sich Art und Weise der Legitimierung gegenüber dem Emittenten und somit die **Legitimationsfunktion einer Urkunde** nach dem Hauptstatut.[161]

72   Das Wertpapierrechtsstatut kann vorsehen, dass der jeweilige Eigentümer der Urkunde als Forderungsinhaber (bei Schuldverschreibungen) oder Gesellschafter (bei Mitgliedschaftspapieren) anzusehen ist. In diesem Fall richten sich die Eigentums- und Besitzverhältnisse an der Schuldverschreibung bzw. Aktie als eine (echte) **Vorfrage** nach dem Wertpapiersachstatut.[162] Dabei ist das Sachstatut, was die Verschaffung der Berechtigung anlangt, jedoch nur aufgrund der Verweisung durch das Hauptstatut berufen. Soweit es um die Inhaberschaft des Rechts selbst geht, gilt mit anderen Worten das **Primat des Wertpapier-**

---

155) Dazu *Schwarz* in: Hopt/Seibt, Schuldverschreibungsrecht, Rz. 15.27.

156) Dazu *Schwarz* in: Hopt/Seibt, Schuldverschreibungsrecht, Rz. 15.28.

157) Dazu *Schwarz* in: Hopt/Seibt, Schuldverschreibungsrecht, Rz. 15.76 ff.

158) Spezifisch zu § 32 eWpG Müller/Pieper-*Müller*, eWpG, § 32 Rz. 8; *Wilke*, IPRax 2021, 502, 505; *Kranz*, IPRax 2021, 139, 140, 142; *Einsele* in: Omlor/Möslein/Grundmann, Elektronische Wertpapiere, S. 54; allgemein *Freitag* in: Reithmann/Martiny, Int. Vertragsrecht, Rz. 9.2; *Schwarz*, Globaler Effektenhandel, S. 714 f., und zum gemeinschaftsautonomen kollisionsrechtlichen Begriff „im Effektengiro übertragbare Wertpapiere" aus Art. 2 Abs. 1 lit. g der Finanzsicherheitenrichtlinie im Einzelnen S. 830.

159) Spezifisch zu § 32 eWpG Müller/Pieper-*Müller*, eWpG, § 32 Rz. 8; *Einsele* in: Omlor/Möslein/Grundmann, Elektronische Wertpapiere, S. 54; allgemein RG v. 10.3.1934 – I 154/33, IPRspr. 1934 Nr. 11; OLG Brandenburg, Urt. v. 12.12.1996 – 5 U 62/95, VIZ 1997, 535, 538; OLG Karlsruhe, Urt. v. 6.4.2001 – 14 U 202/00, VersR 2002, 1251, 1251; OLG Karlsruhe, Beschl. v. 7.5.2004 – 1 Ss 7/03, NStZ-RR 2004, 310, 312; OLG Düsseldorf, Urt. v. 30.7.2003 – 11 U 3/03, NJOZ 2004, 1213, 1215 f.; *Lüttringhaus* in: NK-BGB, Anh. Art. 46d EGBGB Rz. 10 f.

160) RG v. 10.3.1934 – I 154/33, IPRspr. 1934 Nr. 11; BGH, Urt. v. 19.1.1994 – IV ZR 207/92, NJW 1994, 939, 940 = AG 1994, 227; *Schwarz* in: Hopt/Seibt, Schuldverschreibungsrecht, Rz. 15.29; *Lüttringhaus* in: NK-BGB, Anh. Art. 46d EGBGB Rz. 13.

161) OLG Karlsruhe, Beschl. v. 7.5.2004 – 1 Ss 7/03, NStZ-RR 2004, 310, 312; *Schwarz* in: Hopt/Seibt, Schuldverschreibungsrecht, Rz. 15.29; ebenso für die Schweiz BG v. 2.2.1954, BGE 80 II 53, 59 f.

162) *Schwarz* in: Hopt/Seibt, Schuldverschreibungsrecht, Rz. 15.33; *Schwarz*, Globaler Effektenhandel, S. 716; Staudinger-*Großfeld*, Int. Gesellschaftsrecht, Rz. 340 f., 343; *Lüttringhaus* in: NK-BGB, Anh. Art. 46d EGBGB Rz. 13.

rechtsstatuts (Hauptstatut).[163] Das Wertpapierrechtsstatut befindet also darüber, ob und welche sachenrechtlichen Rechtsänderungen in Bezug auf die Urkunde bzw. den Registereintrag (oder etwaigem anderen Repräsentationsmittel) zugleich die Rechtslage in Bezug auf die Stellung als Gläubiger der verbrieften Forderung beeinflussen (ob und wann das verkörperte Recht also übergeht).[164]

Demgegenüber entscheidet das Wertpapiersachstatut, insoweit die Klärung von Eigentums- **73** verhältnissen an dem relevanten Repräsentationsmittel (etwa dem Registereintrag) in Rede steht. Im Ergebnis ist dem **Wertpapierrechtsstaut** (Hauptstatut) mithin die **Letztentscheidungsbefugnis über Inhalt, Umfang, Rechtsträgerschaft und Ausübungsmodalitäten des verkörperten Rechtsverhältnisses** beizumessen, während das **Wertpapiersachstatut** (nur) über sämtliche dingliche Fragen an den (elektronischen) Wertpapieren bzw. dem aus ihnen gebildeten Sammelbestand befindet.[165]

2. Insolvenzstatut

Die Kernfrage nach der dinglichen Wirkung von Registereintragungen (bzw. Depotgut- **74** schriften in der Konstellation des Effektengiro, § 12 Abs. 3 eWpG) ist naturgemäß vor allem im Falle einer Insolvenz des Wertpapierinhabers (oder eines etwaigen zwischen Zentralregister und Wertpapierinhaber eingeschalteten Intermediärs) von elementarem Interesse. Insoweit stellt sich die Frage der Abgrenzung des Wertpapiersachstatuts vom Insolvenzstatut.[166]

Als Ausgangspunkt ist davon auszugehen, dass sich der **Umfang der Insolvenzmasse** gemäß **75** Art. 7 Abs. 2 Satz 2 lit. b EuInsVO 2015 bzw. § 335 InsO grundsätzlich nach dem Recht des Staates der Verfahrenseröffnung richtet **(lex fori concursus)**.[167] Allerdings handelt es sich bei der Grundfrage, ob ein bestimmter Gegenstand dem Schuldner zum Eröffnungszeitpunkt des Insolvenzverfahrens tatsächlich gehört bzw. ob an einem Gegenstand ein **Sicherungsrecht zugunsten eines Dritten** besteht, gerade nicht um ein spezifisch insolvenzrechtliches Rechtsproblem. Hierbei handelt es sich vielmehr um ein **präjudizielles Rechtsverhältnis,** das den allgemeinen vermögensrechtlichen Zuweisungsnormen (und gerade nicht speziell dem Insolvenzstatut) unterliegt. Denn das Insolvenzstatut kann die Vermögensmasse nur entsprechend ihres status quo zum Zeitpunkt der Insolvenzeröffnung übernehmen. Aus der Sicht der lex fori concursus ist die **Frage nach dem Bestehen von dinglichen Rechten** an den (vermeintlichen) Massegegenständen mithin als eine **Vorfrage** anzusehen, die nicht insolvenzrechtlicher Natur ist und folglich auch anders qualifiziert werden muss. Das Zuordnungsproblem ist daher nach den allgemeinen zivilrechtlichen Kollisionsregeln zu beantworten. Es richtet sich damit nach der lex rei sitae bzw. den spezielleren Anknüpfung in § 17a DepotG und § 32 eWpG.[168]

---

163) *Schwarz* in: Hopt/Seibt, Schuldverschreibungsrecht, Rz. 15.33; *Wendehorst* in: MünchKomm-BGB, Art. 43 EGBGB Rz. 201; *Einsele* in: MünchKomm-HGB, Depotgeschäft Rz. 15; Staudinger-*Großfeld*, Int. Gesellschaftsrecht, Rz. 343; sachlich auch BGH, Urt. v. 19.1.1994 – IV ZR 207/92, NJW 1994, 939, 940 = AG 1994, 227: Das Gesellschaftsstatut entscheidet, auf welche Weise ein Anleger Mitglied werden kann.

164) *Freitag* in: Reithmann/Martiny, Int. Vertragsrecht, Rz. 9.11; *Schwarz* in: Hopt/Seibt, Schuldverschreibungsrecht, Rz. 15.33.

165) *Schwarz* in: Hopt/Seibt, Schuldverschreibungsrecht, Rz. 15.34 f.

166) Zum Folgenden *Schwarz* in: Hopt/Seibt, Schuldverschreibungsrecht, Rz. 15.210 ff., s. dort auch Rz. 15.88 ff.

167) Vgl. *Reinhart* in: MünchKomm-InsO, § 335 Rz. 44; *Schwarz* in: Hopt/Seibt, Schuldverschreibungsrecht, Rz. 15.90, 15.211.

168) *Kindler* in: MünchKomm-BGB, Art. 8 EuInsVO Rz. 8; *Reinhart* in: MünchKomm-InsO, Art. 8 EuInsVO Rz. 6; *Lehmann*, Finanzinstrumente, S. 483; im Ergebnis bestätigt durch EuGH v. 10.9.2009 – Rs. C-292/08 (German Graphics), Slg. 2009, I-8421; dazu näher *Schwarz*, Globaler Effektenhandel, S. 701 ff.

76 Freilich ist es ein nach dem Insolvenzstatut zu beurteilendes Anschlussproblem, auf welche Weise ein so ermitteltes dingliches Recht in der Insolvenz tatsächlich ausgeübt werden kann, und ob es unter Umständen im Wege der insolvenzrechtlichen Anfechtung oder ähnlicher Rechtsinstitute nachträglich zu beseitigen ist.[169]

3. Schuldvertragsstatut

77 Schuldvertragliche Beziehungen im Zusammenhang mit der primären Begebung und sekundären Transaktionen betreffend elektronische Wertpapiere (einschließlich des einer **Verfügung zugrunde liegenden Kausalgeschäfts** sowie des **Emissionsgeschäfts**) unterliegen dem Schuldvertragsstatut.[170] Insoweit gelten **keine Besonderheiten**, so dass sich das anwendbare Recht nach den allgemeinen schuldvertraglichen Kollisionsnormen der **Rom I-VO** richtet.

---

169) *Schwarz*, Globaler Effektenhandel, S. 700; *Schwarz* in: Hopt/Seibt, Schuldverschreibungsrecht, Rz. 15.212.

170) Müller/Pieper-*Müller*, eWpG, § 32 Rz. 13; *Schwarz* in: Hopt/Seibt, Schuldverschreibungsrecht, Rz. 15.144 ff., 15.226 ff.; *Freitag* in: Reithmann/Martiny, Int. Vertragsrecht, Rz. 13.76; *Göthel* in: Reithmann/Martiny, Int. Vertragsrecht, Rz. 33.108; *Martiny*, IPRax 2018, 553, 560; *Schwemmer*, IPRax 2022, 331, 331; a. A. wohl Scherer-*Dittrich*, DepotG, § 17a Rz. 27 (Anwendung der Art. 27 ff. a. F.).

§ 33
Übergangsregelung

[1]**§ 6 Absatz 3 ist auch auf Wertpapiere anzuwenden, die vor dem 10. Juni 2021 begeben wurden.** [2]**Ein nach den Emissionsbedingungen bestehender Anspruch auf Ausreichung einzelner Wertpapierurkunden bleibt von der Ersetzung nach § 6 Absatz 3 Satz 1 unberührt.**

Literatur: *Bialluch-v. Allwörden/v. Allwörden*, Initial Coin Offerings: Kryptowährungen als Wertpapier oder Vermögensanlage?, WM 2018, 2118; *Conreder/Diederichsen/Okonska*, Das neue Gesetz über elektronische Wertpapiere – digitale Zeitenwende im Wertpapierbereich, DStR 2021, 2594; *Döding/Wentz*, Der Referentenentwurf zur Einführung von elektronischen Wertpapieren und Kryptowerten, WM 2020, 2312; *Dubovitskaya*, Gesetzentwurf zur Einführung von elektronischen Wertpapieren: ein zaghafter Schritt nach vorn, ZIP 2020, 2551; *Lehmann*, Das Gesetz zur Einführung von elektronischen Wertpapieren, NJW 2021, 2318; *Linardatos*, Elektronische Schuldverschreibungen auf den Inhaber – des Wertpapiers neue Kleider, ZBB 2020, 329; *Maume*, Die Verordnung über Märkte für Kryptowerte (MiCAR), RDi 2022, 461; *Patz*, Überblick über die Regulierung von Kryptowerten und Kryptowertedienstleistern, BKR 2021, 725; *Patz*, Handelsplattformen für Kryptowährungen und Kryptoassets, BKR 2019, 435; *Preuße/Wöckener/Gillenkirch*, Das Gesetz zur Einführung elektronischer Wertpapiere Eine erste Bewertung aus Sicht der Praxis, BKR 2021, 460; *Segna*, Elektronische Wertpapiere im zentralen Register, Anmerkungen zum BMF-/BMJV-Referentenentwurf vom 10.8.2020 aus wertpapier- und depotrechtlicher Sicht, WM 2020, 2301; *Siadat*, Zweiter Entwurf einer „Verordnung über die Anforderungen an elektronische Wertpapierregister", RDi 2022, 153; *Siadat*, Verordnung über die Anforderungen an elektronische Wertpapierregister (eWpRV), RDi 2021, 466; *Spindler*, Initial Coin Offerings und Prospektpflicht und -haftung, WM 2018, 2109; *Wieneke/Kunz*, Das Gesetz zur Einführung von elektronischen Wertpapieren, NZG 2021, 316; *Zickgraf*, Primärmarktpublizität in der Verordnung über die Märkte für Kryptowerte (MiCAR), (Teil 1), BKR 2021, 196.

Übersicht

I. Normzweck und Grundlagen

Die Übergangsregelung ermöglicht nach § 33 Satz 1 eWpG die **Dematerialisierung** von **1** vor Inkrafttreten des eWpG bereits vorhandenen in Sammelurkunden **verbrieften Schuldverschreibungen**. Dass Anleger durch diese Umstellung keine Nachteile erleiden, stellt § 33 Satz 2 eWpG sicher.

Bereits vor Inkrafttreten des Gesetzes als **Security Token begebene Schuldverschrei- 2 bungen werden als elektronische Wertpapiere eingestuft,** sobald sie die Voraussetzungen des eWpG insbesondere zur Niederlegung und Eintragung erfüllen.[1] Die Umwandlung ist zur Information des Rechtsverkehrs im Bundesanzeiger nach § 20 eWpG zu veröffentlichen.[2]

Die nachfolgenden Ausführungen behandeln die Umwandlung verbriefter Wertpapiere in **3** Zentralregisterwertpapiere (siehe Rz. 4 ff.), die Umwandlung verbriefter Wertpapiere in Kryptowertpapiere (siehe Rz. 14 ff.) sowie die Klassifizierung von Security Token als elektronische Wertpapiere (siehe Rz. 17 ff.).

II. Umwandlung verbriefter Wertpapiere in Zentralregisterwertpapiere

§ 33 Satz 1 eWpG bezieht sich allgemein auf „**Wertpapiere**" und entspricht der Formulie- **4** rung in § 2 Abs. 1 eWpG.[3] Umfasst sind in Zusammenschau mit § 1 eWpG jedoch nur **verbriefte sammelverwahrte Inhaberschuldverschreibungen** sowie **auf den Inhaber lautende Anteile an Sondervermögen,**[4] welche vor Inkrafttreten des Gesetzes am 10.6.2021 begeben wurden.[5] Diese verbrieften Wertpapiere können gemäß § 33 Satz 1 durch ein elektronisches Wertpapier in der Form eines **Zentralregisterwertpapiers** ersetzt werden, soweit die Voraussetzungen nach § 6 Abs. 3 eWpG gegeben sind.[6] Da das Ersetzungsrecht für Altbestände auf gegenwärtige und damit noch nicht abgeschlossene Sachverhalte und Rechtsbeziehungen einwirkt,[7] ist hierin eine **unechte Rückwirkung** zu erkennen.[8]

---

1) Begr. RegE Gesetz zur Einführung von eWp z. § 33 eWpG, BT-Drucks. 19/26925, S. 70.
2) Begr. RegE Gesetz zur Einführung von eWp z. § 33 eWpG, BT-Drucks. 19/26925, S. 70.
3) Vgl. Conreder/Meier-*Saive*, eWpG, § 33 Rz. 4.
4) Entsprechend § 95 Abs. 3 KAGB.
5) Begr. RegE Gesetz zur Einführung von eWp z. § 33 eWpG, BT-Drucks. 19/26925, S. 69.
6) Eingehend auf entgegenstehende Emissionsbedingungen: *Döding/Wentz*, WM 2020, 2312, 2316.
7) Dreier-*Schulze-Fielitz*, GG Art. 20 Rz. 164.
8) Müller/Pieper-*Pieper*, eWpG, § 33 Rz. 3; a. A. Conreder/Meier-*Saive*, eWpG, § 33 Rz. 8.

1. Zustimmungserfordernis

5 Eine **Zustimmung** des Berechtigten oder des Hinterlegers, der das Papier für den Berechtigten verwahren lässt, ist bei Erfüllung der Voraussetzungen des § 6 Abs. 3 Satz 1 eWpG mangels Beeinträchtigung von Rechten und Interessen **nicht notwendig.**[9] Hieran zeigt sich, dass der Gesetzgeber die Überführung urkundenbasierter Wertpapiere in elektronische Wertpapiere erleichtern möchte.[10] Für den Berechtigten wird es regelmäßig ohne Belang sein, ob die Gesamtemission bei einer Wertpapiersammelbank oder einem Verwahrer als Sammeleintragung in einem zentralen Register geführt wird oder durch eine bei der Wertpapiersammelbank verwahrte Sammelurkunde verbrieft ist.[11] Maßgeblicher Umstand wird für den Berechtigten vielmehr die **Buchung auf dem Depotkonto** sein (siehe *Reger*, § 6 Rz. 27 f.).[12]

6 Sind die Bedingungen nach § 6 Abs. 3 Satz 1 eWpG nicht erfüllt, setzt eine Überführung in die elektronische Form die **ausdrückliche Zustimmung** aller Berechtigten gemäß § 6 Abs. 4 Satz 1 eWpG voraus.[13]

2. Anspruch auf Ausreichung

7 Die Umwandlung nach § 6 Abs. 3 eWpG hat keine Auswirkungen auf einen nach den Emissionsbedingungen bestehenden **Anspruch des Berechtigten auf Ausreichung einzelner Wertpapierurkunden** (§ 33 Satz 2 eWpG). Soweit die Möglichkeit zur Auslieferung von Einzelstücken nicht auf eine bewusste Entscheidung der Parteien in den Emissionsbedingungen zurückgeführt werden kann, ist ein **inhaltsgleicher Anspruch** des Berechtigten darüber hinaus **ausgeschlossen.**[14] Bei Altanleihen – umfasst sind auch Wandelschuldverschreibungen, Genussscheine, strukturierte Schuldverschreibungen[15] und auf den Inhaber lautende Anteilsscheine nach § 95 KAGB[16] – ist mit **entgegenstehenden Anleihebedingungen** auch nicht zu rechnen.[17]

8 Dass die Praxis von der Möglichkeit der Anspruchsaufnahme nach § 6 Abs. 1 Satz 2 eWpG Gebrauch macht, erscheint bereits im Hinblick auf Art. 3 Abs. 1, 2 der CSDR[18] als unwahrscheinlich, da hiernach Emissionen in ihrer Gesamtheit bei einem Zentralverwahrer erfasst sein müssen, wenn diese an einer Börse oder einem anderen Handelsplatz gehandelt werden sollen.[19] Die **Ausgabe von Einzelurkunden** wird daher regelmäßig **ausgeschlossen** sein.[20]

---

9) Vgl. Müller/Pieper-*Pieper*, eWpG, § 33 Rz. 3; *Segna*, WM 2020, 2301, 2306.
10) *Döding/Wentz*, WM 2020, 2312, 2316.
11) Begr. RegE Gesetz zur Einführung von eWp z. § 33 eWpG, BT-Drucks. 19/26925, S. 70.
12) Begr. RegE Gesetz zur Einführung von eWp z. § 33 eWpG, BT-Drucks. 19/26925, S. 70.
13) *Lehmann*, NJW 2021, 2318, 2321.
14) Begr. RegE Gesetz zur Einführung von eWp z. § 6 eWpG, BT-Drucks. 19/26925, S. 48.
15) Vgl. *Preuße/Wöckener/Gillenkirch*, BKR 2021, 460, 460.
16) In den Allgemeinen Anlagebedingungen ist die Begebung als elektronische Anteilscheine bereits überwiegend aufgenommen, vgl. die vom Bundesverband für Investment und Asset Management (BVI) mit der BaFin abgestimmten Allgemeinen Muster-Anlagebedingungen für OGAW-Sondervermögen, Stand: 10.11.2021, abrufbar unter www.bvi.de (Abrufdatum: 21.2.2023).
17) Vgl. Müller/Pieper-*Pieper*, eWpG, § 33 Rz. 3; *Wendehorst* in: MünchKomm-BGB, Art. 43 EGBGB Rz. 266j; *Döding/Wentz*, WM 2020, 2312, 2317, welche beispielhaft auf zwei aktuelle Anleihebedingungen verweisen.
18) Verordnung (EU) Nr. 909/2014 des Europäischen Parlaments und des Rates v. 23.7.2014 zur Verbesserung der Wertpapierlieferungen und -abrechnungen in der Europäischen Union und über Zentralverwahrer sowie zur Änderung der Richtlinien 98/26/EG und 2014/65/EU und der Verordnung (EU) Nr. 236/2012, ABl. (EU) L 257/1 v. 28.8.2014.
19) Vgl. *Segna*, WM 2020, 2301, 2307.
20) Vgl. *Segna*, WM 2020, 2301, 2307 – mit Verweis auf den zeitlichen Anwendungsbereich von Art. 3 Abs. 1 CSDR entsprechend Art. 76 Abs. 2 CSDR.

Da die Inhaberschaft an einer Papierurkunde insbesondere nicht zur prozessualen Durch- **9** setzung der Rechte an einem elektronischen Wertpapier erforderlich ist[21] und der Berechtigte auch keine Aufwendungen bzgl. der genutzten Infrastruktur trägt, besteht für eine Ausfertigung und Ausreichung auch kein berechtigtes Interesse, zumal lediglich die Transaktionskosten erhöht würden.[22] Inhaber können elektronisch begebene Wertpapiere weiterhin über eine Depotbank halten und sind – anders als bei der Einzelverwahrung – nicht zur Einrichtung einer **„Wallet"** oder eines neuen Depotkontos verpflichtet.[23] Ein **Affektionsinteresse** an der Urkunde ist nicht schutzwürdig.[24]

3. Zugänglichkeit der Anleihebedingungen

Für die Überführung von Inhaberschuldverschreibungen in ein sammeleingetragenes elek- **10** tronisches Wertpapierregister kommt bei sammelverwahrten Einzelurkunden die Neuregelung des § 2 Abs. 2 SchVG zum Tragen.[25] § 2 Abs. 1 Satz 2 SchVG, wonach Urkunden, die nicht zum Umlauf bestimmt sind, auch auf **außerhalb der Urkunde niedergelegte Anleihebedingungen** verweisen können, findet hier keine Anwendung.[26] Zur Umgehung des strengen Skripturprinzips des SchVG[27] sind die Einzelurkunden vom Emittenten entsprechend § 9a Abs. 1 Satz 2 Nr. 2 DepotG durch die weithin übliche Form der Verbriefung als Sammelurkunde zu ersetzen.[28] Die Anleihebedingungen sind aus den Einzelurkunden zu entnehmen und nach § 5 Abs. 1 Satz 1 eWpG bei der registerführenden Stelle einzureichen,[29] sodass diese entsprechend § 2 Abs. 2 Satz 1 SchVG zugänglich sind.

Im Fall der Überführung von Sammelurkunden in elektronische Wertpapiere in Sammel- **11** eintragung sind in Bezug auf die Niederlegung i. S. des § 5 eWpG die Vorgaben des § 4 eWpRV[30] zu beachten.[31]

4. Haussammelverwahrte Inhaberschuldverschreibungen

Nachdem die Führung eines zentralen Registers noch im Referentenentwurf auf Wertpa- **12** piersammelbanken[32] beschränkt war, erweitert nun § 12 Abs. 2 Nr. 2, § 4 Abs. 6 eWpG die Befugnis auf einen Verwahrer i. S. des § 1 Abs. 1 Satz 2 Nr. 5 KWG, sofern der Emittent

---

21) Vgl. zur Legitimationsfunktion Müller/Pieper-*Pieper*, eWpG, § 33 Rz. 4.

22) Begr. RegE Gesetz zur Einführung von eWp z. § 6 eWpG, BT-Drucks. 19/26925, S. 47 f.

23) Begr. RegE Gesetz zur Einführung von eWp z. § 6 eWpG, BT-Drucks. 19/26925, S. 48.

24) Begr. RegE Gesetz zur Einführung von eWp z. § 6 eWpG, BT-Drucks. 19/26925, S. 48; Müller/Pieper-*Pieper*, eWpG, § 33 Rz. 5; *Segna*, WM 2020, 2301, 2306.

25) Auf den Ausnahmecharakter der Konstellation verweisend: *Bliesener/Schneider* in: Langenbucher/Bliesener/Spindler, Bankrechts-Kommentar, § 2 SchVG Rz. 5; *Döding/Wentz*, WM 2020, 2312, 2316.

26) *Vogel* in: BeckOGK-ZivilR, § 2 SchVG Rz. 31 m. w. N.; *Bliesener/Schneider* in: Langenbucher/Bliesener/Spindler, Bankrechts-Kommentar, § 2 SchVG Rz. 6; *Döding/Wentz*, WM 2020, 2312, 2316.

27) Vgl. *Bliesener/Schneider* in: Langenbucher/Bliesener/Spindler, Bankrechts-Kommentar, § 2 SchVG Rz. 3.

28) *Döding/Wentz*, WM 2020, 2312, 2316; vgl. hierzu auch *Vogel* in: BeckOGK-ZivilR, § 2 SchVG Rz. 31; *Bliesener/Schneider* in: Langenbucher/Bliesener/Spindler, Bankrechts-Kommentar, § 2 SchVG Rz. 6.

29) *Döding/Wentz*, WM 2020, 2312, 2316.

30) Begr. RefE eWpRV (2. Konsultation), v. 14.1.2022, abrufbar unter https://www.bmj.de/SharedDocs/Gesetzgebungsverfahren/DE/Wertpapierregister.html; hierzu *Siadat*, RDi 2022, 153, 156; vgl. auch § 3 des Begr. RefE eWpRV (1. Konsultation), v. 6.8.2021, abrufbar https://www.bmj.de/SharedDocs/Gesetzgebungsverfahren/DE/Wertpapierregister.html (Abrufdatum jew. 21.2.2023); hierzu: *Siadat*, RDi 2021, 466, 469.

31) Vgl. *Casper* in: Möslein/Omlor, FinTech-Handbuch, § 28 Rz. 39; *Preuße/Wöckener/Gillenkirch*, BKR 2021, 460, 465; *Segna*, WM 2020, 2301, 2306; *Wieneke/Kunz*, NZG 2021, 316, 320; *Lehmann*, NJW 2021, 2318, 2319.

32) Zugelassene Zentralverwahrer nach Art. 16 der CSDR, in Deutschland also nur die Clearstream Banking AG, vgl. *Segna*, WM 2020, 2301, 2304 f.

diesen ausdrücklich und **in Textform dazu ermächtigt**[33] und der Verwahrer die **Erlaubnis zum Betrieb des Depotgeschäfts** gemäß § 1 Abs. 2 DepotG hat. Diese Erweiterung ermöglicht den registerführenden Depotbanken eine Art **Haussammelverwahrung** entsprechend § 5 Abs. 1 Satz 2 DepotG,[34] womit die Verwahrer auch vor dem 10.6.2021 begebene Inhaberschuldverschreibungen in Haussammelverwahrung in ein zentrales Register überführen können.

13   Eine große Bedeutung misst die Literatur der Öffnung der Registerführung für Depotbanken zumindest im Fall des **Effektengiroverkehrs** nicht bei.[35] Wird ein Zentralregisterwertpapier in Sammeleintragung an einem Handelsplatz i. S. von Art. 2 Abs. 1 Nr. 42 i. V. m. Art. 4 Abs. 1 Nr. 24 MiFID II[36] gehandelt, sind gemäß § 12 Abs. 3 i. V. m. Art. 3 Abs. 2 CSDR die entsprechenden Wertpapiere am oder vor dem vorgesehenen Abwicklungstag im Effektengiro bei einem **Zentralverwahrer einzubuchen.**[37]

III.   Umwandlung verbriefter Wertpapiere in Kryptowertpapiere

14   Verbriefte Wertpapiere, welche vor dem 10.6.2021 begeben wurden, können auch durch ein elektronisches Wertpapier in Form des Kryptowertpapiers nach § 6 Abs. 4 eWpG ersetzt werden.[38] Der Verweis in § 33 Satz 1 eWpG auf die Regelung des **§ 6 Abs. 3 eWpG ist lediglich klarstellend** und schließt die Ersetzung nach § 6 Abs. 4 eWpG nicht aus.

1.   Zustimmungserfordernis

15   Im Unterschied zum Zentralregisterwertpapier ist die Ersetzung durch ein elektronisches Wertpapier, dessen Inhaber keine Wertpapiersammelbank bzw. das nicht in einem bei einer Wertpapiersammelbank geführten zentralen Register eingetragen ist, ausschließlich mit **ausdrücklicher Zustimmung des Berechtigten** zulässig.[39] Entsprechend § 9 Abs. 4 Nr. 1 eWpRV muss der Emittent die Zustimmung des Berechtigten in einer Weise **dokumentieren,** die dem Berechtigten oder der BaFin eine spätere **Überprüfung** der Zustimmung und ihres Zugangs ermöglicht. Die Ersetzung ist ferner gemäß § 9 Abs. 4 Nr. 2 eWpRV im elektronischen Wertpapierregister kenntlich zu machen. Da die Technik des Kryptowertpapierregisters noch neu ist und ggf. einem signifikanten Teil der Anleger unbekannt sein dürfte, sieht der Gesetzgeber ein gesteigertes Bedürfnis zum Schutz vor potentiellen Risiken.[40]

2.   Kryptofondsanteile

16   Ausgenommen von einer Umwandlungsmöglichkeit bleiben vorerst entsprechend § 95 Abs. 3 KAGB auf den **Inhaber lautende Anteilsscheine**, welche auf die Begebungsform des Zentralregisterwertpapiers beschränkt sind.[41] § 95 Abs. 5 KAGB ermöglicht jedoch

---

33) Für eine Erweiterung unter Verweis auf die angestrebte Technologieneutralität und eines erwünschten Wettbewerbs bereits *Segna*, WM 2020, 2301, 2305.

34) *Wieneke/Kunz*, NZG 2021, 316, 320.

35) *Preuße/Wöckener/Gillenkirch*, BKR 2021, 460, 463; *Wieneke/Kunz*, NZG 2021, 316, 320.

36) Richtlinie 2014/65/EU des Europäischen Parlaments und des Rates v. 15.5.2014 über Märkte für Finanzinstrumente sowie zur Änderung der Richtlinien 2002/92/EG und 2011/61/EU (Markets in Financial Instruments Directive – MiFID II), ABl. (EU) L 173/349 v. 12.6.2014.

37) Vgl. *Wieneke/Kunz*, NZG 2021, 316, 320.

38) *Lieder* in: Omlor/Möslein/Grundmann, Elektronische Wertpapiere, § 5 IV. 2.; *Lehmann*, NJW 2021, 2318, 2321; a. A. Conreder/Meier-*Saive*, eWpG, § 33 Rz. 13 f.

39) Begr. RegE Gesetz zur Einführung von eWp z.§ 6 eWpG, BT-Drucks. 19/26925, S. 48.

40) Vgl. Begr. RegE Gesetz zur Einführung von eWp z.§ 6 eWpG, BT-Drucks. 19/26925, S. 48.

41) *Conreder/Diederichsen/Okonska*, DStR 2021, 2594, 2595.

durch Rechtsverordnung eine Anwendung der Regelungen über Kryptowertpapierregister vorzusehen. Die entsprechende Verordnung über Kryptofondsanteile (KryptoFAV) trat am 18.6.2022 in Kraft.

IV. Security Token als elektronisches Wertpapier

Für bereits vor dem 10.6.2021 als Security Token ausgegebene Inhaberschuldverschrei-   17
bungen soll nach der Gesetzesbegründung **keine eigene Übergangsregelung** notwendig sein. Diese seien **als elektronische Wertpapiere im Sinne des eWpG einzustufen,**[42] sobald die Voraussetzungen der Niederlegung nach § 5 eWpG, der Eintragung in ein Krypto-wertpapierregister entsprechend § 4 Abs. 3, Abs. 4 eWpG sowie der Veröffentlichung im Bundesanzeiger und der Mitteilung an die Aufsichtsbehörde erfüllt sind.[43] Die Einstu-fung als elektronisches Wertpapier ist zur Information des Rechtsverkehrs im **Bundesan-zeiger nach § 20 eWpG zu veröffentlichen.**[44]

1. Differenzierung zwischen zivil- und aufsichtsrechtlicher Qualifizierung

Sofern Security Token weder urkundlich verbrieft noch nach § 2 Abs. 1 eWpG in ein elek-   18
tronisches Wertpapierregister eingetragen werden, handelt es sich nicht um Wertpapiere im **zivilrechtlichen** Sinn.[45] **Aufsichtsrechtlich** indes qualifiziert die BaFin – ungeachtet ver-einzelter Gegenstimmen[46] – Security Token grundsätzlich als Wertpapiere, auch i. S. der ProspektVO, des WpG und des WpHG.[47] Dies gilt, sofern Security Token entsprechend allgemeiner wertpapierrechtlicher Anforderungen in ihrer jeweiligen Ausgestaltung **stan-dardisiert,**[48] am Finanzmarkt **handelbar** und **übertragbar**[49] sind (vgl. § 2 Abs. 1 WpHG und § 2 Nr. 1 WpPG i. V. m. Art. 4 Abs. 1 Nr. 44 MiFID II[50]).[51] Eine **urkundliche Ver-briefung** ist für eine Qualifizierung als Wertpapier im aufsichtsrechtlichen Sinn nicht erforderlich.

---

42) Müller/Pieper-*Müller*, eWpG, § 2 Rz. 10, spricht von einer „Mutation" von Token in ein elektronisches Wertpapier.

43) Begr. RegE Gesetz zur Einführung von eWp z.§ 4 eWpG, BT-Drucks. 19/26925, S. 42, z. § 33 eWpG, BT-Drucks. 19/26925, S. 70; *Linardatos*, ZBB 2020, 329, 340; unklar *Dubovitskaya*, ZIP 2020, 2551 ff.

44) Begr. RegE Gesetz zur Einführung von eWp z. § 33 eWpG, BT-Drucks. 19/26925, S. 70.

45) Vgl. *Patz*, BKR 2021, 725, 726.

46) Vgl. *Bialluch-v. Allwörden/v. Allwörden*, WM 2018, 2118, 2121.

47) *Weiß*, BaFin Journal 4/2019, S. 8 ff., abrufbar unter https://www.bafin.de/SharedDocs/Downloads/ DE/BaFinJournal/2019/bj_1904.html; BaFin, Zweites Hinweisschreiben zu Prospekt- und Erlaubnis-pflichten im Zusammenhang mit der Ausgabe sog. Krypto-Token, v. 16.8.2019, GZ: GZ: WA 51-Wp 7100-2019/0011 und IF 1-AZB 1505-2019/0003, S. 6, abrufbar unter https://www.bafin.de/Shared-Docs/Downloads/DE/Merkblatt/WA/dl_wa_merkblatt_ICOs.pdf?__blob=publicationFile&v=1 (Ab-rufdatum jew. 21.2.2023); zur Einordung als Wertpapier im europäischen Ausland: *Patz*, BKR 2019, 435, 436.

48) Vgl. *Kumpan* in: Schwark/Zimmer, Kapitalmarktrechts-Kommentar, § 2 WpHG Rz. 7.

49) Vgl. *Kumpan* in: Schwark/Zimmer, Kapitalmarktrechts-Kommentar, § 2 WpHG Rz. 11.

50) Richtlinie 2014/65/EU des Europäischen Parlaments und des Rates v. 15.5.2014 über Märkte für Fi-nanzinstrumente sowie zur Änderung der Richtlinien 2002/92/EG und 2011/61/EU (Markets in Fi-nancial Instruments Directive – MiFID II), ABl. (EU) L 173/349 v. 12.6.2014.

51) Vgl. *Varmaz/Varmaz/Günther/Poddig* in: Omlor/Link, Kryptowährungen und Token, Kap. 1 IV. Rz. 46; BaFin, Zweites Hinweisschreiben zu Prospekt- und Erlaubnispflichten im Zusammenhang mit der Aus-gabe sog. Krypto-Token, v. 16.8.2019, GZ: WA 51-Wp 7100-2019/0011 und IF 1-AZB 1505-2019/0003, S. 8, abrufbar unter https://www.bafin.de/SharedDocs/Downloads/DE/Merkblatt/WA/dl_wa_merk-blatt_ICOs.pdf?__blob=publicationFile&v=1; BaFin, Initial Coin Offerings: Hinweisschreiben zur Einordnung als Finanzinstrumente, v. 20.2.2018, GZ: WA 11-QB 4100-2017/0010, S. 2, abrufbar unter https://www.bafin.de/SharedDocs/Downloads/DE/Merkblatt/WA/dl_hinweisschreiben_einordnung _ICOs.html (Abrufdatum jew. 21.2.2023).

2.   Wertpapierrechtliche Einordnung nach der MiCAR

19   Zukünftig soll die „Markets in Crypto Assets-Regulation (MiCAR)[52] einen weiter vereinheitlichten, EU-weiten Rahmen für Kryptowerte, Märkte und Kryptowertedienstleister schaffen.[53] Als **Grundgedanke der MiCAR** gilt die Schaffung von Rechtssicherheit und die Vermeidung einer fragmentarisierten Regulierung mit dem Ziel, die Entwicklung von Kryptowerten und die Nutzung von DLT-Systemen auch für alternative Zahlungsinstrumente zu fördern.[54] Eine Begünstigung bestimmter Technologien soll zugunsten einer technikneutralen Kapitalmarktregulierung unterbleiben.[55]

20   Nach Art. 2 Abs. 4 lit. a i. V. m. Art. 3 Abs. 1 Nr. 49 MiCAR sollen solche Kryptowerte vom Anwendungsbereich der MiCAR ausgeschlossen sein, die **Finanzinstrumente** i. S. des Art. 4 Abs. 1 Nr. 15 MiFID II sind. Dieser Ausschluss umfasst damit ebenfalls **übertragbare Wertpapiere** i. S. von Art. 4 Abs. 1 Nr. 44 MiFID II.[56] Fasst man Security Token unter den europäischen Wertpapierbegriff i. S. v. Art. 4 Abs. 1 Nr. 44 MiFID II – entsprechend der ganz vorherrschenden Auffassung[57] –, fallen Security Token somit aus dem **Anwendungsbereich** der MiCAR heraus.[58] Dies gilt dann auch für Security Token, die als Inhaberschuldverschreibung sämtliche Eigenschaften eines **elektronischen Wertpapiers** i. S. des eWpG erfüllen.

---

52) Vorschlag für eine Verordnung des Europäischen Parlaments und des Rates on Markets in Crypto-Assets, and Amending Directive (EU) 2019/1937 (MiCAR), v. 24.9.2020, COM(2020) 593 final 2020/0265(COD); wohl endgültige Fassung: Legislative Entschließung des Europäischen Parlaments v. 20.4.2023 zu dem Vorschlag für eine Verordnung des Europäischen Parlaments und des Rates über Märkte für Kryptowerte und zur Änderung der Richtlinie (EU) 2019/1937, COM(2020)0593 – C9-0306/2020 - 2020/0265(COD), P9TA(2023)0117, abrufbar unter https://www.europarl.europa.eu/doceo/document/TA-9-2023-0117_DE.html (Abrufdatum: 30.5.2023).

53) Hinzu kommt die Verordnung (EU) 2022/858 des Europäischen Parlaments und des Rates v. 30.5.2022 über eine Pilotregelung für auf Distributed-Ledger-Technologie basierende Marktinfrastrukturen und zur Änderung der Verordnungen (EU) Nr. 600/2014 und (EU) Nr. 909/2014 sowie der Richtlinie 2014/65/EU, ABl. (EU) L 151/1 v. 2.6.2022.

54) Vgl. *Patz*, BKR 2021 725, 733.

55) Vgl. *Zickgraf*, BKR 2021, 196, 198.

56) Vgl. auch *Rennig*, BKR 2021, 402, 408.

57) *Steinrötter* in: Maume/Maute/Fromberger, Rechtshandbuch Kryptowerte, Kap. 2, § 3 Rz. 78; *Spindler* in: Langenbucher/Bliesener/Spindler, Bankrechts-Kommentar, § 63 WpHG Rz. 28; *Zickgraf*, BKR 2021, 196, 198; *Spindler*, WM 2018, 2109, 2113 m. w. N.; *Schwennicke* in: Schwennicke/Auerbach, KWG, § 1 Rz. 258.

58) Vgl. *Maume*, RDi 2022, 461, 463; *Patz*, BKR 2021, 725, 736.

Anhang
Erläuterungen zu den Artikeln 2–10
des Gesetzes zur Einführung von elektronischen Wertpapieren

Börsenrechtliche Aspekte

Artikel 2
Änderung der Börsenzulassungs-Verordnung

Nach § 48 Absatz 2 Satz 2 Nummer 7 der Börsenzulassungs-Verordnung in der Fassung der Bekanntmachung vom 9. September 1998 (BGBl. I S. 2832), die zuletzt durch Artikel 8 Absatz 5 des Gesetzes vom 8. Juli 2019 (BGBl. I S. 1002) geändert worden ist, wird folgende Nummer 7a eingefügt:

„7a. im Falle eines elektronischen Wertpapiers nach § 2 Absatz 1 des Gesetzes über elektronische Wertpapiere die Erklärung des Emittenten,

a) ob gemäß § 8 Absatz 1 Nummer 1 des Gesetzes über elektronische Wertpapiere eine Sammeleintragung einer Wertpapiersammelbank als Inhaber in ein zentrales Register nach § 12 Absatz 1 des Gesetzes über elektronische Wertpapiere vorgenommen worden ist,

b) dass im Falle des Vorliegens eines entsprechenden Antrags des Inhabers gemäß § 8 Absatz 2 des Gesetzes über elektronische Wertpapiere eine Einzeleintragung in eine Sammeleintragung zur Verwahrung bei einem Kreditinstitut umgewandelt worden ist;".

Literatur: *Preuße/Wöckener/Gillenkirch*, Das Gesetz zur Einführung elektronischer Wertpapiere, BKR 2021, 460; *Wieneke/Kunz*, Das Gesetz zur Einführung elektronischer Wertpapiere, NZG 2021, 316.

I. Regelungszweck

Wertpapiere, die im regulierten Markt an einer Börse gehandelt werden sollen, **bedürfen** nach § 32 Abs. 1 BörsG **grundsätzlich der Zulassung** durch die Geschäftsführung der Börse.[1] Die Zulassung ist nach § 32 Abs. 2 BörsG vom Emittenten der Wertpapiere zusammen mit einem Kreditinstitut, Finanzdienstleistungsinstitut, einem Wertpapierinstitut oder einem nach § 53 Abs. 1 Satz 1 oder § 53b Abs. 1 Satz 1 KWG tätigen Unternehmen zu beantragen.[2] **1**

Form und Inhalt des Zulassungsantrags regelt § 48 BörsZulV.[3] § 48 Abs. 1 BörsZulV enthält dazu Vorgaben zu Form und Mindestangaben des Antrags: Er ist grundsätzlich elek- **2**

---

1) Die weitere Möglichkeit der Geschäftsführung, die Wertpapiere auf Antrag eines Handelsteilnehmers oder von Amts wegen nach §§ 32 Abs. 1, 33 BörsG in den Handel einzubeziehen, setzt voraus, dass die Wertpapiere bereits an einer anderen europäischen Börse zum Handel im regulierten Markt zugelassen sind, vgl. *Heidelbach* in: Schwark/Zimmer, Kapitalmarktrechts-Kommentar, § 33 BörsG Rz. 2 ff.

2) Näher dazu *Groß*, Kapitalmarktrecht, § 32 BörsG Rz. 29 ff.; *Heidelbach* in: Schwark/Zimmer, Kapitalmarktrechts-Kommentar, § 32 BörsG, Rz. 32 ff.

3) *Groß*, Kapitalmarktrecht, § 48 BörsZulV Rz. 5.

tronisch und in deutscher Sprache zu stellen und hat die in § 48 Abs. 1 Satz 4 und 5 BörsZulV aufgeführten Mindestangaben zu enthalten. Die technischen Anforderungen für seine Übermittlung sind in der jeweiligen Börsenordnung näher geregelt.[4] Nach § 48 Abs. 2 Satz 1 BörsZulV sind dem Antrag ferner der Entwurf oder die von einer zuständigen Aufsichtsbehörde gebilligte Fassung eines Wertpapierprospekts und die zur Prüfung der Zulassungsvoraussetzungen erforderlichen Nachweise beizufügen. Dazu zählen nach der nicht abschließenden Aufzählung in § 48 Abs. 2 Satz 2 BörsZulV insbesondere ein beglaubigter Handelsregisterauszug, die aktuelle Satzung, Jahresabschlüsse für die drei dem Antrag vorausgegangenen Geschäftsjahre, Nachweise der Begebung und eine Bestätigung der internen Voraussetzungen sowie ein Verbriefungsnachweis.[5]

3   Art. 2 Gesetz zur Einführung von eWp **ergänzt § 48 Abs. 2 Satz 2 BörsZulV** nun durch Einfügung einer neuen Nr. 7a. Dadurch soll den durch die Einführung von eWp geänderten Rahmenbedingungen Rechnung getragen werden.[6]

II.   Regelungsinhalt

4   Nach der Neuregelung kann die Geschäftsführung der Börse im Fall einer Sammeleintragung nach § 8 Abs. 1 Nr. 1 eWpG eine **Erklärung des Emittenten** verlangen, dass eine Wertpapiersammelbank i. S. des § 4 Abs. 5 eWpG als Inhaber der elektronischen Wertpapiere in ein zentrales Register gemäß § 12 Abs. 1 eWpG eingetragen worden ist (§ 48 Abs. 2 Satz 2 Nr. 7 lit. a BörsZulV). Wurden die elektronischen Wertpapiere zunächst durch eine Einzeleintragung nach § 8 Abs. 1 Nr. 2 eWpG begeben, ist eine Erklärung des Emittenten erforderlich, dass die Einzeleintragung gemäß § 8 Abs. 2 eWpG auf Antrag ihres Inhabers in eine Sammeleintragung nach § 8 Abs. 1 Nr. 1 eWpG umgewandelt wurde (§ 48 Abs. 2 Satz 2 Nr. 7 lit. b BörsZulV).

5   Hintergrund dieser Regelung ist, dass eine Zulassung von Wertpapieren zum Börsenhandel deren **Teilnahme am Effektengiroverkehr voraussetzt,** da erst diese die stückelose Übertragung von Wertpapieren zwischen Wertpapiersammelbanken ermöglicht.[7] Für die Teilnahme am Effektengiroverkehr müssen Wertpapiere entweder in indirekten, mehrstufigen Verwahrsystemen immobilisiert oder von Anfang an in entmaterialisierter Form begeben werden (vgl. Art. 3 Abs. 1 CSDR)[8]. In Deutschland werden fungible Wertpapiere (sog. Effekte) dabei in der Regel nicht mehr bei einer Depotbank in Sonderverwahrung (Streifbandverwahrung) gehalten, sondern von der Clearstream Banking AG mit Sitz in Eschborn, der einzigen Wertpapiersammelbank in Deutschland, als Zentralverwahrer in Sammelverwahrung genommen und in das Effektengirosystem der Zentralverwahrer (CASCADE) eingebucht.[9]

6   Auf diese Weise können Wertpapiere derselben Gattung in einem einheitlichen Sammelbestand verwahrt werden (vgl. §§ 5 ff. DepotG). Die jeweilige Depotbank fungiert lediglich

---

4)   *Groß*, Kapitalmarktrecht, § 32 BörsG Rz. 38; *Heidelbach* in: Schwark/Zimmer, Kapitalmarktrechts-Kommentar, § 32 BörsG Rz. 40.

5)   *Groß*, Kapitalmarktrecht, § 32 BörsG Rz. 42; *Heidelbach* in: Schwark/Zimmer, Kapitalmarktrechts-Kommentar, § 32 BörsG Rz. 41.

6)   Begr. RegE Gesetz zur Einführung von eWp z. Art. 2, BT-Drucks. 19/26925, S. 70; vgl. auch *Groß*, Kapitalmarktrecht, Vor BörsZulV Rz. 9a.

7)   Vgl. Begr. RegE Gesetz zur Einführung von eWp z. § 12 eWpG, BT-Drucks. 19/26925, S. 54; *Bauer* in: Mülbert/Früh/Seyfried, Bank- und Kapitalmarktrecht, Rz. 18.210.

8)   Verordnung (EU) Nr. 909/2014 des Europäischen Parlaments und des Rates v. 23.7.2014 zur Verbesserung der Wertpapierlieferungen und -abrechnungen in der Europäischen Union und über Zentralverwahrer sowie zur Änderung der Richtlinien 98/26/EG und 2014/65/EU und der Verordnung (EU) Nr. 236/2012 (Central Securities Depositories Regulation – CSDR), ABl. (EU) L 257/1 v. 28.8.2014.

9)   Müller/Pieper-*Pieper*, eWpG, § 4 Rz. 46.

als Zwischenverwahrer (vgl. § 3 Abs. 2 Satz 1 DepotG).[10] Dementsprechend nimmt die bestehende Regelung des § 48 Abs. 2 Satz 2 Nr. 7 BörsZulV auf die typischerweise bei Clearstream als Zentralverwahrer hinterlegte (Global-)Sammelurkunde (vgl. § 9a Abs. 1 Satz 1 DepotG) Bezug. Mit der Einfügung der neuen Nr. 7a möchte der Gesetzgeber nun einen Gleichlauf für die Sammeleintragung elektronischer Wertpapiere herstellen.[11]

Die Zulassung an einem regulierten Markt kommt nach § 48 Abs. 2 Satz 2 Nr. 7a BörsZulV   7
nur für Zentralregisterwertpapiere i. S. des § 4 Abs. 2 eWpG in Betracht, die gemäß § 12 Abs. 3 eWpG in ein durch eine Wertpapiersammelbank geführtes zentrales Register i. S. des § 12 Abs. 1 eWpG eingetragen werden und als dessen Inhaber eine Wertpapiersammelbank i. S. des § 4 Abs. 5 eWpG eingetragen wird. Kryptowertpapiere gemäß § 4 Abs. 3 eWpG können hingegen nicht im Effektengiroverkehr gebucht werden und deshalb auch nicht am börslichen Handel an einem regulierten Markt oder einem multilateralen Handelssystem (MTF)[12] teilnehmen.[13]

10) *Einsele* in: MünchKomm-HGB, Depotgeschäft Rz. 52; *Wendehorst* in: MünchKomm-BGB, Art. 43 EGBGB Rz. 213.

11) Vgl. Begr. RegE Gesetz zur Einführung von eWp z. § 8 eWpG, BT-Drucks. 19/26925, S. 49; *Wieneke/Kunz*, NZG 2021, 316, 319.

12) Vgl. Art. 4 Abs. 1 Nr. 22 der Richtlinie 2014/65/EU des Europäischen Parlaments und des Rates v. 15.52014 über Märkte für Finanzinstrumente sowie zur Änderung der Richtlinien 2002/92/EG und 2011/61/E (Markets in Financial Instruments Directive – MiFID II), ABl. (EU) L 173/34 v. 12.6.2014.

13) *Bauer* in: Mülbert/Früh/Seyfried, Bank- und Kapitalmarktrecht, Rz. 18.210; *Preuße/Wöckener/Gillenkirch*, BKR 2021, 460, 461.

Prospektrechtliche Aspekte

Artikel 3
Änderung des Wertpapierprospektgesetzes

Nach § 4 Absatz 3 des Wertpapierprospektgesetzes vom 22. Juni 2005 (BGBl. I S. 1698), das zuletzt durch Artikel 60 des Gesetzes vom 20. November 2019 (BGBl. I S. 1626) geändert worden ist, wird folgender Absatz 3a eingefügt:

„(3a) Für die Emission eines elektronischen Wertpapiers im Sinne des Gesetzes über elektronische Wertpapiere oder eines digitalen und nicht verbrieften Wertpapiers, das kein elektronisches Wertpapier im Sinne des Gesetzes über elektronische Wertpapiere ist, gilt Absatz 3 mit der Maßgabe, dass

1. das Wertpapier-Informationsblatt abweichend von Absatz 3 Satz 1 bis zu vier DIN-A4-Seiten umfassen darf,

2. die Angaben nach Absatz 3 Satz 2 Nummer 2 auch Angaben zur technischen Ausgestaltung des Wertpapiers, zu den dem Wertpapier zugrunde liegenden Technologien sowie zur Übertragbarkeit und Handelbarkeit des Wertpapiers an den Finanzmärkten zu beinhalten haben,

3. die Angaben nach Absatz 3 Satz 2 Nummer 3 um die Angabe der registerführenden Stelle im Sinne des Gesetzes über elektronische Wertpapiere und die Angabe, wo und auf welche Weise der Anleger in das Register Einsicht nehmen kann, zu ergänzen sind, sofern es sich um ein elektronisches Wertpapier im Sinne des Gesetzes über elektronische Wertpapiere handelt."

Literatur: *Bartlitz*, Die Begebung elektronischer Wertpapiere, NJW 2022, 1981; *Bialluch-v. Allwörden*, Zivil- und prospektrechtliche Aspekte des eWpG-E, RDi 2021, 13; *Bialluch-v. Allwörden/v. Allwörden*, Initial Coin Offerings: Kryptowährungen als Wertpapier oder Vermögensanlage, WM 2018, 2118; *Chatard/Mann*, Initial Coin Offerings und Token-Handel im funktionalen Rechtsvergleich, NZG 2019, 567; *Denga*, Non-Fungible Token im Bank- und Kapitalmarktrecht, BKR 2022, 288; *Döding/Wentz*, Der Referentenentwurf zur Einführung von elektronischen Wertpapieren und Kryptowertpapieren, WM 2020, 2312; *Geier*, Einführung elektronischer Wertpapiere, RdF 2020, 258; *Guntermann*, Non Fungible Token als Herausforderung für das Sachenrecht, RDi 2022, 200; *Hacker/Thomale*, Crypto-Securities Regulation: ICOs, Token Sales and Cryptocurrencies under EU Financial Law, ECFR Vol. 15/2018, 645; *Hahn/Wilkens*, ICO vs. IPO – Prospektrechtliche Anforderungen bei Equity Token Offerings, ZBB 2019, 10; *Kaulartz/Matzke*, Die Tokenisierung des Rechts, NJW 2018, 3278; *Kleinert/Mayer*, Elektronische Wertpapiere und Krypto-Token, EuZW 2019, 857; *Kusserow*, Elektronische Schuldverschreibungen und Blockchain-Anleihen im geltenden Recht, WM 2020, 586; *Lehmann*, Das Gesetz zur Einführung von elektronischen Wertpapieren, NJW 2021, 2318; *Lehmann*, Zeitenwende im Wertpapierrecht, BKR 2020, 431; *Linardatos*, Einwendungen und Ausschlussgründe bei elektronischen Wertpapieren – ein Überblick, BKR 2022, 486; *Nathmann*, Token in der Unternehmensfinanzierung, BKR 2019, 540; *Patz*, Überblick über die Regulierung von Kryptowerten und Kryptowertedienstleistern, BKR 2021, 725; *Preuße/Wöckener/Gillenkirch*, Das Gesetz zur Einführung elektronischer Wertpapiere, BKR 2021, 460; *Rauer/Bibi*, Non-fungible Tokens – Was können sie wirklich?, ZUM 2022, 20; *Rennig*, Prospektpflicht für Stock Token?, BKR 2021, 402; *Schulz*, Aktienemissionen nach der Europäischen Prospektverordnung, WM 2018, 212; *Sickinger/Thelen*, Anleihen und Genussscheine auf der Blockchain, AG 2020, 862; *Skauradszun*, Das Internationale Privatrecht der Kryptowerte, elektronischen Wertpapiere und Kryptowertpapiere, ZfPW 2022, 56; *Spindler*, Initial Coin Offerings und Prospektpflicht- und -haftung,

WM 2018, 2109; *Veil/Lötscher*, Fraktionierte Akten, WM 2021, 2121; *Vig*, Inhaberschuldver-
schreibungen auf der Blockchain, BKR 2022, 442; *Weitnauer*, Initial Coin Offerings (ICOs):
Rechtliche Rahmenbedingungen und regulatorische Grenzen, BKR 2018, 231; *Wellerdt*, Non-
Fungible Token – Entstehung einer neuen Anlageklasse? – Eine aufsichtsrechtliche Einordnung,
WM 2021, 2379; *Wieneke/Kunz*, Das Gesetz zur Einführung von elektronischen Wertpapieren –
Der Regierungsentwurf, NZG 2021, 316; *Zickgraf*, Initial Coin Offerings – Ein Fall für das
Kapitalmarktrecht?, AG 2018, 293.

Übersicht

I. Regelungszweck

1   Das **Prospektrecht** ist mittlerweile vollständig auf europäischer Ebene in der EU-Prospekt-
VO[1] harmonisiert. Dem nationalen Recht kommt daneben nur noch eine ergänzende Bedeutung zu.[2] Das WpPG konkretisiert für das deutsche Recht die gemeinschaftsrechtlichen
Vorgaben der EU-ProspektVO in verschiedenen Bereichen (vgl. § 1 WpPG).[3] § 4 WpPG
regelt dabei die Verpflichtung zur Anfertigung und den Inhalt eines Wertpapier-Informa-
tionsblattes, welches in bestimmten Fällen einen ansonsten erforderlichen Wertpapierprospekt ersetzen kann. Die Möglichkeit zur Nutzung eines solchen Dokuments stellt eine erhebliche Erleichterung gegenüber der allgemeinen Prospektpflicht bei öffentlichen Angeboten von Wertpapieren dar.[4]

2   Öffentliche Angebote von Wertpapieren, die sich an Anleger in einem oder mehreren Mitgliedstaaten der EU richten, dürfen gemäß Art. 3 Abs. 1 EU-ProspektVO grundsätzlich

---

1)   Verordnung (EU) 2017/1129 des Europäischen Parlaments und des Rates v. 14.6.2017 über den
     Prospekt, der beim öffentlichen Angebot von Wertpapieren oder bei deren Zulassung zum Handel an
     einem geregelten Markt zu veröffentlichen ist und zur Aufhebung der Richtlinie 2003/71/EG (EU-
     ProspektVO), ABl. (EU) L 168/12 v. 30.6.2017.
2)   *Schlitt* in: Habersack/Mülbert/Schlitt, Hdb. Kapitalmarktinformation, § 3 Rz. 8–9.
3)   Das WpPG setzte zunächst die Vorgaben der Verordnung (EU) 2017/1129 des Europäischen Parla-
     ments und des Rates v. 14.6.2017 über den Prospekt, der beim öffentlichen Angebot von Wertpapie-
     ren oder bei deren Zulassung zum Handel an einem geregelten Markt zu veröffentlichen ist und zur
     Aufhebung der Richtlinie 2003/71/EG (EU-ProspektVO), ABl. (EU) L 168/12 v. 30.6.2017, um.
     Nach der weitgehenden Harmonisierung des europäischen Prospektrechts durch die Novellierung der
     Prospektverordnung hat das WpPG gegenüber dem europäischen Recht jedoch nur noch untergeord-
     nete Bedeutung, vgl. *Rennig*, BKR 2021, 402, 406; *Schlitt* in: Habersack/Mülbert/Schlitt, Hdb. Kapital-
     marktinformation, § 3 Rz. 13.
4)   *Prescher* in: Schwark/Zimmer, Kapitalmarktrechts-Kommentar, § 4 WpPG Rz. 1.

nur nach vorheriger Veröffentlichung eines Prospekts erfolgen. Ein **öffentliches Angebot von Wertpapieren** bezeichnet nach Art. 2 lit. d EU-ProspektVO

> „[...] eine Mitteilung an die Öffentlichkeit in jedweder Form und auf jedwede Art und Weise, die ausreichende Informationen über die Angebotsbedingungen und die anzubietenden Wertpapiere enthält, um einen Anleger in die Lage zu versetzen, sich für den Kauf oder die Zeichnung jener Wertpapiere zu entscheiden".

Die Form der Mitteilung ist irrelevant.[5] Entscheidend ist allein, dass sich das Angebot „an das Publikum" und nicht lediglich an einen begrenzten Personenkreis richtet.[6] **3**

Ist ein Prospekt erforderlich, richten sich **Inhalt und Gestaltung des Prospekts** nach den allgemeinen Anforderungen der EU-ProspektVO, insbesondere nach den Vorgaben der Art. 6–19 EU-ProspektVO nebst zugehörigen Anhängen sowie nach den ergänzenden Mindestangaben in den delegierten Verordnungen VO (EU) 2019/980[7] und VO (EU) 2019/979[8].[9] Der Prospekt ist vor seiner Veröffentlichung zudem gemäß Art. 20 EU-ProspektVO von der zuständigen Aufsichtsbehörde auf seine formelle Vollständigkeit, Verständlichkeit und Kohärenz zu prüfen und zu billigen.[10] **4**

Erfolgt ein prospektpflichtiges Angebot ohne die vorhergehende Veröffentlichung eines Prospekts, kann dies unter den Voraussetzungen des § 14 WpPG zu einer **gesamtschuldnerischen Haftung** von Emittent und Anbieter(n) auf Übernahme der Wertpapiere gegen Erstattung des Erwerbspreises und der mit dem Erwerb verbundenen üblichen Kosten führen (vgl. § 14 Abs. 1 Satz 1 WpPG). Darüber hinaus stellt das öffentliche Angebot eines Wertpapiers ohne einen Prospekt bei vorsätzlichem oder leichtfertigem Handeln gemäß § 24 Abs. 3 Nr. 1 WpPG eine Ordnungswidrigkeit dar, die gemäß § 24 Abs. 6 Satz 1 und 2 WpPG bei juristischen Personen mit einer Geldbuße von bis zu 5.000.000 € bzw. 3 % des Gesamtumsatzes des vorangegangenen Geschäftsjahres belegt werden. Des Weiteren kann gemäß § 24 Abs. 6 Satz 3 WpPG eine Ahndung bis zum Zweifachen des aus dem Verstoß gezogenen Vorteils erfolgen, was gemäß § 24 Abs. 6 Satz 4 WpPG gleichermaßen erzielte Gewinne und vermiedene Verluste umfassen und geschätzt werden kann.[11] **5**

---

5) *Groß*, Kapitalmarktrecht, § 2 WpPG, Rz. 10 ff.; Müller/Pieper-*Kell*, eWpG, § 11 Rz. 33; *Preuße* in: Schwark/Zimmer, Kapitalmarktrechts-Kommentar, § 2 WpPG Rz. 12 ff.

6) Eine erste Abgrenzung bieten insoweit die Ausnahmen nach Art. 1 Abs. 4 lit. a und b EU-ProspektVO, die Angebote, die sich ausschließlich an qualifizierte Anleger oder weniger als 150 natürliche oder juristische Personen pro Mitgliedstaat, bei denen es sich nicht um qualifizierte Anleger handelt, von der Prospektpflicht ausnehmen. Des Weiteren richten sich auch reine Privatplatzierungen nicht an ein Publikum, vgl. *Groß*, Kapitalmarktrecht, § 2 WpPG, Rz. 21 ff.; *Grundmann/Denga* in: Ellenberger/Bunte, Bankrechts-Hdb., § 92 Rz. 38; *Preuße* in: Schwark/Zimmer, Kapitalmarktrechts-Kommentar, § 2 WpPG Rz. 18 ff.

7) Delegierte Verordnung (EU) 2019/980 der Kommission v. 14.3.2019 zur Ergänzung der Verordnung (EU) 2017/1129 des Europäischen Parlaments und des Rates hinsichtlich der Aufmachung, des Inhalts, der Prüfung und der Billigung des Prospekts, der beim öffentlichen Angebot von Wertpapieren oder bei deren Zulassung zum Handel an einem geregelten Markt zu veröffentlichen ist, und zur Aufhebung der Verordnung (EG) Nr. 809/2004 der Kommission, ABl. (EU) L 166/26 v. 21.6.2019.

8) Delegierte Verordnung (EU) 2019/979 der Kommission v. 14.3.2019 zur Ergänzung der Verordnung (EU) 2017/1129 des Europäischen Parlaments und des Rates durch technische Regulierungsstandards für wesentliche Finanzinformationen in der Zusammenfassung des Prospekts, die Veröffentlichung und Klassifizierung von Prospekten, die Werbung für Wertpapiere, Nachträge zum Prospekt und das Notifizierungsportal und zur Aufhebung der Delegierten Verordnung (EU) Nr. 382/2014 der Kommission und der Delegierten Verordnung (EU) 2016/301 der Kommission, ABl. (EU) L 166/1 v. 21.6.2019.

9) *Schlitt* in: Habersack/Mülbert/Schlitt, Hdb. Kapitalmarktinformation, § 3 Rz. 12.

10) *Melzer* in: Münch-Hdb. GesR, Bd. 9, § 27 Rz. 134.

11) Vgl. auch *Böse/Jansen* in: Schwark/Zimmer, Kapitalmarktrechts-Kommentar, § 24 WpPG Rz. 39.

6 Der für einen Prospekt anfallende **Aufwand** ist sowohl in zeitlicher, organisatorischer als auch finanzieller Hinsicht erheblich. Der europäische Gesetzgeber ermöglicht den Mitgliedstaaten daher in Art. 1 Abs. 3 Unterabs. 2 EU-ProspektVO, **für Kleinstemissionen Erleichterungen** von den allgemeinen Anforderungen des Prospektrechts auf nationaler Ebene vorzusehen.[12] So findet die Pflicht zur Veröffentlichung eines Prospekts gemäß Art. 1 Abs. 3 Unterabs. 2 EU-ProspektVO i. V. m. § 3 Nr. 2 WpPG keine Anwendung, wenn bei einem öffentlichen Angebot von Wertpapieren, welches sich zumindest auch an Anleger in Deutschland richtet,[13] der Gesamtgegenwert der angebotenen Wertpapiere im EWR innerhalb eines Zeitraums von zwölf Monaten nicht mehr als 8 Mio. € beträgt.[14] Übersteigt der Gesamtgegenwert der angebotenen Wertpapiere innerhalb dieses Zeitraums allerdings die Untergrenze von 100.000 €, darf ein öffentliches Angebot der Wertpapiere in Deutschland gemäß § 4 Abs. 1 Satz 1 bis 3 WpPG erst dann erfolgen, wenn der Anbieter der Wertpapiere ein **Wertpapier-Informationsblatt** erstellt sowie nach § 5 WpPG bei der BaFin hinterlegt und veröffentlicht hat.[15] Umfang und Inhalt des Wertpapier-Informationsblatts sind in § 4 Abs. 3 bis 7 WpPG, eine etwaige Nachtragspflicht in § 4 Abs. 8 WpPG geregelt.[16] Vor seiner Veröffentlichung ist das Wertpapier-Informationsblatt gemäß § 4 Abs. 2 WpPG durch die BaFin zu gestatten.[17]

7 Art. 3 Gesetz zur Einführung von eWp **ergänzt** die in § 4 Abs. 3 WpPG enthaltenen **Vorgaben für das Wertpapier-Informationsblatt** um spezifische Anforderungen **für elektronische Wertpapiere.** Der neu eingefügte § 4 Abs. 3a WpPG soll dabei ausweislich der Regierungsbegründung nicht nur für elektronische Wertpapiere i. S. des eWpG, sondern auch für sog. Wertpapier-Token gelten, die weder verbrieft sind noch elektronische Wertpapiere i. S. des eWpG darstellen.[18] Die Sonderregelungen betreffen dabei nur das Wertpapier-Informationsblatt, da nur diesbezüglich eine mitgliedsstaatliche Gesetzgebungskompetenz besteht.[19] Das gemeinschaftsrechtlich harmonisierte Prospektrecht bleibt ansonsten unberührt.

---

12) *Prescher* in: Schwark/Zimmer, Kapitalmarktrechts-Kommentar, § 4 WpPG Rz. 3; *Schulz*, WM 2018, 212, 213 f.

13) Von einem hinreichenden Inlandbezug ist auszugehen, wenn das Angebot vom Inland aus zugänglich ist. Daher reicht schon die unbeschränkte Zugänglichkeit eines öffentlichen Angebots im Internet, welches sich an ein weltweites Publikum richtet, zur Bejahung eines Inlandsbezugs aus, da dadurch auch in der Bundesrepublik Deutschland ansässige Anleger angesprochen werden sollen, vgl. *BaFin*, Merkblatt zu ICOs: Zweites Hinweisschreiben zu Prospekt- und Erlaubnispflichten im Zusammenhang mit der Ausgabe so genannter Krypto-Token, v. 16.8.2019, S. 9, abrufbar unter https://www.bafin.de/SharedDocs/Downloads/DE/Merkblatt/WA/dl_wa_merkblatt_ICOs.html (Abrufdatum: 21.2.2023); Müller/Pieper-*Kell*, eWpG, § 11 Rz. 35.

14) Müller/Pieper-*Kell*, eWpG, § 11 Rz. 33; *Preuße* in: Schwark/Zimmer, Kapitalmarktrechts-Kommentar, § 3 WpPG Rz. 3 ff.; *Singhof* in: MünchKomm-HGB, Emissionsgeschäft Rz. 41.

15) *Groß*, Kapitalmarktrecht, § 4 WpPG, Rz. 4 ff.; *Prescher* in: Schwark/Zimmer, Kapitalmarktrechts-Kommentar § 4 WpPG Rz. 7 ff.

16) *Grundmann/Denga* in: Ellenberger/Bunte, Bankrechts-Hdb., § 92 Rz. 44; Müller/Pieper-*Kell*, eWpG, § 11 Rz. 34; näheres zum Inhalt und Aufbau des Wertpapier-Informationsblatts: *Groß*, Kapitalmarktrecht, § 4 WpPG Rz. 6 ff.; *Prescher* in: Schwark/Zimmer, Kapitalmarktrechts-Kommentar, § 4 WpPG Rz. 28 ff.

17) *Groß*, Kapitalmarktrecht, § 4 WpPG, Rz. 5; *Prescher* in: Schwark/Zimmer, Kapitalmarktrechts-Kommentar, § 4 WpPG Rz. 19 ff.

18) Begr. RegE Gesetz zur Einführung von eWp z. Art. 3, BT-Drucks. 19/26925, S. 70.

19) Begr. RegE Gesetz zur Einführung von eWp z. Art. 3, BT-Drucks. 19/26925, S. 70; *Krug* in: Hopt/Seibt, Schuldverschreibungsrecht, 5. Teil, Kap. 6 Rz. 6.60; Müller/Pieper-*Kell*, eWpG, § 11 Rz. 34.

II. Regelungsinhalt

1. Anwendungsbereich des § 4 Abs. 3a WpPG

Die Verpflichtung zur Veröffentlichung eines Prospekts nach Art. 3 Abs. 1 der EU-Pro-   **8**
spektVO und damit auch die Möglichkeit, diesen unter bestimmten Voraussetzungen durch
ein Wertpapier-Informationsblatt zu ersetzen, setzt das öffentliche Angebot von **Wertpapieren** voraus.

a) Wertpapierbegriff

Der Begriff des Wertpapiers wird zwar in verschiedenen Gesetzen verwendet oder voraus-   **9**
gesetzt.[20] Er ist jedoch **nicht einheitlich definiert**. Allgemein wird zwischen dem sog.
zivilrechtlichen Wertpapierbegriff der §§ 793 ff. BGB und dem sog. aufsichtsrechtlichen
Wertpapierbegriff unterschieden:[21]

Für den **zivilrechtlichen Wertpapierbegriff** ist die Definition der Inhaberschuldverschrei-   **10**
bung in § 793 Abs. 1 Satz 1 BGB maßgeblich.[22] Nach dem dazu überwiegend vertretenen,
weiten Wertpapierbegriff ist ein Wertpapier eine Urkunde, in der der Aussteller ein sub-
jektives Recht in der Weise verspricht, dass es nur vom jeweiligen Inhaber der Urkunde
geltend gemacht werden kann.[23] Zu den Wertpapieren gehören danach sowohl Inhaber-
und Orderpapiere als auch Rektapapiere und qualifizierte Legitimationspapiere, nicht aber
einfache Legitimationspapiere wie Schuldscheine oder Versicherungsscheine nach § 3
VVG.[24]

Für das Prospektrecht ist gemäß § 2 Nr. 1 WpPG hingegen der **aufsichtsrechtliche Wert-**   **11**
papierbegriff maßgeblich.[25] Der in Verweis genommene Art. 2 lit. a EU-ProspektVO
definiert den Begriff des Wertpapiers zwar nicht selbst, verweist aber auf den Begriff der
„übertragbaren Wertpapiere" in Art. 4 Abs. 1 Nr. 44 der MiFID II[26].[27] Demnach unterfallen dem Begriff nur solche Kategorien von Wertpapieren, die auf dem Kapitalmarkt gehandelt werden können, wie:

– Aktien und andere, Aktien oder Anteilen an Gesellschaften, Personengesellschaften oder
  anderen Rechtspersönlichkeiten gleichzustellende Wertpapiere sowie Aktienzertifikate;

---

20) Vgl. § 1 Abs. 1 DepotG, § 2 Abs. 1 WpHG, § 2 Abs. 2 WpÜG, § 2 Abs. 1 WpPG, § 2 Abs. 2 BörsG.
21) Begr. RegE Gesetz zur Einführung von eWp z. Art. 3, BT-Drucks. 19/26925, S. 70; *Preuße* in: Schwark/
    Zimmer, Kapitalmarktrechts-Kommentar, § 2 WpPG Rz. 3; *Bergmann* in: Langenbucher/Bliesener/
    Spindler, Effektengeschäft Rz. 2 ff.
22) Vgl. *Habersack* in: MünchKommBGB, Vor § 793 Rz. 7 ff.
23) Vgl. *Habersack* in: MünchKomm-BGB, Vor § 793 Rz. 9; *Gehrlein* in: BeckOK-BGB, § 793 Rz. 1;
    Kaulartz/Matzke, NJW 2018, 3278, 3281 ff.; Staudinger-*Marburger*, BGB, Vorb. §§ 793–808 Rz. 1.
    Nach dem von einer Minderheit vertretenen, *engen* Wertpapierbegriff soll unter einem Wertpapier dagegen
    eine Urkunde über ein vermögenswertes Recht zu verstehen sein, bei der die Verfügung über das ver-
    briefte Recht durch die Verfügung über das Papier erfolgt, vgl. *Ulmer*, Das Recht der Wertpapiere, S. 21.
    Bedeutung hat dieser Meinungsstreit allerdings nur für die Rektapapiere und die qualifizierten Legiti-
    mationspapiere, da bei diesen die Innehabung des Papiers Voraussetzung der Rechtsausübung ist, die
    Verfügung über das Recht aber nicht nach sachenrechtlichen Grundsätzen, sondern nach den §§ 398 ff.
    BGB erfolgt. Sie sind deshalb Wertpapiere im weiteren, aber nicht im engeren Sinne, vgl. *Bartlitz*, NJW
    2022, 1981, 1982; *Habersack* in: MünchKomm-BGB, Vor § 793 Rz. 10.
24) *Bartlitz*, NJW 2022, 1981, 1982; *Habersack* in: MünchKomm-BGB, Vor § 793 Rz. 10; Staudinger-
    Marburger, BGB, Vorb. §§ 793–808, Rz. 1, 3.
25) Vgl. Müller/Pieper-*Kell*, eWpG, § 11 Rz. 7; *Preuße* in: Schwark/Zimmer, Kapitalmarktrechts-Kom-
    mentar, § 2 WpPG Rz. 2 f.; *Ribak*, Wertpapierrecht der Security Token Offerings, S. 433 ff.
26) Richtlinie 2014/65/EU des Europäischen Parlaments und des Rates v. 15.52014 über Märkte für Fi-
    nanzinstrumente sowie zur Änderung der Richtlinien 2002/92/EG und 2011/61/EU (Markets in Fi-
    nancial Instruments Directive – MiFID II), ABl. (EU) L 173/34 v. 12.6.2014.
27) *Preuße* in: Schwark/Zimmer, Kapitalmarktrechts-Kommentar, § 2 WpPG Rz. 4. Zum aufsichtsrechtli-
    chen Wertpapierbegriff vgl. z. B. *Singhof* in: MünchKomm-HGB, Emissionsgeschäft Rz. 5 ff.; *Groß*,
    Kapitalmarktrecht, § 2 WpPG Rz. 2 ff.

- Schuldverschreibungen oder andere verbriefte Schuldtitel, einschließlich Zertifikaten (Hinterlegungsscheinen) für solche Wertpapiere; und

- alle sonstigen Wertpapiere, die zum Kauf oder Verkauf solcher Wertpapiere berechtigen oder zu einer Barzahlung führen, die anhand von übertragbaren Wertpapieren, Währungen, Zinssätzen oder -erträgen, Waren oder anderen Indizes oder Messgrößen bestimmt wird.

12 Ausdrücklich ausgenommen sind jedoch reine Zahlungsinstrumente[28] und Geldmarktinstrumente[29] mit einer Laufzeit von weniger als zwölf Monaten.[30]

13 Der aufsichtsrechtliche Wertpapierbegriff ist damit einerseits enger als der zivilrechtliche Begriff, wo jede Leistung i. S. des § 241 Abs. 1 BGB Gegenstand der Schuldverschreibung sein kann.[31] Für den aufsichtsrechtlichen Wertpapierbegriff müssen dagegen **vermögensmäßige Rechte** versprochen werden. Andererseits war nach aufsichtsrechtlichem Verständnis schon bisher keine Verbriefung in einer Urkunde für die Annahme eines Wertpapiers erforderlich (vgl. auch § 2 Abs. 1 WpHG, § 17a DepotG, § 1 Abs. 1 Nr. 5 KWG).[32]

14 Das **entscheidende Merkmal** für das Vorliegen eines Wertpapiers im aufsichtsrechtlichen Sinne ist vielmehr seine **Fungibilität**, also dass es übertragbar und an den Finanzmärkten ohne Übertragungshemmnisse handelbar ist.[33] Fungibel sind zumindest börsenzugelassene Wertpapiere dann, wenn sie mit allen der gleichen Kategorie angehörenden Wertpapieren austauschbar sind.[34] Das ist anzunehmen, wenn sie hinreichend standardisiert, also mit denselben Rechten und Pflichten ausgestattet sind wie die anderen Wertpapiere der gleichen Kategorie.[35]

---

28) „Zahlungsinstrument" bezeichnet jedes personalisierte Instrument und/oder jeden personalisierten Verfahrensablauf, das bzw. der zwischen dem Zahlungsdienstnutzer und dem Zahlungsdienstleister vereinbart wurde und zur Erteilung eines Zahlungsauftrags verwendet wird, vgl. § 1 Abs. 20 Zahlungsdiensteaufsichtsgesetz (ZAG), der auf Art. 4 Nr. 14 der Richtlinie (EU) 2015/2366 des Europäischen Parlaments und des Rates v. 25.11.2015 über Zahlungsdienste im Binnenmarkt, zur Änderung der Richtlinien 2002/65/EG, 2009/110/EG und 2013/36/EU und der Verordnung (EU) Nr. 1093/2010 sowie zur Aufhebung der Richtlinie 2007/64/EG (Zahlungsdiensterichtlinie), ABl. (EU) L 337/35 v. 23.12.2015, basiert.

29) „Geldmarktinstrumente" bezeichnet die üblicherweise auf dem Geldmarkt gehandelten Gattungen von Instrumenten, wie Schatzanweisungen, Einlagenzertifikate und Commercial Papers, mit Ausnahme von Zahlungsinstrumenten, vgl. Art. 4 Abs. 1 Nr. 17 MiFID II.

30) Auf diese Weise werden insbesondere Schatzanweisungen und kurz laufende Geldmarktinstrumente wie sog. Commercial Papers nicht vom aufsichtsrechtlichen Wertpapierbegriff erfasst, vgl. *Preuße* in: Schwark/Zimmer, Kapitalmarktrechts-Kommentar, § 2 WpPG Rz. 6; *Ribak*, Wertpapierrecht der Security Token Offerings, S. 468 ff.

31) Vgl. *Casper* in: Möslein/Omlor, FinTech-Hdb., § 28 Rz. 24 ff.; Staudinger-*Marburger*, BGB, § 793, Rz. 6.

32) *Bartlitz*, NJW 2022, 1981, 1982; Müller/Pieper-*Kell*, eWpG, § 11 Rz. 7; *Preuße/Wöckener/Gillenkirch*, BKR 2021, 460, 462; *Singhof* in: MünchKomm-HGB, Emissionsgeschäft Rz. 5.

33) *Groß*, Kapitalmarktrecht, § 2 WpPG Rz. 3; *Ribak*, Wertpapierrecht der Security Token Offerings, S. 385 f., S. 437 ff.; *Spindler*, WM 2018, 2109, 2112; *Singhof* in: MünchKomm-HGB, Emissionsgeschäft Rz. 5; *Zickgraf*, AG 2018, 293, 299.

34) Vgl. § 32 Abs. 3 Nr. 1 BörsG i. V. m. Art. 35 der Verordnung (EG) Nr. 1287/2006 der Kommission v. 10.8.2006 zur Durchführung der Richtlinie 2004/39/EG des Europäischen Parlaments und des Rates betreffend die Aufzeichnungspflichten für Wertpapierfirmen, die Meldung von Geschäften, die Markttransparenz, die Zulassung von Finanzinstrumenten zum Handel und bestimmte Begriffe im Sinne dieser Richtlinie, ABl. (EU) L 241/1 v. 2.9.2006, sowie Art. 1 der Delegierten Verordnung (EU) 2017/568 der Kommission v. 24.5.2016 zur Ergänzung der Richtlinie 2014/65/EU des Europäischen Parlaments und des Rates durch technische Regulierungsstandards für die Zulassung von Finanzinstrumenten zum Handel an geregelten Märkten, ABl. (EU) L 87/117 v. 31.3.2017.

35) *Preuße* in: Schwark/Zimmer, Kapitalmarktrechts-Kommentar, § 2 WpPG Rz. 5; Just/Voß/Ritz/Zeising-*Ritz/Zeising*, Wertpapierprospektrecht, § 2 WpPG Rz. 34 f. Zum Zwecke der Unterstützung der Umlauffähigkeit, besseren Identifizierung und elektronischen Datenverarbeitung der Geschäfte erhält jede Kategorie von Wertpapieren dazu eine Wertpapierkennnummer (WKN) bzw. International Securities Identification Number (ISIN), vgl. *Singhof* in: MünchKomm-HGB, Emissionsgeschäft Rz. 5.

b)   Elektronische Wertpapiere i. S. des eWpG

Mit der Einführung des eWpG nimmt auch der deutsche Gesetzgeber Abschied vom bis-   **15**
herigen Erfordernis der Verkörperung eines Wertpapiers in einer Urkunde.[36] Zwar verweist § 1 eWpG mit der Nennung der Inhaberschuldverschreibung weiterhin auf den zivilrechtlichen Wertpapierbegriff nach § 793 Abs. 1 BGB.[37] Die Ausstellung einer **Urkunde**
ist gemäß § 2 Abs. 1 Satz 2 eWpG jedoch **nicht mehr erforderlich** und wird durch die
Eintragung des elektronischen Wertpapiers in ein elektronisches Wertpapierregister gemäß
§ 12 bzw. § 16 eWpG ersetzt.[38] Für diese Eintragung müssen gemäß § 4 Abs. 4 eWpG die
nach § 13 bzw. § 17 eWpG erforderlichen Angaben unter eindeutiger und unmittelbarer
Bezugnahme auf die gemäß § 5 Abs. 1 eWpG niedergelegten Emissionsbedingungen aufgenommen werden.[39] Der Inhaber eines elektronischen Wertpapiers ist gemäß §§ 3 Abs. 1, 2
Abs. 1 Satz 1 eWpG dann derjenige, der als dessen Inhaber in ein elektronisches Wertpapierregister eingetragen ist.[40] Das elektronische Wertpapier ist damit ein Inhaberpapier,
bei dem die Eintragung in ein elektronisches Wertpapierregister die Innehabung der Urkunde ersetzt.[41]

Nach § 1 eWpG ist das eWpG **nur auf Inhaberschuldverschreibungen i. S. des § 793**   **16**
BGB anwendbar. Die Erstreckung auf andere Wertpapiere wie Aktien[42] war im Gesetzgebungsverfahren zwar diskutiert, aber aufgrund befürchteter Komplexität zunächst zurückgestellt worden.[43] Damit kommen als elektronische Wertpapiere neben typischen
(Unternehmens-)Anleihen und Wandelschuldverschreibungen, auch Pfandbriefe sowie Ge-
winn- und Genussscheine in Betracht (siehe oben *Haertlein*, § 1 Rz. 5 ff.).[44] Gleiches dürfte
für verbriefte Derivate (wie Kreditderivate, Optionsscheine und Zertifikate) und Kombinationen solcher Derivaten (strukturierte Produkte)[45] gelten, sofern es sich bei diesen
typischerweise um eine Form der Inhaberschuldverschreibung handelt (siehe oben *Haertlein*,

---

36) *Omlor/Möslein* in: Ellenberger/Bunte, Bankrechts-Hdb., § 34 Rz. 61 ff.

37) *Lehmann* in: Omlor/Möslein/Grundmann, Elektronische Wertpapiere, S. 59, 60.

38) *Skauradszun*, ZfPW 2022, 56, 62.

39) Näher dazu *Döding/Wentz*, WM 2020, 2312, 2315.

40) Die Legitimationswirkung des elektronischen Wertpapiers ergibt sich aus § 28 Abs. 1 Satz 1 eWpG,
     die Liberationswirkung aus § 28 Abs. 1 Satz 2 eWpG, vgl. *Döding/Wentz*, WM 2020, 2312, 2318; *Bartlitz*,
     NJW 2022, 1981, 1982; *Linardatos*, BKR 2022, 486, 487 ff.

41) Begr. RegE Gesetz zur Einführung von eWp z. § 3 Abs. 1 eWpG, BT-Drucks. 19/26925, S. 41;
     Preuße/Wöckener/Gillenkirch, BKR 2021, 460, 461; vgl. auch *Bartlitz*, NJW 2022, 1981, 1982 ff., der in
     diesem Zusammenhang von einer neuartigen Form des Wertpapiers und der Weiterentwicklung des
     bisherigen Wertpapierbegriffs hin zu einem neuen, *modernen* Wertpapierbegriff spricht.

42) Aktien unterscheidet von den Inhaberschuldverschreibungen, dass sie Mitgliedschaftsrechte und keine
     Forderungen verbriefen, vgl. *Habersack* in: MünchKomm-BGB, § 793 Rz. 11.

43) Dabei wurde vom Gesetzgeber insbesondere auf den erheblichen weiteren Anpassungsbedarf im Gesell-
     schaftsrecht verwiesen, vgl. Begr. RegE Gesetz zur Einführung von eWp z. § 1 eWpG, BT-Drucks. 19/
     26925, S. 38; kritisch dazu u. a. *Bialluch-v. Allwörden*, RDi 2021, 13; *Döding/Wentz*, WM 2020, 2312,
     2312 f.; *Lehmann*, BKR 2020, 431, 432; *Lehmann* in: Omlor/Möslein/Grundmann, Elektronische Wert-
     papiere, S. 59, 64 ff. Die mögliche Erweiterung des eWpG auf Aktien befindet sich jedoch weiterhin
     auf der politischen Agenda, vgl. Eckpunktepapier der Bundesregierung zum Zukunftsfinanzierungsge-
     setz, v. 29.6.2022, abrufbar unter https://www.bundesfinanzministerium.de/Content/DE/Downloads/
     Finanzmarktpolitik/2022-06-29-eckpunkte-zukunftsfinanzierungsgesetz.html (Abrufdatum: 21.2.2023).

44) Vgl. auch *Lehmann*, NJW 2021, 2318, 2319; *Lehmann* in: Omlor/Möslein/Grundmann, Elektronische
     Wertpapiere, S. 59, 60 ff.; *Müller/Pieper-Pieper*, eWpG, § 1 Rz. 19; *Preuße/Wöckener/Gillenkirch*, BKR
     2021, 460; *Sickinger/Thelen*, AG 2020, 862, 863; *Vig*, BKR 2022, 442; *Wieneke/Kunz*, NZG 2021, 316,
     317.

45) Dazu zählen insbesondere Wertpapiere (außer Aktien), die durch andere Vermögenswerte gedeckt sind,
     (sog. Asset-backed Securities – ABS) und strukturierte Finanzinstrumente, dem Wertpapiere unterlegt
     sind, denen ihrerseits Kreditforderungen unterliegen (Collateralized Debt Obligations – CDOs), vgl.
     Lehmann in: Omlor/Möslein/Grundmann, Elektronische Wertpapiere, S. 59, 62.

§ 1 Rz. 27 ff.),[46] sowie Namenschuldverschreibungen auf eine Wertpapiersammelbank, da diese nach § 1 Abs. 1 Satz 2 DepotG in Deutschland als sammelverwahrfähige Inhaberschuldverschreibungen ausgestaltet sind.[47]

17   Über § 95 Abs. 1 Satz 1 i. V. m. Abs. 3 KAGB findet das eWpG zudem auf Investmentanteilsscheine Anwendung, auch wenn es sich bei diesen nach überwiegender Ansicht nicht um Schuldverschreibungen handelt.[48] Keine Anwendung findet das eWpG hingegen auf Order- oder Rektapapiere, für deren Einbeziehung der Gesetzgeber kein praktisches Bedürfnis gesehen hat.[49] Ebenfalls nicht erfasst sind nicht verbriefte Derivate, öffentliche Anleihen,[50] Wertpapiere des Transportrechts (wie Lager- und Ladescheine oder Konnossements)[51] oder Vermögensanlagen nach dem Vermögensanlagegesetz.[52]

c)   Von § 4 Abs. 3a WpPG erfasste Wertpapiere

aa)   Elektronische Wertpapiere i. S. des eWpG (§ 4 Abs. 3a Var. 1 WpPG)

18   Prospektrechtlich relevant können i. R. des § 4 Abs. 3a WpPG **nur Wertpapiere** sein, die auch **nach aufsichtsrechtlichem Verständnis** als Wertpapiere anzusehen sind (siehe dazu bereits Rz. 16). Für Wertpapiere, die schon bisher als Wertpapiere im aufsichtsrechtlichen Sinn galten und aufgrund des eWpG lediglich auch in elektronischer Form begeben werden können, führt ihre elektronische Begebung daher zu keiner Neubewertung. Öffentliche Angebote dieser Wertpapiere sind daher weiterhin prospektpflichtig.[53] Für reine Zahlungsinstrumente und Geldmarktinstrumente mit einer Laufzeit von weniger als zwölf Monaten wie sog. Commercial Papers[54] scheidet eine Prospektpflicht allerdings weiterhin aus (siehe dazu bereits Rz. 1). Gleiches gilt für Genussrechte, die nach aufsichtsrechtlichem Verständnis als Vermögensanlagen gelten (vgl. § 1 Abs. 2 Nr. 5 VermAnlG).[55] Sie können aber im Falle ihres öffentlichen Angebots in Deutschland gemäß § 1 Abs. 1 Satz 1 VermAnlG ebenfalls einer Prospektpflicht unterliegen.

19   Soweit elektronische Wertpapiere als Wertpapiere im aufsichtsrechtlichen Sinn anzusehen sind, unterfallen sie auch den **weiteren europäischen und nationalen Regelungen**, welche

---

46)   Vgl. auch *Lehmann* in: Omlor/Möslein/Grundmann, Elektronische Wertpapiere, S. 59, 62; Müller/ Pieper-*Pieper*, eWpG, § 1 Rz. 19; a. A. für Derivate ohne Differenzierung: *Preuße/Wöckener/Gillenkirch*, BKR 2021, 460.

47)   Müller/Pieper-*Pieper*, eWpG, § 1 Rz. 20.

48)   *Lehmann*, NJW 2021, 2318, 2319; *Lehmann* in: Omlor/Möslein/Grundmann, Elektronische Wertpapiere, S. 59, 63 f.; Müller/Pieper-*Pieper*, eWpG, § 1 Rz. 21 ff.

49)   Begr. RegE Gesetz zur Einführung von eWp z. § 1 eWpG, BT-Drucks. 19/26925, S. 38; vgl. auch *Bialluch-v. Allwörden*, RDi 2021, 13, Rz. 2 f., die darauf hinweist, dass Rektapapiere auch schon bisher elektronisch begeben werden konnten, da sie allein durch Abtretung nach §§ 398 ff. BGB übertragen werden; kritisch dazu *Lehmann* in: Omlor/Möslein/Grundmann, Elektronische Wertpapiere, S. 59, 68.

50)   Das eWpG ist nach seinem Sinn und Zweck auf elektronische Begebungsformen von privaten Wertpapieren beschränkt, vgl. *Lehmann*, NJW 2021, 2318, 2319; Müller/Pieper-*Pieper*, eWpG, § 1 Rz. 16.

51)   Begr. RegE Gesetz zur Einführung von eWp z. § 1 eWpG, BT-Drucks. 19/26925, S. 38; Müller/ Pieper-*Pieper*, eWpG, § 1 Rz. 16; anders noch *Lehmann* in: Omlor/Möslein/Grundmann, Elektronische Wertpapiere, S. 59, 77 f.

52)   *Preuße/Wöckener/Gillenkirch*, BKR 2021, 460.

53)   Vgl. auch *Bialluch-v. Allwörden*, RDi 2021, 13, 19; *Casper* in: Möslein/Omlor, FinTech-Hdb., § 28 Rz. 69; Müller/Pieper-*Kell*, eWpG, § 11 Rz. 8, 33; *Preuße/Wöckener/Gillenkirch*, BKR 2021, 460, 462; *Sickinger/Thelen*, AG 2020, 862, 868; *v. Buttlar* in: Omlor/Möslein/Grundmann, Elektronische Wertpapiere, S. 157, 174 f.

54)   Diese sind grundsätzlich ebenfalls als Inhaberschuldverschreibungen i. S. des § 793 BGB einzuordnen, vgl. *Lehmann* in: Omlor/Möslein/Grundmann, Elektronische Wertpapiere, S. 59, 62.

55)   Nicht verbriefte Genussrechte weisen im Gegensatz zu verbrieften Genussscheinen typischerweise keine hinreichende Standardisierung auf, um als Wertpapiere eingeordnet werden zu können, vgl. *Bialluch-v. Allwörden/v. Allwörden*, WM 2018, 2118, 2121.

auf die Definition in Art. 4 Abs. 1 Nr. 44 MiFID II Bezug nehmen. Dazu zählen insbesondere die PRIIPS-VO,[56)] sofern es sich um verpackte Anlageprodukte handelt, sowie das WpHG, das VermAnlG und die Marktmissbrauchsverordnung[57)], welche Folgepflichten für die Zulassung bzw. Einbeziehung der Wertpapiere zum Handel an einem regulierten Markt bzw. Freiverkehr enthält.[58)]

bb) Digitale, nicht verbriefte Wertpapiere (§ 4 Abs. 3a Var. 2 WpPG)

Nach § 4 Abs. 3a Var. 2 WpPG findet die Regelung auch auf digitale und nicht verbriefte   **20** Wertpapiere Anwendung, die keine elektronischen Wertpapiere i. S. des eWpG sind. Damit sollen nach der Regierungsbegründung insbesondere sog. **Wertpapier-Token** vom Anwendungsbereich erfasst sein.[59)]

(1) Überblick über die verschiedenen Token-Arten

Als sog. Token bezeichnet man digitale, nicht verkörperte Datensätze, die dezentral oder   **21** zentral gespeichert werden können und einem Rechtsträger zugeordnet sind (siehe dazu Rz. 7). Je nach der Art ihrer Ausgestaltung werden Token üblicherweise in **drei Hauptkategorien** unterteilt, wobei teilweise auch synonyme Begriffe verwendet werden:[60)] **Currency Token** sind dazu bestimmt als Zahlungsmittel eingesetzt zu werden. **Utility Token** gewähren den Inhabern Zugriff auf bestimmte Dienstleistungen, Produkte oder Plattformen. **Investment Token** beschreiben die Arten von Token, die ihren Inhabern bspw. ein Mitgliedschaftsrecht (Aktie) oder einen schuldrechtlichen Anspruch auf Rückzahlung eines Geldbetrages (Anleihe) verleihen. Zu diesen Token zählen insbesondere diejenigen, die das (Mit-)Eigentum an Gesellschaftsanteilen (sog. Equity Token), Vermögensgegenständen (sog. Asset-backed Token) oder Wertpapieren im Allgemeinen (sog. Security Token) verkörpern.[61)] Token lassen sich aber auch danach unterscheiden, ob sie einen materiellen oder immateriellen Wert, der entweder innerhalb oder außerhalb ihres digitalen Ökosystems existiert, repräsentieren (sog. **intrinsische** Token) oder Gegenstände oder Werte verkörpern und dadurch einen **extrinsischen** Wert erhalten (z. B. sog. Non-Fungible Token[62)]

---

56) Verordnung (EU) Nr. 1286/2014 des Europäischen Parlaments und des Rates v. 26.11.2014 über Basisinformationsblätter für verpackte Anlageprodukte für Kleinanleger und Versicherungsanlageprodukte (PRIIP), ABl. (EU) L 352/1 v. 9.12.2014.

57) Verordnung (EU) Nr. 596/2014 des Europäischen Parlaments und des Rates vom 16. April 2014 über Marktmissbrauch (Marktmissbrauchsverordnung) und zur Aufhebung der Richtlinie 2003/6/EG des Europäischen Parlaments und des Rates und der Richtlinien 2003/124/EG, 2003/125/EG und 2004/72/EG der Kommission (MAR), ABl. (EU) L 173/1 v. 12.6.2014.

58) Vgl. *Preuße/Wöckener/Gillenkirch*, BKR 2021, 460, 462; *Sickinger/Thelen*, AG 2020, 862, 868.

59) Begr. RegE Gesetz zur Einführung von eWp z. Art. 3, BT-Drucks. 19/26925, S. 70.

60) Vgl. zum Ganzen BaFin, Merkblatt zu ICOs: Zweites Hinweisschreiben zu Prospekt- und Erlaubnispflichten im Zusammenhang mit der Ausgabe so genannter Krypto-Token,v. 16.8.2019, S. 5 f., abrufbar unter https://www.bafin.de/SharedDocs/Downloads/DE/Merkblatt/WA/dl_wa_merkblatt_ICOs.html; *BaFin*, Initial Coin Offerings: Hinweisschreiben zur aufsichtsrechtlichen Einordnung als Finanzinstrumente v. 16.8.2019, S. 5, abrufbar unter https://www.bafin.de/SharedDocs/Downloads/DE/Merkblatt/WA/dl_hinweisschreiben_einordnung_ICOs.html (Abrufdatum jew. 21.2.2023); *Kaulartz/Matzke*, NJW 2018, 3278, 3279 f.; *Patz*, BKR 2021, 725, 726 f.; *Spindler*, WM 2018, 2109, 2109 f.; *Vig*, BKR 2022, 442, 443 f.; *Weitnauer*, BKR 2018, 231, 232 f.; *Zickgraf*, AG 2018, 293, 295 ff.

61) *Kaulartz/Matzke*, NJW 2018, 3278, 3280.

62) Sog. Non-Fungible Token (NFT), wie bspw. die Tokenisierung von Kunstgegenständen, sind untereinander nicht austauschbare Token, die ihren Wert unmittelbar aus ihrer Individualität beziehen, vgl. *Denga*, BKR 2022, 288; *Guntermann*, RDi 2022, 200, 201 f.

oder Stock Token[63]. Häufig gibt es auch Token, die eine Mischform der vorgenannten Token-Arten darstellen und als „hybride Token" bezeichnet werden können.

(2)   Einordnung und mögliche Prospektpflicht von Token

(a)   Auffassung der BaFin

22   Die BaFin orientierte sich bei der Einordnung von Token von Beginn an am aufsichtsrechtlichen Wertpapierbegriff (siehe dazu bereits Rz. 15 ff.) und hatte bereits vor Inkrafttreten des eWpG zu einer möglichen Prospektpflicht für öffentliche Angebote von Token (sog. Initial Coin Offering – ICO)[64] Stellung bezogen.[65] Aus der Definition in Art. 4 Abs. 1 Nr. 44 MiFID II leitet die BaFin dabei **drei Voraussetzungen** ab, die ein Token erfüllen muss, um unter den aufsichtsrechtlichen Wertpapierbegriff zu fallen: Er müsse:

- übertragbar;
- am Kapitalmarkt handelbar sein; und
- ein wertpapierähnliches Recht verkörpern.

23   Auf die aufsichtsrechtliche Einordnung des Tokens komme es dabei nicht an.[66]

24   Eine **Übertragbarkeit** sei gegeben, wenn der Token ohne Änderung des rechtlichen und technischen Wesensgehalts vom jeweiligen Inhaber auf andere Personen übertragen werden könne. Dies sei bei den gängigen Token-Standards (z. B. ERC-20) gewährleistet.[67]

---

63)   Unter sog. Stock Token versteht man die Möglichkeit, über einen Token rein vermögensrechtlich an Aktien einer börsennotierten Gesellschaft zu partizipieren, die zu diesem Zwecke von einer Zweckgesellschaft gehalten werden. Der Inhaber des Tokens kann damit an den Wertsteigerungen und Dividendenzahlungen der Aktie teilhaben. Ihm stehen aber keine Mitgliedschaftsrechte aus der Aktie, da diese bei der Zweckgesellschaft verbleiben. Im Unterschied zu einem Security Token vermitteln Stock Token auch keine Rechte gegenüber dem Emittenten, sondern lediglich gegenüber der Zweckgesellschaft, vgl. dazu *Rennig*, BKR 2021, 402, 403; *Veil/Lötscher*, WM 2021, 2121, 2126 f.

64)   Teilweise werden für Angebote von Token auch synonyme Begriffe wie „Initial Token Offerings" (ITO) oder „Security Token Offerings" (STO) verwendet, vgl. *BaFin*, Merkblatt zu ICOs: Zweites Hinweisschreiben zu Prospekt- und Erlaubnispflichten im Zusammenhang mit der Ausgabe so genannter Krypto-Token, v. 16.8.2019, S. 1, abrufbar unter https://www.bafin.de/SharedDocs/Downloads/DE/Merkblatt/WA/dl_wa_merkblatt_ICOs.html (Abrufdatum: 21.2.2023).

65)   Vgl. BaFin, Merkblatt zu ICOs: Zweites Hinweisschreiben zu Prospekt- und Erlaubnispflichten im Zusammenhang mit der Ausgabe so genannter Krypto-Token,v. 16.8.2019, S. 6 ff., abrufbar unter https://www.bafin.de/SharedDocs/Downloads/DE/Merkblatt/WA/dl_wa_merkblatt_ICOs.html; *BaFin*, Initial Coin Offerings: Hinweisschreiben zur aufsichtsrechtlichen Einordnung als Finanzinstrumente v. 16.8.2019, S. 2 ff., abrufbar unter https://www.bafin.de/SharedDocs/Downloads/DE/Merkblatt/WA/dl_hinweisschreiben_einordnung_ICOs.html (Abrufdatum jew. 21.2.2023).

66)   BaFin, Merkblatt zu ICOs: Zweites Hinweisschreiben zu Prospekt- und Erlaubnispflichten im Zusammenhang mit der Ausgabe so genannter Krypto-Token,v. 16.8.2019, S. 7, abrufbar unter https://www.bafin.de/SharedDocs/Downloads/DE/Merkblatt/WA/dl_wa_merkblatt_ICOs.html; *BaFin*, Initial Coin Offerings: Hinweisschreiben zur aufsichtsrechtlichen Einordnung als Finanzinstrumente v. 16.8.2019, S. 2, abrufbar unter https://www.bafin.de/SharedDocs/Downloads/DE/Merkblatt/WA/dl_hinweisschreiben_einordnung_ICOs.html (Abrufdatum jew. 21.2.2023); vgl. auch *Kleinert/Mayer*, EuZW 2019, 857, 860; *Zickgraf*, AG 2018, 293, 299; leicht abweichend *Kusserow*, WM 2020, 586, 593, der die Standardisierung als eigene vierte Voraussetzung betrachtet; ebenso *Rennig*, BKR 2021, 402, 404. Die BaFin betrachtet die Standardisierung als Teil der Handelbarkeit am Kapitalmarkt.

67)   BaFin, Merkblatt zu ICOs: Zweites Hinweisschreiben zu Prospekt- und Erlaubnispflichten im Zusammenhang mit der Ausgabe so genannter Krypto-Token,v. 16.8.2019, S. 8, abrufbar unter https://www.bafin.de/SharedDocs/Downloads/DE/Merkblatt/WA/dl_wa_merkblatt_ICOs.html (Abrufdatum: 21.2.2023); vgl. auch *Rauer/Bibi*, ZUM 2022, 20, 22; *Zickgraf*, AG 2018, 293, 299.

Handelbarkeit am Kapitalmarkt liege vor, wenn der Token ein gewisses Mindestmaß an 25
Standardisierung aufweise, also andere Token mit gleichen Rechten ausgestattet seien und
diese gemeinsam eine Gattung bildeten.[68]

Eine **Ausstattung mit wertpapierähnlichen Rechten** setze schließlich voraus, dass der 26
Token dem Inhaber ein aktionärsähnliches Eigenkapitalinteresse oder ein mit einem Schuld-
titelgläubiger vergleichbares Fremdkapitalinteresse vermittele. Dies setze ein vermögens-
mäßiges Recht voraus. Ein solches sei jedenfalls dann gegeben, wenn die Rückzahlung des
eingesetzten Vermögens zum Laufzeitende des Tokens oder regelmäßige, mit der Inhaberschaft am Token verbundene Zahlungen aufweist. Auch mitgliedschaftliche Rechte kämen
in Frage, sofern der Token auch einer Dividendenzahlung vergleichbare Ansprüche enthält
oder mittels des Token die Einflussnahme auf in Verbindung stehende Unternehmen ermöglicht.[69] Das Vorliegen dieser Voraussetzungen sei im jeweiligen Einzelfall zu prüfen.
Dabei komme es insbesondere auf die im Token verkörperten Rechte an. Eine ggf. verwendete typisierende Bezeichnung des Tokens könne die Prüfung dieser Voraussetzung
nicht ersetzen.[70]

Vor dem Hintergrund dieser Kriterien scheidet eine Wertpapiereigenschaft für **Currency** 27
Token von vorneherein aus. Als reine Zahlungsmittel unterfallen sie nicht dem aufsichtsrechtlichen Wertpapierbegriff.[71] Gleiches gilt für **Non-Fungible Token**, welche aufgrund
ihrer individuellen Natur gerade keine gattungsmäßige Bestimmbarkeit, also Standardisierung, besitzen.[72] Auch **Utility Token** stellen grundsätzlich keine Wertpapiere i. S. des WpPG
oder Vermögensanlage i. S. des VermAnlG dar. Eine Wertpapiereigenschaft kommt hier
nur bei besonderer Ausgestaltung im Einzelfall in Betracht.[73] Anders verhält es sich jedoch
mit **Investment Token**. Diese „wertpapierähnlichen Token" sind aufgrund ihrer Ausgestaltung typischerweise als Wertpapiere im aufsichtsrechtlichen Sinne zu verstehen und

---

68) BaFin, Merkblatt zu ICOs: Zweites Hinweisschreiben zu Prospekt- und Erlaubnispflichten im Zusammenhang mit der Ausgabe so genannter Krypto-Token, v. 16.8.2019, S. 8, abrufbar unter https://
www.bafin.de/SharedDocs/Downloads/DE/Merkblatt/WA/dl_wa_merkblatt_ICOs.html (Abrufdatum:
21.2.2023); vgl. auch *Zickgraf*, AG 2018, 293, 299 ff.

69) BaFin, Merkblatt zu ICOs: Zweites Hinweisschreiben zu Prospekt- und Erlaubnispflichten im Zusammenhang mit der Ausgabe so genannter Krypto-Token, v. 16.8.2019, S. 8, abrufbar unter https://
www.bafin.de/SharedDocs/Downloads/DE/Merkblatt/WA/dl_wa_merkblatt_ICOs.html (Abrufdatum:
21.2.2023).

70) BaFin, Initial Coin Offerings: Hinweisschreiben zur aufsichtsrechtlichen Einordnung als Finanzinstrumente v. 16.8.2019, S. 2 ff., abrufbar unter https://www.bafin.de/SharedDocs/Downloads/DE/Merkblatt/
WA/dl_hinweisschreiben_einordnung_ICOs.html (Abrufdatum: 21.2.2023); BaFin, Zweites Hinweisschreiben, S. 6.

71) BaFin, Merkblatt zu ICOs: Zweites Hinweisschreiben zu Prospekt- und Erlaubnispflichten im Zusammenhang mit der Ausgabe so genannter Krypto-Token, v. 16.8.2019, S. 6, abrufbar unter https://
www.bafin.de/SharedDocs/Downloads/DE/Merkblatt/WA/dl_wa_merkblatt_ICOs.html (Abrufdatum:
21.2.2023); vgl. auch *Chatard/Mann*, NZG 2019, 567, 573; *Kleinert/Mayer*, EuZW 2019, 857, 860;
Rennig, BKR 2021, 402, 404; *Spindler*, WM 2018, 2109, 2114; *Zickgraf*, AG 2018, 293, 306 f.

72) *Denga*, BKR 2022, 288, 291; *Rauer/Bibi*, ZUM 2022, 20, 26; *Rennig*, BKR 2021, 402, 404; offener
Wellerdt, WM 2021, 2379, 2382.

73) BaFin, Merkblatt zu ICOs: Zweites Hinweisschreiben zu Prospekt- und Erlaubnispflichten im Zusammenhang mit der Ausgabe so genannter Krypto-Token, v. 16.8.2019, S. 6, abrufbar unter https://
www.bafin.de/SharedDocs/Downloads/DE/Merkblatt/WA/dl_wa_merkblatt_ICOs.html (Abrufdatum:
21.2.2023); zustimmend *Kleinert/Mayer*, EuZW 2019, 857, 860; *Rennig*, BKR 2021, 402, 404; *Spindler*,
WM 2018, 2109, 2113 f.; *Wellerdt*, WM 2021, 2379, 2382; *Zickgraf*, AG 2018, 293, 303 ff.

stellen in der Regel auch Finanzinstrumente i. S. des KWG dar.[74] Des Weiteren kommt die Wertpapiereigenschaft auch bei solchen Token in Betracht, die zwar wie eine Vermögensanlage nach § 1 Abs. 2 VermAnlG (z. B. als Genussrecht oder Namensschuldverschreibung) ausgestaltet sind, aber frei übertragbar und am Finanzmarkt handelbar sind. Derartige Token können dann Wertpapiere eigener Art (sui generis) darstellen.[75] Ist der Token als Wertpapier im aufsichtsrechtlichen Sinne einzuordnen, kommt darüber hinaus auch die Anwendbarkeit weiterer wertpapier- und aufsichtsrechtlicher Rechtsnormen in Betracht.[76]

(b) Gesetzgeber und Meinungsstand in der Literatur

28 Der Gesetzgeber hat sich mit der Einführung des eWpG dieser Auffassung angeschlossen und sich an ihr bei der Regelung des § 4 Abs. 3a Var. 2 WpPG orientiert.[77] In der Literatur wurden die Kriterien der BaFin **überwiegend begrüßt**,[78] stießen aber **teilweise** auch auf **Kritik**.[79] Im Zentrum dieser Kritik steht dabei das Kriterium der „Handelbarkeit am Kapitalmarkt":

29 Zwar besteht Einigkeit darüber, dass auch Krypto-Handelsplattformen eine **„Handelbarkeit auf dem Kapitalmarkt"** grundsätzlich sicherstellen können, da diese einer Vielzahl von Teilnehmern offenstehen und damit Angebot und Nachfrage in ausreichender Weise zusammenführen. Ein Handel an einem regulierten Markt ist insoweit nicht erforderlich.[80] Teilweise wird jedoch vertreten, dass für die Annahme einer „Handelbarkeit am Kapitalmarkt" auch ein **gutgläubiger Erwerb** des Instruments **möglich sein müsse**.[81] Nur

---

74) BaFin, Merkblatt zu ICOs: Zweites Hinweisschreiben zu Prospekt- und Erlaubnispflichten im Zusammenhang mit der Ausgabe so genannter Krypto-Token,v. 16.8.2019, S. 6, abrufbar unter https://www.bafin.de/SharedDocs/Downloads/DE/Merkblatt/WA/dl_wa_merkblatt_ICOs.html; *Spindler*, WM 2018, 2109, 2112 f. Dies gilt auch für sog. Stock Token, vgl. BaFin, Verlautbarung: Binance Deutschland GmbH & Co. KG – Hinreichend begründeter Verdacht für fehlende Prospekte, v. 28.4.2021, in dem die BaFin bekannt gab, dass bei dem Angebot der Aktien-Token ein hinreichend begründeter Verdacht für das Fehlen eines Prospekts besteht, abrufbar unter https://www.bafin.de/SharedDocs/Veroeffentlichungen/DE/Verbrauchermitteilung/weitere/2021/meldung_210428_binance_deutschland.html (Abrufdatum jew. 21.2.2023); zustimmend *Rennig*, BKR 2021, 402, 404 ff.; *Ribak*, Wertpapierrecht der Security Token Offerings, S. 523 ff.
75) BaFin, Merkblatt zu ICOs: Zweites Hinweisschreiben zu Prospekt- und Erlaubnispflichten im Zusammenhang mit der Ausgabe so genannter Krypto-Token, v. 16.8.2019, S. 7, abrufbar unter https://www.bafin.de/SharedDocs/Downloads/DE/Merkblatt/WA/dl_wa_merkblatt_ICOs.html (Abrufdatum: 21.2.2023).
76) BaFin, Initial Coin Offerings: Hinweisschreiben zur aufsichtsrechtlichen Einordnung als Finanzinstrumente, v. 16.8.2019, S. 3 f., abrufbar unter https://www.bafin.de/SharedDocs/Downloads/DE/Merkblatt/WA/dl_hinweisschreiben_einordnung_ICOs.html; BaFin, Merkblatt zu ICOs: Zweites Hinweisschreiben zu Prospekt- und Erlaubnispflichten im Zusammenhang mit der Ausgabe so genannter Krypto-Token, v. 16.8.2019, S. 9 ff., abrufbar unter https://www.bafin.de/SharedDocs/Downloads/DE/Merkblatt/WA/dl_wa_merkblatt_ICOs.html (Abrufdatum jew. 21.2.2023); vgl. auch *Kleinert/Mayer*, EuZW 2019, 857, 860 f.
77) Vgl. Begr. RegE Gesetz zur Einführung von eWp z. Art. 3, BT-Drucks. 19/26925, S. 70.
78) Vgl. *Chatard/Mann*, NZG 2019, 567, 572 f.; *Hahn/Wilkens*, ZBB 2019, 10, 25 f.; *Kleinert/Mayer*, EuZW 2019, 857, 860; *Patz*, BKR 2021, 725, 726; *Rennig*, BKR 2021, 402, 404 ff.; *Spindler*, WM 2018, 2109, 2112 ff.; *Vig*, BKR 2022, 442, 443; *Weitnauer*, BKR 2018, 231, 233 ff.; *Zickgraf*, AG 2018, 293, 298 ff.
79) Vgl. *Bialluch-v. Allwörden*, RDi 2021, 13, 17 ff.; *Bialluch-v. Allwörden/v. Allwörden*, WM 2018, 2118, 2119 ff.; *Kusserow*, WM 2020, 586, 593 ff.
80) Vgl. *Chatard/Mann*, NZG 2019, 567, 572; *Hahn/Wilkens*, ZBB 2019, 10, 26; *Rennig*, BKR 2021, 402, 405; *Spindler*, WM 2018, 2109, 2112; *Vig*, BKR 2022, 442, 443; *Zickgraf*, AG 2018, 293, 300 f.
81) Speziell für Token: *Bialluch-v. Allwörden*, RDi 2021, 13, 18 f.; *Bialluch-v. Allwörden/v. Allwörden*, WM 2018, 2118, 2118 ff.; *Nathmann*, BKR 2019, 540, 543; *Kusserow*, WM 2020, 586, 593 ff.; in diese Richtung nach alter Rechtslage (§ 2 Nr. 1 WpPG a. F.) wohl auch noch die h. L., vgl. Nachweise bei *Schäfer/Eckhold* in: Assmann/Schütze/Buck-Heeb, Hdb. Kapitalanlagerecht, § 16a Rz. 47; einschränkend *Kumpan* in: Schwark/Zimmer, Kapitalmarktrechts-Kommentar, § 2 WpHG Rz. 9, der in der technischen Ausgestaltung der Blockchain einen äquivalenten Verkehrsschutz sieht.

Instrumente, die so übertragen werden könnten, dass der Erwerber die darin verkörperten Rechte tatsächlich frei von jeglichen Einwendungen erwerbe, seien mit dem aufsichtsrechtlichen Wertpapierbegriff gemäß Art. 4 Abs. 1 Nr. 44 MiFID II vereinbar. Ansonsten sei eine einfache und rechtssichere Abwicklung etwaiger Käufe und Veräußerungen und damit die Umlauffähigkeit des Instruments nicht gewährleistet. Dies sei aber eine Grundvoraussetzung für das notwendige Vertrauen der Teilnehmer in das Funktionieren und die Integrität des Kapitalmarktes.[82] Ein Verzicht auf dieses Merkmal hätte deshalb einer gesetzgeberischen Entscheidung auf europäischer Ebene bedurft.

Schließlich wäre der Wertpapierbegriff ansonsten entgrenzt, da es kein klares Abgrenzungskriterium zwischen einem Wertpapier und einer bloßen Forderung mehr gäbe.[83] Da die Übertragung von Token aber nicht sachenrechtlichen Grundsätzen gemäß §§ 929 ff. BGB unterliegt, sondern im Wege der Forderungsabtretung gemäß §§ 398 ff. BGB erfolgt, sei ein gutgläubiger Erwerb von Token nicht möglich.[84] Token könnten daher nicht als Wertpapiere im aufsichtsrechtlichen Sinn eingeordnet werden. Eine Prospektpflicht von Initial Coin Offerings scheide damit aus.[85]   **30**

(c) Stellungnahme

Die teilweise vertretene Ansicht, für die Einordnung als Wertpapier im aufsichtsrechtlichen Sinne sei die Möglichkeit eines gutgläubigen Erwerbs erforderlich, **ist abzulehnen**: Die Frage, ob ein Wertpapier im aufsichtsrechtlichen Sinne vorliegt, ist mittlerweile **allein eine Frage des** harmonisierten **europäischen Rechts** (siehe dazu bereits Rz. 15 ff.). Weder die Definition des Wertpapierbegriffs in Art. 4 Abs. 1 Nr. 44 MiFID II noch das in der EU-ProspektVO und den ergänzenden Rechtsakten kodifizierte Prospektrecht setzen für die Annahme der Wertpapiereigenschaft jedoch eine Verbriefung oder die Möglichkeit eines gutgläubigen Erwerbs voraus.[86] Besteht man daher auf dem Erfordernis eines gutgläubigen Erwerbs und setzt für die Einordnung von Token als Wertpapiere im aufsichtsrechtlichen Sinne damit im Grunde weiterhin eine Verbriefung voraus,[87] macht man die Einordnung eines Instruments als Wertpapier in der Konsequenz von einer deutsch-rechtlichen Vorfrage abhängig. Die mögliche Anwendbarkeit mitgliedstaatlicher Vorgaben spielt aber für die Auslegung höherrangigen Rechts keine Rolle.[88] Der durch den in der EU in hohem Maße harmonisierten Kapitalmarkt sichergestellte Markt- und Anlegerschutz, ist weitgehend unabhängig von der Art und Weise der mitgliedstaatlich geregelten Übertragung der Instrumente.[89]   **31**

Für diese Sichtweise spricht auch der systematische Vergleich mit anderen Rechtsakten, die auf den aufsichtsrechtlichen Wertpapierbegriff Bezug nehmen. So setzt bspw. auch § 2 Abs. 1 WpHG für die Annahme eines Wertpapiers ausdrücklich keine Verbriefung des   **32**

---

82) So *Kusserow*, WM 2020, 586, 593 f. – mit Verweis auf die Vorgängerregelung in § 1 Abs. 4 der Richtlinie 93/22/EWG des Rates v. 10.5.1993 über Wertpapierdienstleistungen und das Erfordernis in ErwG 11 dieser Richtlinie, dass Wertpapiere „negotiable" sein müssten; zustimmend *Bialluch-v. Allwörden*, RDi 2021, 13, 19; a. A. *Hacker/Thomale*, ECFR Vol. 15/2018, 645, 664 ff.

83) *Kusserow*, WM 2020, 586, 594 f.

84) *Bialluch-v. Allwörden/v. Allwörden*, WM 2018, 2118, 2120; *Kusserow*, WM 2020, 586, 591 f.

85) *Bialluch-v. Allwörden*, RDi 2021, 13, 19; *Bialluch-v. Allwörden/v. Allwörden*, WM 2018, 2118, 2119 ff.; *Kusserow*, WM 2020, 586, 594 f.

86) Vgl. *Casper* in: Möslein/Omlor, FinTech-Hdb., § 28 Rz. 69; *Hahn/Wilkens*, ZBB 2019, 10, 25; *Patz*, BKR 2021, 725, 726; *Rennig*, BKR 2021, 402, 405 f.; *Zickgraf*, AG 2018, 293, 302.

87) Vgl. *Bialluch-v. Allwörden/v. Allwörden*, WM 2018, 2118, 2121; *Nathmann*, BKR 2019, 540, 543; ebenso noch zur alten Rechtslage (§ 2 Nr. 1 WpPG a. F.) jüngst: LG Berlin, Urt. v. 27.5.2020 – 2 O 322/18, BKR 2021, 170, 172; zustimmend *Mock*, BKR 2021, 178, 179 (Urteilsanm.); kritisch *Matzke*, RDi 2021, 44, 45 f. (Urteilsanm.).

88) *Rennig*, BKR 2021, 402, 405 f.

89) Vgl. *Zickgraf*, AG 2018, 293, 302.

Instruments voraus.[90] Gleiches gilt für die sekundärmarktrechtlichen Folgepflichten der Marktmissbrauchsverordnung.[91] Es würde daher der notwendigen Einheitlichkeit der Auslegung des aufsichtsrechtlichen Wertpapierbegriffs entgegenstehen, würde man für das Prospektrecht – indem man auf dem Erfordernis eines gutgläubigen Erwerbs besteht – auf andere Maßstäbe setzen.[92]

33 Die Wertpapiereigenschaft eines Instruments von der Möglichkeit eines gutgläubigen Erwerbs abhängig zu machen, **würde** zudem auch dem durch die MiFID II und das Prospektrecht bezweckten **Anlegerschutz widersprechen.**[93] Vom aufsichtsrechtlichen Wertpapierbegriff gemäß Art. 4 Abs. 1 Nr. 44 MiFID II sollen alle Instrumente erfasst werden, die mit traditionellen Finanzinstrumenten vergleichbar sind.[94] Dies kann nach Ansicht des Gesetzgebers, wie die Regelung des § 4 Abs. 3a Var. 2 eWpG verdeutlicht, auch bei nicht verbrieften Instrumenten wie Token der Fall sein, wenn diese entsprechend ausgestaltet sind.

34 Hier zulasten des Anlegerschutzes aus formalen Argumenten Schutzlücken zuzulassen, käme nur in Betracht, wenn dies aus Gründen des Verkehrsschutzes zwingend geboten wäre. Dies ist jedoch nicht der Fall. Vielmehr gewährleisten in der Regel schon die Selbstvollziehbarkeit von Smart Contracts und die technischen Sicherungen der Blockchain, dass nur der tatsächliche Inhaber über den Token verfügen kann. Der (vermeintliche) Inhaber eines Tokens sowie dessen Rechtsvorgänger sind öffentlich einsehbar abgespeichert. Dadurch ist die **Gefahr,** dass in der Übertragungskette ein **Nichtberechtigter verfügt,** auf ein Minimum **reduziert.** Dies bietet den Anlegern im Ergebnis einen Schutz, der mit der Möglichkeit eines gutgläubigen Erwerbs zumindest funktional vergleichbar ist.[95] Auch wenn in Sonderfällen, wie bei Verfügungen durch unerkannt Geschäftsunfähige, ein gewisses Restrisiko verbleibt, kann dies die Wertpapiereigenschaft von Token nicht per se in Frage stellen.[96]

35 Die Behauptung, das Vertrauen der Marktteilnehmer in die Funktionsfähigkeit des Kapitalmarktes sei ohne das Erfordernis eines gutgläubigen Erwerbs ansonsten gefährdet, geht im Übrigen fehl. Hat sich doch trotz der fehlenden Möglichkeit eines gutgläubigen Erwerbs ein liquider Markt gebildet, auf dem Token gehandelt werden, ohne dass die rechtssichere Abwicklung von Token-Transaktionen in Frage gestellt worden wäre.[97] Der Verzicht auf den gutgläubigen Erwerb **führt** damit auch **zu keiner Entgrenzung** des Wertpapierbegriffs. Denn der Definition in Art. 4 Abs. 1 Nr. 44 MiFID II ist bewusst ein weites Verständnis der Handelbarkeit zugrunde gelegt, um dem Schutzbedürfnis des Kapitalmarkts als Ganzem und der Anleger im Einzelnen hinreichend Rechnung zu tragen und durch seine funktionale Ausgestaltung flexibel auf neue Entwicklungen reagieren zu können.[98]

---

90) Vgl. *Hahn/Wilkens,* ZBB 2019, 10, 25.

91) Vgl. *Zickgraf,* AG 2018, 293, 302.

92) Vgl. auch *Kumpan* in: Schwark/Zimmer, Kapitalmarktrechts-Kommentar, § 2 WpHG Rz. 5.

93) Vgl. ErwG 7 MiFID II und ErwG 3 EU-ProspektVO.

94) Vgl. ErwG 8 MiFID II.

95) Vgl. *Chatard/Mann,* NZG 2019, 567, 572; *Hacker/Thomale,* ECFR Vol. 15/2018, 645, 666; *Kumpan* in: Schwark/Zimmer, Kapitalmarktrechts-Kommentar, § 2 WpHG Rz. 9; *Zickgraf,* AG 2018, 293, 301; *Rennig,* BKR 2021, 402, 406; a. A. *Bialluch-v. Allwörden/v. Allwörden,* WM 2018, 2118, 2121.

96) Vgl. *Chatard/Mann,* NZG 2019, 567, 572; *Hacker/Thomale,* ECFR Vol. 15/2018, 645, 669; *Zickgraf,* AG 2018, 293, 301 f.; a. A. *Bialluch-v. Allwörden,* RDi 2021, 13, 19, die insoweit auf eine Regelungslücke verweist, die nur der Gesetzgeber schließen könne.

97) Vgl. *Hacker/Thomale,* ECFR Vol. 15/2018, 645, 669; *Zickgraf,* AG 2018, 293, 301; BaFin, Merkblatt zu ICOs: Zweites Hinweisschreiben zu Prospekt- und Erlaubnispflichten im Zusammenhang mit der Ausgabe so genannter Krypto-Token,v. 16.8.2019, S. 1 f., abrufbar unter https://www.bafin.de/SharedDocs/Downloads/DE/Merkblatt/WA/dl_wa_merkblatt_ICOs.html (Abrufdatum: 21.2.2023).

98) Vgl. *Hacker/Thomale,* ECFR Vol. 15/2018, 645, 666 f.; *Kumpan* in: Schwark/Zimmer, Kapitalmarktrechts-Kommentar, § 2 WpHG Rz. 8 f.; *Rennig,* BKR 2021, 402, 406; *Zickgraf,* AG 2018, 293, 302.

Vor diesem Hintergrund sprechen die besseren Argumente dafür, das teilweise geforderte **36** **Erfordernis eines gutgläubigen Erwerbs** für eine Einbeziehung von Token in den aufsichtsrechtlichen Wertpapierbegriff **abzulehnen**. Damit können nach Maßgabe der von der BaFin aufgestellten Kriterien auch bestimmte Token einer Prospektpflicht und den weiteren Verpflichtungen aus den Gesetzen unterliegen, welche an den aufsichtsrechtlichen Wertpapierbegriff anknüpfen.[99]

2. Zusätzlicher Inhalt des Wertpapier-Informationsblatts (§ 4 Abs. 3a Nr. 1–3 WpPG)

Ist der Anwendungsbereich von § 4 Abs. 3a WpPG eröffnet, darf das Wertpapier-Infor- **37** mationsblatt gemäß **§ 4 Abs. 3a Nr. 1 WpPG** vier (statt drei; vgl. § 4 Abs. 3 Satz 1 WpPG) DIN-A4-Seiten umfassen.[100] Schließlich hat das Wertpapier-Informationsblatt bei elektronischen oder digitalen Wertpapieren gemäß **§ 4 Abs. 3a Nr. 2 WpPG** zusätzlich auch Angaben zur technischen Ausgestaltung des Wertpapiers, zu den dem Wertpapier zugrunde liegenden Technologien sowie zur Übertragbarkeit und Handelbarkeit des Wertpapiers an den Finanzmärkten zu beinhalten.[101] Dies soll die Transparenz zugunsten der Anleger erhöhen, da diese Angaben nach Ansicht des Gesetzgebers für das Verständnis des Wertpapiers und damit die Anlageentscheidung eines potentiellen Anlegers wesentlich sind.[102]

Handelt es sich um die Emission eines elektronischen Wertpapiers i. S. des eWpG, sind **38** im Wertpapier-Informationsblatt zudem gemäß **§ 4 Abs. 3a Nr. 3 WpPG** auch die registerführende Stelle i. S. des eWpG und die Angabe zu ergänzen, wo und auf welche Weise der Anleger in das Register Einsicht nehmen kann.[103] Bei Kryptowertpapieren müssen im Wertpapier-Informationsblatt damit auch Informationen zur verwendeten Distributed-Ledger-Technologie (DLT) und den damit verbundenen Einsichtsmöglichkeiten enthalten sein.[104]

---

99) Vgl. auch Conreder/Meier-*Dieckmann*, eWpG, § 4 Rz. 8 ff.; *Spindler*, WM 2018, 2109, 2115 f.; *Vig*, BKR 2022, 442, 443 f.

100) Begr. RegE Gesetz zur Einführung von eWp z. Art. 3 (§ 4 Abs. 3a Nr. 1 WpPG), BT-Drucks. 19/26925, S. 71.

101) Conreder/Meier-*Dieckmann*, eWpG, § 4 Rz. 18.

102) Begr. RegE Gesetz zur Einführung von eWp z. Art. 3 (§ 4 Abs. 3a Nr. 2 WpPG), BT-Drucks. 19/26925, S. 71; *Casper* in: Möslein/Omlor, FinTech-Hdb., § 28 Rz. 70.

103) Begr. RegE Gesetz zur Einführung von eWp z. Art. 3 (§ 4 Abs. 3a Nr. 3 WpPG), BT-Drucks. 19/26925, S. 71.

104) Vgl. auch Conreder/Meier-*Dieckmann*, eWpG, § 4 Rz. 19 f.; Müller/Pieper-*Kell*, eWpG, § 11 Rz. 34.

Depotrechtliche Aspekte

Artikel 4
Änderung des Depotgesetzes

Das Depotgesetz in der Fassung der Bekanntmachung vom 11. Januar 1995 (BGBl. I S. 34), das zuletzt durch Artikel 12 des Gesetzes vom 30. Juni 2016 (BGBl. I S. 1514; 2017 I S. 559) geändert worden ist, wird wie folgt geändert:

1. Dem § 1 Absatz 1 wird folgender Satz angefügt:

   „Wertpapiere im Sinne dieses Gesetzes sind auch elektronisch begebene Wertpapiere im Sinne des Gesetzes über elektronische Wertpapiere."

2. § 6 wird wie folgt geändert:

   a) Nach Absatz 1 wird folgender Absatz 2 eingefügt:

   „(2) ¹Der Hinterleger kann zur Ausübung seiner Rechte jederzeit gegen einen angemessenen Aufwendungsersatz vom Verwahrer einen in Schriftform ausgestellten Auszug über den für den Hinterleger in Verwahrung genommenen Anteil am Sammelbestand verlangen (Depotbescheinigung zur Rechtsausübung). ²Der Verwahrer steht für die Richtigkeit seiner Depotbescheinigung zur Rechtsausübung ein. ³Wem die Depotbescheinigung zur Rechtsausübung den hinterlegten Anteil am Sammelbestand zuweist, gilt zum Zwecke der Beweisführung als sein Inhaber. ⁴Der Leistungsanspruch des Hinterlegers aus seinem Anteil am Sammelbestand ist von vornherein dahingehend beschränkt, dass er gegen die Leistung einen der Leistung entsprechenden Anteil am Sammelbestand auf den Aussteller überträgt."

   b) Der bisherige Absatz 2 wird Absatz 3.

3. In § 8 werden die Wörter „der § 6 Abs. 2 Satz 1" durch die Wörter „von § 6 Absatz 2 und 3 Satz 1" ersetzt.

4. Nach § 9a wird folgender § 9b eingefügt:

   „§ 9b
   Elektronische Schuldverschreibungen in Sammeleintragung

   (1) ¹Für elektronisch begebene Schuldverschreibungen auf den Inhaber, die in Form einer Sammeleintragung in einem elektronischen Wertpapierregister eingetragen sind und die vom Verwahrer auf einem Depotkonto des Hinterlegers verbucht werden, gelten die Vorschriften dieses Gesetzes über Sammelverwahrung und Sammelbestandanteile sinngemäß, soweit nicht Absatz 2 etwas anderes bestimmt. ²Der Verwahrer darf Anteile an der elektronischen Schuldverschreibung in Sammeleintragung auf den von ihm geführten Depotkonten nur bis zur Höhe der auf ihn lautenden Sammeleintragung gutschreiben.

   (2) Wird auf Grund der §§ 7 und 8 die Auslieferung von einzelnen Wertpapieren verlangt, so hat der Verwahrer die Sammeleintragung im Wertpapierregister in Höhe des auf den Hinterleger entfallenden Anteils auf Kosten des Hinterlegers in eine Einzeleintragung überführen zu lassen, wenn nicht in den Emissionsbedingungen anderes geregelt ist."

5. § 34 wird wie folgt geändert:

   a) Die Absatzbezeichnung „(1)" wird gestrichen.

   b) In Nummer 2 wird die Angabe „Abs. 2" durch die Wörter „Absatz 3 Satz 2" ersetzt.

Literatur: *Geier*, Einführung elektronischer Wertpapiere, RdF 2020, 258; *Litten*, Das eWpG im Kontext der Digitalisierung der Kapitalmärkte, BB 2021, 1223; *Segna*, Elektronische Wertpapiere im zentralen Register – Anmerkungen zum BMF-/BMJV-Referentenentwurf vom 10.8.2020 aus wertpapier- und depotrechtlicher Sicht, WM 2020, 2301; *Wieneke/Kunz*, Das Gesetz zur Einführung von elektronischen Wertpapieren: Der Regierungsentwurf, NZG 2021, 316.

Übersicht

I. Allgemeines

1   Die **Änderungen des DepotG** im Umfeld der Schaffung des eWpG sind **konsequent.** Schließlich sollte mit dem eWpG eine Alternative insbesondere zur depotrechtlichen Sammelverwahrung im Zusammenhang mit Globalurkunden geschaffen werden. Statt der Begebung des „normalen" Wertpapiers mittels Urkunde wird ein elektronisches Wertpapier nach § 2 Abs. 1 eWpG dadurch begeben, dass der Emittent an Stelle der Ausstellung einer Wertpapierurkunde eine Eintragung in ein elektronisches Wertpapierregister bewirkt. Grundsätzlich soll dabei nach § 2 Abs. 2 eWpG eine rechtliche Gleichbehandlung beider Wertpapiertypen erfolgen. Folglich war es geboten, diese Grundsätze auch im DepotG nachzuziehen. Insbesondere § 9 Abs. 1 Satz 1 eWpG (Fiktion von elektronischen Wertpapieren in Sammeleintragung als Wertpapiersammelbestand) und § 9 Abs. 3 eWpG (Behandlung von Mischbeständen) bilden das Scharnier zum DepotG.

II.   Erweiterung der Definition von Wertpapieren i. S. des DepotG (§ 1 Abs. 1 DepotG)

2   **§ 1 Abs. 1 DepotG** lautete bislang:

> „[1]Wertpapiere im Sinne dieses Gesetzes sind Aktien, Kuxe, Zwischenscheine, Zins-, Gewinnanteil- und Erneuerungsscheine, auf den Inhaber lautende oder durch Indossament übertragbare Schuldverschreibungen, ferner andere Wertpapiere, wenn diese vertretbar sind, mit Ausnahme von Banknoten und Papiergeld. [2]Wertpapiere im Sinne dieses Gesetzes sind auch Namensschuldverschreibungen, soweit sie auf den Namen einer Wertpapiersammelbank ausgestellt wurden".

Nunmehr wurde ein **neuer Satz 3** angefügt. Dieser lautet: 3

> „³Wertpapiere im Sinne dieses Gesetzes sind auch elektronisch begebene Wertpapiere im Sinne des Gesetzes über elektronische Wertpapiere".

Der Wortlaut des neuen § 1 Abs. 1 Satz 3 DepotG **knüpft an** § 2 Abs. 1 Satz 1 eWpG   4
(„Ein Wertpapier kann auch als elektronisches Wertpapier begeben werden.") **an**. Mit dem
neuen § 1 Abs. 1 Satz 3 DepotG sollte klargestellt werden, dass das DepotG auch auf die
in **§ 2 Abs. 1 DepotG** genannten Wertpapiere Anwendung findet, wenn diese nach dem
eWpG elektronisch begeben worden sind.[1] Schließlich führt § 1 Abs. 1 DepotG diejenigen Wertpapiere auf, die dem Anwendungsbereich des DepotG unterliegen.[2] Über § 1
Abs. 1 Satz 3 DepotG wurden nun die insoweit erforderlichen, sachenrechtlichen Spezialregelungen auch bei elektronischen Wertpapieren aktiviert.[3] Mit Inkrafttreten des eWpG
sind zunächst nur elektronische Schuldverschreibungen auf den Inhaber erfasst, soweit
diese i. S. des DepotG verwahrt werden.[4]

Zunächst betroffen sind dabei wiederum insbesondere **elektronische Wertpapiere in Sam-**   5
meleintragung gemäß § 8 Abs. 1 Nr. 1 eWpG, die aufgrund des Verweises in § 9 Abs. 1
eWpG ohnehin als Wertpapiersammelbestand gelten, so dass eine terminologische Über-
leitung ins DepotG erfolgt, vgl. die §§ 6, 24 Abs. 3 DepotG. Auch wenn die Registerführung als solche (noch) kein Depotgeschäft ist, kann nicht ausgeschlossen werden, dass bei
Hinzutreten bestimmter Verwahr- und Verwaltungsleistungen darüber hinaus auch elektronische Wertpapiere in Einzeleintragung gemäß § 8 Abs. 1 Nr. 2 eWpG i. S. des DepotG
verwahrt werden können.[5]

III.   Depotbescheinigung zur Rechtsausübung (§ 6 Abs. 2 DepotG)

1.   Grundlagen

§ 6 DepotG regelte bislang **in zwei Absätzen einerseits das entstehende Miteigentum**   6
nach Bruchteilen der bisherigen Eigentümer der Wertpapiere an den zum Sammelbestand
des Verwahrers gehörenden Wertpapieren derselben Art (§ 6 Abs. 1 DepotG), **anderer-**
seits die Verwaltungsbefugnis des Verwahrers bei der Sammelverwahrung (§ 6 Abs. 2
DepotG).

Nach § 6 Abs. 1 DepotG wurde nun der folgende **neue Absatz 2** eingefügt, der sich aus   7
vier Sätzen zusammensetzt:

> „¹Der Hinterleger kann zur Ausübung seiner Rechte jederzeit gegen einen angemessenen
> Aufwendungsersatz vom Verwahrer einen in Schriftform ausgestellten Auszug über den für
> den Hinterleger in Verwahrung genommenen Anteil am Sammelbestand verlangen (Depot-
> bescheinigung zur Rechtsausübung). ²Der Verwahrer steht für die Richtigkeit seiner Depot-
> bescheinigung zur Rechtsausübung ein. ³Wem die Depotbescheinigung zur Rechtsausübung
> den hinterlegten Anteil am Sammelbestand zuweist, gilt zum Zwecke der Beweisführung als
> sein Inhaber. ⁴Der Leistungsanspruch des Hinterlegers aus seinem Anteil am Sammelbestand
> ist von vornherein dahingehend beschränkt, dass er gegen die Leistung einen der Leistung
> entsprechenden Anteil am Sammelbestand auf den Aussteller überträgt".

§ 6 Abs. 2 DepotG enthält nun eine **spezialgesetzliche Regelung zur Vorlage und Aus-**   8
händigung sammelverwahrter Wertpapiere. Die Regelung gilt über die Verweisung in
den §§ 9a und 9b DepotG auch für in Sammelurkunden verbriefte Wertpapiere sowie für

---

1)   Begr. RegE Gesetz zur Einführung von eWp, BT-Drucks. 19/26925, S. 71.
2)   Böttcher-*Böttcher*, DepotG, § 1 Rz. 1; Scherer-*Scherer*, DepotG, § 1 Rz. 2; Erbs/Kohlhaas-*Wehowsky/
Richter*, Strafrechtliche Nebengesetze, § 1 DepotG Rz. 2.
3)   *Geier*, RdF 2020, 258, 260.
4)   Begr. RegE Gesetz zur Einführung von eWp, BT-Drucks. 19/26925, S. 71.
5)   Begr. RegE Gesetz zur Einführung von eWp, BT-Drucks. 19/26925, S. 71.

elektronische Wertpapiere in Sammeleintragung.[6] Die Aushändigung und Vorlage der Urkunde selbst zur Geltendmachung des Rechts ist bei einem Wertpapier kennzeichnendes Wesensmerkmal. Denn Wertpapiere sind nach herkömmlichen Maßstäben rechtsverbriefende Urkunden, bei denen das verbriefte Recht durch Verfügung über die Urkunde übertragen wird, wobei für diese Verfügung als sachenrechtlicher Anknüpfungspunkt zwangsläufig die Urkunde vorgelegt und ausgehändigt werden muss.[7] Anders gewendet kann der Berechtigte das verbriefte Recht nur gegen Vorlage der Urkunde geltend machen, der Verpflichtete nur schuldbefreiend gegen Vorlage (Präsentation) der Urkunde leisten.[8]

9   In der mittlerweile bei Urkundspapieren üblichen **Girosammelverwahrung** büßen Wertpapiere allerdings die vorstehend erläuterte Legitimations- und Liberationsfunktion nahezu vollständig ein,[9] so dass die Depotgutschrift und der Depotauszug des Verwahrers diese Funktionen übernehmen. Depotauszügen kommt demzufolge die Funktion als Legitimationsgrundlage für Wertpapiereigentum wie im Übrigen auch diejenige als Rechtsscheinsgrundlage für einen gutgläubigen Erwerb zu.[10] Vorliegend wird in der Gesetzesbegründung zum Regierungsentwurf dementsprechend auf den **Nachweis der Inhaberschaft des mittelbaren Anteilsbesitzes durch** den **Depotauszug** des Verwahrers (vgl. etwa § 10 Abs. 3 Satz 2 SchVG, § 123 Abs. 4 Satz 1 AktG) abgestellt.[11] Die Nutzer des Effektenverkehrs haben sich mit diesem Nachweissubstitut zu arrangieren, da sie auch die Vorteile der Sammelverwahrung für sich in Anspruch nehmen.

10   Durch den neuen § 6 Abs. 2 DepotG wird klargestellt, dass die **physische Auslieferung** von sammelverwahrten Wertpapieren zur Ausübung des Rechts insgesamt (also auch für sammeleingetragene elektronische Wertpapiere) **nicht erforderlich** ist. Die Depotbescheinigung genügt sowohl im Erkenntnisverfahren als auch im Vollstreckungsverfahren als Nachweis der Inhaberschaft.[12]

2. Anspruch auf Ausstellung einer Depotbescheinigung zur Rechtsausübung (§ 6 Abs. 2 Satz 1 DepotG)

11   Nach **§ 6 Abs. 2 Satz 1 DepotG** kann der Hinterleger zur Ausübung seiner Rechte jederzeit gegen einen angemessenen Aufwendungsersatz vom Verwahrer einen in Schriftform ausgestellten Auszug über den für den Hinterleger in Verwahrung genommenen Anteil am Sammelbestand verlangen (**Depotbescheinigung zur Rechtsausübung**).

a) Grundlagen

12   § 6 Abs. 2 Satz 1 DepotG normiert einen **gesetzlichen Anspruch des Hinterlegers gegen den Verwahrer auf einen besonderen Depotauszug** zur gerichtlichen oder außergerichtlichen Ausübung des Rechts.[13] Beim Depotauszug handelt sich dabei um einen Auszug aus dem Verwahrungsbuch nach § 14 DepotG. Der nunmehrige gesetzliche Anspruch auf einen besonderen Depotauszug folgte in der Praxis ohnehin bereits aus typischen Anleihebedingungen,[14] allerdings dann auf vertraglicher Grundlage.

---

6) Begr. RegE Gesetz zur Einführung von eWp, BT-Drucks. 19/26925, S. 71.
7) Baumbach/Hefermehl/Casper-*Baumbach/Hefermehl/Casper*, WG/ScheckG, Teil A Rz. 15; *Müller*, JA 2017, 401.
8) *Segna*, Bucheffekten, S. 32.
9) *Zöllner*, Wertpapierrecht, S. 22 ff.; *Segna*, Bucheffekten, S. 32.
10) *Litten*, BB 2021, 1223, 1224.
11) Begr. RegE Gesetz zur Einführung von eWp, BT-Drucks. 19/26925, S. 71.
12) Begr. RegE Gesetz zur Einführung von eWp, BT-Drucks. 19/26925, S. 72.
13) Begr. RegE Gesetz zur Einführung von eWp, BT-Drucks. 19/26925, S. 72.
14) *Wieneke/Kunz*, NZG 2021, 316, 322.

Die **allgemeine Pflicht des Verwahrers zur Erteilung von Depotauszügen** folgt aus dem 13
Depotvertrag zwischen dem Verwahrer und dem Kunden, wobei genaueres in den vielfach
verwendeten Sonderbedingungen für Wertpapiergeschäfte zu finden ist.[15] Typischerweise
werden Depotauszüge nur einmal jährlich zur Verfügung gestellt.[16] Der nun eingeführte
besondere Depotauszug ist inhaltlich gesehen nichts anderes, hat jedoch keine vertragliche, sondern eine gesetzliche Causa. Inhaltlich müssen aus dem Depotauszug die Hinterleger sowie die jeweils für sie verwahrten Wertpapiere nach Art, Nennbetrag oder Stückzahl, Nummern oder sonstige(n) Bezeichnungsmerkmale(n) erkennbar sein.[17]

b)   Verwahrer als Schuldner des Anspruchs

Verwahrer i. S. des DepotG ist nach § 1 Abs. 2 DepotG, wem im Betrieb seines Gewerbes 14
Wertpapiere unverschlossen zur Verwahrung anvertraut werden. Im Betrieb seines Gewerbes weist dabei auf die erforderliche Kaufmannseigenschaft nach den §§ 1 ff. HGB hin.
Anvertraut bedeutet dabei Besitzerlangung,[18] wobei auch mittelbarer Besitz i. S. von § 868
BGB ausreichend ist.[19] Da der Verwahrer Kaufmann ist, wird nach § 344 Abs. 1 HGB vermutet, dass ihm die Wertpapiere im Betrieb seines Gewerbes anvertraut wurden. Das Merkmal unverschlossen ist eine Tautologie, da das DepotG ohnehin nur offene Depots mit
der Übergabe von offenen Wertpapierpaketen regelt, was sodann auch zur Verwaltung verpflichtet.[20]

c)   Hinterleger als Gläubiger des Anspruchs

Hinterleger ist i. S. des DepotG derjenige Kunde, welcher Wertpapiere einreicht.[21] Ein 15
Hinterleger hat nach § 7 Abs. 1 DepotG gegen den Verwahrer grundsätzlich einen schuldrechtlichen Anspruch auf Auslieferung von Wertpapieren aus dem Sammelbestand i. H. des
Nennbetrags, bei Wertpapieren ohne Nennbetrag i. H. der Stückzahl der für ihn in Verwahrung genommenen Wertpapiere. Der Anspruch richtet sich dabei stets gegen den Verwahrer selbst als Vertragspartner, niemals jedoch gegen einen höherstufigen Verwahrer
wie insbesondere die Clearstream Banking AG.[22] Hinterleger i. R. der Girosammelverwahrung bei der Wertpapiersammelbank sind die jeweiligen Depotbanken, die dort eigene
Wertpapierkonten unterhalten.[23]

d)   Geltendmachung des Anspruchs

Kann verlangen bedeutet, dass es im Ermessen des jeweiligen Hinterlegers steht, vom 16
Verwahrer einen besonderen Depotauszug abzufordern. Einwände des Verwahrers hier-

---

15) Vgl. BaFin, Rundschreiben 07/2019 (WA) – Mindestanforderungen an die ordnungsgemäße Erbringung
    des Depotgeschäfts und der Schutz von Kundenfinanzinstrumenten für Wertpapierdienstleistungsunter-
    nehmen (MaDepot), Stand: 16.8.2019, Ziff. 3.1.4.1, abrufbar unter https://www.bafin.de/SharedDocs/
    Downloads/DE/Rundschreiben/dl_rs_072019_MADepot.html (Abrufdatum: 18.2.2023).
16) Scherer-*Walz*/*Frey*, DepotG, § 14 Rz. 30.
17) *Binder* in: Langenbucher/Bliesener/Spindler, Bankrechts-Kommentar, Kap. 38 Rz. 47; vgl. auch § 11
    Abs. 2 der Bekanntmachung der BaFin über die Anforderungen an die Ordnungsmäßigkeit des Depot-
    geschäfts und der Erfüllung von Wertpapierlieferungsverpflichtungen (Depotbekanntmachung), ab-
    rufbar unter https://www.bafin.de/SharedDocs/Veroeffentlichungen/DE/Aufsichtsrecht/Verfuegung/
    vf_981221_depot.html (Abrufdatum: 18.2.2023).
18) Böttcher-*Böttcher*, DepotG, § 1 Rz. 3; Hopt-*Kumpan*, HGB, § 1 DepotG Rz. 3; Scherer-*Scherer*, DepotG,
    § 1 Rz. 42.
19) Scherer-*Scherer*, DepotG, § 1 Rz. 42; Ebenroth/Boujong/Joost/Strohn-*Scherer*, HGB, § 1 DepotG Rz. 16.
20) Vgl. Ebenroth/Boujong/Joost/Strohn-*Scherer*, HGB, § 1 DepotG Rz. 16; Erbs/Kohlhaas-*Wehowsky*/
    Richter, Strafrechtliche Nebengesetze, § 1 DepotG Rz. 9.
21) Scherer-*Scherer*, DepotG, § 1 Rz. 42.
22) *Einsele* in: MünchKomm-HGB, Depotgeschäft Rz. 88.
23) *Sailer-Coceani*/*Kraft* in: MünchHdb. GesR, Bd. 4, § 14 Rz. 63.

gegen sind nicht vorgesehen, so dass ein gebundener Anspruch des Hinterlegers bei Geltendmachung vorliegt.

e) Form des Depotauszugs

17 Der besondere Depotauszug muss vom Verwahrer **in Schriftform** erteilt werden. Die Gesetzesbegründung zum Regierungsentwurf bestimmt jedoch nicht, was hierunter zu verstehen ist. Nach der allgemeinen Regel des § 126 Abs. 1 BGB bedeutet Schriftform, dass die Urkunde vom Aussteller eigenhändig durch Namensunterschrift oder mittels notariell beglaubigten Handzeichens unterzeichnet werden muss. Nach § 126 Abs. 3 BGB kann die schriftliche Form allerdings durch die elektronische Form i. S. des § 126a BGB ersetzt werden, wenn sich nicht aus dem Gesetz ein anderes ergibt. Das DepotG selbst verweist abseits des § 6 Abs. 2 Satz 1 DepotG mehrfach auf schriftliche Erklärungen, Ermächtigungen, Mitteilungen und Aufforderungen (§§ 10 Abs. 1 Satz 1, 12 Abs. 1 Satz 2, 12a Abs. 1 Satz 1, 13 Abs. 1 Satz 1, 15 Abs. 2 Satz 1, 19 Abs. 2 Satz 2, 20 Abs. 2 und Abs. 3, 21, 22 Abs. 2, 24 Abs. 1 DepotG). Das Merkmal der Schriftlichkeit wird dabei wohl auch allgemein innerhalb des Depotrechts anhand von § 126 BGB bestimmt.[24] Demzufolge wird der besondere Depotauszug in der Praxis wohl entweder per Post in unterzeichneter Form (§ 126 Abs. 1 Alt. 1 BGB) oder elektronisch (§§ 126 Abs. 3, 126a BGB) übermittelt werden.

f) Aufwendungsersatzanspruch des Verwahrers

18 Was ein **angemessener Aufwandsersatz** ist, bleibt durch die Gesetzesmaterialien gänzlich unbestimmt. Da der (jährliche) allgemeine Depotauszug ehedem kostenfrei ist, kann auch hierdurch nichts weiter rückgefolgert werden. Von daher wird es zunächst den Verwahrern obliegen, den angemessenen Aufwandsersatz im Einzelfall zu bestimmen. Jedenfalls wird der angemessene Aufwand nicht allzu hoch sein, da ein elektronischer Datenabruf und ggf. ein Versand per Post regelmäßig nur einen maximalen Aufwand in Höhe eines einstelligen Eurobetrags verursachen werden.

3. Richtigkeitsgarantie des Verwahrers (§ 6 Abs. 2 Satz 2 DepotG)

19 Nach § 6 Abs. 2 Satz 2 DepotG steht der Verwahrer für die **Richtigkeit seiner Depotbescheinigung** zur Rechtsausübung ein.

20 Ausweislich der Gesetzesbegründung zum Regierungsentwurf wird die **Richtigkeit** des besonderen Depotauszugs vom Verwahrer nach Satz 2 **garantiert.**[25] Die Pflicht zur Erteilung eines zutreffenden Depotauszugs soll damit drittschützend sein, der Depotvertrag habe hinsichtlich dieser Nebenpflicht Schutzwirkung zugunsten des Ausstellers.[26] Offenbar meint dies eine Garantiehaftung des Verwahrers, also eine Haftung gegenüber Dritten für eine etwaige Pflichtverletzung „Unrichtigkeit des besonderen Depotauszugs", ohne dass es auf ein Verschulden des Verwahrers (Vorsatz oder Fahrlässigkeit) ankommt. Warum aber von einer Schutzwirkung des Depotvertrags zugunsten des Ausstellers gesprochen wird, erschließt sich nicht. Mit Aussteller kann nämlich eigentlich nur der Aussteller des besonderen Depotauszugs, sprich der Verwahrer, gemeint sein. Zu seinen Gunsten tritt aber ja gerade keine Schutzwirkung des Depotvertrags ein, vielmehr geht eine solche Schutzwirkung zu seinen Lasten.

21 Undeutlich bleibt auch die Aussage aus der Gesetzesbegründung zum Regierungsentwurf, wonach **mit dem Risiko der Inanspruchnahme für den Verwahrer ein erhöhter Prüfungsaufwand verbunden** sein kann, der im Rahmen des gesetzlichen Anspruchs auf angemes-

---

24) Vgl. Erbs/Kohlhaas-*Wehowsky/Richter*, Strafrechtliche Nebengesetze, § 19 DepotG Rz. 3.
25) Begr. RegE Gesetz zur Einführung von eWp, BT-Drucks. 19/26925, S. 72.
26) Begr. RegE Gesetz zur Einführung von eWp, BT-Drucks. 19/26925, S. 72.

senen Aufwendungsersatz Berücksichtigung finden könne.[27] Denn typischerweise wird (auch) der besondere Depotauszug ebenso wie der allgemeine Depotauszug nur die Depotgutschrift mit den Pflichtangaben wiedergeben, was wiederum maßgeblich auf den mitunter vor Jahren vom Hinterleger gemachten Angaben beruht. Eine gesonderte Überprüfung ohne weitere Erkenntnisse zeitlich nach der Depotgutschrift oder etwaigen Umtragungen wird daher kaum möglich sein. Vor diesem Hintergrund erscheint der Maßstab einer verschuldensunabhängigen Garantiehaftung als deutlich zu hoch. Denn dies läuft darauf hinaus, dass der jeweilige Verwahrer sogar für bewusste Falschangaben zur Person des Hinterlegers haften würde, die sich in einem besonderen Depotauszug niederschlagen, obwohl er hierfür nichts kann.

4. Fiktionswirkung der Depotbescheinigung zur Rechtsausübung (§ 6 Abs. 2 Satz 3 DepotG)

Nach § 6 Abs. 2 Satz 3 DepotG gilt zum Zwecke der Beweisführung derjenige als **Inhaber,**   22 dem die Depotbescheinigung den **hinterlegten Anteil am Sammelbestand** zur Rechtsausübung **zuweist.**

Satz 3 ist als **Fiktion** („gilt") ausgestaltet. Da der besondere Depotauszug faktisch die Le-   23 gitimationswirkung der Urkunde übernimmt, ist es konsequent, ihm den Rechtsschein der Eigentümerschaft am Anteil am Sammelbestand zuzuordnen. Allerdings ist die Fiktion als Inhaber begrenzt auf „den Zweck der Beweisführung". Dies dürfte rein auf das Außenverhältnis, also den Rechtsverkehr, bezogen sein. Denn im Rahmen der Depotverhältnisse (Innenverhältnis) sind die Eigentümerverhältnisse klar. Gegen diese Eigentümerfiktion sind jegliche Einreden von vornherein erfolglos. Insgesamt bedeutet (auch) § 6 Abs. 2 Satz 3 DepotG, dass der mittelbare Besitz an sammelverwahrten Wertpapieren den sonst zur Durchsetzung des verbrieften Rechts notwendigen unmittelbaren Besitz an der Urkunde ersetzt.[28]

5. Beschränkung des Leistungsanspruchs des Hinterlegers (§ 6 Abs. 2 Satz 4 DepotG)

Nach § 6 Abs. 2 Satz 4 DepotG ist der **Leistungsanspruch des Hinterlegers** aus seinem   24 Anteil am Sammelbestand von vornherein dahingehend **beschränkt,** dass er gegen die Leistung einen der Leistung entsprechenden Anteil am Sammelbestand auf den Aussteller überträgt.

Im Rahmen der absolut vorherrschenden Girosammelverwahrung ist die Leistung auf die   25 verbriefte Forderung gemäß § 797 Satz 1 BGB nicht von der Aushändigung/Präsentation der Urkunde abhängig, sondern lediglich **auf die buchmäßige Übertragung des entsprechenden Anteils am Sammelbestand beschränkt.** Dies sollte mit Satz 4 trotz der Eigenschaft als Selbstverständlichkeit noch einmal gesetzlich klargestellt werden.[29]

IV. Regelungen zur Sammelverwahrung und zu Sammelbeständen an elektronischen Wertpapieren (§ 9b DepotG)

Nach § 9a DepotG wurde **folgender § 9b neu eingefügt:**   26

„§ 9b
Elektronische Schuldverschreibungen in Sammeleintragung

(1) ¹Für elektronisch begebene Schuldverschreibungen auf den Inhaber, die in Form einer Sammeleintragung in einem elektronischen Wertpapierregister eingetragen sind und die vom

---

27) Begr. RegE Gesetz zur Einführung von eWp, BT-Drucks. 19/26925, S. 72.
28) Begr. RegE Gesetz zur Einführung von eWp, BT-Drucks. 19/26925, S. 72.
29) Vgl. Begr. RegE Gesetz zur Einführung von eWp, BT-Drucks. 19/26925, S. 72.

Verwahrer auf einem Depotkonto des Hinterlegers verbucht werden, gelten die Vorschriften dieses Gesetzes über Sammelverwahrung und Sammelbestandanteile sinngemäß, soweit nicht Absatz 2 etwas anderes bestimmt. ²Der Verwahrer darf Anteile an der elektronischen Schuldverschreibung in Sammeleintragung auf den von ihm geführten Depotkonten nur bis zur Höhe der auf ihn lautenden Sammeleintragung gutschreiben.

(2) Wird auf Grund der §§ 7 und 8 die Auslieferung von einzelnen Wertpapieren verlangt, so hat der Verwahrer die Sammeleintragung im Wertpapierregister in Höhe des auf den Hinterleger entfallenden Anteils auf Kosten des Hinterlegers in eine Einzeleintragung überführen zu lassen, wenn nicht in den Emissionsbedingungen anderes geregelt ist".

1. Entsprechende Anwendung der allgemeinen Vorschriften (§ 9b Abs. 1 DepotG)

27   § 9b Abs. 1 DepotG besteht **aus zwei Sätzen**. Nach § 9b Abs. 1 Satz 1 DepotG gelten für elektronisch begebene Schuldverschreibungen auf den Inhaber, die in Form einer Sammeleintragung in einem elektronischen Wertpapierregister eingetragen sind und die vom Verwahrer auf einem Depotkonto des Hinterlegers verbucht werden, die Vorschriften des DepotG über Sammelverwahrung und Sammelbestandanteile sinngemäß, soweit nicht § 9b Abs. 2 DepotG etwas anderes bestimmt. Nach § 9b Abs. 1 Satz 2 DepotG darf der Verwahrer Anteile an der elektronischen Schuldverschreibung in Sammeleintragung auf den von ihm geführten Depotkonten nur bis zur Höhe der auf ihn lautenden Sammeleintragung gutschreiben.

28   § 9b Abs. 1 DepotG enthält eine der Bestimmung zur Sammelurkunde in § 9a Abs. 2 DepotG entsprechende Verweisung auf die allgemeinen Vorschriften zur Sammelverwahrung für elektronisch begebene Schuldverschreibungen auf den Inhaber, die in Form einer Sammeleintragung in einem Wertpapierregister eingetragen sind.[30] Es handelt sich um eine die Fiktion des § 9 Abs. 1 eWpG ergänzende Klarstellung.[31]

29   **Nur § 9b Abs. 1 Satz 1** DepotG **entspricht der Regelung des § 9a Abs. 2 DepotG**, insoweit ist die Gesetzesbegründung zum Regierungsentwurf ungenau.[32] Auch der Wortlaut ist missglückt, da es wohl um die sinngemäße Anwendung der §§ 6 bis 9 DepotG geht, was aber nicht recht deutlich wird. Vorzugswürdig wäre wohl entweder eine Erweiterung des § 9a DepotG oder aber eine exaktere Anlehnung des Wortlauts von § 9b Abs. 1 Satz 1 DepotG an den Wortlaut von § 9a Abs. 2 DepotG gewesen.

30   Auch bei **§ 9b Abs. 1 Satz 2 DepotG** schafft sowohl die Klarstellung durch den Normtext selbst als auch die Gesetzesbegründung hierzu **eher Verwirrung** denn Klarheit. Zum einen entspricht nur Satz 2, nicht aber der gesamte Absatz 1 einer Regelung in § 9 Abs. 1 eWpG. Dort aber ist der Bezugspunkt wohl nur § 9 Abs. 1 Satz 3 eWpG. Zum anderen ist der Inhalt des § 9b Abs. 1 Satz 2 DepotG eine absolute Selbstverständlichkeit und zugleich logische Folge des § 9 Abs. 1 Satz 3 eWpG. In der Praxis entstehen durch Aufspaltung der einheitlichen Regelungsmaterie in zwei Gesetze leider deutliche Unsicherheiten.

2. Überführung in Einzeleintragung bei Auslieferungsverlangen (§ 9b Abs. 2 DepotG)

31   Nach § 9b Abs. 2 DepotG hat der Verwahrer die Sammeleintragung im Wertpapierregister, sofern auf Grund der §§ 7 und 8 DepotG die **Auslieferung von einzelnen Wertpapieren verlangt** wird, in Höhe des auf den Hinterleger entfallenden Anteils auf Kosten des Hinterlegers **in eine Einzeleintragung überführen** zu lassen, wenn nicht in den Emissionsbedingungen anderes geregelt ist.

---

30) Begr. RegE Gesetz zur Einführung von eWp, BT-Drucks. 19/26925, S. 73.
31) Begr. RegE Gesetz zur Einführung von eWp, BT-Drucks. 19/26925, S. 73.
32) A. A. wohl *Segna*, WM 2020, 2301, 2307.

§ 9b Abs. 2 DepotG enthält eine **Modifizierung des Anspruchs auf Auslieferung effek-**   32
tiver Stücke, an die Stelle des Auslieferungsanspruchs tritt der Anspruch auf Überführung in eine Einzeleintragung.[33]

V.   Redaktionelle Änderungen in § 34 Abs. 1 Nr. 2 DepotG

Es handelt sich um **rein redaktionelle Änderungen** lediglich anlässlich der Ergänzungen   33
und teilweisen Umgestaltung des DepotG durch Art. 4 des Gesetzes zur Einführung von
elektronischen Wertpapieren. § 34 Abs. 2 DepotG war zuvor schon inhaltlich entfallen,
so dass nurmehr eine entsprechende formale Anpassung vorgenommen wurde. In diesem
Rahmen wurde die Absatzbezeichnung „(1)“ gestrichen und die Angabe „Abs. 2“ durch
die Wörter „Absatz 3 Satz 2“ ersetzt.

---

33)   Begr. RegE Gesetz zur Einführung von eWp, BT-Drucks. 19/26925, S. 73.

Schuldverschreibungsrechtliche Aspekte

Artikel 5
Änderung des Schuldverschreibungsgesetzes

Das Schuldverschreibungsgesetz vom 31. Juli 2009 (BGBl. I S. 2512), das zuletzt durch Artikel 18 des Gesetzes vom 22. Dezember 2020 (BGBl. I S. 3256) geändert worden ist, wird wie folgt geändert:

1. § 2 wird wie folgt geändert:

   a) Der Wortlaut wird Absatz 1.

   b) Folgender Absatz 2 wird angefügt:

   „(2) Bei einer elektronisch begebenen Schuldverschreibung müssen die Anleihebedingungen bei der registerführenden Stelle des Wertpapierregisters, in dem die Schuldverschreibung eingetragen ist, zugänglich sein. Änderungen des Inhalts der Anleihebedingungen nach Abschnitt 2 dieses Gesetzes werden erst wirksam, wenn sie in den bei der registerführenden Stelle zugänglichen Anleihebedingungen vollzogen worden sind."

2. In § 10 Absatz 3 Satz 2 werden nach den Wörtern „verbrieft sind," die Wörter „oder bei elektronisch begebenen Schuldverschreibungen in Form einer Sammeleintragung gemäß § 8 Absatz 1 des Gesetzes über elektronische Wertpapiere" eingefügt.

3. § 21 wird wie folgt geändert:

   a) Nach Absatz 1 wird folgender Absatz 2 eingefügt:

   „(2) Bei einer elektronisch begebenen Schuldverschreibung sind Beschlüsse der Gläubigerversammlung, durch die der Inhalt der Anleihebedingungen abgeändert oder ergänzt wird, in der Weise zu vollziehen, dass die bei der registerführenden Stelle zugänglichen Anleihebedingungen, auf die die Eintragung im Wertpapierregister Bezug nimmt, ergänzt oder geändert werden. Tag und Uhrzeit der Änderung oder Ergänzung sind anzugeben. Der Versammlungs- oder Abstimmungsleiter hat dazu den in der Niederschrift dokumentierten Beschlussinhalt an die registerführende Stelle zu übermitteln mit dem Ersuchen, die eingereichten Dokumente den vorhandenen Dokumenten in geeigneter Form beizufügen. Er hat gegenüber der registerführenden Stelle zu versichern, dass der Beschluss vollzogen werden darf."

   b) Der bisherige Absatz 2 wird Absatz 3.

Übersicht

I. Regelungszweck

Das SchVG stellt Regelungen bereit, die Anleihegläubigern ermöglichen, Änderungen der Anleihebedingungen durch qualifizierte Mehrheitsentscheidung herbeizuführen. Es bietet damit eine erhebliche **Erleichterung gegenüber** den allgemeinen Grundsätzen des Vertragsrechts, wo das **Konsensualprinzip** auch in multilateralen Rechtsbeziehungen in der 1

Regel eine einheitliche Verständigung über mögliche Vertragsänderungen erfordert. Das SchVG enthält dazu sowohl verfahrensrechtliche als auch materielle Vorgaben.[1] Eine Änderung der Anleihebedingungen setzt eine entsprechende Beschlussfassung der Gläubigerversammlung voraus, die sich gemäß §§ 9–16 SchVG konzeptionell an der aktienrechtlichen Hauptversammlung orientiert.[2]

2 Art. 5 Gesetz zur Einführung von eWp **passt** die Regelungen des **SchVG an** den Umstand an, dass Schuldverschreibungen nicht mehr in Urkunden verbrieft sein müssen, sondern auch elektronisch begeben werden können.[3] Die vorgenommenen Änderungen sollen dafür sorgen, dass sich im SchVG keine Unterschiede bei der Behandlung von urkundlich verbrieften und elektronischen Wertpapieren ergeben. Dies entspricht auch dem Ziel des Gesetzes zur Einführung von eWp, wonach sich die neuen Regelungen in die für Wertpapiere relevanten zivilrechtlichen Grundsätze einfügen sollen.[4]

II. Regelungsinhalt

1. Änderung des § 2 SchVG

3 § 2 Abs. 1 Satz 1 SchVG bestimmt, dass sich die Anleihebedingungen unmittelbar aus der Urkunde selbst ergeben müssen. Das SchVG greift damit das **wertpapierrechtliche Skripturprinzip** auf, wonach der Inhaber der Urkunde vom Aussteller die Leistung nur nach Maßgabe des in der Urkunde verkörperten abstrakten Schuldversprechens verlangen kann (vgl. §§ 793 Abs. 1 Satz 1, 796 Alt. 2 BGB). Das strenge Verbriefungserfordernis soll sicherstellen, dass der Anleger mit Erwerb des Wertpapiers auf dessen Inhalt vertrauen kann.[5]

4 Nach § 2 Abs. 1 Satz 3 SchVG werden Änderungen der Anleihebedingungen aufgrund von Gläubigerbeschlüssen nach den §§ 5 ff. SchVG deshalb erst wirksam, wenn sie in der Urkunde oder in den Anleihebedingungen vollzogen worden sind.[6]

5 Der in § 2 SchVG neu eingefügte Absatz 2 stellt dieses Prinzip auch für elektronische Wertpapiere noch einmal klar.[7] So müssen die Anleihebedingungen gemäß § 2 Abs. 2 Satz 1 SchVG bei der registerführenden Stelle dauerhaft und für jedermann zugänglich hinterlegt sein. Gemäß § 2 Abs. 2 Satz 2 SchVG werden Änderungen der Anleihebedingungen erst wirksam, wenn sie in dem elektronischen Dokument vollzogen worden sind, das bei der registerführenden Stelle hinterlegt ist. Inhaltlich **entsprechen** diese Regelungen damit den allgemeinen **Regelungen in § 5 Abs. 1 und 3 eWpG.**[8]

2. Änderung des § 10 Abs. 3 Satz 2 SchVG

6 § 10 befasst sich mit den **Formalien der Einberufung** einer Gläubigerversammlung.[9] Dabei können die Anleihebedingungen gemäß § 10 Abs. 3 Satz 1 SchVG vorsehen, wie die Berechtigung zur Teilnahme an der Gläubigerversammlung nachzuweisen ist. Dazu reicht

---

1) Vgl. Reinhard/Schall-*Schall*/*Simon*, SchVG, Einf. Rz. 1.
2) Vgl. Reinhard/Schall-*Schall*/*Simon*, SchVG, Einf. Rz. 32 f.; Reinhard/Schall-*Schulze De la Cruz*, SchVG, Vor §§ 9–16 Rz. 2 ff.
3) Vgl. Begr. RegE Gesetz zur Einführung von eWp z. Art. 5, BT-Drucks. 19/26925, S. 73.
4) Vgl. Allg. Begr. RegE Gesetz zur Einführung von eWp, BT-Drucks. 19/26925, S. 29.
5) *Artzinger-Bolten*/*Wöckener* in: Hopt/Seibt, Schuldverschreibungsrecht, § 2 SchVG Rz. 16 ff.; Preuße-*Röh*/*Dörfler*, SchVG, § 2 Rz. 19; Reinhard/Schall-*Simon*, § 2 SchVG Rz. 23 f.
6) *Artzinger-Bolten*/*Wöckener* in: Hopt/Seibt, Schuldverschreibungsrecht, § 2 SchVG Rz. 41 f.; Reinhard/Schall-*Simon*, SchVG, § 2 Rz. 26.
7) Conreder/Meier-*Kracke*, eWpG, §§ 2, 21 SchVG Rz. 2, 5.
8) Begr. RegE Gesetz zur Einführung von eWp z. Art. 5 Nr. 1 (Änderung § 2 SchVG), BT-Drucks. 19/26925, S. 73; Conreder/Meier-*Kracke*, eWpG, §§ 2, 21 SchVG Rz. 6.
9) Vgl. Reinhard/Schall-*Schulze De la Cruz*, SchVG, § 10 Rz. 1.

nach § 10 Abs. 3 Satz 2 SchVG bei einer verbrieften Sammelurkunde grundsätzlich ein in Textform erstellter besonderer Nachweis des depotführenden Instituts aus.[10)]

Bei den in § 10 Abs. 3 Satz 2 SchVG vorgenommenen Änderungen handelt es sich nun 7 **lediglich um redaktionelle Folgeänderungen,** welche für elektronisch begebene Schuldverschreibungen ermöglichen, die Verbriefung der Sammelurkunde durch eine Sammeleintragung nach § 8 Abs. 1 eWpG zu ersetzen.[11)]

3. Änderung des § 21 SchVG

§ 21 SchVG regelt den **Vollzug von Gläubigerbeschlüssen** bei sammelverbrieften Schuld- 8 verschreibungen. Änderungen der Anleihebedingungen werden gemäß § 2 Abs. 1 Satz 3 SchVG erst wirksam, wenn sie in der Sammelurkunde vollzogen worden sind. Die Vollziehung geschieht bei sammelverbrieften Schuldverschreibungen gemäß § 21 Abs. 1 Satz 1 und 2 SchVG durch Änderung oder Ergänzung der betreffenden Sammelurkunde.[12)]

Der neu eingefügte § 21 Abs. 2 SchVG enthält insoweit für elektronische Schuldverschrei- 9 bungen eine **an** die Niederlegung und Änderung von Emissionsbedingungen nach § 5 eWpG **angepasste Regelung** zur Vollziehung von Gläubigerbeschlüssen, die die Anleihebedingungen abändern.[13)]

---

10) Ausführlich Reinhard/Schall-*Schulze De la Cruz*, SchVG, § 10 Rz. 16 ff.
11) Begr. RegE Gesetz zur Einführung von eWp z. Art. 5 Nr. 2 (Änderung § 10 Abs. 3 Satz 2 SchVG), BT-Drucks. 19/26925, S. 73.
12) Reinhard/Schall-*Birke*, SchVG, § 21 Rz. 1, 3; *Kiem* in: Hopt/Seibt, Schuldverschreibungsrecht, § 21 SchVG Rz. 1, 9.
13) Begr. RegE Gesetz zur Einführung von eWp z. Art. 5 Nr. 3 (Änderung § 21 SchVG), BT-Drucks. 19/26925, S. 73; Conreder/Meier-*Kracke*, eWpG, §§ 2, 21 SchVG Rz. 8 ff.

Aufsichtsrechtliche Aspekte

Artikel 6
Änderung des Kreditwesengesetzes

Das Kreditwesengesetz in der Fassung der Bekanntmachung vom 9. September 1998 (BGBl. I S. 2776), das zuletzt durch Artikel 2 des Gesetzes vom 12. Mai 2021 (BGBl. I S. 990) geändert worden ist, wird wie folgt geändert:

1. In der Inhaltsübersicht wird die Angabe zu § 65 wie folgt gefasst:

   „§ 65 Übergangsvorschrift zum Gesetz zur Einführung von elektronischen Wertpapieren".

2. § 1 Absatz 1a Satz 2 wird wie folgt geändert:

   a) Nummer 6 wird wie folgt gefasst:

      „6. die Verwahrung, die Verwaltung und die Sicherung von Kryptowerten oder privaten kryptografischen Schlüsseln, die dazu dienen, Kryptowerte für andere zu halten, zu speichern oder darüber zu verfügen, sowie die Sicherung von privaten kryptografischen Schlüsseln, die dazu dienen, Kryptowertpapiere für andere nach § 4 Absatz 3 des Gesetzes über elektronische Wertpapiere zu halten, zu speichern oder darüber zu verfügen (Kryptoverwahrgeschäft),".

   b) Nummer 8 wird wie folgt gefasst:

      „8. die Führung eines Kryptowertpapierregisters nach § 16 des Gesetzes über elektronische Wertpapiere (Kryptowertpapierregisterführung),".

3. § 2 Absatz 7b wird wie folgt gefasst:

   „(7b) Auf Finanzdienstleistungsinstitute, die außer dem Kryptoverwahrgeschäft oder der Kryptowertpapierregisterführung keine weiteren Finanzdienstleistungen im Sinne des § 1 Absatz 1a Satz 2 erbringen, sind die §§ 10, 10c bis 18 und 24 Absatz 1 Nummer 14 bis 14b, die §§ 24a und 25a Absatz 5, die §§ 26a und 45 dieses Gesetzes sowie die Artikel 39, 41, 50 bis 403 und 411 bis 455 der Verordnung (EU) Nr. 575/2013 nicht anzuwenden."

4. § 29 wird wie folgt geändert:

   a) Absatz 1 Satz 2 Nummer 2 wird wie folgt geändert:

      aa) In Buchstabe i wird das Wort „und" durch ein Komma ersetzt.

      bb) In Buchstabe j wird der Punkt am Ende durch das Wort „und" ersetzt.

      cc) Folgender Buchstabe k wird angefügt:

         „k) nach den §§ 7 bis 14 und 16 bis 22 des Gesetzes über elektronische Wertpapiere, auch in Verbindung mit einer Rechtsverordnung nach § 15 oder § 23 des Gesetzes über elektronische Wertpapiere."

   b) In Absatz 2 Satz 4 werden nach den Wörtern „des Depotgesetzes" ein Komma und die Wörter „der §§ 7 bis 10 und 12 und 13 des Gesetzes über elektronische Wertpapiere, auch in Verbindung mit einer Rechtsverordnung nach § 15 des Gesetzes über elektronische Wertpapiere," eingefügt.

5. § 65 wird wie folgt gefasst:

„§ 65
Übergangsvorschrift zum Gesetz zur Einführung von elektronischen
Wertpapieren

(1) Ein Unternehmen, das am 10. Juni 2021 über die Erlaubnis für den Betrieb des Kryptoverwahrgeschäftes verfügt, darf dieses Geschäft auch hinsichtlich der Sicherung von privaten kryptografischen Schlüsseln erbringen, die dazu dienen, Kryptowertpapiere nach § 4 Absatz 3 des Gesetzes über elektronische Wertpapiere zu halten, zu speichern oder darüber zu verfügen.

(2) Für ein Unternehmen, das eine Tätigkeit nach § 1 Absatz 1a Satz 2 Nummer 8 innerhalb der ersten sechs Monate seit dem 10. Juni 2021 aufnimmt, gilt die Erlaubnis für die Kryptowertpapierregisterführung als vorläufig erteilt, wenn es sechs Monate nach Aufnahme der Tätigkeit einen vollständigen Erlaubnisantrag nach § 32 Absatz 1 Satz 1 und 2, auch in Verbindung mit einer Rechtsverordnung nach § 23 des Gesetzes über elektronische Wertpapiere, stellt und wenn es der Bundesanstalt die Absicht, die Tätigkeit aufzunehmen, zwei Monate vor Aufnahme der Tätigkeit schriftlich anzeigt. Die Anzeige muss die Angaben nach § 32 Absatz 1 Satz 2 Nummer 1, 2 und 5 enthalten und den Vorgaben der Verordnung gemäß § 24 Absatz 4 entsprechen. Die Bundesanstalt kann die Aufnahme der Tätigkeit insbesondere bei Zweifeln an der Eignung des Aufzeichnungssystems oder, wenn ihr Tatsachen bekannt werden, die eine Versagung der Erlaubnis nach § 33 Absatz 1 rechtfertigen, bis zum Abschluss des Erlaubnisverfahrens untersagen.“

Artikel 7
Änderung der Prüfberichtsverordnung

Nach § 69 der Prüfungsberichtsverordnung vom 11. Juni 2015 (BGBl. I S. 930), die zuletzt durch Artikel 8 des Gesetzes vom 19. März 2020 (BGBl. I S. 529) geändert worden ist, wird folgender Unterabschnitt 7 eingefügt:

„Unterabschnitt 7
Führung eines zentralen Registers oder eines Kryptowertpapierregisters
gemäß den §§ 12 und 16 des Gesetzes über elektronische Wertpapiere

§ 69a Prüfung der registerführenden Stelle gemäß § 12 Absatz 2 des Gesetzes
über elektronische Wertpapiere

Bei Instituten, die ein zentrales Register gemäß § 12 Absatz 2 des Gesetzes über elektronische Wertpapiere führen, hat der Prüfer einmal jährlich die Einhaltung der §§ 7, 10, 12 und 13 des Gesetzes über elektronische Wertpapiere in Verbindung mit der nach § 15 des Gesetzes über elektronische Wertpapiere erlassenen Rechtsverordnung zu prüfen.

§ 69b Prüfung der registerführenden Stelle gemäß § 16 Absatz 2 des Gesetzes
über elektronische Wertpapiere

Bei Instituten, die die Kryptowertpapierregisterführung gemäß § 1 Absatz 1a Satz 2 Nummer 8 des Kreditwesengesetzes erbringen, hat der Prüfer einmal jährlich die Einhaltung der §§ 7, 10, 16, 17 und 19 bis 21 des Gesetzes über elektronische Wertpapiere in Verbindung mit der nach § 23 des Gesetzes über elektronische Wertpapiere erlassenen Rechtsverordnung zu prüfen.“

Artikel 8
Änderung des Finanzdienstleistungsaufsichtsgesetzes

Das Finanzdienstleistungsaufsichtsgesetz vom 22. April 2002 (BGBl. I S. 1310), das zuletzt durch Artikel 5 des Gesetzes vom 12. Mai 2021 (BGBl. I S. 1063) geändert worden ist, wird wie folgt geändert:

1. In § 16e Absatz 1 Satz 1 Nummer 1 in dem Satzteil vor Buchstabe a werden die Wörter „§ 1 Absatz 1a Satz 2 Nummer 1 bis 7 und 9 bis 11 des Kreditwesengesetzes" durch die Wörter „§ 1 Absatz 1a Satz 2 Nummer 1 bis 11 des Kreditwesengesetzes" ersetzt.

2. In § 16g Absatz 1 Nummer 1 Buchstabe b Doppelbuchstabe aa und Buchstabe c Doppelbuchstabe aa werden jeweils die Wörter „§ 1 Absatz 1a Satz 2 Nummer 1, 1c, 2, 3, 6 oder 11 des Kreditwesengesetzes" durch die Wörter „§ 1 Absatz 1a Satz 2 Nummer 1, 1c, 2, 3, 6, 8 oder 11 des Kreditwesengesetzes" ersetzt.

3. Dem § 23 wird folgender Absatz 12 angefügt:

   „(12) § 16e Absatz 1 Satz 1 Nummer 1 und § 16g Absatz 1 Nummer 1 Buchstabe b Doppelbuchstabe aa und Buchstabe c Doppelbuchstabe aa in der ab dem 10. Juni 2021 geltenden Fassung sind erstmals auf die Umlageerhebung für das Umlagejahr 2021 anzuwenden."

Artikel 9
Änderung der Verordnung über die Erhebung von Gebühren und die Umlegung von Kosten nach dem Finanzdienstleistungsaufsichtsgesetz

In den Nummern 1.1.13.1.2.1 und 1.1.13.1.2.2 der Anlage (Gebührenverzeichnis) zu der Verordnung über die Erhebung von Gebühren und die Umlegung von Kosten nach dem Finanzdienstleistungsaufsichtsgesetz vom 29. April 2002 (BGBl. I S. 1504, 1847), die zuletzt durch Artikel 6 des Gesetzes vom 12. Mai 2021 (BGBl. I S. 1063) geändert worden ist, werden jeweils im Gebührentatbestand die Wörter „§ 1 Absatz 1a Satz 2 Nummer 1, 1a, 1b, 1c, 1d, 2, 3, 6 oder 11 KWG" durch die Wörter „§ 1 Absatz 1a Satz 2 Nummer 1 bis 1d, 2, 3, 6, 8 oder 11 KWG" ersetzt.

Literatur: *v. Allwörden*, Initial Coin Offerings: Kryptowährungen als Wertpapier oder Vermögensanlage?, WM 2018, 2118; *Auffenberg*, E-Geld auf Blockchain-Basis, BKR 2019, 341; *Auffenberg*, Kryptoverwahrgeschäft: deutscher Alleingang und schleichende Zentralisierung, RdF 2019, 273; *Bauernfeind*, „Ein Jahr Brexit" – Stand der Folgen für das Finanzaufsichtsrecht, GWR 2022, 167; *Behrens/Schadtle*, Erlaubnispflichten für Bank- und Finanzdienstleistungen im Zusammenhang mit Kryptowerten nach Umsetzung der Fünften EU-Geldwäscherichtlinie, WM 2019, 2099; *Blassl*, Kryptowertpapierregister – Rechtspflichten von Registerführern und Emittenten, AG 2022, 725; *Blassl/Sandner*, Kryptoverwahrgeschäft – Einsatz der Blockchain im Finanzbereich wird regulierte Finanzdienstleistung, WM 2020, 1188; *Brauneck*, Kryptowertpapiere: DLT-Pilotregime und CSDR contra eWpG?, WM 2023, 860; *Brian/Frey/Krais*, Umsetzung der Fünften Geldwäsche-Richtlinie in Deutschland, CCZ 2019, 245; *Brian/Frey/Pelz*, Aktuelles Geldwäscherecht – Sommernovellen in Deutschland vor Winterreformen der EU, CCZ 2021, 209; *Dafinger*, Kryptowährungen und der Modus beim Eigentumserwerb in Österreich, RDi 2022, 17; *Denga*, Non-Fungible Token im Bank- und Kapitalmarktrecht, BKR 2022, 288; *Dilek*, Einordnung von Krypto-Token als Wertpapiere (securities) nach US-amerikanischem Recht, RDi 2021, 324; *Döding/Wentz*, Der Referentenentwurf zur Einführung von elektronischen Wertpapieren und Kryptowertpapieren, WM 2020, 2312; *Fromberger/Haffke/Zimmermann*, Kryptowerte und Geldwäsche: Eine Analyse der 5. Geldwäscherichtlinie sowie des Gesetzentwurfs der Bundesregierung, BKR 2019, 377; *Grieger/v. Poser/Kremer*, Die rechtswissenschaftliche Terminologie auf dem Gebiet der Distributed-Ledger-Technology, ZfDR 2021, 394; *Guntermann*, Non Fungible Token als Herausforderung für das Sachenrecht, RDi 2022, 200; *Gurlit*, Die Entwicklung des Banken- und Kapitalmarktaufsichtsrechts seit 2017, (Teil II) WM 2020, 105; *Heckelmann*, Zulässigkeit und Handhabung von Smart Contracts, NJW 2018, 504; *Heine/Stang*, Weiterverkauf digitaler Werke mittels Non-Fungible-Token aus urheberrechtlicher Sicht – Funktionsweise von NFT und Betrachtung der urheberrechtlichen Nutzungshandlungen, MMR 2021, 755; *Heppekausen*, Blockchain, Wertpapierprospektrecht und das übrige Aufsichtsrecht, BKR 2020, 10; *Himmer/Liedgens*, Aktuelle Entwicklungen und Brennpunkte bei der steuerlichen Behandlung von Kryptowährungen und Token, Ubg 2022, 194; *Hingst/Neumann, K.-A.*, Bitcoin-Handel als Anwendungsfall der Regulierung „virtueller Währungen", CB 2019, 254; *Hingst/Neumann, K.-A.*, Bargeld im Recht – Zivil- und verfassungsrechtliche Dimensionen einer Bargeldabschaffung, in: Festschrift für K. Schmidt, Bd. I, 2019, S. 465; *Hoeren/Prinz*, Das Kunstwerk im Zeitalter der technischen Reproduzierbarkeit – NFTs (Non-Fungible Tokens) in rechtlicher Hinsicht, CR 2021, 565; *Kaulartz/Schmid*, Rechtliche Aspekte so genannter Non-Fungible Tokens (NFTs), CB 2021, 298; *Kipker/Birreck/Niewöhner/Schnorr*, Rechtliche und technische Rahmenbedingungen der „Smart Contracts" – Eine zivilrechtliche Betrachtung, MMR 2020, 509; *Kleinert/Mayer*, Der deutsche Weg zum elektronischen Wertpapier, EuZW 2020, 1059; *Kleinert/Mayer*, Elektronische Wertpapiere und Krypto-Token, EuZW 2019, 857; *Klöhn*, Informelle Bankregulierung durch die BaFin – Dogmatische Einordnung und ökonomischer Hintergrund, Rechtswirkungen und Rechtsschutz, (Teil I) WM 2021, 1457; *Klöhn/Parhofer/Resas*, Initial Coin Offering (ICOs), ZBB 2019, 89; *Kusserow*, Elektronische Schuldverschreibungen und Blockchain-Anleihen, WM 2020, 586; *Lehmann*, Bitcoin-Handel – Bitcoins keine Finanzinstrumente, NJW 2018, 3734; *Lendermann*, Anmerkungen zum Eckpunktepapier der Bundesregierung zu elektronischen Wertpapieren und Crypto Token, AG 2019, R93; *Linardatos*, Elektronische Schuldverschreibungen auf den Inhaber – des Wertpapiers neue Kleider, ZBB 2020, 329; *Link*, Wie kommt der Affe in die Bücher? – Zur handels- und steuerbilanziellen Behandlung von Non-Fungible Token (NFT), BB 2022, 1706; *Litten*, Mit dem DLT-Piloten in die Zukunft des digitalen Kapitalmarktaufsichtsrechts, BKR 2022, 551; *Majcen*, Kryptofonds: Die Problematik der Verwahrung von Kryptowerten, WM 2022, 111; *Martini/Kramme/Seeliger*, „Nur noch für 30 Minuten verfügbar" – Scarcity- und Countdown-Patterns bei Online-Geschäften auf dem Prüfstand des Rechts, VuR 2022, 123; *Maume/Siadat*, Struktur, Definitionen und Anwendungsfälle der Kryptoregulierung, NJW 2023, 1168; *Möslein/Kaulartz/Rennig*, Decentralized Finance (DeFi), RDi 2021, 517; *Müller*, Rechtsprechung zur Vermietung von virtuellem Land und Implikationen für das Metaverse am Beispiel vom Decentraland, UR 2022, 281; *Nathmann*, Token in der Unternehmensfinanzierung, BKR 2019, 540; *Neumann, K.-A.*, Verbotsirrtum, Konkurrenzen und Verjährung bei unerlaubtem Betreiben von Bankgeschäften, BKR 2019, 196; *Neumann, K.-A./Schmidt, A.*, Corporate Governance von Wertpapierinstituten, BKR 2021, 535; *Omlor/Franke*, Europäische DeFi-Regulierungsperspektiven, BKR 2022, 679; *Patz*, Überblick über die Regulierung von Kryptowerten und Kryptowertedienstleistern, BKR 2021, 725; *Raschner*, Das (neue) Marktmanipulationsrecht für Kryptowerte, BKR 2022, 217; *Rauer/Bibi*, Non-fungible Tokens – Was können sie wirklich?, ZUM 2022, 20; *Rennig*, Prospektpflicht für Stock Token? Europäischer Wertpapierbegriff und digitale Innovationen am Kapitalmarkt, BKR 2021, 402; *Rennig*, Untersagung der Tätigkeit einer Krypto-Handelsplattform wegen des Betriebs des Depotgeschäfts, RDi 2021, 206; *Rennig*, FinTech-Aufsicht im künftigen EU-Recht: ECSP-VO und MiCA-VO-E als eigenständiges Aufsichtsregime, ZBB 2020, 385; *Rennig*, KWG goes Krypto: Die Aufnahme von Kryptowährungen und des Kryptoverwahrgeschäfts in das KWG, BKR 2020, 23; *Resas/Ulrich/Geest*, Kryptoverwahrung nach dem KWG: Der Versuch einer Konturierung des neuen Erlaubnistatbestands, ZBB 2020, 22; *Rolker/Strauß*, Bitcoin & Co. – eine angemessene Regulierung auf dem Weg?, WM 2019, 489; *Romba/Patz*, Zweites Hinweisschreiben zu Prospekt- und Erlaubnispflichten im Zusammenhang mit der Ausgabe von Krypto-Token, RdF 2019, 298; *Schemmel*, Non-Fungible Token (NFT) und Geldwäsche – eine aktuelle Einordnung, CB 2022, 286; *Siadat*, Markets in Crypto Assets Regulation – Vertrieb von Kryptofinanzinstrumenten, RdF 2021, 172; *Siadat*, Markets in Crypto Assets Regulation – erster Einblick mit Schwerpunktsetzung auf Finanzinstrumente, RdF 2021, 12; *Spindler*, Initial Coin Offerings und Prospektpflicht und -haftung, WM 2018, 2109; *Stadtfeld/Hahn*, Rechtliche Herausforderungen bei der Vermarktung von NFT-Lizenzprodukten, SpuRt 2022, 149; *Trautmann/Kissler*, Kryptowerte: Hinweise und Besonderheiten betreffend die Prävention von Geldwäsche und Terrorismusfinanzierung, CB 2020, 418; *Trautmann/Müller*, Self-Sovereign Identity in Kryptowertpapierregistern – Erfüllung von Implementierungs- und Geldwäschepräventionsanforderungen mit Hilfe der Blockchain-Technologie, RDi 2022, 160; *Veil*, Token-Emissionen im europäischen Kapitalmarktrecht – Grundlagen und Reformperspektiven für ICOs und STOs –, ZHR 183 (2019) 346; *Vig*, Inhaberschuldverschreibungen auf der Blockchain – Kryptowerte und Wertpapiere sui generis aus Sicht der Praxis, BKR 2022, 442; *Völkle*, Ethereum 2.0 – Grundbaustein der weiterentwickelten Digitalisierung des Rechts, MMR 2021, 539; *Voß*, Non-Fungible Token auf CO$_2$-Zertifikate – Eine kapitalmarkt- und aufsichtsrechtliche Einordnung, BKR 2022, 620; *Weitnauer*, Initial Coin Offerings (ICOs): Rechtliche Rahmenbedingungen und regulatorische Grenzen, BKR 2018, 231; *Wellerdt*, Non-Fungible Token – Entstehung einer neuen Anlageklasse? – Eine aufsichtsrechtliche Einordnung, WM 2021, 2379; *Zentes/Glaab*, Änderungen durch die GwG-Novelle zur Umsetzung der Fünften EU-Geldwäscherichtlinie und ihre Auswirkungen auf die Verpflichteten, BB 2019, 1667; *Zöllner*, Kryptowerte vs. Virtuelle Währungen: Die überschießende Umsetzung der Fünften EU-Geldwäscherichtlinie, BKR 2020, 117.

Übersicht

I. eWpG-spezifische Anpassungen des Regulierungsrahmens

1 Die Einführung elektronischer Wertpapiere bedingt diverse finanzaufsichtsrechtliche Folge-änderungen. Diese betreffen:

– das KWG nach Art. 6 Gesetz zur Einführung von eWp (siehe dazu Rz. 2 ff.); und

– die PrüfbV nach Art. 7 Gesetz zur Einführung von eWp, das FinDAG nach Art. 8 Gesetz zur Einführung von eWp und die FinDAGKostV bzw. FinDAGebV nach Art. 9 Gesetz zur Einführung von eWp (siehe dazu Rz. 68 ff.).

II. Anpassungen des KWG (Art. 6 Gesetz zur Einführung von eWp)

2 Mit der Einführung des eWpG sind diverse Anpassungen des KWG erfolgt. Diese betreffen folgende Bereiche (zur internationalen Anwendbarkeit des KWG siehe *Schwarz*, § 32 Rz. 33 ff., 58 ff.):

– Erweiterung des erlaubnispflichtigen **Kryptoverwahrgeschäfts** i. S. von § 1 Abs. 1a Satz 2 Nr. 6 KWG (siehe dazu Rz. 3 ff.);

– Einführung der **Kryptowertpapierregisterführung** als neuen Erlaubnistatbestand i. S. von § 1 Abs. 1a Satz 2 Nr. 8 KWG (siehe dazu Rz. 43 ff.); und

– **regulatorische Erleichterungen** für reine Kryptoverwahrdienstleister und reine Krypto-wertpapierregisterführer (siehe dazu Rz. 60 ff.).

1. Kryptoverwahrgeschäft (§ 1 Abs. 1a Satz 2 Nr. 6 KWG)

3 Art. 6 Nr. 2 Gesetz zur Einführung von eWp erweitert das erlaubnispflichtige **Krypto-verwahrgeschäft** i. S. von § 1 Abs. 1a Satz 2 Nr. 6 KWG. Der Tatbestand erfasst **Krypto-werte** und **private kryptografische Schlüssel**, die dazu dienen, **Kryptowerte** – oder nun zukünftig auch **Kryptowertpapiere i. S. von § 4 Abs. 3 eWpG** – für andere zu halten, zu speichern oder darüber zu verfügen.

a) Entstehung und allgemeine Einordnung

4 Der Erlaubnistatbestand des Kryptoverwahrgeschäfts ist – gemeinsam mit der Legaldefi-nition der Kryptowerte (§ 1 Abs. 11 Satz 1 Nr. 10 KWG) – mit dem Gesetz zur Umsetzung der 5. Geldwäscherichtlinie[1] vom 12.12.2019[2] mit Wirkung zum 1.1.2020 als Finanzdienst-leistung in das KWG aufgenommen worden. Seine Einführung entspricht der Blockchain-Strategie der Bundesregierung.[3] Es bedarf nun grundsätzlich einer **Erlaubnis der BaFin** (§ 32 Abs. 1 Satz 1 KWG)[4], wer das **Kryptoverwahrgeschäft** im Inland gewerbsmäßig[5] oder in einem Umfang betreibt, der einen in kaufmännischer Weise eingerichteten Ge-

---

1) Richtlinie (EU) 2018/843 des Europäischen Parlaments und des Rates vom 30. Mai 2018 zur Ände-rung der Richtlinie (EU) 2015/849 zur Verhinderung der Nutzung des Finanzsystems zum Zwecke der Geldwäsche und der Terrorismusfinanzierung und zur Änderung der Richtlinien 2009/138/EG und 2013/36/EU (5. EU-Geldwäscherichtlinie), ABl. (EU) L 156/43 v. 19.6.2018.

2) Gesetz zur Umsetzung der Änderungsrichtlinie zur Vierten EU-Geldwäscherichtlinie, v. 12.12.2019, BGBl. I 2019, 2602.

3) BMWi/BMF, Blockchain-Strategie der Bundesregierung v. 18.9.2019, abrufbar unter https://www.bmwk.de/ Redaktion/DE/Publikationen/Digitale-Welt/blockchain-strategie.html (Abrufdatum: 21.2.2023).

4) Zum Erlaubnisverfahren vgl. BaFin, Hinweise zum Erlaubnisantrag für das Kryptoverwahrgeschäft, v. 1.4.2020, abrufbar unter https://www.bafin.de/SharedDocs/Veroeffentlichungen/DE/Merkblatt/BA/ mb_Hinweise_zum_Erlaubnisantrag_fuer_das_Kryptoverwahrgeschaeft.html (Abrufdatum: 21.2.2023).

5) Nach Lesart der BaFin besteht Gewerbsmäßigkeit, wenn der Betrieb auf eine gewisse Dauer angelegt ist und der Betreiber ihn mit der Absicht der Gewinnerzielung verfolgt. Dies schließt die Absicht der Vermeidung von Verlusten ein, BaFin, Merkblatt: Hinweise zum Tatbestand des Kryptoverwahrge-schäfts, v. 2.3.2020, Ziff. III., abrufbar unter https://www.bafin.de/SharedDocs/Veroeffentlichungen/ DE/Merkblatt/mb_200302_kryptoverwahrgeschaeft.html?nn=13733456 (Abrufdatum: 21.2.2023).

schäftsbetrieb erfordert.[6] Eine Erlaubnispflicht des Geschäfts besteht bereits bei Erfüllung einer Tatbestandsalternative, wobei es auf die Rechtsform des Unternehmens (natürliche Person, Personengesellschaft, juristische Person) nicht ankommt.[7]

Das **Erlaubnisverfahren** für das **Kryptoverwahrgeschäft** ist vergleichbar mit den bereits   **5** etablierten Erlaubnisverfahren für Bankgeschäfte bzw. Finanzdienstleistungen.[8]

Art. 6 Nr. 2 Gesetz zur Einführung von eWp passt den normativen Gehalt des Kryptover-   **6** wahrgeschäfts mit Wirkung zum 10.6.2021 an und bildet die Einführung der neuen Kryptowertpapiere i. S. von § 4 Abs. 3 eWpG tatbestandlich ab. Dies geschieht durch die Einführung **zusätzlicher Bezugsobjekte**, die Gegenstand einer erlaubnispflichtigen Dienstleistung – d. h. einer Verwahrung, Verwaltung oder Sicherung (siehe nachfolgend Rz. 8 ff.) – sein können. Neu hinzugekommen sind **private kryptografische Schlüssel**, die dazu dienen, **Kryptowertpapiere** für andere zu halten, zu speichern oder darüber zu verfügen. Für Unternehmen, die am 10.6.2021 bereits über die Erlaubnis für den Betrieb des Kryptoverwahrgeschäftes verfügten, gilt eine gesonderte **Übergangsregelung**, wonach sie die Kryptoverwahrung zukünftig auch hinsichtlich der mit den elektronischen Wertpapieren neu hinzugekommenen Variante der privaten kryptografischen Schlüssel erbringen dürfen (§ 65 Abs. 1 KWG).

Wer das Kryptoverwahrgeschäft betreibt, ist als Finanzdienstleistungsinstitut auch **geld-**   **7** **wäscherechtlich Verpflichteter** (§ 2 Abs. 1 Nr. 2 GwG), einschließlich der Vorgaben der KryptoWTransferV.[9] GwG-verpflichtete Kryptoverwahrer haben als **Kryptowertedienst-leister** (§ 2 Nr. 5 KryptoWTransferV) aufgrund ihrer Gatekeeper-Funktion bei der Übertragung von Kryptowerten u. a. die **Geldtransferverordnung** anzuwenden und bei der Übertragung von Kryptowerten auf Konten ihrer Kunden von **unhosted Wallets** (und umgekehrt) Namen und Anschrift der Auftraggeber und Begünstigten zu ermitteln sowie sich risikoangemessen zu vergewissern, dass die ermittelten Angaben zutreffend sind (§ 3 KryptoWTransferV).[10] Die Einhaltung der geldwäscherechtlichen Vorgaben überwacht die BaFin.[11]

b)   Kryptowerte

Kryptowerte sind entsprechend der **Legaldefinition** in § 1 Abs. 11 Satz 1 Nr. 10, Satz 4   **8** KWG:[12]

– **digitale** Darstellungen eines Wertes (siehe dazu Rz. 10 ff.);

---

6) Ein solches Erfordernis besteht nach ständiger Verwaltungspraxis, wenn für den Finanzdienstleistungsbetrieb nach bankwirtschaftlicher Verkehrsauffassung – d. h. aus der Perspektive eines ordentlichen Kaufmanns – die Einrichtung eines solchen Betriebs objektiv erforderlich ist. Unerheblich ist für das Eingreifen einer Erlaubnispflicht dabei, ob auch tatsächlich ein in kaufmännischer Weise eingerichteter Geschäftsbetrieb geführt wird, BaFin, Merkblatt: Hinweise zum Tatbestand des Kryptoverwahrgeschäfts, v. 2.3.2020, Ziff. III., abrufbar unter https://www.bafin.de/SharedDocs/Veroeffentlichungen/DE/Merkblatt/mb_200302_kryptoverwahrgeschaeft.html?nn=13733456 (Abrufdatum: 21.2.2023).

7) BaFin, Merkblatt: Hinweise zum Tatbestand des Kryptoverwahrgeschäfts, v. 2.3.2020, Ziff. III., abrufbar unter https://www.bafin.de/SharedDocs/Veroeffentlichungen/DE/Merkblatt/mb_200302_kryptoverwahr-geschaeft.html?nn=13733456 (Abrufdatum: 21.2.2023).

8) Vgl. BaFin, Hinweise zum Erlaubnisantrag für das Kryptoverwahrgeschäft, v. 1.4.2020, abrufbar unter https://www.bafin.de/SharedDocs/Veroeffentlichungen/DE/Merkblatt/BA/mb_Hinweise_zum_Erlaubnisantrag_fuer_das_Kryptoverwahrgeschaeft.html (Abrufdatum: 21.2.2023).

9) Verordnung über verstärkte Sorgfaltspflichten bei dem Transfer von Kryptowerten (Kryptowertetransferverordnung – KryptoWTransferV), v. 24.9.2021, BGBl. I 2021, 4465.

10) Dazu *Brian/Frey/Pelz*, CCZ 2021, 209, 212 ff.; *Patz*, BKR 2021, 725, 730.

11) Schwennicke/Auerbach-*Schwennicke*, KWG, § 1 Rz. 133b.

12) Diese geht zurück auf die Legaldefinition „virtueller Währungen" in Art. 3 Nr. 18 5. EU-Geldwäscherichtlinie.

- die von natürlichen oder juristischen Personen aufgrund einer Vereinbarung oder tatsächlichen Übung als **Tausch- oder Zahlungsmittel akzeptiert** werden oder **Anlagezwecken** dienen (siehe dazu Rz. 13 ff.); und

- die auf **elektronischem Wege übertragen, gespeichert** und **gehandelt** werden können (siehe dazu Rz. 17).

9 Die Begriffsdefinition des § 1 Abs. 11 Satz 1 Nr. 10, Satz 4 KWG gilt entsprechend für das WpIG (§ 2 Abs. 5 Nr. 10 WpIG).[13] Der deutschrechtliche Regulierungsrahmen wird auf europäischer Ebene zukünftig durch die EU Markets in Crypto-Assets Regulation (**MiCAR**)[14] sowie die Transfer of Funds Regulation (**TFR**)[15] flankiert. MiCAR schafft ein EU-einheitliches Regulierungssystem für solche Kryptoassets, die nicht schon vom bestehenden Aufsichtsregime – insbesondere fußend auf MiFID2[16] – erfasst sind (Art. 2 Abs. 4 MiCAR).[17] Die TFR soll – vergleichbar der KryptoWTransfV – zur Bekämpfung von Geldwäsche, Terrorismusfinanzierung und anderen illegalen Aktivitäten dienen.[18]

aa) Digitale Darstellungen eines Wertes

10 Kryptowerte basieren technisch regelmäßig auf der sog. Distributed-Ledger-Technologie (**DLT**), die die dezentrale Speicherung identischer Datensätze bei den Teilnehmern eines Netzwerks erlaubt, um so die Integrität von Daten sicherzustellen, etwa mittels Konsensmechanismen (siehe hierzu *Lendermann/Nemeczek*, § 4 Rz. 89 ff. und *Ostermeier*, § 18 Rz. 6 f.). Eine DLT verwendet grundsätzlich ein Verschlüsselungsverfahren, das sich aus einem Schlüsselpaar, d. h. einem öffentlichen (**Public Key**) und einem privaten (**Private Key**) kryptografischen Schlüssel, zusammensetzt (siehe zu den technischen Details *Lendermann/Nemeczek*, § 4 Rz. 90 f. und *Ostermeier*, § 18 Rz. 13 ff.).

11 Für eine Qualifizierung als Kryptowert ist die Verwendung der DLT (oder einer Blockchain als DLT-Unterfall) **nicht konstitutiv**. Umgekehrt bedeutet die Verwendung dieser Technik auch nicht zwangsläufig, dass der jeweilige Wert ein Kryptowert ist.[19]

12 Das eWpG spricht nicht von DLT, sondern – bewusst technologieoffen – von „**Aufzeichnungssystem**". § 4 Abs. 11 eWpG definiert dieses als dezentralen Zusammenschluss, in dem die Kontrollrechte zwischen den das jeweilige System betreibenden Einheiten nach einem im Vorhinein festgelegten Muster verteilt sind (siehe im Detail *Lendermann/Nemeczek*, § 4 Rz. 89 ff.).

bb) Tausch- oder Zahlungsmittel bzw. Anlagezweck

13 Der Gesetzgeber hat die Kryptowerte i. S. von § 1 Abs. 11 Satz 4 KWG bewusst als **Auffangtatbestand** ausgestaltet.[20] Zuvor war umstritten, wie von privater Hand erzeugte

---

13) Zur Abgrenzung von KWG und WpIG im Detail *K.-A. Neumann/A. Schmidt*, BKR 2021, 535 ff.

14) Vorschlag für eine Verordnung des Europäischen Parlaments und des Rates on Markets in Crypto-Assets, and Amending Directive (EU) 2019/1937, v. 24.9.2020, COM(2020)593 final – 2020/0265(COD); am 20.4.2023 vom Europäischen Parlament verabschiedet und am 16.5.2023 vom Rat angenommen.

15) Vorschlag für eine Verordnung des Europäischen Parlaments und des Rates über die Übermittlung von Angaben bei Geldtransfers und Transfers bestimmter Kryptowerte (Neufassung), COM(2021)422 final – 2021/0241 (COD), v. 20.7.2021.

16) Richtlinie 2014/65/EU des Europäischen Parlaments und des Rates v. 15.52014 über Märkte für Finanzinstrumente sowie zur Änderung der Richtlinien 2002/92/EG und 2011/61/EU (Markets in Financial Instruments Directive – MiFID II), ABl. (EU) L 173/34 v. 12.6.2014.

17) Zu Abgrenzung und Schnittmengen zwischen KWG und MiCAR *Maume/Siadat*, NJW 2023, 1168 ff.

18) Näher *Omlor/Franke*, BKR 2022, 679, 685.

19) Vgl. Schwennicke/Auerbach-*Schwennicke*, KWG, § 1 Rz. 255.

20) *v. Allwörden*, WM 2018, 2118, 2119; *Nathmann*, BKR 2019, 540, 543; *Gurlit*, WM 2020, 105, 110 f.

Zahlungsmittel (insbesondere virtuelle Währungen wie Bitcoin, Ethereum, Ripple, Litecoin etc.)[21] finanzaufsichtsrechtlich zu qualifizieren sind. Die BaFin vertrat insofern zunächst die Auffassung, dass virtuelle Währungen **Rechnungseinheiten** i. S. von § 1 Abs. 11 Satz 1 Nr. 7 KWG und damit Finanzinstrumente seien. Dieser Rechtsauffassung trat das KG Berlin mit Urteil vom 25.9.2018 entgegen und verwies zur Begründung u. a. auf das **strafrechtliche Bestimmtheitsgebot** i. S. von Art. 103 Abs. 2 GG.[22] Nach Auffassung des KG Berlin könne die BaFin als eine der vorbeugenden Gefahrenabwehr verpflichtete Bundesanstalt nicht durch die Ausweitung des Anwendungsbereichs von Erlaubnispflichten für Bankgeschäfte oder Finanzdienstleistungen mittelbar die **Reichweite strafrechtlicher Normen** erhöhen.[23] Auch vor dem Hintergrund dieser Kontroverse hat der Gesetzgeber die Kategorie der Kryptowerte bewusst weit gefasst, die auch Wertdarstellungen einschließen soll, die begrifflich keinem Finanzinstrument i. S. von § 1 Abs. 11 Satz 2 Nr. 1–9 KWG zuordbar sind. Die BaFin legt dementsprechend ein weites Begriffsverständnis an.[24] Eine signifikante Zahl im Markt bestehender Kryptowerte dürfte sich indes bereits als **Schuldtitel** bzw. vergleichbare Rechte (§ 1 Abs. 11 Satz 1 Nr. 3 KWG)[25] oder als **Rechnungseinheiten** (§ 1 Abs. 11 Satz 1 Nr. 7 KWG)[26] und damit als Finanzinstrumente qualifizieren lassen.

Der gesetzliche Begriff des Kryptowerts bildet **bewusst keine Token-spezifischen**[27] Kategorien ab, wie z. B. Payment Token, Utility Token[28], Security Token, Investment Token oder Currency Token.[29] Abhängig von der **konkreten Ausgestaltung** im Einzelfall können Token grundsätzlich Kryptowerte sein.[30] Der Begriff soll auch in der Praxis vorkommende **Mischformen** erfassen (siehe zu den einzelnen Token-Kategorien und Mischformen *Schulze De la Cruz*, Art. 3 Rz. 20 ff.).[31] Dabei können ggf. mehr oder weniger große **Schnittmengen** zwischen Kryptowerten und den weiteren Kategorien von Finanzinstrumenten bestehen. Entsprechend der **Auffangfunktion** des Kryptowertbegriffs wäre in einem sol-   14

---

21) Virtuelle Währungen sind üblicherweise kein E-Geld, da ein Emittent fehlt, gegen den Forderungen bestehen würden und da die digitale Wertstellung nicht gegen Zahlung eines Geldbetrags i. H. des Nennbetrags ausgegeben und getauscht wird (§ 33 Abs. 1 ZAG), so auch Schwennicke/Auerbach-*Schwennicke*, KWG, § 1 Rz. 261; zum Kontext virtueller Währungen im Geldbegriff *Hingst/K.-A. Neumann* in: FS K. Schmidt, Bd. I, S. 465, 470 ff.

22) KG Berlin, Urt. v. 25.9.2018 – (4) 161 Ss 28/18 (35/18), NJW 2018, 3734.

23) Ausführlich dazu *Hingst/K.-A. Neumann*, CB 2019, 254 ff.; *Lehmann*, NJW 2018, 3734, 3736 f.

24) BaFin, Merkblatt: Hinweise zum Tatbestand des Kryptoverwahrgeschäfts, v. 2.3.2020, Ziff. I., abrufbar unter https://www.bafin.de/SharedDocs/Veroeffentlichungen/DE/Merkblatt/mb_200302_kryptoverwahrgeschaeft.html?nn=13733456 (Abrufdatum: 21.2.2023).

25) Dazu im Detail Beck/Samm/Kokemoor-*Reschke*, KWG, § 1 Rz. 1015 ff.

26) Dazu im Detail Beck/Samm/Kokemoor-*Reschke*, KWG, § 1 Rz. 1039 ff.

27) Zum Token-Begriff *Siedler* in: Möslein/Omlor, FinTech-Handbuch, § 7 Rz. 18.

28) Utility Token sind zugleich virtuelle Währungen, wenn sie innerhalb ihres Netzwerks für Zahlungen dienen, *Rolker/Strauß*, WM 2019, 489, 493.

29) Vgl. zu typischen Token-Kategorien BaFin, Merkblatt: Zweites Hinweisschreiben zu Prospekt- und Erlaubnispflichten im Zusammenhang mit der Ausgabe sogenannter Krypto-Token, v. 16.8.2019, Ziff. V. b), abrufbar unter https://www.bafin.de/SharedDocs/Downloads/DE/Merkblatt/WA/dl_wa_merkblatt_ICOs.html (Abrufdatum: 21.2.2023); *Kaulartz* in: Möslein/Omlor, FinTech-Handbuch, § 5 Rz. 21 ff.

30) Vgl. BaFin, Merkblatt: Hinweise zum Tatbestand des Kryptoverwahrgeschäfts, v. 2.3.2020, Ziff. I., 1., abrufbar unter https://www.bafin.de/SharedDocs/Veroeffentlichungen/DE/Merkblatt/mb_200302_kryptoverwahrgeschaeft.html?nn=13733456 (Abrufdatum: 21.2.2023); Beck/Samm/Kokemoor-*Reschke*, KWG, § 1 Rz. 663i; Schwennicke/Auerbach-*Schwennicke*, KWG, § 1 Rz. 255 ff.

31) *Spindler*, WM 2018, 2109, 2110; *Zöllner*, BKR 2020, 117, 119; *Veil*, ZHR 183 (2019) 346, 349; *Kleinert/Mayer*, EuZW 2019, 857, 859; zur steuerlichen Behandlung von Token *Himmer/Liedgens*, Ubg 2022, 194; zur Einordnung von Krypto-Token als Wertpapiere (securities) nach US-amerikanischem Recht, *Dilek*, RDi 2021, 324.

chen Fall dann jeweils die speziellere Finanzinstrument-Kategorie i. S. von § 1 Abs. 11 Satz 2 Nr. 1–9 KWG vorrangig (zur Abgrenzung von Krypto**wert** – Krypto**wertpapier** siehe im Detail Rz. 18 ff.).[32]

15 Ausgenommen vom Begriff des Kryptowerts sind nach ständiger Verwaltungspraxis der BaFin **rein elektronische Gutscheine** zum Bezug von Waren oder Dienstleistungen des Emittenten oder eines Dritten im Austausch für die Leistung eines entsprechenden Gegenwerts, denen bestimmungsgemäß nur durch Einlösung gegenüber dem Emittenten eine wirtschaftliche Funktion zukommen soll und die daher nicht handelbar sind und aufgrund ihrer Ausgestaltung keine investorenähnliche Erwartungshaltung an die Wertentwicklung des Gutscheins oder an die allgemeine Unternehmensentwicklung des Emittenten oder eines Dritten wert- oder rechnungsmäßig abbilden.[33] Auch rein **elektronische Gutscheine in Multipartnerprogrammen** sind ausgeschlossen, soweit sie nicht gehandelt werden können und sich nicht als allgemeine Tausch und Zahlungsmittel eignen oder als solche zum Einsatz kommen sollen.[34]

16 Keine Kryptowerte sind **E-Geld** (§ 1 Abs. 2 Satz 3 ZAG)[35] oder monetäre Werte, die den Anforderungen der **ZAG-Ausnahme** für Zahlungssysteme in limitierten Netzen mit limitierten Produktpaletten und Instrumenten zu sozialen oder steuerlichen Zwecken genügen (§ 2 Abs. 1 Nr. 10 ZAG)[36] oder nur für Zahlungsvorgänge bei elektronischen Kommunikationsnetzen/-diensten (§ 2 Abs. 1 Nr. 11 ZAG)[37] Verwendung finden (§ 1 Abs. 11 Satz 5 KWG). Der Kryptowertbegriff umfasst keine **gesetzlichen Zahlungsmittel** oder sonstige Werte, die eine **Zentralbank** oder öffentliche Stelle emittiert oder garantiert.

cc) Übertragung, Speicherung oder Handel auf elektronischem Weg

17 Die jeweilige digitale Wertdarstellung muss **elektronisch übertragen, gespeichert und gehandelt** werden können, um Kryptowert zu sein. Dieses Tatbestandsmerkmal entstammt der 5. EU-Geldwäscherichtlinie und ähnelt der **Handelbarkeitsdefinition** in Art. 4 Abs. 1 Nr. 44 MiFID II.[38] Grundsätzlich dürften alle gängigen Token diese Voraussetzungen erfüllen, sofern sie nicht über einen (dauerhaften) **technischen Lock-up** verfügen, der einer Übertragung des Token entgegensteht.[39] Ist ein Lock-up nur für eine begrenzte Zeit vor-

---

32) Vgl. BaFin, Merkblatt: Hinweise zum Tatbestand des Kryptoverwahrgeschäfts, v. 2.3.2020, Ziff. I. 1., abrufbar unter https://www.bafin.de/SharedDocs/Veroeffentlichungen/DE/Merkblatt/mb_200302_ kryptoverwahrgeschaeft.html?nn=13733456 (Abrufdatum: 21.2.2023).

33) BaFin, Merkblatt: Hinweise zum Tatbestand des Kryptoverwahrgeschäfts, v. 2.3.2020, Ziff. I. 1., abrufbar unter https://www.bafin.de/SharedDocs/Veroeffentlichungen/DE/Merkblatt/mb_200302_kryptoverwahrgeschaeft.html?nn=13733456 (Abrufdatum: 21.2.2023).

34) BaFin, Merkblatt: Hinweise zum Tatbestand des Kryptoverwahrgeschäfts, v. 2.3.2020, Ziff. I. 1., abrufbar unter https://www.bafin.de/SharedDocs/Veroeffentlichungen/DE/Merkblatt/mb_200302_kryptoverwahrgeschaeft.html?nn=13733456 (Abrufdatum: 21.2.2023).

35) E-Geld ist grundsätzlich jeder elektronisch, darunter auch magnetisch, gespeicherte monetäre Wert in Form einer Forderung an den Emittenten, der gegen Zahlung eines Geldbetrags ausgestellt wird, um damit Zahlungsvorgänge i. S. des § 675f Abs. 4 Satz 1 BGB durchzuführen, und der auch von anderen natürlichen oder juristischen Personen als dem Emittenten angenommen wird.

36) BaFin, Merkblatt: Hinweise zum Zahlungsdiensteaufsichtsgesetz (ZAG), v. 22.12.2011, Stand: 29.11.2017, Ziff. 3. j), abrufbar unter https://www.bafin.de/SharedDocs/Veroeffentlichungen/DE/Merkblatt/mb_ 111222_zag.html (Abrufdatum: 21.2.2023); Ellenberger/Findeisen/Nobbe/Böger-*Reschke*, Zahlungsverkehrsrecht, § 2 ZAG Rz. 133 ff.

37) BaFin, Merkblatt: Hinweise zum Zahlungsdiensteaufsichtsgesetz (ZAG), v. 22.12.2011, Stand: 29.11.2017, Ziff. 3. k), abrufbar unter https://www.bafin.de/SharedDocs/Veroeffentlichungen/DE/Merkblatt/ mb_111222_zag.html (Abrufdatum: 21.2.2023); Ellenberger/Findeisen/Nobbe/Böger-*Reschke*, Zahlungsverkehrsrecht, § 2 ZAG Rz. 198 ff.

38) *Maume* in: Maume/Maute/Fromberger, Rechtshandbuch Kryptowerte, § 12 Rz. 20.

39) *Maume* in: Maume/Maute/Fromberger, Rechtshandbuch Kryptowerte, § 12 Rz. 20.

gesehen, z. B. als **Haltefrist** nach einem Initial Coin Offering (ICO)[40], steht dies für die Zukunft einer Qualifizierung als Kryptowert nicht per se entgegen, da die Übertragbarkeit des Token nach Zeitablauf möglich wird.[41]

dd) Abgrenzung Kryptowert – Kryptowertpapier

Für das Begriffspaar **Kryptowertpapier – Kryptowert** ist zwischen zwei regulatorischen   18
Kategorien zu differenzieren, die **nicht deckungsgleich** sind:

Kryptowertpapiere und Kryptowerte haben gemein, dass beide **Finanzinstrumente** i. S. des   19
KWG sind. Dies folgt für Kryptowerte aus § 1 Abs. 11 Satz 1 Nr. 10 KWG und für Krypto-
wertpapiere aus § 1 Abs. 11 Satz 1 Nr. 2 bzw. 3 KWG; elektronische Wertpapiere sind stets
Inhaberschuldverschreibungen und damit grundsätzlich Schuldtitel. Die **Kategorie Kryptowert** ist als Auffangtatbestand ausgestaltet (siehe Rz. 13) und grundsätzlich der weitere
Begriff, der Kryptowertpapiere als Teilmenge einschließt. Systematisch bleibt indes die
Kategorie Kryptowertpapier vorrangig, d. h. im Zusammenhang mit Finanzinstrumenten,
die sowohl Kryptowert (Auffangtatbestand) als auch Kryptowertpapier sind, greifen die
spezielleren regulatorischen Vorgaben für Kryptowertpapiere, insbesondere kommt anstelle
des Kryptoverwahrgeschäfts dann das Betreiben des **Depotgeschäfts** i. S. von § 1 Abs. 1
Satz 2 Nr. 5 KWG bzw. § 2 Abs. 3 Nr. 1 WpIG[42] oder des eingeschränkten Verwahrgeschäfts i. S. von § 1 Abs. 1a Satz 2 Nr. 12 KWG in Betracht. Zur Abgrenzung des Kryptoverwahrgeschäfts zu sonstigen regulierten Tätigkeiten siehe im Detail Rz. 46 ff.

Der Begriff des **Kryptowertpapiers** i. S. des eWpG ist enger als der allgemeine **aufsichts-   20
rechtliche Wertpapierbegriff** (zur Unterscheidung zwischen zivilrechtlichem und aufsichtsrechtlichem Wertpapierbegriff siehe *Schulze De la Cruz*, Anh. Art. 3 Rz. 9 ff.). Letzterer fußt auf dem **prospektrechtlichen** Wertpapierbegriff i. S. von Art. 2 lit. a EU-
ProspektVO i. V. m. Art. 4 Abs. 1 Nr. 44 MiFID II, der seinen Niederschlag in § 2 Nr. 1
WpPG findet. Hieraus folgt, dass Token im Einzelfall ggf. nur als Kryptowert, nicht aber
als Kryptowertpapier i. S. des eWpG zu qualifizieren sind, gleichwohl aber in den Anwendungsbereich des weiten aufsichtsrechtlichen Wertpapierbegriffs fallen können. Dies kommt
insbesondere bei sog. **Wertpapier-Token** in Betracht, für die in der Folge etwa **prospektrechtliche Pflichten** eingreifen können (vgl. § 4 Abs. 3a Var. 2 WpPG); im Detail siehe
Schulze De la Cruz, Anh. Art. 3 Rz. 22 ff.

ee) NFTs als Kryptowerte

Auch nicht-fungible Token (Non-Fungible Tokens – **NFT**) können – je nach konkreter   21
Ausgestaltung – in den Anwendungsbereich **finanzaufsichtsrechtlicher Tatbestände und
Erlaubnispflichten** fallen, einschließlich des Kryptoverwahrgeschäfts. Zudem können sich
Erlaubnispflichten im Zusammenhang mit dem **Handel** von NFTs ergeben. Die konkrete
aufsichtsrechtliche Einordnung hängt dabei stets vom **Einzelfall** ab. Eine **typisierende
Betrachtung** ist aufgrund der Vielzahl an Gestaltungsmöglichkeiten nur bedingt möglich
(siehe Rz. 27 ff. zu **Indikatoren** für eine finanzaufsichtsrechtliche Relevanz von NFTs).

---

40) Dazu im Detail *Wolf*, Initial Coin Offerings; *Zickgraf* in: Maume/Maute/Fromberger, Rechtshandbuch
Kryptowerte, § 11; rechtsvergleichend *Balzli* in: Klebeck/Dobrauz-Saldapenna, Rechtshandbuch Digitale
Finanzdienstleistungen, 6. Kap. Abschn. C.; BaFin, Initial Coin Offerings, Hinweisschreiben zur Einordnung als Finanzinstrumente, v. 20.2.2018, abrufbar unter https://www.bafin.de/SharedDocs/Down-
loads/DE/Merkblatt/WA/dl_hinweisschreiben_einordnung_ICOs.html; BaFin, Merkblatt: Zweites Hinweisschreiben zu Prospekt- und Erlaubnispflichten im Zusammenhang mit der Ausgabe sogenannter
Krypto-Token, v. 16.8.2019, abrufbar unter https://www.bafin.de/SharedDocs/Downloads/DE/Merk-
blatt/WA/dl_wa_merkblatt_ICOs.html (Abrufdatum jew. 21.2.2023).
41) *Fromberger/Haffke/Zimmermann*, BKR 2019, 377, 379 f.
42) Zur Abgrenzung von KWG und WpIG im Detail *K.-A. Neumann/A. Schmidt*, BKR 2021, 535 ff.

22   Der **Anwendungsbereich des eWpG** kann NFTs erfassen, soweit sie Rechte aus Inhaberschuldverschreibungen oder Investmentanteilen repräsentieren (siehe *Haertlein*, § 1 Rz. 36).

(1)   NFT-Charakteristika

23   Im Ausgangspunkt ist ein NFT eine singuläre, nicht reproduzierbare digitale Einheit, die
sich auf ein bestimmtes **Referenzobjekt** („Asset", in den meisten Fällen ein digitaler Wert,
ggf. aber auch ein anderes Bezugsobjekt, z. B. ein körperlicher Gegenstand) bezieht. Im
Unterschied zu anderen Arten von **„Tokens"** – d. h. digitalen Einheiten, die Funktionen
und Eigenschaften repräsentieren, die sie bei ihrer Erstellung (dem sog. „Minten" des
Tokens)[43] erhalten – sind NFTs grundsätzlich **Unikate** und untereinander **nicht austauschbar**. Dies unterscheidet sie von anderen Kryptowerten, insbesondere von digitalen
Währungen wie Bitcoin oder Ether. Das **Minten** erfolgt in der Regel über **NFT-Han-
delsplattformen**, die insofern die Marktinfrastruktur und Transaktionsmöglichkeiten für
NFTs schaffen und mit ihren **Plattform-AGB** einen funktionellen Rahmen für die Platt-
formnutzung setzen.[44] Im Rahmen des Minten kann der NFT-Ersteller einen zugehörigen **Smart Contract** definieren, der Parameter für die zu erzeugenden NFTs sowie deren
spätere Handel- und Übertragbarkeit festlegt.[45] Smart Contracts sind **Computerpro-
gramme**, die mittels DLT möglichst manipulationssicher gespeichert sind und bei Eintritt
bestimmter Bedingungen vorher festgelegte Maßnahmen ausführen.[46] Die **Übertragung**
erzeugter NFTs erfolgt dann automatisch stets anhand der im Smart Contract festgelegten
Regeln. Der Begriff „Smart Contract" ist insofern irreführend, als es sich nicht um **Ver-
träge im Rechtssinne** handelt.

24   Die **Speicherung von NFTs** und deren **Handel** erfolgt in der Regel mittels Blockchain als
Ausprägung der DLT; im Detail zu den technischen Hintergründen von eWpG-Aufzeich-
nungssystemen siehe *Lendermann/Nemeczek*, § 4 Rz. 89 ff. sowie *Ostermeier*, § 18 Rz. 13 ff.[47]
Denkbar ist indes auch der Einsatz anderer (DLT-basierter) Infrastrukturen. § 4 Abs. 11
eWpG verwendet bewusst den **technologieoffenen Begriff** des „Aufzeichnungssystems"
(siehe dazu *Lendermann/Nemeczek*, § 4 Rz. 89 ff.). In der Praxis nutzen NFTs aktuell insbesondere die Ethereum-Blockchain, die eine Definition, Erzeugung und Transfer eigener
Arten von Tokens und eine bequeme Nutzung von Ether als Transaktionswährung[48] ermöglicht.[49]

25   Über eine **Identifikationsnummer** kann jedes NFT eindeutig identifiziert und gezielt
adressiert werden. Damit lässt sich ein NFT – untechnisch – als eine Art **digitales Exklu-
sivitätszertifikat** (Beweisurkunde) begreifen, in dem die Zuordnung des NFT zu einem
bestimmten Bezugsobjekt digital und dezentral vermerkt ist.[50]

---

43)   Der Begriff „Minting" stammt aus der Ethereum-Blockchain, wo die Funktion „mint ()" u. a. die Ausgabe
neuer Token beschreiben kann, vgl. *Grieger/v. Poser/Kremer*, ZfDR 2021, 394, 403; *Rauer/Bibi*, ZUM
2022, 20, 22.

44)   *Denga*, BKR 2022, 288, 289; *Maume* in: Maume/Maute/Fromberger, Rechtshandbuch Kryptowerte,
§ 7 Rz. 54 ff.

45)   Etwa eine anteilige Erlösbeteiligung zugunsten des NFT-Erstellers (sog. Royalty) oder eine bestimmte
NFT-Auflage (sog. Scarcity); Scarcity-Pattern weisen eine quantitative Knappheit aus und sind insbesondere auch im Online-Handel verbreitet, vgl. *Martini/Kramme/Seeliger*, VuR 2022, 123.

46)   *Kipker/Birreck/Niewöhner/Schnorr*, MMR 2020, 509 ff. – im Detail auch zu Smart Contracts; *Heckelmann*,
NJW 2018, 504.

47)   Vgl. auch *Denga*, BKR 2022, 288.

48)   Zur Bezahlung von Ethereum-Transaktionen mittels „Gas" vgl. *Rauer/Bibi*, ZUM 2022, 20, 23.

49)   Ausführlich zu Ethereum *Völkle*, MMR 2021, 539 ff.

50)   *Guntermann*, RDi 2022, 200, 202.

Grundsätzlich kann sich ein NFT auf viele verschiedene Arten von **Referenzobjekten** be- 26
ziehen.[51] Anwendungsfälle sind z. B. digitale Kunstwerke, digitale (Sportler-)Sammel-
karten oder sonstige digitale Werte (z. B. Musikdateien, Videos). NFTs werden auch in
virtuellen Realitäten **(Metaversen)** genutzt, bspw. um Rechte an virtuellen Grundstücken
innerhalb des jeweiligen Metaversums zu dokumentieren.[52] Möglich ist auch eine Verknüpfung mit körperlichen Gegenständen oder Finanzinstrumenten.[53] Wird nicht auch das
Referenzobjekt (z. B. eine Datei) selbst dezentral gespeichert – etwa im **Interplanetary
File System** –, sondern lediglich ein auf das Referenzobjekt verweisender Link, ist der
Erwerber des NFT nicht vor einem Verlust seiner Zugriffsmöglichkeit auf das Referenzobjekt geschützt.[54] Der Erwerber eines NFT erlangt lediglich eine Eintragung innerhalb
des verwendeten Aufzeichnungssystems, die ihm den NFT zuordnet, indes kein Eigentum
oder eine Forderungsinhaberschaft betreffend das Referenzobjekt und auch **keine entsprechenden Nutzungs- oder sonstigen Rechte** (vgl. §§ 15 ff., 44 Abs. 1 UrhG). Hierfür ist
neben dem NFT-Erwerb eine gesonderte vertragliche Vereinbarung erforderlich, etwa ein
Nutzungs- oder Lizenzvertrag.[55]

(2) Indikatoren für eine finanzaufsichtsrechtliche Relevanz von NFT

Mögliche Indikatoren für eine finanzaufsichtsrechtliche Relevanz konkreter NFTs sind 27
insbesondere eine Verwendung zur **Renditeerzielung** (z. B. der **Handel mit Anlageer-
wartung** in der Hoffnung auf steigenden Wert)[56] oder eine **Standardisierung**[57], etwa bei
Erstellung von NFTs mit bestimmter Auflage und unter Bedingungen, die dazu führen,
dass die einzelnen NFTs **faktisch untereinander austauschbar werden** (was letztlich bedeutet, dass es sich dann nicht mehr um NFTs im eigentlichen Sinne handelt)[58]. Erfüllen
NFTs diese Charakteristika kann dies für eine Qualifizierung als **Kryptowert** i. S. von § 1
Abs. 11 Satz 1 Nr. 1 i. V. m. Satz 4 KWG sprechen und somit für ein Eingreifen regulatorischer Erlaubnistatbestände, etwa in Form des Kryptoverwahrgeschäfts (§ 1 Abs. 1a Satz 2
Nr. 6 KWG) oder NFT-handelsbezogener Erlaubnispflichten. Dagegen dürfte eine Erlaubnispflicht für das **Führen eines Kryptowertpapierregisters** (§ 1 Abs. 1a Satz 2 Nr. 8 KWG)
im Zusammenhang mit NFTs regelmäßig ausscheiden, weil NFTs nicht in den Anwendungsbereich des eWpG fallen, soweit sie nicht Rechte aus Inhaberschuldverschreibungen
oder Investmentanteilen repräsentieren. Ein **NFT-Register** ist daher regelmäßig kein
Kryptowertpapierregister i. S. v. § 16 eWpG (zum Tatbestand der Kryptowertpapierregisterführung siehe im Detail Rz. 43 ff.).

Eine Qualifizierung von NFTs als Kryptowert i. S. des KWG wird regelmäßig dann 28
ausscheiden, wenn diese **lediglich als Nachweis** über die Inhaberschaft bestimmter Rechte
dienen, z. B. von Eigentums- oder Nutzungsrechten. Beschränken sich die NFTs auf eine

---

51) Vgl. auch *Wellerdt*, WM 2021, 2379, 2380.

52) Zur Vermietung von virtuellem Land *Müller*, UR 2022, 281.

53) *Voß*, BKR 2022, 620.

54) Etwa aufgrund eines Austauschs der über den verweisenden Link erreichbaren Datei oder eines
Datenverlusts, vgl. *Heine/Stang*, MMR 2021, 755, 756 f.; „grundsätzlich weder ein Kopierschutz noch
ein Digital Rights Management", *Voß*, BKR 2022, 620, 622.

55) Vgl. *Stadtfeld/Hahn*, SpuRt 2022, 149; *Denga*, BKR 2022, 288, 290; *Heine/Stang*, MMR 2021, 755 ff.

56) *Denga*, BKR 2022, 288, 292 – zu Anlagezweck/Wertsteigerung.

57) Zur aufsichtsrechtlichen Relevanz von Übertragbarkeit, Standardisierung und Handelbarkeit bei NFTs
Wellerdt, WM 2021, 2379, 2381.

58) Auch sog. fractionalised (teilbare) NFTs sind keine NFTs im eigentlichen Sinn, vgl. zur Markets in
Crypto-Assets (MiCA) Regulation: European Parliament, Committee on Economic and Monetary
Affairs, 2020/0265(COD), v. 3.6.2021, Amendment 51: „The fractional parts of a unique and non-
fungible crypto-asset should not be considered unique and not fungible."; *Voß*, BKR 2022, 620, 622.

solche Beweisfunktion, werden NFTs nicht per se dadurch zum regulierten Kryptowert, dass Marktteilnehmer hinsichtlich verknüpfter individueller NFT-Referenzobjekte auf eine zukünftige Wertsteigerungen hoffen (z. B. eines durch den NFT referenzierten Kunstwerks). Eine Qualifizierung von NFTs als **sonstige Anlage** i. S. von § 1 Abs. 2 Nr. 7 Alt. 1 VermAnlG kommt in Betracht, wenn NFTs die **Verpflichtung des Emittenten** verkörpern, das NFT-Referenzobjekt gewinnbringend zu veräußern und dem NFT-Inhaber einen **Rückzahlungs- und Zinsanspruch** einräumen.[59] Eine **Erlaubnispflicht nach dem ZAG** scheidet im Regelfall aus, da mit nicht-standardisierten NFTs keine Zahlungsvorgänge durchgeführt werden können.[60] **Erlaubnispflichten nach dem KAGB** können sich für NFTs ergeben, wenn eine Bündelung von Anlegergeldern erfolgt. Bei einem bloßen Kauf individueller (virtueller) Kunstwerke durch einzelne Sammler dürfte dies indes regelmäßig ausscheiden.[61]

29   Im Zusammenhang mit NFTs können sich je nach konkreter Ausgestaltung **kapitalmarktrechtliche Implikationen** aufgrund einer Qualifizierung als **Wertpapier** – dabei nicht notwendigerweise als elektronisches Wertpapier – ergeben (zum aufsichtsrechtlichen Wertpapierbegriff siehe Rz. 20). Wesentliche Kriterien sind insofern, ob die Erwerber von NFTs in der Erwartung zukünftiger Rendite handeln **(Anlagefunktion)** und ob eine hinreichende **Standardisierung, Übertragbarkeit und Handelbarkeit** gegeben ist. Aus einer Qualifizierung als Wertpapier können **Prospektpflichten** nach der Verordnung (EU) 2017/1129 **(EU-ProspektVO)**[62] sowie **Veröffentlichungspflichten** nach Verordnung (EU) 596/2014 **(MAR)**[63] folgen (im Detail siehe *Schulze De la Cruz*, Anh. Art. 3 Rz. 18 ff.).

30   Offen ist bisher, ob bzw. in welchem Maße NFTs zukünftig in den Anwendungsbereich der kommenden **MiCAR** fallen werden, die Kryptowerte und Kryptowertedienstleister EU-weit einheitlich regulieren soll.[64] Das Europäische Parlament hat etwa gefordert, bestimmte „Unique Crypto-Assets" vom Anwendungsbereich der MiCAR auszunehmen.[65] Sofern sich NFTs auf Finanzinstrumente beziehen, sollen diese indes in den MiCAR-Anwendungs-

---

59) BaFin, Non-Fungible-Token: Auf den Inhalt kommt es an, v. 8.3.2023, abrufbar unter https://www.bafin.de/SharedDocs/Veroeffentlichungen/DE/Fachartikel/2023/fa_bj_2303_NFT.html (Abrufdatum: 22.5.2023).

60) BaFin, Non-Fungible-Token: Auf den Inhalt kommt es an, v. 8.3.2023, abrufbar unter https://www.bafin.de/SharedDocs/Veroeffentlichungen/DE/Fachartikel/2023/fa_bj_2303_NFT.html (Abrufdatum: 22.5.2023).

61) Vgl. BaFin, Non-Fungible-Token: Auf den Inhalt kommt es an, v. 8.3.2023, abrufbar unter https://www.bafin.de/SharedDocs/Veroeffentlichungen/DE/Fachartikel/2023/fa_bj_2303_NFT.html (Abrufdatum: 22.5.2023).

62) Verordnung (EU) 2017/1129 des Europäischen Parlaments und des Rates v. 14.6.2017 über den Prospekt, der beim öffentlichen Angebot von Wertpapieren oder bei deren Zulassung zum Handel an einem geregelten Markt zu veröffentlichen ist und zur Aufhebung der Richtlinie 2003/71/EG (EU-ProspektVO), ABl. (EU) L 168/12 v. 30.6.2017.

63) Verordnung (EU) Nr. 596/2014 des Europäischen Parlaments und des Rates v. 16.4.2014 über Marktmissbrauch (Marktmissbrauchsverordnung) und zur Aufhebung der Richtlinie 2003/6/EG des Europäischen Parlaments und des Rates und der Richtlinien 2003/124/EG, 2003/125/EG und 2004/72/EG der Kommission (MAR), ABl. (EU) L 173/1 v. 12.6.2014.

64) Zu MiCAR im Detail *Siedler* in: Möslein/Omlor, FinTech-Handbuch, § 7 Rz. 79 ff.; *Rennig*, ZBB 2020, 385 ff.; zur Verordnung über eine Pilotregelung für auf Distributed-Ledger-Technologie basierenden Marktinfrastrukturen (Verordnung (EU) 2022/858) *Patz*, BKR 2021, 725, 736 ff.; *Litten*, BKR 2022, 551 ff. zum Vorschlag für eine Verordnung des Europäischen Parlaments und des Rates über eine Pilotregelung für auf der Distributed-Ledger-Technologie basierende Marktinfrastrukturen, v. 24.9.2020, COM(2020) 594 final; vgl. *Siadat*, RdF 2021, 12 ff.

65) European Parliament, Committee on Economic and Monetary Affairs, 2020/0265(COD), v. 3.6.2021, Amendment 52: „This legislation should not apply to crypto-assets that are unique and not fungible with other crypto-assets, such as digital art and collectibles, whose value is inherent in the crypto-asset's unique characteristics and the utility it gives to the token holder."

bereich fallen.[66] Dieser Differenzierung – die offenbar auch die BaFin teilt – ist zuzustimmen, zumal sie im Einklang mit Art. 2 Abs. 3 und den ErwG 10 und 11 MiCAR steht.[67]

c) Private kryptografische Schlüssel (§ 1 Abs. 1a Satz 2 Nr. 6 KWG)

Die Authentifizierung der Teilnehmer in dezentralen Aufzeichnungssystemen erfolgt grundsätzlich auf Basis einer sog. **asymmetrischen Kryptografie** (siehe im Einzelnen *Ostermeier*, § 18 Rz. 19 ff.). Jeder Teilnehmer des dezentralen Aufzeichnungssystems verfügt über eine **Netzwerkadresse**, der u. a. Kryptowertpapiere zugeordnet werden können. Um für eine Netzwerkadresse Transaktionen zu autorisieren, sind ein **privater** kryptografischer Schlüssel (Private Key) und ein **öffentlicher** kryptografischer Schlüssel (Public Key) erforderlich. Im Fall von Bitcoin sind diese Schlüssel 52-stellige alphanumerische Codes.   **31**

Der **öffentliche Schlüssel** ist im Netzwerk des dezentralen Aufzeichnungssystems frei verfügbar, der **private Schlüssel** ist geheim. Er dient zum Nachweis der Transaktionsberechtigung, die der jeweilige Teilnehmer des Netzwerks dadurch erbringt, dass er mithilfe seines geheimen privaten Schlüssels eine **digitale Signatur** erbringt (siehe im Einzelnen *Ostermeier*, § 18 Rz. 21 ff.).[68]   **32**

Mit der Einführung elektronischer Wertpapiere hat der Gesetzgeber § 1 Abs. 1a Satz 2 Nr. 6 KWG um eine **dritte Variante** erweitert. Demnach sind nun – neben Kryptowerten (Var. 1) und privaten Schlüsseln zu Kryptowerten (Var. 2) – auch **private Schlüssel zu Kryptowertpapieren** (Var. 3) tatbestandsmäßig i. S. des Kryptoverwahrgeschäfts.[69] Öffentliche Schlüssel sind dagegen nicht tatbestandsmäßig, da sie im jeweiligen Netzwerk frei verfügbar und daher aus regulatorischer Sicht nicht schutzwürdig sind.   **33**

d) Tatbestandsmäßige Dienstleistungen

Die erlaubnispflichtigen Dienstleistungen i. S. von § 1 Abs. 1a Satz 2 Nr. 6 KWG umfassen die **Verwahrung**, die **Verwaltung** und die **Sicherung** für andere. Sofern der Anbieter eine der drei Tatbestandsvarianten verwirklicht, genügt dies grundsätzlich für eine Erlaubnispflicht (§ 32 Abs. 1 Satz 1 KWG). Nach Lesart der BaFin ist es nicht erforderlich, dass Verwahrung, Verwaltung und Sicherung **gemeinsam** als Dienstleistung aus einer Hand erfolgen.[70]   **34**

---

66) European Parliament, Committee on Economic and Monetary Affairs, 2020/0265(COD), v. 3.6.2021, Amendment 50: „However, this Regulation should explicitly apply if the non-fungible token grants to the holder or its issuer specific rights linked to those of financial instruments, such as profit rights or other entitlements. In these cases, the tokens may then be assessed and treated as ‚security tokens‘, and be subject, as well as the issuer, to various requirements under relevant financial market regulations, such as Directive (EU) 2015/849 (the AMLD), Directive 2014/65/EU (the MiFID II), Regulation (EU) 2017/1129 (the Prospectus Regulation), Regulation (EU) No 596/2014 (the MAR) and the Directive 2014/57/EU (the MAD)."

67) BaFin, Europäische MiCA-Verordnung: Regel-Fundament für Kryptowerte, BaFinJournal v. 17.5.2023, abrufbar unter https://www.bafin.de/SharedDocs/Veroeffentlichungen/DE/Fachartikel/2023/fa_bj_2305_Mica.html (Abrufdatum: 22.5.2023).

68) Vgl. auch *Zöllner*, BKR 2020, 117, 118.

69) § 65 Abs. 1 KWG normiert eine Übergangsregelung, wonach Unternehmen, die am 10.6.2021 über die Erlaubnis für den Betrieb des Kryptoverwahrgeschäftes verfügten, dieses Geschäft auch hinsichtlich der Sicherung privater kryptografischer Schlüssel erbringen dürfen, die dazu dienen, Kryptowertpapiere nach § 4 Abs. 3 eWpG zu halten, zu speichern oder darüber zu verfügen.

70) Vgl. BaFin, Merkblatt: Hinweise zum Tatbestand des Kryptoverwahrgeschäfts, v. 2.3.2020, Ziff. I. 3., abrufbar unter https://www.bafin.de/SharedDocs/Veroeffentlichungen/DE/Merkblatt/mb_200302_kryptoverwahrgeschaeft.html?nn=13733456 (Abrufdatum: 21.2.2023).

aa)   Verwahrung

35 **Verwahrung** ist die Inobhutnahme des Kryptowerts bzw. privaten Schlüssels als Dienstleistung für Dritte. Dies erfasst insbesondere Dienstleister, die Kryptowerte bzw. private Schlüssel aufbewahren, ohne dass die **Kunden** selbst die relevanten privaten Schlüssel kennen und daher ohne den Dienstleister nicht auf die Kryptowerte bzw. privaten Schlüssel zugreifen können.[71] Die **Detailabgrenzung** der Tatbestandsvarianten **Verwahrung und Sicherung** erschließt sich aus dem Gesetzeswortlaut nicht. Das Depotgeschäft i. S. von § 1 Abs. 1 Satz 2 Nr. 5 KWG – hieran ist das Kryptoverwahrgeschäft erkennbar angelehnt – kennt ebenfalls die Tatbestandsvariante der Verwahrung. Vor Einführung der elektronischen Wertpapiere betraf diese insbesondere die **Inobhutnahme** physischer Wertpapierurkunden. Es bleibt abzuwarten, wie sich die zum Depotgeschäft entwickelte Verwaltungspraxis auf das Kryptoverwahrgeschäft übertragen wird.

bb)   Verwaltung

36 Die Dienstleistung der **Verwaltung** ist weit zu verstehen und umfasst die laufende Wahrnehmung der Rechte aus Kryptowerten bzw. privaten Schlüsseln, z. B. Benachrichtigungs-, Prüfungs- und Überwachungstätigkeiten. **Verwaltungstätigkeiten**, die über den privaten Schlüssel hinausgehen und sich auf das zugehörige **elektronische Wertpapier** beziehen, können den Tatbestand des Kryptoverwahrgeschäfts überschreiten und erlaubnispflichtiges **Depotgeschäft** sein, etwa Inkassotätigkeiten, Tätigkeiten im Zusammenhang mit Emittentenmitteilungen, Ausübung von Stimm- oder Bezugsrechten oder die Einziehung des Gegenwerts bei Fälligkeit.[72]

cc)   Sicherung

37 **Sicherung** ist die Speicherung privater Schlüssel, was sämtliche elektronische und analoge Speichermethoden einschließt. Das bloße Zurverfügungstellen von **Speicherplatz** (z. B. als Cloudservice) ist keine tatbestandsmäßige Dienstleistung i. S. von § 1 Abs. 1a Satz 2 Nr. 6 KWG, solange der Dienstleister diese nicht **ausdrücklich für** die Speicherung kryptografischer Schlüssel **anbietet**. Auch die bloße Herstellung oder der Vertrieb von **Hard- oder Software** zur Sicherung von Kryptowerten oder privaten Schlüsseln, die die Nutzer eigenverantwortlich betreiben, sind nicht tatbestandsmäßig, soweit der externe Anbieter **keinen bestimmungsgemäßen Zugriff** auf die damit vom Nutzer verwahrten Kryptowerte oder privaten Schlüssel hat.[73] Die exakte Reichweite dieser tatbestandsmäßigen Einschränkung ist schwer zu greifen, da die BaFin den Tatbestand des Kryptoverwahrgeschäfts grundsätzlich weit versteht und bereits dann bejaht, wenn für den Dienstleister eine Zugriffsmöglichkeit auf private Schlüssel besteht.[74] Für den konkreten Einzelfall kann es sich daher angesichts der **Strafandrohung** in § 54 Abs. 1 Nr. 2 KWG[75] zur Vermeidung von

---

71) Vgl. BaFin, Merkblatt: Hinweise zum Tatbestand des Kryptoverwahrgeschäfts, v. 2.3.2020, Ziff. I. 3., abrufbar unter https://www.bafin.de/SharedDocs/Veroeffentlichungen/DE/Merkblatt/mb_200302_kryptoverwahrgeschaeft.html?nn=13733456 (Abrufdatum: 21.2.2023); *Blassl/Sandner*, WM 2020, 1188, 1189.

72) Zum Depotgeschäft vgl. Beck/Samm/Kokemoor-*Reschke*, KWG, § 1 Rz. 381.

73) BaFin, Merkblatt: Hinweise zum Tatbestand des Kryptoverwahrgeschäfts, v. 2.3.2020, Ziff. I. 3., abrufbar unter https://www.bafin.de/SharedDocs/Veroeffentlichungen/DE/Merkblatt/mb_200302_kryptoverwahrgeschaeft.html?nn=13733456 (Abrufdatum: 21.2.2023).

74) BaFin, Merkblatt: Hinweise zum Tatbestand des Kryptoverwahrgeschäfts, v. 2.3.2020, Ziff. I. 3., abrufbar unter https://www.bafin.de/SharedDocs/Veroeffentlichungen/DE/Merkblatt/mb_200302_kryptoverwahrgeschaeft.html?nn=13733456 (Abrufdatum: 21.2.2023).

75) Zu Straf- und Bußgeldvorschriften im Detail v. *Buttlar* in: Omlor/Möslein/Grundmann, Elektronische Wertpapiere, § 7, S. 166 ff.

Rechtsnachteilen anbieten, ein geplantes Geschäftsmodell **gutachterlich** prüfen zu lassen[76] und dieses bei fortbestehenden Restrisiken ggf. der BaFin vor Aufnahme des Geschäftsbetriebs im Wege eines sog. **Negativtestats** zur Entscheidung vorzulegen (§ 4 Satz 1 KWG).

Die Inanspruchnahme eines externen Dienstleisters, z. B. eines Cloud-Anbieters, kann für   38
den Kryptoverwahrer eine regulatorische **Auslagerung** darstellen.[77] Auch für den Fremdbezug IT-bezogener Dienstleistungen gelten die allgemeinen Anforderungen an eine **ordnungsgemäße Geschäftsorganisation**, insbesondere die Vorgaben für ein angemessenes und wirksames Risikomanagement (§ 25a Abs. 1 Satz 1, 3 KWG). Von besonderer Praxisrelevanz sind insofern die Vorgaben der **MaRisk**[78] sowie der **BAIT**[79].

dd) Für andere

Die jeweilige Dienstleistung muss **für andere** erfolgen, um tatbestandsmäßig i. S. von § 1   39
Abs. 1a Satz 2 Nr. 6 KWG zu sein. Dies erfasst jede Form der Verwahrung, Verwaltung oder Sicherung für eine natürliche oder juristische Person oder Personenmehrheit, die **vom Kryptoverwahrer verschieden** ist. Bei allen Tatbestandsvarianten kann der Andere auch der **Emittent** der Kryptowerte sein.[80]

Keine Erlaubnispflicht besteht für die Verwahrung, Verwaltung oder Sicherung **eigener**   40
Kryptowerte bzw. privater Schlüssel durch den Inhaber selbst, durch von ihm **abhängig Beschäftigte** oder i. R. der Arbeitsteilung durch **andere Gesellschafter** i. R. eines echten personengesellschaftlichen Verbundes.[81] Sofern die Kryptoverwahrung bzw. der diesbezügliche Vertragsschluss in **offener Stellvertretung** erfolgt, kann eine Erlaubnispflicht ebenfalls ausscheiden.[82]

Sofern der Dienstleister das Kryptoverwahrgeschäft **ausschließlich** für Mutter-, Tochter-   41
oder Schwesterunternehmen erbringt, besteht kein öffentliches Interesse an einer Beaufsichtigung und keine Erlaubnispflicht, sog. **Konzernprivileg** (§ 2 Abs. 6 Nr. 5 KWG).[83] Auch Enkelunternehmen sind von der Bereichsausnahme umfasst. Die Ausnahme gilt im **Über-/Unterordnungskonzern** unter einheitlicher Leitung des herrschenden Unternehmens, nicht aber im Gleichordnungskonzern zwischen unabhängigen Unternehmen.[84]

---

76) Zur externen Beratung als effektives Instrument zur Vermeidung von Strafbarkeitsrisiken sowie zu diesbezüglich relevanter BGH-Rspr. vgl. *K.-A. Neumann*, BKR 2019, 196, 199 ff.
77) Im Überblick zu Auslagerungsanforderungen etwa *Hannemann/Steinbrecher/Weigl*, MaRisk, Ziff. 2.7.2.
78) BaFin, Rundschreiben 10/2021 (BA) – Mindestanforderungen an das Risikomanagement (MaRisk), v. 16.8.2021, Stand: 4.5.2022, abrufbar unter https://www.bafin.de/SharedDocs/Veroeffentlichungen/ DE/Rundschreiben/2021/rs_1021_MaRisk_BA.html (Abrufdatum: 21.2.2023).
79) BaFin, Rundschreiben 10/2017 (BA) – Bankaufsichtliche Anforderungen an die IT (BAIT), Stand: 16.8.2021, abrufbar unter https://www.bafin.de/SharedDocs/Downloads/DE/Rundschreiben/dl_rs_ 1710_ba_BAIT.pdf?__blob=publicationFile&v=6 (Abrufdatum: 21.2.2023).
80) BaFin, Merkblatt: Hinweise zum Tatbestand des Kryptoverwahrgeschäfts, v. 2.3.2020, Ziff. I. 2., abrufbar unter https://www.bafin.de/SharedDocs/Veroeffentlichungen/DE/Merkblatt/mb_200302_ kryptoverwahrgeschaeft.html?nn=13733456 (Abrufdatum: 21.2.2023).
81) BaFin, Merkblatt: Hinweise zum Tatbestand des Kryptoverwahrgeschäfts, v. 2.3.2020, Ziff. I. 2., abrufbar unter https://www.bafin.de/SharedDocs/Veroeffentlichungen/DE/Merkblatt/mb_200302_ kryptoverwahrgeschaeft.html?nn=13733456 (Abrufdatum: 21.2.2023).
82) BaFin, Merkblatt: Hinweise zum Tatbestand des Kryptoverwahrgeschäfts, v. 2.3.2020, Ziff. I. 2., abrufbar unter https://www.bafin.de/SharedDocs/Veroeffentlichungen/DE/Merkblatt/mb_200302_ kryptoverwahrgeschaeft.html?nn=13733456 (Abrufdatum: 21.2.2023).
83) Vgl. BaFin, Hinweise zur Bereichsausnahme des sog. Konzernprivilegs nach KWG, v. 16.8.2011, Stand: 4.7.2018, abrufbar unter https://www.bafin.de/SharedDocs/Veroeffentlichungen/DE/Merkblatt/mb_ 110816_ausnahme_konzernprivileg.html (Abrufdatum: 21.2.2023).
84) Zur Abgrenzung zwischen Über-/Unterordnungskonzern und Gleichordnungskonzern im Detail *Bayer* in: MünchKomm-AktG, § 18 Rz. 2 ff.

42 Nach Lesart der BaFin kann eine **unentgeltliche** Verwaltung von Kryptowerten für Mitglieder des **engsten Familienverbundes** aus dem Tatbestand des § 1 Abs. 1a Satz 2 Nr. 6 KWG mangels Gewerbsmäßigkeit ausscheiden.[85] Insofern formuliert die BaFin ein eng umgrenztes „**Familienprivileg**".[86]

2. Kryptowertpapierregisterführung (§ 1 Abs. 1a Satz 2 Nr. 8 KWG)

43 Die Kryptowertpapierregisterführung steht aus Gründen des Anlegerschutzes, der Marktintegrität, der Transaktionssicherheit sowie der Funktionsfähigkeit der Märkte unter Aufsicht der BaFin und unterliegt einem **Erlaubnisvorbehalt** (§ 1 Abs. 1a Satz 2 Nr. 8 i. V. m. § 32 Abs. 1 Satz 1 KWG).[87] Kryptowertpapierregisterführung i. S. des KWG ist die Führung eines Kryptowertpapierregisters i. S. von § 16 eWpG. Kryptowertpapierregisterführung ist kein Depotgeschäft (§ 7 Abs. 4 eWpG) und auch kein Kryptoverwahrgeschäft (zur Abgrenzung relevanter Erlaubnispflichten siehe im Detail Rz. 46 ff.). Das diesbezügliche **Begriffsverständnis** nach KWG und eWpG ist gleichlaufend.[88] Für die registerführenden Stellen gelten grundsätzlich – d. h. vorbehaltlich etwaiger **Erleichterungen** i. S. von § 2 Abs. 7b KWG für reine Kryptoverwahrer bzw. Kryptowertpapierregisterführer (siehe dazu Rz. 60 ff.) – die für Finanzdienstleistungsinstitute geltenden **Organisations- und Verhaltensvorschriften** i. S. des KWG sowie geldwäscherechtliche Vorgaben, einschließlich der KryptoWTransferV. Kryptowertpapierregisterführer sind ebenfalls Kryptowertedienstleister i. S. von § 2 Nr. 5 KryptoWTransferV, siehe Rz. 7. Für Zentralregisterführer gelten die Erleichterungen nach § 2 Abs. 7b KWG nicht.

44 **Kryptowertpapierregisterführer** sind entweder die **Emittenten** selbst oder hierzu beauftragte **Dienstleister**. Ebenso wie der Begriff der registerführenden Stelle (§ 4 Abs. 10 eWpG) ist auch die Kryptowertpapierregisterführung ein **formeller Begriff**.[89] Wer als registerführende Stelle **benannt** ist (§ 16 Abs. 2 eWpG), ist Adressat der KWG-Pflichten für Kryptowertpapierregisterführer (zur registerführenden Stelle i. S. von § 16 Abs. 2 eWpG siehe *Blassl*, § 16 Rz. 77). Unklar ist, ob investmentrechtliche Verwahrstellen eine gesonderte Erlaubnis zur Kryptowertpapierregisterführung benötigen (siehe dazu *Neumann*, Anh. Art. 10 Rz. 62 ff.). Die Kryptowertpapierregisterführung dient der Zurverfügungstellung und Pflege einer **Begebungsinfrastruktur** für elektronische Wertpapiere. Der Begriff „**Begebung**" umfasst in diesem Zusammenhang die erste Begebung, einschließlich der Skriptur, sowie etwaige anschließende Zweitbegebungen (Verfügungen) über eingetragene elektronische Wertpapiere.[90] Die Kryptowertpapierregisterführer gewährleisten die ordnungsgemäße Funktion des Kryptowertpapierregisters, einschließlich einer fälschungssicheren Speicherinfrastruktur und Datenqualität, der Vornahme von Eintragungen und Änderungen gespeicherter Daten sowie der Ermöglichung von Registereinsichten.[91] Rein **technische Leistungen** – z. B. das Betreiben oder Zurverfügungstellen von Speicherinfrastruktur –

---

85) BaFin, Merkblatt: Hinweise zum Tatbestand des Kryptoverwahrgeschäfts, v. 2.3.2020, Ziff. I. 2., abrufbar unter https://www.bafin.de/SharedDocs/Veroeffentlichungen/DE/Merkblatt/mb_200302 _kryptoverwahrgeschaeft.html?nn=13733456 (Abrufdatum: 21.2.2023).

86) Vgl. auch Beck/Samm/Kokemoor-*Reschke*, KWG, § 1 Rz. 664c.

87) Begr. RegE Gesetz zur Einführung von eWp, BT-Drucks. 19/26925, S. 74; § 65 Abs. 2 KWG normiert eine Übergangsregelung, wonach für Unternehmen, die die Kryptowertpapierregisterführung innerhalb der ersten sechs Monate seit dem 10.6.2021 aufnehmen, eine Erlaubnis für die Kryptowertpapierregisterführung als vorläufig erteilt gilt, wenn das Unternehmen sechs Monate nach Aufnahme der Tätigkeit einen vollständigen Erlaubnisantrag stellt und der BaFin die Absicht zur Aufnahme der Kryptowertpapierregisterführung zwei Monate vor Aufnahme der Tätigkeit schriftlich angezeigt hat.

88) So auch Müller/Pieper-*Kell*, eWpG, § 11 Rz. 15.

89) „Betreibende und regulierte Instanz", *Trautmann/Müller*, RDi 2022, 160, 161.

90) Begr. RegE Gesetz zur Einführung von eWp, BT-Drucks. 19/26925, S. 49.

91) Müller/Pieper-*Kell*, eWpG, § 11 Rz. 15.

fallen nicht per se in den Erlaubnistatbestand des § 1 Abs. 1a Satz 2 Nr. 8 KWG. Diese Leistungen kann ein Kryptowertpapierregisterführer daher ggf. auf nicht-regulierte externe Dienstleister auslagern. Für eine solche **Auslagerung** gelten die allgemeinen Anforderungen an eine ordnungsgemäße Geschäftsorganisation, einschließlich **Auslagerungsmanagement** (zu diesen Anforderungen siehe Rz. 38).

Das **Erlaubnisverfahren** für die Kryptowertpapierregisterführung i. S. von §§ 1 Abs. 1a 45 Satz 2 Nr. 8, 32 Abs. 1 KWG ist vergleichbar mit den bereits etablierten Erlaubnisverfahren für Bankgeschäfte bzw. Finanzdienstleistungen.[92]

3. Abgrenzung regulatorischer Erlaubnistatbestände

Im Zusammenhang mit dem Kryptoverwahrgeschäft und der Kryptowertpapierregister- 46 führung stellen sich **Abgrenzungsfragen** im Verhältnis zu sonstigen Bank-, Finanz- und Wertpapierdienstleistungen:

a) Depotgeschäft/eingeschränktes Verwahrgeschäft – Kryptoverwahrgeschäft

Zwischen Depotgeschäft als Bankgeschäft (§ 1 Abs. 1 Satz 2 Nr. 5 KWG) und Krypto- 47 verwahrgeschäft als Finanzdienstleistung (§ 1 Abs. 1a Satz 2 Nr. 6 KWG) besteht ein **Exklusivitätsverhältnis**. Depotgeschäft und Kryptoverwahrgeschäft stehen in keinem Subsidiaritätsverhältnis und das Depotgeschäft konsumiert auch nicht das Kryptoverwahrgeschäft. Zwar lässt sich das Kryptoverwahrgeschäft angesichts der erkennbaren Parallelen zwischen beiden Erlaubnistatbeständen als **digitales Pendant** des Depotgeschäfts verstehen.[93] Tatbestandliche Überschneidungen bestehen indes nicht, da sich das Depotgeschäft auf **Wertpapiere** i. S. des DepotG (einschließlich elektronischer Wertpapiere; siehe zum aufsichtsrechtlichen Wertpapierbegriff Rz. 20) bezieht und das Kryptoverwahrgeschäft auf **Kryptowerte** bzw. **private kryptografische Schlüssel** (Private Key); zur Abgrenzung zwischen Kryptowerten und Kryptowertpapieren siehe Rz. 18 ff. Sofern im Einzelfall der Berechtigte (§ 3 Abs. 2 eWpG) als Inhaber (§ 3 Abs. 1 eWpG) von Kryptowertpapieren eingetragen ist, jedoch keine Kenntnis und keinen Zugriff auf die zugehörigen privaten Schlüssel hat, besteht – auch wenn **formal** die Tatbestandsgrenzen des Kryptoverwahrgeschäfts noch eingehalten sind – **wertungsmäßig** eine erkennbare Näher zum Depotgeschäft; siehe Rz. 37 zu Strategien, um in **Zweifelsfällen** Rechtsnachteile zu vermeiden.[94]

Ein **Kryptoverwahrer** darf lediglich Krypto**werte** verwahren, verwalten bzw. sichern, indes 48 keine Krypto**wertpapiere**. Dagegen umfasst die **Erlaubnis für das Depotgeschäft** auch die Verwahrung, Verwaltung und Sicherung von Krypto**wertpapieren**,[95] so dass eine Depotbank keine zusätzliche Erlaubnis für das Kryptoverwahrgeschäft benötigt, wenn sie für Kunden **private kryptografische Schlüssel** (Private Key; zum Begriff siehe Rz. 31 ff.) speichert, die Zugriff auf Krypto**wertpapiere** erlauben (zu den diesbezüglichen Anforderungen an eine ordnungsgemäße Geschäftsorganisation siehe Rz. 38). Würde die Depotbank indes auch Krypto**werte** speichern oder private Schlüssel, die Zugriff auf solche erlauben, wäre nach allgemeinem Verständnis neben der Erlaubnis für das Depotgeschäft **zusätzlich** auch eine gesonderte Erlaubnis für das **Kryptoverwahrgeschäft** erforderlich.[96]

---

92) Vgl. BaFin, Merkblatt 02/2022 (BA) – Hinweise Erlaubnisverfahren Kryptowertpapierregisterführung, v. 1.6.2022, Stand: 1.7.2022, abrufbar unter https://www.bafin.de/SharedDocs/Veroeffentlichungen/ DE/Merkblatt/BA/mb_Hinweise_Erlaubnisverfahren_Kryptowertpapierregisterfuehrung.html (Abrufdatum: 21.2.2023).

93) Vgl. *Rennig*, RDi 2021, 206, 207 – „digitales Geschwisterkind".

94) Hieraus eine Erlaubnispflicht ableitend Müller/Pieper-*Kell*, eWpG, § 11 Rz. 18 f.

95) Begr. RegE Gesetz zur Einführung von eWp, BT-Drucks. 19/26925, S. 74.

96) *Majcen*, WM 2022, 111, 116; *Patz*, BKR 2021, 725, 730; *Rennig*, RDi 2021, 206, 207.

Die BaFin hat sich soweit ersichtlich noch nicht ausdrücklich positioniert, ob sie dieses zweigliedrige Verständnis teilt. Der BaFin-Bescheid vom 12.1.2021 in Sachen mycoinelite. com scheint anzudeuten, dass die BaFin von einem durch die **Subsidiarität des Kryptoverwahrgeschäfts** geprägten **Exklusivitätsverhältnis** zum Depotgeschäft ausgeht.[97] Ein solches Verständnis zugrunde gelegt, wäre eine zusätzliche Erlaubnis für das Kryptoverwahrgeschäft neben einer bereits bestehenden Erlaubnis für das Depotgeschäft nicht erforderlich. Sofern eine Depotbank i. S. von § 1 Abs. 1 Satz 2 Nr. 5 KWG über eine **ordnungsgemäße Geschäftsorganisation** einschließlich **Kryptokonzept** verfügt, erscheint unter Risiko- und Wertungsgesichtspunkten – ungeachtet der nicht negierbaren Unterschiede zwischen Kryptowerten und Kryptowertpapieren (siehe dazu Rz. 18) –, neben einer bereits bestehenden Erlaubnis für das Depotgeschäft eine zusätzliche Erlaubnispflicht für das artverwandte Kryptoverwahrgeschäft nicht zwingend erforderlich.[98] Erfolgt die Verwaltung bzw. Verwahrung von Kryptowertpapieren ausschließlich für **alternative Investmentfonds (AIF)** i. S. von § 1 Abs. 3 KAGB (zu Kryptofondsanteilen siehe *Neumann*, Anh. Art. 10 Rz. 50 ff.), ist der speziellere Tatbestand des **eingeschränkten Verwahrgeschäfts** (§ 1 Abs. 1a Satz 2 Nr. 12 KWG) einschlägig.[99]

49 Soweit ein Unternehmen bereits eine Erlaubnis als **Zentralverwahrer** nach Art. 16 CSDR[100] hat, benötigt es für die Verwahrung von Kryptowertpapieren keine gesonderte Erlaubnis für das Kryptoverwahrgeschäft.[101] Zur Abgrenzung zwischen Kryptowertpapierregisterführung und Zentralverwahrdienstleistungen siehe *Blassl*, § 16 Rz. 23 ff.

50 Elektronische Wertpapiere sind **Wertpapiere im aufsichtsrechtlichen Sinn**. Für diese greifen daher die allgemeinen kapitalmarktrechtlichen bzw. regulatorischen Vorgaben zu **Wertpapieremissionen** sowie die marktaufsichtbezogenen Regeln für den **Sekundärmarkt**, einschließlich des Wertpapierhandelsrechts und der Marktmissbrauchsverordnung (MAR); im Detail siehe *Schulze De la Cruz*, Anh. Art. 3 Rz. 18 ff.

b)   Depotgeschäft/Kryptoverwahrgeschäft – Kryptowertpapierregisterführung

51 **§ 7 Abs. 4 eWpG** stellt klar, dass weder die Führung zentraler Register (§ 12 eWpG) noch die Führung von Kryptowertpapierregistern (§ 16 eWpG) eine Verwahrung i. S. des DepotG ist. Eine Erlaubnispflicht für das Depotgeschäft (§ 1 Abs. 1 Satz 2 Nr. 5 KWG) oder das Kryptoverwahrgeschäft (§ 1 Abs. 1a Satz 2 Nr. 6 KWG) besteht für Kryptowertpapierregisterführer daher nicht. Dies gilt, solange sich die Registerführung auf das **Zurverfügungstellen** und die **Pflege** einer **Begebungsinfrastruktur** für elektronische Wertpapiere beschränkt (zum Tatbestand der Kryptowertpapierregisterführung siehe Rz. 43 ff.). **Speichert** der Registerführer darüber hinaus Kryptowertpapiere oder private Schlüssel zu Kryptowerten bzw. Kryptowertpapieren, wäre hierfür zusätzlich eine Erlaubnis für das Kryptoverwahrgeschäft bzw. das Depotgeschäft erforderlich.[102] Sofern die registerführende Stelle selbst im Register als **Verwahrer** eingetragen ist, z. B. eine Wertpapiersammelbank i. S. von § 8 Abs. 1 Nr. 1, kann dies eine Verwahrung i. S. des DepotG begründen.[103]

---

97) *Rennig*, RDi 2021, 206, 207.

98) In diese Richtung auch *v. Buttlar* in: Omlor/Möslein/Grundmann, Elektronische Wertpapiere, § 7, S. 165; offen Beck/Samm/Kokemoor-*Reschke*, KWG, § 1 Rz. 663u.

99) Beck/Samm/Kokemoor-*Reschke*, KWG, § 1 Rz. 663u.

100) Verordnung (EU) Nr. 909/2014 des Europäischen Parlaments und des Rates v. 23.7.2014 zur Verbesserung der Wertpapierlieferungen und -abrechnungen in der Europäischen Union und über Zentralverwahrer sowie zur Änderung der Richtlinien 98/26/EG und 2014/65/EU und der Verordnung (EU) Nr. 236/2012 (Central Securities Depositories Regulation – CSDR), ABl. (EU) L 257/1 v. 28.8.2014.

101) Beck/Samm/Kokemoor-*Reschke*, KWG, § 1 Rz. 663v.

102) Vgl. Begr. RegE Gesetz zur Einführung von eWp, BT-Drucks. 19/26925, S. 74.

103) Vgl. Begr. RegE Gesetz zur Einführung von eWp, BT-Drucks. 19/26925, S. 49.

Grundsätzlich kann dasselbe Institut die KWG-Dienstleistungen Depotgeschäft, Krypto-   **52**
verwahrgeschäft und Kryptowertpapierregisterführung **parallel** betreiben.

c) Erlaubnis nach KWG und/oder WpIG

Für **Wertpapierinstitute**, die bisher Finanzdienstleistungsinstitute i. S. des KWG waren,   **53**
gelten seit dem 26.6.2021 grundsätzlich die Anforderungen eines neuen Aufsichtsregimes,
das im Kern auf der IFR[104], der IFD[105] und dem WpIG beruht.[106] Das WpIG qualifiziert
solche Unternehmen als Wertpapierinstitute, die gewerbsmäßig oder in einem Umfang, der
einen kaufmännisch eingerichteten Geschäftsbetrieb erfordert, Wertpapierdienstleistungen
alleine oder zusammen mit Wertpapiernebendienstleistungen oder Nebengeschäften erbringen (§ 2 Abs. 1 WpIG).[107] Der **Wertpapierdienstleistungskatalog** des § 2 Abs. 2 WpIG
spiegelt im Wesentlichen die Aufzählung der Finanzdienstleistungen in § 1 Abs. 1a Satz 2
KWG bzw. den Katalog der Wertpapierdienstleistungen des § 2 Abs. 8 Satz 1 WpHG. Eine
WpIG-Erlaubnis ist gegenüber einer Erlaubnis nach § 32 KWG für vergleichbare Bank- oder
Finanzdienstleistungen grundsätzlich **vorrangig** (§ 15 Abs. 7 Satz 2 WpIG) und **nicht**
mit einer KWG-, ZAG-, KAGB oder VAG-Erlaubnis **kombinierbar** (§ 15 Abs. 7 WpIG).
Sofern eine Gesellschaft neben Kryptowerten und Rechnungseinheiten auch Wertpapierdienstleistungen in Bezug auf andere Finanzinstrumente erbringt, benötigt sie dafür
grundsätzlich eine WpIG-Erlaubnis.[108] Dies hat zur Folge, dass diese Gesellschaft dann
nicht zugleich auch Trägerin einer KWG-Erlaubnis für das **Kryptoverwahrgeschäft** sein
kann. Dieses Geschäft wäre durch eine gesonderte Gesellschaft zu erbringen.[109]

4. Inlandsbezug, EU-Passporting und Erheblichkeitsschwelle

a) Inlandsbezug

Bankgeschäfte und Finanzdienstleistungen stehen grundsätzlich unter Erlaubnisvorbehalt,   **54**
wenn die Leistung **im Inland** erbracht wird bzw. einen **hinreichenden Inlandsbezug** aufweist (§ 32 Abs. 1 Satz 1 KWG). Hierfür ist es nicht per se erforderlich, dass der Dienstleister seinen **satzungsmäßigen Sitz** im Inland hat. Der Erlaubnisvorbehalt besteht ebenfalls, wenn die jeweilige Dienstleistung über eine rechtlich unselbstständige **Zweigniederlassung**,[110] über ein inländisches **Vermittlungsnetz** von Agenten und sonstige freie Mitarbeiter oder nur über die Aufstellung von **Automaten** erfolgt.[111] Auch wenn die Leistung
aus dem Inland heraus erbracht wird und sich die Empfänger der Dienstleistung im
Ausland befinden, greift § 32 Abs. 1 Satz 1 KWG. Dies gilt ebenfalls im spiegelbildlichen

---

104) Verordnung (EU) 2019/2033 des Europäischen Parlaments und des Rates v. 27.11.2019 über Aufsichtsanforderungen an Wertpapierfirmen und zur Änderung der Verordnungen (EU) Nr. 1093/2010,
(EU) Nr. 575/2013, (EU) Nr. 600/2014 und (EU) Nr. 806/2014, ABl. (EU) L 314/1 v. 5.12.2019.

105) Richtlinie (EU) 2019/2034 des Europäischen Parlaments und des Rates v. 27.11.2019 über die
Beaufsichtigung von Wertpapierfirmen und zur Änderung der Richtlinien 2002/87/EG, 2009/65/EG,
2011/61/EU, 2013/36/EU, 2014/59/EU und 2014/65/EU, ABl. (EU) L 314/64 v. 5.12.2019.

106) Bestehende KWG-Erlaubnisse gelten auch unter dem neuen Aufsichtsregime für Wertpapierinstitute
weiter, wobei sich die Anforderungen an die laufende Beaufsichtigung zukünftig aus dem WpIG ergeben
(§ 86 Abs. 1 Satz 1 WpIG).

107) Zu den vier Kategorien von Wertpapierinstituten i. S. des WpIG im Detail *K.-A. Neumann/A. Schmidt*,
BKR 2021, 535 f.

108) Zur Abgrenzung zwischen KWG und WpIG *K.-A. Neumann/A. Schmidt*, BKR 2021, 535 f.

109) S. die Ausnahmeregelung des § 32 Abs. 2a Satz 2 KWG für den Fall, dass eine Erlaubnis für das
Kryptoverwahrgeschäft besteht und sich die betriebenen Bankgeschäfte bzw. Finanzdienstleistungen
i. S. von § 32 Abs. 2a Satz 1 KWG ausschließlich auf Rechnungseinheiten (§ 1 Abs. 11 Nr. 7 KWG)
oder Kryptowerte (§ 1 Abs. 11 Nr. 10 KWG) beziehen; dazu auch *Patz*, BKR 2022, 725, 729.

110) Zur begrifflichen Abgrenzung zwischen Zweigstelle und Zweigniederlassung im Detail Begr. RegE
Gesetz zur Umsetzung von EG-Richtlinien zur Harmonisierung bank- und wertpapieraufsichtsrecht-
licher Vorschriften, BT-Drucks. 13/7142, S. 87; Boos/Fischer/Schulte-Mattler-*Braun*, KWG, § 24a Rz. 5.

111) Beck/Samm/Kokemoor-*Reschke*, KWG, § 1 Rz. 664.

Szenario einer Dienstleistungserbringung **aus dem Ausland heraus in das Inland hinein**, etwa wenn sich das Dienstleistungsangebot im Wege des **grenzüberschreitenden Dienstleistungsverkehrs**[112] zielgerichtet an juristische oder natürliche Personen im Inland wendet („targeting the German market").[113]

b)   EU-Passporting

55   Das Konzept des sog. **Europäischen Passes** bzw. **EU-Passporting** setzt für die Finanzbranche die europarechtliche **Niederlassungs-** (Art. 49 AEUV) und **Dienstleistungsfreiheit** (Art. 56 AEUV) um. Demnach darf ein reguliertes Institut, das in einem Mitgliedstaat des EWR bereits zugelassen ist, unter bestimmten Voraussetzungen auch in anderen Mitgliedstaaten des EWR Finanzdienstleistungen erbringen, **ohne** dabei den jeweiligen **Zulassungserfordernissen** dieser Mitgliedstaaten zu unterliegen. Hierfür ist dann im jeweiligen EWR-Mitgliedstaat kein gesondertes Erlaubnisverfahren erforderlich, sondern lediglich ein deutlich weniger komplexes und rascher durchzuführendes **Notifizierungsverfahren**.[114] Im Rahmen des Europäischen Passes kann ein Institut regulierte Dienstleistungen über eine **Zweigniederlassung** in einem anderen EWR-Mitgliedstaat (Aufnahmestaat) oder im Wege des **grenzüberschreitenden Dienstleistungsverkehrs erbringen**. Voraussetzung für eine Nutzung des Europäischen Passes ist, dass das jeweilige Institut in einem Mitgliedstaat des EWR (Herkunftsstaat) zugelassen ist, der dortigen Aufsicht unterliegt und diese Aufsicht den EU-rechtlichen Anforderungen genügt.[115] Sind diese Anforderungen erfüllt und das entsprechende Notifizierungsverfahren durchlaufen, greift das sog. **Herkunftsstaatsprinzip**, wonach auch für grenzüberschreitende Aktivitäten die grundsätzliche aufsichtsrechtliche **Zuständigkeit** bei der jeweiligen nationalen **Aufsichtsbehörde im Herkunftsstaat** verbleibt. Die Nutzung des Europäischen Passes kann in zwei Richtungen erfolgen: für Dienstleistungen aus dem Ausland **nach Deutschland** hinein (Inbound) und für Dienstleistungen in das Ausland **aus Deutschland** heraus (Outbound).

56   Eine Nutzung des Europäischen Passes kommt nur für solche Finanzdienstleistungen in Betracht, die **auf europäischer Ebene vereinheitlicht** sind. Dies ist aktuell weder für das Kryptoverwahrgeschäft noch für die Kryptowertpapierregisterführung der Fall. Beide Erlaubnistatbestände beruhen auf **nationaler Gesetzgebung**.[116] Zum jetzigen Zeitpunkt scheidet für diese deutsch-rechtlichen Finanzdienstleistungen daher eine Anwendung des Europäischen Passes aus. Im Einzelfall hätte ein Finanzdienstleister vor einem Schritt in das Ausland daher zu prüfen ob und ggf. welche Erlaubnistatbestände in der jeweiligen Jurisdiktion im Zusammenhang mit einer Kryptoverwahrung bzw. Kryptowertpapierregisterführung (im deutsch-rechtlichen Sinn) bestehen (siehe Rz. 30 zu MiCAR). Verfügt der jeweilige Dienstleister über eine **Erlaubnis für das Depotgeschäft**, kann eine Anwendung des Europäischen Passes in Betracht kommen.[117] Zur Abgrenzung der regulatorischen Tatbestände siehe im Detail Rz. 46 ff.

---

112) Es gilt der Dienstleistungsbegriff i. S. von Art. 57 AEUV, dazu im Detail Calliess/Ruffert-*Kluth*, EUV/AEUV, Art. 57 AEUV Rz. 7 ff.

113) Vgl. BaFin, Merkblatt zur Erlaubnispflicht von grenzüberschreitend betriebenen Geschäften v. 1.4.2005, Stand: 11.3.2019, abrufbar unter https://www.bafin.de/SharedDocs/Veroeffentlichungen/DE/Merkblatt/mb_050401_grenzueberschreitend.html (Abrufdatum: 21.2.2023); zur internationalen Anwendbarkeit des KWG s. *Schwarz*, § 32 Rz. 33 ff., 58 ff.

114) Zum Ablauf des Notifizierungsverfahrens vgl. Boos/Fischer/Schulte-Mattler-*Braun*, KWG, § 24a Rz. 21 (Zweigniederlassung) bzw. Rz. 45 ff. (grenzüberschreitender Dienstleistungsverkehr); zur Implikation des Brexit *Bauernfeind*, GWR 2022, 167.

115) Boos/Fischer/Schulte-Mattler-*Braun*, KWG, § 24a Rz. 1.

116) Vgl. auch BaFin, Merkblatt: Hinweise zum Tatbestand des Kryptoverwahrgeschäfts, v. 2.3.2020, Ziff. III., abrufbar unter https://www.bafin.de/SharedDocs/Veroeffentlichungen/DE/Merkblatt/mb200302_kryptoverwahrgeschaeft.html?nn=13733456 (Abrufdatum: 21.2.2023).

117) Vgl. *v. Buttlar* in: Omlor/Möslein/Grundmann, Elektronische Wertpapiere, § 7, S. 165.

c) Erheblichkeitsschwelle

Kryptoverwahrung bzw. Kryptowertpapierregisterführung sind bei Überschreiten einer   **57** bestimmten **Erheblichkeitsschwelle** erlaubnispflichtig i. S. von § 32 Abs. 1 Satz 1 KWG. Dies ist dann der Fall, wenn der Dienstleister **gewerbsmäßig** handelt oder in einem Umfang, der einen **in kaufmännischer Weise eingerichteten Geschäftsbetrieb** erfordert. Die Erfüllung einer dieser Alternativen genügt, um die Erheblichkeitsschwelle zu überschreiten. Unbeachtlich ist hierbei, in welcher Rechtsform der Dienstleister agiert (als natürliche Person, Personengesellschaft oder juristische Person).

Gewerbsmäßigkeit besteht, wenn das jeweilige Geschäft auf eine gewisse Dauer angelegt   **58** ist und der Dienstleister dieses mit **Gewinnerzielungsabsicht**[118] betreibt. **Auf Dauer** ist die Tätigkeit angelegt, wenn sie nachhaltig und planmäßig erfolgen soll. Dies ist insbesondere der Fall bei einer erkennbaren Absicht der **Wiederholung** bzw. **Fortsetzung**, ein per se ununterbrochener Geschäftsbetrieb ist dagegen nicht erforderlich. Sowohl Kryptoverwahrung als auch Kryptowertpapierregisterführung dürften regelmäßig auf Dauer angelegt sein.[119] Eine bloß vorübergehende Verwahrung von Kryptowerten oder privaten kryptografischen Schlüsseln, etwa als unentgeltliche **familiäre Gefälligkeit** (zum „Familienprivileg" siehe Rz. 42), dürfte die Ausnahme sein. Auch eine bloß vorübergehende Kryptowertpapierregisterführung dürfte – schon angesichts der damit verbundenen technischen Komplexitäten – in der Praxis kaum vorkommen. Zu den technischen Implikationen siehe im Detail *Blassl*, § 16 Rz. 53 ff. und *Sopart*, § 17 Rz. 36.

Ein Dienstleister überschreitet auch dann die Erheblichkeitsschwelle, wenn der Umfang   **59** seiner Geschäfte objektiv einen **in kaufmännischer Weise eingerichteten Geschäftsbetrieb** erfordert. Maßstab ist hierfür die finanzwirtschaftliche Verkehrsauffassung, d. h. die **Perspektive** eines ordentlichen Kaufmanns.[120] Für Kryptoverwahrung bzw. Kryptowertpapierregisterführung hat die BaFin ihre diesbezügliche Verwaltungspraxis bisher noch nicht näher spezifiziert. Für das **Kryptoverwahrgeschäft** wäre es angesichts bestehender Parallelen nachvollziehbar, wenn sich die BaFin an ihrer bisherigen Verwaltungspraxis zum **Depotgeschäft** orientiert.[121] Hierfür soll die Erlaubnisschwelle bei fünf Depots (Depotzahlgrenze) oder einem Gesamtvolumen von mehr als 25 Wertpapieren (Stückzahlgrenze) überschritten sein.[122] Übertragen auf das Kryptoverwahrgeschäft wäre dies bei mehr als fünf Kunden bzw. bei 25 Kryptowerten oder privaten Schlüsseln der Fall. Für die **Kryptowertpapierregisterführung** dürfte die Erheblichkeitsschwelle regelmäßig überschritten sein, da Fälle, in denen bei Aufnahme der Registerführung weder Gewerbsmäßigkeit vorliegt noch ein in kaufmännischer Weise eingerichteter Geschäftsbetrieb erforderlich ist, nur theoretisch zu konstruieren sein dürften.[123]

---

118) Dies schließt die Absicht der Vermeidung von Verlusten ein, BaFin, Merkblatt: Hinweise zum Tatbestand des Kryptoverwahrgeschäfts, v. 2.3.2020, Ziff. III., abrufbar unter https://www.bafin.de/SharedDocs/Veroeffentlichungen/DE/Merkblatt/mb_200302_kryptoverwahrgeschaeft.html?nn=13733456 (Abrufdatum: 21.2.2023).

119) So auch Beck/Samm/Kokemoor-*Reschke*, KWG, § 1 Rz. 664c.

120) Vgl. BaFin, Merkblatt: Hinweise zum Tatbestand des Kryptoverwahrgeschäfts, v. 2.3.2020, Ziff. III., abrufbar unter https://www.bafin.de/SharedDocs/Veroeffentlichungen/DE/Merkblatt/mb_200302_kryptoverwahrgeschaeft.html?nn=13733456 (Abrufdatum: 21.2.2023).

121) So auch *Maume* in: Maume/Maute/Fromberger, Rechtshandbuch Kryptowerte, § 12 Rz. 84; Beck/Samm/Kokemoor-*Reschke*, KWG, § 1 Rz. 664d.

122) BaFin, Merkblatt Depotgeschäft, v. 6.1.2009, Stand: 15.12.2021, Ziff. 2., abrufbar unter https://www.bafin.de/SharedDocs/Veroeffentlichungen/DE/Merkblatt/mb_211215_tatbestand_depotgeschaeft.html?nn=9450978 (Abrufdatum: 21.2.2023).

123) In diese Richtung auch *v. Buttlar* in: Omlor/Möslein/Grundmann, Elektronische Wertpapiere, § 7, S. 164 f.

5.   Regulatorische Erleichterungen (§ 2 Abs. 7b KWG)

60   Für das Erbringen des Kryptoverwahrgeschäfts und die Kryptowertpapierregisterführung besteht eine KWG-Erlaubnispflicht aus Gründen des Anlegerschutzes, der Marktintegrität, der Transaktionssicherheit sowie der Funktionsfähigkeit der Märkte.[124] Der jeweilige Dienstleister ist daher grundsätzlich an die für **Finanzdienstleistungsinstitute** geltenden Vorgaben des KWG gebunden. Von diesem Grundsatz sieht § 2 Abs. 7b KWG – durchaus weitreichende – **Ausnahmen** vor, sofern das jeweilige Finanzdienstleistungsinstitut außer dem Kryptoverwahrgeschäft oder der Kryptowertpapierregisterführung **keine weiteren Finanzdienstleistungen** i. S. von § 1 Abs. 1a Satz 2 KWG erbringt. Die Privilegierung des § 2 Abs. 7b KWG galt bereits vor Einführung der elektronischen Wertpapiere für Finanzdienstleistungsinstitute, die ausschließlich das Kryptoverwahrgeschäft betreiben. Der **Grund der Privilegierung** liegt im reduzierten Gesamtrisikoprofil reiner Kryptoverwahrer bzw. Kryptowertpapierregisterführer.[125] Der Gesetzgeber möchte zudem eine Trennung von Kryptoverwahrgeschäft bzw. Kryptowertpapierregisterführung einerseits und etwaigem sonstigen regulierten Geschäft andererseits fördern.[126]

61   Diese risikobezogene Bewertung hat Art. 6 Nr. 3 Gesetz zur Einführung von eWp entsprechend übernommen und den **Anwendungsbereich** des § 2 Abs. 7b KWG auf die Kryptowertpapierregisterführung erstreckt. Der Gesetzgeber begründet dies damit, dass es sich im Bereich der Kryptowertpapierregisterführung zumindest teilweise um **neue Marktteilnehmer** handele, die sich auf einem noch in der Entstehung befindlichen Markt bewegten. Hinzu komme der zunächst noch eingeschränkte Anwendungsbereich des eWpG und der Umstand, dass **Emittenten registerführende Stelle** seien, wenn die Benennung einer anderen registerführenden Stelle unterbleibt.[127] Für bloße Kryptowertpapierregisterführer (ggf. in Kombination mit dem Kryptoverwahrgeschäft) gelten die aufsichtsrechtlichen Anforderungen des KWG daher nicht umfassend. Diese gesetzliche Privilegierung ist (bisher) nicht durch etwaige **Vorgaben des Unionsrechts** eingeschränkt, da Kryptoverwahrung und Kryptowertpapierregisterführung auf europäischer Ebene noch keine Regelung gefunden hatten (siehe Rz. 30 zu MiCAR).

62   Reine Kryptoverwahrdienstleister und reine Kryptowertpapierregisterführer – eine Kombination beider Dienstleistungen ist für das Eingreifen der Privilegierung unschädlich – sind von folgenden regulatorischen Vorgaben **befreit** (§ 2 Abs. 7b KWG):

Nicht-anwendbare Vorschriften des KWG	
§ 10	Anforderungen an die Eigenmittelausstattung von Instituten, Institutsgruppen, Finanzholding-Gruppen und gemischten Finanzholding-Gruppen
§§ 10c–10i	Vorgaben zu Kapitalpuffern
§ 11	Liquiditätsvorgaben
§ 12	Regelungen zur Bestimmung systemrelevanter Institute durch BaFin und Deutsche Bundesbank
§ 13	Großkreditvorgaben
§ 13c	Vorgaben zu gruppeninternen Transaktionen mit gemischten Holdinggesellschaften

---

124) Begr. RegE Gesetz zur Einführung von eWp, BT-Drucks. 19/26925, S. 74.
125) Vgl. *Terlau* in: Ellenberger/Bunte, Bankrechts-Hdb., § 35 Rz. 254.
126) Vgl. *Maume* in: Maume/Maute/Fromberger, Rechtshandbuch Kryptowerte, § 12 Rz. 85.
127) Begr. RegE Gesetz zur Einführung von eWp, BT-Drucks. 19/26925, S. 74.

Nicht-anwendbare Vorschriften des KWG	
§ 14	Millionenkreditvorgaben
§§ 15, 17	Vorgaben zu Organkrediten und diesbezüglichem Haftungsregime
§ 18	Kreditwürdigkeitsprüfung anhand von Kreditunterlagen
§ 24 Abs. 1 Nr. 14–14b	Vergütungsbezogene Meldepflichten im Zusammenhang mit dem ebenfalls nicht anwendbaren § 25a Abs. 5 KWG
§ 24a	Passporting der KWG-Erlaubnis in andere Staaten des EWR[128]
§ 25a Abs. 5	Vergütungsbezogene Vorgaben, insbesondere zum Verhältnis zwischen fixen und variablen Vergütungsbestandteilen
§ 26a	Offenlegungspflichten
§ 45	Behördliche Eingriffsbefugnisse zur Verbesserung von Eigenmittelausstattung und Liquidität

Nicht-anwendbare Vorschriften der CRR	
Regelungen aus Teil 2 der CRR betreffend Eigenmittel (Art. 39, 41 und 50–91)	– Abzugsposten vom harten Kernkapital: (i) Steuerüberzahlungen, Verlustrückträge und nicht von der künftigen Rentabilität abhängige latente Steueransprüche als eigenmittelrelevante Abzugsposten (Art. 39); und (ii) Vermögenswerte aus Pensionsfonds mit Leistungszusage als eigenmittelrelevante Abzugsposten (Art. 41) – Definition des harten Kernkapitals (Art. 50) – Bestimmung des zusätzlichen Kernkapitals (Art. 51–61) – Bestimmung des Ergänzungskapitals (Art. 62–71) – Eigenmittel als Summe von Kernkapital und Ergänzungskapital (Art. 72) – Berücksichtigungsfähige Verbindlichkeiten (Art. 72a–72l) – Allgemeine Anforderungen an Eigenmittel und berücksichtigungsfähige Verbindlichkeiten (Art. 73–80) – Minderheitsbeteiligungen und durch Tochterunternehmen begebene Instrumente des zusätzlichen Kernkapitals und des Ergänzungskapitals (Art. 81–88a) – Qualifizierte Beteiligungen außerhalb des Finanzsektors (Art. 89–91)
Gesamter Teil 3 der CRR (Art. 92–386)	Eigenmittelanforderungen

---

128) Mangels einheitlicher Regulierung von Kryptoverwahrung und Kryptowertpapierregisterführung im EWR ist ein Passporting der deutschen Erlaubnis nicht möglich, näher dazu Rz. 55 f.

Nicht-anwendbare Vorschriften der CRR	
Gesamter Teil 4 der CRR (Art. 387–403)	Großkreditvorgaben
Gesamter Teil 6 der CRR (Art. 411–428az)	Liquiditätsvorgaben
Gesamter Teil 7 der CRR (Art. 429–429g)	Verschuldungsvorgaben
Gesamter Teil 8 der CRR (Art. 431–455)	Offenlegungspflichten

63   Art. 6 Nr. 3 Gesetz zur Einführung von eWp bewertet die **Risiken** aus dem Kryptoverwahrgeschäft bzw. der Kryptowertpapierregisterführung als **gering**[129] und verneint hinsichtlich der in der voranstehenden Tabelle aufgelisteten Regelungen ein **finanzregulatorisches Aufsichtsbedürfnis**. Stimmig ist der gleichlaufende Ausschluss der Regelungen zu Großkredit, Liquidität und Offenlegung in KWG und CRR[130]. Der teilweise Ausschluss bestimmter Vorgaben aus Teil 2 der CRR (**Eigenmittel**) steht einem vollständigen Ausschluss von Teil 3 der CRR (**Eigenmittelanforderungen**) gegenüber. Da die Art. 92 ff. CRR nicht greifen, sind reine Kryptoverwahrdienstleister bzw. Kryptowertpapierregisterführer demnach von der **dynamisch** ausgestalteten Pflicht zur **Vorhaltung ausreichender Eigenmittel** befreit. Dies stellt – neben der genuin finanziellen Implikation – auch eine erhebliche prozessuale und organisatorische Erleichterung dar. Relevant bleibt indes die Definition des **harten Kernkapitals** in Art. 26 Abs. 1 lit. a–lit. e CRR, auf den § 33 Abs. 1 Satz 1 Nr. 1 KWG zur Bestimmung des **erforderlichen Anfangskapitals** verweist. Dieses ist von den angemessenen **Eigenmitteln** i. S. von Art. 92 ff. CRR zu unterscheiden. Die **Angemessenheit** von Eigenmitteln beurteilt sich **dynamisch** und ist am Umfang und Risiko der Geschäftstätigkeit des Instituts zu bemessen. Im Vergleich dazu ist das **regulatorische Anfangskapital** eine eher statische Größe, die sich an einer zukunftsgerichteten **Prognose** von etwa drei bis fünf Jahren orientiert, um die für diesen Zeitraum geplanten Geschäftsaktivitäten abzusichern (siehe zum Anfangskapital auch Rz. 67). Insofern muss das Anfangskapital eine hinreichende **Vertrauensbasis** für eine etwaige vorgesehene Refinanzierung zukünftiger Geschäfte sein.[131] Ungeachtet der Nicht-Anwendbarkeit von Art. 92 ff. CRR zur Vorhaltung von Eigenmitteln, besteht auch für reine Kryptoverwahrer bzw. Kryptowertpapierregisterführer die **wirtschaftliche Notwendigkeit**, eine ausreichende (Eigen-)Kapitalisierung und Liquidität zu gewährleisten. Diesbezüglich ist im Vergleich zu sonstigen KWG-Instituten lediglich die aufsichtliche Überwachung reduziert. Ein Absinken unter das gesetzliche Mindestanfangskapital würde die **Aufhebung der Erlaubnis** rechtfertigen (§ 35 Abs. 2 Nr. 3 KWG).

64   Hinsichtlich der für nicht-anwendbar erklärten **KWG-Vorschriften** fällt auf, dass zwar die **Vergütungsvorgaben** nach § 25a Abs. 5 KWG ausgenommen sind, nicht jedoch – zumindest nicht ausdrücklich – § 25a Abs. 1 Satz 3 Nr. 6 KWG. Hierbei dürfte es sich um ein Redaktionsversehen handeln und gesetzlich eine vollständige Nicht-Anwendung der Vergütungsvorgaben gewollt sein.[132]

65   Auch Kryptoverwahrer bzw. Kryptowertpapierregisterführer, die sich auf die Privilegierung des § 2 Abs. 7b KWG stützen, haben die Vorgaben zu **Inhabern bedeutender Beteiligungen** einzuhalten (§ 2c KWG), **Meldepflichten** zu erfüllen (§ 24 KWG) und eine

---

129) Zu risikorelevanten Schwachstellen von Kryptowertpapierregistern und dabei ggf. eingesetzter Smart Contracts s. *Sopart*, § 17 Rz. 43 ff.

130) Verordnung (EU) Nr. 575/2013 des Europäischen Parlaments und des Rates v. 26.6.2013 über Aufsichtsanforderungen an Kreditinstitute und Wertpapierfirmen und zur Änderung der Verordnung (EU) Nr. 646/2012 (Capital Requirements Regulation – CRR), ABl. (EU) L 176/1 v. 27.6.2013.

131) Boos/Fischer/Schulte-Mattler-*Fischer/Müller*, KWG, § 33 Rz. 6.

132) So auch *Terlau* in: Ellenberger/Bunte, Bankrechts-Hdb., § 35 Rz. 254.

ordnungsgemäße **Geschäftsorganisation** sicherzustellen, einschließlich **Risikomanagement** (§ 25a KWG). Hohe praktische Relevanz haben hierbei die behördlichen Vorgaben, etwa die MaRisk[133)] oder die BAIT[134)]. Im Zusammenhang mit Kryptowerten, privaten Schlüsseln und Kryptowertpapieren sind ein geeignetes **Kryptokonzept** bzw. spezifische Maßnahmen erforderlich, um die besonderen technischen Risiken und Anforderungen abzubilden, die für das Institut aus diesen (technisch) neuartigen Tätigkeiten resultieren.[135)]

Behördliche Interpretationsleitfäden wie MaRisk und BAIT besitzen selbst zwar keinen   **66** eigenen Rechtsnormcharakter und sind aufgrund ihrer fehlenden Rechtsverbindlichkeit nicht justiziabel, wirken aber mittelbar über den **Gleichbehandlungsgrundsatz**.[136)] Ungeachtet ihres Charakters als **informelle Regulierung**, behandelt die Praxis entsprechende Verlautbarungen der Aufsichtsbehörden regelmäßig wie geltendes Recht.[137)]

Auch die regulatorischen Standards i. S. von § 25c KWG für **Geschäftsleiter** greifen (sog.   **67** Fit & Proper-Test)[138)], ebenso wie die Vorgaben zum **Anfangskapital** (§ 33 Abs. 1 Nr. 1 lit. b KWG), zur Vorlage von **Jahresabschlüssen** (§ 26 KWG) und zur Durchführung **jährlicher Prüfungen** (§ 28 KWG). Die Institute sind zudem Verpflichtete i. S. von § 2 Abs. 1 Nr. 2 GwG, so dass die entsprechenden **geldwäscherechtliche Pflichten** und **Organisationsanforderungen** gelten. Dies umfasst insbesondere die Vorgaben zur Etablierung **interner Sicherungsmaßnahmen** (§ 25h KWG) und zur Einhaltung **verstärkter Sorgfaltspflichten** (§ 25k KWG).

III. Begleitende Anpassungen des Regulierungsrahmens (Art. 7–9 Gesetz zur Einführung von eWp)

Die mit der Einführung elektronischer Wertpapiere bedingte Anpassung des regulatorischen   **68** Rahmens beschränkt sich nicht auf das KWG. Das Gesetz zur Einführung von eWp bringt ebenfalls Änderungen in **folgenden Bereichen**: der Prüfungsberichtsverordnung[139)] (Art. 7 Gesetz zur Einführung von eWp), dem Finanzdienstleistungsaufsichtsgesetz (FinDAG) (Art. 8 Gesetz zur Einführung von eWp) und der Verordnung über die Erhebung von Gebühren und die Umlegung von Kosten nach dem Finanzdienstleistungsaufsichtsgesetz (FinDAGKostV)[140)] (Art. 9 Gesetz zur Einführung von eWp).

1. Anpassung der PrüfbV (Art. 7 Gesetz zur Einführung von eWp)

Art. 7 Gesetz zur Einführung von eWp hat die PrüfbV um neue §§ 69a und 69b erweitert,   **69** gebündelt in einem neuen Abschnitt 7 „Sondergeschäfte". Die Vorgaben der PrüfbV sind für Institute nach § 29 KWG verbindlich. Bei der **Prüfung des Jahresabschlusses** hat der

---

133) BaFin, Rundschreiben 10/2021 (BA) – Mindestanforderungen an das Risikomanagement (MaRisk), v. 16.8.2021, Stand: 4.5.2022, abrufbar unter https://www.bafin.de/SharedDocs/Veroeffentlichungen/ DE/Rundschreiben/2021/rs_1021_MaRisk_BA.html (Abrufdatum: 21.2.2023).

134) BaFin, Rundschreiben 10/2017 (BA) – Bankaufsichtliche Anforderungen an die IT (BAIT), Stand: 16.8.2021, abrufbar unter https://www.bafin.de/SharedDocs/Downloads/DE/Rundschreiben/dl_rs_ 1710_ba_BAIT.pdf?__blob=publicationFile&v=6 (Abrufdatum: 21.2.2023).

135) Begr. RegE Gesetz zur Einführung von eWp, BT-Drucks. 19/26925, S. 74.

136) Krimphove/Lüke-*Krimphove*, MaRisk, Einl. Rz. 125 ff.

137) Kritisch hierzu *Klöhn*, WM 2021, 1457, 1460.

138) Im Detail BaFin, Merkblatt zu den Geschäftsleitern gemäß KWG, ZAG und KAGB, v. 4.1.2016, Stand: 24.6.2021, abrufbar unter https://www.bafin.de/SharedDocs/Veroeffentlichungen/DE/Merkblatt/ mb_geschaeftsleiter_KWG_ZAG_KAGB.html (Abrufdatum: 21.2.2023); *P. Doralt/W. Doralt* in: Semler/ v. Schenck/Wilsing, Arbeitshandbuch für Aufsichtsratsmitglieder, § 16 Rz. 125 f.

139) Zur Prüfungsberichtsverordnung allgemein Boos/Fischer/Schulte-Mattler-*Winter*, KWG, § 29 Rz. 75.

140) Verordnung über die Erhebung von Gebühren und die Umlegung von Kosten nach dem Finanzdienstleistungsaufsichtsgesetz (FinDAGKostV), v. 29.4.2002, BGBl. I 2002, 1504.

Prüfer insbesondere die Einhaltung der in § 29 Abs. 1 Satz 2 KWG genannten Anzeige-pflichten und Anforderungen zu prüfen. Gegenstand der Prüfung, die Zeit ihrer Durch-führung sowie Inhalt und Form der Prüfungsberichte spezifiziert die PrüfbV (§ 29 Abs. 4 KWG). Für **Kryptowertpapierregisterführer** geschieht dies in den neuen §§ 69a und 69b PrüfbV.

70   **§ 69a PrüfbV** bezieht sich auf **Zentralregisterführer**. Demnach hat der Prüfer einmal jähr-lich die Einhaltung der registerbezogenen Vorgaben in §§ 7, 10, 12 und 13 i. V. m. der nach § 15 Abs. 1 eWpG erlassenen Rechtsverordnung (eWpRV) durch den Zentralregisterführer zu prüfen. Diese Vorgaben umfassen insbesondere Pflichten zur **sicheren und vertrau-lichen Registerführung** (§ 7 eWpG), registerbezogene **Publizitätspflichten** (§ 10 eWpG), **Anzeigepflichten** (§ 12 Abs. 4 eWpG), Pflichten betreffend konkrete **Registerangaben** (§ 13 eWpG) sowie die im Verordnungsweg durch die **eWpRV** näher geregelten Detail-fragen, u. a. zur Niederlegung der Emissionsbedingungen (§ 15 Abs. 1 Nr. 1 eWpG), wei-teren Einzelheiten zur Wertpapierregisterführung (§ 15 Abs. 1 Nr. 3, 10, 11 eWpG) sowie Anforderungen an die IT-Sicherheit (§ 15 Abs. 1 Nr. 7 eWpG); siehe dazu *Alfes*, § 15 Rz. 9.

71   **§ 69b PrüfbV** bezieht sich auf **Kryptowertpapierregisterführer**. Demnach hat der Prüfer einmal jährlich die Einhaltung der registerbezogenen Vorgaben in §§ 7, 10, 16, 17, 19, 20 und 21 i. V. m. einer nach § 23 eWpG erlassenen Rechtsverordnung (siehe dazu *Kloka/Langheld*, § 23 Rz. 8 ff.) durch den Kryptowertpapierregisterführer zu prüfen. Entsprechend der **Pa-rallelnorm** des § 69a PrüfbV für zentrale Register adressiert § 69b PrüfbV die zentralen Pflichten im Zusammenhang mit Kryptowertpapierregistern.

2. Anpassung von FinDAG und FinDAGKostV/FinDAGebV (Art. 8 und 9 Gesetz zur Einführung von eWp)

72   Die mit dem eWpG neu eingeführte Kryptowertpapierregisterführung macht eine Anpas-sung des FinDAG erforderlich. Das FinDAG normiert u. a. den Rechtsrahmen zur **Kos-tendeckung der BaFin**. Diese erfolgt insbesondere über eine **Umlage** i. S. von §§ 16 ff. FinDAG, die von den beaufsichtigten Instituten zu tragen ist. Art. 8 Nr. 2 Gesetz zur Einführung von eWp **weitet** die Umlagepflicht i. S. von § 16e Abs. 1 Satz 1 Nr. 1, Abs. 2 FinDAG entsprechend aus. Für Kryptowertpapierregisterführer gilt die Umlagepflicht ab dem Umlagejahr 2021 (§ 23 Abs. 12 FinDAG). Neu ist zum 1.10.2021 die **FinDAGebV**[141] in Kraft getreten, die mit Ausnahme einschlägiger Gebührentatbestände nach der IFGGebV alle weiteren in den Zuständigkeitsbereich der BaFin fallenden Gebührentatbestände ver-einen soll.[142] Die **vorherige FinDAGKostV** ist entsprechend aufgehoben. Die Gebüh-renstruktur der FinDAGebV orientiert sich weitgehend am Leitprinzip einer **Gebühren-berechnung nach Zeitaufwand** und hat insofern das zuvor noch unter der FinDAGKostV dominierende Prinzip von **Kostenpauschalen** zurückgedrängt.

---

141) Besondere Gebührenverordnung des Bundesministeriums der Finanzen zur Finanzdienstleistungsaufsicht (Finanzdienstleistungsaufsichtsgebührenverordnung – FinDAGebV), v. 2.9.2021, BGBl. I 2021, 4077.

142) BaFin, Die Gebühren der Finanzdienstleistungsaufsichtsgebührenverordnung (FinDAGebV), abrufbar unter https://www.bafin.de/DE/DieBaFin/GrundlagenOrganisation/Finanzierung/Gebuehren.html (Ab-rufdatum: 21.2.2023).

Investmentrechtliche Aspekte

Artikel 10
Änderung des Kapitalanlagegesetzbuches

Das Kapitalanlagegesetzbuch vom 4. Juli 2013 (BGBl. I S. 1981), das zuletzt durch Artikel 3 des Gesetzes vom 12. Mai 2021 (BGBl. I S. 1063) geändert worden ist, wird wie folgt geändert:

1. Die Inhaltsübersicht wird wie folgt geändert:

    a) Die Angabe zu § 95 wird wie folgt gefasst:

    „§ 95 Anteilscheine; Verordnungsermächtigung".

    b) In der Angabe zu § 358 wird die Angabe „§ 95 Absatz 1" durch die Angabe „§ 95 Absatz 2" ersetzt.

2. § 95 wird wie folgt geändert:

    a) Die Überschrift wird wie folgt gefasst:

    „§ 95

    Anteilscheine; Verordnungsermächtigung".

    b) Absatz 1 wird durch die folgenden Absätze 1 bis 3 ersetzt:

    „(1) Die Anteile an Sondervermögen werden in Anteilscheinen verbrieft oder als elektronische Anteilscheine begeben. Die Anteilscheine können auf den Inhaber oder, soweit sie nicht elektronisch begeben werden, auf den Namen lauten.

    (2) Lauten verbriefte Anteilscheine auf den Inhaber, sind sie in einer Sammelurkunde zu verbriefen und ist der Anspruch auf Einzelverbriefung auszuschließen. Lauten verbriefte Anteilscheine auf den Namen, so gelten für sie die §§ 67 und 68 des Aktiengesetzes entsprechend. Die Anteilscheine können über einen oder mehrere Anteile desselben Sondervermögens ausgestellt werden. Die Anteilscheine sind von der Kapitalverwaltungsgesellschaft und von der Verwahrstelle zu unterzeichnen. Die Unterzeichnung kann durch mechanische Vervielfältigung erfolgen.

    (3) Auf elektronische Anteilscheine im Sinne von Absatz 1 sind § 2 Absatz 1 Satz 2, Absatz 2 und 3, die §§ 3 und 4 Absatz 1 Nummer 1, Absatz 2, 4 bis 6, 8 bis 10, die §§ 6 bis 8 Absatz 1, Abschnitt 4, § 31 Absatz 2 Nummer 1 bis 12, Absatz 3 und 4 und § 33 sowie die §§ 9 bis 15 mit Ausnahme von § 13 Absatz 1 Nummer 2 und 3 des Gesetzes über elektronische Wertpapiere mit der Maßgabe entsprechend anzuwenden, dass

    1. an die Stelle des elektronischen Wertpapiers der elektronische Anteilschein tritt,

    2. an die Stelle der Emissionsbedingungen die Anlagebedingungen treten,

    3. an die Stelle des Berechtigten der Anleger tritt.

    Satz 1 gilt nicht, soweit sich aus den Vorschriften dieses Gesetzes etwas anderes ergibt."

c) Der bisherige Absatz 2 wird Absatz 4 und Satz 1 wird wie folgt gefasst:

„Stehen die zum Sondervermögen gehörenden Gegenstände den Anlegern gemeinschaftlich zu, so geht mit der Übertragung der durch den Anteilschein vermittelten Ansprüche auch der Anteil des Veräußerers an den zum Sondervermögen gehörenden Gegenständen auf den Erwerber über."

d) Folgender Absatz 5 wird angefügt:

„(5) Das Bundesministerium der Finanzen und das Bundesministerium der Justiz und für Verbraucherschutz können durch gemeinsame Rechtsverordnung,
die nicht der Zustimmung des Bundesrates bedarf, die entsprechende oder teilweise entsprechende Anwendung von § 4 Absatz 11, § 8 Absatz 2, den §§ 16 bis
23 mit Ausnahme von § 17 Absatz 1 Nummer 2 und 3, sowie den §§ 30 und 31
Absatz 1 und 2 Nummer 13 bis 15 des Gesetzes über elektronische Wertpapiere
auf elektronische Anteilscheine im Sinne von Absatz 1 bestimmen. Soweit dies
aufgrund der Besonderheiten bei elektronischen Anteilscheinen erforderlich
ist, können in der Rechtsverordnung nach Satz 1 auch Abweichungen von den
vorgenannten Regelungen bestimmt werden, insbesondere für die Regelungen
betreffend die Verwahrstelle."

3. In § 358 in der Überschrift und in Absatz 3 Satz 3 wird jeweils die Angabe „§ 95
   Absatz 1" durch die Angabe „§ 95 Absatz 2" ersetzt.

Literatur: *Casper*, Das Zukunftsfinanzierungsgesetz, ZHR 187 (2023) 5; *Casper*, Das Gesetz über
elektronische Wertpapiere (eWpG) – Quantensprung oder Trippelschritt?, AG 2022, 714; *Bartlitz*,
Die Begebung elektronischer Wertpapiere, NJW 2022, 1981; *Conreder/Diederichsen/Okonska*,
Das neue Gesetz über elektronische Wertpapiere – digitale Zeitenwende im Wertpapierbereich,
DStR 2021, 2594; *Kaulartz/Voigt/Winkler*, Fondsanteil der Zukunft? Kryptofondsanteile nach
dem Entwurf der KryptoFAV, RdF 2022, 24; *Kleinert/Mayer*, Elektronische Wertpapiere und
Krypto-Token, EuZW 2019, 857; *Lappas/Ruckes*, Die praktische Umsetzung von FATCA in
Deutschland, IStR 2013, 929; *Majcen*, Kryptofonds: Die Problematik der Verwahrung von
Kryptowerten, WM 2022, 111; *Maume*, Die Kryptoaktie im Zukunftsfinanzierungs, BKR 2023,
282; *Maume/Hildebrandt/Kreutzmann*, Erwerb tokenisierter Wertpapiere durch OGAW-Fonds,
BKR 2020, 622; *Omlor*, Elektronische Wertpapiere nach dem eWpG, RDi 2021, 371; *Reger/
Langheld/Haagen*, Elektronische Aktien, RDi 2021, 83; *Seeger/Kreutzmann*, Die neue Kryptofondsanteilsverordnung, RDi 2022, 425; *Siadat*, Zweiter Entwurf einer „Verordnung über die
Anforderungen an elektronische Wertpapierregister", RDi 2022, 153; *Steffen*, Liquiditätssteue-
rung in Fonds: Neue Werkzeuge im KAGB, RdF 2021, 20; *Stoschek/Sène*, Offene Kryptofonds –
eine neue Assetklasse, RdF 2021, 180; *Wieneke/Kunz*, Das Gesetz zur Einführung von elektronischen Wertpapieren, NZG 2021, 316.

Übersicht

I.   Elektronische Anteilscheine – rechtliche Rahmenbedingungen

1.   Sedes Materiae

Das eWpG gilt bisher unmittelbar nur für Inhaberschuldverschreibungen (zum Anwen- 1
dungsbereich siehe *Haertlein*, § 1 Rz. 2 ff.).[1] Als Reaktion auf Stellungnahmen aus der
Fondsbranche im Laufe des Gesetzgebungsverfahrens hat der Gesetzgeber über Art. 10
des Gesetzes zur Einführung von eWp eine Änderung des KAGB vorgesehen. Diese betrifft
in **§ 95 KAGB n. F.** die Begebung von elektronischen Anteilscheinen. Die Einführung
elektronischer Anteilscheine ist ein Baustein der Blockchain-Strategie der Bundesregierung,
die für den Finanzsektor – neben der Regulierung des öffentlichen Angebotes bestimmter
Krypto-Token[2] – die Öffnung des deutschen Rechts für elektronische Wertpapiere umfasst.[3] Auch für **Investmentfondsanteile** soll damit zukünftig die Möglichkeit bestehen,
auf die Begebung einer Papierurkunde zu verzichten und die Anteilscheine direkt im Wege
der Registereintragung elektronisch zu emittieren.

Der Begriff „elektronische Anteilscheine" ist **zweigeteilt** und umfasst elektronische Anteil- 2
scheine i. S. von § 95 Abs. 1, 3 KAGB sowie elektronische Anteilscheine i. S. von § 95 Abs. 1,
5 KAGB. Er bezieht sich auf **Anteile an Sondervermögen** (siehe dazu Rz. 19).

Für elektronische Anteilscheine i. S. von **§ 95 Abs. 1, 3 KAGB** hat das Gesetz zur Einfüh- 3
rung von eWp – alternativ zur physischen Verbriefung in einem Anteilschein – eine Registerbegebung etabliert. Hierzu verweist § 95 Abs. 3 KAGB n. F. regelungstechnisch auf bestimmte Vorschriften des eWpG, die originär für **Zentralregisterwertpapiere** (§ 4 Abs. 2
eWpG) gelten (siehe dazu Rz. 27 ff.).

Für elektronische Anteilscheine i. S. von **§ 95 Abs. 1, 5 KAGB** enthält Art. 10 lit. d Ge- 4
setz zur Einführung von eWp eine Ermächtigungsgrundlage, wonach das BMF und das
BMJV durch gemeinsame, nicht-zustimmungsbedürftige **Rechtsverordnung** bestimmte
weitere Vorschriften des eWpG entsprechend oder teilweise entsprechend auf elektronische Anteilscheine zur Anwendung bringen können. Diese weiteren, in § 95 Abs. 5 KAGB
genannten Vorschriften des eWpG beziehen sich originär auf **Kryptowertpapiere** (§ 4
Abs. 3 eWpG). Auf Grundlage der genannten Verordnungsermächtigung ist am 3.6.2022
die Ausfertigung einer Verordnung über Kryptofondsanteile (KryptoFAV) erfolgt, die am
18.6.2022 in Kraft trat.[4] Entsprechend besteht nun die Möglichkeit, elektronische Anteil-

---

1) Zum Zukunftsfinanzierungsgesetz (ZFinG) und der Erweiterung des eWpG auf Aktien siehe *Maume*,
   BKR 2023, 282 ff.; *Casper*, ZHR (187) 2023, 5 ff.
2) Überblick zur Krypto-Regulierung bei *Terlau* in: Möslein/Omlor, Fintech-Handbuch, § 34 Rz. 18 ff.;
   Kleinert/Mayer, EuZW 2019, 857.
3) BReg (Unterrichtung), Blockchain-Strategie der BReg, v. 19.9.2019, BT-Drucks. 19/13433, S. 5.
4) Verordnung über Kryptofondsanteile (KryptoFAV), v. 3.6.2022, BGBl. I 2022, 868; notifiziert gemäß
   der Richtlinie (EU) 2015/1535 des Europäischen Parlaments und des Rates v. 9.9.2015 über ein In-
   formationsverfahren auf dem Gebiet der technischen Vorschriften und der Vorschriften für die Dienste
   der Informationsgesellschaft, ABl. L 241/1 v. 17.9.2015.

scheine durch Eintragung in einem **Aufzeichnungssystem** (§ 4 Abs. 11 eWpG) zu begeben (siehe dazu Rz. 50 ff.).

5   Im Interesse **semantischer Klarheit** hätte es sich angeboten, den **Oberbegriff** des elektronischen Anteilscheins unmittelbar in § 95 KAGB – parallel zur systematischen Zweiteilung nach § 95 Abs. 1, 3 und § 95 Abs. 1, 5 KAGB – zu gliedern und entsprechend zwei Legaldefinitionen einzuführen. Für elektronische Anteilscheine i. S. von § 95 Abs. 1, 5 KAGB ist zumindest in § 1 Satz 2 KryptoFAV eine Begriffsbestimmung erfolgt und der Begriff des **„Kryptofondsanteils"** legaldefiniert. Ergänzend liegt für elektronische Anteilscheine i. S. von § 95 Abs. 1, 3 KAGB – in Parallele zum Zentralregisterwertpapier (§ 4 Abs. 2 eWpG) – der Begriff **„Zentralanteilschein"** nahe.[5] Im Interesse klarer Terminologie und inhaltlicher Abgrenzung verwenden die nachfolgenden Ausführungen das **Begriffspaar** Zentralanteilschein – Kryptofondsanteil entsprechend.

2.   Normgenese

6   Der **Referentenentwurf** des Gesetzes zur Einführung von eWp[6] vom 11.8.2020 beschränkte den Anwendungsbereich des eWpG zunächst noch auf die elektronische Begebung von **Inhaberschuldverschreibungen**. Anteilscheine waren nicht erfasst. Insofern befand sich der Referentenentwurf formal auf einer Linie mit der **Blockchain-Strategie** der Bundesregierung. Diese sieht zunächst die Einführung elektronischer Schuldverschreibungen vor, woran sich die Prüfung einer Einführung elektronischer Investmentfondsanteile – ggf. gemeinsam mit der Einführung elektronischer Aktien[7] – anschließen soll.[8]

7   Im Rahmen der Konsultation zum Referentenentwurf sprachen sich diverse Verbände und interessierte Kreise dafür aus, bereits den **Anwendungsbereich des eWpG** zumindest auf **Inhaberanteilscheine** zu erstrecken.[9] Insbesondere der Bundesverband Alternative Investments (**BAI**)[10], der Bundesverband Investment und Asset Management (**BVI**)[11] und die Stellungnahme des Zusammenschlusses Die Deutsche Kreditwirtschaft (**DKW**)[12] sprachen sich für eine Erstreckung des eWpG-Anwendungsbereichs auf Inhaberanteilscheine aus. BAI und BVI schlugen dazu eine originäre **Erweiterung des eWpG** durch

---

5) Vgl. *Eckhold* in: Omlor/Möslein/Grundmann, Elektronische Wertpapiere, § 9, S. 220 ff., der in „Zentralregisterfondsanteile" bzw. „Zentralregisteranteilscheine" und „Krypto(register)fondsanteile" bzw. Kryptoanteilscheine" unterteilt; so auch Müller/Pieper-*Müller*, eWpG, Einl. Rz. 29.

6) RefE Gesetz zur Einführung von eWp, abrufbar unter https://bundesfinanzministerium.de/Content/DE/Gesetzestexte/Gesetze_Gesetzesvorhaben/Abteilungen/Abteilung_VII/19_Legislaturperiode/2021-06-09-einfuehrung-elektronische-wertpapiere/1-Referentenentwurf.pdf?__blob=publicationFile&v=2 (Abrufdatum: 21.2.2023).

7) Zur elektronischen Aktie instruktiv *Reger/Langheld/Haagen*, RDi 2021, 83.

8) BReg (Unterrichtung), Blockchain-Strategie der BReg, v. 19.9.2019, BT-Drucks. 19/13433, S. 6.

9) Die gesammelten Stellungnahmen zum RefE des Gesetzes zur Einführung von eWp sind abrufbar unter https://bundesfinanzministerium.de/Content/DE/Gesetzestexte/Gesetze_Gesetzesvorhaben/Abteilungen/Abteilung_VII/19_Legislaturperiode/2021-06-09-einfuehrung-elektronische-wertpapiere/0-Gesetz.html (Abrufdatum: 21.2.2023).

10) BAI, Stellungnahme z. RefE eWpG, v. 14.9.2020, S. 2, abrufbar unter https://bundesfinanzministerium.de/Content/DE/Gesetzestexte/Gesetze_Gesetzesvorhaben/Abteilungen/Abteilung_VII/19_Legislaturperiode/2021-06-09-einfuehrung-elektronische-wertpapiere/0-Gesetz.html (Abrufdatum: 21.2.2023).

11) BVI, Stellungnahme zum RefE eWpG, v. 14.9.2020, S. 1 ff., abrufbar unter https://bundesfinanzministerium.de/Content/DE/Gesetzestexte/Gesetze_Gesetzesvorhaben/Abteilungen/Abteilung_VII/19_Legislaturperiode/2021-06-09-einfuehrung-elektronische-wertpapiere/0-Gesetz.html (Abrufdatum: 21.2.2023).

12) Die Deutsche Kreditwirtschaft (DK), Stellungnahme z. RefE eWpG, v. 14.9.2020, S. 22 f., abrufbar unter https://bundesfinanzministerium.de/Content/DE/Gesetzestexte/Gesetze_Gesetzesvorhaben/Abteilungen/Abteilung_VII/19_Legislaturperiode/2021-06-09-einfuehrung-elektronische-wertpapiere/0-Gesetz.html (Abrufdatum: 21.2.2023).

eine Ergänzung des § 1 um elektronische Anteilscheine vor.[13] Die DKW regte eine Änderung des § 95 KAGB durch Einfügung eines neuen Absatzes an, der elektronische Anteilscheine erfassen und **bestimmte eWpG-Vorschriften** für entsprechend anwendbar erklären sollte.[14] Argumentativ führte die DKW in ihrer Stellungnahme für eine (vorgezogene) Einführung von Zentralanteilscheinen aus, dass diese mit Schuldverschreibungen verwandt seien. Die Anwendung eines zentralen Registers entspräche insofern praktisch der etablierten Handhabung einer Inhaber-Anteilschein-Sammelurkunde im Effektengiro.[15] Dieses Argument ist zutreffend, da Inhaberanteilscheine zur Teilnahme am Effektengiro in einer Sammelurkunde verbrieft werden (§§ 95 Abs. 2 Satz 1, 97 Abs. 1 Satz 2 KAGB), was mit der Eintragung in zentralen Registern (§ 12 eWpG) vereinbar ist.[16] Auch sofern Investmentvermögen als Sondervermögen **vertraglich organisiert** seien, sollte eine Ausdehnung des eWpG auf Inhaberanteilscheine erfolgen, da sich Inhaberanteilscheine an Investmentfonds von anderen Teilhabe- und Beteiligungsformen wie z. B. Aktien, die **gesellschaftlich bzw. mitgliedschaftlich** organisiert sind, unterscheiden.[17]

Für die Einführung von **Kryptofondsanteilen** sah man dagegen noch größere Hürden, etwa im Zusammenhang mit Liquiditätstools[18] oder einer FATCA[19]-Konformität.[20]   8

Der **Regierungsentwurf** des Gesetzes zur Einführung von eWp vom 16.12.2020[21] ging   9 über den Referentenentwurf hinaus und erfasste in Art. 10 – insofern unter Berücksichtigung der Stellungnahmen zum Referentenentwurf – auch **Zentralanteilscheine**. Hierfür war eine **Neufassung des § 95 KAGB** vorgesehen, indes ohne Erweiterung des originären Anwendungsbereichs von § 1 eWpG auf Inhaberanteilscheine. Der Regierungsentwurf umfasste auch **noch keine Kryptofondsanteile**.[22] Diese fanden erst im Zuge der Beschlussempfehlung und des Berichts des Finanzausschusses Eingang in das Gesetz zur Einführung von eWp.[23] Der **Finanzausschuss** empfahl, im Gesetz eine **spätere Ausweitung** des gesetzlichen Anwendungsbereichs auf Kryptowertpapiere anzulegen und hierfür die Er-

---

13) BAI, Stellungnahme z. RefE eWpG, v. 14.9.2020, S. 5; BVI, Stellungnahme zum RefE eWpG, v. 14.9.2020, S. 4, abrufbar unter https://bundesfinanzministerium.de/Content/DE/Gesetzestexte/Gesetze_Gesetzesvorhaben/Abteilungen/Abteilung_VII/19_Legislaturperiode/2021-06-09-einfuehrung-elektronische-wertpapiere/0-Gesetz.html (Abrufdatum jew. 21.2.2023).

14) Die Deutsche Kreditwirtschaft (DK), Stellungnahme z. RefE eWpG, v. 14.9.2020, S. 23, abrufbar unter https://bundesfinanzministerium.de/Content/DE/Gesetzestexte/Gesetze_Gesetzesvorhaben/Abteilungen/Abteilung_VII/19_Legislaturperiode/2021-06-09-einfuehrung-elektronische-wertpapiere/0-Gesetz.html (Abrufdatum: 21.2.2023).

15) Die Deutsche Kreditwirtschaft (DK), Stellungnahme z. RefE eWpG, v. 14.9.2020, S. 22, abrufbar unter https://bundesfinanzministerium.de/Content/DE/Gesetzestexte/Gesetze_Gesetzesvorhaben/Abteilungen/Abteilung_VII/19_Legislaturperiode/2021-06-09-einfuehrung-elektronische-wertpapiere/0-Gesetz.html (Abrufdatum: 21.2.2023).

16) Im Detail Emde/Dornseifer/Dreibus-*Stabenow*, KAGB, § 95 Rz. 23.

17) Vgl. in diesem Zusammenhang BAI, Stellungnahme z. RefE eWpG, v. 14.9.2020, S. 4 f. https://bundesfinanzministerium.de/Content/DE/Gesetzestexte/Gesetze_Gesetzesvorhaben/Abteilungen/Abteilung_VII/19_Legislaturperiode/2021-06-09-einfuehrung-elektronische-wertpapiere/0-Gesetz.html (Abrufdatum: 21.2.2023).

18) Zu Liquiditätstools der Kapitalverwaltungsgesellschaft *Steffen*, RdF 2021, 20.

19) Zu FATCA (Foreign Account Tax Compliance Act) *Lappas/Ruckes*, IStR 2013, 929.

20) Die Deutsche Kreditwirtschaft (DK), Stellungnahme z. RefE eWpG, v. 14.9.2020, S. 22, abrufbar unter https://bundesfinanzministerium.de/Content/DE/Gesetzestexte/Gesetze_Gesetzesvorhaben/Abteilungen/Abteilung_VII/19_Legislaturperiode/2021-06-09-einfuehrung-elektronische-wertpapiere/0-Gesetz.html (Abrufdatum: 21.2.2023).

21) RegE Gesetz zur Einführung von eWp, BT-Drucks. 19/26925.

22) Vgl. Begr. RegE Gesetz zur Einführung von eWp, BT-Drucks. 19/26925, S. 76.

23) Vgl. Beschlussempfehlung und Bericht d. FA z. Gesetz zur Einführung von eWp, BT-Drucks. 19/29372.

mächtigung zum Erlass einer Rechtsverordnung aufzunehmen.[24] Diese Empfehlung ist in § 95 Abs. 5 KAGB n. F. umgesetzt.

10   Die DKW sah im Regierungsentwurf die **Bedeutung der Verwahrstelle** bei Anteilscheinen noch nicht ausreichend berücksichtigt und regte die Klarstellung an, dass eine Kapitalverwaltungsgesellschaft auch bei der Emission von elektronischen Anteilscheinen die Verwahrstelle einzubeziehen habe.[25] Diese Anregung reflektiert das sog. **Investmentdreieck** zwischen Anleger, Kapitalverwaltungsgesellschaft und Verwahrstelle als (organisatorisches) Grundprinzip des Investmentrechts, das aus Anlegerschutzgründen eine Funktionsaufteilung zwischen Kapitalverwaltungsgesellschaft und Verwahrstelle gewährleistet.[26] Angesichts des in § 95 Abs. 3 Satz 2 KAGB normierten **Vorrangs des KAGB** vor dem eWpG[27] war eine solche Klarstellung indes nicht zwingend. Die **Stellung der Verwahrstelle** bei der Begebung elektronischer Anteilscheine ergibt sich für Organismen für gemeinsame Anlagen in Wertpapieren (OGAW) aus § 71 Abs. 1 KAGB und für Alternative Investmentfonds (AIF) aus § 83 Abs. 1 KAGB.[28] Dabei handelt die Verwahrstelle bei der Ausgabe und Rücknahme von Anteilscheinen im Auftrag der jeweiligen Kapitalverwaltungsgesellschaft und übernimmt die technische Abwicklung.[29] Die Einführung elektronischer Anteilscheine lässt diese Aufgabenteilung im **Grundsatz** unberührt.[30]

11   Das BMF und das BMJV legten am 6.9.2021 den Entwurf für eine Verordnung über Kryptofondsanteile (**KryptoFAV**) vor.[31] Gemäß der Entwurfsbegründung sei die Einführung von Kryptofondsanteilen zunächst zurückgestellt worden, um die Besonderheiten der **Rechtsstellung von Verwahrstellen** zu eruieren[32] (vgl. §§ 68 ff. und 80 ff. KAGB zu den Aufgaben und Pflichten der Verwahrstelle im Investmentdreieck).[33] Neben Verwahr- und Zahlstellenfunktion hat die Verwahrstelle insbesondere eine **Kontrollfunktion** gegenüber

24) Beschlussempfehlung und Bericht d. FA z. Gesetz zur Einführung von eWp, BT-Drucks. 19/29372, S. 3.

25) Die Deutsche Kreditwirtschaft (DK), Stellungnahme z. RegE eWpG, v. 10.3.2021, abrufbar unter https://die-dk.de/media/files/2021-03-10-Stn-DK-eWpG-RegE.pdf (Abrufdatum: 21.2.2023).

26) Zum Investmentdreieck als Grundprinzip des Investmentrechts Emde/Dornseifer/Dreibus-*Emde*, KAGB, Einl. Rz. 12 ff.; Emde/Dornseifer/Dreibus-*Nietsch*, KAGB, § 92 Rz. 9 ff.

27) *Conreder/Diederichsen/Okonska*, DStR 2021, 2594, 2595; *Eckhold* in: Omlor/Möslein/Grundmann, Elektronische Wertpapiere, § 9, S. 216; *Omlor*, RDi 2021, 371, 372; Assmann/Wallach/Zetzsche-*Zetzsche/Nast*, KAGB, § 95 Rz. 14.

28) Vgl. Die Deutsche Kreditwirtschaft (DK), Stellungnahme z. RegE eWpG, v. 10.3.2021, S. 21, abrufbar unter https://die-dk.de/media/files/2021-03-10-Stn-DK-eWpG-RegE.pdf (Abrufdatum: 21.2.2023).

29) Für OGAW Emde/Dornseifer/Dreibus-*Stabenow/Dreibus*, KAGB, § 71 Rz. 6 ff.; für AIF Emde/Dornseifer/Dreibus-*Stabenow/Dreibus*, KAGB, § 71 Rz. 8; entgegen dem Wortlaut erfassen §§ 71 Abs. 1 und 83 Abs. 1 KAGB den Anteilschein, Emde/Dornseifer/Dreibus-*Stabenow/Dreibus*, KAGB § 71 Rz. 10.

30) Vgl. auch *Eckhold* in: Omlor/Möslein/Grundmann, Elektronische Wertpapiere, § 9, S. 221; Müller/Pieper-*Müller*, eWpG, § 2 Rz. 32.

31) RefE KryptoFAV, v. 6.9.2021, abrufbar unter https://www.bundesfinanzministerium.de/Content/DE/Gesetzestexte/Gesetze_Gesetzesvorhaben/Abteilungen/Abteilung_VII/19_Legislaturperiode/2021-09-06-KryptoFAV/0-Gesetz.html (Abrufdatum: 21.2.2023).

32) Begr. RefE KryptoFAV, S. 1, 4, abrufbar unter https://www.bundesfinanzministerium.de/Content/DE/Gesetzestexte/Gesetze_Gesetzesvorhaben/Abteilungen/Abteilung_VII/19_Legislaturperiode/2021-09-06-KryptoFAV/0-Gesetz.html (Abrufdatum: 21.2.2023); zur Verordnungsermächtigung handele es sich um einen politischen „Kunstgriff", um einer erneuten Notifizierungspflicht gegenüber der Europäischen Kommission nach der Richtlinie (EU) 2015/1535 zu entgehen und eine Verabschiedung des Gesetzes noch in der Legislaturperiode zu ermöglichen, Müller/Pieper-*Pieper*, eWpG, Einl. Rz. 29 (Fn. 61) und § 1 Rz. 22.

33) Vgl. Müller/Pieper-*Pieper*, eWpG, § 1 Rz. 24; der staatlichen Aufsicht fehlten gerade im weitgehend „durchregulierten" Bereich der Publikumsfonds hinsichtlich Kryptowertpapierregistern noch die Erfahrungen und technischen Überwachungsmöglichkeiten, *Eckhold* in: Omlor/Möslein/Grundmann, Elektronische Wertpapiere, § 9, S. 221.

der Kapitalverwaltungsgesellschaft (§ 76 KAGB bzw. § 83 KAGB).[34] Dieser prinzipiellen **(Letzt-)Verantwortlichkeit** sowie der **technischen Abwicklung** der Anteilscheinausgabe durch die Verwahrstelle (§ 71 Abs. 1 KAGB) trägt der Referentenentwurf zur Krypto-FAV dadurch Rechnung, dass abweichend von § 16 Abs. 2 eWpG – und insofern anders als bei Zentralanteilscheinen[35] – **registerführende Stelle** bei Kryptofondsanteilen in Kryptowertpapierregistern zwingend die Verwahrstelle sein soll (§ 3 RefE KryptoFAV).[36] Der Referentenentwurf zur KryptoFAV berücksichtigt insofern das Interesse an einem hohen **Anlegerschutzniveau** durch eine effektive Wahrnehmung der Verwahrstellenfunktion (§ 4 Abs. 11 eWpG).[37]

Im Rahmen der Konsultation[38] zum Referentenentwurf der KryptoFAV sah sich die **Be-** **12** **schränkung auf die Verwahrstelle als registerführende Stelle** Kritik ausgesetzt. Aufgrund der in § 10 eWpG vorgesehenen Einsichts- und Auskunftsmöglichkeiten und mit Blick auf das **Transfer-Agent-Modell**[39] bestehe im internationalen Vergleich – so insbesondere der BAI – auch bei Kryptofondsanteilen keine Notwendigkeit der Registerführung durch die Verwahrstelle. Zudem führe die Einschränkung zu einem Wettbewerbs- und Standortnachteil.[40] Verwahrung und Registerführung seien grundsätzlich unterschiedliche Sachverhalte, wobei die Aufgaben und Pflichten der Verwahrstelle überwiegend keinen Bezug zur Registerführung hätten.[41] Einige Stimmen regten daher die Klarstellung an, dass eine (Letzt-)Verantwortlichkeit der Verwahrstelle nicht per se einer **Auslagerung** der Registerführung auf Dienstleister für Kryptowertpapierregister entgegenstehe.[42] Es sei zudem klarzustellen, dass die Verwahrstelle als registerführende Stelle neben der nach § 68 Abs. 2

---

34) Vgl. Die Deutsche Kreditwirtschaft (DK), Stellungnahme z. RegE eWpG, v. 10.3.2021, S. 21, abrufbar unter https://die-dk.de/media/files/2021-03-10-Stn-DK-eWpG-RegE.pdf (Abrufdatum: 21.2.2023).

35) Bei Zentralanteilscheinen kann registerführende Stelle aufgrund des Verweises auf § 12 Abs. 2 Nr. 1 und 2 eWpG eine Wertpapiersammelbank oder eine von der Kapitalverwaltungsgesellschaft ermächtigte Verwahrstelle sein; s. dazu näher unter Rz. 44 ff.

36) Vgl. *Seeger/Kreutzmann*, RDi 2022, 425, 429.

37) Vgl. Die deutsche Kreditwirtschaft (DK), Stellungnahme z. RefE KryptoFAV, v. 31.8.2021, S. 2; Verband der Auslandsbanken in Deutschland e. V. (VAB), Stellungnahme z. RefE KryptoFAV, v. 1.10.2021, S. 2 ff., abrufbar unter https://www.bundesfinanzministerium.de/Content/DE/Gesetzestexte/Gesetze_Gesetzesvorhaben/Abteilungen/Abteilung_VII/19_Legislaturperiode/2021-09-06-KryptoFAV/0-Gesetz.html (Abrufdatum jew. 21.2.2023); a. A. *Kaulartz/Voigt/Winkler*, RdF 2022, 24, 28, wonach die Ratio der Beschränkung unklar sei.

38) Die gesammelten Stellungnahmen z. RefE KryptoFAV sind abrufbar unter https://www.bundesfinanz-ministerium.de/Content/DE/Gesetzestexte/Gesetze_Gesetzesvorhaben/Abteilungen/Abteilung_VII/19_Legislaturperiode/2021-09-06-KryptoFAV/0-Gesetz.html (Abrufdatum: 21.2.2023).

39) Zum Transfer Agent in anderen Jurisdiktionen Emde/Dornseifer/Dreibus-*Stabenow*, KAGB, § 95 Rz. 2.

40) BAI, Stellungnahme z. RefE KryptoFAV, v. 1.10.2021, S. 1, abrufbar unter https://www.bundesfinanz-ministerium.de/Content/DE/Gesetzestexte/Gesetze_Gesetzesvorhaben/Abteilungen/Abteilung_VII/19_Legislaturperiode/2021-09-06-KryptoFAV/0-Gesetz.html (Abrufdatum: 21.2.2023).

41) BAI, Stellungnahme z. RefE KryptoFAV, v. 1.10.2021, S. 1, 3, abrufbar unter https://www.bundesfinanz-ministerium.de/Content/DE/Gesetzestexte/Gesetze_Gesetzesvorhaben/Abteilungen/Abteilung_VII/19_Legislaturperiode/2021-09-06-KryptoFAV/0-Gesetz.html (Abrufdatum: 21.2.2023).

42) BAI, Stellungnahme z. RefE KryptoFAV, v. 1.10.2021, S. 1, 3; BVI, Stellungnahme z. RefE KryptoFAV, v. 1.10.2021; Die deutsche Kreditwirtschaft (DK), Stellungnahme z. RefE KryptoFAV, v. 31.8.2021, S. 3, abrufbar unter https://www.bundesfinanzministerium.de/Content/DE/Gesetzestexte/Gesetze_Gesetzesvorhaben/Abteilung/Abteilung_VII/19_Legislaturperiode/2021-09-06-KryptoFAV/0-Gesetz.html (Abrufdatum jew. 21.2.2023); *Kaulartz/Voigt/Winkler*, RdF 2022, 24, 29 f.

bzw. § 80 Abs. 2 KAGB erforderlichen Erlaubnis[43] **keine zusätzliche Erlaubnis zur Kryptowertpapierregisterführung** nach dem KWG benötige und die **Emittentenpflichten** auch nicht von der Kapitalverwaltungsgesellschaft auf die Verwahrstelle übergingen.[44]

13 § 3 der finalen KryptoFAV bestimmt nunmehr, dass registerführende Stelle bei Kryptofondsanteilen neben der Verwahrstelle auch ein anderes von der Verwahrstelle **beauftragtes Unternehmen** sein kann, das über eine **Erlaubnis** zur Kryptowertpapierregisterführung verfügt (§ 1 Abs. 1a Satz 2 Nr. 8 i. V. m. § 32 Abs. 1 Satz 1 KWG); siehe dazu *Neumann*, Anh. Art. 6–9 Rz. 43 ff. Dabei muss die Verwahrstelle sicherstellen, dass sie ihre Verantwortlichkeiten nach dem KAGB erfüllen kann (§ 3 Satz 2 KryptoFAV). Eine zusätzliche Klarstellung zum Nicht-Übergang der Emittentenpflicht von der Kapitalverwaltungsgesellschaft auf die Verwahrstelle ist aus gesetzessystematischen Gründen entbehrlich, weil das KAGB Vorrang vor dem eWpG hat (§ 95 Abs. 3 KAGB). Emittent der Anteilscheine bleibt die Kapitalverwaltungsgesellschaft, in deren Auftrag die Verwahrstelle handelt (§ 71 KAGB).[45]

3.   Verweisungstechnik in § 95 KAGB

14 Die normative Anknüpfung der elektronischen Anteilscheine unmittelbar im KAGB statt im eWpG resultiert aus dem umfassenden Regelungsansatz des KAGB für das Investmentgeschäft.[46] § 95 KAGB regelt bereits die Begebung von Anteilscheinen in Papierurkunden. Der elektronische Anteilschein tritt als **alternative Begebungsform** hinzu,[47] ohne dass hierzu wesentliche investment-, wertpapier- oder depotrechtliche Grundsätze für Investmentfondsanteile und Anteilscheine zu ändern waren.[48]

15 Für **Anteile an Sondervermögen** bleibt es bei der Pflicht zur Begebung von Anteilscheinen. Auf Grundlage von § 95 Abs. 1 KAGB wird der Anteil am Sondervermögen zum Anteilschein und damit zum Wertpapier.[49] Zweck dieser wertpapierrechtlichen „**Verdinglichung**"[50] – wie bei anderen Wertpapieren auch[51] – die Herstellung von Fungibilität und Publizität des „verbrieften" Anteils.[52]

---

43) OGAW-Verwahrstelle ist wegen § 68 Abs. 2, 3 KAGB zwingend ein CRR-Kreditinstitut i. S. des § 1 Abs. 3d KWG mit Erlaubnis gemäß § 32 Abs. 1 Satz 1 KWG, wobei die Erlaubnis das Depotgeschäft i. S. des § 1 Abs. 1 Satz 2 Nr. 5 KWG mitumfassen muss, oder eine Zweigniederlassung eines CRR-Kreditinstituts i. S. des § 53b Abs. 1 Satz 1 KWG; zur Erlaubnis der OGAW-Verwahrstelle im Detail Weitnauer/Boxberger/Anders-*Klusak*, KAGB, § 68 Rz. 16 f.; AIF-Verwahrstelle kann wegen § 80 Abs. 2 Nr. 2, 7 KAGB auch eine Wertpapierfirma sein, wobei für inländische AIF zwingend ist, dass es sich um einen Finanzdienstleistungsinstitut i. S. des § 1 Abs. 1a Satz 1 Nr. 12 KWG mit Erlaubnis für das eingeschränkte Verwahrgeschäft gemäß § 1 Abs. 1a Satz 1 Nr. 12 KWG handelt; dazu im Detail Weitnauer/Boxberger/Anders-*Boxberger*, KAGB, § 80 Rz. 11 ff.

44) Die deutsche Kreditwirtschaft (DK), Stellungnahme z. RefE KryptoFAV, v. 31.8.2021, S. 3 f., abrufbar unter https://www.bundesfinanzministerium.de/Content/DE/Gesetzestexte/Gesetze_Gesetzesvorhaben/Abteilungen/Abteilung_VII/19_Legislaturperiode/2021-09-06-KryptoFAV/0-Gesetz.html (Abrufdatum: 21.2.2023).

45) Im Detail Baur/Tappen/Mehrkhah/Behme-*Moericke*, Investmentgesetze, § 71 KAGB Rz. 1 ff.; Emde/Dornseifer/Dreibus-*Stabenow*/*Dreibus*, KAGB, § 71 Rz. 6 ff.

46) Vgl. *Eckhold* in: Omlor/Möslein/Grundmann, Elektronische Wertpapiere, § 9, S. 211; *Eckhold*/*Balzer* in: Assmann/Schütze/Buck-Heeb, Hdb. Kapitalanlagerecht, § 22 Rz. 2; Emde/Dornseifer/Dreibus-*Emde*, KAGB, Einl Rz. 1, 56; kritisch *Omlor*, RDi 2021, 371, 372.

47) Zum wertpapierrechtlichen Hintergrund des § 95 KAGB Weitnauer/Boxberger/Anders-*Anders*, KAGB, § 95 Rz. 2; Assmann/Wallach/Zetzsche-*Zetzsche*/*Nast*, KAGB, § 95 Rz. 1, 5.

48) Vgl. *Eckhold* in: Omlor/Möslein/Grundmann, Elektronische Wertpapiere, § 9, S. 213 ff.

49) Emde/Dornseifer/Dreibus-*Stabenow*, KAGB, § 95 Rz. 3.

50) Vgl. auch Begr. RegE Gesetz zur Einführung von eWp, BT-Drucks. 19/26925, S. 38 f.

51) Zu weiteren Wertpapierfunktionen im Detail Müller/Pieper-*Müller*, eWpG, Einl. Rz. 7.

52) Begr. RegE Gesetz zur Einführung von eWp, BT-Drucks. 19/26925, S. 38; Baur/Tappen/Mehrkhah/Behme-*v. Schweinitz*/*Schneider-Deters*, Investmentgesetze, § 95 KAGB Rz. 10a; *Eckhold* in: Omlor/Möslein/Grundmann, Elektronische Wertpapiere, § 9, S. 213.

§ 95 KAGB setzt den Begriff des **Sondervermögensanteils** voraus. Er bezeichnet die ge-　16
samten **Rechte und Pflichten** des Anlegers in Bezug auf das Sondervermögen.[53] Die zum
Sondervermögen gehörenden Vermögensgegenstände können nach Maßgabe der Anlagebedingungen im Eigentum der Kapitalverwaltungsgesellschaft (**Treuhandlösung**) oder im
Miteigentum der Anleger (**Miteigentumslösung**) stehen (§ 92 Abs. 1 KAGB).[54] Davon
zu unterscheiden ist der **Anteilschein** i. S. von § 95 KAGB als Wertpapier.[55] Die **Verdinglichung** im Wege der Verbriefung bzw. elektronischen Begebung durch Registereintragung mit Sachfiktion ist investmentrechtlich für die Entstehung des Anteils am Sondervermögen **nicht konstitutiv**.[56] Der Anteil am Sondervermögen **entsteht** ohne Verbriefung bzw. elektronische Begebung bereits mit Abschluss des **Investmentvertrags** zwischen
Anleger und Kapitalverwaltungsgesellschaft.[57] Der Anteilschein kann nur einen **wirksam
entstandenen** Anteil am Sondervermögen repräsentieren.[58]

Da Anteilscheine – **anders** als etwa Inhaberschuldverschreibungen i. S. des §§ 793 ff.　17
BGB, die sich primär auf **Forderungen** beziehen – **sämtliche** Rechte und Pflichten des
Anlegers umfassen, sind sie nach h. M. **Wertpapiere sui generis**.[59] Im Fall der **Treuhandlösung** lediglich liegt das „wirtschaftliche Eigentum" i. S. der Rechte am Treugut bei den
Anlegern, im Fall der **Miteigentumslösung** bestehen auch dingliche Rechtspositionen an
den zum Sondervermögen gehörenden Vermögensgegenständen.[60] Von der Aktie bzw. der
Aktienurkunde unterscheidet sich der Anteilschein als Wertpapier durch eine **fehlende
gesellschaftsrechtliche Stellung** des Anlegers. Der Anteilschein repräsentiert lediglich
einen Anteil an einem Sondervermögen in **Vertragsform**, nicht aber an einem Investmentvermögen in **Gesellschaftsform**.[61]

Den umfassenden Regelungsansatz des KAGB für Investmentgeschäfte sowie die Unter-　18
schiede zwischen Inhaberanteilscheinen und Inhaberschuldverschreibungen bilden § 95
Abs. 3 Satz 1 bzw. § 95 Abs. 5 Satz 1 KAGB i. V. m. § 2 KryptoFAV ab. Es erfolgt jeweils
ein **Verweis** auf für Zentralregisterwertpapiere bzw. Kryptowertpapiere geltende Vorschriften des eWpG, die entsprechend für Zentralanteilscheine[62] bzw. Kryptofondsanteile[63] gelten. Dies führt zu einer inhaltlichen **Erweiterung des § 95 KAGB** um die Registerrege-
lungen des eWpG, so dass die **Begebung** elektronischer Anteilscheine normativ nicht das
eWpG, sondern das KAGB regelt.[64] Zudem begründet die Verweisung des KAGB auf das

---

53) Weitnauer/Boxberger/Anders-*Anders*, KAGB § 95 Rz. 3; Assmann/Wallach/Zetzsche-*Zetzsche/Nast*, KAGB, § 95 Rz. 3.

54) Zur Einordnung der jeweiligen Rechtsverhältnisse im Detail Assmann/Wallach/Zetzsche-*Zetzsche/Nast*, KAGB, § 92 Rz. 8 ff.

55) Emde/Dornseifer/Dreibus-*Stabenow*, KAGB, § 95 Rz. 4.

56) Emde/Dornseifer/Dreibus-*Stabenow*, KAGB, § 95 Rz. 8; Assmann/Wallach/Zetzsche-*Zetzsche/Nast*, KAGB, § 95 Rz. 3.

57) Assmann/Wallach/Zetzsche-*Zetzsche/Nast*, KAGB, § 95 Rz. 3.

58) Emde/Dornseifer/Dreibus-*Stabenow*, KAGB, § 95 Rz. 21.

59) Weitnauer/Boxberger/Anders-*Anders*, KAGB, § 95 Rz. 4; *Eckhold* in: Omlor/Möslein/Grundmann, Elektronische Wertpapiere, § 9, S. 212.

60) Baur/Tappen/Mehrkhah/Behme-*v. Schweinitz/Schneider-Deters*, KAGB, § 95 Rz. 10, 11; Assmann/Wallach/Zetzsche-*Zetzsche/Nast*, KAGB, § 95 Rz. 3.

61) Weitnauer/Boxberger/Anders-*Anders*, KAGB, § 95 Rz. 4.

62) § 2 Abs. 1 Satz 2, Abs. 2 und 3, §§ 3 und 4 Abs. 1 Nr. 1, Abs. 2, 4–6, 8–10, §§ 6–8 Abs. 1, §§ 9–15 eWpG mit Ausnahme von § 13 Abs. 1 Nr. 2 und 3, §§ 24–26, § 31 Abs. 2 Nr. 1–12, Abs. 3–4 und § 33 eWpG.

63) § 4 Abs. 11, § 8 Abs. 2, §§ 16–23 eWpG mit Ausnahme von § 17 Abs. 1 Nr. 2 und 3 sowie §§ 30 und 31 Abs. 1 und 2 Nr. 13–15 eWpG.

64) „Inkorporation" der eWpG-Vorschriften in das KAGB *Eckhold* in: Omlor/Möslein/Grundmann, Elek-tronische Wertpapiere, § 9, S. 214; *Lehmann* in: Omlor/Möslein/Grundmann, Elektronische Wertpapiere, § 3, S. 63; vgl. auch *Conreder/Diederichsen/Okonska*, DStR 2021, 2594, 2595.

eWpG einen **Vorrang des KAGB**, was § 95 Abs. 3 Satz 2 KAGB ausdrücklich klarstellt.[65] Der KAGB-Vorrang gilt nicht nur für Zentralanteilscheine, sondern auch für Krypto-fondsanteile.[66] Da Zentralanteilscheine und Kryptofondsanteile an die Stelle des elektro-nischen Wertpapiers treten (§ 95 Abs. 3 Satz 1 KAGB bzw. § 2 KryptoFAV) und § 95 Abs. 3 Satz 1 KAGB nicht auf § 2 Abs. 1 Satz 1 eWpG verweist, sind Zentralanteilscheine und Kryptofondsanteile **keine Unterfälle** des elektronischen Wertpapiers.[67]

4. Erfasste Fondstypen

19 Aus der normativen Anknüpfung an § 95 KAGB ergibt sich der **Anwendungsbereich** für elektronische Anteilscheine. § 95 KAGB ist Teil der allgemeinen Vorschriften für In-vestmentvermögen in Form von **Sondervermögen** (§§ 92–107 KAGB).

20 **Investmentvermögen**[68] ist jeder Organismus für gemeinsame Anlagen, der von einer An-zahl von Anlegern Kapital einsammelt, um es gemäß einer festgelegten Anlagestrategie zum Nutzen dieser Anleger zu investieren, und der kein operativ tätiges Unternehmen außer-halb des Finanzsektors ist (§ 1 Abs. 1 KAGB).[69] **Inländische Investmentvermögen** sind Organismen für gemeinsame Anlagen in Wertpapieren (OGAW) und Alternative Invest-mentfonds (AIF), die dem inländischen Recht unterliegen (§ 1 Abs. 2–4, Abs. 7 KAGB).[70] **OGAW** sind stark reguliert und dienen insbesondere dem Investmentsparen von nicht-pro-fessionellen (Privat-)Anlegern (§ 1 Abs. 19 Nr. 31 KAGB) mittels offenen[71] Publikums-investmentvermögen[72], die überwiegend aus liquiden Anlageinstrumenten wie Wertpa-pieren, Geldmarktinstrumenten, Bankguthaben und Investmentanteilen bestehen (vgl. § 1 Abs. 2, 4 Nr. 1, 6 Satz 2 i. V. m. §§ 192 ff. KAGB). **AIF** sind alle anderen Investmentver-mögen (§ 1 Abs. 3 KAGB).

21 Nach Wortlaut und systematischer Stellung des § 95 KAGB dokumentiert ein Anteilschein einen Anteil an einem Investmentvermögen als Sondervermögen (§§ 92 ff. KAGB). Ein Son-dervermögen ist ein **inländisches**[73] **Investmentvermögen** (§ 1 Abs. 7 KAGB) in **Vertrags-form**, das rechtlich unselbstständig von einer Kapitalverwaltungsgesellschaft für Rechnung

---

65) *Eckhold* in: Omlor/Möslein/Grundmann, Elektronische Wertpapiere, § 9, S. 214; Müller/Pieper-*Pieper*, eWpG, § 1 Rz. 23.

66) *Kaulartz/Voigt/Winkler*, RdF 2022, 24, 25; vgl. *Eckhold* in: Omlor/Möslein/Grundmann, Elektronische Wertpapiere, § 9, S. 222 ff.; *Seeger/Kreutzmann*, RDi 2022, 425, 426.

67) *Eckhold* in: Omlor/Möslein/Grundmann, Elektronische Wertpapiere, § 9, S. 213: „elektronische Anteilscheine eigener Art"; a. A. *Kaulartz/Voigt/Winkler*, RdF 2022, 24, 25, die Kryptofondsanteile als Untergruppe elektronischer Wertpapiere einordnen; vgl. auch Müller/Pieper-*Müller*, eWpG, Einl. Rz. 29.

68) Zur Bezeichnung als „Investmentfonds" vgl. § 3 Abs. 1 KAGB; näher dazu *Jakovou* in: Langenbucher/Bliesener/Spindler, Bankrechts-Kommentar, Kap. 39 Rz. 59.

69) Im Detail BaFin, Auslegungsschreiben zum Anwendungsbereich des KAGB und zum Begriff des „In-vestmentvermögens", v. 14.6.2013, Stand: 9.3.2015, abrufbar unter https://www.bafin.de/SharedDocs/Veroeffentlichungen/DE/Auslegungsentscheidung/WA/ae_130614_Anwendungsber_KAGB_begriff_invvermoegen.html (Abrufdatum: 21.2.2023); *Seidenschwann-Harrer* in: Kümpel/Mülbert/Früh/Seyfried, Bankrecht und Kapitalmarktrecht, Teil 16 Rz. 16.35 ff.

70) *Eckhold/Balzer* in: Assmann/Schütze/Buck-Heeb, Hdb. Kapitalanlagerecht, § 22 Rz. 51 ff.

71) Offene Investmentvermögen unterscheiden sich von geschlossenen Investmentvermögen im Wesent-lichen durch das bestehende Rückgaberecht der Anleger bzgl. ihrer Anteile (vgl. § 98 KAGB) gegen Auszahlung aus dem Fonds, im Detail *Jakovou* in: Langenbucher/Bliesener/Spindler, Bankrechts-Kom-mentar, Kap. 39 Rz. 17 ff.

72) Publikumsinvestmentvermögen richten sich auch an Privatanleger, Spezial-AIF nur an (semi-)profes-sionelle Anleger, im Detail *Jakovou* in: Langenbucher/Bliesener/Spindler, Bankrechts-Kommentar, Kap. 39 Rz. 22 f.

73) Inländisch ist ein Investmentvermögen in Vertragsform, wenn sich dessen Vertragsgestaltung nach deutschem Recht richtet; vgl. Baur/Tappen/Mehrkhah/Behme-*v. Schweinitz/Schneider-Deters*, Invest-mentgesetze, § 95 KAGB Rz. 8.

der Anleger nach Maßgabe des KAGB und den Anlagebedingungen verwaltet wird (§ 1 Abs. 10 KAGB). Es besteht aus den Einlagen der Anleger sowie den damit angeschafften Vermögensgegenständen und Surrogaten (§ 92 Abs. 1, 2 KAGB).[74]

Nicht in Anteilscheinen nach § 95 KAGB begeben werden daher Anteile am Investment- **22** vermögen in der Rechtsform der **Investmentgesellschaft** (Investment-AG i. S. von §§ 108 ff. und §§ 140 ff. KAGB oder Investment-KG i. S. von §§ 124 ff. und §§ 148 ff. KAGB). Diese sind nicht vom Anwendungsbereich des Gesetzes zur Einführung von eWp und der Einführung elektronischer Anteilscheine umfasst.[75] Investmentgesellschaften bilden **kein Sondervermögen**. Für sie gelten unter Berücksichtigung der jeweiligen KAGB-Vorgaben die gesellschaftsrechtlichen Vorschriften des AktG und des HGB.[76] Auch **geschlossene Publikums-AIF** sind nicht von der Einführung elektronischer Anteilscheine erfasst (§§ 261 ff. KAGB). Diese dürfen nach § 139 Satz 1 KAGB nur als Investment-AG mit fixem Kapital oder als geschlossene Investment-KG aufgelegt werden.[77]

Entsprechend dem Anwendungsbereich der §§ 92 ff. KAGB sind elektronische Anteil- **23** scheine an **inländischen Investmentvermögen** grundsätzlich in **folgenden Varianten** möglich:[78]

– als **OGAW** (§ 1 Abs. 2 und §§ 192 ff. KAGB);

– als **offene Publikums-AIF** (§ 1 Abs. 4 und §§ 214 ff. KAGB); und

– als **offene** und **geschlossene Spezial-AIF** (§ 1 Abs. 6, §§ 278 ff. bzw. §§ 285 ff. KAGB)[79].

Die Möglichkeit, **geschlossene inländische Spezial-AIF als Sondervermögen** aufzulegen, **24** hat das Fondsstandortgesetz vom 3.6.2021 eröffnet.[80] Dies erfolgte durch das Streichen der Beschränkung auf offene Investmentvermögen in der Legaldefinition des Sondervermögens in § 1 Abs. 10 KAGB und die Einführung des § 139 Satz 2 KAGB, der nun ausdrücklich auf §§ 92 ff. KAGB verweist. Entsprechend sind auch elektronische Anteilscheine an geschlossenen Spezial-AIF möglich.[81]

§ 95 Abs. 1 Satz 2 KAGB sieht vor, dass elektronische Anteilscheine – anders als verbriefte **25** Anteilscheine – nur auf den Inhaber, nicht aber auf den Namen lauten können. Es sind daher **nur elektronische Inhaberanteilscheine zulässig**. Namensanteilscheine sind weiterhin zwingend in einer Urkunde zu verbriefen. Neben der Klarstellung in § 95 Abs. 1 Satz 2 KAGB ergibt sich dies aus dem Verweis des § 95 Abs. 3 Satz 1 KAGB in das eWpG, das ebenfalls

---

74) Emde/Dornseifer/Dreibus-*Nitesch*, KAGB, § 92 Rz. 6 f. – auch zur Bildung des Sondervermögens.

75) Kritisch *Lehmann* in: Omlor/Möslein/Grundmann, Elektronische Wertpapiere, § 3, S. 63, 67, der darin eine weitreichende Einschränkung der Reform sieht; *Omlor*, RDi 2021, 371, 372.

76) S. a. *Eckhold* in: Omlor/Möslein/Grundmann, Elektronische Wertpapiere, § 9, S. 216; Emde/Dornseifer/ Dreibus-*Stabenow*, KAGB, § 95 Rz. 2; *Omlor*, RDi 2021, 371, 372.

77) Zu Kryptofondsanteilen auch *Kaulartz/Voigt/Winkler*, RdF 2022, 24, 25.

78) Zu Kryptofondsanteilen so auch *Kaulartz/Voigt/Winkler*, RdF 2022, 24, 25; *Seeger/Kreutzmann*, RDi 2022, 425, 426.

79) Ein Spezial-AIF unterscheidet sich von einem Publikums-AIF dadurch, dass Anteile nur professionelle oder semiprofessionelle Anleger i. S. von § 1 Abs. 19 Nr. 32 und 33 KAGB erwerben dürfen (§ 1 Abs. 6 KAGB).

80) Gesetz zur Stärkung des Fondsstandorts Deutschland und zur Umsetzung der Richtlinie (EU) 2019/1160 zur Änderung der Richtlinien 2009/65/EG und 2011/61/EU im Hinblick auf den grenzüberschreitenden Vertrieb von Organismen für gemeinsame Anlagen (Fondsstandortgesetz), v. 3.6.2021, BGBl. I 2021, 1498, 1499.

81) Zur Beschränkung des Anwendungsbereichs für elektronische Anteilscheine auf offene Investmentvermögen nach alter Rechtslage *Lehmann* in: Omlor/Möslein/Grundmann, Elektronische Wertpapiere, § 3, S. 63.

nur für Inhaberschuldverschreibungen gilt und die **Eintragung des Inhabers** in das Register vorsieht (§§ 1, 3, 8, 13 Abs. 1 Nr. 6, 17 Abs. 1 Nr. 6 eWpG).[82]

5.   Wahlrecht des Emittenten

26   § 95 Abs. 1 KAGB normiert ein **Wahlrecht** der Kapitalverwaltungsgesellschaft als Emittentin:[83] Die Kapitalverwaltungsgesellschaft kann zwischen der Begebung in **verbrieften** Anteilscheinen (Alt. 1) oder in **elektronischen** Anteilscheinen (Alt. 2) wählen.[84] Das Wahlrecht bezieht sich auf die **Begebungsform**. Die Begebung in einem Anteilschein bleibt als solche verpflichtend, wie der Wortlaut von § 95 Abs. 1 Satz 1 KAGB zeigt („werden begeben"). Unter den Voraussetzungen des § 6 Abs. 2 und 3 kann die Kapitalverwaltungsgesellschaft zwischen Verbriefung und elektronischer Begebung **wechseln**. Sie kann zudem auch nur **bestimmte Anteilsklassen** (§ 96 Abs. 1 KAGB, § 1 Satz 1 KryptoFAV) oder **Teilsondervermögen** (§ 96 Abs. 2 KAGB) elektronisch bzw. als Kryptofondsanteile begeben.[85] Zudem hat die Kapitalverwaltungsgesellschaft als Emittentin i. R. der Begebung elektronischer Anteilscheine eine Wahlmöglichkeit zwischen **Zentralanteilscheinen** (§ 93 Abs. 1, 3 KAGB) und **Kryptofondsanteilen** (§ 95 Abs. 1, 5 KAGB).

II.   Entstehung und Übertragung von Zentralanteilscheinen

27   Die Entstehung und Übertragung von Zentralanteilscheinen richtet sich im Wesentlichen nach den für verbriefte Inhaberanteilscheine geltenden wertpapierrechtlichen Grundsätzen. Zu unterscheiden ist insofern zwischen **Ersterwerb** (siehe dazu Rz. 28 ff.) und **Zweiterwerb** (siehe dazu Rz. 48 ff.):

1.   Ersterwerb von Zentralanteilscheinen

28   Der Ersterwerb von Zentralanteilscheinen erfolgt auf Grundlage der geltenden wertpapier- und investmentrechtlichen **Grundsätze** (siehe dazu Rz. 29 ff.). Zentrale Bedeutung hat insofern die **Registereintragung** als funktionales Äquivalent zum Skripturakt (siehe dazu Rz. 33 ff.).

a)   Wertpapier- und investmentrechtliche Grundsätze: Investmentvertrag, Begebungsvertrag, mehrstufige Verwahrung

29   Es ist zwischen der **Entstehung von Anteilen** am Investmentvermögen und dem **(Erst-)Erwerb** von Anteilscheinen als Wertpapiere zu differenzieren: Anteile am Investmentvermögen (Sondervermögen) **entstehen** mit Abschluss des jeweiligen **Investmentvertrages** als geschäftsbesorgungsähnliches Kausalgeschäft zwischen der Kapitalverwaltungsgesellschaft und den Anlegern.[86] Das diesbezügliche Erfüllungsgeschäft zur **Bewirkung des Ersterwerbs** liegt in der gesonderten Übertragung des Eigentums an den jeweiligen Anteilscheinen als Wertpapiere (§§ 929 ff. BGB). Die Übereignung an den **Ersterwerber** erfolgt mittels dinglicher Einigung i. R. eines **Begebungsvertrags** und entsprechender Übergabe

---

82) Vgl. *Eckhold* in: Omlor/Möslein/Grundmann, Elektronische Wertpapiere, § 9, S. 217.

83) Vgl. *Eckhold* in: Omlor/Möslein/Grundmann, Elektronische Wertpapiere, § 9, S. 211; Assmann/Wallach/Zetzsche-*Zetzsche*/*Nast*, KAGB, § 95 Rz. 8; s. in Bezug auf elektronische Wertpapiere *Denga*, § 2 Rz. 8 f.; Müller/Pieper-*Müller*, eWpG, § 2 Rz. 8.

84) *Köndgen*/*Schmies* in: Ellenberger/Bunte, Bankrechts-Handbuch, § 93 Rz. 269.

85) *Eckhold* in: Omlor/Möslein/Grundmann, Elektronische Wertpapiere, § 9, S. 219 f.

86) Assmann/Wallach/Zetzsche-*Zetzsche*/*Nast*, KAGB, § 95 Rz. 3; zur Dogmatik des Ersterwerbs und diesbezüglichem Theorienstreit *Bartlitz*, NJW 2022, 1981, 1984 ff.

der Anteilscheine.[87] Die **Ausgabe** von Anteilscheinen setzt die volle Leistung des Ausgabepreises voraus (§ 71 Abs. 1 Satz 2, Abs. 2 KAGB).[88]

Bei verbrieften Inhaberanteilscheinen erfolgt die **Übergabe** durch Verschaffung des **(Mit-)** **30** **Besitzes** in Form mittelbaren Eigenmitbesitzes an einer durch die Clearstream Banking AG als Wertpapiersammelbank i. S. von § 97 Abs. 1 Satz 2 Nr. 1 KAGB verwahrten Dauerglobalurkunde. Die **mehrstufige Besitzmittlung** erfolgt über die jeweiligen Depotführer der Anleger.[89] Die Wertpapiersammelbank (Clearstream Banking AG) hat insofern **unmittelbaren** Fremdbesitz an der Globalurkunde, die depotführende Stelle **mittelbaren** Fremdbesitz (siehe dazu im Detail auch *Schulz*, Vor §§ 24–27 Rz. 8 ff.). Die Verwahrung der Anteilscheine erfolgt als Girosammelverwahrung in einem einheitlichen **Sammelbestand**, an dem die jeweiligen Anleger **Miteigentum** erwerben (§§ 9a, 6 Abs. 1 DepotG).[90]

Die voranstehenden wertpapierrechtlichen Grundsätze greifen auch für den Ersterwerb **31** **elektronischer Zentralanteilscheine** in Sammeleintragung.[91] Dabei sind – insbesondere im Hinblick auf eine Anwendbarkeit der §§ 929 ff. BGB – die besonderen Vorgaben des eWpG für eine **elektronische Begebung** von Zentralanteilscheinen zu beachten: Emittenten haben als funktionales Äquivalent zur Ausstellung von Wertpapierurkunden eine **Registereintragung** der Anteilscheine zu bewirken (§ 95 Abs. 1, 3 Satz 1 KAGB i. V. m. § 2 Abs. 1 Satz 2 eWpG). Auf Grundlage der Registereintragung entfalten die Zentralanteilscheine dieselbe **Rechtswirkung** wie verbriefte Anteilscheine. Zentralanteilscheine gelten als Sache i. S. von § 90 BGB (§ 2 Abs. 3 eWpG). Zentralanteilscheine in Sammeleintragung gelten zudem als **Wertpapiersammelbestand** und Anleger als **Miteigentümer** nach Bruchteilen an den eingetragenen Zentralanteilscheinen (§ 8 Abs. 1 Nr. 1, § 9 Abs. 1, 2 eWpG); siehe dazu im Detail Rz. 43.

Vor Inkrafttreten des eWpG galten die in § 95 KAGB a. F. geregelten Pflichten zur **32** **Verbriefung** in Anteilscheinen und zur **Ausgabe** von Anteilscheinen als gesetzlich angeordnete Rechtsfolgen des jeweiligen Investmentvertrags.[92] Sofern sich eine Kapitalverwaltungsgesellschaft nach § 95 KAGB **n. F.** für eine elektronische Begebung von Zentralanteilscheinen entscheidet, ist als Rechtsfolge des jeweiligen Investmentvertrages – an Stelle einer Verbriefung und Ausgabe von Urkunden – die **Eintragung** in einem elektronischen Wertpapierregister zu bewirken (§ 95 Abs. 3 Satz 1 KAGB i. V. m. § 2 Abs. 1 Satz 2 eWpG).

b) Registereintragung

Für eine **Begebung** von Zentralanteilscheinen bewirkt der Emittent eine entsprechende **Ein-** **33** **tragung** in einem zentralen Register als funktionales Äquivalent zur urkundlichen Verbriefung (§ 95 Abs. 3 Satz 1 KAGB i. V. m. § 4 Abs. 1 Nr. 1 eWpG).

aa) Wirkung und Inhalt

Emittentin von Zentralanteilscheinen ist die jeweilige **Kapitalverwaltungsgesellschaft**, in **34** deren Namen und auf deren Rechnung die **Verwahrstelle** bei der Anteilsausgabe handelt

---

87) S. dazu auch in Abgrenzung zu Namensanteilscheinen Emde/Dornseifer/Dreibus-*Stabenow*, KAGB, § 95 Rz. 21; Assmann/Wallach/Zetzsche-*Zetzsche*/*Nast*, KAGB, § 95 Rz. 16.

88) Assmann/Wallach/Zetzsche-*Zetzsche*/*Nast*, KAGB, § 95 Rz. 3.

89) Emde/Dornseifer/Dreibus-*Stabenow*, KAGB, § 95 Rz. 21.

90) Baur/Tappen/Mehrkhah/Behme-*von Schweinitz*/*Schneider-Deters*, Investmentgesetze, § 95 Rz. 14; vgl. auch *Wieneke*/*Kunz*, NZG 2021, 316.

91) „Gedankliche Nachbildung" der Übertragung verbriefter Anteilscheine vgl. Assmann/Wallach/Zetzsche-*Zetzsche*/*Nast*, KAGB, § 95 Rz. 15; vgl. auch *Eckhold* in: Omlor/Möslein/Grundmann, Elektronische Wertpapiere, § 9, S. 214.

92) Vgl. Emde/Dornseifer/Dreibus-*Stabenow*, KAGB, § 95 Rz. 21.

(vgl. § 71 KAGB); siehe im Detail Rz. 59. Die Kapitalverwaltungsgesellschaft bewirkt zusammen mit der Verwahrstelle die Registereintragung, die funktional-äquivalent den **Skripturakt** bei Ausstellung von Anteilscheinen in Urkundenform ersetzt (siehe auch *Lendermann/Nemeczek*, § 4 Rz. 53 ff.).[93]

35 **Eintragung** von Zentralanteilscheinen ist die **Aufnahme** der für diese nach § 13 eWpG erforderlichen Registerangaben in ein elektronisches Wertpapierregister unter eindeutiger und unmittelbar erkennbarer **Bezugnahme** auf die Anlagebedingungen (§ 95 Abs. 3 Satz 1 KAGB i. V. m. § 4 Abs. 4 eWpG). Zentralanteilscheine sind in **zentrale Register** einzutragen (§ 95 Abs. 3 Satz 1 KAGB i. V. m. § 4 Abs. 1 Nr. 1, Abs. 2, §§ 12 ff. eWpG). Die Eintragung von Kryptofondsanteilen erfolgt in **Kryptowertpapierregistern** (§ 95 Abs. 5 KAGB i. V. m. §§ 4 Abs. 11, 16 ff. eWpG i. V. m. § 2 KryptoFAV; siehe dazu Rz. 57 ff.).

36 Bei Zentralanteilscheinen sind folgende **Registerangaben** erforderlich (§ 95 Abs. 3 Satz 1 KAGB i. V. m. § 13 Abs. 1 Nr. 1, 4–7 eWpG):

–   **wesentlicher Inhalt** des Rechts, einschließlich eindeutiger Wertpapierkennnummer (§ 13 Abs. 1 Nr. 1 eWpG);

–   **Emittent** (§ 13 Abs. 1 Nr. 4 eWpG);

–   **Kennzeichnung**, ob es sich um eine **Einzel-** oder eine **Sammeleintragung** handelt (§ 13 Abs. 1 Nr. 5 eWpG);

–   **Inhaber** (§ 13 Abs. 1 Nr. 6 eWpG); und

–   Angaben zum **Mischbestand** nach § 9 Abs. 3 eWpG (§ 13 Abs. 1 Nr. 7 eWpG).

37 Angaben zu **Emissionsvolumen** und **Nennbetrag** (§ 13 Abs. 1 Nr. 2 und 3 eWpG) sind nach § 95 Abs. 3 KAGB nicht erforderlich. Dies ist konsequent, weil bei Anteilscheinen aufgrund des **veränderlichen Nettoinventarwertes** kein Nennbetrag existiert und in der Dokumentation die Angabe einer „bis zu"-Stückelung erfolgt (§ 165 Abs. 2 Nr. 25 KAGB). Die **Anzahl** der jeweils ausgegebenen Anteile ergibt sich aus der EDV-Dokumentation der Clearstream Banking AG.[94]

38 Die **Angaben zum wesentlichen Inhalt des Rechts** i. S. von § 13 Abs. 1 Nr. 1 eWpG konkretisiert eine Verordnung über Anforderungen an elektronische Wertpapierregister (**eWpRV**).[95]

39 Die Angabe des wesentlichen Inhalts des Rechts erfolgt durch **Bezugnahme** auf die Anlagebedingungen (§ 7 Abs. 2 Satz 1 eWpRV). Änderungen des **Zugangs zu den Anlagebedingungen** sind rechtzeitig und in geeigneter Weise bekannt zu machen (§ 7 Abs. 2 Satz 2 eWpRV). Eine Bezugnahme auf die Anlagebedingungen ist unverzüglich zu **aktualisieren** (§ 7 Abs. 2 Satz 3 eWpRV). Die Registereintragung der Anteilscheine soll mit ihren inhaltlichen Angaben ein **Äquivalent zur Wertpapierurkunde** schaffen, insbesondere hinsichtlich Bestimmbarkeit und Publizität, und so entsprechende Rechtssicherheit herstellen.[96]

40 Es ist **nicht erforderlich**, die Anlagebedingungen bei der registerführenden Stelle **niederzulegen**. Auf die entsprechende Verpflichtung für elektronische Wertpapiere und dies-

---

93) Assmann/Wallach/Zetzsche-*Zetzsche/Nast*, KAGB, § 95 Rz. 8.

94) Emde/Dornseifer/Dreibus-*Stabenow*, KAGB, § 95 Rz. 12 f.; Baur/Tappen/Mehrkhah/Behme-*v. Schweinitz/ Schneider-Deters*, Investmentgesetze, § 95 KAGB Rz. 47; Die Deutsche Kreditwirtschaft (DK), Stellungnahme z. RefE eWpG, v. 14.9.2020, S. 23, abrufbar unter https://bundesfinanzministerium.de/ Content/DE/Gesetzestexte/Gesetze_Gesetzesvorhaben/Abteilungen/Abteilung_VII/19_Legislaturperiode/2021-06-09-einfuehrung-elektronische-wertpapiere/0-Gesetz.html (Abrufdatum: 21.2.2023).

95) Verordnung über Anforderungen an elektronische Wertpapierregister (eWpRV), v. 24.10.2022, BGBl. I 2022, 1882; s. dazu im Detail *Siadat*, RDi 2022, 153.

96) Vgl. *Wieneke/Kunz*, NZG 2021, 316, 318.

bezügliche Emissionsbedingungen i. S. von § 5 eWpG nimmt § 95 Abs. 3 Satz 1 KAGB für Zentralanteilscheine keinen Bezug. Die Nichtanwendbarkeit des § 5 eWpG erklärt sich für Zentralanteilscheine daraus, dass im **KAGB spezielle Vorgaben zur Veröffentlichung** von Anlagebedingungen bei Publikumsfonds bzw. zur Wahrnehmung von Informationsrechten durch Spezialanleger bestehen.[97] Entsprechende Veröffentlichungspflichten enthält etwa § 163 Abs. 2 Satz 9 KAGB.[98] Angesichts der speziellen KAGB-Publikationspflichten gilt bei Zentralanteilscheinen keine Pflicht nach § 20 eWpG zu Veröffentlichungen im **Bundesanzeiger.**[99]

Als **Emittentin** i. S. von § 13 Abs. 1 Nr. 4 eWpG ist die Kapitalverwaltungsgesellschaft 41 einzutragen, was im Einklang mit der Aufgabenverteilung im Investmentdreieck steht:[100] Die Verwahrstelle übernimmt die **technische Abwicklung** der Ausgabe von Anteilscheinen (vgl. § 71 KAGB). Die **Pflicht zur Emission** liegt, entsprechend dem Investmentvertrag, bei der Kapitalverwaltungsgesellschaft.[101]

Inhaber i. S. von § 13 Abs. 1 Nr. 6 eWpG ist, wer auf Veranlassung des Emittenten als In- 42 haber des Anteilscheins im zentralen Register **eingetragen** ist (§§ 3 Abs. 1, 8 Abs. 1 eWpG); siehe zum Begriff des Inhabers *Denga*, § 3 Rz. 2 ff.). **Berechtigter bzw. Anleger** ist, wer das Recht aus dem Anteilschein hat (§ 95 Abs. 3 Satz 3 Nr. 3 KAGB i. V. m. § 3 Abs. 2 eWpG); siehe zum Begriff des Berechtigten *Denga*, § 3 Rz. 10 ff. „Inhaber" ist ein **formeller Begriff**, so dass Inhaberschaft und materielle Berechtigung aus dem Anteilschein auseinanderfallen können.[102]

Im Fall einer **Sammeleintragung** agiert eine Wertpapiersammelbank (§ 8 Abs. 1 Nr. 1 Alt. 1 43 eWpG) oder ein Verwahrer (§ 8 Abs. 1 Nr. 1 Alt. 2 eWpG) als Inhaber (siehe zur Sammeleintragung *Hippeli*, § 8 Rz. 8 ff.; zur Möglichkeit der Registerführung durch einen Verwahrer siehe Rz. 60 ff.). Zentralanteilscheine in Sammeleintragung gelten als **Wertpapiersammelbestand** (§ 9 Abs. 1 Satz 1 eWpG) und die **Anleger** als Miteigentümer nach Bruchteilen (§ 9 Abs. 1 Satz 2 eWpG). Dies steht im Gleichklang mit bestehenden wertpapier- und depotrechtlichen Regelungen. Die Wertpapiersammelbank bzw. der Verwahrer verwalten die Sammeleintragung **treuhänderisch** für die Anleger (§ 8 Abs. 1 Nr. 1, § 9 Abs. 2 Satz 1 eWpG). Dabei fingiert die Eintragung als Inhaber im zentralen Register den **unmittelbaren Fremdbesitz** an einer Globalurkunde bzw. „**Globaleintragung**" und fügt die Zentralanteilscheine diesbezüglich in das bestehende Rechts- und Übertragungssystem für Wertpapiere ein (siehe *Denga*, § 2 Rz. 17 ff.; *Schulz*, Vor §§ 24–27 Rz. 6).[103]

bb) Registerführende Stelle

Zentrale Register können **Wertpapiersammelbanken** (§ 4 Abs. 5 eWpG; zum Begriff siehe 44 ausführlich Rz. 30) oder **Verwahrer** (§ 4 Abs. 6 eWpG; zum Begriff siehe ausführlich *Lendermann/Nemeczek*, § 4 Rz. 64 ff.) führen, letztere, sofern der Emittent diese ausdrücklich dazu ermächtigt (§ 12 Abs. 2 eWpG); siehe im Detail Rz. 60 ff. § 95 Abs. 3 Satz 1

---

97) Vgl. Begr. RegE Gesetz zur Einführung von eWp, BT-Drucks. 19/26925, S. 76.

98) Dazu Assmann/Wallach/Zetzsche-*Kloyer/Kobabe*, KAGB, § 163 Rz. 17; § 298 Abs. 1 Nr. 4 KAGB bezieht sich auf nach § 310 KAGB angezeigte Anteile an EU-OGAW.

99) Vgl. dazu BVI, Stellungnahme zum RefE eWpG, v. 14.9.2020, S. 3, abrufbar unter https://bundesfinanzministerium.de/Content/DE/Gesetzestexte/Gesetze_Gesetzesvorhaben/Abteilungen/Abteilung_VII/19_Legislaturperiode/2021-06-09-einfuehrung-elektronische-wertpapiere/0-Gesetz.html (Abrufdatum: 21.2.2023).

100) Im Ergebnis wohl auch *Eckhold* in: Omlor/Möslein/Grundmann, Elektronische Wertpapiere, § 9, S. 221.

101) Baur/Tappen/Mehrkhah/Behme-*Moericke*, Investmentgesetze, § 71 KAGB Rz. 2.

102) Vgl. auch Müller/Pieper-*Müller*, eWpG, § 3 Rz. 3.

103) Vgl. Müller/Pieper-*Müller*, eWpG, § 2 Rz. 22 ff.

KAGB verweist im Zusammenhang mit Zentralanteilscheinen auf § 8 Abs. 1 und § 12 eWpG. Versteht man diese Verweisung wörtlich, könnte eine Kapitalverwaltungsgesellschaft für Anteilscheine (neben Wertpapiersammelbanken) **auch Depotbanken** zur Führung zentraler Register ermächtigen. Dies stünde indes im Widerspruch zu § 97 **Abs. 1 Satz 2 KAGB**, wonach Zentralanteilscheine – diese sind stets Inhaberanteilscheine i. S. von § 97 Abs. 1 Satz 2 KAGB – zwingend Wertpapiersammelbanken bzw. Zentralverwahrern zur (Giro-) Sammelverwahrung anzuvertrauen sind. Die Vorgaben des § 97 Abs. 1 Satz 2 KAGB dienen zusammen mit § 95 Abs. 2 Satz 1 KAGB der Umsetzung des sog. **Zwangsgiro nach dem OGAW-V-UmsG**[104] und der Eliminierung effektiver Stücke zur Herstellung einer **geschlossenen Depotbankkette.**[105] Nach § 95 Abs. 3 Satz 2 KAGB gilt im Verhältnis zum eWpG vorrangig das KAGB, so dass de lege lata Depotbanken als zulässige Registerführer für Zentralanteilscheine ausscheiden dürften.[106] Dies steht im Einklang mit § 12 Abs. 3 eWpG, der nur solche Zentralanteilscheine in den **Effektengiro** einbezieht, die in einem durch eine Wertpapiersammelbank geführten zentralen Register eingetragen sind.[107]

cc) Möglichkeit der Einzeleintragung

45 Nach § 8 Abs. 1 eWpG ist für elektronische Wertpapiere **Sammel- oder Einzeleintragung** möglich. § 95 Abs. 3 Satz 1 KAGB erklärt diese Vorschrift auf Zentralanteilscheine für entsprechend anwendbar, ebenso wie die Vorschriften zu Verfügungen über elektronische Wertpapiere in Einzeleintragung in Abschnitt 4 (§§ 24–27 eWpG). Dies legt im Ausgangspunkt nahe, dass für Zentralanteilscheine sowohl Sammel- als auch Einzeleintragung möglich ist. Allerdings gilt – ebenso wie bei der Bestimmung der zulässigen Registerführer (siehe dazu Rz. 44) – der **Vorrang des KAGB**. Nach § 97 Abs. 1 Satz 2 KAGB sind Zentralanteilscheine zwingend Wertpapiersammelbanken bzw. Zentralverwahrern zur (Giro-)**Sammelverwahrung** anzuvertrauen. Dies soll ein Zwangsgiro umsetzen, effektive Stücke vermeiden und so Konformität mit dem **FATCA-Abkommen** herstellen.[108] Sind Anteilscheine als effektive Stücke im Umlauf, greifen keine Erleichterungen für FATCA-Meldepflichten.[109]

46 Allein mit Verweis auf das Ziel, FATCA-Konformität zu erreichen, lässt sich zwar nicht überzeugend gegen die Zulässigkeit einer Einzeleintragung von Zentralanteilscheinen argumentieren. Da es sich um elektronische Anteilscheine handelt, sind Zentralanteilscheine **stets registerverwahrt**, ohne dass effektive Stücke bestehen. Zudem ist die **Identifizierung** des Inhabers über das Register sichergestellt.[110] Da aber § 97 Abs. 1 Satz 2 KAGB nach dem **ausdrücklichen Wortlaut** des § 95 Abs. 3 Satz 2 KAGB **vorrangig** vor

---

104) Gesetz zur Umsetzung der Richtlinie 2014/91/EU des Europäischen Parlaments und des Rates v. 23.7.2014 zur Änderung der Richtlinie 2009/65/EG zur Koordinierung der Rechts- und Verwaltungsvorschriften betreffend bestimmter Organismen für gemeinsame Anlagen in Wertpapieren (OGAW) im Hinblick auf die Aufgaben der Verwahrstelle, die Vergütungspolitik und Sanktionen (OGAW-V-UmsG), v. 3.3.2016, BGBl. I 2013, 348.

105) Weitnauer/Boxberger/Anders-*Anders*, KAGB, § 97 Rz. 5; *Eckhold* in: Omlor/Möslein/Grundmann, Elektronische Wertpapiere, § 9, S. 218 f.

106) So auch *Eckhold* in: Omlor/Möslein/Grundmann, Elektronische Wertpapiere, § 9, S. 220.

107) Vgl. für elektronische Wertpapiere *Wieneke/Kunz*, NZG 2021, 316, 320.

108) Emde/Dornseifer/Dreibus-*Stabenow*, § 97 Rz. 1; Baur/Tappen/Mehrkhah/Behme-*v. Schweinitz/Schneider-Deters*, Investmentgesetze, § 95 KAGB Rz. 17 f.; Assmann/Wallach/Zetzsche-*Zetzsche/Nast*, KAGB, § 95 Rz. 10; Weitnauer/Boxberger/Anders-*Anders*, KAGB, § 95 Rz. 6.

109) Näher Baur/Tappen/Mehrkhah/Behme-*v. Schweinitz/Schneider-Deters*, Investmentgesetze, § 95 KAGB, Rz. 17; *Eckhold* in: Omlor/Möslein/Grundmann, Elektronische Wertpapiere, § 9, S. 219; zu FATCA *Lappas/Ruckes*, IStR 2013, 929.

110) *Eckhold* in: Omlor/Möslein/Grundmann, Elektronische Wertpapiere, § 9, S. 219.

§ 8 Abs. 1 eWpG gilt, ist eine Einzeleintragung von Zentralanteilscheinen de lege lata ausgeschlossen.[111] Für dieses Ergebnis spricht ebenfalls § 12 Abs. 3 eWpG, der für eine Abwicklung im **Effektengiro** die Eintragung von Zentralanteilscheinen in einem durch eine **Wertpapiersammelbank** geführten zentralen Register voraussetzt.

Zu den Eintragungsformen für Zentralanteilscheine ergibt sich folgende **Übersicht** (zu   47
Kryptofondsanteilen siehe Rz. 50 ff.):

	Zentralanteilscheine	Kryptofondsanteile
Einzeleintragung	(+)/(–), str.	(+)/(–), str.
Sammeleintragung	(+)	(+)

2. Zweiterwerb von Zentralanteilscheinen

Beim Zweiterwerb folgt die Übertragung von Zentralanteilscheinen ebenfalls den allge-   48
meinen wertpapierrechtlichen Grundsätzen.[112] **Kausalgeschäft** des Zweiterwerbs ist – insofern abweichend vom Ersterwerb – kein Investmentvertrag, sondern ein **Rechtskauf-
vertrag** betreffend die jeweiligen Anteile am Sondervermögen (§ 453 BGB).[113] Die Übertragung der Zentralanteilscheine erfolgt durch **dingliche Einigung** i. S. von §§ 929 ff. BGB,
die nach § 95 Abs. 3 Satz 1 KAGB i. V. m. §§ 2, 9 eWpG zur Anwendung kommen.[114]
Bei einer Sammeleintragung ist die Eigentumsübertragung ohne Ein- oder Umtragung
(§ 4 Abs. 4 und 8 eWpG) im zentralen Register möglich (siehe im Detail *Lendermann/
Nemeczek*, § 4 Rz. 18 und *Alfes*, § 12 Rz. 89). Zur Abbildung der Eigentumsübertragung
erfolgen Umbuchungen in den bei der Wertpapiersammelbank geführten Depots, um die
Umstellung des jeweiligen **Besitzmittlungsverhältnisses** der Wertpapiersammelbank zu
dokumentieren (siehe dazu *Alfes*, § 12 Rz. 89).[115] Der ursprüngliche Eintrag der Wertpapiersammelbank als Inhaberin der Zentralanteilscheine bleibt im zentralen Register grundsätzlich **statisch** bestehen. Das **Rückgaberecht** von Anlegern ggü. der Kapitalverwaltungsgesellschaft i. S. von § 98 KAGB schließt die Übertragung von Zentralregisteranteilen auf
dem **Sekundärmarkt** nicht aus.[116]

Bei Zentralanteilscheinen in **Einzeleintragung** – sofern man diese für möglich erachtet[117] –   49
würde die Eintragung einer natürlichen oder juristischen Person oder einer rechtsfähigen
Personengesellschaft erfolgen, die den Zentralanteilschein als Berechtigte bzw. Anlegerin
hält (§ 95 Abs. 3 Satz 1 KAGB i. V. m. §§ 8 Abs. 1 Nr. 2, 13 Abs. 2 Satz 2 eWpG). Formell und materiell Berechtigte sind dann in der Regel identisch. Die Übertragung richtet
sich bei Einzeleintragung nach § 25 eWpG, was eine **Einigung** und eine konstitutive
Umtragung (§ 4 Abs. 8 eWpG) als funktionales Äquivalent zur besitzrechtlichen Übergabe voraussetzt (siehe dazu *Schulz*, § 24 Rz. 23 ff.).

---

111) So auch *Eckhold* in: Omlor/Möslein/Grundmann, Elektronische Wertpapiere, § 9, S. 218 f.; Müller/
Pieper-*Pieper*, eWpG, § 1 Rz. 22 – mit Verweis auf § 95 Abs. 2 Satz 1 KAGB; offen bei Assmann/
Wallach/Zetzsche-*Zetzsche/Nast*, KAGB, § 95 Rz. 24.

112) S. insofern Emde/Dornseifer/Dreibus-*Stabenow*, KAGB, § 95 Rz. 25; Assmann/Wallach/Zetzsche-
Zetzsche/*Nast*, KAGB, § 95 Rz. 19 ff.

113) Baur/Tappen/Mehrkhah/Behme-v. *Schweinitz/Schneider-Deters*, Investmentgesetze, § 95 KAGB Rz. 28;
Assmann/Wallach/Zetzsche-Zetzsche/*Nast*, KAGB, § 95 Rz. 19.

114) Dazu im Detail Assmann/Wallach/Zetzsche-Zetzsche/*Nast*, KAGB, § 95 Rz. 19 ff.

115) Vgl. Assmann/Wallach/Zetzsche-Zetzsche/*Nast*, KAGB, § 95 Rz. 16.

116) *Köndgen/Schmies* in: Ellenberger/Bunte, Bankrechts-Hdb., § 93 Rz. 285; vgl. auch Weitnauer/Boxberger/
Anders-*Anders*, KAGB, § 95 Rz. 11 f.; Emde/Dornseifer/Dreibus-*Emde*, KAGB, § 95 Rz. 9 ff.; Assmann/
Wallach/Zetzsche-Zetzsche/*Nast*, KAGB, § 95 Rz. 21.

117) Eine Einzeleintragung von Zentralanteilscheinen dürfte de lege lata unzulässig sein, s. im Detail Rz. 45 ff.

III. Entstehung und Übertragung von Kryptofondsanteilen

50 Die Entstehung und Übertragung von Kryptofondsanteilen richtet sich wie bei Zentral-anteilscheinen im Wesentlichen nach den für Inhaberanteilscheine geltenden wertpapier-rechtlichen Grundsätzen.[118] Insofern ist zwischen **Ersterwerb** (siehe dazu Rz. 53 ff.) und **Zweiterwerb** (siehe dazu Rz. 69 f.) zu unterscheiden.

1. Überblick

51 „Kryptofondsanteile" sind elektronische Anteilscheine, die in einem Kryptowertpapier-register eingetragen sind (§ 1 Satz 2 KryptoFAV). Im Sinne der wertpapierrechtlichen Systematik des § 95 KAGB sind sie Krypto**anteil**scheine und dokumentieren jeweils einen Investmentvermögensanteil (Sondervermögen).[119] Das diesbezügliche Investmentvermögen muss dabei nicht notwendigerweise aus Krypto**werten** bestehen[120], sondern bestimmt sich in seiner Zusammensetzung nach den allgemeinen Vorgaben zum jeweiligen **Fondstyp** (vgl. §§ 192 ff., 219, 282, 285 KAGB). Kryptofondsanteil meint daher nicht den Anteil an einem sog. „Kryptofonds".[121] Der Begriff **Kryptofonds** bezeichnet gemeinhin Investmentver-mögen, die in **Kryptowerte** investieren.[122] Solche Kryptofonds bestehen in Deutschland bislang überwiegend in Form kleiner Spezial-AIFs i. S. von § 2 Abs. 4 KAGB, insbeson-dere um so strukturell die Einbeziehung einer Verwahrstelle zu vermeiden.[123]

52 Soweit sich die nach § 95 Abs. 3 Satz 1 KAGB für anwendbar erklärten Bestimmungen des eWpG **allgemein** auf elektronische Anteilscheine i. S. von § 95 Abs. 1, 3 KAGB be-ziehen, gelten diese grundsätzlich auch für Kryptofondsanteile.[124]

2. Ersterwerb von Kryptofondsanteilen

53 Der Ersterwerb von Kryptofondsanteilen i. S. von § 1 Satz 2 KryptoFAV erfolgt auf Grund-lage der für Inhaberanteilscheine geltenden wertpapier- und investmentrechtlichen **Grund-sätze** (siehe dazu Rz. 54 ff.). Zentrale Bedeutung hat insofern die **Registereintragung** als funktionales Äquivalent zum Skripturakt (siehe dazu Rz. 57 ff.). Die Strukturen sind in-sofern mit Zentralanteilscheinen vergleichbar (siehe dazu Rz. 27 ff.).

a) Wertpapier- und investmentrechtliche Grundsätze: Investmentvertrag, Bege-bungsvertrag, mehrstufige Verwahrung

54 Zu unterscheiden ist für Kryptofondsanteile – ebenso wie für Zentralanteilscheine – zwi-schen der **Entstehung von Anteilen** am Investmentvermögen und dem **(Erst-)Erwerb von Anteilscheinen**. Der Anteil am Investmentvermögen (Sondervermögen) entsteht be-reits mit Abschluss des jeweiligen Investmentvertrags als **Kausalgeschäft** (siehe dazu Rz. 29). Das diesbezügliche **Erfüllungsgeschäft** zur Bewirkung des Ersterwerbs liegt in

---

118) So auch *Kaulartz/Voigt/Winkler*, RdF 2022, 24, 25 f.

119) Vgl. Müller/Pieper-*Pieper*, eWpG, § 4 Rz. 27.

120) Zum Begriff des Kryptowerts s. *Neumann*, Anh. Art. 6–9 Rz. 8 ff.

121) *Seeger/Kreutzmann*, RDi 2022, 425; *Stoschek/Sène*, RdF 2021, 180.

122) *Stoschek/Sène*, RdF 2021, 180; die Möglichkeit, in Kryptowerte zu investieren, hat der Gesetzgeber für Spezial-AIF inzwischen anerkannt (vgl. §§ 282, 285, 284 Abs. 2 Nr. 2 lit. j) KAGB); s. insofern die Beschlussempfehlung d. FA. RegE FoStoG, BT-Drucks. 19/28868, S. 123; zu tokenisierten Wertpa-pieren als zulässigem Investment für OGAWs *Maume/Hildebrandt/Kreutzmann*, BKR 2020, 622; vgl. auch *Casper*, AG 2022, 714, 721 f.

123) So *Stoschek/Sène*, RdF 2021, 180, 181; zur verpflichtenden Eigentumsüberprüfung und den damit verbundenen technischen bzw. tatsächlichen Herausforderungen im Zusammenhang mit Kryptowerten *Majcen*, WM 2022, 111.

124) Vgl. *Kaulartz/Voigt/Winkler*, RdF 2022, 24, 25; *Seeger/Kreutzmann*, RDi 2022, 425, 425 f.

der Übertragung des Eigentums an den jeweiligen Anteilscheinen (§§ 929 ff. BGB). Die **Übereignung** an den Ersterwerber erfolgt mittels dinglicher Einigung i. R. des Begebungsvertrags und Übergabe der Anteilscheine (siehe dazu Rz. 29 f.).

Emittenten haben bei Kryptofondsanteilen als funktionales Äquivalent zur Ausstellung   55
von Wertpapierurkunden eine **Registereintragung** zu bewirken (§ 95 Abs. 1, 3 Satz 1 KAGB
i. V. m. § 2 Abs. 1 Satz 2 eWpG). Kryptofondsanteile in Sammeleintragung gelten als **Wertpapiersammelbestand** und die Anleger als **Miteigentümer** nach Bruchteilen an den eingetragenen Anteilscheinen (§ 8 Abs. 1 Nr. 1, § 9 Abs. 1, 2 eWpG).

Die **Übergabe** erfolgt bei Kryptofondsanteilen in Sammeleintragung durch Verschaffung   56
des Mitbesitzes im Wege **mehrstufiger Besitzmittlung**, wobei die Eintragung als Inhaber
im Kryptowertpapierregister den unmittelbaren Fremdbesitz an der jeweiligen „Globaleintragung"[125] fingiert. Hinsichtlich der besitzrechtlichen Verhältnisse gelten für Kryptofondsanteile im Vergleich zu Zentralanteilscheinen keine Besonderheiten, so dass weitgehend auf oben, siehe Rz. 30 ff., verwiesen werden kann.

b) Registereintragung

Für die **Begebung** von Kryptofondsanteilen bewirkt der Emittent eine entsprechende **Eintragung** in einem Kryptowertpapierregister als funktionales Äquivalent zur urkundlichen   57
Verbriefung (§ 95 Abs. 3 Satz 1 KAGB i. V. m. § 4 Abs. 1 Nr. 2 eWpG).

aa) Wirkung und Inhalt

Eintragung ist die Aufnahme der nach § 17 eWpG erforderlichen **Registerangaben** in ein   58
Kryptowertpapierregister unter eindeutiger und unmittelbar erkennbarer Bezugnahme auf
die **Anlagebedingungen** (§ 95 Abs. 3 Satz 1, 5 Satz 1 KAGB i. V. m. § 4 Abs. 4 eWpG
i. V. m. § 2 KryptoFAV). Kryptofondsanteile sind in einem **Kryptowertpapierregister** einzutragen (§ 95 Abs. 5 Satz 1 KAGB i. V. m. §§ 4 Abs. 11, 16 ff. eWpG i. V. m. § 2 KryptoFAV);
im Detail zu Kryptowertpapierregistern siehe *Lendermann/Nemeczek*, § 4 Rz. 46 ff. Es gelten
die spezifischen Vorgaben in §§ 16–23 eWpG (§ 95 Abs. 5 KAGB i. V. m. § 2 KryptoFAV).
Inhalt und Umfang der **verpflichtenden Registerangaben** sind für Zentralanteilscheine
und Kryptofondsanteile grundsätzlich deckungsgleich, da sich §§ 13 und 17 eWpG im Wesentlichen entsprechen (zu den Unterschieden zwischen §§ 13 und 17 im Detail *Sopart*, § 17
Rz. 25 ff.).

Emittent von Kryptofondsanteilen ist die jeweilige **Kapitalverwaltungsgesellschaft**, in deren   59
Namen und für deren Rechnung die **Verwahrstelle** bei der Anteilsausgabe handelt (vgl.
§ 71 KAGB). Die Kapitalverwaltungsgesellschaft bewirkt zusammen mit der Verwahrstelle die Eintragung im Kryptowertpapierregister, die funktional-äquivalent den **Skripturakt**
bei Ausstellung von Anteilscheinen in Urkundenform ersetzt (siehe dazu Rz. 33 ff.). Insofern bestehen keine Unterschiede zu Zentralanteilscheinen.

bb) Registerführende Stelle

Für Kryptofondsanteile bestimmt § 3 KryptoFAV die registerführende Stelle abweichend   60
von § 16 Abs. 2 eWpG.[126] Demnach ist registerführende Stelle die von der Kapitalverwaltungsgesellschaft beauftragte **Verwahrstelle** (Alt. 1) oder ein anderes von der Verwahrstelle **beauftragtes Unternehmen**, das gemäß §§ 1 Abs. 1a Satz 2 Nr. 8, 32 Abs. 1 Satz 1

---

125) Die Verbriefung von Anteilscheinen erfolgt regelmäßig als Globalurkunde, vgl. Weitnauer/Boxberger/
    Anders-*Anders*, KAGB, § 97 Rz. 3.

126) Nach § 16 Abs. 2 eWpG ist registerführende Stelle, wen der Emittent gegenüber dem Inhaber als solche
    benennt oder – sofern eine solche Benennung unterbleibt – der Emittent.

KWG über eine Erlaubnis zur Kryptowertpapierregisterführung verfügt (Alt. 2); zur Erlaubnispflicht bei Kryptowertpapierregisterführung siehe *Neumann*, Anh. Art. 6–9 Rz. 43 ff. Die i. R. des Gesetz-/Verordnungsgebungsverfahrens diskutierte[127)] Festlegung auf die Verwahrstelle als alleinige registerführende Stelle hat keinen Eingang in die finale Krypto-FAV gefunden.

61   § 3 KryptoFAV weicht von § 97 Abs. 1 Satz 2 KAGB ab, wonach Inhaberanteilscheine grundsätzlich Wertpapiersammelbanken bzw. Zentralverwahrern zur (Giro-)Sammelverwahrung anzuvertrauen sind (siehe dazu Rz. 45). Hierin liegt **kein Widerspruch** zu dem in § 95 Abs. 3 Satz 2 KAGB normierten **Vorrang des KAGB** vor dem eWpG. Denn § 95 Abs. 5 Satz 2 KAGB gestattet als **lex specialis** ausdrücklich, abweichende Regelungen betreffend die Verwahrstelle in der KryptoFAV vorzusehen; allgemein zum Vorrang des KAGB vor dem eWpG siehe Rz 18.

(1) Zusätzliche Erlaubnis

62   § 3 KryptoFAV stellt nicht ausdrücklich klar, ob die Verwahrstelle einer **zusätzlichen Erlaubnis** nach § 1 Abs. 1a Satz 2 Nr. 8 KWG für die Tätigkeit der **Kryptowertpapierregisterführung** bedarf. Diese Tätigkeit ist Finanzdienstleistung und daher grundsätzlich nach § 32 Abs. 1 Satz 1 KWG erlaubnispflichtig (siehe *Neumann*, Anh. Art. 6–9 Rz. 43 ff.).

63   Gegen das Erfordernis einer gesonderten Erlaubnis i. S. von § 1 Abs. 1a Satz 2 Nr. 8 KWG für **registerführende Verwahrstellen** spricht zudem der Wortlaut des § 3 Satz 1 Krypto-FAV. Dessen zweiter Halbsatz scheint nahezulegen, dass sich das zusätzliche Erlaubniserfordernis lediglich auf „[…] andere von der Verwahrstelle beauftragte[s] Unternehmen […]" beschränkt.[128)] Gegen eine zusätzliche Erlaubnispflicht spricht zudem, dass Verwahrstellen für inländische OGAWs und AIFs grundsätzlich CRR-Kreditinstitute mit einer Erlaubnis zum Betreiben des **Depotgeschäfts** sein müssen (§ 68 Abs. 3 KAGB) bzw. im Fall inländischer AIFs zumindest Finanzdienstleistungsinstitute mit der Erlaubnis zum **eingeschränkten Verwahrgeschäft** (§ 80 Abs. 7 KAGB). Die Verwahrstellen unterliegen indes bereits einer **umfassenden Beaufsichtigung** durch die BaFin (§§ 69, 87 KAGB), so dass eine zusätzliche KWG-Erlaubnispflicht entbehrlich erscheint; das diesbezügliche BaFin-Rundschreiben enthält hierzu bisher noch keine ausdrücklichen Aussagen zur Kryptowertpapierregisterführung, so dass die diesbezügliche Verwaltungspraxis zu beobachten bleibt.[129)] Gegen eine zusätzliche Erlaubnispflicht nach § 1 Abs. 1a Satz 2 Nr. 8 KWG spricht auch der **übergeordnete Telos** des eWpG, finanztechnologische Innovationen zu fördern.[130)]

64   Eine **ausdrückliche Aussage** des Gesetzgebers oder zumindest der Aufsichtsbehörden, dass Verwahrstellen tatsächlich keiner zusätzlichen KWG-Erlaubnis für die Kryptowertpapierregisterführung bedürfen, ist bisher **nicht ersichtlich**. Bis zur Etablierung einer belastbaren Rechtspraxis, einschließlich Positionierung der Aufsichtsbehörden, verbleibt daher eine gewisse Rechtsunsicherheit.[131)]

---

127) Zur Kontroverse um eine Etablierung der Verwahrstelle als „Gatekeeper" vgl. *Seeger/Kreutzmann*, RDi 2022, 425, 429.

128) So *Seeger/Kreutzmann*, RDi 2022, 425, 429.

129) BaFin, Rundschreiben 05/2020 (WA) – Aufgaben und Pflichten der Verwahrstelle nach Kapitel 1 Abschnitt 3 des Kapitalanlagegesetzbuches, v. 4.11.2020, abrufbar unter https://www.bafin.de/SharedDocs/Downloads/DE/Rundschreiben/dl_rs_verwahrstellenrundschreiben_wa.html (Abrufdatum: 26.5.2023).

130) *Kaulartz/Voigt/Winkler*, RdF 2022, 24, 28 f.; *Seeger/Kreutzmann*, RDi 2022, 425, 429 f.

131) Zur Beantragung und risikoreduzierenden Wirkung eines BaFin-Negativstats *K.-A. Neumann*, BKR 2019, 196, 200 f.

(2) Auslagerung

§ 3 Satz 1 Alt. 2 KryptoFAV gestattet der Verwahrstelle, die **Registerführung** auszulagern. 65
Dies steht im Einklang mit der grundsätzlichen Zulässigkeit einer **Unterverwahrung** (§§ 73,
82 KAGB). In diesem Fall hat die Verwahrstelle sicherzustellen, dass sie ihren Aufgaben
und Verpflichtungen nach §§ 70–78 Abs. 1 und § 79 KAGB bzw. §§ 81–89 Abs. 1 und
§§ 89a, 90 KAGB nachkommen kann (§ 3 Satz 2 KryptoFAV). Die **Letztverantwortung**
verbleibt – dies steht im Einklang mit regulatorischen Auslagerungsprinzipien – bei der
Verwahrstelle.[132] Die Verwahrstelle hat insbesondere die auslagerungsbezogenen Vorgaben
an eine **ordnungsgemäße Geschäftsorganisation** nach § 25b KWG i. V. m. AT 9 MaRisk[133]
zu beachten.[134]

(3) Ordnungsgemäße Registerführung und Haftung

Die **registerführende Stelle** ist für eine ordnungsgemäße Registerführung verantwortlich 66
und hat die Vertraulichkeit, Integrität und Authentizität der Daten zu gewährleisten (§ 95
Abs. 3 Satz 1 KAGB i. V. m. § 7 eWpG). **Detaillierte Vorgaben** zur Registerführung ergeben sich aus den §§ 16 ff. eWpG. Für den Registerführer besteht eine **Schadensersatz-
pflicht** bei Pflichtverstößen (§ 95 Abs. 3 Satz 1 i. V. m. § 7 Abs. 2 Satz 2, Abs. 3 Satz 2
eWpG bzw. nach den allgemeinen Haftungsregeln in §§ 77 Abs. 2, 88 Abs. 2 KAGB); zu
den Details siehe *Hippeli*, § 7 Rz. 49 ff. Neben einer zivilrechtlichen Haftung kann sich
aus Verstößen gegen registerbezogene Pflichten eine **Ordnungswidrigkeit mit Bußgeld**
ergeben (§ 31 Abs. 2 eWpG); siehe im Detail *von der Meden*, § 31.

cc) Einzeleintragung von Kryptofondsanteilen

Eine Einzeleintragung von Kryptofondsanteilen würde es grundsätzlich erlauben, Anteile 67
direkt zwischen Anlegern ohne Einbindung von **Intermediären** zu übertragen. Ohne eine
ausdrückliche Klarstellung des Gesetzgebers ist bisher noch ungesichert, inwieweit eine
Einzeleintragung zulässig ist: **Hiergegen** spricht – wie bereits für Zentralanteilscheine –
der **Vorrang des KAGB** (§ 95 Abs. 3 Satz 2 KAGB). Demnach sind Inhaberanteilscheine,
zu denen auch Kryptofondsanteile zählen, qua gesetzlicher Anordnung in einer Sammelurkunde zu verbriefen (§ 95 Abs. 2 Satz 1 KAGB) und einem Zentralverwahrer zur Sammelverwahrung anzuvertrauen (§ 97 Abs. 1 Satz 2 KAGB); siehe im Detail Rz. 45 ff. **Für
die Zulässigkeit** einer Einzeleintragung von Kryptofondsanteilen spricht der ausdrückliche Verweis in § 95 Abs. 5 KAGB auf § 8 Abs. 2 eWpG, wonach auf Antrag des Inhabers
eine Umwandlung von Einzeleintragungen in eine Sammeleintragung möglich ist. Hierfür
muss – so lässt sich argumentieren – eine Einzeleintragung von Kryptofondsanteilen a
priori zulässig sein.[135]

---

132) Vgl. *Seeger/Kreutzmann*, RDi 2022, 425, 430.

133) BaFin, Rundschreiben 10/2021 (BA) – Mindestanforderungen an das Risikomanagement (MaRisk), v.
16.8.2021, Stand: 4.5.2022, abrufbar unter https://www.bafin.de/SharedDocs/Veroeffentlichungen/
DE/Rundschreiben/2021/rs_1021_MaRisk_BA.html (Abrufdatum: 21.2.2023).

134) BaFin, Rundschreiben 05/2020 (WA) – Aufgaben und Pflichten der Verwahrstelle nach Kapitel 1
Abschnitt 3 des Kapitalanlagegesetzbuches, v. 4.11.2020, S. 35, abrufbar unter https://www.bafin.de/
SharedDocs/Downloads/DE/Rundschreiben/dl_rs_verwahrstellenrundschreiben_wa.html (Abrufdatum:
21.2.2023).

135) Offenbar von einer Zulässigkeit der Einzeleintragung ausgehend *Kaulartz/Voigt/Winkler*, RdF 2022,
24, 26; *Seeger/Kreutzmann*, RDi 2022, 425, 426.

68 Für die Eintragungsformen von Kryptofondsanteilen ergibt sich folgende **Übersicht:**

	Zentralanteilscheine	**Kryptofondsanteile**
Einzeleintragung	(+)/(−), str.	(+)/(−), str.
Sammeleintragung	(+)	(+)

3. Zweiterwerb von Kryptofondsanteilen

69 Der Zweiterwerb von Kryptofondsanteilen richtet sich nach geltenden **wertpapierrechtlichen Grundsätzen.** Insofern besteht kein struktureller Unterschied zu Zentralanteilscheinen (siehe im Detail Rz. 48 ff.).

70 Hält man auch eine **Einzeleintragung** für zulässig, erfolgt in dieser Variante die Eintragung einer natürlichen oder juristischen Person als Berechtigter bzw. Anleger (§ 95 Abs. 3 Satz 1 KAGB i. V. m. § 8 Abs. 1 Nr. 2 eWpG); siehe dazu Rz. 49. Im Fall eines Zweiterwerbs richtet sich die Übertragung des Kryptofondsanteils dann nach § 25 eWpG, der eine **Einigung** sowie eine **konstitutive Umtragung** (§ 4 Abs. 8 eWpG) als funktionales Äquivalent zur besitzrechtlichen Übergabe voraussetzt.[136)]

---

136) S. dazu auch *Kaulartz/Voigt/Winkler*, RdF 2022, 24, 26 f.; *Seeger/Kreutzmann*, RDi 2022, 425, 426.

Stichwortverzeichnis